LOUIS-FERDINAND CÉLINE

Voyage au bout de la nuit

&

Mort à crédit

Classipublica

Louis-Ferdinand Céline
(1894-1961)

LES DEUX CHEF-D'ŒUVRES

Voyage au bout de la nuit (1932)
&
Mort à crédit (1936)

Publié par Omnia Publica International LLC

OMNIAPUBLICA

www.omniapublica.com

TABLE DES MATIÈRES

VOYAGE AU BOUT DE LA NUIT

À Elizabeth Craig[1]

Notre vie est un voyage
Dans l'hiver et dans la Nuit,
Nous cherchons notre passage
Dans le Ciel où rien ne luit.

Chanson des Gardes Suisses 1793[2]

 Voyager, c'est bien utile, ça fait travailler l'imagination. Tout le reste n'est que déceptions et fatigues. Notre voyage à nous est entièrement imaginaire. Voilà sa force.
 Il va de la vie à la mort. Hommes, bêtes, villes et choses, tout est imaginé. C'est un roman, rien qu'une histoire active. Littré le dit, qui ne se trompe jamais.
 Et puis d'abord tout le monde peut en faire autant. Il suffit de fermer les yeux. C'est de l'autre côté de la vie.

---

[1] *Élisabeth Craig* : Elizabeth Craig (1902-1989), danseuse américaine que Louis-Ferdinand Céline avait connue à Genève en 1926, et avec laquelle il vécut, à Paris, jusqu'en 1933.
[2] *Chanson des Gardes Suisses*, 1793 : œuvre d'officiers d'un régiment suisse allemand de l'armée napoléonienne. Sur le point de mourir, ils la chantèrent devant la Berezina. C'était pendant la retraite de Russie, en 1812. Il ne s'agit donc pas des Gardes suisses de la maison du roi de France sous l'Ancien Régime, qui furent massacrés lors de la bataille des Tuileries, en 1792.

Ça a a débuté comme ça. Moi, j'avais jamais rien dit. Rien. C'est Arthur Ganate qui m'a fait parler. Arthur, un étudiant, un carabin lui aussi, un camarade. On se rencontre donc place Clichy. C'était après le déjeuner. Il veut me parler. Je l'écoute. « Restons pas dehors ! Qu'il me dit. Rentrons ! » Je rentre avec lui. Voilà. « Cette terrasse, qu'il commence, c'est pour les œufs à la coque ! Viens par ici ! » Alors, on remarque encore qu'il n'y avait personne dans les rues, à cause de la chaleur ; pas de voitures, rien. Quand il fait très froid, non plus, il n'y a personne dans les rues ; c'est lui, même que je m'en souviens, qui m'avait dit à ce propos : « Les gens de Paris ont l'air toujours d'être occupés, mais en fait, ils se promènent du matin au soir ; la preuve, c'est que, lorsqu'il ne fait pas bon à se promener, trop froid ou — trop chaud, on ne les voit plus ; ils sont tous dedans à prendre des cafés crème et des bocks. C'est ainsi ! Siècle de vitesse ! Qu'ils disent. Où ça ? Grands changements ! Qu'ils racontent. Comment ça ? Rien n'est changé en vérité. Ils continuent à s'admirer et c'est tout. Et ça n'est pas nouveau non plus. Des mots, et encore pas beaucoup, même parmi les mots, qui sont changés ! Deux ou trois par-ci, par-là, des petits... » Bien fiers alors d'avoir fait sonner ces vérités utiles, on est demeurés là assis, ravis, à regarder les dames du café.

Après, la conversation est revenue sur le Président Poincaré qui s'en allait inaugurer, justement ce matin-là, une exposition de petits chiens ; et puis, de fil en aiguille, sur le Temps[3] où c'était écrit. « Tiens, voilà un maître journal, le Temps ! » qu'il me taquine Arthur Ganate, à ce propos. « Y en a pas deux comme lui pour défendre la race française ! — Elle en a bien besoin la race française, vu qu'elle n'existe pas ! » Que j'ai répondu moi pour montrer que j'étais documenté, et du tac au tac.

« Si donc ! qu'il y en a une ! Et une belle de race ! Qu'il insistait lui, et même que c'est la plus belle race du monde et bien cocu qui s'en dédit ! » Et puis, le voilà parti à m'engueuler. J'ai tenu ferme bien entendu.

"C'est pas vrai ! La race, ce que t'appelles comme ça, c'est seulement ce grand ramassis de miteux dans mon genre, chassieux, puceux, transis, qui ont échoué ici poursuivis par la faim, la peste, les tumeurs et le froid, venus vaincus des quatre coins du monde. Ils ne pouvaient pas aller plus loin à cause de la mer. C'est ça la France et puis c'est ça les Français.

— Bardamu, qu'il me fait alors gravement et un peu triste, nos pères nous valaient bien, n'en dis pas de mal !...

— T'as raison, Arthur, pour ça t'as raison ! Haineux et dociles, violés, volés, étripés et couillons toujours, ils nous valaient bien ! Tu peux le dire ! Nous ne changeons pas ! Ni de chaussettes, ni de maîtres, ni d'opinions, ou bien si tard, que ça n'en vaut plus la peine. On est nés fidèles, on en crève nous autres ! Soldats gratuits, héros pour tout le monde et singes parlants, mots qui souffrent, on est nous les mignons du Roi Misère. C'est lui qui nous possède ! Quand on est pas sages, il serre... On a ses doigts autour du cou, toujours, ça gêne pour parler, faut faire bien attention si on tient à pouvoir manger... Pour des riens, il vous étrangle... C'est pas une vie...

— Il y a l'amour, Bardamu !

— Arthur, l'amour c'est l'infini mis à la portée des caniches et j'ai ma dignité moi ! que je lui réponds.

— Parlons-en de toi ! T'es un anarchiste et puis voilà tout ! »

Un petit malin, dans tous les cas, vous voyez ça d'ici, et tout ce qu'il y avait d'avancé dans les opinions.

---

[3] *Le Temps*. Ce journal, l'équivalent de l'actuel *Monde*, n'avait pas les positions racistes et réactionnaires que lui prête Arthur Ganate.

« Tu l'as dit, bouffi, que je suis anarchiste ! Et la preuve la meilleure, c'est que j'ai composé une manière de prière vengeresse et sociale dont tu vas me dire tout de suite des nouvelles : les ailes en or ! C'est le titre !... » Et je lui récite alors :

Un Dieu qui compte les minutes et les sous, un Dieu désespéré, sensuel et grognon comme un cochon. Un cochon avec des ailes en or qui retombe partout, le ventre en l'air, prêt aux caresses, c'est lui, c'est notre maître. Embrassons-nous !

« Ton petit morceau ne tient pas devant la vie, j'en suis, moi, pour l'ordre établi et je n'aime pas la politique. Et d'ailleurs le jour où la patrie me demandera de verser mon sang pour elle, elle me trouvera moi bien sûr, et pas fainéant, prêt à le donner. » Voilà ce qu'il m'a répondu.

Justement la guerre approchait de nous deux sans qu'on s'en soye rendu compte et je n'avais plus la tête très solide. Cette brève mais vivace discussion m'avait fatigué. Et puis, j'étais ému aussi parce que le garçon m'avait un peu traité de sordide à cause du pourboire. Enfin, nous nous réconciliâmes avec Arthur pour finir, tout à fait. On était du même avis sur presque tout.

« C'est vrai, t'as raison en somme, que j'ai convenu, conciliant, mais enfin on est tous assis sur une grande galère, on rame tous à tour de bras, tu peux pas venir me dire le contraire !... Assis sur des clous même à tirer tout nous autres ! Et qu'est-ce qu'on en a ? Rien ! Des coups de trique seulement, des misères, des bobards et puis des vacheries encore. On travaille ! Qu'ils disent. C'est ça encore qu'est plus infect que tout le reste, leur travail. On est en bas dans les cales à souffler de la gueule, puants, suintants des rouspignolles, et puis voilà ! En haut sur le pont, au frais, il y a les maîtres et qui s'en font pas, avec des belles femmes roses et gonflées de parfums sur les genoux. On nous fait monter sur le pont. Alors, ils mettent leurs chapeaux haut de forme et puis ils nous en mettent un bon coup de la gueule comme ça : « Bandes de charognes, c'est la guerre ! Qu'ils font. On va les aborder, les saligauds qui sont sur la patrie n° 2 et on va leur faire sauter la caisse ! Allez ! Allez ! Y a de tout ce qu'il faut à bord ! Tous en chœur ! Gueulez voir d'abord un bon coup et que ça tremble : Vive la Patrie n° 1 ! Qu'on vous entende de loin ! Celui qui gueulera le plus fort, il aura la médaille et la dragée du bon jésus ! Nom de Dieu ! Et puis ceux qui ne voudront pas crever sur mer, ils pourront toujours aller crever sur terre où c'est fait bien plus vite encore qu'ici !

— C'est tout à fait comme ça ! » que m'approuva Arthur, décidément devenu facile à convaincre.

Mais voilà-t-y pas que juste devant le café où nous étions attablés un régiment se met à passer, et avec le colonel par-devant sur son cheval, et même qu'il avait l'air bien gentil et richement gaillard, le colonel ! Moi, je ne fis qu'un bond d'enthousiasme.

« J'vais voir si c'est ainsi ! Que je crie à Arthur, et me voici parti à m'engager, et au pas de course encore.

— T'es rien c... Ferdinand ! » Qu'il me crie, lui Arthur en retour, vexé sans aucun doute par l'effet de mon héroïsme sur tout le monde qui nous regardait.

Ça m'a un peu froissé qu'il prenne la chose ainsi, mats ça m'a pas arrêté. J'étais au pas. « J'y suis, j'y reste ! » que je me dis.

« On verra bien, eh navet ! » que j'ai même encore eu le temps de lui crier avant qu'on tourne la rue avec le régiment derrière le colonel et sa musique. Ça s'est fait exactement ainsi.

Alors on a marché longtemps. Y en avait plus qu'il y en avait encore des rues, et puis dedans des civils et leurs femmes qui nous poussaient des encouragements, et qui lançaient des fleurs, des terrasses, devant les gares, des pleines églises. Il y en avait des patriotes ! Et puis il s'est mis à y en avoir moins des patriotes... La pluie est tombée, et puis encore de moins en moins et puis plus du tout d'encouragements, plus un seul, sur la route.

Nous n'étions donc plus rien qu'entre nous ? Les uns derrière les autres ? La musique s'est arrêtée. « En résumé, que je me suis dit alors, quand j'ai vu comment ça tournait, c'est plus drôle ! C'est tout à recommencer ! » J'allais m'en aller. Mais trop tard ! Ils avaient refermé la porte en douce derrière nous les civils. On était faits, comme des rats.

* * *

Une fois qu'on y est, on y est bien. Ils nous firent monter à cheval et puis au bout de deux mois qu'on était là-dessus, remis à pied. Peut-être à cause que ça coûtait trop cher. Enfin, un matin, le colonel cherchait sa monture, son ordonnance était parti avec, on ne savait où, dans un petit endroit sans doute où les balles passaient moins facilement qu'au milieu de la route. Car c'est là précisément qu'on avait fini par se mettre, le colonel et moi, au beau milieu de la route, moi tenant son registre où il inscrivait des ordres.

Tout au loin sur la chaussée, aussi loin qu'on pouvait voir, il y avait deux points noirs, au milieu, comme nous, mais c'était deux Allemands bien occupés à tirer depuis un bon quart d'heure.

Lui, notre colonel, savait peut-être pourquoi ces deux gens-là tiraient, les Allemands aussi peut-être qu'ils savaient, mais moi, vraiment, je savais pas. Aussi loin que je cherchais dans ma mémoire, je ne leur avais rien fait aux Allemands. J'avais toujours été bien aimable et bien poli avec eux. Je les connaissais un peu les Allemands, j'avais même été à l'école chez eux, étant petit, aux environs de Hanovre. J'avais parlé leur langue. C'était alors une masse de petits crétins gueulards avec des yeux pâles et furtifs comme ceux des loups ; on allait toucher ensemble les filles après l'école dans les bois d'alentour, où on tirait aussi à l'arbalète et au pistolet qu'on achetait même quatre marks. On buvait de la bière sucrée. Mais de là à nous tirer maintenant dans le coffret, sans même venir nous parler d'abord et en plein milieu de la route, il y avait de la marge et même un abîme. Trop de différence.

La guerre en somme c'était tout ce qu'on ne comprenait pas. Ça ne pouvait pas continuer.

Il s'était donc passé dans ces gens-là quelque chose d'extraordinaire ? Que je ne ressentais, moi, pas du tout. J'avais pas dû m'en apercevoir...

Mes sentiments toujours n'avaient pas changé à leur égard. J'avais comme envie malgré tout d'essayer de comprendre leur brutalité, mais plus encore j'avais envie de m'en aller, énormément, absolument, tellement tout cela m'apparaissait soudain comme l'effet d'une formidable erreur.

« Dans une histoire pareille, il n'y a rien à faire, il n'y a qu'à foutre le camp », que je me disais, après tout...

Au-dessus de nos têtes, à deux millimètres, à un millimètre peut-être des tempes, venaient vibrer l'un derrière l'autre ces longs fils d'acier tentants que tracent les balles qui veulent vous tuer, dans l'air chaud d'été.

Jamais je ne m'étais senti aussi inutile parmi toutes ces balles et les lumières de ce soleil. Une immense, universelle moquerie.

Je n'avais que vingt ans d'âge à ce moment-là. Fermes désertes au loin, des églises vides et ouvertes, comme si les paysans étaient partis de ces hameaux pour la journée, tous, pour une fête à l'autre bout du canton, et qu'ils nous eussent laissé en confiance tout ce qu'ils possédaient, leur campagne, les charrettes, brancards en l'air, leurs champs, leurs enclos, la route, les arbres et même les vaches, un chien avec sa chaîne, tout quoi. Pour qu'on se trouve bien tranquilles à faire ce qu'on voudrait pendant leur absence. Ça avait l'air gentil de leur part. « Tout de même, s'ils n'étaient pas ailleurs ! — que je me disais — s'il y avait encore eu du monde par ici, on ne se serait sûrement pas conduits de cette ignoble façon ! Aussi mal ! On aurait pas osé devant eux ! Mais, il n'y avait plus personne pour nous surveiller ! Plus que nous, comme des mariés qui font des cochonneries quand tout le monde est paru. »

Je me pensais aussi (derrière un arbre) que j'aurais bien voulu le voir ici moi, le Déroulède dont on m'avait tant parlé, m'expliquer comment qu'il faisait, lui, quand il prenait une balle en plein bidon.

Ces Allemands accroupis sur la route, têtus et tirailleurs, tiraient mal, mais ils semblaient avoir des balles à en revendre, des pleins magasins sans doute. La guerre décidément, n'était pas terminée ! Notre colonel, il faut dire ce qui est, manifestait une bravoure stupéfiante ! Il se promenait au beau milieu de la chaussée et puis de long en large parmi les trajectoires aussi simplement que s'il avait attendu un ami sur le quai de la gare, un peu impatient seulement.

Moi d'abord la campagne, faut que je le dise tout de suite, j'ai jamais pu la sentir, je l'ai toujours trouvée triste, avec ses bourbiers qui n'en finissent pas, ses maisons où les gens n'y sont jamais et ses chemins qui ne vont nulle part. Mais quand on y ajoute la guerre en plus, c'est à pas y tenir. Le vent s'était levé, brutal, de chaque côté des talus, les peupliers mêlaient leurs rafales de feuilles aux petits bruits secs qui venaient de là-bas sur nous. Ces soldats inconnus nous rataient sans cesse, mais tout en nous entourant de mille morts, on s'en trouvait comme habillés. Je n'osais plus remuer.

Le colonel, c'était donc un monstre ! À présent, j'en étais assuré, pire qu'un chien, il n'imaginait pas son trépas ! Je conçus en même temps qu'il devait y en avoir beaucoup des comme lui dans notre armée, des braves, et puis tout autant sans doute dans l'armée d'en face. Qui savait combien ? Un, deux, plusieurs millions peut-être en tout ? Dès lors ma frousse devint panique. Avec des êtres semblables, cette imbécillité infernale pouvait continuer indéfiniment... Pourquoi s'arrêteraient-ils ? Jamais je n'avais senti plus implacable la sentence des hommes et des choses.

Serais-je donc le seul lâche sur la terre ? pensais-je. Et avec quel effroi !... Perdu parmi deux millions de fous héroïques et déchaînés et armés jusqu'aux cheveux ? Avec casques, sans casques, sans chevaux, sur motos, hurlants, en autos, sifflants, tirailleurs, comploteurs, volants, à genoux, creusant, se défilant, caracolant dans les sentiers, pétaradant, enfermés sur la terre, comme dans un cabanon, pour y tout détruire, Allemagne, France et Continents, tout ce qui respire, détruire, plus enragés que les chiens, adorant leur rage (ce que les chiens ne font pas), cent, mille fois plus enragés que mille chiens et tellement plus vicieux ! Nous étions jolis ! Décidé ment, je le concevais, je m'étais embarqué dans une croisade apocalyptique.

On est puceau de l'Horreur comme on l'est de la volupté. Comment aurais-je pu me douter moi de cette horreur en quittant la place Clichy ? Qui aurait pu prévoir avant d'entrer vraiment dans la guerre, tout ce que contenait la sale âme héroïque et fainéante des hommes ?

À présent, j'étais pris dans cette fuite en masse, vers le meurtre en commun, vers le feu... Ça venait des profondeurs et c'était arrivé.

Le colonel ne bronchait toujours pas, je le regardais recevoir, sur le talus, des petites lettres du général qu'il déchirait ensuite menu, les ayant lues sans hâte, entre les balles. Dans aucune d'elles, il n'y avait donc l'ordre d'arrêter net cette abomination ? On ne lui disait donc pas d'en haut qu'il y avait méprise ? Abominable erreur ? Maldonne ? Qu'on s'était trompé ? Que c'était des manœuvres pour rire qu'on avait voulu faire, et pas des assassinats ! Mais non ! « Continuez, colonel, vous êtes dans la bonne voie ! » Voilà sans doute ce que lui écrivait le général des Entrayes, de la division, notre chef à tous, dont il recevait une enveloppe chaque cinq minutes, par un agent de la liaison, que la peur rendait chaque fois un peu plus vert et foireux. J'en aurais fait mon frère peureux de ce garçon-là ! Mais on n'avait pas le temps de fraterniser non plus.

Donc pas d'erreur ? Ce qu'on faisait à se tirer dessus, comme ça, sans même se voir, n'était pas défendu ! Cela faisait partie des choses qu'on peut faire sans mériter une bonne engueulade. C'était même reconnu, encouragé sans doute par les gens sérieux, comme le tirage au sort, les fiançailles, la chasse à courre !... Rien à dire. Je venais de découvrir d'un coup la guerre tout entière. J'étais dépucelé. Faut être à peu près seul devant elle comme je l'étais à ce moment-là pour bien la voir la vache, en face et de profil. On venait d'allumer la guerre entre nous et ceux d'en face, et à présent ça brûlait ! Comme le courant entre les deux charbons, dans la lampe à arc. Et il n'était pas près de s'éteindre le charbon ! On y passerait tous, le colonel comme les autres, tout mariole qu'il semblait être et sa carne ne ferait pas plus de rôti que la mienne quand le courant d'en face lui passerait entre les deux épaules.

Il y a bien des façons d'être condamné à mort. Ah ! combien n'aurais-je pas donné à ce moment-là pour être en prison au lieu d'être ici, moi crétin ! Pour avoir, par exemple, quand c'était si facile, prévoyant, volé quelque chose, quelque part, quand il en était temps encore. On ne pense à rien ! De la prison, on en sort vivant, pas de la guerre. Tout le reste, c'est des mots.

Si seulement j'avais encore eu le temps, mais je ne l'avais plus ! Il n'y avait plus rien à voler ! Comme il ferait bon dans une petite prison pépère, que je me disais, où les balles ne passent pas ! Ne passent jamais ! J'en connaissais une toute prête, au soleil, au chaud ! Dans un rêve, celle de Saint-Germain précisément, si proche de la forêt, je la connaissais bien, je passais souvent par là, autrefois. Comme on change ! J'étais un enfant alors, elle me faisait peur la prison. C'est que je ne connaissais pas encore les hommes. Je ne croirai plus jamais à ce qu'ils disent, à ce qu'ils pensent. C'est des hommes et d'eux seulement qu'il faut avoir peur, toujours.

Combien de temps faudrait-il qu'il dure leur délire, pour qu'ils s'arrêtent épuisés, enfin, ces monstres ? Combien de temps un accès comme celui-ci peut-il bien durer ? Des mois ? Des années ? Combien ? Peut-être jusqu'à la mort de tout le monde, de tous les fous ? Jusqu'au dernier ? Et puisque les événements prenaient ce tour désespéré je me décidais à risquer le tout pour le tout, à tenter la dernière démarche, la suprême, essayer, moi, tout seul, d'arrêter la guerre ! Au moins dans ce coin-là où j'étais.

Le colonel déambulait à deux pas. J'allais lui parler. Jamais je ne l'avais fait. C'était le moment d'oser. Là où nous en étions il n'y avait presque plus rien à perdre. « Qu'est-ce que vous voulez ? » me demanderait-il, j'imaginais, très surpris bien sûr par mon audacieuse interruption. Je lui expliquerais alors les choses telles que je les concevais. On verrait ce qu'il en pensait, lui. Le tout c'est qu'on s'explique dans la vie. A deux on y arrive mieux que tout seul.

J'allais faire cette démarche décisive quand, à l'instant même, arriva vers nous au pas de gymnastique, fourbu, dégingandé, un cavalier à pied (comme on disait alors) avec son casque renversé à la main, comme Bélisaire[4], et puis tremblant et bien souillé de boue, le visage plus verdâtre encore que celui de l'autre agent de liaison. Il bredouillait et semblait éprouver comme un mal inouï, ce cavalier, à sortir d'un tombeau et qu'il en avait tout mal au cœur. Il n'aimait donc pas les balles ce fantôme lui non plus ? Les prévoyait-il comme moi ?

« Qu'est-ce que c'est ? » l'arrêta net le colonel, brutal, dérangé, en jetant dessus ce revenant une espèce de regard en acier.

De le voir ainsi cet ignoble cavalier dans une tenue aussi peu réglementaire, et tout foirant d'émotion, ça le courrouçait fort notre colonel. Il n'aimait pas cela du tout la peur. C'était évident. Et puis ce casque à la main surtout, comme un chapeau melon, achevait de faire joliment mal dans notre régiment d'attaque, un régiment qui s'élançait dans la guerre. Il avait l'air de la saluer lui, ce cavalier à pied, la guerre, en entrant.

Sous ce regard d'opprobre, le messager vacillant se remit au « garde-à-vous », les petits doigts sur la couture du pantalon, comme il se doit dans ces cas-là. Il oscillait ainsi, raidi, sur le talus, la transpiration lui coulant le long de la jugulaire, et ses mâchoires tremblaient si fort qu'il en poussait des petits cris avortés, tel un petit chien qui rêve. On ne pouvait démêler s'il voulait nous parler ou bien s'il pleurait.

Nos Allemands accroupis au fin bout de la route venaient justement de changer d'instrument. C'est à la mitrailleuse qu'ils poursuivaient à présent leurs sottises ; ils en craquaient comme de gros paquets d'allumettes et tout autour de nous venaient voler des essaims de balles rageuses, pointilleuses comme des guêpes.

L'homme arriva tout de même à sortir de sa bouche quelque chose d'articulé.

« Le maréchal des logis Barousse vient d'être tué, mon colonel, qu'il dit tout d'un trait.

— Et alors ?

— Il a été tué en allant chercher le fourgon à pain sur la route des Étrapes, mon colonel !

— Et alors ?

— Il a été éclaté par un obus !

— Et alors, nom de Dieu !

— Et voilà ! Mon colonel...

— C'est tout ?

— Oui, c'est tout, mon colonel.

— Et le pain ? » demanda le colonel.

Ce fut la fin de ce dialogue parce que je me souviens bien qu'il a eu le temps de dire tout juste : « Et le pain ? » Et puis ce fut tout. Après ça, rien que du feu et puis du bruit avec. Mais alors un de ces bruits comme on ne croirait jamais qu'il en existe. On en a eu tellement plein les yeux, les oreilles, le nez, la bouche, tout de suite, du bruit, que je croyais bien que c'était fini ; que j'étais devenu du feu et du bruit moi-même.

Et puis non, le feu est parti, le bruit est resté longtemps dans ma tête, et puis les bras et les jambes qui tremblaient comme si quelqu'un vous les secouait de par-derrière. Ils avaient l'air de me quitter et puis ils me sont restés quand même mes membres. Dans la fumée qui piqua les yeux encore pendant

---

[4] *Bélisaire* : général byzantin, victime, après avoir sauvé Constantinople d'une sédition, de l'ingratitude de l'empereur.

longtemps, l'odeur pointue de la poudre et du soufre nous restait comme pour tuer les punaises et les puces de la terre entière.

Tout de suite après ça, j'ai pensé au maréchal des logis Barousse qui venait d'éclater comme l'autre nous l'avait appris. C'était une bonne nouvelle. Tant mieux ! que je pensais tout de suite ainsi : « C'est une bien grande charogne en moins dans le régiment ! » Il avait voulu me faire passer au Conseil pour une boîte de conserve. « Chacun sa guerre ! » que je me dis. De ce côté-là, faut en convenir, de temps en temps, elle avait l'air de servir à quelque chose la guerre ! J'en connaissais bien encore trois ou quatre dans le régiment, de sacrés ordures que j'aurais aidés bien volontiers à trouver un obus comme Barousse.

Quant au colonel, lui, je ne lui voulais pas de mal. Lui pourtant aussi il était mort. Je ne le vis plus, tout d'abord. C'est qu'il avait été déporté sur le talus, allongé sur le flanc par l'explosion et projeté jusque dans les bras du cavalier à pied, le messager, fini lui aussi. Ils s'embrassaient tous les deux pour le moment et pour toujours, mais le cavalier n'avait plus sa tête, rien qu'une ouverture au-dessus du cou, avec du sang dedans qui mijotait en glouglous comme de la confiture dans la marmite. Le colonel avait son ventre ouvert, il en faisait une sale grimace. Ça avait dû lui faire du mal ce coup-là au moment où c'était arrivé. Tant pis pour lui ! S'il était parti dès les premières balles, ça ne lui serait pas arrivé.

Toutes ces viandes saignaient énormément ensemble.

Des obus éclataient encore à la droite et à la gauche de la scène.

J'ai quitté ces lieux sans insister, joliment heureux d'avoir un aussi beau prétexte pour foutre le camp. J'en chantonnais même un brin, en titubant, comme quand on a fini une bonne partie de canotage et qu'on a les jambes un peu drôles. « Un seul obus ! C'est vite arrangé les affaires tout de même avec un seul obus », que je me disais. « Ah ! dis donc ! que je me répétais tout le temps. Ah ! dis donc !... »

Il n'y avait plus personne au bout de la route. Les Allemands étaient partis. Cependant, j'avais appris très vite ce coup-là à ne plus marcher désormais que dans le profil des arbres. J'avais hâte d'arriver au campement pour savoir s'il y en avait d'autres au régiment qui avaient été tués en reconnaissance. Il doit y avoir des bons trucs aussi, que je me disais encore, pour se faire faire prisonnier !... Çà et là des morceaux de fumée âcre s'accrochaient aux mottes. « Ils sont peut-être tous morts à l'heure actuelle ? que je me demandais. Puisqu'ils ne veulent rien comprendre à rien, c'est ça qui serait avantageux et pratique qu'ils soient tous tués très vite... Comme ça on en finirait tout de suite... On rentrerait chez soi... On repasserait peut-être place Clichy en triomphe... Un ou deux seulement qui survivraient... Dans mon désir... Des gars gentils et bien balancés, derrière le général, tous les autres seraient morts comme le colon... Comme Barousse... comme Vanaille... (une autre vache)... etc. On nous couvrirait de décorations, de fleurs, on passerait sous l'Arc de Triomphe. On entrerait au restaurant, on vous servirait sans payer, on payerait plus rien, jamais plus de la vie ! On est les héros ! qu'on dirait au moment de la note... Des défenseurs de la Patrie ! Et ça suffirait !... On payerait avec des petits drapeaux français !... La caissière refuserait même l'argent des héros et même elle vous en donnerait, avec des baisers quand on passerait devant sa caisse. Ça vaudrait la peine de vivre. »

Je m'aperçus en fuyant que je saignais du bras, mais un peu seulement, pas une blessure suffisante du tout, une écorchure. C'était à recommencer.

Il se remit à pleuvoir, les champs des Flandres bavaient l'eau sale. Encore pendant longtemps je n'ai rencontré personne, rien que le vent et puis peu après le soleil. De temps en temps, je ne savais d'où, une balle, comme ça, à travers le soleil et l'air me cherchait, guillerette, entêtée à me tuer, dans cette solitude, moi. Pourquoi ? Jamais plus, même si je vivais encore cent ans, je ne me promènerais à la campagne. C'était juré.

En allant devant moi, je me souvenais de la cérémonie de la veille. Dans un pré qu'elle avait eu lieu cette cérémonie, au revers d'une colline ; le colonel avec sa grosse voix avait harangué le régiment : « Haut les cœurs ! qu'il avait dit... Haut les cœurs ! et vive la France ! » Quand on a pas d'imagination, mourir c'est peu de chose, quand on en a, mourir c'est trop. Voilà mon avis. Jamais je n'avais compris tant de choses à la fois.

Le colonel n'avait jamais eu d'imagination lui. Tout son malheur à cet homme était venu de là, le nôtre sur tout. Étais-je donc le seul à avoir l'imagination de la mort dans ce régiment ? Je préférais la mienne de mort, tardive... Dans vingt ans... Trente ans... Peut-être davantage, à celle qu'on me voulait de suite, à bouffer de la boue des Flandres, à pleine bouche, plus que la bouche même, fendue jusqu'aux oreilles, par un éclat. On a bien le droit d'avoir une opinion sur sa propre mort. Mais alors où aller ? Droit devant moi ? Le dos à l'ennemi. Si les gendarmes ainsi, m'avaient pincé en vadrouille, je crois bien que mon compte eût été bon. On m'aurait jugé le soir même, très vite, à la bonne franquette, dans une classe d'école licenciée. Il y en avait beaucoup des vides des classes, partout où nous passions. On aurait joué avec moi à la justice comme on joue quand le maître est parti. Les gradés sur l'estrade, assis, moi debout, menottes aux mains devant les petits pupitres. Au matin, on m'aurait fusillé : douze balles, plus une. Alors ?

Et je repensais encore au colonel, brave comme il était cet homme-là, avec sa cuirasse, son casque et ses moustaches, on l'aurait montré se promenant comme je l'avais vu moi, sous les balles et les obus, dans un music-hall, c'était un spectacle à remplir l'Alhambra[5] d'alors, il aurait éclipsé Fragson[6], dans l'époque dont je vous parle une formidable vedette, cependant. Voilà ce que je pensais moi. Bas les cœurs ! que je pensais moi.

Après des heures et des heures de marche furtive et prudente, j'aperçus enfin nos soldats devant un hameau de fermes. C'était un avant-poste à nous. Celui d'un escadron qui était logé par là. Pas un tué chez eux, qu'on m'annonça. Tous vivants ! Et moi qui possédais la grande nouvelle : « Le colonel est mort ! » que je leur criai, dès que je fus assez près du poste. « C'est pas les colonels qui manquent ! » que me répondit le brigadier Pistil, du tac au tac, qu'était justement de garde lui aussi et même de corvée.

« Et en attendant qu'on le remplace le colonel, va donc, eh carotte, toujours à la distribution de bidoche avec Empouille et Kerdoncuff et puis, prenez deux sacs chacun, c'est derrière l'église que ça se passe... Qu'on voit là-bas... Et puis vous faites pas refiler encore rien que les os comme hier, et puis tâchez de vous démerder pour être de retour à l'escouade avant la nuit, salopards ! »

On a repris la route tous les trois donc.

« Je leur raconterai plus rien à l'avenir ! » que je me disais, vexé. Je voyais bien que c'était pas la peine de leur rien raconter à ces gens-là, qu'un drame comme j'en avais vu un, c'était perdu tout simplement pour des dégueulasses pareils ! qu'il était trop tard pour que ça intéresse encore. Et dire que huit jours plus tôt on en aurait mis sûrement quatre colonnes dans les journaux et ma photographie pour la mort d'un colonel comme c'était arrivé. Des abrutis.

C'était donc dans une prairie d'août qu'on distribuait toute la viande pour le régiment, ombrée de cerisiers et brûlée déjà par la fin d'été. Sur des sacs et des toiles de tentes largement étendues et sur l'herbe même, il y en avait pour des kilos et des kilos de tripes étalées, de gras en flocons jaunes et pâles, des moutons éventrés avec leurs organes en pagaie, suintant en ruisselets ingénieux dans la verdure d'alentour, un bœuf entier sectionné en deux, pendu à l'arbre, et sur lequel s'escrimaient encore en jurant les quatre bouchers du régiment pour lui tirer des morceaux d'abattis. On s'engueulait ferme entre escouades à propos de graisses, et de rognons surtout, au milieu des mouches comme on en voit que dans ces moments-là, importantes et musicales comme des petits oiseaux.

Et puis du sang encore et partout, à travers l'herbe, en flaques molles et confluentes qui cherchaient la bonne pente. On tuait le dernier cochon quelques pas plus loin. Déjà quatre hommes et un boucher se disputaient certaines tripes à venir.

« C'est toi eh vendu ! qui l'as étouffé hier l'aloyau !... »

J'ai eu le temps encore de jeter deux ou trois regards sur ce différend alimentaire, tout en m'appuyant contre un arbre et j'ai dû céder à une immense envie de vomir, et pas qu'un peu, jusqu'à l'évanouissement.

On m'a bien ramené jusqu'au cantonnement sur une civière, mais non sans profiter de l'occasion pour me barboter mes deux sacs en toile cachou.

---

[5] *L'Alhambra* : grande salle de music-hall.
[6] *Fragson* : un des grands du music-hall du début du siècle.

Je me suis réveillé dans une autre engueulade du brigadier. La guerre ne passait pas.

* * *

Tout arrive et ce fut à mon tour de devenir brigadier vers la fin de ce même mois d'août. On m'envoyait souvent avec cinq hommes, en liaison, aux ordres du général des Entrayes. Ce chef était petit de taille, silencieux, et ne paraissait à première vue ni cruel, ni héroïque. Mais il fallait se méfier... Il semblait préférer par-dessus tout ses bonnes aises. Il y pensait même sans arrêt à ses aises et bien que nous fussions occupés à battre en retraite depuis plus d'un mois, il engueulait tout le monde quand même si son ordonnance ne lui trouvait pas dès l'arrivée à l'étape, dans chaque nouveau cantonnement, un lit bien propre et une cuisine aménagée à la moderne.

Au chef d'État-major, avec ses quatre galons, ce souci de confort donnait bien du boulot. Les exigences ménagères du général des Entrayes l'agaçaient. Surtout que lui, jaune, gastritique au possible et constipé, n'était nullement porté sur la nourriture. Il lui fallait quand même manger ses neufs à la coque à la table du général et recevoir en cette occasion ses doléances. On est militaire ou on ne l'est pas. Toutefois, je n'arrivais pas à le plaindre ce que c'était un bien grand saligaud comme officier.

Faut en juger. Quand nous avions donc traîné jusqu'au soir de chemins en collines et de luzernes en carottes, on finissait tout de même par s'arrêter pour que notre général puisse coucher quelque part. On lui cherchait, et on lui trouvait un village calme, bien à l'abri, où les troupes ne campaient pas encore et s'il y en avait déjà dans le village des troupes, elles décampaient en vitesse, on les foutait à la porte, tout simplement ; à la belle étoile, même si elles avaient déjà formé les faisceaux.

Le village c'était réservé rien que pour l'État-major, ses chevaux, ses cantines, ses valises, et aussi pour ce saligaud de commandant. Il s'appelait Pinçon ce salaud là, le commandant Pinçon. J'espère qu'à l'heure actuelle il est bien crevé (et pas d'une mort pépère). Mais à ce moment-là, dont le parle, il était encore salement vivant le Pinçon. Il nous réunissait chaque soir les hommes de la liaison et puis alors il nous engueulait un bon coup pour nous remettre dans la ligne et pour essayer de réveiller nos ardeurs. Il nous envoyait à tous les diables, nous qui avions traîné toute la journée derrière le général. Pied à terre ! À cheval ! Repied à terre ! Comme ça à lui porter ses ordres, de-ci, de-là. On aurait aussi bien fait de nous noyer quand c'était fini. C'eût été plus pratique pour tout le monde.

« Allez-vous-en tous ! Allez rejoindre vos régiments ! Et vivement ! qu'il gueulait.

— Où qu'il est le régiment, mon commandant ? qu'on demandait nous...

— Il est à Barbagny.

— Où que c'est Barbagny ?

— C'est par là ! »

Par là, où il montrait, il n'y avait rien que la nuit, comme partout d'ailleurs, une nuit énorme qui bouffait la route à deux pas de nous et même qu'il n'en sortait du noir qu'un petit bout de route grand comme la langue.

Allez donc le chercher son Barbagny dans la fin d'un monde ! Il aurait fallu qu'on sacrifiât pour le retrouver son Barbagny au moins un escadron tout entier ! Et encore un escadron de braves ! Et moi qui n'étais point brave et qui ne voyais pas du tout pourquoi je l'aurais été brave, j'avais évidemment encore moins envie que personne de retrouver son Barbagny, dont il nous parlait d'ailleurs lui-même absolument au hasard. C'était comme si on avait essayé en m'engueulant très fort de me donner l'envie d'aller me suicider. Ces choses-là on les a ou on ne les a pas.

De toute cette obscurité si épaisse qu'il vous semblait qu'on ne reverrait plus son bras dès qu'on l'étendait un peu plus loin que l'épaule, je ne savais qu'une chose, mais cela alors tout à fait certainement, c'est qu'elle contenait des volontés homicides énormes et sans nombre.

Cette gueule d'État-major n'avait de cesse dès le soir revenu de nous expédier au trépas et ça le prenait souvent dès le coucher du soleil. On luttait un peu avec lui à coups d'inertie, on s'obstinait à ne pas le comprendre, on s'accrochait au cantonnement pépère tant bien que mal, tant qu'on pouvait, mais enfin quand on ne voyait plus les arbres, à la fin, il fallait consentir tout de même à s'en aller mourir un peu ; le dîner du général était prêt.

Tout se passait alors à partir de ce moment-là, selon les hasards. Tantôt on le trouvait et tantôt on ne le trouvait pas le régiment et son Barbagny. C'était surtout par erreur qu'on les retrouvait parce que les sentinelles de l'escadron de garde tiraient sur nous-en arrivant. On se faisait reconnaître ainsi forcément et on achevait presque toujours la nuit en corvées de toutes natures, à porter beaucoup de ballots d'avoine et des seaux d'eau en masse, à se faire engueuler jusqu'à en être étourdi en plus du sommeil.

Au matin on repartait, groupe de la liaison, tous les cinq pour le quartier du général des Entrayes, pour continuer la guerre.

Mais la plupart du temps on ne le trouvait pas le régi ment et on attendait seulement le jour en cerclant autour des villages sur les chemins inconnus, à la lisière des hameaux évacués, et les taillis sournois, on évitait tout ça autant qu'on le pouvait à cause des patrouilles allemandes. Il fallait bien être quelque part cependant en attendant le matin, quelque part dans la nuit. On ne pouvait pas éviter tout. Depuis ce temps-là, je sais ce que doivent éprouver les lapins en garenne.

Ça vient drôlement la pitié. Si on avait dit au commandant Pinçon qu'il n'était qu'un sale assassin lâche, on lui aurait fait un plaisir énorme, celui de nous faire fusiller, séance tenante, par le capitaine de gendarmerie, qui ne le quittait jamais d'une semelle et qui, lui, ne pensait précisément qu'à cela. C'est pas aux Allemands qu'il en voulait, le capitaine de gendarmerie.

Nous dûmes donc courir les embuscades pendant des nuits et des nuits imbéciles qui se suivaient, rien qu'avec l'espérance de moins en moins raisonnable d'en revenir et celle-là seulement et aussi que si on en revenait qu'on n'oublierait jamais, absolument jamais, qu'on avait découvert sur la terre un homme bâti comme vous et moi, mais bien plus charognard que les crocodiles et les requins qui passent entre deux eaux la gueule ouverte autour des bateaux d'ordures et de viandes pourries qu'on va leur déverser au large, à La Havane.

La grande défaite, en tout, c'est d'oublier, et surtout ce ; qui vous a fait crever, et de crever sans comprendre jamais jusqu'à quel point les hommes sont vaches. Quand on sera au bord du trou faudra pas faire les malins nous autres, mais faudra pas oublier non plus, faudra raconter tout sans changer un mot, de ce qu'on a vu de plus vicieux chez les hommes et puis poser sa chique et puis descendre. Ça suffit comme boulot pour une vie tout entière.

Je l'aurais bien donné aux requins à bouffer moi, le commandant Pinçon, et puis son gendarme avec, pour leur apprendre à vivre ; et puis mon cheval aussi en même temps pour qu'il ne souffre plus, parce qu'il n'en avait plus de dos ce grand malheureux, tellement qu'il avait mal, rien que deux plaques de chair qui lui restaient à la place, sous la selle, larges comme mes deux mains et suintantes, à vif, avec des grandes traînées de pus qui lui coulaient par les bords de la couverture jusqu'aux jarrets. Il fallait cependant trotter là-dessus, un, deux... Il s'en tortillait de trotter. Mais les chevaux c'est encore bien plus patient que des hommes. Il ondulait en trottant. On ne pouvait plus le laisser qu'au grand air. Dans les granges, à cause de l'odeur qui lui sortait des blessures, ça sentait si fort, qu'on en restait suffoqué. En montant dessus son dos, ça lui faisait si mal qu'il se courbait, comme gentiment, et le ventre lui en arrivait alors aux genoux. Ainsi on aurait dit qu'on grimpait sur un âne. C'était plus commode ainsi, faut l'avouer. On était bien fatigués nous-mêmes, avec tout ce qu'on supportait en aciers sur la tête et sur les épaules.

Le général des Entrayes, dans la maison réservée, attendait son dîner. Sa table était mise, la lampe à sa place.

« Foutez-moi tous le camp, nom de Dieu, nous sommait une fois de plus le Pinçon, en nous balançant sa lanterne à hauteur du nez. On va se mettre à table ! Je ne vous le répéterai plus ! Vont-ils s'en aller ces charognes ! » qu'il hurlait même. Il en reprenait, de rage, à nous envoyer crever ainsi, ce diaphane, quelques couleurs aux joues.

Quelquefois le cuisinier du général nous repassait avant qu'on parte un petit morceau, il en avait de trop à bouffer le général, puisqu'il touchait d'après le règlement quarante rations pour lui tout seul ! Il n'était plus jeune cet homme-là. Il devait même être tout près de la retraite. Il pliait aussi des genoux en marchant. Il devait se teindre les moustaches.

Ses artères, aux tempes, cela se voyait bien à la lampe, quand on s'en allait, dessinaient des méandres comme la Seine à la sortie de Paris. Ses filles étaient grandes, disait-on, pas mariées, et comme lui, pas riches. C'était peut-être à cause de ces souvenirs-là qu'il avait tant l'air vétillard et grognon, comme un vieux chien qu'on aurait dérangé dans ses habitudes et qui essaye de retrouver son panier à coussin partout où on veut bien lui ouvrir la porte.

Il aimait les beaux jardins et les rosiers, il n'en ratait pas une, de roseraie, partout où nous passions. Personne comme les généraux pour aimer les rosiers. C'est connu.

Tout de même on se mettait en route. Le boulot c'était pour les faire passer au trot les canards. Ils avaient peur de bouger à cause des plaies d'abord et puis ils avaient peur de nous et de la nuit aussi, ils avaient peur de tout, quoi ! Nous aussi ! Dix fois on s'en retournait pour lui redemander la route au commandant. Dix fois qu'il nous traitait de fainéants et de tire-au-cul dégueulasses. À coups d'éperons enfin on franchissait le dernier poste de garde, on leur passait le mot aux plantons et puis on plongeait d'un coup dans la sale aventure, dans les ténèbres de ces pays à personne.

À force de déambuler d'un bord de l'ombre à l'autre, on finissait par s'y reconnaître un petit peu, qu'on croyait du moins... Dès qu'un nuage semblait plus clair qu'un autre on se disait qu'on avait vu quelque chose... Mais devant soi, il n'y avait de sûr que l'écho allant et venant, l'écho du bruit que faisaient les chevaux en trottant, un bruit qui vous étouffe, énorme, tellement qu'on en veut pas. Ils avaient l'air de trotter jusqu'au ciel, d'appeler tout ce qu'il y avait sur la terre les chevaux, pour nous faire massacrer. On aurait pu faire ça d'ailleurs d'une seule main, avec une carabine, il suffisait de l'appuyer en nous attendant, le long d'un arbre. Je me disais toujours que la première lumière qu'on verrait ce serait celle du coup de fusil de la fin.

Depuis quatre semaines qu'elle durait, la guerre, on était devenus si fatigués, si malheureux, que j'en avais perdu, à force de fatigue, un peu de ma peur en route. La torture d'être tracassés jour et nuit par ces gens, les gradés, les petits surtout, plus abrutis, plus mesquins et plus haineux encore que d'habitude, ça finit par faire hésiter les plus entêtés, à vivre encore.

Ah ! l'envie de s'en aller ! Pour dormir ! D'abord ! Et s'il n'y a plus vraiment moyen de partir pour dormir alors l'envie de vivre s'en va toute seule. Tant qu'on y resterait en vie faudrait avoir l'air de chercher le régiment.

Pour que dans le cerveau d'un couillon la pensée fasse un tour, il faut qu'il lui arrive beaucoup de choses et des bien cruelles. Celui qui m'avait fait penser pour la première fois de ma vie, vraiment penser, des idées pratiques et bien à moi, c'était bien sûrement le commandant Pinçon, cette gueule de torture. Je pensais donc à lui aussi fortement que je pouvais, tout en brinquebalant, garni, croulant sous les armures, accessoire figurant dans cette incroyable affaire internationale, où je m'étais embarqué d'enthousiasme... Je l'avoue.

Chaque mètre d'ombre devant nous était une promesse nouvelle d'en finir et de crever, mais de quelle façon ? Il n'y avait guère d'imprévu dans cette histoire que l'uni forme de l'exécutant. Serait-ce un d'ici ? Ou bien un d'en face ?

Je ne lui avais rien fait, moi, à ce Pinçon ! À lui, pas plus d'ailleurs qu'aux Allemands !... Avec sa tête de pêche pourrie, ses quatre galons qui lui scintillaient partout de sa tête au nombril, ses moustaches rêches et ses genoux aigus, et ses jumelles qui lui pendaient au cou comme une coche de vache, et sa carte au 1/1000, donc ? Je me demandais quelle rage d'envoyer crever les autres le possédait celui-là ? Les autres qui n'avaient pas de carte.

Nous quatre cavaliers sur la route nous faisions autant de bruit qu'un demi-régiment. On devait nous entendre venir à quatre heures de là ou bien c'est qu'on voulait pas nous entendre. Cela demeurait possible... Peut-être qu'ils avaient peur de nous les Allemands ? Qui sait ?

Un mois de sommeil sur chaque paupière voilà ce que nous portions et autant derrière la tête, en plus de ces kilos de ferraille.

Ils s'exprimaient mal mes cavaliers d'escorte. Ils par laient à peine pour tout dire. C'étaient des garçons venus du fonde la Bretagne pour le service et tout ce qu'ils savaient ne venait pas de l'école, mais du régiment. Ce soir-là, j'avais essayé de m'entretenir un peu du village de Barbagny avec celui qui était à côté de moi et qui s'appelait Kersuzon.

« Dis donc, Kersuzon, que je lui dis, c'est les Ardennes ici tu sais... Tu ne vois rien toi loin devant nous ? Moi, je vois rien du tout...

— C'est tout noir comme un cul », qu'il m'a répondu Kersuzon. Ça suffisait...

« Dis donc, t'as pas entendu parler de Barbagny toi dans la journée ? Par où que c'était ? que je lui ai demandé encore.

— Non. »

Et voilà.

On ne l'a jamais trouvé le Barbagny. On a tourné sur nous-mêmes seulement jusqu'au matin, jusqu'à un autre village, où nous attendait l'homme aux jumelles. Son général prenait le petit café sous la tonnelle devant la maison du Maire quand nous arrivâmes.

« Ah ! comme c'est beau la jeunesse, Pinçon ! » qu'il lui a fait remarquer très haut à son chef d'État-major en nous voyant passer, le vieux. Ceci dit, il se leva et partit faire un pipi et puis encore un tour les mains derrière le dos, voûté. Il était très fatigué ce matin-là, -m'a soufflé l'ordonnance, il avait mal dormi le général, quelque chose qui le tracassait dans la vessie, qu'on racontait.

Kersuzon me répondait toujours pareil quand je le questionnais la nuit, ça finissait par me distraire comme un tic. Il m'a répété ça encore deux ou trois fois à propos du noir et du cul et puis il est mort, tué qu'il a été, quelque temps plus tard, en sortant d'un village, je m'en sou viens bien, un village qu'on avait pris pour un autre, par des Français qui nous avaient pris pour des autres.

C'est même quelques jours après la mort de Kersuzon qu'on a réfléchi et qu'on a trouvé un petit moyen, dont on était bien content, pour ne plus se perdre dans la nuit.

Donc, on nous foutait à la porte du cantonnement.

Bon. Alors on disait plus rien. On ne rouspétait plus. « Allez-vous-en ! qu'il faisait, comme d'habitude, la gueule en cire.

— Bien mon commandant ! »

Et nous voilà dès lors partis du côté du canon et sans se faire prier tous les cinq. On aurait dit qu'on allait aux cerises. C'était bien vallonné de ce côté-là. C'était la Meuse, avec ses collines, avec des vignes dessus, du raisin pas encore mûr et l'automne, et des villages en bois bien séchés par trois mois d'été, donc qui brûlaient facilement.

On avait remarqué ça nous autres, une nuit qu'on savait plus du tout où aller. Un village brûlait toujours du côté du canon. On en approchait pas beaucoup, pas de trop, on le regardait seulement d'assez loin le village, en spectateurs pourrait-on dire, à dix, douze kilomètres par exemple. Et tous les soirs ensuite vers cette époque-là, bien des villages se sont mis à flamber à l'horizon, ça se répétait, on en était entourés, comme par un très grand cercle d'une drôle de fête de tous ces pays-là qui brûlaient, devant soi et des deux côtés, avec des flammes qui montaient et léchaient les nuages.

On voyait tout y passer dans les flammes, les élises, les granges, les unes après les autres, les meules qui donnaient des flammes plus animées, plus hautes que le reste, et puis les poutres qui se redressaient tout droit dans la nuit avec des barbes de flammèches avant de chuter dans la lumière.

Ça se remarque bien comment que ça brûle un village, même à vingt kilomètres. C'était gai. Un petit hameau de rien du tout qu'on apercevait même pas pendant la journée, au fond d'une moche petite campagne, eh bien, on a pas idée la nuit, quand il brûle, de l'effet qu'il peut faire ! On dirait Notre-Dame ! Ça dure bien toute une nuit à brûler un village, même un petit, à la fin on dirait une fleur énorme, puis, rien qu'un bouton, puis plus rien.

Ça fume et alors c'est le matin.

Les chevaux qu'on laissait tout sellés, dans les champs à côté de nous, ne bougeaient pas. Nous, on allait roupiller dans l'herbe, sauf un, qui prenait la garde, à son tour, forcément. Mais quand on a des feux à regarder la nuit passe bien mieux, c'est plus rien à endurer, c'est plus de la solitude.

Malheureux qu'ils n'ont pas duré les villages... Au bout d'un mois, dans ce canton-là, il n'y en avait déjà plus. Les forêts, on a tiré dessus aussi, au canon. Elles n'ont pas existé huit jours les forêts. Ça fait encore des beaux feux les forêts, mais ça dure à peine.

Après ce temps-là, les convois d'artillerie prirent toutes les routes dans un sens et les civils qui se sauvaient ; dans l'autre.

En somme, on ne pouvait plus, nous, ni aller, ni revenir ; fallait rester où on était.

On faisait queue pour aller crever. Le général même ne trouvait plus de campements sans soldats. Nous finîmes par coucher tous en pleins champs, général ou pas. Ceux qui avaient encore un peu de cœur l'ont perdu. C'est à partir de ces mois-là qu'on a commencé à fusiller des troupiers pour leur remonter le moral, par escouades, et que le gendarme s'est mis à être cité à l'ordre du jour pour la manière dont il faisait sa petite guerre à lui, la profonde, la vraie de vraie.

* * *

Après un repos, on est remontés à cheval, quelques semaines plus tard, et on est repartis vers le nord. Le froid lui aussi vint avec nous. Le canon ne nous quittait plus. Cependant, on ne se rencontrait guère avec les Allemands crue par hasard, tantôt un hussard ou un groupe de tirailleurs, par-ci, par-là, en jaune et vert, des jolies couleurs. On semblait les chercher, mais on s'en allait plus loin dès qu'on les apercevait. À chaque rencontre, deux ou trois cavaliers y restaient, tantôt à eux, tantôt à nous. Et leurs chevaux libérés, étriers fous et clinquants, galopaient à vide et dévalaient vers nous de très loin avec leurs selles à troussequins bizarres, et leurs cuirs frais comme ceux des portefeuilles du jour de l'an. C'est nos chevaux qu'ils venaient rejoindre, amis tout de suite. Bien de la chance ! C'est pas nous qu'on aurait pu en faire autant !

Un matin en rentrant de reconnaissance, le lieutenant de Sainte-Engence invitait les autres officiers à constater qu'il ne leur racontait pas des blagues. « J'en ai sabré deux ! » assurait-il à la ronde, et montrait en même temps son sabre où, c'était vrai, le sang caillé comblait la petite rainure, faite exprès pour ça.

« Il a été épatant ! Bravo, Sainte-Engence !... Si vous l'aviez vu, messieurs ! Quel assaut ! » appuyait le capitaine Ortolan.

C'était dans l'escadron d'Ortolan que ça venait de se passer.

« Je n'ai rien perdu de l'affaire ! Je n'en étais pas loin ! Un coup de pointe au cou en avant et à droite !... Toc ! Le premier tombe !... Une autre pointe en pleine poitrine !... À gauche ! Traversez ! Une véritable parade de concours,... messieurs !... Encore bravo, Sainte Engence ! Deux lanciers ! À un kilomètre d'ici ! Les deux gaillards y sont encore ! En pleins labours ! La guerre est finie pour eux, hein, Sainte-Engence ?... Quel coup double ! Ils ont dû se vider comme des lapins ! »

Le lieutenant de Sainte-Engence, dont le cheval avait longuement galopé, accueillait les hommages et compliments des camarades avec modestie. À présent qu'Ortolan s'était porté garant de l'exploit, il était rassuré et il prenait du large, il ramenait sa jument au sec en la faisant tourner lentement en cercle autour de l'escadron rassemblé comme s'il se fût agi des suites d'une épreuve de haies.

« Nous devrions envoyer là-bas tout de suite une autre reconnaissance et du même côté ! Tout de suite ! s'affairait le capitaine Ortolan décidément excité. Ces deux bougres ont dû venir se perdre par ici, mais il doit y en avoir encore d'autres derrière... Tenez, vous, brigadier Bardamu, allez-y donc avec vos quatre hommes ! »

C'est à moi qu'il s'adressait le, capitaine.

« Et quand ils vous tireront dessus, eh bien tâchez de les repérer et venez me dire tout de suite où ils sont ! Ce doit être des Brandebourgeois !." »

Ceux de l'avive racontaient qu'au quartier, en temps de paix, il n'apparaissait presque jamais le capitaine Ortolan. Par contre, à présent, à la guerre, il se rattrapait ferme. En vérité, il était infatigable. Son entrain, même parmi tant d'autres hurluberlus, devenait de jour en jour plus remarquable. Il prisait de la cocaïne qu'on racontait aussi. Pâle et cerné, toujours agité sur ses membres fragiles, dès qu'il mettait pied à terre, il chancelait d'abord et puis il se reprenait et arpentait rageusement les sillons en quête d'une entreprise de bravoure. Il nous aurait envoyés prendre du feu à la bouche des canons d'en face. Il collaborait avec la mort. On aurait pu jurer qu'elle avait un contrat avec le capitaine Ortolan.

La première partie de sa vie (je me renseignai) s'était passée dans les concours hippiques à s'y casser les côtes, quelques fois l'an. Ses jambes force de les briser aussi et de ne plus les faire servir à la marche, en avaient perdu leurs mollets. Il n'avançait plus Ortolan qu'à pas nerveux et pointus comme sur des triques. Au sol, dans la houppe de démesurée, voûté sous la pluie, on l'aurait pris pour le fantôme arrière d'un cheval de course.

Notons qu'au début de la monstrueuse entreprise, c'est-à-dire au mois d'août, jusqu'en septembre même, certaines heures, des journées entières quelquefois, des bouts de routes, des coins de bois demeuraient favorables aux condamnés... On pouvait s'y laisser approcher par l'illusion d'être à peu près tranquille et croûter var exemple une boîte de conserve avec son pain, jusqu'au bout, sans être trop lancinés par le pressentiment que ce serait la dernière. Mais à partir d'octobre ce fut bien fini ces petites accalmies, la grêle devint de plus en plus épaisse, plus dense, mieux truffée, farcie d'obus et de balles. Bientôt on serait en plein orage et ce qu'on cherchait à ne pas voir serait alors en plein devant soi et on ne pourrait plus voir qu'elle : sa propre mort.

La nuit, dont on avait eu si peur dans les premiers temps, en devenait par comparaison assez douce. Nous finissions par l'attendre, la désirer la nuit. On nous tirait dessus moins facilement la nuit que le jour. Et il n'y avait plus que cette différence qui comptait.

C'est difficile d'arriver à l'essentiel, même en ce qui concerne la guerre, la fantaisie résiste longtemps.

Les chats trop menacés par le feu finissent tout de même par aller se jeter dans l'eau.

On dénichait dans la nuit çà et là des quarts d'heure qui ressemblaient assez à l'adorable temps de paix, à ces temps devenus incroyables, où tout était bénin, où rien au fond ne tirait à conséquence, où s'accomplissaient tant d'autres choses, toutes devenues extraordinairement, merveilleusement agréables. Un velours vivant, ce temps de paix...

Mais bientôt les nuits, elles aussi, à leur tour, furent traquées sans merci. Il fallut presque toujours la nuit faire encore travailler sa fatigue, souffrir un petit supplément, rien que pour manger, pour trouver le petit rabiot de sommeil dans le noir. Elle arrivait aux lignes d'avant-garde la nourriture, honteusement rampante et lourde, en longs cortèges boiteux de carrioles précaires, gonflées de viande, de prisonniers, de blessés, d'avoine, de riz et de gendarmes et de pinard aussi, en bonbonnes le pinard, qui rappellent si bien la gaudriole, cahotantes et pansues.

À pied, les traînards derrière la forge et le pain et des prisonniers à nous, des leurs aussi, en menottes, condamnés à ceci, à cela, mêlés, attachés par les poignets à l'étrier des gendarmes, certains à fusiller demain, pas plus tristes que les autres. Ils mangeaient aussi ceux-là, leur ration de ce thon si difficile à digérer (ils n'en auraient pas le temps) en attendant que le convoi reparte, sur le rebord de la route — et le même dernier pain avec un civil enchaîné à eux, qu'on disait être un espion, et qui n'en savait rien. Nous non plus.

La torture du régiment continuait alors sous la forme nocturne, à tâtons dans les ruelles bossues du village sans lumière et sans visage, à plier sous des sacs plus lourds que des hommes, d'une grange inconnue vers l'autre, engueulés, menacés, de l'une à l'autre, hagards, sans l'espoir décidément de finir autrement que dans la menace, le purin et le dégoût d'avoir été torturés, dupés jusqu'au sang par une horde de fous vicieux devenus incapables soudain d'autre chose, autant qu'ils étaient, que de tuer et d'être étripés sans savoir pourquoi.

Vautrés à terre entre deux fumiers, à coups de gueule, à coups de bottes, on se trouvait bientôt relevés par la gradaille et relancés encore un coup vers d'autres chargements du convoi, encore.

Le village en suintait de nourriture et d'escouades dans la nuit bouffie de graisse, de pommes, d'avoine, de sucre, qu'il fallait coltiner et bazarder en route, au hasard des escouades. Il amenait de tout le convoi, sauf la fuite.

Lasse, la corvée s'abattait autour de la carriole et sur venait le fourrier alors avec son fanal au-dessus de ces larves. Ce singe à deux mentons qui devait dans n'importe quel chaos découvrir des abreuvoirs. Aux chevaux de boire ! Mais j'en ai vu moi, quatre des hommes, derrière compris, roupiller dedans la pleine eau, évanouis de sommeil, jusqu'au cou.

Après ! abreuvoir il fallait encore la retrouver la ferme et la ruelle par où on était venus, et où on croyait bien l'avoir laissée l'escouade. Si on ne retrouvait rien, on était quittes pour s'écrouler une fois de plus le long d'un mur, pendant une seule heure, s'il en restait encore une à roupiller. Dans ce métier d'être tué, faut pas être difficile, faut faire comme si la vie continuait, c'est ça le plus dur, ce mensonge.

Et ils repartaient vers l'arrière les fourgons. Fuyant l'aube, le convoi reprenait sa route, en crissant de toutes ses roues tordues, il s'en allait avec mon vœu qu'il serait surpris, mis en pièces, brûlé enfin au cours de cette jour née même, comme on voit dans les gravures militaires, pillé le convoi, à jamais, avec tout son équipage de gorilles gendarmes, de fers à chevaux et de rengagés à lanternes et tout ce qu'il contenait de corvées et de lentilles encore et d'autres farines, qu'on ne pouvait jamais faire cuire, et qu'on ne le reverrait plus jamais. Car crever pour crever de fatigue ou d'autre chose, la plus douloureuse façon est encore d'y parvenir en coltinant des sacs pour remplir la nuit avec.

Le jour où on les aurait ainsi bousillés jusqu'aux essieux ces salauds-là, au moins nous foutraient-ils la paix, pensais-je, et même si ça ne serait rien que pendant une nuit tout entière, on pourrait dormir au moins une fois tout entier corps et âme.

Ce ravitaillement, un cauchemar en surcroît, petit monstre tracassier sur le gros de la guerre. Brutes devant, à côté et derrière. Ils en avaient mis partout. Condamnés à mort différés on ne sortait plus de l'envie de roupiller énorme, et tout devenait souffrance en plus d'elle, le temps et l'effort de bouffer. Un bout de ruisseau, un pan de mur par là qu'on croyait avoir reconnus... On s'aidait des odeurs pour retrouver la ferme de l'escouade, redevenus chiens dans la nuit de guerre des villages abandon nés. Ce qui guide encore le mieux, c'est l'odeur de la merde.

Le juteux du ravitaillement, gardien des haines du régiment, pour l'instant le maître monde. Celui qui parle de l'avenir et un coquin, c'est l'actuel qui compte. Invoquer sa postérité, c'est faire un discours aux asticots. Dans la nuit du village de guerre, l'adjudant gardait les animaux humains pour les grands abattoirs qui venaient d'ouvrir. Il est le roi l'adjudant ! Le Roi, de la Mort ! Adjudant Cretelle ! Parfaitement ! On ne fait pas plus puissant. Il n'y a d'aussi puissant que lui qu'un adjudant des autres, en face.

Rien ne restait du village, de vivant, que des chats effrayés. Les mobiliers bien cassés d'abord, passaient à faire du feu pour la cuistance, chaises, fauteuils, buffets, du plus léger au plus lourd. Et tout ce qui pouvait se mettre sur le dos, ils l'emmenaient avec eux, mes cama rades. Des peignes, des petites lampes, des tasses, des petites choses futiles, et même des couronnes de mariées, tout y passait. Comme si on avait encore eu à vivre pour des années. Ils volaient pour se distraire, pour avoir l'air d'en avoir encore pour longtemps. Des envies de toujours.

Le canon pour eux c'était rien que du bruit. C'est à cause de ça que les guerres peuvent durer. Même ceux qui la font, en train de la faire, ne l'imaginent pas. La balle dans le ventre, ils auraient continué à ramasser de vieilles sandales sur la route, qui pouvaient « encore servir ». Ainsi le mouton, sur le flanc, dans le pré, agonise et broute encore. La plupart des gens ne meurent qu'au dernier moment ; d'autres commencent et s'y prennent vingt ans d'avance et parfois davantage. Ce sont les malheureux de la terre.

Je n'étais point très sage pour ma part, mais devenu assez pratique cependant pour être lâche définitivement. Sans doute donnais-je à cause de cette résolution l'impression d'un grand calme. Toujours est-il que j'inspirais tel que j'étais une paradoxale confiance à noire capitaine, Ortolan lui-même, qui résolut pour cette nuit-là de me confier une mission délicate. Il s'agissait, m'expliqua-t-il, en confidence, de me rendre au trot avant le jour à Noirceur-sur-la-Lys, ville de tisserands, située à quatorze kilomètres du village où nous étions campés. Je devais m'assurer dans la place même, de la présence de l'ennemi. À ce sujet, depuis le matin, les envoyés n'arrivaient qu'à se contredire. Le général des Entrayes en était impatient. À l'occasion de cette reconnaissance, on me permit de choisir un cheval parmi les moins purulents du peloton. Depuis longtemps, je n'avais pas été seul. Il me sembla du coup partir en voyage. Mais la délivrance était fictive.

Dès que j'eus pris la route, à cause de la fatigue, je parvins mal à m'imaginer, quoi que je fis, mon propre meurtre, avec assez de précision et de détails. J'avançais d'arbre en arbre, dans mon bruit de ferraille. Mon beau sabre à lui seul, pour le potin, valait un piano. Peut-être étais-je à plaindre, mais en tout cas sûrement, j'étais grotesque.

À quoi pensait donc le général des Entrayes en m'expédiant ainsi dans ce silence, tout vêtu de cymbales ? Pas à moi bien assurément.

Les Aztèques éventraient couramment, qu'on raconte, dans leurs temples du soleil, quatre-vingt mille croyants par semaine, les offrant ainsi au Dieu des nuages, afin qu'il leur envoie la pluie. C'est des choses qu'on a du mal à croire avant d'aller en guerre. Mais quand on y est, tout s'explique, et les Aztèques et leur mépris du corps d'autrui, c'est le même que devait avoir pour mes humbles tripes notre général Céladon des Entrayes, plus haut nommé, devenu par l'effet des avancements une sorte de dieu précis, lui aussi, une sorte de petit soleil atrocement exigeant.

Il ne me restait qu'un tout petit peu d'espoir, celui d'être fait prisonnier. Il était mince cet espoir, un fil. Un fil dans la nuit, car les circonstances ne se prêtaient pas du tout aux politesses préliminaires. Un coup de fusil vous arrive plus vite qu'un coup de chapeau dans ces moments-là. D'ailleurs, que trouverais-je à lui dire à ce militaire hostile par principe, et venu expressément pour m'assassiner de l'autre bout de l'Europe ?... S'il hésitait une seconde (qui me suffirait) que lui dirais-je ?... Que serait-il d'abord en réalité ? Quelque employé de magasin ? Un rengagé professionnel ? Un fossoyeur peut-être ? Dans le civil ? Un cuisinier ?... Les chevaux ont bien de la chance eux, car s'ils subissent aussi la guerre, comme nous, on ne leur demande pas d'y souscrire, d'avoir l'air d'y croire. Malheureux mais libres chevaux ! L'enthousiasme hélas ! c'est rien que pour nous, ce putain !

Je discernais très bien la route à ce moment et puis posés sur les côtés, sur le limon du sol, les grands carrés et volumes des maisons, aux murs blanchis de lune, comme de gros morceaux de glace inégaux, tout silence, en blocs pâles. Serait-ce ici la fin de tout ? Combien y passerais-je de temps dans cette solitude après qu'ils m'auraient fait mon affaire ? Avant d'en finir ? Et dans quel fossé ? Le long duquel de ces murs ? Ils m'achèveraient peut-être ? D'un coup de couteau ? Ils arrachaient parfois les mains, les yeux et le reste... On racontait bien des choses à ce propos et des pas drôles ! Qui sait ?... Un pas du cheval... Encore un autre... suffiraient ? Ces bêtes trottent chacune comme deux hommes en souliers de fer collés ensemble, avec un drôle de pas de gymnastique tout désuni.

Mon cœur au chaud, ce lapin, derrière sa petite grille des côtes, agité, blotti, stupide.

Quand on se jette d'un trait du haut de la Tour Eiffel on doit sentir des choses comme ça. On voudrait se rattraper dans l'espace.

Il garda pour mot secrète sa menace, ce village, mais toutefois, pas entièrement. Au centre d'une place, un minuscule jet d'eau glougloutait pour moi tout seul.

J'avais tout, pour moi tout seul, ce soir-là. J'étais propriétaire enfin, de la lune, du village, d'une peur énorme. J'allais me remettre au trot. Noirceur-sur-la-Lys ça devait être encore à une heure de route au moins, quand j'aperçus une lueur bien voilée au-dessus d'une porte. Je me dirigeai tout droit vers cette lueur et c'est ainsi que je me suis découvert une sorte d'audace, déserteuse il est vrai, mais insoupçonnée. La lueur disparut vite, mais je l'avais bien vue. Je cognai. J'insistai, le cognai encore, j'interpellai très haut, mi en allemand, mi en français, tour à tour, pour tous les cas, ces inconnus bouclés au fond de cette ombre.

La porte finit par s'entrouvrir, un battant.

« Qui êtes-vous ? » fit une voix. J'étais sauvé.

« Je suis un dragon...

— Un Français ? » La femme qui parlait, je pouvais l'apercevoir.

« Oui, un Français...

— C'est qu'il en est passé ici tantôt des dragons allemands... Ils parlaient français aussi ceux-là...

— Oui, mais moi, je suis français pour de bon...

— Ah !... »

Elle avait l'air d'en douter.

« Où sont-ils à présent ? demandai-je.

— Ils sont repartis vers Noirceur sur les huit heures... » Et elle me montrait le nord avec le doigt.

Une jeune fille, un châle, un tablier blanc, sortaient aussi de l'ombre à présent, jusqu'au pas de la porte...

« Qu'est-ce qu'ils vous ont fait ? que je lui ai demandé, les Allemands.

— Ils ont brûlé une maison près de la mairie et puis ici ils ont tué mon petit frère avec un coup de lance dans le ventre... Comme il jouait sur le pont Rouge[7] ? en les regardant passer... Tenez ! qu'elle me montra... Il est là... »

Elle ne pleurait pas. Elle ralluma cette bougie dont j'avais surpris la lueur. Et j'aperçus — c'était vrai — au fond, le petit cadavre couché sur un matelas, habillé en costume marin ; et le cou et la tête livides autant que la lueur même de la bougie, dépassaient d'un grand col carré bleu. Il était recroquevillé sur lui-même, bras et jambes et dos recourbés l'enfant. Le coup de lance lui avait fait comme un axe pour la mort par le milieu du ventre. Sa mère, elle, pleurait fort, à côté, à genoux, le père aussi. Et puis, ils se mirent à gémir encore tous ensemble. Mais j'avais bien soif.

---

[7] *Le pont Rouge* : Pont-Rouge, lieu-dit des environs d'Armentières, par où était passé le 12e régiment de cuirassiers auquel appartenait.

« Vous n'avez pas une bouteille de vin à me vendre ? que je demandai.

— Faut vous adresser à la mère... Elle sait peut-être s'il y en a encore... Les Allemands nous en ont pris beaucoup tantôt... »

Et alors, elles se mirent à discuter ensemble à la suite de ma demande et tout bas.

« Y en a plus ! qu'elle revint m'annoncer, la fille, les Allemands ont tout pris... Pourtant on leur en avait donné de nous-mêmes et beaucoup...

— Ah oui, alors, qu'ils en ont bu ! que remarqua la mère, qui s'était arrêtée de pleurer, du coup. Ils aiment ça...

— Et plus de cent bouteilles, sûrement, ajouta le père, toujours à genoux lui...

— Y en a plus une seule alors ? insistai-je, espérant encore, tellement j'avais grand'soif, et surtout de vin blanc, bien amer, celui qui réveille un peu. J'veux bien payer...

— Y en a plus que du très bon. Y vaut cinq francs la bouteille... consentit alors la mère.

— C'est bien ! » Et j'ai sorti mes cinq francs de ma poche, une grosse pièce.

« Va en chercher une ! » lui commanda-t-elle tout doucement à la sœur.

La sœur prit la bougie et remonta un litre de la cachette un instant plus tard.

J'étais servi, je n'avais plus qu'à m'en aller

« Ils vont revenir ? demandai-je, inquiet à nouveau.

— Peut-être, firent-ils ensemble, mais alors ils brûleront tout... Ils l'ont promis en partant...

— Je vais aller voir ça.

— Vous êtes bien brave... C'est par là ! » que m'indiquait le père, dans la direction de Noirceur-sur-la-Lys... Même il sortit sur la chaussée pour me regarder m'en aller. La fille et la mère demeurèrent craintives auprès du petit cadavre, en veillée.

« Reviens ! qu'elles lui faisaient de l'intérieur. Rentre donc Joseph, t'as rien à faire sur la route, toi...

— Vous êtes bien brave », me dit-il encore le père, et il me serra la main. Je repris, au trot, la route du Nord.

« Leur dites pas que nous sommes encore là au moins ! » La fille était ressortie pour me crier cela.

« Ils le verront bien, demain, répondis-je, si vous êtes là ! » J'étais pas content d'avoir donné mes cent sous. Il y avait ces cent sous entre nous. Ça suffit pour haïr, cent sous, et désirer qu'ils en crèvent tous. Pas d'amour à perdre dans ce monde, tant qu'il y aura cent sous.

« Demain ! » répétaient-ils, eux, douteux...

Demain, pour eux aussi, c'était loin, ça n'avait pas beaucoup de sens un demain comme ça. Il s'agissait de vivre une heure de plus au fond pour nous tous, et une seule heure dans un monde où tout s'est rétréci au meurtre c'est déjà un phénomène.

Ce ne fut plus bien long. Je trottais d'arbre en arbre et m'attendais à être interpellé ou fusillé d'un moment à l'autre. Et puis rien.

Il devait être sur les deux heures après minuit, guère plus, quand je parvins sur le faîte d'une petite colline, au pas. De là j'ai aperçu tout d'un coup en contrebas des rangées et encore des rangées de becs de gaz allumés, et puis, au premier plan, une gare tout éclairée avec ses wagons, son buffet, d'où ne montait cependant aucun bruit... Rien. Des rues, des avenues, des réverbères, et encore d'autres parallèles de lumières, des quartiers entiers, et puis le reste autour, plus que du noir, du vide, avide autour de la ville, tout étendue elle, étalée devant moi, comme si on l'avait perdue la ville, tout allumée et répandue au beau milieu de la nuit. J'ai mis pied à terre et je me suis assis sur un petit tertre pour regarder ça pendant un bon moment.

Cela ne m'apprenait toujours pas si les Allemands étaient entrés dans Noirceur, mais comme je savais que dans ces cas-là, ils mettaient le feu d'habitude, s'ils étaient entrés et s'ils n'y mettaient point le feu tout de suite à la ville, c'est sans doute qu'ils avaient des idées et des projets pas ordinaires.

Pas de canon non plus, c'était louche.

Mon cheval voulait se coucher lui aussi. Il tirait sur sa bride et cela me fit retourner. Quand je regardai à nouveau du côté de la ville, quelque chose avait changé dans l'aspect du tertre devant moi, pas grand-chose, bien sûr, mais tout de même assez pour que j'appelle. « Hé là ! qui va là ?... » Ce changement dans la disposition de l'ombre avait eu lieu à quelques pas... Ce devait être quelqu'un...

« Gueule pas si fort ! que répondit une voix d'homme lourde et enrouée, une voix qui avait l'air bien française.

— T'es à la traîne aussi toi ? » qu'il me demande de même. À présent, je pouvais le voir. Un fantassin c'était, avec sa visière bien cassée « à la classe ». Après des années et des années, je me souviens bien encore de ce moment-là, sa silhouette sortant des herbes, comme faisaient des cibles au tir autrefois dans les fêtes, les soldats.

Nous nous rapprochions. J'avais mon revolver à la main. J'aurais tiré sans savoir pourquoi, un peu plus.

« Écoute, qu'il me demande, tu les as vus, toi ?

— Non, mais je viens par ici pour les voir.

— T'es du 145e dragons ?

— Oui, et toi ?

— Moi, je suis un réserviste...

— Ah ! » que je fis. Ça m'étonnait, un réserviste. Il était le premier réserviste que je rencontrais dans la guerre. On avait toujours été avec des hommes de l'active nous. Je ne voyais pas sa figure, mais sa voix était déjà autre que les nôtres, comme plus triste, donc plus valable que les nôtres. À cause de cela, je ne pouvais m'empêcher avoir un peu confiance en lui. C'était un petit quelque chose.

« J'en ai assez moi, qu'il répétait, je vais aller me faire paumer par les Boches... » Il cachait rien.

« Comment que tu vas faire ? »

Ça m'intéressait soudain, plus que tout, son projet, comment qu'il allait s'y prendre lui pour réussir à se faire paumer ?

« J'sais pas encore...

— Comment que t'as fait toujours pour te débiner ?... C'est pas facile de se faire paumer !

— J'm'en fous, j'irai me donner.

— T'as donc peur ?

— J'ai peur et puis je trouve ça con, si tu veux mon avis, j'm'en fous des Allemands moi, ils m'ont rien fait...

— Tais-toi, que je lui dis, ils sont peut-être à nous écouter... »

J'avais comme envie d'être poli avec les Allemands. J'aurais bien voulu qu'il m'explique celui-là pendant qu'il y était, ce réserviste, pourquoi j'avais pas de courage non plus moi, pour faire la guerre, comme tous les autres... Mais il n'expliquait rien, il répétait seulement qu'il en avait marre.

Il me raconta alors la débandade de son régiment, la veille, au petit jour, à cause des chasseurs à pied de chez nous, qui par erreur avaient ouvert le feu sur sa compagnie à travers champs. On les avait pas attendus à ce moment-là. Ils étaient arrivés trop tôt de trois heures sur l'heure prévue. Alors les chasseurs, fatigués, surpris, les avaient criblés. Je connaissais l'air, on me l'avait joué.

« Moi, tu parles, si j'en ai profité ! qu'il ajoutait. « Robinson, que je me suis dit ! — C'est mon nom Robinson !... Robinson Léon ! — C'est maintenant ou jamais qu'il faut que tu les mettes « , que je me suis dit !... Pas vrai ? J'ai donc pris par le long d'un petit bois et puis là, figure-toi, que l'ai rencontré notre capitaine... Il était appuyé à un arbre, bien amoché le piton !... En train de crever qu'il était... Il se tenait la culotte à deux mains, à cracher... Il saignait de partout en roulant des yeux... Y avait personne avec lui. Il avait son compte... « Maman ! maman ! ! qu'il pleurnichait tout en crevant et en pissant du sang aussi...

« Finis ça ! que je lui dis. Maman ! Elle t'emmerde ! » ... Comme ça, dis donc, en passant !... Sur le coin de la gueule !... Tu parles si ça a dû le faire jouir la vache !... Hein, vieux !... C'est pas souvent, hein, qu'on peut lui dire ce qu'on pense, au capitaine... Faut en profiter. C'est rare !... Et pour foutre le camp plus vite, j'ai laissé tomber le barda et puis les armes aussi... Dans une mare à canards qui était là à côté... Figure-toi que moi, comme tu me vois, j'ai envie de tuer personne, j'ai pas appris... J'aimais déjà pas les histoires de bagarre, déjà en temps de paix... Je m'en allais... Alors tu te rends compte ?... Dans le civil, j'ai essayé d'aller en usine régulièrement... J'étais même un peu graveur, mais j'aimais pas ça, à cause des disputes, j'aimais mieux vendre les journaux du soir et dans un quartier tranquille où j'étais connu, autour de la Banque de France... Place des Victoires si tu veux savoir... Rue des Petits-Champs... C'était mon lot... J'dépassais jamais la rue du Louvre et le Palais-Royal d'un côté, tu vois d'ici... Je faisais le matin des commissions pour les commerçants... Une livraison l'après-midi de temps en temps, je bricolais quoi... Un peu manœuvre... Mais je veux pas d'armes moi !... Si les Allemands te voient avec des armes, hein ? T'es bon ! Tandis que quand t'es en fantaisie, comme moi maintenant... Rien dans les mains... Rien dans les poches... Ils sentent qu'ils auront moins de mal à te faire prisonnier, tu comprends ? Ils savent à qui ils ont affaire... Si on pouvait arriver à poil aux Allemands, c'est ça qui vaudrait encore mieux... Comme un cheval ! Alors ils pourraient pas savoir de quelle armée qu'on est ?...

— C'est vrai ça ! »

Je me rendais compte que l'âge c'est quelque chose pour les idées. Ça rend pratique.

« C'est là qu'ils sont, hein ? » Nous fixions et nous estimions ensemble nos chances et cherchions notre avenir comme aux cartes dans le grand plan lumineux que nous offrait la ville en silence.

« On y va ?"

Il s'agissait de passer la ligne du chemin de fer d'abord. S'il y avait des sentinelles, on serait visés. Peut-être pas. Fallait voir. Passer au-dessus ou en dessous par le tunnel.

« Faut nous dépêcher, qu'a ajouté ce Robinson... C'est la nuit qu'il faut faire ça, le jour, il y a plus d'amis, tout le monde travaille pour la galerie, le jour, tu vois, même à la guerre c'est la foire... Tu prends ton canard avec toi ? »

J'emmenai le canard. Prudence pour filer plus vite si on était mal accueillis. Nous parvînmes au sage à niveau, levés ses grands bras rouge et blanc. J'en avais jamais vu non plus des barrières de cette forme-là. Y en avait pas des comme ça aux environs de Paris.

« Tu crois qu'ils sont déjà entrés dans la ville, toi ?

— C'est sûr ! qu'il a dit... Avance toujours !... »

On était à présent forcés d'être aussi braves que des braves, à cause du cheval qui avançait tranquillement derrière nous, comme s'il nous poussait avec son bruit, on n'entendait que lui. Toc ! et toc ! avec ses fers. Il cognait en plein dans l'écho, comme si de rien n'était.

Ce Robinson comptait donc sur la nuit pour nous sortir de là ?... On allait au pas tous les deux au milieu de la rue vide, sans ruse du tout, au pas cadencé encore, comme à l'exercice.

Il avait raison, Robinson, le jour était impitoyable, de la terre au ciel. Tels que nous allions sur la chaussée, on devait avoir l'air bien inoffensifs tous les deux toujours, bien naïfs même, comme si l'on rentrait de permission. « T'as entendu dire que le Ier hussards a été fait prison nier tout entier ?... dans Lille ?... Ils sont entrés comme ça, qu'on a dit, ils savaient pas, hein ! le colonel devant... Dans une rue principale mon ami ! Ça s'est refermé... Par-devant... Par-derrière... Des Allemands partout !... Aux fenêtres !... Partout... Ça y était... Comme des rats qu'ils étaient faits !... Comme des rats ! Tu parles d'un filon !...

— Ah ! les vaches !...

— Ah dis donc ! Ah dis donc !... » On n'en revenait pas nous autres de cette admirable capture, si nette, si définitive... On en bavait. Les boutiques portaient toutes leurs volets clos, les pavillons d'habitation aussi, avec leur petit jardin par-devant, tout ça bien propre. Mais après la Poste on a vu que l'un de ces pavillons, un peu plus blanc que les autres, brillait de toutes ses lumières à toutes les fenêtres, au premier comme à l'entresol. On a été sonnés à la porte. Notre cheval toujours derrière nous. Un homme épais et barbu nous ouvrit. « Je suis le Maire de Noirceur — qu'il a annoncé tout de suite, sans qu'on lui demande — et j'attends les Allemands ! » Et il est sorti au clair de lune pour nous reconnaître le Maire. Quand il s'aperçut que nous n'étions pas des Allemands nous, mais encore bien des Français, il ne fut plus si solennel, cordial seulement. Et puis gêné aussi. Évidemment, il ne nous attendait lus, nous venions un peu en travers des dispositions qu'il avait dû prendre, des résolutions arrêtées. Les Allemands devaient entrer à Noirceur cette nuit-là, il était prévenu et il avait tout réglé avec la Préfecture, leur colonel ici, leur ambulance là-bas, etc. Et s'ils entraient à présent ? Nous étant là ? Ça ferait sûrement des histoires ! Ça créerait sûrement des complications... Cela il ne nous le dit pas nettement, mais on voyait bien qu'il y pensait.

Alors il se mit à nous parler de l'intérêt général, dans la nuit, là, dans le silence où nous étions perdus. Rien que de l'intérêt général... Des biens matériels de la communauté... Du patrimoine artistique de Noirceur, confié à sa charge, charge sacrée, s'il en était une... De l'église du XVe siècle notamment... S'ils allaient la brûler l'église du XVe ? Comme celle de Condé-sur-Yser à côté !

Hein ?... Par simple mauvaise humeur... Par dépit de nous trouver là nous... Il nous fit ressentir toute la responsabilité que nous encourions... Inconscients jeunes soldats que nous étions !... Les Allemands n'aimaient pas les villes louches où rôdaient encore des militaires ennemis. C'était bien connu.

Pendant qu'il nous parlait ainsi à mi-voix, sa femme et ses deux filles, grosses et appétissantes blondes, l'approuvaient fort, de-ci, de-là, d'un mot... On nous rejetait, en somme. Entre nous, flottaient les valeurs sentimentales et archéologiques, soudain fort vives, puisqu'il n'y avait plus personne à Noirceur dans la nuit pour les contester... Patriotiques, morales, poussées par des mots, fantômes qu'il essayait de rattraper, le Maire, mais qui s'estompaient aussitôt vaincus par notre peur et notre égoïsme à nous et aussi par la vérité pure et simple.

Il s'épuisait en de touchants efforts, le Maire de Noirceur, ardent à nous persuader que notre Devoir était bien de foutre le camp tout de suite à tous les diables, moins brutal certes mais tout aussi décidé dans son genre que notre commandant Pinçon.

De certain, il n'y avait à opposer décidément à tous ces puissants que notre petit désir, à nous deux, de ne pas mourir et de ne pas brûler. C'était peu, surtout que ces choses-là ne peuvent pas se déclarer pendant la guerre. Nous retournâmes donc vers d'autres rues vides. Déci dément tous les gens que j'avais rencontrés pendant cette nuit-là m'avaient montré leur âme.

« C'est bien ma chance ! qu'il remarqua Robinson comme on s'en allait. Tu vois si seulement t'avais été un Allemand toi, comme t'es un bon gars aussi, tu m'aurais fait prisonnier et ça aurait été une bonne chose de faite... On a du mal à se débarrasser de soi-même en guerre !

— Et toi, que je lui ai dit, si t'avais été un Allemand, tu m'aurais pas fait prisonnier aussi ? T'aurais peut-être alors eu leur médaille militaire ! Elle doit s'appeler d'un drôle de mot en allemand leur médaille militaire, hein ? »

Comme il ne se trouvait toujours personne sur notre chemin à vouloir de nous comme prisonniers, nous finîmes par aller nous asseoir sur un banc dans un petit square et on a mangé alors la boîte de thon que Robinson Léon promenait et réchauffait dans sa poche depuis le matin. Très au loin, on entendait du canon à présent, mais vraiment très loin. S'ils avaient pu rester chacun de leur côté, les ennemis, et nous laisser là tranquilles !

Après ça, c'est un quai qu'on a suivi ; et le long des péniches à moitié déchargées, dans l'eau, à longs jets, on a uriné. On emmenait toujours le cheval à la bride, derrière nous, comme un très gros chien, mais près du Pont, dans la maison du Pasteur, à une seule pièce, sur un mate las aussi, était étendu encore un mort, tout seul, un Français, commandant de chasseurs à cheval qui ressemblait d'ailleurs un peu à ce Robinson, comme tête.

« Tu parles qu'il est vilain ! que me fit remarquer Robinson. Moi j'aime pas les morts...

— Le plus curieux, que je lui répondis, c'est qu'il te ressemble un peu. Il a un long nez comme le tien et toi t'es pas beaucoup moins jeune que lui...

— Ce que tu vois, c'est par la fatigue, forcément qu'on se ressemble un peu tous, mais si tu m'avais vu avant... Quand je faisais de la bicyclette tous les dimanches !... J'étais beau gosse ! J'avais des mollets, mon vieux ! Du sport, tu sais ! Et ça développe les cuisses aussi... »

On est ressortis, l'allumette qu'on avait prise pour le regarder s'était éteinte.

« Tu vois, c'est trop tard, tu vois !... »

Une longue raie grise et verte soulignait déjà au loin la crête du coteau, à la limite de la ville, dans la nuit ; le Jour ! Un de plus ! Un de moins ! Il faudrait essayer de passer à travers celui-là encore comme à travers les autres, devenus des espèces de cerceaux de plus en plus étroits, les jours, et tout remplis avec des trajectoires et des éclats de mitraille.

« Tu reviendras pas par ici toi, dis, la nuit prochaine ? qu'il demanda en me quittant.

— Il n'y a pas de nuit prochaine, mon vieux !... Tu te prends donc pour un général !

— J'pense plus à rien, moi, qu'il a fait, pour finir... À rien, t'entends !... J'pense qu'à pas crever... Ça suffit... J'me dis qu'un jour de gagné, c'est toujours un jour de plus !

— T'as raison... Au revoir, vieux, et bonne chance !...

— Bonne chance à toi aussi ! Peut-être qu'on se reverra ! »

On est retournés chacun dans la guerre. Et puis il s'est passé des choses et encore des choses, qu'il est pas facile de raconter à présent, à cause que ceux d'aujourd'hui ne les comprendraient déjà plus.

* * *

Pour être bien vus et considérés, il a fallu se dépêcher dare-dare de devenir bien copains avec les civils parce qu'eux, à l'arrière, ils devenaient à mesure que la guerre avançait, de plus en plus vicieux. Tout de suite j'ai compris ça en rentrant à Paris et aussi que leurs femmes avaient le feu au derrière, et les vieux des gueules grandes comme ça, et les mains partout, aux culs, aux poches.

On héritait des combattants à l'arrière, on avait vite appris la gloire et les bonnes façons de la supporter cou rageusement et sans douleur.

Les mères, tantôt infirmières, tantôt martyres, ne quittaient plus leurs longs voiles sombres, non plus que le petit diplôme que le Ministre leur faisait remettre à temps par l'employé de la Mairie. En somme, les choses s'organisa lent.

Pendant des funérailles soignées on est bien tristes aussi, mais on pense quand même à l'héritage, aux vacances prochaines, à la veuve qui est mignonne, et qui a du tempérament, dit-on, et à vivre encore, soi-même, par contraste, bien longtemps, à ne crever jamais peut être... Qui sait ?

Quand on suit ainsi l'enterrement, tous les gens vous envoient des grands coups de chapeau. Ça fait plaisir. C'est le moment alors de bien se tenir, d'avoir l'air convenable, de ne pas rigoler tout haut, de se réjouir seulement en dedans. C'est permis. Tout est permis en dedans.

Dans le temps de la guerre, au lieu de danser à l'entresol, on dansait dans la cave. Les combattants le toléraient et mieux encore, ils aimaient ça. Ils en demandaient dès qu'ils arrivaient et personne ne trouvait ces façons louches.

Y'a que la bravoure au fond qui est louche. Être brave avec son corps ? Demandez alors à l'asticot aussi d'être brave, il est rose et pâle et mou, tout comme nous.

Pour ma part, je n'avais plus à me plaindre. J'étais même en train de m'affranchir par la médaille militaire que j'avais gagnée, la blessure et tout. En convalescence, on me l'avait apportée la médaille, à l'hôpital même. Et le même jour, je m'en fus au théâtre, la montrer aux civils pendant les entractes. Grand effet. C'était les premières médailles qu'on voyait dans Paris. Une affaire !

C'est même à cette occasion, qu'au foyer de l'Opéra-Comique, j'ai rencontré la petite Lola d'Amérique et c'est à cause d'elle que je me suis tout à fait dessalé.

Il existe comme ça certaines dates qui comptent parmi tant de mois où on aurait très bien pu se passer de vivre.

Ce jour de la médaille à l'Opéra-Comique fut dans la mienne, décisif.

À cause d'elle, de Lola, je suis devenu tout curieux des États-Unis, à cause des questions que je lui posais tout de suite et auxquelles elle ne répondait qu'à peine. Quand on est lancé de la sorte dans les voyages, on revient quand on peut et comme on peut...

Au moment dont je parle, tout le monde à Paris voulait posséder son petit uniforme. Il n'y avait guère que les neutres et les espions qui n'en avaient pas, et ceux-là c'était presque les mêmes. Lola avait le sien d'uniforme officiel et un vrai bien mignon, rehaussé de petites croix rouges partout, sur les manches, sur son menu bonnet de police, coquinement posé de travers toujours sur ses cheveux ondulés. Elle était venue nous aider à sauver la France, confiait-elle au Directeur de l'hôtel, dans la mesure de ses faibles forces, mais avec tout son cœur ! Nous nous comprîmes tout de suite, mais pas complètement toutefois, parce que les élans du cœur m'étaient devenus tout à fait désagréables. Je préférais ceux du corps, tout simplement. Il faut s'en méfier énormément du cœur, on me l'avait appris et comment ! à la guerre. Et je n'étais pas près d'oublier.

Le cœur de Lola était tendre, faible et enthousiaste. Le corps était gentil, très aimable, et il fallut bien que je la prisse dans son ensemble comme elle était. C'était une gentille fille après tout Lola, seulement, il y avait la guerre entre nous, cette foutue énorme rage qui poussait la moitié des humains, aimants ou non, à envoyer l'autre moitié vers l'abattoir. Alors ça gênait dans les relations, forcément, une manie comme celle-là. Pour moi qui tirais sur ma convalescence tant que je pouvais et qui ne tenais pas du tout à reprendre mon tour au cimetière ardent des batailles, le ridicule de notre massacre m'apparaissait, clinquant, à chaque pas que je faisais dans la ville. Une roublardise immense s'étalait partout.

Cependant j'avais peu de chances d'y échapper, je n'avais aucune des relations indispensables pour s'en tirer. Je ne connaissais que des pauvres, c'est-à-dire des gens dont la mort n'intéresse personne. Quant à Lola, il ne fallait pas compter sur elle pour m'embusquer. Infirmière comme elle était, on ne pouvait rêver, sauf Ortolan peut-être, d'un être plus combatif que cette enfant char mante. Avant d'avoir traversé la fricassée boueuse des héroïsmes, son petit air Jeanne d'Arc m'aurait peut-être excité, converti, mais à présent, depuis mon enrôlement de la place Clichy, j'étais devenu devant tout héroïsme verbal ou réel, phobiquement rébarbatif. J'étais guéri, bien guéri.

Pour la commodité des dames du Corps expéditionnaire américain, le groupe des infirmières dont Lola faisait partie logeait à l'hôtel Paritz et pour lui rendre, à elle particulièrement, les choses encore plus aimables, il lui fut confié (elle avait des relations) dans l'hôtel même, la Direction d'un service spécial, celui des beignets aux pommes pour les hôpitaux de Paris. Il s'en distribuait ainsi chaque matin des milliers de douzaines. Lola remplissait cette fonction bénigne avec un certain petit zèle qui devait d'ailleurs un peu plus tard tourner tout à fait mal.

Lola, il faut le dire, n'avait jamais confectionné de beignets de sa vie. Elle embaucha donc un certain nombre de cuisinières mercenaires, et les beignets furent, après quelques essais, prêts à être livrés ponctuellement juteux, dorés et sucrés à ravir. Lola n'avait plus en somme qu'à les goûter avant qu'on les expédiât dans les divers services hospitaliers. Chaque matin Lola se levait dès dix heures et descendait, ayant pris son bain, vers les cuisines situées profondément auprès des caves. Cela, chaque matin, je le dis, et seulement vêtue d'un kimono japonais noir et jaune qu'un ami de San-Francisco lui avait offert la veille de son départ.

Tout marchait parfaitement en somme et nous étions bien en train de gagner la guerre, quand certain beau jour, à l'heure du déjeuner, le la trouvai bouleversée se refusant à toucher un seul plat du repas. L'appréhension d'un malheur arrivé, d'une maladie soudaine me gagna.

Je la suppliai de se fier à mon affection vigilante.

D'avoir goûté ponctuellement les beignets pendant tout un mois, Lola avait grossi de deux bonnes livres ! Son petit ceinturon témoignait d'ailleurs, par un cran, du désastre. Vinrent les larmes. Essayant de la consoler, de mon mieux, nous parcourûmes, sous le coup de l'émotion, en taxi, plusieurs pharmaciens, très diversement situés. Par hasard, implacables, toutes les balances confirmèrent que les deux livres étaient bel et bien acquises, indéniables. Je suggérai alors qu'elle abandonne son service à une collègue qui, elle, au contraire, recherchait des « avantages ». Lola ne voulut rien entendre de ce compromis qu'elle considérait comme une honte et une véritable petite désertion dans son genre. C'est même à cette occasion qu'elle m'apprit que son arrière-grand-oncle avait fait, lui aussi, partie de l'équipage à tout jamais glorieux du Mayflower[8] débarqué à Boston en 1677, et qu'en considération d'une pareille mémoire, elle ne pouvait songer à se dérober, elle, au devoir des beignets, modeste certes, mais sacré quand même.

Toujours est-il que de ce jour, elle ne goûtait plus les beignets que du bout des dents, qu'elle possédait d'ail leurs toutes bien rangées et mignonnes. Cette angoisse de grossir était arrivée à lui gâter tout plaisir. Elle dépéri Elle eut en peu de temps aussi peur des beignets que moi des obus. Le plus souvent à présent, nous allions nous promener par hygiène de long en large, à cause des beignets, sur les quais, sur les boulevards, mais nous n'entrions plus au Napolitain, à cause des glaces qui font, elles aussi, engraisser les dames.

Jamais je n'avais rien rêvé d'aussi confortablement habitable que sa chambre, toute bleu pâle, avec une salle de bains à côté. Des photos de ses amis, partout, des dédicaces, peu de femmes, beaucoup d'hommes, de beaux garçons, bruns et frisés, son genre, elle me parlait de la couleur de leurs yeux, et puis de ces dédicaces tendres, solennelles, et toutes, définitives. Au début, pour la politesse, ça me gênait, au milieu de toutes ces effigies, et puis on s'habitue.

Dès que je cessais de l'embrasser, elle y revenait, je n'y coupais pas, sur les sujets de la guerre ou des beignets. La France tenait de la place dans nos conversations. Pour Lola, la France demeurait une espèce d'entité chevaleresque, aux contours peu définis dans l'espace et le temps, mais en ce

---

[8] *Le Mayflower* : bateau qui transporta les Anglais qui s'établirent pour la première fois en Amérique du Nord en 1620. Ils ne débarquèrent pas à Boston, mais à Plymouth...

moment dangereusement blessée et à cause de cela même très excitante. Moi, quand on me parlait de la France, je pensais irrésistiblement à mes tripes, alors forcément, l'étais beaucoup plus réservé pour ce qui concernait l'enthousiasme. Chacun sa terreur. Cependant, comme elle était complaisante au sexe, je l'écoutais sans jamais la contredire, mais question d'âme, je ne la contentais guère. C'est tout vibrant, tout rayonnant qu'elle m'aurait voulu et moi, de mon côté, je ne concevais pas du tout pourquoi j'aurais été dans cet état-là, sublime, je voyais au contraire mille raisons, toutes irréfutables, pour demeurer d'humeur exactement contraire.

Lola, après tout, ne faisait que divaguer de bonheur et d'optimisme, comme tous les gens qui sont du bon côté de la vie, celui des privilèges, de la santé, de la sécurité et qui en ont encore pour longtemps à vivre.

Elle me tracassa avec les choses de l'âme, elle en avait plein la bouche, l'âme, c'est la vanité et le plaisir du corps tant qu'il est bien portant, mais c'est aussi l'envie d'en sortir du corps dès qu'il est malade ou que les choses tournent mal. On prend des deux poses celle qui vous sert le plus agréablement dans le moment et voilà tout ! Tant qu'on peut choisir entre les deux, ça va. Mais moi, je ne pouvais plus choisir, mon jeu était fait ! J'étais dans la vérité jusqu'au trognon, et même que ma propre mort me suivait pour ainsi dire pas à pas. J'avais bien du mal à penser à autre chose qu'à mon destin d'assassiné en sursis, que tout le monde d'ailleurs trouvait pour moi tout à fait normal.

Cette espèce d'agonie différée, lucide, bien portante, pendant laquelle il est impossible de comprendre autre chose que des vérités absolues, il faut l'avoir endurée pour savoir à jamais ce qu'on dit.

Ma conclusion c'était que les Allemands pouvaient arriver ici, massacrer, saccager, incendier tout, l'hôtel, les beignets, Lola, les Tuileries, les Ministres, leurs petits amis, la Coupole, le Louvre, les Grands Magasins, fondre sur la ville, y foutre le tonnerre de Dieu, le feu de l'enfer, dans cette foire pourrie à laquelle on ne pouvait vraiment plus rien ajouter de plus sordide, et que moi, je n'avais cependant vraiment rien à perdre, rien, et tout à gagner.

On ne perd pas grand-chose quand brûle la maison du propriétaire. Il en viendra toujours un autre, si ce n'est pas toujours le même, Allemand ou Français, ou Anglais ou Chinois, pour présenter, n'est-ce pas, sa quittance à l'occasion... En marks ou francs ? Du moment qu'il faut payer...

En somme, il était salement mauvais, le moral. Si je lui avais dit ce que je pensais de la guerre, à Lola, elle m'aurait pris pour un monstre tout simplement, et chassé des dernières douceurs de son intimité. Je m'en gardais donc bien, de lui faire ces aveux. J'éprouvais, d'autre part, quelques difficultés et rivalités encore. Certains officiers essayaient de me la souffler, Lola. Leur concurrence était redoutable, armés qu'ils étaient eux, des séductions de leur Légion d'honneur. Or, on se mit à en parler beaucoup de cette fameuse Légion d'honneur dans les journaux américains. Je crois même qu'à deux ou trois reprises où je fus cocu, nos relations eussent été très menacées, si au même moment cette frivole ne m'avait découvert soudain une utilité supérieure, celle qui consistait à goûter chaque matin les beignets à sa place.

Cette spécialisation de la dernière minute me sauva. De ma part, elle accepta le remplacement. N'étais-je pas moi aussi un valeureux combattant, donc digne de cette fonction de confiance ! Dès lors, nous ne fûmes plus seulement amants mais associés. Ainsi débutèrent les temps modernes.

Son corps était pour moi une joie qui n'en finissait pas. Je n'en avais jamais assez de le parcourir ce corps américain. J'étais à vrai dire un sacré cochon. Je le demeurai.

Je me formai même à cette conviction bien agréable et renforçatrice qu'un pays apte à produire des corps aussi audacieux dans leur grâce et d'une envolée spirituelle aussi tentante devait offrir bien d'autres révélations capitales au sens biologique il s'entend.

Je décidai, à force de peloter Lola, d'entreprendre tôt ou tard le voyage aux États-Unis, comme un véritable pèlerinage et cela dès que possible. Je n'eus en effet de cesse et de repos (à travers une vie pourtant implacable ment contraire et tracassée) avant d'avoir mené à bien cette profonde aventure, mystiquement anatomique.

Je reçus ainsi tout près du derrière de Lola le message d'un nouveau monde. Elle n'avait pas qu'un corps Lola, entendons-nous, elle était ornée aussi d'une tête menue, mignonne et un peu cruelle à cause des yeux bleu grisaille qui lui remontaient d'un tantinet vers les anges, tels ceux des chats sauvages.

Rien que la regarder en face, me faisait venir l'eau à la bouche comme par un petit goût de vin sec, de silex. Des yeux durs en résumé, et point animés par cette gentille vivacité commerciale, orientalo-fragonarde qu'ont presque tous les yeux de par ici.

Nous nous retrouvions le plus souvent dans un café d'à côté. Les blessés de plus en plus nombreux clopinaient à travers les rues, souvent débraillés. À leur bénéfice il s'organisait des quêtes, « journées » pour ceux-ci, pour ceux-là, et surtout poux les organisateurs des « Journées ».

Mentir, baiser, mourir. Il venait d'être défendu d'entreprendre autre chose. On mentait avec rage au-delà de l'imaginaire, bien au-delà du ridicule et de l'absurde, dans les journaux, sur les affiches, à pied, à cheval, en voiture. Tout le monde s'y était mis. C'est à qui mentirait plus énormément que l'autre. Bientôt, il n'y eut plus de vérité dans la ville.

Le peu qu'on y trouvait en 1914, on en était honteux à présent. Tout ce qu'on touchait était truqué, le sucre, les avions, les sandales, les confitures, les photos ; tout ce qu'on lisait, avalait, suçait, admirait, proclamait, réfutait, défendait, tout cela n'était que fantômes haineux, truquages et mascarades. Les traîtres eux-mêmes étaient faux. Le délire de mentir et de croire s'attrape comme la gale. La petite Lola ne connaissait du français que quelques phrases mais elles étaient patriotiques : « On les aura !... », « Madelon, viens !... » C'était à pleurer.

Elle se penchait ainsi sur notre mort avec entêtement, impudeur, comme toutes les femmes d'ailleurs, dès que la mode d'être courageuse pour les autres est venue.

Et moi qui précisément me découvrais tant de goût pour toutes les choses qui m'éloignaient de la guerre ! Je lui demandai à plusieurs reprises des renseignements sur son Amérique à Lola, mais elle ne me répondait alors que par des commentaires, tout à fait vagues, prétentieux et manifestement incertains, tendant à faire sur mon esprit une brillante impression.

Mais, je me méfiais des impressions à présent. On m'avait possédé une fois à l'impression, on ne m'aurait plus au boniment. Personne.

Je croyais à son corps, je ne croyais pas à son esprit.

Je la considérais comme une charmante embusquée, la Lola, à l'envers de la guerre, à l'envers de la vie.

Elle traversait mon angoisse avec la mentalité du Petit Journal[9] : Pompon, Fanfare, ma Lorraine et gants blancs... En attendant je lui faisais des politesses de plus en plus fréquentes, parce que je lui avais assuré que ça la ferait maigrir. Mais elle comptait plutôt sur nos longues promenades pour y parvenir.)e les détestais, quant à moi, les longues promenades. Mais elle insistait.

Nous fréquentions ainsi très sportivement le Bois de Boulogne, pendant quelques heures, chaque après-midi, le « Tour des Lacs ».

La nature est une chose effrayante et même quand elle est fermement domestiquée, comme au Bois, elle donne encore une sorte d'angoisse aux véritables citadins. Ils se livrent alors assez facilement aux confidences. Rien ne vaut le Bois de Boulogne, tout humide, grillagé, graisseux et pelé qu'il est, pour faire affluer les souvenirs, incoercibles, chez les gens des villes en promenade entre les arbres. Lola n'échappait pas à cette mélancolique et confidente inquiétude. Elle me raconta mille choses à peu près sincères, en nous promenant ainsi, sur sa vie de New York, sur ses petites amies de là-bas.

Je n'arrivais pas démêler tout à fait le vraisemblable, dans cette trame compliquée de dollars, de fiançailles, de divorces, d'achats de robes et de bijoux dont son existence me paraissait comblée.

Nous allâmes ce jour-là vers le champ de courses. On rencontrait encore dans ces parages des fiacres nombreux et des enfants sur des ânes, et d'autres enfants à faire de la poussière et des autos bondées de permissionnaires qui n'arrêtaient pas de chercher en vitesse des femmes vacantes par les petites allées, entré deux trains, soulevant plus de poussière encore, pressés d'aller dîner et de faire amour, agités et visqueux, aux aguets, tracassés par l'heure implacable et le désir de vie. Ils en transpiraient de passion et de chaleur aussi.

Le Bois était moins bien tenu qu'à l'habitude, négligé, administrativement en suspens.

---

[9] *Le Petit Journal* : journal de grande diffusion avant la guerre.

« Cet endroit devait être bien joli avant la guerre ?... remarquait Lola. Élégant ?... Racontez-moi, Ferdinand !... Les courses ici ?... Était-ce comme chez nous à New York ?... »

À vrai dire, je n'y étais jamais allé, moi, aux courses avant la guerre, mais j'inventais instantanément pour la distraire cent détails colorés sur ce sujet, à l'aide des récits qu'on m'en avait faits, à droite et à gauche. Les robes... Les élégantes... Les coupés étincelants... Le départ... Les trompes allègres et volontaires... Le saut de la rivière... Le Président de la République... La fièvre ondulante des enjeux, etc.

Elle lui plut si fort ma description idéale que ce récit nous rapprocha. À partir de ce moment, elle crut avoir découvert Lola que nous avions au moins un goût en commun, chez moi bien dissimulé, celui des solennités mondaines. Elle m'en embrassa même spontanément d'émotion, ce qui lui arrivait rarement, je dois le dire. Et puis la mélancolie des choses à la mode révolues la touchait. Chacun pleure à sa façon le temps qui passe. Lola c'était par les modes mortes qu'elle s'apercevait de la fuite des années.

« Ferdinand, demanda-t-elle, croyez-vous qu'il y en aura encore des courses dans ce champ-là ?

— Quand la guerre sera finie, sans doute, Lola...

— Cela n'est pas certain, n'est-ce pas ?...

— Non, pas certain... »

Cette possibilité qu'il n'y eût plus jamais de courses à Longchamp la déconcertait. La tristesse du monde saisit les êtres comme elle peut, mais à les saisir elle semble parvenir presque toujours.

« Supposez qu'elle dure encore longtemps la guerre, Ferdinand, des années par exemple... Alors il sera trop tard pour moi... Pour revenir ici... Me comprenez-vous Ferdinand ?... J'aime tant, vous savez, les jolis endroits comme ceux-ci... Bien mondains... Bien élégants... Il sera trop tard... Pour toujours trop tard... Peut-être...

Je serai vieille alors, Ferdinand. Quand elles reprendront les réunions... Je serai vieille déjà... Vous verrez Ferdinand, il sera trop tard... Je sens qu'il sera trop tard... »

Et la voilà retournée dans sa désolation, comme pour les deux livres. Je lui donnai pour la rassurer toutes les espérances auxquelles je pouvais penser... Qu'elle n'avait en somme que vingt et trois années... Que la guerre allait passer bien vite... Que les beaux jours reviendraient... Comme avant, plus beaux qu'avant. Pour elle au moins... Mignonne comme elle était... Le temps perdu ! Elle le rattraperait sans dommage !... Les hommages... Les admirations, ne lui manqueraient pas de sitôt... Elle fit semblant de ne plus avoir de peine pour me faire plaisir.

« Il faut marcher encore ? demandait-elle.

— Pour maigrir ?

— Ah ! c'est vrai, j'oubliais cela... »

Nous quittâmes Longchamp, les enfants étaient partis des alentours. Plus que de la poussière. Les permissionnaires pourchassaient encore le Bonheur, mais hors des futaies à présent, traqué qu'il devait être, le Bonheur, entre les terrasses de la Porte Maillot.

Nous longions les berges vers Saint-Cloud, voilées du halo dansant des brumes qui montent de l'automne. Près du pont, quelques péniches touchaient du nez les arches, durement enfoncées dans l'eau par le charbon jusqu'au plat-bord.

L'immense éventail de verdure du parc se déploie au-dessus des grilles. Ces arbres ont la douce ampleur et la force des grands rêves. Seulement des arbres, je m'en méfiais aussi depuis que j'étais passé par leurs embuscades. Un mort derrière chaque arbre. La grande allée montait entre deux rangées roses vers les fontaines.

À côté du kiosque la vieille dame aux sodas semblait lentement rassembler toutes les ombres du soir autour de sa jupe. Plus loin dans les chemins de côté flottaient les grands cubes et rectangles tendus de toiles sombres, les baraques d'une fête que la guerre avait surprise là, et comblée soudain de silence.

« C'est voilà un an qu'ils sont partis déjà ! nous rappelait la vieille aux sodas. À présent, il n'y passe pas deux personnes par jour ici... J'y viens encore moi par l'habitude...

On voyait tant de monde par ici !... »

Elle n'avait rien compris la vieille au reste de ce qui s'était passé, rien que cela. Lola voulut que nous passions auprès de ces tentes vides, une drôle d'envie triste qu'elle avait.

Nous en comptâmes une vingtaine, des longues garnies de glaces, des petites, bien plus nombreuses, des confiseries foraines, des loteries, un petit théâtre même, tout traversé de courants d'air ; entre chaque arbre il y en avait, partout, des baraques, l'une d'elles, vers la grande allée, n'avait même plus ses rideaux, éventée comme un vieux mystère.

Elles penchaient déjà vers les feuilles et la boue les tentes. Nous nous arrêtâmes auprès de la dernière, celle qui s'inclinait plus que les autres et tanguait sur ses poteaux, dans le vent, comme un bateau, voiles folles, prêt à rompre sa dernière corde. Elle vacillait, sa toile du milieu secouait dans le vent montant, secouait vers le ciel, au-dessus du toit. Au fronton de la baraque on lisait son vieux nom en vert et rouge ; c'était la baraque d'un tir : Le Stand des Nations qu'il s'appelait.

Plus personne pour le garder non plus. Il tirait peut-être avec les autres le propriétaire à présent, avec les clients.

Comme les petites cibles dans la boutique en avaient reçu des balles ! Toutes criblées de petits points blancs ! Une noce pour la rigolade que ça représentait : au premier rang, en zinc, la mariée avec ses fleurs, le cousin, le militaire, le promis, avec une grosse gueule rouge, et puis au deuxième rang des invités encore, qu'on avait dû tuer bien des fois quand elle marchait encore la fête.

« Je suis sûre que vous devez bien tirer, vous Ferdinand ? Si c'était la fête encore, je ferais un match avec vous !... N'est-ce pas que vous tirez bien Ferdinand ?

— Non, je ne tire pas très bien... »

Au dernier rang derrière la noce, un autre rang peinturluré, la Mairie avec son drapeau. On devait tirer dans la Mairie aussi quand ça fonctionnait, dans les fenêtres qui s'ouvraient alors d'un coup sec de sonnette, sur le petit drapeau en zinc même on tirait. Et puis sur le régi ment qui défilait, en pente, à côté, comme le mien, place Clichy, celui-ci entre les pipes et les petits ballons, sur tout ça on avait tiré tant qu'on avait pu, à présent sur moi on tirait, hier, demain.

« Sur moi aussi qu'on tire Lola ! que je ne pus m'empêcher de lui crier.

— Venez ! fit-elle alors... Vous dites des bêtises, Ferdinand, et nous allons attraper froid. »

Nous descendîmes vers Saint-Cloud par la grande allée, la Royale, en évitant la boue, elle me tenait par la main, la sienne était toute petite, mais je ne pouvais plus penser à autre chose qu'à la noce en zinc du Stand de là-haut qu'on avait laissée dans l'ombre de l'allée. J'oubliais même de l'embrasser Lola, c'était plus fort que moi. Je me sentais tout bizarre. C'est même à partir de ce moment-là, je rois, que ma tête est devenue si difficile à tranquillise avec ses idées dedans.

Quand nos parvînmes au pont de Saint-Cloud, il faisait tout à fait sombre.

« Ferdinand, voulez-vous dîner chez Duval[10] ? Vous aimez bien Duval, vous... Cela vous changerait les idées... On y rencontre toujours beaucoup de monde... À moins que vous ne préfériez dîner dans ma chambre ? » Elle était bien prévenante, en somme, ce soir-là.

Nous nous décidâmes finalement pour Duval. Mais à peine étions-nous à table que l'endroit me parut insensé.

Tous ces gens assis en rangs autour de nous me donnaient l'impression d'attendre eux aussi que des balles les assaillent de partout pendant qu'ils bouffaient.

« Allez-vous-en tous ! que je les ai prévenus. Foutez le camp ! on va tirer ! Vous tuer ! Nous tuer tous ! »

On m'a ramené à l'hôtel de Lola, en vitesse. Je voyais partout la même chose. Tous les gens qui défilaient dans les couloirs du Paritz semblaient aller se faire tirer et les employés derrière la grande Caisse, eux aussi, tout juste faits pour ça, et le type d'en bas même, du Paritz, avec son uniforme bleu comme le ciel et doré comme le soleil, le concierge qu'on l'appelait, et puis des militaires, des officiers déambulants, des généraux, moins beaux que lui bien sûr, mais en uniforme quand même, partout un tir immense, dont on ne sortirait pas, ni les uns ni les autres. Ce n'était plus une rigolade.

« On va tirer ! que je leur criais moi, du plus fort que je pouvais, au milieu du grand salon. On va tirer ! Foutez donc le camp tous !... » Et puis par la fenêtre que j'ai crié ça aussi. Ça me tenait. Un vrai scandale. « Pauvre soldat ! » qu'on disait. Le concierge m'a emmené au bar bien doucement, par l'amabilité. Il m'a fait boire et j'ai bien bu, et puis enfin les gendarmes sont venus me chercher, plus

---

[10] *Duval* : il existait de nombreux « *Bouillons Duval* » où l'on mangeait correctement pour un prix peu élevé.

brutalement eux. Dans le Stand des Nations il y en avait aussi des gendarmes. Je les avais vus. Lola m'embrassa et les aida à m'emmener avec leurs menottes.

Alors je suis tombé malade, fiévreux, rendu fou, qu'ils ont expliqué à l'hôpital, par la peur. C'était possible. La meilleure des choses à faire, n'est-ce pas, quand on est dans ce monde, c'est d'en sortir ? Fou ou pas, peur ou pas.

* * *

Ça a fait des histoires. Les uns ont dit : « Ce garçon-là, c'est un anarchiste, on va donc le fusiller, c'est le moment, et tout de suite, y a pas à hésiter, faut pas lanterner, puisque c'est la guerre !... » Mais il y en avait d'autres, plus patients, qui voulaient que je soye seulement syphilitique et bien sincèrement fol et qu'on m'en ferme en conséquence jusqu'à la paix, ou tout au moins pendant des mois, parce qu'eux les pas fous, qui avaient toute leur raison, qu'ils disaient, ils voulaient me soigner pendant qu'eux seulement ils feraient la guerre. Ça prouve que pour qu'on vous croye raisonnable, rien de tel que de posséder un sacré culot. Quand on a un bon culot, ça suffit, presque tout alors vous est permis, absolument tout, on a la majorité pour soi et c'est la majorité qui décrète de ce qui est fou et ce qui ne l'est pas.

Cependant mon diagnostic demeurait très douteux. Il fut donc décidé par les autorités de me mettre en observation pendant un temps. Ma petite amie Lola eut la permission de me rendre quelques visites, et ma mère aussi. C'était tout.

Nous étions hébergés nous, les blessés troubles, dans un lycée d'Issy-les-Moulineaux, organisé bien exprès pour recevoir et traquer doucement ou fortement aux aveux, selon les cas, ces soldats dans mon genre dont l'idéal patriotique était simplement compromis ou tout à fait malade. On ne nous traitait pas absolument mal, mais on se sentait tout le temps, tout de même, guetté par un personnel d'infirmiers silencieux et dotés d'énormes oreilles.

Après quelque temps de soumission à cette surveillance on sortait discrètement pour s'en aller, soit vers l'asile d'aliénés, soit au front, soit encore assez souvent au poteau.

Parmi les copains rassemblés dans ces locaux louches, je me demandais toujours lequel était en train, parlant bas au réfectoire, de devenir un fantôme.

Près de la grille, à l'entrée, dans son petit pavillon, demeurait la concierge, celle qui nous vendait des sucres d'orge et des oranges et ce qu'il fallait en même temps pour se recoudre des boutons. Elle nous vendait encore en plus, du plaisir. Pour les sous-officiers, c'était dix francs le plaisir. Tout le monde pouvait en avoir. Seulement en se méfiant des confidences qu'on lui faisait trop aisément dans ces moments-là. Elles pouvaient coûter cher ces expansions. Ce qu'on lui confiait, elle le répétait au médecin-chef, scrupuleusement, et ça vous passait au dossier pour le Conseil de guerre. Il semblait bien prouvé qu'elle avait ainsi fait fusiller, à coups de confidences, un brigadier de Spahis qui n'avait pas vingt ans, plus un réserviste du Génie qui avait avalé des clous pour se donner mal à l'estomac et puis encore un autre hystérique, celui qui lui avait raconté comment il prépa rait ses crises de paralysie au front... Moi, pour me tâter, elle me proposa certain soir le livret d'un père de famille de six enfants, qu'était mort qu'elle disait, et que ça pouvait me servir, à cause des affectations de l'arrière. En somme, c'était une vicieuse. Au lit par exemple, c'était une superbe affaire et on y revenait et elle nous donnait bien de la joie. Pour une garce c'en était une vraie. Faut ça d'ailleurs pour faire bien jouir. Dans cette cuisine-là, celle du derrière, la coquinerie, après tout, c'est comme le poivre dans une bonne sauce, c'est indispensable et ça lie.

Les bâtiments du lycée s'ouvraient sur une très ample terrasse, dorée l'été, au milieu des arbres, et d'où se découvrait magnifiquement Paris, en sorte de glorieuse perspective. C'était là que le jeudi nos visiteurs nous attendaient et Lola parmi eux, venant m'apporter ponctuellement gâteaux, conseils et cigarettes.

Nos médecins nous les voyions chaque matin. Ils nous interrogeaient avec bienveillance, mais on ne savait jamais ce qu'ils pensaient au juste. Ils promenaient autour de nous, dans des mines toujours affables, notre condamnation à mort.

Beaucoup de malades parmi ceux qui étaient là en observation, parvenaient, plus émotifs que les autres, dans cette ambiance doucereuse, à un état de telle exaspération qu'ils se levaient la nuit au lieu de dormir, arpentaient le dortoir de long en large, protestaient tout haut contre leur propre angoisse, crispés entre l'espérance et le désespoir, comme sur un pan traître de montagne. Ils peinaient des jours et des jours ainsi et puis un soir ils se laissaient choir d'un coup tout en bas et allaient tout avouer de leur affaire au médecin-chef. On ne les revoyait plus ceux-là, jamais. Moi non plus, je n'étais pas tranquille. Mais quand on est faible ce qui donne de la force, c'est de dépouiller les hommes qu'on redoute le plus, du moindre prestige qu'on a encore tendance à leur prêter. Il faut s'apprendre à les considérer tels qu'ils sont, pires qu'ils sont c'est-à-dire, à tous les points de vue. Ça dégage, ça vous affranchit et vous défend au-delà de tout ce qu'on peut imaginer. Ça vous donne un autre vous-même. On est deux.

Leurs actions, dès lors, ne vous ont plus ce sale attrait mystique qui vous affaiblit et vous fait perdre du temps et leur comédie ne vous est alors nullement plus agréable et plus utile à votre progrès que celle du plus bas cochon.

À côté de moi, voisin de lit, couchait un caporal, engagé volontaire aussi. Professeur avant le mois d'août dans un lycée de Touraine, où il enseignait, m'apprit-il, l'histoire et la géographie. Au bout de quelques mois de guerre, il s'était révélé voleur ce professeur, comme pas un. On ne pouvait plus l'empêcher de dérober au convoi de son régiment des conserves, dans les fourgons de l'Intendance, aux réserves de la Compagnie, et partout ailleurs où il en trouvait.

Avec nous autres il avait donc échoué là, vague en instance de Conseil de guerre. Cependant, comme sa famille s'acharnait à prouver que les obus l'avaient stupéfié, démoralisé, l'instruction différait son jugement de mois en mois. Il ne me parlait pas beaucoup. Il passait des heures à se peigner la barbe, mais quand il me parlait, c'était presque toujours de la même chose, du moyen qu'il avait découvert pour ne plus faire d'enfants à sa femme. Était-il fou vraiment ? Quand le moment du monde à l'envers est venu et que c'est être fou que de demander pourquoi on vous assassine, il devient évident qu'on passe pour fou à peu de frais. Encore faut-il que ça prenne, mais quand il s'agit d'éviter le grand écartelage il se fait dans certains cerveaux de magnifiques efforts d'imagination.

Tout ce qui est intéressant se passe dans l'ombre, décidément. On ne sait rien de la véritable histoire des hommes.

Princhard, il s'appelait, ce professeur. Que pouvait-il bien avoir décidé, lui, pour sauver ses carotides, ses poumons et ses nerfs optiques ? Voici la question essentielle, celle qu'il aurait fallu nous poser entre nous hommes pour demeurer strictement humains et pratiques. Mais nous étions loin de là, titubants dans un idéal d'absurdités, gardés par les poncifs belliqueux et insanes, rats enfumés déjà, nous tentions, en folie, de sortir du bateau de feu, mais n'avions aucun plan d'ensemble, aucune confiance les uns dans les autres. Ahuris par la guerre, nous étions devenus fous dans un autre genre : la peur. L'envers et l'endroit de la guerre.

Il me marquait quand même, à travers ce commun délire, une certaine sympathie, ce Princhard, tout en se méfiant de moi, bien sûr.

Où nous nous trouvions, à l'enseigne où tous nous étions logés, il ne pouvait exister ni amitié, ni confiance. Chacun laissait seulement entendre ce qu'il croyait être favorable à sa peau, puisque tout ou presque allait être répété par les mouchards à l'affût.

De temps en temps, l'un d'entre nous disparaissait, c'est que son affaire était constituée, qu'elle se terminerait au Conseil de guerre, à Biribi ou au front et pour les mieux servis à l'Asile de Clamart.

D'autres guerriers douteux arrivaient encore, toujours, de toutes les armes, des très jeunes et des presque vieux, avec la frousse ou bien crâneurs, leurs femmes et leurs parents leur rendaient visite, leurs petits aussi, yeux écarquillés, le jeudi.

Tout ce monde pleurait d'abondance, dans le parloir, sur le soir surtout. L'impuissance du monde dans la guerre venait pleurer là, quand les femmes et les petits s'en allaient, par le couloir blafard de gaz, visites finies, en traînant les pieds. Un grand troupeau de pleurnicheurs ils formaient, rien que ça, dégoûtants.

Pour Lola, venir me voir dans cette sorte de prison, c'était encore une aventure. Nous deux, nous ne pleurions pas. Nous n'avions nulle part, nous, où prendre des larmes.

« Est-ce vrai que vous soyez réellement devenu fou, Ferdinand ? me demande-t-elle un jeudi.

— Je le suis ! avouai-je.

— Alors, ils vont vous soigner ici ?

— On ne soigne pas la peur, Lola.

— Vous avez donc peur tant que ça ?

— Et plus que ça encore, Lola, si peur, voyez-vous, que si je meurs de ma mort à moi, plus tard, je ne veux surtout pas qu'on me brûle ! Je voudrais qu'on me laisse en terre, pourrir au cimetière, tranquillement, là, prêt à revivre peut-être... Sait-on jamais ! Tandis que si on me brûlait en cendres, Lola, comprenez-vous, ça serait fini, bien fini... Un squelette, malgré tout, ça ressemble encore un peu à un homme... C'est toujours plus prêt à revivre que des cendres... Des cendres c'est fini !... Qu'en dites-vous ?... Alors, n'est-ce pas, la guerre...

— Oh ! Vous êtes donc tout à fait lâche, Ferdinand ! Vous êtes répugnant comme un rat...

— Oui, tout à fait lâche, Lola, je refuse la guerre et tout ce qu'il y a dedans... Je ne la déplore pas moi... Je ne me résigne pas moi... Je ne pleurniche pas dessus moi... Je la refuse tout net, avec tous les hommes qu'elle contient, je ne veux rien avoir à faire avec eux, avec elle. Seraient-ils neuf cent quatre-vingt-quinze millions et moi tout seul, c'est eux qui ont tort, Lola, et c'est moi qui ai raison, parce que je suis le seul à savoir ce que je veux je ne veux plus mourir.

— Mais c'est impossible de refuser la guerre, Ferdinand ! Il n'y a que les fous et les lâches qui refusent la guerre quand leur Patrie est en danger...

— Alors vivent les fous et les lâches ! Ou plutôt sur vivent les fous et les lâches ! Vous souvenez-vous d'un seul nom par exemple, Lola, d'un de ces soldats tués pendant la guerre de Cent Ans ?... Avez-vous jamais cherché à en connaître un seul de ces noms ?... Non, n'est-ce pas ?... Vous n'avez jamais cherché ? Ils vous sont aussi anonymes, indifférents et plus inconnus que le dernier atome de ce presse-papier devant nous, que votre crotte du matin... Voyez donc bien qu'ils sont morts pour rien, Lola ! Pour absolument rien du tout, ces crétins ! Je vous l'affirme ! La preuve est faite ! Il n'y a que la vie qui compte. Dans dix mille ans d'ici, je vous fais le pari que cette guerre, si remarquable qu'elle nous paraisse à présent, sera complètement oubliée... À peine si une douzaine d'érudits se chamailleront encore par-ci, par-là, à son occasion et à propos des dates des principales hécatombes dont elle fut illustrée... C'est tout ce que les hommes ont réussi jusqu'ici à trouver de mémorable au sujet les uns des autres à quelques siècles, à quelques années et même à quelques heures de distance... Je ne crois pas à l'avenir, Lola... »

Lorsqu'elle découvrit à quel point j'étais devenu fanfaron de mon honteux état, elle cessa de me trouver pitoyable le moins du monde... Méprisable elle me jugea, définitivement.

Elle résolut de me quitter sur-le-champ. C'en était trop. En la reconduisant jusqu'au portillon de notre hospice ce soir-là, elle ne m'embrassa pas.

Décidément, il lui était impossible d'admettre qu'un condamné à mort n'ait pas en même temps reçu la vocation. Quand je lui demandai des nouvelles de nos crêpes, elle ne me répondit pas non plus.

En rentrant à la chambrée je trouvai Princhard devant la fenêtre essayant des lunettes contre la lumière du gaz au milieu d'un cercle de soldats. C'est une idée qui lui était venue, nous expliqua-t-il, au bord de la mer, en vacances, et puisque c'était l'été à présent, il entendait les porter pendant la journée, dans le parc. Il était immense ce parc et fort bien surveillé d'ailleurs par des escouades d'infirmiers alertes. Le lendemain donc Princhard insista pour que je l'accompagne jusqu'à la terrasse pour essayer les belles lunettes. L'après-midi rutilait splendide sur Princhard, défendu par ses verres opaques ; je remarquai qu'il avait le nez presque transparent aux narines et qu'il respirait avec précipitation.

« Mon ami, me confia-t-il, le temps passe et ne travaille pas pour moi... Ma conscience est inaccessible aux remords, je suis libéré, Dieu merci ! de ces timidités... Ce ne sont pas les crimes qui se comptent en ce monde... y a longtemps qu'on y a renoncé... Ce sont les gaffes... Et je crois en avoir commis une... Tout à fait irrémédiable...

— En volant les conserves ?

— Oui, j'avais cru cela malin, imaginez ! Pour me faire soustraire à la bataille et de cette façon, honteux, mais vivant encore, pour revenir en la paix comme on revient, exténué, à la surface de la mer après un long plongeon... J'ai bien failli réussir... Mais la guerre dure décidément trop longtemps... On ne conçoit plus à mesure qu'elle s'allonge d'individus suffisamment dégoûtants pour dégoûter la Patrie... Elle s'est mise à accepter tous les sacrifices, d'où qu'ils viennent, toutes les viandes la Patrie... Elle est devenue infiniment indulgente dans le choix de ses martyrs la Patrie !

Actuellement il n'y a plus de soldats indignes de porter les armes et surtout de mourir sous les armes et par les armes... On va faire, dernière nouvelle, un héros avec moi !... Il faut que la folie des massacres soit extraordinairement impérieuse, pour qu'on se mette à pardonner le vol d'une boîte de conserve ! que dis-je ? à l'oublier ! Certes, nous avons l'habitude d'admirer tous les jours d'immenses bandits, dont le monde entier vénère avec nous l'opulence et dont l'existence se démontre cependant dès qu'on l'examine d'un peu près comme un long crime chaque jour renouvelé, mais ces gens-là jouissent de gloire, d'honneurs et de puissance, leurs forfaits sont consacrés par les lois, tandis qu'aussi loin qu'on se reporte dans l'histoire — et vous savez que je suis payé pour la connaître — tout nous démontre qu'un larcin véniel, et surtout d'aliments mesquins, tels que croûtes, jambon ou fromage, attire sur son auteur immanquablement l'opprobre formel, les reniements catégoriques de la communauté, les châtiments majeurs, le déshonneur automatique et la honte inexpiable, et cela pour deux raisons, tout d'abord parce que auteur de tels forfaits est généralement un pauvre et que cet état implique en lui-même une indignité capitale et ensuite parce que son acte comporte une sorte de tacite reproche envers la communauté. Le vol du pauvre devient une malicieuse reprise individuelle, me comprenez-vous ?... Où irions-nous ? Aussi la répression des menus larcins s'exerce-t-elle, remarquez-le, sous tous les climats, avec une rigueur extrême, comme moyen de défense sociale non seulement, mais encore et surtout comme une recommandation sévère à tous les malheureux d'avoir à se tenir à leur place et dans leur caste, peinards, joyeusement résignés à crever tout au long des siècles et indéfiniment de misère et de faim... Jusqu'ici cependant, il restait aux petits voleurs un avantage dans la République, celui d'être privés de l'honneur de porter les armes patriotes. Mais dès demain, cet état de choses va changer, j'irai reprendre dès demain, moi voleur, ma place aux armées... Tels sont les ordres... En haut lieu, on a décidé de passer l'éponge sur ce qu'ils appellent « mon moment d'égarement « et ceci, notez-le bien, en considération de ce qu'on intitule aussi « l'honneur de ma famille « . Quelle mansuétude ! Je-vous le demande camarade, est-ce donc ma famille qui va s'en aller servir de passoire et de tri aux balles françaises et allemandes mélangées ?... Ce sera bien moi tout seul, n'est-ce pas ? Et quand je serai mort, est-ce l'honneur de ma famille qui me fera ressusciter ?... Tenez, je la vois d'ici, ma famille, les choses de la guerre passées... Comme tout passe... Joyeusement alors gambadante ma famille sur les gazons de l'été revenu, je la vois d'ici par les beaux dimanches... Cependant qu'à trois pieds dessous, moi papa, ruisselant d'asticots et bien plus infect qu'un kilo d'étrons de 14 juillet pourrira fantastiquement de toute sa viande déçue... Engraisser les sillons du laboureur anonyme c'est le véritable avenir du véritable soldat ! Ah ! camarade ! Ce monde n'est je vous l'assure qu'une immense entreprise à se foutre du monde ! Vous êtes jeune. Que ces minutes sagaces vous comptent pour des années ! Écoutez-moi bien, camarade, et ne le laissez plus passer sans bien vous pénétrer de son importance, ce signe capital dont resplendissent toutes les hypocrisies meurtrières de notre Société : « L'attendrissement sur le sort, sur la condition du miteux... « Je vous le dis, petits bonshommes, couillons de la vie, battus, rançonnés, transpirants de toujours, je vous préviens, quand les grands de ce monde se mettent à vous aimer, c'est qu'ils vont vous tourner en saucissons de bataille... C'est le signe... Il est infaillible. C'est par l'affection que ça commence. Louis XIV lui au moins, qu'on se souvienne, s'en foutait à tout rompre du bon peuple. Quant à Louis XV, du même. Il s'en barbouillait le pourtour anal. On ne vivait pas bien en ce temps-là, certes, les pauvres n'ont jamais bien vécu, mais on ne mettait pas à les étriper l'entêtement et l'acharnement qu'on trouve à nos tyrans d'aujourd'hui. Il n'y a de repos, vous dis-je, pour les petits, que dans le mépris des grands qui ne peuvent penser au peuple que par intérêt ou sadisme... Les philosophes, ce sont eux, notez-le encore pendant que nous y sommes, qui ont commencé par raconter des histoires au bon peuple... Lui qui ne connaissait que le catéchisme ! Ils se sont mis, proclamèrent-ils, à l'éduquer... Ah ! ils en avaient des vérités à lui révéler ! et des belles ! Et des pas fatiguées ! Qui brillaient ! Qu'on en restait tout ébloui ! C'est ça ! qu'il a commencé par dire, le bon peuple, c'est bien ça ! C'est tout à fait ça ! Mourons tous pour ça ! Il ne demande jamais qu'à mourir le peuple ! Il est ainsi. « Vive Diderot ! « qu'ils ont gueulé et puis « Bravo Voltaire ! « En voilà au moins des philosophes ! Et vive aussi Carnot qui organise si bien les victoires ! Et vive tout le monde ! Voilà au moins des gars qui ne le laissent pas crever dans l'ignorance et le fétichisme le bon peuple ! Ils lui montrent eux les routes de la Liberté ! Ils l'émancipent ! Ça n'a pas traîné ! Que tout le monde d'abord sache lire les journaux ! C'est le salut ! Nom de Dieu ! Et en vitesse ! Plus d'illettrés ! Il en faut plus !

Rien que des soldats citoyens ! Qui votent ! Qui lisent Et qui se battent ! Et qui marchent ! Et qui envoient des baisers ! À ce régime-là, bientôt il fut fin mûr le bon peuple. Alors n'est-ce pas l'enthousiasme d'être libéré il faut bien que ça serve à quelque chose ? Danton n'était pas éloquent pour les prunes. Par quelques coups de gueule si bien sentis, qu'on les entend encore, il vous l'a mobilisé en un tour de main le bon peuple ! Et ce fut le premier départ des premiers bataillons d'émancipés frénétiques ! Des premiers couillons voteurs et drapeautiques qu'emmena le Dumouriez se faire trouer dans les Flandres ! Pour lui-même Dumouriez, venu trop tard à ce petit jeu idéaliste, entièrement inédit, préférant somme toute le pognon, il déserta. Ce fut notre dernier mercenaire... Le soldat gratuit ça c'était du nouveau... Tellement nouveau que Gœthe, tout Gœthe qu'il était, arrivant à Valmy en reçut plein la vue. Devant ces cohortes loqueteuses et passionnées qui venaient se faire étripailler spontanément par le roi de Prusse pour la défense de l'inédite fiction patriotique, Gœthe eut le sentiment qu'il avait encore bien des choses à apprendre. « De ce jour, clama-t-il, magnifiquement, selon les habitudes de son génie, commence une époque nouvelle » ![11] « Tu parles ! Par la suite, comme le système était excellent, on se mit à fabriquer des héros en série, et qui coûtèrent de moins en moins cher, à cause du perfectionnement du système. Tout le monde s'en est bien trouvé. Bismarck, les deux Napoléon, Barrès aussi bien que la cavalière Elsa[12]. La religion drapeautique remplaça promptement la céleste, vieux nuage déjà dégonflé par la Réforme et condensé depuis longtemps en tirelires épiscopales. Autrefois, la mode fanatique, c'était « Vive jésus ! Au bûcher les hérétiques ! », mais rares et volontaires après tout les hérétiques... Tandis que désormais, où nous voici, c'est par hordes immenses que les cris : « Au poteau les salsifis sans fibres ! Les citrons sans jus ! Les innocents lecteurs ! Par millions face à droite ! « provoquent les vocations. Les hommes qui ne veulent ni découdre, ni assassiner personne, les Pacifiques puants, qu'on s'en empare et qu'on les écartèle ! Et les trucide aussi de treize façons et bien fadées ! Qu'on leur arrache pour leur apprendre à vivre les tripes du corps d'abord, les yeux des orbites, et les années de leur sale vie baveuse ! Qu'on les fasse par légions et légions encore, crever, tourner en mirlitons, saigner, fumer dans les acides, et tout ça pour que la Patrie en devienne plus aimée, plus joyeuse et plus douce ! Et s'il y en a là-dedans des immondes qui se refusent à comprendre ces choses sublimes, ils n'ont qu'à aller s'enterrer tout de suite avec les autres, pas tout à fait cependant, mais au fin bout du cimetière, sous l'épitaphe infamante des lâches sans idéal, car ils auront perdu, ces ignobles, le droit magnifique à un petit bout d'ombre du monument adjudicataire et communal élevé pour les morts convenables dans l'allée du centre, et puis aussi perdu le droit de recueillir un peu de l'écho du Ministre qui viendra ce dimanche encore uriner chez le Préfet et frémir de la gueule au-dessus des tombes après le déjeuner... »

Mais du fond du jardin, on l'appela Princhard. Le médecin-chef le faisait demander d'urgence par son infirmier de service.

« J'y vais », qu'il a répondu Princhard, et n'eut que le temps juste de me passer le brouillon du discours qu'il venait ainsi d'essayer sur moi. Un truc de cabotin.

Lui, Princhard, je ne le revis jamais. Il avait le vice des intellectuels, il était futile. Il savait trop de choses ce garçon-là et ces choses l'embrouillaient. Il avait besoin d'un tas de trucs pour s'exciter, se décider. C'est loin déjà de nous le soir où il est parti, quand j'y pense. Je m'en souviens bien quand même. Ces maisons du faubourg qui limitaient notre parc se détachaient encore une fois, bien nettes, comme font toutes les choses avant que le soir les prenne. Les arbres grandissaient dans l'ombre et montaient au ciel rejoindre la nuit.

Je n'ai jamais rien fait pour avoir de ses nouvelles, pour savoir s'il était vraiment « disparu » ce Princhard, comme on l'a répété. Mais c'est mieux qu'il soit disparu.

* * *

Déjà notre paix hargneuse faisait dans la guerre même ses semences.

---

[11] « ... *commence une époque nouvelle...* » : citation, transformée, extraite de Campagne de France.
[12] *La cavalière Elsa* : roman de Pierre Mac Orlan (1921), qui fut aussi librement adapté au théâtre.

On pouvait deviner ce qu'elle serait, cette hystérique rien qu'à la voir s'agiter déjà dans la taverne de l'Olympia.

En bas dans la longue cave-dancing louchante aux cent glaces, elle trépignait dans la poussière et le grand désespoir en musique négro-judéo-saxonne. Britanniques et Noirs mêlés. Levantins et Russes, on en trouvait partout, fumants, braillants, mélancoliques et militaires, tout du long des sofas cramoisis. Ces uniformes dont on commence à ne plus se souvenir qu'avec bien de la peine furent les semences de l'aujourd'hui, cette chose qui pousse encore et qui ne sera tout à fait devenue fumier qu'un peu plus tard, à la longue.

Bien entraînés au désir par quelques heures à l'Olympia chaque semaine, nous allions en groupe faire une visite ensuite à notre lingère-gantière-libraire lieutenant de Sainte-Engence Herote, dans l'Impasse des Beresinas, derrière les Folies-Bergère, à présent disparue, où les petits chiens venaient avec leurs petites filles, en laisse, faire leurs besoins.

Nous y venions nous, chercher notre bonheur à tâtons, que le monde entier menaçait avec rage. On en était honteux de cette envie-là, mais il fallait bien s'y mettre tout de même ! C'est plus difficile de renoncer à l'amour qu'à la vie. On passe son temps à tuer ou à adorer en ce monde et cela tout ensemble. « Je te hais ! Je t'adore ! »

On se défend, on s'entretient, on repasse sa vie au bipède du siècle suivant, avec frénésie, à tout prix, comme si c'était formidablement agréable de se continuer, comme si ça allait nous rendre, au bout du compte, éternels. Envie de s'embrasser malgré tout, comme on se gratte.

J'allais mieux mentalement, mais ma situation militaire demeurait assez indécise. On me permettait de sortir en ville de temps en temps. Notre lingère s'appelait donc Mme Herote. Son front était bas et si borné qu'on en demeurait, devant elle, mal à l'aise au début, mais ses lèvres si bien souriantes par contre, et si charnues qu'on ne savait plus comment s'y prendre ensuite pour lui échapper. À l'abri d'une volubilité formidable, d'un tempérament inoubliable, elle abritait une série d'intentions simples, rapaces, pieusement commerciales.

Fortune elle se mit à faire en quelques mois, grâce aux alliés et à son ventre surtout. On l'avait débarrassée de ses ovaires il faut le dire, opérée de salpingite l'année précédente. Cette castration libératrice fit sa fortune. Il y a de ces blennorragies féminines qui se démontrent providentielles. Une femme qui passe son temps à redouter les grossesses n'est qu'une espèce d'impotente et n'ira jamais bien loin dans la réussite.

Les vieux et les jeunes gens aussi croient, je le croyais, qu'on trouvait moyen de faire facilement l'amour et pour pas cher dans l'arrière-boutique de certaines librairies lingeries. Cela était encore exact, il y a quelque vingt ans, mais depuis, bien des choses ne se font plus, celles-là sur tout parmi les plus agréables. Le puritanisme anglo-saxon nous dessèche chaque mois davantage, il a déjà réduit à peu près à rien la gaudriole impromptue des arrière-boutiques. Tout tourne au mariage et à la correction.

Mme Herote sut mettre à bon profit les dernières licences qu'on avait encore de baiser debout et pas cher. Un commissaire-priseur désœuvré passa devant son magasin certain manche, il y entra, il y est toujours. Gaga, il l'était un peu, il le demeura, sans plus. Leur bonheur ne fit aucun bruit. À l'ombre des journaux délirants d'appels aux sacrifices ultimes et patriotiques, la vie, strictement mesurée, farcie de prévoyance, continuait et bien plus astucieuse même que jamais. Tels sont l'en vers et l'endroit, comme la lumière et l'ombre, de la même médaille.

Le commissaire de Mme Herote plaçait en Hollande des fonds pour ses amis, les mieux renseignés, et pour Mme Herote à son tour, dès qu'ils furent devenus confi dents. Les cravates, les soutiens-gorge, les presque chemises comme elle en vendait, retenaient clients et clientes et surtout les incitaient à revenir souvent.

Grand nombre de rencontres étrangères et nationales eurent lieu à l'ombre rosée de ces brise-bise parmi les phrases incessantes de la patronne dont toute la personne substantielle, bavarde et parfumée jusqu'à l'évanouisse ment aurait pu rendre grivois le plus ranci des hépatiques. Dans ces mélanges, loin de perdre l'esprit, elle retrouvait son compte Mme Herote, en argent d'abord, parce qu'elle prélevait sa dîme sur les ventes en sentiments, ensuite parce qu'il se faisait beaucoup d'amour autour d'elle. Unissant les couples et les désunissant avec une joie au moins égale, à coups de ragots, d'insinuations, de trahisons.

Elle imaginait du bonheur et du drame sans désemparer. Elle entretenait la vie des passions. Son commerce n'en marchait que mieux.

Proue, mi-revenant lui-même, s'est perdu avec une extraordinaire ténacité dans l'infinie, la diluante futilité des rites et démarches qui s'entortillent autour des gens du monde, gens du vide, fantômes de désirs, partouzards indécis attendant leur Watteau toujours, chercheurs sans entrain d'improbables Cythères. Mais Mme Herote, populaire et substantielle d'origine, tenait solidement à la terre par de rudes appétits, bêtes et précis.

Si les gens sont si méchants, c'est peut-être seulement parce qu'ils souffrent, mais le temps est long qui sépare le moment où ils ont cessé de souffrir de celui où ils deviennent un peu meilleurs. La belle réussite matérielle et passionnelle de Mme Herote n'avait pas encore eu le temps d'adoucir ses dispositions conquérantes.

Elle n'était pas plus haineuse que la plupart des petites commerçantes d'alentour, mais elle se donnait beaucoup de peine à vous démontrer le contraire, alors on se sou vient de son cas. Sa boutique n'était pas qu'un lieu de rendez-vous, c'était encore une sorte d'entrée furtive dans un monde de richesse et de luxe où je n'avais jamais malgré tout mon désir, jusqu'alors pénétré et d'où je fus d'ailleurs éliminé promptement et péniblement à la suite d'une furtive incursion, la première et la seule.

Les gens riches à Paris demeurent ensemble, leurs quartiers, en bloc, forment une tranche de gâteau urbain ont la pointe vient toucher au Louvre, cependant que le rebord arrondi s'arrête aux arbres entre le Pont d'Auteuil et la Porte des Ternes. Voilà. C'est le bon morceau de la ville. Tout le reste n'est que peine et fumier.

Quand on passe du côté de chez les riches on ne remarque pas d'abord de grandes différences avec les autres quartiers, si ce n'est que les rues y sont un peu plus propres et c'est tout. Pour aller faire une excursion dans intérieur même de ces gens, de ces choses, il faut se fier au hasard ou à l'intimité.

Par la boutique de Mme Herote on y pouvait pénétrer un peu avant dans cette réserve à cause des Argentins qui descendaient des quartiers privilégiés pour se fournir chez elle en caleçons et chemises et taquiner aussi son joli choix d'amies ambitieuses, théâtreuses et musiciennes, bien faites, que Mme Herote attirait à dessein.

À l'une d'elles, moi qui n'avais rien à offrir que ma jeunesse, comme on dit, je me mis cependant à tenir beaucoup trop.

La petite Musyne on l'appelait dans ce milieu. Au passage des Beresinas, tout le monde se connaissait de boutique en boutique, comme dans une véritable petite province, depuis des années coincée entre deux rues de Paris, c'est-à-dire qu'on s'y épiait et s'y calomniait humainement jusqu'au délire.

Pour ce qui est de la matérielle, avant la guerre, on y discutait entre commerçants une vie picoreuse et désespérément économe. C'était entre autres épreuves miséreuses le chagrin chronique de ces boutiquiers, d'être forcés dans leur pénombre de recourir au gaz dès quatre heures du soir venues, à cause des étalages. Mais il se ménageait ainsi, en retrait, par contre, une ambiance propice aux propositions délicates.

Beaucoup de boutiques étaient malgré tout en train de péricliter à cause de la guerre, tandis que celle de Mme Herote, à force de jeunes Argentins, d'officiers à pécule et des conseils de l'ami commissaire, prenait un essor que tout le monde, aux environs, commentait, on peut l'imaginer, en termes abominables.

Notons par exemple qu'à cette même époque, le célèbre pâtissier du numéro 112 perdit soudain ses belles clientes par l'effet de la mobilisation. Les habituelles goûteuses à longs gants forcées tant on avait réquisitionné de chevaux d'aller à pied ne revinrent plus. Elles ne devaient plus jamais revenir. Quant à Sambanet, le relieur de musique, il se défendit mal lui, soudain, contre l'envie qui l'avait toujours possédé de sodomiser quelque soldat. Une telle audace d'un soir, mal venue, lui fit un tort irréparable auprès de certains patriotes qui l'accusèrent d'emblée d'espionnage. Il dut fermer ses rayons.

Par contre Mlle Hermance, au numéro 26, dont la spécialité était jusqu'à ce jour l'article de caoutchouc avouable ou non, se serait très bien débrouillée, grâce aux circonstances, si elle n'avait éprouvé précisément toutes les difficultés du monde à s'approvisionner en « préservatifs » qu'elle recevait d'Allemagne.

Seule Mme Herote, en somme, au seuil de la nouvelle époque de la lingerie fine et démocratique entra facilement dans la prospérité.

On s'écrivait nombre de lettres anonymes entre boutiques, et des salées. Mme Herote préférait, quant à elle, et pour sa distraction, en adresser à de hauts personnages ; en ceci même elle manifestait de la forte ambition qui constituait le fond même de son tempérament. Au Président du Conseil, par exemple elle en envoyait, rien que pour l'assurer qu'il était cocu, et au Maréchal Pétain, en anglais, à l'aide du dictionnaire, pour le faire enrager. La lettre anonyme ? Douche sur les plumes ! Mme Herote en recevait chaque jour un petit paquet pour son compte de ces lettres non signées et qui ne sentaient pas bon, je vous l'assure. Elle en demeurait pensive, éberluée pendant dix minutes environ, mais elle se reconstituait tout aussitôt son équilibre, n'importe comment, avec n'importe quoi, mais toujours, et solidement encore car il n'y avait dans sa vie intérieure aucune place pour le doute et encore moins pour la vérité.

Parmi ses clientes et protégées, nombre de petites artistes lui arrivaient avec plus de dettes que de robes. Toutes, Mme Herote les conseillait et elles s'en trouvaient bien, Musyne entre autres qui me semblait à moi la plus mignonne de toutes. Un véritable petit ange musicien, une amour de violoniste, une amour bien dessalée par exemple, elle me le prouva. Implacable dans son désir de réussir sur la terre, et pas au ciel, elle se débrouillait au moment où je la connus, dans un petit acte, tout ce qu'il y avait de mignon, très parisien et bien oublié, aux Variétés.

Elle apparaissait avec son violon dans une manière de prologue impromptu, versifié, mélodieux. Un genre adorable et compliqué.

Avec ce sentiment que je lui vouai mon temps devint frénétique et se passait en bondissements de l'hôpital à la sortie de son théâtre. Je n'étais d'ailleurs presque jamais seul à l'attendre. Des militaires terrestres la ravissaient à tour de bras, des aviateurs aussi et bien plus facilement encore, mais le pompon séducteur revenait sans conteste aux Argentins. Leur commerce de viandes froides à ceux-là, prenait grâce à la pullulation des contingents nouveaux, les proportions d'une force de la nature. La petite Musyne en a bien profité de ces jours mercantiles. Elle a bien fait, les Argentins n'existent plus.

Je ne comprenais pas. J'étais cocu avec tout et tout le monde, avec les femmes, l'argent et les idées. Cocu et pas content. À l'heure qu'il est, il m'arrive encore de la rencontrer Musyne, par hasard, tous les deux ans ou presque, ainsi que la plupart des êtres qu'on a connus très bien. C'est le délai qu'il nous faut, deux années, pour nous rendre compte, d'un seul coup d'œil, intrompable alors, comme l'instinct, des laideurs dont un visage, même en son temps délicieux, s'est chargé.

On demeure comme hésitant un instant devant, et puis on finit par l'accepter tel qu'il est devenu le visage avec cette disharmonie croissante, ignoble, de toute la figure. Il le faut bien dire oui, à cette soigneuse et lente caricature burinée par deux ans. Accepter le temps, ce tableau de nous. On peut dire alors qu'on s'est reconnus tout à fait (comme un billet étranger qu'on hésite à prendre à première vue) qu'on ne s'était pas trompés de chemin, qu'on avait bien suivi la vraie route, sans s'être concertés, l'immanquable route pendant deux années de plus, la route de la pourriture. Et voilà tout.

Musyne, quand elle me rencontrait ainsi, fortuitement, tellement je l'épouvantais avec ma grosse tête, semblait vouloir me fuir absolument, m'éviter, se détourner, n'importe quoi... Je lui sentais mauvais, c'était évident, de tout un passé, mais moi qui sais son âge, depuis trop d'années, elle a beau faire, elle ne peut absolument plus m'échapper. Elle reste là l'air gêné devant mon existence, comme devant un monstre. Elle, si délicate, se croit tenue de me poser des questions balourdes, imbéciles, comme en poserait une bonne prise en faute. Les femmes ont des natures de domestiques. Mais elle imagine peut-être seulement cette répulsion, plus qu'elle ne l'éprouve ; c'est l'espèce de consolation qui me demeure.

Je lui suggère peut-être seulement que je suis immonde. Je suis peut-être un artiste dans ce genre-là. Après tout, pourquoi n'y aurait-il pas autant d'art possible dans la laideur que dans la -beauté ? C'est un genre à cultiver, voilà tout.

J'ai cru longtemps qu'elle était sotte la petite Musyne, mais ce n'était qu'une opinion de vaniteux éconduit. Vous savez, avant la guerre, on était tous encore bien plus ignorants et plus fats qu'aujourd'hui. On ne savait presque rien des choses du monde en général, enfin des inconscients... Les petits types dans mon genre prenaient encore bien plus facilement qu'aujourd'hui des vessies pour des lanternes. D'être amoureux de Musyne si mignonne je pensais que ça allait me douer de toutes les puissances, et d'abord et surtout du courage qui me manquait, tout ça parce qu'elle était si jolie et si joli ment musicienne ma petite amie ! L'amour c'est comme l'alcool, plus on est impuissant et soûl et plus on se croit fort et malin, et sûr de ses droits.

Mme Herote, cousine de nombreux héros décédés, ne sortait plus de son impasse qu'en grand deuil ; encore, n'allait-elle en ville que rarement, son commissaire ami se montrant assez jaloux. Nous nous réunissions dans la salle à manger de l'arrière-boutique, qui, la prospérité venue, prit bel et bien les allures d'un petit salon. On y venait converser, s'y distraire, gentiment, convenable ment sous le gaz. Petite Musyne, au piano, nous ravissait de classiques, rien que des classiques, à cause des convenances de ces temps douloureux. Nous demeurions là, des après-midi, coude à coude, le commissaire au milieu, à bercer ensemble nos secrets, nos craintes, et nos espoirs.

La servante de Mme Herote, récemment engagée, tenait beaucoup à savoir quand les uns allaient se décider enfin à se marier avec les autres. Dans sa campagne on ne concevait pas l'union libre. Tous ces Argentins, ces Officiers, ces clients fureteurs lui causaient une inquiétude presque animale.

Musyne se trouvait de plus en plus souvent accaparée par les clients sud-américains. Je finis de cette façon par connaître à fond toutes les cuisines et domestiques de ces messieurs, à force d'aller attendre mon aimée à l'office. Les valets de chambre de ces messieurs me prenaient d'ailleurs pour le maquereau. Et puis, tout le monde finit par me prendre pour un maquereau, y compris Musyne elle-même, en même temps je crois que tous les habitués de la boutique de Mme Herote. Je n'y pouvais rien. D'ailleurs, il faut bien que cela arrive tôt ou tard, qu'on vous classe.

J'obtins de l'autorité militaire une autre convalescence de deux mois de durée et on parla même de me réformer. Avec Musyne nous décidâmes d'aller loger ensemble à Billancourt. C'était pour me semer en réalité ce subterfuge parce qu'elle profita que nous demeurions loin, pour rentrer de plus en plus rarement à la maison. Toujours elle trouvait de nouveaux prétextes pour rester dans Paris.

Les nuits de Billancourt étaient douces, animées par fois par ces puériles alarmes d'avions et de zeppelins, grâce auxquelles les citadins trouvaient moyen d'éprouver des frissons justificatifs. En attendant mon amante, j'allais me promener, nuit tombée, jusqu'au pont de Grenelle, là où l'ombre monte du fleuve jusqu'au tablier du métro, avec ses lampadaires en chapelets, tendu en plein noir, avec sa ferraille énorme aussi qui va foncer en tonnerre en plein flanc des gros immeubles du quai de Passy.

Il existe certains coins comme ça dans les villes, si stupidement laids qu'on y et presque toujours seul.

Musyne finit par ne plus rentrer à notre espèce de foyer qu'une fois par semaine.

Elle accompagnait de plus en plus fréquemment des chanteuses chez les Argentins.

Elle aurait pu jouer et gagner sa vie dans les cinémas, où ç'aurait été bien plus facile pour moi d'aller la chercher, mais les Argentins étaient gais et bien payants, tandis que les cinémas étaient tristes et payaient peu. C'est toute la vie ces préférences.

Pour comble de mon infortune survint le Théâtre aux Armées. Elle se créa instantanément, Musyne, cent relations militaires au Ministère et de plus en plus fréquemment elle partit alors distraire au front nos petits soldats et cela durant des semaines entières. Elle y détaillait, aux armées, la sonate et l'adagio devant les parterres d'État-major, bien placés pour lui voir les jambes. Les soldats parqués en gradins à l'arrière des chefs ne jouissaient eux que des échos mélodieux. Elle passait forcément ensuite des nuits très compliquées dans les hôtels de la zone des Armées. Un jour elle m'en revint toute guillerette des Armées et munie d'un brevet d'héroïsme, signé par l'un de nos grands généraux, s'il vous plaît. Ce diplôme fut à l'origine de sa définitive réussite.

Dans la colonie argentine, elle sut se rendre du coup extrêmement populaire. On la fêta. On en raffola de ma Musyne, violoniste de guerre si mignonne ! Si fraîche et bouclée et puis héroïne par-dessus le marché. Ces Argentins avaient la reconnaissance du ventre, ils vouaient à nos grands chefs une de ces admirations qui n'était pas dans une musette, et quand elle leur revint ma Musyne, avec son document authentique, sa jolie frimousse, ses petits doigts agiles et glorieux, ils se mirent à l'aimer à qui mieux mieux, aux enchères pour ainsi dire. La poésie héroïque possède sans résistance ceux qui ne vont pas à la guerre et mieux encore ceux que la guerre est en train d'enrichir énormément. C'est régulier.

Ah ! l'héroïsme mutin, c'est à défaillir je vous le dis ! Les armateurs de Rio offraient leurs noms et leurs actions à la mignonne qui féminisait si joliment à leur usage la vaillance française et guerrière. Musyne avait su se créer, il faut l'avouer, un petit répertoire très coquet d'incidents de guerre et qui, tel un chapeau mutin, lui allait à ravir. Elle m'étonnait souvent moi-même par son tac et je dus m'avouer, à l'entendre, que je n'étais en fait de bobards qu'un grossier simulateur à ses côtés. Elle possédait le don de mettre ses trouvailles dans un certain lointain dramatique où tout devenait et demeurait précieux et pénétrant. Nous demeurions nous combattants, en fait de fariboles, je m'en rendais soudain compte, grossière ment temporaires et précis. Elle travaillait dans l'éternel ma belle. Il faut croire Claude Lorrain, les premiers plans d'un tableau sont toujours répugnants et l'art exige qu'on situe l'intérêt de l'œuvre dans les lointains, dans l'insaisissable, là où se réfugie le mensonge, ce rêve pris sur le fait, et seul amour des hommes. La femme qui sait tenir compte de notre misérable nature devient aisément notre chérie, notre indispensable et suprême espérance. Nous attendons auprès d'elle, qu'elle nous conserve notre menteuse raison d'être, mais tout en attendant elle peut, dans l'exercice de cette magique fonction gagner très largement sa vie. Musyne n'y manquait pas, d'instinct.

On trouvait ses Argentins du côté des Ternes, et puis surtout aux limites du Bois, en petits hôtels particuliers, bien clos, brillants, où par ces temps d'hiver il régnait une chaleur si agréable qu'en y pénétrant de la rue, le cours de vos pensées devenait optimiste soudain, malgré vous.

Dans mon désespoir tremblotant, j'avais entrepris, pour comble de gaffe, d'aller le plus souvent possible, je l'ai dit, attendre ma compagne à l'office. Je patientais, parfois jusqu'au matin, j'avais sommeil, mais la jalousie me tenait quand même bien réveillé, le vin blanc aussi, que les domestiques me servaient largement. Les maîtres argentins, eux, je les voyais fort rarement, j'entendais leurs chansons et leur espagnol fracasseur et le piano qui n'arrêtait pas, mais joué le plus souvent par d'autres mains que par celles de Musyne. Que faisait-elle donc pendant ce temps-là, cette garce, avec ses mains ?

Quand nous nous retrouvions au matin devant la porte elle faisait la grimace en me revoyant. J'étais encore naturel comme un animal en ce temps-là, je ne voulais pas la lâcher ma jolie et c'est tout, comme un os.

On perd la plus grande partie de sa jeunesse à coups de maladresses. Il était évident qu'elle allait m'abandonner mon aimée tout à fait et bientôt. Je n'avais pas encore appris qu'il existe deux humanités très différentes, celle des riches et celle des pauvres. Il m'a fallu, comme à tant d'autres, vingt années et la guerre, pour apprendre à me tenir dans ma catégorie, à demander le prix des choses et des êtres avant d'y toucher, et surtout avant d'y tenir.

Me réchauffant donc à l'office avec mes compagnons domestiques, je ne comprenais pas qu'au-dessus de ma tête dansaient les dieux argentins, ils auraient pu être allemands, français, chinois, cela n'avait guère d'importance, mais des Dieux, des riches, voilà ce qu'il fallait comprendre. Eux en haut avec Musyne, moi en dessous, avec rien. Musyne songeait sérieusement à son avenir ; alors elle préférait le faire avec un Dieu. Moi aussi bien sûr j'y songeais à mon avenir, mais dans une sorte de délire, parce que j'avais tout le temps, en sourdine, la crainte d'être tué dans la guerre et la peur aussi de crever de faim dans la paix. J'étais en sursis de mort et amoureux. Ce n'était pas qu'un cauchemar. Pas bien loin de nous, à moins de cent kilomètres, des millions d'hommes, braves, bien armés, bien instruits, m'attendaient pour me faire mon affaire et des Français aussi qui m'attendaient pour en finir avec ma peau, si je ne voulais as la faire mettre en lambeaux saignants par ceux d'en face.

Il existe pour le pauvre en ce monde deux grandes manières de crever, soit par l'indifférence absolue de vos semblables en temps de paix, ou par la passion homicide des mêmes en la guerre venue. S'ils se mettent à penser à vous, c'est à votre torture qu'ils songent aussitôt les autres, et rien qu'à ça. On ne les intéresse que saignants, les salauds ! Princhard à cet égard avait eu bien raison. Dans l'imminence de l'abattoir, on ne spécule plus beau coup sur les choses de son avenir, on ne pense guère qu'à aimer pendant les jours qui vous restent puisque c'est le seul moyen d'oublier son corps un peu, qu'on va vous écorcher bientôt du haut en bas.

Comme elle me fuyait, Musyne, je me prenais pour un idéaliste, c'est ainsi qu'on appelle ses propres petits instincts habillés en grands mots. Ma permission touchait à son terme. Les journaux battaient le rappel de tous les combattants possibles, et bien entendu avant tout, de ceux qui n'avaient pas de relations. Il était officiel qu'on ne devait plus penser qu'à gagner la guerre.

Musyne désirait fort aussi, comme Lola, que je retourne au front dare-dare et que j'y reste et comme j'avais l'air de tarder à m'y rendre, elle se décida à brusquer les choses, ce qui pourtant n'était pas dans sa manière.

Tel soir, où par exception nous rentrions ensemble, à Billancourt, voici que passent les pompiers trompetteurs et tous les gens de notre maison se précipitent à la cave en l'honneur de je ne sais quel zeppelin.

Ces paniques menues pendant lesquelles tout un quartier en pyjama, derrière la bougie, disparaissait en gloussant dans les profondeurs pour échapper à un péril presque entièrement imaginaire mesuraient l'angoissante futilité de ces êtres tantôt poules effrayées, tantôt moutons fats et consentants. De semblables et monstrueuses inconsistances sont bien faites pour dégoûter à tout jamais le plus patient, le plus tenace des sociophiles.

Dès le premier coup de clairon d'alerte Musyne oubliait on venait de lui découvrir bien de l'héroïsme au Théâtre des Armées. Elle insistait pour que je me précipite avec elle au fond des souterrains, dans le métro, dans les égouts, n'importe où, mais à l'abri et dans les ultimes profondeurs et surtout tout de suite ! À les voir tous dévaler ainsi, gros et petits, les locataires, frivoles ou majestueux, quatre à quatre, vers le trou sauveur, cela finit même à moi, par me pourvoir d'indifférence. Lâche ou courageux, cela ne veut pas dire grand-chose. Lapin ici, héros là-bas, c'est le même homme, il ne pense pas plus ici que là-bas. Tout ce qui n'est pas gagner de l'argent le dépasse décidément infiniment. Tout ce qui est vie ou mort lui échappe. Même sa propre mort, il la spécule mal et de travers. Il ne comprend que l'argent et le théâtre.

Musyne pleurnichait devant ma résistance. D'autres locataires nous pressaient de les accompagner, je finis me laisser convaincre. Il fut émis quant au choix de cave une série de propositions différentes. La cave du boucher finit par emporter la majorité des adhésions, on prétendait qu'elle était située plus profondément que n'importe quelle autre de l'immeuble. Dès le seuil il vous parvenait des bouffées d'une odeur âcre et de moi bien connue, qui me fut à l'instant absolument insupportable.

« Tu vas descendre là-dedans Musyne, avec la viande pendante aux crochets ? lui demandai-je.

— Pourquoi pas ? me répondit-elle, bien étonnée.

— Eh bien moi, dis-je, j'ai des souvenirs, et je préfère remonter là-haut...

— Tu t'en vas alors ?

— Tu viendras me retrouver, dès que ce sera fini !

— Mais ça peut durer longtemps...

— J'aime mieux t'attendre là-haut, que je dis. Je n'aime pas la viande, et ce sera bientôt terminé. »

Pendant l'alerte, protégés dans leurs réduits, les locataires échangeaient des politesses guillerettes. Certaines dames en peignoir, dernières venues, se pressaient avec élégance et mesure vers cette voûte odorante dont le boucher et la bouchère leur faisaient les honneurs, tout en s'excusant, à cause du froid artificiel indispensable à la bonne conservation de la marchandise.

Musyne disparut avec les autres. Je l'ai attendue, chez nous, en haut, une nuit, tout un jour, un an... Elle n'est jamais revenue me trouver.

Je devins pour ma part à partir de cette époque de plus en plus difficile à contenter et je n'avais plus que deux idées en tête : sauver ma peau et partir pour l'Amérique. Mais échapper à la guerre constituait déjà une œuvre initiale qui me tint tout essoufflé pendant des mois et des mois.

« Des canons ! des hommes ! des munitions ! » qu'ils exigeaient sans jamais en sembler las, les patriotes. Il paraît qu'on ne pouvait plus dormir tant que la pauvre Belgique et l'innocente petite Alsace n'auraient pas été arrachées au joug germanique. C'était une obsession qui empêchait, nous affirmait-on, les meilleurs d'entre nous de respirer, de manger, de copuler. Ça n'avait pas l'air tout de même de les empêcher de faire des affaires les survivants. Le moral était bon à l'arrière, on pouvait le dire.

Il fallut réintégrer en vitesse nos régiments. Mais moi dès la première visite, on me trouva trop au-dessous de la moyenne encore, et juste bon pour être dirigé sur un autre hôpital, pour osseux et nerveux celui-là. Un matin nous sortîmes à six du Dépôt, trois artilleurs et trois dragons, blessés et malades à la recherche de cet endroit où se réparait la vaillance perdue, les réflexes abolis et les bras cassés. Nous passâmes d'abord, comme tous les blessés de l'époque, pour le contrôle, au Val-de-Grâce, citadelle ventrue, si noble et toute barbue d'arbres et qui sentait bien fort l'omnibus par ses couloirs, odeur aujourd'hui et sans doute à jamais disparue, mixture de pieds, de paille et de lampes à huile. Nous ne fîmes pas long feu au Val, à peine entrevus nous étions engueulés et comme il faut, par deux officiers gestionnaires, pelliculaires et surmenés, menacés par ceux-ci du Conseil et projetés à nouveau par d'autres Administrateurs dans la rue. Es n'avaient pas de place pour nous, qu'ils disaient, en nous indiquant une destination vague : un bastion, quelque part, dans les zones autour de la ville.

De bistrots en bastions, de mominettes en cafés crème, nous partîmes donc à six au hasard des mauvaises directions, à la recherche de ce nouvel abri qui paraissait spécialisé dans la guérison des incapables héros dans notre genre.

Un seul d'entre nous six possédait un rudiment de bien, qui tenait tout entier, il faut le dire, dans une petite boîte en zinc de biscuits Pernot, marque célèbre alors et dont je n'entends plus parler. Là-dedans, il cachait, notre camarade, des cigarettes, et une brosse à dents, même qu'on en rigolait tous, de ce soin peu commun alors, qu'il prenait de ses dents, et que nous on le traitait, à cause de ce raffinement insolite, d'« homosexuel ».

Enfin, nous abordâmes, après bien des hésitations, vers le milieu de la nuit, aux remblais bouffis de ténèbres de ce bastion de Bicêtre, le « 43 » qu'il s'intitulait. C'était le bon.

On venait de le mettre à neuf pour recevoir des éclopés et des vieillards. Le jardin n'était même pas fini.

Quand nous arrivâmes, il n'y avait encore en fait d'habitants que la concierge, dans la partie militaire. Il pleuvait dru. Elle eut peur de nous la concierge en nous entendant, mais nous la fîmes rire en lui mettant la main tout de suite au bon endroit. « Je croyais que c'était des Allemands ! fit-elle. — Ils sont loin ! lui répondit-on. — Où c'est que vous êtes malades ; s'inquiétait-elle. — Partout ; mais pas au zizi ! » fit un artilleur en réponse. Alors ça, on pouvait dire que c'était du vrai esprit et qu'elle appréciait en plus, la concierge. Dans ce même bastion séjournèrent par la suite avec nous des vieillards de l'Assistance publique. On avait construit pour eux, d'urgence, de nouveaux bâtiments garnis de kilomètres de vitrages, on les gardait là-dedans jusqu'à la fin des hostilités, comme des insectes. Sur les buttés d'alentour, une éruption de lotissements étriqués se disputaient des tas de boue fuyante mal contenue entre des séries de cabanons précaires. À l'abri de ceux-ci poussent de temps à autre une laitue et trois radis, dont on ne sait jamais pourquoi, des limaces dégoûtées consentent à faire hommage au propriétaire.

Notre hôpital était propre, comme il faut se dépêcher de voir ces choses-là, quelques semaines, tout à leur début, car pour l'entretien des choses chez nous, on a aucun goût, on est même à cet égard de francs dégueulasses. On s'est couchés, je dis donc, au petit bonheur des lits métalliques et à la lumière lunaire, c'était si neuf ces locaux que l'électricité n'y venait pas encore.

Au réveil, notre nouveau médecin-chef est venu se faire connaître, tout content de nous voir, qu'il semblait, toute cordialité dehors. Il avait des raisons de son côté pour être heureux, il venait d'être nommé à quatre galons. Cet homme possédait en plus les plus beaux yeux du monde, veloutés et surnaturels, il s'en servait beaucoup pour l'émoi de quatre charmantes infirmières bénévoles qui l'entouraient de prévenances et de mimiques et qui n'en perdaient pas une miette de leur médecin-chef. Dès le premier contact, il se saisit de notre moral, comme il nous en prévint. Sans façon, empoignant familièrement l'épaule de l'un de nous, le secouant paternellement, la voix réconfortante, il nous traça les règles et le plus court chemin pour aller gaillardement et au plus tôt encore nous refaire casser gueule.

D'où qu'ils provinssent décidément, ils ne pensaient qu'à cela. On aurait dit que ça leur faisait du bien. C'était le nouveau vice. « La France, mes amis, vous a fait confiance, c'est une femme, la plus belle des femmes la France ! entonna-t-il. Elle compte sur votre héroïsme la France ! Victime de la plus lâche, de la plus abominable agression. Elle a le droit d'exiger de ses fils d'être vengée profondément la France ! D'être rétablie dans l'intégrité de son territoire, même au prix du sacrifice le plus haut la France ! Nous ferons tous ici, en ce qui nous concerne, notre devoir, mes amis, faites le vôtre ! Notre science vous appartient ! Elle est vôtre ! Toutes ses ressources sont au service de votre guérison ! Aidez-nous à votre tour dans la mesure de votre bonne volonté l Je le sais, elle nous est acquise votre bonne volonté ! Et que bientôt vous puissiez tous reprendre votre place à côté de vos chers camarades des tranchées ! Votre place sacrée ! Pour la défense de notre sol chéri. Vive la France ! En avant ! » Il savait parler aux soldats.

Nous étions chacun au pied de notre lit, dans la position du garde-à-vous, l'écoutant. Derrière lui, une brune du groupe de ses jolies infirmières dominait mal l'émotion qui l'étreignait et que quelques larmes rendirent visible. Les autres infirmières, ses compagnes, s'empressèrent aussitôt : « Chérie ! Chérie ! Je vous assure... Il reviendra, voyons !... »

C'était une de ses cousines, la blonde un peu boulotte, qui la consolait le mieux. En passant près de nous, la soutenant dans ses bras, elle me confia la boulotte qu'elle défaillait ainsi la cousine jolie, à cause du départ récent d'un fiancé mobilisé dans la marine. Le maître ardent, déconcerté, s'efforçait d'atténuer le bel et tragique émoi propagé par sa brève et vibrante allocution. Il en demeurait tout confus et peiné devant elle. Réveil d'une trop douloureuse inquiétude dans un cœur d'élite, évidemment pathétique, tout sensibilité et tendresse. « Si nous avions su, maître ! chuchotait encore la blonde cousine, nous vous aurions prévenu... Ils s'aiment si tendrement si vous saviez !... » Le groupe des infirmières et le Maître lui-même disparurent parlotant toujours et bruissant à travers le couloir. On ne s'occupait plus de nous.

J'essayai de me rappeler et de comprendre le sens de cette allocution qu'il venait de prononcer, l'homme aux yeux splendides, mais loin, moi, de m'attrister elles me parurent en y réfléchissant, ces paroles, extraordinairement bien faites pour me dégoûter de mourir. C'était aussi l'avis des autres camarades, mais ils n'y trouvaient pas au surplus comme moi, une façon de défi et d'insulte. Eux ne cherchaient guère à comprendre ce qui se passait autour de nous dans la vie, ils discernaient seulement, et encore à peine, que le délire ordinaire du monde s'était accru depuis quelques mois, dans de telles proportions, qu'on ne pouvait décidément plus appuyer son existence sur rien stable.

Ici à l'hôpital, tout comme dans la nuit des Flandres la mort nous tracassait ; seulement ici, elle nous menaçait de plus loin la mort irrévocable tout comme là-bas, c'est vrai, une fois lancée sur votre tremblante carcasse par les soins de l'Administration.

Ici, on ne nous engueulait pas, certes, on nous parlait même avec douceur, on nous parlait tout le temps autre chose que de la mort, mais notre condamnation figurait toutefois, bien nette au coin de chaque papier qu'on nous demandait de signer, dans chaque précaution qu'on prenait à notre égard : Médailles... Bracelets... La moindre permission... N'importe quel conseil... On se sentait comptés, guettés, numérotés dans la grande réserve des partants de demain. Alors forcément, tout ce monde civil et sanitaire ambiant avait l'air plus léger que nous, par comparaison. Les infirmières, ces garces, ne le partageaient pas, elles, notre destin, elles ne pensaient par contraste, qu'à vivre longtemps, et plus longtemps encore et à aimer c'était clair, à se promener et à mille et dix mille fois faire et refaire l'amour. Chacune de ces angéliques tenait à son petit plan dans le périnée, comme les forçats, pour plus tard, le petit plan d'amour, quand nous serions, nous, crevés dans une boue quelconque et Dieu sait comment !

Elles vous auraient alors des soupirs remémoratifs spéciaux de tendresse qui les rendraient plus attrayantes encore, elles évoqueraient en silences émus, les tragiques temps de la guerre, les revenants... « Vous souvenez vous du petit Bardamu, diraient-elles à l'heure crépusculaire en pensant à moi, celui qu'on avait tant de mal à empêcher de tousser ?... Il en avait un mauvais moral celui-là, le pauvre petit... Qu'a-t-il pu devenir ? »

Quelques regrets poétiques placés à propos siéent à une femme aussi bien que certains cheveux vaporeux sous les rayons de la lune.

À l'abri de chacun de leurs mots et de leur sollicitude, il fallait dès maintenant comprendre : « Tu vas crever gentil militaire... Tu vas crever... C'est la guerre... Chacun sa vie... Chacun son rôle... Chacun sa mort... Nous avons l'air de partager ta détresse... Mais on ne partage la mort de personne... Tout doit être aux âmes et aux corps bien portants, façon de distraction et rien de plus et rien de moins, et nous sommes nous des solides jeunes filles, belles, considérées, saines et bien élevées... Pour nous tout devient, biologie automatique, joyeux spectacle et se convertit en joie ! Ainsi l'exige notre santé ! Et les vilaines licences du chagrin nous sont impossibles... Il nous faut des excitants à nous, rien que des excitants... Vous serez vite oubliés, petits soldats... Soyez gentils, crevez bien vite... Et que la guerre finisse et qu'on puisse se marier avec un de vos aimables officiers... Un brun surtout !... Vive la Patrie dont parle toujours papa !... Comme l'amour doit être bon quand il revient de la guerre !... Il sera décoré notre petit mari !... Il sera distingué... Vous pourrez cirer ses jolies bottes le beau jour de notre mariage si vous existez encore à ce moment-là, petit soldat... Ne serez-vous pas alors heureux de notre bonheur, petit soldat ?... »

Chaque matin, nous le revîmes, et le revîmes encore le médecin-chef, suivi de ses infirmières. C'était un savant, apprîmes-nous. Autour de nos salles réservées venaient trotter les vieillards de l'hospice d'à côté en bonds inutiles et disjoints. Ils s'en allaient crachoter leurs cancans avec leurs caries d'une salle à l'autre, porteurs de petits bouts de ragots et médisances éculées. Ici cloîtrés dans leur misère officielle comme au fond d'un enclos baveux, les vieux travailleurs broutaient toute la fiente qui dépose autour des âmes à l'issue des longues années de servitude.

Haines impuissantes, rancies dans l'oisiveté pisseuse des salles communes. Ils ne se servaient de leurs ultimes et chevrotantes énergies que pour se nuire encore un petit peu et se détruire dans ce qui leur restait de plaisir et de souffle.

Suprême plaisir ! Dans leur carcasse racornie il ne subsistait plus un seul atome qui ne fût strictement méchant.

Dès qu'il fut entendu que nous partagerions, soldats, les commodités relatives du bastion avec ces vieillards, ils se mirent à nous détester à l'unisson, non sans venir toutefois en même temps mendier et sans répit nos résidus de tabac à la traîne le long des croisées et les bouts de pain rassis tombés dessous les bancs. Leurs faces parcheminées s'écrasaient à l'heure des repas contre les vitres de notre réfectoire. Il passait entre les plis chassieux de leurs nez des petits regards de vieux rats convoiteux. L'un de ces infirmes paraissait plus astucieux et coquin que les autres, il venait nous chanter des chansonnettes e son temps pour nous distraire, le père Birouette qu'on l'appelait. Il voulait bien faire tout ce qu'on voulait pourvu qu'on lui donnât du tabac, tout ce qu'on voulait sauf passer devant la morgue du bastion qui d'ailleurs ne chômait guère. L'une des blagues consistait à l'emmener de ce côté-là, soi-disant en promenade. « Tu veux pas entrer ? » qu'on lui demandait quand on était en plein devant la porte. Il se sauvait alors bien râleux mais si vite et si loin qu'on ne le revoyait plus de deux jours au moins, le père Birouette. Il avait entrevu la mort.

Notre médecin-chef aux beaux yeux, le professeur Bestombes, avait fait installer pour nous redonner de l'âme, tout un appareillage très compliqué d'engins électriques étincelants dont nous subissions les décharges périodiques, effluves qu'il prétendait toniques et qu'il fallait accepter sous peine d'expulsion. Il était fort riche, semblait-il, Bestombes, il fallait l'être pour acheter tout ce coûteux bazar électrocuteur. Son beau-père, grand politique, ayant puissamment tripoté au cours d'achats gouvernementaux de terrains, lui permettait ces largesses.

Il fallait en profiter. Tout s'arrange. Crimes et châtiments. Tel qu'il était, nous ne le détestions pas. Il examinait notre système nerveux avec un soin extraordinaire, et nous interrogeait sur le ton d'une courtoise familiarité. Cette bonhomie soigneusement mise au point divertis sait délicieusement les infirmières, toutes distinguées, de son service. Elles attendaient chaque matin, ces mignonnes, le moment de se réjouir des manifestations de sa haute gentillesse, c'était du nanan. Nous jouions tous en somme dans une pièce où il avait choisi lui Bestombes le rôle du savant bienfaisant et profondément, aimable ment humain, le tout était de s'entendre.

Dans ce nouvel hôpital, je faisais chambre commune avec le sergent Branledore, rengagé ; c'était un ancien convive des hôpitaux, lui, Branledore. Il avait traîné son intestin perforé depuis des mois, dans quatre différents services.

Il avait appris au cours de ces séjours à attirer et puis à retenir la sympathie active des infirmières. Il rendait, urinait et coliquait du sang assez souvent Branledore, il avait aussi bien du mal à respirer, mais cela n'aurait pas entièrement suffi à lui concilier les bonnes grâces toutes spéciales du personnel traitant qui en voyait bien d'autres, lors entre deux étouffements s'il y avait un médecin ou une infirmière à passer par là : « Victoire ! Victoire ! Nous aurons la Victoire ! » criait Branledore, ou le murmurait du bout ou de la totalité de ses poumons selon le cas. Ainsi rendu conforme à l'ardente littérature agressive, par un effet d'opportune mise en scène, il jouissait de la plus haute cote morale. Il le possédait, le truc, lui.

Comme le Théâtre était partout il fallait jouer et il avait bien raison Branledore ; rien aussi n'a l'air plus idiot et n'irrite davantage, c'est vrai, qu'un spectateur inerte monté par hasard sur les planches. Quand on est là-dessus, n'est-ce pas, il faut prendre le ton, s'animer, jouer, se décider ou bien disparaître. Les femmes surtout demandaient du spectacle et elles étaient impitoyables, les garces, pour les amateurs déconcertés. La guerre, sans conteste, porte aux ovaires, elles en exigeaient des héros, et ceux qui ne l'étaient pas du tout devaient se présenter comme tels ou bien s'apprêter à subir le plus ignominieux des destins.

Après huit jours passés dans ce nouveau service, nous avions compris l'urgence d'avoir à changer de dégaine et, grâce à Branledore (dans le civil placier en dentelles), ces mêmes hommes apeurés et recherchant l'ombre, possédés par des souvenirs honteux d'abattoirs que nous étions en arrivant, se muèrent en une satanée bande de gaillards, tous résolus à la victoire et je vous le garantis armés d'abattage et de formidables propos. Un dru langage était devenu en effet le nôtre, et si salé que ces dames en rougissaient parfois, elles ne s'en plaignaient jamais cependant parce qu'il est bien entendu qu'un soldat et aussi brave qu'insouciant, et grossier plus souvent qu'à son tour, et que plus il est grossier et que plus il est brave.

Au début, tout en copiant Branledore de notre mieux, nos petites allures patriotiques n'étaient pas encore tout à fait au point, pas très convaincantes. Il fallut une bonne semaine et même deux de répétitions intensives pour nous placer absolument dans le ton, le bon.

Dès que notre médecin, professeur agrégé Bestombes, eut noté, ce savant, la brillante amélioration de nos qualités morales, il résolut, à titre d'encouragement, de nous autoriser quelques visites, à commencer par celles de nos parents.

Certains soldats bien doués, à ce que j'avais entendu conter, éprouvaient quand ils se mêlaient aux combats, une sorte de griserie et même une vive volupté. Dès que pour ma part j'essayais d'imaginer une volupté de cet ordre bien spécial, je m'en rendais malade pendant huit jours au moins. je me sentais si incapable de tuer quelqu'un, qu'il valait décidément mieux que j'y renonce et que j'en finisse tout de suite. Non que l'expérience m'eût manqué, on avait même fait tout pour me donner le goût, mais le don me faisait défaut. Il m'aurait fallu peut-être une plus lente initiation.

Je résolus certain jour de faire part au professeur Bestombes des difficultés que j'éprouvais corps et âme à être aussi brave que je l'aurais voulu et que les circonstances, sublimes certes, l'exigeaient. Je redoutais un peu qu'il se prît à me considérer comme un effronté, un bavard impertinent... Mais point du tout. Au contraire ! Le Maître se déclara tout à fait heureux que dans cet accès de franchise je vienne m'ouvrir à lui du trouble d'âme que je ressentais.

« Vous allez mieux Bardamu, mon ami ! Vous allez mieux, tout simplement ! » Voici ce qu'il concluait. « Cette confidence que vous venez me faire, absolument spontanément, je la considère, Bardamu, comme l'indice très encourageant d'une amélioration notable de votre état mental... Vaudesquin, d'ailleurs, cet observateur modeste, mais combien sagace, des défaillances morales chez les soldats de l'Empire, avait résumé, dès 1802, des observations de ce genre dans un mémoire à présent classique, bien qu'injustement négligé par nos étudiants actuels, où il notait, dis-je, avec beaucoup de justesse et de précision des crises dites d' » aveux », qui surviennent, signe entre tous excellent, chez le convalescent moral... Notre grand Dupré[13], près d'un siècle plus tard, sut établir à propos du même symptôme sa nomenclature désormais célèbre où cette crise identique figure sous le titre de crise du « rassemblement des souvenirs « , crise qui doit, selon le même auteur, précéder de peu, lorsque la cure est bien conduite, la débâcle massive des idéations anxieuses et la libération définitive du champ de la conscience, phénomène second en somme dans le cours du rétablissement psychique. Dupré donne d'autre part, dans sa terminologie si imagée et dont il avait l'apanage, le nom de « diarrhée cogitive de libération » à cette crise qui s'accompagne chez le sujet d'une sensation d'euphorie très active, d'une reprise très marquée de l'activité de relations, reprise, entre autres, très notable du sommeil, qu'on voit se prolonger soudain pendant des journées entières, enfin autre Stade :

---

[13] *Dupré* : ce pourrait être le psychiatre Ernest Dupré.

suractivité très marquée des fonctions génitales, à tel point qu'il n'est pas rare d'observer chez les mêmes malades auparavant frigides, de véritables « fringales érotiques ». D'où cette formule : « Le malade n'entre pas dans la guérison, il s'y rue ! « Tel est le terme magnifiquement descriptif, n'est-ce pas, de ces triomphes récupératifs, par lequel un autre de nos grands psychiatres français du siècle dernier, Philibert Margeton, caractérisait la reprise véritablement triomphale de toutes les activités normales chez un sujet convalescent de la maladie de la peur... Pour ce qui vous concerne, Bardamu, je vous considère donc et dès à présent, comme un véritable convalescent... Vous intéressera-t-il, Bardamu, puisque nous en sommes à cette satisfaisante conclusion, de savoir que demain, précisément, je présente à la Société de Psychologie militaire un mémoire sur les qualités fondamentales de l'esprit humain ?... Ce mémoire est de qualité, je le crois.

— Certes, Maître, ces questions me passionnent...

— Eh bien, sachez, en résumé, Bardamu, que j'y défends cette thèse : qu'avant la guerre, l'homme restait pour le psychiatre un inconnu clos et les ressources de son esprit une énigme...

— C'est bien aussi mon très modeste avis, Maître...

— La guerre, voyez-vous, Bardamu, par les moyens incomparables qu'elle nous donne pour éprouver les systèmes nerveux, agit à la manière d'un formidable révélateur de l'Esprit humain ! Nous en avons pour des siècles à nous pencher, méditatifs, sur ces révélations pathologiques récentes, des siècles d'études passion nées... Avouons-le franchement... Nous ne faisions que soupçonner jusqu'ici les richesses émotives et spirituelles de l'homme ! Mais à présent, grâce à la guerre, c'est fait... Nous pénétrons, par suite d'une effraction, douloureuse certes, mais pour la science, décisive et providentielle, dans leur intimité ! Dès les premières révélations, le devoir du psychologue et du moraliste modernes ne fit, pour moi Bestombes, plus aucun doute ! Une réforme totale de nos conceptions psychologiques s'imposait ! »

C'était bien mon avis aussi, à moi, Bardamu.

« Je crois, en effet, Maître, qu'on ferait bien...

— Ah ! vous le pensez aussi, Bardamu, je ne vous le fais pas dire ! Chez l'homme, voyez-vous, le bon et le mauvais s'équilibrent, égoïsme d'une part, altruisme de l'autre... Chez les sujets d'élite, plus d'altruisme que d'égoïsme. Est-ce exact ? Est-ce bien cela ?

— C'est exact, Maître, c'est cela même...

— Et chez le sujet d'élite quel peut être, je vous le demande Bardamu, la plus haute entité connue qui puisse exciter son altruisme et l'obliger à se manifester incontestablement, cet altruisme ?

— Le patriotisme, Maître !

— Ah ! Voyez-vous, je ne vous le fais pas dire ! Vous me comprenez tout à fait bien... Bardamu ! Le patriotisme et son corollaire, la gloire, tout simplement, sa preuve !

— C'est vrai !

— Ah ! nos petits soldats, remarquez-le, et dès les premières épreuves du feu ont su se libérer spontané ment de tous les sophismes et concepts accessoires, et particulièrement des sophismes de la conservation. Ils sont allés d'instinct et d'emblée se fondre avec notre véritable raison d'être, notre Patrie. Pour accéder à cette vérité, non seulement l'intelligence est superflue, Bardamu, mais elle gêne l C'est une vérité du cœur, la Patrie, comme toutes les vérités essentielles, le peuple ne s'y trompe pas ! Là précisément où le mauvais savant s'égare...

— Cela est beau, Maître ! Trop beau ! C'est de l'Antique ! »

Il me serra les deux mains presque affectueusement, Bestombes.

D'une voix devenue paternelle, il voulut bien ajouter encore à mon profit : « C'est ainsi cue j'entends traiter mes malades, Bardamu, par l'électricité pour le corps et pour l'esprit, par de vigoureuses doses d'éthique patriotique, par les véritables injections de la morale reconstituante !

— Je vous comprends, Maître ! »

Je comprenais en effet de mieux en mieux.

En le quittant, je me rendis sans tarder à la messe avec mes compagnons reconstitués dans la chapelle battant neuf, j'aperçus Branledore qui manifestait de son haut moral derrière la grande porte où il donnait justement des leçons d'entrain à la petite fille de la concierge. J'allai de suite l'y rejoindre, comme il m'y conviait.

L'après-midi, des parents vinrent de Paris pour la première fois depuis que nous étions là et puis ensuite chaque semaine.

J'avais écrit enfin à ma mère. Elle était heureuse de me retrouver ma mère, et pleurnichait comme une chienne à laquelle on a rendu enfin son petit. Elle croyait aussi sans doute m'aider beaucoup en m'embrassant, mais elle demeurait cependant inférieure à la chienne parce qu'elle croyait aux mots elle qu'on lui disait pour m'enlever. La chienne au moins, ne croit que ce qu'elle sent. Avec ma mère, nous fîmes un grand tour dans les rues proches de l'hôpital, une après-midi, à marcher en traînant dans les ébauches des rues qu'il y a par là, des rues aux lampadaires pas encore peints, entre les longues façades suintantes, aux fenêtres bariolées des cent petits chiffons pendants, les chemises des pauvres, à entendre le petit bruit du graillon qui crépite à midi, orage des mauvaises graisses. Dans le grand abandon mou qui entoure la ville, là où le mensonge de son luxe vient suinter et finir en pourriture, la ville montre à qui veut le voir son grand derrière en boîtes à ordures. Il y a des usines qu'on évite en promenant, qui sentent toutes les odeurs, les unes à peine croyables et où l'air d'alentour se refuse à puer davantage. Tout près, moisit la petite fête foraine, entre deux hautes cheminées inégales, ses chevaux de bois dépeint sont trop coûteux pour ceux qui les désirent, pendant des semaines entières souvent, petits morveux rachitiques, attirés, repoussés et retenus à la fois, tous les doigts dans le nez, par leur abandon, la pauvreté et la musique.

Tout se passe en efforts pour éloigner la vérité de ces lieux qui revient pleurer sans cesse sur tout le monde ; on a beau faire, on a beau boire, et du rouge encore, épais comme de l'encre, le ciel reste ce qu'il est là-bas, bien refermé dessus, comme une grande mare pour les fumées de la banlieue.

Par terre, la boue vous tire sur la fatigue et les côtés de l'existence sont fermés aussi, bien clos par des hôtels et des usines encore. C'est déjà des cercueils les murs de ce côté-là. Lola, bien partie, Musyne aussi, je n'avais plus personne. C'est pour ça que j'avais fini par écrire à ma mère, question de voir quelqu'un. A vingt ans je n'avais déjà plus que du passé. Nous parcourûmes ensemble avec ma mère des rues 'et des rues du dimanche. Elle me racontait les choses menues de son commerce, ce qu'on disait autour d'elle de la guerre, en ville, que c'était triste, la guerre, « épouvantable » même, mais qu'avec beaucoup de courage, nous finirions tous par en sortir, les tués pour elle c'était rien que des accidents, comme aux courses, y n'ont qu'à bien se tenir, on ne tombait pas. En ce qui la concernait, elle n'y découvrait dans la guerre qu'un grand chagrin nouveau qu'elle essayait de ne pas trop remuer ; il lui faisait comme peur ce chagrin ; il était comblé de choses redoutables qu'elle ne comprenait pas. Elle croyait au fond que les petites gens de sa sorte étaient faits pour souffrir de tout, que c'était leur rôle sur la terre, et que si les choses allaient récemment aussi mal, ça devait tenir encore, en grande partie à ce qu'ils avaient commis bien des fautes accumulées, les petites gens... Ils avaient dû faire des sottises, sans s'en rendre compte, bien sûr, mais tout de même ils étaient coupables et c'était déjà bien gentil qu'on leur donne ainsi en souffrant l'occasion d'expier leurs indignités... C'était une « intouchable » ma mère.

Cet optimisme résigné et tragique lui servait de foi et formait le fond de sa nature. Nous suivions tous les deux les rues à lotir, sous la pluie ; les trottoirs par là enfoncent et se dérobent, les petits frênes en bordure gardent longtemps leurs gouttes aux branches, en hiver, tremblantes dans le vent, mince féerie. Le chemin de l'hôpital passait devant de nombreux hôtels récents, certains avaient des noms, d'autres n'avaient même pas pris ce mal. « À la semaine » qu'ils étaient, tout simplement. La guerre les avait vidés brutalement de leur contenu de tâcherons et d'ouvriers. Ils n'y rentreraient même plus pour mourir les locataires. C'est un travail aussi ça mourir, mais ils s'en acquitteraient dehors.

Ma mère me reconduisait à l'hôpital en pleurnichant, elle acceptait l'accident de ma mort, non seulement elle consentait, mais elle se demandait si j'avais autant de résignation qu'elle-même. Elle croyait à la fatalité autant qu'au beau mètre des Arts et Métiers, dont elle m'avait toujours parlé avec respect, parce qu'elle avait appris étant jeune, que celui dont elle se servait dans son commerce de mercerie était la copie scrupuleuse de ce superbe étalon officiel.

Entre les lotissements de cette campagne déchue existaient encore quelques champs et cultures de-ci de-là, et même accrochés à ces bribes quelques vieux paysans coincés entre les maisons nouvelles. Quand il nous restait du temps avant la rentrée du soir, nous allions les regarder avec ma mère, ces drôles de paysans s'acharner à fouiller avec du fer cette chose molle et grenue qu'est la terre, où on met à pourrir les morts et d'où vient le pain quand même. « Ça doit être bien dur la terre ! » qu'elle remarquait chaque fois en les regardant ma mère bien perplexe.

Elle ne connaissait en fait de misères que celles qui ressemblaient à la sienne, celles des villes, elle essayait de s'imaginer ce que pouvaient être celles de la campagne.

C'est la seule curiosité que je lui aie jamais connue, à ma mère, et ça lui suffisait comme distraction pour un dimanche. Elle rentrait avec ça en ville.

Je ne recevais plus du tout de nouvelles de Lola, ni de Musyne non plus. Elles demeuraient décidément les garces du bon côté de la situation où régnait une consigne souriante mais implacable d'élimination envers nous autres, nous les viandes destinées aux sacrifices. À deux reprises ainsi on m'avait déjà reconduit vers les endroits où se parquent les otages. Question de temps et d'attente seulement. Les jeux étaient faits.

* * *

Branledore mon voisin d'hôpital, le sergent, jouissait, je l'ai raconté, d'une persistante popularité parmi les infirmières, il était recouvert de pansements et ruisselait d'optimisme. Tout le monde à l'hôpital l'enviait et copiait ses manières. Devenus présentables et pas dégoûtants du tout moralement nous nous mîmes à notre tour à recevoir les visites de gens bien placés dans le monde et haut situés dans l'administration parisienne. On se le répéta dans les salons, que le centre neuro-médical du professeur Bestombes devenait le véritable lieu de l'intense ferveur patriotique, le foyer, pour ainsi dire. Nous eûmes désormais à nos jours non seulement des évêques, mais une duchesse italienne, un grand munitionnaire, et bientôt l'Opéra lui-même et les pensionnaires du Théâtre-Français. On venait nous admirer sur place. Une belle subventionnée de la Comédie qui récitait les vers comme pas une revint même à mon chevet pour m'en déclamer de particulièrement héroïques. Sa rousse et perverse chevelure (la peau allant avec) était parcourue pendant ce temps-là d'ondes étonnantes qui m'arrivaient droit par vibrations jusqu'au périnée. Comme elle m'interrogeait cette divine sur mes actions de guerre, je lui donnai tant de détails et des si excités et des si poignants, qu'elle ne me quitta désormais plus des yeux. Émue durablement, elle manda licence de faire frapper en vers, par un poète de ses admirateurs, les plus intenses passages de mes récits. J'y consentis d'emblée. Le professeur Bestombes, mis au courant de ce projet, s'y déclara particulièrement favorable.

Il donna même une interview à cette occasion et le même jour aux envoyés d'un grand « Illustré national » ni nous photographia tous ensemble sur le perron de hôpital aux côtés de la belle sociétaire. « C'est le plus haut devoir des poètes, pendant les heures tragiques que nous traversons, déclara le professeur Bestombes, qui n'en ratait pas une, de nous redonner le goût de l'Épopée !

Les temps ne sont plus aux petites combinaisons mesquines ! Sus aux littératures racornies ! Une âme nouvelle nous est éclose au milieu du grand et noble fracas des batailles ! L'essor du grand renouveau patriotique l'exige désormais ! Les hautes cimes promises à notre Gloire !... Nous exigeons le souffle grandiose du poème épique !... Pour ma part, je déclare admirable que dans cet hôpital que je dirige, il vienne à se former sous nos yeux, inoubliablement, une de ces sublimes collaborations créatrices entre le Poète et l'un de nos héros ! »

Branledore, mon compagnon de chambre, dont l'imagination avait un peu de retard sur la mienne dans la circonstance et qui ne figurait pas non plus sur la photo en conçut une vive et tenace jalousie. Il se mit dès lors à me disputer sauvagement la palme de l'héroïsme. Il inventait de nouvelles histoires, il se surpassait, on ne pouvait plus l'arrêter, ses exploits tenaient du délire.

Il m'était difficile de trouver plus fort, d'ajouter quelque chose encore à de telles outrances, et cependant personne à l'hôpital ne se résignait, c'était à qui parmi nous, saisi d'émulation, inventerait à qui mieux mieux d'autres « belles pages guerrières » où figurer sublimement. Nous vivions un grand roman de geste, dans la peau de personnages fantastiques, au fond desquels, dérisoires, nous tremblions de tout le contenu de nos viandes et de nos âmes. On en aurait bavé si on nous avait surpris au vrai. La guerre était mûre.

Notre grand Bestombes recevait encore les visites de nombreux notables étrangers, messieurs scientifiques, neutres, sceptiques et curieux. Les Inspecteurs généraux du Ministère passaient sabrés et pimpants à travers nos salles, leur vie militaire prolongée à ceux-là, rajeunis donc c'est-à-dire, et gonflés d'indemnités nouvelles. Aussi n'étaient-ils point chiches de distinctions et d'éloges les inspecteurs. Tout allait bien. Bestombes et ses blessés superbes devinrent l'honneur du service de Santé.

Ma belle protectrice du « Français » revint elle-même bientôt une fois encore pour me rendre visite, en particulier, cependant que son poète familier achevait, rimé, le récit de mes exploits. Ce jeune homme, je le rencontrai finalement, pâle, anxieux, quelque part au détour d'un couloir. La fragilité des fibres de son cœur, me confia-t-il, de l'avis même des médecins, tenait du miracle. Aussi le retenaient-ils, ces médecins soucieux des êtres fragiles, loin des armées. En compensation, il avait entrepris, ce petit barde, au péril de sa santé même et de toutes ses suprêmes forces spirituelles, de forger, pour nous, l' » Airain Moral de notre Victoire ». Un bel outil par conséquent, en vers inoubliables, bien entendu, comme tout le reste.

Je n'allais pas m'en plaindre, puisqu'il m'avait choisi entre tant d'autres braves indéniables pour être son héros ! Je fus d'ailleurs, avouons-le, royalement servi. Ce fut magnifique à vrai dire. L'événement du récital eut lieu à la Comédie-Française même, au cours d'une après-midi, dite poétique. Tout l'hôpital fut invité. Lorsque sur la scène apparut ma rousse, frémissante récitante, le geste grandiose, la taille longuement moulée dans les plis devenus enfin voluptueux du tricolore, ce fut le signal dans la salle entière, debout, désireuse, d'une de ces ovations qui n'en finissent plus. J'étais préparé certes, mais mon étonnement fut réel néanmoins, je ne pus celer ma stupéfaction à mes voisins en l'entendant vibrer, exhorter de la sorte, cette superbe amie, gémir même, pour rendre mieux sensible tout le drame inclus dans l'épisode que j'avais inventé à son usage. Son poète décidément me rendait des points pour l'imaginative, il avait encore monstrueusement magnifié mienne, aidé de ses rimes flamboyantes, d'adjectifs formidables qui venaient retomber solennels dans l'admiratif et capital silence. Parvenue dans l'essor d'une période, la plus chaleureuse du morceau, s'adressant à la loge où nous étions placés, Branledore et moi-même, et quelques autres blessés, l'artiste, ses deux bras splendides tendus, sembla s'offrir au plus héroïque d'entre nous. Le poète illustrait pieusement à ce moment-là un fantastique trait de bravoure que je m'étais attribué. Je ne sais plus très bien ce qui se passait, mais ça n'était pas de la piquette. Heureusement, rien n'est incroyable en matière d'héroïsme. Le public devina le sens de l'offrande artistique et la salle entière tournée alors vers nous, hurlante de joie, transportée, trépignante, réclamait le héros.

Branledore accaparait tout le devant de la loge et nous dépassait tous, puisqu'il pouvait nous dissimuler presque complètement derrière ses pansements. Il le faisait exprès le salaud.

Mais deux de nos camarades, eux grimpés sur des chaises derrière lui, se firent quand même admirer par la foule par-dessus ses épaules et sa tête. On les applaudit à tout rompre.

« Mais, c'est de moi qu'il s'agit ! ai-je failli crier à ce moment. De moi seul ! » Je connaissais mon Branledore, on se serait engueulés devant tout le monde et peut-être même battus. Finalement ce fut lui qui gagna la soucoupe. Il s'imposa. Triomphant, il demeura seul, comme il le désirait, pour recueillir l'énorme hommage. Vaincus, il ne nous restait plus qu'à nous ruer, nous, vers les coulisses, ce que nous fîmes et là nous fûmes heureusement refêtés. Consolation. Cependant notre actrice-inspiratrice n'était point seule dans sa loge. À ses côtés se tenait le poète, son poète, notre poète. Il aimait aussi comme elle, les jeunes soldats, bien gentiment. Ils me le firent comprendre artistement. Une affaire. On me le répéta, mais je n'en tins aucun compte de leurs gentilles indications. Tant pis pour moi, parce que les choses auraient pu très bien s'arranger. Ils avaient beaucoup d'influence.

Je pris congé brusquement, et sottement vexé. J'étais jeune.

Récapitulons : les aviateurs m'avaient ravi Lola, les Argentins pris Musyne et cet harmonieux inverti, enfin, venait de me souffler ma superbe comédienne. Désemparé, je quittai la Comédie pendant qu'on éteignait les derniers flambeaux des couloirs et rejoignis seul, par la nuit, sans tramway, notre hôpital, souricière au fond des boues tenaces et des banlieues insoumises.

* * *

Sans chiqué, je dois bien convenir que ma tête n'a jamais été très solide. Mais pour un oui, pour un non, à présent, des étourdissements me prenaient, à en passer sous les voitures. Je titubais dans la guerre. En fait d'argent de poche, je ne pouvais compter pendant mon séjour à l'hôpital, que sur les quelques francs donnés par ma mère chaque semaine bien péniblement. Aussi, me mis-je dès que cela me fut possible à la recherche de petits suppléments, par-ci par-là, où je pouvais en escompter. L'un de mes anciens patrons, d'abord, me sembla propice à cet égard et reçut ma visite aussitôt.

Il me souvenait bien opportunément d'avoir besogné quelques temps obscurs chez ce Roger Puta, le bijoutier de la Madeleine, en qualité d'employé supplémentaire, un peu avant la déclaration de la guerre. Mon ouvrage chez ce dégueulasse bijoutier consistait en « extras », à nettoyer son argenterie du magasin, nombreuse, variée, et pendant les fêtes à cadeaux, à cause des tripotages continuels, d'entretien difficile.

Dès la fermeture de la Faculté, où je poursuivais de rigoureuses et interminables études (à cause des examens que je ratais), je rejoignais au galop l'arrière-boutique de M. Puta et m'escrimais pendant deux ou trois heures sur ses chocolatières, « au blanc d'Espagne » jusqu'au moment du dîner.

Pour prix de mon travail j'étais nourri, abondamment d'ailleurs, à la cuisine. Mon boulot consistait encore, d'autre part, avant l'heure des cours, à faire promener et pisser les chiens de garde du magasin. Le tout ensemble pour 40 francs par mois. La bijouterie Puta scintillait de mille diamants à l'angle de la rue Vignon, et chacun de ces diamants coûtait autant que plusieurs décades de mon salaire. Ils y scintillent d'ailleurs toujours ces joyaux. Versé dans l'auxiliaire à la mobilisation, ce patron Puta se mit à servir particulièrement un Ministre, dont il conduisait de temps à autre l'automobile. Mais d'autre part, et cette fois de façon tout à fait officieuse, il se rendait Puta, des plus utiles, en fournissant les bijoux du Ministère. Le haut personnel spéculait fort heureusement sur les marchés conclus et à conclure. Plus on avançait dans la guerre et plus on avait besoin de bijoux. M. Puta avait même quelquefois de la peine à faire face aux commandes tellement il en recevait.

Quand il était surmené, M. Puta arrivait à prendre un petit air d'intelligence, à cause de la fatigue qui le tourmentait, et uniquement dans ces moments-là. Mais reposé, son visage, malgré la finesse incontestable de ses traits, formait une harmonie de placidité sotte dont il est difficile de ne pas garder pour toujours un souvenir désespérant.

Sa femme Mme Puta, ne faisait qu'un avec la caisse de la maison, qu'elle ne quittait pour ainsi dire jamais. On l'avait élevée pour qu'elle devienne la femme d'un bijoutier. Ambition de parents. Elle connaissait son devoir, tout son devoir. Le ménage était heureux en même temps que la caisse était prospère. Ce n'est point qu'elle fût laide, Mme Puta, non, elle aurait même pu être assez jolie, comme tant d'autres, seulement elle était si prudente, si méfiante qu'elle s'arrêtait au bord de la beauté, comme au bord de la vie, avec ses cheveux un peu trop peignés, son sourire un peu trop facile et soudain, des gestes un peu trop rapides ou un peu trop furtifs. On s'agaçait à démêler ce qu'il y avait de trop calculé dans cet être et les raisons de la gêne qu'on éprouvait en dépit de tout, à son approche. Cette répulsion instinctive qu'inspirent les commerçants à ceux qui les approchent et qui savent, est une des très rares consolations qu'éprouvent d'être aussi miteux qu'ils le sont ceux qui ne vendent rien à personne.

Les soucis étriqués du commerce la possédaient donc tout entière Mme Puta, tout comme Mme Herote, mais dans un autre genre et comme Dieu possède ses religieuses, corps et âme.

De temps en temps, cependant, elle éprouvait, notre patronne, comme un petit souci de circonstance. Ainsi lui arrivait-il de se laisser aller à penser aux parents de la guerre. « Quel malheur cette guerre tout de même pour les gens qui ont de grands enfants !

— Réfléchis donc avant de parler ! la reprenait aussitôt son mari, que ces sensibleries trouvaient, lui, prêt et résolu. Ne faut-il pas que la France soit défendue ? »

Ainsi bons cœurs, mais bons patriotes par-dessus tout, stoïques en somme, ils s'endormaient chaque soir de la Terre au-dessus des millions de leur boutique, fortune française.

Dans les bordels qu'il fréquentait de temps en temps, M. Puta se montrait exigeant et désireux de n'être point pris pour un prodigue. « Je ne suis pas un Anglais moi, mignonne, prévenait-il dès l'abord. Je connais le travail ! Je suis un petit soldat français pas pressé ! » Telle était sa déclaration préambulaire. Les femmes l'estimaient beaucoup pour cette façon sage de prendre son plaisir. Jouisseur mais pas dupe, un homme. Il profitait de ce qu'il connaissait son monde pour effectuer quelques transactions de bijoux avec la sous-maîtresse, qui elle ne croyait pas aux placements en Bourse. M. Puta progressait de façon surprenante au point de vue militaire, de réformes temporaires en sursis définitifs. Bientôt il fut tout à fait libéré après on ne sait combien de visites médicales opportunes. Il comptait pour l'une des plus hautes joies de son existence la contemplation et si possible la palpation de beaux mollets. C'était au moins un plaisir par lequel il dépassait sa femme, elle uniquement vouée au commerce. À qualités égales, on trouve toujours, semble-t-il, un peu plus d'inquiétude chez l'homme que chez la femme, si borné, si croupissant qu'il puisse être. C'était un petit début d'artiste en somme ce Puta. Beaucoup d'hommes, en fait d'art, s'en tiennent toujours comme lui à la manie des beaux mollets. Mme Puta était bien heureuse de ne pas avoir d'enfants. Elle manifestait si souvent sa satisfaction d'être stérile que son mari à son tour, finit par communiquer leur contentement à la sous maîtresse. « Il faut cependant bien que les enfants de quelqu'un y aillent, répondait celle-ci à son tour, puisque c'est un devoir ! » C'est vrai que la guerre comportait des devoirs.

Le Ministre que servait Puta en automobile n'avait pas non plus d'enfants, les Ministres n'ont pas d'enfants.

Un autre employé accessoire travaillait en même temps que moi aux petites besognes du magasin vers 1913 : c'était Jean Voireuse, un peu « figurant » pendant la soirée dans les petits théâtres et l'après-midi livreur chez Puta. Il se contentait lui aussi de très minimes appointements. Mais il se débrouillait grâce au métro. Il allait presque aussi vite à pied qu'en métro, pour faire ses courses. Alors il mettait le prix du billet dans sa poche. Tout rabiot. Il sentait un peu des pieds, c'est vrai, et même beaucoup, mais il le savait et me demandait de l'avertir quand il n'y avait pas de clients au magasin pour qu'il puisse y pénétrer sans dommage et faire ses comptes en douce avec Mme Puta. Une fois l'argent encaissé, on le renvoyait instantanément me rejoindre dans l'arrière-boutique. Ses pieds lui servirent encore beau coup pendant la guerre. Il passait pour l'agent de liaison le plus rapide de son régiment. En convalescence il vint me voir au fort de Bicêtre et c'est même à l'occasion de cette visite que nous décidâmes d'aller ensemble taper notre ancien patron. Qui fut dit, fut fait. Au moment où nous arrivions boulevard de la Madeleine, on finissait l'étalage...

« Tiens ! Ah ! vous voilà vous autres ! s'étonna un peu de nous voir M. Puta. Je suis bien content quand même ! Entrez ! Vous, Voireuse, vous avez bonne mine Ça va bien ! Mais vous, Bardamu, vous avez l'air malade, mon garçon ! Enfin ! vous êtes jeune ! Ça reviendra ! Vous en avez de la veine, malgré tout, vous autres ! on peut dire ce que l'on voudra, vous vivez des heures magnifiques, hein ? là-haut ? Et à l'air ! C'est de l'Histoire ça mes amis, ou je m'y connais pas ! Et quelle Histoire ! »

On ne répondait rien à M. Puta, on le laissait dire tout ce qu'il voulait avant de le taper... Alors, il continuait :

« Ah ! c'est dur, j'en conviens, les tranchées !... C'est vrai ! Mais c'est joliment dur ici aussi, vous savez !... Vous avez été blessés, hein vous autres ? Moi, je suis éreinté ! J'en ai fait du service de nuit en ville depuis deux ans ! Vous vous rendez compte ? Pensez donc ! Absolument éreinté ! Crevé ! Ah ! les rues de Paris pendant la nuit ! Sans lumière, mes petits amis... Y conduire une auto et souvent avec le Ministre dedans ! Et en vitesse encore ! Vous pouvez pas vous imaginer !... C'est à se tuer dix fois par nuit !...

— Oui, ponctua Mme Puta, et quelquefois il conduit la femme du Ministre aussi...

— Ah oui ! et c'est pas fini...

— C'est terrible ! reprîmes-nous ensemble.

— Et les chiens ? demanda Voireuse pour être poli. Qu'en a-t-on fait ? Va-t-on encore les promener aux Tuileries ?

— Je les ai fait abattre ! Ils me faisaient du tort ! Ça ne faisait pas bien au magasin !... Des bergers allemands !

—C'est malheureux ! regretta sa femme. Mais les nouveaux chiens qu'on a maintenant sont bien gentils, c'est des écossais... Ils sentent un peu... Tandis que nos bergers allemands, vous vous souvenez Voireuse ?... Ils ne sentaient jamais pour ainsi dire. On pouvait les garder dans le magasin enfermés, même après la pluie...

— Ah oui ! ajouta M. Puta. C'est pas comme ce sacré Voireuse, avec ses pieds ! Est-ce qu'ils sentent toujours, vos pieds, Jean ? Sacré Voireuse va !

— Je crois encore un peu », qu'il a répondu Voireuse. À ce moment des clients entrèrent.

« Je ne vous retiens plus, mes amis, nous fit M. Puta soucieux d'éliminer Jean au plus tôt du magasin. Et bonne santé surtout ! Je ne vous demande pas d'où vous venez ! Eh non ! Défense Nationale avant tout, c'est mon avis ! »

À ces mots de Défense Nationale, il se fit tout à fait sérieux, Puta, comme lorsqu'il rendait la monnaie... Ainsi on nous congédiait. Mme Puta nous remit vingt francs à chacun en partant. Le magasin astiqué et luisant comme un yacht, on n'osait plus le retraverser à cause de nos chaussures qui sur le fin tapis paraissaient monstrueuses.

« Ah ! regarde-les donc, Roger, tous les deux ! Comme ils sont drôles !... Ils n'ont plus l'habitude ! On dirait qu'ils ont marché dans quelque chose ! s'exclamait Mme Puta.

— Ça leur reviendra ! » fit M. Puta, cordial et bon homme, et bien content d'être débarrassé aussi promptement à si peu de frais.

Une fois dans la rue, nous réfléchîmes qu'on irait pas très loin avec nos vingt francs chacun, mais Voireuse lui, avait une idée supplémentaire.

« Viens, qu'il me dit, chez la mère d'un copain qui est mort pendant qu'on était dans la Meuse, j'y vais moi tous les huit jours, chez ses parents, pour leur raconter comment qu'il est mort leur fieu... C'est des gens riches... Elle me donne dans les cent francs à chaque fois, sa mère... Ça leur fait plaisir qu'ils disent... Alors tu comprends...

— Qu'est-ce que j'irai y faire moi, chez eux ? Qu'est-ce que je dirai moi à la mère ?

— Eh bien tu lui diras que tu l'as vu, toi aussi... Elle te donnera cent francs à toi aussi... C'est des vrais gens riches ça ! Je te dis ! Et qui sont pas comme ce mufle de Puta... Y regardent pas eux...

— Je veux bien, mais elle va pas me demander des détails, t'es sûr ?... Parce que je l'ai pas connu moi, son fils hein... Je nagerais moi si elle en demandait...

— Non, non, ça fait rien, tu diras tout comme moi... Tu feras : Oui, oui... T'en fais pas ! Elle a du chagrin, tu comprends, cette femme-là, et du moment alors qu'on lui parle de son fils, elle est contente... C'est rien que ça qu'elle demande... N'importe quoi... C'est pas durillon... »

Je parvenais mal à me décider, mais j'avais bien envie des cent francs qui me paraissaient exceptionnellement faciles à obtenir et comme providentiels.

« Bon, que je me décidai à la fin... Mais alors faut que j'invente rien, hein je te préviens ! Tu me promets ? Je dirai comme toi, c'est tout... Comment qu'il est mort d'abord le gars ?

— Il a pris un obus en pleine poire, mon vieux, et puis pas un petit, à Garance que ça s'appelait... dans la Meuse sur le bord d'une rivière... On en a pas retrouvé « ça « du gars, mon vieux ! C'était plus qu'un souvenir, quoi... Et pourtant, tu sais, il était grand, et bien balancé, le gars, et fort, et sportif, mais contre un obus hein ? Pas de résistance !

— C'est vrai !

— Nettoyé, je te dis qu'il a été... Sa mère, elle a encore du mal à croire ça au jour d'aujourd'hui ! J'ai beau y dire et y redire... Elle veut qu'il soye seulement disparu... C'est idiot une idée comme ça... Disparu !... C'est pas de sa faute, elle en a jamais vu, elle, d'obus, elle peut pas comprendre qu'on foute le camp dans l'air comme ça, comme un pet, et puis que ça soye fini, surtout que c'est son fils...

— Évidemment !

— D'abord, je n'y ai pas été depuis quinze jours, chez eux... Mais tu vas voir quand j'y arrive, elle me reçoit tout de suite sa mère, dans le salon, et puis tu sais, c'est beau chez eux, on dirait un théâtre, tellement qu'y en a des rideaux, des tapis, des glaces partout... Cent francs, tu comprends, ça doit pas les gêner beaucoup... C'est comme moi cent sous, qui dirait-on à peu près... Aujourd'hui elle est même bonne pour deux cents... Depuis quinze jours qu'elle m'a pas vu... Tu verras les domestiques avec les boutons en doré, mon ami... »

À l'avenue Henri-Martin, on tournait sur la gauche et puis on avançait encore un peu, enfin, on arrivait devant une grille au milieu des arbres d'une petite allée privée.

« Tu vois ! que remarqua Voireuse, quand on fut bien devant, c'est comme une espèce de château... Je te l'avais bien dit... Le père est un grand manitou dans les chemins de fer, qu'on m'a raconté... C'est une huile...

— Il est pas chef de gare ? que je fais moi pour plaisanter.

— Rigole pas... Le voilà là-bas qui descend. Il vient sur nous... »

Mais l'homme âgé qu'il me désignait ne vint pas tout de suite, il marchait voûté autour de la pelouse, en parlant avec un soldat. Nous approchâmes. Je reconnus le soldat, c'était le même réserviste que j'avais rencontré la nuit à Noirceur-sur-la-Lys, où j'étais en reconnaissance. Je me souvins même à l'instant du nom qu'il m'avait dit Robinson.

« Tu le connais toi ce biffin-là ? qu'il me demanda Voireuse.

— Oui, je le connais.

— C'est peut-être un ami à eux... Ils doivent se parler de la mère ; je voudrais pas qu'ils nous empêchent d'aller la voir... Parce que c'est elle plutôt qui donne le po non... » vieux monsieur se rapprocha de nous. Il chevrotait.

« Mon cher ami, dit-il à Voireuse, j'ai la grande douleur de vous apprendre que depuis votre dernière visite, ma pauvre femme a succombé à notre immense chagrin... Jeudi nous l'avions laissée seule un moment, elle nous l'avait demandé... Elle pleurait... »

Il ne sut finir sa phrase. Il se détourna brusquement et nous quitta.

« J'te reconnais bien, fis-je alors à Robinson, dès que le vieux monsieur se fut suffisamment éloigné de nous.

— Moi aussi, que je te reconnais...

— Qu'est-ce qui lui est arrivé à la vieille ? que je lui ai alors demandé.

— Eh bien, elle s'est pendue avant-hier, voilà tout ! qu'il a répondu. Tu parles alors d'une noix, dis donc ! qu'il a même ajouté à ce propos... Moi qui l'avais comme marraine !... C'est bien ma veine hein Tu parles d'un lot ! Pour la première fois que je venais en permission !... Et y a six mois que je l'attendais ce jour-là !... »

On a pas pu s'empêcher de rigoler, Voireuse et moi, de ce malheur-là qui lui arrivait à lui Robinson. En fait de sale surprise, c'en était une, seulement ça nous rendait pas nos deux cents balles à nous non plus qu'elle soye morte, nous qu'on allait monter un nouveau bobard pour la circonstance. Du coup nous n'étions pas contents, ni les uns ni les autres.

« Tu l'avais ta gueule enfarinée, hein, grand saligaud ? qu'on l'asticotait nous Robinson, histoire de le faire grimper et de le mettre en boîte. Tu croyais que t'allais te l'envoyer hein ? le gueuleton pépère avec les vieux ? Tu croyais peut-être aussi que t'allais l'enfiler la marraine ?... T'es servi dis donc !... »

Comme on pouvait pas rester là tout de même à regarder la pelouse en se bidonnant, on est partis tous les trois ensemble du côté de Grenelle. On a compté notre argent à tous les trois, ça faisait pas beaucoup. Comme il fallait rentrer le soir même dans nos hôpitaux et dépôts respectifs, y avait juste assez pour un dîner au bistrot à trois, et puis il restait peut-être encore un petit quelque chose, mais pas assez pour "monter » au bobinard. Cependant, on y a été quand même au claque mais pour prendre un verre seulement et en bas.

« Toi, je suis content de te revoir, qu'il m'a annoncé, Robinson, mais tu parles d'un colis quand même la mère du gars !... Tout de même quand j'y repense, et qui va se pendre le jour même où j'arrive dis donc !... J'la retiens celle-là !... Est-ce que je me pends moi dis ?... Du chagrin ?... J'passerais mon temps à me pendre moi alors !... Et toi ?

— Les gens riches, fit Voireuse, c'est plus sensible que les autres... »

Il avait bon cœur Voireuse. Il ajouta encore : « Si j'avais six francs j'monterais avec la petite brune que tu vois là-bas, près de la machine à sous...

— Vas-y, qu'on lui a dit nous alors, tu nous raconteras si elle suce bien... »

Seulement, on a eu beau chercher, on n'avait pas assez avec le pourboire pour qu'il puisse se l'envoyer. On avait juste assez pour encore un café chacun et deux cassis. Une fois lichés, on est repartis se promener !

Place Vendôme, qu'on a fini par se quitter. Chacun partait de son côté. On ne se voyait plus en se quittant et on parlait bas, tellement il y avait des échos. Pas de lumière, c'était défendu.

Lui, Jean Voireuse, je l'ai jamais revu. Robinson, je l'ai retrouvé souvent par la suite. Jean Voireuse, c'est les gaz qui l'ont possédé, dans la Somme. Il est allé finir au bord de la mer, en Bretagne, deux ans plus tard, dans un sanatorium marin. Il m'a écrit deux fois dans les débuts puis plus du tout. Il n'y avait jamais été à la mer. « T'as pas idée comme c'est beau, qu'il m'écrivait, je prends un peu des bains, c'est bon pour mes pieds, mais ma voix je crois qu'elle est bien foutue. » Ça le gênait parce que son ambition, au fond, à lui, c'était de pouvoir un jour rentrer dans les chœurs au théâtre.

C'est bien mieux payé et plus artiste les chœurs que la figuration simple.

* * *

Les huiles ont fini par me laisser tomber et j'ai pu sauver mes tripes, mais j'étais marqué à la tête et pour toujours. Rien à dire. « Va-t'en !... qu'ils m'ont fait. T'es plus bon à rien !...

— En Afrique ! que j'ai dit moi. Plus que ça sera loin, mieux ça vaudra ! » C'était un bateau comme les autres de la Compagnie des Corsaires Réunis qui m'a embarqué. Il s'en allait vers les Tropiques, avec son fret de cotonnades, d'officiers et de fonctionnaires.

Il était si vieux ce bateau qu'on lui avait enlevé jusqu'à sa plaque en cuivre, sur le pont supérieur, où se trouvait autrefois inscrite l'année de sa naissance ; elle remontait si loin sa naissance qu'elle aurait incité les passagers à la crainte et aussi à la rigolade.

On m'avait donc embarqué là-dessus, pour que j'essaye de me refaire aux Colonies. Ils y tenaient ceux qui me voulaient du bien, à ce que je fasse fortune. Je n'avais envie moi que de m'en aller, mais comme on doit toujours avoir l'air utile quand on est pas riche et comme d'autre part je n'en finissais pas avec mes études, ça ne pouvait pas durer. Je n'avais pas assez d'argent non plus pour aller en Amérique. « Va pour l'Afrique ! » que j'ai dit alors et je me suis laissé pousser verses Tropiques, où, m'assurait-on, il suffisait de quelque tempérance et d'une bonne conduite pour se faire tout de suite une situation.

Ces pronostics me laissaient rêveur. Je n'avais pas beaucoup de choses pour moi, mais j'avais certes de la bonne tenue, on pouvait le dire, le maintien modeste, la déférence facile et la peur toujours de n'être pas à l'heure et encore le souci de ne jamais passer avant une autre personne dans la vie, de la délicatesse enfin...

Quand on a pu s'échapper vivant d'un abattoir international en folie, c'est tout de même une référence sous le rapport du tact et de la discrétion. Mais revenons à ce voyage. Tant que nous restâmes dans les eaux d'Europe, ça ne s'annonçait pas mal. Les passagers croupissaient, répartis dans l'ombre des entreponts, dans les w : c., au fumoir, par petits groupes soupçonneux et nasillards. Tout ça, bien imbibé de picons et cancans, du matin au soir. On en rotait, sommeillait et vociférait tour à tour et semblait-il sans jamais regretter rien de l'Europe.

Notre navire avait nom : l'*Amiral-Bragueton*. Il ne devait tenir sur ces eaux tièdes que grâce à sa peinture. Tant de couches accumulées par pelures avaient fini par lui constituer une sorte de seconde coque à l'Amiral Bragueton à la manière d'un oignon. Nous voguions vers l'Afrique, la vraie, la grande ; celle des insondables forêts, des miasmes délétères, des solitudes inviolées, vers les grands tyrans nègres vautrés aux croisements de fleuves qui n'en finissent plus. Pour un paquet de lames « Pilett » j'allais trafiquer avec eux des ivoires longs comme ça, des oiseaux flamboyants, des esclaves mineures. C'était promis. La vie quoi ! Rien de commun avec cette Afrique décortiquée des agences et des monuments, des chemins de fer et des nougats. Ah non ! Nous allions nous la voir dans son jus, la vraie Afrique ! Nous les passagers boissonnants de l'*Amiral-Bragueton* !

Mais, dès après les côtes du Portugal, les choses se mirent à se gâter. Irrésistiblement, certain matin au réveil, nous fûmes comme dominés par une ambiance d'étuve infiniment tiède, inquiétante. L'eau dans les verres, la mer, l'air, les draps, notre sueur, tout, tiède, chaud. Désormais impossible la nuit, le jour, d'avoir plus rien de frais sous la main, sous le derrière, dans la gorge, sauf la glace du bar avec le whisky. Alors un vil désespoir s'est abattu sur les passagers de l'*Amiral-Bragueton* condamnés à ne plus s'éloigner du bar, envoûtés, rivés aux ventilateurs, soudés aux petits morceaux de glace, échangeant menaces après cartes et regrets en cadences incohérentes.

Ça n'a pas traîné. Dans cette stabilité désespérante de chaleur tout le contenu humain du navire s'est coagulé dans une massive ivrognerie. On se mouvait mollement entre les ponts, comme des poulpes au fond d'une baignoire d'eau fadasse. C'est depuis ce moment que nous vîmes à fleur de peau venir s'étaler l'angoissante nature des Blancs, provoquée, libérée, bien débraillée enfin, leur vraie nature, tout comme à la guerre. Étuve tropicale pour instincts tels crapauds et vipères qui viennent enfin s'épanouir au mois d'août, sur les flancs fissurés des prisons. Dans le froid d'Europe, sous les grisailles pudiques du Nord, on ne fait, hors les carnages, que soupçonner la grouillante cruauté de nos frères, mais leur pourriture envahit la surface dès que les émoustille la fièvre ignoble des Tropiques. C'est alors qu'on se déboutonne éperdument et que la saloperie triomphe et nous recouvre entiers. C'est l'aveu biologique. Dès que le travail et le froid ne nous astreignent plus, relâchent un moment leur étau, on peut apercevoir des Blancs, ce qu'on découvre du gai rivage, une fois que la mer s'en retire : la vérité, mares lourdement puantes, les crabes, la charogne et l'étron.

Ainsi, le Portugal passé, tout le monde se mit, sur le navire, à se libérer les instincts avec rage, l'alcool aidant, et aussi ce sentiment d'agrément intime que procure une gratuité absolue de voyage, surtout aux militaires et fonctionnaires en activité. Se sentir nourri, couché, abreuvé pour rien pendant quatre semaines consécutives, qu'on y songe, c'est assez, n'est-ce pas, en soi, pour délirer d'économie ? Moi, seul payant du voyage, je fus trouvé par conséquent, dès que cette particularité fut connue, singulièrement effronté, nettement insupportable.

Si j'avais eu quelque expérience des milieux coloniaux, au départ de Marseille, j'aurais été, compagnon indigne, à genoux, solliciter le pardon, la mansuétude de cet officier d'infanterie coloniale, que je rencontrais partout, le plus élevé en grade, et m'humilier peut-être au surplus, pour plus de sécurité, aux pieds du fonctionnaire le ?lus ancien. Peut-être alors, ces passagers fantastiques m au raient-ils toléré au milieu d'eux sans dommage ? Mais, ignorant, mon inconsciente prétention de respirer autour d'eux faillit bien me coûter la vie.

On n'est jamais assez craintif. Grâce à certaine habileté, je ne perdis que ce qu'il me restait d'amour-propre. Et voici comment les choses se passèrent. Quelque temps après les îles Canaries, j'appris d'un garçon de cabine qu'on s'accordait à me trouver poseur, voire insolent ?... Qu'on me soupçonnait de maquereautage en même temps que de pédérastie... D'être même un peu cocaïnomane... Mais cela à titre accessoire... Puis l'Idée fit son chemin que je devais fuir la France devant les conséquences de certains forfaits parmi les plus graves. Je n'étais cependant qu'aux débuts de mes épreuves. C'est alors que j'appris l'usage imposé sur cette ligne, de n'accepter qu'avec une extrême circonspection, d'ailleurs accompagnée de brimades, les passagers payants ; c'est-à-dire ceux qui ne jouissaient ni de la gratuité militaire, ni des arrangements bureaucratiques, les colonies françaises appartenant en propre, on le sait, à la noblesse des « Annuaires[14] ».

Il n'existe après tout que bien peu de raisons valables pour un civil inconnu de s'aventurer de ces côtés... Espion, suspect, on trouva mille raisons pour me toiser de travers, les officiers dans le blanc des yeux, les femmes en souriant d'une manière entendue. Bientôt, les domestiques eux-mêmes, encouragés, échangèrent derrière mon dos, des remarques lourdement caustiques. On en vint à ne plus douter que c'était bien moi le plus grand et le plus insupportable mufle du bord et pour ainsi dire le seul. Voilà qui promettait.

Je voisinais à table avec quatre agents des postes du Gabon, hépatiques, édentés. Familiers et cordiaux dans le début de la traversée, ils ne m'adressèrent ensuite plus un traître mot. C'est-à-dire que je fus placé, d'un tacite accord, au régime de la surveillance commune. Je ne sortais plus de ma cabine qu'avec d'infinies précautions. L'air tellement cuit nous pesait sur la peau à la manière d'un solide. À poil, verrou tiré, je ne bougeais plus et j'essayais d'imaginer quel plan les diaboliques passagers avaient pu concevoir pour me perdre. Je ne connaissais personne à bord et cependant chacun semblait me reconnaître. Mon signalement devait être devenu précis, instantané dans leur esprit, comme celui du criminel célèbre qu'on publie dans les journaux.

Je tenais, sans le vouloir, le rôle de l'indispensable « infâme et répugnant saligaud « honte du genre humain qu'on signale partout au long des siècles, dont tout le monde a entendu parler, ainsi que du Diable et du Bon Dieu, mais qui demeure toujours si divers, si fuyant, quand à terre et dans la vie, insaisissable en somme. Il avait fallu pour l'isoler enfin, le « saligaud », l'identifier, le tenir, les circonstances exceptionnelles qu'on ne rencontrait que sur ce bord étroit.

Une véritable réjouissance générale et morale s'annonçait à bord de l'*Amiral-Bragueton*. « L'immonde » n'échapperait pas à son sort. C'était moi.

---

[14] « *Annuaires* » : qui recensent les personnels titulaires de l'armée, de la marine et de diverses administrations.

À lui seul cet événement valait tout le voyage. Reclus parmi ces ennemis spontanés, je tâchais tant bien que mal de les identifier sans qu'ils s'en aperçussent. Pour y parvenir je les épiais impunément, le matin surtout, par le hublot de ma cabine. Avant le petit déjeuner, prenant le frais, poilus du pubis aux sourcils et du rectum à la plante des pieds, en pyjamas, transparents au soleil ; vautrés le long du bastingage, le verre en main, ils venaient roter là, mes ennemis, et menaçaient déjà de vomir alentour, surtout le capitaine aux yeux saillants et injectés que son foie travaillait ferme, dès l'aurore. Régulièrement au réveil, il s'enquérait de mes nouvelles auprès des autres lurons, si « Ion » ne m'avait pas encore « balancé par-dessus bord » qu'il demandait. « Comme un glaviot ! » Pour faire image, en même temps il crachait dans la mer mousseuse. Quelle rigolade !

L'Amiral n'avançait guère, il se traînait plutôt, en ronronnant, d'un roulis vers l'autre. Ce n'était plus un voyage, c'était une espèce de maladie. Les membres de ce concile matinal, à les examiner de mon coin, me semblaient tous assez profondément malades, paludéens, alcooliques, syphilitiques sans doute, leur déchéance visible dix mètres me consolait un peu de mes tracas personnels. Après tout, c'étaient des vaincus, tout de même que moi ces Matamores !... Ils crânaient encore voilà tout ! Seule différence ! Les moustiques s'étaient déjà chargés de les sucer et de leur distiller à pleines veine ces poisons qui ne s'en vont plus... Le tréponème à l'heure qu'il était leur limaillait déjà les artères... L'alcool leur bouffait les foies... Le soleil leur fendillait les rognons... Les morpions leur collaient aux poils et l'eczéma à la peau du ventre... La lumière grésillante finirait bien par leur roustiller la rétine !... Dans pas longtemps que leur resterait-il ? Un bout du cerveau... Pour en faire quoi avec ? Je vous le demande ?... Là où ils allaient ? Pour se suicider ? Ça ne pouvait leur servir qu'à ça, un cerveau là où ils allaient... On a beau dire, c'est pas drôle de vieillir dans les pays où y a pas de dis tractions... Où on est forcé de se regarder dans la glace dont le tain verdit devenir de plus en plus déchu, de plus en plus moche... On va vite à pourrir, dans les verdures, surtout quand il fait chaud atrocement.

Le Nord au moins ça vous conserve les viandes ; ils sont pâles une fois pour toutes les gens du Nord. Entre un Suédois mort et un jeune homme qui a mal dormi, peu de différence. Mais le colonial il est déjà tout rempli d'asticots un jour après son débarquement. Elles n'attendaient qu'eux ces infiniment laborieuses vermicelles et ne les lâcheraient plus que bien au-delà de la vie. Sacs à larves.

Nous en avions encore pour huit jours de mer avant de faire escale devant la Bragamance, première terre promise. J'avais le sentiment de demeurer dans une boîte d'explosifs. Je ne mangeais presque plus pour éviter de me rendre à leur table et de traverser leurs entreponts en plein jour. Je ne disais plus un mot. Jamais on ne me voyait en promenade. Il était difficile d'être aussi peu que moi sur le navire tout en y demeurant.

Mon garçon de cabine, un père de famille, voulut bien me confier que les brillants officiers de la coloniale avaient fait le serment, verre en main, de me gifler à la première occasion et de me balancer par-dessus bord ensuite. Quand je lui demandais pourquoi, il n'en savait rien et il me demandait à son tour ce que j'avais bien pu faire pour en arriver là. Nous en demeurions à ce doute. Ça pouvait durer longtemps. J'avais une sale gueule, voilà tout.

On ne m'y reprendrait plus à voyager avec des gens aussi difficiles à contenter. Ils étaient tellement désœuvrés aussi, enfermés trente jours durant avec eux-mêmes qu'il en fallait très peu pour les passionner. D'ailleurs, dans la vie courante, réfléchissons que cent individus au moins dans le cours d'une seule journée bien ordinaire désirent votre pauvre mort, par exemple tous ceux que vous gênez, pressés dans la queue derrière vous au métro, tous ceux encore qui passent devant votre appartement et qui n'en ont pas, tous ceux qui voudraient que vous ayez achevé de faire pipi pour en faire autant, enfin, vos enfants et bien d'autres. C'est incessant. On s'y fait. Sur le bateau ça se discerne mieux cette presse, alors c'est plus gênant.

Dans cette étuve mijotante, le suint de ces êtres ébouillantés se concentre, les pressentiments de la solitude coloniale énorme qui va les ensevelir bientôt eux et leur destin, les faire gémir déjà comme des agonisants. Ils s'accrochent, ils mordent, ils lacèrent, ils en bavent. Mon importance à bord croissait prodigieusement de jour en jour. Mes rares arrivées à table aussi furtives et silencieuses que je m'appliquasse à les rendre prenaient l'ampleur de réels événements. Dès que j'entrais dans la salle à manger, les cent vingt passagers tressautaient, chuchotaient...

Les officiers de la coloniale bien tassés d'apéritifs en apéritifs autour de la table du commandant, les receveurs buralistes, les institutrices congolaises surtout, dont l'*Amiral-Bragueton* emportait tout un choix, avaient fini de suppositions malveillantes en déductions diffamatoires par me magnifier jusqu'à l'infernale importance.

À l'embarquement de Marseille, je n'étais guère qu'un insignifiant rêvasseur, mais à présent, par l'effet de cette concentration agacée d'alcooliques et de vagins impatients, je me trouvais doté, méconnaissable, d'un troublant prestige.

Le Commandant du navire, gros malin trafiqueur et verruqueux, qui me serrait volontiers la main dans les débuts de la traversée, chaque fois qu'on se rencontrait à présent, ne semblait même plus me reconnaître, ainsi qu'on évite un homme recherché pour une sale affaire, coupable déjà... De quoi ? Quand la haine des hommes ne comporte aucun risque, leur bêtise est vite convaincue, les motifs viennent tout seuls.

D'après ce que je croyais discerner dans la malveillance compacte où je me débattais, une des demoiselles institutrices animait l'élément féminin de la cabale. Elle retournait au Congo, crever, du moins je l'espérais, cette garce. Elle quittait peu les officiers coloniaux aux torses moulés dansa toile éclatante et parés au surplus du serment qu'ils avaient prononcé de m'écraser ni plus ni moins qu'une infecte limace, bien avant la prochaine escale. On se demandait à la ronde si je serais aussi répugnant aplati qu'en forme. Bref, on s'amusait. Cette demoiselle attisait leur verve, appelait l'orage sur le pont de l'*Amiral-Bragueton*, ne voulait connaître de repos qu'après qu'on m'eût enfin ramassé pantelant, corrigé pour toujours de mon imaginaire impertinence, puni d'oser exister en somme, rageusement battu, saignant, meurtri, implorant pitié sous la botte et le poing d'un de ces gaillards dont elle brûlait d'admirer l'action musculaire, le courroux splendide. Scène de haut carnage, dont ses ovaires fripés pressentaient un réveil. Ça valait un viol par gorille. Le temps passait et il est périlleux de faire attendre longtemps les corridas. J'étais la bête. Le bord entier l'exigeait, frémissant jusqu'aux soutes.

La mer nous enfermait dans ce cirque boulonné. Les machinistes eux-mêmes étaient au courant. Et comme il ne nous restait plus que trois journées avant l'escale, journées décisives, plusieurs toreros s'offrirent. Et plus je fuyais l'esclandre et plus on devenait agressif, imminent à mon égard. Ils se faisaient déjà la main les sacrificateurs. On me coinça ainsi entre deux cabines, au revers d'une courtine. Je m'échappai de justesse, mais il me devenait franchement périlleux de me rendre aux cabinets. Quand nous n'eûmes donc plus que ces trois jours de mer devant nous j'en profitai pour définitivement renoncer à tous mes besoins naturels. Les hublots me suffisaient. Autour de moi tout était accablant de haine et d'ennui. Il faut dire aussi qu'il est incroyable cet ennui du bord, cosmique pour parer franchement. ! recouvre la mer, et le bateau, et les cieux. Des gens solides en deviendraient bizarres, à plus forte raison ces abrutis chimériques.

Un sacrifice ! J'allais y passer. Les choses se précisèrent un soir après le dîner où je m'étais quand même rendu, tracassé par la faim. J'avais gardé le nez au-dessus de mon assiette, n'osant même pas sortir mon mouchoir de ma poche pour m'éponger. Nul ne fut à bouffer jamais plus discret que moi. Des machines vous montait, assis, sous le derrière, une vibration incessante et menue. Mes voisins de table devaient être au courant de ce qu'on avait décidé à mon égard, car ils se mirent, à ma surprise, à me parler librement et complaisamment de duels et d'estocades, à me poser des questions... À ce moment aussi, l'institutrice du Congo, celle qui avait l'haleine si forte, se dirigea vers le salon. J'eus le temps de remarquer qu'elle portait une robe en guipure de grand apparat et se rendait au piano avec une sorte de hâte crispée, pour jouer, si l'on peut dire, certains airs dont elle escamotait toutes les finales. L'ambiance devint intensément nerveuse et furtive.

Je ne fis qu'un bond pour aller me réfugier dans ma cabine. Je l'avais presque atteinte quand un des capitaines de la coloniale, le plus bombé, le plus musclé de tous, me barra net le chemin, sans violence, mais fermement. a Montons sur le pont », m'enjoignit-il. Nous y fûmes en quelques pas. Pour la circonstance, il portait son képi le mieux doré, il s'était boutonné entièrement du col à la braguette, ce qu'il n'avait pas fait depuis notre départ. Nous étions donc en pleine cérémonie dramatique. Je n'en menais pas large, le cœur battant à hauteur du nombril.

Ce préambule, cette impeccabilité anormale me fit présager une exécution lente et douloureuse. Cet homme me faisait l'effet d'un morceau de la guerre qu'on aurait remis brusquement devant ma route, entêté, coincé, assassin.

Derrière lui, me bouclant la porte de l'entrepont, se dressaient en même temps quatre officiers subalternes, attentifs à l'extrême, escorte de la Fatalité.

Donc, plus moyen de fuir. Cette interpellation avait dû être minutieusement réglée.

« Monsieur, vous avez devant vous le capitaine Frémizon des troupes coloniales ! Au nom de mes camarades et des passagers de ce bateau Justement indignés par votre inqualifiable conduite, j'ai l'honneur de vous demander raison !... Certains propos que vous avez tenus à notre sujet depuis votre départ de Marseille sont inacceptables !... Voici le moment, monsieur, d'articuler bien haut vos griefs !... De proclamer ce que vous racontez honteusement tout bas depuis vingt et un jours ! De nous dire enfin ce que vous pensez... »

Je ressentis en entendant ces mots un immense soulagement. J'avais redouté quelque mise à mort imparable, mais ils m'offraient, puisqu'il parlait, le capitaine, une manière de leur échapper. -le me ruai vers cette aubaine.

Toute possibilité de lâcheté devient une magnifique espérance à qui s'y connaît. C'est mon avis. Il ne faut jamais se montrer difficile sur le moyen de se sauver de l'étripade, ni perdre son temps non plus à rechercher les raisons d'une persécution dont on est l'objet. Y échapper suffit au sage.

« Capitaine ! lui répondis-je avec toute la voix convaincue dont j'étais capable dans le moment, quelle extraordinaire erreur vous alliez commettre ! Vous ! Moi ! Comment me prêter à moi, les sentiments d'une semblable perfidie ? C'est trop d'injustice en vérité ! J'en ferais capitaine une maladie ! Comment ? Moi hier encore défenseur de notre chère patrie ! Moi, dont le sang s'est mêlé au vôtre pendant des années au cours d'inoubliables batailles ! De quelle injustice alliez-vous m'accabler capitaine ! »

Puis, m'adressant au groupe entier : « De quelle abominable médisance, messieurs, êtes-vous devenus les victimes ? Aller jusqu'à penser que moi, votre frère en somme, je m'entêtais à répandre d'immondes calomnies sur le compte d'héroïques officiers ! C'est trop ! vraiment c'est trop ! Et cela au moment même où ils s'apprêtent ces braves, ces incomparables braves à reprendre, avec quel courage, la garde sacrée de notre immortel empire colonial ! poursuivis-je.

Là où les plus magnifiques soldats de notre race se sont couverts d'une gloire éternelle. Les Mangin ! les Faidherbe, les Gallieni !... Ah ! capitaine ! Moi ? Ça ? »

Je me tins en suspens. J'espérais être émouvant. Bien heureusement je le fus un petit instant. Sans traîner, alors, profitant de cet armistice de bafouillage, j'allai droit à lui et lui serrai les deux mains dans une étreinte d'émotion.

J'étais un peu tranquille ayant ses mains enfermées dans les miennes. Tout en les lui tenant, je continuais à m'expliquer avec volubilité et tout en lui donnant mille fois raison, je l'assurais que tout était à reprendre entre nous et par le bon bout cette fois ! Que ma naturelle et stupide timidité seule se trouvait à l'origine de cette fantastique méprise ! Que ma conduite certes aurait pu être interprétée comme un inconcevable dédain par ce groupe de passagers et de passagères « héros et charmeurs mélangés... Providentielle réunion de grands caractères et de talents... Sans oublier les dames incomparables musiciennes, ces ornements du bord !... » Tout en faisant largement amende honorable, je sollicitai pour conclure qu'on m'admisse sans y surseoir et sans restriction aucune, au sein de leur joyeux groupe patriotique et fraternel... Où je tenais, dès ce moment, et pour toujours, à faire très aimable figure... Sans lui lâcher les mains, bien entendu, je redoublai d'éloquence.

Tant que le militaire ne tue ras, c'est un enfant. On l'amuse aisément. N'ayant pas ! habitude de penser, dès qu'on lui parle il est forcé pour essayer de vous comprendre de se résoudre à des efforts accablants. Le capitaine Frémizon ne me tuait pas, il n'était pas en train de boire non plus, il ne faisait rien avec ses mains, ni avec ses pieds, il essayait seulement de penser. C'était énormément trop pour lui. Au fond, je le tenais par la tête.

Graduellement, pendant que durait cette épreuve d'humiliation, je sentais mon amour-propre déjà prêt à me quitter, s'estomper encore davantage, et puis me lâcher, m'abandonner tout à fait, pour ainsi dire officiellement. On a beau dire, c'est un moment bien agréable. Depuis cet incident, je suis devenu pour toujours infiniment libre et léger, moralement s'entend. C'est peut-être de la peur qu'on a le plus souvent besoin pour se tirer d'affaire dans la vie. Je n'ai jamais voulu quant à moi d'autres armes depuis ce jour, ou d'autres vertus.

Les camarades du militaire indécis, à présent eux aussi venus là exprès pour éponger mon sang et jouer aux osselets avec mes dents éparpillées, devaient pour tout triomphe se contenter d'attraper des mots dans l'air. Les civils accourus frémissants à l'annonce d'une mise à mort arboraient de sales figures. Comme je ne savais pas au juste ce que je racontais, sauf à demeurer à toute force dans la note lyrique, tout en tenant les mains du capitaine, je fixais un point idéal dans le brouillard mœlleux, à travers lequel l'*Amiral-Bragueton* avançait en soufflant et crachant d'un coup d'hélice à l'autre. Enfin, je me risquai pour terminer à faire tournoyer un de mes bras au-dessus de ma tête et lâchant une main du capitaine, une seule, je me lançai dans la péroraison :

« Entre braves, messieurs les Officiers, doit-on pas toujours finir par s'entendre ? Vive la France alors, nom de Dieu ! Vive la France ! » C'était le truc du sergent Branledore. Il réussit encore dans ce cas-là. Ce fut le seul cas où la France me sauva la vie, jusque-là c'était plutôt le contraire. J'observai parmi les auditeurs un petit moment d'hésitation, mais tout de même il est bien difficile à un officier aussi mal disposé qu'il puisse être, de gifler un civil, publiquement, au moment où celui-ci crie si fortement que je venais de le faire : « Vive la France ! » Cette hésitation me sauva.

J'empoignai deux bras au hasard dans le groupe des officiers et invitai tout le monde à venir se régaler au Bar à ma santé et à notre réconciliation. Ces vaillants ne résistèrent qu'une minute et nous bûmes ensuite pendant deux heures. Seulement les femelles du bord nous suivaient des yeux, silencieuses et graduellement déçues. Par les hublots du Bar, j'apercevais entre autres la pianiste institutrice entêtée qui passait et revenait au milieu d'un cercle de passagères, la hyène. Elles soupçonnaient bien ces garces que je m'étais tiré du guet-apens par ruse et se promettaient de me rattraper au détour. Pendant ce temps, nous buvions indéfiniment entre hommes sous l'inutile mais abrutissant ventilateur, qui se perdait à moudre depuis les Canaries le coton tiède atmosphérique. Il me fallait cependant encore retrouver de la verve, de la faconde qui puisse plaire à mes nouveaux mis, de la facile. Je ne tarissais pas, peur de me tromper, en admiration patriotique et je mandais et redemandais à ces héros chacun son tour, des histoires et encore des histoires de bravoure coloniale. C'est comme les cochonneries, les histoires de bravoure, elles plaisent toujours à tous les militaires de tous les pays. Ce qu'il faut au fond pour obtenir une espèce de paix avec les hommes, officiers ou non, armistices fragiles il est vrai, mais précieux quand même, c'est leur permettre en toutes circonstances, de s'étaler, de se vautrer parmi les vantardises niaises. Il n'y a pas de vanité intelligente. C'est un instinct. Il n'y a pas d'homme non plus qui ne soit pas avant tout vaniteux. Le rôle du paillasson admiratif est à peu près le seul dans lequel on se tolère d'humain à humain avec quelque plaisir. Avec ces soldats, je n'avais pas à me mettre en frais d'imagination. Il suffisait de ne pas cesser d'apparaître émerveillé. C'est facile de demander et de redemander des histoires de guerre. Ces compagnons-là en étaient bardés. e pouvais me croire revenu aux plus beaux jours de hôpital. Après chacun de leurs récits, je n'oubliais pas de marquer mon appréciation comme je l'avais appris de Branledore, par une forte phrase : « Eh bien en voilà une belle page d'Histoire ! » On ne fait pas mieux que cette formule. Le cercle auquel je venais de me rallier si furtivement, me jugea peu à peu devenu intéressant. Ces hommes se mirent à raconter à propos de guerre autant de balivernes qu'autrefois j'en avais entendues et plus tard racontées moi-même, alors que j'étais en concurrence imaginative avec les copains de l'hôpital. Seulement leur cadre à ceux-ci était différent et leurs bobards s'agitaient à travers les forêts congolaises au lieu des Vosges ou des Flandres.

Mon capitaine Frémizon, celui qui l'instant auparavant se désignait encore pour purifier le bord de ma putride présence, depuis qu'il avait éprouvé ma façon d'écouter plus attentivement que personne, se mit à me découvrir mille gentilles qualités. Le flux de ses artères se trouvait comme assoupi par l'effet de mes originaux éloges, sa vision s'éclaircissait, ses yeux striés et sanglants d'alcoolique tenace finirent même par scintiller à travers son abrutissement et les quelques doutes en profondeur qu'il avait pu concevoir sur sa propre valeur et qui l'effleuraient encore dans les moments de grande dépression, s'estompèrent pour un temps, adorablement, par l'effet merveilleux de mes intelligents et pertinents commentaires.

Décidément, j'étais un créateur d'euphorie ! On s'en tapait à tour de bras les cuisses ! Il n'y avait que moi pour savoir rendre la vie agréable malgré toute cette moiteur d'agonie ! N'écoutais-je pas d'ailleurs à ravir ?

L'*Amiral-Bragueton* pendant que nous divaguions ainsi passait à plus petite allure encore, il ralentissait dans son jus ; plus un atome d'air mobile autour de nous, nous devions longer la côte et si lourdement, qu'on semblait progresser dans la mélasse.

Mélasse aussi le ciel au-dessus du bordage, rien qu'un emplâtre noir et fondu que je guignais avec envie. Retourner dans la nuit c'était ma grande préférence, même suant et geignant et puis d'ailleurs dans n'importe quel état ! Frémizon n'en finissait pas de se raconter. La terre me paraissait toute proche, mais mon plan d'escapade m'inspirait mille inquiétudes... Peu à peu notre entretien cessa d'être militaire pour devenir égrillard et puis franchement cochon, enfin, si décousu, qu'on ne savait plus par où le prendre pour le continuer ; l'un après l'autre mes convives y renoncèrent et s'endormirent et le ronflement les accabla, dégoûtant sommeil qui leur raclait les profondeurs du nez. C'était le moment ou jamais de disparaître. Il ne faut pas laisser passer ces trêves de cruauté qu'impose malgré tout la nature aux organismes les plus vicieux et les plus agressifs de ce monde.

Nous étions ancrés à présent, à très petite distance de la côte. On n'en apercevait que quelques lanternes oscillantes le long du rivage.

Tout le long du bateau vinrent se presser très vite cent tremblantes pirogues chargées de nègres braillards. Ces Noirs assaillirent tous les ponts pour offrir leurs services. En peu de secondes, je portai à l'escalier de départ mes quelques paquets préparés furtivement et filai à la suite d'un de ces bateliers dont l'obscurité me cachait presque entièrement les traits et la démarche. Au bas de la passerelle, et au ras de l'eau clapotante, je m'inquiétai de notre destination.

« Où sommes-nous ? demandai-je.

— À Bambola-Fort-Gono ! » me répondit cette ombre.

Nous nous mîmes à flotter librement à grands coups de pagaie. Je l'aidai pour qu'on aille plus vite.

J'eus encore le temps d'apercevoir une fois encore en m'enfuyant mes dangereux compagnons du bord. À la lueur des falots d'entreponts, écrasés enfin d'hébétude et de gastrite ils continuaient à fermenter en grognant à travers leur sommeil. Repus, vautrés, ils se ressemblaient tous à présent, officiers, fonctionnaires, ingénieurs et traitants, boutonneux, bedonnants, olivâtres, mélangés, à peu près identiques. Les chiens ressemblent aux loups quand ils dorment.

Je retrouvai la terre peu d'instants plus tard et la nuit, plus épaisse encore sous les arbres, et puis derrière la nuit toutes les complicités du silence.

* * *

Dans cette colonie de la Bambola-Bragamance, au-dessus de tout le monde, triomphait le Gouverneur. Ses militaires et ses fonctionnaires osaient à peine respirer quand il daignait abaisser ses regards jusqu'à leurs personnes.

Bien au-dessous encore de ces notables les commerçants installés semblaient voler et prospérer plus facilement qu'en Europe. Plus une noix de coco, plus une cacahuète, sur tout le territoire, qui échappât à leurs rapines. Les fonctionnaires comprenaient, à mesure qu'ils devenaient plus fatigués et plus malades, qu'on s'était bien foutu d'eux en les faisant venir ici, pour ne leur donner en somme que des galons et des formulaires à remplir et presque pas de pognon avec. Aussi louchaient-ils sur les commerçants. L'élément militaire encore plus abruti que les deux autres bouffait de la gloire coloniale et pour la faire passer beaucoup de quinine avec et des kilomètres de Règlements.

Tout le monde devenait, ça se comprend bien, à force d'attendre que le thermomètre baisse, de plus en plus vache. Et les hostilités particulières et collectives duraient interminables et saugrenues entre les militaires et l'administration, et puis entre cette dernière et les commerçants, et puis encore entre ceux-ci alliés temporaires contre ceux-là, et puis de tous contre le nègre et enfin des nègres entre eux. Ainsi, les rares énergies qui échappaient au paludisme, à la soif, au soleil, se consumaient en haines si mordantes, si insistantes, que beaucoup de colons finissaient par en crever sur place, empoisonnés d'eux-mêmes, comme des scorpions.

Toutefois, cette anarchie bien virulente se trouvait renfermée dans un cadre de police hermétique, comme les crabes dans leur panier. Es bavaient en vain les fonctionnaires, et le Gouverneur trouvait d'ailleurs à recruter pour maintenir sa colonie en obéissance, tous les miliciens miteux dont il avait besoin, autant de nègres endettés que la misère chassait par milliers vers la côte, vaincus du commerce, venus à la recherche d'une soupe. On leur prenait à ces recrues le droit et la façon d'admirer le Gouverneur. Il avait l'air le Gouverneur de promener sur son uniforme tout l'or de ses finances, et avec du soleil dessus c'était à ne pas y croire, sans compter les plumes.

Il s'envoyait Vichy chaque année le Gouverneur et ne lisait que le journal officiel. Nombre de fonctionnaires avaient vécu dans l'espérance qu'un jour il coucherait avec leur femme, mais le Gouverneur n'aimait pas les femmes. Il n'aimait rien. À travers chaque nouvelle épidémie de fièvre jaune, le Gouverneur survivait comme un charme alors que tant parmi les gens qui désiraient l'enterrer crevaient eux comme des mouches à la première pestilence.

On se souvenait qu'un certain « Quatorze juillet » alors qu'il passait devant le front des troupes de la Résidence, caracolant au milieu des spahis de sa garde, seul en avant d'un drapeau grand comme ça, certain sergent que la fièvre exaltait sans doute, se jeta au-devant de son cheval pour lui crier : « Arrière grand cocu ! » Il paraît qu'il fut fort affecté le Gouverneur, par cette espèce d'attentat qui demeura d'ailleurs sans explication. Il est difficile de regarder en conscience les gens et les choses des Tropiques à cause des couleurs qui en émanent. Elles sont en ébullition les couleurs et les choses. Une petite boîte de sardines ouverte en plein midi sur la chaussée projette tant de reflets divers qu'elle prend pour les yeux l'importance d'un accident. Faut faire attention. Il n'y a pas là-bas que les hommes d'hystériques, les choses aussi s'y mettent. La vie ne devient guère tolérable qu'à la tombée de la nuit, mais encore l'obscurité est-elle accaparée presque immédiatement par les moustiques en essaims. Pas un, deux ou cent, mais par billions. S'en tirer dans ces conditions-là devient une œuvre authentique de préservation. Carnaval le jour, écumoire la nuit, la erre en douce.

Quand la case où l'on se retire, et qui a l'air presque propice est enfin devenue silencieuse, les termites viennent entreprendre le bâtiment, occupés qu'ils sont éternellement les immondes, à vous bouffer les montants de la cabane. Que la tornade arrive alors dans cette dentelle traîtresse et des rues entières seront vaporisées.

La ville de Fort-Gono où j'avais échoué apparaissait ainsi, précaire capitale de la Bragamance, entre mer et forêt, mais garnie, ornée cependant de tout ce qu'il faut de banques, de bordels, de cafés, de terrasses, et même d'un bureau de recrutement, pour en faire une petite métropole, sans oublier le square Faidherbe et le boulevard Bugeaud, pour la promenade, ensemble de bâtisses rutilantes au milieu des rugueuses falaises, farcies de larves et trépignées par des générations de garnisaires et d'administrateurs dératés.

L'élément militaire, sur les cinq heures, grondait autour des apéritifs, liqueurs dont les prix, au moment où j'arrivais, venaient précisément d'être majorés. Une délégation de clients allait solliciter du Gouverneur la prise 'un arrêt pour interdire aux bistrots d'en prendre ainsi à leur aise avec les prix courants de la mominette et du cassis. À entendre certains habitués, notre colonisation devenait de plus en plus pénible à cause de la glace. L'introduction de la glace aux colonies, c'est un fait, avait été le signal de la dévirilisation du colonisateur. Désormais soudé à son apéritif glacé par l'habitude, il devait renoncer, le colonisateur, à dominer le climat par son seul stoïcisme. Les Faidherbe, les Stanley, les Marchand, remarquons-le en passant, ne pensèrent que du bien de la bière, du vin et de l'eau tiède et bourbeuse qu'ils burent pendant des années sans se plaindre. Tout est là. Voilà comment on perd ses colonies.

J'en appris encore bien d'autres à l'abri des palmiers qui prospéraient par contraste d'une sève provocante le long de ces rues aux demeures fragiles. Seule cette crudité de verdure inouïe empêchait ! endroit de ressembler tout à fait à La Garenne-Bezons.

Venue la nuit, la retape indigène battait son plein entre les petits nuages de moustiques besogneux et lestés de fièvre jaune. Un renfort d'éléments soudanais offrait au promeneur tout ce qu'ils avaient de bien sous les pagnes. Pour des prix très raisonnables, on pouvait s'envoyer une famille entière pendant une heure ou deux. J'aurais aimé vadrouiller de sexe en sexe, mais force me fut de me décider à rechercher un endroit où on me donnerait du boulot.

Le Directeur de la Compagnie Pordurière du Petit Congo cherchait, m'assura-t-on, un employé débutant pour tenir une de ses factories de la brousse. J'allai sans plus tarder lui offrir mes incompétents mais empressés services. Ce ne fut pas une réception enchantée qu'il me réserva le Directeur. Ce maniaque — il faut l'appeler par son nom — habitait non loin du Gouvernement un pavillon, un pavillon spacieux, monté sur bois et paillotes. Avant même de m'avoir regardé, il me posa quelques questions fort brutales sur mon passé, puis un peu calmé par mes réponses toutes naïves, son mépris à mon égard prit un tour assez indulgent. Cependant il ne jugea point convenable de me faire asseoir encore.

« D'après vos papiers vous savez un peu de médecine ? » remarqua-t-il. Je lui répondis qu'en effet j'avais entrepris quelques études de ce côté.

« Ça vous servira alors ! fit-il. Voulez-vous du whisky ? »

Je ne buvais pas. « Voulez-vous fumer ? » Je refusai encore. Cette abstinence le surprit. Il fit même la moue.

« Je n'aime guère les employés qui ne boivent, ni ne fument... Êtes-vous pédéraste par hasard ?... Non ? Tant pis !... Ces gens-là nous volent moins que les autres... Voilà ce que j'ai noté par expérience... Ils s'attachent... Enfin, voulut-il bien se reprendre, c'est en général qu'il m'a semblé avoir remarqué cette qualité des pédérastes, cet avantage... Vous nous prouverez peut-être le contraire !... » Et puis enchaînant : « Vous avez chaud, hein ? Vous vous y ferez ! Il faudra vous y faire d'ailleurs ! Et le voyage ?

— Désagréable ! lui répondis-je.

— Eh bien, mon ami, vous n'avez encore rien vu, vous m'en direz des nouvelles du pays quand vous aurez passé un an à Bikomimbo, là où je vous envoie pour remplacer cet autre farceur... »

Sa négresse, accroupie près de la table, se tripotait les pieds et se les récurait avec un petit bout de bois.

« Va-t'en boudin ! lui lança son maître. Va me chercher le boy ! Et puis de la glace en même temps ! »

Le boy demandé arriva fort lentement. Le Directeur se levant alors, agacé, d'une détente, le reçut le boy, d'une formidable paire de gifles et de deux coups de pied dans le bas ventre et qui sonnèrent.

« Ces gens-là me feront crever, voilà tout ! » prédit le Directeur en soupirant. Il se laissa retomber dans son fauteuil garni de toiles jaunes sales et détendues.

« Tenez, mon vieux, fit-il soudain devenu gentiment familier et comme délivré pour un temps par la brutalité qu'il venait de commettre, passez-moi donc ma cravache et ma quinine... sur la table... Je ne devrais pas m'exciter ainsi... C'est idiot de céder à son tempérament... »

De sa maison nous dominions le port fluvial qui miroitait en bas à travers une poussière si dense, si compacte qu'on entendait les sons de son activité chaotique mieux qu'on n'en discernait les détails. Des files de nègres, sur la rive, trimaient à la chicote, en train de décharger, cale après cale, les bateaux jamais vides, grimpant au long des passerelles tremblotantes et grêles, avec leur gros, panier plein sur la tête, en équilibre, parmi les injures, sortes de fourmis verticales.

Cela allait et venait par chapelets saccadés à travers une buée écarlate. Parmi ces formes en travail, quelques-unes portaient en plus un petit point noir sur le dos, c'étaient les mères, qui venaient trimarder elles aussi les sacs de palmistes avec leur enfant en fardeau supplémentaire. Je me demande si les fourmis peuvent en faire autant.

« N'est-ce pas, qu'on se dirait toujours un dimanche ici ?... reprit en plaisantant le Directeur. C'est gai ! C'est clair ! Les femelles toujours à poil. Vous remarquez ? Et des belles femelles, hein ? Ça fait drôle quand on arrive de Paris, n'est-ce pas ? Et nous autres donc ! Toujours en coutil blanc ! Comme aux bains de mer voyez-vous ! On n'est pas beau comme ça ? Des communiants, quoi ! C'est toujours la fête ici, je vous le dis ! Un vrai Quinze Août ! Et c'est comme ça jusqu'au Sahara ! Vous pensez ! »

Et puis il s'arrêtait de parler, il soupirait, grognait, répétait encore deux, trois fois « Merde ! », s'épongeait et reprenait la conversation.

« Là où vous allez pour la Compagnie, c'est la pleine forêt, c'est humide... C'est à dix jours d'ici... La mer d'abord... Et puis le fleuve. Un fleuve tout rouge vous verrez... Et de l'autre côté c'est les Espagnols... Celui que vous remplacez dans cette factorie, c'est un beau salaud notez-le... Entre nous... Je vous le dis... Il n'a pas moyen qu'il nous renvoie ses comptes, ce fumier-là ! Pas moyen J'ai beau lui envoyer des rappels et des rappels !... L'homme n'est pas longtemps honnête quand il est seul, allez ! Vous verrez !... Vous verrez cela aussi !... Il est malade qu'il nous écrit... J'veux bien ! Malade ! Moi aussi, je suis malade ! Qu'est-ce que ça veut dire malade ? On est tous malades ! Vous aussi vous serez malade et dans pas longtemps pardessus le marché ! C'est pas une raison ça ! On s'en fout qu'il soye malade !... La Compagnie d'abord ! En arrivant sur place faites son inventaire surtout !... Il y a des vivres pour trois mois dans sa factorie et puis des marchandises au moins pour un an... Vous n'en manquerez pas !... Partez pas la nuit surtout... Méfiez-vous ! Ses nègres à lui, qu'il enverra pour vous prendre à la mer, ils vous foutront peut-être l'eau. Il a dû les dresser ! Ils sont aussi coquins que lui-même ! Je suis tranquille ! Il a dû leur passer deux mots aux nègres à votre sujet !... Ça se fait par ici ! Prenez donc votre quinine aussi, la vôtre, à vous, avec vous, avant de partir... Il est bien capable d'avoir mis quelque chose dans la sienne ! »

Le Directeur en avait assez de me donner des conseils, il se levait pour me congédier. Le toit au-dessus de nous en tôle, paraissait peser deux mille tonnes au moins, tellement qu'elle nous gardait sur nous toute la chaleur la tôle. On en faisait tous les deux la grimace d'avoir si chaud. C'était à crever sans délai. Il ajouta :

« C'est peut-être pas la peine qu'on se revoie avant votre départ Bardamu ! Tout fatigue ici ! Enfin, j'irai peut-être vous surveiller aux hangars quand même avant votre départ !... On vous écrira quand vous serez là-bas... Y a un courrier par mois... Il part d'ici le courrier... Allons, bonne chance !... »

Et il disparut dans son ombre entre son casque et son veston. On lui voyait bien distinctement les cordes des tendons du cou, derrière, arquées comme deux doigts contre sa tête. Il s'est retourné encore une fois :

« Dites bien à l'autre numéro qu'il redescende par ici en vitesse !... Que j'ai deux mots à lui dire !... Qu'il perde pas son temps en route ! Ah ! la carne ! Faudrait qu'il crève en route surtout !... Ça serait dommage ! Bien dommage ! Ah ! le beau fumier ! »

Un nègre de son service me précédait avec la grande lanterne pour me mener vers l'endroit où je devais loger en attendant mon départ pour ce gentil Bikomimbo promis.

Nous allions au long des allées où tout le monde avait l'air d'être descendu en promenade après le crépuscule.

La nuit martelée de gongs était partout, toute coupaillée de chants rétrécis et incohérents comme le hoquet, la grosse nuit noire des pays chauds avec son cœur brutal en tam-tam qui bat toujours trop vite.

Mon jeune guide filait souplement sur ses pieds nus. Il devait y avoir des Européens dans les taillis, on les entendait par là, en train de vadrouiller, leurs voix de Blancs, bien reconnaissables, agressives, truquées. Les chauves-souris n'arrêtaient pas de venir voltiger, de sillonner parmi les essaims d'insectes que notre lumière attirait autour de notre passage. Sous chaque feuille des arbres devait se cacher un cri-cri au moins à en juger par le potin assourdissant qu'ils faisaient tous ensemble.

Nous fûmes arrêtés au croisement de deux routes, à mi-hauteur d'une élévation, par un groupe de tirailleurs indigènes qui discutaient auprès d'un cercueil posé par terre, recouvert d'un large et ondulant drapeau tricolore.

C'était un mort de l'hôpital qu'ils ne savaient pas très bien où aller mettre en terre. Les ordres étaient vagues. Certains voulaient l'enterrer dans un des champs d'en bas, les autres insistaient pour un enclos tout en haut de la côte. Fallait s'entendre. Nous eûmes ainsi le boy et moi notre mot à dire dans cette affaire.

Enfin, ils se décidèrent, les porteurs, pour le cimetière d'en bas plutôt que pour celui d'en haut, à cause de la descente. Nous rencontrâmes encore sur notre route trois petits jeunes gens blancs de la race de ceux qui fréquentent le dimanche les matchs de rugby en Europe, spectateurs passionnés, agressifs et pâlots. Ils appartenaient, ici, employés comme moi, à la Société Pordurière et m'indiquèrent bien aimablement le chemin de cette maison inachevée où se trouvait, temporaire, mon lit démontable et portatif.

Nous y partîmes. Cette bâtisse était exactement vide, sauf quelques ustensiles de cuisine et mon espèce de lit. Dès que je fus allongé sur cette chose filiforme et tremblante, vingt chauves-souris sortirent des coins et s'élancèrent en allées et venues bruissantes comme autant de salves d'éventails, au-dessus de mon repos craintif.

Le petit nègre, mon guide, revenait sur ses pas pour m'offrir ses services intimes, et comme je n'étais pas en train ce soir-là, il m'offrit aussitôt, déçu, de me présenter sa sœur. J'aurais été curieux de savoir comment il pouvait la retrouver lui sa sœur dans une nuit pareille.

Le tam-tam du village tout proche, vous faisait sauter, coupé menu, des petits morceaux de patience. Mille diligents moustiques prirent sans délai possession de mes cuisses et je n'osais plus cependant remettre un pied sur le sol à cause des scorpions, et des serpents venimeux dont je supposais l'abominable chasse commencée. Ils avaient le choix les serpents en fait de rats, je les entendais grignoter les rats, tout ce qui peut l'être, je les entendais au mur, sur le plancher, tremblants, au plafond.

Enfin se leva la lune, et ce fut un peu plus calme dans la piaule. On n'était pas bien en somme aux colonies.

Le lendemain vint quand même, cette chaudière. Une envie formidable de m'en retourner en Europe m'accaparait le corps et l'esprit. Il ne manquait que l'argent pour foutre le camp. Ça suffit. Il ne me restait d'autre part plus qu'une semaine à passer à Fort-Gono avant d'aller rejoindre mon poste à Bikomimbo, de si plaisante description.

Le plus grand bâtiment de Fort-Gono, après le Palais du Gouverneur, c'était l'Hôpital. Je le retrouvais partout sur mon chemin ; je ne faisais pas cent mètres dans la ville sans rencontrer un de ses pavillons, aux relents lointains d'acide phénique. Je m'aventurais de temps en temps jusqu'aux quais d'embarquement pour voir travailler sur place mes petits collègues anémiques que la Compagnie Pordurière se procurait en France par patronages entiers. Une hâte belliqueuse semblait les posséder de procéder sans cesse au déchargement et rechargement des cargos les uns après les autres.

« Ça coûte si cher un cargo sur rade ! » qu'ils répétaient sincèrement navrés, comme si c'était de leur argent qu'il se fût agi.

Ils asticotaient les débardeurs nous avec frénésie. Zélés, ils l'étaient, et sans conteste, et tout aussi lâches et méchants que zélés. Des employés en or, en somme, bien choisis, d'une inconscience enthousiaste à faire rêver. Des fils comme ma mère eût adoré en posséder un, fervents de leurs patrons, un pour elle toute seule, un dont on puisse être fier devant tout le monde, un fils tout à fait légitime.

Ils étaient venus en Afrique tropicale, ces petits ébauchés, leur offrir leurs viandes, aux patrons, leur sang, leurs vies, leur jeunesse, martyrs pour vingt-deux francs par jour (moins les retenues), contents, quand même contents, jusqu'au dernier globule rouge guetté par le dix millionième moustique.

La colonie vous les fait gonfler ou maigrir les petits commis, mais les sardes ; il n'existe que deux chemins pour crever sous le soleil, le chemin gras et le chemin maigre. Il n'y en a pas d'autre. On pourrait choisir, mais ça dépend des natures, devenir gras ou crever la peau sur les os.

Le Directeur là-haut sur la falaise rouge, qui s'agitait, diabolique, avec sa négresse, sous le toit de tôle aux dix mille kilos de soleil n'échapperait pas lui non plus à l'échéance. C'était le genre maigre. Il se débattait seulement. Il avait l'air de le dominer lui le climat. Apparence ! Dans la réalité, il s'effritait encore plus que tous les autres.

On prétendait qu'il possédait un plan d'escroquerie magnifique pour faire sa fortune en deux ans... Mais il n'aurait jamais le temps de le réaliser son plan, même s'il s'appliquait à frauder la Compagnie jour et nuit. Vingt et deux directeurs avaient déjà essayé avant lui de faire fortune chacun avec son plan comme à la roulette. Tout cela était bien connu des actionnaires qui l'épiaient de là-bas, d'encore plus haut, de la rue Moncey à Paris, le Directeur, et -les faisaient sourire. Tout cela était enfantin.

Ils le savaient bien les actionnaires eux aussi, les plus grands bandits que personne, qu'il était syphilitique leur Directeur et terriblement agité sous ses Tropiques, et qu'il bouffait de la quinine et du bismuth à s'en faire péter les tympans et de l'arsenic à s'en faire tomber toutes les gencives.

Dans la comptabilité générale de la Compagnie, ses mois étaient comptés au Directeur, et comptés comme les mois d'un cochon.

Mes petits collègues n'échangeaient point d'idées entre eux. Rien que des formules, fixées, cuites et recuites comme des croûtons de pensées. « Faut pas s'en faire ! » qu'ils disaient. « On les aura !... » "L'Agent général est cocu !... » « Les nègres faut les tailler en blagues à tabac ! », etc.

Le soir, nous nous retrouvions à l'apéritif, les dernières corvées exécutées, avec un agent auxiliaire de l'Administration, M. Tandernot, qu'il s'appelait, originaire de La Rochelle. S'il se mêlait aux commerçants, Tandernot, c'était seulement pour se faire payer l'apéritif. Fallait bien. Déchéance.

Il n'avait pas du tout d'argent. Sa place était aussi inférieure que possible dans la hiérarchie coloniale. Sa fonction consistait à diriger la construction de routes en pleines forêts. Les indigènes y travaillaient sous la trique de ses miliciens évidemment. Mais comme aucun Blanc ne passait jamais sur les nouvelles routes que créait Tandernot et que d'autre part les Noirs leur préféraient aux routes leurs sentiers de la forêt, pour qu'on les repère le moins possible à cause des impôts, et comme au fond elles ne menaient nulle part les routes de l'Administration à Tandernot, alors elles disparaissaient sous la végétation fort rapidement, en vérité d'un mois à l'autre, pour tout dire.

« J'en ai perdu l'année dernière pour 122 kilomètres ! nous rappelait-il volontiers ce pionnier fantastique à propos de ses routes. Vous me croirez si vous voulez !... »

Je ne lui ai reconnu pendant mon séjour qu'une seule forfanterie, humble vanité, à Tandernot, c'était d'être lui, le seul Européen qui puisse attraper des rhumes en Bragamance par 449 à l'ombre... Cette originalité le consolait de bien des choses... « Je me suis encore enrhumé comme une vache ! qu'il annonçait assez fièrement à l'apéritif. Il n'y a que moi à qui ça arrive ! — « Ce Tandernot, quel type quand même ! » s'exclamaient alors les membres de notre bande chétive. C'était mieux que rien du tout, une telle satisfaction. N'importe quoi, dans la vanité, c'est mieux que rien du tout.

Une des autres distractions du groupe des petits salariés de la Compagnie Pordurière consistait à organiser des concours de fièvre. Ça n'était pas difficile mais on s'y défiait pendant des journées, alors ça passait bien du temps. Le soir venu et la fièvre aussi, presque toujours quotidienne, on se mesurait. « Tiens, j'ai trente-neuf !...

Dis donc, t'en fais pas, j'ai quarante comme je veux ! »

Ces résultats étaient d'ailleurs tout à fait exacts et réguliers. À la lueur des photophores, on se comparait les thermomètres. Le vainqueur triomphait en tremblotant.

« J'peux plus pisser tellement que le transpire ! » notait fidèlement le plus émacié de tous, un mince collègue, un Ariégeois, un champion de la fébricité venu ici, me confiât-il, pour fuir le séminaire, où « il n'avait pas assez de liberté ». Mais le temps passait et ni les uns, ni les autres de ces compagnons ne pouvaient me dire à quel genre d'original exactement appartenait l'individu que j'allais remplacer à Bikomimbo.

« C'est un drôle de type ! » m'avertissaient-ils, et c'était tout.

« Au début à la colonie, me conseillait le petit Ariégeois à la grande fièvre, faut faire valoir tes qualités !

C'est tout l'un ou tout l'autre ! Tu seras tout en or pour le Directeur ou tout fumier !

Et c'est tout de suite, remarque-le, que t'es jugé ! »

J'avais bien peur d'être jugé, en ce qui me concernait, parmi les « tout fumier » ou pire encore.

Ces jeunes négriers mes amis, m'emmenèrent rendre visite à un autre collègue de la Compagnie Pordurière qui vaut d'être évoqué spécialement dans ce récit. Tenancier d'un comptoir au centre du quartier des Européens, moisi de fatigue, croulant, huileux, il redoutait toute lumière à cause de ses yeux, que deux ans de cuisson ininterrompue sous les tôles ondulées avaient rendus atrocement secs. Il mettait, disait-il, une bonne demi-heure le matin, à les ouvrir et encore une autre demi-heure avant d'y voir un peu clair avec. Tout rayon lumineux le blessait. Une énorme taupe bien galeuse.

Étouffer et souffrir était devenu pour lui comme un état second, voler aussi. On l'aurait bien désemparé si on l'avait rendu bien portant et scrupuleux d'un seul coup.

Sa haine pour l'Agent général Directeur me semble encore aujourd'hui, à tant de distance, une des passions les plus vivaces qu'il m'ait été donné d'observer jamais chez un homme. Une rage étonnante le secouait à son égard, à travers sa douleur et à la moindre occasion il enrageait énormément tout en se grattant d'ailleurs de haut en bas.

Il n'arrêtait pas de se gratter tout autour de lui-même, giratoirement pour ainsi dire, de l'extrémité de la colonne vertébrale à la naissance du cou. Il se sillonnait l'épiderme et le derme même de rayures d'ongles sanglantes, sans cesser pour cela de servir les clients, nombreux, des nègres presque toujours, nus plus ou moins.

Avec sa main libre, il plongeait alors, affairé, en diverses cachettes, et à droite et à gauche dans la ténébreuse boutique. Il en soutirait sans jamais se tromper, habile et prompt à ravir, très justement ce qu'il fallait au chaland de tabac en branches puantes, d'allumettes humides, de boîtes de sardines et de mélasse à la grosse cuiller, de bière pour alcoolique en canettes truquées qu'il laissait retomber brusquement si la frénésie le reprenait d'aller se gratter, par exemple, dans les grandes profondeurs de son pantalon. Il y enfonçait alors le bras entier qui ressortait bientôt par la braguette, toujours entre bâillée par précaution.

Cette maladie qui lui rongeait la peau, il lui donnait un nom local « Corocoro ».

« Cette vache de « Corocoro « !... Quand je pense que ce saligaud de Directeur ne l'a pas encore attrapé le « Corocoro « , s'emportait-il. Ça me fait bien mal au ventre encore davantage !... Il prendra pas sur lui le Corocoro !... Il est bien trop pourri. C'est pas un homme ce maquereau-là, c'est une infection !... C'est une vraie merde !... »

Du coup toute l'assemblée éclatait de rigolade et les nègres-clients aussi par émulation. Il nous épouvantait un peu ce copain. Il avait un ami quand même, c'était ce petit être poussif et grisonnant qui conduisait un camion pour la Compagnie Pordurière. Il nous apportait toujours de la glace lui, volée évidemment par-ci, par-là, sur les bateaux à quai.

Nous trinquâmes à sa santé sur le comptoir au milieu des clients noirs qui en bavaient d'envie. Les clients c'étaient des indigènes assez délurés pour oser s'approcher de nous les Blancs, une sélection en somme. Les autres de nègres, moins dessalés, préféraient demeurer à distance. L'instinct. Mais les plus dégourdis, les plus contaminés, devenaient des commis de magasin. En boutique, on les reconnaissait les commis nègres à ce qu'ils engueulaient passionnément les autres Noirs. Le collègue au « corocoro » achetait du caoutchouc de traite, brut, qu'on lui apportait de la brousse, en sacs, en boules humides.

Comme nous étions là, jamais las de l'entendre, une famille de récolteurs, timide, vient se figer sur le seuil de sa porte. Le père en avant des autres, ridé, ceinturé d'un petit pagne orange, son long coupe-coupe à bout de bras.

Il n'osait pas entrer le sauvage. Un des commis indigènes l'invitait pourtant : « Viens bougnoule ! Viens voir ici ! Nous y a pas bouffer sauvages ! » Ce langage finit par les décider. Ils pénétrèrent dans la cagna cuisante au fond de laquelle tempêtait notre homme au « corocoro ».

Ce Noir n'avait encore, semblait-il, jamais vu de boutique, ni de Blancs peut-être. Une de ses femmes le suivait, yeux baissés, portant sur le sommet de la tête, en équilibre, le gros panier rempli de caoutchouc brut.

D'autorité les commis recruteurs s'en saisirent de son panier pour peser le contenu sur la balance. Le sauvage ne comprenait pas plus le truc de la balance que le reste. La femme n'osait toujours pas relever la tête. Les autres nègres de la famille les attendaient dehors, avec les yeux bien écarquillés. On les fit entrer aussi, enfants compris et tous, pour qu'ils ne perdent rien du spectacle.

C'était la première fois qu'ils venaient comme ça tous ensemble de la forêt, vers les Blancs en ville. Ils avaient dû s'y mettre depuis bien longtemps les uns et les autres pour récolter tout ce caoutchouc-là. Alors forcément le résultat les intéressait tous. C'est long à suinter le caoutchouc dans les petits godets qu'on accroche au tronc des arbres. Souvent, on n'en a pas plein un petit verre en deux mois.

Pesée faite, notre gratteur entraîna le père, éberlué, derrière son comptoir et avec un crayon lui fit son compte et puis lui enferma dans le creux de la main quelques pièces en argent. Et puis : « Va-t'en ! qu'il lui a dit comme ça. C'est ton compte !... »

Tous les petits amis blancs s'en tordaient de rigolade, tellement il avait bien mené son business. Le nègre restait planté penaud devant le comptoir avec son petit caleçon orange autour du sexe.

« Toi, y a pas savoir argent ? Sauvage, alors ? que l'interpelle pour le réveiller l'un de nos commis débrouillard habitué et bien dressé sans doute à ces transactions péremptoires. Toi y en a pas parler « francé » dis ? Toi y en a gorille encore hein ?... Toi y en a parler quoi hein ? Kous ? Mabillia ? Toi y en a couillon ! Bushman ! Plein couillon ! »

Mais il restait devant nous le sauvage la main refermée sur les pièces. Il se serait bien sauvé s'il avait osé, mais il n'osait pas.

« Toi y en a acheté alors quoi avec ton pognon ? intervint le « gratteur « opportunément. J'en ai pas vu un aussi con que lui tout même depuis bien longtemps, voulut-il bien remarquer. Il doit venir de loin celui-là ! Qu'est-ce que tu veux ? Donne-moi-le ton pognon ! »

Il lui reprit l'argent d'autorité et à la place des pièces lui chiffonna dans le creux de la main un grand mouchoir très vert qu'il avait été cueillir finement dans une cachette du comptoir.

Le père nègre hésitait à s'en aller avec ce mouchoir. Le gratteur fit alors mieux encore. Il connaissait décidément tous les trucs du commerce conquérant. Agitant devant les yeux d'un des tout petits Noirs enfants, le grand morceau vert d'étamine : « Tu le trouves pas beau toi dis morpion ? T'en as souvent vu comme ça dis ma petite mignonne, dis ma petite charogne, dis mon petit boudin, des mouchoirs ? » Et il le lui noua autour du cou d'autorité, question de l'habiller.

La famille sauvage contemplait à présent le petit orné de cette grande chose en cotonnade verte... Il n'y avait plus rien à faire puisque le mouchoir venait d'entrer dans la famille. Il n'y avait plus qu'à l'accepter, le prendre et s'en aller.

Tous se mirent donc à reculer lentement ; franchirent la porte, et au moment où le père se retournait, en dernier, pour dire quelque chose, le commis le plus dessalé qui avait des chaussures le stimula, le père, par un grand coup de botte en plein dans les fesses.

Toute la petite tribu, regroupée, silencieuse, de l'autre côté de l'avenue Faidherbe, sous le magnolier, nous regarda finir notre apéritif. On aurait dit qu'ils essayaient de comprendre ce qui venait de leur arriver.

C'était l'homme du « corocoro » qui nous régalait. Il nous fit même marcher son phonographe. On trouvait de tout dans sa boutique. Ça me rappelait les convois de a guerre.

* * *

Au service de la Compagnie Pordurière du Petit Togo besognaient donc en même temps que moi, je l'ai dit, dans ses hangars et sur ses plantations, grand nombre de nègres et de petits Bancs dans mon genre. Les indigènes eux, ne fonctionnent guère en somme qu'à coups de trique, ils gardent cette dignité, tandis que les Blancs, perfectionnés par l'instruction publique, ils marchent tout seuls.

La trique finit par fatiguer celui qui la manie, tandis que l'espoir de devenir puissants et riches dont les Blancs sont gavés, ça ne coûte rien, absolument rien. Qu'on ne vienne plus nous vanter l'Égypte et les Tyrans tartares ! Ce n'étaient ces antiques amateurs que petits margoulins prétentieux dans l'art suprême de faire rendre à a bête verticale son plus bel effort au boulot. Ils ne savaient pas, ces primitifs, l'appeler « Monsieur » l'esclave, et le faire voter de temps à autre, ni lui payer le journal, ni surtout l'emmener à a guerre, pour lui faire passer ses passions. Un chrétien de vingt siècles, j'en savais quelque chose, ne se retient plus quand devant lui vient à passer un régiment. Ça lui fait jaillir trop d'idées.

Aussi, décidai-je en ce qui me concernait de me sur veiller désormais de très près, et puis d'apprendre à me taire scrupuleusement, à cacher mon envie de foutre le camp, à prospérer enfin si possible et malgré tout au service de a Compagnie Pordurière. Plus une minute à perdre.

Le long de nos hangars, au ras des rives bourbeuses séjournaient, sournois et permanents, des bandes de crocodiles aux aguets. Eux genre métallique, jouissaient de cette chaleur en délire, les nègres aussi, semblait-il.

En plein midi, on se demandait si c'était possible toute l'agitation de ces masses besogneuses le long des quais, cette pagaïe de nègres surexcités et croasseurs.

Question de me dresser au numérotage des sacs, avant que je prisse la brousse, j'ai dû m'entraîner à m'asphyxier progressivement dans le hangar central de la Compagnie avec les autres commis, entre deux grandes balances, coincées au milieu de a foule alcaline des nègres en loques, pustuleux et chantants. Chacun traînait après lui son petit nuage de poussière, qu'il secouait en cadence. Les coups mats des préposés au portage s'abattaient sur ces dos magnifiques, sans éveiller de protestations ni de plaintes. Une passivité d'ahuris. La douleur supportée aussi simplement que l'air torride de cette fournaise poussiéreuse.

Le Directeur passait de temps en temps, toujours agressif, pour s'assurer que je faisais des progrès réels dans la technique du numérotage et des pesées truquées.

Il se frayait un chemin jusqu'aux balances, à travers a houle indigène, à grands coups de trique. « Bardamu, me dit-il un matin, qu'il était en verve, ces nègres-là, qui nous entourent, vous les voyez n'est-ce pas ?... Eh bien quand j'arrivai au Petit Togo moi, voici tantôt trente ans, ils ne vivaient encore que de chasse, de pêche et de massacres entre tribus, ces salopards !... Petit factorier à mes débuts, je les ai vus tel que je vous parle, s'en retourner après victoire dans leur village, chargés de plus de cent paniers de viande humaine bien saignante pour s'en foutre plein la lampe !... Vous m'entendez Bardamu !... Bien saignante ! Celle de leurs ennemis ! Vous parlez d'un réveillon !... Aujourd'hui, plus de victoires ! Nous sommes là ! Plus de tribus ! Plus de chichis ! Plus de flaflas ! Mais de la main-d'œuvre et des cacahuètes ! Au boulot ! Plus de chasse ! Plus de fusils ! Des cacahuètes et du caoutchouc !... Pour payer l'impôt ! L'impôt pour faire venir à nous du caoutchouc et des cacahuètes encore ! C'est la vie Bardamu ! Cacahuètes ! Cacahuètes et caoutchouc !... Et puis, tenez, voici justement le général Tombat qui vient de notre côté. »

Celui-ci venait bien en effet à notre rencontre, vieillard, croulant sous la charge énorme du soleil.

Il n'était plus tout à fait militaire, le général, pas civil encore cependant. Confident de la « Pordurière », il servait de liaison entre l'Administration et le Commerce. Liaison indispensable bien que ces deux éléments fussent toujours en concurrence et en état d'hostilité permanente. Mais le général Tombat manœuvrait admirablement. Il était sorti, entre autres, d'une récente sale affaire de vente de biens ennemis, qu'on jugeait insoluble en haut lieu.

Au début de la guerre, on lui avait fendu un peu l'oreille au général Tombat, juste ce qu'il fallait pour une disponibilité honorable, à la suite de Charleroi. Il l'avait placée aussitôt dans le service de « la plus grande France » sa disponibilité. Mais cependant Verdun passé depuis longtemps le tracassait encore. Il farfouillait des « radios » dans le creux de sa main. « Ils tiendront nos petits poilus ! Ils tiennent ! »... Il faisait si chaud dans le hangar et cela se passait si loin de nous, la France, qu'on dispensait le général Tombat d'en pronostiquer davantage. Enfin on répéta tout de même en chœur par courtoisie, et le Directeur avec nous : « Ils sont admirables ! » et Tombat nous quitta sur ces mots.

Le Directeur quelques instants plus tard, s'ouvrit un autre chemin violent parmi les torses pressés et disparut à son tour dans la poussière poivrée.

Yeux ardents et charbonneux, l'intensité de posséder la Compagnie le consumait cet homme, il m'effrayait un peu : J'avais du mal à me faire à sa seule présence. Je n'aurais point cru qu'il existât au monde une carcasse humaine capable de cette tension maxima de convoitise. Il ne nous parlait presque jamais à voix haute, à mots couverts seulement, on aurait dit qu'il ne vivait, qu'il ne pensait que pour conspirer, épier, trahir passionnément. -on assurait qu'il volait, truquait, escamotait à lui tout seul bien plus que tous les autres employés réunis, pas fainéants pourtant, je l'assure. Mais je le crois sans peine.

Pendant que dura mon stage à Fort-Gono, j'avais encore quelques loisirs pour me promener dans cette espèce de ville, où décidément je ne trouvai qu'un seul endroit définitivement désirable : l'Hôpital.

Dès qu'on arrive quelque part, il se révèle en vous des ambitions. Moi j'avais la vocation d'être malade, rien que malade. Chacun son genre. Je me promenais autour de ces pavillons hospitaliers et prometteurs, dolents, retirés, épargnés, et je ne les quittais qu'avec regret, eux et leur emprise d'antiseptique. Des pelouses encadraient ce séjour, égayées de petits oiseaux furtifs et de lézards inquiets et multicolores. Un genre « Paradis Terrestre ».

Quand aux nègres on se fait vite à eux, à leur lenteur hilare, à leurs gestes trop longs, aux ventres débordants de leurs femmes. La négrerie pue sa misère, ses vanités interminables, ses résignations immondes ; en somme tout comme les pauvres de chez nous mais avec plus d'enfants encore et moins de linge sale et moins de vin rouge autour.

Quand j'avais fini d'inhaler l'hôpital, de le renifler ainsi, profondément, j'allais, suivant a foule indigène, m'immobiliser un moment devant cette sorte de pagode érigée près du Fort par un traiteur pour l'amusement des rigolos érotiques de la colonie.

Les Blancs cossus de Fort-Gono s'y montraient à la nuit, ils s'y entêtaient au jeu, tout en lampant d'abondance et de plus bâillant et rotant à loisir. Pour deux cents francs on s'envoyait a belle patronne. Leurs pantalons leur donnaient, aux rigolos, un mal inouï pour parvenir à se gratter, leurs bretelles n'en finissaient pas de s'évader.

À la nuit, tout un peuple sortait des cases de a ville indigène et se massait devant a Pagode, jamais las de voir et d'entendre les Blancs se trémousser autour du piano mécanique, cordes moisies, souffrant ses valses fausses. La patronne prenait en écoutant la musique un petit air d'avoir envie de danser, transportée d'aise.

Je finis après bien des jours d'essais par avoir, furtivement, avec elle, quelques entretiens. Ses règles, me confia-t-elle, ne lui duraient pas moins de trois semaines. Effet des Tropiques. Ses consommateurs au surplus l'épuisaient. Non qu'ils fissent souvent l'amour, mais comme les apéritifs à a Pagode étaient plutôt coûteux, ils essayaient d'en avoir pour leur argent, en même temps, et lui pinçaient énormément les fesses, avant de s'en aller. C'est de là surtout que lui venait a fatigue.

Cette commerçante connaissait toutes les histoires de la colonie et les amours qui se nouaient, désespérées, entre les officiers tracassés par les fièvres et les rares épouses de fonctionnaires, fondantes, elles aussi, en d'interminables règles, navrées sous les vérandas au tréfonds des fauteuils indéfiniment inclinés.

Les allées, les bureaux, les boutiques de Fort-Gono ruisselaient de désirs mutilés. Faire tout ce qui se fait en Europe semblait être l'obsession majeure, la satisfaction, la grimace à tout prix de ces forcenés, en dépit de l'abominable température et de l'avachissement croissant, insurmontable.

La végétation bouffie des jardins tenait à grand-peine, agressive, farouche, entre les palissades, éclatantes frondaisons formant laitues en délire autour de chaque maison, ratatiné gros blanc d'œuf solide dans lequel achevait de pourrir un Européen jaunet. Ainsi autant de saladiers complets que de fonctionnaires tout le long de l'avenue Fachoda, a plus animée, a mieux hantée de Fort-Gono.

Je retrouvais chaque soir mon logis, sans doute inachevable, où le petit squelette de lit m'était dressé par le boy pervers. Il me tendait des pièges le boy, il était lascif comme un chat, il vouait entrer dans ma famille. Cependant, j'étais hanté moi par d'autres et bien plus vivaces préoccupations et surtout par le projet de me réfugier quelque temps encore à l'hôpital, seul armistice à ma porte dans ce carnaval torride.

En a paix comme à la guerre je n'étais point disposé du tout aux futilités. Et même d'autres ores qui me par vinrent d'ailleurs, par un cuisinier du patron, très sincère ment et nouvellement obscènes, me semblèrent incolores.

J'effectuai une dernière fois le tour de mes petits cama rades de a Pordurière pour tenter de me renseigner sur le compte de cet employé infidèle, celui que je devais aller, coûte que coûte, selon les ordres, remplacer dans sa forêt. Vains bavardages.

Le café Faidherbe, au bout de l'avenue Fachoda bruissant vers l'heure du crépuscule de cent médisances, ragots et calomnies, ne m'apportait rien non plus de substantiel. Des impressions seulement. On en fracassait des pleines poubelles d'impressions dans cette pénombre incrustée de lampions multicolores. Secouant la dentelle des palmiers géants, le vent rabattait ses nuages de moustiques dans les soucoupes. Le Gouverneur, dans les paroles ambiantes, en prenait pour son haut grade. Son inexpiable muflerie formait le fond de a grande conversation apéritive où le foie colonial, si nauséeux, se soulage avant le dîner.

Toutes les automobiles de Fort-Gono, une dizaine au total, passaient et repassaient à ce moment devant la terrasse. Elles ne semblaient jamais aller bien loin les automobiles. La place Faidherbe possédait sa forte ambiance, son décor poussé, sa surabondance végétale et verbale de sous-préfecture du Midi en folie. Les dix autos ne quittaient la place Faidherbe que pour y revenir cinq minutes plus tard, effectuant encore une fois le même périple avec leur cargaison d'anémies européennes déteintes, enveloppées de toile bise, êtres fragiles et cassants comme des sorbets menacés.

Ils passaient ainsi pendant des semaines et des années les uns devant les autres, les colons, jusqu'au moment où ils ne se regardaient même plus tellement ils étaient fatigués de se détester. Quelques officiers promenaient leur famille, attentives aux saluts militaires et civils, l'épouse boudinée dans ses serviettes hygiéniques spéciales, les enfants, sorte pénible de gros asticots européens, se dissolvaient de leur côté par la chaleur, en diarrhée permanente.

Il ne suffit pas d'avoir un képi pour commander, il faut encore avoir des troupes. Sous le climat de Fort-Gono, les cadres européens fondaient pire que du beurre. Un bataillon y devenait comme un morceau de sucre dans du café, plus on le regardait, moins on en voyait. La majorité du contingent était toujours à l'hôpital cuvant son paludisme, farcie de parasites pour tous poils et pour tous replis, des escouades entières vautrées entre cigarettes et mouches, à se masturber sur les draps moisis, tirant d'infinies carottes, de fièvre en accès, scrupuleusement provoqués et choyés. Ils en bavaient ces pauvres coquins, pléiade honteuse, dans la douce pénombre des volets verts, rengagés tôt tombés des affiches, mêlés — l'hôpital était mixte — aux petits employés de boutique, fuyant les uns et les autres a brousse et les maîtres, traqués.

Dans l'hébétude des longues siestes paludéennes il fait si chaud que les mouches aussi se reposent. Au bout des bras exsangues et poilus pendent les romans crasseux, des deux côtés des lits, toujours dépareillés les romans, la moitié des feuilles manquent à cause des dysentériques qui n'ont jamais de papier suffisamment et puis aussi des Sœurs de mauvaise humeur qui censurent à leur façon les ouvrages où le Bon Dieu n'est pas respecté. Les morpions de a troupe les tracassent comme tout le monde les Sœurs. Elles vont pour mieux se gratter relever leur robe à l'abri des paravents où le mort du matin n'arrive pas à se refroidir tellement qu'il a chaud encore lui aussi.

Tout lugubre qu'était l'hôpital, c'était cependant l'endroit de la colonie, le seul où l'on pouvait se sentir un peu oublié, à l'abri des hommes du dehors, des chefs. Vacances d'esclavage, l'essentiel en somme, et seul bonheur à ma portée.

Je m'enquérais des conditions d'entrée, des habitudes des médecins, de leurs manies. Mon départ pour la forêt, je ne l'envisageais plus qu'avec désespoir et révolte et me promettais déjà de contracter au plus tôt, toutes les fièvres qui passeraient à ma portée, pour revenir sur Fort-Gono malade et si décharné, si dégoûtant, qu'il faudrait bien qu'ils se décident non seulement à me prendre mais à me rapatrier. Des trucs j'en connaissais déjà et des fameux pour être malade, j'en appris encore des nouveaux, spéciaux, pour les colonies.

Je m'apprêtais à vaincre mille difficultés, car ni les Directeurs de la Compagnie Pordurière, ni les chefs de bataillon ne se fatiguent aisément de traquer leurs proies maigres, transies à beloter entre les lits pisseux.

Ils me trouveraient résolu à pourrir de tout ce qu'il fallait. Au surplus, en général, on ne séjournait que peu de temps à l'hôpital, à moins d'y terminer sa carrière coloniale une bonne fois pour toutes. Les plus subtils, les plus coquins, les mieux armés de caractère parmi les fébriles, arrivaient parfois à se glisser sur un transport pour la métropole. C'était le doux miracle. La plupart des malades hospitalisés, s'avouaient à bout de ruses, vaincus par les règlements, et retournaient en brousse se délester de leurs derniers kilos. Si la quinine les abandonnait tout à fait aux larves tant qu'ils étaient au régime hospitalier l'aumônier leur refermait les yeux simplement sur les dix-huit heures, et quatre Sénégalais de service emballaient ces débris exsangues vers l'enclos des glaises rouges près de l'église de Fort-Gono si chaude celle-là, sous les tôles ondulées, qu'on n'y entrait jamais deux fois de suite, plus tropicale que les Tropiques. Il aurait fallu pour s'y tenir debout, dans l'église, ahaner comme un chien.

Ainsi s'en vont les hommes qui décidément ont bien du mal à faire tout ce qu'on exige d'eux : le papillon pendant a jeunesse et l'asticot pour en finir.

J'essayais encore d'obtenir par-ci par-là, quelques détails, des renseignements pour me faire une idée. Ce que m'avait dépeint de Bikomimbo le Directeur me semblait tout de même incroyable. En somme il s'agissait d'une factorie d'essai, d'une tentative de pénétration loin de la côte, à dix jours au moins, isolée au milieu des indigènes, de leur forêt, qu'on me représentait, elle, comme une immense réserve pullulante de bêtes et de maladies.

Je me demandais s'ils n'étaient pas tout simplement jaloux de mon sort, les autres, ces petits copains de la Pordurière qui passaient par des alternatives d'anéantissement et d'agressivité. Leur sottise (ils n'avaient que cela) dépendait de la qualité de l'alcool qu'ils venaient d'ingérer, des lettres qu'ils recevaient, de la quantité plus ou moins grande d'espoir qu'ils avaient perdue dans a journée. En règle générale, plus ils dépérissaient, plus ils plastronnaient. Fantômes (comme Ortolan en guerre) ils eussent eu tous les culots.

L'apéritif nous durait trois bonnes heures. On y parlait toujours du Gouverneur, le pivot de toutes les conversations, et puis des vols d'objets possibles et impossibles et enfin de a sexualité : les trois couleurs du drapeau colonial. Les fonctionnaires présents accusaient sans ambages les militaires de se vautrer dans a concussion et l'abus d'autorité, mais les militaires le leur rendaient bien. Les commerçants considéraient quant à eux tous ces prébendiers comme autant d'hypocrites imposteurs et pillards. Quant au Gouverneur, le bruit de son rappel circulait chaque matin depuis dix bonnes années et cependant le télégramme si intéressant de cette disgrâce n'arrivait jamais et cela en dépit des deux lettres anonymes, au moins, qui s'envolaient chaque semaine, depuis toujours, à l'adresse du Ministre, portant au compte de ce tyran local mille bordées d'horreurs très précises.

Les nègres ont de a veine eux avec leur peau en pelure d'oignon, le Blanc lui s'empoisonne, cloisonné qu'il est entre son jus acide et sa chemise en cellular. Aussi malheur à qui l'approche. J'étais dressé depuis l'*Amiral-Bragueton*.

En l'espace de quelques jours j'en appris de belles sur le compte de mon propre Directeur ! Sur son passé rempli de plus de crapuleries qu'une prison de port de guerre.

On y découvrait de tout dans son passé et même, je le suppose, de magnifiques erreurs judiciaires. C'est vrai que sa tête était contre lui, indéniable, angoissante figure d'assassin, ou plutôt, pour ne charger personne, d'homme imprudent, énormément pressé de se réaliser, ce qui revient au même.

À l'heure de la sieste, en passant, on pouvait percevoir écroulées dans l'ombre de leurs pavillons du boulevard Faidherbe, quelques Blanches ci et là, épouses d'officiers, de colons, que le climat décollait bien davantage encore que les hommes, petites voix gracieusement hésitantes, sourires énormément indulgents, fardées sur toute leur pâleur comme de contentes agoniques. Elles montraient moins de courage et de bonne tenue, ces bourgeoises transplantées, que la patronne de la Pagode qui ne devait compter que sur elle-même. La Compagnie Pordurière de son côté consommait beaucoup de petits employés blancs dans mon genre, elle en perdait par dizaines chaque saison de ces sous-hommes, dans ses factories forestières, au voisinage des marais. C'était des pionniers.

Chaque matin, l'Armée et le Commerce venaient pleur nicher leurs contingents jusqu'au Bureau même de l'hôpital. Il ne se passait pas de jour qu'un capitaine ne menaçât et ne fît retentir le Tonnerre de Dieu sur le Gestionnaire pour qu'on lui renvoie ses trois sergents beloteurs paludéens et les deux caporaux syphilitiques en vitesse, cadres qui lui faisaient précisément défaut pour s'organiser une compagnie. Si on lui répondait qu'ils étaient morts ses « tire-au-cul » alors il leur foutait a paix aux administrateurs, et il s'en retournait, lui, boire un peu plus à a Pagode.

On avait à peine le temps de les voir disparaître les hommes, les jours et les doses dans cette verdure, ce climat, la chaleur et les moustiques. Tout y passait, c'était dégoûtant, par bouts, par phrases, par membres, par regrets, par globules, ils se perdaient au soleil, fondaient dans le torrent de la lumière et des couleurs, et le goût et le temps avec, tout y passait. Il n'y avait que de l'angoisse étincelante dans l'air.

Enfin, le petit cargo sur lequel je devais longer la côte, jusqu'à proximité de mon poste, mouilla en vue de Fort-Gono. Le *Papaoutah* qu'il s'intitulait. Une petite coque bien plate, bâtie pour les estuaires. On le chauffait au bois le *Papaoutah*. Seul Blanc à bord, un coin me fut concédé entre la cuisine et les cabinets. Nous allions si lentement sur les mers que je crus tout d'abord qu'il s'agissait d'une précaution pour sortir de la rade. Mais nous n'allâmes jamais plus vite. Ce *Papaoutah* manquait incroyablement de force. Nous cheminâmes ainsi en vue de la côte, infinie bande grise et touffue de menus arbres dans la chaleur aux buées dansantes. Quelle promenade ! *Papaoutah* fendait l'eau comme s'il l'avait suée toute lui-même, douloureusement. Il défaisait une vaguelette après l'autre avec des précautions de pansements. Le pilote, me semblait-il de loin, devait être un mulâtre ; je dis « semblait » car je ne trouvai jamais l'entrain qu'il aurait fallu pour monter là-haut sur la passerelle me rendre compte par moi-même. Je restai confiné avec les nègres, seuls passagers, dans l'ombre de a coursive, tant que le soleil tenait le pont, jusque sur les cinq heures. Pour ne pas qu'il vous brûle la tête par les yeux, le soleil, il faut cligner comme un rat. Après cinq heures on peut se payer un tour d'horizon, la bonne vie. Cette frange grise, le pays touffu au ras de l'eau, là-bas, sorte de dessous de bras écrasé, ne me disait rien qui vaille. C'était dégoûtant à respirer cet air-là, même la nuit, tellement l'air restait tiède, marine moisie. Toute cette fadasserie portait au cœur, avec l'odeur de la machine en plus et le jour les flots trop ocre par ici, et trop bleus de l'autre côté. On était pire encore que sur l'Amiral Bragueton moins les meurtriers militaires, bien entendu.

Enfin, nous approchâmes du port de ma destination. On m'en rappela le nom :

« Topo » À force de tousser, crachoter, trembloter, pendant trois fois le temps de quatre repas de conserves, sur ces eaux de vaisselle huileuses, le *Papaoutah* finit donc par aller accoster.

Sur a berge pileuse, trois énormes cases coiffées de chaume se détachaient. De loin, cela vous prenait au premier coup d'œil, un petit air assez engageant. L'embouchure d'un grand fleuve sablonneux, le mien, m'expliqua-t-on, par où je devrais remonter pour atteindre, en barque, le beau milieu de ma forêt. À Topo, ce poste au bord de a mer, je ne devais rester que quelques jours, c'était convenu, le temps de prendre mes suprêmes résolutions coloniales.

Nous fîmes cap sur un léger embarcadère et le *Papaoutah*, de son gros ventre, avant de l'atteindre, rafla la barre. En bambou qu'il était l'embarcadère, je m'en souviens bien. Il avait son histoire, on le refaisait chaque mois, je l'appris, à cause des mollusques agiles et prestes qui venaient par milliers le bouffer au fur et à mesure. C'était même, cette infinie construction, une des occupations désespérantes dont souffrait le lieutenant Grappa, commandant du poste de Topo et des régions avoisinantes. Le *Papaoutah* ne trafiquait qu'une fois par mois mais les mollusques ne mettaient pas plus d'un mois à bouffer son débarcadère.

À l'arrivée, le lieutenant Grappa se saisit de mes papiers, en vérifia la sincérité, les recopia sur un registre vierge et m'offrit l'apéritif. J'étais le premier voyageur, me confia-t-il, qui soit venu à Topo depuis plus de deux ans. On ne venait pas à Topo. Il n'y avait aucune raison pour venir à Topo. Sous les ordres du lieutenant Grappa, servait le sergent Alcide. Dans leur isolement ils ne s'aimaient guère. « Il faut toujours que je me méfie de mon subalterne, m'apprit aussi le lieutenant Grappa dès notre premier contai, il a quelques tendances à la familiarité ! »

Comme dans cette désolation s'il avait fallu imaginer des événements ils eussent été trop invraisemblables, le milieu ne s'y prêtait pas, le sergent Alcide préparait d'avance beaucoup d'états « Néant » que Grappa signait sans retard et que le *Papaoutah* remportait ponctuellement au Gouverneur général.

Entre les lagunes d'alentour et dans le tréfonds forestier stagnaient quelques peuplades moisies, décimées, abruties par le tripanosome et sa misère chronique ; elles fournissaient tout de même ces peuplades un petit impôt et à coups de trique, bien entendu. On recrutait aussi parmi leur jeunesse quelques miliciens pour manier par délégation cette même trique. Les effectifs de la milice se montaient à douze hommes.

Je peux en parler, je les ai bien connus. Le lieutenant Grappa les équipait à sa façon ces veinards et les nourrissait au riz régulier. Un fusil pour douze c'était à mesure ! et un petit drapeau pour tout le monde. Pas de chaussures. Mais comme tout est relatif en ce monde et comparatif, les originaires recrutés du pays, trouvaient que Grappa faisait joliment bien les choses. Il refusait même chaque jour des volontaires Grappa et des enthousiastes, des fils dégoûtés de la brousse.

La chasse ne donnait guère autour du village et on n'y bouffait pas moins d'une grand-mère par semaine, faute de gazelles. Dès sept heures, chaque matin, les miliciens d'Alcide se rendaient à l'exercice. Comme je logeais dans un coin de sa case, qu'il m'avait cédé, j'étais aux premières loges pour assister à cette fantasia. Jamais dans aucune armée du monde ne figurèrent soldats de meilleure volonté. À l'appel d'Alcide, tout en arpentant le sable par quatre, par huit, puis par douze, ces primitifs se dépensaient énormément en s'imaginant des sacs, des chaussures, voire des baïonnettes et, plus fort encore, en ayant l'air de s'en servir. Tout juste issus de la nature si vigoureuse et si proche, ils n'étaient vêtus que d'un semblant de brève culotte kaki. Tout le reste devait être par eux imaginé et l'était. Au commandement d'Alcide, péremptoire, ces ingénieux guerriers, posant à terre leurs sacs fictifs, couraient dans le vide décocher à d'illusoires ennemis, d'illusoires estocades. Ils constituaient, après avoir fait semblant de se déboutonner, d'invisibles faisceaux et sur un autre signe se passionnaient en abstractions de mousquetaire. À les voir s'éparpiller, gesticuler minutieusement de la sorte et se perdre en dentelles de mouvements saccadés et follement inutiles, on en demeurait découragé jusqu'au marasme. Surtout qu'à Topo la chaleur crue et l'étouffement parfaitement concentrés par le sable entre les miroirs de la mer et du fleuve, polis et conjugués, vous eussent fait jurer par votre derrière qu'on vous tenait assis de force sur un morceau récemment tombé du soleil.

Mais ces conditions implacables n'empêchaient pas Alcide de gueuler, au contraire. Ses hurlements déferaient au-dessus de son fantastique exercice et parvenaient bien loin jusqu'à la crête des cèdres augustes de la lisière tropicale. Plus loin rebondissaient-ils même encore, en tonnerre ses : « Garde à vous ! »

Pendant ce temps le lieutenant Grappa préparait sa justice. Nous y reviendrons. Il surveillait aussi de loin toujours et de l'ombre de sa case, la construction fuyante de son embarcadère maudit. À chaque arrivée du *Papaoutah* il allait attendre optimiste et sceptique des équipements complets pour ses effectifs. Il les réclamait vainement depuis deux ans ses équipements complets. Étant corse, Grappa se sentait plus humilié peut-être que tout autre en observant que ses miliciens demeuraient tout nus.

Dans notre case, celle d'Alcide, il se pratiquait un petit commerce, à peine clandestin, de menus objets et de rogatons divers. D'ailleurs tout le trafic de Topo passait par Alcide puisqu'il détenait un petit stock, unique, de tabac en branches et en paquets, quelques litres d'alcool et quelques métrages de coton.

Les douze miliciens de Topo ressentaient, c'était visible, envers Alcide une véritable sympathie et cela malgré qu'il les engueulât sans limites et leur bottât le derrière assez injustement. Mais ils avaient discerné chez lui, ces militaires nudistes, des éléments indéniables de la grande parenté, celle de la misère incurable, innée. Le tabac les rapprochait, tout noirs qu'ils fussent, force des choses. J'avais apporté avec moi quelques journaux d'Europe. Alcide les parcourut avec le désir de s'intéresser aux nouvelles, mais bien qu'il s'y reprît à trois fois pour fixer son attention sur ces colonnes disparates, il ne parvint pas à les achever. « Moi maintenant, m'avoua-t-il après cette vaine tentative, au fond, je m'en fous des nouvelles ! Il y a trois ans que je suis ici ! » Cela ne voulait point dire qu'Alcide tînt à m'étonner en jouant les ermites, non, mais la brutalité, l'indifférence bien prouvée du monde entier à son égard, le forçait à son tour à considérer en qualité de sergent rengagé le monde entier, hors Topo, comme une espèce de Lune.

C'était d'ailleurs une bonne nature, Alcide, serviable et généreuse et tout. Je le compris plus tard, un peu trop tard. Sa formidable résignation l'accablait, cette qualité de base qui rend les pauvres gens de l'armée ou d'ailleurs aussi faciles à tuer qu'à faire vivre. Jamais, ou presque, ils ne demandent le pourquoi les petits, de tout ce qu'ils supportent. Ils se haïssent les uns les autres, ça suffit.

Autour de notre case, poussaient disséminées, en pleine lagune de sable torride, impitoyable, ces curieuses petites fleurs fraîches et brèves, vertes, roses ou pourpres, comme on ne les voit en Europe que peintes et sur certaines porcelaines, sortes de volubilis primitifs et sans niaiserie. Elles subissaient la longue abominable journée, closes sur leur tige, et venaient en s'ouvrant le soir trembloter gentiment sous les premières brises tièdes.

Un jour qu'Alcide me voyait occupé d'en cueillir un petit bouquet, il me prévint :

« Cueille-les si tu veux, mais les arrose pas, ces petites garces-là, ça les tue... C'est tout fragile, c'est pas comme les « Soleils « qu'on faisait nous, pousser aux enfants de troupe à Rambouillet ! On pouvait leur pisser dessus à ceux-là !... Qu'ils buvaient tout !... D'ailleurs, les fleurs, c'est comme les hommes... Et plus c'est gros et plus c'est con ! » Ceci à l'intention du lieutenant Grappa évidemment, dont le corps était abondant et calamiteux, les mains brèves, pourpres, terribles. Des mains à ne jamais rien comprendre. Il n'essayait pas d'ailleurs Grappa de comprendre.

Je séjournai deux semaines à Topo pendant lesquelles je partageai non seulement l'existence et a popote d'Alcide, ses puces de lit et de sable (deux sortes), mais encore sa quinine et l'eau du puits proche, inexorablement tiède et diarrhéique.

Certain jour le lieutenant Grappa en veine d'amabilité m'invita, par exception, à venir prendre le café chez lui.

Il était jaloux Grappa et ne montrait jamais sa concubine indigène à personne. Il avait donc choisi un jour pour m'inviter où sa négresse allait visiter ses parents au village. C'était aussi le jour d'audience à son tribunal.

Il vouait m'étonner.

Autour de sa case, arrivés dès le matin, se pressaient les plaignants, masse disparate, colorée de pagnes et bigarrée de piaillants témoins. Justiciables et simple public debout, mêlés dans le même cercle, tous sentant fortement l'ail, le santal, le beurre tourné, la sueur safranée. Tels les miliciens d'Alcide, tous ces êtres semblaient tenir avant tout à s'agiter frénétiquement dans le fictif ; ils fracassaient autour d'eux un idiome de castagnettes en brandissant au-dessus de leurs têtes des mains crispées dans un vent d'arguments.

Le lieutenant Grappa plongé dans son fauteuil de rotin, crissant et plaintif, souriait au-devant de toutes ces incohérences assemblées. Il se fiait pour sa gouverne à l'interprète du poste qui lui bafouillait en retour, à son usage et à pleine voix, d'incroyables requêtes.

Il s'agissait peut-être d'un mouton borgne que certains parents se refusaient à restituer alors que leur fille, valablement vendue, n'avait jamais été livrée au mari, en raison d'un meurtre que son frère à elle avait trouvé le moyen de commettre entre-temps sur a personne de la sœur de celui-ci qui gardait le mouton. Et bien d'autres et de plus compliquées doléances.

À notre hauteur, cent faces passionnées par ces problèmes d'intérêts et de coutumes découvraient leurs dents à petits coups secs ou à gros glouglous, des mots nègres.

La chaleur parvenait à son comble. On en cherchait le ciel des yeux par l'angle du toit pour se demander si ce n'était pas une catastrophe qui arrivait. Pas même un orage.

« Je vais tous les mettre d'accord tout de suite moi ! décida finalement Grappa, que la température et les palabres poussaient aux résolutions. Où est-il le père de mariée ?... Qu'on l'amène !

— Il est là ! répondirent vingt compères, poussant devant eux un vieux nègre assez flasque enveloppé dans un pagne jaune qui le drapait fort dignement, à la romaine. Il scandait, le vieillard, tout ce qu'on racontait autour de lui, avec son poing fermé. Il n'avait pas l'air d'être venu là du tout pour se plaindre lui, mais plutôt pour se donner un peu de distraction à l'occasion d'un procès dont il n'attendait plus depuis longtemps déjà de résultat bien positif.

— Allons ! commanda Grappa. Vingt coups ! qu'on en finisse ! Vingt coups de chicote pour ce vieux maquereau !... Ça l'apprendra à venir m'emmerder ici tous les jeudis depuis deux mois avec son histoire de moutons à la noix ! »

Le vieux vit arriver sur lui les quatre miliciens musclés. Il ne comprenait pas d'abord ce qu'on lui voulait et puis il se mit à rouler des yeux, injectés de sang comme ceux d'un vieil animal horrifié qui jamais auparavant n'aurait encore été battu. Il n'essayait pas de résister en vérité, mais il ne savait pas non plus comment se placer pour recevoir avec le moins de douleur possible cette tournée de justice.

Les miliciens le tiraillaient par l'étoffe. Deux d'entre eux vouaient absolument qu'il s'agenouillât, les autres lui commandaient au contraire de se mettre à plat ventre.

Enfin, on s'entendit pour le plaquer tel quel, simplement, à terre, pagne retroussé et d'emblée reçut sur le dos et les fesses flasques une de ces volées de bâton souple à faire beugler une solide bourrique pendant huit jours. Se tortillant, le sable fin giclait tout alentour de son ventre avec du sang, il en crachait du sable en hurlant, on aurait dit une chienne basset enceinte, énorme, qu'on torturait à plaisir.

Les assistants se turent pendant que ça durait. On n'entendait plus que les bruits de la punition. La chose exécutée, le vieux bien sonné essayait de se relever et de ramasser autour de lui son pagne à la romaine. Il saignait abondamment par la bouche, par le nez et surtout le long du dos. La foule s'éloigna en l'emmenant et bourdonnante de mille cancans et commentaires, sur un ton d'enterrement.

Le lieutenant Grappa ralluma son cigare. Devant moi, il tenait à demeurer distant de ces choses. Non pas je pense qu'il eût été plus néronien qu'un autre, seulement il n'aimait pas non plus qu'on le force à penser. Ça l'agaçait. Ce qui le rendait irritable dans ses fonctions judiciaires, c'était les questions qu'on lui posait.

Nous assistâmes encore ce même jour à deux autres corrections mémorables, consécutives à d'autres histoires déconcertantes, de dots reprises, de poisons promis... de promesses douteuses... d'enfants incertains...

« Ah ! s'ils savaient tous comme je m'en fous de leurs litiges ils ne a quitteraient pas leur forêt pour venir me raconter leurs couillonnades et m'emmerder ici !... Est-ce que je les tiens au courant de mes petites affaires moi ? concluait Grappa. Cependant, se reprit-il, je finirais par croire qu'ils y prennent goût à ma justice ces saligauds-là !... Depuis deux ans que j'essaye de les en dégoûter, ils reviennent pourtant chaque jeudi... Croyez-moi si vous voulez, jeune homme, ce sont presque toujours les mêmes qui reviennent !... Des vicieux, quoi !... »

Puis la conversation se porta vers Toulouse où il passait ses congés régulièrement et où il pensait à se retirer Grappa, dans six ans, avec sa retraite. C'était entendu ainsi ! Nous en étions gentiment au « calvados » quand nous fûmes à nouveau dérangés par un nègre passible de je ne sais quelle peine, et en retard pour la purger. Il venait spontanément deux heures après les autres s'offrir pour recevoir la chicote. Ayant effectué un parcours de deux jours et de deux nuits depuis son village à travers la forêt dans ce but il n'entendait pas s'en retourner bredouille. Mais il était en retard et Grappa était intransigeant sur le sujet de la ponctualité pénale. « Tant pis pour lui ! Il n'avait qu'à pas s'en aller la dernière fois !... C'est jeudi de l'autre semaine que je l'ai condamné à cinquante coups de chicote ce dégueulasse ! »

Le client protestait quand même parce qu'il avait une bonne excuse : il avait dû retourner à son village en vitesse pour aller enterrer sa mère. Il avait trois ou quatre mères à lui tout seul. Contestations...

« Ça sera pour a prochaine audience ! »

Mais il avait à peine le temps ce client d'aller à son village et de revenir d'ici à jeudi prochain. Il protestait. Il s'entêtait. Il fallut le bousculer ce masochiste hors du camp à grands coups de pied dans les fesses. Ça lui a fait plaisir quand même mais pas assez... Enfin, il est allé échouer chez Alcide qui en profita pour lui vendre tout un assortiment de tabac en branches au masochiste, en paquets et en poudre à priser.

Bien diverti par ces multiples incidents, je pris congé de Grappa qui se retirait précisément pour la sieste, au fond de sa case, où reposait déjà sa ménagère indigène revenue de son village. Une paire de nichons splendides cette négresse, bien élevée par les Sœurs du Gabon. Non seulement cette jeunesse parlait le français en zézayant, mais elle savait encore présenter la quinine dans la confiture et vous traquer les puces « chiques » dans la profondeur de la plante des pieds. Elle savait se rendre agréable de cent façons au colonial, sans le fatiguer ou en le fatiguant, à son choix.

Alcide m'attendait. Il était un peu vexé. Ce fut cette invitation dont venait de m'honorer le lieutenant Grappa qui le décida sans doute aux grandes confidences. Et elles étaient salées les confidences. Il me fit sans que je l'en priasse, de Grappa, un portrait express au caca fumant.

Je lui répondis qu'en tout c'était bien mon avis. Alcide, son point faible à lui, c'était qu'il trafiquait malgré les règlements militaires, absolument contraires, avec les nègres de la forêt d'alentour et aussi avec les douze tirailleurs de sa milice. Il approvisionnait ce petit monde en tabac de traite, impitoyablement. Quand les miliciens avaient reçu leur part de tabac, il ne leur restait plus de solde à toucher, tout était fumé. Ils fumaient même d'avance. Cette menue pratique, vu la rareté du numéraire dans la région, faisait du tort prétendait Grappa à la rentrée de l'impôt.

Le lieutenant Grappa ne voulait pas, prudent, provoquer sous son gouvernement un scandale à Topo, mais enfin jaloux peut-être, il tiquait. Il aurait désiré que toutes les minuscules disponibilités indigènes demeurassent cela se comprend pour l'impôt. Chacun son genre et ses petites ambitions.

Au début, la pratique du crédit sur solde leur avait paru un peu étonnante et même raide aux tirailleurs qui travaillaient uniquement pour fumer le tabac d'Alcide, mais ils s'y étaient habitués à coups de pied au cul. À présent, ils n'essayaient même plus d'aller la toucher leur solde, ils la fumaient d'avance, tranquillement, au bord de la case à Alcide, parmi les petites fleurs vivaces, entre deux exercices d'imagination.

À Topo en somme, tout minuscule que fût l'endroit, il y avait quand même place pour deux systèmes de civilisation, celle du lieutenant Grappa, plutôt à la romaine, qui fouettait le soumis pour en extraire simplement le tribut, dont il retenait, d'après l'affirmation d'Alcide, une part honteuse et personnelle, et puis le système Alcide proprement dit, plus compliqué, dans lequel se discernaient déjà les signes du second stade civilisateur, la naissance dans chaque tirailleur d'un client, combinaison commercialomilitaire en somme, beaucoup plus moderne, plus hypocrite, la nôtre.

Pour ce qui concerne la géographie le lieutenant Grappa n'estimait guère qu'à l'aide de quelques cartes très approximatives qu'il possédait au Poste, les vastes territoires confiés à sa garde. Il n'avait pas non plus très envie d'en savoir davantage sur leur compte à ces territoires. Les arbres, la forêt, après tout, on sait ce que c'est, on les voit très bien de loin.

Dissimulées dans les frondaisons et les replis de cette immense tisane, quelques tribus extrêmement disséminées croupissaient çà et là entre leurs puces et leurs mouches, abruties par les Totems en se gavant invariablement de maniocs pourris... Peuplades parfaitement naïves et candidement cannibales, ahuries de misère, ravagées par mille pestes. Rien qui vaille qu'on les approche. Rien ne justifiait une expédition administrative douloureuse et sans écho. Quand il avait cessé de rendre sa loi, Grappa se tournait plutôt vers la mer et contemplait cet horizon d'où certain jour il était apparu et par où certain jour il s'en irait, si tout se passait bien...

Tout familiers et finalement agréables que me fussent devenus ces lieux, il me fallut cependant songer à quitter enfin Topo pour la boutique qui m'était promise au terme de quelques jours de navigation fluviale et de pérégrinations forestières.

Avec Alcide, nous étions arrivés à très bien nous entendre. On essayait ensemble de pêcher des poissons scies, ces manières de requins qui pullulaient devant la case. Il était aussi maladroit à ce jeu que moi-même. Nous n'attrapions rien.

Sa case n'était meublée que par son lit démontable, le mien et quelques caisses vides ou pleines. Il me semblait qu'il devait mettre pas mal d'argent de côté grâce à son petit commerce.

« Où le mets-tu ?... lui demandai-je à plusieurs reprises. Où le caches-tu ton sale pognon ? « C'était pour le faire enrager. » Tu vas en faire une de ces Bon Dieu de Nouba en rentrant ? » Je le taquinais. Et vingt fois au moins pendant que nous entamions l'immanquable « conserve de tomates », j'imaginais pour sa réjouissance les péripéties d'une virée phénoménale à sa rentrée à Bordeaux, de bobinard en bobinard. Il ne me répondait rien. Il rigolait seulement, comme si ça l'amusait que je lui dise ces choses-là.

À part l'exercice et les sessions de justice, il ne se passait vraiment rien à Topo, alors forcément, je reprenais le plus souvent possible ma même plaisanterie, faute d'autres sujets.

Sur les derniers temps, il me vint une fois l'envie d'écrire à M. Puta, pour le taper. Alcide se chargerait de poster ma lettre par le prochain *Papaoutah*. Le matériel à écrire d'Alcide tenait dans une petite boîte à biscuits tout comme celle que j'avais connue à Branledore, tout à fait la même. Tous les sergents rengagés avaient donc la même habitude. Mais quand il me vit l'ouvrir sa boîte Alcide, il eut un geste qui me surprit pour m'en empêcher. J'étais gêné. Je ne savais pas pourquoi il m'en empêchait, je la reposai donc sur la table. « Ah ! ouvre-la va ! qu'il a dit enfin. Va ça ne fait rien ! » Tout de suite à l'envers du couvercle était collée une photo d'une petite fille. Rien que la tête, une petite figure bien douce d'ailleurs avec des longues boucles, comme on les portait dans ce temps-là. Je pris le papier, la plume et je refermai vivement la boîte. J'étais bien gêné par mon indiscrétion, mais je me demandais pour quoi aussi ça l'avait tant bouleversé.

J'imaginais tout de suite qu'il s'agissait d'un enfant, à lui, dont il avait évité de me parler jusque-là. Je n'en demandais pas davantage, mais je l'entendais derrière mon dos qui essayait de me raconter quelque chose au sujet de cette photo, avec une drôle de voix que je ne lui connaissais pas encore. Il bafouillait. Je ne savais plus où me mettre moi. Il fallait bien que je l'aide à me faire sa confidence. Pour passer ce moment je ne savais plus comment m'y prendre. Ça serait une confidence tout à fait pénible à écouter, j'en étais sûr. Je n'y tenais vraiment pas.

« C'est rien ! l'entendis-je enfin. C'est la fille de mon frère... Ils sont morts tous les deux...

— Ses parents ?...

— Oui, ses parents...

— Qui l'élève alors maintenant ? Ta mère ? que je demandai moi, comme ça, pour manifester de l'intérêt.

— Ma mère, je l'ai plus non plus...

— Qui alors ?

— Eh bien moi ! »

Il ricanait, cramoisi Alcide, comme s'il venait de faire quelque chose de pas convenable du tout. Il se reprit hâtif :

"C'est-à-dire je vais t'expliquer... Je la fais élever à Bordeaux chez les Sœurs. Mais pas des Sœurs pour les pauvres, tu me comprends hein !... Chez des Sœurs « bien »... Puisque c'est moi qui m'en occupe, alors tu peux être tranquille. Je veux que rien lui manque ! Genette qu'elle s'appelle... C'est une gentille petite fille... Comme sa mère d'ailleurs... Elle m'écrit, elle fait des progrès, seulement, tu sais, les pensions comme ça, c'est cher... Surtout que maintenant elle a dix ans... Je voudrais qu'elle apprenne le piano en même temps... Qu'est-ce que t'en dis-toi du piano ?... C'est bien le piano, hein, pour les filles ?... Tu crois pas ?... Et l'anglais ? C'est utile l'anglais aussi ?... Tu sais l'anglais toi ?... »

Je me mis à le regarder de bien plus près Alcide, à mesure qu'il s'avouait la faute de ne pas être assez généreux, avec sa petite moustache cosmétique, ses sourcils Y d'excentrique, sa peau calcinée. Pudique Alcide ! Comme il avait dû en faire des économies sur sa solde étriquée... sur ses primes faméliques et sur son minuscule commerce clandestin... pendant des mois, des années, dans cet infernal Topo !... Je ne savais pas quoi lui répondre moi, je n'étais pas très compétent, mais il me dépassait tellement par le cœur que j'en devins tout rouge... À côté d'Alcide, rien qu'un mufle impuissant moi, épais, et vain j'étais... Y avait pas à chiquer. C'était net.

Je n'osais plus lui parler, je m'en sentais soudain énormément indigne de lui parler.

Moi qui hier encore le négligeais et même le méprisais un peu, Alcide.

« Je n'ai pas eu de veine, poursuivait-il, sans se rendre compte qu'il m'embarrassait avec ses confidences. Imagine-toi qu'il y a deux ans, elle a eu la paralysie infantile... Figure-toi... Tu sais ce que c'est toi la paralysie infantile ? »

Il m'expliqua alors que la jambe gauche de l'enfant demeurait atrophiée et qu'elle suivait un traitement d'électricité à Bordeaux, chez un spécialiste.

« Est-ce que ça revient, tu crois ?... » qu'il s'inquiétait.

Je l'assurai que ça se rétablissait très bien, très complètement avec le temps et l'électricité. Il parlait de sa mère qui était morte et de son infirmité à la petite avec beaucoup de précautions. Il avait peur, même de loin, de lui faire du mal.

« As-tu été la voir depuis sa maladie ?

— Non... j'étais ici.

— Iras-tu bientôt ?

— Je crois que je ne pourrai pas avant trois ans... Tu comprends ici, je fais un peu de commerce... Alors ça lui aide bien... Si je partais en congé à présent, au retour la place serait prise... surtout avec l'autre vache... »

Ainsi, Alcide demandait-il à redoubler son séjour, à faire six ans de suite à Topo, au lieu de trois, pour la petite nièce dont il ne possédait que quelques lettres et ce petit portrait. « Ce qui m'ennuie, reprit-il, quand nous nous couchâmes, c'est qu'elle n'a là-bas personne pour les vacances... C'est dur pour une petite enfant... »

Évidemment Alcide évoluait dans le sublime à son aise et pour ainsi dire familièrement,-il tutoyait les anges, ce garçon, et il n'avait l'air de rien. Il avait offert sans presque s'en douter à une petite fille vaguement parente des années de torture, l'annihilement de sa pauvre vie dans cette monotonie torride, sans conditions, sans marchandage, sans intérêt que celui de son bon cœur. Il offrait à cette petite fille lointaine assez de tendresse pour refaire un monde entier et cela ne se voyait pas.

Il s'endormit d'un coup, à la lueur de la bougie. Je finis par me relever pour bien regarder ses traits à la lumière. Il dormait comme tout le monde. Il avait l'air bien ordinaire. Ça serait pourtant pas si bête s'il y avait quelque chose pour distinguer les bons des méchants.

* * *

On peut s'y prendre de deux façons pour pénétrer dans la forêt, soit qu'on s'y découpe un tunnel à la manière des rats dans les bottes de foin. C'est le moyen étouffant. Je renâclai. Ou alors subir la montée du fleuve, bien tassé dans le fond d'un tronc d'arbre, poussé à la pagaie de détours en bocages et guettant ainsi la fin des jours et des jours s'offrir en plein à toute la lumière, sans recours. Et puis ahuri par ces gueulards de nègres, arriver où l'on doit dans l'état qu'on peut.

Chaque fois, au départ, pour se mettre à la cadence, il leur faut du temps aux canotiers. La dispute. Un bout de pale à l'eau d'abord et puis deux ou trois hurlements cadencés et la forêt qui répond, des remous, ça glisse, deux rames, puis trois, on se cherche encore, des vagues, des bafouillages, un regard en arrière vous ramène à la mer qui s'aplatit là-bas, s'éloigne et devant soi la longue étendue lisse contre laquelle on s'en va labourant, et puis Alcide encore un peu sur son embarcadère que je perçois loin, presque repris déjà par les buées du fleuve, sous son énorme casque, en cloche, plus qu'un morceau de tête, petit fromage de figure et le reste d'Alcide en dessous à flotter dans sa tunique comme perdu déjà dans un drôle de souvenir en pantalon blanc.

C'est tout ce qu'il me reste de cet endroit-là, de ce Topo.

A-t-on pu le défendre encore longtemps ce hameau brûlant contre la faux sournoise du fleuve aux eaux beiges ? Et ses trois cases puceuses tiennent-elles toujours debout ? Et de nouveaux Grappas et d'inconnus Alcides entraînent-ils encore de récents tirailleurs en ces combats inconsistants ? S'y rend-il toujours cette justice sans prétention ? L'eau qu'on essaye d'y boire est-elle toujours aussi rance ? aussi tiède ? À vous en dégoûter de votre propre bouche pendant huit jours après caque tournée... Et toujours point de glacière ? Et ces combats d'oreille que livrent aux mouches les infatigables bourdons de la quinine ? Sulfate ? Chlorhydrate ?... Mais d'abord existe-t-il encore des nègres à dessécher et pustuler dans cette étuve ? Peut-être bien que non...

Peut-être que rien de tout cela n'est plus, que le petit Congo a léché Topo d'un grand coup de sa langue boueuse un soir de tornade en passant et que c'est fini, bien fini, que le nom lui-même a disparu des cartes, qu'il n'y a plus que moi en somme, pour me souvenir encore d'Acide... Que sa nièce l'a oublié aussi. Que le lieutenant Grappa n'a jamais revu son Toulouse... Que la forêt qui guettait depuis toujours la dune au détour de la saison des pluies a tout repris, tout écrasé sous l'ombre des acajous immenses, tout, et même les petites fleurs imprévues du sable qu'Alcide ne voulait pas que j'arrose... Qu'il n'existe plus rien.

Ce que furent les dix jours de remontée de ce fleuve, je m'en souviendrai longtemps... Passés à surveiller les tourbillons limoneux, au creux de la pirogue, à choisir un passage furtif après l'autre, entre les branchages énormes en dérive, souplement évités. Travail de forçats en rupture.

Après chaque crépuscule, nous faisions halte sur un promontoire rocheux. Certain matin, nous quittâmes enfin ce sale canot sauvage pour entrer dans la forêt par un sentier caché qui s'insinuait dans la pénombre verte et moite, illuminé seulement de place en place par un rai de soleil plongeant du plus haut de cette infinie cathédrale de feuilles. Des monstres d'arbres abattus forçaient notre groupe à maints détours. Dans leur creux un métro entier aurait manœuvré à son aise.

À un certain moment, la grande lumière nous est revenue, nous étions arrivés devant un espace défriché, nous dûmes grimper encore, autre effort. L'éminence que nous atteignîmes couronnait l'infinie forêt, moutonnante de cimes jaunes et rouges et vertes, peuplant, pressurant monts et vallées, monstrueusement abondante comme le ciel et l'eau. L'homme dont nous cherchions l'habitation demeurait, me fit-on signe, encore un peu plus loin... dans un autre petit vallon. Il nous attendait là l'homme.

Entre deux grosses roches, il s'était établi une sorte de cagna, à l'abri, me fit-il remarquer, des tornades de l'est, les plus mauvaises, les plus rageuses. Je voulus bien admettre que c'était un avantage, mais quant à la case elle-même, c'était sûrement à la dernière catégorie miteuse qu'elle appartenait, demeure presque théorique, effilochée de partout. Je m'attendais bien à quelque chose de ce genre-là en fait d'habitation, mais tout de même la réalité dépassait mes prévisions.

Je dus lui sembler tout à fait navré au copain car il m'interpella assez brusquement pour me faire sortir de mes réflexions. « Allez donc, vous serez moins mal encore ici qu'à la guerre ! Ici, après tout, on peut se débrouiller On bouffe mal, c'est exact, et pour boire, c'est une vraie boue, mais on peut dormir tant qu'on veut... Pas de canons ici mon ami ! Pas de balles non plus ! En somme c'est une affaire ! » Il parlait un peu dans le même ton que l'Agent général mais des yeux pâles comme ceux d'Alcide, il avait.

Il devait approcher de la trentaine, et barbu... Je ne l'avais pas bien regardé en arrivant, tellement en arrivant j'étais déconcerté par la pauvreté de son installation, celle qu'il devait me léguer, et qui devait m'abriter pendant des années peut-être... Mais je lui trouvai, en l'observant, par la suite, une figure décidément aventureuse, une figure à angles très tracés et même une de ces têtes de révolte qui entrent trop à vif dans l'existence au lieu de rouler dessus, avec un gros nez rond par exemple et des joues pleines en péniches, qui vont clapoter contre le destin avec un bruit de billage. Celui-ci c'était un malheureux.

« C'est vrai, repris-je, y a pas pire que la guerre ! »

C'était assez pour le moment comme confidences, je n'avais pas envie d'en dire davantage. Mais ce fut lui qui continua sur le même sujet :

« Surtout maintenant qu'on les fait si longues les guerres... qu'il ajouta. Enfin, vous verrez mon ami qu'ici c'est pas très drôle, voilà tout ! Y a rien à faire... C'est comme des espèces de vacances... Seulement voilà des vacances ici ! n'est-ce pas !... Enfin, ça dépend peut-être des natures, j'peux rien dire...

— Et l'eau. » demandai-je. Celle que je voyais dans mon gobelet, que je m'étais versée moi-même m'inquiétait, jaunâtre, j'en bus, nauséeuse et chaude tout comme celle de Topo. Un fond de vase au troisième jour. « C'est ça l'eau ? » La peine de l'eau allait recommencer.

« Oui, il n'y a que celle-là par ici et puis la pluie... Seulement quand il pleuvra la cabane ne résistera pas longtemps. Vous voyez dans quel état qu'elle est la cabane ? » Je voyais.

« Pour la nourriture, qu'il enchaîna, c'est rien que de la conserve, j'en bouffe depuis un an moi... J'en suis pas mort !... Dans un sens c'est bien commode, mais ça ne tient pas au corps ; les indigènes eux, ils bouffent du manioc pourri, c'est leur affaire, ils aiment ça... Depuis trois mois je rends tout... La diarrhée. Peut-être aussi que c'est la fièvre ; j'ai les deux... Et même que j'en vois plus clair sur les cinq heures... C'est à ça que je vois que j'en ai de la fièvre parce que pour la chaleur, n'est-ce pas, c'est difficile d'avoir plus chaud qu'on a ici rien qu'avec la température du pays !... En somme, ça serait plutôt les frissons qui vous avertiraient qu'on est fiévreux... Et puis aussi à ce qu'on s'ennuie plutôt moins... Mais ça encore ça dépend peut-être des natures... on pourrait peut-être boire de l'alcool pour se remonter, mais je n'aime pas ça moi l'alcool... Je la supporte pas... »

Il semblait avoir de grands égards pour ce qu'il appelait « les natures ».

Et puis, pendant qu'il y était, il me donna quelques autres renseignements engageants : « Le jour c'est la chaleur, mais la nuit, c'est le bruit qui est le plus difficile à supporter... C'est à pas y croire... C'est les bestioles du bled qui se coursent pour s'enfiler ou se bouffer, — j'en sais rien, mais c'est ce qu'on m'a dit... toujours est-il qu'alors vous parlez d'un boucan !... Et les plus bruyants parmi, c'est encore les hyènes !... Elles viennent là tout près de la case... Alors vous les entendrez... Vous vous y tromperez pas... C'est pas comme pour les bruits de la quinine... On peut se tromper quelquefois d'avec les oiseaux, les grosses mouches et la quinine... Ça arrive... Tandis que les hyènes ça rigole énormément... C'est votre viande à vous qu'elles reniflent... Ça les fait rire !... C'est pressé de vous voir crever ces bêtes-là !... On peut même voir leurs yeux briller qu'on dit... Elles l'aiment la charogne... Moi je les ai pas regardées dans les yeux... Je regrette dans un sens...

— C'est drôle ici ! » que je réponds.

Mais c'était pas tout pour l'agrément des nuits.

« Y a encore le villa e, qu'il ajouta... Y a pas cent nègres dedans, mais ils font du bousin comme dix mille, ces tantes !... Vous m'en direz des nouvelles de ceux-là aussi ! Ah ! si vous êtes venu pour le tam-tam, vous vous êtes pas trompé de colonie !... Parce que ici, c'est tantôt parce que c'est la lune qu'ils en jouent, et puis, parce que c'est plus la lune... Et puis parce qu'on l'attend la lune... Enfin, c'est toujours pour quelque chose ! On dirait qu'ils s'entendent avec les bêtes pour vous emmerder les charognes ! À crever que je vous dis ! Moi, je les bousillerais tous d'un bon coup si j'étais pas si fatigué... Mais j'aime encore mieux me mettre du coton dans les oreilles... Avant, quand il me restait encore de la vaseline dans ma pharmacie, ''en mettais dedans, sur le coton, maintenant je mets de la graisse de banane à la place. C'est bon aussi la graisse de banane... Avec ça, ils peuvent toujours se gargariser avec le tonnerre de Dieu si ça les excite, les peaux de boudin ! Moi, je m'en fous toujours avec mon coton à la graisse ! J'entends plus rien ! Les nègres, vous vous en rendrez tout de suite compte, c'est tout crevé et tout pourris !... Dans la journée c'est accroupi, on croirait pas ça capable de se lever seulement pour aller pisser le long d'un arbre et puis aussitôt qu'il fait nuit, va te faire voir ! Ça devient tout vicieux ! tout nerfs ! tout hystérique ! Des morceaux de la nuit tournés hystériques ! Voilà ce que c'est que les nègres, moi j'vous le dis ! Enfin, des dégueulasses... Des dégénérés quoi !...

— Viennent-ils souvent pour vous acheter ?

— Acheter ? Ah ! rendez-vous compte ! Faut les voler avant qu'ils vous volent, c'est ça le commerce et voilà tout ! Pendant la nuit avec moi ailleurs, ils ne se gênent pas, forcément, avec mon coton bien graissé dans chaque oreille hein ! Ils auraient tort de faire des manières, pas vrai ?... Et puis, comme vous voyez, j'ai pas de portes à ma case non plus alors ils se servent, hein, vous pouvez le dire... C'est la bonne vie ici pour eux...

— Mais, et l'inventaire ? demandai-je, tout à fait éberlué par ces précisions. Le Directeur général m'a bien recommandé de l'établir l'inventaire dès mon arrivée, et minutieusement !

— Pour ce qui est de moi, qu'il me répondit alors parfaitement calme, le Directeur général, je l'emmerde... Comme j'ai l'honneur de vous le dire...

— Mais, vous allez le voir pourtant à Fort-Gono, en repassant ?

— Je ne reverrai jamais, ni Fort-Gono, ni le Directeur... Elle est grande la forêt mon petit ami...

— Mais alors, où irez-vous ?

— Si on vous le demande, vous répondrez que vous n'en savez rien ! Mais puisque vous avez l'air curieux, laissez-moi, pendant qu'il en est encore temps, vous donner un sacré conseil et un bon ! Foutez-vous donc des affaires de la « Compagnie Pordurière », comme elle se fout des vôtres et si vous courez aussi vite qu'elle vous emmerde, la Compagnie, je peux vous dire dès aujourd'hui, que vous allez certainement le gagner le « Grand Prix » !... Soyez donc heureux que je vous laisse un peu de numéraire et ne m'en demandez pas davantage !... Pour ce qui est des marchandises si c'est vrai qu'il vous a recommandé de les prendre en charge... Vous lui répondrez au Directeur qu'il n'y en avait plus, et puis voilà tout !... S'il refuse de vous croire, eh bien, ça n'aura pas grande importance non plus !... On nous considère déjà tous solidement comme des voleurs, de toutes les manières ! Ça ne changera donc rien à rien dans l'opinion publique et pour une fois que ça nous rapportera un petit peu... Le Directeur, d'ailleurs, soyez sans crainte, s'y connaît en combines mieux que personne et c'est pas la peine de le contredire ! C'est mon avis ! Est-ce le vôtre ? On sait bien que pour venir ici, n'est-ce pas, faut être prêt à tuer père et mère ! Alors ?... »

Je n'étais pas très sûr que ce soit réel, tout ce qu'il me racontait là, mais toujours est-il que ce prédécesseur me fit l'effet instantané d'être un fameux chacal.

Pas tranquille du tout j'étais. "Encore une sale histoire qui m'est échue », m'avouais-je, et cela de plus en plus fortement. Je cessai de converser avec ce forban. Dans un coin, en vrac, je découvris au petit bonheur les marchandises qu'il voulait bien m'abandonner, des cotonnades insignifiantes... Mais par contre des pagnes et chaussons par douzaines, du poivre en boîtes, des lampions, un bock à injections, et surtout une quantité désarmante de cassoulets « à la bordelaise » en conserve, enfin une carte postale en couleurs : « la Place Clichy ».

« Près du poteau, tu trouveras le caoutchouc et l'ivoire que j'ai achetés aux nègres... Au début, je me donnais du mal, et puis, voilà, tiens, trois cents francs... Ça fait ton compte. »

Je ne savais pas de quel compte il s'agissait, mais je renonçai à le lui demander.

« T'auras peut-être encore quelques échanges en marchandises me prévint-il, parce que l'argent ici tu sais on n'en a pas besoin, ça ne peut servir qu'à foutre le camp l'argent... »

Et il se mit à rigoler. Ne voulant pas le contrarier non plus pour le moment, je fis de même et je rigolai avec lui tout comme si j'avais été bien content.

En dépit de ce dénuement où il stagnait depuis des mois, il était entouré d'une domesticité très compliquée composée de garçonnets surtout, bien empressés à lui présenter soit l'unique cuiller du ménage ou le gobelet sans pareil, ou encore à lui extraire de la plante des pieds, finement, les incessantes et classiques puces chiques pénétrantes. En retour, il leur passait, bénévole, la main entre les cuisses à tout instant. Le seul labeur que je lui vis entreprendre, était de se gratter personnellement, mais alors il s'y livrait, comme le boutiquier de Fort-Gono, avec une agilité merveilleuse, qui ne s'observe décidément qu'aux colonies.

Le mobilier qu'il me légua me révéla tout ce que l'ingéniosité pouvait obtenir avec des caisses à savon concassées, en fait de chaises, guéridons et fauteuils. Il m'apprit encore ce ténébreux comment on projetait d'un seul coup bref au loin, pour se distraire, de la pointe du pied preste, les lourdes chenilles caparaçonnées qui montaient sans cesse nouvelles, frémissantes et baveuses à l'assaut de notre case forestière. Si on les écrase, maladroit, gare à soi ! On en est puni par huit jours consécutifs de puanteur extrême, qui se dégage lentement de leur bouillie inoubliable. Il avait lu dans les recueils que ces lourdes horreurs représentaient en fait de bêtes ce qu'il y avait de plus vieux au monde. Elles dataient, prétendait-il, de la seconde période géologique !

« Quand nous viendrons nous autres d'aussi loin qu'elles mon ami que ne puerons-nous pas ? » Tel quel.

Les crépuscules dans cet enfer africain se révélaient fameux. On n'y coupait pas. Tragiques chaque fois comme d'énormes assassinats du soleil. Un immense chiqué. Seulement c'était beaucoup d'admiration pour un seul homme. Le ciel pendant une heure paradait tout giclé d'un bout à l'autre d'écarlate en délire, et puis le vert éclatait au milieu des arbres et montait du sol en traînées tremblantes jusqu'aux premières étoiles. Après ça le gris reprenait tout l'horizon et puis le rouge encore, mais alors fatigué le rouge et pas pour longtemps. Ça se terminait ainsi. Toutes les couleurs retombaient en lambeaux, avachies sur la forêt comme des oripeaux après la centième. Chaque jour sur les six heures exactement que ça se passait.

Et la nuit avec tous ses monstres entrait alors dans la danse parmi ses mille et mille bruits de gueules de crapauds.

La forêt n'attend que leur signal pour se mettre à trembler, siffler, mugir de toutes ses profondeurs. Une énorme gare amoureuse et sans lumière, pleine à craquer. Des arbres entiers bouffis de gueuletons vivants, d'érections mutilées, d'horreur. On en finissait par ne plus s'entendre entre nous dans la case. Il me fallait gueuler à mon tour par-dessus la table comme un chat-huant pour que le compagnon me comprît. J'étais servi, moi qui n'aimais pas la campagne.

« Comment vous appelez-vous ? N'est-ce pas Robin son que vous venez de me dire ? » lui demandai-je.

Il était en train de me répéter le compagnon, que les indigènes dans ces parages souffraient jusqu'au marasme de toutes les maladies attrapables et qu'ils n'étaient point ces miteux en état de se livrer à un commerce quel conque. Pendant que nous parlions des nègres, les mouches et les insectes, si gros, en si grand nombre, vinrent s'abattre autour de la lanterne, en rafales si denses qu'il fallut bien éteindre.

La figure de ce Robinson m'apparut encore une fois avant que j'éteignisse, voilée par cette résille d'insectes.

C'est pour cela peut-être que ses traits s'imposèrent plus subtilement à ma mémoire, alors qu'auparavant ils ne me rappelaient rien de précis. Dans l'obscurité il continuait à me parler pendant que je remontais dans mon passé avec le ton de sa voix comme un appel devant les portes des années et puis des mois, et Feu puis de mes jours pour demander où j'avais bien pu rencontrer cet être-là. Mais je ne trouvai rien. On ne me répondait pas.

On peut se perdre en allant à tâtons parmi les formes révolues. C'est effrayant ce qu'on en a des choses et des gens qui ne bougent plus dans son passé. Les vivants qu'on égare dans les cryptes du temps dorment si bien avec les morts qu'une même ombre les confond déjà.

On ne sait plus qui réveiller en vieillissant, les vivants ou les morts.

Je cherchais à l'identifier ce Robinson lorsque des sortes de rires atrocement exagérés, pas loin dans la nuit, me firent sursauter. Et cela se tut. Il m'avait averti, les hyènes sans doute.

Et puis plus rien que les Noirs du village et leur tam, cette percussion radoteuse en bois creux, termites du vent.

C'est le nom même de Robinson qui me tracassait surtout, de plus en plus nettement. Nous nous mîmes à parler de l'Europe dans notre obscurité, des repas qu'on peut se faire servir là-bas quand on a de l'argent et des boissons donc ! si bien fraîches ! Nous ne parlions pas du lendemain où je devais rester seul, là, pour des années peut-être, là, avec tous les « cassoulets »... Fallait-il encore préférer la guerre ? C'était pire bien sûr. C'était pire !... Lui-même il en convenait... Il y avait été lui aussi la guerre... Et pourtant il s'en allait d'ici... Il en avait assez de la forêt, malgré tout... J'essayais de le ramener sur le sujet de la guerre. Mais il se dérobait à présent.

Enfin, au moment où nous nous couchions chacun dans un coin de ce délabrement de feuilles et de cloisons, il m'avoua sans y mettre de formes que tout bien pesé il préférait encore risquer d'être repris par un tribunal civil pour carambouillage que d'endurer plus longtemps la vie aux « cassoulets » qu'il menait ici depuis presque une année. J'étais fixé.

« Vous n'avez pas du coton pour vos oreilles ? me demanda-t-il encore... Si vous n'en avez pas, faites-en donc avec du poil de couverture et de la graisse de banane. On réussit ainsi des petits tampons très bien... Moi je veux pas les entendre gueuler ces vaches-là ! »

Il y avait pourtant de tout dans cette tourmente, excepté des vaches, mais il tenait à ce terme impropre et générique.

Le truc du coton m'impressionna subitement comme devant cacher quelque ruse abominable de sa part. Je ne pouvais plus m'empêcher d'être possédé par la crainte énorme qu'il se mette à m'assassiner là, sur mon « démon table », avant de s'en aller en emportant ce qui restait de la caisse... Cette idée m'étourdissait. Mais que faire ? Appeler ? Qui ? Les anthropophages du village ?... Disparu ? je l'étais déjà presque en vérité ! À Paris, sans fortune, sans dettes, sans héritage, on existe à peine déjà, on a bien du mal à ne pas être déjà disparu... Alors ici ? Qui se donnerait seulement la peine de venir jusqu'à Bikomimbo cracher dans l'eau seulement, pas davantage, pour faire plaisir à mon souvenir ? Personne évidemment.

Des heures passèrent traversées de répits et d'angoisses. Lui ne ronflait pas. Tous ces bruits, ces appels qui venaient de la forêt me gênaient pour l'entendre respirer. Pas besoin de coton. Ce nom de Robinson finit cependant à force de m'entêter par me révéler un corps, une allure, une voix même que l'avais connus... Et puis au moment où j'allais pour de bon céder au sommeil l'individu entier se dressa devant mon lit, son souvenir le saisit, pas lui bien sûr, mais le souvenir précisément de ce Robinson, l'homme de Noirceur-sur-la-Lys, lui, là-bas en Flandres, que j'avais accompagné sur les bords de cette nuit où nous cherchions ensemble un trou pour s'échapper à la guerre et puis lui encore plus tard à Paris... Tout est revenu... Des années venaient de passer d'un seul coup. J'avais été bien malade de la tête, j'avais de la peine... À présent que je savais, que je l'avais repéré, je ne pouvais m'empêcher d'avoir tout à fait peur. M'avait-il reconnu lui ? En tout cas il pouvait compter sur mon silence et ma complicité.

"Robinson ! Robinson ! appelai-je, gaillard, comme pour lui annoncer une bonne nouvelle. Hé mon vieux ! Hé Robinson !... » Aucune réponse.

Cœur battant fort, je me relevai et m'apprêtai à redevoir un sale coup dans le buffet... Rien. Alors assez audacieux, je me risquai jusqu'à l'autre bout de la case, l'aveuglette, où je l'avais vu se coucher. Il était parti.

J'attendis le jour en grattant une allumette de temps en temps. Le jour arriva dans une trombe de lumière et puis les nègres domestiques survinrent pour m'offrir, ares, leur énorme inutilité, sauf cependant qu'ils étaient gais. Es essayaient déjà de m'apprendre l'insouciance. 'avais beau, par une série de gestes très médités, essayer de leur faire comprendre combien la disparition de Robinson m'inquiétait, cela n'avait pas l'air de les empêcher du tout de s'en foutre complètement. Il y a, c'est exact, beaucoup de folie à s'occuper d'autre chose que de ce qu'on voit. Enfin, moi, c'est la caisse que je regrettais surtout dans cette histoire. Mais il est peu commun de revoir les gens qui emportent la caisse... Cette circonstance me fit présumer que Robinson renoncerait à revenir rien que pour m'assassiner. C'était toujours autant de gagné.

À moi donc seul le paysage ! J'aurais désormais tout le temps d'y revenir, songeais-je, à la surface, à la profondeur de cette immensité de feuillages, de cet océan de rouge, de marbré jaune, de salaisons flamboyantes magnifiques sans doute pour ceux qui aiment la nature.

Je ne l'aimais décidément pas. La poésie des Tropiques me dégoûtait. Mon regard, ma pensée sur ces ensembles me revenaient comme du thon. On aura beau dire, ça sera toujours un pays pour les moustiques et les panthères. Chacun sa place.

Je préférais encore retourner à ma case et la remettre d'aplomb en prévision de la tornade, qui ne pouvait tarder. Mais là aussi, je dus renoncer assez vite à mon entreprise de consolidation. Ce qui était banal dans cette structure pouvait encore s'écrouler mais ne se redresse rait plus, le chaume infecté de vermine s'effilochait, on n'aurait décidément pas fait avec ma demeure une pissotière convenable.

Après avoir décrit à pas mous quelques cercles dans la brousse je dus rentrer m'abattre et me taire, à cause du soleil. Toujours lui. Tout se tait, tout a peur de brûler sur les midi, il s'en faut d'ailleurs d'un rien, herbes, bêtes et hommes, chauds à point. C'est l'apoplexie méridienne.

Mon poulet, mon seul, la redoutait aussi cette heure-là, il rentrait avec moi, lui, l'unique, légué par Robinson.

Il a vécu comme ça avec moi pendant trois semaines, le poulet, promenant, me suivant comme un chien, gloussant à tout propos, apercevant des serpents partout. Un jour de très grand ennui, je l'ai mangé. Il n'avait aucun goût, sa chair détente au soleil aussi comme un calicot. C'est peut-être lui qui m'a rendu si malade. Enfin, toujours est-il que le lendemain de ce repas je ne pouvais plus me lever. Vers midi, gâteux, je me suis tramé vers la petite boîte aux médicaments. Il n'y avait plus dedans que de la teinture d'iode et puis un plan du Nord-Sud.[15] Des clients, je n'en avais guère vu venir

---

[15] *Un plan du Nord-Sud* : plan de la ligne de métro mise en service de Montmartre à Montparnasse.

encore à la factorie, des badauds noirs seulement, d'interminables gesticuleurs et mâcheurs de kola, érotiques et paludéens. Maintenant, ils rappliquaient en cercle autour de moi les nègres, ils avaient l'air de discuter sur ma sale gueule. Malade, je l'étais complètement, à ce point que je me faisais l'effet de n'avoir plus besoin de mes jambes, elles pendaient simplement au rebord de mon lit comme des choses négligeables et un peu comiques.

De Fort-Gono, du Directeur, ne me parvenaient par coureurs que des lettres puantes d'engueulades et de sottises, menaçantes aussi. Les gens du commerce qui se tiennent tous pour des petits et grands astucieux de profession s'avèrent le plus souvent dans la pratique comme d'insurpassables gaffeurs. Ma mère, de France, m'encourageait à veiller sur ma santé, comme à la guerre. Sous le couperet, ma mère m'aurait grondé pour avoir oublié mon foulard. Elle n'en ratait jamais une ma mère pour essayer de me faire croire que le monde était bénin et qu'elle avait bien fait de me concevoir. C'est le grand subterfuge de l'incurie maternelle, cette Providence supposée. Il m'était bien facile d'ailleurs de ne pas répondre à toutes ces fariboles du patron et de ma mère et je ne répondais jamais. Seulement cette attitude n'améliorait pas non plus la situation.

Robinson avait à peu près tout volé de ce qu'avait contenu cet établissement fragile et qui me croirait si j'allais le dire ? L'écrire ? À quoi bon ? À qui ? Au patron ? Chaque soir sur les cinq heures, je grelottais de fièvre à mon tour, et de la vivace, que mon lit clinquant en tremblait comme d'un vrai branleur. Des nègres du village s'étaient sans façon emparés de mon service et de ma case ; je ne les avais pas demandés, mais les renvoyer c'était déjà trop d'efforts. Ils se chamaillaient autour de ce qu'il restait de la factorie, tripotant ferme les barils de tabac, essayant les derniers pagnes, les estimant, les enlevant, ajoutant encore si on le pouvait à la débandade générale de mon installation. Le caoutchouc en plein la terre et à la traîne mêlait son jus aux melons de rousse, à ces papayes doucereuses au goût de poires urineuses, dont le souvenir, quinze ans plus tard, tellement j'en ai bouffé à la place de haricots, m'écœure encore.

J'essayais de me représenter à quel niveau d'impuissance j'étais tombé mais je n'y parvenais pas. « Tout le monde vole ! » m'avait par trois fois répété Robinson avant de disparaître. C'était l'avis aussi de l'Agent général. Dans la fièvre, ces mots-là me lancinaient. « Faut te débrouiller ! »... qu'il m'avait dit encore. J'essayais de me lever. Je n'y arrivais pas non plus. Pour l'eau qu'il fallait boire, il avait eu raison, de la boue c'était, pire, du fond de vase. Des négrillons m'apportaient bien des bananes, des grosses, des menues et des sanguines, et toujours de ces « papayes », mais j'avais tellement mal au ventre de tout ça et de tout ! J'aurais vomi la terre entière.

Aussitôt que je sentais un peu de mieux poindre, que je me trouvais moins ahuri, l'abominable peur me ressaisissait tout entier, celle d'avoir à rendre mes comptes à la « Société Pordurière ». Que leur dirais-je à ces gens maléficieux ? Comment me croiraient-ils ? Ils me feraient arrêter sûr ! Qui me jugerait alors ? Des types spéciaux armés de lois terribles qu'ils tiendraient on ne sait d'où, comme le Conseil de guerre, mais dont ils ne vous donnent jamais les intentions véritables et qui s'amusent à vous faire ravir avec, en saignant, le sentier à pic au-dessus de l'enfer, le chemin qui conduit les pauvres à la crève. La loi, c'est le grand « Luna Park » de la douleur. Quand le miteux se laisse saisir par elle, on l'entend encore crier des siècles et des siècles après.

Je préférais rester stupéfié là, tremblotant, baveux dans les 400, que d'être forcé, lucide, d'imaginer ce qui m'attendait à Fort-Gono. J'en arrivais à ne plus prendre de quinine pour bien laisser la fièvre me cacher la vie. On se soûle avec ce qu'on a. Pendant que je mijotais ainsi, des jours et des semaines, mes allumettes s'épuisèrent. Nous en manquions. Robinson ne m'avait laissé derrière lui que du « Cassoulet à la bordelaise ». Mais alors de ça, je pouvais dire qu'il m'en avait vraiment laissé. J'en ai vomi des boîtes. Et pour en arriver à ce résultat, il fallait cependant encore les réchauffer.

Cette pénurie d'allumettes me fut l'occasion d'une petite distraction, celle de regarder mon cuisinier allumer son feu entre deux pierres en briquets parmi les herbes sèches. C'est en le regardant faire aussi que l'idée me vint. Beaucoup de fièvre pardessus et l'idée qui me vint prit une singulière consistance. Malgré que je fusse maladroit naturellement, après une semaine d'application je savais moi aussi, tout comme un nègre, faire prendre mon petit feu entre deux pierres aiguës. En somme, je commençais à me débrouiller dans l'état primitif. Le feu, c'est le principal, reste bien la chasse, mais je n'avais pas d'ambition. Le feu du silex me suffisait. Je m'y exerçais bien consciencieusement. Je n'avais que ça à faire, jour après jour. Au truc de rejeter les chenilles du « secondaire » j'étais devenu beaucoup moins habile. Je n'avais pas encore acquis le truc. J'en écrasais beaucoup de chenilles. Je m'en désintéressais. Je les laissais entrer librement dans ma case en amies. Survinrent deux grands orages successifs, le second dura trois jours entiers et surtout trois nuits. On but enfin de la pluie au bidon, tiède il est vrai, mais quand même... Les étoffes du petit stock se mirent à fondre sous les averses, sans contrainte, les unes dans les autres, une immonde marchandise.

Des nègres complaisants me cherchèrent bien en forêt des touffes de lianes pour amarrer ma case au sol, mais en vain, les feuillages des cloisons, au moindre vent, se mettaient à battre follement par-dessus le toit, comme des ailes blessées. Rien n'y fit. Tout pour s'amuser en somme.

Les Noirs petits et grands se décidèrent à vivre dans ma déroute en complète familiarité. Ils étaient réjouis. Grande distraction. Ils entraient et sortaient de chez moi (si l'on peut dire) comme ils voulaient. Liberté. Nous échangions en signe de grande compréhension des signes. Sans fièvre, je me serais peut-être mis à apprendre leur langue. Le temps me manqua. Quant au feu de pierres, malgré mes progrès, je n'avais pas encore acquis pour l'allumer leur meilleure manière, l'expéditive. Beaucoup d'étincelles me sautaient encore dans les yeux et cela les faisait bien rigoler les Noirs.

Quand je n'étais pas à moisir de fièvre sur mon « démontable », ou à battre mon briquet primitif, je ne pensais plus qu'aux comptes de la « Pordurière ». C'est curieux comme on a du mal à s'affranchir de la terreur des comptes irréguliers. Certainement, je devais tenir cette terreur de ma mère qui m'avait contaminé avec sa tradition : « On vole un œuf... Et puis un bœuf, et puis on finit par assassiner sa mère. » Ces choses-là, on a tous mis bien du mal à s'en débarrasser. On les a apprises trop petit et elles viennent vous terrifier sans recours, plus tard, dans les grands moments. Quelles faiblesses ! On ne peut guère compter pour s'en défaire que sur la force des choses. Heureusement, elle est énorme, la force des choses. En attendant, nous, la factorie et moi, on s'enfonçait. On allait disparaître dans la boue après chaque averse plus visqueuse, plus épaisse. La saison des pluies. Ce qui avait l'air hier encore d'une roche, n'était plus aujourd'hui que flasque mélasse. Des branches pendouillantes, l'eau tiède vous poursuivait en cascades, elle se répandait dans la case et partout alentour comme dans le lit d'un vieux fleuve délaissé. Tout fondait en bouillie de camelotes, d'espérances et de comptes et dans la fièvre aussi, moite elle aussi. Cette pluie tellement dense qu'on en avait la bouche fermée quand elle vous agressait comme par un bâillon tiède. Ce déluge n'empêchait pas les animaux de se rechercher, les rossignols se mirent à faire autant de bruit que les chacals. L'anarchie partout et dans l'arche, moi Noé, gâteux. Le moment d'en finir me parut arrivé.

Ma mère n'avait pas que des dictons pour l'honnêteté, elle disait aussi, 'e m'en souvins à point, quand elle brûlait chez nous les vieux pansements : « Le feu purifie tout ! » On a de tout chez sa mère, pour toutes les occasions de la Destinée. Il suffit de savoir choisir.

Le moment vint. Mes silex n'étaient pas très bien choisis, mal pointus, les étincelles me restaient surtout dans les mains. Enfin, tout de même, les premières marchandises prirent feu en dépit de l'humidité. C'était un stock de chaussettes absolument trempées. Cela se passait après le coucher du soleil. Les flammes s'élevèrent rapides, fougueuses. Les indigènes du village vinrent s'assembler autour du foyer, furieusement jacasseurs.

Le caoutchouc nature qu'avait acheté Robinson grésillait au centre et son odeur me rappelait invinciblement l'incendie célèbre de la Société des Téléphones, quai de Grenelle, qu'on avait été regarder avec mon oncle Charles, qui chantait lui si bien la romance. L'année d'avant l'Exposition ça se passait, la Grande, quand j'étais encore bien petit. Rien ne force les souvenirs à se montrer comme les odeurs et les flammes. Ma case elle, sentait tout pareil. Bien que détrempée, elle a brûlé entièrement, très franchement et marchandise et tout. Les comptes étaient faits. La forêt s'est tue pour une fois. Complet silence. Ils devaient en avoir plein la vue les hiboux, les léopards, les crapauds et les papagaies[16]. Il leur en faut pour les épater. Comme nous la guerre. La forêt pouvait revenir à présent prendre les débris sous son tonnerre de feuilles. Je n'avais sauvé que mon petit bagage, le lit pliant, les trois cents francs et bien entendu quelques « cassoulets » hélas ! pour la route.

Après une heure d'incendie, il ne restait presque rien de mon édicule. Quelques flammèches sous la pluie et quelques nègres incohérents qui trifouillaient les cendres du bout de leur lance dans

---

[16] *Papagaïes* : pour papegais ou papegeais, ancien nom des perroquets.

les bouffées de cette odeur fidèle à toutes les détresses, odeur détachée de toutes les déroutes de ce monde, l'odeur de la poudre fumante.

Il n'était que temps de foutre mon camp dare-dare. Retourner à Fort-Gono, sur mes pas ? Essayer d'y aller là-bas expliquer ma conduite et les circonstances de cette aventure ? J'hésitais... Pas longtemps. On n'explique rien. Le monde ne sait que vous tuer comme un dormeur quand il se retourne le monde, sur vous, comme un dormeur tue ses puces. Voilà qui serait certes mourir bien sottement, que je me dis, comme tout le monde, c'est-à-dire. Faire confiance aux hommes c'est déjà se faire tuer un peu.

Je décidai, malgré l'état où je me trouvais, de prendre la forêt, devant moi dans la direction qu'avait prise déjà ce Robinson de tous les malheurs.

* * *

En route, les bêtes de la forêt je les entendis bien souvent encore, avec leurs plaintes et leurs trémolos et leurs appels, mais je ne les voyais presque jamais, je compte pour rien ce petit cochon sauvage sur lequel une fois J'ai failli marcher aux environs de mon abri. Par ces rafales de cris, d'appels, de hurlements, on aurait pu croire qu'ils étaient là tout près, des centaines, des milliers à grouiller, les animaux. Cependant dès qu'on s'approchait de l'endroit de leur vacarme, plus personne, à part ces grosses pintades bleues, empêtrées dans leur plumage comme pour une noce et si maladroites quand elles sautaient en toussant d'une branche à l'autre, qu'on aurait dit qu'un accident venait de leur arriver.

Plus bas, sur les moisissures des sous-bois, des papillons lourds et larges et bordés comme des « faire-part » tremblotent de mal à s'ouvrir et puis, plus bas encore c'était nous, en train de patauger dans la boue jaune. Nous n'avancions qu'à grand-peine, surtout qu'ils me portaient dans une civière, les nègres, confectionnée avec des sacs cousus bout à, bout. Ils auraient bien pu me balancer au jus les porteurs pendant que nous franchissions un marigot. Pourquoi ils ne l'ont point fait ? Je l'ai su plus tard. Ou bien encore ils auraient pu me bouffer puisque c'était dans leurs usages ?

De temps à autre, je les interrogeais pâteusement, ces compagnons, et toujours ils me répondaient : Oui, oui. Pas contrariants en somme. Des braves gens. Quand la diarrhée me laissait un peu de répit, la fièvre me reprenait tout de suite. C'était pas croyable comme j'étais devenu malade à ce train-là.

Je commençais même à ne plus y voir très clair ou plutôt je voyais toutes les choses en vert. À la nuit toutes les bêtes de la terre venaient cerner notre campement, on allumait un feu. Et par-ci par-là un cri traversait malgré tout l'énorme vélum noir qui nous étouffait. Une bête égorgée qui malgré son horreur des hommes et du feu arrivait quand même à se plaindre à nous, là, tout près d'elle.

À partir du quatrième jour, je n'essayais même plus de reconnaître le réel parmi les choses absurdes de la fièvre qui entraient dans ma tête les unes dans les autres en même temps que des morceaux de gens et puis des bouts de résolutions et des désespoirs qui n'en finissaient pas.

Mais tout de même, il a dû exister, je me dis aujourd'hui, quand j'y pense, ce Blanc barbu que nous rencontrâmes un matin sur un promontoire de cailloux à la jonction des deux fleuves ? Et même qu'on entendait un énorme fracas tout proche d'une cataracte. C'était un type dans le genre d'Alcide, mais en sergent espagnol. Nous venions de passer à force d'aller d'un sentier à l'autre comme ça, tant bien que mal, dans la colonie du Rio del Rio, antique possession de la Couronne de Cas tille. Cet Espagnol pauvre militaire, possédait une case aussi lui. Il a bien rigolé, il me semble, quand je lui ai eu raconté tous mes malheurs et ce que j'en avais fait moi de la mienne de case ! La sienne, c'est vrai, elle se pré sentait un peu mieux, mais pas beaucoup. Son tourment à lui spécial, c'était les fourmis rouges. Elles avaient choisi de passer, pour leur migration annuelle, juste à travers sa case, les petites garces, et elles n'arrêtaient pas de passer depuis bientôt deux mois.

Elles prenaient presque toute la place ; on avait du mal à se retourner, et puis, si on les dérangeait, elles pinçaient dur.

Il fut joliment heureux que je lui donne de mon cassoulet parce qu'il mangeait seulement de la tomate, lui, depuis trois ans. J'avais rien à dire. Il en avait consommé déjà, m'apprit-il, plus de trois mille boîtes à lui tout seul. Fatigué de les accommoder diversement, il les gobait à présent le plus simplement du monde par deux petits orifices pratiqués dans le couvercle, comme des œufs.

Les fourmis rouges, dès qu'elles le surent, qu'on en avait de nouvelles conserves, montèrent la garde autour de ses cassoulets. Il n'aurait pas fallu en laisser une seule boîte à la traîne, entamée, elles auraient fait entrer alors la race entière des fourmis rouges dans la case. Y a pas plus communiste. Et elles auraient bouffé aussi l'Espagnol.

J'appris par cet hôte que la capitale du Rio del Rio se nommait San Tapeta, ville et port célèbre sur toute la côte et même au-delà, pour l'armement des galères du long cours.

La piste que nous suivions y menait précisément c'était le chemin, il nous suffisait de continuer comme ça pendant trois jours encore et trois nuits. Question de me soigner le délire, je lui demandai à cet Espagnol s'il ne connaissait pas des fois quelque bonne médecine indigène qui m'aurait retapé. La tête me travaillait abominablement. Mais il ne voulait pas en entendre parler de ces machins-là. Pour un Espagnol colonisateur il était même étrangement africanophobe, à ce point qu'il se refusait de se servir aux cabinets, quand il y allait, des feuilles de bananier et qu'il tenait à sa disposition, découpés pour cet usage, toute une pile du Boletin de Asturias, exprès. Il ne lisait plus non plus le journal, tout à fait comme Alcide encore.

Depuis trois ans qu'il vivait là, seul avec des fourmis, quelques petites manies et ses vieux journaux, et puis aussi avec ce terrible accent espagnol qui est comme une espèce de seconde personne tellement il est fort, on avait bien du mal à l'exciter. Quand il engueulait ses nègres c'était comme un orage par exemple, Alcide n'existait pas à côté de lui pour la gueule. Je finis par lui céder tout mon cassoulet à cet Espagnol tellement il me plaisait. En reconnaissance il m'établit un fort beau passeport sur papier granuleux aux armes de Castille avec une de ces signatures si ouvragée qu'elle lui prit pour l'exécution fignolée dix bonnes minutes.

Pour San Tapeta, on ne pouvait donc pas se tromper, il avait dit vrai, c'était tout droit devant soi. Je ne sais plus comment nous y parvînmes, mais je suis certain d'une chose, c'est qu'on me remit dès l'arrivée entre les mains d'un curé qui me sembla si gâteux lui aussi que de le sentir à mon côté ça me redonna comme une espèce de courage comparatif. Pas pour très longtemps.

La ville de San Tapeta était plaquée à flanc de rocher en plein devant la mer, et verte fallait voir comme. Un magnifique spectacle, sans doute, vu de la rade, quelque chose de somptueux, de loin, mais de près rien que des viandes surmenées comme à Fort-Gono et qui n'en finissent pas non plus de pustuler et de cuire. Quant aux nègres de ma petite caravane, au cours d'un petit moment de lucidité je les renvoyai. Ils avaient traversé un grand morceau de la forêt et craignaient au retour pour leur vie, qu'ils disaient. Ils en pleuraient d'avance en me quittant, mais la force pour les plaindre moi me manquait. J'avais trop souffert et trop transpiré. Ça n'arrêtait pas.

Autant qu'il m'en souvient, beaucoup d'êtres croasseurs dont cette agglomération était décidément bien populeuse, vinrent jour et nuit à partir de ce moment se démener autour de ma couche qu'on avait dressée spécialement dans le presbytère, les distractions étaient rares à San Tapeta. Le curé me remplissait de tisanes, une longue croix dorée oscillait sur son ventre et des profondeurs de sa soutane montait quand il s'approchait de mon chevet un grand bruit de monnaie. Mais il n'était plus question de converser avec le peuple, bafouiller déjà m'épuisait au-delà du possible.

Je croyais bien que c'en était fini, j'essayai de regarder encore un peu ce qu'on pouvait apercevoir de ce monde par la fenêtre du curé. Je n'oserais pas affirmer que je puisse aujourd'hui décrire ces jardins sans commettre de grossières et fantastiques erreurs. Du soleil, cela c'est sûr, il y en avait, toujours le même, comme si on vous ouvrait une large chaudière toujours en pleine figure et puis, en dessous, encore du soleil et ces arbres insensés, et des allées encore, ces façons de laitues épanouies comme des chênes et ces sortes de pissenlits dont il suffirait de trois ou quatre pour faire un beau marronnier ordinaire de chez nous. Ajoutez un crapaud ou deux dans le tas, lourds comme des épagneuls et qui trottent aux abois d'un massif à l'autre.

C'est par les odeurs que finissent les êtres, les pays et les choses. Toutes les aventures s'en vont par le nez. J'ai fermé les yeux parce que vraiment je ne pouvais plus les ouvrir. Alors l'odeur âcre d'Afrique, nuit après nuit s'est estompée. Il me devint de plus en plus difficile de retrouver son lourd mélange de terre morte, d'entre jambes et de safran pilé.

Du temps, du passé et du temps encore et puis un moment vint où je subis nombre de chocs et de révulsions nouvelles et puis des secousses plus régulières, celles-là berceuses...

Couché, je l'étais encore certainement, mais alors sur une matière mouvante. Je me laissais aller et puis je vomissais et je me réveillais encore et je me rendormais.

C'était en mer. Si vaseux je me sentais que j'avais à peine assez de force pour retenir la nouvelle odeur de cordages et de goudron. Il faisait frais dans le recoin bourlingueur où l'étais tassé juste au-dessous d'un hublot grand ouvert. On m'avait laissé tout seul. Le voyage continuait évidemment... Mais lequel ? J'entendais des pas sur le pont, un pont en bois, au-dessus de mon nez et des voix et les vagues qui venaient clapoter et fondre contre le bordage.

Il est bien rare que la vie revienne à votre chevet, où que vous soyez, autrement que sous la forme d'un sacré tour de cochon. Celui que m'avaient joué ces gens de San Tapeta pouvait compter. N'avaient-ils pas profité de mon état pour me vendre gâteux, tel quel, à l'armement d'une galère ? Une belle galère, ma foi, je l'avoue, haute de bords, bien ramée, couronnée de jolies voiles pourpres, un gaillard tout doré, un bateau tout ce qu'il y avait de capitonné aux endroits pour les officiers, avec en proue un superbe tableau à l'huile de foie de morue représentant l'*Infanta Combitta* en costume de polo. Elle patronnait m'expliqua-t-on par la suite, cette Royauté, de son nom, de ses nichons, et de son honneur royal le navire qui nous emportait. C'était flatteur.

Après tout, méditais-je à propos de mon aventure, resté à San Tapeta, je suis encore malade comme un chien, tout tourne et je serais sûrement crevé chez ce curé où les nègres m'avaient placé... Retourner à Fort-Gono ? Je n'y coupais pas alors de mes « quinze ans » à propos des comptes... Ici au moins ça bougeait et ça c'était déjà de l'espérance... Qu'on y réfléchisse, ce capitaine de l'*Infanta Combitta* avait eu quelque audace en m'achetant, même à vil prix à mon curé au moment de lever l'ancre. Il risquait tout son argent dans cette transaction le capitaine. Il aurait pu tout perdre... Il avait spéculé sur l'action bénéfique de l'air de la mer pour me ravigoter. Il méritait sa récompense. Il allait gagner puisque j'allais mieux déjà et je l'en trouvais bien content. Je délirais encore énormément mais avec une certaine logique... À partir du moment où j'ouvris les yeux il vint souvent me rendre visite dans mon réduit même et paré de son chapeau à plumes le capitaine. Il m'apparaissait ainsi.

Il s'amusait bien à me voir essayer de me soulever sur ma paillasse malgré la fièvre qui me tenait. Je vomis sais. ". Bientôt, allons, merdailleux, vous pourrez ramer avec les autres ! » me prédit-il. C'était gentil de sa part, et il s'esclaffait en me donnant des petits coups de chicote, mais bien amicalement alors, et sur la nuque, pas sur les fesses. Il voulait que je m'amuse aussi, que je me réjouisse avec lui de la bonne affaire qu'il venait de faire en m'acquérant.

La nourriture du bord me sembla fort acceptable. Je n'arrêtais pas de bafouiller. Rapidement, comme il l'avait prédit le capitaine, je retrouvai assez de force pour aller ramer de temps en temps avec les camarades. Mais où il y en avait dix des copains j'en voyais cent : la berlue.

On se fatiguait assez peu pendant cette traversée parce qu'on voguait la plupart du temps sous voiles. Notre condition dans l'entrepont n'était guère plus nauséeuse que celle des ordinaires voyageurs des basses classes dans un wagon du dimanche et moins périlleuse que celle que j'avais endurée à bord de l'*Amiral-Bragueton* pour venir. Nous fûmes toujours largement éventés pendant ce passage de l'est à l'ouest de l'Atlantique. La température baissa. On ne s'en plaignait guère dans les entreponts. On trouvait seulement que c'était un peu long. Pour moi, j'en avais assez pris des spectacles de la nier et de la forêt pour une éternité.

J'aurais bien demandé des détails au capitaine sur les buts et les moyens de notre navigation, mais depuis que j'allais décidément mieux, il cessait de s'intéresser à mon sort. Et puis je radotais tout de même trop pour la conversation. Je ne le voyais plus que de loin, comme un vrai patron.

À bord, parmi les galériens je me mis à rechercher Robinson et à plusieurs reprises pendant la nuit, en plein silence, je l'appelai à haute voix. Nul ne me répondit sauf par quelques injures et des menaces : la Chiourme.

Cependant, plus je réfléchissais aux détails et aux circonstances de mon aventure plus il me semblait probable qu'on lui avait fait à lui aussi le coup de San Tapeta. Seulement Robinson il devait à présent ramer sur une autre galère. Les nègres de la forêt devaient tous être dans le commerce et la combine. Chacun son tour, c'était régulier. Il faut bien vivre et prendre pour les vendre les choses et les gens qu'on ne mange pas tout de suite. La gentillesse relative des indigènes à mon égard s'expliquait de la plus crapuleuse des façons.

L'*Infanta Combitta* roula encore pendant des semaines et des semaines à travers les houles atlantiques de mal de mer en accès et puis un beau soir tout s'est calmé autour de nous. Je n'avais plus de délire. Nous mijotions autour de l'ancre. Le lendemain au réveil, nous comprîmes en ouvrant les hublots que nous venions d'arriver à destination. C'était un sacré spectacle !

* * *

Pour une surprise, c'en fut une. À travers la brume, c'était tellement étonnant ce qu'on découvrait soudain que nous nous refusâmes d'abord à y croire et puis tout de même quand nous fûmes en plein devant les choses, tout galérien qu'on était on s'est mis à bien rigoler, en voyant ça, droit devant nous...

Figurez-vous qu'elle était debout leur ville, absolu ment droite. New York c'est une ville debout. On en avait déjà vu nous des villes bien sûr, et des belles encore, et des ports et des fameux même. Mais chez nous, n'est-ce pas, elles sont couchées les villes, au bord de la mer ou sur les fleuves, elles s'allongent sur le paysage, elles attendent le voyageur, tandis que celle-là l'Américaine, elle ne se pâmait pas, non, elle se tenait bien raide, là, pas baisante du tout, raide à faire peur.

On en a donc rigolé comme des cornichons. Ça fait drôle forcément, une ville bâtie en raideur. Mais on n'en pouvait rigoler nous, du spectacle qu'à partir du cou, à cause du froid qui venait du large pendant ce temps-là à travers une grosse brume grise et rose, et rapide et piquante à l'assaut de nos pantalons et des crevasses de cette muraille, les rues de la ville, où les nuages s'engouffraient aussi à la charge du vent. Notre galère tenait son mince sillon juste au ras des jetées, là où venait finir une eau caca, toute barbotante d'une kyrielle de petits bachots et remorqueurs avides et cornards.

Pour un miteux, il n'est jamais bien commode de débarquer nulle part mais pour un galérien c'est encore bien pire, surtout que les gens d'Amérique n'aiment pas du tout les galériens qui viennent d'Europe. « C'est tous des anarchistes » qu'ils disent. Ils ne veulent recevoir chez eux en somme que les curieux qui leur apportent du pognon, parce que tous les argents d'Europe, c'est des fils à Dollar.

J'aurais peut-être pu essayer comme d'autres l'avaient déjà réussi, de traverser le port à la nage et puis une fois au quai de me mettre à crier : « Vive Dollar ! Vive Dollar ! » C'est un truc. Y a bien des gens qui sont débarqués de cette façon-là et qui après ça ont fait des fortunes. C'est pas sûr, ça se raconte seulement. Il en arrive dans les rêves des bien pires encore. Moi, j'avais une autre combinaison en tête en même temps que la fièvre.

À bord de la galère ayant appris à bien compter les puces (pas seulement à les attraper, mais à en faire des additions, et des soustractions, en somme des statistiques), métier délicat qui n'a l'air de rien, mais qui constitue bel et bien une technique, je voulais m'en servir. Les Américains on peut en dire ce qu'on voudra, mais en fait de technique, c'est des connaisseurs. Ils aimeraient ma manière de compter les puces jusqu'à la folie, j'en étais certain d'avance. Ça ne devait pas rater selon moi.

J'allais leur offrir mes services quand tout d'un coup on donna l'ordre à notre galère d'aller passer une quarantaine dans une anse d'à côté, à l'abri, à portée de voix d'un petit village réservé, au fond d'une baie tranquille, à deux milles à l'est de New York.

Et nous demeurâmes tous là en observation pendant des semaines et des semaines, si bien que nous y prîmes des habitudes. Ainsi chaque soir après la soupe se détachait de notre bord pour aller au village l'équipe de la provision d'eau. Il fallait que j'en fasse partie pour arriver à mes fins.

Les copains savaient bien où je cherchais à en venir mais eux ça les tentait pas l'aventure. « Il est fou, qu'ils disaient, mais il est pas dangereux. » Sur l'*Infanta Combitta* on bouffait pas mal, on les triquait un peu les copains, mais pas trop, et en somme ça pouvait aller. C'était du boulot moyen. Et puis sublime avantage, on les renvoyait jamais de la galère et même que le Roi leur avait promis pour quand ils auraient soixante et deux ans d'âge une espèce de petite retraite. Cette perspective les rendait heureux, ça leur donnait de quoi rêver et le dimanche pour se sentir libres, au surplus, ils jouaient à voter.

Pendant les semaines qu'on nous imposa la quarantaine, ils rugissaient tous ensemble dans l'entrepont, ils s'y battaient et s'y pénétraient aussi tour à tour. Et puis enfin ce qui les empêchait de s'échapper avec moi, c'est surtout qu'ils ne voulaient rien entendre ni savoir de cette Amérique dont j'étais moi féru. Chacun ses monstres, eux c'était l'Amérique leur bête noire. Ils cher chèrent même à m'en dégoûter tout à fait. J'avais beau leur dire que je connaissais des gens dans ce pays-là, ma petite Lola entre autres, qui devait être bien riche à pré sent, et puis sans doute le Robinson qui devait s'y être fait une situation dans les affaires, ils ne voulaient pas en démordre de leur aversion pour les États-Unis, de leur dégoût, de leur haine : « Tu cesseras jamais d'être tapé » qu'ils me disaient. Un jour j'ai fait comme si j'allais avec eux au robinet du village et puis je leur ai dit que je ne rentrerais pas à la galère. Salut ! C'était des bons gars au fond, bien travailleurs et ils m'ont bien répété encore qu'ils ne m'approuvaient pas du tout, mais ils me souhaitèrent quand même du bon courage et de la bonne chance et bien du plaisir avec mais à leur façon. « Va l qu'ils m'ont dit. Va ! Mais on te prévient encore : T'as pas des bons goûts pour un pouilleux ! C'est ta fièvre qui te rend dingo ! T'en reviendras de ton Amérique et dans un état pire que nous ! C'est tes goûts qui te perdront ! Tu veux apprendre ? T'en sais déjà bien trop pour ta condition ! »

J'avais beau leur répondre que j'avais des amis dans l'endroit et qui m'attendaient.

Je bafouillais.

« Des amis ? qu'ils faisaient comme ça eux, des amis ? mais ils se foutent bien de ta gueule tes amis ! Il y a longtemps qu'ils t'ont oublié tes amis !...

— Mais, je veux voir des Américains moi ! que j'avais beau insister. Et même qu'ils ont des femmes comme il y en a pas ailleurs !...

— Mais rentre donc avec nous eh bille ! qu'ils me répondaient. C'est pas la peine d'y aller qu'on te dit ! Tu vas te rendre malade pire que t'es ! On va te renseigner tout de suite nous autres sur ce que c'est que les Américains ! C'est tout millionnaire ou tout charogne ! Y a pas de milieu ! Toi tu les verras sûrement pas les millionnaires dans l'état que t'arrives ! Mais pour la charogne, tu peux compter qu'ils vont t'en faire bouffer ! Là tu peux être tranquille ! Et pas plus tard que tout de suite !... »

Voilà comment qu'ils m'ont traité les copains. Ils m'horripilaient tous à la fin ces ratés, ces enculés, ces sous-hommes. « Foutez-moi le camp tous ! que je leur ai répondu ; c'est la jalousie qui vous fait baver et voilà tout ! S'ils me font crever les Américains, on le verra bien ! Mais ce qu'il y a de certain, c'est que tous autant que vous êtes, c'est rien qu'un petit four que vous avez entre les jambes et encore un bien mou ! »

C'était envoyé ça ! J'étais content !

Comme la nuit arrivait on les siffla de la galère. Ils se sont remis à ramer tous en cadence, moins un, moi. J'ai attendu de ne plus les entendre, plus du tout, et puis j'ai compté jusqu'à cent et alors j'ai couru aussi fort que je pouvais jusqu'au village. Un petit endroit coquet que c'était le village, bien éclairé, des maisons en bois, qui attendaient qu'on s'en serve, disposées à droite, à gauche d'une chapelle, toute silencieuse elle aussi, seulement j'avais des frissons, le paludisme et puis la peur. Par-ci, par-là, on rencontrait un marin de cette garnison qui n'avait pas l'air de s'en faire et même des enfants et puis une fillette joliment bien musclée : l'Amérique ! J'étais arrivé. C'est ça qui fait plaisir à voir après tant de sèches aventures. Ça remet comme un fruit dans la vie. J'étais tombé dans le seul village qui ne servait à rien. Une petite garnison de familles de marins le tenait en bon état avec toutes ses installations pour le jour éventuel où une peste rageuse arriverait par un bateau comme le nôtre et menacerait le grand port.

C'était alors dans ces installations, qu'on en ferait crever le plus possible des étrangers pour que les autres de la ville n'attrapent rien. Ils avaient même un cimetière fin prêt à proximité et planté de fleurs partout. On attendait. Depuis soixante ans on attendait, on ne faisait rien qu'attendre.

Ayant trouvé une petite cabane vide je me suis faufilé et j'ai dormi tout de suite et dès le matin ce ne furent que marins dans les ruelles, court vêtus, cadrés et balancés, faut voir comme, à jouer du balai et gicler le seau d'eau autour de mon refuge et par tous les carrefours de ce village théorique. J'avais beau garder un petit air détaché, j'avais tellement faim que je m'approchai malgré tout d'un endroit où ça sentait la cuisine.

C'est là que je fus repéré et puis coincé entre deux escouades bien résolues à m'identifier. Il fut tout aussitôt question de me foutre à l'eau. Mené par les voies rapides devant le Directeur de la Quarantaine je n'en menais pas large et bien que j'eusse pris quelque culot dans la constante adversité je me sentais encore trop imbibé de fièvre pour me risquer à quelque improvisation brillante. Je battais plutôt la campagne et le cœur n'y était pas.

Mieux valait perdre connaissance. Ce qui m'arriva. Dans son bureau où je retrouvai mes esprits plus tard quelques dames vêtues de clair avaient remplacé les hommes autour de moi, je subis de leur part un questionnaire vague et bienveillant dont je me serais tout à fait contenté. Mais aucune indulgence ne dure en ce monde et dès le lendemain les hommes se remirent à me reparler de la prison. J'en profitai pour leur parler moi de puces, comme ça sans en avoir l'air... Que je savais les attraper... Les compter... Que c'était mon affaire et aussi de grouper ces parasites en véritables statistiques. Je voyais bien que mes allures les intéressaient, les faisaient tiquer mes gardes. On m'écoutait. Mais quant à me croire c'était une autre paire de manches.

Enfin survint le commandant de la station lui-même. Il s'appelait le « Surgeon général » ce qui serait un beau nom pour un poisson. Lui se montra grossier, mais plus décidé que les autres. « Que nous racontez-vous mon garçon ? me dit-il, que vous savez compter les puces ? ah !... » Il escomptait un boniment comme celui-là pour me confondre. Mais moi du tac au tac je lui récitai le petit plaidoyer que j'avais préparé.

« J'y crois au dénombrement des puces ! C'est un faneur de civilisation parce que le dénombrement est à la base d'un matériel de statistique des plus précieux !... Un pays progressiste doit connaître le nombre de ses puces, divisées par sexe, groupe d'âges, années et saisons...

— Allons, allons ! Assez palabré jeune homme ! me coupa-t-il le Surgeon général. Il en est venu avant vous ici bien d'autres de ces gaillards d'Europe qui nous ont raconté des bobards de ce genre, mais c'étaient en définitive des anarchistes comme les autres, pires que les autres... Ils ne croyaient même plus à l'Anarchie ! Trêve de vantardises !... Demain on vous essayera sur les émigrants d'en face à Ellis Island au service des douches ! Mon aide-major Mr. Mischief, mon assistant me dira si vous avez menti. Depuis deux mois, Mr. Mischief me réclame un agent « compte-puces « . Vous irez chez lui à l'essai ! Rompez ! Et si vous nous avez trompés on vous foutra à l'eau ! Rompez ! Et gare à vous ! »

Je sus rompre devant cette autorité américaine comme j'avais rompu devant tant d'autres autorités, en lui présentant donc ma verge d'abord, et puis mon derrière, par suite d'un demi-tour preste, le tout accompagné du salut militaire.

Je réfléchis que ce moyen des statistiques devait être aussi bon qu'un autre pour me rapprocher de New York. Dès le lendemain, Mischief, le major en question, me mit brièvement au courant de mon service, gras et jaune il était cet homme et myope tant qu'il pouvait, avec ça porteur d'énormes lunettes fumées. Il devait me reconnaître à la façon qu'ont les bêtes sauvages de reconnaître leur gibier, à l'allure générale, parce que pour les détails, c'était impossible avec des lunettes comme il en portait.

Nous nous entendîmes sans mal pour le boulot et je crois même que vers la fin de mon stage, il avait beaucoup de sympathie pour moi Mischief. Ne pas se voir c'est d'abord déjà une bonne raison pour sympathiser et puis surtout ma remarquable façon d'attraper les puces le séduisait. Pas deux comme moi dans toute la station, pour les mettre en boîte, les plus rétives, les plus kératinisées, les plus impatientes, j'étais en mesure de les sélectionner par sexe à même l'émigrant. C'était du travail formidable, je peux bien le dire... Mischief avait fini par se fier entièrement à ma dextérité.

Vers le soir, j'avais à force d'en écraser des puces les ongles du pouce et de l'index meurtris et je n'avais cependant pas terminé ma tâche puisqu'il me restait encore le plus important, à dresser les colonnes de l'état signalétique quotidien : Puces de Pologne d'une part, de Yougoslavie... d'Espagne... Morpions de Crimée... Gales du Pérou... Tout ce qui voyage de furtif et de piqueur sur l'humanité en déroute me passait par les ongles. C'était une ouvre, on le voit, à la fois monumentale et méticuleuse. Nos additions s'effectuaient à New York, dans un service spécial doté de machines électriques compte-puces. Chaque jour, le petit remorqueur de la « Quarantaine » traversait la rade dans toute sa largeur pour porter là-bas nos additions à effectuer ou à vérifier.

Ainsi passèrent des jours et des jours, je reprenais un peu de santé, mais au fur et à mesure que je perdais mon délire et ma fièvre dans ce confort, le goût l'aventure et des nouvelles imprudences me revint impérieux. À 37° tout devient banal.

J'aurais cependant pu en rester là, indéfiniment tranquille, bien nourri à la popote de la station, et d'autant mieux que la fille du major Mischief, je le note encore, glorieuse dans sa quinzième année, venait après cinq heures jouer du tennis, vêtue de jupes extrêmement courtes devant la fenêtre de notre bureau. En fait de jambes j'ai rarement vu mieux, encore un peu masculines et cependant déjà plus délicates, une beauté de chair en éclosion. Une véritable provocation au bonheur, à crier de joie en promesses. De jeunes enseignes du Détache ment ne la quittaient guère.

Ils n'avaient point à se justifier comme moi par des travaux du genre utile les coquins ! Je ne perdais pas un détail de leur manège autour de ma petite idole. J'en blêmissais plusieurs fois par jour. Je finis par me dire que la nuit moi aussi je pourrais peut-être passer pour un marin. Je caressais ces espérances quand un samedi de la vingt-troisième semaine les événements se précipitèrent. Le camarade chargé de la navette-des statistiques, un Arménien, fut promu de façon soudaine agent comptepuces en Alaska pour les chiens des prospecteurs.

Pour un bel avancement, c'était un bel avancement et il s'en montrait d'ailleurs ravi. Les chiens d'Alaska,-en effet, sont précieux. On en a toujours besoin. On les soigne bien. Tandis que des émigrants on s'en fout. Il y en a toujours de trop.

Comme désormais nous n'avions plus personne sous la main pour porter les additions à New York, ils ne firent pas trop de manières au bureau pour me désigner. Mischief, mon patron, me serra la main au départ en me recommandant d'être tout à fait sage et convenable en ville. Ce fut le dernier conseil qu'il me donna cet honnête homme et pour autant qu'il m'ait jamais vu il ne me revit jamais. Dès que nous touchâmes au quai, la pluie en trombe se mit à nous gicler dessus et puis à travers mon mince veston et sur mes statistiques aussi qui me fondirent progressivement dans la main. J'en gardai cependant quelques-unes en tampon bien épais dépassant de ma poche, pour avoir tant bien que mal l'air d'un homme d'affaires dans la Cité et je me précipitai rempli de crainte et d'émotion vers d'autres aventures.

En levant le nez vers toute cette muraille, j'éprouvai une espèce de vertige à l'envers, à cause des fenêtres trop nombreuses vraiment et si pareilles partout que c'en était écœurant.

Précairement vêtu je me hâtai, transi, vers la fente la plus sombre qu'on puisse repérer dans cette façade géante, espérant que les passants ne me verraient qu'à peine au milieu deux. Honte superflue. Je n'avais rien à craindre. Dans la rue que j'avais choisie, vraiment la plus mince de toutes, pas plus épaisse qu'un gros ruisseau de chez nous, et bien crasseuse au fond, bien humide, remplie de ténèbres, il en cheminait déjà tellement d'autres de gens, des petits et des gros, qu'ils m'emmenèrent avec eux comme une ombre. Ils remontaient comme moi dans la ville, au boulot sans doute, le nez en bas. C'était les pauvres de partout.

* * *

Comme si j'avais su où j'allais, j'ai eu l'air de choisir encore et j'ai changé de route, l'ai pris sur ma droite une autre rue, mieux éclairée, « Broadway » qu'elle s'appelait. Le nom je l'ai lu sur une plaque. Bien au-dessus des derniers étages, en haut, restait du jour avec des mouettes et des morceaux du ciel. Nous on avançait dans la lueur d'en bas, malade comme celle de la forêt et si grise que la rue en était pleine comme un gros mélange de coton sale.

C'était comme une plaie triste la rue qui n'en finissait plus, avec nous au fond, nous autres, d'un bord à l'autre, d'une peine à l'autre, vers le bout r 'on ne voit jamais, le bout de toutes les rues du monde.

Les voitures ne passaient pas, rien que des gens et des gens encore.

C'était le quartier précieux, qu'on m'a expliqué plus tard, le quartier pour l'or : Manhattan. On n'y entre qu'à pied, comme à l'église. C'est le beau cœur en Banque du monde d'aujourd'hui. Il y en a pourtant qui crachent par terre en passant. Faut être osé.

C'est un quartier qu'en et rempli d'or, un vrai miracle, et même qu'on peut l'entendre le miracle à travers les portes avec son bruit de dollars qu'on froisse, lui toujours trop léger le Dollar, un vrai Saint-Esprit, plus précieux que du sang.

J'ai eu tout de même le temps d'aller les voir et même je suis entré pour leur parler à ces employés qui gardaient les espèces. Ils sont tristes et mal payés.

Quand les fidèles entrent dans leur Banque, faut pas croire qu'ils peuvent se servir comme ça selon leur caprice. Pas du tout. Ils parlent à Dollar en lui murmurant des choses à travers un petit grillage, ils se confessent quoi. Pas beaucoup de bruit, des lampes bien douces, un tout minuscule guichet entre de hautes arches, c'est tout. Ils ne l'avalent pas l'Hostie. Ils se la mettent sur le cœur. Je ne pouvais pas rester longtemps à les admirer. Il fallait bien suivre les gens de la rue entre les parois d'ombre lisse.

Tout d'un coup, ça s'est élargi notre rue comme une crevasse qui finirait dans un étang de lumière. On s'est trouvés là devant une grande flaque de jour glauque coincée entre des monstres et des monstres de maisons. Au beau milieu de cette clairière, un pavillon avec un petit air champêtre, et bordé de pelouses malheureuses.

Je demandai à plusieurs voisins de la foule ce que c'était que ce bâtiment-là, qu'on voyait mais la plupart feignirent de ne pas m'entendre. Ils n'avaient pas de temps à perdre. Un petit jeune, passant tout près, voulut bien tout de même m'avertir que c'était la Mairie, vieux monument de l'époque coloniale ajouta-t-il, tout ce qu'il y avait d'historique... qu'on avait laissé là... Le pourtour de cette oasis tournait au square, avec des bancs, et même on y était assez bien pour la regarder la Mairie, assis. Il n'y avait presque rien à voir d'autre dans le moment où j'arrivais.

J'attendis une bonne heure à la même place et puis de cette pénombre, de cette foule en route, discontinue, morne, surgit sur les midi, indéniable, une brusque avalanche de femmes absolument belles.

Quelle découverte ! Quelle Amérique ! Quel ravisse ment ! Souvenir de Lola ! Son exemple ne m'avait pas trompé ! C'était vrai !

Je touchais au vif de mon pèlerinage. Et si je n'avais point souffert, en même temps des continuels rappels de mon appétit je me serais cru parvenu à l'un de ces moments de surnaturelle révélation esthétique. Les beautés que je découvrais, incessantes, m'eussent avec un peu de confiance et de confort ravi à ma condition trivialement humaine. Il ne me manquait qu'un sandwich en somme pour me croire en plein miracle. Mais comme il me manquait le sandwich !

Quelles gracieuses souplesses cependant ! Quelles délicatesses incroyables ! Quelles trouvailles d'harmonie ! Périlleuses nuances ! Réussites de tous les dangers ! De toutes les promesses possibles de la figure et du corps parmi tant de blondes ! Ces brunes ! Et ces Titiennes ! Et qu'il y en avait plus qu'il en venait encore ! C'est peut-être, pensais-je, la Grèce qui recommence ? J'arrive au bon moment !

Elles me parurent d'autant mieux divines ces apparitions, qu'elles ne semblaient point du tout s'apercevoir que j'existais, moi, là, à côté sur ce banc, tout gâteux, baveux d'admiration érotico-mystique de quinine et aussi de faim, faut l'avouer. S'il était possible de sortir de sa peau j'en serais sorti juste à ce moment-là, une fois pour toutes. Rien ne m'y retenait plus.

Elles pouvaient m'emmener, me sublimer, ces invraisemblables midinettes, elles n'avaient qu'un geste à faire, un mot à dire, et je passais à l'instant même et tout entier dans le monde du Rêve, mais sans doute avaient-elles d'autres missions.

Une heure, deux heures passèrent ainsi dans la stupéfaction. Je n'espérais plus rien.

Il y a les boyaux. Vous avez vu à la campagne chez nous jouer le tour au chemineau ? On bourre un vieux porte-monnaie avec les boyaux pourris d'un poulet. Eh bien, un homme, moi je vous le dis, c'est tout comme, en plus gros et mobile, et vorace, et puis dedans, un rêve.

Fallait songer au sérieux, ne pas entamer tout de suite ma petite réserve de monnaie. J'en avais pas beaucoup de la monnaie. Je n'osais même pas la compter. J'aurais pas pu d'ailleurs, je voyais double. Je les sentais seulement minces, les billets craintifs à travers l'étoffe, tout près dans ma poche avec mes statistiques à la manque.

Des hommes aussi passaient par là, des jeunes surtout avec des têtes comme en bois rose, des regards secs et monotones, des mâchoires qu'on n'arrivait pas à trouver ordinaires, si larges, si grossières... Enfin, c'est ainsi sans doute que leurs femmes les préfèrent les mâchoires. Les sexes semblaient aller chacun de leur côté dans la rue. Elles les femmes ne regardaient guère que les devantures des magasins, tout accaparées par l'attrait des sacs, des écharpes, des petites choses de soie, exposées, très peu à la fois dans chaque vitrine, mais de façon précise, catégorique. On ne trouvait pas beaucoup de vieux dans cette foule. Peu de couples non plus. Personne n'avait l'air de trouver bizarre que je reste là moi, seul, pendant des heures en station sur ce banc à regarder tout le monde passer. Toutefois, à un moment donné, le policeman du milieu de la chaussée posé comme un encrier se mit à me suspecter d'avoir des drôles de projets. C'était visible.

Où qu'on se trouve, dès qu'on attire sur soi l'attention des autorités, le mieux est de disparaître et en vitesse. Pas d'explications. Au gouffre ! que je me dis.

À droite de mon banc s'ouvrait précisément un trou, large, à même le trottoir dans le genre du métro de chez nous. Ce trou me parut propice, vaste qu'il était, avec un escalier dedans tout en marbre rose. J'avais déjà vu bien des gens de la rue y disparaître et puis en ressortir. C'était dans ce souterrain qu'ils allaient faire leurs besoins. Je fus immédiatement fixe. En marbre aussi la salle où se passait la chose. Une espèce de piscine, mais alors vidée de toute son eau, une piscine infecte, remplie seulement d'un jour filtré, mourant, qui venait finir là sur les hommes déboutonnés au milieu de leurs odeurs et bien cramoisis à pousser leurs sales affaires devant tout le monde, avec des bruits barbares.

Entre hommes, comme ça, sans façons, aux rires de tous ceux qui étaient autour, accompagnés des encouragements qu'ils se donnaient comme au football. On enlevait son veston d'abord, en arrivant, comme pour effectuer un exercice de force. On se mettait en tenue en somme, c'était le rite.

Et puis bien débraillés, rotant et pire, gesticulant comme au préau des fous, ils s'installaient dans la caverne fécale. Les nouveaux arrivants devaient répondre à mille plaisanteries dégueulasses pendant qu'ils descendaient les gradins de la rue ; mais ils paraissaient tous enchantés quand même.

Autant là-haut sur le trottoir ils se tenaient bien les hommes et strictement, tristement même, autant la perspective d'avoir à se vider les tripes en compagnie tumultueuse paraissait les libérer et les réjouir intimement.

Les portes des cabinets largement maculées pendaient, arrachées à leurs gonds. On passait de l'une à l'autre cellule pour bavarder un brin, ceux qui attendaient un siège vide fumaient des cigares lourds en tapant sur l'épaule de l'occupant en travail, lui, obstiné, la tête crispée, enfermée dans ses mains. Beaucoup en geignaient fort comme les blessés et les parturientes. On menaçait les constipés de tortures ingénieuses.

Quand un giclement d'eau annonçait une vacance, des clameurs redoublaient autour de l'alvéole libre, dont on jouait alors souvent la possession à pile ou face. Les journaux sitôt lus, bien qu'épais comme de petits coussins, se trouvaient dissous instantanément par la meute de ces travailleurs rectaux. On discernait mal les figures à cause de la fumée. Je n'osais pas trop avancer vers eux à cause de leurs odeurs.

Ce contraste était bien fait pour déconcerter un étranger. Tout ce débraillage intime, cette formidable familiarité intestinale et dans la rue cette parfaite contrainte ! J'en demeurais étourdi.

Je remontai au jour par les mêmes marches pour me reposer sur le même banc.

Débauche soudaine de digestions et de vulgarité. Découverte du communisme joyeux du caca. Je laissais chacun de leur côté les aspects si déconcertants de la même aventure. Je n'avais pas la force de les analyser ni d'en effectuer la synthèse. C'est dormir que je désirais impérieusement. Délicieuse et rare frénésie !

J'ai donc repris la file des passants qui s'engageaient dans une des rues aboutissantes et nous avançâmes par saccades à cause des boutiques dont chaque étalage fragmentait la foule. La porte d'un hôtel s'ouvrait là, créant un grand remous. Des gens giclaient sur le trottoir par la vaste porte à tambour, je fus happé dans le sens inverse en plein grand vestibule à l'intérieur.

Étonnant tout d'abord... Il fallait tout deviner, imaginer de la majesté de l'édifice, de l'ampleur de ses pro portions parce que tout se passait autour d'ampoules si voilées qu'on ne s'y habituait qu'après un certain temps.

Beaucoup de jeunes femmes dans cette pénombre, plongées en de profonds fauteuils, comme dans autant d'écrins. Des hommes attentifs alentour, silencieux à passer et repasser à certaine distance d'elles, curieux et craintifs, au large de la rangée des jambes croisées à de magnifiques hauteurs de soie. Elles me semblaient ces merveilleuses attendre là des événements très graves et très coûteux. Évidemment, ce n'était pas à moi qu'elles songeaient. Aussi passai-je à mon tour devant cette longue tentation palpable, tout à fait furtivement.

Comme elles étaient au moins une centaine ces prestigieuses retroussées, disposées sur une seule ligne de fauteuils, j'arrivai au Bureau des entrées si rêveur ayant absorbé une ration de beauté tellement trop forte pour mon tempérament que j'en chancelais.

Au pupitre, un commis gommé m'offrit violemment une chambre. Je me décidai pour la plus petite de l'hôtel. Je ne devais guère posséder à ce moment-là qu'une cinquantaine de dollars, presque plus d'idées et pas de confiance du tout.

J'espérais que ce serait réellement la plus petite chambre d'Amérique qu'il m'offrirait le commis car son hôtel, le *Laugh Calvin*, était annoncé sur les affiches, comme le mieux achalandé parmi les plus somptueux garnis du continent.

Au-dessus de moi quel infini de locaux meublés ! Et tout près de moi, dans ces fauteuils, quelles tentations de viols en série ! Quels abîmes ! Quels périls ! Le supplice esthétique du pauvre est donc interminable ? Encore plus tenace que sa faim ? Mais point le temps d'y succomber, prestes les gens au bureau m'avaient déjà remis une clef, pesante à pleine main. Je n'osais plus bouger.

Un garçonnet déluré, vêtu en sorte de très jeune général de brigade, surgit de l'ombre devant mes yeux ; impératif commandant. L'employé lisse du bureau frappa trois coups sur son timbre métallique et mon garçonnet se mit à siffler. On m'expédiait. C'était le départ. Nous filâmes.

D'abord par un couloir, a belle allure, nous allions noirs et décisifs comme un métro. Lui conduisait, l'enfant. Encore un coin, un détour et puis un autre. Ça ne traînait pas. Nous incurvâmes un peu notre sillage. Ça passe. C'est l'ascenseur. Coup de pompe. Nous y voilà ? Non. Un couloir encore. Plus sombre encore, de l'ébène mural il me semble partout sur les parois. Je n'ai pas le temps d'examiner. Le petit siffle, il emporte ma frêle valise. Je n'ose rien lui mander. C'est aller qu'il faut, je m'en rends bien compte. Dans les ténèbres çà et là, sur notre passage, une ampoule roue ou verte sème un commandement. De longs traits d'or marquent les portes. Nous avions franchi depuis longtemps les numéros 1800 et puis les 3000, et nous allions cependant toujours emport par notre même invincible destin. Il suivait l'innominé dans l'ombre, le petit chasseur galonné, comme son propre instinct. Rien ne semblait dans cet antre le trouver au dépourvu. Son sifflet modulait un ton plaintif quand nous dépassions un nègre, une femme de chambre, noire elle aussi. C'était tout.

Dans l'effort de m'accélérer, j'avais perdu au long de ces couloirs uniformes le peu d'aplomb qui me restait en m'échappant de la Quarantaine. Je m'effilochais comme j'avais vu déjà s'effilocher ma case au vent d'Afrique parmi les déluges d'eau tiède. J'étais aux prises ici pour ma part avec un torrent de sensations inconnues. Il y a un moment entre deux genres d'humanités où l'on en arrive à se débattre dans le vide.

Tout à coup le garçonnet, sans prévenir, pivota. Nous venions d'arriver. Je me cognai contre une porte, c'était ma chambre, une grande boîte aux parois d'ébène. Rien que sur la table, un peu de lumière ceignait une lampe craintive et verdâtre. « Le Directeur de l'hôtel *Laugh Calvin* avisait le voyageur que son amitié lui était acquise et qu'il prendrait, lui Directeur, le souci personnel de maintenir en gaieté le voyageur pendant toute la durée de son séjour à New York. » La lecture de cette annonce posée bien en évidence dut s'ajouter encore si possible à mon marasme.

Une fois seul, ce fut bien pire. Toute cette Amérique venait me tracasser, me poser d'énormes questions, et me relancer de sales pressentiments, là même dans cette chambre.

Sur le lit, anxieux, je tentais de me familiariser avec la pénombre de cet enclos pour commencer. D'un grondement périodique les murailles tremblaient du côté de ma fenêtre. Passage du métro aérien. Il bondissait en face, entre deux rues, comme un obus, rempli de viandes tremblotantes et hachées, saccadait à travers la ville lunatique de quartier en quartier. On le voyait là-bas aller se faire trembler la carcasse juste au-dessus d'un torrent de membrures dont l'écho grondait encore bien loin derrière lui d'une muraille à l'autre, quand il l'avait délivré, à cent à l'heure. L'heure du dîner survint pendant cette prostration, et puis celle du coucher aussi.

C'est surtout le métro furieux qui m'avait ahuri. De l'autre côté de ce puits de courette, la paroi s'alluma par une, puis par deux chambres, puis des dizaines. Dans certaines d'entre elles, je pouvais apercevoir ce qui se passait. C'étaient des ménages qui se couchaient. Ils semblaient aussi déchus que les gens de chez nous les Américains, après les heures verticales. Les femmes avaient les cuisses très pleines et très pâles, celles que j'ai pu bien voir tout au moins. La plupart des hommes se rasaient tout en fumant un cigare avant de se coucher.

Au lit ils enlevaient leurs lunettes d'abord et leurs râteliers ensuite dans un verre et plaçaient le tout en évidence. Ils n'avaient pas l'air de se parler entre eux, entre sexes, tout à fait comme dans la rue. On aurait dit des grosses bêtes bien dociles, bien habituées à s'ennuyer.

Je n'ai aperçu en tout que deux couples à se faire à la lumière les choses que j'attendais et pas violemment du tout. Les autres femmes, elles, mangeaient des bonbons au lit en attendant que le mari ait achevé sa toilette. Et puis, tout le monde a éteint.

C'est triste des gens qui se couchent, on voit bien qu'ils se foutent que les choses aillent comme elles veulent, on voit bien qu'ils ne cherchent pas à comprendre eux, le pourquoi qu'on est là. Ça leur est bien égal. Ils dorment n'importe comment, c'est des gonflés, des huîtres, des pas susceptibles, Américains ou non. Ils ont toujours la conscience tranquille.

J'en avais trop vu moi des choses pas claires pour être content. J'en savais de trop et j'en savais pas assez. Faut sortir, que je me dis, sortir encore. Peut-être que tu le rencontreras Robinson. C'était une idée idiote évidemment mais que je me donnais pour avoir un prétexte à sortir à nouveau, d'autant plus que j'avais beau me retourner et me retourner encore sur le petit plumard je ne pouvais accrocher le plus petit bout de sommeil.

Même à se masturber dans ces cas-là on n'éprouve ni réconfort, ni distraction, Alors c'est le vrai désespoir.

Ce qui est pire c'est qu'on se demande comment le lendemain on trouvera assez de force pour continuer à faire ce qu'on a fait la veille et depuis déjà tellement trop longtemps, où on trouvera la force pour ces démarches imbéciles, ces mille projets qui n'aboutissent à rien, ces tentatives pour sortir de l'accablante nécessité, tentatives qui toujours avortent, et toutes pour aller se convaincre une fois de plus que le destin est insurmontable, qu'il faut retomber au bas de la muraille, chaque soir, sous l'angoisse de ce lendemain, toujours plus précaire, plus sordide.

C'est l'âge aussi qui vient peut-être, le traître, et nous menace du pire. On n'a plus beaucoup de musique en soi pour faire danser la vie, voilà. Toute la jeunesse est allée mourir déjà au bout du monde dans le silence de vérité. Et où aller dehors, je vous le demande, dès qu'on a plus en soi la somme suffisante de délire ? La vérité, c'est une agonie qui n'en finit pas. La vérité de ce monde c'est la mort. Il faut choisir, mourir ou mentir. Je n'ai jamais pu me tuer moi.

Le mieux était donc de sortir dans la rue, ce petit suicide. Chacun possède ses petits dons, sa méthode pour conquérir le sommeil et bouffer. Il fallait bien que j'arrive à dormir pour retrouver assez de forces pour gagner ma croûte le lendemain. Retrouver de l'entrain, juste ce qu'il fallait pour trouver un boulot demain et franchir tout de suite, en attendant, l'inconnu du sommeil. Faut pas croire que c'est facile de s'endormir une fois qu'on s'est mis à douter de tout, à cause surtout de tant de peurs qu'on vous a faites.

Je m'habillai et tant bien que mal, parvins à l'ascenseur, mais un peu gaga. Encore me -il passer dans le vestibule devant d'autres rangs, d'autres ravissantes énigmes aux jambes si tentantes, aux figures délicates et sévères. Des déesses en somme, des déesses racoleuses. On aurait pu essayer de se comprendre. Mais j'avais peur de me faire arrêter. Complications. Presque tous les désirs du pauvre sont punis de prison. Et la rue me reprit. Ce n'était plus la même foule que tout à l'heure. Celle-ci manifestait un peu plus d'audace tout en moutonnant au long des trottoirs, comme si elle était parvenue cette foule dans un pays moins aride, celui de la distraction, le pays du soir.

Ils avançaient les gens vers les lumières suspendues dans la nuit au loin, serpents agités et multicolores. De toutes les rues d'alentour ils affluaient. Ça faisait bien des dollars, pensais-je, une foule comme ça, rien qu'en mouchoirs, par exemple, ou en bas de soie ! Et même rien qu'en cigarettes ! Et dire que soi-même, on peut se promener au milieu de tout cet argent, ça ne vous en donne pas un seul sou en plus, même pour aller manger ! C'est désespérant quand on y pense, combien c'est défendu les hommes les uns contre les autres, comme autant de maisons.

Moi aussi j'ai été me traîner vers les lumières, un cinéma, et puis un autre à côté, et puis encore un autre et tout au long de la rue comme ça. Nous perdions de gros morceaux de foule devant chacun d'eux. J'en ai choisi un moi de cinéma où il y avait des femmes sur les photos en combinaison et quelles cuisses ! Messieurs ! Lourdes ! Amples ! Précises ! Et puis des mignonnes têtes par là-dessus, comme dessinées par contraste, délicates, fragiles, au crayon, sans retouche à faire, parfaites, pas une négligence, pas une bavure, parfaites je vous le dis, mignonnes mais fermes et concises en même temps. Tout ce que la vie peut épanouir de plus périlleux, de véritables imprudences de beauté, ces indiscrétions sur les divines et profondes harmonies possibles.

Il faisait dans ce cinéma, bon, doux et chaud. De volumineuses orgues tout à fait tendres comme dans une basilique, mais alors qui serait chauffée, des orgues comme des cuisses. Pas un moment de perdu. On plonge en plein dans le pardon tiède. On aurait eu qu'à se laisser aller pour penser que le monde peut-être, venait enfin de se convertir à indulgence. On y était soi presque déjà.

Alors les rêves montent dans la nuit pour aller s'embraser au mirage de la lumière qui bouge. Ce n'est pas tout à fait vivant ce qui se passe sur les écrans, il reste dedans une grande place trouble, pour les pauvres, pour les rêves et pour les morts. Il faut se dépêcher de s'en gaver de rêves pour traverser la vie. qui -vous attend dehors, sorti du cinéma, durer quelques jours de plus à travers cette atrocité des choses et des hommes. On choisit parmi les rêves ceux qui vous réchauffent le mieux l'âme. Pour moi, c'était je l'avoue, les cochons. Faut pas être fier, on emporte d'un miracle ce qu'on peut en retenir. Une blonde qui possédait des nichons et une nuque inoubliables a cru bon de venir rompre le silence de l'écran par une chanson où il était question de sa solitude. On en aurait pleuré avec elle.

C'est ça qui est bon ! Quel entrain ça vous donne ! J'en avais ensuite, je le sentais déjà, pour au moins deux journées de plein courage dans la viande. Je n'attendis même point qu'on ait rallumé dans la salle. J'étais prêt à toutes les résolutions du sommeil maintenant que j'avais absorbé un peu de cet admirable délire d'âme. De retour au *Laugh Calvin*, malgré que je l'eusse salué, le portier négligea de me souhaiter le bonsoir, comme ceux de chez nous, mais je me foutais à présent de son mépris au portier. Une forte vie intérieure se suffit à elle-même et ferait fondre vingt années de banquise. C'est ainsi.

Dans ma chambre, à peine avais-je fermé les yeux que la blonde du cinéma venait me rechanter encore et tout de suite pour moi seul alors toute sa mélodie de sa détresse. Je l'aidais pour ainsi dire à m'endormir et j'y parvins assez bien... Je n'étais plus tout à fait seul... Il est impossible de dormir seul...

* * *

Pour se nourrir à l'économie en Amérique, on peut aller s'acheter un petit pain chaud avec une saucisse dedans, c'est commode, ça se vend au coin des petites rues, pas cher du tout. Manger dans le quartier des pauvres ne me belle : certes, mais ne plus rencontrer lamais ces belles créatures pour les riches, voilà qui devenait bien pénible. Ça ne vaut alors même plus la peine de bouffer.

Au *Laugh Calvin* je pouvais encore sur ces épais tapis avoir l'air de chercher quelqu'un parmi les trop jolies femmes de l'entrée, m'enhardir peu à peu dans leur ambiance équivoque. En y pensant je m'avouai qu'ils avaient eu raison les autres, de l'*Infanta Combitta*, je m'en rendais compte, avec l'expérience, je n'avais pas des goûts sérieux pour un miteux. Ils avaient bien fait les copains de la galère de m'engueuler. Cependant, le courage ne me revenait toujours pas. J'allais bien reprendre des doses et des doses encore de cinéma, par-ci par-là, mais c'était tout juste assez pour rattraper ce qu'il me fallait d'entrain pour une promenade ou deux. Rien de plus. En Afrique, j'avais certes connu un genre de solitude assez brutale, mais l'isolement dans cette fourmilière américaine prenait une tournure plus accablante encore.

Toujours j'avais redouté d'être à peu près vide, de n'avoir en somme aucune sérieuse raison pour exister. À présent j'étais devant les faits bien assuré de mon néant individuel. Dans ce milieu trop différent de celui où j'avais de mesquines habitudes, je m'étais à l'instant comme dissous. Je me sentais bien près de ne plus exister, tout simplement. Ainsi, je le découvrais, dès qu'on avait cessé de me parler des choses familières, plus rien ne m'empêchait de sombrer dans une sorte d'irrésistible ennui, dans une manière de douceureuse, d'effroyable catastrophe d'âme. Une dégoûtation.

À la veille d'y laisser mon dernier dollar dans cette aventure, je m'ennuyais encore. Et cela si profondément je me refusai même d'examiner les expédients les plus urgents. Nous sommes, par nature, si futiles, que seules les distractions peuvent nous empêcher vraiment de mourir. Je m'accrochais pour mon compte au cinéma avec une ferveur désespérée.

En sortant des ténèbres délirantes de mon hôtel je tentais encore quelques excursions parmi les hautes rues d'alentour, carnaval insipide de maisons en vertige. Ma lassitude s'aggravait devant ces étendues de façades, cette monotonie gonflée de pavés, de briques et de travées à l'infini et de commerce et de commerce encore, ce chancre du monde, éclatant en réclames prometteuses et pustulentes. Cent mille mensonges radoteux.

Du côté du fleuve, j'ai parcouru d'autres ruelles, et des ruelles encore, dont les dimensions devenaient assez ordinaires, c'est-à-dire qu'on aurait pu par exemple du trottoir où j'étais casser tous les carreaux d'un même immeuble en face.

Les relents d'une continuelle friture possédaient ces quartiers, les magasins ne faisaient plus d'étalages à cause des vols. Tout me rappelait les environs de mon hôpital à Villejuif, même les petits enfants à gros genoux cagneux tout le long des trottoirs et aussi les orgues foraines. Je serais bien resté là avec eux, mais ils ne m'auraient pas nourri non plus les pauvres et je les aurais tous vus, toujours et leur trop de misère me faisait peur. Aussi finalement je retournai vers la haute cité. « Salaud ! que je me disais alors. En vérité, tu n'as pas de vertu ! » faut se résigner à se connaître chaque jour un peu mieux, du moment où le courage vous manque d'en finir avec vos propres pleurnicheries une fois pour toutes.

Un tramway longeait le bord de l'Hudson allant vers le centre de la ville, un vieux véhicule qui tremblait de toutes ses roues et de sa carcasse craintive. Il mettait une bonne heure pour accomplir son trajet. Ses voyageurs se soumettaient sans impatience à un rite compliqué de paiement par une sorte de moulin à café à monnaie placé tout à l'entrée du wagon. Le contrôleur les regardait s'exécuter, vêtu comme l'un des nôtres, en uniforme de « milicien balkanique prisonnier ».

Enfin, on arrivait, vanné, je repassais au retour de ces excursions populistes devant l'inépuisable et double rangée des beautés de mon vestibule tantalien et je repassais encore et toujours songeur et désireux.

Ma disette était telle que je n'osais plus fouiller dans mes poches pour me rendre compte. Pourvu que Lola n'ait point choisi de s'absenter en ce moment ! pensais-je... Et puis d'abord, voudrait-elle me recevoir ? Irais-je la taper de cinquante ou bien de cent dollars pour commencer ?... J'hésitais, je sentais que je n'aurais tous les courages qu'ayant mangé et bien dormi, une bonne fois. Et puis, si je réussissais dans cette première entreprise de tapage, je me mettrais d'emblée à la recherche de Robinson, c'est-à-dire, dès le moment où j'aurais repris assez de force. Il n'était pas un type dans mon genre lui Robinson ! C'était un résolu lui, au moins ! Un brave ! Ah ! Il devait en connaître déjà des trucs et des machins sur l'Amérique ! Il possédait peut-être un moyen pour acquérir cette certitude, cette tranquillité qui me faisait à moi tellement défaut...

Si c'est avec une galère aussi lui qu'il avait débarqué, comme je l'imaginais, et piétiné ce rivage bien avant moi, sûrement qu'à l'heure qu'il était, il l'avait faite lui sa situation américaine ! L'impassible agitation de ces hurluberlus ne devait pas le gêner lui ! Moi aussi peut-être, en réfléchissant bien, j'aurais pu rechercher un emploi dans un de ces bureaux dont je lisais les pancartes éclatantes du dehors... Mais à la pensée d'avoir à pénétrer dans une de ces maisons je m'effarais et m'effondrais de timidité. Mon hôtel me suffisait. Tombe gigantesque et odieuse ment animée.

Peut-être qu'aux habitués ça ne leur faisait pas du tout le même effet qu'à moi ces entassements de matière et d'alvéoles commerciales ? ces organisations de membrures à l'infini ? Pour eux c'était la sécurité peut-être tout ce déluge en suspens tandis que pour moi ce n'était rien qu'un abominable système de contraintes, en briques, en couloirs, en verrous, en guichets, une torture architecturale gigantesque, inexpiable.

Philosopher n'est qu'une autre façon d'avoir peur et ne porte guère qu'aux lâches simulacres.

N'ayant plus que trois dollars en poche, j'allai les regarder frétiller au creux de ma main mes dollars à la lueur des annonces de Times Square, cette petite place étonnante où la publicité gicle par-dessus la foule occupée à se choisir un cinéma. Je me cherchai un restaurant bien économique et j'abordai à l'un de ces réfectoires publics rationalisés où le service est réduit au minimum et le rite alimentaire simplifié à l'exacte mesure du besoin naturel.

Dès l'entrée, un plateau vous est remis entre les mains et vous allez prendre votre tour à la file. Attente. Voisines, de fort agréables candidates au dîner comme moi ne me disaient mie... Ça doit faire un drôle d'effet, pensais-je, quand on peut se permettre d'aborder ainsi une de ces demoiselles au nez précis et coquet : « Mademoiselle, lui dirait-on, je suis riche, bien riche... dites-moi ce qui vous ferait plaisir d'accepter... »

Alors tout devient simple à l'instant, divinement, sans doute, tout ce qui était si compliqué un moment auparavant... Tout se transforme et le monde formidablement hostile s'en vient à l'instant rouler à vos pieds en boule sournoise, docile et veloutée. On la perd alors peut-être du même coup, l'habitude épuisante de rêvasser aux êtres réussis, aux fortunes heureuses puisqu'on peut toucher avec ses doigts à tout cela. La vie des gens sans moyens n'est qu'un long refus dans un long délire et on ne connaît vraiment bien, on ne se délivre aussi que de ce qu'on possède. J'en avais pour mon compte, à force d'en prendre et d'en laisser des rêves, la conscience en courants d'air, toute fissurée de mille lézardes et détraquée de façon répugnante.

En attendant je n'osais entamer avec ces jeunesses du restaurant la plus anodine conversation. Je tenais mon plateau bien sagement, silencieux. Quand ce fut à mon tour de passer devant les creux de faïence remplis de boudins et de haricots je pris tout ce qu'on me donnait. Ce réfectoire était si net, si bien éclairé, qu'on se sentait comme porté à la surface de sa mosaïque tel qu'une mouche sur du lait.

Des serveuses, genre infirmières, se tenaient derrière les nouilles, le riz, la compote. À chacune sa spécialité. Je me suis rempli de ce que distribuaient les plus gentilles. À mon regret, elles n'adressaient pas de sourire aux clients. Dès que servi il fallait aller s'asseoir en douce et laisser la place à un autre. On marche à petits pas avec son plateau en équilibre comme à travers une salle d'opération. Ça me changeait d'avec mon *Laugh Calvin* et de ma chambrette ébène lisérée d'or.

Mais si on nous arrosait ainsi clients de tant de lumière profuse, si on nous extirpait pendant un moment de nuit habituelle à notre condition, cela faisait partie d'un plan. Il avait son idée le propriétaire. Je me méfiais.

Ça vous fait un drôle d'effet après tant de jours d'ombre, d'être baigné d'un seul coup dans des torrents d'allumage.

Moi, ça me procurait une sorte de petit délire supplémentaire. Il ne m'en fallait pas beaucoup, c'est vrai.

Sous la petite table qui m'était échue, en lave immaculée, je n'arrivais pas à cacher mes pieds ; ils me débordaient de partout. J'aurais bien voulu qu'ils fussent ailleurs mes pieds pour le moment, parce que de l'autre côté de la devanture, nous étions observés par les gens en file que nous venions de quitter dans la rue. Ils attendaient que nous eussions fini, nous, de bouffer, pour venir s'attabler à leur tour. C'est même à cet effet et pour les tenir en appétit que nous nous trouvions nous si bien éclairés et mis en valeur, à titre de publicité vivante. Mes fraises sur mon gâteau étaient accaparées par tant d'étincelants reflets que je ne pouvais me résoudre à les avaler.

On n'échappe pas au commerce américain.

À travers les éblouissements de ces brasiers et cette contrainte, j'apercevais malgré tout les allées et venues dans nos environs immédiats d'une très gentille serveuse, et je décidai de ne pas perdre un seul de ses jolis gestes.

Quand vint mon tour d'avoir mon couvert échangé par ses soins, je pris bonne note de la forme imprévue de ses yeux dont l'angle externe était bien plus aigu, ascendant que de ceux des femmes de chez nous. Les paupières ondulaient aussi très légèrement vers le sourcil du côté des tempes. De la cruauté en somme, mais juste ce qu'il faut, une cruauté qu'on peut embrasser, insidieuse amertume comme celle des vins du Rhin, agréable malgré soi.

Quand elle fut à ma proximité, je me mis à lui faire des petits signes d'intelligence, si je puis dire, à la serveuse, comme si je la reconnaissais. Elle m'examina sans aucune complaisance comme une bête mais curieusement tout de même. « Voici bien, me disais-je, la première Américaine qui se trouve forcée de me regarder. »

Ayant achevé la tarte lumineuse, il a bien fallu laisser ma place à quelqu'un d'autre. Alors, un peu titubant, au lieu de suivre le chemin bien net qui menait vers la sortie, tout droit, j'ai pris de l'audace et laissant de côté l'homme à la caisse qui nous attendait tous avec notre pognon, je me suis dirigé vers elle la blonde, me détachant, tout à fait insolite, parmi les flots de la lumière disciplinée.

Les vingt-cinq serveuses à leur poste derrière les choses mijotantes, me firent signe toutes en même temps que e me trompais de chemin, que je m'égarais. Je perçus un grand remous de formes dans la vitrine des gens en attente et ceux qui devaient se mettre à bouffer derrière moi en hésitèrent à s'asseoir. Je venais de rompre l'ordre des choses. Tout le monde autour s'étonnait hautement "C'est encore un étranger au moins ! » qu'ils disaient.

Mais, j'avais mon idée, qui valait ce qu'elle valait, je ne voulais plus lâcher la belle de mon service. Elle m'avait regardé, la mignonne, tant pis pour elle. J'en avais assez d'être seul ! Plus de rêve ! De la sympathie ! Du contact ! « Mademoiselle, vous me connaissez fort peu, mais moi déjà je vous aime, voulez-vous que nous nous mariions ?... » C'est de cette manière que je l'interpellai, la plus honnête.

Sa réponse ne me parvint jamais, car un géant de garde, tout vêtu de blanc lui aussi, survint à ce moment précis et me poussa dehors, justement, simplement, sans injure, ni brutalité, dans la nuit, comme un chien qui vient de s'oublier.

Tout cela se déroulait régulièrement, je n'avais rien à dire. Je remontai vers le *Laugh Calvin*.

Dans ma chambre toujours les mêmes tonnerres venaient fracasser l'écho, par trombes, les foudres du métro d'abord qui semblait s'élancer vers nous de bien loin, à chaque passage emportant tous ses aqueducs pour casser la ville avec et puis entretemps des appels incohérents de mécaniques de tout en bas, qui montaient de la rue, et encore cette molle, rumeur de la foule en remous, hésitante, fastidieuse toujours, toujours en train de repartir, et puis d'hésiter encore, et de revenir. La grande marmelade des hommes dans la ville.

D'où j'étais là-haut, on pouvait bien crier sur eux tout ce qu'on voulait. J'ai essayé. Ils me dégoûtaient tous. J'avais pas le culot de leur dire pendant le jour, quand j'étais en face d'eux, mais d'où j'étais je ne risquais rien, je leur ai crié « Au secours ! Au secours ! » rien que pour voir si ça leur ferait quelque chose. Rien que ça leur faisait. Ils poussaient la vie et la nuit et le jour devant eux les hommes. Elle leur cache toute la vie aux hommes. Dans le bruit d'eux-mêmes ils n'entendent rien. Ils s'en foutent. Et plus la ville est grande et plus elle est haute et plus ils s'en foutent. Je vous le dis moi. J'ai essayé.

C'est pas la peine.

* * *

Ce fut bien uniquement pour des raisons d'argent, mais combien urgentes et impérieuses, que je me mis à la recherche de Lola ! Sauf cette nécessité piteuse, comme je l'aurais bien laissée vieillir et disparaître sans jamais la revoir ma petite garce d'amie ! Somme toute, à mon égard, et cela ne semblait plus douteux en y réfléchissant, elle s'était comportée de la façon la plus sale ment désinvolte.

L'égoïsme des êtres qui furent mêlés à notre vie, quand on pense à eux, vieilli, se démontre indéniable, tel qu'il fut c'est-à-dire, en acier, en platine, et bien plus durable encore que le temps lui-même.

Pendant la jeunesse, les plus arides indifférences, les plus cyniques mufleries, on arrive à leur trouver des excuses de lubies passionnelles et puis je ne sais quels signes d'un inexpert romantisme. Mais plus tard, quand la vie vous a bien montré tout ce qu'elle peut exiger de cautèle, de cruauté, de malice pour être seulement entre tenue tant bien que mal à 37°, on se rend compte, on est fixé, bien placé, pour comprendre toutes les saloperies que contient un passé. Il suffit en tout et pour tout de se contempler scrupuleusement soi-même et ce qu'on est devenu en fait d'immondice. Plus de mystère, plus de niaiserie, on a bouffé toute sa poésie puisqu'on a vécu jusque-là. Des haricots, la vie. Ma petite mufle d'amie, j'ai fini par la découvrir, avec bien du mal, au vingt et troisième étage d'une 77e Rue. C'est inouï ce que les gens auxquels on s'apprête à demander un service peuvent vous dégoûter. C'était cossu chez elle et bien dans la note que je l'avais imaginé.

Me trouvant imbibé préalablement de larges doses de cinéma je me trouvais mentalement à peu près dispos, émergeant du marasme dans lequel je me débattais depuis mon débarquement à New York et le premier contact fut moins désagréable que je l'avais prévu. Elle ne sembla même point éprouver de vive surprise à me revoir Lola, seulement un peu de désagrément en me reconnaissant.

J'essayai en manière de préambule d'ébaucher une sorte de conversation anodine à l'aide des sujets de notre passé commun et cela bien entendu en termes aussi prudents que possible, mentionnant entre autres, mais sans insister, la guerre en tant qu'épisode. Ici je commis une lourde gaffe. Elle ne voulait plus en entendre parler du tout de la guerre, pas du tout. Ça la vieillissait. Vexée, du tac au tac, elle me confia qu'elle ne m'aurait point reconnu moi dans la rue, tellement que l'âge m'avait déjà ridé, gonflé, caricaturé. Nous en étions à ces courtoisies. Si la petite salope s'imaginait m'atteindre par de semblables turlutaines ! Je ne daignais même point relever, ces lâches impertinences.

Son mobilier ne se parait d'aucune grâce imprévue, mais il était guilleret tout de même, supportable, du moins me parut-il ainsi au sortir de mon *Laugh Calvin*.

La méthode, les détails d'une fortune rapide vous donnent toujours une impression de magie. Depuis l'ascension de Musyne et de Mme Herote, je savais que le cul est la petite mine d'or du pauvre. Ces brusques mues féminines m'enchantaient et j'aurais donné par exemple mon dernier dollar à la concierge de Lola rien que pour la faire bavarder.

Mais il n'existait pas de concierge dans sa maison. La ville entière manquait de concierges. Une ville sans concierges, ça n'a pas d'histoire, pas de goût, c'est insipide, telle une soupe sans poivre ni sel, une ratatouille informe. Oh ! savoureuses raclures ! Détritus, bavures à suinter de l'alcôve, de la cuisine, des mansardes, à dégouliner en cascades par chez la concierge, en plein dans la vie, quel savoureux enfer ! Certaines concierges de chez nous succombent à leur tâche, on les voit laconiques, toussantes, délectables, éberluées, c'est qu'elles sont abruties de Vérité ces martyres, consumées par Elle.

Contre l'abomination d'être pauvre, il faut, avouons-le, c'est un devoir, tout essayer, se soûler avec n'importe quoi, du vin, du pas cher, de la masturbation, du cinéma.

On ne saurait être difficile, « particulier » comme on dit en Amérique. Nos concierges à nous fournissent bon ou mal an, convenons-en, à ceux qui savent la prendre et la réchauffer, bien près du cœur, de la haine à tout faire et pour rien, assez pour faire sauter un monde. À New York on se trouve atrocement dépourvu de ce piment vital, bien mesquin et vivant, irréfutable, sans lequel l'esprit étouffe et se condamne à ne plus médire que vaguement, et bafouiller de pâles calomnies. Rien qui morde, vulnère, incise, tracasse, obsède, sans concierge, et vienne ajouter certainement à la haine universelle, l'allume de ses mille détails indéniables.

Désarroi d'autant plus sensible que Lola, surprise dans son milieu, me faisait éprouver justement un nouveau dégoût, j'avais tout envie de vomir sur la vulgarité de son succès, de son orgueil, uniquement trivial et repoussant mais avec quoi ? Par l'effet d'une contagion instantanée, le souvenir de Musyne me devint au même instant tout aussi hostile et répugnant. Une haine vivace naquit en moi pour ces deux femmes, elle dure encore, elle s'est incorporée à ma raison d'être. Il m'a manqué toute une documentation pour me délivrer à temps et finalement de toute indulgence présente et à venir pour Lola. On ne refait pas sa vie.

Le courage ne consiste pas à pardonner, on pardonne toujours bien de trop ! Et cela ne sert à rien, la preuve est faite. C'est après tous les êtres humains, au dernier rang qu'on a mis la Bonne ! C'est pas pour rien. Ne l'oublions jamais. Il faudra endormir pour de vrai un soir, les gens heureux, pendant qu'ils dormiront, je vous le dis et en finir avec eux et avec leur bonheur une fois pour toutes.

Le lendemain on en parlera plus de leur bonheur et on sera devenus libres d'être malheureux tant qu'on voudra en même temps que la « Bonne ». Mais que je raconte Elle allait et venait donc à travers la pièce Lola, un peu déshabillée et son corps me paraissait tout de même encore bien désirable. Un corps luxueux c'est toujours un viol possible, une effraction précieuse, directe, intime dans le vide la richesse, du luxe, et sans reprise à craindre.

Peut-être n'attendait-elle que mon geste pour me congédier. Enfin ce fut surtout cette sacrée fringale qui m'inspira de la prudence. Bouffer d'abord. Et puis elle n'en finissait pas de me raconter les futilités de son existence. Il faudrait fermer le monde décidément pendant deux ou trois générations au moins s'il n'y avait plus de mensonges à raconter. On n'aurait plus rien à se dire ou presque. Elle en vint à me questionner sur ce que je pensais de son Amérique. Je lui confiai que j'en étais arrivé à ce point de débilité et d'angoisse où presque n'importe qui et n'importe quoi vous devient redoutable et quant à son pays il m'épouvantait tout bonnement plus que tout l'ensemble de menaces directes, occultes et imprévisibles que j'y trouvais, surtout par l'énorme indifférence à mon égard qui le résumait à mon sens.

J'avais à gagner ma croûte, lui avouai-je encore, et il me faudrait donc à bref délai surmonter toutes ces sensibleries. À ce propos je me trouvais même en grand retard et je l'assurai de ma bien vive reconnaissance si elle voulait bien me recommander à quelque employeur éventuel... parmi ses relations... Mais cela au plus tôt... Un très modeste salaire me contenterait parfaitement... Et encore bien d'autres bénignités et fadaises que je lui débitais. Elle prit assez mal cette proposition modeste mais tout de même indiscrète. D'emblée elle se montra décourageante. Elle ne connaissait absolument personne qui puisse me donner du boulot ou une aide, répondit-elle. Nous en revînmes forcément à parler de la vie en général et puis de son existence en particulier.

Nous étions à nous épier ainsi moralement et physiquement quand on sonna. Et puis presque sans transition, ni pause, quatre femmes pénétrèrent dans la pièce, fardées, mûres, charnues, du muscle et des bijoux, forte ment familières. Présenté à elles très sommairement, Lola bien gênée (c'était visible) essayait de les entraîner ailleurs, mais elles se mirent, contrariantes, à se saisir de mon attention toutes ensemble, pour me raconter tout ce qu'elles savaient sur l'Europe. Vieux jardin l'Europe tout rempli de fous désuets, érotiques et rapaces. Elles récitaient par cœur le Chabanais[17] et les Invalides.

Pour mon compte je n'avais visité aucun de ces deux endroits. Le premier trop coûteux, le second trop lointain. En manière de réplique je fus envahi par une bouffée de patriotisme automatique et fatigué, plus niais encore que ce qui vous vient d'habitude en ces occasions. Je leur rétorquai vivement que leur ville me navrait. Une espèce de foire ratée, leur dis-je, écœurante, et qu'on s'entêterait à faire réussir quand même...

Tout en pérorant ainsi dans l'artifice et le convenu je ne pouvais m'empêcher de percevoir plus nettement encore d'autres raisons crue le paludisme à la dépression physique et morale dont le me sentais accablé. Il s'agissait au surplus d'un changement d'habitudes, il fallait que 'apprenne une fois encore à reconnaître de nouveaux visages dans un nouveau milieu, d'autres façons de parler et de mentir. La paresse c'est presque aussi fort que la vie. La banalité de la farce nouvelle qu'il faut jouer vous écrase et il vous faut somme toute encore plus de lâcheté que de courage pour recommencer. C'est cela l'exil, l'étranger, cette inexorable observation de l'existence telle qu'elle est vraiment pendant ces quelques heures lucides, exceptionnelles dans la trame du temps humain, où les habitudes du pays précédent vous abandonnent, sans que les autres, les nouvelles, vous aient encore suffisamment abruti.

Tout dans ces moments vient s'ajouter à votre immonde détresse pour vous forcer, débile, à discerner les choses, les gens et l'avenir tels qu'ils sont, c'est-à-dire des squelettes, rien que des riens, qu'il faudra cependant aimer, chérir, défendre, animer comme s'ils existaient.

Un autre pays, d'autres gens autour de soi, agités d'une façon un peu bizarre, quelques petites vanités en moins, dissipées, quelque orgueil qui ne trouve plus sa raison, son mensonge, son écho familier, et il n'en faut pas davantage, la tête vous tourne, et le doute vous attire, et l'infini s'ouvre rien que pour vous, un ridicule petit infini et vous tombez dedans...

Le voyage c'est la recherche de ce rien du tout, de ce petit vertige pour couillons...

Elles rigolaient bien les quatre visiteuses de Lola à m'entendre ainsi me confesser à grands éclats et faire mon petit Jean-Jacques devant elles. Elles me traitèrent d'un tas de noms que je compris à peine à cause des déformations américaines, de leur parler onctueux et indécent. Des chattes pathétiques.

Quand le nègre domestique entra pour servir le thé nous fîmes silence.

L'une de ces visiteuses devait posséder cependant plus de discernement que les autres car elle annonça très haut que je tremblais de fièvre et que je devais souffrir aussi d'une soif pas ordinaire. Ce qu'on servit en fait de collation me plut tout à fait malgré ma tremblote. Ces sandwichs me sauvèrent la vie, je peux le dire.

Une conversation sur les mérites comparatifs des maisons closes parisiennes s'ensuivit sans que je prisse la peine de m'y joindre. Ces belles Goûtèrent encore à bien des liqueurs compliquées et puis devenues tout à fait chaudes et confidentes sous leur influence elles s'empourprèrent à propos de « mariages ». Bien que très pris par la boustifaille je ne pouvais m'empêcher de noter au passage qu'il

---

[17] *Le Chabanais* : célèbre maison close située au 12 de la rue du même nom.

s'agissait de mariages très spéciaux, ce devait être même d'unions entre très jeunes sujets, entre enfants sur lesquels elles touchaient des commissions.

Lola perçut que ces propos me rendaient fort attentif et curieux. Elle me dévisageait assez durement. Elle ne buvait plus. Les hommes qu'elle connaissait ici, Lola, les Américains, ne péchaient pas eux comme moi par curiosité, jamais, je demeurai avec quelque peine à la limite de sa surveillance. J'avais envie de poser à ces femmes mille questions.

Enfin, les invitées finirent par nous quitter, mouvantes lourdement, exaltées par l'alcool et sexuellement ravigotées. Elles s'émoustillaient tout en pérorant d'un érotisme curieusement élégant et cynique. Je pressentais là quelque chose d'Élisabéthain dont j'aurais bien voulu moi aussi ressentir les vibrations, certainement très précieuses et très concentrées au bout de mon organe. Mais cette communion biologique, décisive au cours d'un voyage, ce message vital, je ne fis que le pressentir, à grands regrets d'ailleurs et tristesse accrus. Incurable mélancolie.

Lola se montra, dès qu'elles eurent franchi la porte, les amies, franchement excédée.

Cet intermède lui avait tout à fait déplu. Je ne soufflai mot.

« Quelles sorcières ! jura-t-elle quelques minutes plus tard.

— D'où les connaissez-vous ? lui demandai-je.

— Ce sont des amies de toujours... »

Elle n'était pas disposée à plus de confidences pour l'instant.

D'après leur façon assez arrogante à son égard il m'avait semblé que ces femmes possédaient dans un certain milieu le pas sur Lola et même une autorité assez grande, incontestable. Je ne devais jamais en connaître davantage.

Lola parlait de se rendre en ville, mais elle m'offrit de rester là encore à l'attendre, chez elle, tout en mangeant un peu si j'avais encore faim. Ayant quitté le *Laugh Calvin* sans régler ma note et sans intention d'y retourner non plus, et pour cause, je fus bien content de l'autorisation qu'elle m'accordait, quelques moments de chaleur encore avant d'aller affronter la rue, et quelle rue mes aïeux !...

Dès que je fus seul, je me dirigeai par un couloir vers l'endroit d'où j'avais vu émerger le nègre de son service. À mi-chemin de l'office, nous nous rencontrâmes et je lui serrai la main. Confiant, il me conduisit à sa cuisine, bel endroit bien ordonné, beaucoup plus logique et pimpant que n'était le salon.

Tout de suite, il se mit à cracher devant moi sur le magnifique carrelage et à cracher comme seuls savent cracher les nègres, loin, copieusement, parfaitement. J'ai craché aussi moi par courtoisie, mais comme j'ai pu. Du coup nous entrâmes dans les confidences. Lola, appris-je de lui, possédait un canot-salon sur la rivière, deux autos sur la route, une cave et dedans des liqueurs de tous les pays du monde. Elle recevait des catalogues des grands magasins de Paris. Et voilà. Il se mit à me répéter sans fin ces mêmes sommaires renseignements. Je cessai de l'écouter.

En somnolant à ses côtés, les temps passés me revinrent en mémoire, ces temps où Lola m'avait quitté dans Paris de la guerre. Cette chasse, traque, embusque, verbeuse, menteuse, cauteleuse, Musyne, les Argentins, leurs bateaux remplis de viandes. Topo, les cohortes d'étripés de la place Clichy, Robinson, les vagues, la mer, la misère, la cuisine si blanche à Lola, son nègre et rien du tout et moi là-dedans comme un autre. Tout pouvait continuer.

La guerre avait brûlé les uns, réchauffé les autres, comme le feu torture ou conforte, selon qu'on est placé dedans ou devant. Faut se débrouiller voilà tout.

C'est vrai aussi ce qu'elle disait que j'avais bien changé.

L'existence, ça vous tord et ça vous écrase la face. À elle aussi ça lui avait écrasé la face mais moins, bien moins.

Les pauvres sont fadés. La misère est géante, elle se sert pour essuyer les ordures du monde de votre figure comme d'une toile à laver. Il en reste.

J'avais cru noter cependant chez Lola quelque chose de nouveau, des instants de dépression, de mélancolie, des lacunes dans son optimiste sottise, de ces instants où l'être doit se reprendre pour porter un peu plus loin l'acquis de sa vie, de ses années, malgré lui déjà trop pesantes pour l'entrain dont il dispose encore, sa sale poésie.

Son nègre se remit soudain à se trémousser. Ça le reprenait. Nouvel ami, il entendait me gaver de gâteaux, me barder de cigares. D'un tiroir, pour finir, avec d'infinies précautions, il extirpa une masse ronde et plombée.

« La bombe ! » m'annonça-t-il furieusement. Je reculai. Libertà ! Libertà ! vociférait-il jovialement.

Il remit le tout en place et cracha superbement à nouveau. Quel émoi ! Il exultait. Son rire me saisit aussi, cette colique des sensations. Un geste de plus ou de moins, que je me disais, ça n'a guère d'importance. Quand Lola revint enfin de ses courses, elle nous retrouva ensemble au salon, en pleine fumée et rigolade. Elle fit mine de ne s'apercevoir de rien.

Le nègre décampa prestement, moi, elle me ramena dans sa chambre. Je la retrouvai triste, pâle et tremblotante. D'où pouvait-elle revenir ? Il commençait à se faire très tard. C'était l'heure où les Américains sont désemparés parce que la vie ne vibre plus autour d'eux qu'au ralenti. Au garage, une auto sur deux. C'est le moment des demi-confidences. Mais il faut se dépêcher d'en profiter. Elle m'y préparait en m'interrogeant, mais le ton qu'elle choisit pour me poser certaines questions sur l'existence que je menais en Europe m'agaça énormément.

Elle ne dissimula point qu'elle me jugeait capable de toutes les lâchetés. Cette hypothèse ne me vexait pas, elle me gênait seulement. Elle pressentait bien que j'étais venu la voir pour lui demander de l'argent et ce fait à lui seul créait entre nous une animosité bien naturelle. Tous ces sentiments frôlent le meurtre. Nous demeurions parmi les banalités et je faisais l'impossible pour qu'une engueulade définitive ne survînt entre nous. Elle s'enquit entre autres choses du détail de mes frasques génitales, si je n'avais pas abandonné quelque part au cours de mes vagabondages un petit enfant qu'elle puisse elle adopter. Une drôle d'idée qui lui était venue. C'était sa marotte l'adoption d'un enfant. Elle pensait assez simple ment qu'un raté dans mon genre devait avoir fait souches clandestines un peu sous tous les cieux. Elle était riche, me confia-t-elle, et dépérissait de ne pouvoir se dévouer à un petit enfant. Tous les ouvrages de puériculture elle les avait lus et surtout ceux qui lyrisent à en pâmer les maternités, ces livres qui vous libèrent si vous les assimilez entièrement de 'envie de copuler, à jamais. À chaque vertu sa littérature immonde.

Puisqu'elle avait envie de se sacrifier exclusivement à un « petit être » je jouais donc de malchance, moi. Je n'avais à lui offrir que mon gros être qu'elle trouvait absolument dégoûtant. Il n'existe en somme que les misères bien présentées pour faire recette, celles qui sont bien préparées par l'imagination. Notre entretien languit : « Tenez Ferdinand, me proposa-t-elle finalement, c'est assez discouru, je vous emmène de l'autre côté de New York, pour rendre visite à mon petit protégé, je m'en occupe avec assez de plaisir, mais sa mère m'embête... » C'était une drôle d'heure. En route, dans l'auto, nous parlâmes de son nègre catastrophique.

« Vous a-t-il montré ses bombes. » demanda-t-elle. Je lui avouai qu'il m'avait soumis à cette épreuve.

« Il n'est pas dangereux, vous savez, Ferdinand, ce maniaque. Il charge ses bombes avec mes vieilles factures... Autrefois à Chicago, il a eu son temps... Il faisait partie alors d'une société secrète très redoutable pour l'émancipation des Noirs... C'était, à ce qu'on m'a raconté, des gens affreux... La bande fut dissoute par les autorités, mais il a gardé ce goût des bombes mon nègre... Jamais il ne met de poudre dedans... L'esprit lui suffit... Au fond ce n'est qu'un artiste... Il n'en finira jamais de faire la révolution... Mais je le garde c'est un excellent domestique ! Et à tout prendre, il est peut-être plus honnête que les autres qui ne font pas la révolution... »

Et elle revint à sa manie d'adoption.

« C'est malheureux tout de même que vous n'ayez pas une fille quelque part, Ferdinand, un genre rêvasseur comme le vôtre ça irait très bien à une femme tandis que pour un homme ça ne fait pas bien du tout... »

La pluie en cinglant refermait la nuit sur notre voiture qui glissait sur la longue bande de ciment lisse. Tout m'était hostile et froid, même sa main, que je tenais pourtant bien close dans la mienne. Nous étions séparés partout. Nous arrivâmes devant une maison très différente par l'aspect de celle que nous venions de quitter. Dans un appartement d'un premier étage, un petit garçon de dix ans à peu près, à côté de sa mère nous attendait. L'ameublement de ces pièces prétendait au Louis XV, on y sentait le mijotage d'un repas récent. L'enfant vint s'asseoir sur les genoux de Lola et l'embrassa bien tendrement. La mère me parut tout à fait caressante aussi avec Lola et je m'arrangeai pendant que Lola s'expliquait avec le petit, pour faire passer la mère dans la pièce voisine.

Quand nous revînmes, le petit répétait devant Lola un pas de danse qu'il venait d'apprendre au cours du Conservatoire. « Il faut encore lui faire donner quelques heures de leçons particulières, concluait Lola, et je pourrai peut être le présenter au théâtre du Globe à mon amie Véra[18] ! Il a peut-être de l'avenir cet enfant ! » La mère, après ces bonnes paroles encourageantes se confondit en remerciements et en larmoiements. Elle reçut en même temps une petite liasse de dollars verts qu'elle enfouit dans son corsage comme un billet doux.

« Ce petit me plairait assez, conclut Lola, quand nous fûmes à nouveau dehors, mais il me faut supporter la mère en même temps que le fils et je n'aime pas les mères trop malignes... Et puis ce petit est tout de même trop vicieux... Ce n'est pas le genre d'attachement que je désire... Je voudrais éprouver un sentiment absolument maternel... Me comprenez-vous, Ferdinand ?... » Pour bouffer moi je comprends tout ce qu'on veut, ce n'est plus de l'intelligence c'est du caoutchouc.

Elle n'en démarrait pas, de son désir de pureté. Quand nous fûmes arrivés quelques rues plus loin, elle me demanda où j'allais coucher ce soir-là et fit avec moi encore quelques pas sur le trottoir. Je lui répondis que si je ne trouvais pas quelques dollars à l'instant même, je ne coucherais nulle part.

« C'est bien, répondit-elle, accompagnez-moi jusqu'à la maison et je vous donnerai là-bas un peu de monnaie et puis vous vous en irez où vous voudrez. »

Elle tenait à me semer dans la nuit, le plus tôt possible. C'était régulier. À force d'être poussé comme ça dans la nuit, on doit finir tout de même par aboutir quelque part, que je me disais. C'est la consolation. « Courage, Ferdinand, que je me répétais à moi-même, pour me soutenir, à force d'être foutu à la porte de partout, tu finiras sûre ment par le trouver le truc qui leur fait si peur à eux tous, à tous ces salauds-là autant qu'ils sont et qui doit être au bout de la nuit. C'est pour ça qu'ils n'y vont pas eux au bout de la nuit ! »

Après c'était tout à fait froid entre nous deux dans son auto. Les rues que nous franchissions nous menaçaient comme de tout leur silence armé jusqu'en haut de pierre à l'infini, d'une sorte de déluge en suspens. Une ville aux aguets, monstre à surprises, visqueux de bitumes et de pluies. Enfin, nous ralentîmes. Lola me précéda vers sa porte.

« Montez, m'invita-t-elle, suivez-moi ! »

De nouveau son salon. Je me demandais combien elle allait me donner pour en finir et se débarrasser. Elle cherchait des billets dans un petit sac laissé sur un meuble. J'entendis l'énorme frémissement des billets froissés. Quelles secondes ! Il n'y avait plus dans la ville que ce bruit. J'étais cependant encore si gêné que je lui demandai, je ne sais pourquoi, si peu à propos, des nouvelles de sa mère que j'avais oubliée.

« Elle est malade ma mère, fit-elle en se retournant pour me regarder bien en face.

— Où est-elle donc en ce moment ?

— À Chicago.

— De quoi souffre-t-elle votre mère ?

— D'un cancer au foie... Je la fais soigner par les premiers spécialistes de la ville... Leur traitement me coûte très cher, mais ils la sauveront. Ils me l'ont promis. »

Précipitamment, elle me donna encore bien d'autres détails qui concernaient l'état de sa mère à Chicago. Devenue soudain toute tendre et familière elle ne pouvait plus s'empêcher de me demander quelque intime réconfort. Je la tenais.

« Et vous, Ferdinand, vous pensez aussi qu'ils la guériront n'est-ce pas ma mère ?

— Non, répondis-je très nettement, très catégorique, les cancers du foie sont absolument inguérissables. »

Du coup, elle pâlit jusqu'au blanc des yeux. C'était bien la première fois la garce que je la voyais déconcertée par quelque chose.

---

[18] *Véra* : Vera Stern, directrice d'un théâtre à New York, est un personnage de la pièce de L'Église (où son théâtre se nomme le Quick Theatre).

« Mais pourtant, Ferdinand, ils m'ont assuré qu'elle guérirait les spécialistes ! Ils me l'ont certifié... Ils me l'ont écrit !... Ce sont de très grands médecins vous savez ?...

— Pour le pognon, Lola, il y aura heureusement toujours de très grands médecins... Je vous en ferais autant moi si j'étais à leur place... Et vous aussi Lola vous en feriez autant... »

Ce que je lui disais lui parut brusquement si indéniable, si évident, qu'elle n'osait plus se débattre.

Pour une fois, pour la première fois peut-être de sa vie elle allait manquer de culot.

« Écoutez, Ferdinand, vous me faites une peine infinie vous vous en rendez compte ?...

Je l'aime beaucoup ma mère, vous le savez n'est-ce pas que je l'aime beaucoup ?... »

Ça tombait à pic alors ! Nom de Dieu ! Qu'est-ce que ça peut bien foutre au monde, qu'on aime sa mère ou pas ?

Elle sanglotait dans son vide la Lola.

« Ferdinand, vous êtes un affreux raté, reprit-elle furieuse, et rien qu'un abominable méchant !... Vous vous vengez aussi lâchement que possible de votre sale situation en venant me dire des choses affreuses... Je suis même certaine que vous faites beaucoup de mal à ma mère en parlant ainsi !... »

Il lui traînait dans son désespoir des relents de méthode Coué.

Son excitation ne me faisait point aussi peur que celle des officiers de l'Amiral Bragueton, ceux qui prétendaient m'anéantir pour l'émoustillement des dames désœuvrées.

Je la regardais attentivement, Lola, pendant qu'elle me traitait de tous les noms et j'éprouvais quelque fierté à constater par contraste que mon indifférence allait croissant, que dis-je, ma joie, à mesure qu'elle m'injuriait davantage. On est gentil à l'intérieur.

« Pour se débarrasser de moi, calculais-je, il faudra bien à présent qu'elle me donne au moins vingt dollars... Peut-être même davantage... »

Je pris l'offensive : « Lola, prêtez-moi je vous prie l'argent que vous m'avez promis ou bien je coucherai ici et vous m'entendrez vous répéter tout ce que je sais sur le cancer, ses complications, ses hérédités, car il est héréditaire, Lola, le cancer. Ne l'oublions pas ! »

À mesure que je détachais, fignolais des détails sur le cas de sa mère, je la voyais devant moi blêmir Lola, faiblir, mollir. « Ah ! la garce ! que je me disais moi, tiens-la bien, Ferdinand ! Pour une fois que t'as le bon bout !... Ne la lâche pas la corde... T'en trouveras pas une si solide avant longtemps !... »

« Prenez ! tenez ! fit-elle, tout à fait excédée, voilà vos cent dollars et foutez-moi le camp et ne revenez jamais, vous m'entendez : jamais !... Out ! Out ! Out ! Sale cochon !...

— Embrassez-moi quand même Lola. Voyons !... On n'est pas fâchés ! » proposai-je pour savoir jusqu'où je pourrais la dégoûter. Elle a sorti alors un revolver d'un tiroir et pas pour rire. L'escalier m'a suffi, j'ai même pas appelé l'ascenseur.

Ça m'a redonné quand même le goût du travail et plein de courage cette solide engueulade. Dès le lendemain j'ai pris le train pour Detroit où m'assurait-on l'embauche était facile dans maints petits boulots pas trop prenants et bien payés.

* * *

Ils m'ont parlé les passants comme le sergent m'avait parlé dans la forêt. « Voilà ! qu'ils m'ont dit. Vous pouvez pas vous tromper, c'est juste en face de vous. »

Et j'ai vu en effet les grands bâtiments trapus et vitrés, des sortes de cages à mouches sans fin, dans lesquelles on discernait des hommes à remuer, mais remuer à peine, comme s'ils ne se débattaient plus que faiblement contre je ne sais quoi d'impossible. C'était ça Ford ? Et puis tout autour et au-dessus jusqu'au ciel un bruit lourd et multiple et sourd de torrents d'appareils, dur, l'entêtement des mécaniques à tourner, rouler, gémir, toujours prêtes à casser et ne cassant jamais.

« C'est donc ici que je me suis dit... C'est pas excitant... » C'était même pire que tout le reste. Je me suis approché de plus près, jusqu'à la porte où c'était écrit sur une ardoise qu'on demandait du monde.

J'étais pas le seul à attendre. Un de ceux qui patientaient là m'a appris qu'il y était lui depuis deux ours et au même endroit encore. Il était venu de Yougoslavie, ce brebis, pour se faire embaucher.

Un autre miteux m'a adressé la parole, il venait bosser qu'il prétendait, rien que pour son plaisir, un maniaque, un bluffeur.

Dans cette foule presque personne ne parlait l'anglais. Ils s'épiaient entre eux comme des bêtes sans confiance, souvent battues. De leur masse montait l'odeur d'entre jambes urineux comme à l'hôpital. Quand ils vous parlaient on évitait leur bouche à cause que le dedans des pauvres sent déjà la mort.

Il pleuvait sur notre petite foule. Les files se tenaient comprimées sous les gouttières. C'est très compressible les gens qui cherchent du boulot. Ce qu'il trouvait de bien chez Ford, que m'a expliqué le vieux Russe aux confidences, c'est qu'on y embauchait n'importe qui et n'importe quoi. « Seulement prends garde, qu'il a ajouté pour ma gouverne, faut pas crâner chez lui, parce que si tu crânes on te foutra à la porte en moins de deux et tu seras remplacé en moins de deux aussi par une des machines mécaniques qu'il a toujours prêtes et t'auras le bonsoir alors pour y retourner ! » Il parlait bien le parisien ce Russe à cause qu'il avait été « taxi » pendant des années et qu'on l'avait vidé après une affaire de cocaïne à Bezons et puis en fin de compte qu'il avait joué sa voiture au zanzi avec un client à Biarritz et qu'il avait perdu.

C'était vrai, ce qu'il m'expliquait qu'on prenait n'importe qui chez Ford. Il avait pas menti. Je me méfiais quand même parce que les miteux ça délire facilement.

Il y a un moment de la misère où l'esprit n'est plus déjà tout le temps avec le corps. Il s'y trouve vraiment trop mal. C'est déjà presque une âme qui vous parle. C'est pas responsable une âme.

À poil qu'on nous a mis pour commencer, bien entendu. La visite ça se passait dans une sorte de laboratoire. Nous défilions lentement. « Vous êtes bien mal foutu, qu'a constaté l'infirmier en me regardant d'abord, mais ça fait rien. »

Et moi qui avais eu peur qu'ils me refusent au boulot à cause des fièvres d'Afrique, rien qu'en s'en apercevant si par hasard ils me tâtaient les foies ! Mais au contraire, ils semblaient l'air bien content de trouver des moches et des infirmes dans notre arrivage.

« Pour ce que vous ferez ici, ça n'a pas d'importance comment que vous êtes foutu ! m'a rassuré le médecin examinateur, tout de suite.

— Tant mieux que j'ai répondu moi, mais vous savez, monsieur, j'ai de l'instruction et même j'ai entrepris autrefois des études médicales... »

Du coup, il m'a regardé avec un sale œil. J'ai senti que je venais de gaffer une fois de plus, et à mon détriment. « Ça ne vous servira à rien ici vos études, mon garçon et vous n'êtes pas venu ici pour penser, mais pour faire les gestes qu'on vous commandera d'exécuter... Nous n'avons pas besoin d'imaginatifs dans notre usine.

C'est de chimpanzés dont nous avons besoin... Un conseil encore. Ne nous parlez plus jamais de votre intelligence ! On pensera pour vous mon ami ! Tenez-vous-le pour dit. »

Il avait raison de me prévenir. Valait mieux que je sache à quoi m'en tenir sur les habitudes de la maison. Des bêtises, j'en avais assez à mon actif tel quel pour dix ans au moins je tenais à passer désormais pour un petit peinard. Une fois rhabillés, nous fûmes répartis en files traînardes, par groupes hésitants en renfort vers ces endroits d'où nous arrivaient les fracas énormes de la mécanique. Tout tremblait dans l'immense édifice et soi-même des pieds aux oreilles possédé par le tremblement, il en venait des vitres et du plancher et de la ferraille, des secousses, vibré de haut en bas. On en devenait machine aussi soi-même à force et de toute sa viande encore tremblotante dans ce bruit de rage énorme qui vous prenait le dedans et le tour de la tête et plus bas vous agitant les tripes et remontait aux yeux par petits coups précipités, infinis, inlassables. À mesure qu'on avançait on les perdait les compagnons. On leur faisait un petit sourire à ceux-là en les quittant comme si tout ce qui se passait était bien gentil. On ne pouvait plus ni se parler ni s'entendre. Il en restait à chaque fois trois ou quatre autour d'une machine.

On résiste tout de même, on a du mal à se dégoûter de sa substance, on voudrait bien arrêter tout ça pour qu'on y réfléchisse, et entendre en soi son cœur battre facilement, mais ça ne se peut plus. Ça ne peut plus finir. Elle est en catastrophe cette infinie boîte aux aciers et nous on tourne dedans et avec les machines et avec la terre. Tous ensembles ! Et les mille roulettes et les pilons qui ne tombent jamais en même temps avec des bruits qui s'écrasent les uns contre les autres et certains si violents qu'ils déclenchent autour d'eux comme des espèces de silences qui vous font un peu de bien.

Le petit wagon tortillard garni de quincaille se tracasse pour passer entre les outils. Qu'on se range ! Qu'on bondisse pour qu'il puisse démarrer encore un coup le petit hystérique. Et hop ! il va frétiller plus loin ce fou clinquant parmi les courroies et volants, porter aux hommes leurs rations de contraintes.

Les ouvriers penchés soucieux de faire tout le plaisir possible aux machines vous écœurent, à leur passer les boulons au calibre et des boulons encore, au lieu d'en finir une fois pour toutes, avec cette odeur d'huile, cette buée qui brûle les tympans et le dedans des oreilles par la gorge. C'est pas la honte qui leur fait baisser la tête. On cède au bruit comme on cède à la guerre. On se laisse aller aux machines avec les trois idées qui restent à vaciller tout en haut derrière le front de la tête. C'est fini. Partout ce qu'on regarde, tout ce que la main touche, c'est dur à présent. Et tout ce dont on arrive à se souvenir encore un peu est raidi aussi comme du fer et n'a plus de goût dans la pensée.

On et devenu salement vieux d'un seul coup.

Il faut abolir la vie du dehors, en faire aussi d'elle de l'acier, quelque chose d'utile. On l'aimait pas assez telle qu'elle était, c'est pour ça. Faut en faire un objet donc, du solide, c'est la Règle.

J'essayai de lui parler au contremaître à l'oreille, il a grogné comme un cochon en réponse et par les cestes seulement il m'a montré, bien patient, la très simple manœuvre que je devais accomplir désormais pour toujours. Mes minutes, mes heures, mon reste de temps comme ceux d'ici s'en iraient à passer des petites chevilles à l'aveugle d'à côté qui les calibrait, lui, depuis des années les chevilles, les mêmes. Moi j'ai fait ça tout de suite très mal. On ne me blâma point, seulement après trois jours de ce labeur initial, je fus transféré, raté déjà, au trimbalage du petit chariot rempli de rondelles, celui qui cabotait d'une machine à l'autre. Là, j'en laissais trois, ici douze, là-bas cinq seulement. Personne ne me parlait. On existait plus que par une sorte d'hésitation entre l'hébétude et le délire. Rien n'importait que la continuité fracassante des mille et mille instruments qui commandaient les hommes.

Quand à six heures tout s'arrête on emporte le bruit dans sa tête, j'en avais encore moi pour la nuit entière de bruit et d'odeur à l'huile aussi comme si on m'avait mis un nez nouveau, un cerveau nouveau pour toujours.

Alors à force de renoncer, peu à peu, je suis devenu comme un autre... Un nouveau Ferdinand. Après quelques semaines. Tout de même l'envie de revoir des gens du dehors me revint. Pas ceux de l'atelier bien sûr, ce n'étaient que des échos et des odeurs de machines comme moi, des viandes vibrées à l'infini, mes compagnons. C'était un vrai corps que je voulais toucher, un corps rose en vraie vie silencieuse et molle.

Je ne connaissais personne dans cette ville et surtout pas de femmes. Avec bien du mal, j'ai fini par recueillir adresse incertaine d'une « Maison », d'un bobinard clandestin, dans le quartier Nord de la ville. J'allai me promener de ce côté quelques soirs de suite, après l'usine, en reconnaissance. Cette rue ressemblait à une autre, mais mieux tenue peut-être que celle que j'habitais.

J'avais repéré e petit pavillon où ça se passait, entouré de jardins. Pour entrer, il fallait faire vite afin que le cogne qui montait la garde près de la porte puisse ne rien avoir aperçu. Ce fut le premier endroit d'Amérique où je fus reçu sans brutalité, aimablement même pour mes cinq dollars. Et des belles jeunes femmes, charnues, tendues de santé et de force gracieuse, presque aussi belles après tout que celles du *Laugh Calvin*.

Et puis celles-ci au moins, on pouvait les toucher franchement. Je ne pus m'empêcher de devenir un habitué de cet endroit. Toute ma paye y passait. Il me fallait, le soir venu, les promiscuités érotiques de ces splendides accueillantes pour me refaire une âme. Le cinéma ne me suffisait plus, antidote bénin, sans effet réel contre l'atrocité matérielle de l'usine. Il fallait recourir, pour durer encore, aux grands toniques débraillés, aux drastiques vitaux. On n'exigeait de moi que de faibles redevances dans cette maison, des arrangements d'amis, parce que je leur avais apporté de France, à ces dames, des petits trucs et des machins. Seulement, le samedi soir, assez de petits trucs, le business battait son plein et je laissais toute la place aux équipes de « base-ball » en bordée, magnifiquement vigoureuses, costauds à qui le bonheur semblait venir aussi simplement que la respiration.

Pendant qu'elles jouissaient les équipes, mis en verve de mon côté, je rédigeais des petites nouvelles dans la cuisine pour moi seul. L'enthousiasme de ces sportifs pour les créatures du lieu n'atteignait certes pas à la ferveur un peu impuissante du mien. Ces athlètes tranquilles dans leur force étaient blasés sur le compte de la perfection physique. La beauté, c'est comme l'alcool ou le confort, on s'y habitue, on n'y fait plus attention.

Ils venaient surtout eux, au boxon, pour la rigolade. Souvent ils se battaient pour finir, énormément. La police arrivait alors en trombe et emportait le tout dans des petits camions.

À l'égard d'une des jeunes femmes de l'endroit, Molly, j'éprouvai bientôt un exceptionnel sentiment de confiance, qui chez les êtres apeurés tient lieu d'amour.

Il me souvient comme si c'était hier de ses gentillesses, de ses jambes longues et blondes et magnifiquement déliées et musclées, des jambes nobles. La véritable aristocratie humaine, on a beau dire, ce sont les jambes qui la confèrent, pas d'erreur.

Nous devînmes intimes par le corps et par l'esprit et nous allions ensemble nous promener en ville quelques heures chaque semaine. Elle possédait d'amples ressources, cette amie, puisqu'elle se faisait dans les cent dollars par jour en maison, tandis que moi, chez Ford, j'en gagnais à peine six. L'amour qu'elle exécutait pour vivre ne la fatiguait guère. Les Américains font ça comme des oiseaux.

Sur le soir, après avoir traîné mon petit chariot colporteur, je m'obligeais cependant à faire aimable figure pour la retrouver après dîner. Il faut être gai avec les femmes tout au moins dans les débuts. Une grande envie vague me lancinait de lui proposer des choses, mais je n'avais plus la force. Elle comprenait bien le gâtisme industriel, Molly, elle avait l'habitude des ouvriers.

Un soir, comme ça, à propos de rien, elle m'a offert cinquante dollars. Je l'ai regardée d'abord. J'osais pas. Je pensais à ce que ma mère aurait dit dans un cas semblable. Et puis je me suis réfléchi que ma mère, la pauvre, ne m'en avait jamais offert autant. Pour faire plaisir à Molly, tout de suite, j'ai été acheter avec ses dollars un beau complet beige pastel (four piece suit) comme c'était la mode au printemps de cette année-là. Jamais on ne m'avait vu arriver aussi pimpant au bobinard. La patronne fit marcher son gros phono, rien que pour m'apprendre à danser.

Après ça nous allâmes au cinéma avec Molly pour étrenner mon complet neuf. Elle me demandait en route si j'étais pas jaloux, parce que le complet me donnait l'air triste, et l'envie aussi de ne plus retourner à l'usine. Un complet neuf, ça vous bouleverse les idées. Elle l'embrassait mon complet à petits baisers passionnés, quand les gens ne nous regardaient pas. J'essayais de penser à autre chose.

Cette Molly, tout de même quelle femme ! Quelle généreuse ! Quelle carnation ! Quelle plénitude de jeunesse ! Un festin de désirs. Et je redevenais inquiet. Maquereau ?... que je me pensais.

« N'allez donc plus chez Ford ! qu'elle me décourageait au surplus Molly. Cherchez-vous plutôt un petit emploi dans un bureau... Comme traducteur par exemple, c'est votre genre... Les livres ça vous plaît... »

Elle me conseillait ainsi bien gentiment, elle voulait que je soye heureux. Pour la première fois un être humain s'intéressait à moi, du dedans si l'ose le dire, à mon égoïsme, se mettait à ma place à moi et pas seulement me jugeait de la sienne, comme tous les autres.

Ah ! si je l'avais rencontrée plus tôt, Molly, quand il était encore temps de prendre une route au lieu d'une autre ! Avant de perdre mon enthousiasme sur cette garce de Musyne et sur cette petite fiente de Lola ! Mais il était trop tard pour me refaire une jeunesse. J'y croyais plus ! On devient rapidement vieux et de façon irrémédiable encore. On s'en aperçoit à la manière qu'on a prise d'aimer son malheur malgré soi. C'est la nature qui et plus forte que vous voilà tout. Elle nous essaye dans un genre et on ne peut plus en sortir de ce genre-là. Moi j'étais parti dans une direction d'inquiétude. On prend doucement son rôle et son destin au sérieux sans s'en rendre bien compte et puis quand on se retourne il est bien trop tard pour en changer. On est devenu tout i inquiet et c'est entendu comme ça pour toujours.

Elle essayait bien aimablement de me retenir auprès d'elle Molly, de me dissuader...

« Elle passe aussi bien ici qu'en Europe la vie, vous savez, Ferdinand ! On ne sera pas malheureux ensemble. » Et elle avait raison dans un sens. « On placera nos économies... on s'achètera une maison de commerce... On sera comme tout le monde..." Elle disait cela pour calmer mes scrupules. Des projets. Je lui donnais raison. J'avais même honte de tant de mal qu'elle se donnait pour me conserver. Je l'aimais bien, sûrement, mais j'aimais encore mieux mon vice, cette envie de m'enfuir de partout, à la recherche de je ne sais quoi, par un sot orgueil sans doute, par conviction d'une espèce de supériorité.

Je voulais éviter de la vexer, elle comprenait et devançait mon souci. J'ai fini, tellement qu'elle était gentille par lui avouer la manie qui me tracassait de foutre le camp de partout. Elle m'a écouté pendant des jours et des jours, à m'étaler et me raconter dégoûtamment, en train de me débattre parmi des fantasmes et les orgueils et elle n'en fut pas impatientée, bien au contraire. Elle essayait seulement de m'aider à vaincre cette vaine et niaise angoisse. Elle ne comprenait pas très bien où je voulais en venir avec mes divagations, mais elle me donnait raison quand même contre les fantômes ou avec les fantômes, à mon choix. À force de douceur persuasive, sa bonté me devint familière et presque personnelle. Mais il me semblait que je commençais alors à tricher avec mon fameux destin, avec ma raison d'être comme je l'appelais, et je cessai dès lors brusquement de lui raconter tout ce que je pensais. Je retournai tout seul en moi-même, bien content d'être encore plus malheureux qu'autrefois parce que j'avais rapporté dans ma solitude une nouvelle façon de détresse, et quelque chose qui ressemblait à du vrai sentiment.

Tout cela est banal. Mais Molly était dotée d'une patience angélique, elle croyait justement dur comme fer aux vocations. Sa sœur cadette, par exemple, à l'Université d'Arizona, avait attrapé la manie de photographier les oiseaux dans leurs nids et les rapaces dans leurs tanières. Alors, pour qu'elle puisse continuer à suivre les cours bizarres de cette technique spéciale, Molly lui envoyait régulièrement, à sa sœur photographe, cinquante dollars par mois.

Un cœur infini vraiment, avec du vrai sublime dedans, qui peut se transformer en pognon, pas en chiqué comme le mien et tant d'autres. Pour ce qui me concernait Molly ne demandait pas mieux que de s'intéresser pécuniaire ment à mon aventure vaseuse. Bien que je lui apparusse comme un garçon assez ahuri par moments, ma conviction lui semblait réelle et vraiment digne de ne pas être découragée. Elle m'engageait seulement à lui établir une sorte de petit bilan pour une pension budgétaire qu'elle voulait me constituer. Je ne pouvais me résoudre à accepter ce don. Un dernier relent de délicatesse m'empêchait d'escompter davantage, de spéculer encore sur cette nature vraiment trop spirituelle et trop gentille. C'est ainsi que je me mus délibérément en difficulté avec la Providence.

Je fis même, honteux, à ce moment, quelques efforts encore pour retourner chez Ford. Petits héroïsmes sans suites d'ailleurs. Je parvins tout juste devant la porte de l'usine, mais je demeurai figé à cet endroit liminaire, et la perspective de toutes ces machines qui m'attendaient en tournant, anéantit en moi sans appel ces velléités travailleuses.

Je me postai devant la grande vitre de la génératrice centrale, cette géante multiforme qui rugit en pompant et en refoulant je ne sais d'où, je ne sais quoi, par mille tuyaux luisants, intriqués et vicieux comme des lianes. Un matin que j'étais posté ainsi en contemplation baveuse, mon Russe du taxi vint à passer. « Dis donc, qu'il m'a dit, t'es balancé coquin !... Y a trois semaines que t'es pas venu... Ils t'ont déjà remplacé par une mécanique... Je t'avais bien prévenu pourtant... »

« Comme ça, me suis-je dit alors, au moins c'est fini... Y a plus à y revenir... » Et je suis reparti vers la Cité. En rentrant, je suis repassé par le Consulat, histoire de demander si on n'avait pas entendu parler des fois d'un Français nommé Robinson.

« Sûr ! Bien sûr ! qu'ils m'ont répondu les consuls. Il est même venu ici nous voir deux fois, et il avait des faux papiers encore... La police le recherche d'ailleurs ! Vous le connaissez ?... » J'ai pas insisté.

Dès lors, je me suis attendu à le rencontrer à chaque instant le Robinson. Je sentais que ça venait. Molly continuait à être tendre et bienveillante. Elle était même plus gentille encore qu'avant depuis qu'elle était persuadée que je voulais m'en aller définitivement. Ça ne servait à rien d'être gentil avec moi. Avec Molly, nous parcourions souvent les environs de la ville, pendant ses après-midi de congé.

Des petits tertres pelés, des bosquets de bouleaux autour de lacs minuscules, des sens à lire par-ci par-là des magazines grisaille sous le ciel tout lourd de nuages plombés. Nous évitions avec Molly les confidences compliquées. Et puis, elle était fixée. Elle était trop sincère pour avoir beaucoup de choses à dire à propos d'un chagrin. Ce qui se passait en dedans lui suffisait, dans son cœur. On s'embrassait. Mais je ne l'embrassais pas bien, comme j'aurais dû, à genoux en vérité. Toujours je pensais un peu à autre chose en même temps, à ne pas perdre du temps et de la tendresse, comme si je voulais tout garder pour je ne sais quoi de magnifique, de sublime, pour plus tard, mais pas pour Molly, et pas pour ça.

Comme si la vie allait emporter, me cacher ce que je voulais savoir d'elle, de la vie au fond du noir, pendant que je perdrais de la ferveur à l'embrasser Molly, et qu'alors j'en aurais plus assez et que j'aurais tout perdu au bout du compte par manque de force, que la vie m'aurait trompé comme tous les autres, la Vie, la vraie maîtresse des véritables hommes.

Nous revenions vers la foule et puis je la laissais devant sa maison, parce que la nuit, elle était prise par la clientèle jusqu'au petit matin. Pendant qu'elle s'occupait avec les clients, j'avais tout de même de la peine, et cette peine me parlait d'elle si bien, que je la sentais encore mieux avec moi que dans la réalité. J'entrais dans un cinéma pour passer le temps. À la sortie du cinéma je montais dans un tramway, par-ci par-là, et j'excursionnais dans la nuit. Après deux heures sonnées montaient les voyageurs timides d'une espèce qu'on ne rencontre guère avant ou après cette heure-là, si pâles toujours et somnolents, par paquets dociles, jusqu'aux faubourgs.

Avec eux on allait loin. Bien plus loin encore que les usines, vers les lotissements imprécis, les ruelles aux mai sons indistinctes. Sur le pavé gluant des petites pluies d'aurore le jour venait reluire en bleu. Mes compagnons du tram disparaissaient en même temps que leurs ombres. Ils fermaient leurs yeux sur le jour. Pour les faire parler ces ombreux on avait du mal. Trop de fatigue. Ils ne se plaignaient pas, non, c'est eux qui nettoyaient pendant la nuit les boutiques et encore des boutiques et les bureaux de toute la ville, après la fermeture. Ils semblaient moins inquiets que nous autres, gens de la journée. Peut-être parce qu'ils étaient parvenus, eux, tout en bas des gens et des choses.

Une de ces nuits-là, comme j'avais pris un autre tramway encore et que c'était le terminus et qu'on descendait prudemment, il m'a semblé qu'on m'appelait par mon nom « Ferdinand ! Hé Ferdinand ! » Ça faisait comme un scandale forcément dans cette pénombre. J'aimais pas ça. Au-dessus des toits, le ciel revenait déjà par petits paquets bien froids, découpés par les gouttières. Sûr qu'on m'appelait. En me retournant, je l'ai reconnu tout de suite Léon. En chuchotant il m'a retrouvé et on s'est alors expliqués tous les deux.

Lui aussi il revenait de nettoyer un bureau avec les autres. C'est tout ce qu'il avait trouvé comme combine. Il marchait bien pondérément, avec un peu de véritable majesté, comme s'il venait d'accomplir des choses dangereuses et pour ainsi dire sacrées dans la ville. C'est le genre qu'ils prenaient d'ailleurs tous ces nettoyeurs de nuit, je l'avais déjà remarqué. Dans la fatigue et la solitude le divin ça sort des hommes. Il en avait plein les yeux lui aussi quand il les ouvrait bien plus grands que les yeux d'habitude, dans la pénombre bleuie où nous étions. Il avait déjà nettoyé lui aussi des étendues de lavabos à ne plus finir et fait reluire des vraies montagnes d'étages et des étages de silence.

Il a ajouté : « Je t'ai reconnu tout de suite Ferdinand !

À la manière que t'es monté dans le tramway... Figure toi, rien qu'à ta manière dont t'étais triste quand t'as trouvé qu'il y avait pas une femme. C'est-y pas vrai ? C'est-y pas ton genre ? » C'était vrai que c'était mon genre. Décidément j'avais une âme débraillée comme une braguette. Rien donc pour m'étonner dans cette juste observation. Mais ce qui m'a plutôt surpris c'est que lui non plus il aye pas réussi en Amérique. C'était pas du tout ce que j'avais prévu.

Je lui ai parlé à lui du coup de la galère à San Tapeta. Mais il comprenait pas ce que ça voulait dire. « T'as la fièvre ! » qu'il m'a répondu simplement. Lui c'était par un cargo qu'il était arrivé. Il aurait bien essayé de se placer chez Formais ses papiers vraiment trop faux pour oser les montrer l'arrêtaient. « C'est juste bon à avoir dans sa poche » qu'il remarquait. Pour les équipes du nettoyage on était pas difficile sur l'état civil. On payait pas beau coup non plus, mais on passait la main. C'était une espèce de légion étrangère de la nuit.

« Et toi qu'est-ce que tu fais ? qu'il m'a demandé alors. T'es donc toujours cinglé ? T'en as pas encore assez des trucs et des machins ? T'en veux donc encore des voyages ?

— J'veux rentrer en France que je lui dis, j'en ai assez vu comme ça, t'as raison, ça va...

— Tu fais mieux, qu'il m'a répondu parce que pour nous les pommes sont cuites... On a vieilli sans s'en apercevoir, je sais ce que c'est... Je voudrais bien rentrer aussi moi, mais c'est toujours les papiers... J'attendrai encore un peu pour m'en procurer des bons... On peut pas dire que c'est mauvais le boulot qu'on fait, Y a pire. Mais j'apprends pas l'anglais... Depuis trente ans dans le nettoyage y en a dans le même truc qui n'ont appris en tout que Exit à cause que c'est sures portes qu'on astique, et puis Lavatory. Tu comprends ? »

Je comprenais. Si jamais Molly venait à me manquer je serais bien forcé d'aller m'embaucher aussi, au boulot de la nuit.

Y a pas de raison pour que ça finisse.

En somme, tant qu'on est à la guenon et que ce sera mieux dans la paix et puis on bouffe cet espoir-là comme si c'était du bonbon et puis c'est rien quand même que de la merde. On n'ose pas le dire d'abord pour dégoûter personne. On est gentil somme toute. Et puis un beau jour on finit quand même pas casser le morceau devant tout le monde. On en a marre de se retourner dans la mouscaille. Mais tout le monde trouve du coup qu'on est bien mal élevé. Et c'est tout.

A deux ou trois reprises après ça, on s'est donné rendez-vous avec Robinson. Il avait bien mauvaise mine. Un déserteur français qui fabriquait des liqueurs en fraude pour les coquins de Detroit il m'avait cédé un petit coin dans son « business ». Ça le tentait Robinson. « J'en serais bien un peu, moi aussi du « raidillon » pour leur sale gueule, qu'il me confiait, mais vois-tu j'ai perdu l'estomac... Je sens qu'au premier flic9ui me travaille, je me dégonfle... J'en ai trop vu... Et puis en plus j'ai tout le temps sommeil... Forcément, dormir le jour, c'est pas dormir... Sans compter la poussière des « bureaux » qu'on s'en remue plein les poumons... Tu te rends compte ?... Ça crève un homme... »

On s'est donné rendez-vous pour une autre nuit. Je suis retourné trouver Molly et je lui ai tout raconté. À me cacher la peine que je lui faisais, eusse donnait bien du mal mais c'était pas difficile à voir quand même qu'elle en avait. Je l'embrassais plus souvent à présent mais c'était du profond chagrin le sien, plus vrai que chez nous autres, parce qu'on a plutôt l'habitude nous autres, d'en dire pour plus qu'il y en a. Chez les Américaines c'est le contraire. On n'ose pas comprendre, l'admettre. C'est un peu humiliant, mais tout de même, c'est bien du chagrin, c'est pas de l'orgueil, c'est pas de la jalousie non plus, ni des scènes, c'est rien que de la vraie peine du cœur et qu'il faut bien se dire que tout ça nous manque en dedans et que pour le plaisir d'avoir du chagrin on est sec. On a honte de ne pas être riche en cœur et en tout et aussi d'avoir jugé quand même l'humanité plus basse qu'elle n'est vraiment au fond.

De temps en temps, elle se laissait Molly, entraîner tout de même à me faire un petit reproche, mais toujours en termes bien mesurés, bien aimables.

« Vous êtes bien gentil, Ferdinand, me disait-elle, et je sais que vous faites des efforts pour ne pas devenir aussi méchant que les autres, seulement, e ne sais pas si vous savez bien ce que vous désirez au fond... Réfléchissez-y bien l Il faudra que vous trouviez à manger de retour là-bas, Ferdinand... Et ailleurs vous ne pourrez plus vous promener comme ici à rêvasser pendant des nuits et des nuits... Comme vous aimez tant à le faire... Pendant que je travaille... Vous y avez pensé Ferdinand ? »

Dans un sens, elle avait mille fois raison, mais chacun sa nature. J'avais peur de la blesser. Surtout qu'elle se blessait bien facilement.

« Je vous assure que je vous aime bien, Molly, et je vous aimerai toujours... comme je peux... à ma façon. »

Ma façon, c'était pas beaucoup. était bien en chair pourtant Molly, bien tentante. Mais j'avais ce sale penchant aussi pour les fantômes. Peut-être pas tout à fait. par ma faute. La vie vous force à rester beaucoup trop souvent avec les fantômes.

« Vous êtes bien affectueux, Ferdinand, me rassurait-elle, ne pleurez pas à mon sujet... Vous en êtes comme malade de votre désir d'en savoir toujours davantage... Voilà tout... Enfin, ça doit être votre chemin à vous... Par là, tout seul... C'est le voyageur solitaire qui va le plus loin... Vous allez partir bientôt alors ?

— Oui, je vais finir mes études en France, et puis je reviendrai, lui assurais-je avec culot.

— Non, Ferdinand, vous ne reviendrez plus... Et puis je ne serai plus ici non plus... »

Elle n'était pas dupe.

Le moment du départ arriva. Nous allâmes un soir vers la gare un peu avant l'heure où elle rentrait à la maison. Dans la journée j'avais été faire mes adieux à Robinson. Il n'était pas fier non plus que je le quitte. Je n'en finissais pas de quitter tout le monde. Sur le quai de la gare, comme nous attendions le train avec Molly, passèrent des hommes qui firent semblant de ne pas la reconnaître, mais ils chuchotaient des choses.

« Vous voilà déjà loin, Ferdinand. Vous faites, n'est-ce pas, Ferdinand, exactement ce que vous avez bien envie de faire ? Voilà ce qui est important... C'est cela seulement qui compte... »

Le train est entré en gare. Je n'étais plus très sûr de mon aventure quand j'ai vu la machine. Je l'ai embrassée Molly avec tout ce que j'avais encore de courage dans la carcasse. J'avais de la peine, de la vraie, pour une fois, pour tout le monde, pour moi, pour elle, pour tous les hommes.

C'est peut-être ça qu'on cherche à travers la vie, rien que cela, le plus grand chagrin possible pour devenir soi-même avant de mourir.

Des années ont passé depuis ce départ et puis -des années encore... J'ai écrit souvent à Detroit et puis ailleurs à toutes les adresses dont je me souvenais et où l'on pouvait la connaître, la suivre Molly. Jamais je n'ai reçu de réponse.

La Maison est fermée à présent. C'est tout ce que j'ai pu savoir. Bonne, admirable Molly, je veux si elle peut encore me lire, d'un endroit que je ne connais pas, qu'elle sache bien que je n'ai pas changé pour elle, que je l'aime encore et toujours, à ma manière, qu'elle peut venir ici quand elle voudra partager mon pain et ma furtive destinée. Si elle n'est plus belle, eh bien tant pis ! Nous nous arrangerons ! J'ai gardé tant de beauté d'elle en moi, si vivace, si chaude que j'en ai bien pour tous les deux et pour au moins vingt ans encore, le temps d'en finir.

Pour la quitter il m'a fallu certes bien de la folie et d'une sale et froide espèce. Tout de même, j'ai défendu mon âme jusqu'à présent et si la mort, demain, venait me prendre, je ne serais, j'en suis certain, jamais tout à fait aussi froid, vilain, aussi lourd que les autres, tant de gentillesse et de rêve Molly m'a fait cadeau dans le cours de ces quelques mois d'Amérique.

* * *

C'est pas le tout d'être rentré de l'Autre Monde ! On retrouve le fil des jours comme on l'a laissé à traîner par ici, poisseux, précaire. Il vous attend.

J'ai tourné encore pendant des semaines et des mois tout autour de la Place Clichy, d'où j'étais parti, et aux environs aussi, à faire des petits métiers pour vivre, du côté des Batignolles. Pas racontables ! Sous la pluie ou dans la chaleur des autos, juin venu, celle qui vous brûle la gorge et le fond du nez, presque comme chez Ford. Je les regardais passer, et passer encore, pour me distraire, les gens filant vers leur théâtre ou le Bois, le soir.

Toujours plus ou moins seul pendant les heures libres je mijotais avec des bouquins et des journaux et puis aussi avec toutes les choses que j'avais vues. Mes études une fois reprises, les examens je les ai franchis, à hue à dia, tout en gagnant ma croûte. Elle est bien défendue la Science,)e vous le dis, la Faculté, c'est une armoire bien fermée. Des pots en masse, peu de confiture. Quand j'ai eu tout de même terminé mes cinq ou six années de tribulations académiques, je l'avais mon titre, bien ronflant. Alors, j'ai été m'accrocher en banlieue, mon genre, à La Garenne-Rancy, là, dès qu'on sort de Paris, tout de suite après la porte Brancion.

Je n'avais pas de prétention moi, ni d'ambition non plus, rien que seulement l'envie de souffler un peu et de mieux bouffer un peu. Ayant posé ma plaque à ma porte, j'attendis.

Les gens du quartier sont venus la regarder ma plaque, soupçonneux. Ils ont même été demander au Commissariat de Police si j'étais bien un vrai médecin. Oui, qu'on leur a répondu. Il a déposé son Diplôme, c'en est un. Alors, il fut répété dans tout Rancy qu'il venait de s'installer un vrai médecin en plus des autres. « Y gagnera pas son bifteck ! a prédit tout de suite ma concierge. Il y en a déjà bien trop des médecins par ici ! » Et c'était exactement observé.

En banlieue, c'est surtout par les tramways que la vie vous arrive le matin. Il en passait des pleins paquets avec des pleines bordées d'ahuris brinquebalant, dès le petit jour, par le boulevard Minotaure, qui descendaient vers le boulot.

Les jeunes semblaient même comme contents de s'y rendre au boulot. Ils accéléraient le trafic, se cramponnaient aux marchepieds, ces mignons, en rigolant. Faut voir ça. Mais quand on connaît depuis vingt ans la cabine téléphonique du bistrot, par exemple, si sale qu'on la prend toujours pour les chiottes, l'envie vous passe de plaisanter avec les choses sérieuses et avec Rancy en particulier. On se rend alors compte où qu'on vous a mis.

Les maisons vous possèdent, toutes pisseuses qu'elles sont, plates façades, leur cœur est au propriétaire. Lui on le voit jamais. Il n'oserait pas se montrer. Il envoie son gérant, la vache. On dit pourtant dans le quartier qu'il est bien aimable le proprio quand on le rencontre ça n'engage à rien.

La lumière du ciel à Rancy, c'est la même qu'à Detroit, du jus de fumée qui trempe la plaine depuis Levallois. Un rebut de bâtisses tenues par des gadoues noires au sol. Les cheminées, des petites et des hautes, ça fait pareil de loin qu'au bord de la mer les gros piquets dans la vase. Là-dedans, c'est nous.

Faut avoir le courage des crabes aussi, à Rancy, surtout quand on prend de l'âge et qu'on est bien certain d'en sortir jamais plus. Au bout du tramway voici le pont poisseux qui se lance au-dessus de la Seine, ce gros égout qui montre tout. Au long des berges, le dimanche et la nuit les gens grimpent sur les tas pour faire pipi. Les hommes ça les rend méditatifs de se sentir devant l'eau qui passe. Ils urinent avec un sentiment d'éternité, comme des marins. Les femmes, ça ne médite jamais.

Seine ou pas. Au matin donc le tramway emporte sa foule se faire comprimer dans le métro. On dirait à les voir tous s'enfuir de ce côté-là, qu'il leur est arrivé une catastrophe du côté d'Argenteuil, que c'est leur pays qui brûle. Après chaque aurore, ça les prend, ils s'accrochent par grappes aux portières, aux rambardes. Grande déroute. C'est pourtant qu'un patron qu'ils vont chercher dans Paris, celui qui vous sauve de crever de faim, ils ont énormément peur de le perdre, les lâches. Il vous la fait transpirer pourtant sa pitance. On en pue pendant dix ans, vingt ans et davantage. C'est pas donné.

Et on s'engueule dans le tramway déjà, un bon coup pour se faire la bouche. Les femmes sont plus râleuses encore que des moutards. Pour un billet en resquille, elles feraient stopper toute la ligne. C'est vrai qu'il y en a déjà qui sont soûles parmi les passagères, surtout celles qui descendent au marché vers Saint-Ouen, les demi-bourgeoises. « Combien les carottes ? » qu'elles demandent bien avant d'y arriver pour faire voir qu'elles ont de quoi.

Comprimés comme des ordures qu'on et dans la caisse en fer, on traverse tout Rancy, et on odore ferme en même temps, surtout quand c'est l'été. Aux fortifications on se menace, on gueule un dernier coup et puis on se perd de vue, le métro avale tous et tout, les complets détrempés, les robes découragées, bas de soie, les métrites et les pieds sales comme des chaussettes, cols inusables et raides comme des termes, avortements en cours, glorieux de la guerre, tout ça dégouline par l'escalier au coaltar et phéniqué et jusqu'au bout noir, avec le billet de retour qui coûte autant à lui tout seul que deux petits pains.

La lente angoisse du renvoi sans musique, toujours si près des retardataires (avec un certificat 'sec) quand le patron voudra réduire ses frais généraux. Souvenirs de « Crise » à fleur de peau, de la dernière fois sans place, de tous les Intransigeant qu'il a fallu lire, cinq sous, cinq sous... des attentes à chercher du boulot... Ces mémoires vous étranglent un homme, tout enroulé qu'il puisse être dans son pardessus « toutes saisons ».

La ville cache tant qu'elle peut ses foules de pieds sales dans ses longs égouts électriques. Ils ne reviendront à la surface que le dimanche. Alors, quand ils seront dehors faudra pas se montrer. Un seul dimanche à les voir se distraire, ça suffirait pour vous enlever à toujours le goût de la rigolade. Autour du métro, près des bastions croustille, endémique, l'odeur des guerres qui traînent, des relents de villages mi-brûlés, mal cuits, des révolutions qui avortent, des commerces en faillite. Les chiffonniers de la zone brûlent depuis des saisons les mêmes petits tas humides dans les fossés à contrevent. C'est des barbares à la manque ces biffins pleins de litrons et de fatigue. Ils vont tousser au Dispensaire d'à côté, au lieu de balancer les tramways dans les glacis et d'aller pisser dans l'octroi un bon coup. Plus de sang. Pas d'histoires. Quand la guerre elle reviendra, la prochaine, ils feront encore une fois fortune à vendre des peaux de rats, de la cocaïne et des masques en tôle ondulée.

Moi, je m'étais trouvé pour la pratique un petit appartement au bord de la zone d'où j'apercevais bien les glacis et l'ouvrier toujours qui est dessus, à regarder rien, avec son bras dans un gros coton blanc, blessé du travail, qui sait plus quoi faire et quoi penser et qui n'a pas assez pour aller boire et se remplir la conscience.

Molly avait eu bien raison, je commençais à la comprendre. Les études ça vous change, ça fait l'orgueil d'un homme. Il faut bien passer par là pour entrer dans le fond de la vie. Avant, on tourne autour seulement. On se prend pour un affranchi mais on bute dans des riens. On rêve trop. On glisse sur tous les mots. Ça n'est pas ça. Ce n'est rien que des intentions, des apparences. Faut autre chose au résolu. Avec la médecine, moi, pas très doué, tout de même je m'étais bien rapproché des hommes, des bêtes, de tout. Maintenant, il n'y avait plus qu'à y aller carrément, dans le tas. La mort court après vous ; faut se dépêcher et faut manger aussi pendant qu'on cherche et puis passer en dessous la guerre par-dessus le marché. Ça fait bien des choses à accomplir. C'est pas commode.

En attendant, quant aux malades, il n'en venait pas « bézef ». Faut le temps de démarrer, qu'on me disait pour me rassurer. Le malade, pour l'instant, c'était surtout moi.

Y a guère plus lamentable que La Garenne-Rancy, trouvais-je, quand on n'a pas de clients. On peut le dire. Faudrait pas penser dans ces endroits-là, et moi qui y étais venu justement pour penser tranquille, et de l'autre bout de la terre encore ! Je tombais bien. Petit orgueilleux ! C'est venu sur moi noir et lourd... Y avait pas de quoi rire, et puis ça m'a plus lâché. Un cerveau, c'est tyran comme y a pas.

En bas de chez moi, demeurait Bézin, le petit brocanteur qui me disait toujours quand je m'arrêtais devant chez lui : « Faut choisir, Docteur ! Jouer aux courses ou bien prendre l'apéritif, c'est l'un ou l'autre !... On peut pas tout faire !... Moi, c'est l'apéro que je préfère ! J'aime pas le jeu... »

Pour lui, celui d'apéritif qu'il préférait, c'était la gentiane-cassis. Pas méchant d'habitude et puis après du picolo, pas très gentil... Quand il allait au ravitaillement à la Foire aux puces, il restait des trois jours dehors, en « expédition », comme il appelait ça. On le ramenait. Alors, il prophétisait :

« L'avenir, je vois comment qu'y sera... Ça sera comme une partouze qui n'en finira plus... Et avec du cinéma entre... Y a qu'à voir comment que c'est déjà... »

Il voyait même plus loin encore dans ces cas-là : « Je vois aussi qu'ils boiront plus... Je suis le dernier, moi, qui bois dans l'avenir... Faut que je me dépêche... Je connais mon vice... »

Tout le monde toussait dans ma rue. Ça occupe. Pour voir le soleil, faut monter au moins jusqu'au Sacré-Cœur, à cause des fumées.

De là alors, c'est un beau point de vue ; on se rend bien compte que dans le fond de la plaine, c'était nous, et les maisons où on demeurait. Mais quand on les cherche en détail, on les retrouve pas, même la sienne, tellement que c'est laid et pareillement laid tout ce qu'on voit.

Plus au fond encore, c'est toujours la Seine à circuler comme un grand glaire en zigzag d'un pont à l'autre.

Quand on habite à Rancy, on se rend même plus compte qu'on est devenu triste. On a plus envie de faire grand-chose, voilà tout. À force de faire des économies sur tout, à cause de tout, toutes les envies vous sont passées.

Pendant des mois j'ai emprunté de l'argent par-ci et par-là. Les gens étaient si pauvres et si méfiants dans mon quartier qu'il fallait qu'il fasse nuit pour qu'ils se décident à me faire venir, moi, le médecin pas cher pourtant.

J'en ai parcouru ainsi des nuits et des nuits à chercher des dix francs et des quinze à travers les courettes sans lune.

Au matin, la rue devenait comme un grand tambour de tapis battus.

Ce matin-là, j'ai rencontré Bébert sur le trottoir, il gardait la loge de sa tante partie dehors aux commissions. Lui aussi soulevait un nuage du trottoir avec un balai, Bébert.

Qui ne ferait pas sa poussière dans ces endroits-là, sur les sept heures, passerait pour un fameux cochon dans sa propre rue. Carpettes secouées, signe de propreté, ménage bien tenu. Ça suffit. On peut puer de la gueule, on est tranquille après ça. Bébert avalait toute celle qu'il soulevait de poussière et puis celle aussi qu'on lui envoyait des étages. Il arrivait cependant aux pavés quelques taches de soleil mais comme à l'intérieur d'une église, pâles et adoucies, mystiques.

Bébert m'avait vu venir. J'étais le médecin du coin, à l'endroit où l'autobus s'arrête. Teint trop verdâtre, pomme qui ne mûrira jamais, Bébert. Il se grattait et de le voir, ça m'en donnait à moi aussi envie de me gratter. C'est que, des puces j'en avais, c'est vrai, moi aussi, attrapé pendant la nuit au-dessus des malades. Elles sautent dans votre pardessus volontiers parce que c'est l'endroit le plus chaud et le plus humide qui se présente. On vous apprend tout ça à la Faculté.

Bébert abandonna sa carpette pour me souhaiter le bonjour. De toutes les fenêtres on nous regardait parler ensemble.

Tant qu'il faut aimer quelque chose, on risque moins avec les enfants qu'avec les hommes, on a au moins l'excuse d'espérer qu'ils seront moins carnes que nous autres plus tard. On ne savait pas.

Sur sa face livide dansotait cet infini petit sourire d'affection pure que je n'ai jamais pu oublier. Une gaieté pour l'univers.

Peu d'êtres en ont encore un petit peu après les vingt ans passés de cette affection facile, celle des bêtes. Le monde n'est pas ce qu'on croyait ! Voilà tout ! Alors, on a changé de gueule ! Et comment ! Puisqu'on s'était trompé ! Tout de la vache qu'on devient en moins de deux ! Voilà ce qui nous reste sur la figure après vingt ans passés ! Une erreur ! Notre figure n'est qu'une erreur !

« Hé ! qu'il me fait Bébert, Docteur ! Pas qu'on en a ramassé un Place des Fêtes cette nuit ? Qui a ait la gorge coupée avec un rasoir ? C'était-y vous qu'étiez de service ? C'est-y vrai ?

— Non, c'était pas moi de service, Bébert, c'était pas moi, c'était le Docteur Frolichon...

— Tant pis, parce que ma tante elle a dit qu'elle aurait bien aimé que ça soye vous... Que vous lui auriez tout raconté...

— Ce sera pour la prochaine fois, Bébert.

— C'est souvent, hein, qu'on en tue des gens par ici ? » a remarqué Bébert encore.

Je traversai sa poussière, mais la machine balayeuse municipale passait tout juste, vrombissante, à ce moment-là, et ce fut un grand typhon qui s'élança impétueux des ruisseaux et combla toute la rue par d'autres nuages encore, plus denses, poivrés. On ne se voyait plus. Bébert sautait de droite à gauche, éternuant et hurlant, réjoui. Sa tête cernée, ses cheveux poisseux, ses jambes de singe étique, tout cela dansait, convulsif, au bout du balai.

La tante à Bébert rentrait des commissions, elle avait déjà pris le petit verre, il faut bien dire également qu'elle reniflait un peu l'éther, habitude contractée alors qu'elle servait chez un médecin et qu'elle avait eu si mal aux dents de sagesse. Il ne lui en restait plus que deux des dents par-devant, mais elle ne manquait jamais de les brosser.

« Quand on et comme moi, qu'on a servi chez un médecin, on connaît l'hygiène. » Elle donnait des consultations médicales dans le voisinage et même assez loin jusque sur Bezons.

Il m'aurait intéressé de savoir si elle pensait quelque fois à quelque chose la tante à Bébert. Non, elle ne pensait à rien. Elle parlait énormément sans jamais penser. Quand nous étions seuls, sans indiscrets alentour, elle me tapait à son tour d'une consultation. C'était flatteur dans un sens.

« Bébert, Docteur, faut que je vous dise, parce que vous êtes médecin, c'est un petit saligaud !... Il se « touche » ! Je m'en suis aperçue depuis deux mois et je me demande qui est-ce qui a pu lui apprendre ces saletés-là ?... Je l'ai pourtant bien élevé moi ! Je lui défends... Mais il recommence...

— Dites-lui qu'il en deviendra fou », conseillai-je, classique.

Bébert, qui nous entendait, n'était pas content.

« J'me touche pas, c'est pas vrai, c'est le môme Gagat qui m'a proposé...

— Voyez-vous, j'm'en doutais, fit la tante, dans la famille Gagat, vous savez, ceux du cinquième ?... C'est tous des vicieux. Le grand-père, il paraît qu'il courait après les dompteuses... Hein, j'vous le demande, des dompteuses ?... Dites-moi, Docteur, pendant qu'on est là, vous pourriez pas lui faire un sirop pour l'empêcher de se toucher ?... »

Je la suivis jusque dans sa loge pour prescrire un sirop antivice pour le môme Bébert. J'étais trop complaisant avec tout le monde, et je le savais bien. Personne ne me payait. J'ai consulté à l'œil, surtout par curiosité. C'est un tort. Les gens se vengent des services qu'on leur rend. La tante à Bébert en a profité comme les autres de mon désintéressement orgueilleux. Elle en a même salement abusé. Je me laissais aller, mentir. Je les suivais. Ils me tenaient, pleurnichaient les clients malades, chaque jour davantage, me conduisaient à leur merci. En même temps ils me montraient de laideurs en laideurs tout ce qu'ils dissimulaient dans la boutique de leur âme et ne le mon traient à personne qu'à moi. On ne payera jamais ces hideurs assez cher. Seulement elles vous filent entre les doigts comme des serpents glaireux.

Je dirai tout un jour, si je peux vivre assez longtemps pour tout raconter.

« Attention, dégueulasses ! Laissez-moi faire des amabilités encore pendant quelques années. Ne me tuez pas encore. Avoir l'air servile et désarmé, je dirai tout. Je vous l'assure et vous vous replierez d'un coup alors comme les chenilles baveuses qui venaient en Afrique foirer dans ma case et je vous rendrai plus subtilement lâches et plus immondes encore, si et tant que vous en crèverez peut-être, enfin. »

"Est-ce qu'il est sucré ? questionnait Bébert à propos du sirop.

— Lui sucrez pas surtout, recommanda la tante. À cette petite charogne... Il ne mérite pas que ça soye sucré et puis y m'en vole bien assez du sucre comme ça ! Il a tous les vices, tous les culots ! Il finira par assassiner sa mère !

— J'ai pas de mère, rétorqua Bébert tranchant et qui perdait pas le nord.

— Merde ! fit la tante alors. J'vais te foutre une tour née de martinet si tu me réponds ! » Et la voilà qui va le décrocher le martinet, mais lui, il était déjà filé dans la rue. « Vicieuse ! » qu'il lui crie en plein couloir. La tante en rougit et revint vers moi. Silence. On change de conversation.

« Vous devriez peut-être, Docteur, aller voir la dame à l'entresol du 4 de la rue des Mineures... C'est un ancien employé de notaire, on lui a parlé de vous... Je lui ai dit que vous étiez un médecin tout ce qu'il y a de gentil avec les malades. »

Je sais tout de suite qu'elle est en train de me mentir, la tante. Son médecin préféré à elle, c'est Frolichon. C'est toujours lui qu'elle recommande quand elle peut, moi elle me débine contraire en chaque occasion. Mont humanitarisme me vaut de sa part une haine animale. C'est une bête elle, faut pas l'oublier. Seulement Frolichon qu'elle admire la fait payer comptant, alors elle me consulte, moi, sur le pouce. Pour qu'elle m'ait recommandé, il faut donc que ce soit encore un truc absolu ment gratuit ou encore une sale affaire bien douteuse. En m'en allant, je pense tout de même à Bébert.

« Faut le sortir que je lui dis, il ne sort pas assez cet enfant-là...

— Où voulez-vous qu'on aille tous les deux ? Je peux pas aller bien loin avec ma loge...

— Allez au moins jusqu'au Parc avec lui, le dimanche...

— Mais il y a encore plus de monde et de poussière qu'ici au Parc... On est les uns sur les autres. »

Sa remarque est pertinente. Je cherche un autre endroit à lui conseiller. Timidement, je propose le cimetière.

Le cimetière de La Garenne-Rancy, c'est le seul espace un peu boisé d'un peu d'étendue dans la région.

« Tiens c'est vrai, j'y pensais pas, on pourrait bien y aller ! »

Bébert revenait justement.

« Eh toi, Bébert, est-ce que ça te plairait d'aller te promener au cimetière ? Faut que je lui demande, Docteur, parce que pour les promenades il a aussi sa vraie tête de cochon, faut que je vous avertisse !... »

Bébert justement n'a pas d'opinion. Mais l'idée plaît à la tante et ça suffit. Elle a un faible-pour les cimetières la tante, comme tous les Parisiens. On dirait à ce propos qu'elle va se mettre enfin à penser. Elle examine le pour et le contre. Les fortifications, c'est trop voyou... Au Parc, y a décidément trop de poussière... Tandis que le cimetière, c'est vrai, c'est pas mal... Et puis les gens qui viennent là le dimanche, c'est plutôt des gens convenables et qui se tiennent... Et puis, en plus, ce qui est bien commode, c'est qu'au retour on peut faire ses commissions en rentrant par le boulevard de la Liberté, où il y a encore des boutiques d'ouvertes le dimanche.

Et elle a conclu : « Bébert, va-t'en reconduire le Docteur chez Mme Henrouille, rue des Mineures... Tu sais bien où qu'elle demeure, hein Bébert, Mme Henrouille ? »

Bébert sait où tout est pourvu que ça soye l'occasion d'une vadrouille.

* * *

Entre la rue Ventru et la Place Lénine, c'est plus guère que des immeubles locatifs. Les entrepreneurs ont pris presque tout ce qu'il y avait encore là de campagne, les Garennes, comme on, les appelait. Il en restait tout juste encore un petit peu vers le bout, quelques terrains vagues, après le dernier bec de gaz.

Coincés entre les bâtisses, moisissent ainsi quelques pavillons résistants, quatre pièces avec un gros poêle dans e couloir d'en bas ; on l'allume à peine, c'est vrai, le feu, à cause de l'économie. Il fume dans l'humidité. C'est des pavillons de rentiers, ceux qui restent. Dès qu'on entre chez eux on tousse à cause de la fumée. C'est pas des rentiers riches qui sont restés par là, non, surtout les Henrouille où on m'envoyait. Mais tout de même c'était des gens qui possédaient un petit quelque chose.

En entrant, ça sentait chez les Henrouille, en plus de la fumée, les cabinets et le ragoût. Leur pavillon venait de finir d'être payé. Ça leur représentait cinquante bonnes années d'économies. Dès qu'on entrait chez eux et qu'on les voyait on se demandait ce qu'ils avaient tous les deux. Eh bien, ce qu'ils avaient les Henrouille de pas naturel, c'est de ne jamais avoir dépensé pendant cinquante ans un seul sou à eux deux sans l'avoir regretté. C'est avec leur chair et leur esprit qu'ils avaient acquis leur maison, tel l'escargot. Mais lui l'escargot fait ça sans s'en douter.

Les Henrouille eux, n'en revenaient pas d'avoir passé à travers la vie rien que pour avoir une maison et comme des gens qu'on vient de désemmurer ça les étonnait. Ils doivent faire une drôle de tête les gens quand on les extirpe des oubliettes.

Les Henrouille, dès avant leur mariage, ils y pensaient déjà à s'acheter une maison. Séparément d'abord, et puis après, ensemble. Ils s'étaient refusé de penser à autre chose pendant un demi-siècle et quand la vie les avait forcés à penser à autre chose, à la guerre par exemple, et surtout à leur fils, ça les avait rendus tout à fait malades.

Quand ils avaient emménagé dans leur pavillon, jeunes mariés, avec déjà leurs dix ans d'économie chacun, il n'était pas tout à fait terminé. Il était encore situé au milieu des champs le pavillon. Pour y parvenir, l'hiver, fallait prendre ses sabots, on les laissait chez le fruitier, du coin de la Révolte[19] en partant le matin au boulot, à six heures, à la station du tramway à cheval, pour Paris, à trois kilomètres de là pour deux sous.

Ça représente une belle santé pour y tenir toute une vie à un régime pareil. Leur portrait était au-dessus du lit, au premier étage, pris le jour de la noce. Elle était payée aussi leur chambre à coucher, les meubles, et même depuis longtemps. Toutes les factures acquittées depuis dix, vingt, quarante ans sont du reste épinglées ensemble, dans le tiroir d'en haut de la commode et le livre des comptes complètement à jour est en bas dans la salle à manger où on ne mange jamais. Henrouille vous montrera tout ça si vous voulez. Le samedi, c'est lui qui balance les comptes dans la salle à manger. Eux, ils ont toujours mangé dans la cuisine.

J'ai appris tout ça, peu à peu, par eux et puis par d'autres, et puis par la tante de Bébert. Quand je les ai eu mieux connus, ils m'ont raconté eux-mêmes leur grande peur, celle de toute leur vie, celle que leur fils, l'unique, lancé dans le commerce, ne fasse de mauvaises affaires. Pendant trente ans ça les avait réveillés presque chaque nuit, un peu ou beaucoup cette sale pensée-là. Établi dans les plumes ce garçon Songez un peu si on en a eu des crises dans les plumes depuis trente ans ! Y a peut-être pas eu un métier plus mauvais que la plume, plus incertain.

On connaît des affaires qui sont si mauvaises qu'on ne songe même pas à emprunter de l'argent pour les renflouer, mais il y en a des autres au sujet desquelles il est toujours plus ou moins question d'emprunts. Quand ils y pensaient à un emprunt comme ça, même encore à présent maison payée et tout, ils se levaient de leurs chaises les Henrouille et se regardaient en rougissant. Que feraient-ils eux dans un cas comme celui-ci ? Ils refuseraient.

Ils avaient décidé de tout temps de refuser à n'importe quel emprunt... Pour les principes, pour lui garder un pécule, un héritage et une maison à leur fils, le Patrimoine. C'est comme ça qu'ils raisonnaient. Un garçon sérieux certes, leur fils, mais dans les affaires, on peut se trouver entraîné...

Questionné, moi, je trouvais tout comme eux.

Ma mère aussi à moi, elle faisait du commerce ; ça nous avait jamais rapporté que des misères son commerce, un peu de pain et beaucoup d'ennuis. Je les aimais pas non plus, donc moi, les affaires. Le péril de ce fils, le danger d'un emprunt qu'il aurait pu à la rigueur envisager dans le cas d'une échéance périlleuse, je le comprenais d'emblée. Pas besoin de m'expliquer. Lui, le père Henrouille, il avait été petit clerc chez un notaire au boulevard Sébastopol pendant cinquante ans. Aussi, en connaissait-il des histoires de dilapidation de fortunes ! Il m'en a même raconté des fameuses. Celle de son propre père d'abord, c'est même à cause de sa faillite à son propre père qu'il n'avait pas pu se lancer dans le professorat Henrouille, son bachot et qu'il avait dû se placer tout de suite dans les

---

[19] *Le coin de la Révolte* : ce n'est pas tout à fait « le boulevard de la Révolte » (p. 196), mais « *la route de la Révolte* » sur la partie de son parcours qui traversait Clichy, elle correspondait aux boulevards de Douaumont et Victor-Hugo.

écritures. On s'en souvient de ces choses-là. Enfin, leur pavillon payé, bien possédé et tout, plus un sou de dettes, ils n'avaient plus à s'en faire tous les deux du côté de la sécurité ! C'était dans leur soixante-sixième année.

Et voilà justement qu'il se met, lui alors, à éprouver un drôle de malaise, ou plutôt, il y a longtemps qu'il l'éprouvait cette espèce de malaise mais avant, il n'y pensait pas, à cause de la maison à payer. Quand ce fut de ce côté-là une affaire bien réglée et entendue et bien signée, il s'y mit à y penser à son curieux malaise. Comme des étourdissements et puis des sifflets de vapeur dans chaque oreille qui le prenaient.

C'est vers ce moment-là aussi qu'il s'est mis à acheter le journal puisqu'on pouvait bien se le payer désormais ! Dans le journal c'était justement écrit et décrit tout ce qu'il ressentait Henrouille dans ses oreilles. Il a alors acheté le médicament qu'on recommandait dans l'annonce, mais ça n'a rien changé à son malaise, au contraire ; ça avait l'air de lui siffler davantage encore. Davantage rien que d'y penser peut-être ? Tout de même ils ont été ensemble consulter le médecin du Dispensaire. « C'en de la pression artérielle » qu'il leur a dit.

Ça l'avait frappé ce mot-là. Mais au fond cette obsession lui arrivait bien à point. Il s'était tant fait de bile pendant tellement d'années pour la maison et les échéances du fils, qu'il y avait comme une place brusquement de libre dans la trame d'angoisses qui lui tenait toute la viande depuis quarante années aux échéances et dans la même constante craintive ferveur. À présent que le médecin lui en avait parlé de sa pression artérielle, il l'écoutait sa tension battre contre son oreiller, dans le fond de son oreille. Il se relevait même pour se tâter le pouls et il restait après là, bien immobile, près de son lit, dans la nuit, longtemps, pour sentir son corps s'ébranler à petits coups mous, chaque fois que son cœur battait. C'était sa mort, qu'il se disait, tout ça, il avait toujours eu peur de la vie, à présent il rattachait sa peur à quelque chose, à la mort, à sa tension, comme il l'avait rattachée pendant quarante ans au risque de ne pas pouvoir finir de payer la maison.

Il était toujours malheureux, tout autant, mais il fallait cependant qu'il se dépêche de trouver une bonne raison nouvelle pour être malheureux. Ce n'est pas si facile que ça en a l'air. Ce n'est pas le tout de se dire « Je suis mal heureux ». ! faut encore se le prouver, se convaincre sans appel. Il n'en demandait pas davantage : Pouvoir donner à la peur qu'il avait un bon motif bien solide, et bien valable. Il avait 22 de tension, d'après le médecin. C'en quelque chose 22. Le médecin lui avait appris à trouver le chemin de sa mort à lui.

Le fameux fils plumassier, on ne le voyait presque jamais. Une ou deux fois autour du jour de l'an. C'était tout. Mais à présent d'ailleurs il aurait pu toujours y venir le plumassier ! Il n'y avait plus rien à emprunter chez papa et maman. Il ne venait donc presque plus le fils.

Mme Henrouille, elle, j'ai mis plus longtemps à la connaître ; elle ne souffrait d'aucune angoisse, elle, même pas celle de sa mort qu'elle n'imaginait pas. Elle se plaignait seulement de son âge, mais sans y penser vraiment, pour faire comme tout le monde, et aussi de ce crue la vie « augmentait ». Leur grand labeur était accompli. Maison payée. Pour finir les traites plus vite, les dernières, elle s'était même mise à coudre des boutons sur des gilets, pour le compte d'un grand magasin. « Ce qu'il faut en coudre pour cent sous, c'en pas croyable ! » Et pour livrer son boulot en autobus, c'était toujours des histoires en seconde, un soir même on lui avait tapé dessus. Une étrangère c'était, la première étrangère, la seule à laquelle elle eût parlé de sa vie, pour l'en gueuler.

Les murs du pavillon se garaient encore bien secs autrefois quand l'air tournait encore tout autour, mais à présent que les hautes maisons de rapport le cernaient, tout suintait l'humide chez eux, même les rideaux qui se tachaient en moisi.

La maison acquise, Mme Henrouille s'était montrée pendant tout le mois consécutif souriante, parfaite, ravie comme une religieuse après la communion. C'est même elle qui avait proposé à Henrouille : « Jules, tu sais, à partir d'aujourd'hui on s'achètera le journal tous les jours, on le peut... » Comme ça. Elle venait de penser à lui, de le regarder son mari, et puis alors elle avait regardé autour d'elle et enfin pensé à sa mère à lui, la belle-mère Henrouille. Et elle était redevenue sérieuse la fille, du coup, comme avant qu'on ait fini de payer. Et c'en ainsi que tout a recommencé avec cette pensée-là, parce qu'il y avait encore des économies à faire à propos de la mère de son mari, de cette vieille-là, dont n'en parlait pas souvent le ménage, ni à personne au-dehors.

Dans le fond du jardin qu'elle était, dans l'enclos où s'accumulaient les vieux balais, les vieilles cages à poules et toutes les ombres des bâtisses d'alentour. Elle demeurait dans un bas logis d'où presque jamais elle ne sortait. Et c'était d'ailleurs des histoires à n'en plus finir rien que pour lui passer son manger. Elle ne voulait laisser entrer personne dans son réduit, pas même son fils. Elle avait peur d'être assassinée, telle disait.

Quand l'idée vint à la belle-fille d'entreprendre de nouvelles économies, elle en toucha d'abord quelques mots au mari, pour le tâter, pour voir si on ne pourrait pas faire, par exemple, entrer sa vieille chez les Sœurs de Saint-Vincent, des religieuses qui s'occupent justement de ces vieilles gâteuses dans leur hospice[20]. Lui ne répondit ni oui, ni non, le fils. C'est autre chose qui l'occupait dans le moment, ses bruits dans l'oreille qui n'arrêtaient pas. À force d'y penser, de les écouter ces bruits, il s'était dit qu'ils l'empêcheraient de dormir ces bruits abominables. Et il les écoutait en effet, au lieu de dormir, des sifflets, des tambours, des ronrons... C'était un nouveau supplice. Il s'en occupait toute la journée et toute la nuit. Il avait tous les bruits en lui.

Peu à peu, quand même, après des mois ainsi, l'angoisse s'est usée et il ne lui en restait plus assez pour ne s'occuper que d'elle. Il est retourné alors au marché de Saint-Ouen avec sa femme. C'était, d'après ce qu'on disait, le plus économique des environs, le marché de Saint-Ouen. Ils partaient au matin pour toute la journée, à cause des additions et des remarques qu'on échangeait sur les prix des choses et des économies qu'on aurait pu faire peut-être en faisant ceci au lieu de cela... Vers onze heures du soir, chez eux, la peur les reprenait d'être assassinés. C'était régulier comme peur. Moins lui que sa femme. Lui c'était plutôt les bruits de ses oreilles auxquels, vers cette heure-là, quand la rue était bien silencieuse, il se remettait à se cramponner désespérément.

« Avec ça je ne dormirai jamais ! » qu'il se répétait tout haut pour bien s'angoisser davantage. « Tu peux pas t'imaginer ! »

Mais elle n'avait jamais essayé de comprendre ce qu'il voulait dire, ni imaginer ce qui le turlupinait avec ses malaises d'oreilles. « Tu m'entends bien pourtant ? qu'elle lui demandait.

— Oui, qu'il lui répondait.

— Eh bien, ça va mors !... Tu ferais mieux alors de penser à ta mère qui nous coûte si cher et que la vie augmente encore tous les jours... Et que son logement est devenu une vraie infection !... »

La femme de ménage passait chez eux trois heures par semaine pour laver, c'était la seule visite qu'ils eussent reçue au cours de bien des années. Elle aidait aussi Mme Henrouille à faire son lit et pour que la femme de ménage ait bien envie de le répéter aux environs, chaque fois qu'elles retournaient ensemble le matelas depuis dix ans, Mme Henrouille annonçait sur le ton le plus élevé possible : « Nous n'avons jamais d'argent à la maison ! » À titre d'indication et de précaution, comme ça, pour décourager les voleurs et les assassins éventuels.

Avant de monter dans leur chambre, ensemble, ils fermaient avec un grand soin toutes les issues, l'un contrôlant l'autre. Et puis, on allait jeter un coup d'œil jusque chez la belle-mère, au fond du jardin, pour voir si sa lampe était toujours allumée. C'était signe qu'elle vivait encore. Elle en usait de l'huile ! Elle l'éteignait jamais sa lampe. Elle avait peur des assassins aussi, elle, et peur de ses enfants en même temps. Depuis vingt ans qu'elle vivait là, jamais elle n'avait ouvert ses fenêtres, ni l'hiver, ni l'été, et jamais éteint non plus sa lampe.

Son fils lui gardait son argent à sa mère, des petites rentes. Il en prenait soin. On lui mettait ses repas devant sa porte. On gardait son argent. C'était bien ainsi. Mais elle se plaignait de ces divers arrangements, et pas seulement de ceux-ci, elle se plaignait de tout. À travers sa porte, elle engueulait tous ceux qui s'approchaient de sa turne.

« C'est de ma faute si vous vieillissez, grand-mère, tentait parlementer la bru. Vous avez vos douleurs comme toutes les personnes âgées...

— Âgée vous-même ! Petite gredine ! Petite salope ! C'est vous qui me ferez crever avec vos sales menteries !... »

---

[20] L'hospice : de Saint-Vincent-de-Paul.

Elle niait l'âge avec fureur la mère Henrouille... Et se démenait, irréconciliable, à travers sa porte, contre les fléaux du monde entier. Elle refusait comme une sale imposture le contact, les fatalités et les résignations de la vie extérieure. Elle ne voulait rien entendre de tout ça.

« C'était des tromperies ! qu'elle hurlait. Et c'est vous-même qui les avez inventées ! »

Contre tout ce qui se passait en dehors de sa masure elle se défendait atrocement et contre toutes les tentations de rapprochement et de conciliation aussi. Elle avait la certitude que si elle ouvrait sa porte les forces hostiles déferleraient chez elle, s'empareraient d'elle et que ça serait fini une fois pour toutes.

« Ils sont malins aujourd'hui, qu'elle criait. Ils ont des yeux partout autour de la tête et des gueules jusqu'au trou du cul et d'autres partout encore et rien que pour mentir... Ils sont comme ça... »

Elle parlait dru comme elle avait appris dans Paris à parler au marché du Temple comme brocanteuse avec sa mère à elle, dans sa petite jeunesse... Elle venait d'un temps où le petit peuple n'avait pas encore appris à s'écouter vieillir.

« J'veux travailler si tu veux pas me donner mon argent ! qu'elle criait à sa belle-fille. Tu m'entends-t-y friponne ? J'veux travailler !

— Mais, vous ne pouvez plus, grand-mère !

— Ah ! j'peux plus t Essaye donc d'entrer dans mon trou pour voit ! je vas te montrer si je peux plus ! »

Et on l'abandonnait encore un coup dans son réduit à se protéger. Tout de même, ils voulaient à toute force me la montrer la vieille, j'étais venu pour ça, et pour qu'elle nous reçoive, ça a été une fameuse manigance. Et puis, pour tout dire, je ne voyais pas très bien ce qu'on me voulait. C'est la concierge, la tante à Bébert, qui leur avait répété que j'étais un médecin bien doux, bien aimable, bien complaisant... Ils voulaient savoir si je pouvais pas la faire tenir tranquille leur vieille rien qu'avec des médicaments... Mais ce qu'ils désiraient encore plus, au fond (elle surtout, la bru), c'est que je la fasse interner la vieille une fois pour toutes... Quand nous eûmes frappé pendant une bonne demi-heure à sa porte, elle a fini par ouvrir d'un seul coup et je l'ai eue là, devant moi, avec ses yeux bordés de sérosités roses. Mais son regard dansait bien guilleret quand même au-dessus de ses joues tapées et bises, un regard qui vous prenait l'attention et vous faisait oublier le reste, à cause du plaisir léger qu'il vous donnait malgré soi et qu'on cherchait à retenir après en soi d'instinct, la jeunesse.

Ce regard allègre animait tout alentour, dans l'ombre, d'une joie jeunette, d'un entrain minime mais pur comme nous n'en avons plus à notre disposition, sa voix cassée quand elle vociférait reprenait guillerette les mots quand elle voulait bien parler comme tout le monde et vous les faisait alors sautiller, phrases et sentences, caracoler et tout, et rebondir vivantes tout drôlement comme les gens pouvaient le faire avec leur voix et les choses autour d'eux au temps encore où ne pas savoir se débrouiller à raconter et chanter tour à tour, bien habilement, passait pour niais, honteux, et maladif.

L'âge l'avait recouverte comme un vieil arbre frémissant, de rameaux allègres.

Elle était gaie la vieille Henrouille, mécontente, crasseuse, mais gaie. Ce dénuement où elle séjournait depuis plus de vingt ans n'avait point marqué son âme. C'est contre le dehors au contraire qu'elle était contractée, comme si le froid, tout l'horrible et la mort ne devaient lui venir que de là, pas du dedans. Du dedans, elle ne paraissait rien redouter, elle semblait absolument certaine de sa tête comme d'une chose indéniable et bien entendue, une fois pour toutes.

Et moi, qui courais tant après la mienne et tout autour du monde encore.

« Folle » qu'on disait d'elle, la vieille, c'est vite dit ça « folle ». Elle était pas sortie de ce réduit plus de trois fois en douze années voilà tout ! Elle avait peut-être ses raisons... Elle ne voulait rien perdre... Elle n'allait pas nous les dire à nous qu'on n'est plus inspirés par la vie.

Sa fille y revenait à son projet d'internement. « Croyez vous pas, Docteur, qu'elle est folle ?... Y a plus moyen de la faire sortir !... Ça lui ferait du bien pourtant de temps en temps !... Mais si grand-mère que ça vous ferait du bien !... Ne dites pas non... Ça vous ferait du bien !... Je vous assure. » La vieille hochait la tête, fermée, entêtée, sauvage, alors qu'on l'invitait comme ça...

« Elle veut pas qu'on s'occupe d'elle... Elle aime mieux faire dans les coins... Il fait froid chez elle et y a pas de feu... C'est pas possible voyons qu'elle reste comme ça... N'est-ce pas Docteur, que c'est pas possible ?... »

Je faisais celui qui ne comprenait pas. Henrouille lui, il était demeuré près du poêle, il préférait ne pas savoir précisément ce qui se manigançait entre sa femme et sa mère et moi...

La vieille se remit en colère.

« Rendez-moi donc tout ce que je possède et puis je m'en irai d'ici !... J'ai de quoi vivre moi !... Et que vous n'en entendrez plus parler de moi !... Une bonne fois pour toutes !...

— De quoi vivre ? Mais grand-mère, vous n'allez pas vivre avec vos trois mille francs par an, voyons !... La vie a augmenté depuis la dernière fois que vous êtes sortie !... N'est-ce pas Docteur, qu'il vaudrait bien mieux qu'elle aille chez les Sœurs comme on lui dit... Qu'elles s'en occuperont bien les Sœurs... Elles sont gentilles les Sœurs... »

Mais cette perspective des Sœurs lui faisait horreur.

« Chez les Sœurs ?... Chez les Sœurs ?... qu'elle se rebiffa tout de suite. J'y ai jamais été moi chez les Sœurs !... Pourquoi que j'irais pas chez le curé pendant que vous y êtes... Hein ? Si j'en ai point assez d'argent comme vous dites, eh bien j'irai encore travailler !...

— Travailler ? Grand-mère ! Mais où ça ? Ah ! Docteur ! Écoutez cette idée : Travailler ! À son âge ! À quatre-vingts ans bientôt ! C'est de la folie ça Docteur ! Qui est-ce qui voudrait d'elle ? Mais grand-mère, vous êtes folle !...

— Folle ! Personne ! Nulle part !... Mais vous y êtes bien vous quelque part !... Sale caca !...

— Écoutez-la Docteur, maintenant qui délire et qui m'insulte ! Comment voulez-vous que nous la gardions ici ? »

La vieille fit face alors de mon côté, à moi, son nouveau danger.

« Qu'est-ce qu'il en sait celui-là si je suis folle ? Il est-y dans ma tête ? Il y est-y dans la vôtre ? Faudrait qu'il y soye pour savoir ?... Foutez donc le camp tous les deux !... Allez-vous-en de chez moi !... À me tracasser vous êtes plus méchants que l'hiver de six mois !... Allez donc voir mon fils plutôt au lieu de rester ici à jaboter dans de la ciguë ! Il a besoin du médecin bien plus que moi mon fils ! Celui-là qui n'a plus de dents déjà et qui les avait si belles quand je m'en occupais !... Allez, allez que je vous dis, foutez-moi le camp tous les deux ! » Et elle a claqué la porte contre nous.

Elle nous épiait encore par-derrière sa lampe, à nous éloigner par la cour. Quand nous l'eûmes traversée, que nous fûmes assez loin, elle s'est remise à rigoler. Elle s'était bien défendue.

Au retour de cette incursion fâcheuse, Henrouille se tenait toujours auprès du poêle et nous tournait le dos. Sa femme continuait cependant de m'asticoter de questions et encore dans le même sens... Une petite tête bistre et futée qu'elle avait, la belle-fille. Ses coudes ne se détachaient guère de son corps quand elle parlait. Elle ne mimait rien. Elle tenait tout de même à ce que cette visite médicale ne soit point vaine, qu'elle puisse servir à quelque chose... Le prix de la vie augmentait sans cesse... La pension de la belle-mère ne suffisait plus... Eux aussi vieillissaient après tout... Ils ne pouvaient plus être comme autrefois à avoir peur toujours que la vieille meure sans soins... Qu'elle mette le feu par exemple... Dans ses puces et ses saletés... Au lieu d'aller dans un asile bien convenable où on s'occuperait bien d'elle...

Comme je prenais l'air d'être de leur avis, ils se firent encore plus aimables tous les deux... ils me promirent de répandre beaucoup de paroles élogieuses sur mon compte dans le quartier. Si je voulais les aider... Prendre pitié d'eux... Les débarrasser de la vieille... Si malheureuse elle aussi dans les conditions où elle s'entêtait à demeurer...

« Et qu'on pourrait même louer son pavillon », suggéra le mari soudain réveillé... C'était la gaffe, qu'il venait de commettre en parlant de ça devant moi. Sa femme lui écrasa le pied sous la table. Il ne comprenait pas pourquoi.

Pendant qu'ils se chamaillaient je me représentais le billet de mille francs que je pourrais encaisser rien qu'à leur établir le certificat d'internement. Ils avaient l'air d'y tenir énormément... La tante à Bébert les avait sans doute mis bien en confiance à mon égard et leur avait raconté qu'il n'y avait pas dans tout Rancy un médecin aussi miteux... Qu'on m'aurait comme on voudrait... C'est pas Frolichon à qui on aurait offert un boulot semblable ! C'était un vertueux celui-là !

J'en étais tout pénétré de ces réflexions quand la vieille vint faire irruption dans la pièce où nous complotions. On aurait dit qu'elle se doutait. Quelle surprise ! Elle avait ramassé ses chiffons de jupes contre son ventre et la voilà qui nous engueulait d'emblée, retroussée, et moi en tout particulier. Elle était venue rien que pour ça du fond de sa cour.

« Fripouille ! qu'elle m'insultait moi directement, tu peux t'en aller ! Fous ton camp, je te l'ai déjà dit ! C'est pas la peine de rester !... J'irai pas chez les fous !... Et chez les Sœurs non plus que je te dis !... T'auras beau faire et beau mentir !... Tu m'auras pas, petit vendu !... C'est eux qui iront avant moi, les salauds, les détrousseurs de vieille femme !... Et toi aussi canaille, t'iras en prison que je te dis moi et dans pas longtemps encore ! »

Déclinent, j'avais as de veine. Pour une fois qu'on pouvait gagner mille francs d'un coup ! Je ne demandai pas mon reste.

Dans la rue elle se penchait encore au-dessus du petit péristyle rien que pour m'engueuler de loin, en plein dans le noir où j'étais réfugié : « Canaille !... Canaille ! » qu'elle hurlait. Ça résonnait. Quelle pluie ! Je trottai d'un réverbère à l'autre jusqu'à la pissotière de la place des Fêtes. Premier abri.

* * *

Dans l'édicule, à hauteur des jambes, je trouvai justement Bébert. Il était entré là-dedans pour s'abriter lui aussi. Il m'avait vu courir en sortant de chez les Henrouille. « Vous venez de chez eux ? qu'il m'a demandé. Faudra à présent monter chez les gens du cinquième de la maison de chez nous, pour leur fille... » Cette cliente-là, qu'il m'indiquait, je la connaissais bien, avec son bassin large... Ses belles cuisses longues et veloutées... Son quelque chose de tendrement volontaire et de précisément gracieux dans les mouvements qui complète les femmes bien balancées sexuellement. Elle était venue me consulter à plusieurs reprises depuis que son mal de ventre la tenait. À vingt-cinq ans, à son troisième avortement, elle souffrait de complications, et sa famille appelait ça de l'anémie.

Fallait voir comme elle était solide et bâtie, avec du goût pour les coïts comme peu de femelles en ont. Discrète dans la vie, raisonnable d'allure et d'expression. Rien d'hystérique. Mais bien douée, bien nourrie, bien équilibrée, une vraie championne dans son genre, voilà tout. Une belle athlète pour le plaisir. Pas de mal à ça. Rien que des hommes mariés elle fréquentait. Et seulement des connaisseurs, des hommes qui savent reconnaître et apprécier les belles réussites naturelles et qui ne prennent pas une petite vicieuse quelconque pour une bonne affaire. Non, sa peau mate, son gentil sourire, sa démarche et l'ampleur noblement mobile de ses hanches lui valaient des enthousiasmes profonds, mérités, de la part de certains chefs de bureau qui connaissaient leur sujet.

Seulement bien sûr, ils ne pouvaient tout de même pas divorcer pour ça, les chefs de bureau. Au contraire, c'était une raison pour demeurer heureux en ménage. Alors chaque fois au troisième mois qu'elle était enceinte, ça ne manquait pas, elle allait trouver la sage-femme. Quand on a du tempérament et qu'on n'a pas un cocu sous la main, on ne rigole pas tous les jours.

Sa mère m'entrouvrit la porte du palier avec des précautions d'assassinat. Elle chuchotait la mère, mais si fortement, si intensément, que c'était pire que des imprécations.

« Qu'ai-je pu faire au ciel, Docteur, pour avoir une fille pareille ! Ah, vous n'en direz du moins rien à personne dans notre quartier, Docteur !... Je compte sur vous ! » Elle n'en finissait pas d'agiter ses frayeurs et de se gargariser avec de ce que pourraient en penser les voisins et les voisines. En transe de bêtise inquiète qu'elle était. Ça dure longtemps ces états-là.

Elle me laissait m'habituer à la pénombre du couloir, à l'odeur des poireaux pour la soupe, aux papiers des murs, à leurs ramages sots, à sa voix d'étranglée. Enfin, de bafouillages en exclamations, nous parvînmes auprès du lit de la fille, prostrée, la malade, à la dérive. Je voulus l'examiner, mais elle perdait tellement de sang, c'était une telle bouillie qu'on ne pouvait rien voir de son vagin. Des caillots. Ça faisait « glouglou » entre ses jambes comme dans le cou coupé du colonel à la guerre, je remis le gros coton et remontai sa couverture simplement.

La mère ne regardait rien, n'entendait qu'elle-même. « J'en mourrai, Docteur ! qu'elle clamait. J'en mourrai de honte ! » Je n'essayai point de la dissuader. Je ne savais que faire. Dans la petite salle à manger d'à côté, nous apercevions le père qui allait de long en large. Lui ne devait pas avoir son attitude prête encore pour la circonstance. Peut-être attendait-il que les événements se précisassent avant de se choisir un maintien. Il demeurait dans des sortes de limbes. Les êtres vont d'une comédie vers une autre. Entre-temps la pièce n'est pas montée, ils n'en discernent pas encore les contours, leur rôle propice, alors ils restent là, les bras ballants, devant l'événement, les instincts repliés comme un parapluie, branlochants d'incohérence, réduits à eux-mêmes, c'est-à-dire à rien. Vaches sans train.

Mais la mère, elle, le tenait le rôle capital, entre la fille et moi. Le théâtre pouvait crouler, elle s'en foutait elle, s'y trouvait bien et bonne et belle.

Je ne pouvais compter que sur moi-même pour rompre ce merdeux charme.

Je hasardai un conseil de transport immédiat dans un hôpital pour qu'on l'opère en vitesse.

Ah ! malheur de moi ! Du coup, je lui ai fourni sa plus belle réplique, celle qu'elle attendait.

« Quelle honte ! L'hôpital ! Quelle honte, Docteur ! À nous ! Il ne nous manquait plus que cela ! C'est un comble ! »

Je n'avais plus rien à dire. Je m'assis donc et l'écoutai la mère se débattre encore plus tumultueusement, empêtrée dans les sornettes tragiques. Trop d'humiliation, trop de gêne portent à l'inertie définitive. Le monde est trop lourd pour vous. Tant pis. Pendant qu'elle invoquait, provoquait le Ciel et l'Enfer, tonitruait de malheur, je baissais le nez et baissant déconfit je voyais se former sous le lit de la fille une petite flaque de sang, une mince rigole en suintait lentement le long du mur vers la porte. Une goutte, du sommier, chutait régulièrement. Tac ! tac ! Les serviettes entre ses jambes regorgeaient de rouge. Je demandai tout de même à voix timide si le placenta était expulsé déjà tout entier. Les mains de la fille, pâles et bleuâtres au bout pendaient de chaque côté du lit, rabattues. À ma question, c'est la mère encore qui a répondu par un flot de jérémiades dégoûtantes. Mais réagir, c'était après tout beaucoup trop pour moi.

J'étais si obsédé moi-même depuis si longtemps par la déveine, je dormais si mal, que je n'avais plus du tout d'intérêt dans cette dérive à ce que ceci arrive plutôt que cela. Je pensais seulement qu'on était mieux à écouter cette mère toute gueulante, assis que debout. Pas grand-chose suffit à vous faire plaisir quand on est devenu bien résigné. Et puis quelle force ne m'aurait-il pas fallu pour interrompre cette farouche au moment juste où elle « ne savait plus comment sauver l'honneur de sa famille ». Quel rôle ! Et qu'elle le hurlait encore ! Après chaque avortement, j'en avais l'expérience, elle se déployait de la même façon, entraînée bien entendu à faire de mieux en mieux à chaque fois ! Cela durerait ce qu'elle voudrait !

Aujourd'hui, elle me semblait prête à décupler ses effets.

Elle aussi, songeais-je en la regardant, avait dû être une belle créature, la mère, bien pulpeuse en son temps ; mais plus verbale toutefois, gaspilleuse d'énergie, plus démonstrative que la fille dont l'intimité concentrée avait été par la nature vraiment admirablement réussie. Ces choses n'ont pas encore été étudiées merveilleusement comme elles le méritent. La mère devinait cette supériorité animale de sa fille sur elle et jalouse réprouvait tout d'instinct, dans sa manière de se faire baiser à des profondeurs inoubliables et de jouir comme un continent.

Le côté théâtral du désastre en tout cas l'enthousiasmait. Elle accaparait de ses trémolos douloureux notre petit monde rétréci où nous étions en train de merdouiller en chœur par sa faute. On ne pouvait songer à l'éloigner on plus. Je l'aurais cependant bien dû tenter. Faire quelque chose... C'était mon devoir, comme on dit. Mais j'étais trop bien assis et trop mal debout.

Chez eux c'était un peu plus gai que chez les Henrouille, aussi laid mais plus confortable. Il y faisait bon. Pas sinistre comme là-bas, seulement vilain, tranquillement.

Ahuri de fatigue mes regards erraient sur les choses de la chambre. Petites affaires sans valeur qu'on avait toujours possédées dans la famille, surtout le dessus de cheminée à grelots roses en velours comme on en trouve plus dans les magasins et ce Napolitain biscuité, et la table. à ouvrage en miroir en biseau qu'une tante de province devait posséder en double. Je n'avertis point la mère à propos de la mare de sang que je voyais se former sous le lit, ni des gouttes qui tombaient toujours ponctuellement, la mère aurait crié encore plus fort et ne m'aurait pas écouté davantage. Elle ne finirait jamais de se plaindre et de s'indigner. Elle était vouée.

Autant se taire et regarder dehors, par la fenêtre, les velours gris du soir prendre déjà l'avenue d'en face, maison par maison, d'abord les plus petites et puis les autres, les grandes enfin sont prises et puis les gens qui s'agitent parmi, de plus en plus faibles, équivoques et troubles, hésitants d'un trottoir à l'autre avant d'aller verser dans le noir.

Plus loin, bien plus loin que les fortifications, des files et des rangées de lumignons dispersés sur tout le large de l'ombre comme des clous, pour tendre l'oubli sur la ville, et d'autres petites lumières encore qui scintillent parmi des vertes, qui clignent, des rouges, toujours des bateaux et des bateaux encore, toute une escadre venue là de partout pour attendre, tremblante, que s'ouvrent derrière la Tour les grandes portes de la Nuit.

Si cette mère avait pris un petit temps pour souffler, et même un grand moment de silence, on aurait pu au moins se laisser aller à renoncer à tout, à essayer d'oublier qu'il fallait vivre. Mais elle me traquait.

« Si je lui donnais un lavement, Docteur ? Qu'en pensez-vous ? » Je ne répondis ni par oui, ni par non, mais je conseillai une fois de plus, puisque j'avais la parole, l'envoi immédiat à l'hôpital. D'autres glapissements, encore plus aigus, plus déterminés, plus stridents en réponse. Rien à faire.

Je me dirigeai lentement vers la porte, en douceur. L'ombre nous séparait à présent du lit.

Je ne discernais presque plus les mains de la fille posées sur les draps, à cause de leur pâleur semblable.

Je revins pour sentir son pouls, plus menu, plus furtif que tout à l'heure. Elle ne respirait que par à-coups. J'entendais bien, moi, toujours, le sang tomber sur le parquet comme à petits coups d'une montre de plus en plus lente, de plus en plus faible. Rien à faire. La mère me précédait vers la porte.

« Surtout, me recommanda-t-elle, transie, Docteur, promettez-moi que vous ne direz rien à personne ? » Elle me suppliait. « Vous me le jurez ? »

Je promettais tout ce qu'on voulait. Je tendis la main. Ce fut vingt francs. Elle referma la porte derrière moi, peu à peu.

En bas, la tante de Bébert m'attendait avec sa tête de circonstance. « Ça ne va pas alors ? » qu'elle s'enquérait. Je compris qu'elle m'avait attendu là, en bas, pendant une demi-heure déjà pour toucher sa commission d'usage : deux francs. Que je l'échappe pas. « Et chez les Henrouille alors, ça a marché ? » voulut-elle savoir. Elle espérait toucher un pourboire pour ceux-là aussi. « Ils ne m'ont pas payé », ai-je répondu. C'était vrai aussi. Son sourire préparé, tourna en moue à la tante. Elle me suspectait.

« C'est pas malheureux tout de même Docteur, de pas savoir se faire payer ! Comment voulez-vous que les gens vous respectent ?... On paye comptant au jour d'aujourd'hui ou jamais ! » C'était exact aussi. Je filai. J'avais mis mes haricots à cuire avant de partir. C'était le moment, la nuit tombée, d'aller acheter mon lait. Pendant la journée, les gens avaient le sourire quand ils me croisaient avec ma bouteille. Forcément. Pas de bonne.

Et puis l'hiver a traîné, s'est étalé pendant des mois et des semaines encore. On n'en sortait plus de la brume et de la pluie, au fond de tout.

Les malades ne manquaient pas, mais il n'y en avait pas beaucoup qui pouvaient ou qui voulaient payer. La médecine, c'est ingrat. Quand on se fait honorer par les riches, on a l'air d'un larbin, par les pauvres on a tout du voleur. Des « honoraires » ? En voilà un mot ! Ils n'en ont déjà pas assez pour bouffer et aller au cinéma les malades, faut-il encore leur en prendre du pognon pour faire des « honoraires » avec ? Surtout dans le moment juste où ils tournent de l'œil. C'est pas commode. On laisse aller. On devient gentil. Et on coule.

Au terme de janvier j'ai vendu d'abord mon buffet, pour faire de la place, que j'ai expliqué dans le quartier et transformer ma salle à manger en studio de culture physique. Qui m'a cru ? Au mois de février pour liquider les contributions, j'ai bazardé encore ma bicyclette et le gramophone que m'avait donné Molly en partant. Il jouait No More Worries ! J'ai même encore l'air dans la tête. C'est tout ce qui me reste. Mes disques, Bézin les a eus longtemps dans sa boutique et puis tout de même il les a vendus.

Pour faire encore plus riche j'ai raconté alors que j'allais m'acheter une auto aux premiers beaux jours, et qu'à cause de ça je me faisais un peu de liquide d'avance. C'est le culot qui me manquait au fond pour exercer la médecine sérieusement. Quand on me reconduisait à la porte, après que j'avais donné à la famille les conseils et remis mon ordonnance je me lançais dans des tas de commentaires rien que pour éluder l'instant du paiement quelques minutes de plus. Je ne savais pas faire ma putain. Ils avaient l'air si misérables, si puants, la plupart de mes clients, si torves aussi, que je me demandais toujours où ils allaient les trouver les vingt francs qu'il fallait me donner, et s'ils allaient pas me tuer en revanche. J'en avais tout de même bien besoin moi des vingt francs. Quelle honte ! J'aurai jamais fini d'en rougir.

« Honoraires !... » qu'ils continuaient à intituler ça les confrères. Pas dégoûtés ! Comme si le mot en faisait une chose bien entendue et qu'on avait plus besoin d'expliquer... Honte ! moi que je pouvais pas m'empêcher de me dire et y avait pas à en sortir. On explique tout, je le sais bien. Mais n'empêche que celui qui a reçu les cent sous du pauvre et du méchant est pour toujours un beau dégueulasse ! C'est même depuis ce temps-là que je suis certain d'être aussi dégueulasse crue n'importe quel autre. C'est pas que j'aie fait des orgies et des folies avec leurs cent sous et leurs dix francs. Non ! Puisque le propriétaire m'en prenait le plus grand morceau, mais tout de même, ça non plus c'est pas une excuse. On voudrait bien que ça en soye une, mais c'en est pas une encore. Le propriétaire c'est pire que de la merde. Voilà tout.

À force de me faire du mauvais sang et de passer entre les averses glacées de la saison, je prenais plutôt l'air d'une espèce de tuberculeux à mon tour. Fatalement. C'est ça qui arrive quand on doit renoncer à presque tous les plaisirs. De temps en temps, j'achetais des roufs par-ci par-là, mais mon régime essentiel c'était en somme les légumes secs. Ils mettent longtemps à cuire. Je passais à surveiller leur ébullition des heures dans la cuisine après ma consultation et comme je demeurais au premier, j'avais de cet endroit un beau panorama d'arrière-cour. Les arrière-cours, c'est les oubliettes des maisons en série. J'ai eu bien du temps à moi pour la regarder la mienne d'arrière-cour et surtout pour l'entendre.

Là viennent chuter, craquer, rebondir les cris, les appels des vingt maisons en pourtour, jusqu'aux petits oiseaux des concierges en désespoir qui moisissaient en pépiant après le printemps qu'ils ne reverront jamais dans leurs cages, auprès des cabinets, qui sont tous groupés les cabinets, là, dans le fond d'ombre, avec leurs portes toujours déglinguées et ballantes. Cent ivrognes mâles et femelles peuplent ces briques et farcissent l'écho de leurs querelles vantardes, de leurs jurons incertains et débordants, après les déjeuners du samedi surtout. C'est le moment intense dans la vie des familles. Avec la gueule on se défie et des verres plein le nez, papa manie la chaise, faut voir, comme une cognée, et maman le tison comme un sabre ! Gare aux faibles alors ! C'est le petit qui prend. Les torgnoles aplatissent au mur tout ce qui ne peut pas se défendre et riposter : enfants, chiens ou chats. Dès le troisième verre de vin, le noir, le plus mauvais, c'est le chien qui commence à souffrir, on lui écrase la patte d'un grand coup de talon. Ça lui apprendra à avoir faim en même temps que les hommes. On rigole bien à le voir disparaître en piaulant sous le lit comme un éventré. C'est le signal. Rien ne stimule les femmes éméchées comme la douleur des bêtes, on n'a pas toujours des taureaux sous la main. La discussion en repart vindicative, impérieuse comme un délire, c'est l'épouse qui mène, lançant au mâle une série d'appels aigus à la lutte. Et après ça c'est la mêlée, les objets cassés se morcellent. La cour recueille le fracas, l'écho tourne autour de l'ombre. Les enfants dans l'horreur glapissent. Ils découvrent tout ce qu'il y a dans papa et maman ! Ils attirent sur eux la foudre en gueulant.

Je passais bien des jours à attendre qu'il arrive ce qui arrivait de temps à autre au bout des séances ménagères.

C'est au troisième, devant ma fenêtre que ça se passait, dans la maison de l'autre côté. Je ne pouvais rien voir, mais j'entendais bien.

Il y a un bout à tout. Ce n'est pas toujours la mort, c'est souvent quelque chose d'autre et d'assez pire, sur tout avec les enfants.

Ils demeuraient là ces locataires, juste à la hauteur de la cour où l'ombre commence à pâlir. Quand ils étaient seuls le père et la mère, les jours où ça arrivait, ils se disputaient d'abord longtemps et puis survenait un long silence. Ça se préparait. On en avait après la petite fille d'abord, on la faisait venir. Elle le savait. Elle pleurnichait tout de suite. Elle savait ce qui l'attendait. D'après sa voix, elle devait bien avoir dans les dix ans. J'ai fini par comprendre après bien des fois ce qu'ils lui faisaient tous les deux.

Ils l'attachaient d'abord, c'était long à l'attacher, comme pour une opération. Ça les excitait. « Petite charogne » qu'il jurait lui. « Ah ! la petite salope ! » qu'elle faisait la mère. "On va te dresser salope ! » qu'ils criaient ensemble et des choses et des choses qu'ils lui reprochaient en même temps, des choses qu'ils devaient imaginer. Ils devaient l'attacher après les montants du lit. Pendant ce temps-là, l'enfant se plaignotait comme une souris prise au piège. « T'auras beau faire petite vache, t'y couperas pas. Va ! T'y couperas pas ! » qu'elle reprenait la mère, puis avec toute une bordée d'insultes comme pour un cheval. Tout excitée. « Tais-toi maman, que répondait la petite doucement. Tais-toi maman ! Bats-moi maman ! Mais tais-toi maman ! » Elle n'y coupait pas et elle prenait quelque chose comme raclée. J'écoutais jusqu'au bout pour être bien certain que je ne me trompais pas, que c'était bien ça qui se passait. J'aurais pas pu manger mes haricots tant que se passait. Je ne pouvais pas fermer la fenêtre non plus n'étais bon à rien. Je ne pouvais rien faire. Je restais à écouter seulement comme toujours, partout. Cependant, je crois qu'il me venait des forces à écouter ces choses-là, des forces d'aller plus loin, des drôles de forces et la prochaine fois, alors je pourrais descendre encore plus bas la prochaine fois, écouter d'autres plaintes que je n'avais pas encore entendues, ou que j'avais du mal à comprendre avant, parce qu'on dirait qu'il y en a encore toujours au bout des autres des plaintes encore qu'on n'a pas encore entendues ni comprises.

Quand ils l'avaient tellement battue qu'elle ne pouvait plus hurler, leur fille, elle criait encore un peu quand même à chaque fois qu'elle respirait, d'un petit coup.

J'entendais l'homme alors qui disait à ce moment-là « Viens toi grande ! Vite ! Viens par-là ! » Tout heureux.

C'était à la mère qu'il parlait comme ça, et puis la porte d'à côté claquait derrière eux. Un jour, c'est elle qui lui a dit, je l'ai entendu : « Ah ! je t'aime julien, tellement, que je te boufferais ta merde, même si tu faisais des étrons grands comme ça... »

C'était ainsi qu'ils faisaient l'amour tous les deux que m'a expliqué leur concierge, dans la cuisine ça se passait contre l'évier. Autrement, ils y arrivaient pas.

C'est peu à peu, que j'ai appris toutes ces choses-là sur eux dans la rue. Quand je les rencontrais, tous les trois ensemble, il n'y avait rien à remarquer. Ils se promenaient comme une vraie famille. Lui, le père, je l'apercevais encore quand je passais devant l'étalage de son magasin, au coin du boulevard Poincaré, dans la maison de « Chaussures pour pieds sensibles » où il était premier vendeur.

La plupart du temps, notre cour n'offrait que des hideurs sans relief, surtout l'été, grondante de menaces, d'échos, de coups, de chutes et d'injures indistinctes. Jamais le soleil ne parvenait jusqu'au fond. Elle en était comme peinte d'ombres bleues, la cour, bien épaisses et surtout dans les angles. Les concierges y possédaient leurs petits cabinets comme autant de ruches. Dans la nuit quand ils allaient faire pipi, ils cognaient contre les boîtes à ordures les concierges, ça déclenchait des bruits de tonnerre dans la cour.

Du linge essayait de sécher d'une fenêtre à l'autre.

Après le dîner, c'était plutôt des discussions sur les courses qui résonnaient, les soirs où on n'était pas aux brutalités. Mais ces sportives polémiques finissaient elles aussi souvent assez mal en torgnoles diverses et toujours au moins derrière une des fenêtres, pour un motif ou pour un autre, on finissait par s'assommer.

L'été aussi tout sentait fort. Il n'y avait plus d'air dans la cour, rien que des odeurs. C'est celle du chou-fleur qui l'emporte et facilement sur toutes les autres. Un chou-fleur vaut dix cabinets, même s'ils débordent. C'est entendu. Ceux du deuxième débordaient souvent. La concierge du 8, la mère Cézanne, arrivait alors avec son jonc trifouilleur. Je l'observais à s'escrimer. C'est comme ça que nous finîmes par avoir des conversations. « Moi, qu'elle me conseillait, si j'étais à votre place, en douce, je débarrasserais les femmes qui sont enceintes... Y en a des femmes dans ce quartier-ci qui font la vie... C'est à pas y croire !... Et elles demanderaient pas mieux que de vous faire travailler !... Moi, je vous le dis ! C'est meilleur toujours qu'à soigner les petits employés pour leurs varices... Surtout que ça c'est du comptant. »

La mère Cézanne avait un grand mépris d'aristocrate, qui lui venait je ne sais d'où, pour tous les gens qui travaillent...

« Jamais contents les locataires, on dirait des prisonniers, faut qu'ils fassent de la misère à tout le monde !... C'est leurs cabinets qui se bouchent... Un autre jour c'est le gaz qui fuit... C'est leurs lettres qu'on leur ouvre !... Toujours à la chicane... Toujours emmerdants quoi !... Y en a même un qui m'a craché dans son enveloppe du terme... Vous voyez ça ?... »

Même à déboucher les cabinets, elle devait souvent renoncer la mère Cézanne tellement c'était difficile. « Je ne sais pas ce qu'ils mettent dedans, mais faudrait pas d'abord qu'elle sèche !... Je connais ça... Ils vous préviennent toujours trop tard !... Ils font exprès d'abord !... Où j'étais avant il a même fallu faire fondre un tuyau tellement que c'était dur !... Je ne sais pas ce qu'ils peuvent bouffer moi... C'est de la double !... »

* * *

On me retirera difficilement de l'idée que si ça m'a repris ça n'est pas surtout à cause de Robinson. D'abord j'en ai pas tenu grand compte des malaises. Je continuais à traîner comme ci, comme ça, d'un malade à l'autre, mais j'étais devenu plus inquiet encore qu'auparavant, de plus en plus, comme à New York, et j'ai recommencé à dormir aussi encore plus mal que d'habitude.

De le rencontrer à nouveau, Robinson, ça m'avait donc donné un coup et comme une espèce de maladie qui me reprenait.

Avec sa gueule toute barbouillée de peine, ça me faisait comme un sale rêve qu'il me ramenait et dont je n'arrivais pas à me délivrer depuis trop d'années déjà. J'en bafouillais.

Il était venu retomber là, devant moi. J'en finirais pas. Sûrement qu'il m'avait cherché par ici. J'essayais pas d'aller le revoir moi, bien sûr... Il reviendrait à coup sûr encore et il me forcerait à penser à ses affaires à nouveau. Tout à présent d'ailleurs me faisait repenser à sa sale substance. Ces gens-là même que e regardais par la fenêtre et qui n'avaient l'air de rien, à marcher comme ça dans la rue, ils m'y faisaient penser, à bavarder au coin des portes, à se frotter les uns contre les autres. Je savais moi, ce qu'ils cherchaient, ce qu'ils cachaient avec leurs airs de rien les gens. C'est tuer et se tuer qu'ils voulaient, pas d'un seul coup bien sûr, mais petit à petit comme Robinson avec tout ce qu'ils trouvaient, des vieux chagrins, des nouvelles misères, des haines encore sans nom quand ça n'est pas la guerre toute crue et que ça se passe alors plus vite encore que d'habitude.

J'osais même plus sortir de peur de le rencontrer.

Fallait qu'on me demande des deux ou trois fois de suite pour que je me décide à répondre à l'appel des malades. Alors la plupart du temps quand j'arrivais on avait déjà été en chercher un autre. C'était la pagaïe dans mon esprit, tout comme dans la vie. Dans cette rue Saint Vincent où je n'étais allé encore qu'une seule fois, on m'a fait demander chez les gens du troisième au numéro 12. On est même venu me chercher avec une voiture. Je l'ai bien reconnu tout de suite le grand-père, il chuchotait, il s'essuyait longuement les pieds sur mon paillasson. Un être furtif, gris et voûté, c'est pour son petit-fils qu'il voulait que je me dépêche.

Je me souvenais bien de sa fille aussi, à lui, une autre gaillarde, flétrie déjà, mais solide et silencieuse, qui était revenue pour avorter, à plusieurs reprises chez ses parents. On ne lui reprochait rien à celle-là. On aurait seulement voulu qu'elle finisse par se marier en fin de compte, surtout qu'elle avait déjà un petit garçon de deux ans à demeure chez les grands-parents.

Il était malade cet enfant pour un oui, pour un non, et quand il était malade, le grand-père, la grand-mère, la mère pleuraient ensemble, énormément, et surtout parce qu'il n'avait pas de père légitime. C'est dans ces moments-là qu'on est le plus affecté par les situations irrégulières dans les familles. Ils croyaient les grands-parents sans se l'avouer tout à fait, que les enfants naturels sont plus fragiles et plus souvent malades que les autres.

Enfin, le père, celui qu'on croyait du moins, il était bel et bien parti pour toujours. On lui avait tellement parlé de mariage à cet homme, que ça avait fini par l'ennuyer. Il devait être loin à présent, s'il courait encore. Personne n'y avait rien compris à cet abandon et surtout la fille elle-même, parce qu'il axait pris pourtant bien du plaisir à la baiser.

Donc, depuis qu'il était parti le volage ils contemplaient tous les trois l'enfant en pleurnichant et puis voilà. Elle s'était donnée à cet homme comme elle disait « corps et âme ». Cela devait arriver, et d'après elle devait suffire à tout expliquer. Le petit en était sorti de son corps et d'un seul coup et l'avait laissée toute plissée autour des flancs. L'esprit est content avec des phrases, le corps c'est pas pareil, il est plus difficile lui, il lui faut des muscles. C'est quelque chose de toujours vrai un corps, c'est pour cela que c'est presque toujours triste et dégoûtant à regarder. J'ai vu, c'est vrai aussi, bien peu de maternités emporter autant de jeunesse d'un seul coup. Il ne lui restait plus pour ainsi, dire que des sentiments à cette mère et une âme. Personne n'en voulait plus.

Avant cette naissance clandestine la famille demeurait dans le quartier des « Filles-du-Calvaire » et cela depuis bien des années. S'ils étaient venus tous s'exiler à Rancy, c'était pas par plaisir, mais pour se cacher, se faire oublier, disparaître en groupe.

Dès qu'il fut devenu impossible de dissimuler cette grossesse aux voisins, ils s'étaient décidés à quitter leur quartier de Paris pour évite tous commentaires. Déménagement d'honneur.

À Rancy, la considération des voisins n'était pas indispensable, et puis d'abord ils étaient inconnus à Rancy, et puis la municipalité de ce pays pratiquait justement une politique abominable, anarchiste pour tout dire, et dont on parlait dans toute la France, une politique de voyous. Dans ce milieu de réprouvés le jugement d'autrui ne saurait compter.

La famille s'était punie spontanément, elle avait rompu toute relation avec les parents et les amis d'autrefois.

Pour un drame, ç'avait été un drame complet. Plus rien à perdre qu'ils se disaient.

Déclassés. Quand on tient à se déconsidérer on va au peuple.

Ils ne formulaient aucun reproche contre personne. Ils essayaient seulement de découvrir par poussées de petites révoltes invalides ce que le Destin pouvait bien avoir bu le jour où il leur avait fait une saleté pareille, à eux.

La fille n'éprouvait à vivre à Rancy, qu'une seule consolation, mais très importante, celle de pouvoir parler librement à tout le monde désormais de « ses responsabilités nouvelles ». Son amant en la désertant, avait réveillé un désir profond de sa nature entichée d'héroïsme et de singularité. Dès qu'elle fut assurée pour le reste de ses jours de ne jamais avoir un sort absolument identique à la plupart des femmes de sa classe et de son milieu et de pouvoir toujours en appeler au roman de sa vie saccagée dès ses premières amours, elle s'accommoda du grand malheur qui la frappait, avec délices, et les ravages du sort furent en somme dramatiquement bienvenus. Elle pavoisait en fille mère.

Dans leur salle à manger quand nous entrâmes, son père et moi, un éclairage d'économie ne dépassait point les demi-teintes, on n'apercevait les figures que comme autant de taches pâles, de chairs rabâcheuses de mots qui restaient à traîner dans la pénombre, lourde de cette odeur de vieux poivre que dégagent tous les meubles de famille.

Sur la table, au centre, sur le dos, l'enfant parmi les langes, se laissait palper. Je lui déprimai pour commencer la paroi du ventre, avec beaucoup de précaution, graduellement, depuis l'ombilic jusqu'aux bourses, et puis je l'auscultai, fort gravement encore.

Son cœur battait au rythme d'un petit chat, sec et follement. Et puis, il en eut assez l'enfant de mes doigts tripoteurs et de mes manœuvres et se mit à hurler comme on peut le faire à cet âge, inconcevablement. C'en était trop. Depuis le retour de Robinson, je me trouvais devenu bien étrange dans ma tête et mon corps et les cris de ce petit innocent me firent une impression abominable. Quels cris, mon Dieu ! Quels cris ! Je n'en pou vais plus.

Une autre idée aussi sans doute dut déterminer ma sotte conduite. Excédé, je ne sus me retenir de leur faire part tout haut de ce que j'éprouvais en fait de rancœur et de dégoût depuis trop longtemps, tout bas.

« Eh ! répondis-je, à ce petit hurleur, ne te presse donc pas, petit crétin, tu en auras toujours du temps pour gueuler ! Il en restera, ne crains rien, petit âne ! Ménage-toi ! Il en restera bien du malheur assez pour te faire fondre les yeux et la tête aussi et le reste encore si tu ne fais pas attention !

— Qu'est-ce que vous dites Docteur ? » sursauta la grand-mère. Je répétai simplement : « Il en restera encore !

— Quoi ? Que reste-t-il ? questionnait-elle, horrifiée...

— Faut comprendre ! que je lui réponds. Faut comprendre ! On vous explique bien trop de choses ! Voilà le malheur ! Cherchez donc à comprendre ! Faites un effort ! »

« Il en reste de quoi ?... Que dit-il ? » Et ils s'interrogeaient du coup, tous les trois, et la fille « aux responsabilités » faisait un drôle d'œil, et elle se mit à pousser elle aussi de fameux longs cris. Elle venait de trouver une sacrée bonne occasion de crise. Elle ne la raterait pas. C'était la guerre ! Et je te frappe des pieds ! Et des suffocations ! et des strabismes affreux ! J'étais bien ! Fallait voir ça ! « Il est fou, maman ! qu'elle s'étranglait à rugir. Le Docteur est devenu fou ! Enlève-lui mon petit, maman ! » Elle sauvait son enfant.

Je ne saurai jamais pourquoi, mais elle s'est mise, tellement elle était excitée, à prendre l'accent basque. « Il dit des choses effrayantes ! Maman !... C'est un démeng !... »

On m'arracha le petit des mains tout comme si on l'avait arraché aux flammes. Le grand-père si timide tout à l'heure décrochait à présent son gros thermomètre en acajou du mur, un énorme, comme une massue... Et m'accompagnait à distance, vers la porte, dont il relança le battant sur moi, violemment, d'un grand coup de pied.

Bien entendu, on en profita pour ne pas me payer ma visite...

Quand je me suis retrouvé dans la rue, je n'étais pas très fier de ce qui venait de m'arriver. Pas tant du point de vue de ma réputation qui ne pouvait être plus mauvaise dans le quartier qu'on me Pavait déjà faite et sans que j'aie eu pour cela besoin de m'en mêler, mais toujours à propos de Robinson dont j'avais espéré me délivrer par un état de franchise, trouver dans le scandale volontaire la résolution de ne plus le recevoir celui-là, en me faisant une espèce de scène brutale à moi-même.

Ainsi, avais-je calculé : Je verrais bien à titre expérimental tout le scandale qu'on peut arriver à se faire en une seule fois ! Seulement on n'en finit jamais dans le scandale et l'émotion, on ne sait jamais jusqu'où on sera forcé d'aller avec la franchise... Ce que les hommes vous cachent encore... Ce qu'ils vous montreront encore... Si on vit assez longtemps... Si on avance assez loin dans leurs balivernes... C'était à recommencer entièrement.

J'avais hâte d'aller me cacher, moi aussi, pour le moment. J'ai d'abord pris pour rentrer par l'impasse Gibet et puis par la rue des Valentines. C'est un bon bout de chemin. On a le temps de changer d'avis. J'allai vers les lumières. Place Transitoire, j'ai rencontré Péridon l'allumeur. Nous avons échangé quelques propos anodins. « Vous allez au cinéma Docteur ? » qu'il m'a demandé. Il m'en donna l'idée. Je la trouvai bonne.

Par l'autobus on est plus vite rendu que par le métro. Après ce honteux intermède je serais bien parti de Rancy pour de bon et pour toujours, si j'avais pu.

À mesure qu'on reste dans un endroit, les choses et les gens se débraillent, pourrissent et se mettent à puer tout exprès pour vous.

* * *

Malgré tout, j'ai bien fait de rentrer à Rancy dès le lendemain, à cause de Bébert qui est tombé malade juste à ce moment. Le confrère Frolichon venait de partir en vacances, la tante a hésité et puis elle m'a demandé de le soigner quand même son neveu, sans doute parce que j'étais le moins cher parmi les autres médecins qu'elle connaissait.

C'est survenu après Pâques. Il commençait à faire bon. Les premiers vents du sud passaient sur Rancy, ceux aussi qui rabattent toutes les suies des usines sur les croisées des fenêtres.

Elle a duré des semaines la maladie de Bébert. J'y allais deux fois par jour pour le voir. Les gens du quartier m'attendaient devant la loge, sans en avoir l'air et sur le pas de leurs maisons, les voisins aussi. C'était comme une distraction pour eux. On venait pour. savoir de loin, si ça allait plus mal ou mieux. Le soleil qui passe à travers trop de choses ne laisse jamais à la rue qu'une lumière d'automne avec des regrets et des nuages.

Des conseils, j'en ai reçu beaucoup à propos de Bébert. Tout le quartier, en vérité, s'intéressait à son cas. On parlait pour et puis contre mon intelligence. Quand l'entrais dans la loge, il s'établissait un silence critique et assez hostile, écrasant de sottise surtout. Elle était toujours remplie par des commères amies la loge, les intimes, et elle sentait donc fort le jupon et l'urine de lapin. Chacun tenait à son médecin préféré, toujours plus subtil, plus savant. Je ne présentais qu'un seul avantage moi, en somme, mais alors celui qui vous est difficilement pardonné, celui d'être presque gratuit, ça fait tort au malade et à sa famille un médecin gratuit, si pauvre soit-elle.

Bébert ne délirait pas encore, il n'avait seulement plus du tout envie de bouger. Il se mit à perdre du poids chaque jour. Un peu de chair jaunie et mobile lui tenait encore au corps en tremblotant de haut en bas à chaque fois que son cœur battait. On aurait dit qu'il était partout son cœur sous sa peau tellement qu'il était devenu mince Bébert en plus d'un mois de maladie. Il m'adressait des sourires raisonnables quand je venais le voir. Il dépassa ainsi très aimablement les 39 et puis les 4o et demeura là pendant des jours et puis des semaines, pensif.

La tante à Bébert avait fini par se taire et nous laisser tranquilles. Elle avait tout dit ce qu'elle savait, alors elle allait pleurnicher, déconcertée, dans les coins de sa loge, l'un après l'autre. Du chagrin enfin lui était venu tout au bout des mots, elle n'avait pas l'air de savoir qu'en faire du chagrin, elle essayait de se le moucher, mais il lui revenait son chagrin dans la gorge et des larmes avec, et elle recommençait. Elle s'en mettait partout et comme ça elle arrivait à être encore un peu plus sale que d'habitude et elle s'en étonnait : « Mon Dieu ! mon Dieu ! » qu'elle faisait. Et puis c'était tout. Elle était arrivée au bout d'elle-même à force de pleurer et les bras lui retombaient et elle en restait bien ahurie devant moi.

Elle revenait quand même encore un bon coup en arrière dans son chagrin et puis elle se redécidait à repartir en sanglotant. Ainsi, pendant des semaines que ça a duré ces allées et venues dans sa peine. Il fallait pressentir que cette maladie tournerait mal. Une espèce de typhoïde maligne c'était, contre laquelle tout ce que je tentais venait buter, les bains, le sérum... le régime sec... les vaccins... Rien n'y faisait. J'avais beau me démener, tout était vain. Bébert passait, irrésistiblement emmené, souriant. Il se tenait tout en haut de sa fièvre comme en équilibre, moi en bas à cafouiller. Bien entendu, on conseilla un peu partout et impérieusement encore à la tante de me liquider sans ambages et de faire appeler en vitesse un autre médecin, plus expérimenté, plus sérieux.

L'incident de la fille « aux responsabilités » avait été retenu à la ronde et commenté énormément. On s'en gargarisait dans le quartier.

Mais comme les autres médecins avertis de la nature du cas à Bébert se défilèrent, je demeurai finalement. Puis qu'il m'était échu, Bébert, je n'avais qu'à continuer, songeaient-ils justement les confrères.

Il ne me restait plus en fait de ressources qu'à aller jusqu'au bistrot pour téléphoner de temps en temps à quelques autres praticiens par-ci, par-là, au loin, que je connaissais plus ou moins bien dans Paris, danses hôpitaux, pour leur demander ce qu'ils feraient eux, ces malins, ces considérés, devant une typhoïde comme celle qui me tracassait. Ils me donnaient des bons conseils tous, en réponse, des bons conseils inopérants, mais j'éprouvais quand même du plaisir à les entendre se donner du mal ainsi et gratuitement enfin pour le petit inconnu que je protégeais. On finit par se réjouir de pas grand-chose, du très peu que la vie veut bien nous laisser de consolant.

Pendant que je raffinais, ainsi, la tante à Bébert s'effondrait de droite à gauche au hasard des chaises et des escaliers, elle ne sortait de son ahurissement que pour manger. Mais jamais par exemple elle ne passa au travers d'un seul repas, il faut le dire. On ne l'aurait d'ailleurs pas laissée s'oublier. Ses voisins veillaient sur elle. Ils la gavaient entre les sanglots. « Ça soutient ! » qu'ils lui affirmaient. Et même qu'elle se mit à engraisser.

En fait d'odeur de choux de Bruxelles, au plus fort de la maladie de Bébert, ce fut dans la loge une véritable orgie. C'était la saison et il lui en venait de partout en cadeau des choux de Bruxelles, tout cuits, bien fumants. « Cela me donne des forces, c'est vrai !... qu'elle admettait volontiers. Et ça fait bien uriner ! »

Avant la nuit, à cause des coups de sonnette, pour dormir plus légèrement et entendre le premier appel tout de suite, elle se gavait de café, comme cela les locataires ne le réveillaient pas Bébert en sonnant des deux ou trois fois de suite. Passant devant la maison le soir j'entrais pour voir si tout ça n'était pas fini des fois. « Vous croyez pas que c'est avec la camomille au rhum qu'il a voulu boire chez la fruitière le jour de la course cycliste qu'il l'a attrapée sa maladie ? » qu'elle supposait tout haut la tante. Cette idée la tracassait depuis le début. Idiote.

« Camomille ! » murmurait faiblement Bébert, en écho perdu dans la fièvre. À quoi bon la dissuader ? J'effectuais une fois de plus les deux ou trois menus simulacres professionnels qu'on attendait et puis j'allais reprendre la nuit, pas fier, parce que comme ma mère, je n'arrivais jamais à me sentir entièrement innocent des malheurs qui arrivaient.

Vers le dix-septième jour je me suis dit tout de même que je ferais bien d'aller demander ce qu'ils en pensaient à l'Institut Bioduret[21] Joseph d'un cas de typhoïde de ce genre et leur demander en même temps un petit conseil et peut-être même un vaccin qu'ils me recommanderaient. Ainsi, j'aurais tout fait, tout tenté, même les bizarreries et s'il mourait Bébert, eh bien, on n'aurait peut-être rien à me reprocher. J'arrivai là-bas à l'Institut au bout de Paris, derrière La Villette, un matin sur les onze heures. On me fit d'abord promener à travers des laboratoires et des laboratoires à la recherche d'un savant. Il ne s'y trouvait encore personne dans ces laboratoires, pas plus de savants que de public, rien que des objets bousculés en grand désordre, des petits cadavres d'animaux éventrés, des bouts de mégots, des becs de gaz ébréchés, des cages et des bocaux avec des souris dedans en train d'étouffer, des cornues, des vessies à la traîne, des tabourets défoncés, des livres et de la poussière, encore et toujours des mégots, leur odeur et celle de pissotière, dominantes. Puisque j'étais bien en avance, je décidai d'aller faire un tour, pendant que j'y étais, jusqu'à la tombe du grand savant Bioduret Joseph qui se trouvait dans les caves mêmes de l'Institut parmi les ors et les marbres. Fantaisie bourgeoiso-byzantine de haut goût. La quête se faisait en sortant du caveau, le gardien grognait même à cause d'une pièce belge qu'on lui avait refilée. C'est à cause de ce Bioduret que nombre de jeunes gens optèrent depuis un demi-siècle pour la carrière scientifique. Il en advint autant de ratés qu'à la sortie du Conservatoire. On finit tous d'ailleurs par se ressembler après un certain nombre d'années qu'on n'a pas réussi. Dans les fossés de la grande déroute, un « Lauréat de Faculté » vaut un « Prix de Rome ». Question d'autobus qu'on ne prend pas tout à fait à la même heure. C'est tout.

Il me fallut attendre encore assez longtemps dans les jardins de l'Institut, petite combinaison de maison d'arrêt et de square public, jardins, fleurs déposées soigneuse ment au long de ces murs ornés avec malveillance.

Tout de même, quelques garçons du petit personnel finirent par arriver les premiers, nombre d'entre eux portaient déjà des provisions du marché voisin, en de grands filets, et traînaient la savate. Et puis, les savants franchirent à leur tour la grille, plus traînards encore, plus réticents que leurs modestes subalternes, par petits groupes mal rasés et chuchoteurs. Ils allaient se disperser au long des couloirs en lissant les peintures. Rentrée de vieux écoliers grisonnants, à parapluie, stupéfiés par la routine méticuleuse, les manipulations désespérément dégoûtantes, soudés pour des salaires de disette et à longueur de maturité dans ces petites cuisines à microbes, à réchauffer cet interminable mijotage de raclures de légumes, de cobayes asphyxiques et d'autres certaines pourritures.

Ils n'étaient plus en fin de compte eux-mêmes que de vieux rongeurs domestiques, monstrueux, en pardessus. La gloire de nos jours ne sourit guère qu'aux riches, savants ou non. Les plébéiens de la Recherche ne pouvaient compter pour les maintenir en haleine que sur leur propre peur de perdre leur place dans cette boîte à ordures chaude, illustre et compartimentée. C'était au Titre de savant officiel qu'ils tenaient essentiellement. Titre grâce auquel les pharmaciens de la ville leur accordaient encore quelque confiance pour l'analyse, chichement rétribuée d'ailleurs, des urines et des crachats de la clientèle. Casuel bourbeux du savant.

Dès son arrivée, le chercheur méthodique allait se pencher rituellement pendant quelques minutes au-dessus des tripes bilieuses et corrompues du lapin de l'autre semaine, celui qu'on exposait classiquement à demeure, dans un coin de la pièce, bénitier d'immondice. Lorsque l'odeur en devenait véritablement intenable, on en sacrifiait un autre de lapin, mais pas avant, à cause des économies auxquelles le Professeur Jaunisset, grand secrétaire de l'Institut, tenait en ce temps-là une main fanatique.

Certaines pourritures animales subissaient de ce fait, par économie, d'invraisemblables dégradations et prolongations. Tout est question d'habitude. Certains garçons des laboratoires bien entraînés eussent fort bien cuisiné dans un cercueil en activité tellement la putréfaction et ses relents ne les gênaient plus. Ces modestes auxiliaires de la grande recherche scientifique arrivaient même à cet égard à surpasser en économie le Professeur Jaunisset lui-même, pourtant fameusement sordide,

---

[21] L'*Institut Bioduret* : travestissement de l'Institut Pasteur. Le siège de l'Institut Pasteur se trouve dans le XVe arrondissement.

et le battaient à son propre jeu, profitant du gaz de ses étuves par exemple pour se confectionner de nombreux pot-au-feu personnels et bien d'autres lentes ratatouilles, plus périlleuses encore.

Lorsque les savants avaient achevé de procéder à l'examen distrait des boyaux du cobaye et du lapin rituels, ils étaient parvenus doucement au deuxième acte de leur vie scientifique quotidienne, celui de la cigarette. Essai de neutralisation des puanteurs ambiantes et de l'ennui par la fumée du tabac. De mégot en mégot, les savants venaient tout de même à bout de leur journée, sur les cinq heures. On remettait alors doucement les putréfactions à tiédir dans l'étuve branlante. Octave, le garçon, dissimulait ses haricots fin cuits en un journal pour mieux les passer impunément devant la concierge. Feintes. Tout prêt le dîner qu'il emportait à Gargan. Le savant, son maître, déposait encore un petit quelque chose d'écrit dans un coin du livret d'expériences, timidement, comme un doute, en vue d'une communication prochaine pleinement oiseuse, mais justificative de sa présence à l'Institut et des chétifs avantages qu'elle comportait, corvée qu'il faudrait bien se décider à effectuer tout de même avant longtemps devant quelque Académie infiniment impartiale et désintéressée.

Le véritable savant met vingt bonnes années en moyenne à effectuer la grande découverte, celle qui consiste à se convaincre que le délire des uns ne fait pas du tout le bonheur des autres et que chacun ici-bas se trouve indisposé par la marotte du voisin.

Le délire scientifique plus raisonné et plus froid que les autres est en même temps le moins tolérable d'entre tous. Mais quand on a conquis quelques facilités pour subsister même assez chichement dans un certain endroit, à l'aide de certaines grimaces, il faut bien persévérer ou se résigner à crever comme un cobaye. Les habitudes s'attrapent plus vite que le courage et surtout l'habitude de bouffer.

Je cherchais donc mon Parapine à travers l'Institut, puisque j'étais venu tout exprès de Rancy pour le trouver.

Il s'agissait donc de persévérer dans ma recherche. Ça n'allait pas tout seul. Je m'y repris en plusieurs fois, hésitant longuement entre tant de couloirs et de portes.

Il ne déjeunait pas du tout ce vieux garçon et ne dînait guère que deux ou trois fois par 'semaine au plus, mais là alors énormément, selon la frénésie des étudiants russes dont il conservait tous les usages fantasques.

On lui accordait à ce Parapine, dans son milieu spécialisé, la plus haute compétence. Tout ce qui concernait les maladies typhoïdes lui était familier, soit animales, soit humaines. Sa notoriété datait de vingt ans déjà, de l'époque où certains auteurs allemands prétendirent un beau jour avoir isolé des vibrions eberthiens[22] vivants dans l'excrétat vaginal d'une petite fille de dix-huit mois. Ce fut un beau tapage dans le domaine de la vérité. Heureux, Parapine riposta dans le moindre délai au nom de l'Institut national et surpassa d'emblée ce fanfaron teuton en cultivant lui, Parapine, le même germe mais à l'état pur et dans le sperme d'un invalide de soixante et douze ans. Célèbre d'emblée, il ne lui restait plus jusqu'à sa mort, qu'à noircir régulièrement quelques colonnes illisibles dans divers périodiques spécialisés pour se main tenir en vedette. Ce qu'il fit sans mal d'ailleurs depuis ce jour d'audace et de chance.

Le public scientifique sérieux lui faisait à présent crédit et confiance. Cela dispensait le public sérieux de le lire.

S'il se mettait à critiquer ce public, il n'y aurait plus de progrès possible. On resterait un an sur chaque page.

Quand j'arrivai devant la porte de sa cellule, Serge Parapine était en train de cracher aux quatre coins du laboratoire d'une salive incessante, avec une grimace si dégoûtée qu'il vous en faisait réfléchir. Il se rasait de temps à autre Parapine, mais il conservait cependant aux méplats des joues toujours assez de poils pour avoir l'air d'un évadé. Il grelottait constamment ou du moins il en avait l'air, bien que ne quittant jamais son pardessus, grand choix de taches et surtout de pellicules qu'il essaimait ensuite à menus coups d'ongles alentour, tout en ramenant sa mèche, oscillante toujours, sur son nez vert et rose.

---

[22] *Eberthiens* : le bacille d'Eberth, germe de la typhoïde, fut découvert en 1881 par Karl Eherth.

Pendant mon stage dans les écoles pratiques de la Faculté, Parapine m'avait donné quelques leçons de microscope et témoigné en diverses occasions de quelque réelle bienveillance. J'espérais qu'il ne m'avait depuis ces temps déjà lointains pas tout à fait oublié et qu'il serait à même de me donner peut-être un avis thérapeutique de tout premier ordre pour le cas de Bébert qui m'obsédait en vérité.

Décidément, je me découvrais beaucoup plus de goût à empêcher Bébert de mourir qu'un adulte. On n'est jamais très mécontent qu'un adulte s'en aille, ça fait toujours une vache de moins sur la terre, qu'on se dit, tandis que pour un enfant, c'est tout de même moins sûr. Il y a avenir.

Parapine mis au courant de mes difficultés ne demanda pas mieux que de m'aider et d'orienter ma thérapeutique périlleuse, seulement il avait appris lui, en vingt années, tellement de choses et des si diverses et de si souvent contradictoires sur le compte de la typhoïde qu'il lui était devenu bien pénible à présent, et comme qui dirait impossible, de formuler au sujet de cette affection si banale et des choses de son traitement le moindre avis net ou catégorique.

« D'abord, y croyez-vous, cher confrère, vous, aux sérums ? qu'il commença par me demander. Hein ? qu'en dites-vous ?... Et les vaccins donc ?... En somme quelle est votre impression ?... D'excellents esprits ne veulent plus à présent en entendre parler des vaccins... C'est audacieux, confrère, certes... Je le trouve aussi... Mais enfin ? Hein ? Quand même ? Ne trouvez-vous pas qu'il y a du vrai dans ce négativisme ?... Qu'en pensez-vous ? »

Les phrases procédaient dans sa bouche par bonds terribles parmi des avalanches d'« R » énormes.

Pendant qu'il se débattait tel un lion parmi d'autres furieuses et désespérées hypothèses, Jaunisset, qui vivait encore à cette époque, l'illustre grand secrétaire, vint à passer juste sous nos fenêtres précis et sourcilleux.

À sa vue, Parapine pâlit encore si possible davantage et changea nerveusement de conversation, hâtif de me témoigner tout de suite tout le dégoût que provoquait en lui la seule vue quotidienne de ce Jaunisset par ailleurs universellement glorifié. Il me le qualifia ce jaunisse fameux en l'espace d'un instant, de faussaire, de maniaque de l'espèce la plus redoutable et le chargea encore de plus de crimes monstrueux et inédits et secrets qu'il n'en fallait pour peupler un bagne entier pendant un siècle.

Et je ne pouvais plus l'empêcher de me donner, Parapine, cent et mille haineux détails sur le métier bouffon chercheur auquel il était bien obligé pour avoir à bouffer de s'astreindre, haine plus précise, plus scientifique vraiment, que celles qui émanent des autres hommes placés dans des conditions similaires dans les bureaux ou magasins.

Il tenait ces propos à très haute voix et je m'étonnais de sa franchise. Son garçon de laboratoire nous écoutait. Il avait terminé lui aussi sa petite cuisine et s'agitait encore pour la forme entre les étuves et les éprouvettes, mais il avait tellement pris l'habitude le garçon, d'entendre Parapine dans le cours de ses malédictions, pour ainsi dire quotidiennes, qu'il tenait à présent ces propos si exorbitants fussent-ils, pour absolument académiques et insignifiants. Certaines petites expériences personnelles qu'il poursuivait avec beaucoup de gravité, le garçon, dans une des étuves du laboratoire lui semblaient, à l'encontre de ce que racontait Parapine, prodigieuses et délicieuse ment instructives. Les fureurs de Parapine ne parvenaient point à l'en distraire. Avant de s'en aller, il refermait la porte de l'étuve sur ses microbes personnels, comme sur un tabernacle, tendrement, scrupuleusement.

« Vous avez vu mon garçon, confrère ? Vous l'avez vu mon vieux crétin de garçon ? que fit Parapine à son propos, dès qu'il fut sorti. Eh bien voici trente ans bientôt, qu'à balayer mes ordures il entend autour de lui ne parler que de science et fort copieusement et sincère ment ma foi... cependant, loin d'en être dégoûté, c'est lui et lui seul à présent qui a fini par y croire ici même ! À force de tripoter mes cultures il les trouve merveilleuses ! Il s'en pourlèche... La moindre de mes singeries l'enivre ! N'en va-t-il pas d'ailleurs de même dans toutes les religions ? N'y a-t-il point belle lurette que le prêtre pense à tout autre chose qu'au Bon Dieu que son bedeau y croit encore... Et dur comme fer ? C'est à vomir en vérité !... Mon abruti ne pousse-t-il point le ridicule jusqu'à copier le rand Bioduret Joseph dans son costume et sa barbiche L'avez-vous noté ?... Entre nous, à ce propos, le grand Bioduret ne différait tellement de mon garçon que par sa réputation mondiale et l'intensité de ses lubies... Avec sa manie de rincer parfaitement les bouteilles et de surveiller d'incroyablement près l'éclosion des mites, il m'a toujours semblé monstrueusement vulgaire à moi cet immense génie.

expérimental... Ôtez un peu au grand Bioduret sa prodigieuse mesquinerie ménagère et dites-moi donc un peu ce qu'il en reste d'admirable ? Je vous le demande ? Une figure hostile de concierge chicaneur et malveillant. C'est tout. Au surplus, il l'a bien prouvé à l'Académie son caractère de cochon pendant les vingt années qu'il y passa, détesté par presque tous, il s'y est engueulé à peu près avec tout le monde, et pas qu'un peu... C'était un mégalomane ingénieux... Et voilà tout. »

Parapine s'apprêtait à son tour, doucement, au départ. Je l'aidai à se passer une sorte d'écharpe autour du cou et en dessus de ses pellicules de toujours encore une espèce de mantille. Alors l'idée lui revint que j'étais venu le voir à propos de quelque chose de très précis et d'urgent. « C'est vrai, fit-il, qu'à vous ennuyer avec mes petites affaires, j'oubliais votre malade ! Pardonnez-moi confrère et revenons bien vite à notre sujet ! Mais que vous dirais-je après tout que vous ne sachiez déjà ! Parmi tant de théories vacillantes, d'expériences discutables, la raison commanderait au fond de ne pas choisir ! Faites donc au mieux allez confrère ! Puisqu'il faut que vous agissiez, faites au mieux ! Pour moi d'ailleurs, je puis ici vous l'assurer en confidence, cette affection typhique est arrivée à me dégoûter au-delà de toute limite ! De toute imagination même ! Quand je l'abordai dans ma jeunesse la typhoïde, nous n'étions que quelques chercheurs à prospecter ce domaine et nous pouvions, en somme, aisément nous compter, nous faire valoir mutuellement... Tandis qu'à présent, que vous dire ? Il en arrive de Laponie mon cher ! du Pérou ! Tous les jours davantage ! Il en vient de partout des spécialistes ! On en fabrique en série au japon ! J'ai vu le monde devenir en moins de quelques ans une véritable pétaudière de publications universelles et saugrenues sur ce même sujet rabâché. Je me résigne pour y garder ma place et la défendre certes tant bien que mal, à produire et reproduire mon même petit article d'un congrès, d'une revue à l'autre, auquel je fais simplement subir vers la fin de chaque saison, quelques subtiles et anodines modifications, bien accessoires... Mais cependant croyez-moi, confrère, la typhoïde, de nos jours, est aussi galvaudée que la mandoline ou le banjo. C'est à crever je vous le dis ! Chacun veut en jouer un petit air à sa façon. Non, j'aime autant vous l'avouer, je ne me sens plus de force à me tracasser davantage, ce que je cherche pour achever mon existence, c'est un petit coin de recherches bien tranquilles, qui ne me vaillent plus ni ennemis, ni élèves, mais cette médiocre notoriété sans jalousie dont je me contente et dont j'ai grand besoin. Entre autres fadaises, j'ai songé à l'étude de l'influence comparative du chauffage central sur les hémorroïdes dans les pays du Nord et du Midi. Qu'en pensez-vous ? De l'hygiène ? Du régime ? C'est à la mode ces histoires-là ! n'est-ce pas ? Une telle étude convenablement conduite et traînée en longueur me conciliera l'Académie j'en suis persuadé, qui compte un nombre majoritaire de vieillards que ces problèmes de chauffage et d'hémorroïdes ne peuvent laisser indifférents. Regardez ce qu'ils ont fait pour le cancer qui les touche de près !... Qu'elle m'honore par la suite l'Académie, d'un de ses prix d'hygiène ? Que sais-je ? Dix mille francs ? Hein ? Voilà de quoi me payer un voyage à Venise... J'y fus savez-vous à Venise dans ma jeunesse, mon jeune ami... Mais oui ! On y dépérit aussi bien de faim qu'ailleurs... Mais on y respire une odeur de mort somptueuse qu'il n'est pas facile d'oublier par la suite... »

Dans la rue, nous dûmes revenir sur nos pas en vitesse pour chercher ses caoutchoucs qu'il avait oubliés. Nous nous mîmes ainsi en retard. Et puis nous nous hâtâmes vers un endroit dont il ne me parlait pas.

Par la longue rue de Vaugirard, parsemée de légumes et d'encombrements, nous arrivâmes tout au bord d'une place entourée de marronniers et d'agents de police. Nous nous faufilâmes dans l'arrière-salle d'un petit café où Parapine se jucha derrière un carreau, à l'abri d'un brise-bise.

« Trop tard ! fit-il dépité. Elles sont sorties déjà !

— Qui ?

— Les petites élèves du Lycée... Il en et de charmantes vous savez... Je connais leurs jambes par cœur. Je ne demande plus autre chose pour la fin de mes journées... Allons-nous-en ! Ce sera pour un autre jour... »

Et nous nous quittâmes vraiment bons amis.

* * *

J'aurais été content de ne jamais avoir à retourner à Rancy. Depuis ce matin même que j'étais parti de là-bas j'avais presque oublié déjà mes soucis ordinaires ; ils y étaient encore incrustés si fort dans Rancy qu'ils ne me suivaient pas. Ils y seraient peut-être morts mes soucis, à l'abandon, comme Bébert, si je n'étais pas rentré. C'étaient des soucis de banlieue. Cependant vers la rue Bonaparte, la réflexion me revint, la triste. C'est une rue pourtant qui donnerait plutôt du plaisir au passant. Il en est peu d'aussi bienveillantes et gracieuses. Mais, en m'approchant des quais, je devenais tout de même craintif. Je rôdais. Je ne pouvais me résoudre à franchir la Seine. Tout le monde n'est pas César ! De l'autre côté, sur l'autre rive, commençaient mes ennuis. Je me réservai d'attendre ainsi de ce côté gauche jusqu'à la nuit. C'est toujours quelques heures de soleil de gagnées, que je me disais.

L'eau venait clapoter à côté des pêcheurs et je me suis assis pour les regarder faire. Vraiment, je n'étais pas pressé du tout moi non plus, pas plus qu'eux. J'étais comme arrivé au moment, à l'âge peut-être, où on sait bien ce qu'on perd à chaque heure qui passe. Mais on n'a pas encore acquis la force de sagesse qu'il faudrait pour s'arrêter pile sur la route du temps et puis d'abord si on s'arrêtait on ne saurait quoi faire non plus sans cette folie d'avancer qui vous possède et qu'on admire depuis toute sa jeunesse. Déjà on en est moins fier d'elle de sa jeunesse, on ose pas encore l'avouer en public que ce n'est peut-être que cela sa jeunesse, de l'entrain à vieillir.

On découvre dans tout son passé ridicule tellement de ridicule, de tromperie, de crédulité qu'on voudrait peut être s'arrêter tout net d'être jeune, attendre la jeunesse qu'elle se détache, attendre qu'elle vous dépasse, la voir s'en aller, s'éloigner, regarder toute sa vanité, porter la main dans son vide, la voir repasser encore devant soi, et puis soi partir, être sûr qu'elle s'en est bien allée sa jeunesse et tranquillement alors, de son côté, bien à soi, repasser tout doucement de l'autre côté du Temps pour regarder vraiment comment qu'ils sont les gens et les choses.

Au bord du quai les pêcheurs ne prenaient rien. Ils n'avaient même pas l'air de tenir beaucoup à en prendre des poissons. Les poissons devaient les connaître. Ils restaient là tous à faire semblant. Un joli dernier soleil tenait encore un peu de chaleur autour de nous, faisant sauter sur l'eau des petits reflets coupés de bleu et d'or. Du vent, il en venait du tout frais d'en face à travers les grands arbres, tout souriant le vent, se penchant à travers mille feuilles, en rafales douces. On était bien. Deux heures pleines, on est resté ainsi à ne rien prendre, à ne rien faire. Et puis, la Seine est tournée au sombre et le coin du pont est devenu tout rouge du crépuscule. Le monde en passant sur le quai nous avait oubliés là, nous autres, entre la rive et l'eau.

La nuit est sortie de dessous les arches, elle est montée tout le long du château[23], elle a pris la façade, les fenêtres, l'une après l'autre, qui flambaient devant l'ombre. Et puis, elles se sont éteintes aussi les fenêtres.

Il ne restait plus qu'à partir une fois de plus.

Les bouquinistes des quais fermaient leurs boîtes. « Tu viens ! » que criait la femme par-dessus le parapet à son mari, à mon côté, qui refermait lui ses instruments, et son pliant et les asticots. Il a grogné et tous les autres pêcheurs ont grogné après lui et on est remontés, moi aussi, là-haut, en grognant, avec les gens qui marchent. Je lui ai parlé à sa femme, comme ça pour lui dire quelque chose d'aimable avant que ça soye la nuit partout. Tout de suite, elle a voulu me vendre un livre. C'en était un de livre qu'elle avait oublié de rentrer dans sa boîte à ce qu'elle prétendait. « Alors ce serait pour moins cher, pour presque rien... » qu'elle ajoutait. Un vieux petit « Montaigne » un vrai de vrai pour un franc. Je voulais bien lui faire plaisir à cette femme pour si peu d'argent. Je l'ai pris son « Montaigne ».

Sous le pont, l'eau était devenue toute lourde. J'avais plus du tout envie d'avancer. Aux boulevards, j'ai bu un café crème et j'ai ouvert ce bouquin qu'elle m'avait vendu. En l'ouvrant, je suis juste tombé sur une page d'une lettre qu'il écrivait à sa femme le Montaigne[24], justement pour l'occasion d'un fils à eux qui venait de mourir. Ça m'intéressait immédiatement ce passage, probablement à cause des rapports lue je faisais tout de suite avec Bébert. *Ah !* qu'il lui sait le Montaigne, à peu près comme ça à son épouse. *T'en fais pas va, ma chère femme ! Il faut bien te*

---

[23] *Le château* : c'est-à-dire le Louvre.
[24] *Disait le Montaigne* : on trouvera le texte original de cette lettre dans l'édition de la Pléiade.

consoler !... Ça s'arrangera !... Tout s'arrange dans la vie... Et puis d'ailleurs, qu'il lui disait encore, j'ai justement retrouvé hier dans des vieux papiers d'un ami à moi une certaine lettre que Plutarque envoyait lui aussi à sa femme dans des circonstances tout à fait pareilles aux nôtres... Et que je l'ai trouvée si joliment bien tapée sa lettre ma chère femme, que je te l'envoie sa lettre !... C'est une belle lettre ! D'ailleurs je ne veux pas t'en priver plus longtemps, tu m'en diras des nouvelles pour ce qui est de guérir ton chagrin !... Ma chère épouse ! Je te l'envoie la belle lettre ! Elle est un peu là comme lettre celle de Plutarque !... On peut le dire ! Elle a pas fini de t'intéresser !... Ah ! non ! Prenez-en connaissance ma chère femme ! Lisez-la bien ! Montrez-la aux amis. Et relisez-la encore ! je suis bien tranquille à présent ! Je suis certain qu'elle va vous remettre d'aplomb !... Vostre bon mari. Michel.

Voilà que je me dis moi, ce qu'on peut appeler du beau travail. Sa femme devait être fière d'avoir un bon mari qui s'en fasse pas comme son Michel. Enfin, c'était leur affaire à ces gens. On se trompe peut être toujours quand il s'agit de juger le cœur des autres. Peut-être qu'ils avaient vraiment du chagrin ? Du chagrin de l'époque ?

Mais pour ce qui concernait Bébert, ça me faisait une sacrée journée. Je n'avais pas de veine avec lui Bébert, mort ou vif. Il me semblait qu'il n'y avait rien pour lui sur la terre, même dans Montaigne. C'est peut-être pour tout le monde la même chose d'ailleurs, dès qu'on insiste un peu, c'est le vide. Y avait pas à dire, j'étais parti de Rancy depuis le matin, fallait y retourner, et j'avais rien rapporté. J'avais rien absolument à lui offrir, ni à la tante non plus.

Un petit tour par la place Blanche avant de rentrer.

Je vois du monde tout le long de la rue Lepic, encore plus que d'habitude. Je monte donc aussi, pour voir. Au coin d'un boucher c'était la foule. Fallait s'écraser pour voir ce qui se passait, en cercle. Un cochon c'était, un gros, un énorme. Il geignait aussi lui, au milieu du cercle comme un homme qu'on dérange, mais alors énormément. Et puis, on arrêtait pas de lui faire des misères. Les gens lui tortillaient les oreilles histoire de l'entendre crier. Il se tordait et se retournait les pattes le cochon à force de vouloir s'enfuir à tirer sur sa corde, d'autres l'asticotaient et il hurlait encore plus fort à cause de la douleur. Et on riait davantage.

Il ne savait pas comment se cacher le gros cochon dans le si peu de paille qu'on lui avait laissée et qui s'envolait quand il grognait et soufflait dedans. Il ne savait pas comment échapper aux hommes. Il le comprenait. Il urinait en même temps autant qu'il pouvait, mais ça ne servait à rien non plus. Grogner, hurler non plus. Rien à faire. On rigolait. Le charcutier par-derrière dans sa boutique, échangeait des signes et des plaisanteries avec les clients et faisait des gestes avec un grand couteau.

Il était content lui aussi. Il avait acheté le cochon, et attaché pour la réclame. Au mariage de sa fille il ne s'amuserait pas davantage.

Il arrivait toujours plus de monde devant la boutique pour voir le cochon crouler dans ses pros plis roses après chaque effort pour s'enfuir. Ce n'était cependant pas encore assez. On fit grimper dessus un tout petit chien hargneux qu'on excitait à sauter et à le mordre à même dans la grosse chair dilatée. On s'amusait alors tellement qu'on ne pouvait plus avancer. Les agents sont venus pour disperser les groupes.

Quand on arrive vers ces heures-là en haut du pont Caulaincourt on aperçoit au-delà du grand lac de nuit qui est sur le cimetière les premières lumières de Rancy. C'est sur l'autre bord Rancy. Faut faire tout le tour pour y arriver. C'est si loin ! Alors on dirait qu'on fait le tour de la nuit même, tellement il faut marcher de temps et des pas autour du cimetière pour arriver aux fortifications.

Et puis ayant atteint la porte, à l'octroi[25], on passe encore devant le bureau moisi où végète le petit employé vert. C'est tout près alors. Les gens de la zone sont à leur poste d'aboi. Sous un bec de gaz, il y a des fleurs quand même, celles de la marchande Sui attend toujours là, les morts qui passent d'un jour à l'autre, d'une heure à l'autre. Le cimetière, un autre encore, à côté[26], et puis le boulevard de la Révolte. Il monte avec toutes ses lampes droit et lare en plein dans la nuit. Y a qu'à suivre, à gauche. C'était ma rue. Il n'y avait vraiment personne à rencontrer. Tout de même, j'aurais bien voulu être ailleurs et loin. J'aurais aussi voulu avoir des chaussons pour qu'on m'entende pas du tout rentrer

---

[25] *L'octroi* : l'octroi de la porte de Clichy disparut en 1918.

[26] *Le cimetière, un autre encore, à côté* : le cimetière Montmartre et le cimetière parisien des Batignolles.

chez moi. J'y étais cependant pour rien, moi, si Bébert n'allait pas mieux du tout. J'avais fait mon possible. Rien à me reprocher. C'était pas de ma faute si on ne pouvait rien dans des cas comme ceux-là. Je suis parvenu jusque devant sa porte, et je le croyais, sans avoir été remarqué. Et puis, une fois monté, sans ouvrir les persiennes j'ai regardé par les fentes pour voir s'il y avait toujours des gens à parler devant chez Bébert. Il en sortait encore quelques-uns des visiteurs de la maison, mais ils n'avaient pas le même air qu'hier les visiteurs. Une femme de ménage des environs, que je connaissais bien pleurnichait en sortant. « On dirait décidément que ça va encore plus mal, que je me disais. En tout cas, ça va sûrement pas mieux... Peut-être qu'il est déjà passé ? que je me disais. Puisqu'il y en a une qui pleure déjà !... » La journée était finie.

Je cherchais quand même si j'y étais pour rien dans tout ça. C'était froid et silencieux chez moi. Comme une petite nuit dans un coin de la grande, exprès pour moi tout seul.

De temps en temps montaient des bruits de pas et l'écho entrait de plus en plus fort dans ma chambre, bourdonnait, s'estompait... Silence. Je regardais encore s'il se passait quelque chose dehors, en face. Rien qu'en moi que ça se passait, à me poser toujours la même question.

J'ai fini par m'endormir sur la question, dans ma nuit à moi, ce cercueil, tellement j'étais fatigué de marcher et de ne trouver rien.

* * *

Autant pas se faire d'illusions, les gens n'ont rien à se dire, ils ne se parlent que de leurs peines à eux chacun, c'est entendu. Chacun pour soi, la terre pour tous. Ils essayent de s'en débarrasser de leur peine, sur l'autre, au moment de l'amour, mais alors ça ne marche pas et ils ont beau faire, ils la gardent tout entière leur peine, et ils recommencent, ils essayent encore une fois de la placer. « Vous êtes jolie, Mademoiselle », qu'ils disent. Et la vie les reprend, jusqu'à la prochaine où on essayera encore le même petit truc. « Vous êtes bien jolie, Mademoiselle !... »

Et puis à se vanter entre-temps qu'on y est arrivé à s'en débarrasser de sa peine, mais tout le monde sait bien n'est-ce pas que c'est pas vrai du tout et qu'on l'a bel et bien gardée entièrement pour soi. Comme on devient de plus en plus laid et répugnant à ce jeu-là en vieillissant, on ne peut même plus la dissimuler sa peine, sa faillite, on finit par en avoir plein la figure de cette sale grimace qui met des vingt ans, des trente ans et davantage à vous remonter enfin du ventre sur la face. C'est à cela que ça sert, à ça seulement, un homme, une grimace, qu'il met toute une vie à se confectionner, et encore qu'il arrive même pas toujours à la terminer tellement qu'elle est lourde et compliquée la grimace qu'il faudrait faire pour exprimer toute sa vraie âme sans rien en perdre.

La mienne à moi, j'étais justement en train de bien la fignoler avec des factures que je n'arrivais pas à payer, des petites pourtant, mon loyer impossible, mon pardessus beaucoup trop mince pour la saison, et le fruitier qui rigolait en coin à me voir compter mes sous, à hésiter devant son brie, à rougir au moment où le raisin commence à coûter cher. Et puis aussi à cause des malades qui n'étaient jamais contents. Le coup du décès de Bébert ne m'avait pas fait du bien non plus dans les environs. Cependant la tante ne m'en voulait pas. On pouvait pas dire qu'elle ait été méchante la tante dans la circonstance, non. C'est plutôt du côté des Henrouille, dans leur pavillon, que je me suis mis à récolter subite ment des tas d'ennuis et à concevoir des craintes.

Un jour, la vieille mère Henrouille, comme ça, elle a quitté son pavillon, son fils, sa bru, et elle s'est décidée d'elle-même à venir me rendre une visite. C'était pas bête. Et puis alors elle est revenue souvent pour me demander si je croyais vraiment moi qu'elle était folle. Ça lui faisait comme une distraction à cette vieille de venir exprès pour me questionner là-dessus. Elle m'attendait dans la pièce qui me servait de salle d'attente. Trois chaises et un guéridon à trois pieds.

Et quand je suis rentré ce soir-là, je l'ai trouvée dans la salle d'attente en train de consoler la tante à Bébert en lui racontant tout ce qu'elle avait perdu elle, vieille Henrouille, en fait de parents sur la route, avant de parvenir à son âge, des nièces à la douzaine, des oncles par-ci, par-là, un père bien loin là-bas, au milieu de l'autre siècle et des tantes encore, et puis ses propres filles disparues celles-là un peu partout, qu'elle ne savait même plus très bien ni où, ni comment, devenues si vagues, si incertaines ses propres filles qu'elle était comme obligée de les imaginer à présent et avec bien de la peine encore dès qu'elle voulait en parler aux autres. Ce n'était même plus tout à fait des souvenirs ses propres enfants. Elle traînait tout un peuple de trépas anciens et menus autour de ses vieux flancs, des ombres muettes depuis longtemps, des chagrins imperceptibles qu'elle essayait de faire remuer encore un peu quand même, avec bien du mal, pour la consolation, quand j'arrivai, de la tante à Bébert.

Et puis Robinson est venu me voir à son tour. On leur a fait faire connaissance à tous. Des amis.

C'est même de ce jour-là, je m'en suis souvenu depuis, qu'il a pris l'habitude de la rencontrer dans ma salle d'attente, la vieille mère Henrouille, Robinson. Ils se parlaient. C'est le lendemain qu'on enterrait Bébert. « Irez-vous ? qu'elle demandait, la tante, à tous ceux qu'elle rencontrait, je serais bien contente que vous y alliez...

— Bien sûr que j'irai, qu'a répondu la vieille. Ça fait plaisir dans ces moments-là d'avoir du monde autour de soi. » On ne pouvait plus la retenir dans son taudis. Elle était devenue sorteuse.

« Ah ! bien alors tant mieux si vous venez ! que la remerciait la tante. Et vous, Monsieur, vous y viendrez-t-y aussi ? demandait-elle à Robinson.

— Moi, j'ai peur des enterrements, Madame, faut pas m'en vouloir », qu'il a répondu lui pour se défiler.

Et puis chacun d'eux a encore parlé un bon coup rien que pour son compte, presque violemment, même la très vieille Henrouille, qui s'est mêlée à la conversation. Beaucoup trop haut qu'ils parlaient tous, comme chez les fous.

Alors je suis venu chercher la vieille pour l'emmener dans la pièce à côté où je consultais.

J'avais pas grand-chose à lui dire. C'est elle plutôt qui me demandait des choses. Je lui ai promis de pas insister pour le certificat. On est revenus dans la pièce s'asseoir avec Robinson et la tante et on a discuté encore tous pendant une vraie heure sur le cas malheureux de Bébert. Tout le monde était du même avis décidément dans le quartier, que je m'étais donné bien du mal pour sauver le petit Bébert, que c'était une fatalité seulement, que je m'étais bien conduit en somme, et ça c'était presque une surprise pour tout le monde. La mère Henrouille quand on lui eut dit l'âge de l'enfant, sept ans, elle a paru s'en sentir mieux et comme toute rassurée. La mort d'un enfant si jeune lui apparaissait comme un véritable accident seulement, pas comme une mort normale et qui puisse la faire réfléchir, elle.

Robinson se mit à nous raconter une fois de plus que les acides lui brûlaient l'estomac et les poumons, l'étouffaient et le faisaient cracher tout noir. Mais la mère Henrouille elle, ne crachait pas, ne travaillait pas dans les acides, ce que Robinson racontait à ce sujet-là ne pouvait donc pas ! intéresser. Elle était venue seulement pour se faire bien son opinion à mon sujet. Elle me dévisageait de coin pendant que je parlais, avec ses petites prunelles agiles et bleuettes et Robinson n'en perdait pas une miette de toute cette inquiétude latente entre nous. Il faisait sombre dans ma salle d'attente, la grande maison de l'autre côté de la rue pâlissait largement avant de céder à la nuit.

Après cela, il n'y eut plus que nos voix à nous, entre nous, et tout ce qu'elles ont toujours l'air d'être tout près de dire les voix et ne disent jamais.

Une fois seul avec lui, j'ai essayé de lui faire comprendre que je n'avais plus du tout envie de le revoir Robinson, mais il est revenu quand même vers la fin du mois et puis alors presque chaque soir. C'est vrai qu'il n'allait pas bien du tout de la poitrine.

« M. Robinson est encore venu vous demander... me rappelait ma. concierge qui s'intéressait à lui. Il n'en sortira pas hein ?... qu'elle ajoutait. Il toussait encore quand il est venu... »Elle savait bien que ça m'agaçait qu'elle m'en parle.

C'est vrai qu'il toussait. « Y a pas moyen, qu'il pré disait lui-même, j'en finirai jamais...

— Attends l'été prochain encore ! Un peu de patience ! Tu verras... Ça finira tout seul... »

Enfin ce qu'on dit dans ces cas-là. Je pouvais pas le guérir moi, tant qu'il travaillerait dans les acides... J'essayais de le remonter quand même.

« Tout seul, que je guérirai ? qu'il répondait. Tu y vas bien toi !... On dirait que c'est facile à respirer comme moi je respire... Je voudrais t'y voir toi avec un truc comme le mien dans la caisse... On se dégonfle avec un truc comme j'en ai un dans la caisse... Et puis voilà que je te dis moi..

— T'es déprimé, tu passes par un mauvais moment, mais quand tu iras mieux... Même un peu mieux, tu verras...

— Un peu mieux ? Au trou que j'irai un peu mieux ! J'aurais surtout mieux fait d'y rester moi à la guerre en fait de vrai mieux ! Toi ça te va d'être revenu... T'as rien à dire ! »

Les hommes y tiennent à leurs sales souvenirs, à tous leurs malheurs et on ne peut pas les en faire sortir. Ça leur occupe l'âme. Ils se vengent de l'injustice de leur présent en besognant l'avenir au fond d'eux-mêmes avec de la merde. Justes et lâches qu'ils sont tout au fond. C'est leur nature.

Je ne lui répondais plus rien. Alors il m'en voulait.

« Tu vois bien que toi aussi t'es du même avis ! »

Pour être tranquille, j'allai lui chercher une petite potion contre la toux. C'est que ses voisins se plaignaient de ce qu'il n'arrêtait pas de tousser et qu'ils ne pouvaient pas dormir. Pendant que je lui remplissais la bouteille, il se demandait encore où il avait bien pu l'attraper cette toux incoercible. Il demandait aussi en même temps que je lui fasse des piqûres : avec des sels d'or.

« Si j'en crève des piqûres, tu sais j'y perdrai rien ! »

Mais je me refusais, bien entendu, à entreprendre une thérapeutique héroïque quelconque. Je voulais avant tout qu'il s'en aille.

J'en avais perdu moi-même tout entrain rien qu'à le revoir traîner par ici. Toutes les peines du monde j'éprouvais déjà à ne pas me laisser aller au courant de ma propre débine, à ne pas céder à l'envie de fermer ma porte une fois pour toutes et vingt fois par jour je me répétais « À quoi bon ? » Alors encore l'écouter jérémiader au surplus, c'était vraiment trop.

« Tu n'as pas de courage, Robinson ! finissais-je par lui dire... Tu devrais te marier, ça te donnerait peut être du goût pour la vie... » S'il avait pris une femme, il m'aurait débarrassé un peu. Là-dessus il s'en allait tout vexé. Il n'aimait pas mes conseils, surtout ceux-là. Il ne me répondait même pas sur cette question du mariage. C'était, c'est vrai aussi, un conseil bien niais que je lui donnais là.

Un dimanche où je n'étais pas de service nous sortîmes ensemble. Au coin du boulevard Magnanime, on est allés prendre à la terrasse, un petit cassis et un diabolo. On ne se parlait pas beaucoup, on n'avait plus grand-chose à se dire. D'abord, à quoi ça sert les mots quand on est fixé ? À s'engueuler et puis c'est tout. Il ne passe pas beaucoup d'autobus le dimanche. De la terrasse c'est presque un plaisir de voir le boulevard tout net, tout reposé lui aussi, devant soi. On avait le gramophone du bistrot derrière.

« T'entends ? qu'il me fait Robinson. Il joue des airs d'Amérique, son phono ; je les reconnais ces airs-là moi, c'est les mêmes qu'on jouait à Detroit chez Molly... »

Pendant deux ans qu'il avait passés là-bas, il n'était pas entré bien avant dans la vie des Américains ; seulement, il avait été comme touché quand même par leur espèce de musique, où ils essayent de quitter eux aussi leur lourde accoutumance et la peine écrasante de faire tous les jours la même chose et avec laquelle ils se dan dinent avec la vie qui n'a pas de sens, un peu, pendant que ça joue. Des ours, ici, là-bas.

Il n'en finissait pas son cassis à réfléchir à tout ça. Un peu de poussière s'élevait de partout. Autour des platanes vadrouillent les petits enfants barbouillés et ventrus, attirés, eux aussi, par le disque. Personne ne lui résiste au fond à la musique. On n'a rien à faire avec son cœur, on le donne volontiers. Faut entendre au fond de toutes les musiques l'air sans notes, fait pour nous, l'air de la Mort.

Quelques boutiques ouvrent encore le dimanche par entêtement : la marchande de pantoufles sort de chez elle et promène, en bavardant, d'une devanture voisine à l'autre, ses kilos de varices après les jambes.

Au kiosque, les journaux du matin pendent avachis et jaunes un peu déjà, formidable artichaut de nouvelles en train de rancir. Un chien, dessus, fait pipi, vite, la gérante somnole.

Un autobus à vide fonce vers son dépôt. Les idées aussi finissent par avoir leur dimanche ; on est plus ahuri encore que d'habitude. On est là, vide. On en baverait. On est content. On a rien à causer, parce qu'au fond il ne vous arrive plus rien, on est trop pauvre, on a peut-être dégoûté l'existence ? Ça serait régulier.

« Tu vois pas un truc, toi, que je pourrais faire, pour sortir de mon métier qui me crève ? »

Il émergeait de sa réflexion.

« J'voudrais en sortir de mon business, comprends-tu ? J'en ai assez moi de me crever comme un mulet... J'veux aller me promener moi aussi... Tu connais pas des gens qu'auraient besoin d'un chauffeur, par hasard ?... T'en connais pourtant du monde, toi ? »

C'était des idées du dimanche, des idées de gentleman qui le prenaient. Je n'osais pas le dissuader, lui insinuer qu'avec une tête d'assassin besogneux comme la sienne personne ne lui confierait jamais son automobile, qu'il conserverait toujours un trop drôle d'air, avec ou sans livrée.

« T'es pas encourageant en somme, qu'il a conclu alors. J'en sortirai donc jamais à ton avis ?... C'est donc plus la peine même que j'essaye ?... En Amérique j'allais pas assez vite, que tu disais... En Afrique, c'est la chaleur qui me crevait... Ici, je suis pas assez intelligent... Enfin partout il y a quelque chose que j'ai en plus ou en moins... Mais tout ça je m'en rends compte, c'est du « bourremou « ! Ah ! si j'avais du pognon !... Tout le monde me trouverait bien gentil ici... là-bas... Et partout... En Amérique même... C'est-y pas vrai ce que je dis là ? Et toi-même ?... Il nous manque qu'une petite maison de rapport avec six locataires qui payent bien...

— C'est effectivement vrai », répondis-je.

Il n'en revenait pas d'être arrivé tout seul à cette conclusion majeure. Alors il me regarda drôlement, comme s'il me découvrait soudain un aspect inouï de dégueulasse.

« Toi, quand j'y pense, t'as le bon bout. Tu vends tes bobards aux crevards et pour le reste, tu t'en fous... T'es pas contrôlé, rien... T'arrives et tu pars quand tu veux, t'as la liberté en somme... T'as l'air gentil mais t'es une belle vache tout dans le fond !...

— Tu es injuste Robinson !

— Dis donc alors, trouve-moi donc quelque chose ! »

Il y tenait ferme à son projet de laisser son métier dans les acides à d'autres...

Nous repartîmes par les petites rues latérales. Vers le soir on croirait encore que c'est un village, Rancy. Les portes maraîchères s'entrouvrent. La grande cour est vide. La niche du chien aussi. Un sou, comme celui-ci, il y a longtemps déjà, les paysans sont partis de chez eux, chassés par la ville qui sortait de Paris. Il ne reste plus qu'un ou deux débits de ces temps-là, invendables et moisis et repris déjà par les glycines lasses qui retombent au versant des petits murs cramoisis d'affiches. La herse pendue entre deux gargouilles n'en peut plus de rouiller. C'est un passé auquel on ne touche plus. Il s'en va tout seul. Les locataires d'à présent sont bien trop fatigués le soir pour toucher à rien d'abord devant chez eux quand ils rentrent. Ils vont s'entasser simplement par ménages dans ce qui reste des salles communes et boire. Le plafond porte les cercles de la fumée des « suspensions » vacillantes d'alors. Tout le quartier tremblote sans se plaindre au ronron continu de la nouvelle usine. Les tuiles moussues chutent en dégringolades sur les hauts pavés bossus comme il n'en existe plus guère qu'à Versailles et dans les prisons vénérables.

Robinson m'accompagna jusqu'au petit parc municipal, tout cintré d'entrepôts, où viennent s'oublier sur les pelouses teigneuses tous les abandons d'alentour entre le boulodrome à gâteux, la Vénus insuffisante et le monticule de sable pour jouer et faire pipi.

On s'est remis à parler comme ça de choses et d'autres. « Ce qui me manque, tu vois, c'est de pouvoir supporter la boisson. » C'était son idée. « Quand je bois j'ai des crampes que c'est à y pas tenir. C'est pire ! » Et il me donnait la preuve tout de suite par une série de renvois qu'il n'avait même pas bien supporté notre petit cassis de cet après-midi... « Ainsi tu vois ? »

Devant sa porte, il m'a quitté. « Le Château des Courants d'Air » comme il annonçait. Il a disparu. Je croyais ne pas le revoir de sitôt.

Mes affaires eurent l'air de vouloir reprendre un petit peu et juste au cours de cette nuit-là.

Rien que dans la maison du Commissariat, je fus appelé deux fois d'urgence. Le dimanche soir tous les soupirs, les émotions, les impatiences, sont déboutonnés. L'amour-propre est sur le pont dominical et en goguette encore. Après une journée entière de liberté alcoolique, voici les esclaves qui tressaillent un peu, on a du mal à les faire se tenir, ils reniflent, ils s'ébrouent et font clinquer leurs chaînes.

Rien que dans la maison du Commissariat, deux drames se déroulaient à la fois. Au premier finissait un cancéreux, tandis qu'au troisième passait une fausse couche dont la sage-femme n'arrivait pas à se débrouiller. Elle donnait, cette matrone, des conseils absurdes à tout le monde, tout en rinçant des serviettes et des serviettes encore. Et puis, entre deux injections s'échappait pour aller piquer le cancéreux d'en bas, à dix francs ampoule d'huile camphrée s'il vous plaît. Pour elle la journée était bonne.

Toutes les familles de cette maison avaient passé leur dimanche en peignoir et bras de chemise en train de faire face aux événements et bien soutenues les familles par des nourritures épicées. Ça sentait l'ail et de plus drôles d'odeurs encore à travers les couloirs et l'escalier. Les chiens s'amusaient en cabriolant jusqu'au sixième. La concierge tenait à se rendre compte de l'ensemble. On la retrouvait partout. Elle ne buvait que du blanc elle, à cause que le rouge donne des pertes.

La sage-femme énorme et blousée mettait les deux drames en scène, au premier, au troisième, bondissante, transpirante, ravie et vindicative. Ma venue la mit en boule. Elle qui tenait son public en main depuis le matin, vedette.

J'eus beau m'ingénier, pour me la ménager, à me faire remarquer le moins possible, trouver tout bien (alors qu'en réalité elle n'avait guère accompli dans son office que d'abominables sottises), ma venue, ma parole, lui faisaient horreur d'emblée. Rien à faire. Une sage-femme qu'on surveille, c'est aimable comme un panaris. On ne sait plus où la mettre pour qu'elle vous fasse le moins de mal possible. Les familles débordaient de la cuisine jusqu'aux premières marches à travers le logement, se mêlant aux autres parents de la maison. Et comme il y en avait des parents ! Des gros et des fluets agglomérés en grappes somnolentes sous les lumières des « suspensions ». L'heure avançait et il en venait encore d'autres, de province où on se couche plus tôt qu'à Paris. Ils en avaient marre ceux-là. Tout ce que je leur racontais, à ces parents du drame d'en bas comme à ceux du drame d'en haut, était mal pris.

L'agonie du premier étage a peu duré. Tant mieux et tant pis. Au moment juste où il lui montait le grand hoquet, voilà son médecin ordinaire, le docteur Omanon qui monte lui, comme ça, pour voir s'il était mort son client et il m'engueule aussi lui ou presque, parce qu'il me trouve à son chevet. Je lui expliquai alors à Omanon que j'étais de service municipal du dimanche et que ma présence était bien naturelle et je suis remonté au troisième bien dignement.

La femme en haut saignait toujours du derrière. Pour un peu elle allait se mettre à mourir aussi sans attendre plus longtemps. Une minute pour lui faire une piqûre et me revoilà descendu auprès du type à Omanon. C'était bien fini. Omanon venait de s'en aller. Mais il avait quand même touché mes vingt francs la vache. Flanelle. Du coup, je ne voulais pas lâcher la place que j'avais prise chez la fausse couche. Je remontai donc dare-dare.

Devant la vulve saignante, j'expliquai encore des choses à la famille. La sage-femme, évidemment, n'était pas du même avis que moi. On aurait presque dit qu'elle gagnait son pognon à me contredire. Mais j'étais là, tant pis, faut s'en foutre qu'elle soye contente ou pas ! Plus de fantaisie ! J'en avais pour au moins cent balles si je savais m'y prendre et persister ! Du calme encore et de la science, Nom de Dieu ! Résister aux assauts des remarques et des questions pleines de vin blanc qui se croisent implacables au-dessus de votre tête innocente, c'est du boulot, c'est pas commode. La famille dit ce qu'elle pense à coups de soupirs et de renvois. La sage-femme attend de son côté que je patauge en plein, que je me sauve et que je lui laisse les cent francs. Mais elle peut courir la sage-femme ! Et mon terme alors ? Qui c'est qui le payera ? Cet accouchement vasouille depuis le matin, je veux bien. Ça saigne, je veux bien aussi, mais ça ne sort pas, et faut savoir tenir !

Maintenant que l'autre cancéreux est mort en bas, son public d'agonie furtivement remonte par ici. Tant qu'on est en train de passer la nuit blanche, qu'on en a fait le sacrifice, faut prendre tout ce qu'il y a à regarder en distractions dans les environs. La famille d'en bas vint voir si par ici ça allait se terminer aussi mal que chez eux. Deux morts dans la même nuit, dans la même maison, ça serait une émotion pour la vie ! Tout simplement ! Les chiens de tout le monde on les entend par coups de grelots qui sautent et cabriolent à travers les marches. Ils montent aussi eux. Des gens venus de loin entrent en surnombre encore, en chuchotant. Les jeunes filles d'un seul coup « apprennent l'existence » comme disent les mères, elles affectent des airs tendrement avertis devant le malheur. L'instinct féminin de consoler. Un cousin en est tout saisi qui les épiait depuis le matin. Il ne les quitte plus. C'est une révélation dans sa fatigue. Tout le monde est débraillé. Il épousera l'une d'elles le cousin mais il voudrait voir leurs jambes aussi pendant qu'il y est, pour pouvoir mieux choisir.

Cette expulsion de fœtus n'avance pas, le détroit doit être sec, ça ne glisse plus, ça saigne encore seulement. Ça aurait été son sixième enfant. Où il est le mari ? Je le réclame.

Fallait le trouver le mari pour pouvoir diriger sa femme sur l'hôpital. Une parente me l'avait proposé de l'envoyer à l'hôpital. Une mère de famille qui voulait tout de même amer se coucher elle, à cause des enfants. Mais quand on a eu parlé d'hôpital, personne alors ne fut plus d'accord. Les uns en voulaient l'hôpital, les autres s'y montraient absolument hostiles à cause des convenances. Ils voulaient même pas qu'on en parle. On s'est même dit à ce propos-là des mots un peu durs entre parents qu'on oubliera jamais. Ils sont passés dans la famille. La sage-femme méprisait tout le monde. Mais c'est le mari, moi, pour ma part, que je désirais qu'on retrouve pour pouvoir le consulter, pour qu'on se décide enfin dans un sens ou dans l'autre. Le voilà qui se met à surgir d'un groupe, plus indécis encore que tous les autres le mari. C'était pourtant bien à lui de décider. L'hôpital ? Pas l'hôpital ? Que veut-il ? Il ne sait pas. Il veut regarder. Alors il regarde. Je lui découvre le trou de sa femme d'où suintent des caillots et puis des glouglous et puis toute sa femme entièrement, qu'il regarde. Eue qui gémit comme un gros chien qu'aurait passé sous une auto. Il ne sait pas en somme ce qu'il veut. On lui passe un verre de vin blanc pour le soutenir. Il s'assoit.

L'idée ne lui vient pas quand même. C'est un homme ça qui travaille dur dans la journée. Tout le monde le connaît bien au Marché et à la Gare surtout où il remise des sacs pour les maraîchers, et pas des petites choses, des gros lourds depuis quinze ans. Il est fameux. Son pantalon est vaste et vague et sa veste aussi. Il ne les perd pas mais il n'a pas l'air d'y tenir tellement que ça à sa veste et à son pantalon. C'est seulement à la terre et à rester droit dessus qu'il a l'air de tenir par ses deux pieds posés en large comme si elle allait se mettre à trembler la terre d'un moment à l'autre sous lui. Pierre qu'il s'appelle.

On l'attend. « Qu'est-ce que t'en penses toi Pierre ? » qu'on lui demande tout autour. Il se gratte et puis il va s'asseoir Pierre, auprès de la tête de sa femme comme s'il avait du mal à la reconnaître, elle qui n'en finit pas de mettre au monde tant de douleurs, et puis il pleure une espèce de larme Pierre, et puis il se remet debout. Alors on lui repose encore la même question. Je prépare déjà un billet d'admission pour l'hôpital. « Pense donc un peu, Pierre ! » que tout le monde l'adjure. Il essaye bien, mais il fait signe que ça ne vient pas. Il se lève et va vaciller vers la cuisine en emportant son verre. Pourquoi l'attendre encore ? Ça aurait pu durer le reste de la nuit son hésitation de mari, on s'en rendait bien compte tout autour. Autant s'en aller ailleurs.

C'était cent francs de perdus pour moi, voilà tout ! Mais n'importe comment avec cette sage-femme j'aurais eu des ennuis... C'était couru. Et d'autre part, je n'allais tout de même pas me lancer dans des manœuvres opératoires devant tout le monde, fatigué comme j'étais ! « Tant pis ! que je me suis dit. Allons-nous-en ! Ça sera pour une autre fois... Résignons-nous ! Laissons la nature tranquille, la garce ! »

À peine étais-je parvenu au palier, qu'ils me recherchaient tous et lui qui dégringole après moi. « Hé ! qu'il me crie, Docteur, ne partez pas !

— Que voulez-vous que je fasse ? que je lui réponds.

— Attendez ! Je vous accompagne Docteur !... Je vous en prie, monsieur le Docteur !...

— C'est bien. », que je lui ai fait, et je le laissai alors m'accompagner jusqu'en bas. Et nous voilà donc descendus. En passant au premier, je rentre tout de même pour dire au revoir à la famille du mort cancéreux. Le mari entre avec moi dans la pièce, on ressort. Dans la rue, il se mettait à mon pas. Il faisait vif dehors. On rencontre un petit chien qui s'entraînait à répondre aux autres de la zone à coups de longs hurlements. Et qu'il était entêté et bien plaintif. Déjà il savait y faire pour gueuler. Bientôt il serait un vrai chien.

« Tiens c'est « Jaune d'œuf « que remarque le mari, tout content de le reconnaître et de changer de conversation... Ce sont les filles du blanchisseur de la rue des Gonesses qui l'ont élevé au biberon, « Jaune d'œuf « , ce godon-là !... Vous les connaissez vous les filles du blanchisseur ?

— Oui », que je réponds.

Toujours pendant qu'on marchait, il s'est mis alors à me raconter les façons qu'on avait d'élever les chiens avec du lait sans que ça vous revienne trop cher. Tout de même il cherchait par-derrière ces mots-là toujours son idée à propos de sa femme.

Un débit restait ouvert près de la porte.

« Vous entrez-t'y, Docteur ? je vous en offre un... »

J'allais pas le vexer. « Entrons ! » que je fais. « Deux crème. » Et j'en profite pour lui reparler de sa femme. Ça le rendait tout sérieux que je lui en parle, mais c'est à le décider que j'arrivais toujours pas. Sur le comptoir triomphait un gros bouquet. À cause de la fête du bistrot Martrodin. « Un cadeau des enfants ! » qu'il nous a annoncé lui-même. Alors, nous avons pris un vermouth avec lui, à l'honneur. Il y avait encore au-dessus du comptoir la Loi sur l'ivresse et un certificat d'études encadré. Du coup en voyant ça le mari voulait absolu ment que le bistrot se mette à lui réciter les sous-préfectures du Loir-et-Cher parce que lui il les avait apprises et il les savait encore. Après ça, il a prétendu que c'était pas le nom du bistrot qui était sur le certificat mais un autre et alors ils se sont fâchés et il est revenu s'asseoir à côté de moi le mari. Le doute l'avait repris tout entier. Il ne m'a même pas vu partir tellement que ça le tracassait...

Je ne l'ai jamais revu le mari. Jamais. Moi j'étais bien déçu par tout ce qui était arrivé ce dimanche-là et bien fatigué en plus.

Dans la rue, j'avais à peine fait cent mètres que j'aperçois Robinson qui s'en venait de mon côté, chargé de toutes espèces de planches, des petites et des grandes. Malgré la nuit, je l'ai bien reconnu. Bien gêné de me rencontrer il se défilait, mais je l'arrête.

« T'as donc pas été te coucher ? que je lui fis.

— Doucement !... qu'il me répond... Je reviens des constructions !...

— Qu'est-ce que tu vas faire avec tout ce bois-là ? Des constructions aussi ?... Un cercueil ?... Tu l'as volé au moins ?...

— Non, un clapier pour les lapins...

— T'élèves des lapins à présent ?

— Non, c'est pour les Henrouille...

— Les Henrouille ? Ils ont des lapins ?

— Oui, trois, qu'ils vont mettre dans la petite cour, tu sais, là où qu'habite leur vieille...

— Alors tu fais des cages à lapins à cette heure-ci ? C'est une drôle d'heure...

— C'est l'idée de sa femme...

— C'est une drôle d'idée !... Qu'est-ce qu'elle veut faire avec des lapins[27] ? Les revendre ? Des chapeaux de forme ?...

— Ça tu sais, tu lui demanderas quand tu la verras, moi pourvu qu'elle me donne les cent francs... »

Tout de même, cette affaire de clapier me paraissait bien drôle, comme ça, dans la nuit. J'insistai. Alors il détourna la conversation.

« Mais comment es-tu venu chez eux ? demandai-je à nouveau. Tu ne les connaissais les Henrouille ?

— C'est la vieille qui m'a amenez eux que je te dis, le jour où je l'ai rencontrée chez toi à la consultation... Elle est bavarde, cette vieille-là quand elle s'y met... T'as pas idée... On n'en sort pas... Alors elle est devenue comme copine avec moi et puis eux aussi... Y a des gens que j'intéresse tu sais !...

— Tu ne m'en avais jamais rien raconté de tout ça à moi... Mais puisque tu vas chez eux, tu dois savoir s'ils vont arriver à la faire interner leur vieille ?

— Non, ils n'ont pas pu à ce qu'ils m'ont dit... »

Toute cette conversation lui était bien déplaisante, je le sentais, il ne savait pas comment m'éliminer. Mais plus il fuyait, plus je tenais à en savoir...

« La vie est dure quand même, tu trouves pas ? Il faut en faire des trucs hein ? » qu'il répétait vaguement. Mais moi je le ramenais au sujet. J'étais décidé à ne pas le laisser se dérober...

« On dit qu'ils ont plus d'argent qu'ils en ont l'air les Henrouille ? Qu'est-ce que tu en dis, toi maintenant qui vas chez eux ?

— Oui, c'est bien possible qu'ils en aient, nais dans tous les cas, ils voudraient bien se débarrasser de la vieille ! »

À dissimuler, il n'avait jamais été fort Robinson.

« C'est à cause de la vie, tu sais, qui est de plus en plus chère, qu'ils voudraient bien s'en débarrasser. Ils m'ont dit comme ça que tu voulais pas la trouver folle, toi ?... C'est-y vrai ? »

Et sans insister après cette question, il me demanda vivement de quel côté je me dirigeais.

---

[27] *Des lapins* : les formes — les calottes des chapeaux — étaient faites avec le feutre des poils de lapin.

« Tu reviens d'une visite, toi ? »

Je lui racontai un peu mon aventure avec le mari que je venais de perdre en route.

Ça le fit bien rigoler, seulement aussi en même temps ça le fit tousser.

Il se recroquevillait tellement dans le noir pour tousser sur lui-même que je ne le voyais presque plus, si près de moi, ses mains seulement je voyais encore un peu, qui se rejoignaient doucement comme une grosse fleur blême devant sa bouche, dans la nuit, à trembler. Il n'en finissait pas. « C'est les courants d'air ! » qu'il fit enfin à bout de toux, comme nous arrivions devant chez lui.

« Ça qui, il y en a chez moi des courants d'air ! et puis il y a des puces aussi ! T'en a-t-il aussi des puces chez toi ?... »

J'en avais. « Forcément, que je lui ai répondu, j'en rapporte de chez les malades.

— Tu trouves pas que ça sent la pisse les malades ? qu'il m'a demandé alors.

— Oui, et la sueur aussi...

— Tout de même, fit-il lentement après avoir bien réfléchi, j'aurais bien aimé moi à être infirmier.

— Pourquoi ?

— Parce que, tu vois, les hommes quand ils sont bien portants, y a pas à dire, ils vous font peur... Surtout depuis la guerre... Moi je sais à quoi ils pensent... Ils s'en rendent pas toujours compte eux-mêmes... Mais moi, je sais à quoi ils pensent... Quand ils sont debout, ils pensent à vous tuer... Tandis que quand ils sont malades, y a pas à dire ils sont moins à craindre... Faut t'attendre à tout, que je te dis, tant qu'ils tiennent debout. C'est pas vrai ?

— C'est bien vrai ! que je fus forcé de dire.

— Et alors toi, c'est-y pas pour ça aussi que tu t'es fait médecin‹ » qu'il m'a demandé encore.

En cherchant, le me rendis compte qu'il avait peut-être raison Robinson. Mais il se remit tout de suite à tousser par quintes.

« Tu as les pieds mouillés, t'iras chercher une pleurésie en tirant des bordées dans la nuit... Rentre donc chez toi, lui conseillai-je. Va te coucher... » De tousser ainsi coup sur coup, ça l'énervait.

« La vieille mère Henrouille, tiens en voilà une qui va attraper une sacrée grippe ! qu'il me tousse en rigolant dans l'oreille.

— Comment ça ?

— Tu vas voir !... qu'il me fait.

— Qu'est-ce qu'ils ont inventé ?

— J'peux pas t'en dire plus long... Tu verras...

— Raconte-moi donc ça, Robinson, voyons dégueulasse, tu sais bien que je répète jamais rien, moi... »

À présent, soudain, l'envie le prenait de tout me raconter, pour me prouver peut-être en même temps qu'il fallait pas le prendre pour aussi résigné et dégonflé qu'il en avait l'air.

« Vas-y donc ! le stimulai-je encore tout bas. Tu sais bien que moi je ne parle jamais... »

C'était l'excuse qu'il lui fallait pour se confesser.

« Pour ça c'est bien vrai, tu te tais bien », qu'il admit. Et le voilà alors parti et qui se met à table sérieusement, en veux-tu, en voilà...

On était bien seuls à cette heure-là sur le boulevard Coutumance.

« Tu te rappelles, commença-t-il, de l'histoire des marchands de carottes ? »

Tout d'abord, je ne m'en souvenais pas de cette histoire de marchands de carottes.

« Tu sais bien, voyons ? qu'il insiste... C'est toi même qui me l'as racontée !...

— Ah ! oui... » Et que ça me revint alors d'un coup.

« Le cheminot de la rue des Brumaires ?... Celui qui avait reçu tout un pétard dans les testicules en allant voler les lapins ?...

— Oui, tu sais, chez le fruitier du quai d'Argenteuil...

— C'est vrai !... J'y suis à présent, que je fais. Alors ? » Parce que je ne voyais pas encore le rapport entre cette ancienne histoire et le cas de la vieille Henrouille.

Il ne tarda pas à me mettre les points sur les « i ».

« Tu comprends pas ?

— Non », que je fais... Mais bientôt je n'osai plus comprendre.

« Eh bien tout de même t'y mets du temps !...

— C'est que tu me parais drôlement parti... ne puis-je m'empêcher de remarquer. Vous n'allez tout de même pas vous mettre à assassiner la vieille Henrouille à pré sent pour faire plaisir à la bru ?

— Oh ! moi tu sais, je me contente de faire le clapier qu'ils me demandent... Pour le pétard c'est eux qui s'en occuperont... s'ils veulent...

— Combien qu'ils t'ont donné pour ça ?

— Cent francs pour le bois et puis deux cent cinquante francs pour la façon et puis encore mille francs rien que pour l'histoire... Et tu comprends... Ça n'est qu'un commencement... C'est une histoire, quand on saura bien la raconter, que c'est comme une vraie rente !... Hein, petit, tu te rends compte ?... »

Je me rendais compte en effet et je n'étais pas très surpris. Ça me rendait triste, voilà tout, un peu plus. Tout ce qu'on dit pour dissuader les gens dans ces cas-là c'est toujours bien insignifiant. Est-ce que la vie elle est gentille avec eux ? Pitié de qui et de quoi qu'ils auraient donc eux ? Pour quoi faire ? Des autres ? A-t-on jamais vu personne descendre en enfer pour remplacer un autre ? Jamais. On l'y voit l'y faire descendre. C'est tout.

La vocation de meurtre qui avait soudain possédé Robinson me semblait plutôt somme toute comme une espèce de progrès sur ce que j'avais observé jusqu'alors parmi les autres gens, toujours mi-haineux, mi-bienveillants, toujours ennuyeux par leur imprécision de tendances. Décidément d'avoir suivi dans la nuit Robin son jusque-là où nous en étions, j'avais quand même appris des choses.

Mais il y avait un danger : la Loi. « C'est dangereux que je lui fis remarquer la Loi. Si t'es pris, toi, tu n'y couperas pas avec ta santé... Tu y resteras en prison... Tu résisteras pas !...

— Tant pis alors qu'il m'a répondu, j'en ai trop marre des trucs réguliers à tout le monde... T'es vieux, t'attends encore ton tour de rigoler et quand il arrive... Bien patient s'il arrive... T'es crevé et enterré depuis longtemps... C'est un business pour les innocents les métiers honnêtes, comme on dit... D'abord tu sais ça aussi bien que moi...

— Possible... Mais les autres, les coups durs, tout le monde en tâterait si y avait pas les risques... Et la police est méchante tu sais... Y a le pour et le contre... » On examinait la situation.

« Je ne te dis pas le contraire, mais tu comprends, à travailler comme je travaille, dans les conditions où je suis, à pas dormir, à tousser, à faire des boulots comme un cheval en voudrait pas... Rien peut m'arriver à pré sent de pire... C'est mon avis... Rien... »

Je n'osais pas lui dire qu'il avait somme toute raison, à cause des reproches qu'il aurait pu me faire plus tard si sa nouvelle combinaison allait rater.

Pour me remettre en train il m'énuméra enfin quelques bons motifs de ne pas m'en faire à propos de la vieille, parce que d'abord après tout, de n'importe quelle façon, elle n'en avait plus à vivre pour bien longtemps, trop âgée déjà comme elle était. Il arrangerait son départ en somme et puis c'était tout.

Quand même pour une vilaine combine, c'était malgré tout une vilaine combine. Tout le détail était déjà convenu entre lui et les enfants : Puisque la vieille avait repris l'habitude de sortir de chez elle, on l'enverrait un beau soir porter à manger aux lapins... Le pétard y serait bien disposé... Il lui partirait en pleine face dès qu'elle toucherait à la porte... Tout à fait comme ça s'était passé chez le fruitier... Elle passait déjà pour folle dans le quartier, l'accident ne surprendrait personne... On dirait qu'on l'avait bien prévenue de jamais y aller aux lapins... Qu'elle avait désobéi... Et à son âge, elle en réchapperait sûrement pas d'un coup de pétard comme on lui en préparait un... comme ça en plein dans la tirelire.

Y a pas à dire, moi, j'en avais raconté une belle d'histoire à Robinson.

* * *

Et la musique est revenue dans la fête celle qu'on entend d'aussi loin qu'on se souvienne depuis les temps qu'on était petit, celle qui ne s'arrête jamais par-ci par-là, dans les encoignures de la ville, dans les petits endroits de la campagne, partout où les pauvres vont s'asseoir au bout de la semaine, pour savoir ce qu'ils sont devenus. Paradis ! qu'on leur dit. Et puis on fait jouer de la musique pour eux, tantôt ci tantôt là, d'une saison dans l'autre, elle clinque, elle moud tout ce qui faisait danser l'année d'avant les riches. C'est la musique à la mécanique qui tombe des chevaux de bois, des automobiles qui n'en sont pas, des montagnes pas russes du tout et du tréteau du lutteur qui n'a pas de biceps et qui ne vient pas de Marseille, de a femme qui n'a pas de barbe, du magicien qui est cocu, de l'orgue qui n'est pas en or, derrière le tir dont les veufs sont vies. C'est la fête à tromper les gens du bout de la semaine.

Et on va la boire la canette sans mousse ! Mais le garçon, lui, pue vraiment de l'haleine sous les faux bosquets. Et la monnaie qu'il rend contient des drôles de pièces, si drôles qu'on n'a pas encore fini de les examiner des semaines et des semaines après et qu'on les refile avec bien de la peine et quand on fait la charité. C'est la fête quoi. Faut être amusant quand on peut, entre la faim et la prison, et prendre les choses comme elles viennent. Puisqu'on est assis, faut déjà pas se plaindre. C'est toujours ça de gagné.

« Le Tir des Nations » le même, je l'ai revu, celui que Lola avait remarqué, il y avait bien des années passées à présent, dans les allées du Parc de Saint-Cloud. On revoit de tout dans les fêtes, c'est des renvois de joie les fêtes. Depuis le temps elles avaient dû revenir se promener les foules dans la grande allée de Saint-Cloud. Des promeneurs. La guerre était bien finie. Au fait, était-ce toujours le même propriétaire au Tir ? Est-ce qu'il est revenu de la guerre celui-là ? Tout m'intéresse. J'ai reconnu les cibles, mais en plus on tirait à présent sur des aéroplanes. Du nouveau. Le progrès. La mode. La noce y était toujours, les soldats aussi et la Mairie avec son drapeau. Tout en somme. Avec même bien plus de choses encore à tirer qu'autrefois.

Mais les gens s'amusaient bien davantage dans le manège aux automobiles, des inventions récentes, à cause des espèces d'accidents qu'on n'arrêtait pas d'avoir là-dedans et des secousses épouvantables que ça vous donne dans la tête et aux tripes. Il en venait sans cesse d'autres ahuris et gueuailleurs pour se tamponner sauvagement et retomber tout le temps en vrac à se démolir la rate au fond des baquets. Et on ne pouvait pas les faire s'arrêter. Jamais ifs ne demandaient grâce, jamais ils ne semblaient avoir été aussi heureux. Certains en déliraient. Fallait les arracher à leurs catastrophes. On leur aurait donné la mort en prime pour vingt sous qu'ils se seraient précipités sur le truc pour sur les quatre heures, devait jouer au milieu de la fête, l'Orphéon. Pour le réunir l'Orphéon, c'était la croix et la bannière, à cause des bistrots qui les voulaient tous, tour à tour, les musiciens. Toujours le dernier manquait. On l'attendait. On allait le chercher. Le temps qu'on l'attende, qu'on revienne, on prenait soif, et en voilà encore deux qui disparaissaient. C'était tout à recommencer.

Les cochons en épices, perdus à force de poussière, tournaient en reliques et donnaient de la soif atroce aux gagnants.

Les familles, elles, attendent le feu d'artifice pour aller se coucher. Attendre, c'est la fête aussi. Dans l'ombre tressaillent mille litres vides qui grelottent à chaque instant sous les tables. Des pieds agités consentants ou contradicteurs. On n'entend plus les musiques à force de connaître les airs, ni les cylindres poussifs à moteurs derrière les baraques où s'animent les choses qu'il faut voir pour deux francs. Le cœur à soi quand on est un peu bu de fatigue vous tape le long des tempes. Bim ! Bim ! qu'il fait, contre l'espèce de velours tendu autour de la tête et dans le fond des oreilles. C'est comme ça qu'on arrive à éclater un jour. Ainsi soit-il ! Un jour quand le mouvement du dedans rejoint celui du dehors et que toutes vos idées alors s'éparpillent et vont s'amuser enfin avec les étoiles.

Il survenait beaucoup de pleurs à travers la fête à cause des enfants qu'on écrasait par-ci par-là entre les chaises sans le faire exprès et puis ceux aussi auxquels on apprenait à résister à leurs désirs, aux petits gros plaisirs que leur feraient encore et encore des tours de chevaux de bois. Faut profiter de la fête pour se constituer un caractère. Il n'est jamais trop tôt pour s'y prendre. Ils ne savent pas encore ces mignons que tout se paye. Ils croient que c'est par gentillesse que les grandes personnes derrière les comptoirs enluminés incitent les clients à s'offrir les merveilles qu'ils amassent et dominent et défendent avec des vociférants sourires. Ils ne connaissent pas la loi les enfants. C'est à coups de gifles que les parents la leur apprennent la loi et les défendent contre les plaisirs.

Il n'y a jamais de fête véritable que pour le commerce et en profondeur encore et en secret. C'est le soir qu'il se réjouit le commerce quand tous les inconscients, les clients, ces bêtes à bénéfices sont partis, quand le silence est revenu sur l'esplanade et que le dernier chien a projeté enfin sa dernière goutte d'urine contre le billard japonais. Alors les comptes peuvent commencer. C'est le moment où le commerce recense ses forces et ses victimes, avec des sous.

Le soir du dernier dimanche de la fête la bonne de Martrodin le bistrot s'est blessée, assez profondément, à la main, en découpant du saucisson.

Vers les dernières heures de cette même soirée tout est devenu assez net autour de nous, comme si les choses décidément en avaient eu assez de traîner d'un bord à l'autre du destin, indécises, et fussent toutes en même temps sorties de l'ombre et mises à me parler. Mais il faut se méfier des choses et des gens de ces moments-là. On croit qu'elles vont parler les choses et puis elles ne disent rien du tout et sont reprises par la nuit bien souvent sans qu'on ait pu comprendre ce qu'elles avaient à vous raconter. Moi du moins, c'est mon expérience.

Enfin, toujours est-il que j'ai revu Robinson au café de Martrodin ce même soir-là, justement comme j'allais panser la bonne du bistrot. Je me souviens exactement des circonstances. À côté de nous consommaient des Arabes, réfugiés par paquets sur les banquettes et qui somnolaient. Ils n'avaient l'air de s'intéresser en rien à ce qui se passait autour d'eux. En parlant à Robinson j'évitais de le remettre sur la conversation de l'autre soir, quand je l'avais surpris à porter des planches. La blessure de la bonne était difficile à suturer et je n'y voyais pas très clair dans le fond de la boutique. Cela m'empêchait de parler, l'attention. Dès que ce fut fini, il m'attira dans un petit coin Robinson et tint lui-même à me confirmer que c'était arrangé son affaire et pour bientôt. Voilà une confidence qui me gênait beaucoup et dont je me serais bien passé.

« Bientôt quoi ?

— Tu le sais bien...

— Encore ça ?...

— Devine combien qu'ils me donnent à présent ? »

Je ne tenais pas à le deviner.

« Dix mille !... Rien que pour me taire...

— C'est une somme !

— Me voilà tiré d'affaire tout simplement, ajouta-t-il, ce sont ces dix mille francs-là qui m'ont toujours manqué à moi !... Les dix mille francs de début quoi !... Tu comprends ?... Moi j'ai jamais eu à vrai dire de métier mais avec dix mille francs !... »

Il avait dû déjà les faire chanter...

Il me laissait me rendre compte de tout ce qu'il allait pouvoir effectuer, entreprendre, avec ces mille francs... Il me donnait le temps d'y réfléchir, lui redressé le long du mur, dans la pénombre. Un monde nouveau. Dix mille francs !

Tout de même en y repensant à son affaire, je me demandais si je ne courais pas quelque risque personnel, si je ne glissais pas à une sorte de complicité en n'ayant par l'air de réprouver tout de suite son entreprise. J'aurais dû le dénoncer même. De la morale de l'humanité, moi je m'en fous, énormément, ainsi que tout le monde d'ailleurs. Qu'y puis-je ? Mais il y a toutes les sales histoires, les sales chichis que remue la Justice au moment d'un crime rien que pour amuser les contribuables, ces vicieux... On ne sait plus alors comment en sortir... J'avais vu ça moi. Misère pour misère, je préférais encore celle qui ne fait pas -de bruit à toute celle qu'on étale dans les journaux.

Somme toute, j'étais intrigué et empoisonné en même temps. Venu jusque-là, le course me manquait une fois de plus pour aller vraiment au fond des choses. Maintenant qu'il s'agissait d'ouvrir les yeux dans la nuit j'aimais presque autant les garder fermés. Mais Robinson semblait tenir à ce que je les ouvrisse, à ce que je me rende compte.

Pour changer un peu, tout en marchant, je portai la conversation sur le sujet des femmes. Il ne les aimait pas beaucoup lui, les femmes.

« Moi, tu sais, je m'en passe des femmes qu'il disait, avec leurs beaux derrières, leurs grosses cuisses, leurs bouches en cour et leurs ventres dans lesquels il y a toujours quelque chose qui pousse, tantôt des mômes, tantôt des maladies... C'est pas avec leurs sourires qu'on le paye son terme ! N'est-ce pas ? Même moi dans mon gourbi, si j'en avais une de femme, j'aurais beau montrer ses fesses au propriétaire le quinze du mois ça lui ferait pas me faire une diminution !... »

C'était l'indépendance qu'était son faible à Robinson. Il le disait lui-même. Mais le patron Martrodin en avait déjà assez de nos « apartés » et de nos petits complots dans les coins.

« Robinson, les verres ! Nom de Dieu ! qu'il commanda. C'est-y moi qui vais vous les laver ? »

« Tu vois, qu'il m'apprit, je fais ici un extra ! »

C'était la fête décidément. Martrodin éprouvait mille difficultés à finir de compter sa caisse, ça l'agaçait. Les Arabes partirent, sauf les deux qui sommeillaient encore contre la porte.

« Qu'est-ce qu'ils attendent ceux-là ?

— La bonne ! qu'il me répond le patron.

— Ça va, les affaires ? que je demande alors pour dire quelque chose.

— Comme ça... Mais c'est dur ! Tenez Docteur, voilà un fonds que j'ai acheté soixante billets comptant avant la crise. Il faudrait bien que je puisse en tirer au moins deux cents... Vous vous rendez compte ?... C'est vrai que j'ai du monde, mais c'est surtout des Arabes... Alors ça ne boit pas ces gens-là... Ça n'a pas encore l'habitude... Faudrait que j'aie des Polonais. Ça Docteur, ça boit les Polonais on peut le dire... Où t'étais avant dans les Ardennes, j'en avais moi des Polonais et qui venaient des fours à émailler, c'est tout vous dire, hein ? C'est ça qui leur donnait chaud, les fours à émailler !... Il nous faut ça à nous !... La soif !... Et le samedi tout y pas sait... Merde ! que c'était du boulot ! La paye entière ! Rac !... Ceux-ci les bicots, c'est pas de boire qui les intéresse, c'est plutôt de s'enc... c'est défendu de boire dans leur religion qu'il paraît, mais c'est pas défendu de s'enc... »

Il les méprisait Martrodin, les bicots. « Des salauds quoi ! Il paraît même qu'ils font Ça à ma bonne !... c'est des enragés hein ? En voilà des idées, hein ? Docteur ? je vous demande ? »

Le patron Martrodin comprimait de ses doigts courts les petites poches séreuses qu'il avait sous les yeux. « Comment vont les reins ? » que je lui demandai en le voyant faire. Je le soignais pour les reins. « On ne prend plus de sel au moins ?

— Encore de l'albumine Docteur l J'ai fait faire l'analyse avant-hier au pharmacien... Oh, je m'en fous moi de crever qu'il ajoutait, d'albumine ou d'autre chose, mais ce lui me dégoûte c'est de travailler comme je travaille... à petits bénéfices !... »

La bonne en avait terminé avec sa vaisselle, mais son pansement ayant été si souillé par les graillons qu'il fallut le refaire. Elle m'offrit un billet de cent sous. Je ne voulais pas les accepter ses cent sous, mais elle y tenait absolument de me les donner. Sévérine qu'elle s'appelait.

« Tu t'es fait couper les cheveux Sévérine ? que je remarquai.

— Faut bien ! C'est la mode ! qu'elle a dit. Et puis les cheveux longs avec la cuisine d'ici, ça retient toutes les odeurs...

— Ton cul y sent bien pire ! que dérangé dans ses comptes par notre bavardage l'interrompit Martrodin. Et ça les empêche pourtant pas tes clients...

— Oui, mais c'est pas pareil, que rétorqua la Sévérine, bien vexée. Y a des odeurs pour toutes les parties... Et vous patron voulez-vous que je vous dise un peu quoi que vous sentez ?... Pas seulement une seule partie de vous, mais vous tout entier ? »

Elle était bien mise en colère Sévérine. Martrodin ne voulut pas entendre le reste. Il se remit en grognant dans ses sales comptes.

Sévérine ne pouvait pas arriver à quitter ses chaussons à cause de ses pieds gonflés par le service et à remettre ses chaussures. Elle les a donc gardés pour s'en aller.

« Je dormirai bien avec ! qu'elle a même remarqué tout haut finalement.

— Allons, va fermer la lumière au fond ! lui ordonna Martrodin encore. On voit bien que c'est pas toi qui me la payes l'électricité !

— Je dormirai bien ! » qu'elle gémit Sévérine encore une fois comme elle se relevait.

Martrodin n'en finissait pas dans ses additions. Il avait enlevé son tablier et puis son gilet pour mieux compter. Il peinait. Du fond invisible du débit nous parvenait un cliquetis de soucoupes, le travail de Robinson et de l'autre plongeur. Martrodin traçait des larges chiffres enfantins avec un crayon bleu qu'il écrasait entre ses gros doigts d'assassin. La bonne roupillait devant nous, dégingandée à pleine chaise. De temps en temps, elle reprenait dans son sommeil un peu de conscience.

« Ah ! mes pieds ! Ah ! mes pieds ! » qu'elle faisait alors et puis retombait en somnolence.

Mais Martrodin s'est mis à la réveiller d'un bon coup de gueule.

« Eh ! Sévérine ! Emmène-les donc dehors tes bicots ! J'en ai marre moi !... Foutez-moi tous le camp d'ici, nom de Dieu ! Il est l'heure. »

Eux les Arabes ne semblaient justement pas pressés du tout malgré l'heure. Sévérine s'est réveillée à la fin. « C'est vrai qu'il faut que j'aille ! qu'elle a convenu. Je vous remercie patron ! » Elle les emmena avec elle tous les deux les bicots. Ils s'étaient mis ensemble pour la payer.

« Je les fais tous les deux ce soir, qu'elle m'expliqua en partant. Parce que dimanche prochain je pourrai pas à cause que je vais à Achères voir mon gosse. Vous comprenez samedi prochain c'est le jour de la nourrice. » Les Arabes se levèrent pour la suivre. Ils n'avaient pas l'air effronté du tout. Sévérine les regardait quand même un peu de travers à cause de la fatigue. « Moi, je suis pas de l'avis du patron, j'aime mieux les bicots moi ! C'est pas brutal comme les Polonais les Arabes, mais c'est vicieux... Y a pas à dire c'est vicieux... Enfin, ils feront bien tout ce qu'ils voudront, 'je crois pas que ça m'empêchera de dormir ! Allons-y ! qu'elle les a appelés. En avant les gars ! »

Et les voilà donc partis tous les trois, elle un peu en avant d'eux. On les a vus traverser la place refroidie, plantée des débris de la fête, le dernier bec de gaz du bout a éclairé leur groupe brièvement blanchi et puis la nuit les a pris. On entendit encore un peu leurs voix et puis plus rien du tout. Il n'y avait plus rien.

J'ai quitté le bistrot à mon tour sans avoir reparlé à Robinson. Le patron m'a souhaité bien des choses. Un agent de police arpentait le boulevard. Au passage on remuait le silence. Ça faisait sursauter un commerçant par-ci par-là embarbouillé de son calcul agressif comme un chien en train de ronger. Une famille en vadrouille occupait toute la rue en gueulant au coin de la place Jean-Jaurès, elle n'avançait plus du tout la famille, elle hésitait devant une ruelle comme une escadrille de pêche par mauvais vent. Le père allait buter d'un trottoir à l'autre et n'en finissait pas d'uriner.

La nuit était chez elle.

* * *

Je me souviens encore d'un autre soir vers cette époque-là, à cause des circonstances. Tout d'abord, un peu après l'heure du dîner, j'ai entendu un grand bruit de poubelles qu'on remuait. Cela arrivait souvent dans mon escalier qu'on chahutait les boîtes à ordures. Et puis, les gémissements d'une femme, des plaintes. J'entrouvris ma porte du palier mais sans bouger.

En sortant spontanément au moment d'un accident on m'aurait peut-être considéré seulement comme voisin et mon secours médical aurait passé pour gratuit. S'ils me voulaient, ils n'avaient qu'à m'appeler dans les règles et alors ça serait vingt francs. La misère poursuit implacablement et minutieusement l'altruisme et les plus gentilles initiatives sont impitoyablement châtiées. J'attendais donc qu'on vienne me sonner, mais on ne vint pas. Économie sans doute.

Toutefois, j'avais presque fini d'attendre quand une petite fille apparut devant ma porte, elle cherchait à lire les noms sur les sonnettes... C'était bien en définitive moi qu'elle venait demander de la part de Mme Henrouille.

« Qui est malade chez eux ? que je la questionnai.

— C'est pour un Monsieur qui s'est blessé chez eux...

— Un Monsieur ? » Je songeai tout de suite à Henrouille lui-même.

« Lui ?... M. Henrouille ?

— Non... C'est pour un ami qui est chez eux...

— Tu le connais, toi ?

— Non. » Elle ne l'avait jamais vu cet ami. Dehors, il faisait froid, l'enfant trottait, j'allais vite.

« Comment est-ce arrivé ?

— Ça j'en sais rien. »

Nous avons longé un autre petit parc, dernier enclos d'un bois d'autrefois où venaient à la nuit se prendre entre les arbres les longues brumes d'hiver douces et lentes. Petites rues l'une après l'autre. Nous parvînmes en quelques instants devant leur pavillon. L'enfant m'a dit au revoir. Elle avait peur de s'approcher davantage. La bru Henrouille sur le perron à marquise m'attendait. Sa lampe à huile vacillait au vent.

« Par ici, Docteur ! Par ici ! » qu'elle me héla.

Je demandai moi aussitôt : « C'est votre mari qui s'est blessé ?

— Entrez donc ! » fit-elle assez brusquement, sans me laisser même le temps de réfléchir. Et je tombai en plein sur la vieille qui dès le couloir se mit à glapir et à m'assaillir. Une borée.

« Ah ! les saligauds ! Ah ! les bandits ! Docteur ! Ils ont voulu me tuer ! » C'est donc que c'était raté.

« Tuer ? fis-je, comme tout surpris. Et pourquoi donc ?

— Parce que je voulais point crever assez vite, dame ! Tout simplement ! Et nom de Dieu ! Bien sûr que non que je veux point mourir !

— Maman ! maman ! l'interrompait la belle-fille. Vous n'avez plus votre bon sens ! Vous racontez au Docteur des horreurs voyons maman !...

— Des horreurs que je dis moi ? Eh bien, ma salope, vous en avez un sacré culot ! Plus mon bon sens moi ? J'en ai encore assez du bon sens pour vous faire pendre tous, moi l Et que je vous le dis encore !

— Mais qui est blessé ? Où est-il ?

— Vous allez le voir ! que me coupa la vieille. Il est là-haut, il est sur son lit, l'assassin ! Il l'a même bien sali son lit, hein garce ? Bien sali ton sale matelas et avec son sang de cochon ! Et pas avec le mien ! Du sang que ça doit être comme de l'ordure ! T'en as pas fini de le laver ! Il empuantera encore pour des temps et des temps le sang d'assassin, que je te dis ! Ah il y en a qui vont au Théâtre pour se faire des émotions ! Mais je vous le dis : il est ici le Théâtre ! Il est ici, Docteur ! Il est là-haut ! Et un Théâtre pour de vrai ! Pas un semblant seulement ! Faut pas perdre sa place ! Montez-y vite ! Il sera peut-être mort lui aussi le sale coquin quand vous arriverez ! Alors vous verrez plus rien ! »

La bru craignait qu'on l'entendît de la rue, et la sommait de se taire. En dépit des circonstances, elle ne me semblait pas très déconcertée la bru, très contrariée seulement parce que les choses allaient tout à fait de travers, mais elle gardait son idée. Elle était même absolument certaine d'avoir eu raison, elle.

« Mais Docteur, écoutez-la ! N'est-ce pas malheureux d'entendre ça ! Moi qui ai toujours essayé de lui rendre au contraire la vie meilleure ! Vous le savez bien ?... Moi qui lui ai proposé tout le temps de là mettre en pension chez les Sœurs... »

C'était trop pour la vieille d'entendre encore une fois parler des Sœurs.

« Au paradis ! Oui, garce que vous vouliez m'envoyer tous ! Ah bandite ! Et c'est pour ça que vous l'avez fait venir ici toi et ton mari, la crapule qui est là-haut ! Bien pour me tuer, oui, et pas pour m'envoyer chez les Sœurs bien sûr ! Il a raté son affaire, oui, ça vous pouvez bien vous le dire que c'était mal machiné ! Allez-y Docteur, allez-y le voir dans quel état qu'il s'est arrangé votre saligaud là-haut et lui-même encore qu'il s'est fait ça !... Et même qu'il faut bien espérer qu'il en crèvera ! Allez-y Docteur ! Allez-y le voir pendant qu'il est encore temps !... »

Si la belle-fille ne semblait point abattue la vieille l'était encore moins. Elle avait bien failli y passer pourtant dans la tentative, mais elle n'était pas aussi indignée qu'elle voulait s'en donner l'air. Du chiqué. Ce meurtre raté l'avait plutôt comme stimulée, arrachée à l'espèce de tombeau sournois où elle était recluse depuis tant d'années dans le fond du jardin moisi. À son âge une tenace vitalité revenait la parcourir. Elle jouissait indécemment de sa victoire et aussi du plaisir de posséder un moyen de tracasser, désormais indéfiniment, sa bru coriace. Elle la possédait à présent. Elle ne voulait point qu'on me laisse ignorer un seul détail de cet attentat à la manque et du comment que les choses s'étaient passées.

« Et puis, vous savez, qu'elle poursuivait à mon adresse, sur le même mode exalté, c'est chez vous que je l'ai rencontré l'assassin, c'est chez vous monsieur le Docteur... Et que je me méfiais de lui pourtant !... Ah que je m'en méfiais !... Savez-vous ce qu'il m'a proposé d'abord ? De vous faire la peau à vous ma fille ! À vous garce ! Et pour pas cher non plus ! Je vous l'assure ! Il propose la même chose à tout le monde d'ailleurs ! C'est connu !... Alors tu vois ma salope, que je le connais bien moi son métier à ton travailleur ! Que je suis renseignée moi hein ! Robinson qu'il s'appelle !... C'est-y pas son nom ? Dis-moi donc que c'est pas son nom ? Dès que je l'ai vu fricoter par ici avec vous j'ai tout de suite eu mes soupçons... J'ai bien fait ! Si je m'étais pas méfiée où que je serais maintenant ? »

Et la vieille me raconta encore et encore comment les choses s'étaient déroulées. Le lapin avait bougé pendant qu'il attachait le pétard après la porte du clapier. Elle pendant ce temps, la vieille, elle le regardait faire de sa cagna, « aux premières loges ! » comme elle disait. Et le pétard avec toute la chevrotine lui avait explosé en plein dans la face, pendant qu'il préparait son truc, dans les yeux même. « On a pas l'esprit tranquille quand on fait des assassinats. Forcément ! » qu'elle concluait, elle.

Enfin, ça avait été tapé comme maladresse et comme ratage.

« On les a rendus comme ça, les hommes d'à présent ! Parfaitement ! On les habitue ainsi ! qu'insistait la vieille. Il faut qu'ils tuent à ce jour pour manger ! Il leur suffit plus de voler leur pain seulement... Et de tuer des grand-mères encore !... Ça s'était jamais vu... Jamais !... C'est la fin du monde ! Et ça n'a rien plus d'autre que des méchancetés dans le corps ! Mais vous voilà enfoncés tous jusqu'au cou dans la diablerie !... Et qu'il est aveugle maintenant celui-là ! Et que vous l'avez sur les bras pour toujours !... Hein ?... Et que vous n'avez pas fini d'en apprendre des coquineries avec lui !... »

La belle-fille ne pipait pas, mais elle devait déjà avoir arrêté son plan pour en sortir. C'était une charogne bien concentrée. Pendant que nous nous adonnions aux réflexions, la vieille se mit à la recherche de son fils à travers les pièces.

« Et puis c'est vrai, Docteur, que j'ai un fils moi ! Où est-il donc encore ? Qu'est-ce qu'il manigance en plus ? »

Elle oscillait à travers le couloir secouée par une rigolade qui n'en finissait pas.

Un vieillard, rire et si fort c'est une chose qui n'arrive guère que chez les fous. On se demande où on va quand on entend ça. Mais elle tenait à le retrouver son fils. Il s'était sauvé dans la rue : « Eh bien ! qu'il se cache et qu'il vive longtemps encore ! Il ne l'a pas volé d'être obligé de vivre avec l'autre aussi qu'est là-haut, de vivre encore tous les deux ensemble, avec celui qui verra plus rien ! À le nourrir ! Et que son pétard lui est tout parti dans la gueule ! J'ai vu moi ! J'ai tout vu ! Comme ça, boum ! Et que j'ai tout vu moi ! Et que c'était pas un lapin je vous assure ! Ah ! nom de nom alors ! Où qu'il est mon fils, Docteur, où qu'il est ? Vous l'avez pas vu ? C'est une foutue crapule aussi celui-là qui a toujours été un sournois encore pire que l'autre, mais à présent l'abomination elle a fini par lui sortir de sa sale nature, ça y est bien ! Ah ça met longtemps, dame, à sortir des natures aussi horribles que la sienne ! Mais quand ça sort, alors c'est de la vraie putréfaction ! Y a pas à dire, Docteur, ça en est bien ! Faut pas le rater ! » Et elle s'amusait encore. Elle voulait aussi m'étonner par sa supériorité devant ces événements et nous confondre tous d'un seul coup, nous humilier en somme.

Elle s'était saisie d'un rôle avantageux dont elle tirait de l'émotion. On n'en finit pas d'être heureux. On en a jamais assez de bonheur, tant qu'on est capable encore de jouer un rôle. Des jérémiades, pour les vieillards, ce qu'on lui avait offert depuis vingt ans, elle n'en voulait plus la vieille Henrouille. Celui-là de rôle qui lui arrivait elle ne le lâchait plus, virulent, inespéré. Être vieux, c'est ne plus trouver de rôle ardent à jouer, c'est tomber dans cette insipide relâche où on n'attend plus que la mort. Le goût de vivre lui revenait à la vieille, tout soudain, avec un rôle ardent de revanche. Elle n'en voulait plus mourir du coup, plus du tout. De cette envie de survivre elle rayonnait, de cette affirmation. Retrouver du feu, -un véritable feu dans le drame.

Elle se réchauffait, elle ne voulait plus le quitter le feu nouveau, nous quitter. Pendant longtemps, elle avait presque cessé d'y croire. Elle en était arrivée à ne plus savoir comment faire pour ne pas se laisser mourir dans le fond de son jardin gâteux et puis soudain voici que lui survenait un grand orage de dure actualité, bien chaude.

« Ma mort, à moi ! qu'elle hurlait à présent la mère Henrouille, je veux la voir ma mort à moi ! Tu m'entends ! J'ai des yeux pour la voir, moi ! Tu m'entends ! j'ai des yeux encore moi ! Je veux la regarder bien ! »

Elle ne voulait plus mourir, jamais. C'était net. Elle n'y croyait plus à sa mort.

* * *

On sait que ces choses-là c'est toujours difficile à arranger et que de les arranger ça coûte toujours très cher. Pour commencer on ne savait pas même où le placer Robinson. À l'hôpital ? Ça pouvait provoquer mille racontars évidemment, des bavardages... Le renvoyer chez lui ? Il ne fallait pas y songer non plus à cause de sa figure dans l'état où elle se trouvait. Volontiers donc ou pas, les Henrouille furent obligés de le garder chez eux.

Lui, dans leur lit de la chambre d'en haut n'en menait pas large. Une vraie terreur qu'il éprouvait, celle d'être mis à la porte et poursuivi. Ça se comprenait. C'était une de ces histoires qu'on ne pouvait vraiment raconter à personne. On tenait les persiennes de sa chambre bien closes, mais les gens, des voisins, se mirent à passer dans la rue plus souvent que d'habitude, rien que pour regarder les volets et demander des nouvelles du blessé. On leur en donnait des nouvelles, on leur racontait des blagues. Mais comment les empêcher de s'étonner ? de cancaner ? Aussi, ils en ajoutaient. Comment éviter les suppositions ? Heureusement le Parquet n'avait encore été saisi d'aucune plainte précise. C'était déjà ça. Pour sa figure, je me débrouillai. Aucune infection ne survint et cela malgré que sa plaie fût des plus anfractueuses et des plus souillées. Quant aux yeux, jusque sur la cornée, je prévoyais l'existence de cicatrices et à travers lesquelles la lumière ne passerait plus que bien difficilement si même elle arrivait jamais à repasser, la lumière.

On trouverait moyen de lui arranger une vision tant bien que mal s'il lui restait quelque chose d'arrangeable. Pour le moment nous devions parer à l'urgence et surtout éviter que la vieille n'arrive à nous compromettre tous avec ses sales glapissements devant les voisins et les curieux. Elle avait beau passer pour folle, ça n'explique pas toujours tout.

Si la police s'en mêlait une bonne fois de nos aventures, elle nous entraînerait on ne saurait plus où, la police. Empêcher la vieille à présent de se tenir scandaleusement dans sa petite cour constituait une délicate entreprise. C'était chacun à notre tour d'essayer de la calmer. On ne pouvait pas avoir l'air de la violenter, mais la douceur ne nous réussissait point non plus toujours. Elle était possédée de vindicte à présent, elle nous faisait chanter, tout simplement.

Je passais voir Robinson, deux fois par jour au moins. Sous ses bandages il gémissait dès qu'il m'entendait monter l'escalier. Il souffrait, c'était exact, mais pas tant qu'il essayait de me le démontrer. Il aurait de quoi se désoler, prévoyais-je, et bien davantage encore quand il s'apercevrait exactement de ce qu'ils étaient devenus ses yeux... Je demeurais assez évasif au sujet de l'avenir. Ses paupières le piquaient fort. Il se figurait que c'était à cause de ces picotements qu'il n'y voyait plus devant lui.

Les Henrouille s'étaient mis à le bien soigner scrupuleusement, selon mes indications. Pas d'ennuis de ce côté-là.

On ne parlait plus de la tentative. On ne parlait pas de l'avenir non plus. Quand je les quittais le soir, on se regardait bien tous par exemple chacun à son tour, et chaque fois et avec une telle insistance qu'on me semblait toujours en imminence de se supprimer une fois pour toutes, les uns les autres. Cette terminaison à la réflexion me paraissait logique et bien expédiente. Les nuits de cette maison m'étaient difficilement imaginables. Cependant je les retrouvais au matin et nous les reprenions ensemble les gens et les choses où nous les avions laissés ensemble la soirée d'avant. Avec Mme Henrouille, on renouvelait le pansement au permanganate et on entrouvrait un peu les persiennes à titre d'épreuve. Chaque fois en vain. Robinson ne s'en apercevait même pas qu'on venait de les entrouvrir les persiennes...

Ainsi tourne le monde à travers la nuit énormément menaçante et silencieuse.

Et le fils revenait m'accueillir chaque matin avec une petite parole paysanne : « Eh bien ! voilà Docteur... Nous voilà aux dernières gelées ! » qu'il remarquait en levant les yeux au ciel sous le petit péristyle. Comme si ça avait eu de l'importance le temps qu'il faisait. Sa femme partait essayer une fois de plus de parlementer avec la belle-mère à travers la porte barricadée et elle n'aboutissait qu'à renforcer ses fureurs.

Pendant qu'on le tenait sous les bandages, Robinson m'a raconté comment il avait débuté dans la vie. Par le commerce. Ses parents l'avaient placé, dès ses onze ans, chez un cordonnier de luxe pour faire les courses. Un jour qu'il effectuait une livraison, une cliente l'avait invité à prendre un plaisir dont il n'avait eu jusque-là que l'imagination. Il n'était jamais retourné chez ce patron tellement sa propre conduite lui avait paru abominable. Baiser une cliente en effet aux temps dont il parlait c'était encore un acte impardonnable. La chemise de cette cliente surtout, tout mousseline, lui avait produit un extraordinaire effet. Trente années plus tard, il s'en souvenait encore exactement de cette chemise-là. La dame froufrouteuse dans son appartement comblé de coussins et de portières à franges, cette chair rose et parfumée, le petit Robinson en avait rapporté dans sa vie les éléments d'interminables comparaisons désespérées.

Bien des choses s'étaient pourtant passées par la suite. Il en avait vu des continents, des guerres entières, mais jamais il ne s'était bien relevé de cette révélation. Ça l'amusait cependant d'y repenser, de me raconter cette espèce de minute de jeunesse qu'il avait eue avec la cliente. « D'avoir les yeux comme ça fermés, ça fait penser, qu'il notait. Ça défile... On dirait qu'on a un cinéma dans le citron... » Je n'osais pas encore lui dire qu'il aurait le temps d'en être fatigué de son petit cinéma. Comme toutes les pensées conduisent à la mort, il arriverait un certain moment où il ne verrait plus qu'elle avec lui dans son cinéma.

Tout à côté du pavillon des Henrouille besognait à présent une petite usine avec un gros moteur dedans. On en tremblait dans leur pavillon du matin au soir. Et puis d'autres fabriques encore un peu plus loin, qui pilonnaient sans arrêt, des choses qui n'en finissaient pas, même pendant la nuit. « Quand elle tombera la bicoque, on n'y sera plus ! » que plaisantait Henrouille à ce propos, un peu inquiet quand même. « Elle finira bien par tomber ! » C'était vrai que le plafond s'égrenait déjà sur le plancher en menus gravats. Un architecte avait eu beau les rassurer, dès qu'on s'arrêtait pour entendre les choses du monde on se sentait chez eux comme dans un bateau, une espèce de bateau qui irait d'une crainte à l'autre. Des passagers renfermés et qui passaient longtemps à faire des projets plus tristes encore que la vie et des économies aussi et puis à se méfier de la lumière et aussi de la nuit.

Henrouille montait dans la chambre après le déjeuner pour faire un peu de lecture à Robinson, comme je le lui avais demandé. Les jours passaient. L'histoire de cette merveilleuse cliente qu'il avait possédée au temps de son apprentissage, il l'a racontée aussi à Henrouille. Et elle finit par constituer une manière de rigolade générale l'histoire, pour tout le monde dans la maison. Ainsi finissent nos secrets dès qu'on les porte à l'air et en public. Il n'y a de terrible en nous et sur la terre et dans le ciel peut-être que ce qui n'a pas encore été dit. On ne sera tranquille que lorsque tout aura été dit, une bonne fois pour toutes, alors enfin on fera silence et on aura plus peur de se taire. Ça y sera.

Pendant les quelques semaines que dura encore la suppuration des paupières il me fut possible de l'entretenir avec des balivernes à propos de ses yeux et de l'avenir. Tantôt on prétendait que la fenêtre était fermée alors qu'elle était grande ouverte, tantôt qu'il faisait très sombre dehors.

Un jour cependant, pendant que j'avais le dos tourné, il est allé jusqu'à la croisée lui-même pour se rendre compte et avant que j'aie pu l'en empêcher, il avait écarté les bandeaux de dessus ses yeux. Il a hésité un bon moment. Il touchait à droite et puis à gauche les montants de la fenêtre, il voulait pas y croire d'abord, et puis tout de même il a bien fallu qu'il y croie. Il fallait bien.

« Bardamu ! qu'il a hurlé alors après moi, Bardamu !

Elle est ouverte ! Elle est ouverte la fenêtre que je te dis ! » Je ne savais pas quoi lui répondre moi, j'en restais imbécile devant. Il tenait ses deux bras en plein dans la fenêtre, dans l'air frais. Il ne voyait rien évidemment, mais il sentait l'air. Il les allongeait alors ses bras comme ça dans son noir tant qu'il pouvait, comme pour toucher le bout. Il voulait pas y croire. Du noir tout à lui. Je l'ai repoussé dans son lit et je lui ai raconté encore des consolations, mais il ne me croyait plus du tout. Il pleurait. Il était arrivé au bout lui aussi. On ne pouvait plus rien lui dire. Il y a un moment où on est tout seul quand on est arrivé au bout de tout ce qui peut vous arriver. C'est le bout du monde. Le chagrin lui-même, le vôtre, ne vous répond plus rien et il faut revenir en arrière alors, parmi les hommes, n'importe lesquels. On n'est pas difficile dans ces moments-là car même pour pleurer il faut retourner là où tout recommence, il faut revenir avec eux.

« Alors, qu'en ferez-vous de lui quand il ira mieux ? » demandai-je à la bru pendant le déjeuner qui suivit cette scène. Ils m'avaient demandé justement de rester à manger avec eux, dans la cuisine. Au fond, ils ne savaient très bien ni l'un ni l'autre comment en sortir de la situation. La dépense d'une pension à payer les effrayait, elle surtout, mieux renseignée que lui encore sur les prix des combinaisons pour infirmes. Elle avait même déjà tenté certaines démarches auprès de l'Assistance publique. Démarches dont on évitait de me parler.

Un soir, après ma seconde visite, Robinson essaya de me retenir auprès de lui par tous les moyens, question que je m'en aille encore un peu plus tard. Il n'en finissait pas de raconter tout ce qu'il pouvait réunir, de souvenirs sur les choses et les voyages qu'on avait faits ensemble, même de ce qu'on n'avait encore jamais essayé de se souvenir. Il se rappelait des choses qu'on n'avait jamais eu le temps encore d'évoquer. Dans sa retraite le monde qu'on avait parcouru semblait affluer avec toutes les plaintes, les gentillesses, les vieux habits, les amis qu'on avait quittés, un vrai bazar d'émotions démodées, qu'il inaugurait dans sa tête sans yeux.

« Je vais me tuer ! » qu'il me prévenait quand sa peine je lui semblait trop grande. Et puis il parvenait tout de même à la porter sa peine un peu plus loin comme un poids bien trop lourd pour lui, infiniment inutile, peine sur une route où il ne trouvait personne à qui en parler, tellement qu'elle était énorme et multiple. Il n'aurait pas su l'expliquer, c'était une peine qui dépassait son instruction.

Lâche qu'il était, je le savais, et lui aussi, de nature, espérant toujours qu'on allait le sauver de la vérité, mais je commençais cependant, d'autre part, à me demander s'il existait quelque part, des gens vraiment lâches... On dirait qu'on peut toujours trouver pour n'importe quel homme une sorte de chose pour laquelle il est prêt à mourir et tout de suite et bien content encore. Seulement son occasion ne se présente pas toujours de mourir joliment, l'occasion qui lui plairait. Alors il s'en va mourir comme il peut, quelque part... Il reste là l'homme sur la terre avec l'air d'un couillon en plus et d'un lâche pour tout le monde, pas convaincu seulement, voilà tout. C'est seulement en apparence la lâcheté.

Robinson n'était pas prêt à mourir dans l'occasion qu'on lui présentait. Peut-être que présentée autrement, ça lui aurait beaucoup plu.

En somme la mort c'est un peu comme un mariage.

Cette mort-là elle ne lui plaisait pas du tout et puis voilà. Rien à dire.

Il faudrait alors qu'il se résigne à accepter son croupissement et sa détresse. Mais pour le moment il était encore tout occupé, tout passionné à s'en barbouiller l'âme d'une façon dégoûtante de son malheur et de sa détresse. Plus tard, il mettrait de l'ordre dans son malheur et alors une vraie vie nouvelle recommencerait. Faudrait bien.

« Tu me croiras, si tu voudras, me rappelait-il, en ravaudant des bouts de souvenirs le soir comme ça après dîner, mais tu sais, en anglais, bien que j'aie jamais eu de dispositions fameuses pour les langues, j'étais arrivé à pouvoir tout de même tenir une petite conversation sur la fin à Detroit... Eh bien maintenant j'ai presque tout oublié, tout sauf une seule phrase... Deux mots... Qui me reviennent tout le temps depuis que ça m'est arrivé aux yeux : *Gentlemen first* ! C'est presque tout ce que je peux dire à présent d'anglais, je sais pas pourquoi... C'est facile à se souvenir, c'est vrai... *Gentlemen first* ! » Et pour essayer de lui changer les idées on s'amusait à reparler anglais ensemble. On répétait alors, mais souvent : *Gentlemen first* ! à propos de tout et de rien comme des idiots. Une plaisanterie pour nous seulement. On a fini par l'apprendre à Henrouille lui-même qui montait un peu pour nous surveiller.

En remuant les souvenirs on se demandait ce qui pouvait bien exister encore de tout ça... Qu'on avait connu ensemble... On se demandait ce qu'elle avait pu devenir Molly, notre gentille Molly... Lola, elle, je voulais bien l'oublier, mais après tout j'aurais bien aimé avoir des nouvelles de toutes quand même, de la petite Musyne aussi tant qu'à faire... Qui ne devait pas demeurer bien loin dans Paris à présent. À côté en somme... Mais il aurait fallu que j'entreprenne des espèces d'expéditions quand même pour avoir de ses nouvelles à Musyne... Parmi tant de gens dont j'avais perdu les noms, les coutumes, les adresses, et dont les amabilités et même les sourires, après tant d'années de soucis, d'en vies de nourriture, devaient être tournés comme des vieux fromages en de bien pénibles grimaces... Les souvenirs eux-mêmes ont leur jeunesse... Ils tournent dès qu'on les laisse moisir en dégoûtants fantômes tout suintants d'égoïsme, de vanités et de mensonges... Ils pourrissent comme des pommes... On se parait donc de notre jeunesse, on la goûtait et regoûtait. On se méfiait. Ma mère à propos j'avais pas été la voir depuis longtemps... Et ces visites-là ne me réussissaient guère sur le système nerveux... Elle était pire que moi, pour la tristesse ma mère... Toujours dans sa petite boutique, elle avait l'air d'en accumuler tant qu'elle pouvait autour d'elle des déceptions après tant et tant d'années... Quand j'allais la voir, elle me racontait : « Tu sais la tante Hortense elle est morte il y a deux mois à Coutances... Tu aurais peut-être pu y aller ? Et Clémentin, tu sais bien Clémentin ?...

Le cireur de parquets qui jouait avec toi quand tu étais petit ?... Eh bien, lui, on l'a ramassé avant-hier dans la rue d'Aboukir... Il n'avait pas mangé depuis trois jours... »

La sienne Robinson d'enfance, il ne savait plus par où la prendre quand il y pensait tellement qu'elle était pas drôle. À part le coup de la cliente, il n'y trouvait rien dont il ne puisse désespérer jusqu'à en vomir jusque dans les coins comme dans une maison où il n'y aurait rien que des choses répugnantes qui sentent, des balais, des baquets, des ménagères, des gifles... M. Henrouille n'avait rien à raconter sur la sienne de jeunesse jusqu'au régiment, sauf qu'à cette époque-là il avait eu sa photo de prise en pompon et qu'elle était encore actuellement cette photo juste au-dessus de l'armoire à glace.

Quand il était redescendu Henrouille, Robinson me faisait part de son inquiétude de ne jamais les toucher à présent, ses dix mille francs promis... « N'y compte pas trop, en effet ! », que je lui disais moi-même. J'aimais mieux le préparer à cette autre déception.

Des petits plombs, ce qu'il restait de la décharge, venaient affleurer au rebord des plaies. Je les lui enlevais en plusieurs temps, quelques-uns chaque jour. Ça lui faisait très mal quand je le tripotais ainsi juste au-dessus des conjonctives.

On avait eu beau prendre bien des précautions, les gens du quartier s'étaient mis à bavarder quand même, à tort et à travers. Il ne s'en doutait pas lui Robinson, heureusement, des bavardages, ça l'aurait rendu encore plus malade. Y a pas à dire, nous étions environnés de soupçons. La fille Henrouille faisait de moins en moins de bruit en parcourant la maison dans ses chaussons. On ne comptait pas sur elle et elle était là à côté de nous.

Parvenus en plein au milieu des récifs, le moindre doute suffirait à présent pour nous faire chavirer tous. Tout irait alors craquer, se fendre, cogner, se fondre, s'étaler sur la berge. Robinson, la grand-mère, le pétard, le lapin, les yeux, le fils invraisemblable, la bru assassine, nous irions nous étaler là parmi toutes nos ordures et nos sales pudeurs devant les curieux frémissants. Je n'étais pas fier. Ce n'est s que j'aye rien commis, moi, de positivement criminel. Non. Mais je me sentais coupable quand même. J'étais surtout coupable de désirer au fond que tout ça continue. Et lue même, je n'y voyais plus guère d'inconvénients à ce qu'on aille tous ensemble se vadrouiller de plus en plus loin dans la nuit.

D'abord, il n'y avait même plus besoin de désirer, ça marchait tout seul, et dare-dare encore !

* * *

Les riches n'ont pas besoin de tuer eux-mêmes pour bouffer. Ils les font travailler les gens comme ils disent. Ils ne font pas le mal eux-mêmes, les riches. Ils payent. On fait tout pour leur plaire et tout le monde est bien content. Pendant que leurs femmes sont belles, celles des pauvres sont vaines. C'est un résultat qui vient des siècles, toilettes mises à part. Belles mignonnes, bien nourries, bien lavées. Depuis qu'elle dure la vie n'est arrivée qu'à ça.

Quant au reste, on a beau se donner du mal, on glisse, on dérape, on retombe dans l'alcool qui conserve les vivants et les morts, on n'arrive à rien. C'est bien prouvé. Et depuis tant de siècles qu'on peut regarder nos animaux naître, peiner et crever devant nous sans qu'il leur soit arrivé à eux non plus jamais rien d'extraordinaire que de reprendre sans cesse la même insipide faillite où tant d'autres animaux l'avaient laissée. Nous aurions pourtant dû comprendre ce qui se passait. Des vagues incessantes d'êtres inutiles viennent du fond des âges mourir tout le temps devant nous, et cependant on reste là, à espérer des choses... Même pas bon à penser la mort qu'on est.

Les femmes des riches bien nourries, bien menties, bien reposées elles, deviennent jolies. Ça c'est vrai. Après tout ça suffit peut-être. On ne sait pas. Ça serait au moins une raison pour exister.

« Les femmes en Amérique, tu trouves pas qu'elles étaient plus belles que celles d'ici ? » Il me demandait des choses comme ça depuis qu'il ruminait les souvenirs des voyages Robinson. Il avait des curiosités, il se mettait même à parler des femmes.

J'allais maintenant le voir un peu moins souvent parce que c'est vers cette même époque que j'ai été nommé à la consultation d'un petit dispensaire pour les tuberculeux du voisinage. Il faut appeler les choses par leurs noms, ça me rapportait huit cents francs par mois. Comme malades c'était plutôt des gens de la zone que j'avais, de cette espèce de village qui n'arrive jamais à se dégager tout à fait de la boue, coincé dans les ordures et bordé de sentiers où les petites filles trop éveillées et morveuses, le long des palissades, fuient l'école pour attraper d'un satyre à l'autre vingt sous, des frites et la blennorragie. Pays de cinéma d'avant-garde où les linges sales empoisonnent les arbres et toutes les salades ruissellent d'urine les samedis soir. Dans mon domaine, je n'accomplis au cours de ces quelques mois de pratique spécialisée aucun miracle. Il en était pourtant grand besoin de miracles. Mais mes clients n'y tenaient pas à ce que j'accomplisse des miracles, ils comptaient au contraire sur leur tuberculose pour se faire passer de l'état de misère absolue où ils étouffaient depuis toujours à l'état de misère relative que confèrent les pensions gouvernementales minuscules, traînaient leurs crachats plus ou moins positifs de réforme en réforme depuis la guerre. Ils maigrissaient à force de fièvre soutenue par le manger peu, le vomir beaucoup, l'énormément de vin, et le travailler quand même, un jour sur trois à vrai dire.

L'espoir de la pension les possédait corps et âme. Elle leur viendrait un jour comme la grâce, la pension, pourvu qu'ils aient la force d'attendre un peu encore avant de crever tout à fait. On ne sait pas ce que c'est que de revenir et d'attendre quelque chose tant qu'on n'a pas observé ce que peuvent attendre et revenir les pauvres qui espèrent une pension.

Ils y passaient des après-midi et des semaines entières à espérer, dans l'entrée et sur le seuil de mon dispensaire miteux, tant qu'il pleuvait dehors, et à remuer leurs espérances de pourcentages, leurs envies de crachats franchement bacillaires, de vrais crachats, des « cent pour cent » tuberculeux crachats. La guérison ne venait que bien après la pension dans leurs espérances, ils y pensaient aussi certes à la guérison, mais à peine, tellement que l'envie d'être rentier, un tout petit peu rentier, dans n'importe quelles conditions les éblouissait totalement. Il ne pouvait plus exister en eux outre ce désir intransigeant, ultime, que des petites envies subalternes et leur mort même en devenait par comparaison quelque chose d'assez accessoire, un risque sportif tout au plus. La mort n'est après tout qu'une question de quelques heures, de minutes même, tandis qu'une rente c'est comme la misère, ça dure toute la vie. Les gens riches sont soûls dans un autre genre et ne peuvent arriver à comprendre ces frénésies de sécurité. Être riche, c'est une autre ivresse, c'est oublier. C'est même pour ça qu'on devient riche, pour oublier.

J'avais peu à peu perdu la mauvaise habitude de leur promettre la santé à mes malades. Ça ne pouvait pas leur faire très plaisir, la perspective d'être bien portants. Ce n'est après tout qu'un pis-aller d'être bien portant. Ça sert à travailler le bien-portant, et puis après ? Tandis qu'une pension de l'État, même infime, ça c'est divin, purement et simplement.

Quand on n'a pas d'argent à offrir aux pauvres, il vaut mieux se taire. Quand on leur parle d'autre chose que d'argent, on les trompe, on ment, presque toujours. Les riches, c'est facile à amuser, rien qu'avec des glaces par exemple, pour qu'ils s'y contemplent, puisqu'il n'y a rien de mieux au monde à regarder que les riches. Pour les ravigoter, on les remonte les riches, à chaque dix ans, d'un cran dans la Légion d'honneur, comme un vieux nichon, et les voilà occupés pendant dix ans encore. C'est tout. Mes clients, eux, c'étaient des égoïstes, des pauvres, matérialistes tout rétrécis dans leurs sales projets de retraite, par le crachat sanglant et positif. Le reste leur était bien égal. Même les saisons qui leur étaient é ales. Ils n'en ressentaient des saisons et n'en vouaient connaître que ce qui se rapporte à la toux et la maladie, qu'en hiver, par exemple, on s'enrhume bien davantage qu'en été, mais qu'on crache par contre facilement du sang au printemps et plus pendant les chaleurs on peut arriver à perdre trois kilos par semaine... Quelquefois je les entendais se parler entre eux, alors qu'ils me croyaient ailleurs, attendant leur tour. Ils racontaient sur mon compte des horreurs à n'en plus finir et des mensonges à s'en faire sauter l'imagination. Ça devait les encourager de me débiner de la sorte, dans je ne sais quel courage mystérieux qui leur était nécessaire pour être de plus en plus impitoyables, résistants et bien méchants, pour durer, pour tenir. À dire du mal ainsi, médire, mépriser, menacer, ça leur faisait du bien, faut croire. Pourtant, j'avais fait mon possible, moi, pour leur être agréable, par tous les moyens, j'épousais leur cause, et j'essayais de leur être utile, je leur donnais beaucoup d'iodure pour tâcher de leur faire cracher leurs sales bacilles et tout cela cependant sans arriver jamais à neutraliser leur vacherie...

Ils restaient là devant moi, souriants comme des domestiques quand je les questionnais, mais ils ne m'aimaient pas, d'abord parce que je leur faisais du bien, ensuite parce que je n'étais pas riche et que d'être soigné par moi, ça voulait dire qu'on était soigné gratuitement et que cela n'est jamais flatteur pour un malade, même en instance de pension. Par-derrière, il n'y avait donc pas de saloperies qu'ils n'eussent propagées sur mon compte. Je n'avais pas d'auto moi non plus comme la plupart des autres médecins des environs, et c'était aussi comme une infirmité à leur sens que j'aille à pied. Dès qu'on les excitait un peu mes malades, et les confrères ne s'en faisaient pas défaut, ils se vengeaient on aurait dit de toute mon amabilité, de ce que j'étais si serviable, si dévoué. Tout ça c'est régulier. Le temps passait quand même.

Un soir, comme ma salle d'attente était presque vide, un prêtre entra pour me parler. Je ne le connaissais pas ce prêtre, j'ai failli l'éconduire. Je n'aimais pas les curés, j'avais mes raisons, surtout depuis qu'on m'avait fait le coup de l'embarquement à San Tapeta. Mais celui-ci, j'avais beau chercher à le reconnaître, pour l'engueuler avec des précisions, vraiment je ne l'avais jamais rencontré nulle part auparavant. Il devait pourtant circuler pas mal la nuit comme moi dans Rancy, puisqu'il était des environs. Peut-être alors qu'il m'évitait quand il sortait ? J'y pensais. Enfin on avait dû le prévenir que je n'aimais pas les curés. Ça se sentait à la manière furtive dont il emmanchait sa palabre. Donc, on ne s'était jamais bous culés autour des mêmes malades. Il desservait-une église, là, à côté, depuis vingt ans, m'apprit-il. Des fidèles, il en avait des masses, mais pas beaucoup qui le payaient. Plutôt un mendigot en somme. Ceci nous rapprochait. La soutane qui le couvrait me parut être une draperie bien malcommode pour déambuler comme dans la bouillabaisse des zones. Je le lui fis remarquer. J'insistai même sur l'incommodité extravagante d'un pareil attirail.

« On s'y habitue ! » qu'il me répondit.

L'impertinence de ma remarque ne le dégoûta point d'être plus aimable encore. Il avait évidemment quelque chose à me demander. Sa voix ne s'élevait guère au-dessus d'une certaine monotonie confidente, qui lui venait, je l'imaginais du moins, de sa profession. Pendant qu'il par lait prudent et préliminaire, j'essayais de me représenter tout ce qu'il exécutait chaque jour ce curé pour gagner ses calories, des tas de grimaces et des promesses encore, dans le genre des miennes... Et puis je me l'imaginais, pour m'amuser, tout nu devant son autel... C'est ainsi qu'il faut s'habituer à transposer dès le premier abord les hommes qui viennent vous rendre visite, on les comprend bien plus vite après ça, on discerne tout de suite dans n'importe quel personnage sa réalité d'énorme et d'avide asticot. C'est un bon truc d'imagination. Son sale prestige se dissipe, s'évapore. Tout nu, il ne reste plus devant vous en somme qu'une pauvre besace prétentieuse et vantarde qui s'évertue à bafouiller futilement dans un genre ou dans un autre. Rien ne résiste à cette épreuve. On s'y retrouve instantanément. Il ne reste plus que les idées, et les idées ne font jamais peur. Avec elles, rien n'est perdu, tout s'arrange. Tandis que c'est parfois difficile à supporter le prestige d'un homme habillé. Il garde des sales odeurs et des mystères plein ses habits.

Il avait des dents bien mauvaises, l'Abbé, rancies, brunies et haut cerclées de tartre verdâtre, une belle pyorrhée alvéolaire en somme. J'allais lui en parler de sa pyorrhée mais il était trop occupé à me raconter des choses. Elles n'arrêtaient pas de venir juter les choses qu'il me racontait contre ses chicots sous les poussées d'une langue dont j'épiais tous les mouvements. À maints minuscules endroits écorchée sa langue sur ses rebords saignants.

J'avais l'habitude et même le goût de ces méticuleuses observations intimes. Quand on s'arrête à la façon par exemple dont sont formés et proférés les mots, elles ne résistent guère nos phrases au désastre de leur décor baveux. C'est plus compliqué et plus pénible que la défécation notre effort mécanique de la conversation. Cette corolle de chair bouffie, la bouche, qui se convulse à siffler, aspire et se démène, pousse toutes espèces de sons visqueux à travers le barrage puant de la carie dentaire, quelle punition ! Voilà pourtant ce qu'on nous adjure de transposer en idéal. C'est difficile. Puisque nous sommes que des enclos de tripes tièdes et mal pourries nous aurons toujours du mal avec le sentiment. Amoureux ce n'est rien c'est tenir ensemble qui est difficile. L'ordure elle, ne cherche ni à durer, ni à croître. Ici, sur ce point nous sommes bien plus malheureux que la merde, cet enragement à persévérer dans notre état constitue l'incroyable torture.

Décidément nous n'adorons rien de plus divin que notre odeur. Tout notre malheur vient de ce qu'il nous faut demeurer Jean, Pierre ou Gaston coûte que coûte pendant toutes sortes d'années. Ce corps à nous, travesti de molécules agitées et banales, tout le temps se révolte contre cette farce atroce de durer. Elles veulent aller se perdre nos molécules, au plus vite, parmi l'univers ces mignonnes ! Elles souffrent d'être seulement « nous », cocus d'infini. On éclaterait si on avait du courage, on faille seulement d'un jour à l'autre. Notre torture chérie est enfermée là, atomique, dans notre peau même, avec notre orgueil.

Comme je me taisais, consterné par l'évocation de ces ignominies biologiques, l'Abbé crut qu'il me possédait et en profita même pour devenir à mon égard tout à fait bienveillant et même familier. Évidemment il s'était renseigné sur mon compte au préalable. Avec d'infinies précautions il aborda le sujet malin de ma réputation médicale dans les environs. Elle aurait pu être meilleure, me fit-il entendre, ma réputation, si j'avais procédé de tout autre manière en m'installant, et cela dès les premiers mois de ma pratique à Rancy. « Les malades, cher Docteur, ne l'oublions jamais, sont en principe des conservateurs... Ils redoutent, cela se conçoit aisément, que la terre et le ciel viennent à leur manquer... »

Selon lui, j'aurais donc dû dès mes débuts me rapprocher de l'Église. Telle était sa conclusion d'ordre spirituel et pratique aussi. L'idée n'était pas mauvaise. Je me gardais bien de l'interrompre, mais j'attendais avec patience qu'il vienne aux faits de sa visite.

Pour un temps triste et confidentiel on ne pouvait pas mieux désirer que le temps qu'il faisait dehors. On aurait dit tellement il était vilain le temps, et d'une façon si froide, si insistante, qu'on ne reverrait jamais plus le reste du monde en sortant, qu'il aurait fondu le monde, dégoûté.

Mon infirmière avait enfin réussi à rédiger ses fiches, toutes ses fiches, jusqu'à la dernière. Elle n'avait plus du tout d'excuses pour demeurer là à nous écouter. Elle est donc partie, mais bien vexée et en claquant la porte derrière elle, à travers une furieuse bouffée de pluie.

* * *

Au cours de cet entretien, ce curé se nomma, l'abbé Protiste qu'il s'appelait. Il m'apprit de réticences en réticences qu'il effectuait depuis un certain temps déjà des démarches avec la fille Henrouille en vue de caser sa vieille et Robinson, tous les deux ensemble, dans une communauté religieuse, une pas coûteuse. Ils cherchaient encore.

En le regardant bien il aurait pu passer à la rigueur, l'abbé Protiste, pour une manière d'employé d'étalage, comme les autres, peut-être même pour un chef de rayon, mouillé, verdâtre et resséché cent fois. Il était véritablement plébéien par l'humilité de ses insinuations. Par l'haleine aussi. Je ne m'y trompais guère dans les haleines. C'était un homme qui mangeait trop vite et qui buvait du vin blanc.

La belle-fille Henrouille, me raconta-t-il, pour le début, était venue le trouver au presbytère même, peu de temps après l'attentat pour qu'il les tire du sale pétrin où ils venaient de se fourrer. Il me paraissait en racontant ça chercher des excuses, des explications, il avait comme honte de cette collaboration. C'était vraiment pas la peine, pour moi, de faire des manières. On comprend les choses. Il venait nous retrouver dans la nuit. Voilà tout. Tant pis pour lui d'ailleurs le curé ! Une espèce de sale audace s'était emparée de lui aussi, peu à peu, avec l'argent. Tant pis ! Comme tout mon dispensaire était en plein silence et que la nuit se refermait sur la zone, il baissa alors tout à fait le ton pour bien me faire ses confidences rien qu'à moi. Mais tout de même il avait beau chuchoter, tout ce qu'il me racontait me paraissait malgré tout immense, insupportable, à cause du calme sans doute autour de nous et comme rempli d'échos. En moi seul peut-être ? Chut ! avais-je envie de lui souffler tout le temps, dans l'intervalle des mots qu'il prononçait. De peur le tremblais même un peu des lèvres et au bout des phrases on s'en arrêtait de penser.

Maintenant qu'il nous avait rejoints dans notre angoisse il ne savait plus trop comment faire le curé pour avancer à la suite de nous quatre dans le noir. Un petit groupe. Il voulait savoir combien qu'on était déjà dans l'aventure ? Où que c'était que nous allions ? Pour pouvoir, lui aussi, tenir la main des nouveaux amis vers cette fin qu'il nous faudrait bien atteindre tous ensemble ou jamais. On était maintenant du même voyage. Il apprendrait à marcher dans la nuit le curé, comme nous, comme les autres. Il butait encore. Il me demandait comment il devait s'y prendre pour ne pas tomber. Il n'avait qu'à pas venir s'il avait peur ! On arriverait au bout ensemble et alors on saurait ce qu'on était venus chercher dans l'aventure. La vie c'est ça, un bout de lumière qui finit dans la nuit.

Et puis, peut-être qu'on ne saurait jamais, qu'on trouverait rien. C'est ça la mort. Le tout pour le moment c'était d'avancer bien à tâtons. Où nous en étions, d'ailleurs, on ne pouvait plus reculer. Y avait pas à choisir. Leur sale justice avec des Lois était partout, au coin de chaque couloir. La fille

Henrouille tenait la main de la vieille et son fils et moi la leur et Robinson aussi. On était ensemble. C'est ça. Je lui expliquai tout ça tout de suite au curé. Et il a compris.

Qu'on le veuille ou non où on se trouvait à présent, il ne ferait pas bon à se faire surprendre et mettre au jour par les passants, que je lui disais aussi au curé, et j'insistai bien là-dessus. Si on rencontrait quelqu'un faudrait avoir l'air de se promener, mine de rien. C'était la consigne. Rester bien naturels. Le curé donc à présent il savait tout, il comprenait tout. Il me serrait fort la main à son tour. Il avait très peur forcément lui aussi. Les débuts. Il hésitait, il bafouillait même comme un innocent. Plus de route ni de lumière là où nous en étions, rien que des espèces de prudences à la place et qu'on se repassait et auxquelles on e croyait pas beaucoup non plus. Les mots qu'on e raconte pour se rassurer dans ces cas-là ne sont recueillis par rien. L'écho ne renvoie rien, on est sorti de la Société. La peur ne dit ni oui, ni non. Elle prend tout ce qu'on dit la peur, tout ce qu'on pense, tout.

Ça ne sert pas même d'écarquiller les yeux dans le noir dans ces cas-là. C'est de l'horreur de perdue et puis voilà tout. Elle a tout pris la nuit et les regards eux-mêmes. On est vidé par elle. Faut se tenir quand même par la main, on tomberait. Les gens du jour ne vous comprennent plus. On est séparé d'eux par toute la peur et on en reste écrasé jusqu'au moment où ça finit d'une façon ou d'une autre et alors on peut enfin les rejoindre ces salauds de tout un monde dans la mort ou dans la vie.

L'Abbé n'avait qu'à nous aider pour le moment et à se grouiller d'apprendre, c'était son boulot. Et puis d'ailleurs il était venu rien que pour ça, s'évertuer au placement de la mère Henrouille pour commencer, et dare-dare, et de Robinson aussi, en même temps, chez les Sœurs en province. Elle lui semblait possible, à moi d'ailleurs aussi, cette combinaison. Seulement, il aurait fallu attendre des mois une place vacante et on en pouvait plus nous d'attendre. Assez.

La bru avait bien raison, le plus tôt serait le mieux. Qu'ils s'en aillent ! Qu'on s'en débarrasse ! Alors Protiste tâtait d'un autre arrangement. Celui-ci, j'en convins tout de suite, paraissait joliment ingénieux. Et puis d'abord, il comportait une commission pour tous les deux, le curé et moi. L'arrangement devait se conclure presque sans délai et je devais y jouer mon petit rôle. Celui qui consistait à décider Robinson à partir pour le Midi, à le conseiller en sorte et d'une manière tout amicale bien entendu, mais pressante quand même.

Ne connaissant pas le fond ni l'envers de la combinaison dont il parlait le curé, j'aurais peut-être dû faire mes réserves, ménager pour mon ami quelques garanties par exemple... Car après tout, c'était en y réfléchissant bien, une drôle de combinaison qu'il nous soumettait l'abbé Protiste. Mais nous étions tous si pressés par les circonstances que l'essentiel c'était que ça ne traîne pas. Je promis tout ce qu'on désirait, mon appui et le secret. Ce Protiste semblait avoir tout à fait l'habitude des circonstances délicates de ce genre et je sentais qu'il allait me faciliter bien des choses.

Par où commencer d'abord ? Il y avait à organiser un départ discret pour le Midi.

Qu'en penserait-il Robinson du Midi ? Et puis le départ avec la vieille en plus, qu'il avait bien failli assassiner... J'insisterai... Voilà tout !... Il fallait qu'il y passe, et pour toutes espèces de raisons, pas très bonnes toutes, mais solides toutes.

Pour un drôle de métier, c'en était un qu'on leur avait trouvé à faire à Robinson et à la vieille dans le Midi. À Toulouse que ça se trouvait. Une belle ville Toulouse ! On la verrait d'ailleurs la ville ! On irait les voir là-bas ! C'était promis que j'irais à Toulouse dès qu'ils y seraient installés, dans leur maison et dans leur boulot et tout.

Et puis en réfléchissant ça m'ennuyait un peu qu'il parte si tôt là-bas Robinson et puis en même temps ça me fait beaucoup de plaisir, surtout parce que pour une fois j'y trouvais un vrai petit bénéfice. On me donnerait mille francs. Convenu aussi. J'avais qu'à exciter Robinson sur le Midi en lui assurant qu'il n'y avait pas climat meilleur pour les blessures de ses yeux, qu'il serait là-bas on ne peut mieux et qu'en somme il avait bien de la veine de s'en tirer à si bon compte. C'était le moyen de le décider.

Après cinq minutes de rumination de ce genre, j'étais bien imbibé moi-même de conviction et fin préparé pour une entrevue décisive. Faut battre le fer quand il est chaud, c'est mon avis. Après tout, il ne serait pas plus mal là-bas qu'ici. L'idée qu'avait eue ce Protiste paraissait en la remédiant, décidément, bien raisonnable. Ces curés ils savent tout de même vous éteindre les pires scandales.

Un commerce pas plus méchant qu'un autre, voilà ce qu'on leur offrait à Robinson et à la vieille en définitive. Une espèce de cave à momies que c'était, si je comprenais bien. On la faisait visiter la cave au-dessous d'une église, moyennant obole. Des touristes. Et une véritable affaire, qu'il m'assurait Protiste. J'en étais presque persuadé et aussitôt un peu jaloux. C'est pas tous les jours qu'on peut faire travailler les morts.

J'ai bouclé le dispensaire et nous voilà en route pour les Henrouille, bien décidés, tous les deux avec le curé, à travers les fondrières. Pour du nouveau c'était du nouveau. Mille francs d'espérance ! J'avais changé d'avis sur le curé. En arrivant au pavillon nous trouvâmes les époux Henrouille auprès de Robinson dans la chambre du premier. Mais alors Robinson dans quel état !

« C'est toi, qu'il me fait à bout d'émotion, aussitôt qu'il m'entend monter. Je sens qu'il va se passer quelque chose !... C'est-y vrai ? » qu'il me demande haletant.

Et le revoilà tout larmoyant avant même que j'aie pu répondre un seul mot. Les autres, les Henrouille, me font des signes pendant qu'il appelle à son secours « Un beau pétrin ! que je me dis moi. Trop pressés les autres !... Toujours trop pressés ! Ils lui ont cassé le morceau à froid comme ça ?... Sans préparation ? Sans m'attendre ?... »

Heureusement, j'ai pu reprendre, pour ainsi dire, toute l'affaire avec d'autres mots. Il n'en demandait pas davantage Robinson lui non plus, un nouvel aspect des mêmes choses. Ça suffisait. Le curé dans le couloir n'osait pas rentrer dans la chambre. Il en zigzaguait de frousse.

« Entrez ! qu'elle l'invitait pourtant la fille, finale ment. Entrez donc ! Vous n'êtes pas de trop du tout, monsieur l'Abbé ! Vous surprenez une pauvre famille dans le malheur voilà tout !... Le médecin et le prêtre !... N'est-ce pas ainsi toujours dans les moments douloureux de la vie. »

Elle était en train de faire des phrases. C'était des nouvelles espérances d'en sortir de la mouscaille et de la nuit qui la rendaient lyrique la vache à sa sale manière.

Le curé désempare avait perdu tous ses moyens et se remit à bafouiller tout en demeurant à une certaine dis tance du malade. Son bafouillis ému se communique alors à Robinson qui repart en transe : « Ils me trompent ! Ils me trompent tous ! » qu'il gueulait.

Des bavardages quoi, et rien que sur des apparences encore. Des émotions. Toujours la même chose. Mais ça m'a remis en train moi, en culot. J'ai attiré la fille Henrouille dans un coin et je lui ai posé franchement le marché en main parce que je voyais bien que le seul homme là-dedans capable de les sortir c'était encore cézigue, finalement.

« Un acompte que je lui ai fait à la fille. Et tout de suite mon acompte ! » Quand on n'a plus confiance on a pas de raison de se gêner, comme on dit. Elle a compris et m'a renfermé alors un billet de mille francs en plein dans la main et puis encore un autre en plus pour être sûre. Je le lui avais fait à l'autorité. Je me suis mis à la décider alors le Robinson pendant que j'y étais. Il fallait qu'il le prenne son parti pour le Midi.

Trahir, qu'on dit, c'est vite dit. Faut encore saisir l'occasion. C'est comme d'ouvrir une fenêtre dans une prison, trahir. Tout le monde en a envie, mais c'est rare qu'on puisse.

* * *

Une fois Robinson quitté Rancy, j'ai bien cru qu'elle allait démarrer la vie, qu'on aurait par exemple un peu plus de malades que d'habitude, et puis pas du tout. D'abord il est survenu du chômage, de la crise dans les environs et ça c'est le plus mauvais. Et puis le temps s'est mis, malgré l'hiver, au doux et au sec, tandis que c'est l'humide et le froid qu'il nous faut pour la médecine. Pas d'épidémies non plus, enfin une saison contraire, bien ratée.

J'ai même aperçu des confrères qui allaient faire leurs visites à pied, c'est tout dire, d'un petit air amusé par la promenade, mais en vérité bien vexés et uniquement pour ne pas sortir leurs autos, par économie. Moi, je n'avais qu'un imperméable pour sortir. Était-ce pour cela que j'ai attrapé un rhume si tenace ? Ou bien est-ce que le m'étais habitué à manger vraiment trop peu ? Tout est possible. Est-ce les fièvres qui m'ont repris ? Enfin, toujours est-il que sur un petit coup de froid, juste avant le printemps, je me suis mis à tousser sans arrêt, salement malade. Un désastre. Certain matin il me devint tout à fait impossible de me lever. La tante à Bébert passait juste ment devant ma porte. Je la fis appeler. Elle monte. Je l'envoyai tout de suite toucher une petite note qu'on me devait encore dans le quartier. La seule, la dernière. Cette somme récupérée à moitié me dura dix jours, alité.

On a le temps de penser pendant dix jours allongé. Dès que je me trouverais mieux je m'en irais de Rancy, c'était ce que j'avais décidé. Deux termes en retard d'ailleurs... Adieu donc mes quatre meubles ! Sans rien en dire à personne bien entendu, je filerais, tout doucement et on ne me reverrait plus jamais à La Garenne-Rancy. Je partirais sans laisser ni de traces ni d'adresse. Quand la bête à misère, puante, vous traque, pourquoi discuter ? C'est rien dire et puis foutre le camp qu'est malin.

Avec mon diplôme, je pouvais m'établir n'importe où, ça c'était vrai... Mais ce ne serait autre part, ni plus agréable, ni pire... Un peu meilleur l'endroit dans les débuts, forcément, parce qu'il faut toujours un peu de temps pour que les gens arrivent à vous connaître, et pour qu'ils se mettent en train et trouvent le truc pour vous nuire. Tant qu'ils cherchent encore l'endroit par où c'est le plus facile de vous faire du mal, on a un peu 'de tranquillité, mais dès qu'ils ont trouvé le joint alors ça redevient du pareil au même partout. En somme, c'est le petit délai où on est inconnu dans chaque endroit nouveau qu'est le plus agréable. Après, c'est la même vacherie qui recommence. C'est leur nature. Le tout c'est de ne pas attendre trop longtemps qu'ils aient bien appris votre faiblesse les copains. Il faut écraser les punaises avant qu'elles aient retrouvé leurs fentes. Pas vrai ?

Quant aux malades, aux clients, je n'avais point d'illusion sur leur compte... Ils ne seraient dans un autre quartier ni moins rapaces, ni moins bouchés, ni moins lâches que ceux d'ici. Le même pinard, le même cinéma, les mêmes ragots sportifs, la même soumission enthousiaste aux besoins naturels, de la gueule et du cul, en referaient là-bas comme ici la même horde lourde, bouseuse, titubante d'un bobard à l'autre, hâblarde toujours, trafiqueuse, malveillante, agressive entre deux paniques.

Mais puisque le malade lui, change bien de côté dans son lit, dans la vie, on a bien le droit aussi nous, de se chambarder d'un flanc sur l'autre, c'est tout ce qu'on peut faire et tout ce qu'on a trouvé comme défense contre son Destin. Faut pas espérer laisser sa peine nulle part en route. C'est comme une femme qui serait affreuse la Peine, et qu'on aurait épousée. Peut-être est-ce mieux encore de finir par l'aimer un peu que de s'épuiser à la battre pendant la vie entière. Puisque c'est entendu qu'on ne peut pas l'estourbir ?

Toujours est-il que j'ai filé bien en douce de mon entresol à Rancy. Ils étaient autour du vin de table et des marrons chez ma concierge quand je passai devant leur loge, pour la dernière fois. Ni vu, ni connu. Elle se grattait, et lui, penché sur le poêle, perclus de chaleur, il était déjà si bien bu que le violet lui faisait fermer les yeux.

Pour ces gens-là je me glissais dans l'inconnu comme dans un grand tunnel sans fin. Ça fait du bien trois êtres de moins à vous connaître donc à vous épier et à vous nuire, qui ne savent même plus du tout ce que vous êtes devenu. C'est bon. Trois, parce que je compte leur fille aussi, leur enfant Thérèse qui se blessait à en suppurer de furoncles, tellement qu'elle se démangeait sans cesse sous les puces et les punaises. C'est vrai qu'on était telle ment piqué chez eux mes concierges, qu'en entrant dans leur loge on aurait dit qu'on pénétrait dans une brosse peu à peu.

Le long doigt du gaz dans l'entrée, cru et sifflant, s'appuyait sur les passants au bord du trottoir et les tournait en fantômes hagards et pleins, d'un seul coup, dans le cadre noir de la porte. Ils allaient ensuite se chercher un peu de couleur, les passants, ici et là, devant les autres fenêtres et les lampadaires et se perdaient finale ment comme moi dans la nuit, noirs et mous.

On n'était même plus forcé de les reconnaître les passants. Pourtant ça m'aurait plu de les arrêter dans leur vague déambulage, une petite seconde, rien que le temps de leur dire, une bonne fois, que moi, je m'en allais me perdre au diable, que je partais, mais si loin, que je les emmerdais bien et qu'ils ne pouvaient plus rien me faire ni les uns ni les autres, rien tenter...

En arrivant au boulevard de la Liberté, les voitures de légumes montaient en tremblotant vers Paris. J'ai suivi leur route. En somme, j'étais déjà presque parti tout à fait de Rancy. Pas très chaud non plus. Alors question de me réchauffer, j'ai fait un petit crochet jusqu'à la loge de la tante à Bébert. Sa lampe boutonnait l'ombre dans le fond du couloir. « Pour en finir, que je me suis dit, faut bien que Je lui dise « au revoir » à la tante. »

Elle était là sur sa chaise comme à son habitude, entre les odeurs de la loge, et le petit poêle réchauffant tout ça et sa vieille figure à présent toujours prête à pleurer depuis que Bébert était décédé et puis au mur, au-dessus de la boîte à ouvrage, une Brande photo d'école de Bébert, avec son tablier, un béret et la croix. C'était un « agrandissement » qu'elle avait eu en prime avec du café. e la réveille.

« Bonjour Docteur », qu'elle sursaute. Je me souviens bien encore de ce qu'elle m'a dit. « Vous avez l'air comme malade ! qu'elle a remarqué tout de suite. Asseyez-vous donc... Moi je vais pas bien non plus...

— Me voilà en train de faire un petit tour, que j'ai répondu, pour me donner une contenance.

— C'est bien tard, qu'elle a fait, pour un petit tour, surtout si vous allez vers la Place Clichy... L'avenue est froide au vent à cette heure-ci ! »

Elle se lève alors et se met en trébuchant par-ci par-là à nous faire un grog, et tout de suite à parler de tout en même temps, et des Henrouille et de Bébert forcément.

Pour l'empêcher d'en parler de Bébert, il y avait rien à faire, et pourtant cela lui faisait du chagrin et du mal et elle le savait aussi. Je l'écoutais sans jamais plus l'interrompre, j'étais comme engourdi. Elle essayait de me faire rappeler de toutes les gentilles qualités qu'il avait eues Bébert et qu'elle en faisait comme un étalage avec bien de la peine parce qu'il ne fallait rien oublier de ses qualités à Bébert et qu'elle recommençait et puis quand tout y était bien et qu'elle m'avait bien raconté toutes les circonstances de son élevage au biberon, elle retrouvait encore une petite qualité à Bébert qu'il fallait tout de même mettre à côté des autres, alors elle reprenait toute l'histoire par le commencement et cependant elle en oubliait quand même et elle était forcée finalement de pleurnicher Mn peu, d'impuissance. Elle s'égarait de fatigue. Elle dormait à coups de petits sanglots. Déjà elle n'avait plus la force de reprendre longtemps à l'ombre le petit souvenir du petit Bébert qu'elle avait bien aimé. Le néant était toujours près d'elle et sur elle-même un peu déjà. Un rien de grog et de fatigue et ça y était, elle s'endormait en ronflant comme un petit avion lointain que les nuages emportent. Il n'y avait plus personne à elle sur terre.

Pendant qu'elle était écroulée comme ça dans les odeurs je pensais que je m'en allais et que jamais je ne la reverrais sans doute la tante à Bébert, que Bébert était bien parti, lui, et sans faire de manières et pour de bon, qu'elle partirait aussi la tante pour le suivre et dans pas bien longtemps. Son cœur était malade d'abord, et tout à fait vieux. Il poussait du sang comme il pouvait son cour dans ses artères, il avait du mal à remonter dans les veines. Elle s'en irait au grand cimetière d'à côté d'abord la tante, où les morts c'est comme une foule qui attend. C'est là qu'elle allait faire jouer Bébert avant qu'il soye tombé malade, au cimetière. Et ça serait bien fini alors a après ça. On viendrait repeindre sa loge et on pourrait d ré qu'on s'est tous rattrapés comme les boules du jeu qui tremblotent au bord du trou qui font des manières avant d'en finir.

Elles partent bien violentes et grondeuses elles aussi les boules, et elles ne vont jamais nulle part, en définitive. Nous non plus, et toute la terre ne sert qu'à ça, qu'à nous faire nous retrouver tous. Ce n'était plus bien loin pour la tante à Bébert à présent, elle n'avait presque plus d'élan. On ne peut pas se retrouver pendant qu'on est ' ? dans la vie. Y a trop de couleurs qui vous dit frayent et trop de gens qui bougent autour. On ne se retrouve qu'au silence, quand il est trop tard, comme les morts. Moi aussi fallait que je bouge encore et que je m'en aille ailleurs. J'avais beau faire, beau savoir... Je ne pouvais pas rester en place avec elle.

Mon diplôme dans ma poche bombait en saillie, bien plus grosse saillie que mon argent et mes papiers d'identité. Devant le Poste de Police, l'Agent de garde attendait la relève de minuit et crachait aussi tant qu'il pouvait. On s'est dit bonsoir.

Après le truc à éclipse du coin du Boulevard, pour l'essence, c'était l'octroi et ses préposés verdoyants dans leur cage en verre. Les tramways ne marchaient plus. C'était le bon moment pour leur parler de l'existence aux préposés, de l'existence qui est toujours plus difficile, plus chère. Ils étaient deux là, un jeune et un vieux, à pellicules tous les deux, penchés sur des états grands comme ça. À travers leur vitre on apercevait les gros quais d'ombre des fortifs qui s'avancent hauts dans la nuit pour attendre des bateaux de si loin, des si nobles navires, qu'on en verra jamais des bateaux comme ça. C'est sûr. On les espère.

On bavarda donc ensemble un bon moment avec les préposés, et même nous prîmes encore un petit café qui réchauffait sur le poêlon. Ils me demandèrent si je partais en vacances des fois, pour rigoler, comme ça, dans la nuit, avec mon petit paquet à la main.

« C'est exact » que je leur ai répondu. Inutile de leur expliquer des choses peu ordinaires aux préposés. Ils ne pouvaient pas m'aider à comprendre. Et un peu vexé par leur remarque, l'envie m'a pris tout de même d'être intéressant, de les étonner enfin, et je me mis à parler sur le pouce, comme ça, de la campagne de 1816, celle qui amena précisément les cosaques à l'endroit même où nous étions, à la Barrière, aux trousses du grand Napoléon.

Ceci invoqué avec désinvolture, bien entendu. Les ayant en peu de mots convaincus ces deux sordides de ma supériorité culturelle, de mon érudition primesautière, me voilà qui repars rasséréné vers la Place Clichy, par l'Avenue qui monte.

Vous remarquerez qu'il y a toujours deux prostituées en attente au coin de la rue des Dames. Elles tiennent ces quelques heures épuisées qui séparent le fond du jour au petit matin. Grâce à elles la vie continue à travers les ombres. Elles font la liaison avec leur sac à main bouffi d'ordonnances, de mouchoirs pour tout faire et les photos d'enfants à la campagne. Quand on se rapproche d'elles dans l'ombre, il faut faire attention parce qu'elles n'existent qu'à peine ces femmes, tant elles sont spécialisées, juste restées vivantes ce qu'il faut pour répondre à deux ou trois phrases qui résument tout ce qu'on ut faire avec elles. Ce sont des esprits d'insectes dans des bottines à boutons.

Faut rien leur dire, à peine les approcher. Elles sont mauvaises. J'avais de l'espace. Je me suis mis à courir par le milieu des rails. L'Avenue est longue.

Tout au bout c'est la statue du maréchal Moncey[28]. Il défend toujours la Place Clichy depuis 1816 contre des souvenirs et l'oubli, contre rien du tout, avec une couronne en perles pas très chère. J'arrivai moi aussi près de lui en courant avec 112 ans de retard par l'Avenue bien vide. Plus de Russes, plus de batailles, ni de cosaques, point de soldats, plus rien sur la Place qu'un rebord du socle à prendre au-dessous de la couronne. Et le feu d'un petit brasero avec trois grelotteux autour qui louchaient dans la fumée puante. On n'était pas très bien.

Quelques autos s'enfuyaient tant qu'elles pouvaient vers les issues.

On se souvient des grands boulevards dans l'urgence comme d'un endroit moins froid que les autres. Ma tête ne marchait plus qu'à coups de volonté à cause de la fièvre. Possédé parle grog de la tante, je suis descendu fuyant devant le vent qui est moins froid quand on le reçoit par-derrière. Une vieille dame en bonnet près du métro Saint-Georges pleurait sur le sort de sa petite fille malade à l'hôpital, de méningite qu'elle disait. Elle en profitait pour faire la quête. Elle tombait mal.

Je lui ai donné des mots. Je lui ai parlé aussi moi du petit Bébert et d'une petite fille encore que j'avais soignée en ville moi et qui était morte pendant mes études, de méningite, elle aussi. Trois semaines que ça avait duré son agonie et même que sa mère dans le lit à côté ne pouvait plus dormir à cause du chagrin, alors elle s'est masturbée sa mère tout le temps des trois semaines d'agonie, et puis même qu'on ne pouvait plus l'arrêter après que tout a été fini.

Ça prouve qu'on ne peut pas exister sans plaisir même une seconde, et que c'est bien difficile d'avoir vraiment du chagrin. C'est comme ça l'existence.

On s'est quitté avec la vieille au chagrin devant les Galeries. Elle avait à décharger les carottes du côté des Halles. Elle suivait la route des légumes, comme moi, la même.

Mais le « Tarapout » m'a attiré. Il est posé sur le boulevard comme un gros gâteau en lumière. Et les gens y viennent de partout pressés comme des larves. Ils sortent de la nuit tout autour les gens avec les yeux tout écarquillés déjà pour venir se les remplir d'images. Ça n'arrête pas l'extase. C'est les mêmes qu'au métro du matin. Mais là devant le Tarapout ils sont contents, comme à New York ils se grattent le ventre devant la caisse, ils suintent un peu de monnaie et aussitôt les voilà tout décidés qui se précipitent en joie dans les trous de la lumière. On en était comme déshabillés par la lumière, tellement qu'il y en avait sur les gens, les mouvements, les choses, plein des guirlandes et des lampes encore. On aurait pas pu se parler d'une affaire personnelle dans cette entrée, c'était comme tout le contraire de la nuit.

Bien étourdi moi aussi, j'aborde alors à un petit café voisin. À la table d'à côté de moi, je regarde et voici Parapine mon ancien professeur, qui prenait un bock avec ses pellicules et tout. On se retrouve. On est contents. Il est survenu des grands changements dans son existence, qu'il me dit. Il lui faut dix minutes pour me les raconter. C'est pas drôle. Le Professeur Jaunisset à l'Institut était devenu si méchant à son égard, l'avait si tant persécuté qu'il avait dû s'en aller Parapine, démissionner et quitter

[28] *La statue du maréchal Moncey* : le « monument du maréchal Moncey » érigé en 1869, au centre de la Place Clichy, est un groupe de bronze sur piédestal qui représente la défense de Paris par Moncey contre les cosaques en 1814 (cf. un autre rappel de cet épisode p. 368).

son laboratoire et puis aussi c'était les mères des petites filles du Lycée qui étaient venues à leur tour pour l'attendre à la porte de l'Institut et lui casser la gueule. Histoires. Enquêtes. Angoisses.

Au dernier moment, par le moyen d'une annonce ambiguë dans un périodique médical, il avait pu raccrocher de justesse une autre petite espèce de subsistance. Pas grand-chose évidemment, mais tout de même un truc pas fatigant et bien dans ses cordes. Il s'agissait de l'application astucieuse des théories ré rites du Professeur Baryton sur l'épanouissement des petits crétins par le cinéma. Un fameux pas en avant dans le subconscient. On ne parlait que de cela dans la ville. C'était moderne.

Parapine accompagnait ces clients spéciaux au Tarapout moderne. Il passait les prendre à la maison de santé moderne de Baryton en banlieue et puis les reconduisait après le spectacle, gâteaux, repus de visions, heureux et saufs et plus modernes encore. Voilà tout. Dès qu'assis devant l'écran plus besoin de s'occuper d'eux. Un public en or. Tout le monde content, le même film dix fois de suite les ravissait. Ils n'avaient pas de mémoire. Ils jouissaient continuellement de la surprise. Leurs familles ravies. Parapine aussi. Moi aussi. On en rigolait d'aise et de boire des bocks et des bocks pour célébrer cette reconstitution matérielle de Parapine sur le plan du moderne. On ne s'en irait qu'à deux heures du matin après la dernière séance au Tarapout, c'était décidé, pour chercher ses crétins, les ramasser et les ramener dare dare en auto à la maison du Docteur Baryton à Vigny-sur-Seine. Une affaire.

Puisqu'on était heureux l'un et l'autre de se retrouver on s'est mis à parler rien que pour le plaisir de se dire des fantaisies et d'abord sur les voyages qu'on avait faits l'un et l'autre et enfin sur Napoléon, comme ça, qui est survenu à propos de Moncey sur la Place Clichy dans le courant de la conversation. Tout devient plaisir dès qu'on a pour but d'être seulement bien ensemble, parce qu'alors on dirait qu'on est enfin libres. On oublie sa vie, c'est-à-dire les choses du pognon.

De fil en aiguille, même sur Napoléon on a trouvé des rigolades à se raconter. Parapine il la connaissait bien lui l'histoire à Napoléon. Ça l'avait passionné autrefois qu'il m'apprit, en Pologne, quand il était encore au Lycée. Il avait été bien élevé lui Parapine, pas comme moi.

Ainsi à ce propos il me raconta que pendant la retraite de Russie, les généraux à Napoléon ils avaient eu un sacré coton pour l'empêcher d'aller se faire pomper à Varsovie une dernière fois suprême par la Polonaise de son cœur. Il était ainsi, Napoléon, même au milieu des plus grands revers et des malheurs. Pas sérieux en somme. Même lui, l'aigle à sa Joséphine ! Le feu au train, c'est le cas de le dire envers et contre tout. Rien à faire d'ailleurs tant qu'on a le goût de jouir et de la rigolade et c'est un goût qu'on a tous. Voilà le plus triste. On ne pense qu'à ça ! Au berceau, au café, sur le trône, aux cabinets. Par tout ! Partout ! Bistoquette ! Napoléon ou pas ! Cocu ou pas ! Plaisir d'abord (Que crèvent les quatre cent mille hallucinés embérésinés jusqu'au plumet ! qu'il se disait le grand vaincu, pourvu que Poléon tire encore un coup ! Quel salaud ! Et allez donc ! C'est bien la vie ! C'est ainsi que tout finit ! Pas sérieux ! Le tyran est dégoûté de la pièce qu'il joue bien avant les spectateurs. Il s'en va baiser quand il n'en peut plus le tyran de sécréter des délires pour le public. Alors son compte est bon ! Le Destin le laisse tomber en moins de deux ! Ce n'est pas de les massacrer à tours de bras, que les enthousiastes lui font un reproche ! Que non ! Ça c'est rien ! Et comment qu'on lui pardonnerait ! Mais d'être devenu ennuyeux tout d'un coup c'est ça qu'on lui pardonne pas. Le sérieux ne se tolère qu'au chiqué. Les épidémies ne cessent qu'au moment où les microbes sont dégoûtés de leurs toxines. Robespierre on l'a guillotiné parce qu'il répétait toujours la même chose et Napoléon n'a pas résisté, pour ce qui le concerne, à plus de deux ans d'une inflation de Lésion d'Honneur. Ce fut sa torture de ce fou d'être obligé de fournir des envies d'aventures à la moitié de l'Europe assise. Métier impossible. Il en creva.

Tandis que le cinéma, ce nouveau petit salarié de nos rêves, on peut l'acheter lui, se le procurer pour une heure ou deux, comme un prostitué.

Et puis des artistes en plus, de nos jours, on en a mis partout par précaution tellement qu'on s'ennuie. Même dans les maisons où on a mis des artistes avec leurs fris sons à déborder partout et leurs sincérités à dégouliner à travers les étages. Les portes en vibrent. C'est à qui frémira davantage et avec le plus de culot, de tendresse, et s'abandonnera plus intensément que le copain. On décore à présent aussi bien les chiottes que les abattoirs et le Mont-de-Piété aussi, tout cela pour vous amuser, vous distraire, vous faire sortir de votre Destinée.

Vivre tout sec, quel cabanon ! La vie c'est une classe dont l'ennui est le pion, il est là tout le temps à vous épier d'ailleurs, il faut avoir l'air d'être occupé, coûte que coûte, à quelque chose de passionnant, autrement il arrive et vous bouffe le cerveau. Un jour, qui n'est rien qu'une simple journée de 24 heures c'est pas tolérable.

Ca ne doit être qu'un long plaisir presque insupportable une journée, un long coït une journée, de gré ou de force.

Il vous en vient ainsi des idées dégoûtantes pendant qu'on est ahuri par la nécessité, quand dans chacune de vos secondes s'écrase un désir de mille autres choses et d'ailleurs.

Robinson était un garçon tracassé par l'infini aussi, dans son genre, avant qu'il lui soit arrivé son accident, mais maintenant il avait reçu son compte. Du moins je le croyais.

Je profitai que nous étions au café, tranquilles, pour raconter moi aussi à Parapine tout ce qui m'était arrivé depuis notre séparation. Il comprenait les choses lui, et même les miennes et je lui avouai que je venais de briser ma carrière médicale en quittant Rancy de façon insolite. C'est comme ça qu'on doit dire. Et il y avait pas de quoi rigoler. Pour retourner à Rancy, il fallait pas que j'y songe, vu les circonstances. Il en convenait lui-même Parapine.

Voilà que pendant qu'on se parlait bien agréablement ainsi, qu'on se confessait en somme, survint l'entracte du Tarapout et les musiciens du ciné qui débarquent en masse au bistrot. On prend du coup un verre en chœur. Lui Parapine il était bien connu des musiciens.

De fil en aiguille, j'apprends d'eux qu'on cherchait justement un Pacha pour la figuration de l'intermède. Un rôle muet. Il était parti celui qui le tenait le « Pacha », sans rien dire. Un beau rôle bien payé pourtant dans un prologue. Pas d'efforts. Et puis, ne l'oublions pas, coquinement entouré par une magnifique volée de danseuses anglaises, des milliers de muscles agités et précis. Tout à fait mon genre et ma nécessité.

Je fais l'aimable et j'attends les propositions du régisseur. Je me présente en sommé. Comme il était si tard et qu'ils n'avaient pas le temps d'aller en chercher un autre de figurant jusqu'à la Porte Saint-Martin, il fut bien content le régisseur de me trouver sur place. Ça lui évitait des courses. À moi aussi. Il m'a examiné à peine. Il m'adopte donc d'emblée. On m'embarque. Pourvu que je ne boite pas, on ne m'en demande pas davantage, et encore...

Je pénètre dans ces beaux sous-sols chauds et capitonnés du cinéma Tarapout. Une véritable ruche de loges parfumées où les. Anglaises dans l'attente du spectacle se détendent en jurons et cavalcades ambiguës. Tout de suite exubérant d'avoir retrouvé mon beefsteak je me hâtai d'entrer en relations avec ces jeunes et désinvoltes camarades. Elles me firent d'ailleurs les honneurs de leur groupe le lus gracieusement du monde. Des anges. Des anges discrets. C'est bon aussi de n'être ni confessé, ni méprisé, c'est l'Angleterre.

Grosses recettes au Tarapout. Dans les coulisses même tout était luxe, aisance, cuisses, lumières, savons, sandwichs. Le sujet du divertissement où nous paraissions tenait je crois du Turkestan. C'était prétexte à fariboles chorégraphiques et déhanchements musicaux et violentes tambourinades.

Mon rôle à moi, sommaire, mais essentiel. Ballonné d'or et d'argent, j'éprouvais d'abord quelque difficulté à m'installer parmi tant de portants et lampadaires instables, mais je m'y fis et parvenu là, gentiment mis en valeur, je n'avais plus qu'à me laisser rêvasser sous les projections opalines.

Un bon quart d'heure durant vingt bayadères londoniennes se démenaient en mélodies et bacchanales impétueuses pour me convaincre soi-disant de la réalité de leurs attraits. Je n'en demandais pas tant et songeais que cinq fois par jour, répéter cette performance c'était beaucoup pour des femmes, et sans faiblir encore, jamais, d'une fois à l'autre, tortillant implacablement des fesses avec cette énergie de race un peu ennuyeuse, cette continuité intransigeante qu'ont les bateaux en route, les étraves, dans leur labeur infini au long des Océans...

* * *

C'est pas la peine de se débattre, attendre ça suffit, puisque tout doit finir par y passer dans la rue. Elle seule compte au fond. Rien à dire. Elle nous attend. Faudra qu'on y descende dans la rue, qu'on se décide, pas un, pas deux, pas trois d'entre nous, mais tous. On est là devant à faire des manières et des chichis, mais ça viendra.

Dans les maisons, rien de bon. Dès qu'une porte se referme sur un homme, il commence à sentir tout de suite et tout ce qu'il emporte sent aussi. Il se démode sur place, corps et âme. Il pourrit. S'ils puent les hommes, c'est bien fait pour nous. Fallait qu'on s'en occupe ! Fallait les sortir, les expulser, les exposer. Tous les trucs qui puent sont dans la chambre et à se pomponner et puent quand même.

Parlant de familles, je connais comme ça un pharmacien moi, avenue de Saint-Ouen, qui a une belle affiche dans son étalage, une jolie réclame : Trois francs la boite pour purger toute la famille ! Une affaire ! On rote ! On fait ensemble, en famille. On se hait à plein sang, c'est le vrai foyer, mais personne ne réclame, parce que c'est tout de même moins cher que d'aller vivre à l'hôtel.

L'hôtel, parlons-en, c'est plus inquiet, c'est pas prétentieux comme un appartement, on s'y sent moins coupable. La race des hommes n'est jamais tranquille et pour descendre au jugement dernier qui se passera dans la rue, évidemment qu'on est plus proche à l'hôtel. Ils peuvent y venir les anges à trompettes, on y sera les premiers nous, descendus de l'hôtel.

On essaye de pas se faire trop remarquer à l'hôtel ça ne vaut rien. Déjà dès qu'on s'engueule un peu fort ou trop souvent, ça va mal, on est repérés. À la fin on ose à peine pisser dans le lavabo, tellement que tout s'entend d'une chambre à l'autre. On finit forcément par les acquérir les bonnes manières, comme les officiers dans la marine de guerre. Tout peut se mettre à trembler de la terre au ciel d'un moment à l'autre, on est prêts, on s'en fout nous autres puisqu'on se « pardonne » déjà dix fois par jour rien qu'en se rencontrant dans les couloirs, à l'hôtel.

Faut apprendre à reconnaître aux cabinets, l'odeur de chacun des voisins du palier, c'est commode. C'est difficile de se faire des illusions dans un garni. Les clients n'ont pas de panache. C'est en douce qu'ils voyagent sur la vie d'un jour à l'autre sans se faire remarquer, dans l'hôtel comme dans un bateau qui serait pourri un peu et puis plein de trous et qu'on le saurait.

Celui où je suis allé me loger, il attirait surtout les étudiants de la province. Ça y sentait le vieux mégot et le petit déjeuner, dès les premières marches. On le retrouvait de loin dans la nuit, à cause du feu en lumière grise qu'il avait au-dessus de sa porte et aux lettres brèches en or qui lui pendaient après le balcon comme un vieux énorme râtelier. Un monstre à loger abruti de crasseuses combines.

De chambres à chambres par le couloir on se faisait des visites. Après mes années d'entreprises miteuses dans la vie pratique, des aventures comme on dit, j'étais revenu vers eux les étudiants.

Leurs désirs c'étaient toujours les mêmes, solides et rances, ni plus ni moins insipides qu'autrefois, aux temps où je les avais quittés. Les êtres avaient changé mais pas les idées. Ils allaient encore, comme toujours, les uns et les autres, brouter plus ou moins de médecine, des bouts de chimie, des comprimés de Droit, et des zoologies entières, à des heures à peu près régulières, à l'autre bout du quartier. La guerre en passant sur leur classe n'avait rien fait bouger du tout en eux et quand on se mêlait à leurs rêves, par sympathie, ils vous menaient tout droit à leur âge de quarante ans. Ils se donnaient ainsi vingt années devant eux, deux cent quarante mois d'économies tenaces pour se fabriquer un bonheur.

C'était une image d'Épinal qui leur servait de bonheur en même temps que de réussite, mais bien graduée, soigneuse. Ils se voyaient au dernier carré eux, entourés d'une famille peu nombreuse mais incomparable et précieuse jusqu'au délire. Ils ne l'auraient cependant pour ainsi dire jamais regardée leur famille. Pas la peine. Elle est faite pour tout excepté pour être regardée la famille. D'abord c'est la force du père, son bonheur, d'embrasser sa famille sans jamais la regarder, sa poésie.

En fait de nouveauté, ils auraient été à Nice, en auto mobile avec l'épouse dotée, et peut-être adopté l'usage du chèque pour les transferts de banque. Pour les parties honteuses de l'âme, emmené sans doute aussi l'épouse un soir au bobinard. Pas davantage. Le reste du monde se trouve enfermé dans les journaux quotidiens et gardé par la police.

Le séjour à l'hôtel puceux les rendait pour le moment un peu honteux et facilement irritables mes camarades. Le bourgeois jeunet à l'hôtel, l'étudiant, se sent en pénitence, et puisqu'il est entendu qu'il ne peut pas encore faire d'économies, alors il réclame de la Bohème pour s'étourdir et encore de la Bohème, ce désespoir en café crème.

Vers les débuts du mois nous passions par une brève et vraie crise d'érotisme, tout l'hôtel en vibrait. On se lavait les pieds. Une randonnée d'amour était organisé. L'arrivée des mandats de province nous décidait. J'aurais peut-être pu obtenir les mêmes colts, de mon côté au Tarapout avec mes Anglaises de la danse et gratuitement encore, mais à la réflexion je renonçai à cette facilité à cause des histoires et des malheureux jaloux petits maquereaux d'amis qui traînent toujours dans les cou lisses après les danseuses.

Comme nous lisions nombre de journaux cochons à notre hôtel, on en connaissait des trucs et des adresses pour baiser dans Paris ! Faut bien avouer que c'est amusant les adresses. On se laisse entraîner, même moi qui avais fait le passage des Bérésinas et des voyages et connu bien des complications dans le genre cochon, la partie des confidences ne me semblait jamais tout à fait épuisée. Il subsiste en vous toujours un petit peu de curiosité de réserve pour le côté du derrière. On se dit qu'il ne vous apprendra plus rien le derrière, qu'on a plus une minute à perdre à son sujet, et puis on recommence encore une fois cependant rien que pour en avoir le cœur net qu'il est bien vide et on apprend tout de même quelque chose de neuf à son égard et ça suffit pour vous remettre en train d'optimisme.

On se reprend, on pense plus clairement qu'avant, on se remet à espérer alors qu'on espérait plus du tout et fatalement on y retourne au derrière pour le même prix. En somme, toujours des découvertes dans un vagin pour tous les âges. Une après-midi donc, que je raconte ce qui s'est passé, nous partîmes à trois locataires de l'hôtel, à la recherche d'une aventure à bon marché. C'était expéditif grâce aux relations de Pomone qui tenait office lui, de tout ce qui peut se désirer en façon d'ajustements et de compromis érotiques dans son quartier des Batignolles. Son registre à Pomone abondait d'invitations à tous les prix, il fonctionnait ce providentiel, sans faste aucun, au fond d'une, courette dans un mince logis si peu éclairé qu'il fallait pour s'y guider autant de tact et d'estime que dans une pissotière inconnue. Plusieurs tentures qu'il fallait écarter vous inquiétaient avant de l'atteindre ce proxénète, assis toujours dans un faux demi-jour pour aveux.

À cause de cette pénombre, je ne l'ai, à vrai dire, jamais observé tout à fait à mon aise Pomone, et bien que nous ayons longuement conversé ensemble, collaboré même pendant un certain temps et qu'il m'ait fait des sortes de propositions et toutes sortes d'autres dangereuses confidences, je serais bien incapable de le reconnaître aujourd'hui si je le rencontrais en enfer.

Il me souvient seulement que les amateurs furtifs qui attendaient leur tour d'entrevue dans son salon se tenaient toujours fort convenablement, pas de familiarité entre eux, il faut le dire, de la réserve même, comme chez une espèce de dentiste qui n'aimerait pas du tout le bruit, non plus que la lumière.

C'est grâce à un étudiant en médecine que j'ai fait sa connaissance à Pomone. Il fréquentait chez lui l'étudiant pour se constituer un t casuel, grâce à son truc, doté qu'il était, le veinard, d'un pénis formidable. On le convoquait l'étudiant pour animer avec ce polard fameux des petites soirées bien intimes, en banlieue. Surtout les dames, celles qui ne croyaient pas qu'on puisse en avoir « une grosse comme ça » lui faisaient fête. Divagations de petites filles surpassées. Dans les registres de la Police il figurait notre étudiant sous un terrible pseudonyme : Balthazar !

Les conversations s'établissaient difficilement entre les clients en attente. La douleur s'étale, tandis que le plaisir et la nécessité ont des hontes.

Ce sont des péchés qu'on le veuille ou non d'être baiseurs et pauvres. Quand Pomone fut au courant de mon état et de mon passé médical, il ne se tint plus de me confier son tourment. Un vice l'épuisait. Il l'avait contracté en se « touchant » continuellement sous sa propre table pendant les conversations qu'il tenait avec ses clients, des chercheurs, des tracassés du périnée. « C'est mon métier, vous comprenez ! C'est pas facile de m'en empêcher... Avec tout ce qu'ils viennent me raconter les saligauds !... » La clientèle l'entraînait en somme aux abus, tels ces bouchers trop gras qui toujours ont tendance à se bourrer de viandes. En plus, je crois bien qu'il avait les basses tripes constamment réchauffées par une mauvaise fièvre qui lui venait des poumons. Il fut emporté d'ailleurs quelques années plus tard par la tuberculose. Les bavardages infinis des clientes prétentieuses l'épuisaient aussi dans un autre genre, 'toujours tricheuses, créatrices de tas d'histoires et de chichis à propos de rien et de leurs derrières dont à les entendre on n'aurait pas trouvé le pareil en boule versant les quatre parties du monde.

Les hommes il fallait surtout leur présenter des consentantes et des admiratrices pour leurs lubies passionnées. Ils n'en avaient plus qu'ils en avaient encore les clients de l'amour à partager, autant que ceux de Mme Herote. Il arrivait dans un seul courrier matinal de l'agence Pomone assez d'amour inassouvi pour éteindre à jamais toutes les guerres de ce monde. Mais voilà, ces déluges sentimentaux ne dépassent jamais le derrière. C'est tout le malheur.

Sa table disparaissait sous ce fouillis dégoûtant de banalités ardentes. Dans mon désir d'en savoir davantage, je décidai de m'intéresser pendant quelque temps au classement de ce grand fricotage épistolaire. On procédait, il me l'apprit, par espèces d'affections, comme pour les cravates ou les maladies, les délires d'abord d'un côté et puis les masochistes et les vicieux d'un autre, les flagellants par ici, les « genre gouvernante » sur une autre page et ainsi pour le tout. C'est pas long avant de tourner à la corvée les amusettes. On l'a bien été chassés du Paradis ! Ca on peut bien le dire ! Pomone était de cet avis aussi avec ses mains moites et son vice interminable qui lui infligeait en même temps plaisir et pénitence. Au bout de quelques mois j'en savais assez sur son commerce et sur son compte. J'espaçai mes visites.

Au Tarapout on continuait à me trouver bien convenable, bien tranquille, un figurant ponctuel, mais après quelques semaines d'accalmie le malheur me revint par un drôle de côté et le fus bien obligé, brusquement encore, d'abandonner ma figuration pour continuer ma sale route.

Considérés à distance ces temps du Tarapout ne furent en somme qu'une sorte d'escale interdite et sournoise. Toujours bien habillé par exemple, j'en conviens, pendant ces quatre mois, tantôt prince, centurion par deux fois, aviateur un autre jour et largement et régulièrement payé. J'ai mangé au Tarapout pour des années. Une vie de rentier sans les rentes. Traîtrise ! Désastre ! Un certain soir on a bouleversé notre numéro pour je ne sais quelle raison. Le nouveau prologue représentait les quais de Londres. Tout de suite, je me suis méfié, nos Anglaises avaient là-dedans à chanter, comme ça, faux et soi-disant sur les bords de la Tamise, la nuit, moi je faisais le policeman. Un rôle tout à fait muet, à déambuler de droite à gauche devant le parapet. D'un coup, comme je n'y pensais plus, leur chanson est devenue plus forte que la vie et même qu'elle a fait tourner le destin en plein du côté du malheur. Alors pendant qu'elles chantaient, je ne pouvais plus penser à autre chose moi qu'à toute la misère du pauvre monde et à la mienne surtout, qu'elles me faisaient revenir comme du thon, les garces, avec leur chanson, sur le cœur. Je croyais pourtant l'avoir digéré, oublié le plus dur ! Mais c'était le pire que tout, c'était une chanson gaie la leur qui n'y arrivait pas. Et avec ça, elles se dandinaient mes compagnes, tout en chantant, pour essayer que ça vienne. On y était bien alors, on pouvait le dire, c'était comme si on s'étalait sur la misère, sur les détresses... Pas d'erreur ! À vadrouiller dans le brouillard et dans la plainte ! Elle en dégoulinait de se lamenter, on en vieillissait minute par minute avec elles. Le décor en suintait aussi lui, de la grande panique. Et elles continuaient cependant les copines. Elles n'avaient pas l'air de comprendre toute la mauvaise action du malheur sur nous tous que ça provoquait leur chanson... Elles se plaignaient de toute leur vie en gambillant, en rigolant, bien en mesure... Quand ça vient d'aussi loin, si sûre ment, on peut pas se tromper, ni résister.

On en avait partout de la misère, malgré le luxe qui était dans la salle, sur nous, sur le décor, ça débordait, il en jutait sur toute la terre malgré tout. Pour des artistes c'était des artistes... Il en montait d'elles de la poisse, sans qu'elles veuillent l'arrêter ou même le comprendre. Leurs yeux seulement étaient tristes. C'est pas assez les yeux. Elles chantaient la déroute d'exister et de vivre et elles ne comprenaient pas. Elles prenaient ça encore pour de l'amour, rien que pour de l'amour, on leur avait pas appris le reste à ces petites. Un petit chagrin qu'elles chantaient soi-disant ! Qu'elles appelaient ça ! On prend tout pour des chagrins d'amour quand on est jeune et qu'on ne sait pas...

Where I go... where I look...
It's only for you... ou...
Only for you... ou...

Comme ça qu'elles chantaient.

C'est la manie des jeunes de mettre toute l'humanité dans un derrière, un seul, le sacré rêve, la rage d'amour. Elles apprendraient plus tard peut-être où tout ça finis sait, quand elles ne seraient plus roses du tout, quand la poisse sérieuse de leur sale pays les aurait reprises, toutes les seize, avec leurs grosses cuisses de jument, leurs nichons sauteurs... Elle les tenait déjà d'ailleurs la misère au cou, au corps, les mignonnes, elles n'y couperaient pas elles. Au ventre, au souffle, qu'elle les tenait déjà la misère par toutes les ondes de leurs voix minces et fausses aussi.

Elle était dedans. Pas de costume, pas de paillettes, pas de lumière, pas de sourire pour la tromper, pour lui faire des illusions à elle, sur les siens, elle les retrouve où ils se cachent les siens ; elle s'amuse à les faire chanter seulement en attendant leur tour, toutes les bêtises de l'espérance. Ça la réveille, et ça la berce et ça l'excite la misère.

Notre peine et ainsi, la grande, une distraction.

Alors tant pis pour celui qui chante des chansons d'amour ! L'amour c'est elle la misère et rien qu'elle encore, elle toujours, qui vient mentir dans notre bouche, la fiente, c'est tout. Elle est partout la vache, faut pas la réveiller sa misère même au chiqué. Pas de chiqué pour elle. Trois fois par jour, elles remettaient pourtant ça, quand même, mes Anglaises, devant le décor et avec des mélodies d'accordéon. Forcément ça devait très mal tourner.

Je les laissais faire mais je peux dire que je l'ai vue venir, moi, la catastrophe.

Une des petites d'abord est tombée malade. Mort aux mignonnes qui agacent les malheurs ! Qu'elles en crèvent et que c'est tant mieux ! À propos, faut pas s'arrêter non plus au coin des rues derrière les accordéons, c'est souvent là qu'on attrape du mal, le coup de vérité. Une Polonaise est venue donc pour remplacer celle qui était malade, dans leur ritournelle. Elle toussait aussi la Polonaise, entre-temps. Une longue fille puissante et pâle c'était. Tout de suite nous devînmes confidents. En deux heures je connus tout de son âme, pour le corps j'attendis encore un peu. Sa manie à cette Polonaise c'était de se mutiler le système nerveux avec des béguins impossibles. Forcément, elle était entrée dans la sale chanson des Anglaises comme dans du beurre, avec sa douleur et tout. Ça commençait d'un petit ton gentil leur chanson, ça n'avait l'air de rien, comme toutes les choses pour danser, et puis voilà que ça vous faisait pencher le cœur à force de vous faire triste comme si on allait perdre à l'entendre l'envie de vivre, tellement que c'était vrai que tout n'arrive à rien, la jeunesse et tout, et on se penchait alors bien après les mots et après qu'elle était déjà passée la chanson et partie loin leur mélodie pour se coucher dans le vrai lit à soi, le sien, vrai de vrai, celui du bon trou pour en finir. Deux tours de refrain et on en avait comme envie de ce doux pays de mort, du pays pour toujours tendre et oublieux tout de suite comme un brouillard.

C'était des voix de brouillard qu'elles avaient en somme.

On la reprenait en chœur, tous, la complainte du reproche, contre ceux qui sont encore par-là, à traîner vivants, qui attendent au long des quais, de tous les quais du monde qu'elle en finisse de passer la vie, tout en faisant des trucs, en vendant des choses et des oranges aux autres fantômes et des tuyaux et des monnaies fausses, de la police, des vicieux, des chagrins, à raconter des machins, dans cette brume de patience qui n'en finira jamais...

Tania qu'elle s'appelait ma nouvelle copine de Pologne. Sa vie était en fièvre pour le moment, je l'ai compris, à cause d'un petit employé quadragénaire de banque qu'elle connaissait depuis Berlin. Elle voulait y retourner dans son Berlin et l'aimer malgré tout et à tout prix. Pour retourner le trouver là-bas, elle aurait fait n'importe quoi.

Elle pourchassait les agents théâtraux, ces prometteurs d'engagements, au fond de leurs escaliers pisseux. Ils lui pinçaient les cuisses, ces méchants, en attendant des réponses qui n'arrivaient jamais. Mais elle remarquait à peine leurs manipulations tellement son amour loin tain la prenait tout entière. Une semaine ne se passa pas dans de telles conditions sans que survienne une fameuse catastrophe. Elle avait bourré le Destin de tentations depuis des semaines et des mois, comme un canon.

La grippe emporta son prodigieux amant. Nous apprîmes le malheur un samedi soir. Aussitôt reçue la nouvelle, elle m'entraîna, échevelée, hagarde, à l'assaut de la gare du Nord. Ceci n'était rien encore, mais dans son délire, elle prétendait au guichet, arriver à temps à Berlin pour l'enterrement. Il fallut deux chefs de gare pour la dissuader, lui faire comprendre que c'était bien trop tard.

Dans l'état où elle s'était mise on ne pouvait songer à la quitter. Elle y tenait d'ailleurs à son tragique et ; encore plus à me le montrer en pleine transe. Quelle occasion ! Les amours contrariées par la misère et les grandes distances, c'est comme les amours de marin, y a pas à dire c'est irréfutable et c'est réussi. D'abord, quand on a pas l'occasion de se rencontrer souvent, on peut pas s'engueuler, et c'est déjà beaucoup de gagné. Comme la vie n'est qu'un délire tout bouffi de mensonges, plus qu'on est loin et plus qu'on peut en mettre dedans des mensonges et plus alors qu'on est content, c'est naturel et c'est régulier. La vérité c'est pas mangeable.

Par exemple à présent c'est facile de nous raconter des choses à propos de Jésus-Christ. Est-ce qu'il allait aux cabinets devant tout le monde Jésus-Christ ? J'ai l'idée que ça n'aurait pas duré longtemps son truc s'il avait fait caca en public. Très peu de présence, tout est là, surtout pour l'amour.

Une fois bien assurés avec Tania qu'il n'y avait plus de train possible pour Berlin, nous nous rattrapâmes sur les télégrammes. Au Bureau de la Bourse, nous en rédigeâmes un fort long, mais pour l'envoyer c'était encore une difficulté, nous ne savions plus du tout à qui l'adresser. Nous ne connaissions plus personne à Berlin sauf le mort. Nous n'eûmes plus à partir de ce moment que des mots à échanger à propos du décès. Ils nous ont servi à faire deux ou trois fois encore le tour de la Bourse les mots, et puis comme il fallait nous occuper à bercer la douleur quand même, nous montâmes lentement vers Montmartre, tout en bafouillant des chagrins.

Dès la rue Lepic on commence à rencontrer des gens qui viennent chercher de la gaieté en haut de la ville. Ils se dépêchent. Arrivés au Sacré-Cœur, ils se mettent à regarder en bas la nuit qui fait le grand creux lourd avec toutes les maisons entassées dans son fond.

Sur la petite place, dans le café qui nous sembla, d'après les apparences, être le moins coûteux, nous entrâmes. Tania me laissait pour la consolation et la reconnaissance l'embrasser où je voulais. Elle aimait bien boire aussi. Sur les banquettes autour de nous des festoyeurs un peu soûls dormaient déjà. L'horloge au-dessus de la petite église se mit à sonner des heures et puis des heures encore à n'en plus finir. Nous venions d'arriver au bout du monde, c'était de plus en plus net. On ne pouvait aller plus loin, parce qu'après ça il n'y avait plus que les morts.

Ils commençaient sur la Place du Tertre, à côté, les morts. Nous étions bien placés pour les repérer. Ils passaient juste au-dessus des Galeries Dufayel[29], à l'est par conséquent.

Mais tout de même il faut savoir comment on les retrouve, c'est-à-dire du dedans et les yeux presque fermés, parce que les grands buissons de lumière des publicités ça gêne beaucoup, même à travers les nuages, pour les apercevoir, les morts. Avec eux les morts, j'ai compris tout de suite qu'ils avaient repris Bébert, on s'est même fait un petit signe tous les deux Bébert et puis aussi, pas loin de lui, avec la fille toute pâle, avortée enfin, celle de Rancy, bien vidée cette fois de toutes ses tripes.

Y avait plein d'anciens clients encore à moi par-ci par-là et des clientes auxquelles je ne pensais plus jamais, et encore d'autres, le nègre dans un nuage blanc, tout seul, celui qu'on avait cinglé d'un coup de trop, là-bas, je l'ai reconnu depuis Topo, et le père Grappa donc le vieux lieutenant de la forêt vierge ! À ceux-là j'avais pensé de temps à autre, au lieutenant, au nègre à torture et aussi à mon Espagnol, ce curé, il était venu le curé avec les morts cette nuit pour les prières du ciel et sa croix en or le gênait beaucoup pour voltiger d'un ciel à l'autre. Il s'accrochait avec sa croix dans les nuages, aux plus sales et aux plus jaunes et à mesure j'en reconnais sais encore bien d'autres des disparus, toujours d'autres... Tellement nombreux qu'on a honte vraiment, d'avoir pas eu le temps de les regarder pendant qu'ils vivaient là à côté de vous, des années...

On n'a jamais assez de temps c'est vrai, rien que pour penser à soi-même.

Enfin tous ces salauds-là, ils étaient devenus des anges sans que je m'en soye aperçu ! Il y en avait à présent des pleins nuages d'anges et des extravagants 'et des pas convenables, partout. Au-dessus de la ville en vadrouille ! J'ai recherché Molly parmi eux c'était le moment, ma gentille, ma seule amie, mais elle n'était pas venue avec eux... Elle devait avoir un petit ciel rien que pour elle, près du Bon Dieu, tellement qu'elle avait toujours été gentille Molly... Ça m'a fait plaisir de pas la retrouver avec ces voyous-là, parce que c'étaient bien les voyous des morts ceux-là, des coquins, rien que la racaille et la clique de fantômes qu'on avait rassemblés ce soir au-dessus de la ville. Surtout du cimetière d'à côté qu'il en venait et il en venait encore et des pas distingués. Un petit cimetière pourtant, des communards[30] même, tout saignants qui ouvraient grande la bouche comme pour gueuler encore et qui ne pouvaient plus... Ils attendaient les communards, avec les autres, ils

---

[29] *Les Galeries Dufayel* : le Palais Dufayel était, dans les années vingt, un des principaux grands magasins de Paris : il était situé dans le XVIIIe arrondissement.

[30] Un petit cimetière pourtant, des communards même cimetière Saint-Pierre ou du Calvaire. Aucun communard de 1871 ne pouvait y être enterré puisqu'il est fermé depuis 1823. Il avait, en revanche, accueilli, en fosse commune, les corps de près de mille soldats français, russes et allemands tués en 1814. « *Communard* » serait-il pris ici, par néologisme, dans ce sens ?

attendaient La Pérouse[31], celui des Iles, qui les commandait tous cette nuit-là pour le rassemblement... Il n'en finissait pas La Pérores de s'apprêter, à cause de sa jambe en bois qui s'ajustait de travers... et qu'il avait toujours eu du mal d'abord à la mettre sa jambe en bois et puis aussi à cause de sa grande lorgnette qu'il fallait lui retrouver.

Il ne voulait plus sortir dans les nuages sans l'avoir autour du cou sa lorgnette, une idée, sa fameuse longue vue d'aventures, une vraie rigolade, celle qui vous fait voir les gens et les choses de loin, toujours de plus loin le petit bout et toujours plus désirables forcément mesure et malgré qu'on s'en rapproche. Des cosaques enfouis près du Moulin n'arrivaient pas à s'extirper de leurs tombes[32]. Ils faisaient des efforts que c'était effrayant, mais ils avaient essayé bien des fois déjà... Ils retombaient toujours au fond des tombes, ils étaient encore soûls depuis 1820.

Tout de même un coup de pluie les fit jaillir eux aussi, rafraîchis finalement, bien au-dessus de la ville. Ils s'émiettèrent alors dans leur ronde et bariolèrent la nuit de leur turbulence, d'un nuage à l'autre... L'Opéra surtout les attirait, qu'il semblait, son gros brasier d'annonces au milieu, ils en giclaient les revenants pour rebondir à l'autre bout du ciel et tellement agités et si nombreux qu'ils vous en donnaient la berlue. La Pérouse équipé enfin voulut qu'on le grimpe d'aplomb sur le dernier coup des quatre heures, on le soutint, on le harnacha pile dessus. Installé, enfourché enfin, il gesticule encore tout de même et se démène. Le coup de quatre heures l'ébranle pendant qu'il se boutonne. Derrière La Pérouse, c'est la grande ruée du ciel. Une abominable débâcle, il en arrive tournoyants des fantômes des quatre coins, tous les revenants de toutes les épopées... Ils se poursuivent, ils se défient et se chargent siècles contre siècles. Le Nord demeure alourdi longtemps par leur abominable mêlée. L'horizon se dégage en bleuâtre et le jour enfin monte par un grand trou qu'ils ont fait en crevant la nuit pour s'enfuir.

Après ça pour les retrouver, ça devient tout à fait difficile. Il faut savoir sortir du Temps.

C'est du côté de l'Angleterre qu'on les retrouve quand on y arrive, mais le brouillard est de ce côté-là tout le temps si dense, si compact que c'est comme des vraies voiles qui montent les unes devant les autres, depuis la Terre jusqu'au plus haut du ciel et pour toujours. Avec l'habitude et de l'attention on peut arriver à les retrouver quand même, mais jamais pendant bien longtemps à cause du vent qui rapproche toujours des nouvelles rafales et des buées du large.

La grande femme qui est là, qui garde l'Ile c'est la dernière. Sa tête est bien plus haute encore que les buées les plus hautes. Il n'existe plus qu'elle de vivante un peu dans l'Ile. Ses cheveux rouges au-dessus de tout, dorent encore un peu les nuages, c'est tout ce qui reste du soleil.

Elle essaye de se faire du thé qu'on explique.

Il faut bien qu'elle essaye puisqu'elle est là pour l'éternité. Elle n'en finira jamais de le faire bouillir son thé à cause du brouillard qui est devenu bien trop dense et bien trop pénétrant. De la coque d'un bateau qu'elle se sert pour théière, le plus beau, le plus grand des bateaux, le dernier qu'elle a pu trouver dans Southampton, elle s'en fait chauffer du thé, par vagues et encore des values... Elle remue... Elle tourne le tout avec une rame qui est énorme... Ça l'occupe.

Elle regarde rien d'autre, sérieuse pour toujours qu'elle est et penchée.

La ronde est passée tout à fait au-dessus d'elle mais elle a même pas bougé, elle a l'habitude qu'ils viennent tous les fantômes du continent se perdre par ici... C'est fini.

Elle tripote, ça lui suffit, le feu qu'est sous la cendre, entre deux forêts mortes, avec ses doigts.

Elle essaye de l'animer, tout est à elle à présent, mais son thé il ne bouillira plus jamais.

Il n'y a plus de vie pour les flammes.

Plus de vie au monde pour personne qu'un petit peu pour elle encore et tout est presque fini...

* * *

---

[31] *La Pérouse* : le cimetière ne contient pas la sépulture de ce navigateur qui a péri dans le Pacifique en 1788.

[32] *Leurs tombes* : on ne sait si des cosaques furent enfouis près du moulin de la Galette, mais ce qui est sûr, c'est que la butte Montmartre fut, en 1814, le théâtre des ultimes combats de la prise de Paris par les armées alliées.

Tania m'a réveillé dans la chambre où nous avions fini par aller nous coucher. Il était dix heures du matin. Pour me débarrasser d'elle je lui ai raconté que je ne me sentais pas très bien et que je resterais encore un peu au lit.

La vie reprenait. Elle a fait comme si elle me croyait. Dès qu'elle fut descendue, je me mis à mon tour en route. J'avais quelque chose à faire, en vérité. Cette sarabande de la nuit précédente m'avait laissé comme un drôle de goût de remords. Le souvenir de Robinson revenait me tracasser. C'était vrai que je l'avais abandonné à son sort celui-là et pire encore, aux soins de l'abbé Protiste. C'était tout dire. Bien sûr que j'avais entendu raconter que tout se passait là-bas au mieux, à Toulouse, et que la vieille Henrouille était même devenue tout à fait aimable à son égard. Seulement, dans certains cas, n'est-ce pas, on n'entend guère que ce qu'on désire entendre et ce qui vous arrange le mieux... Ces vagues indications ne prouvaient au fond rien du tout.

Inquiet et curieux, je me dirigeai vers Rancy à la recherche de nouvelles, mais des exactes, des précises. Pour y aller fallait repasser par la rue des Batignolles qu'habitait Pomone. C'était mon chemin. En arrivant près de chez lui, je fus bien étonné de l'apercevoir lui-même au coin de sa rue, Pomone, comme en train de filer un petit Monsieur à quelque distance. Pour lui Pomone qui ne sortait jamais, ça devait être un véritable événement. Je l'ai reconnu aussi le type qu'il suivait, c'était un client, le « Cid » qu'il se faisait appeler dans la correspondance. Mais on savait nous encore par des tuyaux qu'il travaillait aux Postes le « Cid ».

Depuis des années il relançait Pomone pour qu'il lui découvre une petite amie bien élevée, son rêve. Mais les demoiselles qu'on lui présentait, elles n'étaient jamais assez bien élevées pour son goût. Elles commettaient des fautes, qu'il prétendait. Alors ça n'allait pas. Quand on y réfléchit bien il existe deux grandes espèces de petites amies, celles qui ont « les idées larges » et celles qui ont reçu « une bonne éducation catholique ». Deux façons aux miteuses de se sentir supérieures, deux façons aussi d'exciter les inquiets et les inassouvis, le genre « fichu » et le genre « garçonne ».

Toutes les économies du « Cid » y avaient passé mois après mois dans ces recherches. Il était arrivé à présent avec Pomone à bout de ses ressources et à bout d'espoir aussi. Par la suite, j'ai appris qu'il avait été se suicider le « Cid » ce même soir-là dans un terrain vague. D'ailleurs, dès que j'ai vu Pomone sortir de chez lui je m'en étais douté qu'il se passait quelque chose de pas ordinaire. Je les ai ainsi suivis assez longuement à travers ce quartier qui va perdre ses boutiques au long des rues et même ses couleurs l'une après l'autre et finir comme ça en bistrots précaires juste aux limites de l'octroi.

Quand on est pas pressé, on se perd facilement dans ces rues-là, dérouté qu'on est d'abord par la tristesse et par le trop d'indifférence de l'endroit. Si on avait un peu d'argent on prendrait un taxi tout de suite pour s'échapper tellement qu'on s'ennuie. Les gens qu'on rencontre traînent un destin si lourd que ça vous embarrasse pour eux. Derrière les fenêtres à rideaux, c'est comme certain que des petits rentiers ont laissé leur gaz ouvert. On n'y peut rien. Merde ! qu'on dit, c'est pas beaucoup.

Et puis même un banc pour s'asseoir. C'est marron et gris partout pas quand il pleut, il pleut de partout aussi, de face et de côté et la rue glisse alors comme un dos d'un gros poisson avec une raie de pluie au milieu. On ne peut même pas dire que c'est désordre ce quartier-là, c'est plutôt comme une prison, presque bien tenue, une prison qui n'a pas besoin de portes.

À vadrouiller ainsi, j'ai fini par le perdre Pomone et son suicidé tout de suite après la rue des Vinaigriers[33]. Ainsi j'étais parvenu si près de La Garenne-Rancy que j'ai pas pu m'empêcher d'aller jeter un coup d'œil par-dessus les fortifs.

De loin, c'est engageant La Garenne-Rancy, on peut pas dire le contraire, à cause des arbres du grand cimetière. Pour un peu on se laisserait tromper et on jurerait que c'est le Bois de Boulogne.

Quand on veut absolument des nouvelles de quel qu'un, faut aller les demander à ceux qui savent. Après tout, je me suis dit alors, j'ai pas grand-chose à perdre en leur faisant une petite visite aux Henrouille. Ils devaient savoir comment qu'elles se passaient eux, les choses à Toulouse. Et voilà bien l'imprudence que j'ai commise. On ne se méfie pas. On ne sait pas qu'on y est parvenu et pourtant on y est déjà et en plein dans les sales régions de la nuit. Un malheur vous est alors tout de suite arrivé.

---

[33] *La rue des Vinaigriers* : la rue de Paris qui porte ce nom n'est pas située du côté de la rue des Batignolles !

Il suffit d'un rien et puis d'abord fallait pas chercher à revoir certaines gens, surtout ceux-là. Ça n'en finit plus après.

De détours en détours je me trouvai comme reconduit par l'habitude à quelques pas du pavillon. J'en revenais pas de le revoir au même endroit leur pavillon. Il se mit à pleuvoir. Plus personne dans la rue que moi, qui n'osais plus m'avancer. J'allais même m'en retourner sans insister quand la porte du pavillon s'est entrouverte, juste assez pour qu'elle me fasse signe de venir la fille. Elle bien sûr, elle voyait tout. Elle m'avait aperçu en pantaine sur le trottoir d'en face. J'y tenais plus alors à m'approcher, mais elle insistait et même qu'elle m'appelait par mon nom.

« Docteur !... Venez donc vite ! »

Comme ça qu'elle m'appelait, d'autorité... J'avais peur d'être remarqué. Je me dépêchai alors de monter jusqu'à son petit perron, et de retrouver le petit couloir au poêle et de revoir tout le décor. Ça m'a redonné une drôle d'inquiétude quand même. Et puis, elle se mit à me raconter que son mari était bien malade depuis deux mois et même qu'il allait de plus en plus mal.

Tout de suite, bien sûr, de la méfiance

« Et Robinson› » que j'interroge moi empresse.

D'abord elle élude ma question. Enfin elle s'y met. « Ils vont bien tous les deux... Leur combinaison marche bien à Toulouse » qu'elle a fini par répondre, mais comme ça, rapidement. Et sans plus, elle m'entreprend à nouveau à propos de son mari malade. Elle veut que j'aille m'en occuper tout de suite de son mari et sans perdre une minute encore. « Que je suis si dévoué... Que je le connais si bien son mari... Et patati et patata... Qu'il n'a confiance qu'en moi... Qu'il n'a pas voulu en voir un autre de médecin... Qu'ils ne savaient plus mon adresse... » Enfin des chichis.

Moi, j'avais bien des raisons de redouter que cette maladie du mari eût encore des drôles d'origines. J'étais payé pour bien la connaître la dame et les usages de la maison aussi. Tout de même une satanée curiosité me fit monter dans la chambre.

Il était couché justement dans le même lit où j'avais soigné Robinson après son accident, quelques mois auparavant.

En quelques mois ça change une chambre, même quand on n'y bouge rien. Si vieilles, si déchues qu'elles soient, les choses, elles trouvent encore, on ne sait où, la force de vieillir. Tout avait changé déjà autour de nous. Pas les objets de place, bien sûr, mais les choses elles-mêmes, en profondeur. Elles sont autres quand on les retrouve les choses, elles possèdent, on dirait, plus de force pour aller en nous plus tristement, plus profondément encore, plus doucement qu'autrefois, se fondre dans cette espèce de mort qui se fait lentement en nous, gentiment, jour à jour, lâchement devant laquelle chaque jour on s'entraîne à se défendre un peu moins que la veille. D'une fois à l'autre, on la voit s'attendrir, se rider en nous-mêmes la vie et les êtres et les choses avec, qu'on avait quittées banales, précieuses, redoutables parfois. La peur d'en finir a marqué tout cela de ses rides pendant qu'on trottait par la ville après son plaisir ou son pain.

Bientôt il n'y aura plus que des gens et des choses inoffensifs, pitoyables et désarmés tout autour de notre passé, rien que des erreurs devenues muettes.

La femme nous laissa seuls avec le mari. Il n'était pas brillant le mari. Il n'avait plus beaucoup de circulation. C'est au cœur que ça le tenait.

« Je vais mourir », qu'il répétait, bien simplement d'ailleurs.

J'avais pour me trouver dans des cas de ce genre une espèce de veine de chacal. Je l'écoutais battre son cœur, question de faire quelque chose dans la circonstance, les quelques gestes qu'on attendait. Il courait son cœur, on pouvait le dire, derrière ses côtes, enfermé, il courait après la vie, par saccades, mais il avait beau bondir, il ne la rattraperait pas la vie. C'était cuit. Bientôt à force de trébucher, il chuterait dans la pourriture son cœur, tout juteux, en rouge et bavant telle une vieille grenade écrasée. C'est ainsi qu'on le verrait son cœur flasque, sur le marbre, crevé au couteau après l'autopsie, dans quelques jours. Car tout ça finirait par une belle autopsie judiciaire. Je le prévoyais, attendu que tout le monde dans le quartier allait en raconter des trucs salés à propos de cette mort qu'on ne trouverait pas ordinaire non plus, après l'autre.

On l'attendait au détour dans le quartier sa femme avec les cancans accumulés de l'affaire précédente qui restaient sur le carreau. Ça serait pour un peu plus tard. Pour l'instant le mari il ne savait plus comment se tenir, ni mourir. Il en était déjà comme un peu sorti de la vie, mais il n'arrivait pas tout de même à se défaire de ses poumons. Il chassait l'air, l'air revenait. Il aurait bien voulu se laisser aller, mais il fallait qu'il vive quand même, jusqu'au bout. C'était un boulot bien atroce, dont il louchait.

« Je sens plus mes pieds, qu'il geignait... J'ai froid jusqu'aux genoux... » Il voulait se lés toucher les pieds, il pouvait plus.

Pour boire, il n'arrivait pas non plus. C'était presque fini. En lui passant la tisane préparée par sa femme, je me demandais ce qu'elle pouvait bien y avoir mis dedans. Elle ne sentait pas très bon la tisane, mais l'odeur c'est pas une preuve, la valériane sent très mauvais par elle-même. Et puis à étouffer comme il étouffait le mari ça n'avait plus beaucoup d'importance qu'elle soye bizarre la tisane. Il se donnait pourtant bien de la peine, il travaillait énormément, avec tout ce qui lui restait de muscles sous la peau, pour arriver à souffrir et à souffler davantage. Il se débattait autant contre la vie que contre la mort. Ça serait juste d'éclater dans ces cas-là. Quand la nature se met à s'en foutre on dirait qu'il n'y a plus de limites. Derrière la porte, sa femme écoutait la consultation que je lui donnais, mais je la connaissais bien moi, sa femme. En douce, j'ai été la surprendre. « Cuic ! Cuic ! » que je lui ai fait. Ça l'a pas vexée du tout et elle est même venue alors me parler à l'oreille.

« Faudrait, qu'elle me murmure, que vous lui fassiez enlever son râtelier... Il doit le gêner pour respirer son râtelier... » Moi, je voulais bien qu'il l'enlève en effet son râtelier.

« Mais dites-le-lui donc vous-même ! » que je lui ai conseillé. C'était délicat comme commission à faire dans son état.

« Non ! non ! ça serait mieux de votre part ! qu'elle insiste. De moi, ça lui ferait quelque chose que je sache...

— Ah ! que je m'étonne, pourquoi ?

— Y a trente ans qu'il en porte un et jamais il m'en a parlé...

— On peut peut-être le lui laisser alors ? que je propose. Puisqu'il a l'habitude de respirer avec...

— Oh non ! je me le reprocherais ! » qu'elle m'a répondu avec comme une certaine émotion dans la voix...

Je retourne en douce alors dans la chambre. Il m'en tend revenir près de lui le mari. Ça lui fait plaisir que je revienne. Entre les suffocations il me parlait encore, il essayait même d'être un peu aimable avec moi. Il me demandait de mes nouvelles, si j'avais trouvé une autre clientèle... « Oui, oui » crue je lui répondais à toutes ces questions. Ça aurait été bien trop long et trop compliqué pour lui expliquer les détails. C'était pas le moment. Dissimulée pare battant de la porte, sa femme me faisait des signes pour, que je lui redemande encore d'enlever son râtelier. Alors je m'approchai de son oreille au mari et je lui conseillai à voix basse de l'enlever. Gaffe ! « Je l'ai jeté aux cabinets !... » qu'il fait alors avec des yeux plus effrayés encore. Une coquetterie en somme. Et il râle un bon coup après ça.

On est artiste avec ce qu'on trouve. Lui c'était à propos de son râtelier qu'il s'était donné du mal esthétique pendant toute sa vie.

Le moment des confessions. J'aurais voulu qu'il en profite pour me donner son avis sur ce qui était arrivé à propos de sa mère. Mais il pouvait plus. Il battait la campagne. Il s'est mis à baver énormément. La fin. Plus moyen d'en sortir une phrase. Je lui essuyai la bouche et je redescendis. Sa femme dans le couloir en bas n'était pas contente du tout et elle m'a presque engueulé à cause du râtelier, comme si c'était ma faute.

« En or ! qu'il était Docteur... je le sais ! Je sais combien il l'a payé !... On n'en fait plus des comme ça !... » Toute une histoire. « Je veux bien remonter essayer encore » que je lui propose tellement j'étais gêné. Mais alors seulement avec elle !

Cette fois-là, il ne nous reconnaissait presque plus le mari. Un petit peu seulement. Il râlait moins fort quand on était près de lui, comme s'il avait voulu entendre tout ce qu'on disait ensemble, sa femme et moi.

Je ne suis pas venu à l'enterrement. Y a pas eu d'autopsie comme je l'avais redouté un peu. Ça s'est passé en douce. Mais n'empêche qu'on s'était fâchés pour de bon tous les deux, avec la veuve Henrouille, à propos du râtelier.

* * *

Les jeunes c'est toujours si pressé d'aller faire l'amour, ça se dépêche tellement de saisir tout ce qu'on leur donne à croire pour s'amuser, qu'ils y regardent pas à deux fois en fait de sensations. C'est un peu comme ces voyageurs qui vont bouffer tout ce qu'on leur passe au buffet, entre deux coups de sifflet. Pourvu qu'on les fournisse aussi les jeunes de ces deux ou trois petits couplets qui servent à remonter les conversations pour baiser, ça suffit, et les voilà tout heureux. C'est content facilement les jeunes, ils jouissent comme ils veulent d'abord c'est vrai !

Toute la jeunesse aboutit sur la plage glorieuse, au bord de l'eau, là où les femmes ont l'air d'être libres enfin, où elles sont si belles qu'elles n'ont même plus besoin du mensonge de nos rêves.

Alors bien sûr, l'hiver une fois venu, on a du mal à rentrer, à se dire que c'est fini, à se l'avouer. On resterait quand même, dans le froid, dans l'âge, on espère encore, à se comprendre. On est ignoble. Il faut en vouloir à personne, jouir et bonheur avant tout. C'est bien mon avis. Et puis quand on commence à se cacher des autres, c'est signe qu'on a peur de s'amuser avec eux. C'est une maladie en soi. Il faudrait savoir pourquoi on s'entête à ne pas guérir de la solitude. Un autre type que j'avais rencontré pendant la guerre à l'hôpital, un caporal, il m'en avait bien un peu parlé lui de ces sentiments-là. Dommage que je l'aie jamais revu ce garçon ! « La terre est morte, qu'il m'avait expliqué... On est rien que des vers dessus nous autres, des vers sur son dégueulasse de gros cadavre, à lui bouffer tout le temps les tripes et rien que ses poisons... Rien à faire avec nous autres. On est tout pourris de naissance... Et puis voilà ! »

N'empêche qu'on a dû l'emmener un soir en vitesse du côté des battions ce penseur, c'est la preuve qu'il était encore bon à faire un fusillé. Ils étaient même à deux cognes pour l'emmener, un grand et un petit. Je m'en souviens bien. Un anarchiste qu'on a dit de lui au Conseil de guerre.

Après des années quand on y resonge il arrive qu'on voudrait bien les rattraper les mots qu'ils ont dit certaines gens et les gens eux-mêmes pour leur demander ce qu'ils ont voulu nous dire... Mais ils sont bien partis !... On avait pas assez d'instruction pour les comprendre... On voudrait savoir comme ça s'ils n'ont pas depuis changé d'avis des fois... Mais c'est bien trop tard... t'est fini !... Personne ne sait plus rien d'eux. Il faut alors continuer sa route tout seul, dans la nuit. On a perdu ses vrais compagnons. On leur a pas seulement posé la bonne question, la vraie, quand il était temps. À côté d'eux on ne savait as. Homme perdu. On est toujours en retard d'abord. Tout ça c'est des regrets qui ne font pas bouillir la marmite.

Enfin heureusement que l'abbé Protiste lui au moins est venu me trouver un beau matin afin qu'on se partage la ristourne, celle qui nous revenait de l'affaire du caveau de la mère Henrouille. J'y comptais même plus sur le curé. C'était comme s'il me tombait du ciel... Mille cinq cents francs qui nous revenaient à chacun ! En même temps, il apportait des bonnes nouvelles de Robinson. Ses yeux, à ce qu'il parait, allaient beaucoup mieux. Il ne suppurait même plus des paupières. Et tous là-bas me réclamaient. J'avais promis ailleurs d'aller les voir. Protiste lui-même insistait.

D'après ce qu'il me raconta encore, j'ai saisi que Robinson devait se marier prochainement avec la fille de la marchande de cierges de l'église d'à côté du caveau, celle dont les momies de la mère Henrouille dépendaient. C'était presque fait ce mariage.

Forcément tout cela nous amena à parler un peu du décès de M. Henrouille, mais sans insister, et la conversation revint plus agréablement sur l'avenir de Robinson et puis sur cette ville même de Toulouse, que je ne connaissais pas du tout, et dont Grappa m'avait parlé autrefois, et puis sur l'espèce de commerce qu'ils faisaient là-bas tous les deux avec la vieille et enfin sur la jeune fille qu'il allait épouser Robinson. Un peu sur tous les sujets en somme et à propos de tout, nous bavardâmes... Mille cinq cents francs ! Ça me rendait indulgent et pour ainsi dire optimiste. Je trouvais tous les projets qu'il me rapportait de Robinson tout à fait sages, sensés et judicieux et fort bien adaptés aux circonstances... Ça s'arrangeait. Du moins je le croyais. Et puis, nous nous mîmes à discourir sur les âges avec le curé. Nous avions lui et moi franchi la trentaine d'assez loin déjà. Elle s'éloignait au passé notre trentaine sur des rives coriaces et pauvrement regrettées. C'était même pas la peine de se retourner pour les reconnaître les rives. On n'avait pas perdu grand-chose en vieillissant. « Il faut être bien vil après tout, concluais-je, pour regretter telle année plutôt que les autres !... C'est avec entrain qu'on peut vieillir nous autres, Curé, et carrément encore ! Hier était-il si drôle ? Et l'autre année d'avant ?... Comment la trouviez-vous ?... Regretter quoi ?... Je vous le demande ? La jeunesse ?... On n'en a pas eu nous autres de jeunesse !...

« Ils rajeunissent c'est vrai plutôt du dedans à mesure qu'ils avancent les pauvres, et vers leur fin pourvu qu'ils aient essayé de perdre en route tout le mensonge et la peur et l'ignoble envie d'obéir qu'on leur a donnée en naissant ils sont en somme moins dégoûtants qu'au début. Le reste de ce qui existe sur la terre c'est pas pour eux ! Ça les regarde pas ! Leur tâche à eux, la seule, c'est de se vider de leur obéissance, de la vomir. S'ils y sont parvenus avant de crever tout à fait alors ils peuvent se vanter de n'avoir pas vécu pour rien. »

J'étais en train décidément... Ces quinze cents francs me tracassaient la verve, je continuai : « La jeunesse vraie, la seule, Curé, c'est d'aimer tout le monde sans distinction, cela seulement est vrai, cela seulement est jeune et nouveau. Eh bien, vous en connaissez beaucoup vous, Curé, des jeunes qui soient ainsi balancés ?... Moi, je n'en connais pas !... Je ne vois partout que de noires et vieilles niaiseries qui fermentent dans les corps plus ou moins récents, et plus elles fermentent ces sordidités et plus ça les tracasse les jeunes, et plus ils prétendent alors, qu'ils sont formidablement jeunes ! Mais c'est pas vrai c'est du bourre-mou... Ils sont seulement jeunes à la façon des furoncles à cause du pus qui leur fait mal en dedans et qui les gonfle. »

Ça le gênait Protiste que je lui parle comme ça... Pour ne pas l'agacer plus longtemps, je changeai de conversation... Surtout qu'il venait d'être complaisant à mon égard et même providentiel... C'est tout à fait difficile de s'empêcher de revenir sur un sujet qui vous tracasse autant que celui-là me tracassait. On est accablé du sujet de sa vie entière dès qu'on vit seul. On en est abruti. Pour s'en débarrasser on essaye d'en badigeonner un peu tous les gens qui viennent vous voir et ça les embête. Être seul c'est s'entraîner à la mort. « Il faudra mourir que je lui dis encore, plus copieusement qu'un chien et on mettra mille minutes à crever et chaque minute sera neuve quand même et bordée d'assez d'angoisse pour vous faire oublier mille fois tout ce qu'on aurait pu avoir de plaisir à faire l'amour pendant mille ans auparavant... Le bonheur sur terre ça serait de mourir avec plaisir, dans du plaisir... Le reste c'est rien du tout, c'est de la peur qu'on n'ose pas avouer, c'est de l'art. »

Protiste en m'entendant divaguer de la sorte, il s'est fait la réflexion que je venais sûrement de retomber malade. Peut-être qu'il avait raison et que j'avais tout à fait tort en toutes choses. Dans ma retraite, en train de rechercher une punition pour l'égoïsme universel, je me branlais l'imagination en vérité, j'allais la rechercher jusqu'au néant la punition ! On rigole comme on peut lorsque les occasions de sortir se font rares, à cause de l'argent qui manque, et plus rares encore les occasions de sortir de soi-même et de baiser.

Je veux bien que je n'avais pas tout à fait raison de l'agacer Protiste avec mes philosophies contraires à ses convictions religieuses, mais il faut dire qu'il avait tout de même dans toute sa personne un sale petit goût de supériorité qui devait porter sur les nerfs de bien des gens. D'après son idée à lui, on était tous les humains dans une espèce de salle d'attente d'éternité sur la terre avec des numéros. Le sien de numéro excellent bien sûr et pour le Paradis. Du reste il s'en foutait.

Des convictions comme ça c'est pas supportable. Par contre, lorsqu'il m'offrit, ce même soir-là, de m'avancer la somme qu'il me fallait pour le voyage de Toulouse, je cessai tout à fait de l'importuner et de le contredire. La frousse d'avoir à retrouver Tania au Tarapout avec son fantôme me fit accepter son invitation sans discuter davantage. Toujours une ou deux semaines de bonne existence ! que je me disais. Le diable possède tous les trucs pour vous tenter ! On en finira jamais de les connaître. Si on vivait assez longtemps on ne saurait plus où aller pour se recommencer un bonheur. On en aurait mis partout des avortons de bonheur, à puer dans les coins de la terre et on ne pourrait plus même respirer. Ceux qui sont dans les musées, les vrais avortons, y a des gens que ça rend malades rien que de les voir et prêts à vomir. De nos tentatives aussi à nous si dégueulasses, pour être heureux, c'est à tomber malade tellement qu'elles sont ratées, et bien avant d'en mourir pour de bon.

On n'en pourrait plus de dépérir si on les oubliait pas. Sans compter le mal qu'on s'est donné pour en arriver où nous en sommes, pour les rendre excitants nos espoirs, nos dégénérés de bonheurs, nos ferveurs et nos men songes... En veux-tu, en voilà ! Et nos argents donc ? Et des petites manières encore avec, et des éternités tant qu'on en veut... Et des choses qu'on se fait jurer et qu'on jure et qu'on a cru que les autres n'avaient encore jamais dites, ni jurées avant qu'elles nous remplissent l'esprit et la bouche, et des parfums et des caresses et des mimiques, de tout enfin, pour finir par cacher tout ça tant qu'on peut, pour ne plus en parler de honte et de peur que ça nous revienne comme un vomi. C'est donc pas l'acharnement qui nous manque à nous, non, c'est plutôt d'être dans la vraie route qui mène à la mort tranquille.

Aller à Toulouse c'était en somme encore une sottise. À la réflexion je m'en suis bien douté. J'ai donc pas eu d'excuses. Mais à suivre Robinson comme ça, parmi ses aventures, j'avais pris du goût pour les machins louches. À New York déjà quand j'en pouvais plus dormir ça avait commencé à me tracasser de savoir si je pouvais pas accompagner plus loin encore, et plus loin, Robinson. On s'enfonce, on s'épouvante d'abord dans la nuit, mais on veut comprendre quand même et alors on ne quitte plus la profondeur. Mais il y a trop de choses à comprendre en même temps. La vie est bien trop courte. On ne voudrait être injuste avec personne. On a des scrupules, on hésite à juger tout ça d'un coup et on a peur surtout d'avoir à mourir pendant qu'on hésite, parce qu'alors on serait venu sur la terre pour rien du tout. Le pire des pires.

Faut se dépêcher, faut pas la rater sa mort. La maladie, la misère qui vous disperse les heures, les années, l'insomnie qui vous barbouille en gris, des journées, des semaines entières et le cancer qui nous monte déjà peut-être, méticuleux et saignotant du rectum.

On n'aura jamais le temps qu'on se dit ! Sans compter la guerre prête toujours elle aussi, dans l'ennui criminel des hommes, à monter de la cave où s'enferment les pauvres. En tue-t-on assez des pauvres ? C'est pas sûr... C'est une question ? Peut-être faudrait-il égorger tous ceux qui ne comprennent pas ? Et qu'il en naisse d'autres, des nouveaux pauvres et toujours ainsi jusqu'à ce qu'il en vienne qui saisissent bien la plaisanterie, toute la plaisanterie... Comme on fauche les pelouses jusqu'au moment où l'herbe est vraiment la bonne, la tendre.

En débarquant à Toulouse, je me trouvais devant la gare assez hésitant. Une canette au buffet et me voici quand même déambulant à travers les rues. C'est bon les villes inconnues ! C'est le moment et l'endroit où on peut supposer que les gens qu'on rencontre sont tous gentils. C'est le moment du rêve. On peut profiter que c'est le rêve pour aller perdre quelque temps au jardin public. Cependant, passé un certain âge, à moins de raisons de famille excellentes on a l'air comme Parapine de rechercher les petites filles au jardin public, faut se méfier. C'est préférable le pâtissier juste avant de passer la grille du jardin, le beau magasin du coin fignolé comme un décor de bobinard avec des petits oiseaux qui constellent les miroirs à larges biseaux. On s'y découvre bouffant les pralines à l'infini, par réflexion. Séjour pour séraphins. Les demoiselles du magasin babillent furtivement à propos de leurs affaires de cœur comme ceci :

« Alors, je lui ai dit qu'il pouvait venir me chercher dimanche... Ma tante, qui a entendu, en a fait toute une histoire à cause de mon père...

— Mais est-ce qu'il n'est pas remarié ton père », qu'a interrompu la copine.

— Qu'est-ce que ça peut faire qu'il soit remarié ?... Il a tout de même bien le droit de savoir avec qui c'est que sort sa fille... »

C'était bien l'avis aussi de l'autre demoiselle du magasin. D'où controverse passionnée entre toutes les vendeuses. J'avais beau dans mon coin, pour ne pas les déranger, me gaver sans les interrompre, de choux à la crème et de tartes, qui passèrent d'ailleurs à l'as, dans l'espérance qu'elles arriveraient plus vite à résoudre ces délicats problèmes de préséances familiales, elles n'en sortaient pas. Rien n'émergeait. Leur impuissance spéculative les bornait à haïr sans aucune netteté. Elles crevaient d'illogisme, de vanité et d'ignorance les demoiselles du magasin, et elles en bavaient en se chuchotant mille injures.

Je demeurais malgré tout fasciné par leur sale détresse. J'attaquai les babas. Je ne les comptais plus les babas. Elles non plus. J'espérais bien ne pas avoir à m'en aller avant qu'elles ne fussent parvenues à une conclusion... Mais la passion les rendait sourdes et puis bientôt muettes à mes côtés.

Fiel tari, crispées, elles se contenaient dans l'abri du comptoir aux gâteaux, chacune d'elles invincible, close et pincée ruminant de « remettre ça » plus amèrement encore, d'éjecter à la prochaine occasion et plus promptement que ce coup-ci les niaiseries rageuses et blessantes qu'elles pouvaient connaître sur le compte de la copine. Occasion qui ne traînerait d'ailleurs pas à survenir, qu'elles feraient naître... Des raclures d'arguments à assaut de rien du tout. J'avais fini par m'asseoir pour qu'elles m'étourdissent mieux encore avec le bruit incessant des mots, des intentions de pensées comme au bord d'un rivage où les petites vagues de passions incessantes n'arrivent jamais à s'organiser...

On entend, on attend, on espère, ici, là-bas, dans le train, au café, dans la rue, au salon, chez la concierge, on entend, on attend que la méchanceté s'organise, comme à la guerre, mais ça s'agite seulement et rien n'arrive, jamais, ni par elles les pauvres demoiselles, ni par les autres non plus. Personne ne vient nous aider. Un énorme babillage s'étend gris et monotone au-dessus de la vie comme un mirage énormément décourageant. Deux dames vinrent à entrer et le vaseux charme de la conversation inefficace répandu entre moi et les demoiselles en fut rompu. Les clientes furent l'objet de l'empressement immédiat du personnel entier. On se précipitait au-devant de leurs commandes et de leurs moindres désirs. Çà et là, elles choisirent, picotèrent petits fours et tartes pour emporter. Au moment de payer elles s'éparpillaient encore en politesses et puis prétendirent s'offrir mutuellement des petits feuilletés à croquer « tout de suite ».

L'une d'elles refusa avec mille grâces, expliquant copieusement en confidence, aux autres dames, bien intéressées, que son médecin lui interdisait toutes sucre ries désormais, et qu'il était merveilleux son médecin, et qu'il avait déjà fait des miracles dans les constipations en ville et ailleurs, et qu'entre autres, il était en train de la guérir elle, d'une rétention de caca dont elle souffrait depuis plus de dix années, grâce à un régime tout à fait spécial, grâce aussi à un merveilleux médicament de lui seul connu. Les dames n'entendirent point être surpassées aussi aisément dans les choses de la constipation. Elles en souffraient mieux que personne de constipation. Elles se rebiffaient. Il leur fallait des preuves. La dame mise en doute, ajouta seulement, qu'elle faisait à présent « des vents en allant à la selle, que c'était comme un vrai feu d'artifice... Qu'à cause de ses nouvelles selles, toutes très formées, très résistantes, il lui fallait redoubler de précautions... Parfois elles étaient si dures les nouvelles selles merveilleuses, qu'elle en éprouvait un mal affreux au fondement... Des déchirements... Elle était obligée de se mettre de la vaseline alors avant d'aller aux cabinets ». C'était pas réfutable.

Ainsi sortirent convaincues ces clientes bien devisantes, accompagnées jusqu'au seuil de la pâtisserie aux « Petits Oiseaux » par tous les sourires du magasin.

Le jardin public d'en face me parut convenable à une petite station de recueillement, le temps de me refaire esprit avant de partir à la recherche de mon ami Robin son.

Dans les parcs provinciaux les bancs demeurent presque tout le temps vacants pendant les matinées de semaine, au bord des massifs bouffis de cannas et de marguerites. Près des rocailles, sur des eaux strictement captives, une barquette de zinc, cerclée de cendres légères, tenait au rivage par sa corde moisie. L'esquif naviguait le dimanche, c'était annoncé sur la pancarte et le prix du tour du lac aussi : « Deux francs. » Combien d'années ? d'étudiants ? de fantômes ?

Dans tous les coins des jardins publics, il y a comme ça d'oubliés des tas de petits cercueils fleuris d'idéal, des bosquets à promesses et des mouchoirs remplis de tout. Rien n'est sérieux.

Tout de même, trêve de rêvasserie ! En route me dis-je, à la recherche du Robinson et de son église Sainte-Éponime, et de ce caveau dont il gardait les momies avec la vieille. J'étais venu pour voir tout ça, fallait me décider...

Avec un fiacre on s'est pris alors dans des détours et des petites manières de trot, au creux des rues d'ombre de la vieille cité, là où le jour reste pincé entre les toits. Nous menions grand boucan de roues derrière ce cheval tout en sabots, de caniveaux en passerelles. On n'a pas brûlé de villes dans le Midi depuis bien longtemps. Jamais elles ne furent aussi vieilles. Les guerres ne vont plus par là.

Nous arrivâmes devant l'église Sainte-Éponime[34] comme midi sonnait. Le caveau c'était encore un peu plus loin sous un calvaire. On m'en indiqua l'emplacement au beau milieu d'un petit jardin bien sec. On pénétrait dans cette crypte par une espèce de trou barricadé. De loin j'aperçus la gardienne du caveau, une jeune fille. D'emblée je lui demandai des nouvelles de mon ami Robinson. Elle était en train de refermer la porte, cette jeune fille. Elle eut un sourire bien aimable pour me répondre et des nouvelles elle m'en donna tout de suite et des bonnes.

---

[34] *L'église Sainte-Éponime* : il existe une héroïne gauloise, Éponine, que sa rébellion contre les Romains et sa fidélité à son mari — qui résistait — firent exécuter en 79 après Jésus-Christ. jouerait-il sur le mot « *éponyme* » ?

Dans ce jour de midi, de l'endroit où nous étions, tout devenait rose autour de nous et les pierres vermoulues montaient au ciel le long de l'église, comme prêtes à aller se fondre dans l'air, enfin, à leur tour.

Elle devait avoir dans les vingt ans, la petite amie de Robinson, les jambes bien fermes et tendues et un petit buste entièrement gracieux, une tête menue dessus, bien dessinée, précise, les yeux un peu trop noirs et attentifs peut-être, pour mon août. Pas rêveuse du tout comme genre. C'était elle qui écrivait les lettres de Robinson, celles que je recevais. Elle me précéda de sa démarche bien précise vers le caveau, pied, cheville bien dessinés et aussi des attaches de bonne jouisseuse qui devait se cambrer bien nettement au bon moment. Des mains brèves, dures, qui tiennent bien, des mains d'ouvrière ambitieuse. Un petit coup sec pour tourner la clef. La chaleur nous dansait autour et tremblait au-dessus de la chaussée. On s'est parlé de ci de ça, et puis une fois réouverte la porte, elle s'est décidée tout de même à me faire visiter le caveau, malgré l'heure du déjeuner. Je commençais à reprendre un peu d'insouciance. Nous enfoncions dans la fraîcheur croissante derrière sa lanterne. C'était bien bon. J'ai eu l'air de trébucher entre deux marches pour me rattraper à son bras, cela nous fit plaisanter et parvenus sur la terre battue en bas, je l'embrassai un petit peu autour du cou. Elle a protesté d'abord, mais pas trop.

Au bout d'un petit moment d'affection, je me suis tortillé autour de son ventre comme un vrai asticot d'amour. Vicieux, on se mouillait et remouillait les lèvres pour la conversation des âmes. Avec une main je lui remontai lentement le long des cuisses cambrées, c'est agréable avec la lanterne par terre parce qu'on peut regarder en même temps, les reliefs qui bougent le long de la jambe. C'est une position recommandable. Ah f il ne faut rien perdre de ces moments-là ! On louche. On est bien récompensé. Quelle impulsion ! Quelle soudaine bonne humeur ! La conversation a repris sur un ton de nouvelle confiance et de simplicité. On était amis. Derrières d'abord ! Nous venions d'économiser dix ans.

« Vous faites visiter souvent ? » demandai-je tout soufflant et gaffeux. Mais j'enchaînai aussitôt : « C'est bien votre mère n'est-ce pas qui vend des cierges à l'église d'à côté ?... L'abbé Protiste m'a aussi parlé d'elle.

— Je remplace seulement Mme Henrouille pendant le déjeuner... répondit-elle. L'après-midi, je travaille dans les modes... Rue du Théâtre... Êtes-vous passé devant le Théâtre en venant ? »

Elle me rassura encore une fois pour Robinson, il allait tout à fait mieux, même que le spécialiste des yeux pensait qu'il y verrait bientôt assez pour se conduire tout seul dans la rue. Déjà même il avait essayé. Tout cela était d'excellent présage. La mère Henrouille de son côté se déclarait tout à fait contente du caveau. Elle faisait des affaires et des économies. Un seul inconvénient, dans la maison qu'ils habitaient les punaises empêchaient tout le monde de dormir, surtout pendant les nuits d'orage. Alors on brûlait du soufre. Il paraît que Robinson parlait souvent de moi et en bons termes encore. Nous arrivâmes de fil en aiguille à l'histoire et aux circonstances du mariage.

C'est vrai qu'avec tout ça je ne lui avais pas encore demandé son nom. Madelon que c'était son nom. Elle était née pendant la guerre. Leur projet de mariage, après tout, il m'arrangerait bien. Madelon, c'était un nom facile à se souvenir. Pour sûr qu'elle devait savoir ce qu'elle faisait en l'épousant Robinson... En somme lui en dépit des améliorations ça serait toujours un infirme... Et encore elle croyait qu'il avait que les yeux de touchés... Mais il avait les nerfs de malades et le moral, donc et le reste ! J'allais presque le lui dire, la mettre en garde... Les conversations à propos de mariages, moi je n'ai jamais su comment les orienter, ni comment en sortir.

Pour changer d'objet, j'ai pris un grand intérêt subit aux choses de la cave et puisqu'on venait de très loin pour la voir la cave, c'était le moment de m'en occuper.

Avec sa petite lanterne, Madelon et moi, on les a fait alors sortir de l'ombre les cadavres, du mur, un par un devait leur donner de quoi réfléchir aux touristes !

Collés au mur comme des fusillés ils étaient ces vieux morts... Plus tout à fait en peau ni en os, ni en vêtements qu'ils étaient... Un peu de tout cela ensemble seulement... En très crasseux état et avec des trous partout... Le temps qui était après leur peau depuis des siècles ne les lâchait toujours pas... Il leur déchirait encore des bouts de figure par-ci par-là le temps... Il leur agrandit sait tous les trous et leur trouvait même encore des longs filins d'épiderme que la mort avait oubliés après les cartilages. Leur ventre s'était vidé de tout, mais ça leur faisait à présent comme un petit berceau d'ombre à la place du nombril.

Madelon m'a expliqué que dans un cimetière de chaux vive ils avaient attendu plus de cinq cents ans les morts pour en arriver à ce point-là. On n'aurait pas pu dire que c'étaient des cadavres. Le temps des cadavres était bien fini pour eux. Ils étaient arrivés aux confins de la poussière, tout doucement.

Il y en avait dans cette cave des grands et des petits, vingt et six en tout, qui ne demandaient pas mieux que d'entrer dans l'Éternité. On ne les laissait pas encore. Des femmes avec des bonnets perchés en haut des squelettes, un bossu, un géant et même un bébé tout fini lui aussi avec, autour de son minuscule cou sec, une espèce de bavette en dentelle, s'il vous plaît, et un petit bout de layette.

Elle gagnait bien de l'argent la mère Henrouille avec ces raclures de siècles. Quand je pense que je l'avais connue elle presque pareille à ces fantômes... Ainsi on a repassé lentement devant eux tous avec Madelon. Une à une leur espèce de tête est venue se taire dans le cercle cru de la lampe. Ce n'est pas tout à fait de la nuit qu'ils ont au fond des orbites, c'est presque encore du regard mais en plus doux, comme en ont des gens qui savent. Ce qui gênerait c'est plutôt leur odeur de poussière, qui vous retient par le bout du nez.

La mère Henrouille ne perdait pas une visite avec les touristes. Elle les faisait travailler les morts comme dans un cirque. Cent francs par jour qu'ils lui rapportaient en pleine belle saison.

« N'est-ce pas qu'ils n'ont pas l'air tristes ? » me demandait Madelon. La question était rituelle.

La mort ne lui disait rien à elle cette mignonne. Elle était née pendant la guerre, temps de la mort légère. Moi, je savais bien comment on meurt. J'ai appris. Ça fait souffrir énormément. On peut raconter aux touristes que ces morts-là sont contents. Ils n'ont rien à dire. La mère Henrouille leur tapait même sur le ventre quand il leur restait du parchemin assez dessus et ça faisait « boum, boum ». Mais c'est pas une preuve non plus que tout va bien.

Enfin, on est revenus à nos affaires avec Madelon. C'était donc tout à fait vrai qu'il allait mieux Robinson. Je n'en demandais pas davantage. Elle semblait y tenir à son mariage, la petite amie Elle devait s'ennuyer ferme à Toulouse. Les occasions y étaient rares de rencontrer un garçon qui avait autant voyagé que Robinson.

Il en savait lui des histoires ! Des vraies et des moins vraies aussi. Il leur avait déjà parlé d'ailleurs longuement de l'Amérique et des Tropiques. C'était parfait.

J'y avais été aussi moi en Amérique et aux Tropiques.

J'en savais aussi moi des histoires. Je me proposais d'en raconter. C'est même à force de voyager ensemble avec Robinson qu'on était devenus amis. La lanterne s'éteignait. On a rallumée dix fois pendant que nous arrangions le passé avec l'avenir. Elle me défendait ses seins qu'elle avait bien trop sensibles.

Tout de même comme la mère Henrouille allait revenir d'une minute à l'autre de déjeuner, il fallut remonter au jour par le petit escalier raide, fragile et difficile comme une échelle. Je l'ai remarqué.

* * *

À cause de ce petit escalier si mince et si traître, Robinson ne descendait pas souvent lui dans la cave aux momies. À vrai dire il restait plutôt devant la porte à faire un peu de boniment aux touristes et à s'entraîner aussi à retrouver de la lumière, par-ci par-là, à travers ses yeux.

Dans les profondeurs, pendant ce temps-là, elle se débrouillait la mère Henrouille. Elle travaillait pour deux en réalité avec les momies. Elle agrémentait la visite des touristes d'un petit discours sur ses morts en parchemin. « Ils sont nullement dégoûtants, Messieurs, Mesdames, puisqu'ils ont été préservés dans la chaux, comme vous le voyez, et depuis plus de cinq siècles... Notre collection est unique au monde... La chair a évidemment disparu.. Seule la peau leur est restée après, mais elle est tannée... Ils sont nus, mais pas indécents... Vous remarquerez qu'un petit enfant fut enterré en même temps que sa mère... Il est très bien conservé aussi le petit enfant... Et ce grand-là avec sa chemise et de la dentelle qui est encore après... Il a toutes ses dents... Vous remarquerez... » Elle leur tapait sur la poitrine encore à tous pour finir et ça faisait tambour. « Voyez, Messieurs, Mes dames, qu'à celui-ci, il ne reste qu'un œil... tout sec... et la langue... qui est devenue comme du cuir aussi ! » Elle tirait dessus. « Il tire la langue mais c'est pas répugnant... Vous pouvez donner ce que vous voudrez en vous en allant, Messieurs, Mesdames, mais d'habitude on donne deux francs par personne et la moitié pour les enfants... Vous pouvez les toucher avant de vous en aller... Vous rendre compte par vous-mêmes... Mais ne tirez pas fort dessus... Je vous les recommande... Ils sont tout ce qu'il y a de fragile... »

La mère Henrouille avait songé à augmenter ses prix, dès son arrivée, c'était question d'entente avec l'Évêché. Seulement ça n'allait pas tout seul à cause du curé de Sainte-Éponime qui voulait prélever un tiers de la recette, rien que pour lui, et puis aussi de Robinson qui protestait continuellement parce qu'elle ne lui donnait pas assez de ristourne, qu'il trouvait.

« J'ai été fait, qu'il concluait lui, fait comme un rat... Encore une fois... J'suis pas verni !... Un bon truc que c'est pourtant sa cave à la vieille !... Et elle s'en met plein les poches, la vache, moi je te l'affirme.

— Mais tu n'as pas apporté d'argent toi dans la combinaison ! que j'objectais pour le calmer et lui faire comprendre... Et t'es bien nourri !... Et on s'occupe de toi !... »

Mais il était obstiné comme un bourdon Robinson, une vraie nature de persécuté que c'était. Il ne voulait pas comprendre, pas se résigner.

« Somme toute, t'en es sorti pas mal du, tout d'une foutue sale affaire, je t'assure !... Te plains pas ! T'allais directement à Cayenne si on t'avait pas aiguillé... Et voilà qu'on te laisse peinard !... Et t'as trouvé en plus la petite Madelon qui est gentille et qui veut bien de toi... Tout malade que t'es !... Alors de quoi que tu viens te plaindre... Surtout à présent que tes yeux vont mieux ?...

— T'as l'air de dire que je sais pas trop de quoi que je me plains hein ? qu'il me répondait alors. Mais le sens tout de même qu'il faut que je me Te C'est comme ça... Il me reste plus que ça... Je vais te dire... C'est la seule chose qu'on me permette... On n'est pas forcé de m'écouter. »

En fait, il n'arrêtait pas de jérémiader dès que nous étions seuls. J'en étais arrivé à redouter ces moments de confidence. Je le regardais avec ses yeux clignants, encore un peu suintants au soleil, et je me disais qu'après tout il n'était pas sympathique Robinson. Il y a des animaux ainsi faits, ils ont beau être innocents et malheureux et tout, on le sait, on leur en veut quand même. Il leur manque quelque chose.

« T'aurais pu crever en prison... que je revenais à la charge, histoire de le faire réfléchir encore.

— Mais j'y ai été moi en prison... C'est pas pire qu'où je suis à présent !... Tu retardes... »

Il ne m'avait pas dit ça qu'il avait été en prison. Ça avait dû se passer avant qu'on se rencontre, avant la guerre. Il insistait et concluait : « Il n'y a qu'une liberté, que je te dis moi, rien qu'une : C'est de voir clair d'abord, et puis ensuite d'avoir du pognon plein les poches, le reste c'est du mou !...

— Alors où veux-tu en venir finalement ? » que je lui faisais. Quand on le mettait en demeure, comme ça, de se décider, de se prononcer, de se déclarer pour de bon, il se dégonflait. C'est le moment pourtant que ça aurait été intéressant...

Pendant que Madelon, dans la journée était partie à son atelier et que la mère Henrouille montrait ses rogatons aux clients, on allait, nous, au café sous les arbres. Voilà un coin qu'il aimait bien le café sous les arbres, Robinson. Probablement à cause du bruit que faisaient tout au-dessus les oiseaux. Comme il y en avait des oiseaux ! Surtout sur les cinq heures quand ils rentraient au nid, bien excités par l'été. Ils s'abattaient alors sur la place comme un orage. On racontait même à ce propos-là qu'un coiffeur qui avait sa boutique le long du jardin en était devenu fou, rien qu'à les entendre piailler tous ensemble pendant des années. C'est vrai qu'on ne s'entendait plus parler. Mais c'était gai quand même qu'il trouvait lui Robinson.

« Si seulement elle me donnait régulièrement quatre sous par visiteur, j'trouverais ça bien ! »

Il y revenait toutes les quinze minutes environ à son souci. Entre-temps, les couleurs des temps passés semblaient lui revenir quand même, des histoires aussi, celles de la Compagnie Pordurière en Afrique, entre autres, qu'on avait tout de même bien connue tous les deux, et des salées d'histoires qu'il ne m'avait encore jamais racontées. Pas osé peut-être. Il était assez secret au fond, même cachottier.

En fait de passé, c'est surtout de Molly, moi, que je me souvenais bien, quand j'étais bon sentiment, comme de l'écho d'une heure sonnée lointaine, et quand je pensais à quelque chose de gentil, tout de suite, le pensais à elle.

Après tout quand l'égoïsme nous relâche un peu, quand le temps d'en finir est venu, en fait de souvenir on ne garde au cœur, que celui des femmes qui aimaient vraiment un peu les hommes, pas seulement un seul, même si c'était vous, mais tous.

En rentrant le soir du café, on n'avait rien fait, comme des sous-officiers à la retraite.

Pendant la saison, les touristes n'en finissaient pas. Ils traînaient au caveau et la mère Henrouille parvenait à les faire rigoler. Le curé tiquait bien un peu sur ces plaisanteries, mais comme il touchait plus que sa part, il ne pipait pas, et puis d'abord en fait de gaudriole, il n'y connaissait rien. Elle valait pourtant la peine d'être vue et entendue la mère Henrouille au milieu de ses cadavres.

Elle vous les regardait en plein visage, elle qui n'avait pas peur de la mort et si ridée pourtant, si ratatinée déjà, elle-même, qu'elle était comme une des leurs avec sa lanterne à venir bavarder en plein dans leur espèce de figure.

Quand on rentrait à la maison, qu'on se réunissait pour le dîner, on discutait encore sur la recette, et puis la mère Henrouille m'appelait son « petit Docteur Chacal » à cause des histoires qu'il y avait eues entre nous à Rancy. Mais tout ça en matière de plaisanterie bien entendu. Madelon se démenait à la cuisine. Ce logis où nous demeurions ne recevait qu'une chiche lumière, dépendance de la sacristie, bien étroite, entremêlée de poutrelles et de recoins poudreux. « Tout de même, sait remarquer la vieille, malgré qu'il y fasse pour ainsi dire nuit tout le temps, on y trouve tout de même son lit, sa poche et puis sa bouche et ça suffit bien ! »

Après la mort de son fils, elle n'avait pas chagriné longtemps. « Il a toujours été délicat, qu'elle me racontait un soir à son propos, et moi, tenez, qui ai mes soixante-seize ans, je me suis pourtant jamais plainte !... Lui il se plaignait toujours, c'est un genre qu'il avait, absolument comme votre Robinson... pour vous donner un exemple. Ainsi, le petit escalier du caveau il est dur, n'est-ce pas. ?... Vous le connaissez ?... Il me fatigue bien sûr, mais il y a des jours où il me rapporte jusqu'à deux francs par marche... J'ai compté... Eh bien pour ce prix-là moi, je monterais, si on voulait, jusqu'au ciel ! »

Elle mettait beaucoup d'épices dans nos dîners la Madelon, et de la tomate aussi. C'était fameux. Et du vin rosé. Même Robinson qui s'était mis au vin à force d'être dans le Midi. Il m'avait déjà tout raconté, Robinson, de ce qui s'était passé depuis son arrivée à Toulouse. Je ne l'écoutais plus. Il me décevait et me dégoûtait un peu pour tout dire.

« T'es bourgeois que je finis par conclure (parce que pour moi y avait pas pire injure à cette époque). Tu ne penses en définitive qu'à l'argent... Quand tu reverras clair tu seras devenu pire que les autres ! »

Par l'engueulade on le vexait pas. On aurait dit plutôt même que ça lui redonnait du courage. Il savait bien que c'était vrai d'ailleurs. Ce garçon-là, que je me disais, il est casé à présent, faut plus s'en faire pour lui... Une petite femme un peu violente et un peu vicieuse, y a pas à dire, ça vous transforme un homme à pas le reconnaître... Robinson, je me disais encore... je l'ai pris longtemps pour un gars d'aventure, mais c'est rien qu'un demi-sel, cocu ou pas, aveugle ou non... Et voilà.

En plus, la vieille Henrouille l'avait tout de suite contaminé avec sa rage d'économies, et puis la Madelon avec son envie de mariage. Alors c'était complet. Son compte était bon. Surtout qu'il y prendrait goût à la petite. J'en savais, quelque chose. Ça serait mentir d'abord que de dire que ,en étais pas jaloux un peu, ça serait pas juste. Avec Madelon, nous nous retrouvions des petits moments de temps à autre avant le dîner, dans sa chambre. Mais c'était pas facile à arranger ces entrevues-là. On n'en disait rien. On était tout ce qu'il y a de discrets.

Faut pas aller croire pour ça qu'elle l'aimait pas son Robinson. Ça n'avait rien à voir ensemble. Seulement, lui, il jouait aux fiançailles, alors elle aussi naturellement, jouait aux fidélités. C'était le sentiment entre eux. Le tout dans ces choses-là c'est de s'entendre. Il attendait d'être marié pour y toucher, qu'il m'avait confié. C'était son idée. À lui donc l'éternité et à moi le tout de suite. D'ailleurs, il m'avait parlé d'un projet qu'il avait en plus pour s'établir dans un petit restaurant avec elle, et plaquer la vieille Henrouille. Tout donc au sérieux. « Elle et gentille, elle plaira à la clientèle qu'il prévoyait dans ses meilleurs moments. Et puis t'as goûté à sa cuisine, hein ? Elle craint personne pour la tambouille ! »

Il pensait même pouvoir taper d'un petit capital initial, la mère Henrouille. Moi, je voulais bien, mais je prévoyais qu'il aurait bien du mal à la décider. « Tu vois tout en rose » que je lui faisais remarquer, histoire comme ça de le calmer et de le faire réfléchir un peu. Du coup il pleurait et me traitait de dégoûtant. En somme on ne doit décourager personne, et j'en convenais du coup que j'avais tort et que moi c'était le cafard qui au fond m'avait perdu. Le truc qu'il savait faire avant la guerre Robinson c'était la gravure sur cuivre, mais il ne voulait plus en tâter, à aucun prix. Libre à lui. « Avec mes poumons c'est du grand air dont j'ai besoin, tu comprends, et puis mes yeux d'abord ne seront jamais comme avant. » Il n'avait pas tort non plus d'un sens. Rien à répondre. Quand nous passions ensemble à travers les rues fréquentées, les gens se retournaient pour le plaindre l'aveugle. Ils en ont des pitiés les gens, pour les invalides et les aveugles et on peut dire qu'ils en ont de l'amour en réserve. Je l'avais bien senti, bien des fois, l'amour en réserve. Y en a énormément. On peut pas dire le contraire. Seulement c'est malheureux qu'ils meurent si vaches avec tant d'amour en réserve, les gens. Ça ne sort pas, voilà tout. C'est pris en dedans, reste en dedans, ça leur sert à rien. Ils en crèvent en dedans, d'amour.

Après le dîner, Madelon s'occupait de lui, de son Léon comme elle l'appelait. Elle lui lisait le journal. Il raffolait de la politique à présent et les journaux du Midi en pustulent de la politique et de la vivace.

Autour de nous, le soir, la maison s'enfonçait dans la roustissure de siècles. C'était le moment, après le dîner, où les punaises vont s'expliquer, le moment aussi d'essayer sur elles, les punaises, les effets d'une solution corrosive que je voulais céder plus tard à un pharmacien avec un petit bénéfice. Une petite combinaison. La mère Henrouille, ça la distrayait mon truc et elle m'assistait dans mes expériences. Nous allions ensemble de nids en nids, aux fissures, aux recoins, vaporiser leurs essaims avec mon vitriol. Elles grouillaient et s'évanouissaient sous la chandelle que me tenait bien attentivement la mère Henrouille.

Tout en travaillant on se parlait de Rancy. Rien qu'à y penser à cet endroit-là, ça m'en donnait la colique, j'en serais bien resté à Toulouse pendant le reste de ma vie.

J'en demandais plus davantage au fond, la croûte assurée et du temps à moi. Du bonheur quoi. Mais je dus songer quand même au retour et au boulot. Le temps passait et la prime du curé aussi, et les économies.

Avant de partir, je voulus donner encore quelques leçons et des petits conseils à Madelon. Vaut mieux sûrement donner de l'argent quand on peut et qu'on veut faire du bien. Mais ça peut rendre service aussi d'être prévenu et de savoir bien exactement à quoi s'en tenir et particulièrement tout ce qu'on risque en baisant à droite et à gauche. Voilà ce que je me sais, surtout que par rapport aux maladies, elle me faisait un peu peur, Madelon. Délurée, certes, mais tout ce qu'il y avait d'ignorante pour ce qui concernait les microbes. Je me lance donc moi dans des explications tout à fait détaillées à propos de ce qu'elle devait regarder soigneusement avant de répondre à des politesses. Si c'était rouge... S'il y avait une goutte au bout... Enfin des choses classiques qu'on doit savoir et joliment utiles... Après qu'elle m'eut bien entendu, bien laissé parler, elle protesta pour la forme. Elle m'a fait même comme une espèce de scène...

« Qu'elle était sérieuse... Que c'était une honte de ma part... Que je m'étais fait d'elle une abominable opinion... Que c'était pas parce qu'avec moi... ! Que je la méprisais... Que les hommes étaient tous infects... »

Enfin, tout ce qu'elles disent toutes les dames dans ces cas-là. Fallait s'y attendre. Du paravent. Le principal pour moi, c'était qu'elle ait bien écouté mes conseils et qu'elle en ait retenu l'essentiel. Le reste n'avait aucune importance. M'ayant bien entendu, ce qui lui faisait triste au fond, c'était de penser qu'on pouvait attraper tout ce que je lui racontais rien que par la tendresse et du plaisir. ç'avait beau être la nature, elle me trouvait aussi dégoûtant que la nature et ça l'insultait. Je n'insistai plus, sauf pour lui parler un peu encore des capotes si commodes. Enfin, pour faire psychologues, nous essayâmes d'analyser un peu le caractère de Robinson. « Il n'est pas jaloux précisément, qu'elle me dit alors, mais il a des moments difficiles.

— Ça va ! ça va !... » que j'ai répondu et je me suis lancé dans une définition de son caractère à Robinson, comme si je le connaissais, moi son caractère, mais je me suis aperçu tout de suite que je ne connaissais guère Robinson sauf par quelques grossières évidences de son tempérament. Rien de plus.

C'est étonnant ce qu'on a du mal à s'imaginer ce qui peut rendre un être plus ou moins agréable aux autres... On veut le servir pourtant, lui être favorable, et on bafouille... C'est pitoyable, dès les premiers mots...

On nage.

De nos jours, faire le « La Bruyère » c'est pas commode.

Tout l'inconscient se débine devant vous dès qu'on s'approche.

* * *

Au moment où j'allais pour prendre mon billet, ils m'ont retenu encore, pour une semaine de plus fut-il convenu. Histoire de me montrer les environs de Toulouse, les bords du fleuve bien frais, dont on m'avait beaucoup parlé, et de me faire visiter surtout ces jolis vignobles des environs, dont tout le monde en ville semblait fier et content, comme si tout le monde était déjà propriétaire. Il ne fallait pas que je m'en aille ainsi, ayant seulement visité les cadavres à la mère Henrouille. Cela ne se pouvait pas ! Enfin, des manières...

J'étais mou devant tant d'amabilité. Je n'osais pas beaucoup insister pour rester à cause de mon intimité avec la Madelon, intimité qui devenait un peu dangereuse. La vieille commençait à se douter de quelque chose entre nous. Une gêne.

Mais elle ne devait pas nous accompagner la vieille dans cette promenade. D'abord, elle ne voulait pas le fermer son caveau, même pour un seul jour. J'acceptai donc de rester, et nous voilà partis par un beau dimanche matin pour la campagne. Lui, Robinson, nous le tenions par le bras entre nous deux. À la gare, on a pris des secondes. Ça sentait fort le saucisson quand même dans le compartiment tout comme en troisième. A un pays qui s'appelait Saint-Jean nous descendîmes. Madelon avait l'air de s'y retrouver dans la région et d'ailleurs elle rencontra tout de suite des connaissances venues d'un peu partout. Une belle journée d'été s'annonçait, on pouvait le dire. Tout en nous promenant, fallait raconter tout ce qu'on voyait à Robinson. « Ici c'est un jardin... Là voilà un pont et dessus un pêcheur à la ligne... Il n'attrape rien le pêcheur... Attention au cycliste... » Par exemple l'odeur des frites le guidait bien. C'est même lui qui nous entraîna vers le débit où on les faisait les frites pour dix sous à la fois. Je l'avais toujours connu moi Robinson aimant les frites, comme moi d'ailleurs. C'est parisien le goût des frites. Madelon préférait le vermouth, elle, sec et tout seul.

Les rivières ne sont pas à leur aise dans le Midi. Elles souffrent qu'on dirait, elles sont toujours en train de sécher. Collines, soleil, pêcheurs, poissons, bateaux, petits fossés, lavoirs, raisins, saules pleureurs, tout le monde en veut, tout en réclame. De l'eau on leur en demande beaucoup trop, alors il en reste pas beaucoup dans le lit du fleuve. On dirait par endroits un chemin mal inondé plutôt qu'une vraie rivière. Puisqu'on était venus pour le plaisir fallait se dépêcher d'en trouver. Aussitôt finies les frites, nous décidâmes qu'un petit tour en bateau, avant le déjeuner, ça nous distrairait, moi ramant bien entendu, et eux deux me faisant face, la main dans la main, Robinson et Madelon.

Nous voilà donc partis au fil des eaux, comme on dit, raclant le fond par-ci par-là, elle avec des petits cris, lui pas très rassuré non plus. Des mouches et encore des mouches.

Des libellules qui surveillent la rivière avec leurs gros yeux partout et des menus coups de queue craintifs. Une chaleur étonnante, à faire fumer toutes les surfaces. On glisse dessus, depuis les longs remous plats là-bas jusqu'aux branches mortes... Au ras des rives brûlantes qu'on passe, à la recherche de bouffées d'ombre qu'on attrape comme on peut au revers de quelques arbres pas trop criblés par le soleil. Parler donne plus chaud encore si possible. On n'ose pas dire non plus qu'on est mal.

Robinson, c'était naturel, en eut assez le premier de la navigation. Je proposai alors qu'on aille s'aborder devant un restaurant. Nous n'étions pas les seuls à avoir eu la même petite idée. Tous les pêcheurs du bief en vérité y étaient installés déjà ; au bistrot, avant nous, jaloux d'apéritifs, et retranchés derrière leurs siphons. Robinson n'osait pas me demander s'il était cher ce café que j'avais choisi mais je lui épargnai tout de suite ce souci en l'assurant que tous les prix étaient affichés et tous fort raisonnables. C'était vrai. À sa Madelon, il ne lâchait plus la main.

Je peux dire à présent qu'on a payé dans ce restaurant comme si on avait mangé, mais on n'avait qu'essayé de bouffer seulement. Mieux vaut ne pas parler des plats qu'on nous a servis. Es y sont encore.

Pour passer l'après-midi ensuite, organiser une séance de pêche avec Robinson, c'était trop compliqué et on lui aurait fait du chagrin puisqu'il aurait même pas pu voir son bouchon. Mais moi, d'autre part, de la rame, l'en étais déjà malade, rien qu'après l'épreuve du matin. Ça suffisait. Je n'avais plus l'entraînement des rivières d'Afrique. J'avais vieilli en ça comme pour tout.

Pour changer quand même d'exercice j'affirmai alors qu'une petite promenade à pied, tout simplement, le long de la berge, nous ferait joliment du bien, au moins jusqu'à ces herbes hautes qu'on apercevait à moins d'un kilomètre de distance, près d'un rideau de peupliers. Nous voilà avec Robinson, encore repartis bras dessus bras dessous, Madelon elle, nous précédait de quelques pas. C'était plus commode pour avancer dans les herbes. A un détour de la rivière nous entendîmes de l'accordéon. D'une péniche ça venait le son, une belle péniche amarrée à cet endroit du fleuve. La musique le retint Robinson. C'était bien compréhensible dans son cas et puis il avait toujours eu un faible pour la musique. Alors contents nous, d'avoir trouvé quelque chose qui l'amusait, nous campâmes sur ce gazon même, moins poussiéreux que celui de la berge en pente à côté. On voyait que ça n'était pas une péniche ordinaire. Bien propre et fignolée quelle était, une péniche pour habiter seulement, pas pour le cargo, avec tout plein de fleurs dessus et même une petite niche bien pimpante pour le chien. Nous lui décrivîmes la péniche à Robinson. Il voulait tout savoir.

« Je voudrais bien, moi aussi, demeurer dans un bateau bien propre comme celui-là, qu'il a dit alors, et toi ? qu'il demandait à Madelon...

— Je t'ai bien compris va ! qu'elle a répondu. Mais c'est une idée qui revient cher que tu as Léon ! Ça vaut encore bien plus cher, je suis sûre, qu'une maison de rapport ! »

On s'est mis là-dessus, tous les trois, à réfléchir sur le prix qu'elle pouvait bien coûter une péniche ainsi faite et nous n'en sortions pas de nos estimations... Chacun tenait à son chiffre. L'habitude qu'on avait, nous autres, de compter tout haut à propos de tout... La musique de l'accordéon nous parvenait bien câline pendant ces temps, et même les paroles d'une chanson d'accompagnement... Finalement nous tombâmes d'accord qu'elle devait coûter telle quelle au moins dans les cent mille francs la péniche. À faire rêver...

Ferme tes jolis yeux[35], car tes heures sont brèves...
Au pays merveilleux, au doux pays du rê-ê-ve,

Voilà ce qu'ils chantaient dans l'intérieur, des voix d'hommes et de femmes mélangées, un peu faux, mais bien agréablement tout de même à cause de l'endroit. Ça allait avec la chaleur et la campagne, et l'heure qu'il était et la rivière.

Robinson s'entêtait à estimer des mille et des cents. Il trouvait que ça valait davantage encore, telle qu'on la lui avait décrite la péniche... Parce qu'elle avait un vitrail dessus pour voir plus clair dedans et des cuivres partout, enfin du luxe...

« Léon tu te fatigues, essayait de le calmer Madelon, allonge-toi plutôt dans l'herbe qui est bien épaisse et repose-toi un peu... Cent mille ou cinq cent mille, c'est pas à toi ni à moi non plus n'est-ce pas ?... Alors c'est vraiment pas la peine de t'exciter... »

Mais il était allongé et il s'excitait quand même sur le prix et il voulait se rendre compte à toute force et essayer de la voir la péniche qui valait si cher...

« A-t-elle un moteur ? » qu'il demandait... On ne savait pas nous.

J'ai été regarder à l'arrière puisqu'il insistait, rien que pour lui faire plaisir, pour voir si j'apercevais pas le tuyau d'un petit moteur...

---

[35] *Ferme tes jolis yeux* : titre d'une valse (paroles de V. Thomas et R. de Buxeuil, musique de R. de Buxeuil, publiée en 1913). Elle fut chantée par Berthe Sylva.

Ferme tes jolis yeux, car la vie n'est qu'un songe...
L'amour n'est qu'un menson-on-on-ge...
Ferme tes jolis yeuuuuuuux !

Ils continuaient ainsi à chanter les gens dedans. Nous alors, enfin, on est tombés de fatigue... Ils nous endormaient.

À un moment l'épagneul de la petite niche a bondi dehors et il est venu aboyer sur la passerelle et dans notre dire ion. Il nous a réveillés en sursaut et on l'a engueulé nous autres l'épagneul ! Peur de Robinson.

Un type qu'avait l'air d'être le propriétaire sortit alors sur le pont par la petite porte de la péniche. Il ne voulait pas qu'on gueule après son chien et on s'est expliqués !

Mais quand il a eu compris que Robinson était pour ainsi dire aveugle, ça l'a calmé subitement cet homme et même qu'il s'est trouvé bien couillon. Il se ravisa de nous engueuler et se laissa même un peu traiter de mufle pour arranger les choses... Il nous pria en compensation de venir prendre le café chez lui, dans sa péniche, parce que c'était sa fête qu'il a ajouté. Il ne voulait plus qu'on reste là au soleil nous autres, à griller, et patati et patata... Et que ça tombait justement bien parce qu'ils étaient treize à table... Un homme jeune que c'était, le patron, un fantaisiste. Il aimait les bateaux qu'il nous a expliqué encore... On a compris tout de suite. Mais sa femme avait peur de la mer, alors ils s'étaient bien amarrés là, pour ainsi dire sur les cailloux. Chez lui, dans sa péniche, ils semblaient assez contents de nous recevoir. Sa femme d'abord, une belle personne qui jouait de l'accordéon comme un ange. Et puis de nous avoir invités pour le café c'était aimable quand même ! On aurait pu être des n'importe quoi ! C'était confiant en somme de leur part... Tout de suite nous comprîmes qu'il ne fallait pas leur faire honte à ces hôtes charmants... Surtout devant leurs convives... Robinson avait bien des défauts, mais c'était, d'habitude, un garçon sensible. Dans son cœur, rien qu'aux voix, il a compris qu'il fallait nous tenir et ne plus lâcher des grossièretés. Nous n'étions pas bien habillés certes, mais tout de même bien propres et décents. Le patron de la péniche, je l'ai examiné de plus près, il devait bien avoir dans la trentaine, avec des beaux cheveux bruns poétiques et un gentil complet du genre matelot mais en fignolé. Sa jolie femme possédait justement des vrais yeux « de velours ».

Leur déjeuner venait de se terminer. Les restes étaient copieux. Nous ne refusâmes pas le petit gâteau, mais non ! Et le porto pour aller avec. Depuis longtemps, je n'avais pas entendu des voix aussi distinguées moi. Ils ont une certaine manière de parler les gens distingués qui vous intimide et moi qui m'effraye, tout simplement, surtout leurs femmes, c'est cependant rien que des phrases mal foutues et prétentieuses, mais astiquées alors comme des vieux meules. Elles font peur leurs phrases bien qu'anodines. On a peur de glisser dessus, rien qu'en leur répondant. Et même quand ils prennent des tons canailles pour chanter des chansons de pauvres en manière de distraction, ils le gardent cet accent distingué qui vous met en méfiance et en dégoût, un accent qui a comme un petit fouet dedans, toujours, comme il en faut un, toujours, pour parler aux domestiques. C'est excitant, mais ça vous incite en même temps à trousser leurs femmes rien que pour la voir fondre, leur dignité, comme ils disent...

J'expliquai doucement à Robinson la manière dont c'était meublé autour de nous, rien que de l'ancien. Ça me rappelait un peu la boutique de ma mère, mais en plus propre et en mieux arrangé évidemment. Chez ma mère ça sentait toujours le vieux poivre.

Et puis pendus aux cloisons des tableaux du patron, partout. Un peintre. C'est la femme qui me le révéla et cela en faisant mille façons encore. Sa femme, elle l'aimait, ça se voyait son homme. C'était un artiste le patron, beau sexe, beaux cheveux, belles rentes, tout ce qu'il faut pour être heureux ; de l'accordéon par là-dessus, des amis, des rêveries sur le bateau, sur les eaux rares et qui tournent en rond, bien heureux à ne partir jamais... Ils avaient tout cela chez eux avec tout le sucre et la fraîcheur précieuse du monde entre les « brise-brise » et le souffle du ventilateur et la divine sécurité.

Puisqu'on était venus nous, il fallait nous mettre à l'unisson. Des boissons glacées et des fraises à la crème d'abord, mon dessert chéri. Madelon se tortillait pour en reprendre. Elle aussi, les belles manières à présent ça la gagnait. Les hommes la trouvaient gentille Madelon, le beau-père surtout, un bien cossu, il en paraissait tout content de l'avoir à côté de lui Madelon, et alors de se trémousser pour lui être agréable. Il fallait quérir par toute la table encore des gourmandises, rien que pour elle, qui s'en mettait jusqu'au bout du nez, de la crème. D'après la conversation il était veuf le beau-père. Pour sûr qu'il oubliait. Bientôt, elle posséda Madelon, aux liqueurs, son petit pompon. Le complet que portait Robinson, le mien aussi suintaient la fatigue et les saisons et les re-saisons, mais dans l'abri où nous nous trouvions, ça pouvait ne pas se voir. Tout de même je me sentais un peu humilié au milieu des autres, si confortables en tout, propres comme des Américains si bien lavés, si bien tenus, prêts pour les concours d'élégance.

Madelon éméchée ne se tenait plus très bien. Son petit profil pointé vers les peintures, elle racontait des bêtises, hôtesse qui s'en rendait un peu compte se remit à l'accordéon pour arranger les choses cependant que tous chantaient et nous trois aussi en sourdine mais faux alors et platement, la même chanson qu'on entendait dehors tout à l'heure, et puis une autre.

Robinson avait trouvé moyen d'engager la conversation avec un vieux monsieur qui paraissait tout connaître de la culture du cacao. Un beau sujet. Un colonial, deux coloniaux. « Quand j'étais en Afrique, entendis-je pour ma grande surprise affirmer Robinson, au temps où j'étais Ingénieur Agronome de la Compagnie Pordurière répétait-il, je mettais la population entière d'un village à récolte... etc... » Il ne pouvait pas me voir et alors il s'en donnait à cœur ouvert... Tant que ça pouvait... Des faux souvenirs... Plein la vue au vieux monsieur... Des mensonges ! Tout ce qu'il pouvait trouver pour se mettre à la hauteur du vieux monsieur compétent. Lui toujours assez réservé Robinson dans son langage, il m'agaçait et me peinait même à divaguer de la sorte.

On l'avait installé à l'honneur dans le creux d'un gros divan plein de parfums, un verre de fine en main droite, pendant que de l'autre il évoquait en larges gestes la majesté des forêts inconquises et les fureurs de la tornade équatoriale. Il était parti, bien parti... Alcide aurait bien rigolé s'il avait pu être là lui aussi, dans un petit coin. Pauvre Alcide !

Pas à dire, pour être bien, on était bien dans leur péniche. Surtout qu'il commençait à se lever un petit vent de rivière et que flottaient dans le cadre des fenêtres les rideaux tuyautés comme autant de petits drapeaux de fraîche gaieté.

Enfin, ce refurent les glaces et puis encore du champagne. Le patron, c'était sa fête, il l'a bien répété cent fois. Il avait entrepris de donner du plaisir pour une fois à tous et même aux passants de la route. À nous pour une fois. Pendant une heure, deux, trois peut-être, on serait tous réconciliés sous sa gouverne, on serait tous copains, les connus et les autres et même les étrangers, et même nous trois qu'on avait racolés sur la rive, faute de mieux, pour n'être plus treize à table. J'en allais me mettre à chanter ma petite chanson d'allégresse et puis je me ravisai, trop fier soudain, conscient. Ainsi trouvai-je bon de leur révéler, pour justifier mon invitation malgré tout, j'en avais chaud à la tête, qu'ils venaient d'inviter en ma personne, l'un des médecins les plus distingués de la région parisienne ! Ils ne pouvaient pas s'en douter ces gens-là d'après ma mise évidemment ! Et à la médiocrité de mes compagnons non plus ! Mais aussitôt qu'ils connurent mon rang, ils se déclarèrent enchantés, flattés, et sans plus attendre, chacun d'eux se mit à m'initier à ses petits malheurs particuliers du corps ; j'en profitai pour me rapprocher de la fille d'un entrepreneur, une petite cousine bien râblée qui souffrait précisément d'urticaire et de renvois aigres pour un oui, pour un non.

Quand on est pas habitué aux bonnes choses de la table et du confort, elles vous grisent facilement. La vérité ne demande qu'à vous quitter. Il s'en faut toujours de très peu pour qu'elle vous libère. On n'y tient pas à sa vérité. Dans cette abondance soudaine d'agréments le bon délire mégalomane vous prend comme un rien. Je me mis à divaguer à mon tour, tout en lui parlant d'urticaire à la petite cousine. On s'en sort des humiliations quotidiennes en essayant comme Robinson de se mettre à l'unisson des gens riches, par les mensonges, ces monnaies du pauvre. On a tous honte de sa viande mal présentée, de sa carcasse déficitaire. Je ne pouvais pas me résoudre à leur montrer ma vérité ; c'était indigne d'eux comme mon derrière. Il me fallait faire coûte que, coûte bonne impression.

À leurs questions, je me mis à répondre par des trouvailles, comme tout à l'heure Robinson au vieux monsieur. À mon tour j'étais envahi de superbe !... Ma grande clientèle !... Le surmenage !... Mon ami Robinson... l'ingénieur, qui m'avait offert l'hospitalité dans son petit chalet toulousain...

Et puis d'abord quand il a bien bu et bien mangé le convive, il est facilement convaincu. Heureusement ! Tout passe ! Robinson m'avait précédé dans le bonheur furtif des bobards impromptus, le suivre ne demandait plus qu'un tout petit effort.

À cause des lunettes fumées qu'il portait, les gens ne pouvaient pas très bien discerner l'état de ses yeux à Robinson. Nous attribuâmes généreusement son malheur à la guerre. Dès lors, nous fûmes bien installés, haussés socialement et puis patriotiquement jusqu'à eux, nos hôtes, surpris un peu d'abord par la fantaisie du mari, le peintre, que sa situation d'artiste mondain forçait tout de même de temps à autre à quelques actions insolites... Ils se mirent, les invités, à nous trouver réellement tous les trois bien aimables et intéressants au possible.

En tant que fiancée, Madelon ne tenait peut-être pas son rôle aussi pudiquement qu'il eût fallu, elle excitait tout le monde, y compris les femmes, à ce point que je me demandais si tout ça n'allait pas se terminer en partouze. Non. Les propos s'effilochèrent graduellement rompus par l'effort baveux d'aller au-delà des mots. Rien n'arriva.

Nous restions accrochés aux phrases et aux coussins, bien ahuris par l'essai commun de nous rendre heureux, plus profondément, plus chaudement et encore un peu plus, les uns les autres, le corps repu, par l'esprit seulement, à faire tout le possible pour tenir tout le plaisir du monde dans le présent, tout ce qu'on connaissait de merveilleux en soi et dans le monde, pour que le voisin enfin se mette à en profiter aussi et qu'il nous avoue le voisin que c'était bien cela qu'il cherchait d'admirable, qu'il ne lui manquait justement que ce don de nous depuis tant et tant d'années, pour être enfin parfaitement heureux, et pour toujours ! Qu'on lui avait révélé enfin sa propre raison d'être ! Et qu'il fallait aller le dire à tout le monde alors, qu'il l'avait trouvée sa raison d'être ! Et qu'on boive encore un coup ensemble pour fêter et célébrer cette délectation et que cela dure toujours ainsi ! Qu'on ne change plus jamais de charme ! Que jamais surtout on ne retourne à ces temps abominables, aux temps sans miracles, aux temps d'avant qu'on se connaisse et qu'on se soye admirablement retrouvés !... Tous ensemble désormais ! Enfin ! Toujours !...

Le patron lui, ne put se retenir de le rompre !

Il avait sa manie de nous parler de sa peinture, qui le turlupinait vraiment trop fort, de ses tableaux, à toute force et à n'importe quel propos. Ainsi par sa sottise obstinée, bien que soûls, la banalité revint parmi nous écrasante. Vaincu déjà, j'allai lui adresser quelques compliments bien sentis et resplendissants au patron, du bonheur en phrases pour les artistes. C'est de ça qu'il lui fallait. Dès qu'il les eut reçus mes compliments, ce fut comme un coït. Il se laissa couler vers un des sofas bouffis du bord et s'endormit presque aussitôt, bien gentiment, évidemment heureux. Les convives pendant ce temps-là se suivaient encore les contours du visage avec des regards plombés et mutuellement fascinés, indécis entre le sommeil presque invincible et les délices d'une digestion miraculeuse.

J'économisai pour ma part cette envie de somnoler et je me la réservai pour la nuit. Les peurs survivantes de la journée éloignent trop souvent le sommeil et quand on a la veine de se constituer, pendant qu'on le peut, une petite provision de béatitude, il faudrait être bien imbécile pour la gaspiller en futiles roupillons préalables. Tout pour la nuit ! C'est ma devise ! Il faut tout le temps songer à la nuit. Et puis d'abord nous demeurions invités pour le dîner, c'était le moment de se refaire l'appétit...

Nous profitâmes de l'ahurissement qui régnait pour nous esquiver. Nous exécutâmes tous les trois une sortie tout à fait discrète, évitant les convives assoupis et gentiment parsemés autour de l'accordéon de la patronne. Les yeux de la patronne adoucis de musique clignaient à la recherche de l'ombre. « À tout à l'heure » nous fit elle, quand nous passâmes auprès d'elle et son sourire s'acheva dans un rêve.

Nous n'allâmes pas très loin, tous les trois, seulement jusqu'à cet endroit que j'avais repéré où la rivière faisait un coude, entre deux rangs de peupliers, des grands peupliers bien pointus. On découvre dans cet endroit-là toute la vallée et même au loin cette petite ville dans son creux, ratatinée autour du clocher planté comme un clou dans le roue du ciel.

« À quelle heure avons-nous un train pour rentrer ? s'inquiéta tout de suite Madelon.

— T'en fais Vas ! qu'il la rassura lui. Ils nous reconduiront en auto, c'est entendu... Le patron l'a dit... Ils en ont une... »

Madelon n'insista plus. Elle restait songeuse de plaisir. Une véritable excellente journée.

« Et tes yeux, Léon, comment qu'ils vont à présent ? qu'elle lui demanda alors.

— Ça va bien mieux. Je voulais rien te dire encore à cause que j'en étais pas sûr, mais je crois bien que de l'œil gauche surtout je commence à pouvoir même compter les bouteilles sur la table... J'en ai bu pas mal, t'as remarqué ? Et il était bon !...

— Le gauche, c'est le côté du cœur », qu'elle nota Madelon joyeuse. Elle était toute contente, ça se comprend, de son mieux de ses yeux à lui.

« Embrasse-moi alors que je t'embrasse ! » qu'elle lui proposa. Je commençais moi à me sentir de trop auprès de leurs effusions. J'avais cependant du mal à m'éloigner, parce que je ne savais plus très bien par où partir. le me suis donné l'air d'aller faire un besoin derrière ! arbre qui était un peu plus loin et je suis resté là derrière l'arbre en attendant que ça leur passe. C'était tendre ce qu'ils se racontaient. Je les entendais. Des dialogues d'amour les plus plats, c'est toujours tout de même un peu drôle quand on connaît les gens. Et puis je ne leur avais jamais entendu dire des choses comme celles-ci.

« C'est bien vrai que tu m'aimes ? qu'elle lui demandait.

— Autant que mes yeux que je t'aime ! qu'il lui répondait.

— C'est pas rien, ce que tu viens de dire Léon !... Mais tu m'as pas encore vue Léon ?... Peut-être que quand tu m'auras vue avec tes yeux à toi et plus seulement avec les yeux des autres, que tu m'aimeras plus autant ?... À ce moment-là, tu reverras les autres femmes et peut être que tu te mettras à les aimer toutes ?... Comme les copains ?... »

Cette remarque qu'elle lui faisait, en douce, c'était pour moi. Je ne m'y trompais pas... Elle me croyait loin déjà et que je pouvais pas l'entendre... Alors elle m'en mettait un bon coup... Elle perdait pas son temps... Lui, l'ami, il se mit à protester. « Par exemple !... » qu'il faisait. Et que tout ça c'était rien que des suppositions ! Des calomnies...

« Moi, Madelon, pas du tout ! qu'il se défendait. Je suis pas dans son genre, moi ! Qu'est-ce qui te fait croire que je suis comme lui ?... Après gentille comme t'as été avec moi ?... Je m'attache moi ! Je suis pas un salaud moi ! C'est pour toujours, que je t'ai dit, j'ai qu'une parole ! C'est pour toujours ! T'es jolie, je le sais déjà, mais tu le seras encore bien plus une fois que je t'aurai vue... Là ! Tu es contente à présent ? Tu pleures plus ? Je peux pas t'en dire davantage tout de même !

— Ça c'est mignon, Léon ! » qu'elle lui répondait alors et en se blottissant dans lui. Ils étaient en train de faire des serments, on pouvait plus les arrêter, le ciel était plus assez grand.

« Je voudrais que tu soyes toujours heureuse avec moi... qu'il lui faisait, bien doucement après. Que t'ayes rien à faire et que t'ayes cependant tout ce qu'il te faut...

— Ah ! comme t'es bon mon Léon. T'es meilleur que j'imaginais encore... T'es tendre ! T'es fidèle ! et t'es tout !...

— C'est parce que je t'adore, ma mimine... »

Et ils s'échauffaient encore en plus, en pelotages. Et puis comme pour me tenir éloigné de leur bonheur intense, à moi ils m'en remettaient un sale vieux coup...

Elle d'abord : « Le Docteur, ton ami, il est gentil n'est-ce pas ? » Elle revenait à la charge, comme si je lui étais resté sur l'estomac. « Il est gentil !... Je ne veux rien dire contre lui, puisque c'est un ami à toi... Mais c'est un homme qu'on dirait brutal tout de même avec les femmes... Je veux pas en dire du mal puisque je crois c'est vrai qu'il t'aime bien... Mais enfin ça serait pas mon genre... Je vais te dire... Ça va pas te vexer au moins ? » Non, rien ne le vexait Léon. « Eh bien, il me semble, le Docteur, qu'il les aime comme trop les femmes... Comme les chiens un peu, tu me comprends ?... Tu trouves pas toi ?... C'est comme s'il sautait dessus qu'on dirait toujours ! Il fait du mal et il s'en va... Tu trouves pas toi ? qu'il est comme ça ? »

Il trouvait, le saligaud, il trouvait tout ce qu'elle voulait, il trouvait même que ce qu'elle disait était tout à fait juste et rigolo. Drôle comme tout. Il l'encourageait à continuer et il s'en donnait le hoquet.

« Oui, c'est bien vrai ce que t'as remarqué à son sujet Madelon, c'est un homme qu'est pas mauvais Ferdinand, mais pour la délicatesse, c'est pas son fort, on peut le dire, et puis pour la fidélité non plus d'ailleurs !... Ça j'en suis sûr !...

— T'as dû lui en connaître toi des maîtresses, hein dis Léon ? »

Elle se tuyautait la vache.

« Autant comme autant ! qu'il lui a répondu fermement, mais tu sais... Lui d'abord... Il est pas difficile !... »

Il fallait tirer une conclusion de ces propos, Madelon s'en chargea.

« Les médecins, c'est bien connu, c'est tous des cochons... la plupart du temps... Mais lui, alors, je crois qu'il est fadé dans son genre !...

— T'as jamais si bien dit », qu'il l'a approuvée, mon bon, mon heureux ami, et il a continué : « C'est à ce point que j'ai souvent cru, tellement qu'il était porté là-dessus, qu'il prenait des drogues... Et puis alors, il possède un de ces machins ! Si tu voyais ça cette grosseur ! C'est pas naturel !...

— Ah ! ah ! fit Madelon perplexe du coup et qu'essayait de se souvenir de mon machin. Tu crois alors qu'il aurait des maladies, toi dis ? » Elle était bien inquiète, navrée soudain par ces informations intimes.

« Ça, j'en sais rien, fut-il obligé de convenir, à regret, je peux rien assurer... Mais y a des chances avec la vie qu'il mène.

— Tout de même t'as raison, il doit prendre des drogues... Ça doit être pour ça qu'il est quelquefois si bizarre... »

Et sa petite tête elle travaillait, à Madelon, du coup. Elle ajouta : « À l'avenir il faudra qu'on se méfie de lui un peu...

— T'en as pas peur quand même ? qu'il lui a demandé. Il est rien pour toi, au moins ?... Il t'a jamais fait d'avances ?

— Ah ça non alors, j'aurais pas voulu ! Mais on ne sait jamais ce qui peut lui passer par la tête... Suppose par exemple qu'il fasse une crise... Ça fait des crises ces gens-là, avec les drogues !... Toujours est-il que c'est pas moi qui me ferais soigner par lui !...

— Moi non plus, maintenant qu'on en a parlé ! » qu'il a approuvé Robinson. Et par là-dessus, encore tendresse et caresses...

« Câlin !... Câlin !... qu'elle le berçait.

— Minon !... Minon !... » qu'il lui répondait. Et puis des silences entre avec des rages de baisers dedans.

« Dis-moi vite que tu m'aimes autant de fois que tu pourras, pendant que je t'embrasse jusqu'à l'épaule... »

Ça commençait au cou le petit jeu.

« Que je suis rouge, moi ! qu'elle s'exclamait en soufflant... J'étouffe !... Donne-moi de l'air ! » Mais il la laissait pas souffler. Il recommençait. Moi dans l'herbe à côté, j'essayais de voir ce qui allait se passer. Il lui prenait les bouts des seins entre les lèvres et il s'amusait avec. Enfin, des petits jeux. J'en étais tout rouge aussi moi et d'un tas de sentiments et tout émerveillé en plus par mon indiscrétion.

« Nous deux on sera bien heureux, hein dis-moi Léon ? Dis-moi que t'en es bien sûr qu'on sera heureux ? »

C'était l'entracte. Et puis encore des projets d'avenir à n'en plus finir comme pour refaire un monde entier, mais un monde rien que pour eux deux par exemple ! Moi surtout pas dedans du tout. On aurait dit qu'ils n'en avaient jamais fini de se débarrasser de moi, de déblayer leur intimité de ma sale évocation.

« Y a longtemps hein, que vous êtes des amis ensemble avec Ferdinand ? » Ça la tracassait ce truc-là...

« Des années, oui... Par ici... Par là... qu'il a répondu. On s'est rencontrés d'abord au hasard, dans les voyages... Lui c'est un type qui aime à voir des pays... Moi aussi, dans un sens, alors c'est comme si on avait fait route ensemble depuis longtemps... Tu comprends ?... » Il ramenait ainsi notre vie à de moindres banalités.

« Eh bien ! ça va cesser d'être si copains, mon mignon ! Et à partir de maintenant encore ! qu'elle lui a répondu bien déterminée, brève et nette... Ça va cesser !... Pas mon mimi que ça va cesser ?... Rien qu'avec moi toute seule que tu vas faire ta route à présent... Tu m'as compris ?... Pas mon mignon ?...

— T'es donc jalouse de lui alors ? qu'il lui a demandé un peu interloqué quand même, le couillon.

— Non ! je ne suis pas jalouse de lui, mais je t'aime trop tu vois, mon Léon, je veux t'avoir tout entier à moi... Te partager avec personne... Et puis d'abord il est pas une fréquentation pour toi à présent que je t'aime mon Léon... Il est trop vicieux... Tu comprends là ? Dis-moi que tu m'adores Léon ! Et que tu me comprends ?

— Je t'adore...

— Bien. »

* * *

On est rentrés tous à Toulouse, le même soir.

C'est deux jours plus tard que l'accident est survenu. Je devais tout de même m'en aller et juste comme j'étais en train de finir ma valise pour partir à la gare voilà que j'entends quelqu'un qui crie quelque chose devant la maison. J'écoute... Il fallait que je me dépêche de descendre tout de suite au caveau...Je ne voyais pas la personne qui m'appelait ainsi... Mais au ton de sa voix, ça devait être rudement pressé... C'était d'urgence qu'il fallait que je m'y rende, paraît-il.

« Pas une minute alors ? Ça brûle ? » que je réponds, moi, histoire de pas me précipiter... Il devait être vers les sept heures, juste avant le dîner. Pour les adieux, on devait se les faire à la gare, ç'avait été convenu ainsi. Ça arrangeait tout le monde parce que la vieille devait rentrer un peu plus tard à la maison. Justement, ce soir-là, à cause d'un pèlerinage qu'elle attendait au caveau.

« Venez vite Docteur ! qu'elle insistait encore la personne de la rue... Il vient de lui arriver un malheur à Mme Henrouille !

— Bon ! bon ! que je fais... J'y vais tout de suite ! C'est entendu... Je descends ! » Mais le temps de me ressaisir un peu : « Partez toujours devant, que j'ajoute. Dites-leur que j'arrive derrière vous... Que je cours... Le temps de passer mon pantalon...

— Mais c'est tout à fait pressé ! qu'elle insistait encore la personne... Elle a perdu sa connaissance que je vous répète !... Elle s'est cassé un os dans la tête qu'il paraît !... Elle est tombée à travers les marches de son caveau !... D'un coup tout en bas qu'elle a tombé. »

« Ça va ! » que je me suis dit en moi-même en entendant cette belle histoire et j'ai pas eu besoin de réfléchir encore longtemps. J'ai filé, tout droit, vers la gare. J'étais fixé.

Je l'ai eu mon train de sept heures quinze, quand même, mais au poil.

On s'est pas fait d'adieux.

* * *

Parapine, ce qu'il a trouvé d'abord en me revoyant, c'est que j'avais pas bonne mine.

« T'as dû bien te fatiguer toi, là-bas à Toulouse », qu'il a remarqué, soupçonneux, comme toujours.

C'est vrai qu'on avait eu des émotions là-bas à Toulouse, mais enfin, fallait pas se plaindre, puisque je l'avais échappé belle, du moins que j'espérais, aux vrais ennuis, en me défilant au moment critique.

Je lui expliquai donc l'aventure en détail en même temps que mes soupçons à Parapine. Mais il n'était pas convaincu que j'eusse agi avec beaucoup d'adresse dans la circonstance... On a pas eu le temps toutefois de bien discuter la chose parce que la question d'un boulot pour moi était devenue sur ces entrefaites si pressantes qu'il fallait aviser. Pas de temps donc à perdre en commentaires... Je n'avais plus que cent cinquante francs d'économies et je ne savais plus trop où aller désormais pour m'établir. Au Tarapout ?... On n'embauchait plus. La crise. Retourner à La Garenne-Rancy alors ? Retâter de la clientèle ? J'y songeai bien pendant un instant, malgré tout, mais comme fin des fins seulement et bien à contrecœur. Rien qui s'éteigne comme un feu sacré.

C'est lui Parapine qui m'a tendu finalement la bonne perche avec une petite place qu'il a découverte pour moi dans l'Asile, précisément, où il travaillait et depuis des mois déjà.

Les affaires allaient encore assez bien. Dans cette Maison, Parapine était non seulement chargé du service des aliénés au cinéma, mais il s'occupait au surplus des étincelles. À heures précises, deux fois par semaine, il déclenchait des véritables orages magnétiques par-dessus la tête des mélancoliques rassemblés tout exprès dans une pièce bien close et bien noire. Du sport mental en somme et la réalisation de la belle idée du Docteur Baryton, son patron. Un radin d'ailleurs, ce compère, qui m'agréa pour un tout petit salaire, mais avec un contrat et des clauses longues comme ça, toutes à son avantage évidemment. Un patron en somme.

Nous n'étions dans son Asile qu'à peine rémunérés, c'était vrai, mais par contre nourris pas mal et couchés tout à fait bien. On pouvait s'envoyer aussi les infirmières. C'était permis et bien entendu tacitement. Baryton, le patron, n'y trouvait rien à redire à ces divertissements et il avait même remarqué que ces facilités érotiques attachaient le personnel à la maison. Pas bête, pas sévère.

Et puis c'était pas le moment d'abord de poser des questions et des conditions quand on venait m'offrir un petit beefsteak, qui tombait plus qu'à pic. À la réflexion, le n'arrivais pas très bien à saisir pourquoi Parapine m'avait voué soudain tant d'actif intérêt. Sa conduite à mon égard me tracassait. Lui attribuer, à lui, Parapine, des sentiments fraternels... C'était tout de même trop l'embellir... Ça devait être plus compliqué encore. Mais tout arrive...

À la table de midi nous nous retrouvions, c'était l'usage, réunis tous autour de Baryton, notre patron, aliéniste chevronné, barbe en pointe, cuisses brèves et char nues, bien gentil, question d'économie à part, chapitre sur lequel il se démontrait tout à fait écœurant chaque fois qu'on lui en fournissait le prétexte et l'occasion.

En fait de nouilles et de bordeaux râpeux, il nous gâtait, on peut le dire. Un vignoble entier lui était échu héritage, nous expliqua-t-il. Tant pis pour nous ! Ce n'était qu'un petit cru, je l'affirme.

Son Asile de Vigny-sur-Seine ne désemplissait guère. On l'intitulait « Maison de Santé » sur les notices, à cause d'un grand jardin qui l'entourait, où nos fous se promenaient pendant les beaux jours. Ils s'y promenaient avec un drôle d'air d'équilibre difficile de leur tête sur leurs épaules, les fous, comme s'ils avaient constamment eu peur d'en répandre le contenu, par terre, en trébuchant. Là-dedans se tamponnaient toutes espèces de choses sautillantes et biscornues auxquelles ils tenaient horriblement.

Ils ne nous en parlaient de leurs trésors mentaux, les aliénés, qu'avec des tas de contorsions effrayées ou des allures de condescendance et protectrices, à la façon de très puissants administrateurs méticuleux. Pour un empire, on ne les aurait pas fait sortir de leurs têtes ces gens-là. Un fou, ce n'est que les idées ordinaires d'un homme mais bien enfermées dans une tête. Le monde n'y passe pas à travers sa tête et ça suffit. Ça devient comme un lac sans rivière une tête fermée, une infection.

Baryton se fournissait en nouilles et en légumes à Paris, en gros. Aussi ne nous aimait-on guère chez les commerçants de Vigny-sur-Seine. Ils nous avaient même dans le nez les commerçants, on pouvait le dire. Ça ne nous coupait pas l'appétit cette animosité. À table, au début de mon stage, Baryton dégageait régulièrement les conclusions et la philosophie de nos propos décousus. Mais ayant passé sa vie au milieu des aliénés, à gagner sa croûte dans leur trafic, à partager leur soupe, à neutraliser tant bien que mal leurs insanités, rien ne lui semblait plus ennuyeux que d'avoir encore à parler parfois de leurs manies au cours de nos repas. « ils ne doivent pas figurer dans la conversation des gens normaux ! » affirmait-il défensif et péremptoire. Il s'en tenait pour ce qui le concernait à cette hygiène mentale.

Lui, il l'aimait la conversation et d'une façon presque inquiète, il l'aimait amusante et surtout rassurante et bien sensée. Sur le compte des tapés il désirait ne point s'appesantir. Une instinctive antipathie à leur égard lui suffisait une fois pour toutes. Nos récits de voyages l'enchantaient par contre. On ne lui en donnait jamais assez. Parapine, dès mon arrivée, fut délivré partielle ment de son bavardage. J'étais tombé à point pour dis traire notre patron pendant les repas. Toutes mes pérégrinations y passèrent, longuement relatées, arrangées évidemment, rendues littéraires comme il le faut, plaisantes. Baryton faisait en mangeant, avec sa langue et sa bouche, énormément de bruit. Sa fille se tenait toujours à sa droite. Malgré ses dix ans elle semblait déjà flétrie à jamais sa fille Aimée. Quelque chose d'inanimé, un incurable teint grisaille estompait Aimée à notre vue, comme si des petits nuages malsains lui fussent continuellement passés devant la figure.

Entre Parapine et Baryton survenaient de petits froissements. Cependant Baryton ne gardait rancune de rien à personne du moment qu'on ne se mêlait aucune ment des bénéfices de son entreprise. Ses comptes constituèrent pendant longtemps le seul côté sacré de son existence.

Un jour, Parapine, au temps ù il lui parlait encore, lui avait déclaré tout cru à tablé qu'il manquait d'Éthique. D'abord, cette remarque ça l'avait froissé Baryton. Et puis tout s'était arrangé. On ne se fâche pas pour si peu. Au récit de mes voyages Baryton éprouvait non seulement un émoi romanesque, mais encore le sentiment de réaliser des économies. « Quand on vous a entendu, on n'a plus besoin d'aller les voir, ces pays-là, tellement vous les racontez bien Ferdinand ! » Il ne pouvait songer à m'adresser un plus gentil compliment. Nous ne recevions dans son Asile que les fous de surveillance facile et jamais les aliénés très méchants et nettement homicides. Son Asile n'était point un lieu absolument sinistre. Peu de grilles, quelques cachots seulement. Le sujet le plus inquiétant, c'était peut-être encore parmi tous, la petite Aimée sa propre fille. Elle ne comptait pas parmi les malades cette enfant, mais le milieu la hantait.

Quelques hurlements, de temps à autre, nous parvenaient jusqu'à notre salle à manger, mais l'origine de ces cris était toujours assez futile. Ils duraient peu d'ailleurs. On observait encore de longues et brusques vagues de frénésie qui venaient secouer de temps à autre les groupes d'aliénés, à propos de rien, au cours de leurs vadrouilles interminables, entre la pompe, les bosquets et les bégonias en massifs. Tout cela finissait sans trop d'histoires et d'alarmes par des bains tièdes et des bonbonnes de sirop Thébaïque.

Aux quelques fenêtres des réfectoires qui donnaient sur la rue les fous venaient parfois hurler et ameuter le voisinage, mais l'horreur leur restait plutôt à l'intérieur. Ils s'en occupaient et la préservaient leur horreur, personnellement, contre nos entreprises thérapeutiques. Ça les passionnait cette résistance.

En pensant à présent, à tous les fous que j'ai connus chez le père Baryton, je ne peux m'empêcher de mettre en doute qu'il existe d'autres véritables réalisations de nos profonds tempéraments que la guerre et la maladie, ces deux infinis du cauchemar.

La grande fatigue de l'existence n'est peut-être en somme que cet énorme mal qu'on se donne pour demeurer vingt ans, quarante ans, davantage, raisonnable, pour ne pas être simplement, profondément soi-même, c'est-à dire immonde, atroce, absurde. Cauchemar d'avoir à présenter toujours comme un petit idéal universel, sur-homme du matin au soir, le sous-homme claudicant qu'on nous a donné.

Des malades, nous en avions à l'Asile, à tous les prix, les plus opulents demeuraient en chambres fortement capitonnées Louis XV. À ceux-là, Baryton rendait chaque jour sa petite visite hautement tarifée. Eux l'attendaient. De temps à autre, il recevait une maîtresse paire de gifles, Baryton, formidable à vrai dire, longuement préméditée. Tout de suite il la portait sur la note au titre de traitement spécial.

À table Parapine restait sur la réserve, non point que mes succès oratoires devant Baryton le vexassent le moins du monde, au contraire, il semblait plutôt moins préoccupé qu'autrefois, au temps des microbes, et en définitive, presque content. Il faut noter qu'il avait eu joliment peur avec ses histoires de mineures. Il en demeurait un peu déconcerté vis-à-vis du sexe. Aux heures libres, il rôdait autour des pelouses de l'Asile, lui aussi, tout comme un malade, et quand je passais auprès de lui, il m'adressait des petits sourires, mais si indécis, si pales ces sourires, qu'on aurait pu les prendre pour des adieux.

En nous agréant tous les deux dans son personnel technique Baryton faisait une bonne acquisition puisque nous lui avions apporté non seulement tout notre dévoue ment de chaque heure, mais encore de la distraction et ces échos d'aventures dont il était friand et sevré. Aussi prenait-il souvent plaisir à nous témoigner de sa satis faction. Il émettait toutefois quelques réserves en ce qui concernait Parapine.

Il n'avait jamais été avec Parapine entièrement à son aise. « Parapine... Voyez-vous Ferdinand... me fit-il un jour en confidence, c'est un Russe ! » Le fait d'être russe pour Baryton, c'était quelque chose d'aussi descriptif, morphologique, irrémissible, que « diabétique » ou « petit nègre ». Lancé sur ce sujet qui lui agaçait l'âme depuis bien des mois, il se mit en ma présence et pour mon bénéfice particulier à travailler énormément du cerveau... je ne le reconnaissais pas Baryton. Nous allions justement ensemble jusqu'au « tabac » du pays pour chercher des cigarettes.

« Parapine, n'est-ce pas Ferdinand, c'est un garçon que je trouve tout à fait intelligent, c'est bien entendu... Mais tout de même il a une intelligence entièrement arbitraire ce garçon-là ! Ne trouvez-vous pas Ferdinand ? (« entièremeng » qu'il disait). C'est un garçon, d'abord, qui ne veut pas s'adapter... Cela se remarque tout de suite chez lui... Il n'est même pas à son aise dans son métier... Il n'est même pas à son aise en ce monde !... Avouez-le !... Et en cela il a tort ! Tout à fait tort !... Puisqu'il souffre !... C'est la preuve ! Tenez, moi, regardez comme je m'adapte Ferdinand !... (Il s'en tapait sur le sternum.) Que demain la terre se mette par exemple à tourner dans l'autre sens. Eh bien moi ? Je m'adapterai, Ferdinand ! Et tout de suite encore ! Et savez-vous comment, Ferdinand ? Je dormirai un bon coup de douze heures en plus, et tout sera dit l Et voilà tout l Et houp ! Ce n'est pas plus malin que cela ! Et ce sera fait ! Je serai adapté ! Tandis que votre Parapine lui, dans une aventure semblable savez-vous ce qu'il fera ? Il en ruminera des projets et des amertumes pendant cent ans encore !... J'en suis certain ! Je vous -le dis !... N'est-ce point vrai ? Il en perdra son sommeil du coup que la terre se mette à tourner à l'envers !... Il y trouvera je ne sais quelle injustice spéciale !... Trop d'injustice !... C'est sa manie d'ailleurs, l'injustice !... Il m'en parlait énormément de l'injustice à l'époque où il daignait me parler encore... Et croyez-vous qu'il se contentera de pleurnicher ? Ce ne serait que demi-mal !... Mais non ! Il cherchera tout de suite un truc pour la faire sauter la terre ! Pour se venger Ferdinand ! Et le pire, je vais vous le dire le pire, Ferdinand... Mais là alors tout à fait entre nous... Eh bien c'est qu'il le trouvera le truc !... Comme je vous le dis ! Ah ! tenez Ferdinand essayez de bien retenir ce que je vais vous expliquer... Il existe des fous simples et puis il existe d'autres fous, ceux que torture la marotte de la civilisation... Il m'est affreux de penser que Parapine et à ranger parmi ceux-ci !... Savez-vous ce qu'un jour il m'a dit ?

— Non Monsieur...

— Eh bien, il m'a dit : « Entre le pénis et les mathématiques Monsieur Baryton, il n'existe rien ! Rien ! C'est le vide ! » Et puis tenez-vous encore !... Savez-vous ce qu'il attend pour me reparler à nouveau ?

— Non Monsieur Baryton, non, je n'en sais rien du tout.

— Il ne vous l'a donc pas raconté ?

— Non, pas encore...

— Eh bien, à moi, il me l'a dit... Il attend qu'advienne l'âge des mathématiques ! Tout simplement ! Il est absolument résolu ! Comment trouvez-vous cette manière impertinente d'agir à mon égard ? Son aîné ? Son chef ?.. »

Il fallait bien que je me misse à rigoler un brin pour que passe entre nous cette exorbitante fantaisie. Mais Baryton n'entendait plus la bagatelle. Il trouvait même le moyen de s'indigner de bien d'autres choses...

« Ah ! Ferdinand ! Je vois que tout ceci ne vous semble qu'anodin... Innocentes paroles, billevesées extravagantes entre tant d'autres... Voici ce que vous semblez conclure... Rien que cela n'est-ce pas ?... Ô imprudent Ferdinand ! Laissez-moi au contraire vous mettre bien soigneusement en garde contre ces errements, futiles seulement d'apparence ! Je vous déclare que vous avez tout à fait tort !... Tout à fait tort !... Mille fois tort en vérité !... Au cours de ma carrière, vous m'accorderez le crédit d'avoir entendu à peu près tout ce qu'on peut entendre ici et ailleurs en fait de froids et de chauds délires ! Rien ne m'a manqué !... Vous me l'accordez n'est-ce pas Ferdinand ?... Et je ne donne point l'impression d'être non plus porté, vous l'avez certainement observé, Ferdinand, aux angoisses... Aux exagérations ?... Non, n'est-ce pas ? C'est bien peu devant mon jugement que la force d'un mot et même de plusieurs mots et même de phrases et de discours entiers !... Assez simple de naissance et de par ma nature, on ne peut me refuser ceci d'être un de ces humains largement inhibés auxquels les mots ne font point peur !... Eh bien, Ferdinand, après consciencieuse analyse, en ce qui concerne Parapine, je me suis trouvé contraint de me tenir sur mes gardes !... De formuler les plus expresses réserves... Son extravagance à lui ne ressemble à aucune de celles qui sont inoffensives et courantes... Elle appartient m'a-t-il semblé, à l'une des rares formes redoutables de l'originalité, une de ces lubies aisément contagieuses : sociales et triomphantes pour tout dire !... Ce n'est peut-être point tout à fait encore de la folie dont il s'agit dans le cas de votre ami... Non ! Ce n'est peut-être que de la conviction exagérée... Mais je m'y connais en fait de démences contagieuses... Rien n'est plus grave que la conviction exagérée !... J'en ai connu bon nombre, moi qui vous parle Ferdinand, de ces sortes de convaincus et de diverses provenances encore !... Ceux qui parlent de justice m'ont semblé, en définitive, être les plus enragés !... Au début, ces justiciers m'ont un peu intéressé, je le confesse...

À présent ils m'agacent, ils m'irritent au possible ces maniaques... N'est-ce point votre avis ?... On découvre chez les hommes je ne sais quelle facilité de transmission de ce côté qui m'épouvante et chez tous les hommes m'entendez-vous ?... Remarquez-le Ferdinand ! Chez tous ! Comme pour l'alcool ou l'érotisme... Même prédisposition... Même fatalité... Infiniment répandue... Vous rigolez Ferdinand ? Vous m'effrayez alors à votre tour ! Fragile ! Vulnérable ! Inconsistant ! Périlleux Ferdinand ! Quand je pense que je vous croyais sérieux, moi !... N'oubliez pas que je suis vieux, Ferdinand, je pourrais me payer le luxe de m'en foutre moi de l'avenir ! Cela me serait permis ! Mais à vous ! »

En principe, pour toujours et en toutes choses j'étais du même avis que mon patron. Je n'avais pas fait de grands progrès pratiques au cours de mon existence tracassée, mais j'avais appris quand même les bons principes d'étiquette de la servitude. Du coup avec Baryton, grâce à ces dispositions, on était devenus bien copains pour finir, je n'étais jamais contrariant moi, je mangeais peu à table. Un gentil assistant en somme, tout à fait économique et pas ambitieux pour un sou, pas menaçant.

* * *

Vigny-sur-Seine se présente entre deux écluses, entre ses deux coteaux dépouillés de verdure, c'est un village qui mue dans sa banlieue. Paris va le prendre.

Il perd un jardin par mois. La publicité, dès l'entrée le bariole en ballet russe. La fille de l'huissier sait faire des cocktails. Il n'y a que le tramway qui tienne à devenir historique, il ne s'en ira pas sans révolution. Les gens sont inquiets, les enfants n'ont déjà plus le même accent que leurs parents. On se trouve comme gêné quand on y pense d'être encore de Seine-et-Oise. Le miracle est en train de s'accomplir. La dernière boule de jardin a disparu avec l'arrivée de Laval aux affaires et les femmes de ménage ont augmenté leurs prix de vingt centimes de l'heure depuis les vacances. Un bookmaker est signalé. La receveuse des Postes achète des romans pédérastiques et elle en imagine de bien plus réalistes encore. Le curé dit merde quand on veut et donne des conseils de Bourse à ceux qui sont bien sages. La Seine a tué ses poissons et s'américanise entre une rangée double de verseurs tracteurs-pousseurs qui lui forment au ras des rives un terrible râtelier de pourritures et de ferrailles. Trois lotisseurs viennent d'entrer en prison. On s'organise.

Cette transformation foncière locale n'échappe pas à Baryton. Il regrette amèrement de ne pas avoir su acheter d'autres terrains encore dans la vallée d'à côté vingt ans plus tôt, alors qu'on vous priait encore de les enlever à quatre sous du mètre, comme de la tarte pas fraîche.

Temps de la bonne vie passée. Heureusement son Institut psychothérapique se défendait encore gentiment. Cependant pas sans mal. Les familles insatiables n'en finissaient pas de lui réclamer, d'exiger encore et toujours des plus nouveaux systèmes de cure, des plus électriques, des plus mystérieux, des plus tout... Des plus récents mécanismes surtout, des plus impressionnants appareils et tout de suite encore et sous peine d'être dépassé par la concurrence, il-fallait qu'il s'y mette... Par ces maisons similaires embusquées dans les futaies voisines d'Asnières, de Passy, de Montretout, à l'affût, elles aussi de tous les gagas de luxe.

Il s'empressait Baryton, guidé par Parapine, de se mettre au goût du jour, au-meilleur compte bien sûr, au rabais, d'occasion, en solde, mais sans désemparer, à coups de nouveaux engins électriques, pneumatiques, hydrauliques, sembler ainsi toujours mieux équipé pour courir après les lubies des petits pensionnaires vétilleux et fortunés. Il en gémissait d'être contraint aux inutiles apparats... d'être obligé de se concilier la faveur des fous mêmes...

« Au moment où j'ouvris mon Asile me confiait-il un jour, épanchant ses regrets, c'était juste avant l'Exposition, Ferdinand, la grande... Nous n'étions, nous ne formions nous autres aliénistes, qu'un nombre très limité de praticiens et bien moins curieux et moins dépravés qu'aujourd'hui, je vous prie de le croire !... Nul n'essayait alors parmi nous, d'être aussi fou que le client... La mode n'était pas encore venue de délirer sous prétexte de mieux guérir, mode obscène remarquez-le, comme presque tout ce qui nous vient de l'étranger...

« Au temps de mes débuts donc les médecins français, Ferdinand, se respectaient encore ! Ils ne se croyaient pas contraints de battre la campagne en même temps que leurs malades... Histoire de se mettre au diapason sans doute ?... Que sais-je moi ? De leur faire plaisir ! Où cela nous conduira-t-il ?... Je vous le demande ?... À force d'être plus astucieux, plus morbides, plus pervers que les persécutés les plus détraqués de nos Asiles, de nous vautrer avec une sorte de nouvel orgueil fangeux dans toutes les insanités qu'ils nous présentent, où allons-nous ?... Êtes-vous en mesure de me rassurer Ferdinand, sur le sort de notre raison ?... Et même du simple bon sens ?... A ce train que va-t-il nous en demeurer du bon sens ? Rien ! C'est à prévoir ! Absolument rien ! Je puis vous le prédire... C'est évident...

« D'abord Ferdinand tout n'arrive-t-il pas à se valoir en présence d'une intelligence réellement moderne ? Plus de blanc ! Plus de noir non plus ! Tout s'effiloche !... C'est le nouveau genre ! C'est la mode ! Pourquoi dès lors ne pas devenir fous nous-mêmes ?... Tout de suite ! Pour commencer ! Et nous en vanter encore ! Proclamer la grande pagaie spirituelle ! Nous faire de la réclame avec notre démence ! Qui peut nous retenir ? Je vous le demande Ferdinand ? Quelques suprêmes et superflus scrupules humains ?... Quelles insipides timidités encore ? Hein ?... Tenez, il m'arrive Ferdinand, quand j'écoute certains de nos confrères, et ceux-ci remarquez-le, parmi les plus estimés, les plus recherchés par la clientèle et les Académies, de me demander où ils nous mènent !... C'est infernal en vérité ! Ces forcenés me déroutent, m'angoissent, me diabolisent, et surtout me dégoûtent ! Rien qu'à les entendre nous rapporter au cours d'un de ces congrès modernes les résultats de leurs recherches familières, je suis pris de blême panique Ferdinand ! Ma raison me trahit rien qu'à les écouter... Possédés, vicieux, captieux et retors, ces favoris de la psychiatrie récente, à coups d'analyses superconscientes nous précipitent aux abîmes... Tout simplement aux abîmes ! Un matin, si vous ne réagissez pas, Ferdinand vous les jeunes, nous allons passer, comprenez-moi bien, passer ! À force de nous étirer, de nous sublimer, de nous tracasser l'entendement, de l'autre côté de l'intelligence, du côté infernal, celui-là, du côté dont on ne revient pas !... D'ailleurs on dirait déjà qu'ils y sont enfermés ces supermalins dans la cave aux damnés, à force de se masturber la jugeote jour après nuit !

« Je dis bien jour et nuit parce que vous savez Ferdinand qu'ils n'arrêtent même plus la nuit de se forniquer à longueur de rêves ces salauds-là !... C'est tout dire !... Et je te creuse ! Et je te la dilate la jugeote ! Et je te me la tyrannise !... Et ce n'est plus, autour d'eux, qu'une ragouillasse dégueulasse de débris organiques, une marmelade de symptômes de délires en compote qui leur suintent et leur dégoulinent de partout... On en a plein les mains de ce qui reste de l'esprit, on en est tout englué, grotesque, méprisant, puant. Tout va s'écrouler, Ferdinand, tout s'écroule, je vous le prédis, moi le vieux Baryton, et pour dans pas longtemps encore !... Et vous verrez cela vous Ferdinand, l'immense débandade ! Parce que vous êtes jeune encore ! Vous la verrez !... Ah ! je vous en promets des réjouissances ! Vous y passerez tous chez le voisin ! Hop ! D'un bon coup de délire en plus ! Un de trop ! Et Vrroum ! En avant chez le Fou ! Enfin ! Vous serez libérés comme vous dites ! Ça vous a trop tentés depuis trop longtemps ! Pour une audace, ça en sera une d'audace ! Mais quand vous y serez chez le Fou petits amis ! je vous l'assure que vous y resterez !

« Retenez bien ceci Ferdinand, ce qui est le commencement de la fin de tout c'est le manque de mesure ! La façon dont elle a commencé la grande débandade, je suis bien placé moi pour vous le raconter... Par les fantaisies de la mesure que ça a commencé ! Par les outrances étrangères ! Plus de mesure, plus de force ! C'était écrit ! Alors au néant tout le monde ? Pourquoi pas ? Tous ? C'est entendu ! Nous n'y allons pas d'ailleurs, on y court c'est une véritable ruée ! Je l'ai vu moi, l'esprit Ferdinand, céder peu à peu de son équilibre et puis se dissoudre dans la grande entreprise des ambitions apocalyptiques ! Cela commença vers 1900... C'est une date ! À partir de cette époque, ce ne fut plus dans le monde en général et dans la psychiatrie en particulier qu'une course frénétique à qui deviendrait plus pervers, plus salace, plus original, plus dégoûtant, plus créateur, comme ils disent, que le petit copain !... Une belle salade !... Ce fut à qui se vouerait au monstre le plus tôt possible, à la bête sans cœur et sans retenue !... Elle nous bouffera tous la bête, Ferdinand, c'est entendu et c'est bien fait !... La bête ? Une grosse tête qui marche comme elle veut !... Ses guerres et ses baves flamboient déjà vers nous et de toutes parts !... Nous voici en plein déluge ! Tout simplement ! Ah on s'ennuyait paraît-il dans le conscient ! On ne s'ennuiera plus ! On a commencé par s'enculer, pour changer... Et alors on s'est mis du coup à les éprouver les « impressions » et les « intuitions »... Comme des femmes !...

« Est-il d'ailleurs nécessaire encore, au point où nous en sommes, de s'encombrer d'un traître mot de logique ?... Bien sûr que non ! Ce serait plutôt une espèce de gêne la logique en présence de savants psychologues infiniment subtils comme notre temps les façonne, réelle ment progressistes... N'allez point pour cela me faire dire Ferdinand que je méprise les femmes ! Que non ! Vous le savez bien l Mais je n'aime pas leurs impressions ! Je suis une bête à testicules moi Ferdinand et lorsque je tiens un fait alors j'ai bien du mal à le lâcher... L'autre jour, tenez il m'en est arrivé une belle à ce propos... On me demandait de recevoir un écrivain... E battait la campagne l'écrivain... Savez-vous ce qu'il gueulait depuis plus d'un mois ? « On liquide !... On liquide !... « Comme ça qu'il vociférait, à travers la maison ! Lui, ça y était... On pouvait le dire... Il y était passé de l'autre côté de l'intelligence !... Mais c'est que précisément il éprouvait encore toutes les peines du monde à liquider... Un vieux rétrécissement l'empoisonnait d'urine, lui barrait la vessie... Je n'en finissais pas de le sonder, de le débarrasser goutte à goutte... La famille insistait pour que ça lui vienne malgré tout de son génie... J'avais beau essayer de lui expliquer à la famille que c'était plutôt la vessie qu'il avait de malade leur écrivain, ils n'en démordaient pas... Pour eux, il avait succombé à un moment d'excès de son génie et voilà tout... Il a bien fallu que je me range à leur avis finalement. Vous savez n'est-ce pas ce que c'est qu'une famille ? Impossible de faire comprendre à une famille qu'un homme, parent ou pas, ce n'est rien après tout quel la pourriture en suspens... Elle refuserait de payer pour de la pourriture en suspens. »

Depuis plus de vingt ans Baryton n'en finissait jamais de les satisfaire dans leurs vanités pointilleuses les familles. Elles lui faisaient la vie dure les familles. Bien patient et bien équilibré tel que je l'ai connu, il gardait cependant sur le cœur un vieux reliquat de haine bien rance à l'égard des familles... Au moment où je vivais à ses côtés, il était excédé et cherchait en secret obstiné ment à se libérer, à se soustraire une bonne fois pour toutes à la tyrannie des familles, d'une manière ou d'une autre... Chacun possède ses raisons pour s'évader de sa misère intime et chacun de nous pour y parvenir emprunte aux circonstances quelque ingénieux chemin. Heureux ceux auxquels le borde suffit !

Parapine, en ce qui le concernait semblait heureux d'avoir choisi la route du silence. Baryton lui, je ne le compris que plus tard, se demandait en conscience s'il arriverait jamais à se débarrasser des familles, de leur sujétion, des mille platitudes répugnantes de la psychiatrie alimentaire, de son état en somme. Il avait tellement envie de choses absolument neuves et différentes, qu'il était mûr au fond pour la fuite et l'évasion, d'où sans doute les tirades critiques... Son égoïsme crevait sous les routines. Il ne pouvait plus rien sublimer, il voulait s'en aller seulement, emporter son corps ailleurs. Il n'était pas musicien pour un sou Baryton, il lui fallait donc tout renverser comme un ours, pour en finir.

Il se libéra lui qui se croyait raisonnable au moyen d'un scandale tout à fait regrettable. J'essayerai de raconter plus tard, à loisir, de quelle manière les choses se passèrent.

En ce qui me concernait, pour l'instant, le métier d'assistant chez lui, me semblait tout à fait acceptable.

Les routines du traitement nullement pénibles, bien qu'évidemment, de temps à autre, un petit malaise me prît quand j'avais par exemple conversé trop longuement avec les pensionnaires, une sorte de vertige m'entraînait alors comme s'ils m'avaient emmené loin de mon rivage habituel les pensionnaires, avec eux, sans en avoir l'air, d'une phrase ordinaire à l'autre, en paroles innocentes, jusqu'au beau milieu de leur délire. Je me demandais pendant un petit instant comment en sortir, et si par hasard je n'étais pas enfermé une fois pour toutes avec leur folie, sans m en douter.

Je me tenais au bord dangereux des fous, à leur lisière pour ainsi dire, à force d'être toujours aimable avec eux, ma nature. Je ne chavirais pas mais tout le temps, je me sentais en péril, comme s'ils m'eussent attiré sournoise ment dans les quartiers de leur ville inconnue. Une ville dont les rues devenaient de plus en plus molles à mesure qu'on avançait entre leurs maisons baveuses, les fenêtres fondantes et mal closes, sur ces douteuses rumeurs. Les portes, le sol mouvant... L'envie vous prend quand même d'aller un peu plus loin pour savoir si on aura la force de retrouver sa raison, quand même, parmi les décombres. Ça tourne vite au vice la raison, comme la bonne humeur et le sommeil chez les neurasthéniques. On ne peut plus penser qu'à sa raison. Rien ne va plus. Fini de rigoler.

Tout allait donc ainsi de doutes en doutes, quand nous parvînmes à la date du 4 mai. Date fameuse ce 4 mai. Je me sentais par hasard si bien ce jour-là que c'était comme un miracle. Pulsations à 78. Comme à la suite d'un bon déjeuner. Quand voilà que tout se met à tourner ! Je me cramponne.

Tout tourne en bile. Les gens se mettent à avoir des drôles de mines. Ils me semblent devenus râpeux comme des citrons et plus malveillants encore qu'auparavant. D'être grimpé trop haut sans doute, trop imprudemment tout en haut de la santé, j'étais retombé devant la glace, à me regarder vieillir, passionnément.

On ne compte plus ses dégoûts, ses fatigues quand ces jours merdeux arrivent accumulés entre le nez et les yeux, il y en a rien que là, pour des années de plusieurs hommes. Il y en a bien de trop pour un homme.

À tout prendre, soudain j'eusse préféré dans l'instant, retourner au Tarapout. Surtout que Parapine avait cessé de me parler, à moi aussi. Mais du côté du Tarapout j'étais brûlé. C'est dur de n'avoir que son patron pour tout confort spirituel et matériel, surtout quand c'est un aliéniste et qu'on n'est plus très sûr de sa propre tête. Faut tenir. Ne rien dire. Il nous restait à parler de femmes ensemble ; c'était un sujet bénin et grâce auquel e pouvais encore espérer l'amuser de temps en temps. À cet égard, il m'accordait même un certain crédit d'expérience, une petite dégoûtante compétence.

Il n'était point mauvais que Baryton me considérât dans mon ensemble avec quelque mépris. Un patron se trouve toujours un peu rassuré par l'ignominie de son personnel. L'esclave doit être coûte que coûte un peu et même beaucoup méprisable. Un ensemble de petites tares chroniques morales et physiques justifie le sort qui l'accable. La terre tourne mieux ainsi puisque chacun se trouve dessus à sa place méritée.

L'être dont on se sert doit être bas, plat, voué aux déchéances, cela soulage, surtout qu'il nous payait tout à fait mal Baryton. Dans ces cas d'avarices aiguës les employeurs demeurent un peu soupçonneux et inquiets. Raté, débauché, dévoyé, dévoué, tout s'expliquait, se justifiait et s'harmonisait en somme. Il ne lui aurait pas déplu à Baryton que j'aye été un peu recherché par la police. C'est ça qui rend dévoué.

J'avais renoncé d'ailleurs, depuis belle lurette à toute espèce d'amour-propre. Ce sentiment m'avait semblé toujours très au-dessus de ma condition, mille fois trop dispendieux pour mes ressources. Je me trouvais tout à fait bien d'en avoir fait le sacrifice une fois pour toutes.

Il me suffisait à présent de me maintenir dans un équilibre supportable, alimentaire et physique. Le reste ne m'importait vraiment plus du tout. Mais j'éprouvais quand même bien du mal à franchir certaines nuits, surtout quand le souvenir de ce qui s'était passé à Toulouse venait me réveiller pendant des heures entières.

J'imaginais alors, je ne pouvais m'en empêcher, toutes espèces de suites dramatiques à la dégringolade de la mère Henrouille dans sa fosse à momies et la peur me montait des intestins, m'attrapait le cœur et me le tenait, à battre, jusqu'à m'en faire bondir tout entier hors du plumard pour arpenter ma chambre dans un sens et puis dans l'autre jusqu'au fond de l'ombre et jusqu'au matin. Au cours de ces crises, je me prenais à désespérer de me retrouver jamais assez d'insouciance pour pouvoir me rendormir jamais. Ne croyez donc jamais d'emblée au malheur des hommes. Demandez-leur seulement s'ils peuvent dormir encore ?... Si oui, tout va bien. Ça suffit.

Il ne m'arriverait plus jamais à moi de dormir complètement. J'avais perdu comme l'habitude de cette confiance, celle qu'il faut bien avoir, réellement immense pour s'endormir complètement parmi les hommes. Il m'aurait fallu au moins une maladie, une fièvre, une catastrophe précise pour que je puisse la retrouver un peu cette indifférence et neutraliser mon inquiétude à moi et retrouver la sotte et divine tranquillité. Les seuls jours supportables dont je puisse me souvenir au cours de bien des années ce furent quelques jours d'une grippe lourdement fiévreuse.

Baryton ne me questionnait jamais à propos de ma santé. Il évitait d'ailleurs aussi de s'occuper de la sienne. « La science et la vie forment des mélanges désastreux, Ferdinand ! Évitez toujours de vous soigner croyez-moi... Toute question posée au corps devient une brèche... Un commencement d'inquiétude, d'obsession... » Tels étaient ses principes biologiques simplistes et favoris. Il faisait en somme le malin. « Le connu me suffit bien ! » disait-il fréquemment encore. Histoire de m'en mettre plein la vue.

Il ne me parlait jamais d'argent mais c'était pour y penser davantage, plus intimement.

Les démêlés de Robinson avec la famille Henrouille je les gardais, assez incompris encore, sur la conscience et souvent j'essayai de lui en raconter des bouts et des épisodes à Baryton. Mais ça ne l'intéressait pas du tout. préférait mes histoires d'Afrique, surtout celles où il était question des confrères que j'avais rencontrés un peu partout, de leurs pratiques médicales à ces confrères peu ordinaires, pratiques étranges ou douteuses.

De temps en temps, à l'Asile, nous passions par une alerte à cause de sa fillette, Aimée. Soudain, à l'heure du dîner, on ne la retrouvait plus ni dans le jardin, ni dans sa chambre. Pour ma part, je m'attendais toujours à la retrouver un beau soir, dépecée derrière un bosquet. Avec nos fous déambulant partout, le pire pouvait lui advenir. Elle avait échappé d'ailleurs de justesse au viol, bien des fois déjà. Et alors c'était des cris, des douches, des éclaircissements à n'en plus finir. On avait beau lui défendre de passer par certaines allées trop abritées, elle y retournait cette enfant, invinciblement, dans les petits coins. Son père ne manquait pas à chaque fois de la fesser et mémorablement. Rien n'y faisait. je crois qu'elle aimait l'ensemble.

En croisant, en doublant les fous à travers les couloirs, nous, du personnel, nous devions toujours demeurer un peu sur nos gardes. Les aliénés ont le meurtre encore plus facile que les hommes ordinaires. Ainsi cela nous était devenu une sorte d'habitude de nous placer, pour les croiser, le dos au mur, toujours prêts à les recevoir d'un grand coup de pied dans le bas du ventre, au premier geste. Ils vous épient, ils passent. Folie à part, on s'est parfaitement compris.

Baryton déplorait qu'aucun de nous ne sache jouer aux échecs. Il fallut que je me misse à apprendre ce jeu rien que pour lui faire plaisir.

Dans la journée, il se distinguait par une activité tracassière et minuscule Baryton, qui rendait la vie bien fatigante autour de lui. Une nouvelle petite idée du genre platement pratique lui jaillissait chaque matin. Remplacer le papier en rouleaux des cabinets par du papier en folios dépliables nous força à réfléchir pendant toute une semaine, que nous gaspillâmes en résolutions contradictoires. Finalement, il fut décidé qu'on attendrait le mois des soldes pour faire un tour dans les magasins. Après cela survint un autre tracas oiseux, celui des gilets de flanelle... Fallait-il donc les porter dessous ?... Ou dessus la chemise ?... Et la façon d'administrer le sulfate de soude ?... Parapine se dérobait par un silence tenace à ces controverses sous-intellectuelles.

Stimulé par l'ennui j'avais fini par lui raconter à Baryton beaucoup plus d'aventures encore que tous mes voyages n'en avaient jamais comporté, j'étais épuisé ! Et ce fut à son tour finalement d'occuper entièrement la conversation vacante rien qu'avec ses propositions et ses réticences minuscules. On n'en sortait plus. C'est par l'épuisement qu'il m'avait eu. Et je ne possédais pas moi, comme Parapine, une indifférence absolue pour me défendre. Il fallait au contraire que je lui réponde malgré moi. Je ne pouvais plus m'empêcher de discutailler, à l'infini, sur les mérites comparatifs du cacao et du café crème... Il m'ensorcelait de sottise.

Nous remettions ça encore à propos de tout et de rien, des bas-varices, du courant faradique optima, du traitement des cellulites de la région du coude... J'étais arrivé à bafouiller tout à fait selon ses indications et ses penchants, à propos de rien et de tout, comme un vrai technicien. Il m'accompagnait, me précédait dans cette promenade infiniment gâteuse, Baryton, il m'en satura de la conversation pour l'éternité. Parapine rigolait bien dans son dedans, en nous entendant défiler parmi nos ergotages à longueur de nouilles tout en postillonnant le bordeaux du patron à pleine nappe.

Mais paix au souvenir de M. Baryton, ce salaud ! J'ai fini tout de même par le faire disparaître. Ça m'a demandé bien du génie !

Parmi les clientes dont on m'avait confié plus spécialement la garde, les plus baveuses me donnaient un foutu tintouin. Leurs douches par-ci... Leurs sondes par-là... Leurs petits vices, sévices ; et leurs grandes béances à tenir toujours propres... Une des jeunes pensionnaires me valait assez souvent des observations du patron. Elle détruisait le jardin en arrachant des fleurs, c'était sa manie et je n'aimais pas ça les observations du patron...

« La fiancée » qu'on l'appelait, une Argentine, au physique, pas mal du tout, mais au moral, rien qu'une idée, celle d'épouser son père. Alors elles y passaient une à une toutes les fleurs des massifs pour se les piquer dans son grand voile blanc qu'elle portait jour et nuit, partout. Un cas dont la famille, religieusement fanatique, avait horriblement honte. Ils la cachaient au monde leur fille et son idée avec. D'après Baryton, elle succombait aux inconséquences d'une éducation trop tendue, trop sévère, d'une morale absolue qui lui avait, pour ainsi dire, éclaté dans la tête.

Au crépuscule, nous rentrions tout notre monde après avoir fait l'appel longuement, et nous passions encore par les chambres surtout pour les empêcher les excités de se toucher trop frénétiquement avant de s'endormir. Le samedi soir c'est bien important de les modérer et d'y faire bien attention, parce que le dimanche quand les parents viennent, c'est très mauvais pour la maison quand ils les trouvent masturbés à blanc, les pensionnaires.

Tout ça me rappelait le coup de Bébert et du fin sirop. À Vigny j'en donnais énormément de ce sirop-là. J'avais conservé la formule. J'avais fini par y croire.

La concierge de l'Asile tenait un petit commerce de bonbons, avec son mari, un vrai costaud, auquel on faisait appel de temps à autre, pour les coups durs.

Ainsi passaient les choses et les mois, assez gentiment en somme et on n'aurait pas eu trop à se plaindre si Baryton n'avait pas subitement conçu une autre nouvelle fameuse idée.

Depuis longtemps, sans doute, il se demandait s'il ne pourrait pas des fois m'utiliser plus et mieux encore pour le même prix. Alors il avait fini par trouver.

Un jour après le déjeuner il l'a sortie son idée. D'abord il nous fit servir un saladier tout plein de mon dessert favori, des fraises à la crème. Ça m'a semblé tout de suite suspect. En effet, à peine avais-je fini de bouffer sa dernière fraise qu'il m'attaquait d'autorité.

« Ferdinand, qu'il me fit comme ça, je me suis demandé si vous consentiriez à donner quelques leçons d'anglais à ma petite fille Aimée ?... Qu'en dites-vous ?... Je sais que vous possédez un excellent accent... Et dans l'anglais n'est-ce pas, l'accent c'est l'essentiel !... Et puis d'ailleurs soit dit sans vous flatter vous êtes Ferdinand, la complaisance même.

— Mais certainement, monsieur Baryton », que je lui répondis moi, pris de court...

Et il fut convenu, sans désemparer, que je donnerais à Aimée, dès le lendemain matin, sa première leçon d'anglais. Et d'autres suivirent, ainsi de suite, pendant des semaines...

C'est à partir de ces leçons d'anglais que nous entrâmes tous dans une période absolument trouble, équivoque, au cours de laquelle les événements se succédèrent dans un rythme qui n'était plus du tout celui de la vie ordinaire.

Baryton tint à assister aux leçons, à toutes les leçons que je donnais à sa fille. En dépit de toute ma sollicitude inquiète, la pauvre petite Aimée ne mordait guère à l'anglais, pas du tout à vrai dire. Au fond elle ne tenait guère la pauvre Aimée à savoir ce que tous ces mots nouveaux voulaient bien dire. Elle se demandait même ce que nous lui voulions nous tous en insistant, vicieux, de la sorte, pour qu'elle en retienne réellement la signification. Elle ne pleurait pas, mais c'était tout juste. Elle aurait préféré Aimée qu'on la laisse se débrouiller gentiment avec le petit peu de français qu'elle savait déjà et dont les difficultés et les facilités lui suffisaient amplement pour occuper sa vie entière.

Mais son père, lui, ne l'entendait pas du tout de cette oreille. « Il faut que tu deviennes une jeune fille moderne ma petite Aimée la stimulait-il, inlassablement, question de la consoler... J'ai bien souffert, moi, ton père, de n'avoir pas su assez d'anglais pour me débrouiller comme il fallait dans la clientèle étrangère... Va ! Ne pleure pas ma petite chérie ! Écoute plutôt M. Bardamu si patient, si aimable et quand tu sauras faire à ton tour les the avec ta langue comme il te montre, je te payerai c'est promis, une jolie bicyclette toute nic-ke-lée... »

Mais elle n'avait pas envie de faire les *the* non plus que les *enough*, Aimée, pas du tout... C'est lui le patron qui les faisait à sa place les *the* et les *rough* et puis encore bien d'autres progrès, en dépit de son accent de Bordeaux et de sa manie de logique bien gênante en anglais. Pendant un mois, deux mois ainsi. À mesure que se développait chez le père la passion d'apprendre l'anglais, Aimée avait de moins en moins l'occasion de se débattre avec les voyelles. Baryton me prenait tout entier. Il m'accaparait même, ne me lâchait plus, il me pompait tout mon anglais. Comme nos chambres étaient voisines, je pouvais l'entendre dès le matin, tout en s'habillant, transformer déjà sa vie intime en anglais. *The coffee is black... My shirt is white... The garden is green... How are you today Bardamu ?* qu'il hurlait à travers la cloison. Il prit assez tôt du goût pour les formes les plus elliptiques de la langue.

Avec cette perversion il devait nous mener très loin... Dès qu'il eut pris contact avec la grande littérature, il nous fut impossible de nous arrêter... Après huit mois de progrès aussi anormaux, il était presque parvenu à se reconstituer entièrement sur le plan anglo-saxon. Ainsi parvint-il en même temps à me dégoûter entièrement de lui-même, deux fois de suite.

Peu à peu nous étions arrivés à laisser la petite Aimée à peu près en dehors des conversations, donc de plus en plus tranquille. Elle retourna, paisible, parmi ses nuages, sans demander son reste. Elle n'apprendrait pas l'anglais voilà tout ! Tout pour Baryton !

L'hiver revint. Ce fut Noël. Dans les agences on nous annonçait des billets d'aller et retour à prix réduits pour l'Angleterre... En passant par les boulevards avec Para pine, l'accompagnant au cinéma, je les avais remarquées moi ces annonces... J'étais même entré dans une pour me renseigner sur les prix.

Et puis à table, entre autres choses, j'en avais placé deux mots à Baryton. D'abord ça n'a pas eu l'air de l'intéresser mon renseignement. Il a laissé passer la chose. Je croyais bien même que c'était tout à fait oublié quand un soir c'est lui-même qui s'est mis à m'en reparler pour me prier de lui rapporter à l'occasion les prospectus.

Entre nos séances de littérature anglaise nous jouions assez souvent au billard japonais et encore au « bouchon »[36] dans l'une des pièces d'isolement, celle-ci bien garnie de barreaux solides, située juste au-dessus de la loge à la concierge.

Baryton excellait aux jeux d'adresse. Parapine lui challengeait régulièrement l'apéritif et le perdait tout aussi régulièrement. Nous passions dans cette petite salle de jeux improvisée des soirées entières, surtout pendant l'hiver, quand il pleuvait, pour ne pas lui abîmer ses grands salons au patron. Quelquefois on plaçait un agité en observation dans cette même petite salle de jeu, mais c'était assez rare.

Pendant qu'ils rivalisaient d'adresse, Parapine et le patron sur le tapis ou sur le plancher « au bouchon », je m'amusais, si je puis ainsi m'exprimer, à essayer d'éprouver les mêmes sensations qu'un prisonnier dans sa cellule. Ça me manquait comme sensation. Avec de la volonté on peut arriver à se prendre d'amitié pour les gens rares qui passent par les rues de banlieue. Aux fins des journées on s'apitoie sur le petit mouvement que créent les tramways en ramenant de Paris les employés par paquets dociles. Au premier détour après l'épicier c'est déjà fini leur déroute. Ils vont se verser tout doucement dans la nuit. On a à peine eu le temps de les compter. Mais Baryton me laissait rêvasser rarement à mon aise. En pleine partie de bouchon il pétulait encore d'interrogations insolites.

« *How do you say* « impossible » en *english*, Ferdinand ?... »

En somme il n'en avait jamais assez de faire des progrès. Il était tendu avec toute sa bêtise vers la perfection. Il ne voulait même oint entendre parler d'à peu près ou de concessions. Heureusement, certaine crise m'en délivra. Voici l'essentiel.

À mesure que nous progressions dans la lecture de l'Histoire d'Angleterre je le vis perdre un peu de son assurance et puis finalement le meilleur de son optimisme. Au moment où nous abordâmes les poètes élisabéthains de grands changements immatériels survinrent dans son esprit et dans sa personne. J'éprouvai d'abord quelque peine à me convaincre mais je fus bien obligé, finalement, comme tout le monde, de l'accepter tel qu'il était devenu, Baryton, lamentable à vrai dire. Son attention précise et autrefois assez sévère flottait à présent entraînée vers de fabuleuses, interminables digressions. Et ce fut peu à peu à son tour de demeurer pendant des heures entières, dans sa maison même, là, devant nous, rêvasseur, lointain déjà... Bien qu'il m'ait longuement et décisivement dégoûté j'éprouvais cependant quelque remords à le voir ainsi se désagréger Baryton. Je me croyais un peu responsable de cette débâcle... Son désarroi spirituel ne m'était pas entièrement étranger... À tel point que je lui proposai un jour d'interrompre pendant quelque temps le cours de nos exercices de littérature sous le prétexte qu'un intermède nous ménagerait et le loisir et l'occasion de renouveler nos ressources documentaires... Il ne fut point dupe de cette mièvre ruse et m'opposa sur le-champ un refus certes encore bienveillant mais tout à fait catégorique... Il entendait lui poursuivre avec moi sans désemparer la découverte de l'Angleterre spirituelle... Telle qu'il l'avait entreprise... Je n'avais rien à lui répondre... Je m'inclinai. Il redoutait même de ne plus avoir assez d'heures à vivre encore pour y parvenir entièrement... Il fallut en somme et malgré que déjà je pressentisse le pire, poursuivre avec lui tant bien que mal cette pérégrination académique et désolée.

---

[36] *Bouchon* : le bouchon est un jeu qui consiste à renverser avec un palet des pièces de monnaie posées sur un bouchon.

En vérité Baryton n'était plus du tout lui-même. Autour de nous, personnes et choses, fantasques et plus lentes, perdaient leur importance déjà et même les couleurs que nous leur avions connues prenaient une douceur rêveuse tout à fait équivoque...

Il ne témoignait plus Baryton que d'un intérêt occasionnel et de plus en plus languissant pour les détails administratifs de sa propre maison, son œuvre cependant, et dont il avait été pendant plus de trente ans littéralement passionné. Il se reposait entièrement sur Parapine pour vaquer aux arrangements des services administratifs. Le désarroi croissant de ses convictions qu'il cherchait encore à dissimuler pudiquement en public, devint bien tôt tout à fait évident pour nous, irréfutable, physique.

Gustave Mandamour, l'agent de police que nous connaissions à Vigny pour l'utiliser quelquefois dans les gros travaux de la maison et qui était bien l'être le moins perspicace qu'il m'ait été donné de rencontrer parmi tant d'autres du même ordre, m'a demandé certain jour, vers cette époque, si le patron des fois n'avait pas recru de très mauvaises nouvelles... Je le rassurai de mon mieux mais sans y mettre de conviction.

Tous ces cancans n'intéressaient plus Baryton. Il entendait seulement n'être plus dérangé sous aucun prétexte... Tout au début de nos études nous avions trop rapidement parcouru, à son gré, la grande *Histoire de l'Angleterre* par Macaulay, ouvrage capital en seize volumes. Nous reprîmes, sur son ordre, cette fameuse lecture et cela dans des conditions morales tout à fait inquiétantes. Chapitre après chapitre.

Baryton me semblait de plus en plus perfidement contaminé par la méditation. Lorsque nous parvînmes à ce passage, implacable entre tous, où Monmouth le Prétendant vient de débarquer sur les rivages imprécis du Kent... Au moment où son aventure se met à tour noyer dans le vide... Où Monmouth le Prétendant ne sait plus très bien ce qu'il prétend... Ce qu'il veut faire. Ce qu'il est venu faire... Où il commence se dire qu'il voudrait bien s'en aller, mais où il ne sait plus ni où ni comment s'en aller... Quand la défaite monte devant lui... Dans la pâleur du matin... Quand la mer emporte ses derniers navires... Quand Monmouth se met à penser pour la première fois... Baryton ne parvenait non plus, en ce qui le concernait, infime, à franchir ses propres décisions... Il lisait et relisait ce passage et se le remurmurait encore... Accablé, il refermait le livre et venait s'étendre près de nous.

Longtemps, il reprenait, yeux mi-clos, le texte entier, de mémoire, et puis avec son accent anglais le meilleur parmi tous ceux de Bordeaux que je lui avais donnés à choisir. Il nous le récitait encore...

Dans l'aventure de Monmouth, quand tout le ridicule piteux de notre puérile et tragique nature se déboutonne pour ainsi dire devant l'Éternité il se prenait à son tour de vertige Baryton, et comme il ne tenait déjà plus que par un fil à notre destin ordinaire il lâcha la rampe...

Depuis ce moment, je peux bien le dire, il ne fut plus des nôtres... Il ne pouvait plus...

Dès la fin de cette même soirée, il me demanda de venir le rejoindre dans son cabinet directorial... Certes, je m'attendais au point où nous en étions, à ce qu'il me fît part de quelque suprême résolution, de mon renvoi immédiat par exemple... Eh bien as du tout ! La décision à laquelle il s'était arrêté m'était au contraire entièrement favorable ! Or il m'arrivait si rarement d'être surpris par un sort favorable que je ne pus m'empêcher de verser quelques larmes... Baryton voulut bien prendre ce témoignage de mon émoi pour du chagrin et ce fut dès lors à son tour à me consoler...

« Irez-vous jusqu'à douter de ma parole, Ferdinand, si je vous certifie qu'il m'a fallu bien plus et bien mieux que du courage pour me résoudre à quitter cette maison ?... Moi dont vous connaissez les habitudes si sédentaires, moi déjà presque un vieillard en somme et dont toute la carrière ne fut qu'une longue vérification, bien bien scrupuleuse de tant de lentes ou promptes malices ?... Comment suis-je parvenu, est-ce croyable, en l'espace de quelques mois à peine à tout abjurer ?... Et pourtant m'y voici corps et âme dans cet état de détachement, de noblesse... Ferdinand ! *Hurrah* ! Comme vous dites en anglais ! Mon passé ne m'est décidément plus rien ! Je vais renaître Ferdinand ! Tout simplement ! Je pars ! Oh vos larmes, bienveillant ami, ne sauraient atténuer le définitif dégoût que je ressens pour tout ce qui me retint ici pendant tant et tant d'insipides années !.. : C'en est trop assez Ferdinand ! Je pars vous dis-je ! Je fuis ! Je m'évade ! Certes je me déchire ! Je le sais ! Je saigne ! Je le vois ! Eh bien Ferdinand, cependant pour rien au monde ! Ferdinand, rien ! Vous ne me feriez revenir sur mes pas ! M'entendez-vous ?... Même si je m'étais laissé tomber là, un œil, quelque part dans cette boue, je ne reviendrais pas pour le ramasser ! Alors ! C'est tout vous dire ! Doutez-vous à présent de ma sincérité ? »

Je ne doutais plus de rien du tout. Il était décidément capable de tout Baryton. Je crois d'ailleurs qu'il eût été fatal pour sa raison que je me mette à le contredire dans l'état où il s'était mis. Je lui laissai quelque répit et puis j'essayai quand même encore un petit peu de le fléchir, je me risquai dans une suprême tentative pour le ramener vers nous... Par les effets d'une argumentation légèrement transposée... gentiment latérale...

« Abandonnez donc, Ferdinand, de grâce, l'espoir que je me voie revenir sur ma décision ! Elle est irrévocable vous dis-je ! En ne m'en reparlant plus, vous me ferez tout à fait plaisir... Pour la dernière fois, Ferdinand, voulez-vous me faire plaisir ? À mon âge, n'est-ce pas, les vocations deviennent tout à fait, rares... C'est un fait... Mais elles sont irrémédiables... »

Telles furent ses propres paroles, presque les dernières qu'il prononça. Je les rapporte.

« Peut-être, cher monsieur Baryton, osai-je toutefois encore l'interrompre, peut-être que ces sortes de vacances impromptues que vous vous disposez à prendre ne formeront-elles en définitive qu'un épisode un peu romanesque, une bienvenue diversion, un entracte heureux, dans le cours un peu austère certes de votre carrière ? Peut-être qu'après avoir goûté d'une autre vie... Plus agrémentée, moins banalement méthodique que celle que nous menons ici, peut-être nous reviendrez-vous, tout simplement, content de votre voyage, blasé des imprévus ?... Vous reprendrez alors, tout naturellement votre place à notre tête... Fier de vos acquis récents... Renouvelé en somme, et sans doute désormais tout à fait indulgent et consentant aux monotonies quotidiennes de notre besogneuse routine... Vieilli enfin ! Si toutefois vous m'autorisez à m'exprimer ainsi monsieur Baryton ?

— Quel flatteur que ce Ferdinand !... Il trouve encore le moyen de me toucher dans ma fierté masculine, sensible, exigeante même, je le découvre en dépit de tant de lassitude et d'épreuves passées... Non, Ferdinand la route l'ingéniosité que vous déployez ne saurait rendre en un moment bénin tout ce qui demeure au fond de notre volonté même, abominablement hostile et douloureux. D'ailleurs Ferdinand, le temps d'hésiter, de revenir sur mes pas n'est plus !.. Je suis, je l'avoue, je le clame Ferdinand : Vidé l'Abruti ! Vaincu ! Par quarante années de petitesses sagaces !... C'est énormément trop déjà !... Ce que je veux tenter ? Vous voulez le savoir ?... Je puis bien vous le dire, à vous, mon suprême ami, vous qui avez bien voulu prendre une part désintéressée, admirable, aux souffrances d'un vieillard en déroute... Je veux, Ferdinand, essayer d'aller me perdre l'âme comme on va perdre son chien galeux, son chien qui pue, bien loin, le compagnon qui vous dégoûte, avant de mourir... Enfin bien seul... Tranquille... soi-même...

— Mais cher monsieur Baryton, ce violent désespoir dont vous me dévoilez soudain les intraitables exigences ne m'était jamais apparu, j'en suis éberlué, à aucun moment dans vos propos ! Bien au contraire vos observations quotidiennes me semblent encore aujourd'hui même parfaitement pertinentes... Toutes vos initiatives toujours allègres et fécondes... Vos interventions médicales parfaitement judicieuses et méthodiques... En vain chercherais-je dans le cours de vos aces quotidiens l'un de ces signes d'abattement, de déroute... En vérité, je n'observe rien de semblable... »

Mais pour la première fois depuis que je le connaissais, Baryton n'éprouvait aucun plaisir à recevoir mes compliments. Il me dissuadait même gentiment de poursuivre l'entretien sur ce ton louangeur.

« Non, mon cher Ferdinand, je vous assure... Ces témoignages ultimes de votre amitié viennent adoucir certes et d'une façon inespérée les derniers moments de ma présence ici, cependant toute votre sollicitude ne saurait me rendre seulement tolérable le souvenir d'un passé qui m'accable et dont ces lieux suintent... Je veux à n'importe quel prix m'entendez-vous et dans n'importe quelles conditions m'éloigner...

— Mais cette maison même, monsieur Baryton, qu'allons-nous en faire désormais ? Y avez-vous songé ?

— Oui, certes, j'y songeai Ferdinand... Vous en prendrez la direction pendant tout le temps que durera mon absence et voilà tout !... N'avez-vous pas toujours entretenu d'excellents rapports avec notre clientèle ?... Votre direction sera donc facilement acceptée... Tout ira bien, vous le verrez, Ferdinand... Parapine, lui, puisqu'il ne peut souffrir la conversation, s'occupera des mécaniques, des appareils et du laboratoire... Ça le connaît !... Ainsi tout est réglé sagement... D'ailleurs j'ai cessé de croire aux présences indispensables... De ce côté-là aussi, vous le voyez, mon ami, j'ai bien changé... »

En fait, il était méconnaissable.

« Mais ne redoutez-vous point, monsieur Baryton, que votre départ ne soit commenté tout à fait malicieusement par nos concurrents des environs ?... De Passy par exemple ? De Montretout ?... De Gargan-Livry ? Tout ce qui nous entoure... Qui nous épie... Par ces confrères inlassablement perfides... Quel sens vont-ils donner à votre noble et volontaire exil ?... Comment vont-ils le qualifier ? Escapade ? Que sais-je encore ? Frasque ? Déroute ? Faillite ? Qui sait ?... »

Cette éventualité l'avait fait sans doute longuement et péniblement réfléchir. Il se troublait encore, là, devant moi, pâlissait en y songeant...

Aimée, sa fille, notre innocente, allait dans tout cela, subir un sort assez brutal. Il la confiait en garde à l'une de ses tantes, une inconnue à vrai dire, en province. Ainsi, toutes choses intimes bien liquidées, il ne nous restait plus, à Parapine et à moi, qu'à faire de notre mieux pour gérer tous ses intérêts et ses biens. Vogue donc la barque sans capitaine !

Je pouvais me permettre après ces confidences, me sembla-t-il, de lui demander au patron de quel côté il comptait se lancer vers les régions de son aventure...

« Par l'Angleterre ! Ferdinand », me répondait-il, sans broncher.

Tout ce qui nous advenait en si peu de temps, me semblait certes bien difficile à assimiler, mais il fallut tout de même nous adapter à ce nouveau sort en vitesse.

Dès le lendemain, nous l'aidâmes, Parapine et moi, à se constituer un bagage. Le passeport avec toutes ses petites pages et ses visas l'étonnait un peu. Il n'en avait jamais possédé auparavant de passeport. Tant qu'à faire, il aurait désiré en obtenir quelques autres de rechange. Nous sûmes le convaincre que c'était impossible.

Une dernière fois il trébucha sur la question des cols durs ou mous qu'il lui fallait emporter en voyage et combien de chaque sorte ? Ce problème nous amena, mal résolu, jusqu'à l'heure du train. Nous sautâmes tous les trois dans le dernier tramway pour Paris. Baryton n'emportait qu'une légère valise, entendant demeurer partout où il irait et en toutes circonstances, bien mobile et bien léger.

Sur le quai la noble hauteur des marchepieds des trains internationaux l'impressionna. Il hésitait à gravir ces degrés majestueux. Il se recueillait devant le wagon comme au seuil d'un monument. Nous l'aidâmes un peu. Ayant pris des secondes, il nous fit à ce propos une dernière remarque, comparative, pratique, et souriante. « Les premières ne sont pas mieux » fit-il.

Nous lui tendions les mains. Ce fut l'heure. On siffla le départ qui survint dans un branle énorme, en catastrophe de ferraille, à la minute bien précise. Nos adieux en furent abominablement brutalisés. « Au revoir, mes enfants ! » eut-il juste le temps de nous dire et sa main s'est détachée, enlevée aux nôtres...

Elle remuait là-bas dans la fumée, sa main, élancée dans le bruit, déjà sur la nuit, à travers les rails, toujours plus loin, blanche...

* * *

D'un côté, on ne le regretta pas, mais tout de même ce départ créait un sacré vide dans la maison.

D'abord la façon dont il était parti nous rendait tristes et pour ainsi dire malgré nous. Elle n'était pas naturelle la façon dont il était parti. On se demandait ce qui allait pouvoir nous arriver à nous après un coup pareil.

Mais on a pas eu le temps de se le demander long temps, ni même de s'ennuyer non plus. Quelques jours à peine après qu'on l'a eu reconduit à la gare Baryton, voilà une visite qui s'annonce pour moi au bureau, pour moi tout spécialement. L'abbé Protiste.

Je lui en ai appris alors moi des nouvelles ! Et des belles ! Et la façon fameuse surtout dont Baryton nous avait plaqués tous pour s'en aller vadrouiller dans les Septentrions !... Il n'en revenait pas Protiste en apprenant ça, et puis quand il a eu compris à la fin il ne discernait plus dans ce changement que le profit que je pouvais tirer moi d'une situation pareille. « Cette confiance de votre Directeur m'apparaît comme la plus flatteuse des promotions, mon cher Doseur ! » qu'il me rabâchait à n'en plus finir.

J'avais beau essayer de le calmer, mis en verve, il n'en démordait plus de sa formule et de me prédire le plus magnifique des avenirs, une splendide carrière médicale comme il disait. Je ne pouvais plus l'interrompre.

Avec bien du mal on est revenus tout de même aux choses sérieuses, à cette ville de Toulouse précisément, dont il arrivait lui, de la veille. Bien entendu je l'ai laissé me raconter à son tour ce qu'il savait. J'ai même fait l'étonné, le stupéfait, quand il m'a eu appris l'accident qui était arrivé à la vieille.

« Comment ? Comment ? que je l'interrompais moi. Elle est morte ?... Mais quand donc ça s'est-il passé voyons ? »

De fil en aiguille il a bien fallu qu'il se mette à table.

Sans me raconter absolument que c'était Robinson qui l'avait basculée la vieille, dans son petit escalier, il ne m'a tout de même pas empêché de le supposer... Elle avait pas eu le temps de dire ouf ! paraît-il. On se comprenait... C'était du joli, du soigné... À la seconde fois qu'il s'y était repris, il l'avait pas loupée la vieille.

Heureusement qu'il passait dans le quartier, à Toulouse, Robinson, pour tout à fait aveugle encore. On était donc pas allé chercher plus qu'un accident, bien tragique certes, mais tout de même bien explicable dès qu'on réfléchissait un peu à tout, aux circonstances, à ! âge de la vieille personne, et aussi à ce que ça s'était passé sur la fin d'une journée, la fatigue... Moi je ne tenais pas à en savoir davantage pour le moment.

J'en avais reçu déjà bien assez comme ça des confidences.

Quand même, j'ai eu du mal à le faire changer de conversation l'Abbé. Ça le travaillait son histoire. Il y revenait encore et toujours dans l'espérance sans doute de me faire me couper, de me compromettre qu'on aurait dit... C'était midi !... Il pouvait courir... Alors il y a tout de même renoncé et s'est contenté de me parler de Robin son, de sa santé... De ses yeux... De ce côté-là, il allait beaucoup mieux... Mais c'était le moral qui était toujours mauvais chez lui. Le moral décidément, ça n'allait plus du tout ! Et cela en dépit de la sollicitude, de l'affection que les deux femmes n'arrêtaient pas de lui prodiguer... Il n'arrêtait pas en échange de se plaindre, de son sort et de la vie.

Moi, ça ne me surprenait pas de l'entendre dire tout ça le curé. Je le connaissais le Robinson moi. De tristes, ingrates dispositions qu'il avait. Mais je me méfiais de l'Abbé bien davantage encore... Je ne pipais pas pendant qu'il me parlait. Il en fut donc pour ses frais de confidences.

« Votre ami, Docteur, en dépit d'une vie matérielle devenue à présent agréable, facile, et d'autre part des perspectives d'un heureux mariage prochain, déçoit toutes nos espérances, je dois vous l'avouer... N'est-il pas repris par ce goût funeste pour les escapades, ce goût de dévoyé que vous lui connûtes en d'autres temps ?... Que pensez-vous de ces dispositions, mon cher Docteur ? »

Il ne songeait là-bas en somme, qu'à tout plaquer Robinson, si je comprenais bien, la fiancée et sa mère en étaient vexées d'abord et puis elles en éprouvaient tout le chagrin qu'on pouvait imaginer. Voilà ce qu'il était venu pour me raconter l'abbé Protiste. Tout cela était assez troublant certes et pour ma part, j'étais bien résolu à me taire, à ne plus intervenir, à aucun prix, dans les petites affaires de cette famille... Entretien avorté, nous nous quittâmes au tramway avec l'Abbé, assez fraîche ment pour tout dire. En rentrant à l'Asile je n'avais pas l'esprit tranquille.

C'est très peu de temps après cette visite que nous reçûmes par l'Angleterre les premières nouvelles de Baryton. Quelques cartes postales. Il nous souhaitait à tous « une bonne santé et bonne chance ». Il nous écrivit encore quelques lignes insignifiantes, de-ci, de-là. Par une carte sans texte, nous apprîmes qu'il était passé en Norvège, et quelques semaines plus tard un télégramme vint nous rassurer un peu : « Bonne traversée ! » de Copenhague...

Ainsi que nous l'avions prévu, l'absence du patron fut commentée tout à fait méchamment dans Vigne même et aux environs. Il valait mieux pour l'avenir de l'Institut que nous ne donnions désormais sur les motifs de cette absence qu'un minimum d'explications, aussi bien devant nos malades, qu'aux confrères des alentours.

Des mois s'écoulèrent encore, mois de grande prudence, ternes, silencieux. Nous finîmes par éviter tout à fait d'évoquer le souvenir même de Baryton entre nous. D'ailleurs son souvenir nous faisait à tous comme un peu honte.

Et puis revint l'été. Nous ne pouvions pas demeurer tout le temps au jardin en train surveiller les malades. Pour nous prouver à nous-mêmes que nous étions malgré tout un peu libres on s'aventurait jusqu'au bord de la Seine, histoire de sortir.

Après le remblai de l'autre rive, c'est la grande plaine de Gennevilliers qui commence, une bien belle étendue grise et blanche où les cheminées se profilent doucement dans les poussières et dans la brume. Tout près du halage se tient le bistrot des mariniers, il garde l'entrée du canal. Le courant jaune vient pousser sur l'écluse.

On regardait ça nous autres en contrebas pendant des heures, et à côté, l'espèce de long marécage aussi dont l'odeur revient sournoise jusque sur la route des autos. On s'habitue. Elle n'en avait plus de couleur cette boue, tellement qu'elle était vieille et fatiguée par des crues. Sur les soirs l'été, elle devenait parfois comme douce, la boue, quand le ciel, en rose, tournait au sentiment. C'est là sur le pont qu'on venait pour écouter l'accordéon, celui des péniches, pendant qu'elles attendent devant la porte, que la nuit finisse pour passer au fleuve. Surtout celles qui descendent de Belgique sont musicales, elles portent de la couleur partout, du vert et du jaune, et à sécher des linges plein des ficelles et encore des combinaisons framboise que le vent gonfle en sautant dedans par bouffées.

À l'estaminet des mariniers, je venais souvent tout seul encore, à l'heure morte qui suit le déjeuner, quand le chat du patron et bien tranquille, entre les quatre murs, comme enfermé dans un petit ciel en ripolin bleu rien que pour lui.

Là, moi aussi, somnolent au début d'une après-midi, attendant, bien oublié que je croyais, que ça passe.

J'ai vu quelqu'un arriver de loin, qui montait par la route. J'ai pas eu à hésiter longtemps. À peine sur le pont je l'avais déjà reconnu. C'était mon Robinson lui-même. Pas d'erreur possible ! « Il vient par ici pour me rechercher ! que je me suis dit d'emblée... Le curé a dû lui passer mon adresse !... Faut que je m'en débarrasse en vitesse ! »

À L'instant je le trouvai abominable de me déranger au moment juste où je commençais à me refaire un bon petit égoïsme. On se méfie de ce qui arrive par les routes, on a raison. Le voilà donc parvenu tout près du bistrot. Je sors. Il a l'air surpris de me voir. « D'où viens-tu encore ? que je lui demande, ainsi, pas aimable. — De La Garenne... qu'il me répond. — Bon, ça va ! As-tu mangé ? » que je le questionne. Il en avait pas trop l'air d'avoir mangé, mais il ne voulait pas paraître la crever tout de suite en arrivant. « Te voilà encore en vadrouille alors ? » que j'ajoute. Parce que je peux bien le dire à pré sent, j'étais pas content du tout de le revoit. Ça me faisait aucun plaisir.

Parapine arrivait aussi du côté du canal, à ma rencontre. Ça tombait bien. Il était fatigué Parapine d'être aussi !fréquemment de sarde à l'Asile. C'est vrai que j'en prenais un peu à mon aise avec le service. D'abord, en ce qui concerne la situation, on aurait bien donné quelque chose, l'un comme l'autre, pour savoir au juste quand il allait revenir le Baryton. On espérait que ça serait bientôt qu'il aurait fini de vadrouiller pour le reprendre son bazar et s'en occuper lui-même. C'était de trop pour nous. Nous n'étions pas des ambitieux, ni l'un ni l'autre et on s'en foutait nous des possibilités d'avenir. C'était un tort d'ailleurs.

Faut lui rendre une justice encore à Parapine, c'est qu'il ne posait jamais de questions sur la gérance commerciale de l'Asile, sur la façon de m'y prendre avec les clients, seulement je le renseignais tout de même, malgré lui pour ainsi dire, et alors je parlais tout seul. Dans le cas de Robinson, c'était important de le mettre au courant.

« Je t'ai déjà parlé de Robinson n'est-ce pas ? que je lui ai demandé en manière d'introduction. Tu sais bien mon ami de la guerre ?... Tu y es ? »

Il me les avait bien entendu raconter cent fois les histoires de guerre et les histoires d'Afrique aussi et cent fois de façons bien diverses. C'était ma manière.

« Eh bien, que je continuai, le voici à présent Robin son qui revient en chair et en os de Toulouse, pour nous voir... On va dîner ensemble à la maison. » En fait, en m'avançant ainsi au nom de la maison je me sentais un peu gêné. C'était une espèce d'indiscrétion — que je commettais. Il m'aurait fallu pour la circonstance posséder une autorité liante, engageante, qui me faisait tout à fait défaut. Et puis Robinson lui-même ne me facilitait pas les choses. Sur le chemin qui nous ramenait au pays, il se montrait déjà tout curieux et inquiet, surtout au sujet de Parapine dont la figure longue et pâle à côté de nous l'intriguait. Il avait cru d'abord que c'était un fou aussi, Parapine. Depuis qu'il savait où nous demeurions à Vigny il en voyait partout des fous. Je le rassurai.

— Et toi, lui demandai-je, as-tu au moins retrouvé un boulot quelconque depuis que tu es de retour ?

— Je vais en chercher... qu'il se contenta de me répondre.

— Mais tes yeux sont-ils bien guéris ? Tu y vois bien maintenant avec ?

— Oui, j'y vois presque comme avant...

— Alors, t'es bien content ? » que je lui fais.

Non, il était pas content. Il avait autre chose à faire qu'à être content. Je me gardai de lui parler de Madelon tout de suite. C'était entre nous un sujet qui restait trop délicat. Nous passâmes un bon moment devant l'apéritif et j'en profitai pour le mettre au courant de bien des choses de l'Asile et d'autres détails encore. J'ai jamais pu m'empêcher de bavarder à tort et à travers. Pas bien différent somme toute de Baryton. Le dîner s'acheva dans la cordialité. Après, je ne pouvais tout de même pas le renvoyer tel quel à la rue Robinson Léon. Je décidai sur-le-champ qu'on lui monterait dans la salle à manger un petit lit-cage en attendant. Parapine n'émettait toujours pas d'avis. « Tiens Léon ! que j'ai dit moi, voici de quoi te loger tant que tu n'auras pas encore trouvé de place... — Merci » qu'il a répondu simplement et depuis ce moment, chaque matin, il s'en allait par le tramway à Paris soi-disant à la recherche d'un emploi de représentant.

Il en avait assez de l'usine, qu'il disait, il voulait « représenter ». Il s'est peut-être donné du mal pour en trouver une de représentation, faut être juste, mais enfin toujours est-il qu'il l'a pas trouvée.

Un soir il est rentré de Paris plus tôt qu'à l'habitude. J'étais encore au jardin moi, en train de surveiller les abords du grand bassin. Il est venu me retrouver là pour me dire deux mots.

« Écoute ! qu'il a commencé.

— Je t'écoute, que j'ai répondu.

— Tu pourrais pas me donner un petit emploi toi ici même ?... Je trouve rien ailleurs...

— T'as bien cherché ?

— Oui, j'ai bien cherché...

— Un emploi dans la maison que tu veux ? Mais à quoi faire ? T'en trouves donc pas un petit boulot à Paris ? Veux-tu qu'on se renseigne pour toi avec Parapine auprès des gens qu'on connaît ? »

Ça le gênait que je lui propose d'intervenir à propos de son emploi.

« C'est pas qu'on en trouve pas absolument, qu'il a continué alors. On en trouverait peut-être... Du petit travail... Bien... Mais tu vas comprendre... Il faut absolument que j'aie l'air d'être malade du cerveau... C'est urgent et c'est indispensable que j'aie l'air malade du cerveau...

— Bon ! que je lui fais alors moi, ne m'en dis pas davantage !...

— Si, si, Ferdinand, au contraire, il faut que je t'en dise bien davantage, et qu'il insistait, que tu me comprennes bien... Et puis comme je te connais d'abord, t'es long à comprendre et à te décider...

— Vas-y alors, que je lui fais, résigné, raconte...

— Si j'ai pas l'air fou, ça va aller mal, que je te garantis... Ça va barder... Elle est capable de me faire arrêter... Tu me comprends-t-y à présent ?

— C'est de Madelon qu'il s'agit ?

— Oui, bien sûr c'est d'elle

— C'est gentil !

— Tu peux le dire...

— Vous êtes fâchés tout à fait alors ?

— Comme tu vois...

Viens par ici, si tu veux me donner des détails ! que je l'interrompis moi alors, et que je l'entraînai à côté. Ce sera plus prudent à cause des fous... Ils peuvent comprendre aussi des choses et en raconter des bien plus drôles encore... tout fous qu'ils sont... »

Nous montâmes dans une des pièces de l'isolement et une fois là ce ne fut pas long à ce qu'il me reconstitue toute la combinaison, surtout que j'étais déjà bien fixé sur ses capacités et aussi que l'abbé Protiste m'avait laissé supposer le reste...

À la seconde reprise il avait pas raté l'affaire. On ne pouvait plus prétendre qu'il avait vasouillé encore une fois ! Ça non ! Pas du tout. Rien à dire.

« Tu comprends la vieille, elle me courait de plus en plus... Surtout depuis le moment où j'ai commencé à aller un peu mieux des yeux, c'est-à-dire quand j'ai commencé à pouvoir me conduire tout seul dans la rue... J'ai revu des choses à partir de ce moment-là... Et je l'ai revue elle aussi la vieille... Y a pas à dire, je voyais plus qu'elle !... Je l'avais là tout le temps devant moi !... C'est comme si elle m'avait bouché l'existence !... Je crois bien qu'elle le faisait exprès d'être là... Rien que pour m'empoisonner... C'est pas explicable autrement !... Et puis dans la maison où on était tous, tu la connais hein la maison, c'était pas facile de pas s'engueuler ?... T'as vu comment que c'était petit !... On se montait dessus ! On peut pas dire autrement !...

— Et les marches du caveau, elles tenaient pas fort hein ? »

J'avais remarqué moi-même comme il était dangereux l'escalier en visitant la première fois avec Madelon, qu'elles branlaient déjà les marches.

« Non, pour ça c'était presque du tout fait, qu'il a admis, bien franchement.

— Et les gens de là-bas ? l'interrogeai-je encore. Les voisins, les curés, les journalistes... Ils ont pas fait leurs petites remarques, eux, quand c'est arrivé ?...

— Non, faut croire... Et puis, ils me croyaient pas capable... Ils me prenaient pour un dégonflé... Un aveugle... Tu comprends ?...

— Enfin, pour ça tu peux t'estimer heureux, parce qu'autrement ?... Et Madelon ? qu'est-ce qu'elle faisait dans la combine ? Elle en était aussi ?

— Pas tout à fait... Mais un peu quand même, forcément, puisque le caveau, tu comprends, il devait nous revenir en totalité à tous les deux après que la vieille serait passée... C'était arrangé de cette manière-là... On devait s'établir tous les deux dedans...

— Pourquoi alors après que ça n'a plus marché vos amours ?

— Ça, tu sais, c'est compliqué à expliquer...

— Elle voulait plus de toi ?

— Mais si, au contraire, elle en voulait bien, et même qu'elle restait tout ce qu'il y a de portée sur la question du mariage... Sa mère aussi en voulait bien et encore plus fort qu'avant, et que ça se fasse dare-dare à cause des momies de la mère Henrouille qui nous revenaient et qu'on avait bien de quoi vivre tous les trois désormais tranquilles...

— Qu'est-ce qui s'est passé entre vous alors ?

— Eh bien, je voulais, moi, qu'elles me foutent la paix ! Tout simplement... La mère et la fille...

— Écoute, Léon !... que je l'arrêtai net en entendant ces mots-là. Écoute-moi... C'est pas sérieux non plus ta salade... Mets-toi à leur place à Madelon et à sa mère... Est-ce que t'aurais été content toi à leur place ? Comment ? En arrivant là-bas t'avais à peine de chaussures, pas de situation, rien, t'arrêtais pas de râler la longueur des journées, que la vieille gardait tout ton pognon et patati et patata... Elle défile, tu la fais défiler plutôt... Et tu recommences à refaire des grimaces quand même et tes petites allures... Mets-toi à leur place à ces deux femmes, mets-y-toi un peu !... C'est pas supportable !... Et comment moi alors que je t'aurais envoyé te faire mettre !... Tu le méritais cent fois, qu'elles t'envoient au ballon ! J'aime autant te le dire »

Voilà comment que je lui parlais moi à Robinson.

« Possible qu'il m'a répondu alors, du tac au tac, mais toi t'as beau être un médecin et bien instruit et tout, tu comprends rien à ma nature...

— Tais-toi tiens Léon ! que je finis par lui dire et pour conclure. Tais-toi, petit malheureux, avec ta nature ! Tu t'exprimes comme un malade !... Je regrette bien que Baryton soye actuellement parti aux quatre cents diables, autrement il t'aurait pris en traitement lui ! C'est ce qu'on pourrait faire de mieux pour toi d'ailleurs ! Ça serait de t'enfermer d'abord ! Tu m'entends ! T'enfermer ! Il s'en serait occupé lui Baryton de ta nature !

— Si t'avais eu ce que j'ai eu, et passé par où j'ai passé, qu'il s'est rebiffé en m entendant, t'aurais été bien malade aussi sans doute ! Je te le garantis ! Et peut-être pire que moi encore ! Dégonflard comme je te connais !... » Là-dessus il se met à m'engueuler d'abondance tout comme s'il avait eu des droits.

Je le regardais bien pendant qu'il m'engueulait. J'avais l'habitude d'être maltraité comme ça par des malades. Ça ne me gênait plus.

Il avait bien maigri depuis Toulouse et puis quelque chose que je lui connaissais pas encore lui était comme monté sur la figure, on aurait dit comme un portrait, sur ses traits mêmes, avec de l'oubli déjà, du silence tout autour.

Dans les histoires de Toulouse, il y avait encore autre chose, en moins grave évidemment, qu'il n'avait pas pu digérer, mais en repensant il lui en revenait tout de même de la bile. C'était d'avoir été obligé de graisser la patte à tout un monde de trafiqueurs pour rien. Il avait pas digéré d'avoir été obligé de donner des commissions à droite, à gauche, au moment de la reprise du caveau, au curé, à la chaisière, à la mairie, aux vicaires et à bien d'autres encore, et tout ça sans résultat en somme. Ça le bouleversait quand il en reparlait. Du vol qu'il appelait ces fans-là.

« Et alors, est-ce que vous vous êtes mariés en fin de compte ? que je lui demandai, pour conclure.

— Mais non que je te dis ! Je ne voulais plus !

— Elle était tout de même pas mal la petite Madelon ? Tu peux pas dire le contraire ?

— C'est pas là la question...

— Mais bien sûr que si que c'est la question. Puisque vous étiez libres que tu me dis... Si vous teniez absolu ment à quitter Toulouse, vous pouviez bien laisser le caveau en gérance à sa mère pendant un temps... Vous seriez revenus plus tard...

— Pour ce qui est du physique, reprit-il, tu peux le dire, elle était vraiment gentille, je l'admets, tu m'avais bien tuyauté en somme, surtout imagine que comme un fait exprès quand j'ai revu pour la première fois, c'est pour ainsi dire elle que j'ai revue en premier, dans une glace... Tu imagines ?... À la lumière !... Y avait bien à ?eu près deux mois que la vieille était tombée... La vue m est revenue comme d'un coup sur elle Madelon, en essayant de lui regarder la figure... Un coup de lumière en somme... Tu me comprends ?

— C'était pas agréable ?

— Si c'était agréable... Mais y a pas que ça...

— T'es foutu le camp tout de même...

— Oui, mais je vais t'expliquer puisque tu veux comprendre, c'est elle d'abord qui s'est mise à me trouver drôle... Que j'avais plus d'entrain... Que j'étais plus aimable... Des chichis, des flaflas...

— C'était peut-être des remords qui te travaillaient ?

— Des remords ?

— Je ne sais pas moi...

— T'appelleras ça comme tu voudras, mais j'étais pas en train... Voilà tout... Je crois tout de même pas que c'était des remords...

— T'étais malade alors ?

— Ça doit être plutôt ça, malade... Voilà d'ailleurs une heure au moins que j'essaye de te le faire dire que je suis malade... T'admettras que tu y mets du temps...

— Bon ! Ça va ! que je lui réponds. On le dira que t'es malade, puisque tu crois que c'est le plus prudent...

— Tu feras bien, qu'il a encore insisté, parce que je garantis rien en ce qui la concerne... Elle est bien capable de bouffer le morceau avant qu'il soye longtemps... »

C'était comme une sorte de conseil qu'il avait l'air de me donner, et j'en voulais pas de son conseil. J'aimais pas ce genre-là du tout à cause des complications qui allaient recommencer.

« Tu crois toi, qu'elle boufferait le morceau ? que je lui demandai encore pour m'assurer... Mais elle était quand même un peu ta complice ?... Ça devrait la faire réfléchir un moment avant de se mettre à baver ?

— Réfléchir ?... qu'il ressaute lui alors en m'entendant. On voit bien que tu la connais pas... » Ça le faisait rigoler de m'entendre. « Mais elle n'hésiterait pas une seconde !... Comme je te le dis ! Si tu l'avais fréquentée comme moi, tu n'en douterais pas ! C'est une amoureuse que je te répète !... T'en as donc jamais fréquenté toi des amoureuses ? Quand elle est amoureuse, elle est folle, c'est bien simple ! Folle ! Et c'est de moi qu'elle est amoureuse et qu'elle est folle !... Tu te rends compte ? Tu comprends ? Alors tout ce qui est fou ça l'excite ! C'est bien simple ! Ça l'arrête pas ! Au contraire !... »

Je ne pouvais pas lui dire que ça m'étonnait quand même un peu, qu'elle en soit arrivée en quelques mois à ce degré de frénésie Madelon, parce que tout de même, je l'avais connue un petit peu moi-même, Madelon... J'avais mon idée à son sujet, mais je ne pouvais pas la dire.

D'après la façon dont elle se débrouillait à Toulouse et telle que je l'avais entendue quand j'étais derrière le peuplier le jour de la péniche, c'était difficile de me figurer qu'elle avait pu changer de dispositions à ce point en si peu de temps... Elle m'avait semblé plus débrouillarde que tragique, gentiment affranchie et bien contente de se caser avec des petites histoires et son petit chiqué partout où ça pouvait prendre. Mais pour le moment, où nous en étions, je n'avais plus rien à dire. J'avais qu'à laisser passer.

« Bon ! Bien ! Ça va ! que je conclus. Et sa mère alors ? Elle a dû faire un peu de bruit aussi la mère, quand elle a compris que tu te débinais pour de bon ?.

— Tu parles ! Même qu'elle répétait toute la journée que j'avais un caractère de cochon et remarque, ça, juste au moment où j'aurais eu besoin au contraire qu'on me parle bien aimablement !... Quelle musique !... En somme ça ne pouvait plus durer avec la mère non plus, si bien que j'ai proposé à Madelon de leur laisser le caveau à elles deux, pendant que moi de mon côté, j'irais faire un tour, voyager tout seul, revoir un peu de pays...

« « T'iras avec moi, qu'elle a protesté alors... Je suis ta fiancée n'est-ce pas ?... T'iras avec moi, Léon, ou t'iras pas du tout !... Et puis d'abord qu'elle insistait, t'es pas encore assez guéri...

« — Si, que je suis guéri et que j'irai tout seul ! » que je répondais moi... On n'en sortait pas.

« « Une femme accompagne toujours son mari ! faisait la mère. Vous n'avez qu'à vous marier ! « Elle la soutenait rien que pour m'exciter.

« En entendant ces trucs-là, moi, ça me faisait souffrir. Tu me connais ! Comme si j'avais eu besoin d'une femme pour aller à la guerre moi ! Et pour en sortir ! Et en Afrique j'en avais-t-y des femmes ? Et en Amérique, est-ce que j'avais une femme moi ?... Tout de même de les entendre discuter comme ça là-dessus pendant des heures ça me donnait mal au ventre ! La colique ! Je sais bien à quoi ça sert les femmes tout de même ! Toi aussi hein ? A rien ! J'ai voyagé moi quand même ! Un soir enfin qu'elles m'avaient mis bien à bout avec leurs salades, j'ai fini par lui balancer d'un coup à la mère tout ce que je pensais d'elle ! « Vous êtes qu'une vieille noix, que je lui ai dit... Vous êtes encore plus con que la mère Henrouille !... Si vous aviez connu un peu plus de gens et des pays comme j'en ai connu moi vous iriez pas si vite à donner des conseils à tout le monde et c'est toujours pas en ramassant vos bouts de suif dans le coin de votre dégueulasse d'église que vous l'apprendrez jamais la vie !

Sortez donc un peu aussi vous ça vous jamais du bien !

Allez donc vous promener un peu vieille ordure ! Ça vous rafraîchira ! Vous aurez moins de temps pour faire des prières, vous sentirez moins la vache !... »

« Voilà comment que je l'ai traitée, moi, sa mère ! Je te réponds qu'il y avait longtemps que ça me turlupinait de l'engueuler et qu'elle en avait salement besoin en plus... Mais tout compte fait ça serait plutôt à moi que ça a fait du bien... Ça m'a comme délivré de la situation... Seulement on aurait dit aussi la carne qu'elle n'attendait que ce moment-là que je me déboutonne pour me traiter à son tour de tous les noms de salauds qu'elle savait ! Elle en a bavé alors et même plus qu'il en fallait. « Voleur ! Fainéant ! qu'elle m'agonisait... Vous avez même pas de métier !... Ça va faire un an bientôt que je vous nourris ma fille et moi !... Propre à rien !... Maquereau !... » T'entends ça d'ici ? Une vraie scène de famille... Elle a comme réfléchi un bon coup et puis elle l'a dit plus bas, mais tu sais alors elle l'a dit et puis de tout son cœur « Assassin !... Assassin ! » qu'elle m'a appelé. Ça m'a refroidi un peu.

La fille en entendant ça elle avait comme peur que je la butte sur place sa mère. Elle s'est jetée entre nous deux. Elle lui a fermé la bouche à sa mère avec sa propre main. Elle a bien fait. Elles étaient donc d'accord les carnes ! que je me disais moi. C'était évident. Enfin, j'ai passé... C'était plus le moment des violences... Et puis je m'en foutais après tout qu'elles soient d'accord... Tu pourrais croire qu'après s'avoir bien soulagé, elles allaient à pré sent me laisser tranquille ?... Penses-tu ! Mais non serait pas les connaître... La fille a remis ça. Elle avait le feu au cœur et puis au cul... Ça l'a reprise de plus belle...

« Je t'aime Léon, tu vois bien que je t'aime, Léon... »

Elle ne savait que ce truc-là, son « je t'aime ». Comme si ç'avait été la réponse à tout.

« Tu l'aimes encore ? que repiquait sa mère en l'entendant. Mais tu ne vois donc pas que c'est rien qu'un voyou ? Un moins que rien ? Maintenant qu'il a retrouvé ses yeux, grâce à nos soins, il va-t'en donner du malheur ma fille ! C'est moi qui te le jure ! Moi ta maman !... »

Tout le monde a pleuré pour finir la scène, même moi parce que je ne voulais pas me mettre trop mal avec es deux salopes, me fâcher de trop mal tout.

Je suis donc sorti, mais on s'était dit bien trop de choses pour que ça puisse résister encore longtemps notre face à face. Ça a traîné tout de même des semaines à se disputer de-ci de-là, et puis à se surveiller pendant des jours et surtout des nuits.

On pouvait pas se décider à se séparer mais le cœur n'y était plus. On avait encore surtout des craintes qui nous retenaient ensemble.

« T'en aimes donc une autre ? qu'elle me demandait elle, Madelon, de temps en temps.

« — Mais non voyons ! que l'essayais de la rassurer moi. Mais non ! « C'était clair cependant qu'elle me croyait pas. Pour elle, il fallait qu'on aime quelqu'un dans la vie et y avait pas à en sortir.

« Dis-moi, que je lui répondais, ce que je pourrais bien en faire moi d'une autre femme ? » Mais c'était sa manie l'amour. Je savais plus quoi lui raconter pour la calmer. Elle allait chercher des trucs comme j'en avais jamais entendu auparavant. J'aurais jamais cru qu'elle cachait des choses comme ça dans sa tête.

« Tu m'as pris mon cœur, Léon ! qu'elle m'accusait, et puis sérieusement. Tu veux partir ! qu'elle me menaçait. Pars ! Mais je te préviens que je vais mourir de chagrin Léon !... « Moi j'allais être la cause de sa mort de chagrin ? À quoi ça rime tout ça, hein ? Je te le demande ?

Mais non voyons tu vas pas mourir ! que je la rassurais. Je t'ai rien pris du tout d'abord ! Je t'ai même pas fait d'enfant voyons ! Réfléchis ! Je t'ai pas donné de maladies non plus ? Non ? Alors ? Je veux seulement m'en aller, voilà tout ! Comme qui dirait m'en aller en vacances. C'est bien simple pourtant... Essaye d'être raisonnable... « Et plus j'essayais de lui faire comprendre mon point de vue et moins que ça lui plaisait mon point de vue. En somme on se comprenait plus du tout. Elle en devenait comme enragée à l'idée que je pouvais penser vraiment ce que je disais, que c'était rien que du véritable, du simple et du sincère

« Elle croyait en plus que c'était toi qui me poussais à foutre le camp... Voyant alors qu'elle me retiendrait pas en me faisant honte de mes sentiments elle a essayé de me retenir d'une autre manière.

« Va pas croire Léon, qu'elle m'a dit alors, que je tiens à toi, à cause des affaires du caveau !... L'argent tu sais moi ça m'est bien égal au fond... Ce que je voudrais, Léon, c'est rester avec toi... C'est être heureuse... Voilà tout... C'est bien naturel... Je veux pas que tu me quittes... C'est trop de se quitter quand on s'est aimés comme on s'aimait tous les deux... Jure-moi au moins Léon que tu ne t'en iras pas pour longtemps ?... »

« Et ainsi de suite que ça a duré sa crise pendant des semaines. On peut dire qu'elle était amoureuse et bien emmerdante... Elle y revenait chaque soir à sa folie d'amour. En fin de compte, elle a tout de même bien voulu qu'on laisse le caveau à sa mère en garde, à condition qu'on partirait tous les deux chercher ensemble du travail à Paris... Toujours ensemble !... Tu parles d'un numéro ! Elle voulait bien comprendre n'importe quoi, sauf que moi je m'en aille seul de mon côté et elle du sien... Pour ça rien à faire... Alors plus elle avait l'air d'y tenir et plus elle me rendait malade moi, forcément !

« C'était pas la peine d'essayer de la rendre raisonnable. Je me rendais compte à force que c'était du vrai temps perdu, ou parti ris et que ça la rendait plutôt plus enragée encore. Il mien fallu que je me mette donc moi à en inventer des trucs pour m en débarrasser de son amour comme elle disait... C'est de là que l'idée m'est venue de lui faire peur en lui racontant comme ça que je devenais un peu fou de temps à autre... Que ça me prenait par crises... Sans avertir... Elle m'a regardé de travers, d'un drôle d'œil... Elle savait pas trop si c'était pas encore un bobard... Seulement tout de même à cause des aventures que je lui avais racontées auparavant et puis de la guerre qui m'avait touché et puis de la dernière combine surtout avec la mère Henrouille et puis aussi de ma drôle de façon d'être devenu avec elle soudain ça lui a donné à réfléchir tout de même...

« Pendant plus d'une semaine qu'elle a réfléchi, et elle m'a laissé bien tranquille... Elle avait dû en confier deux mots à sa mère de mes accès... Toujours est-il qu'elles insistaient moins pour me garder... « Ça y est que je me disais moi, ça va aller ! Me voilà libre... « Déjà je me voyais me défiler bien tranquille, en douce, du côté de Paris, sans rien casser !... Mais attends ! Voilà que je veux faire trop bien... Je fignole... e croyais avoir trouvé le fin truc pour leur prouver une lois pour toutes que c'était bien vrai... Que j'étais bien tout ce qu'il y avait de dingo à mes heures... « Sens ! que je lui fais un soir à Madelon. Sens là derrière ma tête, la bosse ! Tu la sens bien la cicatrice dessus et c'est une grosse bosse que j'ai hein ?... »

« Quand elle l'a eu bien tâtée ma bosse derrière la tête, ça l'a émue comme je peux pas te dire... Mais par exemple ça l'a excitée encore davantage, ça l'a pas dégoûtée du tout !... « C'est là que j'ai été blessé dans les Flandres. C'est là qu'on m'a trépané... que j'insistais moi.

« — Ah ! Léon ! qu'elle a bondi alors en sentant la bosse, je te demande bien pardon, mon Léon !... J'ai douté de toi jusqu'à présent, mais je te demande bien pardon du fond du cœur ! Je me rends compte ! J'ai été infâme avec toi ! Si ! si ! Léon j'ai été abominable !... Jamais plus je ne serai méchante avec toi ! Je te le jure ! Je veux expier Léon ! Tout de suite ! Ne m'empêche pas d'expier, dis ?... Je te rendrai ton bonheur ! Je te soigne rai bien, val À partir d'aujourd'hui ! Je serai bien patiente pour toujours avec toi ! Je serai si douce ! Tu verras Léon ! Je te comprendrai si bien que tu ne pourras plus te passer de moi ! Je te le redonne tout mon cœur, je t'appartiens !... Tout ! Toute ma vie Léon je te la donne ! Mais dis-moi que tu me pardonnes au moins, dis Léon ? »

« J'avais rien dit comme ça, moi, rien. C'est elle qui avait tout dit, alors, c'était bien facile qu'elle se réponde à elle-même... Comment donc qu'il allait s'y prendre pour qu'elle s'arrête ?

« D'avoir tâté ma cicatrice et ma bosse ça l'avait comme qui dirait soûlée d'amour d'un seul coup ! Elle revoulait la prendre dans ses mains ma tête, plus la lâcher et me rendre heureux jusqu'à l'Éternité, que je veuille ou non ! À partir de cette scène-là sa mère a plus eu le droit à la parole pour m'engueuler. Elle la laissait pas causer, Madelon, sa mère. Tu l'aurais pas reconnue, elle voulait me protéger jusqu'à la gauche !

« Fallait que ça finisse ! J'aurais bien sûr préféré qu'on se quitte en bons amis... Mais c'était même plus la peine d'essayer... Elle se tenait plus d'amour et elle était butée. Un matin, pendant qu'elles étaient parties aux commissions la mère et elle, j'ai fait comme toi t'avais fait, un petit paquet, et je me suis tiré en douce... Tu peux pas dire après ça que j'ai pas eu assez de patience ?... Seulement je te répète on pouvait plus rien en faire... Maintenant, tu sais tout... Quand je te dis qu'elle est capable de tout cette petite et qu'elle peut très bien venir me relancer ici même d'un moment à l'autre faut pas alors que tu viennes me répondre que j'ai des visions ! Je sais ce que je dis ! Je la connais moi ! Et on serait plus tranquilles à mon avis si elle me trouvait déjà comme enfermé avec les fous... Comme ça je serais bien plus à mon aise pour faire celui qui ne comprend plus rien... Avec elle, c'est ça qu'il faut... Pas comprendre... »

Deux ou trois mois auparavant tout ce qu'il venait de me raconter là Robinson, m'aurait encore intéressé, niais j'avais comme vieilli tout d'un coup. Au fond, j'étais devenu de plus en plus comme Baryton, je m'en foutais. Tout ça qu'il me racontait Robinson de son aventure à Toulouse n'était plus pour moi du danger bien vivant, j'avais beau essayer de m'exciter sur son cas, ça sentait le renfermé son cas. On a beau dire et prétendre, le monde nous quitte bien avant qu'on s'en aille pour de bon.

Les choses auxquelles on tenait le plus, vous vous décidez un beau jour à en parler de moins en moins, avec effort quand il jour s'y mettre. On en a bien marre de s'écouter toujours causer... On abrège... On renonce... Ça dure depuis trente ans qu'on cause... On ne tient plus à avoir raison. L'envie vous lâche de garder même la petite place qu'on s'était réservée parmi les plaisirs... On se dégoûte... Il suffit désormais de bouffer un peu, de se faire un peu de chaleur et de dormir le plus qu'on peut sur le chemin de rien du tout. Il faudrait pour reprendre de l'intérêt trouver de nouvelles grimaces à exécuter devant les autres... Mais on n'a plus la force de changer son répertoire. On bredouille. On se cherche bien encore des trucs et des excuses pour rester là avec eux les copains, mais la mort est là aussi elle, puante, à côté de vous, tout le temps à présent et moins mystérieuse qu'une belote. Vous demeurent seulement précieux les menus chagrins, celui de n'avoir pas trouvé le temps pendant qu'il vivait encore d'aller voir le vieil oncle à Bois-Colombes, dont la petite chanson s'est éteinte à jamais un soir de février. C'est tout ce qu'on a conservé de la vie. Ce petit regret bien atroce, le reste on l'a plus ou moins bien vomi au cours de la route, avec bien des efforts et de la peine. On n'est plus qu'un vieux réverbère à souvenirs au coin d'une rue où il ne passe déjà presque plus personne.

Tant qu'à s'ennuyer, le moins fatigant, c'est encore de le faire avec des habitudes bien régulières. Je tenais à ce que tout soit couché à dix heures, dans la maison. C'est moi qui éteignais l'électricité. Les affaires allaient toutes seules.

D'ailleurs nous ne nous mîmes pas en frais d'imagination. Le système Baryton des « Crétins au cinéma » nous occupait suffisamment. Des économies, la maison n'en réalisait plus beaucoup. Le gaspillage, qu'on se disait, ça le ferait peut-être revenir le patron puisque ça lui donnait des angoisses.

Nous avions acheté un accordéon pour que Robinson puisse faire danser nos malades au jardin pendant l'été. C'était difficile de les occuper à Vigny les malades, jour et nuit. On ne pouvait pas les envoyer tout le temps à l'église, ils s'y ennuyaient trop.

De Toulouse, nous ne reçûmes plus aucune nouvelle, l'abbé Protiste ne revint jamais non plus me voir. L'existence à l'Asile s'organisa monotone, furtive. Morale ment, nous n'étions pas à notre aise. Trop de fantômes, par-ci, par-là.

Des mois passèrent encore. Robinson reprenait de la mine. À Pâques, nos fous s'agitèrent un peu, des femmes en claires toilettes passèrent et repassèrent devant nos jardins. Printemps précoce. Bromures.

Au Tarapout le personnel avait été depuis le temps de ma figuration bien des fois renouvelé. Les petites Anglaises filées bien loin, m'apprit-on, en Australie. On ne les reverrait plus...

Les coulisses depuis mon histoire avec Tania, m'étaient interdites. Je n'insistai pas.

Nous nous mîmes à écrire des lettres un peu partout et surtout aux Consulats des pays du Nord, pour obtenir quelques indices sur les passages éventuels de Baryton. Nous ne reçûmes de ceux-ci aucune réponse intéressante.

Parapine accomplissait posément et silencieusement son service technique à mes côtés. Depuis vingt-quatre mois, il n'avait guère prononcé plus de vingt rases en tout. J'étais amené à décider à peu près seules petits arrangements matériels et administratifs que la situation quotidienne réclamait. Il m'arrivait de commettre quelques gaffes, Parapine ne me les reprochait jamais. On s'accordait ensemble à coups d'indifférence. D'ailleurs un roulement suffisant de malades assurait le côté matériel de notre institution. Réglés les fournisseurs et le loyer, il nous restait encore largement de quoi vivre, la pension d'Aimée à sa tante payée régulièrement, bien entendu.

Je trouvais Robinson beaucoup moins inquiet à présent qu'au moment de son arrivée. Il avait repris de la mine et trois kilos. En somme, semblait-il, tant qu'il y aurait des petits fous dans les familles, on serait bien content de nous trouver, bien commodes que nous étions à proximité de la capitale. Notre jardin seul valait te voyage. On venait exprès de Paris pour les admirer nos corbeilles et nos bosquets de roses au bel été.

C'est au cours d'un de ces dimanches de juin qu'il m'a semblé reconnaître Madelon, pour la première fois, au milieu d'un groupe de promeneurs, immobile un instant, juste devant notre grille.

Tout d'abord je n'ai rien voulu communiquer de cette apparition à Robinson, pour ne pas l'effrayer, et puis tout de même, ayant bien réfléchi, quelques jours plus tard, je lui recommandai de ne plus s'éloigner désormais, pour un temps au moins, en ces vagues promenades alentour, dont il avait pris l'habitude. Ce conseil l'inquiéta. Il n'insista pas cependant pour en savoir davantage.

Vers la fin juillet, nous reçûmes de Baryton quelques cartes postales, de Finlande cette fois. Cela nous fit plaisir, mais il ne nous parlait nullement de son retour Baryton, il nous souhaitait seulement une fois de plus « Bonne chance » et mille choses amicales.

Deux mois s'éloignèrent et puis d'autres... La poussière de l'été retomba sur la route. L'un de nos aliénés, vers la Toussaint, fit un petit scandale devant notre Institut. Ce malade, auparavant tout à fait paisible et convenable, subit mal l'exaltation mortuaire de la Tous saint. On ne sut à temps l'empêcher de hurler par sa fenêtre qu'il ne voulait plus jamais mourir... Les promeneurs n'en finissaient pas de le trouver tout à fait cocasse... Au moment où survenait cette algarade j'eus à nouveau, mais cette fois bien plus précisément que la première fois, l'impression très désagréable de reconnaître Madelon au premier rang d'un groupe, juste au même endroit, devant la grille.

Au cours de la nuit qui suivit, je fus réveillé par l'angoisse, j'essayai d'oublier ce que j'avais vu, mais tous mes efforts pour oublier demeurèrent vains. Mieux valait encore ne plus essayer de dormir.

Depuis longtemps, je n'étais retourné à Rancy. Tant qu'à être attaqué par le cauchemar, je me demandais s'il ne valait pas mieux aller faire un tour de ce côté, d'où tous les malheurs venaient, tôt ou tard... J'en avais laissé là-bas derrière moi des cauchemars... Essayer d'aller au-devant d'eux, pouvait à la rigueur passer pour une espèce de précaution... Pour Rancy, le plus court chemin, en venant de Vigny, c'est de suivre par le quai jusqu'au pont de Gennevilliers, celui qui est tout à plat, tenu sur la Seine. Les brumes lentes du fleuve se déchirent au ras de l'eau, se pressent, passent, s'élancent, chancellent et vont retomber de l'autre côté du parapet autour des quinquets acides. La grosse usine des tracteurs qui est à gauche se cache dans un grand morceau de nuit. Elle a ses fenêtres ouvertes par un incendie morne qui la brûle en dedans et n'en finit jamais. Passé l'usine, on est seul sur le quai... Mais y a pas à s'y perdre... C'est d'après la fatigue qu'on se rend à peu près compte qu'on est arrivé.

Il suffit alors de tourner encore à gauche par la rue des Bournaires et ça n'est plus bien loin. C'est pas difficile à se retrouver à cause du fanal vert et rouge du passage à niveau qui est toujours allumé.

Même en pleine nuit j'y serais allé, moi, les yeux fermés sur le pavillon des Henrouille. J'y avais été assez souvent, autrefois...

Cependant, ce soir-là quand je fus parvenu jusque devant leur porte, je me suis mis à réfléchir au lieu de m'avancer...

Elle était seule à présent la fille pour l'habiter le pavillon, que je me pensais... Ils étaient tous morts, tous... Elle avait dû savoir, ou du moins elle s'était doutée de la façon dont elle avait fini sa vieille à Toulouse... Quel effet que ça avait bien pu lui faire !

Le réverbère du trottoir blanchissait la petite marquise en vitres comme avec de la neige au-dessus du perron. Je suis resté là, au coin de la rue, rien qu'à regarder, long temps. J'aurais bien pu aller sonner. Sûrement qu'elle m'aurait ouvert. Après tout, on n'était pas fâchés ensemble. Il faisait glacial là où je m'étais mis en arrêt...

La rue finissait en fondrière encore, comme de mon temps. On avait promis des travaux, on les avait pas entrepris... Il ne passait plus personne.

C'est pas que j'aie eu peur d'elle, de la fille Henrouille. Non. Mais tout d'un coup, là, j'avais plus envie de la revoir. Je m'étais trompé en cherchant à la revoir. Là, devant chez elle, je découvrais soudain qu'elle n'avait plus rien à m'apprendre... Ça aurait même été ennuyeux qu'elle me parle à présent, voilà tout. Voilà ce que nous étions devenus l'un pour l'autre.

J'étais arrivé plus loin qu'elle dans la nuit à présent, plus loin même que la vieille Henrouille qui était morte... On était plus tous ensemble... On s'était quittés pour de bon... Pas seulement par la mort, mais par la vie aussi... a s'était fait par la force des choses... Chacun pour soi ! que je me disais... Et je suis reparti de mon côté, vers Vigny.

Elle n'avait pas assez d'instruction pour me suivre à présent la fille Henrouille... Du caractère ça oui, elle en avait... Mais pas d'instruction ! C'était ça le hic. Pas d'instruction ! C'est capital l'instruction ! Alors elle pouvait plus me comprendre, ni comprendre ce qui se passait autour de nous, aussi vache et têtue qu'elle puisse être ne suffit pas... Faut encore du cœur et du savoir pour aller plus loin que les autres... Par la rue des Sanzillons j'ai pris pour m'en retourner vers la Seine et puis par l'impasse Vassou. C'était réglé mon tracas ! Content presque ! Fier parce que je me rendais compte que ça valait plus la peine d'insister du côté de la bru Henrouille, j'avais fini par la perdre en route la vache !... Quel morceau ! On avait sympathisé à notre manière... On s'était bien compris autrefois avec la fille Henrouille... Pendant longtemps... Mais maintenant, elle était plus assez bas pour moi, elle pouvait pas descendre... Me rejoindre... Elle avait pas l'instruction et la force. On ne monte pas dans la vie, on descend. Elle pouvait plus. Elle pouvait plus descendre jusque-là où j'étais moi... Y avait trop de nuit pour elle autour de moi.

En passant devant l'immeuble où la tante à Bébert était concierge, je serais bien entré aussi, rien que pour voir ceux qui l'occupaient à présent sa loge, là où je l'avais soigné Bébert et de là où il était parti. Peut-être qu'il y était encore son portrait en écolier au-dessus du lit... Mais il était trop tard pour réveiller du monde. Je suis passé sans me faire reconnaître...

Un peu plus loin, au faubourg de la Liberté, j'ai retrouvé la boutique à Bézin le brocanteur encore allumée... Je ne m'y attendais pas... Mais rien qu'avec un petit bec dans le milieu de l'étalage. Bézin, lui, il connaissait tous les trucs et les nouvelles du quartier à force d'être chez les bistrots et si bien connu depuis la Foire aux Puces jusqu'à la Porte Maillot.

Il aurait pu m'en raconter des histoires s'il avait été réveillé. J'ai poussé sa porte. Son timbre a sonné, mais personne m'a répondu. Je savais qu'il couchait dans le fond de la boutique, dans sa salle à manger à vrai dire... C'est là qu'il était lui aussi, dans le noir, avec la tête sur la table, entre ses bras, assis de travers près du dîner froid qui l'attendait, des lentilles. Il avait commencé à manger. sommeil l'avait saisi tout de suite en rentrant. Il ronflait fort. Il avait bu aussi, c'est vrai. Je m'en souviens bien du jour, un jeudi, le jour du marché aux Lilas... Il avait des occasions plein une « toilette » encore étendue par terre à ses pieds.

Je l'avais toujours trouvé bon gars moi, Bézin, pas plus ignoble qu'un autre. Rien à dire. Bien complaisant, pas difficile, qu'un pas me mettre à le réveiller par curiosité, à cause de mes petites questions... Je suis donc reparti après avoir fermé son gaz.

Il avait du mal à se défendre, bien sûr, dans son espèce de commerce. Mais lui au moins, il avait pas de mal à s'endormir.

Je m'en retournai triste quand même du côté de Vigny, en pensant que tous ces gens, ces maisons, ces choses sales et mornes ne me parlaient plus du tout, droit au cœur comme autrefois, et que moi tout mariole que je pouvais paraître, je n'avais peut-être plus assez de force non plus, je le sentais bien, pour aller encore loin, moi, comme ça, tout seul.

Pour les repas, à Vigny, nous avions conservé les habitudes du temps de Baryton, c'est-à-dire qu'on se retrouvait tous à table, mais de préférence à présent dans la salle de billard au-dessus de chez la concierge. C'était plus familier que la vraie salle à manger où traînaient les souvenirs pas drôles des conversations anglaises. Et puis, il v avait trop de beaux meubles aussi pour nous dans la salle à manger, des « 1900 » véritables avec des vitraux genre opale.

Du billard, on pouvait voir dans la rue tout ce qui se passait. Ça pouvait être utile. Nous séjournions dans cette pièce des dimanches entiers. En fait d'invités nous recevions parfois à dîner des médecins des environs, par-ci par-là, mais notre convive habituel c'était plutôt Gustave, l'agent du trafic. Lui, on pouvait le dire, il était régulier. On s'était connus comme ça par la fenêtre, en le regardant le dimanche, faire son service, au croisement de la route à l'entrée du pays. Il avait du mal avec les automobiles. On s'était dit d'abord quelques mots et puis on était devenus de dimanche en dimanche tout à fait des connaissances. J'avais eu l'occasion en ville de soigner ses deux fils, l'un après l'autre, pour la rougeole et pour les oreillons. Un fidèle à nous, Gustave Mandamour, qu'il s'appelait, du Cantal. Pour la conversation il était un peu pénible, parce qu'il éprouvait du mal avec les mots. Il les trouvait bien les mots, mais il les sortait pas, ils lui restaient plutôt dans la bouche, à faire des bruits.

Un soir comme ça Robinson l'a invité au billard, en plaisantant je crois. Mais c'était sa nature de continuer les choses, alors il était toujours revenu depuis lors, Gustave à la même heure, chaque soir, à huit heures. Il se trouvait bien avec nous Gustave, mieux qu'au café, qu'il nous disait lui-même, à cause des discussions politiques qui s'envenimaient souvent entre les habitués. Nous on ne discutait jamais de politique nous. Dans son cas à Gustave c'était assez délicat la politique. Au café il avait eu des ennuis avec ça. En principe, il aurait pas fallu qu'il en parle de politique, surtout quand il avait bu un peu, et ça lui arrivait. Il était même noté pour trinquer, c'était son faible. Tandis que chez nous il se trouvait en sécurité à tous les égards. Il l'admettait lui-même. Nous on ne buvait pas. Il pouvait se laisser aller à la maison, ça ne portait pas à conséquence. C'était en confiance qu'il venait.

Quand on pensait, Parapine et moi, à la situation d'où on était sortis et à celle qui nous était échue chez Baryton, on ne se plaignait pas, on aurait eu bien tort, parce qu'en somme on avait eu une espèce de chance miraculeuse et on avait tout ce qui nous fallait aussi bien au point de vue de la considération que du confort matériel.

Seulement moi, toujours je m'étais douté que ça ne n, durerait pas le miracle. J'avais un passé poisseux et il me remontait déjà comme des renvois du Destin. Déjà dans les débuts qu'on était à Vigny, j'avais reçu trois lettres anonymes qui m'avaient semblé tout ce qu'il y avait de louches et de menaçantes. Et puis encore après ça, bien d'autres lettres toutes aussi fielleuses. C'est vrai qu'on en recevait souvent nous autres à Vigny des lettres anonymes et nous n'y prêtions pas autrement attention d'habitude. Elles provenaient le plus souvent d'anciens malades que leurs persécutions revenaient travailler à domicile.

Mais ces lettres-ci, leurs tournures m'inquiétaient davantage, elles ne ressemblaient pas aux autres, leurs accusations se faisaient précises et puis il ne s'agissait jamais que de moi et de Robinson. Pour tout dire, on nous accusait de faire ménage ensemble. C'était fumier comme supposition. Ça me gênait d'abord de lui en parler à lui et puis tout de même je me suis décidé parce que je n'en finissais pas d'en recevoir des nouvelles lettres du même ordre. On a cherché alors ensemble de qui elles pouvaient bien nous provenir. Nous fîmes l'énuméré de tous les gens possibles parmi nos connaissances communes. On ne trouvait pas. D'ailleurs ça ne tenait pas debout comme accusation. Moi l'inversion c'était pas mon genre et puis Robinson, lui les choses du sexe, il s'en foutait amplement, d'un côté comme de l'autre. Si quelque chose le tracassait, c'était sûrement pas les histoires de derrières. Fallait au moins que ça soye une jalouse pour imaginer des saloperies semblables. En résumé on n'en connaissait guère d'autre que Madelon capable de venir nous relancer avec des inventions aussi dégueulasses jusqu'à Vigny. Ça m'était égal qu'elle continue à écrire ses trucs, mais j'avais à craindre qu'exaspérée qu'on lui réponde rien, elle vienne nous relancer, elle-même en personne, un jour ou l'autre, et faire du scandale dans l'établissement. Fallait s'attendre au pire.

Nous passâmes ainsi quelques semaines pendant lesquelles on sursautait à caque coup de sonnette. Je m'attendais à une visite de Madelon, ou pire encore, à celle du Parquet.

Chaque fois que l'agent Mandamour arrivait pour la partie un peu plus tôt que d'habitude, je me demandais s'il n'avait pas une convocation dans son ceinturon, mais il était encore à cette époque-là tout ce qu'il y a d'aimable et de reposant, Mandamour. C'est plus tard seulement, qu'il s'est mis à changer lui aussi de façon notable. En ce temps-là, il perdait encore à peu près chaque jour à tous les jeux avec tranquillité. S'il a changé de caractère, ce fut d'ailleurs bien par notre faute.

Un soir, question de m'instruire, je lui ai demandé pourquoi il n'arrivait jamais à gagner aux cartes, j'avais pas de raison au fond pour lui demander ça à Mandamour, seulement par manie de savoir le pourquoi ? le comment ? Surtout qu'on ne jouait pas pour de l'argent ! Et tout en discutant de sa malchance, je me suis rapproché de lui, et l'examinant bien, je me suis aperçu qu'il était assez gravement presbyte. En vérité, dans l'éclairage où nous nous trouvions, il ne discernait qu'avec peine le trèfle du carreau sur les cartes. Ça ne pouvait pas durer.

J'ai mis de l'ordre dans son infirmité en lui offrant des belles lunettes. D'abord il était tout content de les essayer les lunettes, mais ça ne dura pas. Comme il jouait mieux, grâce à ses lunettes, il perdait moins qu'avant et il se mit en tête de ne plus perdre du tout. C'était pas possible, alors il trichait. Et quand ça lui arrivait de perdre malgré ses trichages il nous boudait pendant des heures entières. Bref, il devint impossible.

J'étais navré, il se vexait pour un oui, pour un non, lui, Gustave, et en plus, il cherchait à nous vexer à son tour, à nous donner de l'inquiétude, du souci aussi. Il se vengeait quand il avait perdu, à sa manière... C'était cependant pas pour de l'argent, je le répète, que nous jouions, rien que pour la distraction et la gloire... Mais il était furieux quand même.

Ainsi un soir qu'il avait eu de la malchance, il nous interpella en s'en allant. « Messieurs, je vais vous dire de prendre garde !... Avec les gens que vous fréquentez, moi, si j'étais vous, je ferais attention !... Il y a une brune entre autres qui passe depuis des jours devant votre maison !... Bien trop souvent à mon sens !... Elle a des raisons !... Elle en aurait après l'un de vous pour s'expliquer que j'en serais pas autrement surpris !... »

Voilà comment qu'il a lancé la chose sur nous, pernicieuse, Mandamour, avant de s'en aller. Il l'avait pas raté son petit effet !... Tout de même je me suis repris à l'instant même. « Bon. Merci Gustave ! que j'ai répondu bien calmement... Je ne vois pas qui ça peut bien être la petite brune dont vous parlez ?... Aucune femme parmi nos anciennes malades n'a eu lieu, à ma connaissance, de se plaindre de nos soins... Il s'agit sans doute encore d'une pauvre égarée... Nous la retrouverons... Enfin vous avez raison, il vaut toujours mieux savoir... Encore une fois merci Gustave de nous avoir prévenus... Et Bonsoir ! »

Robinson du coup, il n'en pouvait plus se lever de sa chaise. L'agent parti, nous examinâmes le renseignement qu'il venait de nous fournir, dans tous les sens. Ça pouvait bien être, malgré tout, une autre femme que Madelon... Il en venait bien d'autres, comme ça, rôder sous les fenêtres de l'Asile... Mais tout de même il existait une sérieuse présomption pour que ce soit elle et ce doute nous suffisait pour nous combler de frousse. Si c'était elle, quelles étaient ses nouvelles intentions ? Et puis de quoi pouvait-elle vivre d'abord depuis tant de mois à Paris ?

Si elle devait finalement rappliquer en personne, il fallait aviser, prendre nos dispositions, tout de suite.

« Écoute Robinson, que j'ai conclu moi alors, décide-toi, c'est le moment, et n'y reviens plus... que veux-tu faire ? As-tu envie de retourner avec elle à Toulouse ?

— Non ! que je te dis. Non et non ! » Voilà sa réponse. C'était ferme.

Ça va ! que j'ai dit moi alors. Mais dans ce cas-là, si vraiment tu veux plus retourner avec elle, le mieux, à mon avis, ça serait que tu repartes gagner ta croûte pendant un temps au moins à l'étranger. De cette façon t'en seras pour de sûr débarrassé... Elle ira pas te suivre là-bas n'est-ce pas ?... T'es jeune encore... T'es redevenu solide... T'es reposé... On te donnera un peu d'argent et alors bon voyage !... Voilà mon avis ! Tu te rends compte qu'ici au surplus c'est pas une situation pour toi... Ça peut pas durer toujours ?... »

S'il m'avait bien écouté, s'il était parti à ce moment-là, ça m'aurait arrangé, ça m'aurait fait plaisir. Mais il a pas marché.

« Tu te fous de moi, Ferdinand dis ! qu'il a répondu... C'est pas gentil à mon âge... Regarde-moi bien voyons !... » Il voulait plus s'en aller. Il était fatigué en somme des balades.

« Je veux pas aller plus loin... Te répétait... T'auras beau dire... T'auras beau faire...

Je m'en irai plus... »

Voilà comment il répondait à mon amitié. Pourtant j'insistai.

« Et si elle allait te dénoncer Madelon, une supposition, pour l'affaire de la mère Henrouille ?... C'est toi même qui me l'as dit, qu'elle en était capable...

— Alors tant pis ! qu'il a répondu. Elle fera comme elle voudra... »

C'était nouveau des mots comme ça dans sa bouche, parce que la Fatalité, auparavant, c'était pas son genre...

« Au moins, va te chercher un petit travail à côté, dans une usine, comme ça tu ne seras pas forcé d'être là tout le temps avec nous... Si on arrive pour te chercher, on aura le temps de te prévenir. »

Parapine était tout à fait de mon avis à ce sujet et même pour la circonstance il nous a reparlé un peu. Fallait donc que ça lui paraisse tout à fait grave et urgent ce qui se passait entre nous. Il nous fallut alors nous ingénier à le caser, à le dissimuler Robinson. Parmi nos relations nous comptions un industriel des environs, un carrossier qui nous devait quelque reconnaissance pour des petits services tout à fait délicats, rendus à des moments critiques. Il voulut bien prendre Robinson à l'essai pour les peintures à la main. C'était un boulot fin, pas dur et gentiment payé.

« Léon, qu'on lui a dit, le matin où il débutait, fais pas l'œuf dans ta nouvelle place, te fais pas repérer pour tes idées à la manque... Arrive à l'heure... Pars pas avant les autres... Dis bonjour à tout le monde... Tiens-toi bien enfin. Tu es dans un atelier convenable et t'es recommandé... »

Mais voilà qu'il s'est fait repérer quand même tout de suite et pas de sa faute, par un mouchard d'un atelier d'à côté qui l'avait vu rentrer dans le cabinet privé du patron. Ça a suffi. Rapport. Mauvais esprit. Balance.

Il nous revient donc Robinson encore une fois, sans place, quelques jours plus tard.

Fatalité !

Et puis il se remit à tousser presque le même jour. Nous l'auscultons et on lui trouve toute une série de râles sur toute la hauteur du poumon droit. Il n'avait plus qu'à garder la chambre.

Ça se passait un samedi soir juste avant le dîner, quelqu'un me demande moi en personne au salon des entrées.

Une femme, m'annonce-t-on.

C'était elle avec un petit chapeau marquise et des gants. Je m'en souviens bien. Pas besoin de préambule, elle tombait à pic. Je lui casse le morceau.

« Madelon, que je l'arrête, si c'est Léon que vous désirez revoir, l'aime autant vous prévenir tout de suite, que c'est pas la peine d'insister, vous pouvez vous en retourner... Il est malade des poumons et de la tête... Assez gravement d'ailleurs... Vous ne pouvez pas le voir... D'ailleurs il n'a rien à vous dire...

— Pas même à moi ? qu'elle insiste.

— Non, pas même vous... Surtout pas à vous... » que j'ajoute.

Je croyais qu'elle allait ressauter. Non, elle inclinait seulement avec la tête, là devant moi, de droite à gauche, les lèvres serrées et avec les yeux elle cherchait à me retrouver où elle m'avait laissé dans son souvenir. J'y étais plus. Je m'étais déplacé, moi aussi dans le souvenir.

Dans le cas où nous étions, un homme, un costaud, m'aurait fait peur, mais d'elle j'avais rien à craindre. Elle était moins forte que moi, comme on dit. Depuis toujours l'envie me tenait de claquer une tête ainsi possédée par la colère pour voir comment qu'elles tournent les têtes en colère dans ces cas-là. Ça ou un beau chèque, c'est ce qu'il faut pour voir d'un seul coup virer d'un bond toutes les passions qui sont à louvoyer dans une tête. C'est beau comme une belle manœuvre à la voile sur une mer agitée. Toute la personne s'incline dans un vent nouveau. Je voulais voir ça.

Depuis vingt ans au moins, il me poursuivait ce désir. Dans la rue, au café, partout où les gens plus ou moins agressifs, vétilleux et hâbleurs, se disputent. Mais je n'aurais jamais osé par peur des coups et surtout de la honte qui s'ensuit des coups. Mais l'occasion, là, pour une fois était magnifique.

« Vas-tu t'en aller ? » que je fis, rien que pour l'exciter encore un peu plus, la mettre à point.

Elle me reconnaissait plus, à lui parler comme ça. Elle s'est mise à sourire, horripilante au possible, comme si elle m'avait trouvé ridicule et bien négligeable... « Flac ! Flac ! » Je lui ai collé deux gifles à étourdir un âne.

Elle est allée s'aplatir sur le grand divan rose d'en face, contre le mur, la tête entre les mains. Elle soufflait à petits coups, et gémissait comme un petit chien trop battu. Et puis, elle a comme réfléchi et brusquement elle s'est relevée, toute légère, souple et elle a dépassé la porte sans même retourner la tête. J'avais rien vu. Tout était à recommencer.

* * *

Mais nous avons eu beau faire, elle possédait bien plus d'astuce que nous tous réunis. La preuve c'est qu'elle l'a revu son Robinson, et comme elle l'a voulu encore... Le premier qui les a repérés ensemble, c'est Parapine. Ils étaient à la terrasse d'un café en face de la gare de l'Est.

Je m'en doutais déjà moi qu'ils se revoyaient mais je ne voulais plus avoir l'air de m'intéresser du tout à leurs relations. Ça ne me regardait pas en somme. Il s'acquit tait de son service de Asile, pas mal du tout d'ailleurs, aux paralytiques, un boulot ingrat au possible, à les décrotter, les éponger, les changer de linge, les faire baver. Nous n'avions pas à lui en demander davantage.

S'il profitait des après-midi où je l'envoyais à Paris aux commissions pour la revoir sa Madelon, c'était son affaire. Toujours est-il que nous, on ne l'avait jamais revue à Vigny-sur-Seine, Madelon, depuis la gifle. Mais je pensais qu'elle avait dû lui en raconter depuis des saletés sur mon compte !

Je ne lui en parlai même plus de Toulouse à Robinson, comme si rien de tout ça n'était jamais arrivé.

Six mois passèrent ainsi, bon gré, malgré, et puis une vacance survint dans notre personnel et nous eûmes tout à fait besoin soudain d'une infirmière bien au courant pour les massages, la nôtre était partie sans avertir pour se marier.

Un grand nombre de belles filles se présentèrent pour ce poste, et nous n'eûmes en sorte que l'embarras du choix parmi tant de solides créatures de toutes nationalités qui affluèrent à Vigny dès qu'eut paru notre annonce. En fin de compte, nous nous décidâmes pour une Slovaque du nom de Sophie dont la chair, le port souple et tendre à la fois, une divine santé, nous parurent, il faut l'avouer, irrésistibles.

Elle ne connaissait cette Sophie que peu de mots en français, mais je me disposais quant à moi, c'était bien la moindre des complaisances, à lui donner des leçons sans retard. Je me sentis d'ailleurs à son frais contact, un renouveau de goût pour l'enseignement. Baryton avait tout fait cependant pour m'en dégoûter. Impénitence ! Mais quelle jeunesse aussi ! Quel entrain ! Quelle musculature Quelle excuse ! Élastique ! Nerveuse ! Étonnante au possible ! Elle n'était diminuée cette beauté par aucune de ces fausses ou véritables pudeurs qui gênent tant les conversations trop occidentales. Pour mon compte et pour tout dire, e n'en finissais plus de l'admirer. De muscles en muses, par groupes anatomiques, je procédais... Par versants musculaires, par régions... Cette vigueur concertée mais déliée en même temps, répartie en faisceaux fuyants et consentants tour à tour, au palper, je ne pouvais me lasser de la pour suivre... Sous la peau veloutée, tendue, détendue, miraculeuse...

L'ère de ces joies vivantes, des grandes harmonies indéniables, physiologiques, comparatives est encore à venir... Le corps, une divinité tripotée par mes mains honteuses... Des mains d'honnête homme, ce curé inconnu... Permission d'abord de la Mort et des Mots... Que de chichis puants ! C'est barbouillé d'une crasse épaisse de symboles, et capitonné jusqu'au trognon d'excréments artistiques que l'homme distingué va tirer son coup... Arrive ensuite que pourra ! Bonne affaire ! Économie de ne s'exciter après tout que sur des réminiscences... On les possède les réminiscences, on peut en acheter et des belles et des splendides une fois pour toutes des réminiscences... La vie c'est plus compliqué, celle des formes humaines surtout. Atroce aventure. Il n'en est pas de plus désespérée. À côté de ce vice des formes parfaites, la cocaïne n'est qu'un passe-temps pour chefs de gare.

Mais revenons à notre Sophie ! Sa seule présence ressemblait à une audace dans notre maison boudeuse, craintive et louche.

Après quelque temps de vie commune, nous étions certes toujours heureux de la compter parmi nos infirmières, mais nous ne pouvions cependant nous empêcher de redouter qu'elle se mette à déranger un jour l'ensemble de nos infinies prudences ou prenne simplement soudain un beau matin conscience de notre miteuse réalité...

Elle ignorait encore la somme de nos croupissants abandons Sophie ! Une bande de ratés ! Nous l'admirions, vivante auprès de nous, rien qu'à se lever, simplement, venir à notre table, partir encore... Elle nous ravissait...

Et chaque fois qu'elle effectuait ces si simples gestes, nous en éprouvions surprise et joie. Nous effectuions comme des progrès de poésie rien qu'à l'admirer d'être tellement belle et tellement plus inconsciente que nous. Le rythme de sa vie jaillissait d'autres sources que les nôtres... Rampantes pour toujours les nôtres, baveuses.

Cette force allègre, précise et douce à la fois qui l'animait de la chevelure aux chevilles venait nous troubler, nous inquiétait d'une façon charmante, mais nous inquiétait, c'est le mot.

Notre savoir hargneux des choses de ce monde boudait plutôt cette joie si l'instinct y trouvait son compte, le savoir toujours là, au fond peureux, réfugié dans la cave de l'existence, soumis au pire par habitude, par expérience.

Elle possédait Sophie cette démarche ailée, souple et précise qu'on trouve, si fréquente, presque habituelle chez les femmes d'Amérique, la démarche des grands êtres d'avenir que la vie porte ambitieuse et légère encore vers de nouvelles façons d'aventures... Trois-mâts d'allégresse tendre, en route pour l'Infini...

Parapine lui qui pourtant n'était pas des plus lyriques sur ces sujets d'attirance s'en souriait à lui-même une fois qu'elle était sortie. Le seul fait de la contempler vous faisait du bien à l'âme. Surtout à la mienne, pour être juste, qui demeurait bien désireuse. Question de la surprendre, de lui faire perdre un peu de cette superbe, de cette espèce de pouvoir et de prestige qu'elle avait pris sur moi, Sophie, de la diminuer, en somme, de l'humaniser un peu à notre mesquine mesure, j'entrais dans sa chambre pendant qu'elle dormait.

C'était alors un tout autre spectacle Sophie, familier celui-là et tout de même surprenant, rassurant aussi. Sans parade, presque pas de couvertures, à travers du lit, cuisses en bataille, chairs moites et dépliées, elle s'expliquait avec la fatigue...

Elle s'acharnait sur le sommeil Sophie dans les profondeurs du corps, elle en ronflait. C'était le seul moment où je la trouvais bien à ma portée. Plus de sorcelleries. Plus de rigolade. Rien que du sérieux. Elle besognait comme à l'envers de l'existence, à lui pomper de la vie encore... Goulue qu'elle était dans ces moments-là, ivrogne même à force d'en reprendre. Fallait la voir après ces séances de roupillon, toute gonflée encore et sous sa peau rose les organes qui n'en finissaient pas de s'extasier. Elle était drôle alors et ridicule comme tout le monde. Elle en titubait de bonheur pendant des minutes encore et puis toute la lumière de la journée revenait sur elle et comme après le passage d'un nuage trop lourd elle reprenait glorieuse, délivrée, son essor...

On peut baiser tout ça. C'est bien agréable de toucher ce moment où la matière devient la vie. On monte jusqu'à la plaine infinie qui s'ouvre devant les hommes. On en fait : Ouf ! Et ouf ! On jouit tant qu'on peut dessus et c'est comme un grand désert...

Parmi nous, ses amis plutôt que ses patrons, j'étais, je le crois, son plus intime. Par exemple elle me trompait régulièrement, on peut bien le dire, avec l'infirmier du pavillon des agités, un ancien pompier, pour mon bien qu'elle m'expliquait, pour ne pas me surmener, à cause des travaux d'esprit que j'avais en route et qui s'accordaient assez mal avec les accès de son tempérament à elle. Tout à fait pour mon bien. Elle me faisait cocu à l'hygiène. Rien à dire.

Tout cela ne m'aurait donné en définitive que du plaisir, mais l'histoire de Madelon me restait sur la conscience. J'ai fini un beau jour par tout lui raconter à Sophie pour voir ce qu'elle en dirait. Ça m'a délivré un peu de lui raconter mes ennuis. J'en avais assez, c'était vrai, des disputes à n'en plus finir et des rancunes sur venues à cause de leurs amours malheureuses, et Sophie fut tout à fait de mon avis à cet égard.

Amis comme on avait été ensemble, Robinson et moi, elle trouvait elle, qu'on devrait tous se réconcilier, tout simplement, tout gentiment et le plus tôt possible. C'était un conseil qui partait d'un bon cœur. Ils en ont beaucoup des bons cœurs comme ça en Europe centrale. Seulement, elle était pas très au courant des caractères et des réactions des gens de par ici. Avec les meilleures intentions du monde elle me conseillait tout à fait de travers. Je m'en suis aperçu qu'elle s'était trompée, mais trop tard.

« Tu devrais la revoir Madelon, qu'elle m'a conseillé, ça doit être une gentille fille au fond, d'après ce que tu me racontes... Seulement toi, tu l'as provoquée et tu as été tout à fait brutal et dégoûtant avec elle !... Tu lui dois des excuses et même un joli cadeau pour lui faire oublier... » Cela se faisait ainsi les choses dans son pays. En somme des démarches très courtoises qu'elle me conseillait, mais pas pratiques.

Je les ai suivis ses conseils, surtout parce que j'entre voyais au bout de tous ces chichis, de ces approches diplomatiques et de ces flaflas, une petite partie carrée possible qui serait alors tout ce qu'il y aurait de distrayante, rénovante même. Mon amitié devenait, je le note avec peine, sous la pression des événements et de l'âge, sournoisement érotique. Trahison. Sophie m'aidait sans le vouloir à trahir dans ce moment-là. Elle était un peu trop curieuse pour ne pas aimer les dangers Sophie. Une nature excellente, pas protestante pour un sou et qui ne cherchait à diminuer en rien les occasions de la vie, qui ne s'en méfiait pas par principe. Tout à fait mon genre. Elle allait encore plus loin. Elle comprenait la nécessité des changements dans les distractions du derrière. Disposition aventureuse, foutrement rare, il faut en convenir, parmi les femmes. Décidément, nous avions bien choisi.

Elle aurait désiré, et je trouvais cela bien naturel, que je puisse lui donner quelques détails sur son physique à Madelon. Elle redoutait de paraître maladroite auprès d'une Française, dans l'intimité, à cause surtout du grand renom d'artiste dans ce genre, qu'on leur a constitué aux Françaises à l'étranger. Quant à subir en même temps Robinson par-dessus le marché, c'était bien pour me faire plaisir qu'elle y consentirait. Il ne l'excitait pas du tout Robinson, qu'elle me disait, mais somme toute, nous étions bien d'accord. C'était le principal. Bien.

J'ai attendu un peu, qu'une bonne occasion se présente pour en toucher deux mots de mon projet de réconciliation générale à Robinson. Un matin, qu'à l'Économat il était en train de recopier les observations médicales sur le grand-livre, l'instant m'a paru opportun pour ma tentative et je l'ai interrompu pour lui demander bien simplement ce qu'il penserait d'une démarche de ma part auprès de Madelon afin qu'on oublie le récent violent passé... Et si je ne pourrais pas par la même occasion lui présenter Sophie ma nouvelle amie ? Et puis enfin, s'il ne pensait pas que le moment était venu pour tous de nous expliquer une bonne fois gentiment.

D'abord, il a hésité un peu, j'ai bien vu, et puis il m'a répondu, mais sans entrain alors, qu'il n'y voyait pas d'inconvénients... Au fond, je crois que Madelon lui avait annoncé que j'essayerais de la revoir bientôt sous un prétexte ou sous un autre. À propos de la gifle du jour où elle était venue à Vigny, je n'ai pas soufflé mot.

Je ne pouvais pas risquer de me faire m'engueuler là et qu'il me traite de mufle en public, parce qu'après tout bien qu'amis ensemble depuis longtemps, dans cette maison il était tout de même sous mes ordres. Autorité d'abord.

Ça tombait bien d'effectuer cette espèce de démarche au mois de janvier. Nous décidâmes, parce que c'était plus commode, qu'on se rencontrerait tous à Paris un dimanche, qu'on irait ensuite au cinéma ensemble et peut-être qu'on passerait un moment d'abord à la fête des Batignolles pour commencer si toutefois il ne faisait pas trop froid dehors. Il avait promis de l'emmener à la fête des Batignolles. Elle raffolait des fêtes foraines, m'apprit-il, Madelon. Ça tombait bien ! Pour la première fois qu'on se revoyait, ça serait mieux, si ça se passait à l'occasion d'une fête.

* * *

On peut dire qu'on en a eu alors de la fête plein les yeux ! Et plein la tête aussi ! Bim et Boum ! Et Boum encore ! Et que je te tourne ! Et que je t'emporte ! Et que 'e te chahute ! Et nous voilà tous dans la mêlée, avec des lumières, du boucan, et de tout ! Et en avant pour l'adresse et l'audace et la rigolade ! Zim ! Chacun essayait dans son pardessus de paraître à son avantage, d'avoir l'air déluré, un peu distant quand même pour montrer aux gens qu'on s'amusait ailleurs d'habitude, dans des endroits bien plus coûteux, « expensifs » comme on dit en anglais.

D'astucieux, d'allègres rigolos qu'on se donnait l'air, malgré la bise, humiliante aussi elle et cette peur déprimante d'être trop généreux avec les distractions et d'avoir à le regretter le lendemain, peut-être même pendant toute une semaine.

Un grand renvoi de musique monte du manège. Il n'arrive pas à la vomir sa valse de Faust le manège, mais il fait tout ce qu'il peut. Elle lui descend sa valse et elle lui remonte encore autour du plafond rond qui tour billonne avec ses mille tartes de lumières en ampoules. C'est pas commode. Il souffre de musique dans le tuyau de son ventre l'orgue. Voulez-vous un nougat ? Ou préférez-vous un carton ? À votre choix !...

Parmi nous autres, au tir, c'est Madelon, chapeau relevé sur le front, la plus adroite.

« Regarde ! qu'elle fait à Robinson. Je tremble pas moi ! Et pourtant on a bien bu ! » C'est pour vous donner le ton exact de la conversation. Nous sortions donc du restaurant. « Encore un ! » Madelon l'a gagnée la bouteille de champagne ! « Ping et pong ! Et mouche ! » Je lui fais moi alors un grand-pari, quelle me rattrapera pas dans l'autodrome. « Chiche ! » qu'elle répond bien en train. « Chacun la sienne ! » Et hop ! J'étais content qu'elle ait accepté. C'était un moyen pour me rapprocher d'elle. Sophie n'était pas jalouse. Elle avait des raisons.

Robinson monte donc derrière avec Madelon dans un baquet et moi dans un autre devant avec Sophie, et on s'en colle une série de fameuses collisions ! Et je te cabosse ! Et je te cramponne ! Mais je vois tout de suite qu'elle n'aime pas ça qu'on la bouscule Madelon. Lui non plus d'ailleurs Léon, il n'aime plus ça. On peut dire qu'il est pas à son aise avec nous. Au passage pendant qu'on se raccroche aux rambardes, des petits marins se mettent à nous peloter de force, hommes et femmes, et nous font des offres.

On grelotte. On se défend. On rigole. Il en arrive de partout des peloteurs et encore avec de la musique et de l'élan et de la cadence ! On en prend dans ces espèces de futailles à roulettes de telles secousses qu'à chaque fois qu'on se bigorne les yeux vous en sortent des orbites. La joie quoi ! La violence avec de la rigolade ! Tout l'accordéon des plaisirs ! Je voudrais me remettre bien avec elle Madelon avant qu'on quitte la fête. J'y tiens, mais elle répond plus du tout à mes avances. Non, positivement. Elle me boude même. Elle me tient à distance. J'en demeure perplexe. Ça la reprend ses humeurs. Je m'attendais à mieux. Au physique d'ailleurs aussi elle a changé, et en tout.

Je remarque qu'à côté de Sophie elle perd, elle est terne. L'amabilité lui allait mieux, mais on dirait qu'elle sait à présent des choses supérieures. Ça m'agace. Je la regiflerais volontiers, pour voir si elle reviendrait, ou qu'elle me dise ce qu'elle sait de supérieur, à moi. Mais sourires ! On est dans la fête, c'est pas pour pleurnicher ! Il faut fêter Elle a trouvé du travail chez une tante, qu'elle raconte à Sophie, après ça, pendant qu'on marche. Rue du Rocher, une tante corsetière. Faut bien la croire.

C'était pas difficile à se rendre compte dès ce moment-là qu'en fait de réconciliation c'était une entrevue ratée.

Et pour ma combinaison aussi, c'était raté. C'était même une faillite.

On avait eu tort de chercher à se revoir. Sophie, elle, ne comprenait pas encore bien la situation. Elle ne sentait pas qu'on venait seulement en se revoyant de compliquer les choses... Robinson aurait dû me dire lui, me prévenir, qu'elle était butée à ce point-là... C'était dommage ! Bien ! Tzim ! Tzim ! Toujours et quand même ! En avant pour le « Caterpillar » ! comme on l'appelle. C'est moi qui propose, c'est moi qui paye, question de tenter de me rapprocher une fois de plus de Madelon. Mais elle se défile constamment, elle m'évite, elle profite de la foule pour grimper sur une autre banquette, devant, avec Robinson, je suis refait. Des vagues et des remous d'obscurité nous ahurissent. Rien à faire, que je me conclus tout bas, moi. Et Sophie est enfin de mon avis. Elle comprend que j'avais été en tout ça victime encore de mon imagination cochonne.

« Tu vois ! Elle est vexée ! Je crois qu'on ferait mieux de les laisser tranquilles à présent... Nous, on pourrait peut-être aller faire un tour au Chabanais avant de rentrer... » C'était une proposition qui lui plaisait bien à Sophie, parce qu'elle avait entendu parler bien des fois du Chabanais quand elle était encore à Prague et elle ne demandait pas mieux que de l'essayer le Chabanais à présent pour pouvoir juger, par elle-même. Mais nous calculâmes que ça nous reviendrait trop cher le Chabanais d'après la somme d'argent que nous avions emportée. Il a fallu donc nous réintéresser à la fête Robinson pendant qu'on était dans le Caterpillar avait dû avoir une scène avec Madelon. Ils en descendirent tout à fait agacés tous les deux de ce Carrousel. Décidément, elle était pas à prendre ce soir-là avec des pincettes. Pour calmer et arranger les choses, je leur proposai une distraction bien occupante, un concours de pêche au goulot de bouteilles. Madelon s'y mit en rechignant. Elle nous gagna cependant tout ce qu'elle voulut. Elle arrivait avec son anneau juste au-dessus du bouchon et elle te l'enfilait sur le coup de la cloche ! Là ! Clic ! et ça y était. Le marchand n'en revenait pas. Il lui remit en lot « une demie Grand-Duc de Malvoison ». C'est dire si elle était adroite, mais quand même elle était pas satisfaite. « Elle la boirait pas... » qu'elle nous a annoncé tout de suite... « Que c'était du mauvais... » C'est Robinson donc qui se la déboucha pour la boire. Hop ! En coup de trompette encore ! C'était drôle de sa part, parce qu'il ne buvait pour ainsi dire jamais.

On passe après ça devant la noce en zinc. Pan ! Pan ! On s'explique tous dessus avec des balles dures. C'est triste ce que moi je suis pas habile... Je le félicite Robinson. Il me gagne à n'importe quel jeu lui aussi. Mais ça le fait pas sourire non plus son adresse. On dirait qu'on les a entraînés tous les deux dans une véritable corvée décidément. Pas moyen de les ranimer, de les dérider. « C'est à la fête qu'on est ! » que je hurle moi, pour une fois j'étais à bout d'invention.

Mais ça leur était égal que je les stimule et que je leur répète ces choses dans les oreilles. Ils ne m'entendaient pas. « Et la jeunesse alors ? que je leur demandai. Qu'est-ce qu'on en fait ?... Elle s'amuse donc plus la jeunesse ; Qu'est-ce que je dirais moi qui ai dix piges de plus que vous autres ? Ma cocotte ! » Ils me regardaient alors, Madelon et lui, comme s'ils s'étaient trouvés devant un intoxiqué, un gazé, un baveux, et que ça vaille même plus la peine qu'on me réponde... Comme si c'était plus la peine d'essayer même de me parler, que je comprendrais plus à coup sûr quoi qu'ils puissent m'expliquer... Rien à rien... Peut-être qu'ils ont raison ? que je me suis dit alors et j'ai regardé bien inquiet, tout autour de nous, les autres gens.

Mais ils faisaient ce qu'il fallait eux, les autres gens pour s'amuser, ils étaient pas là comme nous à branlocher des petits chagrins. Pas du tout ! Ils en prenaient eux les gens de la fête ! Pour un franc par ici !... Là pour cinquante centimes !... De la lumière... Des boniments, de la musique et des bonbons... Comme des mouches qu'ils s'agitaient avec même en plus leurs petites larves entre les bras, bien livides, blafards bébés, qui disparaissent à force d'être pâles dans le trop de lumière. Un peu de rose seulement autour du nez qu'il leur restait aux bébés à l'endroit des rhumes et des embrassades.

Parmi tous les stands, je l'ai bien reconnu tout de suite en passant le « Tir des Nations », un souvenir, j'en ai rien remarqué aux autres. Voilà quinze ans — que je me suis dit, rien que pour moi. — Voilà quinze ans qui viennent de passer... Une paye ! On en a perdu des copains en route ! J'aurais bien cru qu'il n'en serait jamais sorti lui-même de la boue qui le tenait là-bas à Saint-Cloud le « Tir des Nations... ». Mais il était bien retapé, presque neuf en somme à présent, avec une musique et tout. Rien à dire. On tirait dedans à pleins cartons. Ça travaille toujours un Tir. L'œuf était revenu là aussi, comme moi, au milieu, au bout de presque rien, à sautiller. C'était deux francs. Nous passâmes, on avait trop froid pour essayer, valait mieux marcher. Mais c'était pas parce qu'on manquait de monnaie, on en avait encore plein les poches de la monnaie à faire du bruit, la petite musique de la poche.

J'aurais bien tenté n'importe quoi, à ce moment-là pour qu'on se change les idées, mais personne n'y mettait du sien. Si Parapine avait été avec nous, ça aurait été encore pire sans doute, triste comme il était dès qu'il y avait du monde. Heureusement, il était resté à garder l'Asile. Pour mon compte, je regrettais bien d'être venu. Madelon se mit alors tout de même à rire, mais c'était pas drôle du tout son rire. Robinson ricanait à côté d'elle pour ne pas faire autrement. Sophie du coup, s'est mise à nous faire des plaisanteries. C'était complet.

Comme nous passions devant la baraque du photo graphe, il nous a repérés l'artiste, hésitants. On n'y tenait pas à y passer nous à sa photo, sauf Sophie peut-être. Mais nous voici exposés à son appareil quand même à force d'hésiter devant sa porte. Nous nous soumettons à son commandement trainard, là, sur la passerelle en carton qu'il avait dû construire lui-même, d'un supposé navire Belle-France. C'était écrit sur les fausses ceintures de sauvetage. Nous restâmes ainsi un bon moment les yeux droits devant nous à défier l'avenir. D'autres clients attendaient impatients qu'on en descende de la passerelle et déjà ils se vengeaient d'attendre en nous trouvant moches, et ils nous le disaient en plus et tout haut.

Ils profitaient qu'on ne pouvait pas bouger. Mais Madelon, elle, avait pas peur, elle les engueula en retour avec tout l'accent du Midi. Ça s'entendait bien. C'était tassé comme réponse.

Magnésium. On tique tous. Une photo chacun. On est plus laids qu'avant. Il pleut à travers la toile. On a les pieds vaincus par en dessous, par la fatigue, bien gelés.

Le vent nous a découvert pendant qu'on posait, des trous partout, même que le pardessus finit par en exister à peine.

Faut recommencer à déambuler entre les baraques. J'osais pas proposer de rentrer à Vigny. C'était trop tôt. L'orgue à sentiments du manège profite de ce qu'on la grelottait déjà pour vous faire trembloter encore un peu plus par les nerfs. C'est la faillite du monde entier dont il rigole, l'instrument. Il en hurle à la déroute parmi ses mirlitons argentés, l'air va crever dans la nuit d'à côté, à travers les rues pisseuses qui descendent des Buttes.

Les petites bonnes de Bretagne toussent bien davantage que l'hiver dernier c'est vrai, quand elles arrivaient seulement à Paris. C'est leurs cuisses marbrées vert et bleu qui ornent, comme elles peuvent, les harnais des chevaux de bois. Les gars d'Auvergne qui payent les tours pour elles, prudents titulaires aux Postes, ne les fricotent qu'en capotes, c'est connu. Ils ne tiennent pas à l'attraper deux fois. Elles se tortillent les bonnes en attendant l'amour dans le fracas salement mélodieux du manège. Un peu mal au cœur elles en ont, mais elles posent quand même par six degrés de froid, parce que c'est le moment suprême, le moment d'essayer sa jeunesse sur l'amant définitif qui est peut-être là, conquis déjà, blotti parmi les couillons de cette foule transie. Il n'ose pas encore l'Amour... Tout arrive comme au cinéma pourtant et le bonheur avec. Qu'il vous adore un seul soir et jamais ne vous quittera plus ce fils de propriétaire... Ça s'est vu, ça suffit. D'ailleurs il est bien, d'ailleurs il est beau, d'ailleurs il est riche.

Dans le kiosque à côté près du métro, la marchande elle, s'en fout de l'avenir, elle se gratte sa vieille conjonctivite et se la purule lentement avec les ongles. C'est bien du plaisir, obscur et pour rien. Voilà six ans que ça lui dure cet ail et que ça la démange de mieux en mieux.

Les promeneurs en tas, groupés par la crève froide, se pressurent à se fondre autour de la loterie. Sans y parvenir. Brasero de derrières. Ils trottent vite alors et bon dissent pour se réchauffer au nœud de foule que font les gens d'en face, devant le veau à deux têtes.

Protégé par la vespasienne, un petit jeune homme que le chômage guette fait son prix pour un couple de province que l'émotion fait rougir. Le cogne des mœurs a bien compris la combine, mais il s'en fout, son rencard à lui pour le moment c'est la sortie du café Miseux. Y a une semaine qu'il le guette le café Miseux. Ça ne peut se passer qu'au tabac ou dans l'arrière-boutique du braire cochon d'à côté. En tout cas y a longtemps que c'est signalé. L'un des deux procure, à ce qu'on raconte, des mineures qui ont l'air de vendre des fleurs. Encore des lettres anonymes. Le « Marron »[37] du coin « en croque » aussi lui, pour son compte. Bien forcé d'ailleurs. Tout ce qui est sur le trottoir appartient à la Police.

L'espèce de mitrailleuse qu'on entend en rage dans l'air de ce côté-là, par rafales, c'est seulement la moto du type au « Disque de la Mort ». Un « évadé » qu'on dit, mais c'est pas sûr. En tout cas, ça fait deux fois déjà qu'il a crevé sa tente, ici même, et puis il y a deux ans déjà à Toulouse. Qu'il en finisse alors un bon coup avec son engin ! Qu'il se la casse une bonne fois la gueule et la colonne avec et qu'on en parle plus ! Ça rendrait méchant de l'entendre ! Le tramway aussi d'ailleurs, tel qu'il est avec sa sonnette, ça fait tout de même deux vieux de Bicêtre qu'il a écrasés, au ras des baraques, en moins d'un mois. L'autobus par contre, c'est un tranquille. Il arrive en douce sur la Place Pigalle, avec plein de précautions, plutôt en titubant, à coups de trompette, bien essoufflé, avec ses quatre personnes dedans, bien prudentes et lentes à sortir comme des enfants de chœur.

D'étalages en groupes, et de manèges en loteries, à force de déambuler, nous étions parvenus au bout de la fête, dans le gros vide tout noir où les familles vont faire pipi... Demi-tour donc ! En revenant sur nos pas, on a mangé des marrons pour se donner la soif. C'est mal à la bouche qu'on en a eu, mais pas soif. Un asticot aussi dans les marrons, un mignon. C'est Madelon qui est tombée dessus, comme un fait exprès. C'est même à partir de ce moment-là que les choses se sont mises à ne plus aller du tout entre nous, jusque-là on se retenait encore un peu, mais le coup du marron ça l'a rendue absolument furieuse.

Au moment où elle allait jusqu'au ruisseau pour le cracher l'asticot, Léon lui a dit en plus quelque chose comme pour l'empêcher, je ne sais plus quoi, ni ce qui lui prenait, mais cette façon d'aller cracher ça lui plaisait pas du tout soudain à Léon. Il lui demanda assez sottement si elle avait trouvé dedans un pépin ?... C'était pas une question à lui poser non plus... Et voilà Sophie qui trouve moyen de s'en mêler de leur discussion, elle comprenait pas pourquoi ils se disputaient... Elle voulait savoir.

Ça les agace donc encore davantage, d'être interrompus par Sophie, une étrangère, forcément. Juste un groupe de braillards passe entre nous et on est séparés. C'étaient des jeunes gens qui faisaient la retape en réalité, mais avec des mimiques, des mirlitons et toutes sortes de cris d'effrayés. Quand on a pu se rejoindre ils se disputaient encore Robinson et elle.

« Voilà bien venu, pensais-je, le moment de rentrer... Si on les laisse ici ensemble encore quelques minutes, ils vont nous faire un scandale au milieu de la fête même... C'en est assez pour aujourd'hui ! » Tout était raté, fallait l'avouer. « Veux-tu qu'on parte ? » que je lui ai proposé. Il me regarde alors comme surpris. Cependant cela me semblait la décision la plus sage et la plus indiquée. « Vous en avez donc pas suffisamment comme ça de la fête ? » que j'ajoute. Il me fit signe alors qu'il faudrait mieux que je demande d'abord l'avis à Madelon. Je voulais bien moi lui demander son avis à Madelon, mais je trouvais pas ça très malin.

« Mais, on va l'emmener avec nous, Madelon ! que je finis par dire.

— L'emmener ? Où ça donc que tu veux l'emmener qu'il fait.

— Mais à Vigny, voyons ! » que je réponds.

C'était la gaffe !... Une de plus. Mais je pouvais pas me dédire, j'avais parlé.

« Nous avons bien une chambre de libre là-bas pour elle à Vigny ! que j'ajoute. C'est pas les chambres qui nous manquent voyons !... On pourra d'ailleurs faire un petit souper tous ensemble, avant d'aller se coucher... a sera plus gai qu'ici toujours où on la gèle littéralement depuis deux heures ! Ça sera pas difficile... » Elle répondait rien Madelon à mes propositions. Elle me regardait même pas pendant que je parlais mais elle ne perdait tout de même pas un mot de ce que je venais de raconter. Enfin, ce qui était dit, l'était bien.

---

[37] *Le Marron* : ici pour « marchand de marrons chauds ».

Quand le me suis trouvé un peu à l'écart, elle s'est rapprochée de moi en douce pour me demander si des fois c'était pas un tour que je voulais lui jouer encore en l'invitant à Vigny. J'ai rien répondu. On ne peut pas raisonner avec une femme jalouse comme elle était, ça aurait été encore des prétextes à des histoires à n'en plus finir. Et puis je ne savais pas au juste de qui et de quoi elle était jalouse. C'est souvent difficile à déterminer ces sentiments-là qui viennent de la jalousie. De tout en somme j'imagine qu'elle était jalouse, comme tout le monde.

Sophie ne savait plus trop comment se tenir, mais elle continuait à insister pour se rendre aimable. Elle avait même pris Madelon par le bras, mais Madelon elle, était bien trop enragée et contente en plus d'être en rage pour se laisser distraire par des gentillesses. Nous nous faufilâmes avec bien de la peine à travers la foule pour atteindre le tramway, place Clichy. Au moment juste où nous allions l'attraper le tramway, un nuage a crevé sur la place, la pluie s'est mise à tomber en cascades. Le ciel s'est répandu.

Toutes les autos furent prises d'assaut en un instant. « Tu vas pas encore me faire un affront devant les gens ?... Dis Léon ? » que j'entendais Madelon lui redemander à mi-voix tout à côté de nous. Ça ne marchait pas. « T'en as déjà assez, hein, de me voir ?... Dis-le donc que t'en as assez ? qu'elle reprenait. Dis-le donc ? C'est pas souvent que tu me vois pourtant !... Mais tu préfères être avec eux deux tout seul hein ?... Vous couchez tous ensemble, je parie, quand je suis pas là ?... Dis-le que t'aimes mieux être avec eux qu'avec moi !... Dis-le, pour que je t'entende... » Et puis elle restait après ça sans rien dire, sa figure se fermait en grimace autour de son nez qui lui remontait et lui tirait sur la bouche. On attendait sur le trottoir. « Tu vois comment qu'ils me traitent tes amis ?... Dis Léon ? » qu'elle reprenait.

Mais Léon lui, il faut lui rendre cette justice, il ne répliquait pas, il ne la provoquait pas, il regardait de l'autre côté, les façades et le boulevard et les voitures.

Cependant c'était un violent à ses heures, Léon. Comme elle voyait que ça ne prenait pas ces espèces de menaces, elle le relançait d'une autre façon, et puis à la tendresse qu'elle lui refaisait ça, tout en attendant. « Je t'aime bien moi, mon Léon, dis tu m'entends, que je t'aime bien ?... Tu te rends compte de ce, que j'ai fait pour toi au moins ?... C'était peut-être pas la peine que je vienne aujourd'hui ?... Tu m'aimes pas quand même un petit peu Léon ? C'est pas possible que tu m'aimes pas du tout... T'as du cœur, dis Léon, t'en as un u tout de même du cœur ?... Pourquoi alors que tu méprises mon amour ?... On avait fait un beau rêve tous les deux ensemble... Comme tu es cruel avec moi quand même !... Tu l'as méprisé mon rêve Léon ! Tu l'as sali !... Tu peux dire que tu l'as détruit mon idéal... Tu veux donc que j'y croie plus à l'amour dis ?... Et à présent, tu veux que je m'en aille pour toujours alors ? C'est bien ça que tu veux ?... » Tout qu'elle lui demandait pendant qu'il pleuvait à travers le store du café.

Ça dégoulinait au milieu des gens. Décidément elle était bien comme il m'avait prévenu. Il avait rien inventé, en ce qui concernait son vrai caractère. J'aurais pas pu imaginer qu'ils étaient parvenus si vite à de pareilles intensités sentimentales, c'était ainsi.

Comme les voitures et tout le trafic faisaient beaucoup de bruit autour de nous, j'en ai profité pour lui glisser un petit mot à Robinson à l'oreille quand même au sujet de la situation, pour essayer qu'on se décolle d'elle maintenant et qu'on en finisse au plus vite, puisque c'était raté, qu'on s'esquive en douceur avant que tout tourne au vinaigre et qu'on se fâche à mort. C'était à craindre. « Veux-tu que je te trouve un prétexte moi ? que je lui ai soufflé. Et qu'on se défile chacun de notre côté ? — Fais pas ça surtout ! qu'il m'a répondu. Fais pas ça ! Elle serait capable de piquer une crise ici même et on pourrait plus l'arrêter ! » J'insistai pas.

Après tout, c'est peut-être que ça lui faisait plaisir de se faire engueuler publiquement Robinson et puis aussi il la connaissait mieux que moi. Comme l'averse finissait on a trouvé un taxi. On se précipite et nous voilà casés les uns contre les autres. D'abord, on ne se dit rien. On en avait gros entre nous et puis j'avais comme ça assez gaffé pour ma part. Je pouvais attendre un petit peu avant de m'y remettre.

Moi et Léon nous prîmes les strapontins de devant et les deux femmes occupèrent le fond du taxi. Les soirs de fête, c'est très encombré la route d'Argenteuil, surtout jusqu'à la Porte. Après, il faut encore compter une bonne heure pour arriver à Vigny à cause des voitures. C'est pas commode de rester une heure sans rien se dire, face à face, à se regarder, surtout quand il fait sombre et qu'on est un peu inquiets les uns à cause des autres.

Toutefois, si nous étions restés comme ça, vexés, mais chacun pour soi, rien ne serait arrivé. C'est encore aujourd'hui mon opinion quand j'y repense.

Somme toute c'est à cause de moi qu'on s'est reparlé et que la dispute a repris alors tout de suite et de plus belle. Avec les mots on ne se méfie jamais suffisamment, ils ont l'air de rien les mots, pas l'air de dangers bien sûr, plutôt de petits vents, de petits sons de bouche, ni chauds, ni froids, et facilement repris dès qu'ils arrivent par l'oreille par l'énorme ennui gris mou du cerveau. On ne se méfie pas d'eux des mots et le malheur arrive.

Des mots, il y en a des cachés parmi les autres, comme des cailloux. On les reconnaît pas spécialement et puis les voilà qui vous font trembler pourtant toute la vie qu'on possède, et tout entière, et dans son faible et dans son fort... C'est la panique alors... Une avalanche... On en reste là comme un pendu, au-dessus des émotions... C'est une tempête qui est arrivée, qui est passée, bien trop forte pour vous, si violente qu'on l'aurait jamais crue possible rien qu'avec des sentiments... Donc, on ne se méfie jamais assez des mots, c'est ma conclusion. Mais d'abord que je raconte les choses... : Le taxi suivait doucement son tram à cause des réparations... « Rron... et non... » qu'il faisait. Un caniveau chaque cent mètres... Seulement ça ne me suffisait pas à moi le tram devant. Toujours bavard et enfantin, je m'impatientais... Ça ne m'était pas supportable cette petite allure d'enterrement et cette indécision partout... Je me dépêchais de le casser le silence pour tâcher de savoir ce qu'il pouvait bien avoir dans le derrière. J'observai, ou plutôt j'essayai d'observer, puisqu'on n'y voyait presque plus, dans son coin à gauche, dans le fond du taxi, Madelon. Elle gardait la figure tournée vers le dehors, vers le paysage, vers la nuit à vrai dire. Je constatai avec dépit qu'elle était toujours aussi entêtée. Un vrai emmerdeur, moi, d'autre part. Je l'interpellai, rien que pour lui faire tourner la tête de mon côté.

« Dites donc Madelon ! que je lui demandai. Vous avez peut-être un projet d'amusement vous que vous n'osez pas nous confier ? Voulez-vous qu'on s'arrête quelque part avant de rentrer ? Dites-le tout de suite ?...

— S'amuser ! s'amuser ! qu'elle m'a répondu comme insultée. Vous ne pensez jamais qu'à ça vous autres ! À l'amusement !... » Et du coup, toute une série de soupirs qu'elle a poussés, profonds, comme j'en ai rarement entendu de si touchants.

« Je fais ce que je peux ! que je lui réponds. C'est dimanche !

— Et toi Léon ? qu'elle lui demande alors à lui. Toi, est-ce que tu fais aussi tout ce que tu peux, dis ? » C'était direct.

« Tu parles ! » qu'il lui a répondu.

Je les regardais tous les deux dans le moment où on passait devant les réverbères. C'était la colère. Madelon s'est alors penchée comme pour l'embrasser. C'était dit décidément que ce soir-là on raterait pas une seule gaffe à faire.

Le taxi allait à nouveau tout à fait doucement à cause des camions, partout échelonnés devant nous. Ça l'agaçait lui justement d'être embrassé et il l'a repoussée assez brusquement faut le dire. Bien sûr, c'était pas aimable comme geste, surtout que ça se passait devant nous autres.

Quand nous arrivâmes au bout de l'avenue de Clichy, à la Porte, la nuit était bien tombée déjà, les boutiques s'allumaient. Sous le pont du chemin de fer, qui résonne toujours si fort, je l'entends moi quand même qui lui redemandait encore : « Tu veux pas m'embrasser Léon ? » Elle repiquait. Lui il répondait toujours pas. Du coup, elle s'est tournée vers moi et elle m'a apostrophé directe ment. C'était l'affront qu'elle supportait pas.

« Qu'est-ce que vous lui avez encore fait à Léon pour qu'il soye devenu si méchant ? Osez donc me le dire tout de suite ?... Quels trucs que vous lui avez encore racontés ?... » Voilà comment qu'elle me provoquait.

« Mais rien du tout ! que je lui réponds. Je lui ai rien raconté du tout !... Je m'occupe pas de vos disputes !... »

Et le plus fort, c'est que c'était vrai, que je lui avais rien raconté du tout à son sujet à Léon. Il était libre, c'était son affaire à lui de rester avec elle ou bien de s'en séparer, ne me regardait pas, mais c'était pas la peine d'essayer la convaincre, elle était plus raisonnable et on a recommencé à se taire face à face, dans le taxi, mais l'air restait tellement chargé d'engueulade que ça ne pouvait pas résister longtemps. Elle avait pris pour me parler une de ces voix minces que je ne lui connaissais pas encore, une voix monotone aussi comme une personne tout à fait déterminée. En retrait comme elle s'était placée dans le coin du taxi, je ne pouvais presque plus apercevoir ses gestes et ça me gênait beaucoup.

Sophie pendant ce temps-là, me tenait par la main. Elle ne savait plus où se fourrer Sophie, du coup, la pauvre fille.

Comme nous venions de dépasser Saint-Ouen, c'est Madelon qui a recommencé la séance des griefs qu'elle avait contre Léon et avec une frénétique ampleur, en lui reposant des questions à n'en plus finir et tout haut à présent à propos de son affection et de sa fidélité. Pour nous deux Sophie et moi, c'était embarrassant au possible. Mais elle était tellement montée que ça lui était absolu ment égal que nous l'écoutions, au contraire. Évidemment, c'était pas malin non plus de ma part de l'avoir enfermée dans cette boîte avec nous, ça résonnait et ça lui donnait l'envie, avec sa nature, de nous jouer la grande scène. C'était encore une belle initiative à moi le taxi.

Lui Léon, il ne réagissait plus. D'abord, il était fatigué par la soirée qu'on venait de passer ensemble et puis toujours il manquait un peu de sommeil, c'était sa maladie.

« Calmez-vous, voyons ! que je trouvai quand même le moyen de lui faire entendre à Madelon, vous vous expliquerez tous les deux en arrivant... Vous avez bien le temps !...

— Arriver ! arriver ! qu'elle me répond alors sur un ton pas imaginable. Arriver ? On n'arrivera jamais que je vous dis !... Et puis d'abord j'en ai assez moi de toutes vos sales manières ! qu'elle a continué, je suis une fille propre moi !... Je vaux mieux que vous tous ensemble moi !... Bande de cochons... Vous avez beau essayer de me mettre en boîte... Vous êtes pas dignes de me comprendre !... Vous êtes bien trop pourris tous autant que vous êtes pour me comprendre !... Tout ce qui est propre et tout ce qui est beau, vous pouvez plus le comprendre ! »

Elle nous attaquait en somme dans notre amour propre et ainsi de suite et j'avais beau me tenir bien en place strictement sur mon strapontin, et le mieux que je pouvais, et ne plus piper d'un seul soupir pour ne pas exciter davantage, à chaque changement de vitesse du taxi, elle repartait quand même en transe. Il suffit d'un rien dans ces moments-là pour déclencher le pire, et c'est comme si elle avait joui rien que de nous rendre mal heureux, elle ne pouvait plus s'empêcher d'aller tout de suite tout au bout de sa nature.

« Et croyez pas que ça va se passer comme ça ! qu'elle a continué à nous menacer. Et que vous allez pouvoir vous débarrasser de la môme en douce ! Ah ! non alors ! J'aime autant vous le dire tout de suite ! Non, ça n'ira pas comme vous le désirez ! Ignobles que vous êtes tous... Vous avez fait mon malheur ! Je vais vous réveiller moi, tout dégueulasses autant que vous êtes !... »

Du coup, elle se pencha vers Robinson et elle l'attrapa par son pardessus et elle se met à le secouer à deux bras. Il ne faisait rien lui pour se dégager. J'allais pas intervenir. On aurait même pu croire que ça lui donnait du plaisir à Robinson de la voir s'exciter encore un peu plus à son sujet. Il ricanait, c'était pas naturel, il oscillait pendant qu'elle l'engueulait comme un pantin à travers la banquette, le nez en bas, le cou mou.

Au moment où j'allais faire tout de même un petit geste de remontrance pour interrompre ces grossièretés, elle s'est rebiffée et elle m'en a cassé un morceau à moi-même... Celui qu'elle avait sur le cœur depuis longtemps... Ce fut à mon tour je peux le dire ! et devant tout le monde. « Vous tenez-vous donc tranquille, satyre ! qu'elle m'a dit comme ça. C'est pas une affaire qui vous regarde entre Léon et moi ! Vos violences, Monsieur, j'en veux plus ! Vous m'entendez ? Hein ? j'en veux plus ! Si jamais vous relevez une seule fois la main sur moi, elle vous apprendra Madelon, comment qu'il faut vous conduire dans la vie !... À faire les copains cocus et puis après à frapper sur leurs femmes !... Il est culotté ce saligaud-là ! Vous avez donc pas honte ? » Léon lui d'entendre ces vérités, il s'en est comme réveillé un peu. Il ricanait plus. Je me demandai même pendant un petit instant si on n'allait pas se provoquer, se tabasser, mais on n'avait pas la place d'abord pour se battre, à quatre comme on était dans le taxi. Ça me rassurait. C'était trop étroit.

Surtout qu'on roulait assez vite à présent sur les pavés des boulevards de la Seine et que ça secouait bien de trop, même pour se bouger...

« Viens Léon ! qu'elle lui a commandé alors ! Viens que je te demande pour la dernière fois ! Tu m'entends, viens ? Laisse-les tomber ! T'entends pas ce que je te dis ? »

Une vraie comédie.

« Arrête-le voyons, le taxi Léon ! Arrête-le ou je vais l'arrêter moi-même ! » Mais lui Léon, il bougeait toujours pas de sa banquette. Il était vissé.

« Tu veux pas venir alors ? qu'elle a recommencé, tu veux pas venir ? »

Elle m'avait prévenu qu'en ce qui me concernait c'était mieux que je me tienne à présent peinard. J'avais mon compte. « Tu viens pas ? » qu'elle lui répétait. Le taxi continuait en vitesse, c'était libre la route devant à présent et on était encore bien plus chahutés. Comme des colis qu'on était, par-ci, par-là.

« Bon, qu'elle a conclu, puisqu'il lui répondait rien. C'est bien ! Ça va ! C'est toi-même qui l'auras voulu ! Demain ! Tu m'entends, pas plus tard que demain j'irai moi, au Commissaire, et je lui expliquerai, moi, au Commissaire, comment qu'elle est tombée dans son escalier la mère Henrouille ! Tu m'entends, à présent, dis Léon ?...T'es content ?... Tu fais plus le sourd ? Ou bien que tu viens tout de suite avec moi ou bien crue j'irai le voir demain matin l... Alors, tu veux-t-y venir, ou tu veux pas ? Explique-toi !... » C'était carré comme menace.

Il s'est tout de même décidé à lui répondre un peu à ce moment-là.

« Mais t'es dedans toi aussi, dis donc ! qu'il lui a fait. T'as rien à dire... »

De l'entendre répondre ça, elle s'est pas calmée du tout, au contraire. « Je m'en fous bien ! qu'elle lui a répondu. D'être dedans ! Tu veux-t-y dire qu'on ira en prison tous les deux ?... Que j'ai été ta complice ?... C'est ça que tu veux dire ?... Mais je demande pas mieux moi !... »

Et elle s'est mise à ricaner du coup, comme une hystérique, comme si elle avait jamais rien connu de plus réjouissant...

« Mais je demande pas mieux que je te répète ! Mais ça me plaît à moi la prison que je te dis !... Va pas croire que vais me dégonfler à cause de ta prison !... J'irai autant qu'on voua, en prison moi ! Mais t'iras aussi alors toi dis ma vache ?... Tu te foutras pas de moi plus longtemps dis au moins !... Je suis à toi, bon ! mais t'es à moi ! T'avais qu'à rester avec moi là-bas ! Je connais qu'un amour moi, Monsieur ! Je suis pas une putain moi ! »

Et elle nous défiait moi et Sophie en même temps, tout en disant ça. C'était pour la fidélité ce qu'elle en disait, pour la considération.

Malgré tout on roulait encore et il se décidait toujours pas à le faire arrêter le taxi.

« Tu viens pas alors ? T'aimes mieux aller au bagne ? Bon !... Tu t'en fous que je te dénonce ?... De ce que je t'aime ?... Tu t'en fous aussi hein ?... Et tu t'en fous de mon avenir ?... Tu te fous de tout toi d'abord n'est-ce pas ? Dis-le ?

— Oui, dans un sens, qu'il a répondu... T'as raison... Mais c'est pas plus de toi que d'une autre, que je m'en fous... Va pas prendre ça pour une insulte surtout !... T'es gentille au fond toi... Mais j'ai plus envie qu'on m'aime... Ça me dégoûte !... »

Elle s'attendait pas à ce qu'on lui dise une chose comme ça, bien en face, là, et tellement qu'elle en fut surprise qu'elle savait plus très bien par où la reprendre l'engueulade qu'elle avait commencée. Elle était assez déconcertée, mais elle s'y est remise quand même. « Ah ! ça te dégoûte !... Comment que ça te dégoûte que tu veux dire ?...

Explique-toi donc sale ingrat...

— Non ! C'est pas toi, c'est tout qui me dégoûte ! Qu'il lui a répondu. J'ai pas envie...

Faut pas m'en vouloir pour ça...

— Comment, que tu dis ? Répète-le un peu ?... Moi et tout ? » Elle cherchait à comprendre. « Moi et tout ? Explique donc ça ? Qu'est-ce que ça veut dire ?... Moi et tout ?... Parle pas chinois !... Dis-le-moi là en français, devant eux, pourquoi que je te dégoûte à présent ? Tu bandes pas donc comme les autres, dis gros salaud quand tu fais l'amour ? Tu bandes pas alors hein ?... Ose le dire là ici ?... Devant tout le monde que tu bandes pas ?... »

Malgré sa fureur ça portait un peu à rire la manière dont elle se défendait avec ses remarques. Mais j'ai pas eu le temps de rigoler longtemps, parce qu'elle est revenue à la charge. « Et lui, donc là, qu'elle a fait, il en jouit pas chaque fois qu'il peut m'attraper dans un coin ! Ce dégueulasse ! Ce peloteur, qu'il ose donc venir me dire le contraire ?... Mais dites-le donc tous que vous voulez changer !... Avouez-le !... Que c'est du nouveau qu'il vous faut !... De la partouze !... Pourquoi pas de la pucelle ? Bande de dépravés ! Bande de cochons ! Pourquoi que vous cherchez des prétextes ?...

Vous êtes des blasés et voilà tout ! Vous avez plus seulement le courage de vos vices ! Ils vous font peur vos vices ! »

Et alors c'est Robinson, qui a pris sur lui de lui répondre. Il était monté aussi à la fin, et il gueulait à présent aussi fort qu'elle.

« Mais si ! Qu'il lui a répondu. Que j'en ai du courage ! et sûrement bien autant que toi !... Seulement moi si tu veux tout savoir... Tout absolument... Eh bien, c'est tout, qui me répugne et qui me dégoûte à présent ! Pas seulement toi !... Tout !... L'amour surtout !... Le tien aussi bien que celui des autres... Les trucs aux sentiments que tu veux faire, veux-tu que je te dise à quoi ça ressemble moi ? Ça ressemble à faire l'amour dans des chiottes ! Tu me comprends-t-y à présent ?... Et tous les sentiments que tu vas chercher pour que je reste avec toi collé, ça me fait l'effet d'insultes si tu veux savoir... Et tu t'en doutes même pas en plus parce que c'est toi qui es une dégueulasse parce que tu t'en rends pas compte... Et tu t'en doutes même pas non plus que tu es une dégoûtante !... Ça te suffit de répéter tout ce que bavent les autres... Tu trouves ça régulier... Ça te suffit parce qu'ils t'ont raconté les autres qu'il y avait pas mieux que l'amour et que ça prendrait avec tout le monde et toujours... Eh bien moi je l'emmerde leur amour à tout le monde !... Tu m'entends ? Plus avec moi que ça prend ma fille... leur dégueulasse d'amour !... Tu tombes de travers !... T'arrives trop tard ! Ça prend plus, voilà tout !... Et c'est pour ça que tu te mets dans les colères !... T'y tiens quand même toi à faire l'amour au milieu de tout ce qui se passe ?... De tout ce qu'on voit ?... Ou bien c'est-y que tu vois rien ?... Je crois plutôt que tu t'en fous !... Tu fais la sentimentale pendant que t'es une brute comme pas une... Tu veux en bouffer de la viande pourrie ? Avec ta sauce à la tendresse ?... Ça passe alors ?... Pas à moi !... Si tu sens rien tant mieux pour toi ! C'est que t'as le nez bouché ! Faut être abrutis comme vous l'êtes tous pour pas que ça vous dégoûte... Tu cherches à savoir ce qu'il y a entre toi et moi ?... Eh bien entre toi et moi, y a toute la vie... Ça te suffit pas des fois ?

— Mais c'est propre chez moi, qu'elle s'est rebiffée elle... On peut être pauvre et être propre quand même dis donc ! Quand est-ce que t'as vu que c'était pas propre chez moi ? C'est ça que tu veux dire en m'insultant ?... J'ai le derrière propre moi, Monsieur !... Tu peux peut être pas en dire autant !... Ni tes pieds non plus !

— Mais j'ai jamais dit ça Madelon ! J'ai rien dit comme ça du tout !... Que c'est pas propre chez toi ?... Tu vois bien que tu ne comprends rien ! » C'est tout ce qu'il avait trouvé à lui répondre pour la calmer.

« Tu dis que t'as rien dit alors ? T'as rien dit ? Écoutez-le à présent qui m'insulte plus bas que terre et qui prétend encore qu'il a rien dit ! Mais il faudra le tuer pour qu'il puisse plus mentir davantage ! C'est pas assez de la taule pour un cochon pareil ! Un sale maquereau pourri !... Ça suffit pas !... C'est l'échafaud qu'il lui faudrait ! »

Elle voulait plus être calmée. On ne comprenait plus rien à leur dispute dans le taxi. On entendait que des gros mots dans le boucan que faisait l'auto, le battement des roues dans la pluie et dans le vent qui se jetait contre notre portière par bourrasques. Des menaces, il en restait plein entre nous. « C'est ignoble... » Qu'elle a répété à plusieurs reprises. Elle pouvait plus parler d'autre chose... « C'est ignoble ! » Et puis elle a essayé le grand jeu : « Tu viens ? Qu'elle lui a fait. Tu viens Léon ? Un ?... Tu viens-t-y ? Deux ?... » Elle a attendu. « Trois ?... Tu viens pas alors ?...

Non ! Qu'il lui a répondu, sans bouger d'un pouce. Fais comme tu veux ! » Qu'il a même ajouté. C'était une réponse.

Elle a dû se reculer un peu sur la banquette, tout au fond. Elle devait tenir le revolver à deux mains parce que quand le feu lui est parti c'était comme tout droit de son ventre et puis presque ensemble encore deux coups, deux fois de suite... De la fumée poivrée alors qu'on a eue plein le taxi.

On roulait encore quand même. C'est sur moi qu'il est retombé Robinson, sur le côté, par saccades, en bafouillant. « Hop ! et Hop ! » Il arrêtait pas de gémir « Hop ! et Hop ! » Le chauffeur avait sûrement entendu.

Il a ralenti qu'un peu d'abord, pour se rendre compte. Enfin il s'est arrêté tout à fait devant un bec de gaz.

Dès qu'il a eu ouvert la portière, Madelon l'a repoussé violemment, elle s'est jetée en dehors. Elle a dégringolé le remblai à pic. Elle a filé dans la nuit du champ en plein par la boue. J'avais beau la rappeler, elle était déjà loin.

Je ne savais plus trop quoi décider moi avec le blessé. Le ramener à Paris ça aurait été dans un sens plus pratique... Mais nous n'étions plus loin de notre maison... Les gens du pays auraient pas compris la manœuvre... On l'a donc casé avec Sophie entre des pardessus et tassé dans le coin même où Madelon s'était mise pour tirer. « Doucement ! » que j'ai recommandé au chauffeur. Seulement il allait encore bien trop vite, il était pressé. Ça faisait gémir Robinson davantage les cahots.

Une fois qu'on a été arrivés devant la maison, il voulait même pas nous donner son nom le chauffeur, il était inquiet à cause des histoires que ça allait lui attirer avec la police, les témoignages...

Il prétendait aussi qu'il y avait sûrement des taches de sang sur les coussins. Il voulait tout de suite repartir sans attendre. Mais j'avais pris son numéro.

Dans le ventre qu'il avait reçu les deux balles Robinson, peut-être les trois je ne savais pas encore au juste combien.

Elle avait tiré droit devant elle ça je l'avais vu. Ça ne saignait pas, les blessures. Entre Sophie et moi malgré qu'on le retienne, il cahotait tout de même beaucoup, sa tête baladait. Il parlait, mais c'était difficile de le comprendre. C'était déjà du délire. « Hop ! et Hop ! » qu'il continuait de chantonner. Il aurait eu le temps de mourir avant qu'on arrive.

La rue était nouvellement pavée. Dès que nous fûmes devant notre grille, j'ai envoyé la concierge chercher Parapine dans sa chambre, en vitesse. Il est descendu tout de suite et c'est avec lui et un infirmier que nous avons pu monter Léon jusque dans son lit. Une fois déshabillé on a pu l'examiner et tâter la paroi du ventre. Elle était déjà bien tendue la paroi sous les doigts, à la palpation et même mate par endroits. Deux trous l'un au-dessus de l'autre que j'ai retrouvés, pas de troisième, l'une des balles avait dû se perdre.

Si j'avais été à sa place à Léon, j'aurais préféré pour moi une hémorragie interne, ça vous inonde le ventre, c'est rapidement fait. On se remplit le péritoine et on n'en parle plus. Tandis que par une péritonite, c'est de l'infection en perspective, c'est long.

On pouvait se demander encore ce qu'il allait faire, pour en finir. Son ventre gonflait, il nous regardait Léon, bien fixe déjà, il geignait, mais pas trop. C'était comme une espèce de calme. e l'avais vu déjà bien malade moi, et dans bien des endroits différents, mais cette fois-ci c'était une affaire où tout était nouveau, les soupirs et les yeux et tout. On ne le retenait plus qu'on aurait dit, il s'en allait de minute en minute. Il transpirait des si grosses gouttes que c'était comme s'il avait pleuré avec toute sa figure. Dans ces moments-là, c'est un peu gênant d'être devenu aussi pauvre et aussi dur qu'on est devenu. On manque de presque tout ce qu'il faudrait pour aider à mourir quelqu'un. On a plus guère en soi que des choses utiles pour la vie de tous les jours, la vie du confort, la vie à soi seulement, la vacherie. On a perdu la confiance en route. On l'a chassée, tracassée la pitié qui vous restait, soigneusement au fond du corps comme une sale pilule. On l'a poussée la pitié au bout de l'intestin avec la merde. Elle est bien là qu'on se dit.

Et je restais, devant Léon, pour compatir, et jamais j'avais été aussi gêné. J'y arrivais pas... Il ne me trouvait pas... Il en bavait... Il devait chercher un autre Ferdinand, bien plus grand que moi, bien sûr, pour mourir, pour l'aider à mourir plutôt, plus doucement. Il faisait des efforts pour se rendre compte si des fois le monde aurait pas fait des progrès. Il faisait l'inventaire, le grand mal heureux, dans sa conscience... S'ils avaient pas changé un peu les hommes, en mieux, pendant qu'il avait vécu lui, s'il avait pas été des fois injuste sans le vouloir envers eux... Mais il n'y avait que moi, bien moi, moi tout seul, à côté de lui, un Ferdinand bien véritable auquel il manquait ce qui ferait un homme plus grand que sa simple vie, l'amour de la vie des autres. De ça, j'en avais pas, ou vraiment si peu que c'était pas la peine de le montrer.

J'étais pas grand comme la mort moi. J'étais bien plus petit. J'avais pas la grande idée humaine moi. J'aurais même le crois senti plus facilement du chagrin pour un chien en train de crever que pour lui Robinson, parce qu'un chien c'est pas malin, tandis crue lui il était un peu malin malgré tout Léon. Moi aussi l'étais malin, on était des malins... Tout le reste était parti au cours de la route et ces grimaces mêmes qui peuvent encore servir auprès des mourants, je les avais perdues, j'avais tout perdu décidément au cours de la route, je ne retrouvais rien de ce qu'on a besoin pour crever, rien que des malices. Mon sentiment c'était comme une maison où on ne va qu'aux vacances. C'est à peine habitable. Et puis aussi c'est exigeant un agonique. Agoniser ne suffit pas. Il faut jouir en même temps qu'on crève, avec les derniers hoquets faut jouir encore, tout en bas de la vie, avec de l'urée plein les artères.

Ils pleurnichent encore parce qu'ils ne jouissent plus assez les mourants... Ils réclament... Ils protestent. C'est la comédie du malheur qui cherche à passer de la vie dans la mort même.

Il a repris un peu de ses sens quand Parapine lui a eu fait sa piqûre de morphine. Il nous a même raconté des choses alors à propos de ce qui venait d'arriver. « C'est mieux que ça se finisse comme ça... » qu'il a dit, et puis « Ça fait pas si mal que j'aurais cru... » Lorsque Parapine lui a demandé à quel endroit qu'il souffrait exactement, on voyait bien qu'il était déjà un peu parti, mais aussi qu'il tenait malgré tout à nous dire encore des choses... La force lui manquait et puis les moyens. Il pleurait, il étouffait et il riait tout de suite après. C'était pas comme un malade ordinaire, on ne savait pas comment se tenir devant lui.

C'était comme s'il essayait de nous aider à vivre à présent nous autres. Comme s'il nous avait cherché à nous des plaisirs pour rester. Il nous tenait par la main. Chacun une. Je l'embrassai. Il n'y a plus que ça qu'on puisse faire sans se tromper dans ces cas-là. On a attendu. Il a plus rien dit. Un peu plus tard, une heure peut-être, pas davantage, c'est l'hémorragie qui s'est décidée, mais alors abondante, interne, massive. Elle l'a emmené.

Son cœur s'est mis à battre de plus en plus vite et puis tout à fait vite. Il courait son cœur après son sang, épuisé, là-bas, minuscule déjà, tout à la fin des artères, à trembler au bout des doigts. La pâleur lui est montée du cou et lui a pris toute la figure. Il a fini en étouffant. Il est parti d'un coup comme s'il avait pris son élan, en se resserrant sur nous deux, des deux bras.

Et puis il est revenu là, devant nous, presque tout de suite, crispé, déjà en train de prendre tout son poids de mort.

On s'est levés nous, on s'est dégagés de ses mains. Elles sont restées en l'air ses mains, bien raides, dressées toutes jaunes et bleues sous la lame :

Dans la chambre ça faisait comme un étranger à présent Robinson, qui viendrait d'un pays atroce et qu'on n'oserait plus lui parler.

* * *

Parapine gardait ses esprits. Il a trouvé moyen d'envoyer chercher un homme au Poste. Justement c'était Gustave, notre Gustave, qui était de planton après son trafic.

« Voilà, encore un malheur ! » qu'il a fait Gustave dès qu'il est entré dans la pièce et qu'il a vu.

Et puis il s'est assis à côté pour souffler un peu et pour boire aussi un coup à la table des infirmiers qui n'était pas encore desservie. « Puisque c'est un crime faudrait mieux qu'on le porte au Poste » qu'il a proposé et puis il a remarqué encore : « C'était un gentil garçon Robin son, il aurait pas fait de mal à une mouche. Je me demande pourquoi qu'elle l'a tué ?... » Et il a rebu. Il aurait pas dû. Il supportait mal la boisson. Mais il l'aimait la bouteille. C'était son faible.

On a été chercher une civière en haut, avec lui, dans la réserve. Il était bien tard à présent pour déranger du personnel, nous décidâmes de transporter le corps jusqu'au Poste nous-mêmes. Le Poste c'était loin de l'autre côté du pays, après le passage à niveau, la dernière maison.

Ainsi nous nous mîmes en marche. Parapine tenait par l'avant la civière. Gustave Mandamour par l'autre bout. Seulement ils n'allaient pas très droit ni l'un ni l'autre. Il a même fallu que Sophie les guide un peu pour la descente du petit escalier. Je remarquai à ce moment-là qu'elle n'avait pas l'air bien émue Sophie. Ça s'était pourtant passé tout à côté d'elle et si près même qu'elle aurait bien pu prendre une des balles pendant qu'elle tirait l'autre folle. Mais Sophie, je l'avais déjà noté en d'autres circonstances, il lui fallait du temps pour qu'elle se mette en train dans les émotions. C'est pas qu'elle était froide, puisque ça la saisissait plutôt comme une tourmente, mais il lui fallait du temps.

Je voulais les suivre encore un petit bout avec le corps pour être bien certain que c'était tout à fait fini. Mais au lieu de bien les suivre avec leur civière comme j'aurais dû j'ai déambulé plutôt de droite à gauche tout le long de la route et puis finalement une fois passée la grande école qui est en bordure du passage à niveau je me suis faufilé par un petit chemin qui descend entre les haies d'abord et puis à pic vers la Seine.

Par-dessus les grilles je les ai vus s'éloigner avec leur civière, ils allaient comme s'étouffer parmi les écharpes du brouillard renouées lentement derrière eux. Au quai, l'eau poussait dur sur les péniches bien rassemblées contre la crue. De la plaine de Gennevilliers il arrivait encore plein de froid par bouffées tendues sur les remous du fleuve à le faire reluire entre les arches.

Là-bas tout au loin, c'était la mer. Mais j'avais plus rien à imaginer moi sur elle la mer à présent. J'avais autre chose à faire. J'avais beau essayer de me perdre pour ne plus me retrouver devant ma vie, je la retrouvais partout simplement, je revenais sur moi-même. Mon trimbalage à moi, il était bien fini. A d'autres !... Le monde était refermé ! Au bout qu'on était arrivé nous autres !... Comme à la fête !... Avoir du chagrin c'est pas tout, faudrait pouvoir recommencer la musique, aller en chercher davantage du chagrin... Mais à d'autres !... C'est la jeunesse qu'on redemande comme ça sans avoir l'air... Pas gênés !... D'abord pour endurer davantage j'étais plus prêt non plus !... Et cependant j'avais même pas été aussi loin que Robinson moi dans la vie !... J'avais pas réussi en définitive. J'en avais pas acquis moi une seule idée bien solide comme celle qu'il avait eue pour se faire dérouiller. Plus grosse encore une idée que ma grosse tête, plus grosse que toute la peur qui était dedans, une belle idée, magnifique et bien commode pour mourir... Combien il m'en faudrait à moi des vies pour que je m'en fasse ainsi une idée plus forte que tout au monde ? C'était impossible à dire ! C'était raté ! Les miennes d'idées elles vadrouillaient plutôt dans ma tête avec plein d'espace entre, c'était comme des petites bougies pas fières et clignoteuses à trembler toute la vie au milieu d'un abominable univers bien horrible...

Ça allait peut-être un peu mieux qu'il y a vingt ans, on pouvait pas dire que j'avais pas fait des débuts de progrès mais enfin c'était pas à envisager que je parvienne lamais moi, comme Robinson, à me remplir la tête avec une seule idée, mais alors une superbe pensée tout à fait plus forte que la mort et que j'en arrive rien qu'avec mon idée à en luter partout de plaisir, d'insouciance et de courage. Un héros juteux.

Plein moi alors que j'en aurais du courage. J'en dégoulinerais même de partout du courage et la vie ne serait plus rien elle-même qu'une entière idée de courage qui ferait tout marcher, les hommes et les choses depuis la Terre jusqu'au Ciel. De l'amour on en aurait tellement, par la même occasion, par-dessus le marché, que la Mort en resterait enfermée dedans avec la tendresse et si bien dans son intérieur, si chaude qu'elle en jouirait enfin la garce, qu'elle en finirait par s'amuser d'amour aussi elle, avec tout le monde. C'est ça qui serait beau ! Qui serait réussi ! J'en rigolais tout seul sur le quai en pensant à tout ce qu'il faudrait que j'accomplisse moi en fait de trucs et de machins pour que j'arrive à me faire gonfler ainsi de résolutions infinies... Un véritable crapaud d'idéal ! La fièvre après tout.

Depuis une heure au moins que les copains me recherchaient ! Surtout qu'ils avaient bien vu qu'en les quittant j'étais pas du tout brillant... C'est Gustave Mandamour lui m'a repéré le premier sous mon bec de gaz. « Hé Docteur ! » qu'il m'a appelé. On pouvait dire qu'il avait une sacrée voix Mandamour. « Par ici ! On vous demande chez le Commissaire ! Pour votre déposition ! » « Vous savez Docteur... qu'il a ajouté, mais alors dans l'oreille, vous avez vraiment pas bonne mine ! » Il m'a accompagné. Il m'a même soutenu pour marcher. Il m'aimait bien Gustave. Je ne lui adressais jamais de reproches moi, sur la boisson. Je comprenais tout, moi. Tandis que Parapine, lui était un peu sévère. Il lui faisait honte de temps en temps à propos de la boisson. Il aurait fait beaucoup de choses pour moi Gustave. Il m'admirait même. Il me l'a dit. Il savait pas pourquoi. Moi non plus. Mais il m'admirait. C'était le seul.

On a tourné par deux ou trois rues ensemble jusqu'à ce qu'on aperçoive la lanterne du Poste. On pouvait plus se perdre. C'était le rapport à faire qui le tracassait Gustave. Il osait pas me le dire. Il avait fait signer déjà tout le monde en bas du rapport, mais quand même il y manquait encore bien des choses à son rapport.

Il avait une grosse tête Gustave, dans mon genre, et même, que je pouvais mettre son képi, c'est tout dire, mais il oubliait facilement les détails. Les idées ne venaient pas facilement, il peinait pour s'exprimer et encore bien plus pour écrire. Parapine l'aurait bien aidé à rédiger mais il n'avait rien vu des circonstances du drame, Parapine. Il aurait fallu qu'il invente et le Commissaire ne voulait pas qu'on invente dans les rapports, il voulait rien que la vérité comme il disait.

En montant le petit escalier du Poste, je grelottais. Je ne pouvais pas lui raconter grand-chose non plus moi au Commissaire, j'étais vraiment pas bien. Le corps de Robinson, ils l'avaient placé là, devant les rangées des grands classeurs de la Préfecture.

Des imprimés partout autour des bancs et des vieux mégots, « Mort aux vaches » pas bien effacés.

« Vous vous êtes perdu Docteur ? » que m'a demandé le secrétaire, bien cordialement d'ailleurs, quand j'arrivai enfin. On était tous si fatigués, qu'on a tous bafouillé à tour de rôle, un peu.

Enfin, l'accord s'est fait sur les termes et les trajets des balles, une même qui était encore coincée dans la colonne vertébrale. On la retrouvait pas. On l'enterrerait avec. On cherchait les autres. Plantées dans le taxi qu'elles étaient les autres. C'était un fort revolver.

Sophie est venue nous retrouver, elle avait été chercher mon pardessus. Elle m'embrassait et me pressait contre elle, comme si j'allais mourir à mon tour ou bien m'en voler. « Mais je m'en vais pas ! que je m'évertuais à lui répéter. Je m'en vais pas voyons Sophie ! » C'était pas possible de la rassurer.

On s'est mis à discutailler autour de la civière avec le secrétaire du Commissaire qui en avait vu bien d'autres, comme il disait, des crimes et des pas-crimes et des catastrophes aussi et même qu'il voulait tout nous raconter ses expériences à la fois. On n'osait plus s'en aller pour pas le froisser. Il était trop aimable. Ça lui faisait plaisir de parler pour une fois avec des gens instruits, pas avec des voyous. Pour pas le vexer donc, on traînait dans son poste.

Parapine n'avait pas d'imperméable. Gustave de nous écouter ça lui berçait l'intelligence. Il en gardait la bouche ouverte et sa grosse nuque tendue comme s'il tirait sur une voiture. J'avais pas entendu Parapine parler avec autant de mots depuis bien des années, depuis le temps de mes études, à vrai dire. Tout ce qui venait d'arriver ce jour-là, ça le grisait. Nous nous décidâmes à rentrer à la maison tout de même.

Mandamour on l'a emmené avec nous et Sophie aussi qui m'étreignait de temps à autre encore et qu'elle en avait plein le corps des forces d'inquiétude et de tendresse et plein le cœur aussi, et partout et de la belle. J'en avais plein moi de sa force. Ça me gênait, c'était pas de la mienne et c'était de la mienne dont j'avais besoin pour aller crever bien magnifiquement un jour, comme Léon. J'avais pas de temps à perdre en grimaces. Au boulot ! que je me disais. Mais ça venait pas.

Elle a même pas voulu que je me retourne pour aller le regarder une fois encore le cadavre. Je suis parti donc, sans me retourner. « Fermez la porte » qu'était écrit. Parapine avait soif encore. De parler sans doute. De trop parler pour lui. En passant devant la buvette du cana nous cognâmes au volet pendant un bon moment me faisait souvenir de la route de Noirceur pendant guerre. La même petite lueur au-dessus de la porte prête à s'éteindre. Enfin, le patron est venu, en personne, pour nous ouvrir. Il n'était pas au courant. C'est nous qui lui avons tout appris et la nouvelle du drame avec.

« Un drame d'amour » qu'il appelait ça Gustave.

Le zinc du canal ouvrait juste avant le petit jour à cause des bateliers. L'écluse commence à pivoter lentement sur la fin de la nuit. Et puis c'est tout le paysage qui se ranime et se met à travailler. Les berges se séparent du fleuve tout doucement, elles se lèvent, se relèvent des deux côtés de l'eau. Le boulot émerge de l'ombre. On recommence à tout voir, tout simple, tout dur. Les treuils ici, les palissades aux chantiers là-bas et loin dessus la route voici que reviennent de plus loin encore les hommes. Ils s'infiltrent dans le jour sale par petits paquets transis. Ils se mettent du jour plein la figure pour commencer en passant devant l'aurore. Ils vont plus loin. On ne voit bien d'eux que leurs figures pâles et simples ; le reste est encore à la nuit. Il faudra bien qu'ils crèvent tous un jour aussi. Comment qu'ils feront ?

Ils montent vers le pont. Après, ils disparaissent peu à peu dans la plaine et il en vient toujours des autres, des hommes, des plus, pâles encore, à mesure que le jour monte de partout. A quoi qu'ils pensent ?

Le bistrot voulait tout connaître du drame, des circonstances, qu'on lui raconte tout. Vaudescal, qu'il s'appelait le patron, un gars du Nord bien propre.

Gustave lui en a raconté alors tant et plus.

Il nous rabâchait les circonstances Gustave, c'était pas ça pourtant qui était important ; on se reperdait déjà dans les mots. Et puis, comme il était soûl, il recommençait. Seulement là vraiment il n'avait plus rien à dire, rien. Je l'aurais bien écouté quand même encore un peu, tout doucement, comme un sommeil, mais alors, voilà les autres qui le contestent et ça le met fort en colère.

De fureur, il s'en va cogner un grand coup dans le petit poêle. Tout s'écroule, tout se renverse : le tuyau, la grille et les charbons en flammes. Il était costaud, Mandamour, comme quatre.

Il s'est mis, en plus, à vouloir nous montrer la véritable danse du Feu ! Enlever ses chaussures et bondir en plein dans les tisons.

Avec le patron, ils avaient eu ensemble une histoire de « machine à sous » pas poinçonnée... C'était un sournois, Vaudescal ; il fallait s'en méfier, avec des chemises toujours bien trop propres pour qu'il soye tout à fait honnête. Un rancunier et un mouchard. Y en a plein les quais.

Parapine s'est douté qu'il le cherchait Mandamour, pour le faire révoquer, profitant qu'il avait bu.

Il l'a empêché, lui, de la faire, sa danse du Feu et il lui a fait honte. On l'a repoussé Mandamour tout au bout de la table. Il s'est écroulé là, finalement, bien sage, parmi les soupirs énormes et les odeurs. Il a dormi.

De loin, le remorqueur a sifflé ; son appel a passé le pont, encore une arche, une autre, l'écluse, un autre pont, loin, plus loin... Il appelait vers lui toutes les péniches du fleuve toutes, et la ville entière, et le ciel et la campagne, et nous, tout qu'il emmenait, la Seine aussi, tout, qu'on n'en parle plus.

MORT À CRÉDIT

À Lucien Descaves

Habillez-vous ! Un pantalon !
Souvent trop court, parfois trop long.
Puis veste ronde !
Gilet, chemise et lourd béret
Chaussures qui sur mer feraient
Le tour du Monde !...

Chanson de prison.

* * *

Nous voici encore seuls. Tout cela est si lent, si lourd, si triste... Bientôt je serai vieux. Et ce sera enfin fini. Il est venu tant de monde dans ma chambre. Ils ont dit des choses. Ils ne m'ont pas dit grand-chose. Ils sont partis. Ils sont devenus vieux, misérables et lents chacun dans un coin du monde.

Hier à huit heures Mme Bérenge, la concierge, est morte. Une grande tempête s'élève de la nuit. Tout en haut, où nous sommes, la maison tremble. C'était une douce et gentille fidèle amie. Demain on l'enterre rue des Saules. Elle était vraiment vieille, tout au bout de la vieillesse. Je lui ai dit dès le premier jour quand elle a toussé : « Ne vous allongez pas surtout !... Restez assise dans votre lit ! » Je me méfiais. Et puis voilà... Et puis tant pis.

Je n'ai pas toujours pratiqué la médecine, cette merde. Je vais leur écrire qu'elle est morte Mme Bérenge à ceux qui m'ont connu, qui l'ont connue. Où sont-ils ?

Je voudrais que la tempête fasse encore bien plus de boucan, que les toits s'écroulent, que le printemps ne revienne plus, que notre maison disparaisse.

Elle savait Mme Bérenge que tous les chagrins viennent dans les lettres. Je ne sais plus à qui écrire... Tous ces gens sont loin... Ils ont changé d'âme pour mieux trahir, mieux oublier, parler toujours d'autre chose...

Vieille Mme Bérenge, son chien qui louche on le prendra, on l'emmènera...

Tout le chagrin des lettres, depuis vingt ans bientôt, s'est arrêté chez elle. Il est là dans l'odeur de la mort récente, l'incroyable aigre goût... Il vient d'éclore... Il est là... Il rôde... Il nous connaît, nous le connaissons à présent. Il ne s'en ira plus jamais. Il faut éteindre le feu dans la loge. À qui vais-je écrire ? Je n'ai plus personne. Plus un être pour recueillir doucement l'esprit gentil des morts... pour parler après ça plus doucement aux choses... Courage pour soi tout seul !

Sur la fin ma vieille bignolle, elle ne pouvait plus rien dire. Elle étouffait, elle me retenait par la main... Le facteur est entré. Il l'a vue mourir. Un petit hoquet. C'est tout. Bien des gens sont venus chez elle autrefois pour me demander. Ils sont repartis loin, très loin dans l'oubli, se chercher une âme. Le facteur a ôté son képi. Je pourrais moi dire toute ma haine. Je sais. Je le ferai plus tard s'ils ne reviennent pas. J'aime mieux raconter des histoires. J'en raconterai de telles qu'ils reviendront, exprès, pour me tuer, des quatre coins du monde. Alors ce sera fini et je serai bien content.

* * *

À la clinique où je fonctionne, à la Fondation Linuty on m'a déjà fait mille réflexions désagréables pour les histoires que je raconte... Mon cousin Gustin Sabayot, à cet égard il est formel : je devrais bien changer mon genre. Il est médecin lui aussi, mais de l'autre côté de la Seine, à la Chapelle-Jonction. Hier j'ai pas eu le temps d'aller le voir. Je voulais lui parler justement de Mme Bérenge. Je m'y suis pris trop tard. C'est un métier pénible le nôtre, la consultation. Lui aussi le soir il est vanné. Presque tous les gens ils posent des questions lassantes. Ça sert à rien qu'on se dépêche, il faut leur répéter vingt fois tous les détails de l'ordonnance. Ils ont plaisir à faire causer, à ce qu'on s'épuise... Ils en feront rien des beaux conseils, rien du tout.

Mais ils ont peur qu'on se donne pas de mal, pour être plus sûrs ils insistent ; c'est des ventouses, des radios, des prises... qu'on les tripote de haut en bas... Qu'on mesure tout... L'artérielle et puis la connerie... Gustin lui à la Jonction ça fait trente ans qu'il pratique. Les miens, mes pilons, j'y pense, je vais les envoyer un beau matin à la Villette, boire du sang chaud. Ça les fatiguera dès l'aurore... Je ne sais pas bien ce que je pourrais faire pour les dégoûter...

Enfin avant-hier j'étais décidé d'aller le voir, le Gustin, chez lui. Son bled c'est à vingt minutes de chez moi une fois qu'on a passé la Seine. Il faisait pas joli comme temps. Tout de même je m'élance. Je me dis je vais prendre l'autobus. Je cours finir ma séance. Je me défile par le couloir des pansements. Une gonzesse me repère et m'accroche. Elle a un accent qui traînaille, comme le mien. C'est la fatigue. En plus ça racle, ça c'est l'alcool. Maintenant elle pleurniche, elle veut m'entraîner.

« Venez Docteur, je vous supplie !... ma petite fille, mon Alice !... C'est rue Rancienne !... c'est à deux pas !... » Je ne suis pas forcé d'y aller. En principe moi je l'ai finie, ma consultation !... Elle s'obstine... Nous sommes dehors... J'en ai bien marre des égrotants... En voici trente emmerdeurs que je rafistole depuis tantôt... J'en peux plus... Qu'ils toussent ! Qu'ils crachent ! Qu'ils se désossent ! Qu'ils s'empédèrent ! Qu'ils s'envolent avec trente mille gaz dans le croupion !... Je m'en tartine !... Mais la pleureuse elle m'agrafe, elle se pend vachement à mon cou, elle me souffle son désespoir. Il est plein de « rouquin »... Je suis pas de force à lutter. Elle me quittera plus. Quand on sera dans la rue des Casses qui est longue et sans lampe aucune, peut-être que je vais lui refiler un grand coup de pompe dans les miches... Je suis lâche encore... Je me dégonfle... Et ça recommence, la chansonnette. « Ma petite fille !... Je vous en supplie, Docteur !... Ma petite Alice !... Vous la connaissez ?... » La rue Rancienne c'est pas si près... Ça me détourne... Je la connais. C'est après les Usines aux câbles... Je l'écoute à travers ma berlue... « On n'a que 82 francs par semaine... avec deux enfants !... Et puis mon mari qui est terrible avec moi !... C'est une honte, mon cher Docteur !... »

Tout ça c'est du mou, je le sais bien. Ça pue le grain pourri, l'haleine des pituites...

On est arrivé devant la tôle...

Je monte. Je m'asseye enfin... La petite môme porte des lunettes.

Je me pose à côté de son lit. Elle joue quand même un peu encore avec la poupée. Je vais l'amuser à mon tour. Je suis marrant, moi, quand je m'y donne... Elle est pas perdue la gniarde... Elle respire pas très librement... C'est congestif c'est entendu... Je la fais rigoler. Elle s'étouffe. Je rassure la mère. Elle en profite, la vache, alors que je suis paumé dans sa crèche pour me consulter à son tour. C'est à cause des marques des torgnioles, qu'elle a plein les cuisses. Elle retrousse ses jupes, des énormes marbrures et même des brûlures profondes. Ça c'est le tisonnier. Voilà comme il est son chômeur. Je donne un conseil... J'organise avec une ficelle un petit va-et-vient très drôle pour la moche poupée... Ça monte, ça descend jusqu'à la poignée de la porte... c'est mieux que de causer.

J'ausculte, y a des râles en abondance. Mais enfin c'est pas si fatal... Je rassure encore. Je répète deux fois les mêmes mots. C'est ça qui vous pompe... La môme elle se marre à présent. Elle se remet à suffoquer. Je suis forcé d'interrompre. Elle se cyanose... Y a peut-être un peu de diphtérie ? Faudrait voir... Prélever ?... Demain !...

Le papa rentre. Avec ses 82 francs, on se tape rien que du cidre chez lui, plus de vin du tout. « Je bois au bol. Ça fait pisser ! » qu'il m'annonce tout de suite. Il boit au goulot. Il me montre... on se congratule qu'elle est pas si mal la mignonne. Moi, c'est la poupée qui me passionne... Je suis trop fatigué pour m'occuper des adultes et des pronostics. C'est la vraie caille les adultes ! J'en ferai plus un seul avant demain.

Je m'en fous qu'on me trouve pas sérieux. Je bois à la santé encore. Mon intervention est gratuite, absolument supplémentaire. La mère me ramène à ses cuisses. Je donne un suprême avis. Et puis, je descends l'escalier. Sur le trottoir voilà un petit chien qui boite. Il me suit d'autorité. Tout m'accroche ce soir. C'est un petit fox ce chien-là, un noir et blanc. Il est perdu ça me paraît. C'est ingrat les chômeurs d'en haut. Ils ne me raccompagnent même pas. Je suis sûr qu'ils recommencent à se battre. Je les entends qui gueulent. Qu'il lui fonce donc son tison tout entier dans le trou du cul ! Ça la redressera la salope ! Ça l'apprendra à me déranger !

À présent je m'en vais sur la gauche... Sur Colombes, en somme. Le petit chien, il me suit toujours... Après Asnières c'est la Jonction et puis mon cousin. Mais le petit chien boite beaucoup, Il me dévisage. Ça me dégoûte de le voir traînasser. Faut mieux que je rentre après tout. On est revenu par le Pont Bineux et puis le rebord des usines. Il était pas tout à fait fermé le dispensaire en arrivant... J'ai dit à Mme Hortense : « On va nourrir le petit clebs. Il faut que quelqu'un cherche de la viande... Demain à la première heure on téléphonera... Ils viendront de la « Protectrice » le chercher avec une auto. Ce soir il faudrait l'enfermer. » Alors je suis reparti tranquille. Mais c'était un chien trop craintif. Il avait reçu des coups trop durs. La rue c'est méchant. Le lendemain en ouvrant la fenêtre, il a même pas voulu attendre, il a bondi à l'extérieur, il avait peur de nous aussi. Il a cru qu'on l'avait puni. Il comprenait rien aux choses. Il avait plus confiance du tout. C'est terrible dans ces cas-là.

* * *

Il me connaît bien Gustin. Quand il est à jeun il est d'un excellent conseil. Il est expert en joli style. On peut se fier à ses avis. Il est pas jaloux pour un sou. Il demande plus grand-chose au monde. Il a un vieux chagrin d'amour. Il a pas envie de le quitter. Il en parle tout à fait rarement. C'était une femme pas sérieuse. Gustin c'est un cœur d'élite. Il changera pas avant de mourir.

Entre-temps, il boit un petit peu...

Mon tourment à moi c'est le sommeil. Si j'avais bien dormi toujours j'aurais jamais écrit une ligne.

« Tu pourrais, c'était l'opinion à Gustin, raconter des choses agréables... de temps en temps... C'est pas toujours sale dans la vie... » Dans un sens c'est assez exact. Y a de la manie dans mon cas, de la partialité. La preuve c'est qu'à l'époque où je bourdonnais des deux oreilles et encore bien plus qu'à présent, que j'avais des fièvres toutes les heures, j'étais bien moins mélancolique... Je trafiquais de très beaux rêves... Mme Vitruve, ma secrétaire, elle m'en faisait aussi la remarque. Elle connaissait bien mes tourments. Quand on est si généreux on éparpille ses trésors, on les perd de vue... Je me suis dit alors :

« La garce de Vitruve, c'est elle qui les a planqués quelque part... » Des véritables merveilles... des bouts de légende... de la pure extase... C'est dans ce rayon-là que je vais me lancer désormais... Pour être plus sûr je trifouille le fond de mes papiers... Je ne retrouve rien... je téléphone à Delumelle mon placeur ; je veux m'en faire un mortel ennemi... Je veux qu'il râle sous les injures... Il en faut pour le cailler !... Il s'en fout ! Il a des millions. Il me répond de prendre des vacances... Elle arrive enfin, ma Vitruve. Je me méfie d'elle. J'ai des raisons fort sérieuses. Où que tu l'as mise ma belle œuvre ? que je l'attaque comme ça de but en blanc. J'en avais au moins des centaines des raisons pour la suspecter...

La Fondation Linuty c'était devant le ballon en bronze à la Porte Pereire. Elle venait là me rendre mes copies, presque tous les jours quand j'avais fini mes malades. Un petit bâtiment temporaire et rasé depuis. Je m'y plaisais pas. Les heures étaient trop régulières. Linuty qui l'avait créée c'était un très grand millionnaire, il voulait que tout le monde se soigne et se trouve mieux sans argent. C'est emmerdant les philanthropes. J'aurais préféré pour ma part un petit business municipal... Des vaccinations en douce... Un petit condé de certificats... Un bain-douche même... Une espèce de retraite en somme. Ainsi soit-il. Mais je suis pas Zizi, métèque, ni Franc-Maçon, ni Normalien, je sais pas me faire valoir, je baise trop, j'ai pas la bonne réputation... Depuis quinze ans, dans la Zone, qu'ils me regardent et qu'ils me voient me défendre, les plus résidus tartignolles, ils ont pris toutes les libertés, ils ont pour moi tous les mépris. Encore heureux de ne pas être viré. La littérature ça compense. J'ai pas à me plaindre. La mère Vitruve tape mes romans. Elle m'est attachée. « Écoute ! que je lui fais, chère Daronne, c'est la dernière fois que je t'engueule !... Si tu ne retrouves pas ma

Légende, tu peux dire que c'est la fin, que c'est le bout de notre amitié. Plus de collaboration confiante !... Plus de rassis !... Fini le tutu !... Plus d'haricots !... »

Elle fond alors en jérémiades. Elle est affreuse en tout Vitruve, et comme visage et comme boulot. C'est une vraie obligation. Je la traîne depuis l'Angleterre. C'est la conséquence d'un serment. C'est pas d'hier qu'on se connaît. C'est sa fille Angèle à Londres qui me l'a fait autrefois jurer de toujours l'aider dans la vie. Je m'en suis occupé je peux le dire. J'ai tenu ma promesse. C'est le serment d'Angèle. Ça remonte à pendant la guerre. Et puis en somme elle sait plein de choses. Bon. Elle est pas bavarde en principe, mais elle se souvient... Angèle, sa fille : c'était une nature. C'est pas croyable ce qu'une mère peut devenir vilaine. Angèle a fini tragiquement. Je raconterai tout ça si on me force. Angèle avait une autre sœur, Sophie la grande nouille, à Londres, établie là-bas. Et Mireille ici, la petite nièce, elle a le vice de toutes les autres, une vraie peau de vache, une synthèse.

Quand j'ai déménagé de Rancy, que je suis venu à la Porte Pereire, elles m'ont escorté toutes les deux. C'est changé Rancy, il reste presque rien de la muraille et du Bastion. Des gros débris noirs crevassés, on les arrache du remblai mou, comme des chicots. Tout y passera, la ville bouffe ses vieilles gencives. C'est le « P. Q. bis » à présent qui passe dans les ruines, en trombe. Bientôt ça ne sera plus partout que des demi-gratte-ciel terre cuite. On verra bien. Avec la Vitruve on était toujours en chicane sur la question des misères. C'est elle qui prétendait toujours qu'elle avait souffert davantage. C'était pas possible. Pour les rides, ça c'est bien sûr, elle en a bien plus que moi ! C'est inépuisable les rides, le fronton infect des belles années dans la viande. « Ça doit être Mireille qui les a rangées vos pages ! »

Je pars avec elle, je l'accompagne, quai des Minimes. Elles demeurent ensemble, près des chocolats Bitronnelle, ça s'appelle l'Hôtel Méridien.

Leur chambre c'est un fatras incroyable, une carambouille en articles de colifichets, surtout des lingeries, rien que du fragile, de l'extrêmement bon marché.

Mme Vitruve et sa nièce elles sont de la fesse toutes les deux. Trois injecteurs qu'elles possèdent, en plus d'une cuisine complète et d'un bidet en caoutchouc. Tout ça tient entre les deux lits et un grand vaporisateur qu'elles n'ont jamais su faire gicler. Je veux pas dire trop de mal de Vitruve. Elle a peut-être connu plus de déboires que moi dans la vie. C'est toujours ça qui me tempère. Autrement si j'étais certain je lui filerais des trempes affreuses. C'était au fond de la cheminée qu'elle garait la Remington qu'elle l'avait pas fini de payer... Soi-disant. Je donne pas cher pour mes copies, c'est exact encore... soixante-cinq centimes la page, mais ça cube quand même à la fin... Surtout avec des gros volumes.

Question de loucher, la Vitruve, j'ai jamais vu pire. Elle faisait mal à regarder.

Aux cartes, aux tarots c'est-à-dire, ça lui donnait du prestige cette loucherie farouche. Elle leur faisait aux petites clientes des bas de soie... l'avenir aussi à crédit. Quand elle était prise alors par l'incertitude et la réflexion, derrière ses carreaux, elle en voyageait du regard comme une vraie langouste.

Depuis les « tirages » surtout elle gagnait en influence dans les environs. Elle connaissait tous les cocus. Elle me les montrait par la fenêtre, et même les trois assassins « j'ai les preuves ! » En plus je lui ai fait don pour la pression artérielle d'un vieil appareil Laubry et je lui ai enseigné un petit massage pour les varices. Ça ajoutait à son casuel. Son ambition c'était les avortements ou bien encore de tremper dans une révolution sanglante, que partout on parle d'elle, que ça se propage dans les journaux.

Quand je la voyais farfouiller dans les recoins de son bazar je pourrais jamais tout écrire combien qu'elle me dégoûtait. À travers le monde entier y a des camions chaque minute qui écrasent des gens sympathiques... La mère Vitruve elle émanait une odeur poivrée. C'est souvent le cas des rouquines. Elles ont je crois, les rousses, le destin des animaux, c'est brute, c'est tragique, c'est dans le poil. Je l'aurais bien étendue moi quand je l'entendais causer trop fort, parler des souvenirs... Le feu au cul comme elle avait, ça lui était difficile de trouver assez d'amour. À moins d'un homme saoûl. Et en plus qu'il fasse très nuit, elle avait pas de chance ! De ce côté-là je la plaignais. Moi j'étais plus avancé sur la route des belles harmonies. Elle trouvait pas ça juste non plus. Le jour où il le faudrait, j'avais presque de quoi en moi me payer la mort... J'étais un rentier d'Esthétique. J'en avais mangé de la fesse et de la merveilleuse... je dois le confesser de la vraie lumière. J'avais bouffé de l'infini.

Elle avait pas d'économies, tout ça se pressent très bien, y a pas besoin d'en causer. Pour croûter et jouir en plus il fallait qu'elle coince le client par la fatigue ou la surprise. C'était un enfer.

Après sept heures, en principe, les petits boulots sont rentrés. Leurs femmes sont dans la vaisselle, le mâle s'entortille dans les ondes radios. Alors Vitruve abandonne mon beau roman pour chasser sa subsistance. D'un palier à l'autre qu'elle tapine avec ses bas un peu grillés, ses jerseys sans réputation. Avant la crise elle pouvait encore se défendre à cause du crédit et de la manière qu'elle ahurissait les chalands, mais on la donne à présent sa fourgue identique en prime, aux perdants râleux du bonneteau. C'est plus des conditions loyales. J'ai essayé de lui expliquer que c'était la faute tout ça aux petits Japonais... Elle me croyait pas. Je l'ai accusée de me dissoudre exprès ma jolie Légende dans ses ordures même...

« C'est un chef-d'œuvre ! que j'ajoutai. Alors sûrement on le retrouvera ! »

Elle s'est bidonnée... On a fourgonné ensemble dans le tas de la camelote.

La nièce est arrivée à la fin, très en retard. Fallait voir ses hanches ! Un vrai scandale sur pétard... Toute plissée sa jupe... Pour que ça tienne bien la note. L'accordéon du fendu. Rien ne se perd. Le chômeur c'est désespéré, c'est sensuel, ça n'a pas le rond pour inviter... Ça ramène. « Ton pot ! » qu'ils lui jetaient... En pleine face. Au bout des couloirs, à force de bander pour des prunes. Les jeunots qui ont les traits fins plus que les autres, ils sont bien doués pour en croquer, se faire bercer dans la vie. Ça c'est venu plus tard seulement qu'elle est descendue se défendre !... après bien des catastrophes... Pour le moment elle s'amusait...

Elle l'a pas trouvée non plus ma jolie Légende. Elle s'en foutait du « Roi Krogold »... C'est moi seulement que ça tracassait. Son école pour s'affranchir, c'était le « Petit Panier » un peu avant le Chemin de Fer, le musette de la Porte Brancion.

Elles me quittaient pas des yeux comme je me mettais en colère. Comme « paumé » à leur idée, je tenais le maximum ! Branleur, timide, intellectuel et tout. Mais à présent à la surprise, elles avaient les foies que je me tire. Si j'avais pris de l'air, je me demande ce qu'elles auraient boutiqué ? Je suis tranquille que la tante elle y pensait assez souvent. Comme sourire c'était du frisson ce qu'elles me refilaient dès que je parlais un peu de voyages...

La Mireille en plus du cul étonnant, elle avait des yeux de romance, le regard preneur, mais un nez solide, un tarin, sa vraie pénitence. Quand je voulais un peu l'humilier : « Sans char ! que je lui faisais, Mireille ! t'as un vrai nez d'homme !... » Elle savait raconter aussi de très belles histoires, comme un marin elle aimait ça. Elle a inventé mille choses pour me faire plaisir d'abord et puis pour me nuire ensuite. Ma faiblesse à moi c'est d'écouter les bonnes histoires. Elle abusait voilà tout. Y a eu de la violence entre nous pour terminer nos rapports, mais c'est qu'elle avait mille fois mérité la danse et même que je l'étende. Elle en a convenu finalement. J'étais vraiment bien généreux... Je l'ai punie pour le bon motif... Tout le monde l'a dit... Des gens qui savent...

* * *

Gustin Sabayot, sans lui faire de tort, je peux bien répéter quand même qu'il s'arrachait pas les cheveux à propos des diagnostics. C'est sur les nuages qu'il s'orientait.

En quittant de chez lui il regardait d'abord tout en haut :

« Ferdinand, qu'il me faisait, aujourd'hui ça sera sûrement des rhumatismes ! Cent sous ! »... Il lisait tout ça dans le ciel. Il se trompait jamais de beaucoup puisqu'il connaissait à fond la température et les tempéraments divers.

« Ah ! voilà un coup de canicule après les fraîcheurs ! Retiens ! C'est du calomel tu peux le dire déjà ! La jaunisse est au fond de l'air ! Le vent a tourné... Nord sur l'Ouest ! Froid sur Averse !... C'est de la bronchite pendant quinze jours ! C'est même pas la peine qu'ils se dépiautent !... Si c'est moi qui commandais, je ferais les ordonnances dans mon lit !... Au fond Ferdinand dès qu'ils viennent c'est des bavardages !... Pour ceux qui en font commerce encore ça s'explique... mais nous autres ?... au Mois ?... À quoi ça rime ?... je les soignerais moi sans les voir tiens les pilons ! D'ici même ! Ils en étoufferont ni plus ni moins ! Ils vomiront pas davantage, ils seront pas moins jaunes, ni moins rouges, ni moins pâles, ni moins cons... C'est la vie !... » Pour avoir raison Gustin, il avait vraiment raison.

« Tu les crois malades ?... Ça gémit... ça rote... ça titube... ça pustule... Tu veux vider ta salle d'attente ? Instantanément ? même de ceux qui s'en étranglent à se ramoner les glaviots ?... Propose un coup de cinéma !... un apéro gratuit en face !... tu vas voir combien qu'il t'en reste... S'ils viennent te relancer c'est d'abord parce qu'ils s'emmerdent. T'en vois pas un la veille des fêtes... Aux malheureux, retiens mon avis, c'est l'occupation qui manque, c'est pas la santé... Ce qu'ils veulent c'est que tu les distrayes, les émoustilles, les intrigues avec leurs renvois... leurs gaz... leurs craquements... que tu leur découvres des rapports... des fièvres... des gargouillages... des inédits !... Que tu t'étendes... que tu te passionnes... C'est pour ça que t'as des diplômes... Ah ! s'amuser avec sa mort tout pendant qu'il la fabrique, ça c'est tout l'Homme, Ferdinand ! Ils la garderont leur chaude-pisse, leur vérole, tous leurs tubercules. Ils en ont besoin ! Et leur vessie bien baveuse, le rectum en feu, tout ça n'a pas d'importance ! Mais si tu te donnes assez de mal, si tu sais les passionner, ils t'attendront pour mourir, c'est ta récompense ! Ils te relanceront jusqu'au bout. » Quand la pluie revenait un coup entre les cheminées de l'usine électrique : « Ferdinand ! qu'il m'annonçait, voilà les sciatiques !... S'il en vient pas dix aujourd'hui, je peux rendre mon papelard au Doyen ! » Mais quand la suie rabattait vers nous de l'Est, qu'est le versant le plus sec, par-dessus les fours Bitronnelle, il s'écrasait une suie sur le nez : « Je veux être enculé ! tu m'entends ! si cette nuit même les pleurétiques crachent pas leurs caillots ! Merde à Dieu !... Je serai encore réveillé vingt fois !... »

Des soirs il simplifiait tout. Il montait sur l'escabeau devant la colossale armoire aux échantillons. C'était la distribution directe, gratuite et pas solennelle de la pharmacie...

« Vous avez des palpitations ? vous l'Haricot vert ? qu'il demandait à la miteuse. — J'en ai pas !... — Vous avez pas des aigreurs ?... Et des pertes ?... — Si ! un petit peu... — Alors prenez de ça où je pense... dans deux litres d'eau... ça vous fera un bien énorme !... Et les jointures ? Elles vous font mal !... Vous avez pas d'hémorroïdes ? Et à la selle on y va ?... Voilà des suppositoires Pepet !... Des vers aussi ? Avez remarqué ?... Tenez vingt-cinq gouttes miroboles... Au coucher !... »

Il proposait tous ses rayons... Y en avait pour tous les dérèglements, toutes les diathèses et les manies... Un malade c'est horriblement cupide. Du moment qu'il peut se jeter une saloperie dans le cornet il en demande pas davantage il est content de se trisser, il a grand-peur qu'on le rappelle.

Au coup du cadeau je l'ai vu moi, Gustin, rétrécir à dix minutes des consultations qu'auraient duré au moins deux heures conduites avec des précautions. Mais j'avais plus rien à apprendre sur la manière d'abréger. J'avais mon petit système à moi.

C'est à propos de ma Légende que je voulais lui causer. On avait retrouvé le début sous le lit de Mireille. J'étais bien déçu de la relire. Elle avait pas gagné au temps ma romance. Après des années d'oubli c'est plus qu'une fête démodée l'ouvrage d'imagination... Enfin avec Gustin j'aurais toujours une opinion libre et sincère. Je l'ai mis tout de suite dans l'ambiance.

« Gustin que je lui ai fait comme ça, tu n'as pas toujours été aussi connard qu'aujourd'hui, abruti par les circonstances, le métier, la soif, les soumissions les plus funestes... Peux-tu encore, un petit moment, te rétablir en poésie ?... faire un petit bond de cœur et de bite au récit d'une épopée, tragique certes, mais noble... étincelante !... Te crois-tu capable ?... »

Il restait là Gustin assoupi sur son escabeau, devant les échantillons, le placard béant... Il ne pipait plus... il ne voulait pas m'interrompre...

« Il s'agit, que je l'ai prévenu, de Gwendor le Magnifique, Prince de Christianie... Nous arrivons... Il expire... au moment même où je te cause... Son sang s'échappe par vingt blessures... L'armée de Gwendor vient de subir une abominable défaite... Le Roi Krogold lui-même au cours de la mêlée a repéré Gwendor... Il l'a pourfendu... Il n'est pas fainéant Krogold... Il fait sa justice lui-même... Gwendor a trahi... La mort arrive sur Gwendor et va terminer son boulot... Écoute un peu !

« Le tumulte du combat s'affaiblit avec les dernières lueurs du jour... Au loin disparaissent les derniers Gardes du Roi Krogold... Dans l'ombre montent les râles de l'immense agonie d'une armée... Victorieux et vaincus rendent leurs âmes comme ils peuvent... Le silence étouffe tour à tour cris et râles, de plus en plus faibles, de plus en plus rares...

« Écrasé sous un monceau de partisans, Gwendor le Magnifique perd encore du sang... À l'aube la mort est devant lui.

« " As-tu compris Gwendor ?

« — J'ai compris ô Mort ! J'ai compris dès le début de cette journée... J'ai senti dans mon cœur, dans mon bras aussi, dans les yeux de mes amis, dans le pas même de mon cheval, un charme triste et lent qui tenait du sommeil... Mon étoile s'éteignait entre tes mains glacées. . Tout se mit à fuir ! Ô Mort !

Grands remords ! Ma honte est immense !... Regarde ces pauvres corps !... Une éternité de silence ne peut l'adoucir !...

« — Il n'est point de douceur en ce monde Gwendor ! rien que de légende ! Tous les royaumes finissent dans un rêve !...

« — Ô Mort ! Rends-moi un peu de temps... un jour ou deux !

Je veux savoir qui m'a trahi...

« — Tout trahit Gwendor... Les passions n'appartiennent à personne, l'amour, surtout, n'est que fleur de vie dans le jardin de la jeunesse. »

« Et la mort tout doucement saisit le prince... Il ne se défend plus... Son poids s'est échappé... Et puis un beau rêve reprend son âme... Le rêve qu'il faisait souvent quand il était petit, dans son berceau de fourrure, dans la chambre des Héritiers, près de sa nourrice la morave, dans le château du Roi René... »

Gustin il avait les mains qui lui pendaient entre les genoux...

« C'est pas beau ? » que je l'interroge.

Il se méfiait. Il voulait pas trop rajeunir. Il se défendait. Il a voulu que je lui explique encore tout... le pourquoi ?... Et le comment ?... C'est pas si facile... C'est fragile comme papillon. Pour un rien ça s'éparpille, ça vous salit. Qu'est-ce qu'on y gagne ? J'ai pas insisté.

* * *

Pour bien enchaîner ma Légende j'aurais pu me documenter auprès de personnes délicates... accoutumées aux sentiments... aux mille variantes des tons d'amour...

J'aime mieux me débrouiller tout seul.

Souvent les personnes délicates c'est des personnes qui peuvent pas jouir. C'est une question de martinet. Ces choses-là ne se pardonnent pas. Je vais toujours vous décrire le château du Roi Krogold :

« ... Un formidable monstre au cœur de la forêt, masse tapie, écrasante, taillée dans la roche... pétrie de sentines, crédences bourrelées de frises et de redans... d'autres donjons... Du lointain, de la mer là-bas... les cimes de la forêt ondulent et viennent battre jusqu'aux premières murailles...

« Le guetteur auquel la peur d'être pendu fait écarquiller les yeux... Plus haut... Tout en haut... Au sommet de Morehande, la Tour du Trésor, l'Étendard claque dans la bourrasque... Il porte les armes royales. Un serpent tranché, saignant au ras du cou ! Malheur aux traîtres ! Gwendor expie !... »

Gustin, il n'en pouvait plus. Il somnolait... Il roupillait même. Je retourne fermer sa boutique. Je lui dis : « On s'en va ! Viens faire une promenade par la Seine !... Ça te fera du bien... » Il préférait ne pas bouger... Enfin comme j'insiste, il se décide. Je lui propose un petit café de l'autre côté de l'île aux Chiens... Là, malgré le jus, il se rendort. On y est bien, c'est exact, sur les quatre heures, c'est le moment songeur des bistrots... Y a trois fleurs fausses dans le vase d'étain. Tout est oublié sur le quai. Même le vieil ivrogne au comptoir il se fait une raison que la patronne l'écoutera plus. Je le laisse tranquille, moi, Gustin. Le prochain remorqueur le réveillera certainement. Le chat il a quitté sa rombière pour venir se faire les griffes.

À la manière qu'il a, Gustin, de retourner les mains quand il pionce c'est facile de lui voir l'avenir. Y a le poil et tout l'homme dans les poignes. Chez Gustin c'est sa ligne de vie qu'est plutôt en force. Chez moi, ça serait plutôt la chance et la destinée. Je suis pas fadé question longueur d'existence... Je me demande pour quand ça sera ? J'ai un sillon au bas du pouce... Ça sera-t-il une artériole qui pétera dans l'encéphale ? Au détour de la Rolandique ?... Dans le petit repli de la « troisième » ?... On l'a souvent regardé avec Metitpois à la Morgue cet endroit-là... Ça fait minuscule un ictus... Un petit cratère comme une épingle dans le gris des sillons... L'âme y a passé, le phénol et tout. Ça sera peut-être hélas un néo fongueux du rectum... Je donnerais beaucoup pour l'artériole... À la bonne vôtre !... Avec Metitpois, un vrai maître, on y a passé bien des dimanches à fouiller comme ça les sillons... pour les manières qu'on a de mourir... Ça le passionnait ce vieux daron... Il voulait se faire une idée. Il faisait tous les vœux personnels pour une inondation pépère des deux ventricules à la fois quand sa cloche sonnerait... Il était chargé d'honneurs !...

« Les morts les plus exquises, retenez bien ceci Ferdinand, ce sont celles qui nous saisissent dans les tissus les plus sensibles... » Il parlait précieux, fignolé, subtil, Metitpois, comme les hommes des années Charcot. Ça lui a pas beaucoup servi de prospecter la Rolandique, « la troisième » et le noyau gris... Il est mort du cœur finalement dans des conditions pas pépères... d'un grand coup d'angine de poitrine, d'une crise qu'a duré vingt minutes. Il a bien tenu cent vingt secondes avec tous ses souvenirs classiques, ses résolutions, l'exemple à César... mais pendant dix-huit minutes il a gueulé comme un putois... Qu'on lui arrachait le diaphragme, toutes les tripes vivantes... Qu'on lui passait dix mille lames ouvertes dans l'aorte... Il essayait de nous les vomir... C'était pas du charre. Il rampait pour ça dans le salon... Il se défonçait la poitrine... Il rugissait dans son tapis... Malgré la morphine. Ça résonnait dans les étages jusque devant sa maison... Il a fini sous le piano. Les artérioles du myocarde quand elles éclatent une par une, c'est une harpe pas ordinaire... C'est malheureux qu'on revienne jamais de l'angine de poitrine aurait de la sagesse et du génie pour tout le monde.

Fallait qu'on cesse de méditer, c'était bientôt l'heure pour les vénériens. Ça se passait à La Pourneuve de l'autre côté de la Garenne. On s'y mettait tous les deux. Juste comme je l'avais prévu un remorqueur a siréné. C'était le moment qu'on se sauve. Comme système les vénériens c'était, ingénieux. Les gonos et les véroles en attendant les piqûres ils se créaient des connaissances. Au début y avait de la gêne, après y avait du plaisir. Près de l'abattoir au bout de la rue ils allaient s'unir en vitesse dès qu'il faisait nuit l'hiver. Ils sont toujours très pressés ces genres de malades, ils ont peur que ça revienne plus la bandaison des familles. La mère Vitruve en venant me voir elle avait repéré ces choses-là... Les petits jeunes hommes à la « chaude-lance » leur première, ça les rend tout mélancoliques, ça les affecte énormément. Elle venait attendre à la sortie... Elle leur faisait au sentiment... à la touchante sollicitude... « Ça te cuit fort hein, mon petit gars ?... Je sais ce que c'est... J'en ai soigné... Je connais une tisane étonnante... Viens à la maison je t'en ferai une... » Encore deux ou trois cafés-crème et le môme lui donnait sa sève. Un soir au mur y a eu scandale, un Sidi monté comme un âne englandait un petit pâtissier, pour le plaisir, tout près de la guérite du gardien. Lui le bourrin qu'avait l'habitude du jeton, il a d'abord tout écouté, les murmures, les plaintes, et puis alors les hurlements... Le môme il se convulsait, ils étaient quatre à le maintenir... N'empêche qu'il s'est jeté quand même dans la turne du dabe, pour qu'on le protège des dégoûtants. L'autre alors a refermé la lourde. « Il s'est fait finir ! Mais oui ! » qu'était certaine la Vitruve. En commentant ça.

« Je l'ai vu moi le cogne par la persienne ! Ils prenaient leur pied tous les deux ! Le gros et le petit c'est le même os !... »

Elle croyait pas aux sentiments. Elle jugeait bas, elle jugeait juste. Pour aller à La Pourneuve nous devions prendre l'autobus. « T'as bien encore cinq minutes ! » que me faisait Gustin. Il était pas du tout pressé. On s'est assis juste au refuge, celui qu'est devant la rampe du Pont.

C'est sur ce quai-là, au 18, que mes bons parents firent de bien tristes affaires pendant l'hiver 92, ça nous remet loin.

C'était un magasin de « Modes, fleurs et plumes ». Y avait en tout comme modèles que trois chapeaux, dans une seule vitrine, on me l'a souvent raconté. La Seine a gelé cette année-là. Je suis né en mai. C'est moi le printemps. Destinée ou pas, on en prend marre de vieillir, de voir changer les maisons, les numéros, les tramways et les gens de coiffure, autour de son existence. Robe courte ou bonnet fendu, pain rassis, navire à roulettes, tout à l'aviation, c'est du même ! On vous gaspille la sympathie. Je veux plus changer. J'aurais bien des choses à me plaindre mais je suis marié avec elles, je suis navrant et je m'adore autant que la Seine est pourrie. Celui qui changera le réverbère crochu au coin du numéro 12 il me fera bien du chagrin. On est temporaire, c'est un fait, mais on a déjà temporé assez pour son grade.

Voilà les péniches... Elles ont un cœur chacune à présent. Il bat tout gros et bourru à plein dans l'écho noir des arches. Ça suffit. Je me désagrège. Je me plains plus. Mais faut pas m'en faire davantage. Si les choses nous emportaient en même temps qu'elles, si mal foutues qu'on les trouve, on mourrait de poésie. Ça serait commode dans un sens. Gustin, question des séductions et des charmes infimes il se rangeait à mon avis, seulement pour l'oubli il se fiait plutôt aux boissons. Bon... Dans ses moustaches à la Gauloise il en restait toujours un peu de la bibine et des regrets...

Aux vénériens, notre pratique ça consistait en bâtons, qu'on traçait sur un grand papier au fur et à mesure... Ça suffisait. Un bâton rouge : Novars... Vert : Mercure !... Et allez donc ! La routine emportait le reste... bien contente... avait plus qu'à piquer la sauce dans les fesses, dans les plis du bras... Ça lardait le pilon comme du beurre... Vert !... Bras !... Jaune !... Fesses !... Rouge... double-fesses !... Taille foiron ! Refesses encore. Bismuth ! Salope ! Bleu ! Veine qui pisse ! Pourri !... Reculotte !... Tampon !... Une cadence sans défaillance. Des bordées et puis encore d'autres... Des filaments qui n'en finissent... Mandrins moulus ! Polanars ! Bites en gouttes ! Suintent ! Purulent ! Gros linge empesé, dur carton ! Gono ! marche en travers ! Reine du monde ! Le cul son trône ! Chauffé l'été comme l'hiver !...

Froids les paumés qui se méfient ! Et puis se confient mille recettes d'enculés pour trancher encore bien mieux ! Davantage !... Que Julienne n'y voye que du bleu... Ne pas revenir... Mentir à nous ! Hurlant de joie... Urètre plein, aiguilles ! Guizot tout fendu ! Bite en bouche ! En avant la fente !

Voici le « dossier 34 », l'employé aux lorgnons noirs, le timide, le petit futé, il va l'attraper sa chtouille tout exprès, chaque six mois, cour d'Amsterdam, pour mieux expier par la verge... il pisse ses lames de rasoir dans les connasses des petites annonces... C'est sa prière ! comme il dit... C'est un microbe énorme, « 34 » ! il l'a écrit dans nos gogs ! : « Je suis la terreur des vagins... J'ai enculé ma grande sœur... Je me suis fiancé douze fois ! » C'est un client bien ponctuel, silencieux et pas difficile et toujours heureux de nous revenir.

C'est le bifteck pour nous autres, moins pénibles que de remblayer le chemin de fer.

En arrivant à La Pourneuve, il m'a fait comme ça Gustin :

« Dis donc Ferdinand, tout à l'heure... pendant que je somnolais, essaye pas de me contredire... tu m'as fait les lignes de la main... Qu'est-ce que tu as donc vu ? »

Je savais bien ce qui l'inquiétait, c'était son foie, depuis longtemps, le rebord sensible et puis des cauchemars infects... Il se constituait sa cirrhose...

Le matin souvent je l'entendais vomir dans l'évier... Je l'ai rassuré, ça servait à rien de l'inquiéter. Le mal était fait. Le principal c'était qu'il conserve ses boulots.

À la Jonction, il l'avait eue presque tout de suite, sa place au bureau de Bienfaisance. À la sortie de ses études, grâce à un petit avortement, on peut pas dire le contraire, sur la bonne amie d'un Conseiller Municipal très conservateur à l'époque... Il venait juste de s'établir Gustin, à côté, pelé comme un rat. Ça s'était effectué pépère, sa main tremblait pas encore. À la fois suivante, c'était sur la femme du maire. Encore un succès !... Pour la gratitude il fut nommé médecin des pauvres.

Tout d'abord, il avait bien plu, et à tout le monde, dans ses fonctions. Et puis à un moment donné il a cessé de plaire... Ils en ont eu marre de sa gueule et de ses façons... Ils pouvaient plus le renifler. Alors ils ont mis tout en œuvre. C'est à qui lui ferait des misères. On s'est bien régalé de sa fiole ; on l'accusait à peu près de tout, depuis d'avoir les mains sales, de se gourer dans les doses, de pas savoir les poisons... De puer de la gueule en excès... D'avoir des chaussures à boutons... Quand on l'a eu bien tracassé, qu'il avait honte même de sortir et qu'on lui a bien répété qu'on pouvait le vider comme un pet, alors on s'est ravisé, on s'est remis à le tolérer, sans aucune raison nouvelle, seulement qu'on était fatigué de le trouver si moche et si veule... Toute la crasse, l'envie, la rogne d'un canton s'était exercée sur sa pomme. La hargne fielleuse des plumitifs de sa propre turne il l'avait sentie passer. L'aigreur au réveil des 14 000 alcooliques de l'arrondissement, les pituites, les rétentions exténuantes des 6 422 blennorrhées qu'il n'arrivait pas à tarir, les sursauts d'ovaire des 4 376 ménopauses, l'angoisse questionneuse de 2 266 hypertendus, le mépris inconciliable de 722 biliaires à migraine, l'obsession soupçonneuse des 47 porteurs de tænias, plus les 352 mères des enfants aux ascarides, la horde trouble, la grande tourbe des masochistes de toutes lubies. Eczémateux, albumineux, sucrés, fétides, trembloteurs, vagineuses, inutiles, les « trop », les « pas assez », les constipés, les enfoirés du repentir, tout le bourbier, le monde en transferts d'assassins, était venu refluer sur sa bouille, cascader devant ses binocles depuis trente ans, soir et matin.

À la Jonction, il logeait à même la mouscaille, juste au-dessus des Rayons X. Il avait là ses trois pièces, un bâtiment en pierre de taille, pas de la cloison comme aujourd'hui. Pour se défendre contre la vie faudrait des digues dix fois plus hautes qu'au Panama et de petites écluses invisibles. Il logeait là depuis l'exposition, la grande, depuis les beaux jours d'Argenteuil.

Maintenant y avait des grands « buildings » tout autour de l'établissement.

De temps en temps il cherchait encore, Gustin, son petit dérivatif... Il faisait monter une mignonne, mais ça recommençait pas souvent. Son grand chagrin lui revenait, dès que ça devenait du sentiment. Après la troisième rencontre... Il préférait picoler... De l'autre côté de sa rue, c'était un bistrot : la verte façade, à banjo le dimanche, c'était commode pour les frites, la bonne les faisait incomparables. La gniole le brûlait Gustin, moi je peux même pas tenter de boire depuis que je bourdonne jour et nuit. Ça me bousille, ça me donne des mines de pesteux. Quelquefois alors, il m'ausculte Gustin. Il me dit pas non plus ce qu'il pense. C'est le seul endroit qu'on est discret. J'ai de la peine moi aussi, faut le dire. Il connaît mon cas, il essaye de m'encourager : « Vas-y Ferdinand, lis-le-moi, je l'écoute tiens ton machin ! lis pas trop vite par exemple ! Fais pas des gestes. Ça te fatigue et moi ça me donne la berlue... »

« Le Roi Krogold, ses preux, ses pages, son frère l'Archevêque, le clergé du camp, toute la cour, allèrent après la bataille s'affaler sous la tente au milieu du bivouac. Le lourd croissant d'or, le don du Khalife, ne fut point retrouvé au moment du repos... Il couronnait le dais royal. Le capitaine du convoi, responsable, fut battu comme plâtre. Le roi s'allonge, veut s'endormir... Il souffre encore de ses blessures. Il ne dort pas. Le sommeil se refuse... Il insulte les ronfleurs. Il se lève. Il enjambe, il écrase des mains, il sort... Dehors, il fait si froid qu'il est saisi. Il boite, il marche quand même. La longue file des chariots cerne le camp. Les hommes de garde se sont endormis. Krogold longe les grands fossés de la défense... Il se parle à lui- même, il trébuche, reprend juste à temps son aplomb. Au fond du fossé quelque chose a brillé, une lame énorme qui tremblote... Un homme est là qui tient l'objet luisant dans ses bras. Krogold se jette sur le tout, renverse l'homme, le ligote, c'est un soldat, il l'égorge de sa propre courte lame comme un porc... "Hoc ! Hoc !" glousse le voleur par son trou. Il lâche tout. C'est fini. Le roi se baisse, ramasse le croissant au Khalife. Il remonte au bord du fossé. Il s'endort là dans la brume... Le voleur est bien châtié. »

* * *

Vers cette époque y a eu la crise, j'ai bien failli être dégommé du dispensaire. À cause des ragots encore.

C'est par Lucie Keriben qu'était établie modiste, boulevard Moncontour, que j'ai été averti. Elle voyait des quantités de gens. On ragotait beaucoup chez elle. Elle m'a rapporté des cancans bien moches. Poissonneux à ce degré-là, ce pouvait être que la Mireille... Je me suis pas trompé... Pures calomnies bien entendu. Ça parlait seulement que j'avais arrangé des partouzes avec des clientes du quartier. Des horreurs en somme... Lucie Keriben en douce, elle était assez satisfaite que je me mouille un peu... Elle était jalouse.

J'attends donc la Mireille qu'elle rentre, je me planque dans l'impasse Viviane, elle devait passer là fatalement. Je touchais pas encore assez de flouze pour aller faire l'écrivain... Je pouvais en reprendre dans la mistoufle. Je me sentais pas bon. Je la vois venir... elle passe devant. Je lui carre un tel envoi dans le pot qu'elle en a sauté du trottoir. Elle m'a compris séance tenante mais ça l'a pas fait causer. Elle attendait de revoir sa tante. Elle voulait pas avouer la came. Rien du tout.

Cette façon de répandre des bobards, c'était dans le but que je m'inquiète... Je me dépêchais le lendemain alors de leur donner satisfaction. La brutalité servait pas. Surtout avec la Mireille, ça la rendait plus vache encore. Elle voulait se marier. Avec moi ou n'importe qui. Elle en avait marre des usines. À seize ans elle en avait déjà fait sept dans la banlieue Ouest.

« C'est fini ! » qu'elle annonçait. Aux « Happy Suce », aux bonbons anglais, elle avait surpris le Directeur bien en train de se faire pomper par un apprenti. Ah ! la bonne usine ! Pendant six mois elle a balancé tous les rats crevés dans la grande cuve aux pralines. À Saint-Ouen une contremaîtresse l'avait déjà prise en ménage, elle lui foutait des volées dans les cabinets. Elles s'étaient barrées ensemble.

Le Capital et ses lois, elle les avait compris, Mireille... Qu'elle avait pas encore ses règles. Au camp des Pupilles à Marty-sur- Oise on y trouvait de la branlette, du bon air et des beaux discours. Elle s'était bien développée. Le jour annuel des Fédérés, elle faisait honneur au patronage, c'est elle qui brandissait Lénine, tout en haut d'une gaule, de la Courtine au Père-Lachaise. Les bourriques en revenaient pas tellement qu'elle était crâneuse ! Mais alors des molletons splendides, elle levait le boulevard derrière elle à bander l'internationale !

Les petits maries, du Musette qu'elle fréquentait ils se rendaient pas compte de ce qu'ils avaient dans la main. Mineure, elle se méfiait des « mœurs ». Elle passait pour l'instant derrière Robert, Gégène et Gaston. Mais ils se préparaient ces petits des véritables malheurs. Elle les ferait tomber.

De la Vitruve et de sa nièce je pouvais m'attendre à bien des choses, la vieille surtout en savait trop pour ne pas s'en servir un jour.

Je l'atténuais par du pognon, mais la môme voulait davantage, elle voulait tout. Si je l'abordais à la tendresse, ça lui paraissait bien douteux. Je vais l'emmener au Bois que je me dis. Elle me garde des rancunes. Ce qu'il faut c'est que je l'intéresse. Au Bois j'avais mes intentions, je lui raconterais une belle histoire, je flatterais sa vanité.

« Demande à ta tante que je lui fais... Tu seras rentrée avant minuit... Attends-moi au café Byzance ! »

Nous voilà partis tous les deux.

À partir de la Porte Dauphine elle se sentait déjà plus contente. Elle aimait bien les beaux quartiers. À l'Hôtel Méridien, son horreur c'était les punaises. Quand elle se trouvait un petit giron, et qu'il fallait qu'elle ôte sa chemise, les marques alors lui faisaient honte. Ils savaient tous que c'en étaient des cloques de punaises... Ils connaissaient tous les liquides et les désinfectants qu'on brûle... Son rêve à Mireille c'était une crèche sans totos... Si elle s'était barrée maintenant sa tante l'aurait fait repoisser. Elle comptait sur elle pour la croûte mais je lui connaissais un petit marle qui prétendait bien aussi, le Bébert du Val-de-Grâce. Il a fini dans la « coco ». Il lisait le Voyage celui-là...

Comme on approchait de la Cascade, j'ai commencé les confidences...

« Je sais que t'as un employé des Postes qui prend le martinet comme pas un... »

Elle était trop heureuse alors de me faire des chichis, des confesses. Elle me raconta tout. Mais en arrivant au Catelan elle osait plus s'avancer, le noir lui faisait peur. Elle croyait que je l'entraînais pour la corriger dans les bois. Elle me tâtait dans le fond de la poche pour se rendre compte si j'avais pas pris un pétard. J'avais rien. Elle me tâtait la queue. À cause des autos qui passent je lui propose d'aller dans l'Ile qu'on serait mieux pour se causer. Elle était garce, elle jouissait très difficilement et le danger ça la fascinait. Les rameurs du bord cafouillent, s'embobinent toujours dans les branches, sacrent, culbutent, saccagent leurs petits lampions.

« Entends les canards qui s'étouffent dans l'urine à l'eau !

Mireille ! que je lui fais, une fois comme ça installés. Je sais que t'es forte en mensonges... la vérité ça ne te gêne pas...

Moi, qu'elle répond, si je répétais seulement le quart de ce que j'entends !...

Ça va ! que je l'arrête... Je suis plein d'indulgence pour toi et de faiblesse même... C'est pas à cause de ton corps... ni de ton visage avec ton nez... C'est ton imagination qui me retient à toi... Je suis voyeur ! Tu me raconteras des saloperies... Moi je te ferai part d'une belle légende... Si tu veux on signera ensemble ?... fifty-fifty ? tu y gagneras !... »

Elle aimait ça parler des sous... Je lui ai raconté tout le boulot... Je lui ai garanti qu'il y aurait partout des princesses, et des vrais velours à la traîne... des broderies à pleines doublures... des fourrures et des bijoux... Comme on en a pas idée... On s'est parfaitement entendu pour toutes les choses du décor et même des costumes. Et puis voilà finalement comme notre histoire s'emmanchait :

« Nous sommes à Bredonnes en Vendée... C'est le moment des Tournois...

« La ville s'apprête à recevoir... Voici les galants parés... Voici les lutteurs à poil... les baladins... Leur chariot passe... fend la foule... voici les crêpes en train de frire... Un brelan de chevaliers tout bardés d'armures damasquinées... ils arrivent tous de fort loin... du Midi... du Nord... se lancent de vaillants défis...

« Voici Thibaud le Méchant, trouvère, il parvient au petit jour juste à la porte de la ville, par le sentier du halage. Il est fourbu... Il vient chercher à Bredonnes asile et couvert... Il vient relancer Joad le fils sournois du Procureur. Il vient lui rappeler la vilaine histoire, l'assassinat d'un archer à Paris près du Pont au Change quand ils étaient étudiants...

« Thibaud se rapproche... Au bac Sainte-Geneviève il refuse net son décime... Il se peigne avec le passeur... Les archers accourent... le terrassent, l'entraînent... Le voici, pieds et poings liés, écumant, en loques, traîné devant le Procureur. Il se débat, forcené, lui hurle la vilaine histoire... »

Mireille le ton lui plaisait, elle voulait qu'on en rajoute. Ça faisait longtemps qu'on ne s'était pas si bien compris. Enfin il a fallu rentrer.

Dans les allées de Bagatelle il ne traînait plus que quelques couples. Mireille était consolée. Elle a voulu qu'on les surprenne... On a quitté ma belle Légende pour discuter avec rage si le grand désir des dames, c'est pas de s'emmancher entre elles... Mireille par exemple si elle aimerait pas bourrer un peu les copines ?... les enculer au besoin ?... surtout les petites délicates, les véritables gazelles ?... Mireille qu'est balancée en athlète des hanches... du bassin...

« Y a les godes qu'elle m'a fait remarquer ! Mais c'est bien pour ça qu'on nous regarde ! De si près quand elles se régalent ! Pour voir si ça leur pousserait pas !... Qu'elles se déchirent ! Qu'elles s'arrachent tout les salopes ! Que ça saigne autour et partout ! Que ça leur sorte toute leur vacherie !... »

Elle comprenait toute la féerie Mireille, ma mignonne ! Elle en profitait tant qu'elle pouvait de mon cinéma... D'un coup je la préviens : « Si tu répètes à Rancy... je te ferai manger tes chaussures !... » Et je la saisis sous le bec de gaz... Elle prend déjà l'air victorieux. Je sens qu'elle va débloquer partout que je me conduis comme un vampire !... Au Bois de Boulogne ! Alors la colère me suffoque... Penser qu'encore une fois je suis fleur ! Je lui refile une mornifle tassée... Elle ricane. Elle me défie.

Des taillis, des petits bosquets, de partout les gens surgissent pour nous admirer, par deux, par quatre, en vraies cohortes. Ils tiennent tous leurs panais en mains, les dames retroussées derrière et devant. Des osées, des pas sérieuses, des plus prudentes...

« Vas-y Ferdinand ! » qu'ils m'encouragent tous. C'est une énorme rumeur. Ça monte des bois. « Dérouille-la bien ta gamine ! Il va lui en sortir une ! » Forcément ça me rendait brutal de les entendre me stimuler.

Mireille s'est mise à cavaler en poussant des glapissements. Alors moi je la course et je me décarcasse. Je lui balance des vaches coups de tatane à travers les fesses. Ça sonne mat et lourd. Des débauchés du Ranelagh y en avait encore des centaines qui affluaient, devant ils se groupaient par biroutes, ils poulopaient loin par-derrière...

C'était envahi les pelouses, des milliers à travers l'avenue. Il en arrivait tout le temps d'autres du fond de la nuit... Toutes les robes étaient en lambeaux... nichons branlants, arrachés... petits garçons sans culottes... Ils se renversaient, piétinaient, se faisaient rejaillir à la volée... Il en restait pendus aux arbres... après les chaises des morceaux... Une vioque, une Anglaise d'une petite automobile sortait la tête à se démancher, elle me gênait même pour que je travaille... Jamais j'avais vu des yeux si heureux que les siens... « Hurray ! Hurray ! Garçon magnifique ! » qu'elle me criait en plein élan... « Hurray ! Tu vas lui crever l'oignon ! y aura du monde dans les étoiles ! L'éternité va lui sortir ! Vive la Science chrétienne ! »

Je me dépêchais encore plus. J'allais plus vite que son auto. Je me donnais entier à ma tâche, je dégoulinais la sueur ! En chargeant je pensais à ma place... Que j'allais sûrement la perdre. J'en refroidissais : « Mireille ! Pitié ! Je t'adore ! Vas-tu m'attendre, immondice ? Me croiras-tu ? »

Arrivée à l'Arc de Triomphe, toute la foule s'est mise en manège. Toute la horde poursuivait Mireille. Y avait déjà plein de morts partout. Les autres s'arrachaient les organes. L'Anglaise coltinait son auto, au-dessus de sa tête, à bout de bras ! Hurray ! Hurray ! Elle en culbute l'autobus. Le trafic est intercepté par trois rangs de mobiles au port d'armes. Les honneurs c'est alors pour nous. La robe à Mireille s'envole. La vieille Anglaise bondit sur la môme, lui croche dans les seins, ça gicle, ça fuse, tout est rouge. On s'écroule, on grouille tous ensemble, on s'étrangle. C'est une grande furie.

La flamme sous l'Arc monte, monte encore, se coupe, traverse les étoiles, s'éparpille au ciel... Ça sent partout le jambon fumé... Voici Mireille à l'oreille qui vient me parler enfin. « Ferdinand, mon chéri, je t'aime !... C'est entendu, t'es plein d'idées ! » C'est une pluie de flammes qui retombe sur nous, on en prend des gros bouts chacun... On se les enfonce dans la braguette grésillantes, tourbillonnantes. Les dames s'en mettent un bouquet de feu... On s'est endormi les uns dans les autres.

25 000 agents ont déblayé la Concorde. On y tenait plus les uns dans les autres. C'était trop brûlant. Ça fumait. C'était l'enfer.

* * *

Ma mère et Mme Vitruve, à côté, elles s'inquiétaient, elles allaient et venaient dans la pièce en attendant que ma fièvre tombe. Une ambulance m'avait rapporté. Je m'étais étalé sur une grille avenue Mac-Mahon. Les flics en roulettes m'avaient aperçu.

Fièvre ou pas, je bourdonne toujours et tellement des deux oreilles que ça peut plus m'apprendre grand-chose. Depuis la guerre ça m'a sonné. Elle a couru derrière moi, la folie... tant et plus pendant vingt-deux ans. C'est coquet. Elle a essayé quinze cents bruits, un vacarme immense, mais j'ai déliré plus vite qu'elle, je l'ai baisée, je l'ai possédée au « finish ». Voilà ! Je déconne, je la charme, je la force à m'oublier. Ma grande rivale c'est la musique, elle est coincée, elle se détériore dans le fond de mon esgourde... Elle en finit pas d'agonir... Elle m'ahurit à coups de trombone, elle se défend jour et nuit. J'ai tous les bruits de la nature, de la flûte au Niagara... Je promène le tambour et une avalanche de trombones... Je joue du triangle des semaines entières... Je ne crains personne au clairon. Je possède encore moi tout seul une volière complète de trois mille cinq cent vingt-sept petits oiseaux qui ne se calmeront jamais... C'est moi les orgues de l'Univers... J'ai tout fourni, la bidoche, l'esprit et le souffle... Souvent j'ai l'air épuisé. Les idées trébuchent et se vautrent. Je suis pas commode avec elles. Je fabrique l'Opéra du déluge. Au moment où le rideau tombe c'est le train de minuit qui entre en gare... La verrière d'en haut fracasse et s'écroule... La vapeur s'échappe par vingt-quatre soupapes... les chaînes bondissent jusqu'au troisième... Dans les wagons grands ouverts trois cents musiciens bien vinasseux déchirent l'atmosphère à quarante-cinq portées d'un coup...

Depuis vingt-deux ans, chaque soir il veut m'emporter... à minuit exactement... Mais moi aussi je sais me défendre... avec douze pures symphonies de cymbales, deux cataractes de rossignols... un troupeau complet de phoques qu'on brûle à feux doux... Voilà du travail pour célibataire... Rien à redire. C'est ma vie seconde. Elle me regarde.

Ce que j'en dis c'est pour expliquer qu'au Bois de Boulogne il m'est venu un petit accès. Je fais souvent beaucoup de bruit quand je cause. Je parle fort. On me fait signe de parler moins haut. Je bavouche un peu c'est forcé... Il me faut faire des drôles d'efforts pour m'intéresser aux copains. Facilement je les perdrais de vue. Je suis préoccupé. Je vomis quelquefois dans la rue. Alors tout s'arrête. C'est presque le calme. Mais les murs se remettent en branle et les voitures à reculons. Je tremble avec toute la terre. Je ne dis rien... La vie recommence. Quand je trouverai le Bon Dieu chez lui je lui crèverai, moi, le fond de l'oreille, l'interne, j'ai appris. Je voudrais voir comment ça l'amuse ? Je suis chef de la gare diabolique. Le jour où moi je n'y serai plus, on verra si le train déraille. M. Bizonde, le bandagiste, pour qui je fais des petits « articles », il me trouvera encore plus pâle. Il se fera une raison.

Je pensais à tout ça dans ma crèche, pendant que ma mère et Vitruve déambulaient à côté.

La porte de l'enfer dans l'oreille c'est un petit atome de rien. Si on le déplace d'un quart de poil... qu'on le bouge seulement d'un micron, qu'on regarde à travers, alors c'est fini ! c'est marre ! on reste damné pour toujours ! T'es prêt ? Tu l'es pas ? Êtes-vous en mesure ? C'est pas gratuit de crever ! C'est un beau suaire brodé d'histoires qu'il faut présenter à la Dame. C'est exigeant le dernier soupir. Le « Der des Der » Cinéma ! C'est pas tout le monde qu'est averti ! Faut se dépenser coûte que coûte ! Moi je serai bientôt en état... J'entendrai la dernière fois mon toquant faire son pfoutt ! baveux... puis flac ! encore... Il branlera après son aorte... comme dans un vieux manche... Ça sera terminé. Ils l'ouvriront pour se rendre compte. Sur la table en pente... Ils la verront pas ma jolie légende, mon sifflet non plus... La Blême aura déjà tout pris... Voilà Madame, je lui dirai, vous êtes la première connaisseuse !...

* * *

J'avais beau être au fond des pommes, la Mireille me revenait quand même...

J'étais tranquille qu'elle avait dû aller baver tout son content.

« Ah ! qu'ils diraient à la Jonction... Le Ferdinand il est devenu insupportable ! Il va au Bois se faire miser !... (vu qu'on exagère toujours). Il amène en plus la Mireille !... Il débauche toutes les jeunes filles !... On va se plaindre à la Mairie !... Il a sali son emploi ! C'est un violeur et un factieux !... »

Tel quel ! Ça me faisait bouillir dans mon plume de me représenter ces salades, je suintais de partout comme un crapaud... J'en étouffais... je me tortille... Je me démène encore... Je balance toutes les couvertures... Je me retrouve une garce vigueur. Et c'est pourtant bien exact qu'ils nous ont suivis les satyres !... Je sens le brûlé de partout ! Une ombre énorme me cache la vue... C'est le chapeau à Léonce... Un chapeau de militant... Des bords si vastes qu'un vélodrome... Il a dû éteindre le feu... C'est Poitrat Léonce ! J'en suis sûr ! Il me filature depuis toujours... Il me cherche ce gars-là ! Il passe à la Préfecture bien plus souvent qu'à son tour... Après 18 heures... Il est par là, il se dépense, il milite chez les apprentis, il s'adonne aux avortements... Je lui plais pas... Je l'indispose... Il veut ma peau. Il l'avoue...

À la clinique c'est lui le comptable... Il porte aussi une lavallière. Il me bouche un côté du sommeil avec son chapeau... La fièvre monte encore je crois... Je vais éclater... Il est mariole Léonce Poitrat, c'est un fortiche aux réunions... Dans les chantages confédérés il peut hurler pendant deux heures. Personne le fait taire... Si on a changé sa motion, il devient enragé sur un mot. Il gueule plus fort qu'un colonel. Il est bâti en armoire. Pour la jactance il craint personne, pour la queue non plus, il bande dur comme trente-six biceps. Il a un bonheur en acier. Voilà. Il est secrétaire du « Syndic des Briques, Couvertures » de Vanves La Révolte. Secrétaire élu. Les poteaux sont fiers de Léonce, qu'est si fainéant, si violent. C'est le plus beau maquereau du travail.

Quand même il était pas content, il me jalousait moi, mes idées, mes trésors spirituels, ma prestance, la façon qu'on m'appelle « Docteur ». Il restait là avec les dames, il attendait à côté... Que je me décide ? Que je fasse enfin mon paquet ?... J'étais pas bon !... Et rien que pour l'emmerder... Je resterais par terre !... je tournerais au Miracle !... Je l'embrasserais même pour qu'il en crève !... Par contagion !...

À l'étage au-dessus, ça résonne... Des bruits différents... c'est l'artiste qui donne ses leçons... Il s'entraîne... Il est inquiet... il doit être seul... Do !... do !... do !... Les choses ne vont guère !... Si !... si !... Encore un petit peu... Mi ! mi !... Ré ! Tout peut s'arranger !... Et puis un arpège à gauche !... Et puis la droite qui se requinque... Si dièse !... Nom de Dieu !

Par ma fenêtre on voit Paris... En bas ça s'étale... Et puis ça se met à grimper... vers nous... vers Montmartre... Un toit pousse un autre, c'est pointu, ça blesse, ça saigne le long des lumières, des rues en bleu, en rouge, en jaune... Plus bas après, c'est la Seine, les brumes pâles, une remorque qui fait son chemin... dans un cri de fatigue... Encore plus loin c'est les collines... Les choses se rassemblent... La nuit va nous prendre. C'est ma bignolle qui cogne au mur ?

Pour qu'elle monte il faut que je sois à fond décollé... Elle est trop vieille la mère Bérenge pour se taper mes étages... D'où qu'elle peut sortir ?... Elle traverse ma piaule tout doucement... Elle touche pas par terre. Elle regarde même plus à droite à gauche... Elle sort par la fenêtre dans le vide... La voilà partie dans le noir tout au-dessus des maisons... Elle s'en va là-bas...

* * *

Ré !... fa !... sol dièse !... mi !... Merde ! Il en finira jamais ! Ça doit être l'élève qui recommence... Quand la fièvre s'étale, la vie devient molle comme un bide de bistrot... On s'enfonce dans un remous de tripes. Ma mère je l'entends qui insiste... Elle raconte son existence à Mme Vitruve... Elle recommence pour qu'elle comprenne combien j'ai été difficile !... Dépensier !... Insoucieux !... Paresseux !... Que je tenais pas du tout de mon père... Lui si scrupuleux alors... si laborieux... si méritant... si déveinard... qu'est décédé l'autre hiver... Oui... Elle lui raconte pas les assiettes qu'il lui brisait sur le cocon... Non ! Ré, do, mi ! ré bémol !... C'est l'élève qui se remet en difficulté... Il escalade des doubles croches... Il passe dans les doigts du maître... Il dérape... Il en sort plus... Il a des dièses plein les ongles... « Au temps ! » que je gueule un fort coup.

Ma mère raconte pas non plus comment qu'il la trimbalait, Auguste, par les tifs, à travers l'arrière-boutique. Une toute petite pièce vraiment pour des discussions...

Sur tout ça elle l'ouvre pas... Nous sommes dans la poésie... Seulement qu'on vivait à l'étroit mais qu'on s'aimait énormément. Voilà ce qu'elle raconte. Il me chérissait si fort papa, il était si sensible en tout que ma conduite... les inquiétudes... mes périlleuses dispositions, mes avatars abominables ont précipité sa mort... Par le chagrin évidemment... Que ça s'est porté sur son cœur !... Vlan ! Ainsi que se racontent les histoires... Tout ça c'est un peu raisonnable, mais c'est rempli bien plus encore d'un tas d'immondes crasseux mensonges... Les garces elles s'animent tellement fort à se bourrer la caisse toutes les deux qu'elles couvrent les bruits du piano... Je peux dégueuler à mon aise.

Vitruve est pas en retard de bobards... elle énumère ses sacrifices... la Mireille c'est sa vie entière !... Je comprends pas tout... Faut que j'aille vomir aux cabinets... En plus sûrement c'est le paludisme... J'en ai rapporté du Congo... Je suis avancé par tous les bouts...

Quand je me recouche, ma mère est en plein dans ses fiançailles... à Colombes... Quand Auguste faisait du vélo... L'autre pas en reste... se fait reluire ignoblement... sur la façon qu'elle se dévoue pour sauver ma réputation... chez Linuty... Ah ! Ah ! Ah ! Je me soulève alors... Je n'en peux plus... Je ne bouge plus... Je me penche seulement pour vomir de l'autre côté du pageot... Tant qu'à battre la vache campagne j'aime mieux rouler dans des histoires qui sont à moi... Je vois Thibaud le Trouvère... Il a toujours besoin d'argent... Il va tuer le père à Joad... ça fera toujours un père de moins... Je vois des splendides tournois qui se déroulent au plafond... Je vois des lanciers qui s'emmanchent... Je vois le Roi Krogold lui-même... Il arrive du Nord... Il est invité à Bredonnes avec toute sa Cour... Je vois sa fille Wanda la blonde, l'éblouissante... Je me branlerais bien mais je suis trop moite... Joad est amoureux tendu... C'est la vie !... Il faut que j'y retourne... Je dégueule soudain toute une bile... Je rugis dans les efforts. Mes vieilles quand même ont entendu... Elles rappliquent, elles me rafistolent. Je les expulse à nouveau... Dans le couloir elles recommencent à divaguer. Après m'avoir traité si moche y a reflux dans les expressions... On me remet un peu à la sauce... On dépend de moi pour bien des choses... On reprend soudain les notions... On s'était laissé emporter... C'est moi qui fais rentrer l'oseille... Ma mère chez M. Bizonde, le bandagiste en renom, elle gagne pas beaucoup... ça ne suffirait pas... C'est dur à son âge de se défendre à la commission. Mme Vitruve et sa nièce c'est moi qui douille le ménage avec des condés ingénieux... Soudain elles se méfient elles serpentent...

« Il est brutal... hurluberlu !... Mais il a le cœur sur la main... » Ça il faut l'admettre. C'est bien entendu. Devant y a le terme et la pitance... Il faut pas trop déconner. On se dépêche de se rassurer. Ma mère, c'est pas une ouvrière... Elle se répète, c'est sa prière... C'est une petite commerçante... On a crevé dans notre famille pour l'honneur du petit commerce... On est pas nous des ouvriers ivrognes et pleins de dettes... Ah ! non. Pas du tout !... Il faut pas confondre !... Trois vies, la mienne, la sienne et puis surtout celle à mon père ont fondu dans les sacrifices... On ne sait même pas ce qu'elles sont devenues... Elles ont payé toutes les dettes...

À présent ma mère, elle se redonne un mal horrible pour retrouver nos existences... Elle est forcée d'imaginer... Elles sont disparues nos vies... nos passés aussi... Elle s'évertue dès qu'elle a un petit moment... elle remet un peu debout les choses... et puis ça retombe fatalement !...

Elle pique des colères terribles si seulement je me mets à tousser, parce que mon père c'était un costaud de la caisse, il avait les poumons solides... Je veux plus la voir, elle me crève ! Elle veut que je délire avec elle... Je suis pas bon ! Je ferai un malheur ! Je veux déconner de mon côté... Do ! mi ! la ! l'élève est parti... L'artiste se délasse... Il est en « berceuse »... Je voudrais qu'Émilie monte... Elle vient le soir faire mon ménage... Elle parle presque pas... Je la voyais plus ! Tiens, elle est là !... Elle voudrait que je prenne du rhum... À côté les ivrognes vocifèrent...

« Il a une grosse fièvre vous savez !.,. Je suis bien inquiète ! répète encore maman.

Il est gentil pour les malades !... » qu'elle gueule à son tour la Vitruve...

Moi alors j'avais si chaud que je me suis traîné à la fenêtre.

« Par le travers de l'Étoile mon beau navire il taille dans l'ombre... chargé de toile jusqu'au trémat... Il pique droit sur l'Hôtel-Dieu... La ville entière tient sur le Pont, tranquille... Tous les morts je les reconnais... Je sais même celui qui tient la barre... Le pilote je le tutoyé... Il a compris le professeur... il joue en bas l'air qu'il nous faut... Black Joe... Pour les croisières... Pour bien prendre le Temps... le Vent... les menteries... Si j'ouvre la fenêtre, il fera froid d'un coup... Demain j'irai le tuer M. Bizonde qui nous fait vivre... le bandagiste, dans sa boutique... Je veux qu'il voyage... Il ne sort jamais... Mon navire souffre et il malmène au-dessus du Parc Monceau... Il est plus lent que l'autre nuit... Il va buter dans les Statues... Voici deux fantômes qui descendent à la Comédie-Française... Trois vagues énormes emportent les arcades Rivoli. La sirène hurle dans mes carreaux... Je pousse ma lourde... Le vent s'engouffre... Ma mère radine exorbitée... Elle me semonce... Que je me tiens mal comme toujours !... La Vitruve se précipite !... Assaut des recommandations... Je me révolte... Je les agonise... Mon beau navire est à la traîne. Ces femelles gâchent tout infini... il bourre en cap, c'est une honte !... Il incline sur bâbord quand même... Y a pas plus gracieux que lui sous voiles... Mon cœur le suit... Elles devraient courir, les garces, après les rats qui vont saloper la manœuvre !... Jamais il ne pourra border tellement ses drisses sont souquées fort !... Il faudrait détendre... Prendre trois rouleaux avant la « Samaritaine » ! Je hurle tout ça sur tous les toits... Et puis ma piaule va couler !... Je l'ai payée à la fin ! Tout payé ! sou par sou ! De la garcerie de ma putaine existence !... Je chie dans mon pyjama ! La combinaison trempée... Ça va terriblement mal ! Je vais débloquer sur la Bastille. « Ah ! si ton père était là ! »... J'entends ces mots... Je m'embrase ! C'est encore elle ! Je me retourne. Je traite mon père comme du pourri !... Je m'époumone !... « Y avait pas un pire dégueulasse dans tout l'Univers ! de Dufayel au Capricorne !... » D'abord c'est une vraie stupeur ! Elle se fige ! Transie qu'elle demeure... Puis elle se ressaisit. Elle me traite plus bas qu'un trou. Je sais plus où je vais me poser. Elle pleure à chaudes larmes. Elle se roule dans le tapis de détresse. Elle se remet à genoux. Elle se redresse. Elle m'attaque au parapluie.

Elle me branle des grands coups de riflard en plein dans la tronche. Le manche lui en pète dans la main. Elle fond en sanglots. La Vitruve se jette entre nous. « Elle préfère me revoir jamais !... » Voilà comment qu'elle me juge ! Elle fait trembler toute la crèche... Sa mémoire c'est tout ce qu'il a laissé mon père et des tombereaux d'emmerdements. Ça la possède le Souvenir ! Plus qu'il est mort et plus qu'elle l'aime ! C'est comme une chienne qu'en finit pas... Mais moi je suis pas d'accord ! Même à crever, je me rebiffe ! Je lui répète qu'il était sournois, hypocrite, brutal et dégonflé de partout ! Elle retourne à la bataille. Elle se ferait tuer pour son Auguste. Je vais la dérouiller. Merde !... Je suis pas malarien pour de rire. Elle m'injurie, elle s'emporte, elle respecte pas mon état. Je me baisse alors, je lui retrousse sa jupe, dans la furie. J'y vois son mollet décharné comme un bâton, pas de viande autour, le bas qui godaille, c'est infect !... J'y ai vu depuis toujours... Je dégueule dessus un grand coup...

« T'es fou Ferdinand ! » qu'elle recule... Elle sursaute !... Elle se barre ! « T'es fou » qu'elle regueule dans l'escalier.

Je trébuche moi. Je m'étale. Je l'entends qui boite jusqu'en bas. La fenêtre est restée béante... Je pense à Auguste, il aimait aussi les bateaux... C'était un artiste au fond... Il a pas eu de chance. Il dessinait des tempêtes de temps en temps sur mon ardoise...

La bonne elle est restée au bord du lit... Je lui ai dit :

« Couche-toi là tout habillée... On est en voyage... Mon bateau, il a perdu toutes les lumières sur la gare de Lyon... Je donnerai le reçu au Capitaine pour qu'il revienne quai Arago, quand on montera les guillotines... Le quai du Matin... »

Émilie, elle en rigole... Elle comprend pas les astuces...

« Demain qu'elle a dit... Demain !... » Elle est repartie trouver son môme.

Alors là j'étais vraiment seul !...

Alors j'ai bien vu revenir les mille et mille petits canots au- dessus de la rive gauche... Ils avaient chacun dedans un petit mort ratatiné dessous sa voile... et son histoire... ses petits mensonges pour prendre le vent...

* * *

Le siècle dernier je peux en parler, je l'ai vu finir... Il est parti sur la route après Orly... Choisy-le-Roi... C'était du côté d'Armide où elle demeurait aux Rungis, la tante, l'aïeule de la famille...

Elle parlait de quantité de choses dont personne se souvenait plus. On choisissait à l'automne un dimanche pour aller la voir, avant les mois les plus durs. On reviendrait plus qu'au printemps s'étonner qu'elle vive encore...

Les souvenirs anciens c'est tenace... mais c'est cassant, c'est fragile... Je suis sûr toujours qu'on prenait le « tram » devant le Châtelet, la voiture à chevaux... On grimpait avec nos cousins sur les bancs de l'impériale. Mon père restait à la maison. Les cousins ils plaisantaient, ils disaient qu'on la retrouverait plus la tante Armide, aux Rungis. Qu'en ayant pas de bonne, et seule dans un pavillon elle se ferait sûrement assassiner qu'à cause des inondations on serait peut-être avertis trop tard...

Comme ça on cahotait tout le long jusqu'à Choisy à travers des berges. Ça durait des heures. Ça me faisait prendre l'air. On devait revenir par le train.

Arrivés au terminus fallait faire alors vinaigre ! Enjamber les gros pavés, ma mère me tirait par le bras pour que je la suive à la cadence... On rencontrait d'autres parents qui allaient voir aussi la vieille. Elle avait du mal ma mère avec son chignon, sa voilette, son canotier, ses épingles... Quand sa voilette était mouillée elle la mâchait d'énervement. Les avenues avant chez la tante c'était plein de marrons. Je pouvais pas m'en ramasser, on n'avait pas une minute... Plus loin que la route, c'est les arbres, les champs, le remblai, des mottes et puis la campagne... plus loin encore c'est les pays inconnus... la Chine... Et puis rien du tout.

On avait si hâte d'arriver que je faisais dans ma culotte... d'ailleurs j'ai eu de la merde au cul jusqu'au régiment, tellement j'ai été pressé tout le long de ma jeunesse. On parvenait tout trempés aux premières maisons. C'était un village amusant, je m'en rends bien compte aujourd'hui ; avec des petits coins tranquilles, des ruelles, de la mousse, des détours, tout le fromage du pittoresque. C'était fini la rigolade en arrivant devant sa grille. Ça grinçait. La tante elle avait soldé la « toilette » au Carreau du Temple pendant près de cinquante ans... Son pavillon aux Rungis c'était toutes ses économies.

Elle demeurait au fond d'une pièce, devant la cheminée, elle restait dans son fauteuil. Elle attendait qu'on vienne la voir. Elle fermait aussi ses persiennes à cause de sa vue.

Son pavillon tenait du genre suisse, c'était le rêve à l'époque. Devant, des poissons mijotaient dans un bassin puant. On marchait encore un petit bout, on arrivait à son perron. On s'enfonçait dans les ombres. On touchait quelque chose de mou.

« Approche, n'aie pas peur mon petit Ferdinand !... » Elle m'invitait aux caresses. J'y coupais donc pas. C'était froid et rêche et puis tiède, au coin de la bouche, avec un goût effroyable. On allumait une bougie. Les parents formaient leur cercle de papoteurs. De me voir embrasser l'aïeule ça les excitait. J'étais pourtant bien écœuré par ce seul baiser... Et puis d'avoir marché trop vite. Mais quand elle se mettait à causer ils étaient tous forcés de se taire. Ils ne savaient pas quoi lui répondre. Elle ne conversait la tante qu'à l'imparfait du subjonctif. C'étaient des modes périmées. Ça coupait la chique à tout le monde. Il était temps qu'elle décampe.

Dans la cheminée derrière elle, jamais on avait fait de feu !

« Il aurait fallu que j'eusse un peu plus de tirage... » En réalité c'était raison d'économie.

Avant qu'on se quitte Armide offrait des gâteaux. Des biscuits bien secs, d'un réceptacle bien couvert, qu'on ouvrait que deux fois par an. Tout le monde les refusait bien sûr... Ils étaient plus des enfants... C'était pour moi les petits-beurre !... Dans l'émoi de me les taper, de plaisir, fallait que je sautille... Ma mère me pinçait pour ça... J'échappais vite au jardin, espiègle toujours, recracher tout dans les poissons...

Dans le noir, derrière la tante, derrière son fauteuil, y avait tout ce qui est fini, y avait mon grand-père Léopold qui n'est jamais revenu des Indes, y avait la Vierge Marie, y avait M. le Bergerac, Félix Faure et Lustucru et l'imparfait du subjonctif. Voilà.

Je me faisais baiser par l'aïeule encore une fois sur le départ... Et puis c'était la sortie brusquée ; on repassait par le jardin en vitesse. Devant l'église on abandonnait des cousins, ceux qui remontaient sur Juvisy. Ils repoussaient tous des odeurs en m'embrassant, ça fait souffle rance entre les poils et les plastrons. Ma mère boitait davantage d'avoir été une heure assise, tout engourdie.

En repassant devant le cimetière de Thiais on faisait un bond à l'intérieur. On avait là deux morts encore à nous, au bout d'une allée. On regardait leurs tombes à peine. On refoutait le camp comme des voleurs. La nuit vient vite vers la Toussaint. On rattrapait Clotilde, Gustave et Gaston après la fourche Belle-Épine. Ma mère avec sa jambe en laine à la traîne, elle butait partout. Elle s'est fait même une vraie entorse en essayant de me porter juste devant le passage à niveau.

Dans la nuit on n'espérait plus qu'arriver au gros bocal du pharmacien. C'était la Grand-Rue, le signe qu'on était sauvés... Sur le fond cru du gaz, y avait les musiques des bistrots, leurs portes qui chavirent. On se sentait menacés. On repassait vite sur l'autre trottoir, ma mère avait peur des ivrognes.

La gare c'était dedans comme une boîte, la salle d'attente pleine de fumée avec une lampe d'huile en haut, branleuse au plafond. Ça tousse, ça graillonne autour du petit poêle, les voyageurs, tout empilés, ils grésillent dans leur chaleur. Voici le train qui vrombit, c'est un tonnerre, on dirait qu'il arrache tout. Les voyageurs se trémoussent, se décarcassent, chargent en ouragan les portières. On est les derniers nous deux. Je prends une gifle pour que je laisse la poignée tranquille.

À Ivry, il faut qu'on descende ; on profite qu'on est sortis pour passer chez l'ouvrière, Mme Héronde, la raccommodeuse de dentelles. Elle répare toutes les broderies du magasin, surtout les anciennes, si fragiles, si difficiles à teinter.

Elle demeurait au bout d'Ivry à peu près, rue des Palisses, une ébauche, au milieu des champs. C'était une cabane. On profitait de notre sortie pour aller la stimuler. Jamais elle était prête à l'heure. Les clientes étaient féroces et râleuses comme on oserait plus. Je l'ai vue chialer chaque soir ou presque, ma mère, à cause de son ouvrière et des dentelles qui revenaient pas. Si elle boudait notre cliente après son accroc de Valenciennes, elle revenait plus pendant un an.

La plaine au-delà d'Ivry, c'était encore plus dangereux que la route à la tante Armide. Y avait pas de comparaison. On croisait parfois des voyous. Ils apostrophaient ma mère. Si je me retournais je prenais une tarte. Quand la boue devenait si molle, si visqueuse qu'on perdait ses godasses dedans, alors c'est que nous étions plus loin. La bicoque de Mme Héronde dominait un terrain vague. Le clebs nous avait repérés. Il gueulait tout ce qu'il pouvait. On apercevait la fenêtre.

Chaque fois c'était la surprise pour notre ouvrière, elle restait saisie de nous voir. Ma mère la couvrait de reproches. Y avait déballage de griefs. Finalement, elles fondaient en larmes toutes les deux. J'avais moi plus qu'à attendre à regarder dehors... le plus loin possible... la plaine lourde d'ombre qu'allait jusqu'au bout finir dans les quais de la Seine, dans la ribambelle des lotis. C'est à la lumière au pétrole qu'elle réparait, notre ouvrière.

Elle s'enfumait, elle se crevait les yeux avec ça. Ma mère la relançait toujours, pour qu'elle se fasse enfin poser le gaz.

« Vraiment c'est indispensable ! » qu'elle insistait en partant.

Pour rafistoler des « entre-deux » minuscules, des toiles d'araignées, sûrement c'est un fait qu'elle se détériorait les rétines. Ma mère c'était pas tant par intérêt qu'elle lui faisait des remarques, c'était aussi par amitié. Je l'ai jamais visitée que la nuit la cabane de Mme Héronde.

« On nous le posera en septembre ! » qu'elle affirmait à chaque coup. C'était des mensonges, c'était pour pas qu'on insiste... Ma mère malgré ses défauts l'estimait beaucoup.

Sa terreur, maman, c'étaient les voleuses. Mme Héronde était honnête, elle, comme pas une. Jamais elle faisait tort d'un centime. Et pourtant dans sa mouscaille ce qu'on lui a confié comme trésors ! Des Venises entiers en chasubles, comme y en a plus dans les musées ! Quand elle en parlait ma mère plus tard dans l'intimité, elle s'enthousiasmait encore. Il lui venait des larmes. « C'était une vraie fée, cette femme-là ! qu'elle reconnaissait, c'est triste qu'elle aye pas de parole ! Jamais elle m'a livré à l'heure !... » Elle est morte la fée avant qu'on y ait posé le gaz, de fatigue, enlevée par la grippe, et aussi sûrement du chagrin d'avoir un mari trop coureur... Elle est morte en couches... Je me souviens bien, de son enterrement. C'était au Petit Ivry. On était que nous trois, mes parents, le mari s'est même pas dérangé ! C'était un bel homme, il avait bu tous ses sous. Il restait des années entières au bar, au coin de la rue Gaillon. Pendant encore au moins dix ans on l'a vu là quand on passait. Et puis il a disparu.

Quand nous sortions de chez l'ouvrière, on avait pas fini nos courses. À Austerlitz, on repiquait encore un galop et puis un coup d'omnibus jusqu'à la Bastille. C'était du côté du Cirque d'Hiver qu'était l'atelier des Wurzem, ébénistes, des Alsaciens, toute une famille. Tous nos petits meubles, les haricots, les consoles, c'est lui qui les maquillait « genre ancien ». Depuis vingt ans, il ne faisait que ça pour Grand-mère et puis pour d'autres. La marqueterie ça ne tient jamais, c'est une discussion perpétuelle. Un artiste aussi Wurzem, un ouvrier sans pareil. Ils gîtaient tous dans les copeaux, sa femme, sa tante, un beau-frère, deux cousines et quatre enfants. Il était jamais prêt non plus. Son vice à lui c'était la pêche. Il passait souvent une semaine canal Saint-Martin, au lieu de pousser les commandes. Ma mère se fâchait tout rouge. Il répondait insolemment. Après il faisait des excuses. La famille éclatait en larmes, ça en faisait neuf pour pleurer, nous, deux seulement. Ils étaient des « paniers percés ». À force de pas payer leur terme, il a fallu qu'ils décampent, qu'ils se réfugient dans un maquis, rue Caulaincourt.

Leur cahute c'était à pic tout en bas d'une fondrière, on y arrivait par des planches. De loin, on poussait des gueulements, on se dirigeait vers leur lanterne. Ce qui me taquinait chez eux, c'était de foutre en l'air le pot de colle, toujours en branle sur le réchaud. Un jour je me suis décidé. Mon père en apprenant ça, il a prévenu tout de suite Maman, que je l'étranglerais un jour, que c'était bien dans mes tendances. Il voyait tout ça.

Chez les Wurzem, l'agréable c'est qu'ils avaient pas de rancune. Après les pires engueulades, dès qu'on les douillait un peu, ils se remettaient à chanter. Pour eux rien était tragique, des imprévoyants ces ouvriers ! Pas des consciencieux comme nous autres ! Ma mère profitait de ces incidents comme exemples pour me faire horreur. Moi je les trouvais bien gentils. Je roupillais dans leurs copeaux. Fallait encore qu'on me secoue pour pouloper jusqu'au Boulevard, bondir dans l'omnibus « Halle aux Vins ». L'intérieur, je trouvais ça splendide à cause du gros œil en cristal qui donne des figures de lumière à toute la rangée des banquettes. C'est magique.

Les bourrins galopent la rue des Martyrs, tout le monde s'écarte pour qu'on passe. Quand on arrive à la boutique on est très en retard quand même.

Grand-mère ramène dans son coin, mon père Auguste rabat sa casquette à fond. Il déambule comme un lion sur la passerelle d'un navire. Ma mère s'affale sur l'escabeau. Elle a tort, c'est pas la peine qu'elle s'explique. Tout ce qu'on avait fait en route ça ne plaît à personne, ni à Grand-mère ni à papa. On ferme enfin le magasin... On dit « au revoir » bien poliment. On part tous les trois se coucher. C'est encore une sacrée trotte jusque chez nous. C'est de l'autre côté du « Bon Marché ».

Mon père il était pas commode. Une fois sorti de son bureau, il mettait plus que des casquettes, des maritimes. Ç'avait été toujours son rêve d'être capitaine au long cours. Ça le rendait bien aigri comme rêve.

Notre logement, rue de Babylone, il donnait sur « les Missions ». Ils chantaient souvent les curés, même la nuit ils se relevaient pour recommencer leurs cantiques. Nous on pouvait pas les voir à cause du mur qui bouchait juste notre fenêtre. Ça faisait un peu d'obscurité.

À la Coccinelle-Incendie, mon père ne gagnait pas beaucoup. Pour traverser les Tuileries il fallait souvent qu'il me porte.

Les flics en ce temps-là, ils avaient tous des gros bides. Ils restaient planqués sous les lampes.

La Seine ça surprend les mômes, le vent qui fait trembler les reflets, le grand gouffre au fond, qui bouge et ronchonne. On tournait à la rue Vanneau et puis on arrivait chez nous. Pour allumer la suspension y avait encore une comédie. Ma mère savait pas. Mon père Auguste, il tripotait, sacrait, jurait, déglinguait chaque fois la douille et le manchon.

C'était un gros blond, mon père, furieux pour des riens, avec un nez comme un bébé tout rond, au-dessus de moustaches énormes. Il roulait des yeux féroces quand la colère lui montait. Il se souvenait que des contrariétés. Il en avait eu des centaines. Au bureau des Assurances, il gagnait cent dix francs par mois.

En fait d'aller dans la marine, il avait tiré au sort sept années dans l'artillerie. Il aurait voulu être fort, confortable et respecté. Au bureau de la Coccinelle ils le traitaient comme de la pane. L'amour-propre le torturait et puis la monotonie. Il n'avait pour lui qu'un bachot, ses moustaches et ses scrupules. Avec ma naissance en plus, on s'enfonçait dans la mistoufle.

On avait toujours pas bouffé. Ma mère trifouillait les casseroles. Elle était déjà en jupon à cause des taches de la tambouille. Elle pleurait qu'il appréciait pas son Auguste, ses bonnes intentions, les difficultés du commerce... Il ruminait lui son malheur sur un coin de la toile cirée... De temps en temps, il faisait mine qu'il se contenait plus... Elle essayait de le rassurer toujours et quand même. Mais c'est au moment précis qu'elle tirait sur la suspension, le beau globe jaune à crémaillère, qu'il entrait franchement en furie. « Clémence ! Voyons ! Nom de Dieu ! Tu vas nous foutre un incendie ! Je t'ai bien dit de la prendre à deux mains ! » Il poussait des affreuses clameurs, il s'en serait fait péter la langue tellement qu'il était indigné. Dans la grande transe, il se poussait au carmin, il se gonflait de partout, ses yeux roulaient comme d'un dragon. C'était atroce à regarder. On avait peur ma mère et moi. Et puis il cassait une assiette et puis on allait se coucher...

« Tourne-toi du côté du mur ! petit saligaud ! Te retourne pas ! » J'avais pas envie... Je savais... J'avais honte... C'était les jambes à maman, la petite et la grosse... Elle allait encore boiter d'une chambre à une autre... Il lui cherchait des raisons... Elle insistait pour terminer la vaisselle... Elle essayait un petit air pour dérider la séance...

> *Et le soleil par les trous*
> *Du toit descendait chez nous...*

Auguste, mon père, lisait La « Patrie ». Il s'asseyait près de mon lit-cage. Elle venait l'embrasser. La tempête l'abandonnait... Il se relevait jusqu'à la fenêtre. Il faisait semblant de chercher quelque chose dans le fond de la cour. Il pétait un solide coup. C'était la détente.

Elle pétait aussi un petit coup à la sympathie, et puis elle s'enfuyait mutine, au fond de la cuisine.

Après ils refermaient leur porte... celle de leur chambre... Je couchais dans la salle à manger. Le cantique des missionnaires passait par-dessus les murs... Et dans toute la rue de Babylone y avait plus qu'un cheval au pas... Bum ! Bum ! ce fiacre à la traîne...

* * *

Mon père pour m'élever, il s'est tapé bien des boulots supplémentaires. Lempreinte son chef l'humiliait de toutes les façons. Je l'ai connu moi ce Lempreinte, c'était un rouquin qu'avait tourné pâle, avec des longs poils en or, quelques-uns seulement à la place de barbe. Mon père, il avait du style, l'élégance lui venait toute seule, c'était naturel chez lui. Lempreinte, ce don l'agaçait. Il s'est vengé pendant trente ans. Il lui a fait recommencer presque toutes ses lettres.

Quand j'étais plus petit encore, à Puteaux, chez la nourrice, mes parents montaient là-haut me voir le dimanche. Y avait beaucoup d'air. Ils ont toujours réglé d'avance. Jamais un sou de dette. Même au milieu des pires déboires. À Courbevoie seulement à force de soucis et de se priver sur bien des choses, ma mère s'est mise à tousser. Elle arrêtait plus. Ce qui l'a sauvée c'est le sirop de limaces et puis la méthode Raspail.

M. Lempreinte, il se méfiait que mon père il aye des drôles d'ambitions avec un style comme le sien.

De chez ma nourrice à Puteaux, du jardin, on dominait tout Paris. Quand il montait me voir papa, le vent lui ébouriffait les moustaches. C'est ça mon premier souvenir.

Après la faillite dans les Modes à Courbevoie, il a fallu qu'ils travaillent double mes parents, qu'ils en mettent un fameux coup. Elle comme vendeuse chez Grand-mère, lui toutes les heures qu'il pouvait, en plus, à la Coccinelle. Seulement plus il montrait son beau style, plus Lempreinte le trouvait odieux. Pour éviter la rancune il s'est lancé dans l'aquarelle. Il en faisait le soir après la soupe. On m'a ramené à Paris. Je le voyais tard dessiner, des bateaux surtout, des navires sur l'océan, des trois-mâts par forte brise, en noir, en couleurs. C'était dans ses cordes... Plus tard des souvenirs d'artillerie, des mises en batterie au galop, et puis des évêques... À la demande des clients... À cause de la robe éclatante... Et puis des danseuses enfin, avec des cuisses volumineuses... Ma mère allait présenter le choix, pendant l'heure du déjeuner, à des revendeurs en galeries... Elle a tout fait pour que je vive, c'est naître qu'il aurait pas fallu.

Chez Grand-mère, rue Montorgueil, après la faillite, elle crachait parfois du sang le matin en faisant l'étalage. Elle dissimulait ses mouchoirs. Grand-mère survenait... « Clémence essuie-toi les yeux !... Pleurer n'arrange pas les choses !... » Pour arriver de très bonne heure, on se levait au jour, on traversait les Tuileries, ménage déjà terminé, papa retournait les matelas.

Dans la journée c'était pas drôle. C'était rare que je pleure pas une bonne partie de l'après-midi. Je prenais plus de gifles que de sourires, au magasin. Je demandais pardon à propos de n'importe quoi, j'ai demandé pardon pour tout.

Fallait se méfier du vol et de la casse, les rogatons c'est fragile. J'ai défiguré sans le faire exprès des tonnes de camelote. L'antique ça m'écœure encore, c'est de ça pourtant qu'on bouffait. C'est triste les raclures du temps... c'est infect, c'est moche. On en vendait de gré ou de force. Ça se faisait à l'abrutissement. On sonnait le chaland sous les cascades de bobards... les avantages incroyables...

sans pitié aucune... Fallait qu'il cède à l'argument... Qu'il perde son bon sens... Il repassait la porte ébloui, avec la tasse Louis XIII en fouille, l'éventail ajouré bergère et minet dans un papier de soie. C'est étonnant ce qu'elles me répugnaient moi les grandes personnes qui emmenaient chez elles des trucs pareils...

Grand-mère Caroline se planquait pendant le travail à l'abri de L'Enfant Prodigue, l'énorme panneau tapisserie. Elle avait l'œil Caroline pour gafer les mains. C'est vicelard comme tout la cliente, plus c'est huppée mieux c'est voleuse. Un petit contrepoint Chantilly c'est un véritable souffle dans un manchon bien entraîné.

On ruisselait pas dans les lumières au magasin... Et l'hiver c'est tout à fait traître à cause des volants... des velours, fourrures, baldaquins, qui font trois fois le tour des nichons... Et des épaules il part encore toutes sortes de boas lointains, des flots de mousseline onduleuse... Les oiseaux d'un deuil immense... Elle pavanait la cliente, chassait les monceaux de bricoles, gloussante, revient encore sur ses pas... éparpille... Toujours picoreuse, cacotante... querelleuse pour le plaisir. À deviner la convoitise on s'écarquillait les châsses y avait du choix dans la tôle... Grand-mère elle arrêtait pas d'aller à la remonte... d'aller piquer du « rossignol » à la salle des ventes... Elle rapportait de tout, des toiles à l'huile, des améthystes, des buissons de candélabres, des tulles brodés par cascades, des cabochons, des ciboires, des empaillés, des armures et des ombrelles, des horreurs dorées du Japon, et des vasques, des bien plus lointaines encore, et des fourbis qui n'ont plus de noms, et des trucs qu'on saura jamais.

La cliente elle s'émoustille dans le trésor des tessons. Le tas se reforme derrière elle. Ça culbute, ça clinque, ça tournoie. Elle est entrée pour s'instruire. Il pleut, elle vient s'abriter. Quand elle en a marre, elle se barre avec une promesse. Il faut se manier le train alors pour rassembler toute la bricole. À genoux on s'étale au plus bas, on racle sous les meubles. Si tout y est... mouchoirs... bibelots... verres filés... brocante... on pousse alors un beau soupir.

Ma mère s'affale, se masse la jambe, la crampe d'avoir tant piétiné, complètement aphone. Voilà qu'il surgit de l'ombre, juste avant la fermeture, le client honteux. Il entre en douceur celui-là, il s'explique à voix très basse, il veut fourguer son petit objet, un souvenir de sa famille, il le déplie du journal. On l'estime à peu de chose. On va laver cette trouvaille sur l'évier de la cuisine. On le payera demain matin. Il barre, il dit à peine « au revoir »... L'omnibus Panthéon-Courcelles passe en trombe au ras de la boutique.

Mon père arrive de son bureau, il regarde toutes les secondes sa montre. Il est nerveux. Il faut maintenant qu'on se dégrouille.

Il pose son chapeau. Il prend sa casquette au clou.

Il faut encore qu'on bouffe les nouilles et puis qu'on se barre aux livraisons.

* * *

On éteignait la boutique. Ma mère était pas cuisinière, elle faisait tout de même une ratatouille. Quand c'était pas « panade aux œufs » c'était sûrement « macaroni ». Aucune pitié. Après les nouilles on restait un moment tranquilles, à réfléchir pour l'estomac. Ma mère essayait de nous distraire, de diluer la gêne. Si je répondais pas aux questions elle insistait gentiment... « Tu sais elles sont passées au beurre ! » Là derrière la tapisserie c'était l'éclairage papillon. Il faisait obscur dans les assiettes. Ma mère elle reprenait des nouilles, stoïque, pour nous inciter... Il fallait une bonne gorgée de vin rouge pour s'empêcher de les vomir.

Le réduit des repas, il servait en plus, pour la lessive et pour garer les rogatons... Y en avait des monceaux, des piles... Ceux qu'étaient pas rafistolables, les invendables, les pas montrables, les pires horreurs. Du vasistas des toiles pendaient dans la soupe. Il restait je ne sais pas comment un grand « fourneau jardinière » avec une hotte énorme, ça tenait la moitié de l'espace. À la fin on retournait l'assiette pour goûter à la confiture.

Un décor de musée sale.

Depuis la retraite de Courbevoie, Grand-mère et papa se parlaient plus. Maman bavardait sans cesse pour qu'ils s'envoient pas des objets. La nouille maîtrisée, la confiture dégustée, on se mettait en route. On enveloppait le truc vendu dans une grande « toilette ». Presque toujours c'était un meuble de salon, un « haricot », parfois une poudreuse. Papa se l'arrimait sur la nuque et on allait vers la Concorde. À partir des Fontaines Gicleuses, j'avais un peu peur avec lui. En montant les Champs-Élysées, c'est une nuit énorme. Il trissait comme un voleur. J'avais peine à le suivre. On aurait dit qu'il tenait à me perdre.

J'aurais bien voulu qu'il me cause, il grognait seulement des insultes à des inconnus. En arrivant à l'Étoile il était en sueur. On faisait un temps d'arrêt. Devant l'immeuble du client fallait chercher l' « entrée de service ».

Quand on livrait à Auteuil, mon père était plus aimable. Il sortait moins souvent sa montre. Je montais sur le parapet, il m'expliquait les remorqueurs... les feux verts... les sifflets des convois entre eux... « Il sera bientôt au « Point du jour ! » On l'admirait le rafiot poussif... On faisait des vœux pour sa manœuvre...

C'est les soirs qu'on se tapait les Ternes qu'il devenait affreux, surtout si c'était des gonzesses... Il les avait en horreur. Déjà au départ, il était à cran. Je me souviens des circonstances, on s'en allait rue Demours. Devant l'église, il me fout une baffe, un coup de pompe tout à fait rageur, pour que je traverse au galop. En arrivant chez la cliente, je pouvais plus m'empêcher de pleurer. « Petit salopard, qu'il m'engueulait, je te ferai chialer pour des raisons !... » Avec son guéridon perché, il escaladait derrière moi. On se trompe de porte. Toutes les bonniches s'intéressent... Je ramène comme un veau... Je le fais exprès. Je veux qu'il en bave ! C'est un scandale ! Enfin on la trouve, notre sonnette. La femme de chambre nous accueille. Elle compatit à mon chagrin. La patronne arrive en frous-frous : « Oh ! le petit méchant ! le vilain ! Il fait enrager son papa ! » Lui il savait plus où se fourrer. Il se serait planqué dans le tiroir. La cliente elle veut me consoler. Elle verse un cognac à mon père. Elle lui dit comme ça : « Mon ami, faites donc reluire la tablette ! Avec la pluie, je crains que ça tache... » La bonne lui donne un chiffon. Il se met au boulot. La dame me propose un bonbon. Je la suis dans la chambre. La bonne vient aussi. La cliente alors elle s'allonge parmi les dentelles. Elle retrousse son peignoir brusquement, elle me montre toutes ses cuisses, des grosses, son croupion et sa motte poilue, la sauvage ! Avec ses doigts elle fouille dedans...

« Tiens mon tout mignon !... Viens mon amour !... Viens me sucer là-dedans !... » Elle m'invite d'une voix bien douce... bien tendre... comme jamais on m'avait parlé. Elle se l'écarte, ça bave.

La bonniche, elle se tenait plus de rigolade. C'est ça qui m'a empêché. Je me suis sauvé dans la cuisine. Je pleurais plus. Mon père il a eu un pourliche. Il osait pas le mettre dans sa poche, il le regardait. La bonniche elle se marrait encore.

« Alors t'en veux pas ? » qu'elle lui faisait. Il a bondi dans l'escalier. Il m'oubliait, je courais après lui dans la rue. Je l'appelais dans l'Avenue : « Papa ! Papa ! » Place des Ternes je l'ai rattrapé. On s'est assis. Il faisait froid. Il m'embrassait pas souvent. Il me serrait la main.

« Oui mon petit !... Oui mon petit !... » qu'il se répétait comme ça à lui-même... fixe devant lui... Il avait du cœur au fond. Moi aussi j'avais du cœur. La vie c'est pas une question de cœur. On est rentré rue de Babylone directement.

* * *

Mon père, il se méfiait des jeux de l'imagination. Il se parlait tout seul dans les coins. Il voulait pas se faire entraîner... À l'intérieur ça devait bouillir...

Au Havre, qu'il était né. Il savait tout sur les navires. Un nom lui revenait souvent, celui du Capitaine Dirouane, qui commandait la Ville-de-Troie. Il l'avait vu son bateau s'en aller, décoller du bassin de la Barre. Il était jamais revenu. Il s'était perdu corps et biens au large de Floride. « Un magnifique trois- mâts barque ! »

Un autre le Gondriolan un norvégien surchargé, qu'avait défoncé l'écluse... Il racontait la fausse manœuvre. Il en restait horrifié, à vingt ans de distance... Il s'en indignait encore... Et puis il rebarrait dans le coin. Il se refoutait à ruminer.

Son frère, Antoine, c'était autre chose. Il avait vaincu brutalement tous les élans de la vadrouille, d'une façon vraiment héroïque. Il était né lui aussi tout près du grand Sémaphore... Quand leur père à eux était mort, un professeur de Rhétorique, il s'était précipité dans les « Poids et Mesures » une place vraiment stable. Pour être tout à fait certain il avait même épousé une demoiselle des « Statistiques ».

Mais ça revenait le tracasser des envies lointaines... Il gardait du vent dans la peau, il se sentait pas assez enfoui, il arrêtait pas de s'étriquer.

Avec sa femme, il venait nous voir au Jour de l'An. Tellement ils faisaient d'économies, ils mangeaient si mal, ils parlaient à personne, que le jour où ils sont crounis, on se souvenait plus d'eux dans le quartier. Ce fut la surprise. Ils ont fini francs- maçons, lui d'un cancer, elle d'abstinence. On l'a retrouvée sa femme, la Blanche, aux Buttes-Chaumont.

C'est là qu'ils avaient l'habitude de passer toujours leurs vacances. Ils ont mis quand même quarante ans toujours ensemble, à se suicider.

La sœur à mon père, tante Hélène, c'est pas la même chose. Elle a pris tout le vent dans les voiles. Elle a bourlingué en Russie. À Saint-Pétersbourg, elle est devenue grue. À un moment, elle a eu tout, carrosse, trois traîneaux, un village rien que pour elle, avec son nom dessus. Elle est venue nous voir au Passage, deux fois de suite, frusquée, superbe, comme une princesse et heureuse et tout. Elle a terminé très tragiquement sous les balles d'un officier. Y avait pas de résistance chez elle. C'était tout viande, désir, musique. Il rendait papa, rien que d'y penser. Ma mère a conclu en apprenant son décès : « Voilà une fin bien horrible ! Mais c'est la fin d'une égoïste ! »

On avait encore l'oncle Arthur, c'était pas non plus un modèle ! La chair aussi l'a débordé. Mon père se sentait pour lui une sorte de penchant, une certaine faiblesse. Il a vécu en vrai bohème, en marge de la société, dans une soupente, en cheville avec une bonniche. Elle travaillait au restaurant devant l'École Militaire. Grâce à ça, il faut en convenir, il arrivait à bien bouffer. Arthur c'était un luron, avec barbiche, velours grimpant, tatanes en pointe, pipe effilée. Il s'en faisait pas. Il donnait fort dans la « conquête ». Il tombait malade souvent et fort gravement à l'époque du terme. Alors il restait des huit jours couché avec ses compagnes. Quand on allait le voir le dimanche, il ne se tenait pas toujours très bien, surtout avec ma mère. Il la lutinait un peu. Ça foutait mon vieux hors de lui. En sortant il jurait cent vingt mille diables qu'on y retournerait plus jamais.

« Vraiment, cet Arthur ! Il a des manières ignobles !... » On revenait quand même.

Il dessinait des bateaux sur sa grande planche, sous la lucarne, des yachts en pleine écume, c'était lui son genre avec des mouettes tout autour... De temps à autre il ponçait pour un catalogue, mais il avait tellement de dettes que ça lui ôtait tout courage. Il était gai quand il faisait rien.

D'à côté du quartier de la cavalerie, on entendait toutes les trompettes. Il savait par cœur, Arthur, tous les rigodons. Il reprenait à chaque refrain. Il en inventait des salés. Ma mère, la bonne, faisaient des « Oh ! Oh !... ». Papa il était outré à cause de mon âge innocent.

Mais le plus cloche de la famille, c'était sûrement l'oncle Rodolphe, il était tout à fait sonné. Il se marrait doucement quand on lui parlait. Il se répondait à lui-même. Ça durait des heures. Il voulait vivre seulement qu'à l'air. Il a jamais voulu tâter d'un seul magasin, ni des bureaux, même comme gardien et même de nuit. Pour croûter, il préférait rester dehors, sur un banc. Il se méfiait des intérieurs. Quand vraiment il avait trop faim, alors, il venait à la maison. Il passait le soir. C'est qu'il avait eu trop d'échecs.

La « bagotte », son casuel des gares, c'était un métier d'entraînement. Il l'a fait pendant plus de vingt ans. Il tenait la ficelle des « Urbaines », il a couru comme un lapin après les fiacres et les bagages, aussi longtemps qu'il a pu. Son coup de feu c'était le retour des vacances. Ça lui donnait faim son truc, soif toujours. Il plaisait bien aux cochers. À table, il se tenait drôlement. Il se levait le verre en main, il trinquait à la santé, il entonnait une chanson... Il s'arrêtait au milieu... Il se pouffait sans rime ni raison, il en bavait plein sa serviette...

On le raccompagnait chez lui. Il se marrait encore. Il logeait rue Lepic, au « Rendez-vous du Puy-de-Dôme », une cambuse sur la cour. Il avait son fourbi par terre, pas une seule chaise, pas une table. Au moment de l'Exposition, il était devenu « Troubadour ». Il faisait la retape au « Vieux Paris », sur le quai, devant les tavernes en carton. Son cotillon, c'était des loques de toutes les couleurs. « Entrez voir le " Moyen Age ! "»... Il se réchauffait en gueulant, il battait la semelle. Le soir, quand il venait dîner, attifé en carnaval, ma mère lui faisait un « moine » exprès. Il avait toujours froid aux pieds. Il a compliqué les choses il s'est mis avec une « Ribaude », une qui faisait la postiche, la Rosine, à l'autre porte, dans une caverne en papier peint. Une pauvre malheureuse, elle crachait déjà ses poumons. Ça a pas duré trois mois. Elle est morte dans sa chambre même au « Rendez-vous ». Il voulait pas qu'on l'emmène. Il avait bouclé sa lourde. Il revenait chaque soir coucher à côté. C'est à l'infection qu'on s'est aperçu. Il est devenu alors furieux. Il comprenait pas que les choses périssent. C'est de force qu'on l'a enterrée. Il voulait la porter lui-même, sur « un crochet », jusqu'à Pantin.

Enfin, il a repris sa faction en face l'Esplanade, ma mère était indignée. « Habillé comme un chienlit ! avec un froid comme il y en a ! c'est vraiment un crime ! » Ce qui la tracassait surtout, c'est qu'il mette pas son pardessus. Il en avait un à papa. On m'envoyait pour me rendre compte, moi qu'avais pas l'âge je pouvais passer le tourniquet franco sans payer.

Il était là, derrière la grille, en troubadour. Il était redevenu tout souriant Rodolphe. « Bonjour ! qu'il me faisait. Bonjour, mon petit fi !... Tu la vois hein ma Rosine ?... » Il me désignait plus loin que la Seine, toute la plaine... un point dans la brume...

« Tu la vois ? » Je lui disait « Oui ». Je le contrariais pas. Mes parents je les rassurais. Tout esprit Rodolphe !

À la fin de 1913, il est parti dans un cirque. On a jamais pu savoir ce qu'il était devenu. On l'a jamais revu.

* * *

On a quitté rue de Babylone, pour se remettre en boutique, tenter encore la fortune, Passage des Bérésinas, entre la Bourse et les Boulevards. On avait un logement au-dessus de tout, en étages, trois pièces qui se reliaient par un tire-bouchon. Ma mère escaladait sans cesse, à cloche-pied. Ta ! pa ! tam ! Ta ! pa ! tam ! Elle se retenait à la rampe. Mon père, ça le crispait de l'entendre. Déjà il était mauvais à cause des heures qui passaient pas. Sans cesse il regardait sa montre. Maman en plus, et sa guibole, ça le foutait à cran pour des riens.

En haut, notre dernière piaule, celle qui donnait sur le vitrage, à l'air c'est-à-dire, elle fermait par des barreaux, à cause des voleurs et des chats. C'était ma chambre, c'est là aussi que mon père pouvait dessiner quand il revenait de livraisons. Il fignolait les aquarelles et puis quand il avait fini, il faisait souvent mine de descendre pour me surprendre à me branler. Il se planquait dans l'escalier. J'étais plus agile que lui. Il m'a surpris qu'une seule fois. Il trouvait moyen quand même de me foutre la raclée. C'était un combat entre nous. À la fin je lui demandais pardon d'avoir été insolent... Pour la comédie, puisque c'était pas vrai du tout.

C'est lui qui répliquait pour moi. Une fois qu'il m'avait corrigé il restait longtemps encore derrière les barreaux, il contemplait les étoiles, l'atmosphère, la lune, la nuit, haute devant nous. C'était sa dunette. Je le savais moi. Il commandait l'Atlantique.

Si ma mère l'interrompait, l'appelait qu'il descende, il recommençait à râler. Ils se butaient dans le noir ensemble, dans la cage étroite, entre le premier et le deuxième. Elle écopait d'un ramponneau et d'une bordée d'engueulades. Ta ! ga ! dam ! Ta ! ga ! dam ! Pleurnichant sous la rafale elle redégringolait au sous-sol, compter sa camelote. « Je veux plus qu'on m'emmerde ! Bordel de Nom de Dieu ! Qu'ai-je donc fait au Ciel ?... » La question vociférée ébranlait toute la cambuse. Au fond de la cuisine étroite, il allait se verser un coup de rouge. On pipait plus. Il avait sa tranquillité.

Dans la journée j'avais Grand-mère, elle m'apprenait un peu à lire. Elle-même savait pas très bien, elle avait appris très tard, ayant déjà des enfants. Je peux pas dire qu'elle était tendre ni affectueuse, mais elle parlait pas beaucoup et ça déjà c'est énorme ; et puis elle m'a jamais giflé !... Mon père, elle l'avait en haine. Elle pouvait pas le voir avec son instruction, ses grands scrupules, ses fureurs de nouille, tout son rataplan d'emmerdé. Sa fille, elle la trouvait con aussi d'avoir marié un cul pareil, à soixante-dix francs par mois, dans les Assurances. Moi, le moujingue, elle savait pas trop ce qu'elle devait encore en penser, elle m'avait en observation. C'était une femme de caractère.

Au Passage, elle nous a aidés aussi longtemps qu'elle a pu, avec ce qui lui restait de son fonds, de la brocante. On allumait qu'une seule vitrine, une seule qu'on pouvait garnir... C'était ingrat comme bibelots, des trucs qui vieillissent de travers, du rossignol, du panais, avec ça on « était fleurs »... On se défendait qu'en restrictions... toujours à coups de nouilles, et avec les « boucles » à maman engagées au « clou » chaque fin de mois... C'était jamais qu'à un fil, qu'on boive encore le bouillon.

Ce qui nous donnait un peu de rentrées c'était les réparations. On s'en chargeait à tous les prix, bien moins cher que n'importe où. On les livrait à toute heure. Pour quarante sous de bénéfice on se tapait le Parc Saint-Maur aller et retour.

« Jamais trop tard pour les braves » ! remarquait ma mère plaisamment. Son fort, c'était l'optimisme. Cependant Mme Héronde, elle exagérait comme retard. À chaque attente, c'était un drame, on faillait bien tous en crever. Mon père, dès cinq heures du soir, rentrant de son bureau, trémoussait déjà d'angoisse, quittait plus sa montre des doigts.

« Je te le répète encore, Clémence, pour la centième fois... Si cette femme se fait voler, que deviendrons-nous ? Son mari bazardera tout !... Il ne quitte pas le bordel, je le sais pertinemment !... C'est clair !... »

Il escaladait au troisième. Là-haut il rugissait encore. Il refonçait dans la boutique. Notre tôle pour la contenance, c'est un vrai accordéon. Ça s'amplifiait de haut en bas.

J'allais guetter Mme Héronde, jusqu'à la rue des Pyramides. Si je la voyais pas arriver avec son paquet plus gros qu'elle, je revenais au galop, bredouille. Je repartais cavaler encore. Enfin comme c'était fini, qu'elle était perdue corps et biens, je tombais dessus au large de la rue Thérèse, elle soufflait dans un remous de la foule, croulante sous son balluchon. Je la tirais jusqu'au Passage. Dans la boutique, elle s'écroulait. Ma mère rendait grâce au Ciel. Mon père voulait pas voir ça. Il remontait dans sa soupente, zyeutant sa montre à chaque pas, il requinquait toute sa hantise. Il préparait l'autre panique, et le « Déluge » qui tarderait pas... Il s'entraînait...

* * *

On s'est fait posséder chez les Pinaise. Avec ma mère, on s'élance présenter notre choix de guipures, un cadeau pour un mariage.

C'était un palais chez eux, en face du Pont Solferino. Je me souviens de ce qui me frappa d'abord... C'était les potiches, des si hautes, si grosses qu'on aurait pu se cacher dedans. Ils en avaient mis partout. Ils étaient très riches ces gens-là. On nous fait monter au salon. La belle Mme Pinaise et son mari étaient présents... ils nous attendaient. Ils nous reçoivent de façon aimable. Ma mère, tout de suite, étale son bazar, devant eux... sur le tapis. Elle se met à genoux, c'est plus commode. Elle s'égosille, elle en fout un vaillant coup. Ils traînent, ils se décideront pas, ils font des mines et des chichis.

En peignoir enrubanné, elle se prélasse Mme Pinaise, sur le divan. Lui il me fait passer par-derrière, il me donne des petites claques d'amitié, il me pelote un peu... Ma mère, par terre, elle s'évertue, elle brasse, elle brandit la camelote... Dans l'effort son chignon trisse, sa figure ruisselle. Elle est affreuse à regarder. Elle s'essouffle ! elle s'affole, elle rattrape ses bas, son chignon chahute... lui retombe dans les yeux.

Mme Pinaise se rapproche. Ils s'amusent à m'agacer, tous les deux. Ma mère parle toujours. Ses boniments servent à rien. Je vais jouir dans mon froc... Un éclair, j'ai vu la Pinaise. Elle a fauché un mouchoir. Il est pincé dans ses nichons. « Je vous fais mon compliment ! Vous avez vraiment Madame un bien gentil petit garçon !... » C'était pour la frime, ils avaient plus envie de rien. On a refait vite nos paquets. Elle suait à grosses gouttes maman, elle souriait quand même. Elle voulait pas froisser personne... « Ça sera pour une autre fois !... qu'elle s'excusait bien poliment. Je suis désolée de n'avoir pu vous séduire !... »

Dans la rue, devant le portique, elle m'a demandé chuchotante, si je l'avais pas vue moi le piquer le mouchoir dans le corset. J'ai répondu non.

« Ton père en fera une maladie ! C'est un mouchoir à condition ! Un " ajouré Valenciennes " ! Il est aux Gréguès ! Il est pas à nous ! Mais pense ! Si je le lui avais repris, nous la perdions comme cliente !... Et toutes ses amies avec !... C'était un scandale !... » « Clémence t'as des mèches. T'en as plein les yeux ! Tu es verte ma pauvre ! Et décomposée ! Tu vas crever avec tes courses !... »

C'est les premiers mots qu'il a dits comme on arrivait.

Pour pas perdre de vue sa montre il l'accrochait dans la cuisine au-dessus des nouilles. Il regardait encore ma mère.

« Tu es livide, Clémence, positivement ! » La montre c'était pour qu'on en finisse, des œufs, du rata, des pâtes... de toute la fatigue et l'avenir. Il en voulait plus.

« Je vais faire la cuisine » qu'elle propose. Il voulait pas qu'elle touche à rien... Qu'elle manipule la bouteille ça le dégoûtait encore plus... « Tu as les mains sales ! Voyons ! Tu es éreintée ! » Elle alors mettait la table. Elle foutait une assiette en l'air. Il s'emportait, se ruait au secours. C'était si petit dans notre piaule qu'on butait partout. Y avait jamais de place pour un furieux dans son genre. La table elle carambolait, les chaises entraient dans la valse. C'était une pagaye affreuse. Ils trébuchaient l'un dans l'autre. Ils se relevaient pleins de ramponneaux. On retournait aux poireaux à l'huile. C'était le moment des aveux...

« En somme, tu n'as rien vendu ?... Tout ce mal c'était pour des prunes ?... Ma pauvre amie !... »

Il poussait des sacrés soupirs. Il la prenait en pitié. Il voyait l'avenir à la merde, qu'on en sortirait jamais...

Alors, elle lui lâche d'un coup tout le morceau entier... Qu'on s'est fait rafler un mouchoir... et les circonstances...

« Comment ? » Il comprenait plus ! « Tu n'as pas crié au voleur ! tu te laisses ainsi filouter ! Le produit de notre travail ! » Il s'en faisait péter les contours, tellement qu'il était en furie... Son veston craquait de partout... « C'est atroce ! » qu'il vociférait. Ma mère glapissait tout de même des espèces d'excuses... Il écoute plus. Il empoigne alors son couteau, il le plante en plein dans l'assiette, le fond pète, le jus des nouilles s'écoule partout. « Non ! non ! je n'y tiens plus ! » Il circule, il se démène encore, il ébranle le petit buffet, le Henri III. Il le secoue comme un prunier. C'est une avalanche de vaisselle.

Mme Méhon, la corsetière, de l'autre boutique en face de nous, elle s'approche des fenêtres pour mieux se marrer. C'est une ennemie infatigable, elle nous déteste depuis toujours. Les Pérouquière, qui revendent des livres, deux magasins plus loin que le nôtre, ils ouvrent franchement leur fenêtre. Ils ont pas besoin de se gêner. Ils s'accoudent à leur vitrine... Maman va dérouiller c'est sûr. De mon côté je préfère personne. Pour les gueulements et la connerie, je les trouve pareils... Elle cogne moins fort, mais plus souvent. Lequel que j'aimerais mieux qu'on tue ? Je crois que c'est encore mon papa.

On me laissera pas voir. « Monte dans ta chambre, petit saligaud !... Va te coucher ! Fais ta prière !... »

Il mugit, il fonce, il explose, il va bombarder la cuistance. Après les clous il reste plus rien... Toute la quincaillerie est en bombe... ça fuse... ça gicle... ça résonne... Ma mère à genoux implore le pardon du Ciel... La table il la catapulte d'un seul grand coup de pompe... Elle se renverse sur elle...

« Sauve-toi Ferdinand ! » qu'elle a encore le temps de me crier. Je bondis. Je passe à travers d'une cascade de verres et de débris... Il carambole le piano, le gage d'une cliente... Il se connaît plus. Il rentre dedans au talon, le clavier éclate... C'est le tour de ma mère, c'est elle qui prend à présent... De ma chambre je l'entends qui hurle...

« Auguste ! Auguste ! Laisse-moi !... » et puis des brefs étouffements...

Je redescends un peu pour voir... Il la traîne le long de la rampe. Elle se raccroche. Elle l'enserre au cou. C'est ça qui la sauve. C'est lui qui se dégage... Il la renverse. Elle culbute... Elle fait des bonds dans l'étage... Des bonds mous... Elle se relève en bas... Il se barre alors lui... Il se tire par le magasin... Il s'en va dehors. Elle arrive à se remettre debout... Elle remonte dans la cuisine. Elle a du sang dans les cheveux. Elle se lave sur l'évier...

Elle pleure... Elle suffoque... Elle rebalaye toute la casse... Il rentre très tard dans ces cas-là... C'est redevenu tout tranquille...

* * *

Grand-mère, elle se rendait bien compte que j'avais besoin de m'amuser, que c'était pas sain de rester toujours dans la boutique. D'entendre mon père l'énergumène beugler ses sottises, ça lui donnait mal au cœur. Elle s'est acheté un petit chien pour que je puisse un peu me distraire en attendant les clients. J'ai voulu lui faire comme mon père. Je lui foutais des vaches coups de pompes quand on était seuls. Il partait gémir sous un meuble. Il se couchait pour demander pardon. Il faisait comme moi exactement.

Ça me donnait pas de plaisir de le battre, l'embrasser je préférais ça encore. Je finissais par le peloter. Alors il bandait. Il venait avec nous partout, même au Cinéma, au Robert Houdin, en matinée du jeudi. Grand-mère me payait ça aussi. On restait trois séances de suite. C'était le même prix, un franc toutes les places, du silencieux cent pour cent, sans phrases, sans musique, sans lettres, juste le ronron du moulin. On y reviendra, on se fatigue de tout sauf de dormir et de rêvasser. Ça reviendra le Voyage dans la Lune... Je le connais encore par cœur.

Souvent l'été y avait que nous deux, Caroline et moi dans la grande salle au premier. À la fin l'ouvreuse nous faisait signe qu'il fallait qu'on évacue. C'est moi qui les réveillais le chien et Grand-mère. On se grouillait ensuite à travers la foule, les boulevards et la cohue. À chaque coup nous avions du retard. On arrivait essoufflés.

« T'as aimé ça ? » qu'elle me demandait Caroline. Je répondais rien, j'aime pas les questions intimes. « Cet enfant est renfermé » que prétendaient les voisins...

Au coin de notre « Passage » en rentrant, elle m'achetait encore à la marchande sur sa chaufferette Les Belles Aventures Illustrées. Elle me les cachait même dans son froc, sous ses trois épais jupons. Papa voulait pas que je lise des futilités pareilles. Il prétendait que ça dévoyé, que ça prépare pas à la vie, que je devrais plutôt apprendre l'alphabet dans des choses sérieuses.

J'allais atteindre mes sept ans, bientôt j'irais à l'école, il fallait pas qu'on m'égare... Les autres enfants des boutiques, ils iraient aussi prochainement. C'était plus le moment de badiner. Il me faisait des petits sermons sur le sérieux dans l'existence, en revenant des livraisons.

Les baffes, ça suffit pas tout de même.

* * *

Mon père, en prévision que je serais sans doute voleur, il mugissait comme un trombone. J'avais vidé le sucrier avec Tom un après-midi. Jamais on l'a oublié. Comme défaut en plus j'avais toujours le derrière sale, je ne m'essuyais pas, j'avais pas le temps, j'avais l'excuse, on était toujours trop pressés... Je me torchais toujours aussi mal, j'avais toujours une gifle en retard... Que je me dépêchais d'éviter... Je gardais la porte des chiots ouverte pour entendre venir... Je faisais caca comme un oiseau entre deux orages...

Je bondissais, à l'autre étage, on me retrouvait pas... Je gardais la crotte au cul des semaines. Je me rendais compte de l'odeur, je m'écartais un peu des gens.

« Il est sale comme trente-six cochons ! Il n'a aucun respect de lui-même ! Il ne gagnera jamais sa vie ! Tous ses patrons le renverront ! »... il me voyait l'avenir à la merde...

« Il pue !... Il retombera à notre charge !... »

Papa voyait lourd, voyait loin. Il renforçait ça en latin :

Sana... Corpore sano... Ma mère savait pas quoi répondre.

* * *

Un peu plus loin que nous dans le Passage y avait une famille de relieurs. Leurs enfants ne sortaient jamais.

La mère c'était une baronne, de Caravals c'était son nom. Elle voulait pas surtout que ses mômes apprennent des gros mots.

Ils jouaient ensemble toute l'année, derrière les carreaux à se mettre le nez dans la bouche et les deux mains en même temps. De teint, c'étaient des vraies endives.

Une fois par an, elle s'en allait toute seule Mme de Caravals, en vacances, faire une visite à ses cousins dans le Périgord. Elle racontait à tout le monde que ses parents venaient la chercher à la gare, avec leur « break » et quatre chevaux « hors concours ». Et puis ils traversaient ensemble des domaines à l'infini... Dans l'avenue du château les paysans accouraient, pour s'agenouiller sur leur passage... comme ça qu'elle causait.

Une année, elle a emmené ses deux mômes. Elle est revenue seule à l'hiver, beaucoup plus tard que d'habitude. Elle portait un deuil immense. On voyait plus sa figure recouverte de voiles. Elle a rien expliqué du tout. Elle est montée en haut se coucher. Elle a plus parlé à personne.

Les mômes qui ne sortaient jamais, la transition leur fut trop forte. Ils étaient morts au grand air !... Ça a fait réfléchir tout le monde une telle catastrophe. On n'a plus parlé que d'oxygène de la rue Thérèse à la Place Gaillon... Pendant plus d'un mois...

* * *

Nous autres on avait l'occasion d'aller souvent à la campagne. L'oncle Édouard, le frère à maman, il ne demandait pas mieux que de nous faire plaisir. Il proposait des excursions. Papa les acceptait jamais. Il trouvait toujours des prétextes pour se défiler. Il voulait rien devoir à personne, c'était son principe.

Il était moderne l'oncle Édouard, il réussissait très bien dans la mécanique. D'abord, il était habile et faisait ce qu'il voulait de ses dix doigts. C'était pas un dépensier, il nous aurait pas entraînés, mais quand même la moindre sortie ça revient forcément assez cher... « Cent sous, comme disait maman, ça fond dès qu'on est dehors ! »

La triste histoire des Caravals avait quand même ému le Passage, si profondément qu'il a fallu prendre des mesures. Soudain, on a découvert que tout le monde était « pâlot ». On se refilait des conseils entre boutiques et magasins. On ne pensait plus que par microbes et aux désastres de l'infection. Les mômes ils l'ont sentie passer la sollicitude des familles. Il a fallu qu'ils se la tapent l'Huile de Foie de Morue, renforcée, à redoublement, par bonbonnes et par citernes. Franchement ça faisait pas grand-chose... Ça leur donnait des renvois. Ils en devenaient encore plus verts, déjà qu'ils tenaient pas en l'air, l'huile leur coupait toute la faim.

Il faut avouer que le Passage, c'est pas croyable comme croupissure. C'est fait pour qu'on crève, lentement mais à coup sûr, entre l'urine des petits clebs, la crotte, les glaviots, le gaz qui fuit. C'est plus infect qu'un dedans de prison. Sous le vitrail, en bas, le soleil arrive si moche qu'on l'éclipse avec une bougie. Tout le monde s'est mis à suffoquer. Le Passage devenait conscient de son ignoble asphyxie !... On ne parlait plus que de campagne, de monts, de vallées et merveilles...

Édouard s'est encore offert pour nous sortir un dimanche, nous promener jusqu'à Fontainebleau. Papa s'est laissé convaincre, enfin. Il a préparé nos habits et les provisions.

Le premier tricycle d'Édouard c'était un monocylindre, trapu comme un obusier avec un demi-fiacre par-devant.

On s'est levé ce dimanche-là encore bien plus tôt que d'habitude. On m'a torché le cul à fond. On a attendu une heure, au rendez-vous de la rue Gaillon que l'engin arrive. Le départ pour la randonnée c'était pas une petite affaire. Ils s'étaient mis au moins six pour le pousser depuis le Pont Bineau. On a rempli les réservoirs. Le gicleur a bavé partout. Le volant avait des renvois... Y a eu des explosions horribles. On a remis ça à la volée, à la courroie... On s'attelait dessus à trois ou six... Enfin une grande détonation !... Le moteur se met à tourner. Il a pris feu encore deux fois... On l'a rapidement éteint. Mon oncle a dit : « Montez Mesdames ! Je crois à présent qu'il est chaud ! On va pouvoir se mettre en route !... » Le courage c'était de rester dessus. La foule se pressait alentour. On s'est coincés Caroline, ma mère et moi-même, si bien ficelés sur la banquette, empaquetés de telle façon, si fort souqués dans les nippes et par les agrès que seule ma langue a dépassé. Avant de partir je prenais quand même une bonne petite beigne, pour pas que je me croye tout permis.

Le tricar, il se cabrait d'abord et puis il retombait sur lui-même... Il ruait encore deux, trois secousses... Des cracs affreux et des hoquets... La foule refluait d'épouvante. On croyait déjà tout fini... Mais le truc en saccades intenses gravissait la rue Réaumur... Mon père avait loué un vélo... Il profitait de la montée pour en mettre un coup par-derrière... Le moindre arrêt c'était la panne définitive... Il fallait qu'il nous pousse à fond... Au Square du Temple on faisait la pause. On repartait à toute violence. Mon oncle déversait la graisse, en pleine marche, à plein goulot, à travers les bielles, la chaîne et le bastringue.

Fallait que ça jute comme un paquebot. Dans le coupé avant c'est la crise... Ma mère a déjà mal au bide. Si elle se relâche, si on s'arrête, ça peut être la fin du moteur... Qu'il s'étrangle et nous sommes foutus !... Ma mère se maintient héroïque. Mon oncle juché sur son enfer, en scaphandrier poilu, environné de mille flammèches, nous adjure au-dessus du guidon de nous cramponner au bazar !... Mon père nous suit à la trace. Il pédale à notre secours. Il ramasse tous les morceaux au fur et à mesure qu'ils se débinent, des bouts de commande et des boulons, des petites goupilles et des grosses pièces. On l'entend jurer, sacrer plus fort que tout son pétard.

Ça dépend des pavés le désastre... Ceux de Clignancourt nous firent sauter les trois chaînes... Ceux de la barrière de Vanves c'était la mort des ressorts avant... On a perdu toutes les lanternes et la trompe à gueule de serpent dans les petits cassis, au-dessus des travaux de La Villette... Vers Picpus et la Grand- Route, on a perdu tellement de choses, que mon père en oubliait...

Je l'entends encore jurer derrière, « que ça devenait la fin du monde ! Qu'on serait surpris par la nuit ! »

Tom précédait notre aventure, le trou de son cul c'était le repère. Il avait le temps de pisser partout. L'oncle Édouard, pas seulement il était adroit, il avait une science infinie de tous les raccommodages. Vers la fin de nos excursions, c'est lui qui retenait tout dans ses mains, la mécanique c'était ses doigts, il jonglait entre les cahots avec les ruptures et les tringles, il jouait des fuites comme du piston. C'était merveilleux de le voir en acrobatie. Seulement un moment donné quand même tout foirait à travers de la route... Alors on prenait de la bande, la direction filochait, on allait à dame au fossé. Ça crevait, giclait, renâclait un grand coup dans le fond de la mouscaille.

Mon père ralliait en hurlements... Le zinc râlait une dernière fois BUUAH !... Et puis c'était terminé ! Il s'affalait le dégueulasse !

On empestait la campagne avec un cambouis écœurant. On se dépêtrait du catafalque... On repoussait le tout jusqu'à Asnières. C'est là qu'il avait son garage. Mon père en action puissante, il saillait fort des mollets, en bas de laine à côtes...

Les dames des bords se rinçaient l'œil. C'était la fierté à maman... Il fallait refroidir le moteur, on avait pour ça un petit seau en toile extensible. On allait puiser aux fontaines. Notre tricar ça tenait de l'usine sur une voiture des quatre-saisons. En poussant on se mettait en loques, tellement y avait des crochets et des fourbis tout pointus qui dépassaient tout autour...

À la barrière, mon oncle et papa entraient au bistrot se jeter une canette les premiers. Moi et les dames effondrés, râlants sur un banc d'en face, attendions notre limonade. Tout le monde était excédé. C'est moi qui prenais finalement. L'orage était sur la famille. Auguste tenait à faire sa crise. Il cherchait un petit prétexte. Il était soufflé, il reniflait comme un bull-dog. Y avait que moi qui pouvais servir. Les autres l'auraient envoyé moudre... Il se tapait un fort Pernod. Il avait pas l'habitude, c'était une extravagance... À propos que j'avais lacéré mon froc, il me passait la grande correction. Mon oncle intercédait un peu, ça l'enfuriait davantage.

C'est en rentrant de la campagne, que j'ai reçu les pires torgnioles. Aux barrières, y a toujours du monde. Je beuglais exprès pour l'emmerder, tant que je pouvais. J'ameutais, je me roulais sous les guéridons. Je lui faisais des hontes abominables. Il rougissait de haut en bas. Il abhorrait qu'on le remarque. J'aurais voulu qu'il en crève. On repartait comme des péteux, courbés sur l'instrument farouche.

Y avait toujours tellement des disputes à nos retours des excursions qu'à force mon oncle a renoncé.

« Le petit, qu'on a dit alors, l'air lui fait sûrement du bien !... mais l'automobile, ça l'énerve !... »

* * *

Mlle Méhon, la boutique juste en face de nous, c'est à pas croire ce qu'elle était vache. Elle nous cherchait des raisons, elle arrêtait pas de comploter, elle était jalouse. Ses corsets pourtant, elle les vendait bien. Vieille, elle avait sa clientèle encore très fidèle et de mères en filles, depuis quarante ans. Des personnes qu'auraient pas montré leur gorge à n'importe qui.

C'est à propos de Tom, que les choses se sont envenimées, pour l'habitude qu'il avait prise de pisser contre les devantures. Il était pas le seul pourtant. Tous les clebs des environs ils en faisaient bien davantage. Le Passage c'était leur promenade.

Elle a traversé exprès, la Méhon, pour venir provoquer ma mère, lui faire un esclandre. Elle a gueulé que c'était infâme, l'ignoble façon qu'il cochonnait toute sa vitrine, notre petit galeux... Ça s'amplifiait ses paroles de deux côtés du magasin et jusqu'en haut dans le vitrail. Les passants prenaient fait et cause. Ce fut une discussion fatale. Grand-mère pourtant bien mesurée dans ses paroles lui a répondu vertement.

Papa en rentrant du bureau, apprenant les choses, a piqué une colère, une si folle alors qu'il était plus du tout regardable ! Il roulait des yeux si horribles vers l'étalage de la rombière qu'on avait peur qu'il l'étrangle. Tous on a fait de la résistance, on se pendait à son pardessus... Il devenait fort comme un tricar. Il nous traînait dans la boutique... Il rugissait jusqu'au troisième qu'il allait en faire des charpies de cette corsetière infernale... « J'aurais pas dû te raconter ça ! »... que chialait maman. Le mal était fait.

* * *

Pendant les semaines qu'ont suivi, j'ai été un peu plus tranquille. Mon père était tout absorbé. Dès qu'il avait un instant libre, il reluquait chez la Méhon. Elle en faisait autant de son côté. Derrière les rideaux, ils s'épiaient, étage par étage. Dès qu'il rentrait du bureau, il se demandait ce qu'elle pouvait faire. C'était vis-à-vis... Quand elle se trouvait dans sa cuisine, au premier, il se planquait dans un coin de la nôtre. Il grognait des menaces terribles...

« Regarde ! Elle s'empoisonnera jamais cette infecte charogne !... Elle bouffera pas des champignons !... Elle bouffera pas son râtelier ! Va ! elle se méfie du verre pilé !... Ô pourriture !... » Il arrêtait pas de la fixer. Il s'occupait plus de mes instincts... Dans un sens c'était bien commode.

Les voisins, ils osaient pas trop se compromettre. Les chiens urinaient partout, et sur leurs vitrines aussi, pas spécialement sur la Méhon. On avait beau répandre du soufre, c'était quand même un genre d'égout le Passage des Bérésinas. La pisse ça amène du monde. Pissait qui voulait sur nous, même les grandes personnes ; surtout dès qu'il pleuvait dans la rue. On entrait pour ça. Le petit conduit adventice l'allée Primorgueil on y faisait caca couramment. On aurait eu tort de nous plaindre. Souvent ça devenait des clients, les pisseurs, avec ou sans chien.

Au bout d'un moment, mon père, ça a plus suffi qu'il se monte contre la Méhon, il en voulait à Grand-mère.

« Cette vieille saloperie, tiens ! avec son cabot puant je vais te dire moi ce qu'elle a combiné !... Tu ne sais pas !... Elle est rusée !... Elle est perfide ! Elle est complice ! Tiens voilà ! C'est un coup infect qu'elles manigancent toutes les deux !... Et c'est pas d'hier ! Ah ! les deux charognes !... Pourquoi ? Tu me le demandes encore ? Pour me faire sortir de mes gonds ! Voilà ! Voilà tout !...

Mais non Auguste, voyons, je t'assure !... Tu te fais des idées ! Tu t'exagères les moindres mots !...

Des idées moi ? Dis donc tout de suite que je déconne !... Vas-y ! des idées ! Ah ! Clémence ! Tiens ! Tu es incorrigible ! La vie passe et ne t'apprend rien !... On nous persécute ! On nous piétine ! On nous bafoue ! On me déshonore ! Et que trouves-tu à répondre ? Que j'exagère !... C'est le comble ! »

Du coup, il fondait en sanglots... C'était bien son tour.

* * *

Y avait pas que nous dans le Passage qui tenions des guéridons, des haricots, des petits sièges, des cannelés Louis XVI. Nos concurrents, les bricoleurs, ils ont pris le parti de la Méhon. Fallait s'y attendre. Papa, il en dormait plus. Son cauchemar c'était le nettoyage du carré devant notre boutique, les dalles qu'il fallait qu'il rince tous les matins avant de partir au bureau.

Il sortait avec son seau, son balai, sa toile et en plus la petite truelle qui servait pour les étrons, à glisser dessous, les faire sauter dans la sciure. C'était la pire avanie pour un homme de son instruction. Des étrons, il en venait toujours davantage, et bien plus devant chez nous qu'ailleurs, en large comme en long. C'était sûrement un complot.

La Méhon, de sa fenêtre au premier, elle se fendait la gueule à regarder mon père se débattre dans les colombins. Elle jouissait pour toute une journée. Les voisins, ils accouraient pour compter les crottes.

On faisait des paris, qu'il pourrait pas enlever tout.

Il se dépêchait, il rentrait vite pour mettre son col et sa cravate. Il devait être avant les autres à la Coccinelle pour l'ouverture du courrier.

Le Baron Méfaise, le directeur général, comptait sur lui absolument.

* * *

C'est à ce moment-là qu'est survenue la tragédie chez les Cortilène. Un drame de passion au 147 du Passage. On l'a mis dans tous les journaux ; pendant huit jours une foule épaisse a défilé, grogné, ruminé, glavioté devant leur boutique.

Mme Cortilène, je l'avais vue très souvent, c'est maman qui faisait ses corsages, en Irlande « entre-deux » guipure. Je me souviens bien de ses longs cils, de ses regards pleins de douceur et des coups de châsse qu'elle me filait, même à moi, môme. Je me suis souvent branlé pour elle.

Pendant les essayages, on découvre les épaules, la peau... Aussitôt qu'elle était partie, ça manquait jamais, je bondissais aux gogs, au troisième, me taper un violent rassis. Je redescendais tout cerné.

Chez eux aussi y avait des scènes, mais alors pour la jalousie. Son mari voulait pas qu'elle sorte. C'est lui qui sortait toujours. C'était un ancien officier, un petit brun rageur. Ils faisaient commerce de caoutchouc au 147. Les drains, les instruments, les articles...

Tout le monde répétait au Passage, qu'elle était trop jolie pour tenir une boutique pareille...

Un jour, il est revenu son jaloux à l'improviste. Il l'a retrouvée, la jolie, en discussion au premier avec deux Messieurs ; ça lui a donné un choc tel, qu'il a sorti son revolver, il a tiré sur elle d'abord et puis sur lui-même, ensuite, une balle en pleine bouche. Ils sont morts dans les bras l'un de l'autre.

Ça faisait un quart d'heure à peine qu'il était sorti.

* * *

Mon père, son revolver à lui, c'était un modèle d'ordonnance, il le cachait dans sa table de nuit. Il était énorme comme calibre. Il l'avait ramené du service.

Mon père, le drame des Cortilène, ça aurait pu lui fournir des occasions pour des transes et des motifs de pires gueulements. Au contraire ça l'a renfermé. Il ne nous parlait presque plus.

C'est pas les étrons qui manquaient sur notre dallage et devant la porte. Avec tout le monde qui passait y avait tant de glaviots répandus que ça en devenait gluant. Il nettoyait tout. Il pipait même plus. Ça faisait une telle transformation dans ses habitudes que maman s'est mise à le guetter quand il s'enfermait dans la chambre. Il restait là pendant des heures. Il négligeait les livraisons. Il dessinait plus du tout. Elle le regardait par la serrure. Il prenait son pétard en main, il faisait tourner le barillet, on entendait les « cluc ! cluc ! »... Il s'entraînait qu'on aurait dit.

Un jour qu'il est sorti tout seul, il est revenu avec des balles, une boîte entière, il l'a ouverte devant nous, pour qu'on la voye bien. Il a pas dit un seul mot, il l'a posée sur la table à côté des nouilles. Ma mère alors épouvantée horriblement s'est traînée à ses genoux, elle l'a supplié qu'il jette ça aux ordures. Rien n'y faisait. Il était buté. Il lui répondait même pas. Il s'est dégagé brutalement. Il a bu tout seul, un litre entier, de rouge. Il a pas voulu bouffer. Ma mère, comme elle le harcelait, il l'a bousculée dans le placard. Il s'est sauvé dans la cave. Il a refermé la trappe sur lui.

On l'a entendu qui tirait : Peng ! Peng ! Peng !... Il prenait son temps, ça claquait, ça faisait un énorme écho. Il devait taper dans les fûts vides. Ma mère criait après lui, elle s'égosillait dans les fentes...

« Auguste ! Auguste ! Je t'en prie ! Pense au petit. Pense à moi ! Appelle ton père, Ferdinand !... Papa ! Papa ! que je hurlais à mon tour... »

Je me demandais qui il allait tuer ? La Méhon ? Grand-mère Caroline ? Les deux comme chez Cortilène ? Il faudrait qu'il les trouve ensemble ?

Peng ! Peng ! Peng !... Il arrêtait pas de tirer... Les voisins sont accourus. Ils croyaient à une hécatombe...

À force, il a plus eu de balles. Il est remonté finalement... Quand il a soulevé la trappe, il était livide comme un mort. On l'a entouré, on l'a soutenu, installé dans le fauteuil Louis XIV, au milieu du magasin. On lui parlait tout doucement. Son revolver fumait encore pendu au poignet.

Mme Méhon en entendant cette mitraille, elle a foiré dans ses jupes... Elle a traversé pour se rendre compte. Alors là au milieu des gens, ma mère lui a crié ce qu'elle pensait. Elle pourtant qu'était pas osée.

« Entrez ! Venez voir ! Regardez Madame ! Dans quel état vous l'avez mis ! Un honnête homme ! Un père de famille ! Vous n'avez donc pas honte ! Ah ! Vous êtes une vilaine femme !... »

La Méhon, elle en menait plus large. Elle est rentrée vite chez elle. Les voisins la regardaient durement. Ils ont réconforté papa. « J'ai ma conscience pour moi ! » qu'il ruminait tout doucement. M. Visios, le marchand de pipes qu'avait servi dans la marine pendant sept ans, il l'a raisonné.

Ma mère a enveloppé l'arme dans des épaisseurs de journaux et puis dans un châle des Indes.

Mon père est monté se coucher. Elle lui a posé des ventouses. Les tremblements l'ont saisi pendant encore au moins deux heures...

« Viens mon petit !... Viens ! » qu'elle m'a dit une fois tout seuls.

Il était tard, on a couru par la rue des Pyramides jusqu'au pont Royal... On a regardé à droite, à gauche si il venait personne. On a jeté le paquet dans la flotte.

On est rentrés encore plus vite. On a raconté à mon père qu'on avait reconduit Caroline.

Le lendemain matin il avait eu des courbatures extrêmement violentes... un mal atroce à se redresser. Encore au moins pendant huit jours, c'est maman qu'a lavé le carrelage.

* * *

Grand-mère, elle s'est bien méfiée de l'Exposition qu'on annonçait. L'autre, celle de 82, elle avait servi à rien qu'à contrarier le petit commerce, qu'à faire dépenser aux idiots leur argent de travers. De tant de tapage, de remuements et d'esbroufe, il était rien subsisté, que deux ou trois terrains vagues et des plâtras si dégueulasses, que vingt ans plus tard encore personne voulait les enlever... Sans compter deux épidémies que les Iroquois, des sauvages, des bleus, des jaunes et des marrons avaient apportées de chez eux.

La nouvelle Exposition ça serait sûrement encore bien pire.

On aurait sûr du choléra. Grand-mère en était très certaine.

Déjà les clients, ils faisaient leurs économies, ils se préparaient de l'argent de poche, ils se défendaient par mille chichis, ils attendaient qu'on « inaugure » ! Une sale bande de vilains râleux. Les boucles d'oreilles à maman elles ne quittaient plus le Mont-de-Piété.

« Si c'était pour faire sortir les paysans de leur campagne, y avait qu'à leur offrir des bals au Trocadéro !... Il est assez grand pour tout le monde ! C'était pas la peine pour ça d'éventrer de fond en comble la ville et de boucher la Seine !... C'est pas une raison pour dilapider, parce qu'on s'amuse plus entre soi ! Mais non ! »

Voilà comment elle raisonnait Grand-mère Caroline. Aussitôt qu'elle était partie, mon père se creusait la cervelle, il se demandait ce qu'elle voulait dire avec des paroles si amères...

Il découvrait un sens profond... Des allusions personnelles...

Des espèces de menaces... Il se mettait sur la défensive...

« Je vous défends de lui causer de mes affaires tout au moins !... L'Exposition ? Clémence, veux-tu que je te dise ? C'est un prétexte ! Ce qu'elle veut ta mère ? Tu veux le savoir ? Eh bien moi je l'ai senti tout de suite. Notre di-vor-ce !... Voilà !... »

Puis de loin, moi dans le coin, il me désignait, moi l'ingrat ! Le petit profiteur sournois... Le petit gavé des sacrifices... Moi... ma merde au cul... Mes furoncles... et mes chaussures insatiables... J'étais là !... Les conclusions me concernaient, moi, le bouc émissaire de tous les déboires...

« Ah ! Nom de Dieu ! De mille bons Dieux ! S'il existait pas celui-là ! Ah ! Tu dis ? La paire ! Pouah ! Ah ! Je peux t'assurer que ça serait fait depuis longtemps !... Bien longtemps ! Pas une heure ! Tu entends ! Tout de suite ! Merde alors ! Si y avait pas ce petit fumier ! Elle insisterait pas va ! Tu peux me croire ! Divorce ! Ah ! DIVORCE !... »

Il se ratatinait, crispé en secousses. Il faisait le diable, comme au cinéma, mais en plus, lui, il jurait...

« Ah ! sacré mille bordels du tonnerre ! La liberté ! Ah ! Abnégation ? Oui ! Renoncement ? Oui ! Privations ? Ah ! Ah ! Tout ! Encore ! Et toujours davantage pour ce merdeux dénaturé ! Ah ! Ah ! La liberté ! Liberté !... » Il disparaissait en coulisse. Il s'ébranlait la poitrine à grands coups mats, tout en montant.

Au seul mot « Divorce » ma mère entrait en convulsions...

« Mais je fais tout ce que je peux, Auguste ! Tu le sais bien quand même ! Je me mets en quatre ! Je me mets en dix, tu le vois bien ! Ça ira mieux ! Je te jure ! Je t'en supplie ! Un jour, nous serons heureux tous les trois !...

Moi aussi, je fais ce que je peux ! Hi ! Ah ! qu'il lui répliquait d'en haut. Et c'est du propre !... » Elle s'abandonnait au chagrin, c'était un déluge.

« On l'élèvera bien ! tu verras ! Je te jure Auguste ! T'énerve pas ! Il comprendra plus tard !... Il fera son possible aussi... il sera comme nous ! Il sera comme toi ! Tu verras ! Il sera comme nous !... Pas mon petit ?... »

* * *

On est reparti aux livraisons. On l'a vue se construire, au coin de la Concorde, la grande porte, la monumentale. Elle était si délicate, tellement ouvragée, en gaufrerie, en fanfreluche du haut en bas, qu'on aurait dit une montagne en robe de mariée. Chaque fois qu'on passait à côté on voyait de nouveaux travaux.

Enfin, ils ont ôté les planches. Tout était prêt pour les visites... D'abord, mon père, il a boudé, et puis il y est allé quand même et tout seul un samedi tantôt...

À la surprise générale, il fut ravi de cette épreuve... Heureux, content, comme un môme qu'aurait été voir les Fées...

Tous les voisins du Passage, sauf la Méhon bien entendu, ils sont accourus pour qu'il leur raconte. À dix heures du soir il y était encore en train de les charmer. En moins d'une heure dans l'enceinte, il avait tout vu mon père, tout visité, tout compris et encore bien davantage, du pavillon des serpents noirs jusqu'à la Galerie des Machines, et du Pôle Nord aux Cannibales...

Visios, le gabier qu'avait voyagé tant et plus, il déclarait tout magnifique. Jamais il aurait cru ça !... Il s'y connaissait pourtant. Mon oncle Rodolphe qu'était lui depuis l'ouverture employé dans les attractions et habillé en troubadour, il existait pas comme récit. Il était là, lui aussi avec les autres dans la boutique, et drapé dans ses oripeaux, il ricanait sans raison, il faisait des cocottes en papier, il attendait qu'on serve la soupe.

Mme Méhon derrière sa fenêtre, elle était salement inquiétée de voir comme ça tous ces voisins attroupés chez nous. Elle se demandait si des fois ça finirait pas en complot. Grand-mère ça la répugnait l'effervescence à papa. Elle est restée huit jours sans venir. Et chaque soir, il recommençait tout son discours, avec des incidents nouveaux. Rodolphe, il a eu des billets, des gratuits. Alors, on s'est élancés nous trois dans la foule, un dimanche.

À la place de la Concorde, on a été vraiment pompés à l'intérieur par la bousculade. On s'est retrouvés ahuris dans la Galerie des Machines, une vraie catastrophe en suspens dans une cathédrale transparente, en petites verrières jusqu'au ciel. Tellement le boucan était immense, que mon père on l'entendait plus, et pourtant il s'égosillait. La vapeur giclait, bondissait par tous les bords. Y avait des marmites prodigieuses, hautes comme trois maisons, des bielles éclatantes qui fonçaient sur nous à la charge du fond de l'enfer... À la fin on y tenait plus, on a pris peur, on est sortis... On est passé devant la grande Roue... Mais on a préféré encore les bords de la Seine.

C'était curieux l'installation de l'Esplanade, c'était mirifique... Deux rangées d'énormes gâteaux, de choux à la crème fantastiques, farcis de balcons, bourrés de tziganes entortillés dans les drapeaux, dans la musique et des millions de petites ampoules encore allumées en plein midi. Ça c'était un gaspillage. Grand-mère avait bien raison. On a défilé, toujours plus pressés, les uns dans les autres. Juste au-dessus des pieds je me trouvais, la poussière était si épaisse que je voyais plus la direction. J'en avalais de telles bouffées que je recrachais comme du ciment... Enfin, on est parvenu au « Pôle Nord »... Un explorateur bien aimable expliquait les trucs aussi, mais en confidence, si bas, emmitouflé dans ses fourrures, qu'on entendait presque plus rien. Mon père nous a mis au courant. Les phoques sont survenus alors pour casser la croûte. Ils hurlaient si fort ceux-là que rien n'existait. On s'est encore une fois barrés.

Au grand Palais de la Boisson, nous avons vu à queue leu leu et de très loin les orangeades, les belles gratuites tout le long d'un petit comptoir roulant... Entre nous et elles ça faisait une émeute... Une foule en ébullition pour parvenir jusqu'aux gobelets. C'est impitoyable la soif. On aurait rien retrouvé de nous autres si on s'était aventurés. On s'est enfuis par une autre porte... On est allés aux indigènes...

On en a vu un seulement, derrière une grille, il se faisait un œuf à la coque. Il ne nous regardait pas, il nous tournait le dos. Là, comme y avait du silence mon père s'est remis à bavarder avec beaucoup de verve, il voulait nous initier aux curieux usages des pays dans les tropiques. Il a pas pu terminer, le nègre aussi en avait marre. Il est rentré dans sa cahute, il a craché de notre côté... Moi d'ailleurs j'y voyais plus et je pouvais plus ouvrir la bouche. J'avais tellement reniflé de poussière que j'avais les conduits bouchés. D'un remous à l'autre on a vogué vers la sortie. J'ai été encore piétiné, carambolé un peu après les Invalides. On ne se reconnaissait même plus, tellement qu'on était bousculés, moulus, décatis par la fatigue et les émois. On s'est faufilés au plus court... Vers le marché Saint-Honoré. Chez nous au premier, on a bu toute l'eau de la cuisine.

Les voisins, Visios surtout, notre gabier, le parfumeur du 27, la gantière Mme Gratat, Dorival, le pâtissier, M. Pérouquière, ils sont venus tout de suite aux nouvelles, demander qu'on leur en raconte... Encore davantage... Si on était entré partout ?... Si on m'avait pas perdu ? Combien on avait dépensé ?... à chaque tourniquet ?...

Papa il racontait les choses avec les quinze cents détails... des exacts... et des moins valables... Ma mère elle était contente, elle se trouvait récompensée... Pour une fois Auguste était tout entier à l'honneur... Elle en était bien fière pour lui... Il plastronnait. Il installait devant tout le monde... Des bobards elle se rendait bien compte... Mais ça faisait partie de l'instruction... Elle avait pas souffert pour rien... Elle s'était donnée à quelqu'un... À un esprit... C'est le cas de le dire. Les autres pilons, ils demeuraient la gueule ouverte... Ça c'était de l'admiration...

Papa leur foutait du mirage au fur et à mesure, absolument comme on respire... Y avait magie dans notre boutique... le gaz éteint. Il leur servait à lui tout seul un spectacle mille fois étonnant comme quatre douzaines d'Expositions... Seulement il voulait pas du bec !... Rien que des bougies !... Les petits tôliers nos amis, ils amenaient les leurs de calebombes, du fond de leurs soupentes. Ils sont revenus tous les soirs pour écouter encore papa et toujours ils en redemandaient...

C'était un prestige terrible... Ils connaissaient rien de meilleur. Et la Méhon à la fin, elle en serait tombée malade, dans le fond de sa cambuse, hantée par les sentiments... On lui avait tout répété, les moindres paroles...

Le quinzième soir environ, elle pouvait plus résister... Elle est descendue toute seule, elle a traversé le Passage... On aurait dit un fantôme... Elle était en chemise de nuit. Elle a cogné à notre vitrine. Tout le monde s'est retourné alors. Elle a pas dit un seul mot. Elle a collé un papier, c'était court en grosses majuscules... : MENTEUR...

Tout le monde s'est mis à rigoler. Le charme était bien rompu... Chacun est rentré chez soi... Papa avait plus rien à dire...

* * *

La seule fierté de notre boutique, c'était le guéridon du milieu, un Louis XV, le seul vraiment qu'on était sûr. On nous le marchandait fréquemment, on essayait pas trop de le vendre. On aurait pas pu le remplacer.

Les Brétonté, nos clients fameux du Faubourg, ils l'avaient remarqué depuis longtemps... Ils ont demandé qu'on le leur prête, pour meubler une scène de théâtre, une comédie qu'ils donnaient, avec des autres gens du monde, en leur hôtel particulier. En faisaient partie les Pinaise et puis les Courmanche, et les Dorange dont les filles louchaient si fort, et puis encore de nombreux autres, qu'étaient des clients plus ou moins. Les Girondet, les Camadour et les de Lambiste, les parents des ambassadeurs... Le dessus du panier !... Ça se passerait un dimanche tantôt. Mme Brétonté était sûre qu'ils remporteraient un vif succès avec leur théâtre.

Elle est revenue plus de dix fois nous relancer au magasin.

On pouvait pas leur refuser, c'était pour une œuvre charitable.

Pour qu'il lui arrive rien à notre guéridon, on l'a transporté nous-mêmes, le matin, sous trois couvertures, dans un fiacre. On est revenu à l'heure juste pour occuper nos trois places, trois tabourets près de la sortie.

Le rideau était pas levé, mais déjà c'était ravissant, toutes les dames en grands atours faisaient mille chichis et flaflas. Elles sentaient bon à défaillir... Ma mère reconnaissait sur elles toutes les beautés de son magasin. Ses boléros, ses fins rabats, ses « Chantilly ». Elle se souvenait même des prix. Elle s'émerveillait des « façons »... Comme c'était seyant ces guipures !... Comme tout ça leur allait donc bien !... Elle était ravie.

Avant de quitter la boutique on m'avait prévenu que si j'émanais des odeurs, je serais viré séance tenante. À fond que je m'étais torché, j'en avais bouché les chiots. Même les pieds que j'avais propres en mes godillots « façon fine »...

Enfin les gens se sont installés. On a ordonné du silence. Le rideau s'est replié sur lui-même... Notre guéridon est apparu... en plein au milieu de la scène... tout à fait comme dans notre boutique... Ça nous a tous bien rassurés... Un petit coup de piano... et les répliques nous parviennent... Ah ! le joli ton !... Tous les personnages vont, viennent, et se pavanent en pleine lumière... Les voici merveilleux déjà... Ils se disputent... Ils se chamaillent... ils s'élèvent jusqu'à la colère... Mais de plus en plus séduisant... Je suis entièrement charmé... Je voudrais bien qu'ils recommencent. J'ai du mal à tout comprendre... Mais je suis conquis corps et âme... Tout ce qu'ils touchent... Leurs moindres gestes... les mots les plus usagés deviennent des vrais sortilèges... On a applaudi autour de nous, mes parents et moi n'osons pas...

Sur la scène, je reconnais bien Mme Pinaise, elle est divine absolument, je discerne encore ses cuisses, les palpitations des nichons... Elle trempe tout entière dans un peignoir vaporeux... sur un divan de soies profondes... Elle est à bout, elle sanglote... C'est Dorange, notre autre client, qui la fait gémir... Il l'engueule comme du poisson elle sait plus vers qui se tourner... Mais le cruel, il passe derrière, il profite qu'elle pleure sur le bord de notre guéridon, qu'elle a l'âme vraiment fendue, pour lui dérober un baiser... et puis encore mille cajoleries... C'est pas comme chez nous... Alors, elle s'avoue vaincue... elle se renverse gracieusement sur le canapé. Il lui remet ça en pleine bouche... Elle en défaille... Elle expire... C'est du travail !... Lui, remue du croupion...

Le drame je l'ai saisi vraiment... l'ardente politesse... la juteuse profonde mélodie... Tant de visions « à branler »...

Notre guéridon, c'est justice, il fait là joliment bien !... Tous ! Les mains, les coudes, les bides de l'intrigue... Ils sont venus raboter contre... La Pinaise l'empoignait si fort qu'il a craqué à distance, mais le plus dur, ce fut quand le beau Dorange lui- même, dans un instant très tragique, a voulu s'asseoir dessus. Maman son sang ne fit qu'un tour... Heureusement qu'il a rebondi... Presque aussitôt... À l'entracte, elle se tracassait si il allait pas recommencer... Mon père comprenait tout de la pièce... Mais il se sentait trop ému pour nous en parler déjà...

Moi aussi ça me faisait de l'effet. J'ai pas touché aux sirops, ni même aux petits fours qu'étaient offerts alentour par les gens du monde... Ils ont l'habitude eux autres de mélanger la boustifaille avec les émotions magiques... Tout leur est bon les sagouins ! Pourvu qu'ils avalent... Ils peuvent jamais s'interrompre. Ils mangent tout dans la même séance, la rose et la merde qu'est au pied...

On est retourné au spectacle... Le second acte passa comme un rêve... Puis le miracle a fini... On est revenu parmi les gens et les choses bien ordinaires.

Sur nos tabourets, tous les trois, on attendait, on osait pas encore piper... On attendait bien patiemment que la foule s'écoule pour reprendre notre guéridon... Une dame est entrée alors, elle nous a demandé de rester là encore un petit instant... On a bien voulu... On a vu le rideau se relever. On a vu tous les acteurs ceux de tout à l'heure, qu'étaient maintenant tous assis autour de notre table. Ils jouaient aux cartes tous ensemble. Les Pinaise, les Couloumanche, les Brétonté, les Dorange et le vieux banquier Kroing... Ils se faisaient tous vis-à-vis...

Kroing, c'était un petit vieillard drôle, il venait souvent rue Montorgueil chez ma Grand-mère, toujours extrêmement aimable, parfaitement ratatiné, il se parfumait à la violette, il empestait toute la boutique. Il collectionnait qu'une chose, le seul intérêt pour lui, les cordons de sonnette Empire.

La partie du guéridon elle a débuté très aimablement. Ils se donnaient gentiment des cartes et puis ils se sont un peu aigris, ils se sont mis à parler plus sec, plus du tout comme dans le théâtre... C'était plus pour rire qu'ils se causaient. Ils se répliquaient par des chiffres. Les atouts claquaient comme des beignes. Derrière leur père, les filles Dorange louchaient atrocement. Les mères, les épouses, chacune alors bien pour soi, bien crispée, la chaise au mur osaient même plus respirer. Les joueurs changeaient de place au bref commandement. Sur le guéridon, le fric s'entassait. Il s'en accumulait des piles... Le vieux Kroing il labourait la tablette avec les deux mains... Devant les Pinaise, le tas grossissait encore, gonflait davantage... comme une bête... Ils en devenaient écarlates... Les Brétonté c'était le contraire... Ils perdaient leur flouze... Ils étaient tout pâles... Ils avaient plus un sou devant eux... Mon père il blêmissait aussi. Je me demandais ce qu'il allait faire ! Y avait déjà au moins deux heures qu'on attendait que ça finisse. Ils nous avaient oubliés...

C'est les Brétonté, qui se sont redressés tout d'un coup... Ils offraient un nouvel enjeu... leur Château en Normandie ! Ils l'ont proclamé... Sur trois tours de cartes !... Et c'est le petit Kroing qu'a gagné... Il avait pas l'air content... le Brétonté l'homme il s'est relevé à nouveau... Il a murmuré comme ça :

« L'Hôtel je le joue !... L'Hôtel où nous sommes !... »

Ma mère fut comme foudroyée... Elle a sauté comme un ressort. Mon père a pas pu la retenir...

Toute clopinante elle a escaladé la scène... La voix encore bien émue elle a dit comme ça aux grands joueurs : « Messieurs, Mesdames, il faut qu'on s'en aille nous avec notre petit garçon... Il devrait déjà être couché... Nous allons reprendre notre table... » Personne n'a fait d'objection. Ils avaient perdu la boussole... Ils fixaient le vide devant eux... On a soulevé notre guéridon... On l'a emporté en coup de vent... On avait peur qu'on nous rappelle...

Arrivés pont Solferino, on s'est arrêtés un peu... On a respiré un moment...

Encore des années plus tard, mon père il racontait les choses... avec des mimiques impayables... Ma mère supportait mal ce récit... Ça lui rappelait trop d'émotions... Il montrait toujours l'emplacement au beau milieu du guéridon, la place bien exacte, d'où nous avions vu nous autres, en quelques minutes, des millions et des millions, et tout l'honneur d'une famille et tous les châteaux s'envoler.

* * *

Avec Grand-mère Caroline, on apprenait pas très vite. Tout de même, un jour, j'ai su compter jusqu'à cent et même je savais lire mieux qu'elle. J'étais prêt pour les additions. C'était la rentrée de l'école. On a choisi la Communale, rue des Jeûneurs, à deux pas de chez nous, après le Carrefour des Francs- Bourgeois, la porte toute foncée.

On suivait un long couloir, on arrivait dans la classe. Ça donnait sur une petite cour, et puis sur un mur si haut, si élevé, que le bleu du ciel restait après. Pour qu'on regarde pas en l'air, nous autres, y avait en plus un rebord en tôle qui formait préau. On devait s'intéresser qu'aux devoirs et pas troubler l'instituteur. Je l'ai connu à peine celui-là, je me souviens que de ses binocles, de sa longue badine, des manchettes sur son pupitre.

C'est Grand-mère elle-même qui m'a conduit pendant huit jours, le neuvième je suis tombé malade. Au milieu de l'après- midi, la femme de service, m'a ramené...

Arrivé à la boutique, j'en finissais pas de vomir. Il m'est monté dans tout le corps de telles bouffées de fièvre... un afflux de chaleur si dense, que je me croyais devenu un autre. C'était même assez agréable si j'avais pas tant dégueulé. Ma mère d'abord était douteuse, elle a commencé par prétendre que j'avais bouffé des nougats... C'était pas mon genre... Elle m'adjurait de me retenir, de me forcer pour moins vomir. Y avait du monde plein la boutique. En m'accompagnant jusqu'aux chiots, elle avait peur qu'on lui barbote des dentelles. Le mal s'est encore empiré. J'en ai rendu plein une cuvette. Ma tête s'est mise à bouillir. Je pouvais plus cacher ma joie... Des distractions, des drôleries qui me survenaient dans les tempes.

J'ai toujours eu la grosse tétère, bien plus grosse que les autres enfants. Je pouvais jamais mettre leurs bérets. Ça lui est revenu d'un coup à maman, cette disposition monstrueuse... à mesure que je dégobillais... Elle se tenait plus d'inquiétude.

« Vois-tu Auguste, qu'il aille nous faire une méningite ? Ce serait bien encore notre veine !... Il nous manquait plus que ça comme tuile !... Alors vraiment ça serait le bouquet !... » À la fin j'ai plus rendu... J'étais confit dans la chaleur... Je m'intéressais énormément... Jamais j'aurais cru possible qu'il me tienne autant de trucs dans le cassis... Des fantaisies. Des humeurs abracadabrantes. D'abord j'ai vu tout en rouge... Comme un nuage tout gonflé de sang... Et c'est venu dans le milieu du ciel... Et puis il s'est décomposé... Il a pris la forme d'une cliente... Et alors d'une taille prodigieuse !... Une proportion colossale... Elle s'est mise à nous commander... Là-haut... En l'air... Elle nous attendait... Comme ça en suspens... Elle a ordonné qu'on se manie... Elle faisait des signes... Et qu'on se dégrouille tous ! Qu'on s'échappe vivement du Passage... Et dare-dare !... Et tous en chœur !... Y avait pas une seconde à perdre !

Et puis elle est redescendue, elle s'est avancée sous le vitrail... Elle occupait tout notre Passage... Elle pavanait en hauteur... Elle a pas voulu qu'il en reste un seul boutiquier en boutique... un seul des voisins dans sa turne... Même la Méhon venait avec nous. Il lui était poussé trois mains et puis quatre gants enfilés... Je voyais qu'on partait s'amuser. Les mots dansaient autour de nous comme autour des gens du théâtre... Des vives cadences, des imprévus, des intonations magnifiques... Des irrésistibles...

De nos dentelles, la grande cliente elle s'en est fourré plein les manches... Elle les fauchait à pleine vitrine, elle essayait pas de se cacher, elle s'est recouverte de guipures, des mantilles entières, d'assez de chasubles pour recouvrir vingt curés... Elle se grandissait à mesure dans les frous-frous et les ajours...

Tous les petits vauriens du Passage... les revendeurs en parapluies... Visios aux blagues à tabac... les demoiselles du pâtissier... Ils attendaient Mme Cortilène la fatale, elle était là à côté de nous... Son revolver en bandoulière, rempli de parfums... Elle vaporisait tout autour... Mme Gounouyou, des voilettes, celle qui restait enfermée depuis tant d'années à cause de ses yeux chassieux, et le gardien tout en bicorne, ils se concertaient à présent, comme avant une fête, nippés sur leur 31 et le petit Gaston lui-même, un des petits relieurs décédés, il était revenu tout exprès, il tétait justement sa mère. Sur ses genoux bien sage, il attendait qu'on le promène. Elle lui gardait son cerceau.

Du cimetière de Thiais, la vieille tante Armide, elle s'est annoncée, elle arrivait en calèche au bout du Passage. Elle venait faire un tour... Elle était devenue si vieille depuis l'hiver précédent, qu'elle avait plus de figure du tout, rien qu'une pâte molle à la place... Je l'ai reconnue quand même à cause de l'odeur... Elle donnait le bras à maman. Mon père Auguste était fin prêt, un peu en avance comme toujours. Sa montre elle lui pendait au cou, grosse comme un réveille-matin. Habillé tout à fait spécial, redingote, chapeau canotier, bicyclette en ébonite, baguite apparent, bas bien moulés par ses mollets. Gaudin, il me gênait davantage, une fleur à la boutonnière. Ma pauvre mère, en grande confusion, lui renvoyait ses compliments... Mme Méhon, la canasse, elle portait Tom en équilibre sur son chapeau à même les plumes... Elle lui faisait mordre tous les passants.

À mesure qu'on avançait, qu'on suivait la grande cliente, on était de plus en plus nombreux, on se bigornait dans son sillon... Et la dame grandissait toujours... Elle était forcée de se courber pour pas défoncer notre vitrail... L'imprimeur aux cartes de visite, il a bondi hors de sa cave, juste au moment où nous passions, il trimbalait ses deux chiards, devant lui, dans une petite voiture, et des pas très vivants non plus... emmitouflés en billets de banque... Rien que des cent francs... Rien que des faux... C'était sa combine... Le marchand de musique du 34, qui possédait un gramophone, six mandolines, trois cornemuses et un piano, il voulait rien abandonner... Il a voulu tout qu'on emporte. On s'est attelés sur une vitrine ; tout par l'effort s'est écroulé... Ça fit un énorme barouf !

Des coulisses du café-concert le « Grenier-Mondain » en face au 96, voilà qu'il débouche un orchestre de parfaits solistes... Ils se rassemblent loin de la géante. Ils mugissent trois accords fameux... Violons, cornemuses et harpes... Tromblons et basses soufflent dedans, grattent dessus si bien, si fort, que toute la meute hurle de plaisir...

Les ouvreuses aux fragiles bonnets sautillent, pimpantes, grêles alentour... Elles voltigent dans les mandarines... Au 48, les trois vieilles sœurs tapies depuis cinquante-deux ans, si courtoises, si patientes toujours avec leurs clientes, vident d'un seul coup leur magasin, à grands coups de trique... Deux chipies crèvent sur leur trottoir, éventrées... Les trois vieilles alors s'attachent une chaufferette au cul pour se mettre à courir plus vite... De la dame immense il pleut des objets partout. Des bibelots volés. Il lui en retombe de tous les plis... Sa garniture se débine... Elle les repique au fur et à mesure... Devant César, le bijoutier, elle s'est rafistolé sa robe, elle s'est recouverte de sautoirs et de perles entièrement fausses... Tout le monde en a ri... Et puis un saladier entier de pierres améthystes qu'elle a semées à pleines poignées à travers la lunette d'en haut... On est tous tournés violet. Avec les topazes de l'autre récipient, elle a criblé le grand vitrage... Tout de suite, tout le monde est devenu jaune... On était presque arrivés au bout du Passage... Y avait foule immense devant notre cortège et ça cavalait fort derrière... La papetière du 86 à qui j'avais fauché tant de crayons, elle se cramponnait à ma culotte... Et la veuve des armoires anciennes où j'avais si souvent pissé, elle me cherchait à fond la biroute !... Je rigolais plus... Le revendeur des parapluies c'est lui qui m'a sauvé la mise, il m'a caché dans son ombrelle. Si la tante Armide m'avait repéré encore une fois, il aurait fallu que je l'embrasse en plein dans son fromage de tête...

L'oncle Édouard et son tricycle, c'est lui à présent qui filait mon père, il surveillait de si près l'asphalte, que sa bicyclette en pliait. Un gros caillou s'était logé dans sa narine. Le moteur tout doux roucoulait comme un amoureux ramier, mais les yeux d'Édouard tramaient au bout de deux ficelles, à même sur la route pour être bien certain de rien oublier... Devant son guidon, calfeutrée entre les coussins, tante Armide taillait la bavette avec un Monsieur tout en noir. Il enlaçait un thermomètre, un grand, quatre fois comme moi-même... C'était le médecin des Hespérides, il venait pour sa consultation... De sa figure consternée, jaillissait déjà mille particules lumineuses... Les voisins à cette vue, ils se découvraient jusqu'à terre. Et puis ils montraient leurs derrières. Il a craché dedans... Il avait pas le temps de s'arrêter. On s'est même précipités vers la sortie tous ensemble... On a envahi les Boulevards...

En traversant la Place Vendôme, un énorme coup de bourrasque a dilaté la Cliente. À l'Opéra, elle s'est renflée encore deux fois... cent fois davantage !... Tous les voisins comme des souris se précipitaient sous ses jupes... À peine blottis, ils en rejaillissaient affolés... Ils retournaient encore se planquer dans les profondeurs... Ça faisait un mic-mac atroce.

Les petits chiens du Passage, ils partaient gicler partout, faire leurs besoins, sauter aux fesses, mordiller vivement. Mme Juvienne, la parfumeuse du 72, elle a expiré devant nous, sous un monticule de fleurs mauves, c'étaient des jasmins... Elle étouffait... Trois éléphants qui passaient foulèrent lentement son agonie, il en suinta jusqu'au ruisseau mille petites rigoles de parfum.

Quatre mitrons du pâtissier Largenteuil transportaient en courant la pipe, l'enseigne formidable, celle des Tabacs mahométans, qui s'allumait qu'après six heures... Ils lui brisèrent le fourneau contre le marché Saint-Honoré pour écarter les pavillons... Ils foncèrent dans celui de droite... contre les « Volailles ». Et puis dans celui de gauche contre les « Poissons ».

Il fallait pourtant qu'on avance ! Surtout la géante ! La nôtre ! Qu'avait deux planètes pour nichons... Là j'ai été bien culbuté... Mon père avait beau me soutenir... Il s'est pris dans les rayons de sa bécane... Il a mordu la queue à Tom. Il trottait, aboyait devant nous, mais alors sans bruit aucun...

Le gardien m'a remis sur mes pieds, il portait plus qu'un haut de tunique... Par le bas il finissait en queue de boudin... Sa longue fourche pour allumer le gaz, il nous a fait bien rire avec... Il se l'entrait profond dans le nez, et même jusqu'au bout.

En traversant la rue de Rivoli, la cliente a fait un faux pas, elle a buté dans un refuge, elle a écrasé une maison, l'ascenseur alors a giclé, lui a crevé l'œil... On est passés sur les décombres. Rue des Jeûneurs, de mon école, il a surgi mon petit ami Émile Orgeat le bossu... Je l'avais toujours connu comme ça, et verdâtre en plus, avec une grosse tache vineuse qui lui sortait des oreilles... Il était plus du tout moche. Il était beau, frais, coquet et j'étais bien content pour lui.

Tous les gens qu'on avait connus, ils couraient maintenant tous ensemble dans les profondeurs de la dame, dans son pantalon, à travers rues et quartiers compressés dessous ses jupons... Ils allaient où elle voulait. On se serrait encore davantage. Ma mère me quittait plus la main... Et toujours un peu plus rapide... À la Concorde, j'ai saisi qu'elle nous menait à l'Exposition... C'était bien affectueux de sa part... Elle avait le désir qu'on s'amuse...

C'était la Dame, la cliente qu'avait tout l'argent sur elle, tout le pognon des boutiquiers planqué dans ses trousses... C'est elle qui devait payer... Et toujours il faisait plus chaud encore toujours contre la dame... Parmi les volants, loin vers la doublure, je biglais encore mille trucs pendus. Toute la fauche du monde entier... En galopant, il m'est retombé sur le cuir, ça m'a fait une bosse, le petit miroir « byzantin », celui qu'on avait tant cherché pendant des mois rue Montorgueil... Si j'avais pu je l'aurais hurlée cette trouvaille... Mais j'aurais pas pu le recueillir tellement qu'on se pressurait déjà... C'était le moment, tout le monde l'a compris, de se racornir encore un peu... Coincés qu'on s'est trouvé alors, entre les battants de la porte, la monumentale, l'arrogante, relevée au ciel comme un chignon... De pas payer l'entrée nous autres, ça nous foutait une vache terreur... Heureusement qu'on se trouvait emportés par le torrent des cotillons... On s'écrase, on suffoque, on rampe tout à fait à plat... Là-haut notre cliente, c'est elle qui se baisse au moment de passer. Peut-être que c'était fini ?... Qu'on était déjà sous la Seine ? Que les requins arrivaient déjà pour nous demander un petit sou ?... Hein ? C'est pas une chose qu'arrive jamais qu'on pénètre quelque part sans payer ?... J'ai poussé alors un cri si pointu, si strident, que la géante s'est effarée ! Elle a retroussé d'un seul coup tous les volants de ses jupes... son pantalon... plus haut que la tête... jusque dans les nuages... Une vraie tempête, un vent si glacial s'est engouffré par-dessous qu'on en a hurlé de douleur... On restait figés sur le quai, abandonnés, grelottants, à la détresse. Entre le remblai et les trois péniches la cliente s'était envolée !... Tous les voisins du Passage ils sont devenus tellement blafards que j'en reconnaissais plus aucun... Elle avait trompé tout son monde ! La géante, avec ses larcins magnifiques... L'Exposition y en avait plus !... Elle était finie depuis longtemps !... On entendait déjà les loups hurler sur le Cours-la-Reine...

C'était le moment qu'on déguerpisse... Mais on se sauvait tous de travers... On avait bien des pattes en moins... Moi, minuscule, j'ai écrasé la Méhon...

Ma mère retroussait ses jupes... Mais elle courait de moins en moins vite... à cause de ses deux mollets... qu'étaient devenus soudain plus minces que des fils... et si poilus en même temps... qu'ils s'emmêlaient l'un dans l'autre... telle une araignée... On l'a embobinée devant nous... On l'a fait rouler... Mais les omnibus ont surgi... Ils étaient infernals d'allure... Ils ont piqué une charge atroce à travers toute la rue Royale... Les bleus, les verts et les citrons... Les timons ont craqué d'abord et puis les harnais ont giclé très loin à travers l'esplanade jusque sur les arbres des Tuileries... J'ai compris tout de suite l'aventure... J'ameute... Je proclame... Je rassemble... Je montre par où on va les prendre... Tous à rebours, par le trottoir de l'Orangerie... Rien n'y peut ! Le pauvre oncle Édouard est écrasé presque aussitôt avec son tricycle à pétrole au pied de la statue bordelaise... Il en ressort qu'un peu plus tard, par la station Solferino avec son baquet du tri, soudé, remonté sur son derrière comme un escargot... On l'emmène... Il faut qu'il se dépêche encore, qu'il rampe de plus en plus vite, à cause des cent automobiles... Les Reines Serpollet du salon. Elles mitraillent l'Arc de Triomphe. Elles dévalent tombeau ouvert, sur notre déroute...

Contre le socle à Jeanne d'Arc j'entrevois, le temps d'un éclair, Rodolphe parfaitement souriant... Il met son « Troubadour » aux enchères... Il veut s'acheter un « Général »... C'est pas le moment de le déranger... Le macadam est éventré... Un abîme s'ouvre à cet endroit... Tout est englouti... Je passe au ras du précipice... J'attrape le portefeuille d'Armide, juste avant qu'elle disparaisse... En petites perles c'est écrit sur sa couverture « Bon Souvenir »... Dedans y a son œil en verre. On se marre tous à la surprise... Mais ça radine de cent côtés la grande avalanche des peigne-culs... Ils sont venus si nombreux cette fois qu'ils ont comblé la rue Thérèse, jusqu'à hauteur du troisième... On escalade cette colline de bidoche coincée... Ça bourdonne comme du fumier et jusqu'aux étoiles... Mais pour parvenir chez nous, faut encore recourber quatre grilles extrêmement scellées... On s'y met à mille, on s'y met à cent pour pousser la lourde... Pour rentrer sous le vasistas... On arrive à rien... les barres fléchissent et puis se redressent aussitôt, nous partent dans la gueule comme des caoutchoucs... C'est un fantôme qui cache notre clé !... Il veut une bite ou rien du tout !... On l'envoie chier !... « Merde !... Alors !... » qu'il nous répond... On le rappelle. On est dix mille à faire pression.

Par les échos de la rue Gomboust, il nous arrive des rafales des cent mille cris de la catastrophe... Ce sont les foules qu'on écrabouille au large de la place Gaillon... C'est la furie des Omnibus... La fantasia qui continue... Clichy-Odéon laboure la tourbe des éperdus... Panthéon-Courcelles fonce par le derrière... Il éparpille leurs mille morceaux... Ça dégouline sur nos devantures. Mon père à côté de moi gémit : « Si seulement j'avais une trompette ! »... Dans le désespoir il se dépiaute, il se fout à poil rapidement, il grimpe après la Banque de France, le voilà juché sur l'Horloge... Il arrache l'aiguille des minutes... Il redescend avec. Il la tripote sur ses genoux... Ça le fascine... Ça l'émoustille... On pourrait bien tous s'amuser... Mais voilà qu'une cavalcade de « la Garde » débouline par la rue Méhul...

« Madeleine-Bastille » carambole, chahute, vient culbuter dans notre grille... Heureusement tout est enfoncé ! L'essieu s'enflamme, le gros camion brûle et crépite... le conducteur fouette son cocher... Toujours, encore ils accélèrent... La rue des Moulins, ils l'enlèvent, ils l'escaladent, ils emportent le feu dans un ouragan... La trombe vient buter, flancher, rejaillir, s'écrase sur la Comédie-Française... Tout s'embrase alors... le toit s'en arrache, s'élève, s'envole, flamboyant aux nues... La belle artiste « la Méquilibre », au fond de sa loge, s'acharne sur sa poésie... Elle a des vers plein l'esprit avant de paraître en scène. Elle se rince si fort la craquouse, qu'elle en trébuche... elle bascule au fond du foyer... Elle pousse un cri prodigieux... Le volcan a tout consumé...

Il ne reste rien au monde, que le feu de nous... Un rouge terrible qui vient me gronder à travers les tempes avec une barre qui remue tout... déchire l'angoisse... Elle me bouffe le fond de la tétère comme une panade tout en feu... avec la barre comme cuiller... Elle me quittera plus jamais...

* * *

J'ai été longtemps à me remettre. La convalescence elle a traîné encore deux mois. La maladie je l'avais eue grave... Elle a fini par des boutons... Le médecin est revenu souvent. Il a encore insisté pour qu'on m'envoie à la campagne... C'était bien facile à dire, mais on avait pas les moyens... On profitait de chaque occasion pour me faire prendre l'air.

Au terme de janvier, Grand-mère Caroline se tapait Asnières pour toucher l'argent de ses loyers. J'ai profité de la circonstance. Elle avait là deux pavillons, briques et torchis, rue de Plaisance, un petit et un moyen, en location ouvrière. C'était son rapport, son bien, son économie...

On s'est mis tous les deux en route. Pour moi, fallait qu'on aille doucement. Longtemps encore, j'ai été faible, je saignais du nez pour des riens et puis j'ai pelé complètement. En descendant devant la gare, c'est tout droit... l'Avenue Faidherbe... la Place Carnot... À la Mairie on tourne à gauche, tout de suite après on traverse le Jardin Public.

Au Boulodrome, entre la grille et la cascade y a la bande des gâteux marrants, les vieux pleins de verve, des plaisantins et des petits retraités bien râleux... Chaque fois qu'ils défoncent le jeu de quilles, c'est un vrai assaut d'esprit... Une fusée de quiproquos... Moi, je comprenais bien leurs astuces... et de mieux en mieux... Leur coup de pisser c'était le plus drôle... Ils se hâtaient derrière un arbre, chacun son tour... Ils avaient un mal incroyable... « Tu vas le faire tomber Toto !... » Voilà comment ils se causaient... Les autres reprenaient en chœur... Moi je les trouvais irrésistibles. Je rigolais tout haut et si fort que ma Grand-mère était gênée... Avec une belle bise d'hiver, à rester debout si longtemps... à écouter les calembours y avait de quoi paumer toutes les crèves...

Grand-mère, elle riait pas beaucoup, mais elle voulait bien que je m'amuse... C'était pas drôle à la maison... Elle se rendait bien compte... Ça c'était du plaisir pas cher... On est resté encore un peu... Finalement après le jeu de boules quand on a quitté les petits vieux, il faisait presque nuit...

Les pavillons à Caroline c'était plus loin que les Bourguignons... après la plaine aux Maraîchers... celle qui s'étendait à l'époque jusqu'aux bancs d'Achères...

Pour pas foncer dans les gadouilles, pour pas rester dans les terreaux, on avançait l'un derrière l'autre, sur une enfilade de planchettes... Il fallait faire gaffe à pas chahuter les châssis... des ribambelles remplies de boutures... Je rigolais encore moi derrière elle... Tout en respectant l'équilibre. Au souvenir des vives reparties... « Tu t'es donc amusé tant que ça ? quelle me demandait... Dis Ferdinand ? »

J'aimais pas moi, les questions. Je me renfrognais aussitôt...

Avouer ça attire les malheurs.

On atteignait la rue de Plaisance. Là commençait notre vrai boulot. Pour toucher le terme c'était un drame... et la révolte des locataires. D'abord, ils nous faisaient des misères et puis on le touchait pas entier... Jamais... Ils se défendaient traîtreusement... Toujours leur pompe était cassée... C'était des palabres infinies... À propos de tout ils gueulaient et bien avant que Grand-mère leur cause... Leurs gogs ils fonctionnaient plus... Ils s'en plaignaient énormément... par toutes les fenêtres de la cambuse... Ils exigeaient qu'on leur débouche... Et séance tenante !... Ils avaient peur qu'on les écorche... Ils hurlaient pour pas qu'on parle de leurs quittances... Ils voulaient pas même les regarder... Leur tinette strictement bouchée, elle débordait jusqu'à la rue... L'hiver, bloquée par les glaces, au moindre effort de pression, elle craquait avec le morceau... Chaque fois c'était 80 francs... Ils abîmaient tout les charognes !... C'était leur revanche locative... Et puis aussi de se faire des mômes... Chaque fois y en avait des nouveaux... Et de moins en moins revêtus... Des tout nus même... Couchés au fond d'une armoire...

Les plus ivrognes, les plus salopes des locataires, ils nous traitaient comme du pourri... Ils surveillaient tous nos efforts pendant le renflouement. Ils venaient avec nous à la cave... Quand on partait chercher notre jonc... celui qui passait dans le siphon... C'était fini la plaisanterie... Grand-mère retroussait haut ses jupes avec des épingles de nourrice, elle se mettait en camisole. Et puis débutait la manœuvre... Il nous fallait beaucoup d'eau chaude. On la ramenait dans un broc de chez le cordonnier d'en face. Les locataires à aucun prix, ils auraient voulu en fournir. Alors, à un moment donné, Caroline trifouillait le tréfonds de la tinette. Elle enfonçait résolument, elle ramonait la marchandise. Le jonc aurait pas suffi. Elle s'y replongeait à deux bras, les locataires ils y venaient tous, avec leur marmaille, pour voir si on l'évacuait leur merde et puis les papiers... et les chiffons... Ils faisaient des tampons exprès... Caroline était pas rebutable, c'était une femme qui craignait rien...

Les locataires, ils se rendaient compte, une fois qu'elle était parvenue... que ça se remettait à couler... Ils reconnaissaient l'effort... Ils voulaient pas demeurer en reste... Ils finissaient par nous aider... Ils offraient le coup... Grand-mère trinquait avec eux... Elle était pas rancunière... On se souhaitait la bonne année... au bon cœur... à la complaisance... Ça faisait pas rappliquer le pognon... C'était des gens sans scrupules... En supposant qu'elle les vire, avant qu'ils libèrent leur case ils auraient eu le temps des vengeances... Ils auraient tout détérioré... Déjà c'était criblé de trous dans les deux cambuses... Quand on visitait les logements, on essayait nous de les boucher... Ça servait à rien du tout... Ils arrêtaient jamais d'en faire... On amenait exprès du mastic... Tuyaux, soupentes, murs et parquets c'étaient plus que des lambeaux, des reprises... Mais c'est à la cuvette des chiots qu'ils en voulaient davantage... Elle était fendue tout autour... Grand-mère en pleurait de la regarder... Pareil pour la grille du jardin... Ils l'avaient repliée sur elle-même... On aurait dit du réglisse... Un moment on leur avait mis une vieille concierge bien aimable... Elle avait pas duré huit jours... Elle s'était barrée, la bignole, horrifiée... En moins d'une semaine, deux locataires déjà qu'étaient montés pour l'étrangler... dans son lit... à propos des paillassons...

Les pavillons dont je cause, ils y sont toujours. Le nom de la rue seul a changé ; de « Plaisance » elle est devenue « Marne »... C'était la mode à un moment...

Bien des locataires ont passé, des solitaires, des familles entières, des générations... Ils ont continué de faire des trous, les rats aussi, les petites souris, les grillons et les cloportes... On les a plus du tout bouchés... C'est l'oncle Édouard qu'a repris tout ça. Les habitations à force de souffrir elles sont devenues des vraies passoires... Personne payait plus son terme... Les locataires avaient vieilli, ils étaient las des discussions... Mon oncle aussi fatalement... même des chiots ils en ont eu marre... Ils étaient plus déglingables. Ils avaient plus rien. Ils ont fait des débarras. Ils ont mis dedans leurs brouettes, les arrosoirs et leur charbon... À l'heure qu'il est, on ne sait même plus exactement qui les habite ces pavillons... Ils sont frappés d'alignement... Ils vont disparaître... On croit qu'ils sont dedans quatre ménages... Ils sont peut-être bien davantage... C'est des Portugais, semble- t-il...

Personne lutte pour l'entretien... Grand-mère, elle s'est tant donné de mal, ça lui a pas réussi... C'est de ça même qu'elle est morte au fond... C'est d'être restée en janvier, encore plus tard que d'habitude, à tripoter l'eau froide d'abord et puis l'eau bouillante... Exposée en plein courant d'air, à remettre de l'étoupe dans la pompe et à dégeler les robinets.

Autour de nous, les locataires, ils venaient avec leurs bougies, pour nous faire des réflexions et voir si le boulot avançait. Question des loyers ils demandaient encore un sursis. On devait repasser la semaine prochaine... On a repris la route de la gare... En arrivant au guichet, elle a eu un étourdissement Grand-mère Caroline, elle s'est raccrochée à la rampe... C'était pas dans ses habitudes... Elle a ressenti plein de frissons... On a retraversé la place, on est entrés dans un café... En attendant l'heure du train, on a bu un grog à nous deux... En arrivant à Saint-Lazare, elle est allée se coucher tout de suite, directement... Elle en pouvait plus... La fièvre l'a saisie, une très forte, comme moi j'avais eu au Passage, mais elle alors c'était la grippe et puis ensuite la pneumonie... Le médecin venait matin et soir... Elle est devenue si malade qu'au Passage, nous autres, on ne savait plus quoi répondre aux voisins qui nous demandaient.

L'oncle Édouard faisait la navette entre la boutique et chez elle... L'état s'est encore aggravé... Elle voulait plus du thermomètre, elle voulait même plus qu'on sache combien ça faisait... Elle a gardé tout son esprit. Tom, il se cachait sous les meubles, il bougeait plus, il mangeait à peine... Mon oncle est passé à la boutique, il remportait de l'oxygène dans un gros ballon.

Un soir, ma mère est même pas revenue pour dîner... Le lendemain, il faisait nuit encore quand l'oncle Édouard m'a secoué au plume pour que je me rhabille en vitesse. Il m'a prévenu... C'était pour embrasser Grand-mère... Je comprenais pas encore très bien... J'étais pas très réveillé... On a marché vite... C'est rue du Rocher qu'on allait... à l'entresol... La concierge s'était pas couchée... Elle arrivait avec une lampe exprès pour montrer le couloir... En haut, dans la première pièce, y avait maman à genoux, en pleurs contre une chaise. Elle gémissait tout doucement, elle marmonnait de la douleur... Papa il était resté debout... Il disait plus rien... Il allait jusqu'au palier, il revenait encore... Il regardait sa montre... Il trifouillait sa moustache... Alors j'ai entrevu Grand-mère dans son lit dans la pièce plus loin... Elle soufflait dur, elle raclait, elle suffoquait, elle faisait un raffut infect... Le médecin juste, il est sorti... Il a serré la main de tout le monde... Alors moi, on m'a fait entrer... Sur le lit, j'ai bien vu comme elle luttait pour respirer. Toute jaune et rouge qu'était maintenant sa figure avec beaucoup de sueur dessus, comme un masque qui serait en train de fondre... Elle m'a regardé bien fixement, mais encore aimablement Grand-mère... On m'avait dit de l'embrasser... Je m'appuyais déjà sur le lit. Elle m'a fait un geste que non... Elle a souri encore un peu... Elle a voulu me dire quelque chose... Ça lui râpait le fond de la gorge, ça finissait pas... Tout de même elle y est arrivée... le plus doucement qu'elle a pu... « Travaille bien mon petit Ferdinand ! » qu'elle a chuchoté... J'avais pas peur d'elle... On se comprenait au fond des choses... Après tout c'est vrai en somme, j'ai bien travaillé... Ça regarde personne...

À ma mère, elle voulait aussi dire quelque chose. « Clémence ma petite fille... fais bien attention... te néglige pas... je t'en prie... » qu'elle a pu prononcer encore... Elle étouffait complètement... Elle a fait signe qu'on s'éloigne... Qu'on parte dans la pièce à côté... On a obéi... On l'entendait... Ça remplissait l'appartement... On est restés une heure au moins comme ça contractés. L'oncle il retournait à la porte. Il aurait bien voulu la voir. Il osait pas désobéir. Il poussait seulement le battant, on l'entendait davantage... Il est venu une sorte de hoquet... Ma mère s'est redressée d'un coup... Elle a fait un ouq ! Comme si on lui coupait la gorge. Elle est retombée comme une masse, en arrière sur le tapis entre le fauteuil et mon oncle... La main si crispée sur sa bouche, qu'on ne pouvait plus la lui ôter...

Quand elle est revenue à elle : « Maman est morte !... » qu'elle arrêtait pas de hurler... Elle savait plus où elle se trouvait... Mon oncle est resté pour veiller... On est repartis, nous au Passage, dans un fiacre...

On a fermé notre boutique. On a déroulé tous les stores... On avait comme une sorte de honte... Comme si on était des coupables... On osait plus du tout remuer, pour mieux garder notre chagrin... On pleurait avec maman, à même sur la table... On n'avait pas faim... Plus envie de rien... On tenait déjà pas beaucoup de place et pourtant on aurait voulu pouvoir nous rapetisser toujours... Demander pardon à quelqu'un, à tout le monde... On se pardonnait les uns aux autres... On suppliait qu'on s'aimait bien... On avait peur de se perdre encore... pour toujours... comme Caroline...

Et l'enterrement est arrivé... L'oncle Édouard, tout seul, s'était appuyé toutes les courses... Il avait fait toutes les démarches... Il en avait aussi de la peine... Il la montrait pas... Il était pas démonstratif... Il est venu nous prendre au Passage, juste au moment de la levée du corps...

Tout le monde... les voisins... des curieux... sont venus pour nous dire : « Bon courage ! » On s'est arrêtés rue Deaudeville pour chercher nos fleurs... On a pris ce qu'il y avait de mieux... Rien que des roses... C'étaient ses fleurs préférées...

* * *

On s'y faisait pas à son absence. Même mon père ça l'a bouleversé... Il avait plus que moi pour les scènes... Et malgré la convalescence, je me trouvais encore tellement faible que j'étais plus intéressant. Il me voyait tellement décati, qu'il hésitait à m'agonir...

Je me traînais d'une chaise sur une autre... J'ai maigri de six livres en deux mois. Je végétais dans la maladie. Je rendais toute l'Huile de Foie de Morue...

Ma mère pensait qu'à son chagrin. La boutique sombrait sans recours... Des bibelots on en vendait plus, même pas à des prix dérisoires... Fallait expier les folles dépenses causées par cette Exposition... Les clients, ils étaient tous raides... Ils faisaient réparer le moins possible. Ils réfléchissaient pour cent sous...

Maman, elle, demeurait des heures, sans bouger, accroupie sur sa mauvaise jambe, en fausse position, abasourdie... En se relevant, ça lui faisait tellement mal, qu'elle s'en allait boiter partout... Mon père arpentait alors les étages en sens inverse. Rien que de l'entendre boquillonner, il en serait devenu dingo...

Je faisais semblant d'avoir besoin. Je partais m'amuser dans les chiots... Je me tirais un peu sur la glande. Je pouvais plus bander...

À part les deux pavillons, qu'étaient revenus à Édouard, il restait encore trois mille francs de la Grand-mère, en héritage... Mais c'était de l'argent sacré... Maman l'a dit immédiatement... On devait jamais s'en défaire... On a fourgué les boucles d'oreilles, elles ont fondu dans les emprunts, l'une à Clichy, l'autre à Asnières...

Pourtant comme camelote, notre stock en boutique, il était devenu tartouze, et mince et navrant... C'était presque plus montrable...

Grand-mère, encore elle se débrouillait, elle nous amenait des « conditions »... Des rossignols des autres marchands qu'ils consentaient à lui prêter... Mais à nous c'était pas pareil... Ils se méfiaient... Ils nous trouvaient pas débrouillards... On se déplumait jour après jour...

Mon père en revenant du bureau, il ressassait les solutions... Des biens sinistres... Il faisait lui-même notre panade. Maman elle était plus capable... Il épluchait les haricots... Il parlait déjà qu'on se suicide avec un fourneau grand ouvert. Ma mère réagissait même plus... Il remettait ça aux « Francs-maçons »... Contre Dreyfus !... Et tous les autres criminels qui s'acharnaient sur notre Destin !

Ma mère, elle avait perdu le Nord... Ses gestes même ils faisaient bizarre... Déjà elle, qu'était maladroite, elle foutait maintenant tout par terre. Elle cassait trois assiettes par jour... Elle sortait pas de sa berlue... Elle se tenait comme une somnambule... Dans le magasin, elle prenait peur... Elle voulait plus se déranger, elle restait tout le temps au deuxième...

Un soir, comme elle allait se coucher et comme on attendait plus personne... Mme Héronde est revenue. À la porte de la boutique, elle se met à cogner, elle appelle... On n'y pensait plus à elle. Je vais lui ouvrir. Ma mère voulait plus rien entendre, elle refusait même de lui causer... Elle tournait clopin-clopant, tout autour de sa cuisine. Mon père lui fait comme ça alors :

« Eh bien Clémence, tu te décides ?... Moi tu sais je vais la renvoyer !... » Elle a réfléchi un instant et puis elle est descendue. Elle a essayé de compter les guipures que l'autre rapportait... Elle y arrivait pas... Son chagrin lui brouillait tout... Les idées, les chiffres... Papa et moi, on l'a aidée...

Après, elle est remontée se coucher... Et puis elle s'est relevée exprès, elle est redescendue encore... Toute la nuit, elle a rangé avec rage, obstination, toute la camelote du magasin.

Le matin tout était dans un ordre impeccable... C'était devenu une autre personne... Jamais on l'aurait reconnue... Elle avait pris honte d'un seul coup...

De se trouver devant Mme Héronde dans un état si piteux et que l'autre l'avait vue si pompée ça devenait une honte horrible !

« Quand je pense à ma pauvre Caroline !... À l'énergie qu'elle a montrée jusqu'à la dernière minute ! Ah si elle me trouvait comme ça !... »

Elle s'est raidie d'un seul coup. Elle avait même fait mille projets pendant toute la nuit... « Puisque les clientes ne viennent plus, eh bien, mon petit Ferdinand, on ira nous les chercher !... Et jusque chez elles encore !... Ça sera bientôt la belle saison, on plaquera un peu la boutique... On ira faire tous les marchés, les environs... Chatou !... Vésinet !... Bougival !... où y a des belles villas qui se montent... tous les gens chic... Ça sera plus drôle que de nous morfondre !... Que de les attendre ici pour rien !... Et puis comme ça tu prendras de l'air ! »

* * *

Mon père, le truc des marchés ça lui disait rien qui vaille... Une aventure pleine de risques !... Ça l'affolait d'y penser... Il nous prédisait les complications les pires... On se la ferait sûrement barboter notre dernière camelote !... En plus on se ferait lapider par les commerçants de l'endroit... Maman, elle le laissait causer... Elle était bien résolue...

D'abord, y avait plus à choisir ! On mangeait plus qu'une fois sur deux... On remplaçait depuis longtemps les allumettes du fourneau par des papillotes.

Un matin, l'heure a sonné du départ, on s'est élancés vers la gare. Mon père portait le gros baluchon, une énorme « toilette » bourrée de marchandises... Ce qui restait dans le stock de moins moche... Maman et moi on trimballait les cartons... Sur le quai à Saint-Lazare, il nous a répété encore toutes ses craintes de l'aventure. Et il a filé au bureau.

Chatou en ce temps dont je parle, c'était un voyage. On se trouvait déjà sur le tas qu'il faisait encore à peine jour... On a soudoyé le garde-champêtre... Avec la croix et la bannière il nous a casés... On a obtenu un tréteau... On avait une assez bonne place... entre la bouchère et un éleveur de petits oiseaux. Par exemple, nous étions mal vus... là tout de suite... Immédiatement.

Derrière nous le « beurre et œufs » arrêtait pas de ramener sa cerise. Il nous trouvait des insolites, avec nos torrents de fanfreluches. Comme allusions c'était infect !...

L'allée c'était pas la meilleure, mais quand même tout près des jardins... Et dans l'ombre de tilleuls splendides... Midi, c'était l'heure des clientes... Elles radinaient en grands chichis... Fallait pas qu'il souffle un peu de brise dans ces moments-là ! Au premier zéphyr ça s'engouffre, ça se barre en trombe les froufrous... les bonichons, les « charlottes », petits mouchoirs, et bas volants... Ça demande qu'à se tirer, fragiles comme des nuages. On les coinçait à grands renforts de pinces et d'agrafes. Il faisait hérisson notre tréteau... Les clientes elles déambulaient capricieuses... Papillons suivis d'une ou de deux cuisinières... Elles revenaient encore... Ma mère essayait de les piquer à coups de boniments... De les tomber sur la broderie... Sur les boléros en commande... Sur les guipures « façon Bruxelles »... Ou sur les triomphes vaporeux de Mme Héronde...

« Comme c'est amusant de vous rencontrer par ici !... Dans ce marché en plein vent !... Mais vous avez un magasin ?... Passez-moi donc votre carte !... Certainement, nous irons vous voir !... »

Elles partaient froufrouter ailleurs, on leur refilait pas grand- chose... C'était la réclame !...

De temps à autre, nos dentelles, sur un coup de tornade, retombaient chez le mec d'à côté, dans les escalopes... Il manifestait son dégoût...

Pour mieux nous défendre, il aurait fallu apporter de Paris notre joli mannequin piédestal, à buste résistant, qui mettrait fort bien en valeur les exquises trouvailles... les volutes mousseline et satin... les mille bagatelles de la « fée d'Alfort »... Pour garder parmi les légumes, les tripes, un goût de Louis XV malgré tout, une atmosphère raffinée, nous emmenions à la campagne une véritable pièce de musée, un minuscule chef- d'œuvre, la commode poupée « bois de rose »... On garait nos sandwiches dedans.

Notre terreur encore bien plus que le vent peut-être c'était les averses !... Tous nos froufrous tournaient en crêpe !... l'ocre leur suintait par vingt rigoles... et le trottoir en devenait gluant... On ramassait tout en éponges... Le retour était dégueulasse. On se plaignait jamais devant mon père.

La semaine d'après c'était Enghien et certains jeudis Clignancourt... La Porte... On se trouvait à côté des « Puces »... Moi je les aimais bien les marchés... Ils me faisaient couper à l'école. L'air me rendait tout impétueux... Quand on retrouvait le soir mon père, il me faisait un effet infâme... Il était jamais content... Il venait nous chercher à la gare... Je lui aurais bien viré tout de suite la petite commode sur les guimauves pour le voir sauter un peu.

À Clignancourt, c'était une tout autre clientèle... On étalait nos rogatons, rien que des roustissures, les pires, celles qu'étaient planquées à la cave depuis des années. On en fourguait pour des clous...

C'est aux « Puces » même, que j'ai connu le petit Paulo. Il travaillait pour sa marchande qu'était deux rangées derrière nous. Il lui vendait tous ses boutons, le long de l'avenue près de la porte, il se vadrouillait dans le marché, avec sa tablette sur le bide, retenue au cou par une ficelle, « Treize cartes pour deux sous mesdames !... » Il était plus jeune que moi, mais infiniment dessalé... Tout de suite on s'est trouvés copains... Ce que j'admirais moi chez Popaul, c'est qu'il portait pas de chaussures, rien que des lattes plates en lisières... Ça lui mordait par les arpions... J'enlevais les miennes en conséquence le long des fortifs, quand on partait en excursion.

Il soldait vite ses garnitures, les douzaines de treize, on avait pas le temps de les regarder, les os et les nacres... On était libre après ça.

En plus il avait un condé pour se faire des sous. « C'est facile », qu'il m'a expliqué... Dès qu'on a plus eu de secrets. Dans le remblai du Bastion 18 et dans les refuges du tramway devant la Villette, il faisait des petites rencontres, des griffetons qu'il soulageait et des louchebems. Il me proposait de les connaître. Ça se passait trop tard pour que moi j'y aille... Ça pouvait rapporter une thune, parfois davantage.

Derrière le kiosque à la balance, il m'a montré, sans que je lui demande, comment les grands ils le suçaient. Lui Popaul il avait de la veine, il avait du jus, moi il m'en venait pas encore. Une fois il s'était fait quinze francs dans la même soirée.

Pour m'échapper, fallait que je mente, je disais que j'allais chercher des frites. Popaul, ma mère le connaissait bien, elle pouvait pas le renifler, même de loin, elle me défendait que je le fréquente. On se barrait quand même ensemble, on vadrouillait jusqu'à Gonesse. Moi je le trouvais irrésistible... Dès qu'il avait un peu peur il était secoué par un tic, il se tétait d'un coup, toute la langue, ça lui faisait une sacrée grimace. À la fin moi je l'imitais, à force de me promener avec lui.

Sa mercière, Popaul, elle lui passait avant qu'il parte une drôle de veste, une toute spéciale, comme pour un singe, toute recouverte de boutons, des gros, des petits, des milliers, devant, derrière, tout un costard d'échantillons, des nacres, des aciers, des os...

Son rêve, Popaul c'était l'absinthe ; sa mercière, elle lui en versait un petit apéro chaque fois qu'il rentrait et qu'il avait bien liquidé. Ça lui donnait du courage. Il fumait du tabac de la troupe, on faisait nos cigarettes nous-mêmes en papier journaux... Ça le dégoûtait pas de sucer il était cochon. Tous les hommes qu'on rencontrait dans la rue, on pariait ensemble comment qu'ils devaient l'avoir grosse. Ma mère pouvait pas quitter derrière son fourbi, surtout dans un quartier pareil. Je me débinais de plus en plus... Et puis voilà ce qui est survenu :

Popaul, je le croyais régulier, loyal et fidèle. Je me suis trompé sur son compte. Il s'est conduit comme une lope. Il faut dire les choses. Il me parlait toujours d'arquebuse. Je voyais pas trop ce qu'il voulait dire. Il amène un jour son fourbi. C'était un gros élastique monté, une espèce de fronde, un double crochet, un truc pour abattre les piafs. Il me fait : « On va s'exercer ! Après, on crèvera une vitrine !... Y en a une facile sur l'Avenue... Après on visera dans un flic !... » Gu ! voilà ! C'était une idée ! On part du côté de l'école. Il me dit : « On va commencer là !... » Les classes juste venaient de sortir c'était commode pour se barrer. Il me passe encore son machin... Je le charge avec un gros caillou. Je tire à fond sur le manche... À bout de caoutchouc... Je fais à Popaul : « Vise donc là-haut ! » et clac ! Ping !... Ratatrac !... En plein dans l'horloge !... Tout vole autour en éclats... J'en reste figé comme un con. J'en reviens pas du boucan que ça cause... le cadran qui éclate en miettes ! Les passants radinent... Je suis paumé sur place. Je suis fait comme un rat... Ils me tiraillent tous par les esgourdes. Je gueule :

« Popaul ! »... Il a fondu !... Il existe plus !... Ils me traînent jusque devant ma mère. Ils lui font une scène horrible. Il faut qu'elle rembourse toute la casse, ou bien ils m'embarquent en prison. Elle donne son nom, son adresse... J'ai beau expliquer :

« Popaul ! »... Il s'abat sur moi tellement de gifles que je vois plus ce qui se passe...

À la maison, ça recommence, ça repique en trombe... C'est un ouragan. Mon père me dérouille à fond, à pleins coups de bottes, il me fonce dans les côtes, il me marche dessus, il me déculotte. En plus, il hurle que je l'assassine !... Que je devrais être à la Roquette ! Depuis toujours !... Ma mère supplie, étreint, se traîne, elle vocifère « qu'en prison ils deviennent encore plus féroces ». Je suis pire que tout ce qu'on imagine... Je suis à un poil de l'échafaud. Voilà où que je me trouve !... Popaul y était pour beaucoup, mais l'air aussi et la vadrouille... Je cherche pas d'excuses...

* * *

On est bien restés une semaine comme ça en pleine frénésie. Papa était si furieux, il se congestionnait tellement fort qu'on a redouté une « attaque ». L'oncle Édouard est revenu exprès de Romainville pour le raisonner. L'oncle Arthur avait pas assez d'influence, il était pas assez sérieux. Rodolphe lui, il était loin, il parcourait la province avec le cirque Capitol.

Les voisins et les parents, tout le monde au Passage a été d'avis qu'on devrait me purger et mon père aussi en même temps, que ça nous ferait du bien tous les deux. En cherchant les raisons des choses, ils ont fini par conclure, que sûrement c'étaient les vers qui m'avaient rendu si méchant... On m'a donné une substance... J'ai vu tout jaune et puis marron. Je me suis senti plutôt calmé. Mon père, par la réaction, il est resté au moins trois semaines absolument muet. Il me jetait seulement des coups d'œil, de loin, de temps à autre... des prolongés, suspicieux... Je restais son tourment, sa croix. On s'est tous repurgés encore, chacun son médicament. Lui l'eau de Janos, moi le ricin, elle la rhubarbe. Après ça ils ont résolu qu'on ferait plus jamais les marchés, que le trimard ça serait ma perte. Je rendais les choses impossibles, avec mes instincts criminels.

Ma mère m'a reconduit à l'école avec mille recommandations. Elle était dans tous ses états en arrivant rue des Jeûneurs. Les gens l'avaient déjà prévenue, qu'on me garderait pas huit jours. Je me suis pourtant tenu peinard, on m'a pas chassé. J'apprenais rien, c'est un fait. Ça me désespérait l'école, l'instituteur en barbiche, il en finissait jamais de nous brouter ses problèmes. Il me foutait la poisse rien qu'à le regarder. Moi d'abord d'avoir tâté, avec Popaul, la vadrouille, ça me débectait complètement de rester ensuite comme ça assis pendant des heures et des payes à écouter des inventions.

Dans la cour, les mômes, ils essayaient de se dérouiller, mais c'était piteux comme effort, le mur devant montait si haut qu'il écrasait tout, l'envie de rigoler leur passait. Ils rentraient chercher des bons points... Merde !

Dans la cour, y avait rien qu'un arbre, et sur la branche, il est venu qu'un seul oiseau. Ils l'ont descendu, les moutards, à coups de pierres et d'arbalète. Le chat l'a bouffé pendant toute une récréation. Moi j'obtenais des notes moyennes. J'avais peur d'être forcé de revenir. J'étais même considéré pour ma bonne tenue. On avait tous la merde au cul. C'est moi qui leur ai appris à se garder l'urine dans des petites bouteilles.

À la boutique, les jérémiades se renouvelaient de plus en plus. Ma mère ressassait son chagrin. Elle cherchait toutes les occasions pour se souvenir de sa maman, les moindres détails... S'il entrait une seule personne pour proposer un petit bibelot au moment de la fermeture, elle fondait tout de suite en larmes...

« Si ma mère était encore là ! Elle se foutait à glapir, elle qui savait si bien acheter !... » Des réflexions désastreuses...

Nous avions une vieille copine, elle a bien su en profiter des mélancolies à maman... Elle s'appelait Mme Divonne, elle était presque aussi ancienne que la tante Armide. Après la guerre de 70, elle avait fait une fortune avec son mari, dans le commerce des gants « d'agneau », Passage des Panoramas. C'était une boutique célèbre, ils en avaient une autre encore, Passage du Saumon. À un moment, ils employaient dix-huit commis. « Ça s'arrêtait pas d'entrer et de sortir. » Grand-mère le racontait toujours. Le mari, de remuer tant de pognon ça l'avait grisé. Il avait d'un coup tout perdu et davantage, dans le Canal de Panama. Les hommes ça n'a pas de ressort, au lieu de remonter le courant, il s'est barré au loin avec une donzelle. Ils avaient tout lavé à perte. À présent c'était la débine. Elle vivait Mme Divonne, de droite à gauche. Son refuge c'était sa musique. Il lui restait des petits moyens, mais alors des si minuscules, qu'elle avait à peine pour bouffer et encore pas tous les jours. Elle profitait des connaissances. Elle s'était mariée par amour avec l'homme des gants. Elle était pas née dans le commerce, son père était Préfet d'Empire. Elle jouait du piano à ravir. Elle quittait pas ses mitaines à cause de ses mains délicates et des moufles épaisses en hiver, mais à résille, et ornées de roses pompon. Elle était coquette pour toujours.

Elle est entrée dans la boutique, elle était pas venue depuis longtemps. La mort de Grand-mère ça l'avait beaucoup affectée. Elle en revenait pas ! « Si jeune ! » qu'elle répétait après chaque phrase. Elle en parlait délicatement de Caroline, de leur passé, de leurs maris, du « Saumon » et des

Boulevards... Avec bien des nuances et des précautions exquises. Elle était vraiment bien élevée. Je m'en rendais bien compte... À mesure qu'elle racontait, tout devenait comme un rêve fragile. Elle ôtait pas sa voilette, ni son chapeau... à cause du teint qu'elle prétextait... Surtout à cause de sa perruque... Pour dîner, il nous restait jamais beaucoup... On l'a invitée quand même... Mais au moment de finir la soupe, elle la relevait sa voilette et son chapeau et tout le bazar... Elle lampait le fond de l'assiette... Elle trouvait ça bien plus commode... Sans doute à cause du râtelier. On l'entendait qui jouait avec... Elle se méfiait des cuillers. Les poireaux, elle adorait ça, mais il fallait qu'on les lui découpe, c'était un tintouin. Quand on avait fini de croûter, elle voulait pas encore partir. Elle devenait frivole. Elle se tournait vers le piano, un gage oublié d'une cliente. Il était jamais accordé, pourtant il marchait encore bien.

Mon père, comme tout l'agaçait, elle lui portait sur les nerfs, la vieille noix aussi avec ses mimiques. Et cependant, il s'amadouait quand elle se lançait dans certains airs comme le Lucie de Lammermoor et surtout le Clair de Lune.

Elle est revenue plus souvent. Elle attendait plus qu'on l'invite... Elle se rendait compte du désarroi. Pendant qu'on rangeait la boutique, elle grimpait là-haut en moins de deux, elle s'installait au tabouret, elle ébauchait deux ou trois valses et puis Lucie et puis Werther. Elle possédait un répertoire, tout le Chalet et Fortunio. On était bien forcé de monter. Elle se serait jamais interrompue si on s'était pas mis à table. « Coucou !... » qu'elle faisait en vous revoyant. Pendant le dîner, elle pleurait bien gentiment en même temps que ma mère. Ça lui coupait pas l'appétit. Les nouilles ne la gênaient pas. La façon qu'elle en redemandait m'a toujours épouvanté. Elle faisait ça encore ailleurs, le truc des souvenirs, avec bien d'autres commerçants, qu'étaient plus ou moins éplorés, par-ci, par-là, dans les boutiques. Elle avait plus ou moins connu les défunts des quatre quartiers, Mail et Gaillon. Ça finissait par la nourrir.

Elle connaissait les histoires de toutes les familles des Passages En plus quand il y avait un piano, elle avait pas son pareil... À plus de soixante-dix ans d'âge, elle pouvait encore chanter Faust, mais elle prenait des précautions. Elle se gavait de boules de gomme pour pas s'érailler la voix... Elle faisait les chœurs à elle toute seule, avec les deux mains en trompette.

« Gloire Immortelle ! »... Elle arrivait à le trépigner en même temps qu'elle tapait les notes.

À la fin, on pouvait plus se retenir tellement qu'on se marrait. On en éclatait par le nez. La mère Divonne une fois en train elle s'arrêtait pas pour si peu. C'était une nature d'artiste. Maman avait honte, mais elle rigolait quand même... Ça lui faisait du bien...

* * *

Ma mère pouvait plus se passer d'elle, malgré ses défauts, ses espiègleries. Elle l'emmenait partout. Le soir on l'accompagnait jusqu'à la Porte de Bicêtre. Elle rentrait chez elle à pied au Kremlin, à côté de l'Asile.

Le dimanche matin, c'est elle qui venait nous chercher pour qu'on parte ensemble au cimetière. Le nôtre c'était le Père-Lachaise, la 43e division. Mon père il y entrait jamais. Il avait horreur des tombeaux. Il dépassait pas le Rond-Point en face la Roquette. Il lisait là son journal, il attendait qu'on redescende.

Le caveau de Grand-mère il était très bien entretenu. Tantôt on vidait les lilas, l'autre fois c'était les jasmins. On ramenait toujours des roses. C'était le seul luxe de la famille. On changeait les vases, on astiquait les carreaux. Dedans, ça faisait comme un guignol avec les statues en couleur et les nappes en vraie dentelle. Ma mère en rajoutait toujours, c'était sa consolation. Elle fignolait l'intérieur.

Pendant qu'on faisait le nettoyage, elle arrêtait pas de sangloter... Caroline était pas loin là-dessous... Je pensais à Asnières toujours... À la façon qu'on s'était décarcassés là-bas pour les locataires. Je la revoyais pour ainsi dire. Ça avait beau être reluisant et relavé tous les dimanches, il montait quand même du fond une drôle de petite odeur... une petite poivrée, subtile, aigrelette, bien insinuante... quand on l'a sentie une fois... on la sent après partout... malgré les fleurs... dans le parfum même... après soi... Ça vous tourne... ça vient du trou... on croit qu'on l'a pas sentie. Et puis la revoilà !... C'est moi qu'allais au bout de l'allée pomper les brocs pour les vases... Une fois qu'on avait fini... je ne disais plus rien... Et puis il me revenait encore un peu sur le cœur le petit relent... On bouclait la lourde... On faisait la prière... On redescendait vers Paris...

Mme Divonne arrêtait plus de bavarder, tout en marchant... De s'être levée de si bonne heure, de s'être dépensée sur les fleurs, d'avoir pleurniché si longtemps, ça lui ouvrait l'appétit... Y avait aussi son diabète... Toujours est-il qu'elle avait faim... Dès qu'on était hors du cimetière, elle voulait qu'on casse la croûte. Elle arrêtait pas d'en causer, ça devenait une vraie obsession. « Tu sais moi Clémence, ce que j'aimerais ? Tiens ! sans être gourmande !... C'est un petit carré de galantine sur un petit pain pas trop rassis... Qu'est-ce que t'en dirais ? »

Ma mère elle répondait rien. Elle était embarrassée. Moi du coup l'idée me montait de tout dégueuler sur place... Je pensais plus à rien qu'à vomir... Je pensais à la galantine... À la tête qu'elle devait avoir là-dessous, maintenant Caroline... à tous les vers, les bien gras... des gros qu'ont des pattes... qui devaient ronger... grouiller dedans... Tout le pourri... des millions dans tout ce pus gonflé, le vent qui pue...

Papa était là... Il a juste eu le temps de me raccrocher après l'arbre... j'ai tout, tout dégueulé dans la grille... Mon père il a fait qu'un bond... Il a pas tout esquivé...

« Ah ! saligaud !... » qu'il a crié... Il avait en plein écopé sur son pantalon... Les gens nous regardaient. Il avait très honte. Il est reparti vite tout seul, de l'autre côté vers la Bastille. Il voulait plus nous connaître. Avec les dames, on est entrés dans un petit bistrot prendre un tilleul pour me remettre. C'était un tout petit café tout juste en face de la Prison.

Plus tard, je suis repassé souvent là. Et j'ai regardé toujours chaque fois. Jamais dedans j'ai vu personne.

* * *

L'oncle Arthur était ravagé par les dettes. De la rue Cambronne à Grenelle, il avait emprunté tellement et jamais rendu à personne que sa vie était plus possible, un panier percé. Une nuit, il a déménagé à la cloche de bois. Un poteau est venu pour l'aider. Ils ont arrimé leur bazar sur une voiture avec un âne. Ils s'en allaient aux environs. Ils sont passés nous avertir, comme on était déjà couchés.

La compagne d'Arthur, la bonniche, il profitait pour la plaquer... Elle avait parlé de vitriol... Enfin c'était le moment qu'il se barre !

Ils avaient repéré une cambuse avec son copain, où personne viendrait l'emmerder, sur les coteaux d'Athis-Mons. Le lendemain déjà les créanciers, ils se sont rabattus sur nous. Ils démarraient plus du Passage les vaches !... Ils allèrent même relancer Papa au bureau à la Coccinelle. C'était une honte. Du coup, il faisait atroce mon père... Il retournait au pétard.

« Quelle clique ! Quelle engeance !... Quelle sale racaille toute cette famille ! Jamais une minute tranquille ! On vient me faire chier même au boulot !... Mes frères se tiennent comme des bagnards ! Ma sœur vend son cul en Russie ! Mon fils a déjà tous les vices ! Je suis joli ! Ah ! je suis fadé !... » Ma mère elle trouvait rien à redire... Elle essayait plus de discuter... Il pouvait s'en payer des tranches.

Les créanciers, ils se rendaient compte que Papa respectait l'honneur... Ils démordaient plus d'une semelle. Ils quittaient plus notre boutique... Nous qu'avions déjà du mal à bouffer... Si on avait payé les dettes on aurait crevé tout à fait...

« Nous irons le voir dimanche prochain !... » qu'a alors décidé mon père. Je lui dirai, moi, d'homme à homme, toute ma manière de penser !... »

Nous partîmes à l'aube pour le trouver à coup sûr pour pas qu'il soye déjà en bombe... D'abord on s'est trompés de route... Enfin on l'a découvert... Je croyais le trouver l'oncle Arthur, ratatiné, repentant, tout à fait foireux, dans un recoin d'une caverne, traqué par trois cents gendarmes... et grignotant des rats confits... Ça se passait ça dans Les Belles Images pour les forçats évadés... L'oncle Arthur c'était autre chose... Nous le trouvâmes attablé déjà au bistrot à la « Belle Adèle ». Il nous fit fête sous les bosquets... Il buvait sec et à crédit et pas du vinaigre !... Un petit muscadet rosé... Un « reglinguet » de première zone... Il se portait à merveille... Jamais il s'était senti mieux... Il égayait tout le voisinage... On le trouvait incomparable... On accourait pour l'entendre... Jamais il y avait eu tant de clients à la « Belle Adèle »... Toutes les chaises étaient occupées, y en avait des gens plein les marches... Tous les petits propriétaires depuis Juvisy... en faux panamas... Et tous les pêcheurs du bief, en sabots, remontaient à la « Belle Adèle » pour l'apéritif, exprès pour rencontrer l'oncle Arthur. Jamais ils rigolaient autant.

Il y en avait pour tous les goûts ! Tous les jeux ! Toutes les attractions ! Du bouchon à la palette... Le discours !... Les devinettes !... Entre les arbres !... Pour les dames... L'oncle Arthur c'était l'entrain... la coqueluche... Il se démenait, se mettait à toutes les sauces... Mais il enlevait pas son chapeau, sa poêle à marrons d'artiste ! Même comme ça au fort de l'été, il transpirait à ruisseaux... Il changeait rien à sa tenue... Ses tatanes bec de canard, ses grimpants velours à côtes... sa cravate énorme, la feuille de laitue...

Avec son goût pour les bonniches il avait tombé les trois... Heureuses de servir et d'aimer... Il voulait plus qu'on lui en parle de ses misères de Vaugirard... Déjà, c'était oublié !... Il allait refaire toute sa vie !... Il laissait pas mon père finir... Ratiociner ses bêtises... Il nous embrassait tour à tour... Il était bien content de nous revoir...

« Arthur ! Veux-tu m'écouter un instant !... Tes créanciers sont suspendus à notre porte !... du matin au soir !... Ils nous harcèlent !... M'entends-tu ? » Arthur balayait d'un geste ces évocations miteuses. Et mon père il le regardait comme un pauvre obstiné ballot... Il avait pitié en somme ! « Allons venez tous par ici !... Viens Auguste ! Tu parleras plus tard ! Je vais vous montrer le plus beau point de vue de la région !... Saint- Germain n'existe pas !... Encore un petit raidillon... Le chemin de gauche et puis la voûte de verdure... Au bout c'est mon atelier !... »

Il appelait ainsi sa cabane... Elle était pépère c'est exact comme situation. De chez lui on dominait toute la vallée... La Seine jusqu'à Villeneuve-Saint-Georges et de l'autre côté les bois de Sénart. On pouvait pas rêver mieux. Il avait de la veine. Il ne payait aucun loyer, pas un fifrelin. Soi-disant il gardait l'étang d'un propriétaire...

L'étang se remplissait qu'en hiver, l'été y avait pas d'eau du tout. Il était bien vu par les dames. Il avait affranchi les bonnes. Y avait à croûter chez lui et en abondance !... Du muscadet comme en bas, du saucisson, des artichauts et des petits suisses... En pagaye alors ! Dont ma mère était si friande. Il était pas malheureux... Il nous a parlé de ses commandes... Des enseignes pour tous les bistrots, les épiceries, les boulangeries...

« Ils feront l'utile, moi l'agréable ! » C'est ainsi qu'il voyait la vie... Y avait plein d'esquisses sur les murs : Au Brochet Farci avec un poisson comac en bleu, rouge et vermillon... La Belle Marinière pour une blanchisseuse amie, avec des tétons lumineux, une idée très ingénieuse... L'avenir était assuré. On pouvait se réjouir.

Avant qu'on reparte au village, il a tout enfoui dans trois ou quatre cruches, toute la boustifaille et le tutu blanc, comme un trésor dans un sillon... Il voulait pas laisser sa trace. Il se méfiait des gens qui passent. Il a écrit avec une craie sur sa porte : Je reviendrai jamais.

On est descendu vers l'écluse, il connaissait les mariniers. Ça faisait une longue trotte par les chemins à pic, ma mère claudiquait derrière. En arrivant elle avait mal, elle est restée sur une borne. On a regardé les remorqueurs, le mouvement du sas des péniches qu'ont l'air si sensible, fragile comme du verre contre les murailles... Elles osent aborder nulle part.

L'éclusier bouffi crache trois fois sa chique, tombe la veste, ramone et râle sur la chignole... La porte aux pivots tremblote, grince et démarre à petits coups... Les remous pèsent... les battants suintent et cèdent enfin... l'Arthémise pique un long sifflet... le convoi rentre...

Plus loin, c'est Villeneuve-Saint-Georges... La travée grise de l'Yvette après les coteaux... En bas, la campagne... la plaine... le vent qui prend son élan... trébuche au fleuve... tourmente le bateau-lavoir... C'est l'infini clapotis... les triolets des branches dans l'eau... De la vallée... En vient de partout... Ça module les brises... Il est plus question des dettes... On n'en parle plus... C'est la force de l'air qui nous grise... On déconne avec l'oncle

Arthur... Il veut nous faire traverser. Ma mère refuse qu'on s'embarque... Il monte tout seul dans un bachot. Il va nous montrer ses talents. Il rame à contre-courant. Mon père s'anime et lui prodigue mille conseils, l'exhorte à toutes les prudences. Même ma pauvre mère se passionne. Elle se méfie déjà du pire. Elle boite, elle nous accompagne tout le long de la rive...

L'oncle Arthur dérange les pêcheurs, de leur banquette ils sèment au vol les asticots... Ils l'enguirlandent énormément... Il cafouille dans les nénuphars... Il va se remettre en action... Il transpire comme trois athlètes. Il tourne, il prend le petit goulet, il faut qu'il oblique en vitesse vers les sablières, qu'il se réfugie de la « grande Touilleuse ». Elle s'annonce de loin, La Fleur-des-carrières elle avance à la force des chaînes, dans un formidable boucan... Elle tire sur le fond du fleuve... Elle fait tout remonter alors... Tous les limons et les cadavres et les brochets... Elle éclabousse, défonce les deux rives à la fois... C'est la terreur et le désastre partout quand elle passe. La flottille des bords capote, carambole dans les piquets... Trois biefs à la fois chahutent... C'est la catastrophe des bateaux ! La voilà qui sort de sous le pont, La Fleur des carrières. Elle bringuebale dans le fond de sa carcasse et sur ses balcons, toute la quincaillerie, les catapultes et la timonerie d'un enfer. Elle traîne derrière elle au moins vingt chalands bourrés d'escarbilles... C'est pas le moment de pavaner !... Mon oncle il se prend dans un filin... Il a pas le temps de toucher la rive... Au clapot, son bachot soulève... son beau galure tombe au jus... Il se penche, il veut faire un effort... Il perd sa rame... Il s'affole... Il rebiffe... Il bascule... Il tombe au sirop exact comme « les Joutes Lyonnaises » en arrière « plat cul » !... Heureusement qu'il sait nager !... On se précipite, on le cajole, on le félicite... l'Apocalypse est déjà loin... là-bas vers Ris-Orangis en train de semer d'autres terreurs.

Tout le monde se retrouve à la Perte du Goujon, le rendez-vous des éclusiers, on se congratule... C'est le moment des apéros... À peine le temps de se sécher, mon oncle Arthur réunit toutes ses connaissances... Il a une idée !... Pour un club des « Frères de la Voile ». Les pêcheurs sont moins enthousiastes... Il ramasse les cotisations... Les petites amies viennent l'embrasser... Nous restons encore pour la soupe... Sous les lampions, entre les moustiques et le potage, l'oncle pousse déjà sa romance : « Un poète m'a dit... » On ne veut plus du tout qu'il retourne à l'étang l'oncle Arthur... On l'accapare... Il ne sait plus où se donner...

Nous sommes repartis vers la gare... On s'est éclipsés en douce pendant qu'il roucoulait encore... Mais mon père était pas content... Surtout à la réflexion... Il marronnait à l'intérieur... Il s'en voulait énormément de pas lui avoir dit son fait... Il avait manqué d'aplomb. On y est retourné encore une fois. Il avait un nouveau canot avec une vraie voile Arthur... et même un petit foc au bout... Il louvoyait en chantant Sole mio. Il faisait beaucoup d'écho dans les Sablières avec sa jolie chanson. Il était ravi... C'était plus tenable pour papa... Ça pouvait pas continuer... Bien avant l'apéritif, on a filé comme des péteux... On nous a pas vus repartir... On y est jamais retourné le voir... C'était plus possible sa fréquentation... Il nous débauchait...

* * *

Comme y avait juste dix ans qu'il faisait partie de la Coccinelle, mon père il a eu des vacances, quinze jours et payés...

Qu'on s'en aille comme ça tous les trois c'était pas très raisonnable... C'était des sommes folles... Mais il faisait un été terrible et dans le Passage on en crevait, moi surtout qu'étais le plus livide, qui souffrais de croissance. Je tenais plus en l'air d'anémie. On a été voir le médecin, il m'a trouvé inquiétant...

« C'est pas quinze jours ! C'est trois mois qu'il lui faudrait, au grand air !... » Voilà comment il a parlé.

« Votre Passage, qu'il a dit en plus, c'est une véritable cloche infecte... On n'y ferait pas venir des radis ! C'est une pissotière sans issue... Allez-vous-en !... »

Il était si catégorique, que ma mère est rentrée en larmes... Il a fallu qu'on trouve un joint. On voulait pas taper trop fort dans les trois mille francs d'héritage... Ils ont donc alors résolu de tenter encore les marchés : Mers... Onival et surtout Dieppe... Il a fallu que je promette de me tenir tout à fait peinard... de plus bombarder les cadrans... de plus obéir aux voyous... de plus quitter ma mère d'un pouce... J'ai juré tout ce qu'on a voulu... d'être sage et même reconnaissant... qu'en revenant je ferais bien des efforts pour passer mon certificat...

Ainsi rassurés sur mon compte, ils ont dit qu'on pouvait partir. On a fermé le magasin. On irait d'abord à Dieppe, avec ma mère, se rendre compte un mois d'avance... Mme Divonne viendrait regarder de temps à autre s'il se passait rien d'insolite pendant notre absence... Papa il nous rejoindrait plus tard, il ferait la route en bicyclette... Il passerait deux semaines avec nous...

Aussitôt là-bas, nous deux, on s'est débrouillés très vite, on n'a vraiment pas eu trop de mal. On logeait au-dessus d'un café Aux Mésanges. Deux matelas par terre chez une employée des Postes. Le seul ennui c'était l'évier, il sentait pas bon.

Quand il s'est agi de déballer sur la Grand-Place les marchandises, ma mère a pris peur tout d'un coup. Nous avions pris un choix complet de fanfreluches, de broderies et de colifichets extrêmement volages. C'était bien risqué d'établir tout ça en plein air, dans une ville qu'on ne connaissait pas... Réflexion faite, on a préféré relancer nous-mêmes les clientes, c'était bien du mal certainement, mais on risquait moins d'être fauchés... D'un bout à l'autre de l'Esplanade, devant la mer, on s'est tapé le porte à porte... C'était un boulot. Il pesait lourd notre barda. On attendait devant les villas, sur le banc d'en face. Y avait des moments opportuns, c'est quand ils avaient bien bouffé... Fallait entendre leur piano... Les voici qu'ils passent au salon !...

Ma mère alors bondissait, sautillait sur la sonnette... Elle était reçue mal ou bien... Elle arrivait à vendre quand même...

De l'air j'en ai pris beaucoup et de tellement fort, en abondance, que j'en étais saoul. La nuit même ça me réveillait. Je voyais plus que des bites, des culs, des bateaux, des voiles... Le linge sur les cordes à flotter ça me foutait des crampées terribles... Ça gonfle... Ça provoque... tous les pantalons des voisines...

La mer on s'en méfiait d'abord... On passait autant que possible par les petites rues abritées. La tempête ça donne du délire. J'arrêtais plus de me l'agiter.

Dans la chambre à côté de la nôtre, y avait le fils d'un représentant. On faisait tous nos devoirs ensemble. Il me tâtait un peu la berloque, il se branlait encore plus que moi. Il venait là, lui, tous les ans, alors il connaissait bien tous les genres de tous les navires. Il m'a appris tous les détails et leurs gréements et leurs misaines... Les trois-mâts barques... Les carrés... Les trois-mâts goélettes... Je m'intéressais avec passion pendant que maman faisait les villas...

On la connaissait sur la plage autant que le marchand de coco... à force de la voir bourlinguer avec son paquetage... Dedans y avait ses broderies, des « patrons », des ouvrages de dames et même des fers à repasser... Elle aurait vendu des rognons, des peaux de lapins, des cropinettes pour qu'on « étale » les deux mois.

En faisant nos démarches, on se méfiait aussi du port, de passer trop près, à cause des bornes et des cordages, où l'on trébuche très facilement. Y a pas plus traître comme endroit. Si on carambole dans la vase, on est happé, on reste au fond, les crabes vous bouffent, on vous retrouve plus...

Les falaises aussi c'est dangereux. Chaque année des familles entières sont écrabouillées sous les roches. Une imprudence, un faux pas, une réflexion malheureuse... La montagne se renverse sur vous... On se risquait le moins possible, on sortait pas beaucoup des rues. Le soir, tout de suite après la soupe, nous repiquions encore aux sonnettes. On s'en retapait une grande tournée... par un bout et puis par l'autre... Toute l'Avenue du Casino.

J'attendais moi, devant les villas, sur un banc dehors... J'entendais ma mère dedans, qui s'égosillait... Elle se donnait un tabac terrible... Je connaissais tous les arguments... Je connaissais tous les chiens perdus... Ils arrivent, ils reniflent, ils détalent... Je connaissais tous les colporteurs, c'est l'heure où ils rentrent avec leurs carrioles... Ils tirent, ils poussent, ils s'exténuent... Personne les regarde. Alors ils se gênent plus pour râler... Ils en reniflent dans les brancards... Encore un coup jusqu'à l'autre coin... Le Phare écarquille la nuit... L'éclair passe sur le bonhomme... Le rouleau de la grève aspire les cailloux... s'écrase... roule encore... fracasse... revient... crève...

* * *

Sur les affiches, on a vu qu'après la foire du 15 août y aurait la course d'automobiles. Ça devait ramener beaucoup de monde, surtout des Anglais. Ma mère s'est dit qu'on resterait encore un peu. On avait pas eu beaucoup de veine, il avait fait si vilain pendant le mois de juillet que les clientes restaient chez elles, à faire du « petit point »... Ça nous faisait pas vendre des « charlottes » ni des « boléros » ni même les « ouvrages de dames »... Encore si elles consommaient !... Mais elles en finissaient pas de ravauder leurs tapisseries !... Elles cancanaient encore plus au bord de la mer qu'en ville... Comme toutes les mondaines rien que de bonnes et de cacas...

Elles se vautraient dans une vraie cosse, elles s'y reprenaient à vingt fois... elles traînaient sur nos modèles...

Mon père, il avait plus confiance. Il s'alarmait dans ses lettres. Il nous voyait déjà foutus. On avait flambé plus de mille francs... Ma mère lui a répondu de taper dans l'héritage. Ça s'était un vrai héroïsme, ça pouvait finir très mal. Déjà je voyais toute la poisse me refluer sur le trognon. Il a récrit qu'il arrivait.

On l'a attendu devant l'église. Il est apparu enfin avec un vélo tout en boue.

Je croyais qu'il allait m'agonir, m'attribuer des catastrophes, j'étais déjà préparé pour une corrida impétueuse... et puis rien du tout !... Il semblait heureux au contraire d'être au monde et de nous trouver là. Il m'a plutôt félicité sur ma conduite et ma bonne mine. J'étais ému au possible. Il a proposé lui-même qu'on aille faire un tour vers le port... Il s'y connaissait en navires. Il se souvenait de toute sa jeunesse. Il était expert en manœuvres. On a laissé repartir maman avec ses bardas, on a piqué vers les bassins. Je me souviens bien du trois-mâts russe, le tout blanc. Il a fait cap sur le goulet à la marée de tantôt.

Depuis trois jours il bourlinguait au large de Villers, il labourait dur la houle... Il avait de la mousse plein ses focs... Il tenait un cargo terrible en madriers vadrouilleurs, des monticules en pleine pagaye sur tous ses ponts, dans les soutes rien que de la glace, des énormes cubes éblouissants, le dessus d'une rivière qu'il apportait d'Arkangel exprès pour revendre dans les cafés... Il avait pris dans le mauvais temps une bande énorme et de la misère sur son bord... On est allés le cueillir nous autres avec papa, du petit phare jusqu'à son bassin. L'embrun l'avait tellement drossé que sa grande vergue taillait dans l'eau... Le capitaine, je le vois encore, un énorme poussah, hurler dans son entonnoir, dix fois fort encore comme mon père ! Ses lapins, ils escaladaient les haubans, ils ont grimpé rouler là-haut tous les trémats, la toile, toutes les cornes, les drisses jusque dessous le grand pavillon de Saint-André... On avait cru pendant la nuit qu'il irait s'ouvrir sur les roches. Les sauveteurs voulaient plus sortir, y avait plus de Bon Dieu possible... Six bateaux de pêche étaient perdus, le « corps marin » même, sur le récif du Trotot il avait rué un coup trop dur, il était barré dans ses chaînes... Ça donne une idée du temps.

Devant le café La Mutine y a eu la manœuvre aux écoutes... sur bouée d'amarres avec une dérive pas dangereuse... Mais la clique était si saoule, celle du haie, qu'elle savait plus rien... Ils ont souqué par le travers... L'étrave est venue buter en face dans le môle des douaniers... La « dame » de la proue, la sculpture superbe s'est embouti les deux nichons... Ce fut une capilotade... Ça en faisait des étincelles... Le beaupré a crevé la vitre... Il s'est engagé dans le bistrot... Le foc a raclé la boutique...

Ça piaillait autour en émeute... Ça radinait de tous les côtés. Il a déferlé des jurons... Enfin tout doux... Le beau navire s'est accosté... Il a bordé contre la cale, criblé de filins... Au bout de tous les efforts, la dernière voilure lui est retombée de la misaine... étalée comme un goéland.

L'amarre en poupe a encore un grand coup gémi... La terre embrasse le navire. Le cuistot sort de sa cambuse, il lance à bouffer aux oiseaux râleurs une énorme écuelle. Les géants du bord gesticulent le long de la rambarde, les ivrognes du débarquement sont pas d'accord pour escalader la passerelle... les écoutilles pendent...

Le commis des écritures monte le premier en redingote... La poulie voyage au-dessus avec un bout de madrier... On recommence à se provoquer... C'est le bastringue qui continue... Les débardeurs grouillent sur les drisses... Les panneaux sautent... Voici l'iceberg au détail !... Après la forêt !... Fouette cocher !... Le charroi s'amène... Nous n'avons plus rien à gagner, les émotions sont ailleurs.

Nous retournons au sémaphore, c'est un charbonnier qu'on signale. Par le travers du « Roche-Guignol » il arrive en berne.

Le pilote autour danse et gicle avec son canot d'une vague sur l'autre. Il se démène... Il est rejeté... enfin il croche dans l'échelle... il escalade... il grimpe au flanc. Depuis Cardiff le rafiot peine, bourre la houle... Il est tabassé bord sur bord dans un mont d'écume et d'embrun... Il nage au courant... Il est déporté vers la digue... Enfin la marée glisse un peu, le requinque, le refoule dans l'estuaire... Il tremble en rentrant, furieux, de toute sa carcasse, les paquets le pourchassent encore. Il grogne, il en râle de toute sa vapeur. Ses agrès piaulent dans la rafale. Sa fumée rabat dans les crêtes, le jusant force contre les jetées.

Les « casquets » au raz d'Emblemeuse on les discerne, c'est le moment... Les petites roches découvrent déjà sur la marée basse...

Deux cotres en perte tâtent un passage... La tragédie est imminente ; il faut pas en perdre une bouchée... Tous les passionnés s'agglomèrent à la pointe de digue, contre la cloche de détresse... On scrute les choses à la jumelle... Un des voisins nous prête les siennes. Les bourrasques deviennent si denses qu'elles bâillonnent. On étouffe dessous... Le vent grossit la mer encore... Elle gicle en gerbes haut sur le phare... elle s'emporte au ciel.

Mon père enfonce sa casquette... Nous ne rentrerons qu'à la nuit... Trois pêcheurs rallient démâtés... Au fond du chenal leurs voix résonnent... Ils s'interpellent... Ils s'empêtrent dans les avirons...

Maman, là-bas est inquiète, elle nous attend à la Petite Souris le caboulot des mareyeurs... Elle a pas vendu grand-chose... On ne s'intéresse plus nous autres que dans les voyages au long cours.

* * *

Papa il savait bien nager, il était porté sur les bains. Moi ça me disait pas grand-chose. La plage de Dieppe elle est pas bonne. Enfin c'était les vacances ! Et puis surtout j'étais devenu bien plus sale encore qu'au Passage.

Nous n'avions à la Mésange qu'une petite cuvette pour nous trois. Je coupais à tous les bains de pieds. Je commençais à sentir très fort, presque aussi fort que l'évier.

Les bains de mer, c'était du courage. C'est la crête fumante, redressée, bétonnée de cent mille galets, grondante qui s'écrase et me happe.

Transi, raclé, l'enfant vacille et succombe... Un univers en cailloux me baratine tous les os parmi les flocons, la mousse.

C'est la tête qui branle d'abord, qui porte, bascule, pilonne au fond des graviers... Chaque seconde est la dernière... Mon père en maillot zébré, entre deux vallées mugissantes s'époumone. Il m'apparaît... Il éructe... s'épuise, déconne. Un rouleau le culbute aussi, le retourne, le voilà les nougats en l'air... Il gigote comme une grenouille... Il se redresse plus, il est foutu... Il me fonce alors dans la poitrine une terrible rafale de galets... Je suis criblé... Noyé... Affreux... Je suis écrasé par un déluge... Puis ça me ramène encore, projeté gisant aux pieds de ma mère... Elle veut me saisir, m'arracher... La succion me décroche... M'éloigne... Elle pousse un horrible cri. La plage tout entière afflue... Mais tout effort est déjà vain... Les baigneurs s'agglomèrent, s'agitent... Quand la furie me bute au fond, je remonte râler en surface... Je vise le temps d'un éclair qu'ils discutent sur mon agonie... Ils sont là de toutes les couleurs : des verts... des bleus... des ombrelles, des jaunes... des citron... Je tourbillonne dans mes morceaux... Et puis j'aperçois plus rien... Une bouée m'étrangle... On me haie sur les rochers... tel un cachalot... Le vulnéraire m'emporte la gueule, on me recouvre tout d'arnica... Je brûle sous les enveloppements... Les terribles frictions. Je suis garrotté dans trois peignoirs.

Tout autour alors, on explique... Que la mer est trop forte pour moi ! Très bien ! Ça va ! J'en demandais jamais tant !... On faisait ça pour le sacrifice... Pour le nettoyage vigoureux...

* * *

Déjà dix jours étaient passés. La semaine suivante c'était fini. Mon père retournait au bureau. D'y réfléchir on s'en faisait mal au ventre. Plus une seule minute à perdre.

Question de vente, c'était d'un coup devenu si mou qu'il a fallu une vraie panique pour qu'on se décide à l'excursion... Qu'on s'embarque tous pour l'Angleterre... C'était le retour très prochain qui nous affolait... qui nous poussait aux extrêmes...

On est partis au lever du jour, à peine le temps d'un café-crème... Le pécule à Grand-mère... ça y est !... on l'avait à moitié flambé !...

Sur le bateau, on est arrivés en avance... On était bien aux plus petites places, juste sur l'étrave... On voyait tout l'horizon admirablement... Je devais signaler moi le premier la côte étrangère... Le temps était pas mauvais, mais quand même dès qu'on s'est éloignés un peu, qu'on a perdu de vue les phares, on a commencé à mouiller... Ça devenait une balançoire et de la vraie navigation... Ma mère alors s'est résorbée dans l'abri pour les ceintures... C'est elle la première qu'a vomi à travers le pont et dans les troisièmes... Ça a fait le vide un instant...

« Occupe-toi de l'enfant, Auguste ! » qu'elle a eu le temps juste de glapir... Y avait pas mieux pour l'excéder...

D'autres personnes alors s'y sont mises à faire des efforts inouïs... par-dessus bord et bastingages... Dans le balancier, contre le mouvement, on dégueulait sans manière, au petit bonheur... Y avait qu'un seul cabinet au coin de la coursive... Il était déjà rempli par quatre vomitiques affalés, coincés à bras- le-corps... La mer gonflait à mesure... À chaque houle, à la remontée, un bon rendu... À la descente au moins douze bien plus opulents, plus compacts... Ma mère sa voilette, la rafale la lui arrache, trempée... elle va plaquer sur la bouche d'une dame à l'autre extrémité... mourante de renvois... Plus de résistance ! Sur l'horizon des confitures... la salade... le marengo... le café- crème... tout le ragoût... tout dégorge !...

À même les planches, ma mère à genoux, s'efforce et sourit sublime, la bave lui découle...

« Tu vois qu'elle me remarque, à contre-tangage... horrible... Tu vois toi aussi Ferdinand il t'est resté sur l'estomac le thon !... » Nous refaisons l'effort ensemble. Bouah !... et Bouah !... Elle s'était trompée ! c'est les crêpes !... Je crois que je pourrais produire des frites... en me donnant plus de mal encore... En me retournant toute la tripaille en l'extirpant là sur le pont... J'essaye... je me démène... Je me renforce... Un embrun féroce fonce dans la rambarde, claque, surmonte, gicle, retombe, balaye l'entrepont... L'écume emporte, mousse, brasse, tournoyé entre nous toutes les ordures... On en ravale... On s'y remet... À chaque plongée l'âme s'échappe... on la reprend à la montée dans un reflux de glaires et d'odeurs... Il en suinte encore par le nez, salées. C'est trop !... Un passager implore pardon... Il hurle au ciel qu'il est vide !... Il s'évertue !... Il lui revient quand même une framboise !... Il la reluque avec épouvante... Il en louche... Il a vraiment plus rien du tout !... Il voudrait vomir ses deux yeux... Il fait des efforts pour ça... Il s'arc-boute à la mâture... Il essaye qu'ils lui sortent des trous... Maman elle, va s'écrouler sur la rampe... Elle se revomit complètement... Il lui est remonté une carotte... un morceau de gras... et la queue entière d'un rouget...

Là-haut près du capitaine, les gens des premières, des secondes ils penchaient pour aller au refile, ça cascadait jusque sur nous... À chaque coup de lame dans les douches on ramasse des repas entiers... on est fouettés de détritus, par les barbaques en filoches... Ça monte là-haut par bourrasques... garnissant les haubans... Ça mugit la mer autour, c'est la bataille des écumes... Papa en casquette jugulaire, il patronne nos évanouissements... il pavoise, il a de la veine lui, il a le cœur marin !... Il nous donne des bons conseils, il veut qu'on se prosterne davantage... qu'on rampe encore un peu plus... Une passagère débouline... Elle vadrouille jusque sur maman... elle se cale pour mieux dégueuler... Un petit clebs aussi rapplique, rendu si malade qu'il en foire dans les jupons... Il se retourne, il nous montre son ventre... Des chiots on pousse des cris horribles... C'est les quatre personnes qui sont bouclées qui peuvent plus vomir du tout, ni pisser... ni chiader non plus... Elles se forcent maintenant sur la lunette... Elles implorent qu'on les assassine... Et le rafiot cabre encore plus... toujours plus raide, il replonge... il se renfonce dans l'abîme... dans le vert foncé... Il rebascule tout entier... Il vous ressoulève, l'infect, tout le creux du bide...

Un trapu, un vrai insolent, devant aide à dégueuler son épouse dans un petit baquet... Il lui donnait du courage...

« Vas-y Léonie !... Ne t'empêche pas !... Je suis là !... Je te tiens. » Elle se retourne alors toute la tête d'un seul coup dans le sens du vent... Tout le mironton qui lui glougloutait dans la trappe elle me le refile en plein cassis... J'en prends plein les dents, des haricots, de la tomate... moi qu'avais plus rien à vomir !... M'en revoilà précisément... Je goûte un peu... la tripe remonte. Courage au fond !... Ça débloque !... Tout un paquet me tire sur la langue... Je vais lui retourner moi tous mes boyaux dans la bouche. À tâtons je me rapproche... On rampe tout doucement tous les deux... On se cramponne... On se prosterne... On s'étreint... on se dégueule alors l'un dans l'autre. Mon bon papa, son mari, ils essayent de nous séparer... Ils tirent chacun par un bout... Ils comprendront jamais les choses...

Voguent les vilains ressentiments ! Bouah !... Ce mari c'est un butor, un buté !... Tiens le mignon on va le dégueuler ensemble !... Je lui repasse à sa toute belle tout un écheveau parfait de nouilles... avec le jus de la tomate... Un cidre de trois jours... Elle me redonne de son gruyère... Je suce dans ses filaments... Ma mère empaquetée dans les cordes... rampe à la suite de ses glaviots... Elle traîne le petit chien dans ses jupes... On s'est tortillés tous ensemble avec la femme du costaud... Ils me tiraillent férocement... Pour m'éloigner de son étreinte, il me truffe le cul à grands coups de grolles... C'était le genre « gros boxeur »... Mon père a voulu l'amadouer... À peine qu'il avait dit deux mots, l'autre lui branlait un tel coup de boule en plein buffet qu'il allait se répandre sur le treuil... Et c'était pas encore fini !... Le mastard lui ressaute sur le râble... Il lui ravage toute la gueule... Il s'accroupit pour le finir... Il saignait papa à pleine pipe... Ça dégoulinait dans le vomi... Il a vacillé le long du mât... Il a fini par s'écrouler... Le mari il était pas quitte... Il profite que le roulis m'emporte... Il me charge... Je dérape... Il me catapulte dans les gogs... Un vrai coup de bélier... Je bute... Je défonce toute la lourde... Je retombe dans les mecs avachis... Je me retourne dans le tas... Je suis coincé dans leur milieu... Ils ont plus aucun de culotte ! Je tire le cordon. On est noyés dans la tombe ! On s'écrase dans la tinette... Mais ils arrêtent pas de ronfler... Je ne sais même pas moi si je suis mort.

* * *

La Sirène a tout réveillé. On s'est cramponnés aux « waters ». On a émergé des hublots... Ça faisait les jetées au bout du port toute une grande dentelle pilotis... On a regardé l'Angleterre comme on débarque dans l'Au-delà...

C'était des falaises aussi, et puis des verdures... Mais bien plus foncées alors et puis plus râpeuses qu'en face... L'eau était toute plate à présent... C'était facile pour vomir... Mais l'impulsion s'était calmée.

Par exemple, question de grelotte, on s'en serait cassé toutes les dents... Ma mère en pleurait par saccades d'avoir tant dégobillé... Moi j'avais des bosses partout... C'était le grand silence dans les rangs, la timidité, les inquiétudes de l'accostage. Des cadavres seraient pas plus timides.

Le paquebot a souqué sur l'ancre, il a saccadé deux, trois fois, et puis on s'est bien arrêté. On a fouillé pour nos billets... Une fois qu'on a franchi la Douane, on a essayé de se requinquer. Ma mère fallait qu'elle torde sa jupe pour en faire sortir des ruisseaux. Mon père il avait si fort dérouillé qu'il lui manquait un bout de moustache. Je faisais semblant de pas le regarder mais au beurre noir qu'il avait l'œil. Il se tamponnait dans son mouchoir... On se remettait tous peu à peu. La chaussée tanguait bien encore. On a marché le long des boutiques, des minuscules comme c'est là-bas, avec des volets bariolés et les petites marches au blanc d'Espagne.

Ma mère, elle faisait son possible, elle voulait pas nous empêcher, mais elle boitait loin par-derrière... On a pensé à un hôtel, une chambre tout de suite pour qu'elle se repose... un instant... On irait jamais jusqu'à Londres, on était trop mouillés déjà... On attraperait sûrement du mal si on risquait davantage... Et puis les godasses tiendraient pas. Elles buvaient en plein dans la boue, elles faisaient du bruit comme un troupeau...

On a bien reconnu un hôtel... Sur la façade c'était écrit, en lettres d'or... Une fois devant on a pris peur... On est repartis pour l'autre côté... Il pleuvait toujours davantage. C'est le prix des moindres trucs qu'on essayait d'imaginer... On avait la peur des monnaies... On est entrés dans un Thé... Ceux-là ils nous comprenaient... Assis, on a regardé notre valise... C'était plus la même !... Dans la confusion, à la douane on s'était trompés !... Tout de suite dare-dare, on est revenu... La nôtre elle était barrée !... Celle-là qu'était pas à nous, on l'a rendue au chef de gare... Et comme ça on n'avait plus rien !... C'était un comble dans la malchance !... Ça n'arrive jamais qu'à nous autres !... C'était bien exact dans un sens... Mon père le constatait encore... On n'avait plus de quoi se changer... pas une seule chemise ! Il fallait bien se promener quand même... On commençait à nous remarquer dans le village tous les trois, transis sous la flotte. Ça faisait nettement « romanichels » ! C'était plus prudent de prendre la route... On a pris n'importe laquelle... Après la dernière maison...

« Brighton » !... C'était écrit sur la borne, à quatorze milles en face de nous... Comme on était bons marcheurs ça devait pas nous effrayer. Mais on se mettait jamais ensemble. Mon père toujours en avant... Il était pas très fier de nous... Même là rincé, boueux, perclus, il se détachait le plus possible... Il souffrait qu'on se mette à coller... Il s'espaçait.

Ma mère, la langue lui pendait tellement qu'elle avait du mal à tirer sa quille. Elle soufflait comme une vieille chienne.

La route sinuait à flanc de falaises. On a foncé dans les averses. En bas, l'Océan grondait, au fond du gouffre, rempli de nuages et d'éboulements.

Mon père, sa casquette nautique lui fondait jusque dans la bouche. Son pare-poussière lui épousait tant les formes, qu'il avait le cul comme un oignon.

Maman boquillonne, a renoncé au galure, celui qu'avait des hirondelles et des petites cerises comme garniture. On l'a donné à un buisson... Les mouettes qui fuyaient devant l'orage, elles venaient croasser tout autour. Elles devaient éprouver de la surprise qu'on passe nous aussi dans les nuées... Baratinés sous les rafales on se raccrochait au petit bonheur... Au flanc des falaises, sur les montées comme sur des vagues, et puis sur une autre... des infinies... Mon père les nuages l'escamotaient... Il allait se fondre dans les averses... On le revoyait toujours plus loin cramponné plus minuscule, sur l'autre versant.

« Nous monterons encore celle-ci Ferdinand !... Et puis je me reposerai ! Tu crois qu'il le voit lui le "Brichetonne" ? Tu crois que c'est encore loin ?... » Elle était à bout de vaillance. S'asseoir c'était impossible. Tous les remblais étaient dissous... Ses nippes s'étaient si raccourcies que les bras remontaient au ciel... Les tatanes gonflées comme des outres... Ma mère alors sa jambe se replie... Elle cède une fois sous son poids... Elle verse dans le creux du talus... Sa tête est prise, est coincée... Elle pouvait plus faire un mouvement... Elle faisait des bulles comme un crapaud... La pluie d'Angleterre c'est un Océan suspendu... On se noie peu à peu...

J'ai appelé papa au secours et de toutes mes forces... Maman succombait à l'envers ! Je tirais dessus à toute violence. Je faisais des tractions. En vain !... Tout de même le voilà qu'il rapplique notre explorateur. Il est ahuri par les nuages. Nous faisons ensemble des efforts... On hisse tant et plus. On l'ébranle. On l'extirpe de la fange épaisse... Elle avait quand même le sourire. Ça lui faisait un plaisir exquis de le revoir son Auguste. Elle lui demandait de ses nouvelles... S'il avait pas trop souffert ?... Ce qu'il avait aperçu au bout de la Falaise ? Il répondait rien... Il disait seulement qu'on se grouille... Qu'on retourne en vitesse au port... Encore cent montées, cent descentes... à perte d'haleine. On reconnaissait plus notre route tellement déjà les orages l'avaient bouleversée... On a entrevu les lumières... le port et les phares... Il faisait complètement nuit... Rampants, vacillants on est repassés devant le même hôtel... On n'avait rien dépensé... On n'avait rencontré personne... On n'avait plus un seul vêtement... des loques en filoches... On avait l'air si épuisé que sur le bateau ils nous ont fait une faveur... On nous a autorisés à passer des troisièmes en secondes... on nous a dit de nous étendre... À la gare de Dieppe on a couché sur les banquettes... On devait rentrer directement... Dans le train y a eu encore toute une scène à cause de maman constipée...

« Y a huit jours que tu n'y vas pas !... Tu n'iras donc jamais plus !

Mais j'irai à la maison... »

C'était sa phobie à lui qu'elle aille pas régulièrement, ça le hantait. Les traversées ça constipe. Il pensait plus qu'à son caca. Au Passage on a pu enfin se sécher. On avait un rhume tous les trois. On s'en tirait à bon compte. Mon père il tenait un beau cocard. On a dit que c'était un cheval, que juste il passait derrière au moment d'une détonation...

Mme Divonne était curieuse, elle a voulu tout connaître. Tous les détails de l'aventure... Elle y avait été aussi, elle, en Angleterre, en voyage de noces. Pour mieux entendre raconter, elle s'est arrêtée du piano... En plein Clair de Lune.

M. Visios, il était friand aussi des récits et des découvertes... Édouard est passé avec Tom pour demander des nouvelles... Moi et maman, on avait aussi nos petites impressions... Mais papa voulait pas qu'on cause... Il tenait tout le crachoir lui tout seul... On peut dire qu'il en avait vu des choses prodigieuses... et des fantastiques... des inouïes... des parfaitement imprévues... au bout de la route... tout là-bas après la falaise... Quand il était dans les nuages... entre Brigetonne et l'ouragan... Papa tout seul absolument isolé !... perdu entre les bourrasques... entre ciel et terre...

À présent, il se gênait plus, il leur en foutait des merveilles... Il allait de la gueule tant que ça peut !... Maman le contredisait pas... Toujours elle était bien heureuse, quand il remportait son succès... « N'est-ce pas Clémence ? » qu'il lui demandait, quand le bobard résistait un peu... Elle approuvait, sanctionnait tout... Elle se disait bien qu'il allait fort, mais puisque c'était son plaisir !...

« Mais Londres, vous y êtes pas allés ? qu'a demandé

M. Lérosite, le marchand de lunettes du 37, qu'était tout à fait puéril, qui recevait ses verres de là-bas...

— Si ! mais seulement aux environs... Nous avons vu le principal !... C'est le Port ! C'est la seule chose au fond qui compte ! Et puis les faubourgs... Nous n'avions que quelques heures !... » Maman a pas bronché quand même... Le bruit s'est répandu bientôt qu'on avait eu un grand naufrage... Qu'on avait débarqué les femmes sur les falaises par un treuil... Il inventait au fur et à mesuré... Et la façon qu'on s'était promenés dans Londres avec des familles rescapées... Des étrangers la plupart ! Il se tenait plus mon papa !... Il imitait leurs accents.

Tous les soirs après-dîner y avait des nouvelles séances... Des mirages... des mirages encore !... Mme Méhon a recommencé à fermenter dans sa tôle... D'en face, elle traversait pas... On était trop brouillés à mort... Elle faisait chanter son gramophone pour que papa ça l'interrompe... Qu'il soye forcé de s'arrêter... Pour qu'on soye vraiment plus tranquille, maman a fermé le magasin. Rabattu les stores à fond... Alors, elle est venue la Méhon cogner aux carreaux, provoquer papa pour qu'il sorte et qu'il s'explique un petit peu... Ma mère s'est interposée... Tous les voisins étaient outrés... Ils étaient tous en notre faveur... Ils prenaient du goût aux voyages... Un soir, en rentrant de nos courses, on n'entendait plus la Méhon ni son gramophone... Les habitués de la séance, ils arrivaient un par un... On s'installe dans l'arrière-boutique... Papa entamait son récit... et d'une manière toute différente... Quand voilà que de chez la vioque il part... Patatrac !... un bruit formidable !... Et des pétards qui se renforcent !... Une gerbe immense qui nous aveugle ! Ça explose contre la boutique !... La porte saute ! On la voit alors la came qui gesticule dans le milieu, avec une torche et des fusées... Elle fout le feu aux poudres !... Ça siffle, ça tournique ! C'est ce qu'elle a trouvé tout ça pour couper l'imagination ! Elle se démène comme le diable ! Elle en fout le feu à ses jupes. Elle s'embrase aussi ! On se précipite ! On l'étouffe dans les rideaux. On l'éteint ! Mais sa boutique brûle avec ses corsets ! Les pompiers arrivent à la charge ! On l'a jamais revue la charogne !... On l'a emmenée à Charenton ! Elle y est restée pour toujours ! Personne a voulu qu'elle revienne ! ils ont signé une pétition d'un bout à l'autre du Passage, qu'elle était folle et impossible.

* * *

Les mauvais jours sont revenus. On a plus parlé des vacances, ni des marchés ni de l'Angleterre... Notre vitrail a bourdonné sous les averses, notre galerie s'est refermée sur l'odeur aigre des passants, des petits chiens à la traîne.

C'était l'Automne...

J'ai repris des beignes à la volée pour vouloir jouer au lieu d'apprendre. Je comprenais pas grand-chose en classe. Mon père, il a redécouvert que j'étais vraiment un crétin. La mer ça m'avait fait grandir, mais rendu encore plus inerte. Je me perdais dans la distraction. Il a repiqué des crises terribles. Il m'accusait de vachardise. Maman s'est remise à gémir.

Son commerce devenait impossible, les modes arrêtaient pas de changer. On est revenu aux « batistes », on a ressorti les « fonds de bonnets ». Il a fallu que les clientes s'en posent plein les tétons, dans les cheveux, en ronds de serviettes. Mme Héronde, dans la bagarre, s'appuyait les transformations. Elle a construit des boléros en « dure Irlande » qu'étaient faits pour durer vingt ans. Ce ne furent, hélas, que caprices ! Après le Grand Prix, on les remonta sur fil de fer, ils sont devenus des abat-jour... Quelquefois, Mme Héronde, elle éprouvait une telle fatigue, qu'elle confondait toutes les commandes, elle nous a rendu comme ça des « petits bavoirs » en broderie qu'on attendait comme édredons... C'était alors des drames pépères... la cliente en bouffait sa morve, et brandissait les tribunaux ! Le désespoir était inouï, on remboursait tous les dommages et deux mois de nos nouilles y passaient... La veille de mon certificat, y a eu volcan dans la boutique, Mme Héronde venait de teindre en jaune coucou un « saut de lit » qu'était pourtant bien entendu comme « robe de mariée » ! C'était un coup à se faire étendre !... La bévue était effrayante ! La cliente pouvait nous bouffer !... Et cependant c'était écrit et très nettement sur le calepin !... Elle sanglotait Mme Héronde, effondrée, en bas sur ma mère. Mon père, au premier rugissait !

« Ah ! tu seras toujours la même ! Toujours trop bonne ! Ne t'ai-je pas assez prévenue ? Qu'elles nous foutront sur la paille ! Toutes tes ouvrières !... Ah ! suppose que moi, tiens, je fasse seulement le quart d'une erreur à la Coccinelle !... Ah ! je me vois propre au Bureau ! » L'hypothèse était si horrible qu'il se sentait déjà perdu !... Il tournait pâle !... On l'asseyait... C'était fini !... Je reprenais mon arithmétique... C'est lui qui me faisait répéter... Alors j'avais plus rien à dire, il m'en foutait la berlue, tellement qu'il s'embarbouillait dans ses propres explications. Je m'y prenais moi tout de travers... Je comprenais déjà pas grand-chose... J'abandonnais la partie... Il considérait mes lacunes... Il me trouvait indécrottable... Moi je le trouvais con comme la lune... Il se refoutait à râler à propos de mes « divisions ». Il s'empêtrait jusqu'aux racines... Il me bigornait encore la trompe... Il m'en arrachait les esgourdes... Il prétendait que je rigolais... Que je me foutais de sa binette.

Ma mère radinait un moment... Il redoublait de furie... Il gueulait qu'il voulait mourir !

* * *

Le matin du certificat, ma mère a fermé sa boutique pour pouvoir mieux m'encourager. Ça se passait à la Communale près de Saint-Germain-l'Auxerrois dans le préau même. Elle me recommandait en route d'avoir bien confiance en moi-même. Le moment était solennel, elle pensait à Caroline, ça la faisait encore pleurnicher...

Tout autour du Palais-Royal, elle m'a fait réciter mes Fables et la liste des Départements... À huit heures juste, devant la grille, nous étions là, qu'on nous inscrive. Y avait du soin dans les habits, tous les mômes étaient décrottés, mais énervés au possible, les mères aussi.

Y a eu d'abord la dictée, ensuite des problèmes. C'était pas très difficile, je me souviens, y avait qu'à copier. On faisait, nous, partie des refusés de l'automne, de la session précédente. Pour presque tous c'était tragique... Qui voulaient devenir apprentis... À l'oral, je suis tombé très bien, sur un bonhomme tout corpulent, qu'avait des verrues plein son nez. Il portait une grande lavallière, un peu dans le genre de l'oncle Arthur, c'était pourtant pas un artiste... Pharmacien qu'il avait été, rue Gomboust. Y a des personnes qui le connaissaient. Il m'a posé deux questions à propos des plantes... Ça je ne savais pas du tout... Il s'est répondu à lui-même. J'étais bien confus. Alors il m'a demandé la distance entre le Soleil et la Lune et puis la Terre et l'autre côté... Je n'osais pas trop m'avancer. Il a fallu qu'il me repêche. Sur la question des saisons je savais un petit peu mieux. J'ai marmonné des choses vagues... Vrai il était pas exigeant... Il finissait tout à ma place.

Alors il m'a posé la question sur ce que j'allais faire dans l'avenir si j'avais un Certificat ?

« Je vais entrer, que j'ai dit lâchement, dans le commerce.

— C'est dur le commerce mon petit !... qu'il m'a répondu... Vous pourriez peut-être encore attendre ?... Peut-être encore une autre année ?... »

Il devait pas me trouver costaud... Du coup j'ai cru que j'étais collé... Je pensais au retour à la maison, au drame que j'allais déclencher... Je sentais monter un vertige... Je croyais que j'allais défaillir... tellement que je me sentais battre... Je me suis raccroché... Le vieux il m'a vu pâlir...

« Mais non mon petit ! qu'il me fait, rassurez-vous donc ! Tout ça n'a pas d'importance ! Moi je vais vous recevoir ! Vous y entrerez dans la vie ! Puisque vous y tenez tant que ça ! »

J'ai été me rasseoir sur le banc, à distance, en face du mur !... J'étais quand même bouleversé. Je me demandais si c'était pas un mensonge commode... Pour se débarrasser. Ma mère était devant l'église sur la petite place, elle attendait les résultats...

C'était pas fini pour tout le monde... Il restait des mômes... Je les voyais les autres à présent. Ils bafouillaient leurs confidences, par-dessus le tapis... la Carte de France, les continents...

Depuis qu'il m'avait dit ces mots à propos d'entrer dans la vie, je les regardais les petits compagnons, comme si jamais je les avais vus... L'angoisse d'être reçus les coinçait tous contre la table, ils se tortillaient comme dans un piège.

C'était ça rentrer dans la vie ? Ils essayaient dans l'instant même, de s'arrêter d'être que des mômes... Ils faisaient des efforts de figure, pour déjà prendre des allures d'hommes...

On se ressemblait tous à peu près, comme ça vêtus, en tablier, c'étaient des enfants comme moi, de petits commerçants du centre, des façonniers, des « bazars »... Ils étaient tous assez chétifs... Ils s'écarquillaient les mirettes, ils en haletaient comme des petits clebs, dans l'effort de répondre au vieux...

Les parents le long de la muraille, ils surveillaient la procédure... Ils jetaient des regards vers leurs moutards, des coups de châsse carabinés, des ondes à leur couper la chique.

Les gosses, ils se gouraient à tout coup... Ils se ratatinaient davantage... Le vieux il était inlassable... Il répondait pour tout le monde... C'était la session des crétins... Les mères s'empourpraient à mesure... Elles menaçaient de mille raclées... Ça sentait le massacre dans la piaule... Enfin tous les mômes y ont passé... Il restait plus que le palmarès... C'était le plus beau du miracle !... Tout le monde était reçu finalement ! L'inspecteur d'Académie l'a proclamé sur l'estrade... Il avait un bide à chaîne, une grosse breloque qui sautillait entre chaque phrase. Il bafouillait un petit peu, il s'est gouré dans tous les noms... Ça n'avait aucune importance...

Il a profité de l'occasion pour prononcer quelques paroles tout à fait aimables... et très cordiales... Très encourageantes... Il nous a bien assurés, que si on se conduisait plus tard dans la vie, dans l'existence, d'une façon aussi valeureuse, on pouvait être bien tranquilles, qu'on serait sûrement récompensés.

J'avais pissé dans ma culotte et recaqué énormément, j'avais du mal à me bouger. J'étais pas le seul. Tous les enfants allaient de travers. Mais ma mère a bien senti l'odeur, en même temps qu'elle m'étreignait... J'étais tellement infectieux, qu'il a fallu qu'on se dépêche. On a pas pu dire « au revoir » aux petits copains... Les études étaient terminées... Pour rentrer encore plus vite on a pris un fiacre...

On a fait un courant d'air... C'étaient des drôles de carreaux qui branlaient tout le long du chemin. Elle a reparlé de Caroline.

« Comme elle aurait été heureuse de te voir réussir !... Ah ! si elle a une double vue !... »

Mon père attendait au premier étage, tous feux éteints, les résultats. Il avait rentré tout seul l'étalage, les lustres, tellement qu'il était frémissant...

« Auguste ! Il est reçu !... Tu m'entends ?... Il est reçu !... Il a passé facilement !... »

Il m'a accueilli à bras ouverts... Il a rallumé pour me voir. Il me regardait affectueusement. Il était ému au possible... Toute sa moustache tremblotait...

« Ça c'est bien mon petit ! Tu nous as donné bien du mal ! À présent je te félicite !... Tu vas entrer dans la vie... L'avenir est à toi !... Si tu sais prendre le bon exemple !... Suivre le droit chemin !... Travailler !... Peiner !... »

Je lui ai demandé bien pardon d'avoir été toujours méchant. Je l'ai embrassé de bon cœur... Seulement j'empestais si fort, qu'il s'est mis à renifler...

« Ah ! Comment ? qu'il m'a repoussé... Ah ! le cochon !... le petit sagouin !... Mais il est tout rempli de merde !... Ah ! Clémence ! Clémence !... Emmène-le là-haut, je t'en prie !... Je vais encore me mettre en colère ! Il est écœurant !... » Ce fut la fin des effusions...

On m'a nettoyé tant et plus, on m'a enduit d'eau de Cologne.

Le lendemain, on s'est mis en quête d'une maison réellement sérieuse pour que je commence dans le commerce. Une place même un peu sévère, où on ne me laisserait rien passer.

Pour bien apprendre, il faut que ça barde ! Telle était l'opinion d'Édouard. Il avait vingt ans de références. Tout le monde était de son avis.

* * *

Dans le commerce, bien représenter c'est tout à fait essentiel. Un employé qui se néglige, c'est de la honte pour ses patrons... Sur les chaussures, vous êtes jugés !... Ne pas faire pauvre pour les arpions !...

Au « Prince Régent » devant les Halles, c'était la maison centenaire... On pouvait pas désirer mieux ! Une réputation de tout temps pour les formes féroces et pointues... « bec de canard » genre habillé. Les ongles vous rentrent tous dans la viande, c'est le moignon d'Elégant ! Ma mère m'en a payé deux paires qu'étaient pratiquement inusables. On est passés ensuite en face aux « Classes Méritantes » Confections... On a profité des soldes, fallait finir de m'équiper.

Elle m'a payé trois pantalons, si impeccables, si solides, qu'on les a pris un peu plus grands, avec de l'ourlet pour dix ans. Je grandissais encore beaucoup. Le veston était le plus sombre, je gardais aussi mon brassard, le deuil de Grand-mère. Je devais faire tout à fait sérieux. En cols non plus faut pas se tromper... C'est par la largeur qu'on se rachète tant qu'on est jeune et grêle d'en haut. La seule coquetterie permise c'était la cravate légère, le papillon, monté système. Une chaîne de montre évidemment, mais brunie aussi pour le deuil. J'avais tout ça. J'étais correct. J'étais lancé. Papa aussi portait une montre, mais en or lui, un chronomètre... Il a compté dessus toutes les secondes jusqu'à la fin... La grande aiguille, ça le fascinait, celle qui court vite. Il bougeait plus à la regarder pendant des heures...

Ma mère m'a conduit elle-même chez M. Berlope, Rubans Garnitures, rue de la Michodière, juste après le Boulevard, pour me présenter.

Comme elle était très scrupuleuse, elle l'a bien renseigné d'avance... Qu'il aurait du mal avec moi, que je leur donnerais du fil à retordre, que j'étais assez paresseux, foncièrement désobéissant, et passablement étourdi. C'étaient des idées à elle... Je faisais toujours ce que je pouvais. En plus, elle les a prévenus, que je me fouillais le nez sans cesse, que c'était une vraie passion. Elle a recommandé qu'on me fasse honte. Que depuis toujours ils essayaient de m'améliorer, qu'ils arrivaient pas à grand-chose... M. Berlope, en écoutant ces détails, il se curait lui lentement les ongles... Il restait grave et soucieux. Il portait un fameux gilet parsemé d'abeilles en or... Je me souviens aussi de sa barbe éventail et de sa calotte ronde brodée, qu'il a pas ôtée pour nous.

Enfin, il a répondu... Il essayerait de me dresser... Il me regardait toujours pas... Si je montrais de la bonne volonté, de l'intelligence et du zèle... Eh bien, il verrait... Après quelques mois au rayon, on m'enverrait peut-être dehors... Avec un placier... Porter les marmottes... Ça me ferait voir les clients... Mais avant de m'aventurer, il faudrait d'abord qu'il se rende compte à quoi j'étais bon... Si j'avais le sens du commerce !... La vocation d'employé... La compétence... Le dévouement...

D'après ce qu'avait dit ma mère, ça demeurait tout de même bien douteux...

Tout en causant, M. Berlope, il se redonnait un coup de peigne, il se bichonnait, il se vérifiait de profil, il avait des glaces partout... C'était un honneur qu'il nous reçoive... Dans la suite, maman souvent l'a répété, qu'on avait eu la faveur d'être questionné par le patron.

« Berlope et fils » ne prenaient pas n'importe qui, même à l'essai, même gratuitement !

Le lendemain, à sept heures tout juste, j'étais déjà rue Michodière, devant leur rideau... J'ai tout de suite aidé le garçon des courses... Je lui ai tourné sa manivelle... Je voulais d'autor montrer mon zèle...

C'est pas Berlope bien sûr lui-même qui s'est occupé de mes débuts, c'est monsieur Lavelongue... Celui-là, c'était évident... il était la crème des salopes. Il vous pistait toute la journée toujours en traître, et dès le premier instant... Il vous quittait plus à la trace, feutré, à la semelle... Sinueux, derrière vous, d'un couloir à l'autre... Les bras pendants, prêts à bondir, à vous étendre... À l'affût de la cigarette... du plus petit mince mégot... du mec vanné qui s'assoit...

Comme j'ôtais mon pardessus, tout de suite, il m'a rencardé.

« Je suis votre chef du personnel !... Et comment vous appelez-vous ?

Ferdinand, Monsieur...

Alors, moi je vais vous avertir... Pas de guignols dans cette maison ! Si, d'ici un mois, vous n'êtes pas tout à fait au point... C'est moi, vous m'entendez bien, qui vous fous dehors ! Voilà ! C'est net ? C'est compris ? »

Ceci étant bien entendu, il s'est défilé en fantôme entre les piles de cartons. Il marmonnait toujours des choses... Quand on le croyait encore loin, il était à un fil de vous... Il était bossu. Il se flanquait derrière les clientes... Les calicots, ils en tremblaient de pétoche du matin au soir. Lui, il gardait son sourire, mais alors un pas ordinaire... Une vraie infection...

* * *

La pagaye, la confusion des camelotes, c'est encore pire pour la soierie que pour n'importe quel autre tissu. Toutes les largeurs, les métrages, les échantillons, les entamés qui s'éparpillent, s'emberlificotent, se retortillent à l'infini... C'est pas regardable, le soir venu. Y en a des fouillis prodigieux, tout emmêlés comme des buissons.

Toute la journée, les « coursières », les petites râleuses de la couture, elles viennent glousser dans les comptoirs. Elles trifouillent, ramènent, éclaboussent. Tout un délire en chichis. Ça serpente sous les tabourets...

Après sept heures, pour rembobiner, c'est un monde ! Y en a trop qui foutent le bordel. On étouffe dans la fanfreluche. C'est une orgie « dépareillée ». Des mille et des mille couleurs... Moires, satins, tulles... Où qu'elles s'amènent les crécelles pour chipoter la camelote, c'est plus qu'un massacre. Y a plus un carton disponible. Tous les numéros sont en bombe. On se fait agonir... Redouble !...

Par tous les fumiers du rayon ! Les commis gras à cheveux lisses ou à toupet comme le Mayol.

C'est aux roupiots le repliage. Ils sont bons pour la « bobinette ». L'épinglage au « pieu » des rubans. Le retournement des « comètes ». Tous les taupins à l'entame, le macramé, le velours bergame... La danse des taffetas, les changeants... Tout le bouillon, l'avalanche flasque des « invendus » c'est pour leur gueule. À peine que c'était remis d'équerre d'autres carambouilleuses radinaient... revenaient encore tout déglinguer !... Refoutre en l'air tout notre boulot...

Leurs mines, leurs salades, leurs mutineries dégueulasses leurs « balandars » à la main, toujours à la pêche d'un autre coloris, celui qu'on n'a pas...

En plus, moi j'avais un train-train, une consigne assez épuisante... je devais me taper la navette dans les « Réserves ». Environ cinquante fois par jour. Elles étaient placées au septième. Je me colletinais tous les cartons. Des pleines charges de pièces en rebut, bardas en vrac, ou détritus. Tous les rendus c'était pour moi. Les « marquisettes », les grands métrages, toutes les modes d'une saison jolie je les ai transportées sept étages. Un condé vraiment salement tarte. Assez pour crever un baudet. Mon col à « papillon » dans l'exercice et l'effort, il me godaillait jusqu'aux oreilles. Pourtant on le faisait empeser à double amidon.

M. Lavelongue, il m'a traité fort durement et de mauvaise foi. Dès qu'il arrivait une cliente, il me faisait signe que je me barre. Je devais jamais rester autour. J'étais pas montrable... Forcément à cause des poussières si épaisses dans les réserves et de l'abondante transpiration, j'étais barbouillé jusqu'aux tiffes. Mais à peine que j'étais sorti qu'il recommençait à m'agonir, parce que j'avais disparu. Y avait pas moyen de l'obéir...

Les autres merdeux des rayons, ça les faisait marrer la manière que je bagottais, la vitesse que j'atteignais pour passer d'un étage à l'autre. Lavelongue, il voulait pas que je pause :

« C'est la jeunesse, c'est le sport !... » Voilà comment il m'arrangeait. À peine que j'étais descendu qu'on me refilait un autre paquesson !... Vas-y poupette ! Je te connais bien !

On portait pas de blouse à l'époque dans les magasins du Sentier, c'était pas convenable. Avec des boulots semblables, on lui a vite vu la trame à mon beau veston.

« Tu vas user plus que tu ne gagnes ! » que s'inquiétait déjà maman. C'était pas bien difficile puisque je touchais rien du tout. C'est vrai que dans certains métiers les roupiots payaient pour apprendre. En somme, j'étais favorisé... C'était pas le moment que je ramène. « L'écureuil » qu'ils m'intitulaient les collègues tellement que j'y mettais de l'ardeur à grimper dans les réserves. Seulement n'empêche que Lavelongue il m'avait toujours à la caille. Il pouvait pas me pardonner d'être entré par

M. Berlope. Rien que de me voir ça lui faisait du mal. Il pouvait pas sentir ma tronche. Il voulait me décourager.

Il a encore trouvé à redire à propos de mes grolles, que je faisais avec trop de bruit dans les escaliers. Je talonnais un peu c'est exact, le bout me faisait un mal terrible surtout arrivé sur le soir, ils devenaient comme des vrais tisons.

« Ferdinand ! qu'il m'interpellait, vous êtes assommant ! vous faites ici, à vous tout seul, plus de raffut qu'une ligne d'omnibus ! »... Il exagérait.

Mon veston cédait de partout, j'étais un gouffre pour les complets. Il a fallu m'en faire un autre, dans un ancien à l'oncle Édouard. Mon père il décolérait plus, d'autant qu'il avait des ennuis et de plus en plus lancinants avec son bureau. Pendant ses vacances, les autres salopards, les rédacteurs, ils en avaient profité. Ils l'avaient calomnié beaucoup...

M. Lempreinte son supérieur, il croyait tout ça mot pour mot. Il avait lui des crises gastriques. Quand il avait vraiment très mal, il voyait des tigres au plafond... Ça arrangeait pas les affaires.

* * *

Je savais plus comment m'y prendre pour plaire chez Berlope. Plus je poulopais dans l'escalier, plus Lavelongue il me prenait en grippe. Il pouvait plus me voir en peinture.

Sur les cinq heures, comme il allait se taper un crème, moi je profitais dans la réserve pour ôter un peu mes tatanes, je faisais ça aussi dans les chiots quand y avait plus personne. Du coup, les autres enfoirés, ils allaient me cafeter au singe. Lavelongue piquait un cent mètres, j'étais sa manie... Je l'avais tout de suite sur le paletot.

« Sortirez-vous ? petit rossard ! Hein ! C'est ça que vous appelez du travail ?... À vous branler dans tous les coins !... C'est ainsi que vous apprendrez ? N'est-ce pas ? Les côtes en long ! La queue en l'air !... Voilà le programme de la jeunesse !... »

Je me trissais dans une autre planque, ailleurs, faire respirer mes « nougats ». Je me les passais au robinet. Pour mes godasses j'avais la lutte de tous côtés, ma mère qu'avait fait le sacrifice jamais elle aurait admis qu'elles étaient déjà trop étroites. C'était encore ma fainéantise ! L'effet de ma mauvaise volonté ! J'avais pas raison.

Tout là-haut dans la réserve, où je bagottais avec mes charges, c'était l'endroit du petit André, c'est là qu'il retapait ses cartons, qu'il noircissait les numéros avec du cirage et la brosse. Il avait débuté André l'année précédente. Il demeurait loin, lui, en banlieue, il avait du chemin pour venir... Son bled c'était après Vanves, aux « Cocotiers » ça s'appelait.

Fallait qu'il se lève à cinq heures pour ne pas dépenser trop de tramways. Il apportait son panier. Dedans, y avait toute sa bectance, enfermée avec une tringle et puis en plus un cadenas.

L'hiver, il bougeait jamais, il mangeait dans sa réserve, mais l'été il allait croûter sur un banc au Palais-Royal. Il se barrait un peu avant l'heure pour arriver juste à midi, pour l'explosion du canon. Ça l'intéressait.

Il se montrait pas beaucoup non plus, il avait un rhume continuel, il arrêtait pas de se moucher, même en plein mois d'août.

Ses nippes c'était pire que les miennes, il avait que des pièces. Du rayon, les autres arpètes, comme il était tout malingre, qu'il avait la morve au blaze, qu'il bégayait pour rien dire, ils lui cherchaient des raisons, ce qu'ils voulaient c'était le dérouiller... Il préférait rester là-haut, personne venait le provoquer.

Sa tante d'ailleurs, elle le corrigeait dur aussi, surtout qu'il pissait au plume, des volées affreuses, il me les racontait en détail, les miennes c'était rien à côté. Il insistait pour que j'y aille au Palais-Royal avec lui, il voulait me montrer les gonzesses, il prétendait qu'il leur causait. Il avait même des moineaux qui volaient jusque sur son pain. Mais je pouvais pas y aller. Je devais rentrer à la minute. Papa il m'avait bien juré qu'il m'enfermerait à la Roquette si on me trouvait en vadrouille.

Question de femmes, d'abord, il était terrible mon père, s'il me soupçonnait d'avoir envie d'aller y tâter un peu il devenait extrêmement féroce. Ça suffisait que je me branle. Il me le rappelait tous les jours et pour les moindres allusions. Il se méfiait du petit André... Il avait les penchants du peuple... C'était un rejeton de voyou... Pour moi c'était pas la même chose, j'avais des parents honorables, il fallait pas que je l'oublie, on me rappelait aussi chaque soir que je rentrais de chez Berlope, extrêmement fourbu, ahuri. Je prenais encore une vieille trempe si je faisais un peu la réplique !... Il fallait pas que je me galvaude ! J'avais déjà trop de sales instincts qui me venaient on ne sait d'où !... En écoutant le petit André je deviendrais sûrement assassin. Mon père, il en était bien sûr. Et puis mes sales vices d'abord ils faisaient partie de ses déboires et des pires malheurs du Destin...

J'en avais des épouvantables, c'était indéniable et atroce. Voilà. Il ne savait plus par où me sauver... Moi je savais plus par où expier... Y a quelques enfants intouchables.

Le petit André sentait mauvais, une odeur plus âcre que la mienne, une odeur de tout à fait pauvre. Il empestait dans sa réserve. Sa tante lui tondait ras les tifs, avec ses propres ciseaux, ça lui faisait comme du gazon avec une seule touffe en avant.

À force de renifler tant de poussière, les crottes dans son nez devenaient du mastic. Elles s'en allaient plus... C'était sa forte distraction de les décrocher, de les bouffer ensuite gentiment. Comme on se mouchait dans les doigts, parmi le cirage, les crottes et les matricules, on en devenait parfaitement nègre.

Il fallait au moins qu'il retape, le petit André, dans les trois cents cartons par jour... Il se dilatait les deux châsses pour y voir clair dans la soupente. Son falzar, il ne tenait plus qu'avec des ficelles et des épingles de nourrice.

Depuis que moi, je faisais le treuil, il passait plus par les rayons, c'était bien plus commode pour lui. Il évitait les ramponneaux. Il arrivait par la cour, il se défilait par le concierge, l'escalier des bonnes... Si y avait trop de « matricules » je restais plus tard pour l'aider. Dans ces moments-là j'enlevais mes godasses.

Pour parler, dans son recoin, on était assez peinards. On se mettait entre deux poutres à l'abri des courants d'air, toujours à cause de son nez.

Question des panards, il avait de la veine, il grandissait plus lui, André. Deux frères à lui demeuraient encore chez une autre tante aux Lilas. Ses sœurs elles restaient à Aubervilliers chez son vieux. Son dabe, il relevait les compteurs pour tous les gaz de la région... Il le voyait presque jamais, il avait pas le temps.

Parfois, tous les deux, on se montrait la bite. En plus, je lui donnais les nouvelles de ce qui se tramait dans les rayons, les mecs qu'on allait congédier, parce que y en avait toujours qu'étaient en bascule... Ils pensaient qu'à ça entre eux, les pilons, à se faire vider les uns par les autres... à coups de ragots bien pernicieux... et puis on causait aussi des trente-six façons de regarder le cul des clientes dès qu'elles sont un peu assises.

Y en avait des bien vicelardes parmi les « coursières »... Elles se mettaient quelquefois le pied en l'air exprès sur un escabeau pour qu'on vise la motte. Elles se trissaient en ricanant... Une comme je passais, elle m'a montré ses jarretelles... Elle me faisait des bruits de suçons... Je suis remonté là-haut pour lui dire au petit André... On se questionnait tous les deux...

Comment qu'elle devait être sa craque ? si elle jutait fort ? en jaune ? en rouge ? Si ça brûlait ? Et comment étaient les cuisses ? On faisait des bruits nous aussi avec la langue et la salive, on imitait le truc de baiser... Mais on abattait quand même vingt-cinq à trente pièces à l'heure. Il m'a appris le coup d'épingle le petit André, qu'est l'essentiel dès qu'on retape les pièces pour le bout... Après l'entame au biseau... le petit retroussis du satin. C'est là qu'on enfonce de chaque côté comme des épines... pour chaque un petit coup sec... Il faut savoir pas saloper les revers lisses... Il faut se laver les poignes d'abord. C'est une vraie technique.

* * *

À la maison, ils se rendaient compte que je ne ferais pas long feu chez Berlope, que j'avais raté mes débuts... Lavelongue en rencontrant maman, par-ci, par-là, dans le quartier, au moment de ses commissions, il lui faisait toujours des sorties. « Ah ! Madame, votre garçon, il est pas méchant c'est certain ! Mais comme étourneau alors !... Ah ! comme vous aviez raison !... Une tête sans cervelle !... Je ne sais vraiment pas ce qu'on en fera !... Il peut rien toucher !... Il renverse tout !... Ah ! là ! là !... »

C'étaient des mensonges, c'était de l'infecte injustice... Je le sentais nettement. Car j'étais déjà affranchi ! Ces salades puantes c'était pour que je bosse à l'œil !... Il profitait de mes parents... Qu'ils pouvaient encore me nourrir... Il dépréciait mon boulot pour me faire marner gratuitement. J'aurais eu beau dire, beau faire, ils m'auraient pas cru mes vieux si j'avais râlé... Seulement rengueulé davantage...

Le petit André, qu'était lui tout à fait miteux, il touchait quand même 35 francs par mois. Il était pas plus exploitable... Mon père il s'écartelait l'imagination à propos de mon avenir, où j'allais pouvoir me caser ? Il comprenait plus... J'étais pas bon pour les bureaux... Encore pire que lui-même sans doute !... J'avais pas d'instruction du tout... Si je renâclais dans le commerce alors c'était un naufrage ! Il se mettait tout de suite en berne... Il implorait des secours. Je faisais pourtant des efforts... Je me forçais à l'enthousiasme... J'arrivais au magasin des heures à l'avance... Pour être mieux noté... Je partais après tous les autres... Et quand même j'étais pas bien vu... Je faisais que des conneries... J'avais la panique... Je me trompais tout le temps...

Il faut avoir passé par là pour bien renifler sa hantise...

Qu'elle vous soye à travers les tripes, passée jusqu'au cœur...

Souvent j'en croise, à présent, des indignés qui ramènent... C'est que des pauvres culs coincés... des petits potes, des ratés jouisseurs... C'est de la révolte d'enfifré... c'est pas payé, c'est gratuit... Des vraies godilles...

Ça vient de nulle part... du Lycée peut-être... C'est de la parlouille, c'est du vent. La vraie haine, elle vient du fond, elle vient de la jeunesse, perdue au boulot sans défense. Alors celle- là qu'on en crève. Y en aura encore si profond qu'il en restera tout de même partout. Il en jutera sur la terre assez pour qu'elle empoisonne, qu'il pousse plus dessus que des vacheries, entre des morts, entre les hommes.

Chaque soir, en rentrant, ma daronne, elle me demandait si des fois j'avais pas reçu mon congé ?... Elle s'attendait toujours au pire. Pendant la soupe on en reparlait. C'était le sujet inépuisable. Si je la gagnerais jamais ma vie ?...

À force de causer comme ça, le pain sur la table, il me faisait un effet énorme. J'osais presque plus en demander. Je me dépêchais d'en finir. Ma mère aussi elle mangeait vite, mais je l'agaçais quand même :

« Ferdinand ! Encore une fois ! Tu vois même pas ce que tu manges ! Tu avales tout ça sans mâcher ! Tu engloutis tout comme un chien ! Regarde-moi un peu ta mine ! T'es transparent ! T'es verdâtre !... Comment veux-tu que ça te profite ! On fait pour toi tout ce qu'on peut ! mais tu la gâches ta nourriture ! »

* * *

Dans la réserve, le petit André, il profitait d'un certain calme. Lavelongue montait presque jamais. Pourvu qu'il peigne ses numéros on l'emmerdait pas beaucoup.

André, il aimait les fleurs, souvent c'est le cas pour les infirmes, il s'en rapportait de la campagne, il les faisait tenir dans des bouteilles... Il en garnissait toutes les solives de la cambuse... Un matin, il a ramené même un énorme paquet d'aubépines. Les autres, ils l'ont vu arriver... Ils ont trouvé que ça se pouvait pas. Ils ont tellement fait de réflexions autour de Lavelongue, qu'il est monté là-haut lui-même pour se rendre bien compte... André il s'est fait agonir, jeter tout le paquet dans la cour...

En bas dans les grands rayons, c'était que des bourriques, surtout les « expéditeurs » ; j'ai jamais connu des fumiers plus ragotards, plus sournois... Ils avaient rien à penser qu'à faire des paquets.

Y en avait un calicot, le grand Magadur, des « Envois-Paris » qu'était la pire des bourriques. C'est lui qui a monté André, qui m'a scié dans son estime... Ils faisaient souvent route ensemble depuis la Porte des Lilas... Il lui a fait tout un tabac, pour le détourner contre mezig... C'était facile, il était très influençable. Dans son coin, tout seul, des heures entières dans la réserve, il se rongeait facilement. Il suffisait qu'on le baratine, qu'on le mette un peu sur la défense. Il s'arrêtait plus... N'importe quel bobard ça prenait... J'arrive moi, je le trouve bouleversé...

« C'est vrai Ferdinand ? qu'il me demande. C'est vrai ? que tu veux prendre ma place ?... »

À l'agression, je comprenais plus... J'en étais tout cave... Ça me démontait comme surprise... Il a continué...

« Ah ! Je t'en prie va ! Te donne pas de mal ! Tout le monde le sait au magasin ! Y a que moi seul qui me doutais pas !... Je suis le con voilà tout !... »

Lui qu'était de couleur plutôt blême il a tourné jaune ; lui qu'était déjà affreux avec ses dents brèches, sa morve, il était plus du tout regardable dès qu'il se mettait en émoi. Sa gourme aussi plein la tête, ses cheveux en friche, son odeur. On pouvait plus rien lui causer... Il me faisait trop honte...

Plutôt qu'il me soupçonne de vouloir lui faucher son boulot... j'aurais préféré cent fois qu'on me foute à la porte tout de suite... Mais où aller après ça ? C'était des grandes résolutions... Bien au-dessus de tous mes moyens... Fallait au contraire que je m'accroche, que je m'évertue, que je m'innocente... J'ai essayé de le détromper. Il me croyait plus. L'autre charogne, le Magadur, il l'avait complètement tanné.

À partir de ce moment-là, il se méfiait à bloc de mes moindres intentions. Il me montrait plus jamais sa bite. Il craignait que j'aille répéter. Il allait seul aux chiots exprès pour fumer plus tranquillement. Il en parlait plus du Palais-Royal...

Entre deux virées au septième à me farcir tous les cargos, je me ratatinais sous le lambris, j'enlevais mes grolles, mon costard, j'attendais que ça passe...

André, il faisait semblant de pas me voir, il s'apportait exprès là-haut *Les Belles Aventures Illustrées*. Il les lisait pour lui seul. Il les étalait sur les planches... Si je lui causais, même au plus fort de ma voix... il faisait semblant de pas m'entendre. Il frottait ses chiffres à la brosse. Tout ce que je pouvais dire ou faire ça lui semblait louche. Dans son estime j'étais un traître. Si jamais il perdait sa place, il me l'avait souvent raconté, sa tante lui foutrait une telle danse, qu'il s'en irait à l'hôpital... Voilà ! C'était convenu depuis toujours... Tout de même moi je pouvais plus y tenir qu'il me considère comme une salope.

« Dis donc, André, que je lui ai fait, à bout d'astuce. Tu devrais tout de même bien te rendre compte, que c'est pas moi qui veux te virer !... »

Il me répondait rien encore, il continuait de marmonner dans ses images... Il se lisait tout haut. Je me rapproche... Je regarde aussi ce que ça racontait... C'était l'histoire du Roi Krogold... Je la connaissais bien moi l'histoire... Depuis toujours... Depuis la Grand-mère Caroline... On apprenait là-dedans à lire... Il avait qu'un vieux numéro, un seul exemplaire...

« Dis donc André, que je lui propose. Moi tu sais je connais toute la suite ! Je la connais par cœur !... » Il répondait toujours rien. Mais quand même je l'influençais... Il était intéressé... Il l'avait pas l'autre numéro...

« Tu vois », que j'enchaîne... Je profite de la circonstance.

« Toute la ville de Christianie s'est réfugiée dans l'église... Dans la cathédrale, sous les voûtes, grandes comme quatre fois Notre-Dame... Ils se mettent tous à genoux... là-dedans... Tu entends ?... Ils ont peur du Roi Krogold... Ils demandent pardon au Ciel d'avoir trempé dans la guerre !... D'avoir défendu Gwendor !... Le Prince félon !... Ils savent plus où se déposer... Ils tiennent à cent mille sous la voûte !... Personne oserait plus sortir !... Ils savent même plus leurs prières tellement qu'ils en sont épouvantés !... Ils bafouillent à bloc ! les vieux, les marchands, les jeunes, les mères, les curés, les foireux, les petits enfants, les belles gonzesses, les archevêques, les sergents de ville, ils en font tous dans leurs frocs... Ils se prosternent les uns dans les autres... C'est un amalgame terrible... Ça grogne, ça gémit... Ils osent même plus respirer tellement l'heure est grave... Ils supplient... Ils implorent... Qu'il brûle pas tout le Roi Krogold... Mais seulement un peu les faubourgs... Qu'il brûle pas tout pour les punir !... Les Halles, ils y tiennent ! les greniers, la balance, le presbytère, la Justice et la Cathédrale !... La Sainte Christianie... La plus magnifique de toutes ! Ils savaient plus personne où se mettre ! Tellement qu'ils sont ratatinés... Ils savent plus comment disparaître...

« On entend alors, d'en bas, de l'autre côté des murailles l'énorme rumeur qui monte... C'est l'avant-garde du Roi Krogold... la rafale des lourdes ferrures sur le Pont-Levis... Ah ! oui certainement ! Et la cavalerie d'escorte !... Le Roi Krogold est devant la porte... Il se dresse sur ses étriers... On entend cliqueter mille armures... Les chevaliers qui traversent tout le faubourg Stanislas... La ville immense semble déserte... Plus personne devant le Roi... À la suite voici la cohue des valets... La porte n'est jamais assez large... Le charroi s'étrangle à passer... On éventre de chaque côté les hautes murailles... Tout s'écroule !... Les fourgons, les légions, les barbares se ruent, les catapultes, les éléphants, la trompe en l'air, déferlent par la brèche... Dans la ville tout est muet, transi... Beffrois... Couvents... Demeures... Échoppes... Rien qui bouge...

« Le Roi Krogold s'est arrêté aux premières marches du parvis... Autour de lui, les 23 dogues jappent, bondissent, escaladent... Sa meute est célèbre dans les combats d'ours et d'aurochs... Ils ont dépecé, ces molosses, des forêts entières... de l'Elbe aux Carpates... Krogold, malgré le vacarme, entend la rumeur des cantiques... de cette foule tassée, cachée, traquée sous la voûte... Cette noire prière... Les énormes battants pivotent... Il voit Krogold alors, que ça grouille tout devant lui... Au fond de cette ombre... Tout un peuple réfugié ?... Il craint la traîtrise... Il ne veut pas s'engager... Les orgues grondent... Leur tonnerre déferle tout à travers les trois porches... La défiance !... Cette ville est félonne !... Le sera toujours !... Il lance au Prévôt l'ordre qu'on vide à l'instant même toutes les voûtes... Trois mille valets foncent, cabossent, tabassent... désossent... La mêlée cède, se reforme autour d'eux... s'écrase aux portes... s'agglomère dans les pourtours... Les spadassins sont absorbés... Autant de charges ne servent à rien... Le Roi toujours en selle attend... Son percheron, l'énorme et poilu piaffe... Le Roi dévore une grosse barbaque, un gigot ; il mord en plein dedans, à pleins crocs...

Il déchiquette, il enrage... Là-dessous ça n'avance donc plus ?... Le Roi se redresse encore un coup sur ses étriers... Il est le plus costaud de la horde... Il siffle... Il appelle... Il rassemble la meute tout autour... Il brandit sa grosse bidoche par-dessus sa couronne... Il la balance à pleine volée... au loin dans le noir... Elle retombe au milieu de l'église... En plein dans les accroupis... Toute la meute rebondit hurlante, jaillissante partout... Les dogues à tort à travers déchirent... égorgent... arrachent... C'est une panique atroce. Les beuglements redoublent... Toute la houle en transe déferle, vers les porches... C'est l'écrabouillade... le torrent, l'avalanche jusqu'aux ponts-levis... Contre les murailles, ça va s'écraser... Entre les piques et les chariots... À présent devant le Roi la perspective est dégagée... Toute la cathédrale est à lui... Il pousse son cheval... Il entre... Il ordonne un grand silence... À la meute... aux gens... à l'orgue... à l'armée... Il avance encore deux longueurs... Il a passé les trois portiques... Il dégaine lentement... Son immense épée... Il fait avec un grand signe de croix... Et puis il l'envoie au loin... tout à fait loin à la volée... Jusqu'au beau milieu de l'autel !... La guerre est finie !... Son frère, l'évêque, se rapproche... Il se met à genoux... Il va chanter son " credo ". »

Voilà, on a beau dire, beau prétendre, ça fait quand même son effet. Petit André, il aurait bien demandé au fond que je raconte la suite... que j'ajoute encore des détails... Il aimait bien les belles histoires... Mais il redoutait que je l'influence... Il trifouillait dans le fond de sa boîte... Il chahutait ses petits zincs... ses bichons... Il voulait pas que je l'ensorcelle... Qu'on redevienne amis comme avant...

Le même tantôt, je remonte encore avec une autre cargaison... Il me recausait toujours pas... J'étais bien fatigué, je m'installe. Je voulais absolument qu'il me parle. Je fais :

« Tiens, André, je connais encore tout l'autre chapitre quand ils partent tous les marchands et qu'ils s'en vont en Palestine... Avec Thibaud pour la Croisade... Qu'ils laissent pour garder le château... le troubadour, avec Wanda la princesse... Tu ne sais rien toi, de ces choses-là ? C'est superbe à écouter ! la vengeance de Wanda surtout, la manière qu'elle lave son injure dans le sang... qu'elle va humilier son père. »

Le petit André il écartait les esgourdes. Il voulait pas m'interrompre, mais je l'ai entendu le frôlement le long du couloir... Je voulais garder le charme des choses. D'un coup je vois au petit carreau la tronche à Lavelongue !... Je bondis... Il avait dû monter à la seconde pour me prendre... On l'a sûrement rencardé... Je sursaute... Je renfile mes pompes... Il me fait seulement un petit signe...

« Très bien ! très bien Ferdinand ! Nous réglerons tout ça plus tard ! Ne bougez plus mon garçon !... »

Ça n'a pas traîné. Le lendemain j'arrive à midi, ma mère me prévient...

« Ferdinand, qu'elle commence tout de suite... Déjà tout à fait résignée, absolument convaincue... M. Lavelongue sort d'ici !... en personne !... lui-même ! Tu sais ce qu'il m'a dit ?... Il ne veut plus de toi au magasin ! Voilà ! C'est du propre ! Il était déjà mécontent, mais à présent c'est un comble ! Tu restes, me dit-il, des heures caché au grenier !... Au lieu d'avancer ton travail !... Et tu débauches le petit André !... Il t'a surpris ! Ne nie pas !... En train de raconter des histoires ! des dégoûtantes même !... Tu ne peux pas dire le contraire ! Avec un enfant du peuple ! Un enfant abandonné ! M. Lavelongue nous connaît depuis dix ans, heureusement mon Dieu ! Il sait que nous n'y sommes pour rien ! Il sait comment nous trimons ! Tous les deux ton père et moi pour te donner le nécessaire !... Il sait bien ce que nous valons ! Il nous estime ! Il a pour nous des égards. Il m'a demandé de te reprendre... Par considération pour nous, il ne te renverra pas... Il nous épargnera cet affront !... Ah ! quand je vais lui dire à ton père !... Il en fera une maladie !... »

Alors lui il est arrivé, il rentrait tout juste du bureau. Quand il a ouvert la porte, elle s'est remise au récit... En entendant les circonstances, il se retenait à la table. Il en croyait pas ses oreilles... Il me regardait du haut en bas, il en haussait les épaules... Elles retombaient d'accablement... Devant un tel monstre plus rien n'était compréhensible ! Il rugissait pas... Il cognait même plus... Il se demandait comment subir ?... Il abandonnait la partie. Il se balançait sur sa chaise... « Hum !... Hum !... Hum !... » qu'il faisait seulement aller et retour... Il a dit à la fin quand même... :

« Alors tu es encore plus dénaturé, plus sournois, plus abject que j'imaginais, Ferdinand ? »

Après il a regardé ma mère, il la prenait à témoin qu'il y avait plus rien à tenter... Que j'étais irrémédiable...

Moi-même je restais atterré, je me cherchais dans les tréfonds, de quels vices immenses, de quelles inouïes dépravations je pouvais être à la fin coupable ?... Je ne trouvais pas très bien... J'étais indécis... J'en trouvais des multitudes, j'étais sûr de rien...

Mon père, il a levé la séance, il est remonté dans la chambre, il voulait penser tout seul... J'ai dormi dans un cauchemar... Je voyais tout le temps, le petit André, en train de raconter des horreurs à M. Berlope...

Le lendemain tantôt, on a été avec maman chercher mon certificat... M. Lavelongue nous l'a remis en personne... En plus il a voulu me causer...

« Ferdinand ! qu'il a fait comme ça : Eu égard à vos bons parents, je ne vous renverrai pas... Ce sont eux qui vous reprennent !... De leur plein gré ! Vous comprenez la différence ?... J'éprouve de la peine, croyez-le, à vous voir partir de chez nous. Seulement voilà ! vous avez par votre inconduite semé beaucoup d'indiscipline à travers tous les rayons !... Moi, n'est-ce pas, je suis responsable !... Je sévis ! c'est juste !... Mais que cet échec vous fasse sérieusement réfléchir ! Le peu que vous avez appris vous servira sûrement ailleurs ! Aucune expérience n'est perdue ! Vous allez connaître d'autres patrons, peut-être moins indulgents encore !... C'est une leçon qu'il vous fallait... Eh bien ! vous l'avez Ferdinand ! Et qu'elle vous profite !... À votre âge tout se rattrape !... » Il me serrait la main avec beaucoup de conviction. Ma mère était émue comme il est pas possible de dire... Elle se tamponnait les yeux.

« Fais des excuses, Ferdinand ! qu'elle m'a ordonné, comme on se levait pour partir... Il est jeune, Monsieur, il est jeune !... Remercie M. Lavelongue de t'avoir donné malgré tout un excellent certificat... Tu ne le mérites pas, tu sais !

— Mais ce n'est rien, ma chère Madame, absolument rien, je vous assure. C'est bien là moindre des choses ! Ferdinand n'est pas le premier jeune homme qui part un peu du mauvais pied ! Hé ! là ! là ! non. Dans dix ans d'ici, tenez, c'est lui-même, j'en suis certain, qui viendra me dire... là... À moi ! tout en personne :

« "M. Lavelongue, vous avez bien fait ! Vous êtes un brave homme ! Grâce à vous j'ai compris !"... Mais aujourd'hui, il m'en veut !... Mais c'est bien normal !... » Ma mère protestait... Il me tapotait sur l'épaule. Il nous montrait la sortie.

Dès le lendemain, pour la réserve, ils ont fait venir un autre roupiot... Je l'ai su... Il a pas duré trois mois... Il se ramassait dans toutes les rampes... Il était crevé au boulot.

Mais moi ça m'avançait pas d'être coupable ou innocent... Je devenais un vrai problème pour toute la famille. L'oncle Édouard il s'est mis en chasse d'une autre place pour moi, dans la Commission, que je refasse encore mes débuts. Ça lui était plus si commode... Il fallait que je change de « partie »...

J'avais déjà un passé... Il valait mieux qu'on en cause pas.

C'est d'ailleurs ce qu'on a décidé.

* * *

Une fois la surprise passée, mon père a rebattu la campagne... Il a recommencé l'inventaire de tous mes défauts, un par un... Il recherchait les vices embusqués au fond de ma nature comme autant de phénomènes... Il poussait des cris diaboliques... Il repassait par les transes... Il se voyait persécuté par un carnaval de monstres... Il déconnait à pleine bourre... Il en avait pour tous les goûts... Des juifs... des intrigants... les Arrivistes... Et puis surtout des Francs-Maçons... Je ne sais pas ce qu'ils venaient faire là... Il traquait partout des dadas... Il se démenait si fort dans le déluge, qu'il finissait par m'oublier...

Il s'attaquait à Lempreinte, l'affreux des gastrites... au Baron Méfaize, son directeur général... À n'importe qui et quoi, pourvu qu'il se trémousse et bouillonne... Il faisait un raffut horrible, tous les voisins se bidonnaient.

Ma mère se traînait à ses pieds... Il en finissait pas de rugir... Il retournait s'occuper de mon sort... Il me découvrait les pires indices... Des dévergondages inouïs ! Après tout, il se lavait les mains !... Comme Ponce Pilate !... qu'il disait... Il se déchargeait la conscience...

Ma mère me regardait... « son maudit »... Elle se faisait une triste raison... Elle voulait plus m'abandonner... Puisque c'était évident que je finirais sur l'échafaud, elle m'accompagnerait jusqu'au bout...

* * *

On n'avait qu'une chose de commun, dans la famille, au Passage, c'était l'angoisse de la croûte. On l'avait énormément. Depuis les premiers soupirs, moi je l'ai sentie... Ils me l'avaient refilée tout de suite... On en était tous possédés, tous, à la maison.

Pour nous l'âme, c'était la frousse. Dans chaque piaule, la peur de manquer elle suintait des murs... Pour elle on avalait de travers, on escamotait tous les repas, on faisait « vinaigre » dans nos courses, on zigzaguait comme des puces à travers les quartiers de Paris, de la Place Maubert à l'Étoile, dans la panique d'être vendus, dans la peur du terme, de l'homme du gaz, la hantise des contributions... J'ai jamais eu le temps de me torcher tellement qu'il a fallu faire vite.

Depuis mon renvoi de chez Berlope, j'ai eu en plus, pour moi tout seul, l'angoisse de jamais me relever... J'en ai connu des misérables et des chômeurs et des centaines, ici, dans tous les coins du monde, des hommes qu'étaient tout près de la cloche... Ils s'étaient pas bien défendus !

Moi, mon plaisir dans l'existence, le seul, à vraiment parler, c'est d'être plus rapide que « les singes » dans la question de la balance... Je renifle le coup vache d'avance... Je me gafe à très longue distance... Je le sens le boulot dès qu'il craque... Déjà j'en ai un autre petit qui pousse dans l'autre poche. Le patron c'est tout la charogne, ça pense qu'à vous débrayer... L'effroi du tréfonds, c'est d'être un jour « fleur », sans emploi... J'en ai toujours traîné un moi, un n'importe quel infect affure... J'en becquette un peu comme on se vaccine... Je m'en fous ce qu'il est... Je le baguenaude à travers les rues, montagnes et mouscailles. J'en ai traîné qu'étaient si drôles, qu'ils avaient plus de forme, ni contour ni goût... Ça m'est bien égal... Tout ça n'a pas d'importance. Plus ils me débectent, plus ils me rassurent...

Je les ai en horreur les boulots. Pourquoi que je ferais des différences ?... C'est pas moi qui chanterai les louanges... Je chierais bien dessus si on me laissait... C'est pas autre chose la condition...

* * *

L'oncle Édouard, dans la mécanique, il réussissait de mieux en mieux. Il vendait surtout en province pour l'automobile, des lanternes et des accessoires. Malheureusement j'étais trop jeune pour voyager avec lui. Il fallait encore que j'attende... Il fallait aussi qu'on me surveille avec ce qui venait d'arriver...

L'oncle Édouard à mon sujet, il était pas si pessimiste, il considérait pas les choses à un tel point irrémédiables ! Il disait que si je valais rien dans un boulot sédentaire peut-être qu'en compensation je ferais un employé de première bourre, un as comme représentant.

C'était une chose à essayer... Une question de tenue, surtout d'excellents vêtements... Pour être encore plus dans la note, on m'a vieilli de deux ans, j'ai eu un col extra-rigide, en celluloïd, j'avais bousillé tous les autres. On m'a mis aussi des guêtres, bien grises, dessus mes godasses, pour me faire les pieds moins vastes, me réduire un peu les pinglots, moins encombrer les paillassons. Mon père, tout ça le laissait sceptique, il croyait plus à mon avenir. Les voisins eux s'en occupaient, ils se surpassaient en conseils... Ils donnaient pas gros de ma carrière... Même le gardien du Passage, il m'était défavorable... Il rentrait dans toutes les boutiques, au moment de son allumage. Il colportait les ragots. Il répétait à tout le monde que je finirais hareng saur, un peu comme mon père d'après son avis, juste bon pour emmerder les gens... Heureusement, y avait Visios, le gabier, qu'était lui bien plus bienveillant, il comprenait mes efforts, il soutenait l'opinion contraire, que j'étais pas méchant garçon. Tout ça faisait causer beaucoup... mais j'étais toujours sur le sable... Il fallait qu'on me trouve un patron.

On s'est demandé à ce moment-là ce qu'on allait me faire représenter ?... Ma mère, son plus grand désir c'était que je devienne bijoutier... Ça lui semblait très flatteur. Commis soignés, bien vêtus, tirés même à quatre épingles... Et puis qui maniaient des trésors derrière des jolis comptoirs.

Mais un bijoutier c'est terrible sur la question de la confiance. Ça tremble tout le temps pour ses joyaux ! Ça n'en dort plus qu'on le cambriole ! qu'on l'étrangle et qu'on l'incendie !... Ah !...

Une chose qu'était indispensable, la scrupuleuse probité ! De ce côté-là, nous n'avions rien du tout à craindre ! Avec des parents comme les miens si méticuleux, si maniaques pour faire honneur à leurs affaires, j'avais un sacré répondant !... Je pouvais aller me présenter devant n'importe quel patron !... Le plus hanté... le plus loucheur... avec moi, il était tranquille ! Jamais aussi loin qu'on se souvienne, dans toute la famille, on n'avait connu un voleur, pas un seul !

Puisque c'était entendu, on a posé nos jalons. Maman est partie à la pêche un peu chez ceux qu'on connaissait... Ils avaient besoin de personne... Malgré mes bonnes dispositions, il me fut vraiment difficile d'être embauché, même à l'essai.

On m'a équipé à nouveau, pour me rendre plus séduisant. Je devenais coûteux comme un infirme. J'avais usé tout mon complet... J'avais traversé mes tatanes... En plus des guêtres assorties j'ai eu la neuve paire de tatanes, des chaussures Broomfield, la marque anglaise, aux semelles entièrement débordantes, des vraies sous-marines renforcées. On a pris la double pointure, pour qu'elles me durent au moins deux ans... Je luttais fort résolument contre l'étroitesse et l'entorse. Je faisais scaphandre sur les Boulevards...

Une fois, comme ça rafistolé, on a mis le cap sur les adresses, avec ma mère dès le lendemain. L'oncle Édouard, il nous en passait, toutes celles qui lui venaient des amis, nous trouvions les autres dans le Bottin. Mme Divonne, c'est elle qui gardait la boutique jusqu'à midi tous les matins, pendant que nous on traçait dehors à la recherche d'une position. Il fallait pas flâner, je l'assure. Tout le Marais on l'a battu, porte après porte, et encore les transversales, rue Quincampoix, rue Galante, rue aux Ours, la Vieille-du-Temple... Tout ce parage-là, on peut le dire, on l'a dépiauté par étages...

Ma mère clopinait à la traîne... Ta ! ga ! dac ! Ta ! ga ! dac !... Elle me proposait aux familles, aux petits façonniers en cambuse, accroupis derrière leurs bocaux... Elle me proposait gentiment... Comme un ustensile en plus... Un petit tâcheron bien commode... pas exigeant... plein d'astuce, de zèle, d'énergie... Et puis surtout courant vite ! Bien avantageux en somme... Bien dressé déjà, tout obéissant !... À notre petit coup de sonnette, ils entrebâillaient la lourde... ils se méfiaient d'abord, cibiche en arrêt... ils me visaient dessus leurs lunettes... Ils me reluquaient un bon coup... Ils me trouvaient pas beau... Devant leurs blouses gonflées en plis, ma mère poussait la chansonnette :

« Vous n'auriez pas des fois besoin d'un tout jeune représentant ? Monsieur... C'est moi, la maman. J'ai tenu à l'accompagner... Il ne demande qu'à bien faire... C'est un jeune homme très convenable. D'ailleurs, rien n'est plus facile, vous pouvez prendre vos renseignements... Nous sommes établis depuis douze années, Passage des Bérésinas... Un enfant élevé dans le commerce !... Son père travaille dans un bureau à la Coccinelle-Incendie... Sans doute que vous connaissez ?... Nous ne sommes pas riches ni l'un ni l'autre, mais nous n'avons pas un sou de dettes... Nous faisons honneur à nos affaires... Son père dans les assurances... »

Par matinée, en général, on s'en tapait une quinzaine, de tous les goûts et couleurs... Des sertisseurs, des lapidaires, des petits chaînistes, des timbaliers et même des fiotes qu'ont disparu comme des orfèvres dans le vermeil et des ciseleurs sur agates.

Ils recommençaient à nous bigler... Ils posaient leurs loupes pour mieux voir... Si on n'était pas des bandits... des escarpes en rupture de tôle !... Rassurés ils devenaient aimables et même complaisants !... Seulement ils voulaient de personne... Pas pour le moment ! Ils avaient pas de frais généraux... Ils visitaient en ville eux-mêmes... Ils se défendaient en famille, tous ensemble, dans leurs réduits minuscules... Sur les sept étages de la cour c'était comme creusé leurs crèches, ça faisait autant de petites cavernes, des alvéoles d'ateliers dans les belles maisons d'autrefois... C'était fini les apparences. Ils s'entassaient tous là-dedans. L'épouse, les loupiots, la grand-mère, tout le monde s'y collait au business... À peine en plus un apprenti, au moment des fêtes de Noël...

Quand ma mère, à bout de persuasion, pour malgré tout les séduire, leur offrait de me prendre à l'œil... ça leur foutait un sursaut. Ils se ratatinaient brutalement. Ils reflanquaient la lourde sur nous ! Ils s'en méfiaient des sacrifices ! C'était un indice des plus louches. Et tout était à recommencer ! Ma mère tablait sur la confiance, ça semblait pas donner beaucoup. Me proposer tout simplement comme apprenti en sertissure ou pour « la fraise » des petits métaux ?... Déjà il était bien trop tard... Je serais jamais habile de mes doigts... Je pouvais plus faire qu'un baveux, un représentant du dehors, un simple « jeune homme »... je ratais l'avenir dans tous les sens...

Quand on rentrait à la maison, mon père il demandait des nouvelles... À force qu'on remporte que des pipes, il en serait devenu dingo. Il se débattait toute la soirée, parmi des mirages atroces... Il tenait de quoi, dans le cassis, meubler vingt asiles...

Maman, à force d'escalades, elle en avait les jambes tordues... Ça lui faisait si drôle qu'elle pouvait plus s'arrêter... Elle faisait des terribles grimaces tout autour de notre table... Ça lui tiraillait les cuisses... C'est les crampes qui la torturaient...

Quand même le lendemain de bonne heure, on fonçait vite sur d'autres adresses... rue Réaumur, rue Greneta... La Bastille et les Jeûneurs... les Vosges surtout... Après plusieurs mois comme ça de quémandages et d'escaliers, d'approches et d'essoufflements, de peau de zébi, maman, elle se demandait tout de même, si ça se voyait pas sur mon nez, que j'étais qu'un petit réfractaire, un garnement propre à rien ?... Mon père, il avait même plus de doutes... Depuis longtemps il était sûr... Il renforçait sa conviction chaque soir quand on rentrait bredouilles... Ahuris, pantelants, croulants, trempés d'avoir bagotté vite, mouillés par-dessus, dessous de sueur et de pluie...

« C'est plus difficile de le caser, que de liquider toute la boutique !... et pourtant, ça tu le sais, Clémence, c'est un tintouin bien infernal ! »

Il était pas instruit pour rien, il savait comparer, conclure.

Déjà mon costard précédent, il godillait de partout, aux genoux j'avais d'énormes poches, les escaliers c'est la mort. Heureusement que, pour les chapeaux, j'empruntais un vieux à mon père. On avait la même pointure. Comme il n'était pas très frais, je le gardais tout le temps à la main. Je l'ai usé par la bordure... C'est effrayant, en ce temps-là, ce qu'on était polis...

* * *

Il était temps que l'oncle Édouard, il me trouve enfin une bonne adresse. Ça devenait odieux notre poisse. On savait plus comment se tourner. Un jour tout de même, ça s'est décidé !... Il est survenu à midi, tout rayonnant, exubérant. Il était sûr de son affaire. Il avait été le voir le type, lui-même, un patron ciseleur. Sûrement celui-là, il m'emploierait ! C'était entendu !

Gorloge, il s'appelait, il demeurait rue Elzévir, un appartement, au cinquième. Il donnait surtout dans la bague, la broche et le bracelet ouvragé, et puis les petites réparations. Il bricolait tout ce qu'il trouvait. Il se défendait d'un jour à l'autre. C'était pas un homme difficile. Il se mettait à toutes les portées...

Édouard nous a donné confiance. On avait hâte d'aller le trouver. On a même pas fini le fromage, on a poulopé en moins de deux, avec maman... Un coup d'omnibus, les Boulevards, la rue Elzévir... Cinq étages... Ils étaient encore à table au moment où on a sonné. Ils mangeaient de la panade aussi, des pleins bols, et puis des nouilles au gratin et puis des noix pour finir. Ils s'attendaient à notre visite. Mon oncle avait fait mon éloge. On tombait admirablement... Ils ont pas doré la pilule... Ils ont pas essayé de prétendre... Ils traversaient une sacrée crise avec leurs bijoux ciselés... Ils l'ont confirmé tout de suite... Une dèche qui durait depuis douze ans... On attendait toujours que ça reprenne... On retournait le ciel et la terre... mais la résurrection venait pas... Les clients pensaient à autre chose. C'était la déconfiture...

M. Gorloge tenait quand même, il résistait... Il avait encore de l'espoir... Il se fringuait comme l'oncle Arthur... en fier artiste exactement, avec barbiche, lavallière, tatanes longuettes, en plus une blouse entièrement tachée, flottante parmi les vinasses... Il était assis à son aise. Il fumait, on l'apercevait même plus derrière les volutes... Il éventait avec la main.

Mme Gorloge lui faisait face assise basse sur le tabouret. Elle s'écrasait les nichons contre l'établi, elle était dodue de partout, des rototos magnifiques... Ça débordait de son tablier, elle se cassait des noix à pleines poignes., de très haut, d'un coup colossal, à fendre tout le meuble en longueur. Elle ébranlait l'atelier... C'était une nature... Un ancien modèle... Je l'ai su plus tard... C'est un genre qui me plaisait bien.

Pour les appointements, on en a même pas causé. On avait peur d'être indiscret. Ça viendrait ensuite... Je croyais qu'il offrirait rien. Tout de même il s'est décidé, juste au moment où l'on partait.

Il a dit comme ça que je pourrais compter sur un fixe... trente-cinq francs par mois... déplacements compris... En plus j'avais des espoirs... un sérieux boni, si je remontais par mes efforts l'artisanat de la ciselure. Il me trouvait bien un peu jeune... mais ça n'avait pas d'importance, puisque j'avais le feu sacré... que j'étais un enfant de la balle... Que j'étais né dans une boutique !... Ça devenait un plaisant accord... toute une suite de gais propos...

On est rentrés au Passage complètement enthousiasmés... C'était l'arc-en-ciel. On a terminé notre repas. On a vidé les confitures. Papa a repris trois fois du vin. Il a pété un fameux coup... Comme ça lui arrivait presque plus... On a embrassé l'oncle Édouard... le vent remontait dans les voiles après la terrible pénurie.

* * *

Le lendemain, j'étais de bonne heure rue Elzévir, pour monter prendre ma collection.

M. Gorloge à la façon qu'il se prélassait, à la manière que je l'ai surpris, j'ai cru qu'il m'avait oublié... Il était là devant sa fenêtre, tout ouverte, à contempler le dessus des toits... Il tenait entre ses genoux un grand bol de café-crème... Il en foutait pas une ramée c'était évident. Ça l'amusait la perspective... les milliers de cours du petit Marais... Ça lui donnait le regard vague... Il s'égarait comme dans un songe... Ça peut fasciner, faut se rendre compte. La belle dentelle des ardoises... Tous les reflets que ça prend... Les couleurs qui s'enchevêtrent. Tout le tortillage des gouttières. Et puis les piafs qui sautillent... Toutes les fumées qui tourniquent au-dessus des grands abîmes d'ombre...

Il me faisait signe de la boucler, d'écouter aussi les choses... De regarder ce décor, il aimait pas qu'on le dérange. Il devait me trouver un peu brute. Il faisait la moue.

Du haut en bas, c'était guignol autour de la cour, sur toute la hauteur des croisées... les trombines qui giclent aux aguets... des pâles, des chauves, des escogriffes... Ça piaille, ça ramène, ça siffle... Voilà d'autres clameurs en plus... Un arrosoir qui bascule, bondit, carambole jusqu'aux gros pavés... Le géranium qui dérape... Il fait bombe en plein sur la loge. Il éclate en miettes. La bignolle jaillit de sa caverne... Elle gueule à travers l'espace. Au meurtre ! Aux vaches assassins !... C'est la crise dans toute la tôle... tous les pilons viennent aux lucarnes... On s'incendie... On se glaviote... On se provoque au-dessus du vide... Tout le monde vocifère... On comprend plus qui a raison.

M. Gorloge se pend à la fenêtre... Il veut pas en perdre une miette... C'est un spectacle qui le passionne... Quand ça se calme, il est désolé... Il pousse un soupir... un autre... Il retourne à ses tartines... Il se reverse encore un autre bol... Il m'en offre aussi du café...

« Ferdinand, qu'il finit par dire au bout d'un moment, il faut que je vous répète encore, que ça sera pas une sinécure de travailler dans mes articles !... J'ai déjà eu dix représentants... C'étaient des garçons très convenables ! Et bien courageux !... Vous êtes en fait le douzième, parce que moi aussi voyez-vous j'ai essayé d'en placer... Enfin !... Revenez donc demain !... Aujourd'hui je me sens pas en forme... Ah ! puis, tenez non ! Restez encore un petit peu !... M. Antoine va arriver... Vaudrait peut-être mieux que je vous présente ?... Ah ! puis tenez partez tout de même !... Je lui dirai que je vous ai embauché !... Ça sera pour lui une vraie surprise !... Il les aime pas les représentants ! C'est mon premier ouvrier... Mon chef d'atelier par le fait !... C'est un caractère difficile ! Ah ! ça c'est exact ! Vous verrez tout de suite ! Il me rend bien des services ! Ah ! il faut convenir !... Je vous ferai connaître aussi le petit Robert notre apprenti... Il est bien gentil ! Vous vous entendrez je suis sûr ! Il vous donnera la collection... Elle est dans le bas placard... Un ensemble unique... vous vous rendez compte... Ça pèse assez lourd par exemple... Dans les quatorze, quinze kilos... Rien que des modèles !... Du cuivre, du plomb... Les premières pièces datent de mon père !... Il en avait lui des belles choses ! Uniques ! Uniques ! J'ai vu chez lui le Trocadéro !... Entièrement ciselé à la main ! monté en diadème ! Vous vous rendez compte ? Il a été mis deux fois... J'ai encore la photographie. Je vous la donnerai un jour... »

Il en avait marre Gorloge de me fournir des explications... son dégoût le reprenait... Il a fait encore un effort... Il a mis ses pompes sur la table... Il a soupiré un grand coup... Il portait des chaussons brodés, je les revois encore... des petits chats qui couraient autour...

« Eh bien, allez ! Ferdinand !... Donnez bien le bonjour à votre mère... De ma part !... En passant devant ma concierge, dites-lui donc qu'elle téléphone de chez le bougnat au 26... Qu'elle demande pour moi l' " hôtel des Trois Amiraux "... Voir si Antoine est pas malade... C'est un garçon lunatique... Si il lui est rien arrivé ?... Voilà deux jours qu'il ne revient pas... Elle me criera ça dans la cour... Dites-lui qu'elle cherche dans l'Annuaire... L'hôtel des Trois Amiraux !... Dites-lui qu'elle me fasse monter du lait... La patronne est pas très bien !... Dites-lui qu'elle me fasse monter le journal !... N'importe lequel !... Plutôt Les Sports ! »

* * *

Pas le lendemain, mais le jour suivant, je l'ai vue quand même, la collection... Gorloge, il était modeste... Quinze kilos !... Elle en pesait au moins le double... Il m'avait vaguement indiqué quelques modes de « présentations »... Toutefois, il affirmait rien... Il tenait spécialement à aucune. J'en ferais moi, tout ce que je voudrais... Il se fiait à mon bon goût... Je m'attendais à des trucs affreux, mais j'avoue que j'ai eu un recul en voyant de près tout l'attirail... C'était pas croyable... Jamais j'avais vu si moche et tant d'horreurs à la fois... Une gageure... Un enfer de poche...

Tout ce qu'on ouvrait c'était infect... Rien que des grimaces et des ludions... en plombs tarabiscotés, torturés, refignolés dégoûtamment... Toute la crise des symboliques... Des bouts de cauchemars... Une « Samothrace » en mastic... D'autres « Victoires » en pendulettes... Des méduses en nœuds de serpents qui faisaient des colliers... Encore des Chimères !... Cent allégories pour des bagues, plus caca les unes que les autres... J'avais du pain sur la planche... Tout ça devait se suspendre aux oreilles ?... C'était pas croyable !... Et puis il fallait que ça s'achète ? Qui ? mon Dieu ! Qui ? Rien ne manquait en fait de dragonnes, démones, farfadets, vampires... Toute la formation terrible des épouvantails... L'insomnie d'un monde entier... Toute la furie d'un asile en colifichets... J'allais du tarte à l'atroce... Même au magasin de Grand-mère, rue Montorgueil, les rossignols les plus rances, c'était de la rose à côté...

Jamais j'arriverais à me défendre avec des pareilles roustissures. Les autres dix enflures avant moi, je commençais à les comprendre. Ils avaient dû tomber pâles... Des articles comme ça d'épouvante y en avait plus dans le commerce. Depuis les derniers romantiques on les cachait avec effroi... On se les repassait peut-être en famille ?... au moment des héritages, mais avec bien des précautions... Ça devenait même aventureux d'étaler de tels ingrédients devant des gens pas prévenus... Notre collection furibonde... Ils pouvaient se croire insultés !... Même Gorloge il osait plus... C'est-à-dire personne ! Il le défiait plus le courant des modes !... C'était pour ma gueule l'héroïsme !... J'étais le suprême représentant !... Personne n'avait tenu plus de trois semaines...

Il se réservait lui, seulement, la quête aux petites réparations... Pour entretenir l'atelier en attendant que la mode reprenne... Il conservait des connaissances par-ci, par-là, dans les boutiques... Des amis des meilleures époques qui voulaient pas le laisser crounir. Ils lui passaient des sertissages... Les rafistolages rebutants. Mais il y touchait pas lui-même... Il refilait tout à notre Antoine. Sa partie Gorloge à lui c'était la ciselure... Il voulait pas se défaire la main comme ça dans des tâches inférieures, perdre pour quelques haricots sa classe et sa réputation. Rien à faire. Il était ferme à ce propos-là.

Moi, dès les neuf heures, j'étais monté rue Elzévir, j'attendais pas qu'il redescende... Je fonçais sur Paris tout de suite armé de mon zèle et des « kilos » d'échantillons... Puisque j'étais voué au « dehors », on m'en a collé de la bagotte !... C'était dans mes cordes. De la Bastille à la Madeleine... Des grands espaces à parcourir... Tous les boulevards... Toutes les bijouteries, une par une... Sans compter les petites rues transversales... Question de me décourager, c'était plus possible... Pour redonner aux clients le goût du ciselé, j'aurais découpaillé la lune. J'aurais bouffé mes « dragonnes ». Je finissais par faire moi-même toutes les grimaces en marchant... Scrupuleusement enragé, je reprenais mon tour d'attente sur la banquette aux placiers, devant le couloir des acheteurs.

J'avais fini par y croire au renouveau de la ciselure ! J'avais la foi « Tonnerre de Dieu ! » Je voyais même plus les autres confrères. Ils se fendaient la gueule rien que d'entendre appeler mon nom. Quand c'était mon tour au guichet, je m'approchais bien avenant, tout miel. De derrière mon dos, en douce, je ramenais alors mon petit écrin, le moins atroce... Sur la tablette... La brute prenait même pas la peine, sur le moment, de m'expliquer... Il faisait un geste que je me tire... Que j'étais vraiment un petit sale...

J'ai foncé alors, bien plus loin. Un passionné ça calcule pas. Selon le temps et la saison, tout ruisselant dans ma carapace ou consumé par la pépie, j'ai piqué les moindres échoppes, les plus petits cafards horlogers, ratatinés dans leurs banlieues, entre le bocal et le quinquet...

De la Chapelle aux Moulineaux, je les ai tous parcourus. J'ai découvert de l'intérêt pour mes produits, chez un bricolier de Pierrefitte, chez un biffin de la plaine Saint-Maur. Je suis retourné vers ceux qui somnolent tout autour du Palais-Royal, qui y sont depuis Desmoulins sous les arcades du Montpensier... les étalages du Pas-Perdu... les commerçants qui n'y croient plus, qui sont raidis, blêmes au comptoir... Ils veulent plus ni vivre ni mourir. J'ai cavalé vers l'Odéon, dans les pourtours du théâtre, les derniers joailliers parnassiens. Ils crevaient même plus de famine, ils digéraient la poussière. Ils avaient aussi leurs modèles, tout en plomb, presque identiques, assez pour se faire mille cercueils et d'autres colliers mythologiques... Et un tel amas d'amulettes, une masse si épaisse, qu'ils s'enfonçaient dans la terre avec leurs comptoirs... Ils en avaient jusqu'aux épaules... Ils disparaissaient, ils devenaient déjà égyptiens. Ils me répondaient plus. Ceux-là, ils m'ont fait peur tout de même...

Je me suis relancé dans la banlieue... Quand dans la chasse à l'enthousiasme je m'étais fourvoyé trop loin, que j'étais saisi par la nuit, que je me sentais un peu perdu, je me payais vite un omnibus, pour pas rentrer quand même trop tard. Sur les trente-cinq francs du mois, mes parents m'en laissaient quinze... Ils disparaissaient en transports. Sans le faire exprès, par force des choses, je devenais assez dispendieux... En principe c'est évident j'aurais dû aller à pied... mais alors c'était les chaussures !...

* * *

M. Gorloge, il passait aussi rue de la Paix, toujours pour les rafistolages. Il aurait bien plu aux patronnes, le malheur pour plaire tout à fait c'est qu'il était pas très propre, à cause de sa barbe. Toujours il était plein de croûtes... Son « sycosis » comme il l'appelait...

Je l'ai aperçu bien souvent, dans l'abri d'une porte cochère, en train de se gratter... furieusement. Il repartait guilleret... Il avait toujours dans ses poches quelques bagues à modifier, à reprendre au numéro. Une broche à souder... celle qui ferme jamais. Une gourmette à rétrécir... un bibelot... un autre... Assez pour faire vivre notre crèche... Il était pas très gourmand.

C'est Antoine, le seul compagnon qui se tapait tous ces petits ouvrages. Gorloge, il y touchait pas. Quand je remontais les boulevards, je le croisais, je l'apercevais de très loin... Il marchait pas comme les autres... Il s'intéressait à la foule... Il biglait dans tous les sens... Je voyais son chapeau pivoter. Il était aussi très remarquable pour son gilet à petits pois... son genre mousquetaire...

« Eh bien alors Ferdinand !... Toujours d'attaque ? Toujours sur la brèche ? Ça va ? ça va bien ?...

— Très bien ! Très bien ! M. Gorloge !... »

Je me redressais pour lui répondre malgré le poids affreux de mes calebasses... L'enthousiasme faiblissait pas. Seulement à force de rien gagner, de rien vendre, de marcher toujours avec une collection si lourde, je maigrissais de plus en plus... Sauf des biceps bien entendu. Je grandissais encore des pieds. Je grandissais de l'âme... de partout... Je devenais sublime...

* * *

Quand je rentrais de ma représentation, je me tapais encore quelques courses, des commissions pour l'atelier. Chez un façonnier, chez un autre. Au « Comptoir » chercher des écrins. Tout ça c'était dans la même rue.

Le petit Robert, l'apprenti, il était bien mieux occupé à rabattre des petits sertis, à profiler des « à jour » ou même à balayer la piaule. Ça marchait jamais très fort l'harmonie chez les Gorloge. Ils s'engueulaient à pleins tuyaux et encore plus fort que chez nous. Surtout entre Antoine et le patron ça flambait continuellement. Y avait plus du tout de respect, surtout vers le samedi soir, au moment qu'ils réglaient les comptes. Jamais Antoine était content... Que ça soye aux pièces, à l'heure, « en gros », à n'importe quel système, il râlait toujours. Pourtant, il était son maître, on n'avait pas d'autres ouvriers. « Votre sale turne, vous pouvez vous la foutre au cul ! Je vous l'ai déjà dit au moins mille fois... »

Voilà comment qu'ils se causaient. L'autre, il faisait une drôle de mine. Il se la grattait alors la barbe... Il grignotait les petites écailles, tellement qu'il était ému.

Y a des soirs, Antoine, il devenait quelquefois si furieux à propos des sous, qu'il menaçait de lui balancer son bocal à travers la gueule... Je croyais chaque fois qu'il s'en irait... Et puis pas du tout !... Ça devenait une vraie habitude, comme chez nous à la maison...

Mais Mme Gorloge, elle se frappait pas comme maman... ça l'arrêtait pas de tricoter les esclandres et les rugissements. Mais le petit Robert aussitôt que ça tournait au tragique, il se planquait vite sous l'établi... Perdant rien de la corrida. Sans se faire écorner du tout. Il se faisait une petite tartine...

Quand y avait plus un picotin pour régler Antoine le samedi, on retrouvait quand même au dernier moment au fond d'un tiroir un petit sou pour finir la somme... Un expédient ou un autre. Il restait même une Providence dans le grand placard de la cuisine... La cargaison des camées... Le stock abracadabrant !... C'était notre suprême ressource !... Le trésor des mythologies !... Y avait plus à hésiter.

Dans les semaines de grandes disettes j'allais les fourguer au kilo n'importe où... n'importe qui !... au Village Suisse... au Temple en face... À même le tas, porte Kremlin... Ça faisait toujours dans les cent sous...

Jamais depuis la fin de la ciselure, il était resté plus de trois jours un seul gramme d'or chez Gorloge. Les réparations qu'on glanait, on les rendait vite dans la semaine. Personne n'avait confiance de trop... Trois et quatre fois les samedis je m'appuyais les livraisons de la Place des Vosges, rue Royale, au pas de gymnastique encore ! La peine en ce temps-là on en parlait pas. C'est en somme que beaucoup plus tard qu'on a commencé à se rendre compte que c'était chiant d'être travailleurs. On avait seulement des indices. Vers sept heures du soir, en plein été, il faisait pas frais sur le « Poissonnière », quand je remontais de mes performances. Je me souviens qu'à la Wallace, qu'est sous les arbres à l'Ambigu, on s'en jetait deux ou trois timbales, on faisait même pour ça la queue... On se retapait un petit moment, assis sur les marches du théâtre. Y avait des traînards de partout, qui recherchaient encore leur souffle... C'était un perchoir parfait pour les mégotiers, les « sandwiches », les « barbotins » en faction, les bookmakers à la traîne, les petits placeurs, et les « pilons », les sans-emploi de toute la frime, des quantités, des douzaines... On parlait des difficultés, des petits « paris » qu'on pouvait prendre... des chevaux à « placer » et des nouvelles du vélodrome... On se repassait La Patrie pour les courses et les annonces...

Déjà l'air c'était la « Matchiche », le refrain à la mode... Tout le monde le sifflait en se dandinant autour du kiosque... En attendant pour pisser... Et puis on repiquait dans le carrefour. La poussière où qu'elle est le plus dense c'est après les travaux du Temple... Ils creusaient pour le métro... Ensuite c'était le square de verdure, les impasses, Greneta, Beaubourg... La rue Elzévir, c'est une paye... comme ça vers sept heures ! C'est tout de l'autre côté du quartier.

* * *

Le petit Robert l'apprenti, sa mère restait à Épernon, il lui envoyait toute sa paye, douze francs par semaine, il était nourri en plus, il couchait sous l'établi, sur un matelas, qu'il roulait lui- même le matin. Avec le môme j'ai fait gafe ! J'ai été extrêmement prudent, j'ai pas raconté d'histoires, je voulais me tenir à carreau...

Antoine, le seul ouvrier, il était des plus sévères, il le calottait pour des riens. Mais la place lui plaisait quand même parce que à partir de sept heures il était tranquille. Il se marrait dans les escaliers. Y avait plein de matous dans la cour, il leur portait les épluchures. En remontant dans les étages, il reluquait dans toutes les serrures... C'était sa grande distraction.

Quand on s'est connus davantage, c'est lui qui m'a tout raconté. Il m'a montré le système pour regarder par les gogs, pour voir les gonzesses pisser, sur notre palier même, deux trous dans le montant de la porte. Il remettait des petits tampons. Comme ça, il les avait toutes vues, et Mme Gorloge aussi, c'était même elle la plus salope, d'après ce qu'il avait remarqué, la façon qu'elle retroussait ses jupes...

Il était voyeur par instinct. Il paraît qu'elle avait des cuisses comme des monuments, des énormes piliers, et puis alors du poil au cul, tellement que ça remontait la fourrure, ça lui recouvrait tout le nombril... Il l'avait vue le petit Robert en plein moment de ses arcagnats... Elle s'en mettait du rouge partout et tellement que c'était sanglant, ça éclaboussait tous les chiots, toute sa motte en dégoulinait. Jamais on aurait supposé un foiron si extraordinaire... Il me promettait de me la montrer et une chose encore bien plus forte, un autre trou qu'il avait percé, alors absolument terrible, dans le mur même de la chambre, juste près du lit. Et puis, encore une position... En escaladant le fourneau... dans le coin de la cuisine, on plongeait par le vasistas, on voyait alors tout le plumard.

Robert, il se relevait exprès. Il les avait regardés souvent, pendant qu'ils baisaient les Gorloge. Le lendemain, il me racontait tout, seulement il tenait plus en l'air... Il avait les yeux qui refermaient tellement qu'il s'était astiqué...

Le petit Robert, son tapin c'était surtout les filigranes... les entames... Il passait dans les petits « à jour » les plus minuscules avec une lime grosse comme un cheveu... En plus il donnait la patine dans tous les « finis »... C'était même plus des résilles... des véritables toiles d'araignée... À force de loucher sur ses pièces il s'en faisait mal aux calots... Il s'interrompait alors pour arroser l'atelier.

Antoine, il lui passait rien, il l'avait toujours à la caille. Il pouvait pas me blairer non plus. On aurait voulu le poirer nous en train de se farcir la patronne. Il paraît que c'était arrivé...

Robert, il le prétendait toujours, mais il en était pas certain... C'était peut-être que des ragots. À table, il était intraitable, Antoine, au moment des repas, personne pouvait le contredire. À la moindre remarque de travers il se foutait en crosse, il paquetait déjà ses outils. On lui promettait une augmentation... Dix francs... même cent sous... « Va chier ! qu'il répondait, brûle-pourpoint, au miteux Gorloge... Vous me faites transpirer !... Vous avez plutôt pas de godasses !... De quoi que vous allez me promettre ?... Encore des " salades " ?

Vous emportez pas, Antoine ! Je vous assure que ça reprendra !... Un jour !... J'en suis persuadé !... Bientôt... Plus tôt que vous pensez !...

Ça reprendra la peau de mes burnes ! Oui !... Ça reprendra quand je serai Archevêque !... »

Voilà comment qu'ils se répondaient. Ça n'avait plus de bornes. Le patron il tolérait tout. Il avait trop peur qu'il s'en aille. Il voulait rien foutre par lui-même... Il voulait pas se gâcher les mains. En attendant le Renouveau... Son plaisir c'était le café-crème et puis de regarder par la fenêtre en fumant sa pipe... Le Panorama du Marais... Surtout s'il pleuvait un peu... Ça le dérangeait qu'on lui cause... On pouvait faire tout ce qu'on voulait du moment qu'on lui demandait rien. Il nous prévenait franchement lui-même : « Faites donc comme si j'étais pas là ! »

* * *

Je trouvais toujours pas d'acquéreurs, ni pour le « gros » ni en « détail »... Elles me restaient toutes sur les bras mes rousselettes et mes chimères... Cependant j'avais tout entrepris... De la Madeleine jusqu'à Belleville... Tout parcouru...

Tout tenté... Pas une porte que je n'aie poussée tôt ou tard de la Bastille à Saint-Cloud... Toutes les brocantes... les horlogeries... depuis la rue de Rivoli jusqu'au cimetière de Bagneux... Les moindres juifs ils me connaissaient... Tous les « zizis »... tous les orfèvres... Je remportais jamais que des vestes... Ils voulaient de rien... Ça pouvait pas durer toujours... Les malheurs ça se fatigue aussi...

Un jour enfin, j'ai dérouillé. Ce miracle, il est survenu au coin de la rue Saint-Lazare... J'y passais cependant tous les jours !... Jamais je m'étais arrêté là. Un magasin de chinoiseries... À cent mètres de la Trinité. J'aurais dû remarquer pourtant qu'ils aimaient aussi les grimaces et pas des petites, des énormes ! Ils en tenaient des pleines vitrines ! Et pas pour rire, des vraies horreurs ! Dans le genre des miennes au fond... En somme aussi laides... Mais plutôt eux en « salamandres »... en dragons volants... en bouddhas sur d'énormes bides... complètement dorés tout autour... qui roulaient des yeux furibards... Ils fumaient par-derrière le socle... Genre « rêveries d'opium »... Et des rangées d'arquebuses et des hallebardes jusqu'au plafond... avec des franges et des verroteries clignotantes. De quoi rigoler. Il en redescendait plein de reptiles qui crachaient des feux... Vers les parquets... Entortillés sur les colonnes... Et cent parasols aux murs flamboyants des vifs incendies et puis un diable près de la porte, grandeur nature, tout environné de crapauds, leurs calots tout écarquillés par dix mille lanternes...

Puisqu'ils vendaient des trucs semblables, la réflexion m'est venue... un trait d'astuce... qu'ils pourraient bien aimer aussi mes petites marchandises personnelles ?

Je me paye alors de culot, je pénètre dans la portière... avec mes calebasses, je déballe... je bafouille forcément d'abord... j'amène enfin mon boniment.

Le mec, c'était un petit nougat tout bridé de la tronche, avec une voix de vieille daronne, tout futé, menu, il portait aussi une robe de soie à ramages, et des babouches sur planchettes, enfin le véritable magot, sauf le chapeau mou... D'abord, il mouffte pas grand-chose... Mais tout de même j'ai discerné que je lui tape un peu dans l'œil avec mon grand choix de sortilèges... mes mandragores... toutes mes méduses en tire-bouchon... mes broches en peaux de Samothrace... C'est du nanan pour un Chinois !... Il fallait venir d'aussi loin pour goûter mon assortiment...

Enfin, il sort de sa réserve... Il s'émeut même très franchement... Il s'enthousiasme... Il exulte... Il en bégaie d'impatience... Il me dit comme ça à brûle-pourpoint... « Je crois, mon cher petit jeune homme, que je vais être en mesure de faire quelque chose pour vous... » Il chantonne encore...

Il connaissait un amateur près du Luxembourg... Un Monsieur extrêmement convenable... Un véritable savant... qui raffolait des bijoux de grand style et d'art... tout à fait ma notoriété... C'était un Mandchou ce mec-là, il venait en vacances... il m'a rencardé du genre... Il fallait pas que je parle trop fort... Il détestait tous les bruits... Il m'a refilé son adresse... C'était pas un bel hôtel, c'était rue Soufflot... Le Chinois de la rue Saint-Lazare il demandait pour lui-même qu'une « fleur »... Si j'obtenais la commande... Rien que cinq pour cent... C'était pas exagéré... J'ai signé son petit papelard... J'ai pas perdu une seconde... J'ai même sauté rue des Martyrs, dans l'omnibus « Odéon ».

* * *

Je le découvre mon amateur. Je montre mes cartons, je me présente. Je dépiaute mes échantillons. Il est plus bridé que l'autre encore... Il s'habille aussi en robe longue. Il est ravi de ce que j'apporte... Il en devient tout éloquent à découvrir de si belles choses...

Il me montre alors sur la carte, d'où qu'il vient lui... Du bout du monde... et même d'un peu plus loin encore, à gauche dans la marge... C'était le mandarin en vacances... Il voulait se ramener un bijou, seulement il voulait le faire ciseler... Il connaissait même son modèle, il y tenait absolument. Il fallait que je le lui exécute... Une vraie commande... Il m'a expliqué où je pouvais aller le copier... C'était au musée Galliera, au deuxième, dans la vitrine du milieu... Je pouvais pas me tromper, il m'a fait un petit dessin. Il m'a écrit le nom en grosses lettres : ÇÂKYA-MOUNI, ça s'appelait... Le Dieu du Bonheur !... Il voulait l'avoir très exact, en épingle pour sa cravate, parce que là-bas qu'il m'a prévenu : « Je m'habille à l'européenne. C'est moi qui rends la Justice ! »

C'était une idée... Il avait entièrement confiance. Il m'a donné deux cents francs de la main à la main, pour que j'achète le métal précieux... C'était plus commode. Comme ça on perdrait pas de temps...

J'en ai fait du coup, j'en suis sûr, la gueule de bouddha moi-même en prenant ses deux fafiots... Ça me bluffait ces étranges façons... Je chancelais en remontant le boulevard, j'ai failli me faire écraser tellement j'avais la berlue...

Enfin j'arrive rue Elzévir... Je raconte toute mon aventure... C'est la chance inespérée !... C'est le renouveau de la ciselure ! Gorloge l'avait bien prédit !... On trinque à la ronde ! On m'embrasse !... Tout le monde est raccommodé !... On va changer les deux cents balles ! Ça faisait déjà plus que cent cinquante...

* * *

On part au musée ensemble avec Gorloge dessiner le fameux magot. Il était bien intéressant dans sa petite vitrine, absolument seul et peinard, sur un minuscule pliant, il se marrait tout à lui-même, houlette au côté...

On prend bien notre temps nous autres, on copie, on réduit l'esquisse au centième... On prépare une petite maquette... Tout ça se passe admirablement. Je pique avec Robert, rue Francœur, au comptoir Judéo-Suisse, chercher de l'or « à dix-huit » pour cent francs d'un coup et puis pour cinquante francs de soudure... On le range bien ce petit lingot, on le boucle à deux tours dans la caisse... C'était pas arrivé depuis quatre ans, qu'on ait gardé du métal passer la nuit rue Elzévir... Quand le modelage a été fini, on l'a envoyé au moule... Trois fois de suite ils l'ont loupé !... Il a fallu qu'ils recommencent... Ça comprend jamais les fondeurs !... Le temps passait... On finissait par s'agacer... Et puis tout de même ils ont pigé. C'était pas mal dans l'ensemble... Il commençait le dieu à prendre forme... Il s'agissait d'en finir, de décaper, de buriner à même la pièce...

Voilà juste à ce moment-là, qu'il arrive une tuile... Les gendarmes cherchent après Gorloge... Toute la maison est en émoi... C'était pour qu'il parte immédiatement faire ses vingt-huit jours... Il avait plus de délai possible... Il les avait déjà tous eus... Il couperait pas aux grandes manœuvres... Il fallait qu'il abandonne le « Dieu de Bonheur » en train... C'était pas une chose à bâcler... C'était une question de fignolage...

Puisqu'il pouvait plus transiger, Gorloge a décidé comme ça... Que c'est Antoine qui terminerait... qui l'achèverait posément... Que c'est moi qui livrerais... Y avait plus que cent francs à toucher... Pour ça Gorloge irait lui-même !... Il l'a nettement spécifié !... En revenant de sa période... Il gardait une sacrée méfiance.

Si il plaisait à notre Chinois, on en ferait des autres voilà tout, des Çâkya-Mouni, tout en or ! On s'arrêterait pas pour si peu. On arrangeait l'avenir en rose... Le renouveau de la ciselure, il viendrait peut-être d'Extrême-Orient... Ah ! tout l'escalier, le nôtre, le B, il en bourdonnait de notre histoire, ils en bavaient des bigornos tous les bricoleurs des étages, ils en revenaient pas de notre chance ! D'une aubaine pareille ! Déjà, ils parlaient partout qu'on recevait des chèques de Pékin.

Gorloge, il traînaillait encore à la toute dernière seconde. Il allait avoir des ennuis. Avec Antoine, ils se relayaient sur le petit bonhomme. Y avait des détails insensés, des si menus, si infimes, que même à la loupe on les voyait pas tout à fait. Sur sa petite chaise... la houlette... et puis sur la petite gueule surtout... Un tout minuscule sourire... ça c'était difficile à rendre ! Ils rognaient encore des grains avec une précelle aiguë, affinée, comme un ongle... Il lui manquait presque plus rien... Il était la copie « au poil » ! Mais quand même c'était préférable qu'Antoine réfléchisse encore... S'y remettre dans quatre ou cinq jours... Ça ferait un boulot raffiné...

Gorloge, enfin, s'est décidé, il a bien fallu qu'il s'élance. Les gendarmes sont revenus encore...

Le lendemain, je le vois, quand j'arrive, il était nippé en soldat et de pied en cap... Il avait mis l'énorme roupane, la godailleuse à deux boutons, les coins relevés en cornet de frite... Képi, pompon vert et grimpants garance assortis... Ainsi, il est descendu... Le petit Robert portait sa musette. Elle était sérieusement chargée, avec trois camemberts d'abord, et des « vivants » que tout le monde en faisait la remarque... Et deux litres de blanc et encore des petites canettes, un assortiment de chaussettes... et la chemise de nuit en tricot pour coucher dehors...

Les voisins sont tous descendus en foule des étages, en treillis, savates... Ils ont molardé tant et plus, ils ont rempli les paillassons... Ils ont souhaité bon courage. Je l'ai accompagné Gorloge, jusque devant la gare de l'Est, après le carrefour Magenta. Ça le souciait beaucoup de partir, au moment juste de cette commande. Il me répétait ses instructions. Il se tracassait infiniment de pas pouvoir finir lui-même... Enfin il m'a fait « Au revoir »... Il m'a recommandé d'être sage... Il a suivi la pancarte... C'était déjà rempli de griffetons tous les abords... Y avait des mecs qui râlaient qu'on barrait la route tous les deux à nous faire des boniments... Il a fallu que je me tire...

En arrivant rue Elzévir, quand je suis repassé devant la loge, la bignolle elle m'interpelle :

« Hé dis donc ! qu'elle me fait comme ça. Viens voir par ici, Ferdinand !... Alors dis donc, il est parti ?... Il s'est décidé quand même ! Eh bien il a réfléchi !... Il aura pas froid là-bas ! Il en aura des chaleurs ! Heureusement qu'il a pris de quoi boire. Il en rotera pour les manœuvres ! Merde ! La vache ! Il va transpirer ton cocu !... »

Elle me disait ça pour me mettre en train, pour me faire causer un peu. J'ai rien répondu. J'en avais plein le bouc des ragots. Ah ! oui alors ! Je devenais extrêmement soupçonneux... J'avais bien raison... Et pas encore assez d'ailleurs !... La suite me l'a bien prouvé.

* * *

Dès que le patron a mis les bouts, le petit Robert, il se tenait plus. Il voulait à toute force les voir, Antoine et la patronne en train de s'emmancher. Il disait que ça arriverait, que c'était fatal... Il était voyeur par nature.

Pendant toute la première semaine, on a pas aperçu grand- chose... Question de faire rouler l'atelier c'est moi qui passais à présent, rue de Provence et par le Boulevard à la pêche aux réparations... Je ramenais ce que je trouvais. C'était que juste suffisant. Je baladais plus ma collection. Ça m'aurait fait plutôt virer.

Antoine continuait le petit bonze, il le fignolait à ravir. Il était capable. Comme ça, vers la seconde semaine, la patronne a changé subitement de manière. Elle qu'était plutôt distante, qui me causait presque jamais tant que Gorloge était par là, d'un seul coup, elle devint aimable, engageante et personnelle. Je trouvais d'abord que c'était louche. Enfin tout de même j'ai pas tiqué. J'ai réfléchi que c'était peut-être parce que je devenais plus utile ?... Parce que je ramenais des petits boulots ?... Et cependant ça donnait pas de pèze... Il rentrait pas une seule facture...

Gorloge, qui se méfiait toujours... Il avait nettement spécifié qu'on encaisse pas une seule note ! Qu'il irait lui-même toucher ça aussitôt qu'il serait revenu. Il avait fait le « serre » aux clients.

Un matin arrivant de bonne heure, je trouve Mme Gorloge déjà levée, à se promener déjà dans la turne... Elle faisait semblant de chercher quelque chose le long de l'établi... Elle était en peignoir froufrou... Je la trouve très curieuse, singulière... Elle se rapproche. Elle me dit comme ça :

« Ferdinand ! En revenant ce soir de vos courses, vous seriez tout à fait gentil de me rapporter un petit bouquet, voulez- vous ? Ça égayerait bien la maison... » Elle pousse aussi un soupir... « Depuis le départ de mon mari, j'ai pas le courage de descendre. »

Elle dandinait des miches autour. Elle me faisait la séduction. C'était évident. La lourde était grande ouverte, celle de sa chambre. Je voyais son plumard... Je ne bronche pas... Je ne tente rien... Les autres remontent du bistrot, Antoine et Robert... Je ne fais aucune confidence...

Le soir, j'ai remonté trois pivoines. C'est tout ce que je pouvais acheter. On n'avait plus rien dans la caisse. De ma part c'était déjà bien. Je savais que je serais pas remboursé.

* * *

Et puis c'est Antoine à son tour, qui est devenu assez courtois et même absolument copain... Lui qui faisait que nous engueuler, une semaine auparavant... Il devenait charmeur... Il voulait même plus que je descende, que je reparte au tapin... Il me disait comme ça :

« Reposez-vous !... Restez un peu à l'atelier... Intéressez-vous aux bricoles !... vous reprendrez la tournée plus tard !... »

On avait beau lanterner, l'épingle était quand même finie... Elle est revenue du polisseur. C'était mon tour de la livrer... À ce moment-là juste, la patronne elle a reçu une lettre de Gorloge... Il recommandait qu'on ne se presse pas... qu'on le garde à la maison le bijou... Qu'on attende un peu son retour. Qu'il irait lui-même le porter au petit Chinois... Qu'en attendant si j'y tenais, je pouvais le montrer le beau bijou, à quelques clients amateurs...

Du coup, je ne fus plus tranquille ! Tout le monde l'admirait, c'est un fait, ce petit magot... Il était bien réussi sur son petit pavois, « Câkya-Mouni » tout en or !... Ça faisait du métal quand même à dix-huit carats !... Surtout à l'époque dont je cause ! On ne pouvait pas rêver mieux !... Tous les voisins, des connaisseurs, ils sont venus faire des compliments... Ça faisait honneur à la maison !... Le client aurait pas à se plaindre !... Gorloge rentrait que dix jours plus tard... Ça me laissait encore bien du temps, pour le promener dans les boutiques...

« Ferdinand ! qu'elle m'a conseillé la patronne, laissez-le donc le soir ici, dans votre tiroir... Personne n'y touchera vous savez ! Vous le reprendrez le lendemain matin ! »

Je préférais le garder dans ma fouille, le remporter à la maison. Je trouvais ça bien plus consciencieux... Je mettais même des épingles doubles, une de nourrice, une énorme, et deux petites de chaque côté... Tout le monde rigolait. « Il la perdra pas ! » qu'ils disaient.

* * *

Où il était notre atelier, comme ça en plein sous les ardoises, ça donnait une terrible chaleur, même à la fin du mois de septembre il faisait encore si crevant qu'on arrêtait pas de picoler.

Un tantôt à force, Antoine, il se tenait plus du tout en place. Il hurlait si fort ses chansons qu'on l'entendait dans toute la cour jusqu'au fond chez la concierge... Il s'était remonté de l'absinthe et des quantités de biscuits. On a tous cassé la croûte. C'est nous deux, Robert et moi, qui mettions à rafraîchir, sous les robinets du palier, toute la livraison des canettes. On les prenait à crédit, des paniers complets. Seulement y avait du tirage... les épiciers, ils faisaient vilain... C'était de la folie, dans un sens... Tout le monde avait perdu la boule, c'était l'effet de la canicule et de la liberté.

La patronne est venue avec nous. Antoine s'est assis contre elle. On rigolait de les voir peloter. Il lui cherchait ses jarretelles. Il lui retroussait ses jupons. Elle ricanait comme une bique. Y avait de quoi lui foutre une pâtée tellement qu'elle était crispante... Il lui a sorti un nichon. Elle restait comme ça devant, ravie. Il nous a versé tout le fond de sa bouteille. On l'a finie avec Robert. On a liché le verre. C'était meilleur que du banyuls... Finalement tout le monde était saoul. C'était la folie des sens... Alors Antoine, il lui a retroussé toutes ses cottes, à la patronne, comme ça d'un seul coup ! Haut par-dessus tête !... Il s'est redressé debout aussi, et puis telle quelle, emmitouflée, il l'a repoussée dans sa chambre. Elle se marrait toujours... Elle tenait le fou rire... Ils ont refermé la lourde sur eux... Elle arrêtait pas de glousser...

Nous deux, Robert et moi, c'était le moment qu'on grimpe sur le fourneau de la cuistance pour assister au spectacle... C'était bien choisi comme perchoir... On plongeait en plein sur le page... Y avait pas d'erreur. Antoine tout de suite, il l'a basculée à genoux, la grosse môme... Il était extrêmement brutal... Elle avait comme ça le cul en l'air... Il lui farfouillait la fente... Il trouvait pas la craquouse... Il déchirait les volants... Il déchirait tout... Et puis il s'est raccroché. Il a sorti son polard... Il s'est foutu à la bourrer... Et c'était pas du simili... Jamais je l'aurais cru si sauvage. J'en revenais pas... Il grognait comme un cochon. Elle poussait des râles aussi... Et des beaucoup plus aigus à chaque fois qu'il fonçait... C'est vrai ce que Robert m'avait dit à propos de ses fesses, à elle... Maintenant on les voyait bien... Toutes rouges... énormes, écarlates !...

Le pantalon en fin volant, il était plus que des loques... C'était tout mouillé autour... Antoine il venait buter dur en plein dans les miches... chaque fois ça claquait... Ils s'agitaient comme des sauvages... Il pouvait sûrement la crever de la manière qu'il s'élançait... Son falzar, il lui traînait le long des mollets jusque par terre... Sa blouse le gênait encore, il s'est dépiauté d'un seul coup... Elle est tombée à côté de nous... Il était à poil à présent... Seulement qu'il gardait ses chaussons... ceux du patron... les minets brodés...

Dans sa fougue pour l'emmancher, il a dérapé du tapis, il est allé se cogner la tronche de travers dans le barreau du lit... Il fumait comme un voleur... Il se tâtait le cassis... Il avait des bosses, il décolle... Il s'y remet, furieux. « Ah ! la salope ! alors qu'il ressaute ! Ah ! la garce ! » Il lui fout un coup de genou en plein dans les côtes ! Elle voulait se barrer, elle faisait des façons...

« Antoine ! Antoine ! j'en peux plus !... Je t'en supplie, laisse- moi, mon amour !... Fais attention !... Me fais pas un môme !... Je suis toute trempée !... » Elle réclamait, c'était du mou !...

« Ça va ! Ça va ! ma charogne ! boucle ta gueule ! Ouvre ton panier !... » Il l'écoutait pas, il la requinquait à bout de bite avec trois grandes baffes dans le buffet... Ça résonnait dur... Elle en suffoquait la garce... Elle faisait un bruit comme une forge... Je me demandais s'il allait pas la tuer ?... La finir sur place ?... Il lui filait une vache trempe en même temps qu'il la carrait. Ils en rugissaient en fauves... Elle prenait son pied... Robert il en menait plus large. On est descendus de notre tremplin. On est retournés à l'établi. On s'est tenus peinards... On avait voulu du spectacle... On était servis !... Seulement c'était périlleux... Ils continuaient la corrida. On est descendus dans la cour... chercher le seau et les balais, soi-disant pour faire le ménage... On est rentrés chez la concierge, on aimait mieux pas être là, dans le cas qu'il l'étranglerait...

* * *

Y a pas eu de drame ni de cadavre... Ils sont ressortis tout contents... On n'avait qu'à s'habituer !...

Les jours d'après, des provisions on en a fait venir de partout, de trois épiciers, rue des Écouffes, rue Beaubourg, qui nous connaissaient pas encore... Tout un rayon de boustifaille qu'on s'est constitué et puis en même temps, une vraie cave, avec la bière à crédit et du mousseux « Malvoisin ». On devenait canailles...

Je trouvais des prétextes pour ne plus croûter chez mes vieux. Rue Elzévir ça tournait en vraie rigolade, on arrêtait pas de s'empiffrer. On foutait plus rien du tout. Le tantôt, sur les quatre heures, on attendait nous deux Robert, l'ouverture de la corrida... Maintenant, on avait plus la trouille. Ça nous faisait aussi moins d'effet.

Antoine d'ailleurs, il se dégonflait, il allait plus si fort au cul, il s'essoufflait pour des riens... Il s'y reprenait en dix fois... Il se vautrait entre les fesses... Il la faisait toujours mettre à genoux... Il lui calait le bide à présent avec l'édredon. Il lui remontait haut la tête sur les oreillers... C'était une drôle de position... Il lui empoignait les tiffes... Elle poussait de vaches soupirs...

Tout de même, ça suffisait plus... Il a voulu lui prendre l'oignon... Elle se défendait... Elle se débattait. Alors la fureur est revenue. C'était la rigolade intense... Elle gueulait plus fort qu'un âne !... Il dérapait à toutes les prises... Il y arrivait plus... Il saute alors du pageot, il pique tout droit dans la cuisine... Comme on était nous sur le poêle, il nous voit pas heureusement, tellement qu'il était passionné... Il passe à côté, il se met à farfouiller dans le placard, comme ça à poil, en chaussons... Il cherchait le pot de beurre... Il se cognait la bite partout :

« Oh ! yaya ! Ohoh ! yaï ! ya !... » qu'il arrêtait pas de glapir... On en avait mal, nous autres... tellement qu'il était marrant... on en éclatait...

« Le beurre ! nom de Dieu ! le beurre !... »

Il l'a trouvé enfin son pot... Il tape dedans à la louche... Il l'emporte pleine... Il recourt vite vers le plumard... Elle faisait des manières encore... elle finissait pas de tortiller... Il lui a beurré le cul en plein, les bords, tout lentement, soigneusement à fond, comme un ouvrier de la chose... Elle reluisait déjà, la tante !... Il a pas eu de mal... Il l'a mise à fond d'autorité... c'est rentré tout seul... Ils ont pris un pied terrible... Ils poussaient des petits cris stridents. Ils se sont écroulés sur le flanc. Ils se sont raplatis... Ils se sont foutus à ronfler...

C'était plus intéressant...

* * *

C'est les épiciers de la rue Berce qu'ont les premiers fait du scandale... Ils voulaient plus rien chiquer pour nous avancer de la boustiffe... Ils venaient rapporter leurs factures... On les entendait nous, monter... On répondait pas...

Ils redescendaient chez la bignolle... Ils poussaient des clameurs affreuses... La vie devenait insupportable. Du coup, Antoine et la patronne, ils sortaient à chaque instant, ils allaient briffer au-dehors, ils plantaient des vaches drapeaux dans toutes les gargotes du quartier... Je racontais pas tout ça chez nous... Ça me serait retombé sur la pomme... Ils auraient imaginé que c'est moi qui faisais les conneries !

Le principal c'était l'écrin !... le « Çâkya-Mouni » tout en or... celui-là je le laissais pas courir, il allait pas souvent dans le monde ! Je le gardais très pieusement planqué dans le fond de ma fouille, et fermé encore au surplus avec les trois épingles « nourrice ». Je le montrais plus à personne, j'avais plus confiance... J'attendais le retour du patron.

À l'atelier, avec Robert, on s'en faisait pas une seconde... Antoine, il bossait presque plus. Quand il s'était bien amusé avec la rombière, ils revenaient blaguer avec nous. On chambardait tout l'atelier. Entre-temps, ils en écrasaient l'après-midi pendant des heures... C'était la famille « tuyau de poêle ! »...

Seulement, un soir le drame advint ! On n'avait pas mis nos verrous... C'était le moment du dîner... Y avait sur tous les paliers beaucoup de va-et-vient... Voilà un de nos furieux bistrots, le plus méchant de tous c'est-à-dire, qui grimpe là-haut, quatre à quatre !... On se rend compte beaucoup trop tard ! Il pousse la porte, il entre... Il les trouve tous les deux pieutés ! Antoine et la grosse !... Alors, il râlait pire qu'un phoque !... Il en avait le sang dans les yeux... Il voulait dérouiller Antoine et séance tenante ! Il brandissait son gros marteau... Je croyais qu'il allait l'emboutir...

C'est vrai, qu'on lui devait des tas... Au moins vingt-cinq litres... du blanc... du rosé... de la fine et même du vinaigre... C'est tourné en vraie bataille... Il a fallu qu'on se mette à huit pour en venir à bout du gorille... On a rappelé tous les copains... Antoine a pavoisé dur. Il a pris deux cocards énormes... un bleu et un jaune...

D'en bas, dans la cour, il continuait à nous menacer. Il nous traitait, ce délirant, de tous les noms : Fripons !... Ordures !... Enculés !...

« Attendez minute, feignasses ! Vous en aurez de mes nouvelles !... Et ça traînera pas, saloperies !... Attendez un peu le commissaire ! »

Ça commençait à sentir mal !...

* * *

Le lendemain, c'était l'après-midi, je fais à Robert : « Dis donc, môme ! Il va falloir que je descende. Ils sont venus encore ce matin demander leur broche de chez Tracard, ça va faire au moins huit jours qu'on aurait dû la leur livrer !... — Bon ! qu'il me répond, moi, il faut que je sorte aussi... J'ai un rambot avec une pote au coin du Matin »...

On dégringole tous les deux... Ni Antoine, ni la patronne n'étaient rentrés du déjeuner...

Comme on arrivait au second, je l'entends elle qui monte... Alors complètement essoufflée, congestionnée, incandescente... Sûrement qu'ils avaient bâfré trop...

« Où ça que vous partez, Ferdinand ?

Faire une petite commission... Jusqu'au boulevard... voir une cliente !

Ah ! vous en allez pas comme ça !... qu'elle me fait contrariée... Remontez donc un peu en haut !... J'ai juste deux mots à vous dire. »

Ça va... Je l'accompagne... Robert file à son rendez-vous.

À peine qu'on était entrés, elle referme la lourde, elle boucle tout, en plus elle met les deux loquets... Elle me précède, elle passe dans la chambre... Elle me fait signe aussi de venir... Je me rapproche... Je me demande ce qui arrive... Elle se met à me faire des papouilles... Elle me souffle dans le nez... « Ah ! Ah ! » qu'elle me fait. Ça l'émoustille... Je la tripote un peu aussi...

« Ah ! le petit salopiaud, il paraît que tu regardes dans les trous, hein ?... Ah ! dis-moi donc que c'est pas vrai ?... »

D'une seule main comme ça en bas, elle me masse la braguette... « Je vais le dire à ta maman, moi. Oh ! là ! là ! le petit cochon !... Chéri petit cochon !... »

Elle s'en fait grincer les dents... Elle se tortille... Elle m'agrippe en plein... Elle me passe une belle langue, une bise de voyou... Moi j'y vois trente-six chandelles... Elle me force de m'asseoir à côté sur le plume... Elle se renverse... Elle retrousse d'un coup toutes ses jupes...

« Touche ! Touche donc là ! » qu'elle me fait... Je lui mets la main dans les cuisses...

« Va qu'elle insiste... Va ! gros chouchou !... Va profond ! vas- y... Appelle-moi Louison ! Ta Louison ! mon petit dégueulasse ! Appelle-moi, dis !... »

« Oui, Louison ! »... que je fais...

Elle se redresse, elle m'embrasse encore. Elle enlève tout... Corsage... corset... liquette... Alors je la vois comme ça toute nue... la motte si volumineuse... ça s'étale partout... C'est trop... Ça me débecte quand même... Elle m'agrafe par les oreilles... elle me force à me courber, à me baisser jusqu'à sa craquouse... Elle me plie fort... elle me met le nez dedans... C'est rouge, ça bave, ça jute, j'en ai plein les yeux... Elle me fait lécher... Ça remue sous la langue… Ça suinte… Ça fait comme une gueule d'un chien...

« Vas-y, mon amour !... Vas-y tout au fond ! »

C'est elle qui me maltraite, qui me tarabuste... Je glisse moi dans la marmelade... J'ose pas trop renifler... J'ai peur de lui faire du mal... Elle se secoue comme un prunier...

« Mords un peu, mon chien joli !... Mords dedans ! Va ! » qu'elle me stimule... Elle s'en fout des crampes de ruer ! Elle pousse des petits cris-cris... Ça cocotte la merde et l'œuf dans le fond, là où je plonge... Je suis étranglé par mon col... le celluloïd... Elle me tire des décombres... Je remonte au jour... J'ai comme un enduit sur les châsses, je suis visqueux jusqu'aux sourcils... « Va ! déshabille-toi ! qu'elle me commande, enlève- moi tout ça ! Que je voye ton beau corps mignon ! Vite ! Vite ! Tu vas voir, mon petit coquin ! T'es donc puceau ? Dis, mon trésor ? Tu vas voir comme je vais bien t'aimer !... Oh ! le gros petit dégueulasse... il regardera plus par les trous !... »

Elle se trémoussait tout le croupion en attendant que je m'amène !... Elle remuait tout le plumard en zigzag... C'était une vampire... J'osais pas trop en ôter. Seulement le carcan qui me gênait le cou davantage... Et puis mon veston et le gilet... C'est elle qui les a pendus près du lit, sur le dos de la chaise... Je voulais pas tout enlever mes frusques... comme faisait Antoine... Je savais que j'avais de la merde au cul et les pieds bien noirs... Je me sentais moi-même... Pour éviter qu'elle insiste, je me suis relancé au plus vite, je faisais l'amoureux, je grimpe, j'étreins, je grogne... Je me mets en branle comme Antoine, mais alors beaucoup plus doucement... Je sentais mon panard qui vadrouillait tout autour... Je bafouillais dans la mousse... J'avais le gland perdu... J'osais pas y mettre les doigts... Il aurait fallu pourtant... Je lui perdais encore la craquette... Enfin j'ai glissé en plein dedans... Ça s'est fait tout seul... Elle m'écrasait dans ses nichons ! Elle s'emmanchait au maximum... Comme on étouffait déjà, c'était une fournaise... Elle voulait encore que j'en mette... Elle n'implorait pas pitié comme à l'autre enflure... Au contraire, elle me faisait pas grâce d'un seul coup de bélier...

« Enfonce-toi bien mon gros chouchou ! Enfonce-la, va ! Bien au fond ! Hein ! T'en as, dis, une grosse belle bite ?... Ah ! Ah ! comme tu me crèves, gros salaud... Crève-moi bien ! Crève- moi ! Tu vas la manger ma merde ? Dis-moi oui ! Oh ! Oh !... Ah ! tu me défonces bien... Ma petite vache !... Mon grand petit fumier !... C'est bon comme ça ! Dis ? » Et hop ! Je lui foutais un coup de labour... J'en pouvais plus !... Je renâclais... Elle me sifflait dans la musette... J'en avais plein le blaze, en même temps que ses liches... de l'ail... du roquefort... Ils avaient bouffé de la saucisse...

« Jouis bien, mon petit chou ! Ah ! Jouis... On va juter en même temps !... Dis ! tu sors pas mon trésor d'amour !... Tu me mets tout dedans !... Va ! T'occupe pas !... » Elle se pâmait, elle prenait du gîte... Elle se retournait presque sur moi... Je sentais monter mon copeau... Je me dis au flanc... « Bagarre Mimile... » J'avais beau être dans les pommes... le temps d'un éclair... Je m'arrache... Je fous tout dehors... Il lui en gicle… plein sur le bide... Je veux serrer... Je m'en remplis les deux mains. « Ah ! le petit bandit voyou !... qu'elle s'écrie... Oh ! le sale crapaud répugnant ! Viens vite ici que je te nettoie... » Elle repique au truc... Elle me saute sur le gland en goulue… Elle pompe tout... Elle se régale !... Elle aime ça la sauce... « Oh ! qu'il est bon ton petit foutre ! » qu'elle s'exclame en plus. Elle m'en recherche tout autour des burnes... Elle fouille dans les plis... elle fignole... Elle va se faire reluire encore... Elle se cramponne à genoux dans mes jambes, elle se crispe, elle se détend, elle est agile comme un chat avec ses grosses miches. Elle me force à retomber sur elle...

« Je vais t'enculer petit misérable ! »... qu'elle me fait mutine. Elle me fout deux doigts dans l'oignon. Elle me force, c'est la fête !... La salope en finira pas de la manière qu'elle est remontée !...

« Oh ! mais il faut que je m'injecte !... » Ça lui revient d'un coup. D'un saut, la voilà dehors !... Je l'entends qui pisse dans la cuisine... Elle trifouille en dessous dans l'évier... Elle me crie :

« Attends-moi, Loulou ! »... Je demande pas mon reste... Je bondis sur mon costard... J'attrape le battant de la porte, je pousse et me voilà sur le palier !... Je dévale quatre à quatre... Je respire un sérieux coup... Je suis dans la rue... Il est temps que je réfléchisse. Je souffle... Je marche doucement vers les boulevards.

Arrivé devant l'Ambigu... là je m'assois enfin ! Je ramasse un journal par terre. Je vais me mettre à le lire... Je sais pas pourquoi... Je me tâte la poche... Je faisais ce geste-là sans savoir... Une inspiration... Je touche encore... Je trouve plus la bosse... Je tâte l'autre... C'est du même ! Je l'ai plus !... Mon écrin il est barré ! Je recherche de plus en plus fort... Je tripote toutes mes doublures... Ma culotte... Envers... Endroit... Pas d'erreur !... J'entre dans les chiots... Je me déshabille totalement... Je retourne tout encore... Rien du tout !... Pas la berlue !... Le sang me reflue dans les veines... Je m'assois sur les marches... Je suis fait !... Extra ! Paumé comme un rat !... Je retourne encore un coup mes vagues... Je recommence !... J'y crois plus déjà... Je me souviens de tout précisément. Je l'avais bien épinglé l'écrin... Au tréfonds de ma poche intérieure. Avant de descendre avec Robert je l'avais encore senti !... Elles étaient parties les épingles !... Elles s'étaient pas enlevées toutes seules !... Ça me revenait subito la drôle de façon, qu'elle me tenait tout le temps par la tête... Et de l'autre côté de la chaise ?... Elle travaillait avec une main... Je comprenais tout ça par bouffées...

Ça me montait l'effroi, l'horreur... Ça me montait du cœur... Ça me tambourinait plus fort que trente-six chevaux d'omnibus... J'en avais la tétère qui secouait... Ça servait rien... Je recommençais à chercher... C'était pas possible qu'il soye tombé mon écrin ! qu'il ait comme ça glissé par terre de façon que je l'avais pinglé !... Mais non !... Et puis une « nourrice » ça s'ouvre pas facilement !... Trois y en avait !... Ça part pas tout seul ! Pour me rendre compte si je rêvais pas, j'ai recouru vers la République... Arrivé rue Elzévir y avait plus personne là-haut !... Ils étaient déjà tous barrés... J'ai attendu sur les marches... Jusqu'à sept heures, s'ils rentreraient ?... Aucun n'est remonté... J'essayais comme ça de me rendre compte par les mots, des bribes... et les incidents. Ça me revenait tout peu à peu... Si Antoine, il était l'auteur ? et le petit Robert alors ?... S'ils avaient tout goupillé ?... En plus de la vache... En me redressant debout je sentais plus mes deux guibolles... J'allais comme saoul dans la rue... Les passants, ils me remarquaient... Je suis resté un bon moment planqué sous le petit tunnel à la Porte Saint-Denis. J'osais plus sortir du trou... Je voyais de loin les omnibus, ils ondulaient dans la chaleur... J'avais des éblouissements... Je suis rentré tout à fait tard au Passage... J'ai dit que j'avais mal au ventre... Comme ça, j'ai coupé aux questions... J'ai pas pu dormir de la nuit tellement j'avais la colique... Le lendemain je suis parti au petit jour, tellement j'avais hâte de savoir...

* * *

À l'atelier, en arrivant, je les ai bien regardés tous les trois... Ils avaient pas l'air de se douter... ni la garce... ni Antoine... ni le môme !... Quand je leur ai annoncé ça qu'il était perdu le bijou... Ils m'ont regardé ébahis !... Ils tombaient des nues...

« Comment, Ferdinand ? Vous êtes sûr ? Vous avez bien regardé chez vous ?... Retournez donc vos poches !... Ici, on a rien retrouvé !... N'est-ce pas, Robert ? Tu n'as rien vu ? C'est le petit qui a balayé !... Tu vas repasser encore ! »

À force de me parler comme ça ils me semblaient tellement féroces que je me suis mis à chialer... Alors je les voyais dans la glace, qui se refilaient des petits signes... Antoine, il préférait pas me regarder... Il me tournait le dos, il faisait semblant de briquer sa meule... Elle continuait au « baratin »... Elle essayait que je me coupe, que je me contredise.

« Vous vous rappelez pas chez Tracard ?... Vous m'avez pas dit que vous y alliez ?... C'est pas chez eux ? Vous êtes certain ?... »

Je marnais dans le cirage... C'était infect, comme vice et tout... J'avais plus aucun recours... J'étais bon... C'est pas moi qu'on aurait cru si j'avais raconté les choses... À quoi ça aurait servi ?...

« Le patron revient après-demain... D'ici là, tâchez de la retrouver !... Robert vous aidera !... » C'était ça qu'elle me proposait... De tous les côtés j'étais cuit !... Si j'avais dit les circonstances ils m'auraient traité d'imposteur, de monstre effroyable, abject... que j'essayais de me disculper en salopant ma bonne patronne... que j'avais plus aucune vergogne... que c'était le comble des culots... la calomnie extravagante... La Saloperie monumentale... J'ai même pas essayé de l'ouvrir... J'avais plus envie d'ailleurs... Je pouvais plus bouffer du tout... J'avais la tête toute refermée... les idées, la bouche, le trognon...

Ma mère elle me trouvait bizarre, à voir ma mine, elle se demandait quelle maladie je pouvais couver ?... J'avais la peur dans toutes les tripes... J'aurais voulu disparaître... maigrir tellement qu'il me reste rien...

Mon père, il faisait des remarques caustiques. « T'es pas amoureux par hasard ?... Ça serait pas des fois le printemps ?... T'as pas des boutons au derrière ?... » Dans un petit coin il m'a demandé : « T'as pas attrapé la chaude-pisse... ? » Je savais plus comment me poser, me mettre de coin ou d'équerre...

Gorloge, qu'était toujours en retard, il avait choisi une autre route, il avait un peu traîné d'une ville à l'autre... Il s'est amené un mercredi, on l'attendait depuis le dimanche... Le lendemain matin, quand je suis monté au boulot, il était dans la cuisine, en train d'affûter ses limes. Je resté comme ça derrière lui planté un bon moment... J'osais plus remuer dans le couloir... J'attendais qu'il me cause. J'avais les foies sur la gorge. Je savais plus ce que je voulais dire. Déjà, il devait tout connaître. Je tends la main quand même. Il me bigle un peu par le travers... Il se retourne même pas... Il se remet à son ustensile. Je n'existais plus... Je fonce alors dans l'atelier. J'avais une telle trouille, que je laisse dans le fond du placard la moitié de ma collection pour me sauver plus vite... Personne m'a rappelé. Ils étaient tous là, dans la piaule, absorbés sur leurs manivelles... Je suis ressorti sans dire un mot... Je savais même plus où je barrais... Heureusement que j'avais l'habitude... Je marchais dans un songe... Rue Réaumur, je suais à froid énormément... Sur le grand tremplin j'allais d'un banc sur un autre... J'ai essayé malgré tout de rentrer dans une boutique... Mais j'ai jamais pu pénétrer... tellement j'avais la tremblote sur le bec-de-cane... Je pouvais plus l'ouvrir... Je croyais que tout le monde me suivait... Je suis resté comme ça des heures... Toute la matinée. Et puis encore le tantôt, toujours d'un banc vers un autre, ainsi de suite jusqu'au square Louvois... et appuyé sur les devantures... Je pouvais plus arquer. Je voulais plus rentrer chez Gorloge... Je préférais encore mes parents... C'était aussi épouvantable... mais c'était tout de même plus près... Juste à côté du square Louvois... C'est curieux quand même quand on n'a plus pour respirer que des endroits tous bien horribles...

J'ai fait encore une fois, deux fois, tout doucement le tour de la Banque de France avec mon infect saint-frusquin... Je me suis raidi un grand coup et puis je suis rentré dans le Passage... Mon père était sur le pas de notre porte... Évidemment, il m'attendait... La façon qu'il m'a dit de monter ça m'a enlevé tous les doutes... On était en plein orage... Il s'est mis dès le premier instant à bégayer tellement si fort, qu'il lui venait comme de la vapeur à la place des mots... On le comprenait plus... Seulement qu'il soufflait des fusées... Sa casquette partait en bourrasque... Elle s'envolait de tous les côtés... Il tapait dessus à tour de bras... Il s'en défonçait le cassis... Il se gonflait encore toute la bouille... absolument cramoisi... avec des sillons livides... Il changeait de couleur. Il tournait violet.

Ça me fascinait qu'il tourne bleu... ou jaune après coup. Il me recouvrait d'une telle furie, que je sentais plus rien... Il paumait un truc sur le meuble... Il le brandissait pour le casser... Je croyais qu'il foutait tout en l'air... Sa langue même il mordait dedans si fort, si rageur, qu'elle lui devenait comme un bouchon, soufflée, coincée, tendue de barbaque comme pour éclater... Elle éclatait rien du tout... Il reposait le sous-plat... Il s'étranglait simplement... Il en pouvait plus...

Il est reparti d'un coup dehors, il s'est élancé vers la rue, il a couru dans le Passage. Il se serait envolé aussi bien, tellement qu'il était sursoufflé... irrésistible... abominable...

Ma mère est restée avec moi... Elle rabâchait toutes les sottises, les détails de la catastrophe... Ses idées à elle... ses vieilles certitudes...

M. Gorloge était venu, il leur avait causé deux heures... Il savait tout... Il avait tout détaillé... énuméré tout l'Avenir. « Cet enfant fera votre malheur !... C'est déjà un petit corrompu !... Un petit misérable... J'avais mis ma confiance en lui !... Il commençait à se débrouiller... »

Telles étaient ses finales paroles !... Maman, elle avait eu la trouille qu'il aille se plaindre à la Justice... qu'il me fasse arrêter tout de suite... Elle avait rien osé répondre... Pour elle ça faisait pas un pli... Que je m'étais fait entuber... Fallait mieux que j'avoué tout de suite... Que je l'avais au moins perdu... Que d'ergoter... Indisposer mon patron... C'était l'hypothèse la moins sale !... Ils rembourseraient peu à peu... et dans tous les cas, mes parents... C'était entendu déjà !...

« Qui t'a donné de tels exemples ?... qu'elle me questionnait dans les larmes. Qu'as-tu donc fait de ce bijou ?... Dis-le voyons ! mon petit ! On ne te mangera pas pour ça !... Je ne répéterai rien à ton père !... Je te le jure !... Là, tu me crois ? Nous irons la voir ensemble... Si tu l'as donné à une femme ! Dis-moi vite avant qu'il revienne ! Peut-être qu'elle voudra le restituer avec un peu d'argent ?... Tu la connais bien ? Tu ne penses pas ?... Comme ça tout s'arrangera quand même ! Nous ne dirons rien à personne !... »

J'attendais que ça passe un peu, pour peut-être pouvoir lui expliquer... Il rentre, mon père, juste à ce moment... Il était pas du tout refroidi... Il se met à bourrer dans la table, et tant que ça peut dans les cloisons !... À deux poings fermés ! Toujours en sifflant des vapeurs... Si il s'arrête une seconde, c'est alors par-derrière qu'il rue ! Il est soulevé par la colère, il plane du cul comme un bourrin ! Il choute à travers les parois... Il en ébranle la tôle entière... Il est formidable comme détente, tout le buffet en dégringole... Des rafales en écroulements la scène a duré toute la nuit... Il se cabrait d'indignation et il retombait à quatre pattes !... Il aboyait comme un dogue... Ils ont hurlé le pour et le contre, entre les crises et les furies... J'allais pas moi, leur causer...

À bout d'arguments, ma mère est remontée m'entreprendre... Elle voulait que je lui confesse... Je répondais rien... Elle pleurait à genoux contre mon lit, comme si j'étais déjà mort... Elle marmonnait des prières... Elle continuait à m'implorer... Elle voulait tout de suite que j'avoue... que je lui dise si c'était une femme !... Qu'on irait tous ensemble la voir...

« Je te dis moi, que c'est la patronne !... » que j'ai à la fin dégueulé. J'étais à bout ! Merde !

« Ah ! Tais-toi, petit misérable !... Tu ne sais pas le mal que tu nous fais !... »

C'était plus la peine d'insister... Parler à des engelures pareilles ?... Ils étaient encore plus blindés que tous les gogs de tout Asnières ! Voilà mon avis.

* * *

Ce fut tout de même un coup terrible. Je suis resté longtemps dans ma chambre, cinq ou six jours sans sortir. Ils me forçaient à descendre manger... Elle m'appelait une dizaine de fois. Elle montait me chercher à la fin. Moi, je voulais plus rien du tout, je voulais surtout plus parler. Mon père, il se causait tout seul. Il s'en allait en monologues. Il vitupérait, il arrêtait pas... Tout le bataclan des maléfices... Le Destin... Les Juifs... La Poisse... L'Exposition... La Providence... Les Francs-Maçons...

Dès qu'il venait des livraisons, il montait là-haut dans le grenier... Il se remettait aux aquarelles, c'était extrêmement nécessaire... On avait des besoins pressants, il fallait rembourser Gorloge... Mais il pouvait plus s'appliquer. Son esprit battait la campagne... Dès qu'il touchait au pinceau, il s'agaçait énormément, la tige lui pétait dans les mains. Il se sentait si énervé que sa petite plume à l'encre de Chine il l'a écrasée en miettes... les godets aussi... les couleurs débordaient partout... Y avait plus moyen... De me sentir seulement à côté, il aurait botté tout le bastringue... Dès qu'il était avec ma mère, il retournait au pétard, il renforçait ses alarmes.

« Si tu le laisses encore vadrouiller des journées entières dans les rues, sous prétexte d'apprendre le commerce nous n'avons pas fini d'en voir, ma pauvre amie ! Ah non alors ! Je peux te le jurer ! Nous ne sommes encore qu'au début ! C'est pas voleur qu'il finira ! C'est assassin ! m'entends-tu ? Assassin ! Je ne donne pas seulement six mois avant qu'il étrangle une rentière ! Oh ! Il est avancé déjà sur la jolie pente !... Oh ! là ! là ! Il ne glisse plus ! Il caracole ! Il galope ! Il est effréné ! Je le vois moi ! Tu ne le vois pas toi ? Tu ne crois à rien ! Tu es aveugle ! Pas moi ! Non ! Ah ! non ! Pas moi !... »

Ici, une aspiration profonde... Il la fascinait...

« Veux-tu enfin m'écouter ? Veux-tu que je te précise ce qui se prépare ?... Non ? Tu n'y tiens pas ?...

Non, Auguste, je t'en supplie !...

Ah ! Ah ! tu as donc peur de m'écouter !... Alors tu sais ?... »

Il l'agrippait par les poignets, il fallait pas qu'elle s'échappe...

Il fallait qu'elle entende bien tout.

« C'est nous, m'entends-tu ? qu'il estourbira ! Un jour ! Il nous fera notre affaire, ma belle !... Tu l'auras sa reconnaissance !... Ah ! je te l'aurai assez prédit !... T'aurai-je donc assez prévenue, Nom de Dieu !... J'ai la conscience nette !... Ah ! Nom de Dieu de Nom de Dieu ! Sur tous les tons ! Sur tous les toits ! Depuis toujours ! Tant pis ! Alea jacta !... »

Ma mère, il lui foutait une telle trouille qu'elle en devenait toute gâteuse ! Elle bavotait, chevrotait, elle avait des bulles... Il l'achevait, il la sonnait totalement.

« Je veux bien être étranglé ! Entendu ! Mais je ne suis pas dupe, Bordel de foutaise !... Arrange-toi comme tu voudras !... C'est toi qui seras responsable !... »

Elle savait plus quoi faire ni dire, sous des prédictions si cruelles. Dans les convulsions du chagrin, elle se mâchonnait le bord des lèvres, elle saignait abondamment. J'étais damné, ça faisait plus de doute. Il recommençait lui, Ponce Pilate, il éclaboussait tout l'étage, il se lavait les mains de mon ordure, à plein jet, à toute pression. Il faisait des phrases entières latines. Ça lui revenait aux grands moments. Comme ça, dans la petite cuisine, tout debout, il me jetait l'anathème, il déclamait à l'antique. Il s'interrompait pour des pauses, pour m'expliquer entre-temps, parce que j'avais pas d'instruction, le sens des « humanités »...

Lui, il savait tout. Je comprenais au fond qu'une chose, c'est que j'étais plus approchable, plus à prendre avec des pincettes. J'étais méprisé de partout, même par la morale des Romains, par Cicéron, par tout l'Empire et les Anciens... Il savait tout ça mon papa... Il avait plus un seul doute... Il en hurlait comme un putois... Ma mère arrêtait pas de chialer... À force de recommencer sa scène, il s'en faisait comme un « numéro »... Il saisissait le savon de Marseille, le lourd carré, il se démenait tant et plus avec... Il gesticulait de fond en comble... Il le reposait maintes fois... toujours pérorant... Il allait le reprendre encore... Le brandir... À force, le morceau lui giclait des poignes... Il allait rebondir sous le piano... On plongeait tous à la repêche... On farfouillait au balai... à grands coups de manche... Merde !... Bordel !... Tonnerre !... On se bigornait après les angles !... Y avait des collisions farouches... On se foutait tout le balai dans l'œil... Ça se terminait en bataille. Ils se traitaient de tous les noms fumiers. Il la faisait sauter à cloche-pied autour de la table.

On m'oubliait un moment.

* * *

Ma mère, à force de trembler, elle avait perdu toute pudeur... Elle allait partout dans le Passage et aux environs rabâcher mes avatars... Elle sollicitait les conseils des autres parents... de ceux qu'avaient aussi des chtourbes avec leurs moutards... qu'avaient ramassé des bûches en apprentissage... comment qu'ils s'étaient dépêtrés ?...

« Je suis toute prête, qu'elle ajoutait, à faire encore des sacrifices !... Nous irons tant pis ! jusqu'au bout !... »

Tout ça c'était bien éloquent, mais ça me sortait pas de la pétasse. J'avais toujours pas de boulot.

L'oncle Édouard, si ingénieux, qu'avait tant de ficelles à son arc, il commençait à triquer, il me trouvait un peu encombrant... Il avait déjà bassiné à peu près tous ses copains avec mes chichis, mes déboires... Il en avait un peu marre... Je butais dans tous les obstacles... J'avais quelque chose d'insolite... Je commençais même à le courir.

Les voisins, ils se passionnaient à propos de mon drame... Les clients de la boutique aussi. Dès qu'ils me connaissaient un peu, ma mère les prenait à témoin... Ça arrangeait pas les affaires... Même M. Lempreinte à la Coccinelle il a fini par s'en mêler... C'est vrai que mon père ne dormait plus, qu'il prenait une mine d'agonique. Il arrivait si épuisé, qu'il chancelait dans tous les couloirs en transbordant son courrier d'un étage à l'autre... Il était aphone en plus, il avait la voix de rogomme à force de hurler ses conneries...

« Votre vie privée, mon ami, ne me regarde en rien, je m'en fous ! Mais quand même je veux que vous assuriez votre service... Quelle gueule vous avez à présent !... Vous tenez plus debout, mon garçon. Il va falloir vous soigner ! Qu'est-ce que vous faites donc dehors ? Vous vous reposez pas ? » Comme ça qu'il l'assaisonnait.

Alors lui, qu'avait les jetons, il a tout avoué sur le coup...

Tous les malheurs de la famille !...

« Ah mon ami ! C'est tout ça ? Moi, si j'avais votre estomac ! Ah alors ! Ce que je m'en foutrais bien !... Et comment !... De tous mes proches et relations !... De tous mes fils et cousins !... de ma femme ! de mes filles ! de mes dix-huit pères ! Mais moi si j'étais à votre place ! mais moi je pisserais sur le monde ! Sur le Monde entier ! Vous m'entendez bien ! Vous êtes mou Monsieur ! c'est tout ce que je peux voir ! »

C'est comme ça qu'il sentait les choses, lui, Lempreinte, toujours à cause de son ulcère, placé à deux doigts du pylore, bien térébrant, bien atroce... L'univers, pour lui, n'était plus qu'un énorme acide... Il avait plus qu'à essayer de devenir tout « bicarbonate »... Il s'évertuait toute la journée, il en suçait des brouettes... Il arrivait pas à s'éteindre ! Il avait comme un tisonnier en bas de l'œsophage qui lui calcinait les tripes... Bientôt, il serait plus que des trous... Les étoiles passeraient à travers avec les renvois. Sa vie était plus possible... Avec papa, au courant, ils se proposaient des échanges...

« Tenez, moi, je le prendrais bien votre ulcère ! tout ce qu'on voudra pourvu qu'on me soulage de mon fils ! Vous n'en voulez pas ? »

Mon père, il était comme ça. Il avait toujours placé les tourments moraux, bien au-dessus des tourments physiques... Bien plus respectables !... Essentiels ! C'était comme ça chez les Romains, et c'est comme ça qu'il comprenait, lui, toutes les épreuves de l'existence... D'accord avec sa conscience... Envers et quand même ! Au sein des pires calamités !... Pas de compromis ! Pas de faux-fuyants ! C'était sa loi !... La raison d'être ! « Conscience pour moi ! Ma conscience ! » Il le hurlait sur tous les tons... quand je mettais les doigts dans mon nez... si je renversais la salière. Il ouvrait la fenêtre exprès pour que tout le Passage se régale...

L'oncle Édouard, à force de me voir en pantaine, baratiné dans tous les sens, il a fini par prendre pitié, il était extrêmement bon fiotte. Je marnais au fond de la mouscaille... Il a remis ses relations en route, il a retrouvé un expédient... Même que c'était une malice pour me faire barrer... le coup des langues étrangères...

Il a déclaré comme ça, qu'il faudrait que j'en sache au moins une... Pour trouver une place dans le commerce... Que ça se faisait à présent... Que c'était une nécessité... Le plus dur à faire venir ce fut l'agrément de mes vieux... Ils en revenaient pas du tout d'une proposition pareille... Édouard raisonnait pourtant juste... On y était plus habitués dans notre cabanon à écouter du bon sens... Ce fut la sacrée surprise...

Mon oncle était pas d'avis qu'on s'entête dans les rigueurs... Il était plutôt conciliant, il croyait pas à la force... Il croyait pas que ça donnerait... Il leur a dit mot pour mot...

« Moi, il me semble pas qu'il le fasse exprès d'être aussi malencontreux... Il a pas de mauvaises intentions, je l'observe depuis toujours... mais il est plutôt abruti... Il comprend pas bien ce qu'on lui demande... Ça doit être des " végétations "... Il faudrait qu'il aille au grand air et qu'il y reste assez longtemps... D'ailleurs votre médecin l'a bien dit... Moi, je l'enverrais en Angleterre... On chercherait une Pension convenable... quelque chose de pas très coûteux... ni très loin surtout... peut-être même une combine " au pair " ?... Qu'est-ce que vous diriez ? En revenant il parlerait la langue... Ça serait facile pour le caser... Je lui trouverais quelque chose dans le détail. Chez un libraire... Dans la chemiserie... Une partie où on le connaît pas. Gorloge ça serait oublié... On n'en parlerait plus du tout !... »

Ils en étaient comme du flan, mes darons, en entendant ça... Ils ruminaient le pour et le contre... Ça les prenait au dépourvu... Y avait d'abord tous les risques et puis surtout y avait les frais... Il restait plus rien de Caroline, que quelque mille francs de l'héritage... Et c'était la part à Édouard... Tout de suite, il les a offerts. Il les a mis sur la table... On lui rendrait quand on pourrait... Il voulait pas qu'on fasse d'histoires... Il voulait même pas de papier... « Décidez-vous ! qu'il a conclu... Je reviendrai, moi, vous voir demain. D'ici là, j'aurai des tuyaux... » L'émoi était à son comble !... Mon père il voulait rien chiquer... Il était buté « mordicus » que tout cet argent serait foutu, que c'était du gaspillage en plus d'une folle aventure... Que si j'échappais une semaine à leur surveillance attentive, je deviendrais le pire des apaches... C'était dans la fouille ! Il voulait pas en démordre... J'assassinerais en Angleterre aussi rapidement qu'à Paris ! C'était tout cuit !... Enveloppé d'avance !... Il suffirait qu'on me laisse un mois la bride sur le cou ! Ah ! Ah ! On en voulait des catastrophes ! On en aurait ! et davantage ! On en serait écrabouillés ! Couverts de dettes ! Un fils au bagne !... L'extravagance sur toute la ligne !... Les conséquences ?... Effroyables !... Jamais ils seraient assez attentifs, assez malins les gens de là-bas ! Les malheureux ! Ils en verraient de toutes les couleurs ! Et les femmes alors ? Je les violerais toutes ! C'est bien simple !... « Dis-moi donc tout de suite, que je déconne ! »...

Il y tenait à sa Roquette... Personne pouvait le contredire. Il voyait que ça comme seul moyen, le seul palliatif... La seule chose pour me contenir... Et les expériences alors ?... Elles suffisaient plus ? Berlope ? Gorloge ? Le cadran ?... J'avais pas assez démontré que j'étais un vrai fléau ? Une catastrophe en suspens ?... Je les entraînerais dans la débâcle... Il s'y attendait depuis toujours ! Alea !... Que la volonté soit faite !... Il nous refoutait un coup de César... Il défendait tout seul les Gaules... Il bouchait l'entrée de la cuisine de tous ses gestes, tous ses gueulements... Il évoquait, ébranlait tout...

Il se lançait sur le robinet... Il aspirait la flotte à même... Il pompait dans le jet... Trempé, il braillait encore... Il s'essuyait pas, il dégoulinait, tellement qu'il était pressé qu'on se rende bien compte des mille traquenards !... De tous les aspects des choses... Inconcevables ! Effroyables ! Inouïs ! Les imprévus indicibles d'une expédition pareille ! La témérité diabolique ! voilà !...

* * *

L'oncle Édouard, il est repassé deux jours après au Passage avec des tuyaux de première bourre. Il avait trouvé un collège ! Qu'on ne pouvait guère désirer mieux. À tous points de vue et tous rapports... exprès pour mon genre, ma nature, mes dispositions intraitables... Sur une colline... Avec de l'air, un jardin, une rivière en bas... Une excellente nourriture... Des prix fort modestes... Pas de suppléments ni de surprises !... Enfin et par-dessus tout une discipline extrêmement stricte... Une surveillance garantie... C'était pas très loin de la côte, exactement à Rochester... Donc à une heure de Folkestone...

En dépit de tant d'avantages, mon père renâclait encore... Il se réservait... Il cherchait des poux au programme... Il gardait ses suspicions... Il l'a bien relue deux cents fois la petite notice... Il voulait pas en démordre qu'on partait pour la catastrophe !... Ça faisait pas un pli, un seul doute ! D'abord c'était des folies de contracter encore des dettes... Même avec mon oncle Édouard !... Que déjà rembourser Gorloge, ça serait un travail d'Hercule !... En plus du terme ! des contributions ! de l'ouvrière !... Ils en crèveraient certainement de si terribles économies ! Il fallait qu'il se pince pour y croire... qu'on désirait encore autre chose... Il restait abasourdi que maman se dévoye à son tour ?... C'était le comble des calembredaines... Quoi ? Alors ? Elle réfléchissait pas davantage ? Comment dis-tu ? Je résiste ?... Tu trouves ça donc extraordinaire ? Ma parole ! Mais mon rôle alors ? Je dois dire oui ? À tous les coups !... Comme ça ?... À la première baliverne ? Allez-y donc ! Mais je suis conscient moi ! Je suis responsable ! Est-ce moi le père ?... Oui ou merde ? Édouard il s'en fout bien sûr ! Plus tard, il sera loin ! Il se lavera les mains ! Et moi, je serai là toujours !... Avec un bandit sur les os ! Mais oui ! Mais oui ! J'exagère ? Ouah !... Dis- le tout de suite ! Dis-le, que je suis jaloux ! Mais oui ! Mais oui ! Ma parole ! Vas-y donc !...

Mais non, mon chéri ! Mais voyons !...

Tais-toi ! Ah ! tais-toi, imbécile ! Laisse-moi poursuivre ce que je te prouve ! Je ne peux plus rien dire ici ! Vous parlez tout le temps ! Comment ? Ce vaurien ! Ce petit forban ! Cette crapule n'a pas encore éprouvé son premier remords de ce répugnant forfait ! De cette sale infâme crapulerie ! Il est là ! Il se goberge !... Il nous défie tous les deux !... Mais c'est inique ma parole ! C'est à se taper le cul par terre !... Mais c'est effrayant !... Sur un simple mot d'Édouard ! Ce pantin absurde ! Vous ne parlez plus que voyages ! Libéralités ! Mais oui ! Et allez donc ! Dépenses nouvelles ! Pures billevesées !... Extravagances !... Les pires démences !... Mais songe un peu, ma pauvre amie, que nous n'avons pas encore versé le premier sou de sa rançon !... M'entends-tu ?... Sa rançon !... Mais c'est pas imaginable !... Mais c'est atroce !... Où allons-nous ? Je déraille ! C'est infect !... Nous pataugeons dans l'absurde ! Je n'y tiens plus ! J'en crèverai !...

L'oncle Édouard, il s'était tiré dès les débuts de la séance. Il avait vu venir l'orage... Il avait laissé ses papiers.

« Je repasserai demain après-midi !... Sans doute vous aurez décidé !... »

Il se démerdait le mieux possible, mais y avait pas grand- chose à faire... Mon père, il faisait éruption. Avec ce plan de m'en aller, on chahutait sa tragédie... Il se cramponnait aux conditions... Il en voyait complètement rouge... Il arpentait comme un fauve. Ma mère clopinait par-derrière... Elle rabâchait les avantages... Les prix les plus modérés... Une surveillance très sévère... Une alimentation parfaite... De l'air !... beaucoup d'air !...

« Tu sais bien qu'Édouard est le sérieux même !... Toi tu l'apprécies pas beaucoup... Mais enfin tu te rends tout de même compte que c'est pas un étourneau... C'est pas un garçon impulsif... Il ne s'engage pas à lure lure... Du moment qu'il a dit... C'est que c'est absolument exact... Tu le sais bien, voyons ! Quand même !... Auguste, voyons mon chéri !...

Je ne veux rien devoir à personne !...

Mais lui c'est pas n'importe qui !...

Raison de plus ! Sacré Nom de Dieu !

Alors on lui fera un papier... Comme si on le connaissait pas !...

Je m'en fous bien des papiers ! Bordel de bon Dieu de Nom de Dieu de merde !

Mais il nous a jamais trompés...

Il me fait chier, ton frère, tu m'entends !... M'entends-tu, Bordel ! Il me fait chier même complètement ! Ça c'est assez clair ! Il est encore plus con que les autres !... Et vous me faites chier encore plus !... Vous m'entendez ? Tous ! »

Il devenait si congestionné en prononçant ces paroles qu'il gonflait de toute la tête, il soufflait des jets de vapeur, les mots explosaient à la fin. Elle s'agrippait alors à lui, elle le lâchait pas d'un pouce. Elle était butée... Elle le raccrochait dans les angles... Elle traînaillait tellement la jambe, qu'elle se prenait dans toutes les chaises. Elle se cramponnait dans les cloisons...

« Auguste ! Oh ! comme tu m'as fait mal ! Comme tu es brutal ! Oh ! ma cheville ! Ça y est ! Je me la suis retournée ! »

C'était des cris pendant une heure...

Il revenait alors à la charge. Il cassait les chaises à coups de pompe. Il passait en folie furieuse ! Elle le poursuivait tout de même, où qu'il allait... n'importe où... où qu'il montait dans l'escalier. Ça l'excédait de plus en plus... Ta ! ga ! dam ! Ta ! ga ! dam ! de l'entendre taper dans les marches... Il l'aurait virée dans la cage... Il se serait mis dans un trou de souris... Elle me faisait des signes en passant... qu'il commençait à fléchir... Il perdait sa deffe partout... Il se faisait rejoindre... Il tenait plus le train... Il la fuyait comme une odeur... « Laisse-moi ! Laisse- moi, voyons Clémence !... Je t'en prie ! Laisse-moi, bordel de vache ! Saloperie ! Charogne ! Vous en finirez donc jamais de me persécuter tous les deux ! J'en dégueule de tous vos ragots ! Bon sang de bon Dieu de merde ! Vous m'entendez à la fin !... »

Elle s'en foutait ma bonne mère, elle était complètement vannée... Elle voulait pas lâcher sa prise. Elle l'arrimait par le cou, elle l'embrassait dans les moustaches, elle lui fermait les paupières avec des baisers... Elle lui faisait une vraie convulsion. Elle lui crachait plein les oreilles encore des autres exhortations... Il étranglait à la fin. Il avait la bouille toute trempée par les rafales et les caresses... Il tenait plus debout. Il s'est écroulé sur les marches. Alors, elle s'est mise à parler rien que de sa santé à lui, de son état inquiétant... « Que tout le monde l'avait bien remarqué... comme il était pâle... » Ça alors il écoutait...

« Tu vas te rendre tout à fait malade, mon pauvre chéri, à te mettre dans des états pareils ! Quand tu seras tombé, à quoi ça nous avancera tous ! Qu'est-ce que nous deviendrons ?... C'est mieux je t'assure qu'il s'éloigne... Il te fait du mal à rester là !... Édouard s'en est bien aperçu... Il me l'a dit avant de sortir...

Qu'est-ce qu'il t'a donc dit, Édouard ?

"Ton mari n'ira pas loin ! S'il continue à se bouleverser de cette façon-là... Il maigrit chaque jour un peu plus... Tout le monde le remarque dans le Passage... Tout le monde en cause... "

Il t'a dit ça exactement ?...

Oui, mon chou. Oui, je t'assure !... Il voulait pas que je te répète... Tu vois comme il est délicat... Tu vois, je t'assure que tu ne peux plus... Alors ? Tu veux bien, dis ?...

Quoi ?...

Mais qu'il s'en aille cet enfant !... Qu'il nous laisse un peu souffler !... Qu'on reste tous les deux... Tu ne veux pas ?...

Ah ! ça non ! Ah ! non ! Pas encore ! Nom de Dieu ! Non ! Pas encore !...

Mais voyons, Auguste ! Réfléchis ! Si tu meurs de te faire du chagrin, à quoi ça nous avancera !...

Mourir, moi ? Ah ! là ! là ! La mort ? Oh ! mais je ne demande que ça moi ! Mourir ! Vite ! Ah ! là ! là ! Alors tu parles comme je m'en fous ! Mais c'est ce que je désire moi la mort !... Ah ! Nom de Dieu !... »

Il se dépêtre, il se décroche du coup, il renverse ma mère Clémence. Le revoilà debout à rebrailler... Il avait pas pensé à ça... La mort ! Nom de Dieu... Sa mort !... Le voilà reparti en belle transe... Il se donne tout entier ! Il se requinque !... Il se relance vers l'évier... Il veut boire un coup. Ta ra ! Vlac ! ! !... Il dérape !... Il carambole !... Il va glisser des quatre fers... Il plonge dans le buffet... Il rebondit dans la crédence... Il braille à tous les échos... Il s'est bigorné la trompe... Il veut se rattraper... Tout le bazar nous flanche sur la gueule... Toute la vaisselle, les instruments, le lampadaire... C'est une cascade... une avalanche... On reste écrasés dessous... On se voit plus les uns les autres... Ma mère crie dans les décombres... « Papa ! Papa ! Où es-tu ?... Réponds-moi, papa !... » Il est étalé de tout son long, à la renverse... Je vois ses godasses qui dépassent sur les carreaux de la cuisine, les rouges « siccatifs » !...

« Papa ! Réponds-moi, dis ? Réponds ! dis, mon chéri !...

Merde ! Je serai jamais tranquille !... Je vous demande rien bordel de Dieu !... »

* * *

À la fin, il s'est lassé... Il a fini par dire oui... Ma mère a eu ce qu'elle voulait... Il pouvait plus rivaliser. Il disait que c'était bien égal. Il reparlait encore de suicide... Il est retourné à son bureau. Il pensait plus qu'à lui-même. Il abandonnait la partie. Il sortait pour pas me rencontrer. Il me laissait seul avec maman... C'est alors elle qu'a repris la sauce... les griefs... les litanies... Il lui venait du coup des idées... Il fallait qu'elle les expose, que ça sorte et que j'en profite, que je me gave avant mon départ... Puisque mon père se dégonflait c'était pas quand même une raison pour que je me croye tout permis !...

« Écoute-moi un peu, Ferdinand !... Il est vraiment temps que je te cause : je veux pas t'embêter, te gronder, te menacer de ceci ou de cela, c'est pas mon rôle ! C'est pas mon genre ! Mais enfin il y a certaines choses qu'une mère aperçoit... J'ai l'air souvent dans la Lune, mais je me rends bien compte malgré tout !... Je ne dis rien, mais j'en pense pas moins !... C'est un gros risque que nous courons... Forcément ! Tu t'imagines !... T'envoyer en Angleterre !... Ton père n'a pas la berlue... C'est un homme qui réfléchit... Ah ! C'est loin d'être un imbécile !... Pour des petites gens de nos moyens, c'est une vraie folie !... T'envoyer à l'étranger ?... Mais nous avons déjà des dettes !... Et ce bijou à rembourser !... Et puis deux mille francs à ton oncle ! Ton père le répétait ce matin... C'est de la vraie aberration ! Et c'est bien exact !... J'ai pas voulu abonder ! mais ton père voit clair !... Il n'a pas les yeux dans sa poche ! Je me demande où nous allons dénicher, fabriquer une somme pareille ! Deux mille francs !... Nous aurons beau remuer ciel et terre !... Ça ne se trouve pas sous le pied d'un cheval !... Ton père, tu le vois bien par toi-même, est tout au bout de son rouleau !... Pour moi, je suis rendue, fourbue, je ne dis rien devant lui, mais je suis prête à m'effondrer... Tu vois ma jambe ?... Tous les soirs elle enfle à présent... C'est plus une vie que nous endurons !... Nous n'avons pas mérité ça !... Tu m'entends n'est-ce pas ? Mon petit ? Ce n'est pas des reproches que je t'adresse... Mais c'est pour que tu te rendes bien compte... Que tu te fasses pas d'illusions, que tu comprennes bien tout le mal que nous avons dans l'existence... Puisque tu vas t'en aller pendant plusieurs mois. Tu nous as compliqué les choses, tu sais, Ferdinand ! Je peux bien te le dire, te l'avouer !... Je suis pour toi pleine d'indulgence... Je suis ta mère après tout !... Ça m'est difficile de te juger... Mais les étrangers, les patrons, eux autres qui t'ont eu chez eux tous les jours... Ils ont pas les mêmes faiblesses... Tiens, Gorloge ! pas plus tard qu'hier ! je l'entends encore... J'ai rien répété à ton père !... En partant... Il était là depuis une heure... " Madame, qu'il me fait, je vois à qui je cause... Votre garçon, pour moi, c'est bien simple... Vous êtes comme tant d'autres mères... Vous l'avez gâté ! Pourri ! Voilà tout ! On croit bien faire, on se décarcasse ! On fait le malheur de ses enfants ! " Je te répète mot pour mot ses propres paroles... " Absolument sans le vouloir, vous n'en ferez qu'un petit jouisseur ! un paresseux ! un égoïste !... " J'en suis restée toute baba ! Ça je peux bien l'avouer ! J'ai pas fait " ouf ! " J'ai pas tiqué ! C'était pas vraiment dans mon rôle d'aller lui donner raison !... Mais, tu sais, j'en pensais pas moins !... Il avait vu clair aussi... Avec nous c'est pas pareil, Ferdinand... C'est pas la même chose. Avec moi surtout !... Si tu n'es pas plus affectueux, plus raisonnable, plus travailleur et surtout plus reconnaissant... Si tu ne te rends pas mieux compte... Si tu ne tentes pas de nous soulager davantage... Dans l'existence... Dans la vie si difficile... Y a une raison, Ferdinand, et moi je vais te la dire tout de suite, moi ta mère... Je la comprends moi comme une femme... C'est que vraiment tu n'as pas de cœur... C'est ça au fond de toutes les choses... Je me demande souvent de qui tu peux tenir. Je me demande maintenant d'où ça te vient ? Sûrement pas de ton père ni de moi-même... Il a du cœur lui ton père... Il en a plutôt trop, le pauvre homme !... Et moi, je crois que tu m'as bien vue comme j'étais avec ma mère ?... C'est jamais le cœur qui m'a manqué... Nous avons été faibles avec toi... Nous étions trop occupés, nous n'avons pas voulu voir clair... Nous avons cru que ça s'arrangerait... Tu as fini à la fin par manquer même de probité !... Quelle terrible abomination !... Nous en sommes un peu fautifs !... Ça c'est exact... Voilà où tout ça nous mène !... " Il fera votre malheur !... " Ah ! il me l'a pas envoyé dire ! Lavelongue m'avait déjà prévenue !... C'est pas le seul qui s'est aperçu tu vois, Ferdinand !... Tous ceux qui vivent avec toi, ils finissent par s'apercevoir... Eh bien ! je n'insiste pas, je ne veux pas te faire plus mauvais que tu n'es... Puisque tu vas te trouver là-bas dans un milieu tout différent... Tâche d'oublier le mauvais genre !... Les mauvaises fréquentations !... Ne cherche pas les petits voyous !... Ne les imite pas surtout !... Pense à nous !... Pense à tes parents !... Tâche là-bas de te corriger... Amuse-toi aux récréations... mais ne t'amuse pas au travail... Essaye d'apprendre vite cette langue et puis tu reviendras... Prends des bonnes manières... Essaye de te former le caractère...

Fais des efforts... Les Anglais ont l'air toujours si convenables !... Si propres ! Si correctement habillés !... Je ne sais pas quoi te dire moi mon petit, pour que tu te conduises un peu mieux... C'est la dernière tentative... Ton père t'a tout expliqué... C'est grave à ton âge la vie... Tu veux faire un honnête homme !... Je peux pas t'en dire davantage... » Dans le genre c'était bien exact, j'avais entendu presque tout... Rien ne me concernait plus... Ce que je voulais c'était partir et le plus tôt possible et plus entendre personne causer. L'essentiel, c'est pas de savoir si on a tort ou raison. Ça n'a vraiment pas d'importance... Ce qu'il faut c'est décourager le monde qu'il s'occupe de vous... Le reste c'est du vice.

* * *

Le chagrin est venu quand même, d'une façon pire que j'aurais cru, au moment de partir. C'est difficile de s'empêcher. Quand on s'est trouvés tous les trois sur le quai de la gare du Nord, on n'en menait pas large... On se retenait par les vêtements, on essayait de rester ensemble... Dès qu'on était dans la foule, on devenait timides, furtifs... Même mon père, qui gueulait si fort au Passage, dehors, il perdait là tous ses moyens... Il se ratatinait. C'est à la maison seulement qu'il remuait la foudre et les tonnerres. À l'extérieur, il rougissait qu'on le remarque... Il regardait à la dérobée...

C'était une audace singulière, qu'on m'envoye si loin... Tout seul... Comme ça... On avait la trouille subitement... Ma mère qu'était la plus héroïque, elle a cherché des personnes qui s'en allaient de mon côté... Personne connaissait Rochester. Je suis monté retenir ma place... On m'a recommandé encore toutes les choses indispensables... La prudence la plus extrême... De pas descendre avant l'arrêt... De jamais traverser la voie... De regarder de tous les côtés... De pas jouer avec la portière... De redouter les vents coulis... De rien attraper dans les yeux... De me méfier aussi du filet des bagages... que ça vous assomme dans les tamponnements... J'emportais une valise bourrée, et de plus, une couverture, un genre d'énorme carpette, un tapis d'Orient à carreaux multicolores, un « plaid » de voyage vert et bleu... Il nous venait de Grand-mère Caroline. Personne avait jamais pu le vendre. Je le remportais dans son pays. Il sera parfait pour le climat ! Voilà ce qu'on pensait...

Il a fallu dans tout le boucan que je récite encore une fois tout ce qu'on m'avait forcé d'apprendre, tout ce qu'on me serinait depuis huit jours... « Brosse-toi chaque matin les dents... Lave-toi les pieds tous les samedis... Demande à prendre des bains de siège... Tu as douze paires de chaussettes... Trois chemises de nuit... Torche-toi bien aux cabinets... Mange et mâche surtout lentement... Tu te détruiras l'estomac... Prends ton sirop contre les vers... Perds l'habitude de te toucher... »

J'avais encore bien d'autres préceptes pour mon relèvement moral, pour ma réhabilitation. On me donnait tout avant que je quitte. J'emportais tout en Angleterre, des bons principes... Des excellents... et la grande honte de mes instincts. Je ne manquerais de rien. Le prix était entendu. Deux mois entiers payés d'avance. J'ai promis d'être exemplaire, obéissant, courageux, attentif, sincère, reconnaissant, scrupuleux, de ne plus jamais mentir, ni voler surtout, de ne plus mettre les doigts dans mon nez, de revenir méconnaissable, un vrai modèle, d'engraisser, de savoir l'anglais, de ne pas oublier le français, d'écrire au moins tous les dimanches. J'ai promis tout ce qu'on a voulu, pourvu qu'on me laisse tout de suite partir... Qu'on recommence pas une tragédie. Après qu'on avait tant parlé, on était à bout de bavardages... C'était le moment du départ. Il me venait des vilaines pensées, des sensations bien sinistres... Toute la moche incohérence des vapeurs, des foules, des sifflets, ça stupéfie... Je voyais là-bas au loin les rails qui foutaient le camp dans le tunnel. Moi aussi j'allais disparaître... J'avais des pressentiments tartes, je me demandais si les Anglais, ils seraient pas des fois plus vaches, salauds davantage, et bien pires que ceux d'ici ?...

Je les regardais, mes parents, ils tressaillaient, tremblotaient de toute la tronche... Ils retenaient plus des grosses larmes... Je me suis mis du coup à chialer. J'avais honte aussi beaucoup, je fondais comme une fille, je me trouvais infect. Ma mère m'a saisi à bras-le-corps... C'était le moment de fermer les portes... On commandait : « En voiture ! » ... Elle m'embrassait tellement fort, dans une trombe tellement violente, que j'en vacillais... La force d'un cheval en tendresse qui lui remontait dans ces cas-là du fond de sa carcasse biscornue... Ça la trempait à l'avance les séparations. Ça la retournait tout entière, une terrible tornade, comme si son âme lui serait sortie du derrière, des yeux, du ventre, de la poitrine, qu'elle m'en aurait foutu partout, qu'elle en illuminait la gare... Elle y pouvait rien... C'était pas regardable comme effet...

« Calme-toi, voyons, maman !... Y a des gens qui se marrent... »

Je la suppliais qu'elle se retienne, je l'implorais parmi les baisers, les sifflets, le boucan... Mais c'était bien plus fort qu'elle... Je me suis tiré de son étreinte, j'ai sauté sur le marchepied, je voulais pas qu'elle recommence... J'osais pas l'avouer, mais quand même au fond, j'étais encore comme curieux... J'aurais bien voulu connaître jusqu'où elle pouvait aller dans les effusions ?... Au fond de quelles choses dégueulasses, elle allait chercher tout ça ?...

Mon père, au moins lui c'était simple, il était plus qu'un sale baveux, il avait plus rien dans la caisse, que des fatras, des simulacres, encore des gueulements... Toute une quincaille de connerie... Mais elle, c'était pas du même... elle gardait tout son répondant, elle tenait toute sa musique... Même dans la débine infecte... pour un rien qu'on la caresse elle se remettait en émoi... C'était comme un truc déglingué, le piano du vrai malheur qu'aurait plus que des notes atroces... Même remonté dans le wagon je craignais encore qu'elle me repoisse... J'allais, je revenais, je faisais semblant de chercher des choses... Je suis grimpé sur la banquette... Je cherchais ma couverture... Je piétinais dessus... J'étais bien content que ça s'ébranle... On est partis dans un tonnerre... On avait dépassé Asnières quand je me suis remis comme tout le monde... J'étais pas encore rassuré...

* * *

Arrivé à Folkestone, on m'a montré le chef de train, c'est lui qui devait me surveiller, m'avertir au moment de descendre. Il portait un rouge baudrier avec une petite sacoche suspendue au milieu du dos. Je ne pouvais pas le perdre de vue. À Chatham, il m'a fait des signes. J'ai empoigné ma valise. Le train avait deux heures de retard, les gens de ma pension, du « Meanwell College » ils étaient repartis chez eux, ils m'attendaient plus. Ça faisait mon affaire dans un sens. Je me trouvais le seul à descendre, les autres, ils continuaient sur Londres.

Il faisait déjà nuit, c'était pas très bien éclairé. C'était une station en hauteur, comme montée sur des échasses, sur des pilotis... C'était étiré, tout enchevêtré, tout en bois, dans la buée, dans les bariolages d'affiches... Ça résonnait des mille membrures dès qu'on marchait sur la plateforme...

J'ai pas voulu qu'on m'aide encore, j'en avais assez. Je me suis barré par un portique de côté et puis ensuite par une passerelle... On m'a rien demandé... Je voyais déjà plus mon bonhomme, un autre encore avec une espèce d'uniforme, un bleu et rouge qui me cavalait. Je me suis retourné devant la station, sur une place qu'était bien obscure. La ville commençait là tout de suite. Elle dégringolait avec ses petites rues, d'un lumignon vers un autre... C'était poisseux, ça collait comme atmosphère, ça dansait autour des becs... c'était hagard comme sensation. De loin, de plus bas, il venait des bouffées de musique... le vent devait porter... des ritournelles... On aurait dit d'un manège cassé dans la nuit...

J'arrivais, moi, un samedi, ça faisait du peuple dans les rues. Ça moutonnait le long des boutiques. Le tramway, un genre de girafe obèse, il dépassait les bicoques, il laminait la cohue, il godaillait dans les vitres... La foule était dense et marron et onduleuse avec une odeur de vase et de tabac et d'anthracite, et puis aussi de pain grillé et un peu de soufre pour les yeux, ça devenait de plus en plus tenace, plus enveloppant, plus suffocant à mesure qu'on dévalait, ça se reformait après le tram, comme les poissons après l'écluse...

Dans les remous, c'était plus visqueux, plus adhérent que les gens de chez nous. J'ai collé aussi aux groupes avec ma valise, je suis passé d'un bide sur un autre. Je reluquais bien la boustifaille des étalages, tout en hauteur. Des petites montagnes de jambons... Des ravins en salaisons... J'avais une dent pas ordinaire, mais j'ai pas osé entrer. J'avais une « Livre » dans une poche et puis des petits sous dans l'autre.

Au bout des déambulages et des ramponneaux, on a débouché sur un quai... Le brouillard était bien compact... On s'habitue à trébucher... Faut pas tomber dans la rivière... Sur toute l'étendue c'était disposé comme une foire, avec des petits éventaires et puis encore des vraies estrades... Des quantités de lumignons et toute la cohue... Des camelots pêchaient dans le tas... ils s'égosillaient dans leur langue... Y avait une quantité de guitounes tout à travers l'esplanade pour tous les désirs... Pour les merlans, pour les frites... la mandoline, la lutte, les poids, l'avaleur, le vélodrome, les petits oiseaux... le canari qui picore « L'Avenir » dans la boîte, là y avait un monde formidable... Tous les goûts sont émoustillés... le nougat... la groseille qui dégouline à pleins barils sur la promenade... Il descend du ciel un nuage très épais... il tombe sur la fête... il cache tout en un instant... Il feutre l'espace... On entend encore très bien, mais il dissimule, on voit plus... Ni bonhomme ni acétylène... Ah ! un coup de bourrasque ! On le retrouve !... un vrai gentleman, redingote... Il montre la Lune pour deux pennies... Pour trois pièces il vous donne Saturne... C'est écrit sur sa pancarte... Voici des buées qui rappliquent, elles se jettent sur la foule... elles s'étendent... Tout est encore étouffé ! Le mec il remet son « claque », il ratatine son télescope, il râle, il se barre... La foule se bidonne. Y a plus moyen qu'on avance... On va se perdre, on se rassemble aux devantures, où c'est vraiment miroitant. La musique flotte de partout... On se croit en plein dedans... C'est une espèce de mirage... On est comme baignés dans les bruits... C'est un banjo... C'est un nègre sur le tapis à côté de moi, il pleurniche à ras du trottoir... il imite une locomotive... Il va écraser tous les gens. On s'amuse bien, on ne se voit plus !...

Les buées repartent et s'envolent... Je ne me trouve plus pressé du tout... J'ai pas hâte de me rendre au « Meanwell »... Ça me plaît bien moi l'endroit du quai... l'espèce de foire et les gens vagues... C'est bien agréable une langue dont on ne comprend rien... C'est comme un brouillard aussi qui vadrouille dans les idées... C'est bon, y a pas vraiment meilleur... C'est admirable tant que les mots ne sortent pas du rêve... Je m'assois un peu peinard, sur ma couverture, contre une borne, après les chaînes... Je suis pas mal, je suis adossé... Je vais voir passer tout le spectacle... Toute une ribambelle de marins avec des lampions allumés au bout de grandes perches... C'est des drôles ! C'est la pagaye ! la girandole !... Ils sont déjà saouls, bien heureux !... Ils déferlent, culbutent, chahutent. Ils gueulent un peu comme des chats... Ils ameutent la populace. Ils avancent plus, leur farandole est coincée dans un réverbère... Ça s'enroule, ça se débobine... Y a un traînard au ruisseau... Ils ont culbuté dans un nègre... Ils s'interpellent... Ils se défient... Y a des insultes !... Tout d'un coup, ils se mettent en rage... Ils veulent le pendre à la poterne du tramway le nègre !... Ça fait un boucan affreux !... Une vache bagarre qui s'ensuit... Ça fume... ça bourdonne... Sonnent les coups comme du tambour : et des han ! et des hia ! terribles... Voilà des sifflets... Une autre rafale de frimants... Une nuée stridente !... Toute une escouade de « polices », des bleus, des pointus alors, des éteignoirs noirs sur la pêche !... Ils se grouillent aussi. Ils radinent au galop des rues, des ombres, de partout... Ils se précipitent au pas de course... Tous les militaires qui pavanent, badines frétillantes, le long des baraques, rambinent à toutes pompes... Foncent aussi dans la mêlée... Ça va !... Ça piaille la sarabande ! Ça titube !... Y en a pour toutes les couleurs ! Une bataille d'échantillons !... Des jonquilles !... des verts par là... des violets... C'est l'échauffourée ! La salade... Les gonzesses se sauvent dans les coins avec les acétylènes, les torches en fusion dans le brouillard. Elles poussent toutes des cris horribles, stridents, c'est des écorchées de la peur... Voilà des renforts de gendarmes, cacatoès en couleurs... Ils entrent majestueux dans la danse... Ils sont retournés, dépiautés. C'est une bataille de volière... Les badines... les plumets giclent, fusent... Un char à bancs à quatre chevaux surgit en trombe d'une impasse... Il bloque pile en pleine pagaye... C'est d'autres costauds qui déboulinent... Ils se jettent dans le tas comme des fardeaux, et c'est des colosses et ça rebondit... Ils agrafent les plus truculents, les mieux hurleurs, les plus chlass... Ils les basculent dans le fourgon, complètement retournés... Ça s'empile, ça s'agglomère... La mêlée s'effrite... L'émeute est dissoute dans la nuit... Leur bagnole repart au galop... Et c'est fini les violences !... La foule reflue vers les cantines, le long des comptoirs acajou... on liche encore davantage... Sur le tremplin c'est dégagé, c'est des petites voitures qui défilent... Des frites... des andouilles... des bigorneaux... On trinque à nouveau... On taillade dans les saucisses. Le « battant » du bar arrête plus de flanquer à droite, à gauche. Un ivrogne trébuche, s'affale au ruisseau... La procession fait des détours, les passants traînaillent... C'est des gonzesses, une vraie bande, des vraies glousseuses... après les marins qui les pressent dans les petites portes d'à côté... Ils se parlent... Ils renvoient... Ils sont aspirés par le bar... les Écossais butent dedans... Ils voudraient encore se battre, ils peuvent vraiment plus.

Je les suis moi et ma valise... On me demande pas... On me sert d'abord... Tout un vrai bocal de sirop, du bien épais moussu noir... c'est amer... c'est de la bière ! C'est de la fumée en compote... On me rend deux ronds à « la reine », c'est celle qu'est morte justement, la gueule en peau de fesse... la belle Victoria... Je peux pas finir leur breuvage, ça m'écœure et j'ai bien honte ! Je retourne dans la procession. On repasse devant les voitures, les petites qui portent un lumignon entre les brancards... J'entends un véritable orchestre... Je cherche et je m'oriente... C'est tout près du débarcadère... Ça barde, ça fulmine, ça trombone dessous l'étamine étendue... Ils chantent en chœur... tout à fait faux... C'est étonnant comme ils arrivent à se torturer toute la bouche, la dilater, l'évaser comme un véritable trombone... Et se la rattraper encore... Ils en agonisent... Ils en crèvent dans les convulsions... C'est la prière, c'est les cantiques !... Une grande daronne elle a qu'un œil, elle va le sortir tant plus qu'elle gueule !... Elle se trémousse tant que son chignon lui retombe lentement sur le blaze avec le galure à rubans... Elle fait pas encore assez de bruit, elle arrache le piston de son homme, elle souffle dedans à son tour, elle en rend tout un poumon... Mais c'est un air de polka, un véritable rigodon... C'est terminé la tristesse... L'assistance se met à guincher, on s'enlace, on s'émulsionne, on se trémousse... L'autre frimant, celui qui la regarde, ça doit être sûrement son frangin, il lui ressemble avec de la barbe, en plus il a des lunettes et une belle « bâche » à inscription. Il a l'air de bouder celui-là... Il est plongé dans un bouquin... Tout d'un coup le voilà qui repart et en transe aussi ! Il arrache le clairon à sa sœur !... Il grimpe sur le tabouret, il crache un bon coup d'abord... Il se met à jacter... De la façon qu'il gesticule, qu'il se frappe le torse, qu'il fait l'extase, je vois que ça doit être un sermon... Les mots, il les fait gémir, il les torture d'une manière qu'est difficile à supporter... Les mecs d'à côté ils se gondolent. Il les défie, les interpelle, rien ne l'arrête... pas même les sirènes, celles des bateaux qui forcent au courant... Rien l'empêche de fulminer... Moi, il m'épuise... Il me ferme les châsses... Je m'assois sur ma couverture... Je me recouvre, personne me voit, je suis à l'abri des hangars... Il gueule toujours le « Salvation », il s'époumone, il m'abrutit... Il fait froid, mais je me protège... J'ai un peu plus chaud... c'est blanc la buée, c'est bleu après. Je suis juste contre une guérite... Il fait noir là, peu à peu... Je vais roupiller... De là-bas, qu'elle vient la musique... C'est un manège... un Barbarie... De l'autre côté de la rivière... Ça c'est le vent... C'est le clapotis...

* * *

Un terrible râle de chaudière m'a réveillé en sursaut !... Un bateau longeait la rive... Il forçait contre courant... Les « Salvations » de tout à l'heure ils étaient barrés... Les nègres sautaient sur l'estrade... Ils cabriolaient en jaquette... Ils rebondissaient sur la chaussée... Les pans mauves frétillaient derrière, dans la boue et l'acétylène. Les « Ministrels » c'était inscrit sur leur tambour... Ils arrêtaient pas... Roulements... Dégagements... Pirouettes !... Une grande énorme sirène a déchiré tous les échos... Alors la foule s'est figée... On s'est rapprochés du bord, pour voir la manœuvre d'abordage... Je me suis calé dans l'escalier, juste tout près des vagues...

La marmaille des petits canots s'émoustillait dans les remous à la recherche du filin... La chaloupe, la grosse avec au milieu sa bouillotte, l'énorme tout en cuivre, elle roulait comme une toupie... Elle apportait les papiers. Il résistait dur au courant le « cargo » des Indes... Il tenait toujours la rivière dans le milieu du noir... Il voulait pas rapprocher... Avec son œil vert et son rouge... Enfin, il s'est buté quand même, le gros sournois, contre un énorme fagot qui retombait du quai... Et ça craquait comme un tas d'os... Il avait le nez dans le courant, il mugissait dans l'eau dure... Il ravinait dans sa bouée... C'était un monstre, à l'attache... Il a hurlé un petit coup... Il était battu, il est resté là tout seul dans les lourds remous luisants... On est retournés vers le manège, celui des orgues et des montagnes... La fête était pas terminée... Je me sentais mieux du roupillon... D'abord ça devenait une magie... Ça faisait tout un autre monde... Un inouï !... comme une image pas sérieuse... Ça me semblait tout d'un coup qu'on ne me rattraperait plus jamais... que j'étais devenu un souvenir, un méconnaissable, que j'avais plus rien à craindre, que personne me retrouverait jamais... J'ai payé pour les chevaux de bois, j'ai présenté ma petite monnaie. J'en ai fait trois tours complets avec des mômes qu'étaient bringues et des militaires... Elles étaient appétissantes, elles avaient des fioles de poupées, des mirettes comme des bonbons bleus... Je m'étais étourdi... J'ai voulu tournoyer encore... J'avais peur de montrer mon flouze... Je suis allé un peu dans le noir... J'ai déchiré ma doublure, je voulais sortir mon fafiot, la « Livre » entière. Et puis l'odeur d'une friture m'a dirigé vers l'endroit tout près d'une écluse... C'était les beignets... je sentais bien ça de loin, sur une cariole à petites roues.

La môme qui trifouillait la sauce, je peux pas dire qu'elle était jolie... Il lui manquait deux dents de devant... Elle arrêtait pas de rigoler... Elle avait un chapeau à franges qui croulait sous le poids des fleurs... C'était un jardin suspendu... et des voiles, des longues mousselines qui retombaient dans sa marmite, elle les enlevait aimablement... Elle paraissait extrêmement jeune pour s'affubler d'un truc pareil même à l'heure où nous nous trouvions... dans les conditions bizarres... il m'étonnait son bibi... Je pouvais pas m'en détacher. Elle me souriait toujours... Elle avait pas vingt piges la môme et des petits nénés insolents... et la taille de guêpe... et un pétard comme je les aime, tendu, musclé, bien fendu... J'ai fait le tour pour me rendre compte. Elle était toujours absorbée au-dessus des graillons... Elle était ni fière ni sauvage... Je lui ai montré ma monnaie... Elle m'a servi des fritures assez pour gaver une famille. Elle m'a pris qu'une petite pièce... Nous étions en sympathie... Elle voit bien avec ma valise que je descends tout juste du train... Elle tente de me faire comprendre des choses... Elle doit m'expliquer... Elle me parle très lentement... Elle détaille les mots... Alors là, je me sens tout rétif !... Je me rétracte... Il me passe des venins... Je fais affreux dès qu'on me cause !... J'en veux plus moi des parlotes !... Ça va ! J'ai mon compte !... Je sais où ça mène ! je suis plus bon ! Elle redouble de courtoisie, d'aménité, d'entreprise... Son trou de sourire il me dégoûte d'abord !... Je lui montre que je vais faire un tour du côté des bars... M'amuser !... Je lui laisse ma valise en échange, ma couverture... Je les pose à côté de son pliant... Je lui fais signe qu'elle me les conserve... Et je repique dans la vadrouille...

Tout affranchi, je reviens vers les boutiques... je traîne le long des victuailles... Mais j'ai bâfré, j'en peux plus... À présent c'est onze heures qui sonnent... Des rafales d'ivrognes arrivent... déferlent tout à travers l'esplanade... Ça vient, ça va, ça s'écrase contre la muraille des douanes, ça retombe, ça mugit, ça s'étend, ça s'éparpille... Ceux qui sont chlass en badine, raideur, cadence, boutonnés de travers, ils franchissent l'estaminet, ils piquent tout droit vers le comptoir... Ils restent là rien à dire, transis, soudés par le tintamarre mécanique, la « valse d'amour »... Moi, il me reste encore beaucoup de sous... J'ai rebu deux soupes à la bière, celle qui tire sur l'haricot...

Je suis ressorti avec un voyou et puis encore un autre roteur qu'avait un petit chat sous son bras. Il miaulait entre nous deux... Je pouvais plus beaucoup avancer... J'ai reculé dans le bar à côté... foncé dans la porte à battants... J'ai attendu sur le banc... le long du mur que ça revienne... avec tous les autres soiffards... Y avait des quantités de gonzesses en caracos, plumes et bérets, en canotiers à durs rebords... Tout ça parlait en animaux... avec des énormes aboiements et des renvois de travers... C'étaient des chiens, des tigres, des loups, des morpions... Ça gratte...

Dehors à travers le carreau, sur le trottoir, à présent, c'étaient des poissons qui passaient... On les voyait joliment bien... Ils allaient doucement... Ils ondulaient sur la vitrine... Ils venaient comme ça dans la lumière... Ils ouvraient la bouche, il en sortait de petits brouillards... c'étaient des maquereaux, des carpes... Ils avaient l'odeur aussi, ils sentaient la vase, le miel, la fumée qui pique... tout... Encore un petit coup à la bière... On pourra jamais se relever... Alors ça sera beaucoup mieux... Ils bavachent... Ils s'esbaudissent tous les fainéants... Toute la rangée se bigorne, se fout des claques à s'assommer les deux cuisses... Putains !...

Il s'arrête tout de même le piano, le tôlier nous fout tous dehors !... Je me retrouve encore dans la rue ! Je déboutonne tout mon col !... Je me sens vraiment mal foutu... Je me trimbale à travers les ombres. Je vois encore un petit peu les deux réverbères... pas beaucoup !... Je vois l'eau... Je revois des clapotis... Ah ! je vois aussi la descente. Je prends les marches une après l'autre... Je m'appuye, je suis très prudent... Je touche à la flotte... à genoux... je dégueule dessus... je fais des violents efforts... Je suis bien content... De plus haut, il m'arrive une rafale... une énorme... Tout un manger... Je vois le mec penché... Du refile... une bouffée glaireuse... Je veux me redresser ! Merde ! Je peux plus... Je m'assois encore... Je prends tout ! Tant pis !... Ça coule dans les yeux... Encore un hoquet... Ouah !... Je vois l'eau danser... en blanc... en noir... C'est vraiment froid. Je grelotte, j'en déchire mon froc... J'en peux plus de dégueuler... Je me raplatis dans un angle... C'est un beaupré du voilier qui me passe à travers... Il me frôle juste la tronche... Ils arrivent les gars ! C'est une véritable escadre !... Ah ! oui ! Ils sortent tout juste du brouillard... Ils poussent à la rame... Ils bordent à quai... Les voiles roulées à mi-mât... J'entends le troupeau qui radine... Ça piétine tout le long des embarquements, c'est la corvée qui arrive...

Je remonte pas du ras de la flotte... J'ai un peu moins froid... J'ai la tête en mou... Je suis tranquille... Bien régulier. Je fais de mal à personne... C'est des espèces de « tartanes »... Je m'y connais moi en navires... Il en arrive encore d'autres... Elles s'agglomèrent... Elles se tassent dans les vagues... Jusqu'à la lisse qu'elles plongent dans l'eau... Elles croulent sous les nourritures. Y a des légumes pour un monde... Y a des choux rouges, des oignons, des radis noirs, des navets en monticule, en cathédrales, ça flotte à contre-courant et remorque à la voile !... Ça se pavane dans les projecteurs... Ça jaillit d'un coup des ténèbres... Les manœuvres ont paré l'échelle... Ils avalent tous d'un coup leurs chiques. Ils accrochaient alors leurs « bloums » après leurs vestons d'alpaga... On aurait dit des comptables... Ils mettaient même des lustrines... C'était ainsi les dockers du temps d'autrefois... Ils échafaudaient des paniers, des piles étonnantes, des équilibres, le haut montait dans la nuit... Ils revenaient avec des tomates, ils se creusaient des profonds tunnels en plein dans le remblai... les choux-fleurs... Ils redisparaissaient dans les cales... Ils revenaient sous les lanternes... Ils repassaient pleins d'artichauts... Le rafiot il ne bandait plus, il croulait sous les passerelles... il en arrivait toujours d'autres, pour pomper les marchandises, des transbordeurs à la gomme.

Je m'étonne, j'ai les dents qui claquent... Je crève, oui littéralement. Je ne divague plus... J'ai un sursaut dans la mémoire... Où je l'ai mise ma couverture ? Je me souviens de la môme Graillon... Je passe d'une baraque à une autre... Enfin je la retrouve la mignonnette. Elle m'attendait justement. Elle avait déjà tout bouclé, toutes les marmites, sa grande fourchette, replié tout son bataclan... Elle avait plus qu'à s'en aller... Ça lui faisait plaisir que je revienne. Elle avait vendu toutes ses pâtes. Elle m'a même montré que c'était vide... les grosses frites... les pommes à l'huile... elle avait plus dans une assiette qu'un seul petit fromage de tête... Elle se l'est étalé sur du pain avec un couteau, une belle tranche, on se l'est divisée... J'avais faim encore un coup. Elle a remonté sa voilette pour mieux me dévisager. Elle me faisait des gestes de gronderie, que j'étais resté trop longtemps. Elle était déjà jalouse !... Elle a pas voulu que je l'aide pour tirer dans les brancards... C'était dans la ville son hangar où elle garait sa guimbarde. C'est moi qui portais le falot... J'avais pas tout vu de son chapeau... Il en restait à regarder, il lui en retombait jusqu'à la taille des colifichets garnitures. Une plume de paon, une immense, était nouée sous son menton par un foulard vraiment splendide, à ramages mauves et dorés.

Dans la remise on a entassé les casseroles... On a tout bouclé la lourde, on est repartis en baguenaude. Alors, elle s'est rapprochée... Elle voulait me causer sérieusement... Là encore j'ai pas cédé... J'ai fait l'oseille. Je lui ai montré mon adresse... le « Meanwell College ». Exprès, je me suis arrêté sous un bec de gaz... Elle savait justement pas lire... Elle arrêtait plus de chahuter... Elle me répétait seulement son nom, son nom à elle. Elle se le tapait sur la poitrine... Gwendoline ! Gwendoline !... J'entendais bien, je lui massais, moi, les nichons, mais je comprenais pas les paroles... Ça va les tendresses ! les aveux ! C'est comme les familles ! Ça se repère pas du premier coup, mais c'est pourri et compagnie, c'est fourmillant d'infection... C'est pas ce graillon-là toujours qui me ferait prononcer des paroles. Salut minette ! Va chier punaise ! Elle pouvait porter ma valise ! À ton bon cœur ma Nénette ! Te gêne pas pour ça ! Elle était bien plus costaud que moi !... Elle profitait des coins sombres pour m'accaparer en tendresses. Elle m'étreignait en lutteuse... Y avait pas à résister... Les rues étaient presque désertes... Elle voulait que je la malaxe... que je la pressure... que je lui passe aussi des ceintures... C'était un fort tempérament... une exigeante, une curieuse... On se cachait derrière des brouillards... Il fallait que je l'embrasse encore, elle m'aurait pas rendu mes trucs... J'avais l'air con à me tortiller... On était sous un réverbère, il lui vient tous les culots, elle me sort la queue en plein vent... Je bandais déjà plus... Elle me fait encore raidir... je reluis... Elle redevient comme une vraie folle... Elle sautillait dans le brouillard. Elle relevait son cotillon, elle faisait la danse du sauvage... J'étais forcé de rigoler... C'était pas une heure ! Elle voulait tout ! Merde ! Elle me courait après... Elle devenait méchante ! Elle me rattrape... Elle cherche à me croquer ! des suçons farouches ! C'est une môme qui aimait l'étranger...

L'esplanade était dégarnie, les saltimbanques à l'autre bout, ils repliaient leurs tentes... Les petites charrettes des frimants, les bonbons, les confitures... traversaient tout l'espace vide en bringuebalant dans les trous, les fondrières... Ils avaient du mal à pousser... On arrive devant une estrade, c'était la dernière moukère, une grand-mère qui décrochait ses tentures... Elle était nippée en houri... Elle soufflait toutes ses camoufles... Elle roulait ses tapis d'Orient... C'était fermé par des pancartes... avec des lignes de la main... Elle bâillait énormément, à se décrocher la mâchoire... Ouah ! Ouah ! qu'elle grognait à travers la nuit. On se rapproche nous deux, ma gironde. On l'interrompt dans son ménage. Elles se reconnaissent les grognasses... Elles se causent... Elles devaient être des copines... Elles bafouillaient des trucs ensemble. Je les intéressais toutes les deux... La fatma, elle me fait signe de venir, de monter dans son gourbi. Je peux pas refuser, l'autre garde mes trucs... Elle me prend la main, la moukère, elle me la retourne, elle me regarde dedans, les paumes... De tout près, avec la lampe. Elle va me faire les lignes... Je gaffe ! Elles sont curieuses de mon avenir !... Ça veut tout savoir les grognasses ! Dès qu'on refuse de leur causer !... Je m'en fous, j'étais bien confortable, sur une pile de coussins... Il faisait bien moins froid que dehors... J'étais en train de me délasser... Elles continuaient leurs manigances... Elles s'intéressaient à mon cas... Elle s'animait l'Orientale... elle me fignolait l'horoscope... La mienne elle fronçait les sourcils. Je devais avoir un destin triste... Je me laissais faire, manipuler... C'était pas désagréable. D'abord, j'avais d'autres soucis ! Je regardais un peu tout autour, comment c'était fait leur tente... bariolée avec des étoiles, et au plafond des comètes et des lunes brodées... C'était trop tard pour se passionner, merde ! Je comprenais rien dans leurs ragots... Il était au moins deux heures !... Elles arrêtaient pas, elles traînaient toujours... Elles discutaient à présent à propos des petits sillons... C'était des natures scrupuleuses... Moi, j'avais toujours les mains sales, ça devait être déjà plus facile. Et aussi les ongles... Je me serais toujours bien endormi... Enfin, elles ont terminé... Elles étaient d'accord. Ma môme a payé la vioque avec son pognon à elle, deux pièces, j'ai regardé... Elle s'est fait aussi les cartes... Et puis c'était fini l'avenir... On est repassés sous les rideaux. La moukère est regrimpée sur son comptoir, elle s'est remise à ses tentures.

Ma conquête, la Gwendoline, à partir de ce moment-là, elle m'a regardé autrement... J'étais plus la même personne... Je sentais qu'elle avait des présages, elle me trouvait transfiguré... Elle me caressait plus la même chose... Il devait être poisseux mon destin... Aussi bien aux brèmes qu'aux sillons, il était sûrement à la caille !...

Je me sentais un tel sommeil, que je serais bien retombé sur place, mais il faisait encore trop frisquet. Il a fallu qu'on déambule à travers le débarcadère... Vraiment y avait plus personne, juste un petit chien qui a suivi pendant un petit moment. Il s'en allait vers les hangars. On est passés dans un abri, tout au ras de l'eau, on entendait, on voyait la marée contre la muraille... comme des langues, ça venait claquer... et puis des coups de rames... et l'essoufflement des gars qui reprenaient le large.

Mon graillon, elle m'entraînait, elle voulait, je crois, que j'aille chez elle... J'aurais bien couché sur les sacs, y en avait des tas énormes qui montaient jusqu'aux solives... Ça protège du vent... Elle me faisait des signes, qu'elle avait une vraie carrée avec un vrai lit... Ça me disait pas davantage... C'était des intimités... Même là, au fond de la fatigue, elle me foutait encore la cerise. J'ai fait signe que non... J'avais l'adresse que je voulais rejoindre... au Meanwell College... J'aimais mieux repasser par l'école que de me taper la Gwendoline. C'est pas qu'elle était trop tarte, dans son genre elle avait son charme, elle avait comme une élégance... Elle avait de la fesse, et des musculeux guizots, et des rondins bien mignons... Une sale gueule, mais il faisait noir. On aurait fait nos dégueulasses, on se serait sûrement bien amusés... Mais une fois qu'on aurait dormi !... Mais c'était encore trop de fatigue !... Et puis c'était pas possible !... Ça me remontait le fond du fiel ! Ça me coupait le nœud d'y penser... À toute la perfidie des choses ! Du moment qu'on se laisse envelopper !... La saloperie ! la bourrique ! Et à ma mère ? Ah ! la pauvre femme ! Et à Gorloge ! à la Méhon ! aux citations ! au robinet de la cuisine ! à Lavelongue ! au petit André ! au complet bazar des ordures ! Oui ! Merde !... J'en avais tout un colis ! qui pue ! Un énorme ! un tout fumant sur le cassis !... Pardon ! Pas bonnard !

La môme Bigoudi, mon graillon, la bien innocente, la soucieuse, j'y aurais refilé moi, une trempe, une avoine extra ! qu'elle aurait plus su lard de cochon ! Si je m'étais senti le costaud !... Pour lui apprendre comment c'était... Mais elle m'aurait dérouillé sûr ! Elle avait du répondant, un poitrail d'athlète, elle m'aurait retourné comme une crêpe si j'étais devenu très méchant !... Je pensais qu'à ça, dans les petites rues pendant qu'elle m'ouvrait la coquette... Elle avait la poigne d'ouvrière, la sans-façon, la rugueuse. J'ai été branlé par tout le monde. Bien...

Enfin, j'ai ressorti mon adresse. Il fallait qu'on la découvre quand même. Puisqu'elle savait pas du tout lire, on a cherché un policeman... On s'est trompés deux, trois fois. C'était seulement des fontaines qui faisaient drôle dans les carrefours, entre les brumes... Ce fut un monde pour le trouver...

On a cherché d'un dock à l'autre. On a carambolé partout dans les futailles et les passerelles... On se marrait malgré l'épuisement... Elle me soutenait avec ma valise... Elle avait vraiment bonne humeur. Elle perdait tout son chignon... Je lui tirais même les tifs. Ça la faisait aussi rigoler. Le chien à la traîne est rappliqué avec nous... Enfin dans la fente d'un kiosque on a repéré une vraie lumière... Le cogne il était accroupi, il a sursauté de nous voir. Il avait au moins trois houppelandes l'une par-dessus l'autre. Il a raclé longtemps sa gorge... Il est sorti dans le brouillard, il se secouait, s'ébrouait, comme un canard. Il a allumé sa pipe... Il était bien complaisant. Il put lire mon adresse. Il nous a montré tout là-haut, il a pointé avec le doigt, tout au bout de la nuit, où se trouvait « Meanwell College », au-dessus de la colline après tout un chapelet de lanternes qui gravissait en zigzag... Il est retourné dans sa cahute. Il s'est comprimé dans la porte avec toutes ses épaisseurs.

Du moment qu'on savait le chemin, on était plus si pressés... Y avait encore une escalade, une très longue rampe... C'était pas fini l'aventure !... On a grimpé tout doucement. Elle voulait pas que je m'éreinte... Elle était pleine de prévenances. Elle osait plus m'importuner... Elle m'embrassait seulement un peu, dès qu'on allait pour se reposer. Elle me faisait des gestes sous les réverbères que j'étais bien à son goût... Qu'elle m'avait tout à la bonne... À peu près au milieu de la pente, on s'est assis sur une roche, de là on voyait très loin à travers le fleuve passer des nuées de brouillard, elles se précipitaient dans le vide, elles effaçaient les petits navires sur le courant lisse. On voyait plus leurs falots... après c'était un clair de lune et puis des nuages reprenaient tout... La môme, elle me refaisait des gestes... Si je voulais pas encore bouffer ? Elle s'offrait d'aller m'en chercher, ça devait partir d'un bon cœur... Malgré que j'étais si abruti, je me demandais encore tout de même si j'aurais pas eu la détente pour la balancer dans le ravin d'un grand coup de pompe dans les miches ? Hein ?...

Dessous c'était la falaise... C'était à pic au-dessus de la flotte.

Voilà des voix qu'on entend, c'était des hommes, une ribambelle, je les reconnais avec leurs torches, c'est des « ministrels », des faux nègres, les barbouillés... Ils remontent du port eux aussi... Ils traînent dans le brouillard leur carriole. Ils ont bien du mal avec. C'est pesant tout leur bazar, tout démonté... Leurs instruments, les piquets ça bringuebale, ça sonne... Ils nous aperçoivent, ils causent à la môme Graillon...

Ils font la pause, ils s'installent un peu, ils discutent, ils mettent tous leurs sous en pile au bout de banc. Ils y arrivent plus à les compter... Ils ont déjà bien trop de fatigue... Chacun son tour, ils vont se rincer la figure dans la cascade un peu plus loin. Ils en reviennent alors tout livides, dans le petit jour du matin... qu'on dirait qu'ils sont déjà morts... Ils relèvent un moment la tête, ils reflanchent, ils reviennent s'asseoir sur les graviers... Ils se refont des plaisanteries avec ma coquine... Enfin tout le monde se rassemble. On démarre ensemble... On pousse à la roue leur truc, on tire avec eux la guimbarde pour qu'ils arrivent quand même là-haut. Il me restait un bout à faire ! Ils ont pas voulu qu'on se quitte... C'était encore après les arbres le « Meanwell College » et puis encore un détour, et puis une pente et un jardin...

C'était bleu à présent les choses... En arrivant à la porte, nous étions tous assez copains. Le numéro bien exact, ce fut difficile à repérer. On a gratté des allumettes, à deux, trois endroits d'abord... enfin ça y fut !... La môme elle s'est mise à chialer. Il fallait bien qu'on se sépare !... Je lui ai fait des démonstrations, des signes, qu'elle reste pas là... qu'elle continue donc la route, qu'elle s'en aille avec les copains... Que j'irais sûrement la revoir... en bas... au port... plus tard... un jour... Je lui faisais des gestes affectueux... C'est vrai, que j'y tenais, en somme. Je lui ai donné ma couverture pour qu'elle aye confiance... que j'irais la reprendre... Elle comprenait difficilement... Je ne savais moi, comment faire... Elle m'embrassait tant et plus... Les « ministrels » ils se fendaient à voir nos mimiques... Ils imitaient les baisers...

Dans la petite rue bien resserrée, il passait un zéphyr glacial... Déjà qu'on était si flapis... Je tenais plus en l'air... Quand même c'était trop marrant nos tendresses... On se bidonnait tous pour finir, tellement tout ça devenait con... à une heure pareille !... Enfin elle s'est décidée... Comme elle voulait pas repartir seule, elle a suivi les baladins... Ils ont démarré tous en chœur derrière la bagnole, les instruments, la grosse caisse... tout ça en baguenaude... La môme elle me faisait encore des ultimes appels de loin avec sa lanterne... Enfin ils ont disparu... au détour de l'allée des arbres...

Alors, j'ai regardé la plaque, là devant moi, où je devais entrer !... C'était écrit bien exact « Meanwell College » et puis au-dessus des lettres bien plus rouges : Director J. P. Merrywin. C'était les indications, je m'étais pas gouré du tout. J'ai soulevé le petit marteau : Plac ! Plac ! Rien d'abord est survenu... alors j'ai sonné à l'autre porte. Personne n'a encore répondu... Un bon moment... Enfin, ils ont remué dans la tôle... J'ai vu une lumière qui passait dans l'escalier... Je voyais à travers les rideaux... Ça m'a fait une sale impression... Pour un peu je me barrais d'autor... J'aurais couru après la môme... J'aurais rattrapé les frimants... Je serais jamais revenu au Collège... Je faisais déjà un demi-tour... Tac ! je bute en plein dans un mec... un petit voûté en robe de chambre... Il se redresse. Il me dévisage... Il bafouille des explications... Ça devait être le propriétaire... Il était ému... Il portait des favoris... un rouquin... et puis des poils blancs... Un petit toupet sur les yeux. Il me répétait comme ça mon nom. Il était venu par le jardin... C'était la surprise ! C'était une drôle de manière... Il devait se méfier des voleurs... Il protégeait sa bougie... Il restait devant moi bredouillard. Il faisait pas chaud pour l'entretien. Il trouvait pas tous ses mots, le vent a soufflé sa calebombe :

« Ferdinand !... Je... vous... dis... bon... jour... Je... suis... content... que vous êtes ici... mais... vous avez... un grand retard... que vous est-il arrivé ?...

J'en sais rien... que j'ai répondu. »

Il a pas insisté du tout... Alors il est passé devant. Il marchait à tout petits pas... Enfin, il a ouvert sa lourde... Il tremblotait dans la serrure. Il pouvait plus sortir la clef, tellement qu'il sucrait... Une fois comme ça dans l'entrée il m'a montré que je l'attende. De m'asseoir là sur le coffre... qu'il allait arranger là-haut. En plein milieu de l'escalier, il se ravise encore un coup, il se penche au-dessus de la rampe, il me pointait comme ça du doigt :

« Demain, Ferdinand ! Demain... Je ne vous parlerai plus qu'anglais ! Eh ? What ?... » Ça le faisait même rire d'avance...

« Attendez-moi un moment ! Wait ! Môment ! Ah ! vous voyez ! Déjà ! Ferdinand ! Déjà !... » Il faisait le rigolo...

* * *

Il en finissait pas là-haut à trifouiller dans les tiroirs, de refermer encore des portes, de trimbaler des bahuts. Je me disais : « Il exagère !... Je vais me coucher tel que !... » J'attendais toujours.

Au bout du couloir, en veilleuse, je voyais le papillon sautiller...

En m'habituant peu à peu l'œil, j'ai discerné la grande horloge... un cartel maous... un vraiment splendide... et sur le cadran tout en cuivre une petite frégate minuscule arrêtait pas de danser les secondes... tic ! tac !... tic ! tac !... Elle voguait comme ça... Elle finissait par m'étourdir avec la fatigue...

Le vieux, il manigançait toujours... il se débattait dans les objets... Il faisait couler l'eau... Il parlait à une femme... Enfin il est redescendu... Il s'était mis dans les frais !... Complètement lavé, rasé, fringué d'importance... et du style alors !... Un genre avocat... une cape noire flottante... depuis les épaules... des plis... des accordéons... et sur la pointe du cassis une jolie calotte avec un gros gland... Je me dis que c'est pour faire les honneurs. Il veut m'avoir à l'estomac... Il me fait un petit geste... Je me lève... Je m'ébranle... Je tenais plus debout à vrai dire... Il cherchait encore d'autres phrases... des appropriées, à propos de mon voyage... Si j'avais trouvé facilement ? Je répondais toujours rien... Je le suivais... À travers le salon d'abord... autour d'un piano... Ensuite par la buanderie... les lavabos... la cuisine... Et le voilà qui ouvre une autre porte... Ce que je vois... Un pageot !... J'attends pas mon reste !... Qu'il m'invite !... Je me lance !... Je m'étale en plein dessus !... Du coup, alors, il rebondit le petit crabe, il se met en furie... Ça lui allait pas du tout. Il ameute !... Il ressaute !... Il se trémousse autour du plume !... Il s'attendait pas à celle-là !... Il me raccroche par les tatanes... Il essayait de me basculer...

« Chaussures ! Chaussures ! Boots ! Boots !... » Comme ça de plus en plus furibard !... Il devenait horrible ! C'était ma boue sur son beau lit... sur les ramages à grandes fleurs !... C'est ça, qui lui faisait du mal, ça le foutait épileptique ! « Va chier ! Va craquer petite foirure ! » que moi j'y disais... Il essayait de se débattre... Il cavalait dans les couloirs... Il cherchait partout du monde, du renfort !... Si ils m'avaient seulement touché alors je devenais effroyable !... Je me relevais d'autor et je lui filais une sacrée trempe à lui, ce guignol ! Tel quel !... j'étais disposé !... Résolu !... Il était mince et maigrelet ! Il me courait avec ses salades !... Je l'aurais retourné comme un gant ! Et puis ça suffit !... Malgré qu'il glapissait toujours, j'ai pas eu de mal pour m'endormir.

* * *

Le « Meanwell College » on ne pouvait pas désirer mieux comme air, comme point de vue. C'était un site magnifique... Du bout des jardins, et même des fenêtres de l'étude, on dominait tout le paysage. Dans les moments d'éclaircies on pouvait voir toute l'étendue, le panorama du fleuve, les trois villes, le port, les docks qui se tassent juste au bord de l'eau... Les lignes de chemin de fer... tous les bateaux qui s'en vont... qui repassent encore un peu plus loin... derrière les collines après les prairies... vers la mer, après Chatham... C'était unique comme impression... Seulement il faisait extrêmement froid au moment où je suis arrivé, tellement c'était découvert en haut de la falaise... c'était impossible à tenir chaud. Le vent bourrait contre la tôle... Tous les embruns, toutes les rafales venaient rebondir sur la colline... Ça rugissait dans les piaules, les portes en branlaient jour et nuit. On vivait dans une vraie tornade. Dès que ça mugissait en tempête, ils gueulaient les mômes comme des sourds, ils s'entendaient plus... Y avait pas de Bon Dieu qui tienne ! Il fallait que ça pète ou que ça cède. Les arbres prenaient de la forte bande, ils restaient crochus, les pelouses étaient en lambeaux, arrachées par plaques. C'est tout dire...

Dans de tels climats si ravagés, si rigoureux, on prend des appétits farouches... Ça fait devenir les mômes costauds, des vrais mastards ! Avec une croûte suffisante ! Seulement au « Meanwell College » c'était pas fadé en bectance !... c'était tout juste comme ordinaire. Le prospectus il bluffait. À table, en me comptant moi-même, ça nous faisait quatorze ! En plus du patron, la patronne... C'était au moins huit de trop ! d'après mon avis, considérant la pâture ! On aurait tout fini à six ! Dans les jours de vent violent... Il était très chiche le ragoût !

Dans la bande, c'était encore moi, le plus grand et le plus affamé. Je finissais dare-dare ma croissance. Au bout d'un mois j'avais doublé. La violence des éléments ça me faisait une révolution dans les poumons, dans la stature. À force de taper, de racler tous les plats bien avant que les autres m'invitent je devenais comme un fléau à table. Les mômes ils reluquaient mon écuelle, ils me filaient des regards criminels, y avait la lutte c'est évident... Je m'en foutais je causais à personne... J'aurais remangé même quelques nouilles, si on m'avait provoqué, tellement que j'avais faim encore... Un collège où on boufferait en suffisance, il irait à la faillite... Il faut toujours réfléchir ! Je me rattrapais sur le « porridge », là j'étais impitoyable... J'abusais même de ma force, pire encore sur la « marmelade »... La petite soucoupe pour nous quatre mômes, je la lampais pour moi tout seul et à même... je la sifflais, on l'avait pas vue... Les autres, ils pouvaient râler, jamais je répondais, forcément... Le thé, c'était à discrétion, ça réchauffe, ça gonfle, c'est de l'eau parfumée agréable, mais ça creuse plutôt. Quand la tempête durait longtemps, que toute la colline rugissait pendant des jours et des jours, je fonçais dans le pot de sucre, à la louche et même à pleines poignes, ça me donnait du réconfort, le jaune, le candi.

Aux repas, M. Merrywin, il se posait juste devant le grand plat, il distribuait tout lui-même... il essayait de me faire causer.

Il avait pas bon... La causerie, moi !... La seule tentative je voyais rouge !... J'étais pas docile... avait seulement que sa belle femme qui m'ensorcelait un petit peu, qui aurait peut-être pu m'adoucir... J'étais placé à côté d'elle... Vraiment elle était adorable. Ça oui, de figure ! de sourire ! des bras ! de tous les mouvements, de tout. Elle s'occupait à chaque seconde de faire manger le petit Jonkind, un enfant spécial, un « tardif ». Après chaque bouchée, ou presque, il fallait qu'elle intervienne, qu'elle l'aide, le bichonne, qu'elle essuye tout ce qu'il bavait. C'était du boulot.

Ses parents, à lui, au crétin, ils restaient là-bas aux Indes, ils venaient même pas le voir. C'était une grande sujétion, un petit forcené pareil, surtout au moment des repas, il avalait tout sur la table, les petites cuillers, les ronds de serviettes, le poivre, les burettes et même les couteaux... C'était sa passion d'engloutir... Il arrivait avec sa bouche toute dilatée, toute distendue, comme un vrai serpent, il aspirait les moindres objets, il les couvrait de bave entièrement, à même le lino. Il en ronflait, il écumait en fonctionnant. Elle l'empêchait, à chaque fois, l'éloignait, Mme Merrywin, toujours bien gracieuse, inlassable. Jamais une seule brusquerie...

À part le truc d'engloutir, le môme il était pas terrible. Il était même plutôt commode. Il était pas vilain non plus, seulement ses yeux qu'étaient fantasques. Il se cognait partout sans lunettes, il était ignoblement myope, il aurait renversé les taupes, il lui fallait des verres épais, des vrais cabochons comme calibre... Ça lui exorbitait les châsses, plus large que le reste de la figure. Il s'effrayait pour des riens, Mme Merrywin le rassurait en deux mots, toujours les mêmes : No trouble ! Jonkind ! No trouble !...

Il répétait ça lui aussi pendant des journées entières à propos de n'importe quoi, comme un perroquet. Après plusieurs mois de Chatham c'est tout ce que j'avais retenu... No trouble, Jonkind !

* * *

Deux semaines, trois semaines ont passé... Ils me laissaient bien tranquille. Ils cherchaient pas à me brusquer. Ils auraient bien aimé que je cause... que j'apprenne un peu d'anglais. C'était évident. Mon père il demandait dans ses lettres si je faisais pas quelques efforts ?... Si je m'adonnais aux études ?...

Je me laissais pas embringuer... J'étais plus bon pour la parlote... J'avais qu'à me rappeler mes souvenirs... Le gueuloir de la maison !... les limonades à ma mère !... Toutes les vannes qu'on peut vous filer avec des paroles ! Merde ! Plus pour moi ! J'avais mon sac !... J'en étais gavé pour toujours des confidences et des salades !... Salut ! J'en gardais des pleines brouettes... Elles me remontaient sur l'estomac, rien qu'à essayer... Ils m'auraient plus... C'était « la classe » ! J'avais un bon truc pour me taire, une occasion vraiment unique, j'en profiterais jusqu'à la gauche... Pas de sentiment ! Pas d'entourloupes ! Elles me faisaient rendre moi leurs causettes... Peut-être encore plus que les nouilles... Et pourtant il m'en venait du rabe rien que de penser à la maison...

Ils savaient plus eux, comment faire, M. et Mme Merrywin, ils se demandaient d'où ça me venait un mutisme pareil, une bouderie si obstinée... C'est surtout lui qui faisait des avances, tout de suite en se mettant à table, à propos des moindres objets... en dépliant sa serviette... Il y tenait à ce que j'apprenne... « Hello ! Ferdinand ! » qu'il m'interpellait... Il était pas bien tentant... « Hello ! Hello ! » que je répondais, et puis c'était tout. Ça s'arrêtait là... on commençait à briffer... Derrière ses binocles, il me regardait avec peine... Il avait des mélancolies, il devait dire : « Ce garçon-là, il nous restera pas !... Il va partir s'il s'ennuie !... » Mais il osait plus insister... Il clignait ses petits yeux « trous de bite », son menton galoche, il remontait ses sourcils qui se barraient de travers et les deux différents comme teinte. Il gardait son genre ancien, avec encore des favoris et la petite moustache cosmétique, les bouts très pointus... Il avait l'air assez jovial. Il se démenait par monts et par vaux, en sport et même en tricycle...

Elle, sa femme, c'était pas semblable, elle craignait personne pour le charme, je dois avouer qu'elle ensorcelait... Elle me faisait un effet profond.

C'était pénible comme décor leur réfectoire au rez-de- chaussée. Les murs presque jusqu'au plafond peinturlurés en cachou. Ça donnait sur une impasse. La première fois qu'elle est entrée avec Jonkind dans la piaule... C'était pas possible d'y croire tellement que je la trouvais belle... Un trouble qu'était pas ordinaire... je la regardais encore... Je clignais des deux yeux... J'avais la berlue... Je me replongeais dans mon rata... Nora elle s'appelait... Nora Merrywin...

Au début, à la fin du repas, on se prosternait tous à genoux pour que le vieux puisse réciter les prières... Il commentait longuement la Bible. Les mômes, ils se farfouillaient les narines, ils tortillaient dans tous les sens...

Jonkind, il voulait pas rester, il voulait bouffer le bouton de porte qu'était devant lui à sa hauteur. Le daron, il s'en donnait de l'oraison, il aimait ça marmonner... il bourdonnait un bon quart d'heure, ça finissait la bectance... On se relevait à la fin, au moment d'ever and ever !

Les murs étaient brunis seulement jusqu'à mi-hauteur, le reste était de la chaux. En plus, il y avait des gravures de l'Histoire Sainte... Ça montrait Job et son bâton, en loques, il traversait un désert... Et puis, il y avait l'Arche de Noé ! complètement bouclée sous la pluie, qui rebondissait dans les vagues, dans les furies tout écumantes... On était comme ça, nous aussi, sur la colline à Rochester. Notre toit, il était pareil. On avait, je suis sûr, des rafales encore beaucoup plus violentes... Les doubles fenêtres en crevaient... Plus tard c'était l'accalmie, le grand domaine des brouillards... Ça devenait alors tout magique... Ça devenait comme un autre monde... On voyait plus à deux pas autour de soi, au jardin... Y avait plus qu'un nuage, il entrait doucement dans les pièces, il cachait tout, il passait peu à peu partout, dans la classe, entre les mômes...

Les bruits de la ville, du port, montaient, remplissaient l'écho... Surtout ceux de la rivière en bas... On aurait dit que le remorqueur il arrivait en plein jardin... On l'entendait même souffler derrière la maison... Il revenait encore... Il repartait dans la vallée... Tous les sifflements du chemin de fer, ils s'enroulaient en serpentins à travers les buées du ciel... C'était un royaume de fantômes... Il fallait même rentrer vite... On serait tombés de la falaise...

* * *

Pendant qu'ils disaient la prière, j'avais des sensations dangereuses... Comme on était agenouillés, je la touchais presque moi, Nora. je lui soufflais dans le cou, dans les mèches. J'avais des fortes tentations... C'était un moment critique, je me retenais de faire des sottises... je me demande ce qu'elle aurait pu dire si j'avais osé ?... Je me branlais en pensant à elle, le soir au dortoir, très tard, encore après tous les autres, et le matin j'avais encore des « revenez-y »...

Ses mains, c'étaient des merveilles, effilées, roses, claires, tendres, la même douceur que le visage, c'était une petite féerie rien que de les regarder. Ce qui me taquinait davantage, ce qui me possédait jusqu'au trognon c'était son espèce de charme qui naissait là sur son visage au moment où elle causait... son nez vibrait un petit peu, le bord des joues, les lèvres qui courbent... J'en étais vraiment damné... Y avait là un vrai sortilège... Ça m'intimidait... J'en voyais trente-six chandelles, je pouvais plus bouger... C'était des ondes, des magies, au moindre sourire... J'osais plus regarder à force. Je fixais tout le temps mon assiette.

Ses cheveux aussi, dès qu'elle passait devant la cheminée, devenaient tout lumière et jeux !... Merde ! Elle devenait fée ! c'était évident. Moi, c'est là au coin de la lèvre que je l'aurais surtout bouffée.

Elle était aussi aimable avec moi qu'avec le crétin, elle me traduisait les moindres mots, tout ce qui se racontait à table, toutes les histoires de morveux... Elle me donnait des explications, en français d'abord, elle prononçait tout lentement... Elle se donnait un double boulot... Son vieux, il clignait toujours derrière ses lorgnons... Il faisait plus beaucoup l'oiseau, il se contentait d'acquiescer... « Yes Ferdinand ! Yes ! » qu'il approuvait... Engageant... Et puis, il s'amusait tout seul, il se curait les crocs très lentement, et puis les oreilles, il jouait avec son râtelier, il le décollait, il le faisait remonter encore. Il attendait que les gosses finissent, alors, il refonçait en prières.

Une fois qu'on était relevés, Mme Merrywin essayait encore un petit peu, avant qu'on retourne en classe, de m'intéresser aux objets... « The table, la table, allons Ferdinand !... » Je résistais à tous les charmes. Je répondais rien. Je la laissais passer par- devant... Ses miches aussi elles me fascinaient. Elle avait un pot admirable, pas seulement une jolie figure... Un pétard tendu, contenu, pas gros, ni petit, à bloc dans la jupe, une fête musculaire... Ça c'est du divin, c'est mon instinct... La garce je lui aurais tout mangé, tout dévoré, moi je le proclame... Je gardais toutes mes tentations. Des autres moujingues de la tôle je m'en méfiais comme de la peste. C'était qu'une bande de petits morveux, des petits batailleurs, bien ragoteurs, bien enragés, bien connards. J'avais plus de goût pour les babioles, je les trouvais même écœurants... tous ces mômes avec leurs grimaces... J'avais plus l'âge ni la patience. Je trouvais plus ça possible l'école... Tout ce qu'ils fabriquent, tout ce qu'ils récitent... c'est pas écoutable en somme... à côté de ce qui nous attend... de la manière qu'on vous arrange après qu'on en est sorti... Si j'avais voulu jaspiner, je les aurais moi, incendiées en trois mots, trois gestes, toutes ces fausses branlures. Il en serait pas resté un debout. Rien que de les voir caramboler autour des « crickets », il me passait des haines... Dans les débuts, ils m'attendaient dans les coins pour me dresser soi-disant... Ils avaient décidé comme ça que je causerais quand même. Ils s'y mettaient une douzaine. Ils avalaient leurs cigarettes... je faisais celui qui voyait rien. J'attendais de les avoir tout près. Alors à bloc, je les faisais rebondir, à grands coups de beignes dans les châsses, à pleines grolles dans les tibias... Une vraie pâtée ! La décoction ! Comme des quilles ça carambolait !... Ils se tâtaient les os longtemps... Après ils étaient plus convenables... Ils devenaient doux, respectueux... Ils revenaient un peu flairer... J'en rallongeais deux ou trois... Ils se le tenaient alors pour dit.

C'était vraiment moi le plus fort, et peut-être le plus méchant... Français ou Anglais, les lardons c'est tout du kif comme vermine... Faut piétiner ça dès l'entrée... Faut pas y aller avec le dos, ça se corrige d'autor ou jamais ! À la détrempe ! la Capitale ! Sinon c'est vous qu'on escalade !... Tout est crevé, pourri, fondu. Il vous resterait plus que la chiasse si vous laissiez passer l'occase ! Si je m'étais mis à leur causer, j'aurais raconté forcément comment c'était les vrais « business... » ! les choses exactes de l'existence, les apprentissages... Moi je les aurais vite affranchis ces mirmidons à la gomme ! Ils savaient rien ces petits... Ils soupçonnaient pas... Ils comprenaient que le football, c'est pas suffisant... Et puis se regarder la bite...

* * *

Les heures de classe étaient pas longues, on s'y collait que le matin...

En fait d'instruction, de religion, de sports variés, M. Merrywin avait la haute main, il se chargeait de tout, il était seul, il avait pas d'autres professeurs.

Dès le petit jour, c'est lui-même, en sandales et robe de chambre qui passait pour nous réveiller. Il fumait déjà sa pipe, une petite en terre. Il agitait autour des lits sa longue badine, il fustigeait par-ci, par-là, mais jamais très fort. Hello boys ! Hello boys ! avec sa voix de petite vieille.

On le suivait aux lavabos... Y avait une rangée de robinets, on s'en servait le moins possible. C'était trop froid pour savonner. Et la pluie n'arrêtait plus. À partir du mois de décembre ce fut vraiment du déluge. On voyait plus rien de la ville, ni du port, ni du fleuve au loin... Toujours le brouillard, un coton énorme... Les pluies le détrempaient aussi, on apercevait des lumières, elles disparaissaient encore... On entendait toutes les sirènes, tous les appels des bateaux, dès l'aube c'était la rumeur... Les treuils qui grincent, le petit train qui longe les quais... qui halète et piaule...

Il remontait en arrivant le gaz « papillon », Merrywin, pour qu'on puisse trouver nos chaussettes. Après le lavabo, on se trissait, encore tout humides, vers la mince bectance, au sous- sol. Un coup de prière et le breakfast ! C'est le seul endroit où on brûlait un peu de charbon, le si gras, le si coulant, qui fait volcan, qui détone, qui sent l'asphalte. C'est agréable comme odeur, mais c'est son relent de soufre qui pique quand même un petit peu fort !

À table, y avait les saucisses sur du pain grillé, mais par exemple trop minuscules ! C'est bon, certes ! une gourmandise, mais y en avait jamais assez. Je les aurais avalées toutes. À travers la fumée, les flammes jouaient en reflets sur le mur, sur Job et puis l'Arche... ça faisait des mirages fantastiques.

Ne causant pas la langue anglaise, j'avais tout le temps de m'amuser l'œil... Le vieux, il mastiquait lentement. Mme Merrywin, elle arrivait après tout le monde. Elle avait habillé Jonkind, elle l'installait sur sa chaise, elle écartait les ustensiles, surtout les couteaux, c'était vraiment admirable qu'il se soye pas déjà éborgné... Et le voyant si goulu, qu'il ait pas déjà bouffé une petite cafetière, qu'il en soye pas déjà crevé... Nora, la patronne, je la regardais furtivement, je l'entendais comme une chanson... Sa voix, c'était comme le reste, un sortilège de douceur... Ce qui m'occupait dans son anglais c'était la musique, comme ça venait danser autour, au milieu des flammes. Je vivais enveloppé aussi moi, un peu comme Jonkind en somme, dans l'ahurissement. Je vivais gâteux, je me laissais ensorceler. J'avais rien à faire. La punaise, elle devait bien se rendre compte ! C'est fumier les femmes. Elle était vicelarde comme les autres. « Mais dis donc ! que je me fais, Arthur ! T'as pas mangé du cerf-volant ? T'es pas malade ? Dis, des fois ? Tu la perds ! Tu t'envoles Bouboule ! Mon trognon chéri ! Raccroche mon Jésus ! Pince-toi l'œuf ! Il est quart moins deux ! »... Aussitôt c'était fatal, je me racornissais à l'instant... Je me ratatinais tout en boule. C'était fini ! c'était passé ! J'avais la trappe recousue !

Fallait que je reste sur mes gardes, l'imagination m'emportait, l'endroit était des plus songeurs avec ses rafales opaques et ses nuages partout. Il fallait se planquer, se reblinder sans cesse. Une question me revenait souvent, comment qu'elle l'avait épousé l'autre petit véreux ? le raton sur sa badine ? ça paraissait impossible ! Quel trumeau ! quel afur ! quelle bobinette ! en pipe il ferait peur ! il ferait pas vingt sous ! Enfin c'était son affaire !...

C'est toujours elle qui me relançait, qui voulait que je conversationne : « Good Morning Ferdinand ! Hello ! Good Morning ! »... J'étais dans la confusion. Elle faisait des mimiques si mignonnes... J'ai failli tomber bien des fois. Mais je me repiquais alors dare-dare... Je me faisais revenir subitement les choses que j'avais sur la pomme... Je revoyais la tête à Lavelongue, à Gorloge, mélimélo !... J'avais un choix pour dégueuler ! la mère Méhon !... Çâkya-Mouni !... J'avais qu'à me laisser renifler, j'avais le nez toujours dans la merde ! Je me répondais par l'intérieur... « Parle toujours, parle encore dis ma langouste ! C'est pas toi qui me feras tiquer... Tu peux te fendre toute la musette... Faire des sourires comme douze grenouilles ! Je passerai pas !... Je suis bien gercé, je garantis, j'ai la colonne qui déborde »... Je repensais à mon bon papa... à ses entourloupes, ses salades... à tous les bourres qui m'attendaient, aux turbins qu'étaient à la traîne, à tous les fientes des clients, tous les haricots, les nouilles, les livraisons... à tous les patrons ! aux dérouilles que j'avais poirées ! Au Passage !... Toutes les envies de la gaudriole me refoulaient pile jusqu'au trognon... Je m'en convulsais, moi, des souvenirs ! Je m'en écorchais le trou du cul !... Je m'en arrachais des peaux entières tellement j'avais la furie... J'avais la marge en compote. Elle m'affûterait pas la gironde ! Bonne et mirifique c'était possible... Qu'elle serait encore bien plus radieuse et splendide cent dix mille fois, j'y ferais pas le moindre gringue ! pas une saucisse ! pas un soupir ! Qu'elle se trancherait toute la conasse, qu'elle se la mettrait toute en lanières, pour me plaire, qu'elle se la roulerait autour du cou, comme des serpentins fragiles, qu'elle se couperait trois doigts de la main pour me les filer dans l'oignon, qu'elle s'achèterait une moule tout en or ! J'y causerais pas ! jamais quand même !... Pas la moindre bise... C'était du bourre ! c'était pareil ! Et voilà ! J'aimais encore mieux fixer son daron, le dévisager davantage... ça m'empêchait de divaguer !... Je faisais des comparaisons... Y avait du navet dans sa viande... Un petit sang vert et frelaté... Y avait de la carotte aussi à cause des poils tout en vrilles barrant des oreilles et en bas des joues... Qu'est-ce qu'il avait pu lui faire pour la tomber la jolie ?... C'était sûrement pas la richesse... C'était une erreur alors ?... Maintenant aussi faut se rendre compte, les femmes c'est toujours pressé. Ça pousse sur n'importe quoi... N'importe quelle ordure leur est bonne... C'est tout à fait comme les fleurs... Aux plus belles le plus puant fumier !... La saison dure pas si longtemps ! Gi ! Et puis comment ça ment toujours ! J'en avais des exemples terribles ! Ça n'arrête jamais ! C'est leur parfum ! C'est la vie !...

J'aurais dû parler ? Bigornos ! Elle m'aurait bourré la caisse ? C'était raide comme une balle... J'aurais encore moins compris. Ça me faisait au moins le caractère de boucler ma gueule.

M. Merrywin, en classe, il essayait de me convaincre, il se donnait du mal exprès, il mettait tous les élèves au boulot de me faire causer. Il inscrivait des phrases entières sur le tableau noir, en lettres capitales... Bien faciles à déchiffrer... et puis en dessous la traduction... Les mômes rabâchaient tous ensemble, des quantités de fois... en chœur... en mesure... J'ouvrais alors la gueule toute grande, je faisais semblant que ça venait... J'attendais que ça sorte... Rien sortait... Pas une syllabe... Je rebouclais tout... C'était fini la tentative... J'étais tranquille pour vingt-quatre heures... « Hello ! Hello ! Ferdinand ! » qu'il me relançait le sapajou à bout d'astuce, désolé... Il m'agaçait alors vraiment... J'y aurais fait, moi, ingurgiter toute sa longue baguette... Je l'aurais passé à la broche... Je l'aurais suspendu à la fenêtre par le troufignon... Ah ! il l'a pressenti à la fin... Il a plus insisté du tout. Il devinait mes instincts... Je fronçais les sourcils... Je grognais à l'appel de mon nom... Je quittais plus mon pardessus, même en classe et je couchais avec...

Il tenait à moi, Merrywin, elle était pas épaisse sa classe, il voulait pas que je me trisse, que je rentre avant mes six mois. Il se méfiait de mes impulsions. Il se gardait sur la défensive...

Au dortoir, on était chez nous, je parle entre les mômes, une fois la prière récitée... Ça s'accomplissait à genoux et en chemise de nuit sur le dur, au bout du plumard... Merrywin faisait une espèce de sermon, on restait en cercle autour... et puis il se barrait dans sa chambre... On le revoyait plus... Après les réponses en vitesse, on se pieutait dare-dare, on avait hâte de branlages. Ça remonte la température... L'idiot, lui, Nora Merrywin l'enfermait dans un lit spécial, qu'avait une grille comme couvercle. Il demandait qu'à s'échapper... quelquefois, il renversait le plumard tellement il était somnambule...

Moi j'avais fait la connaissance d'un petit môme bizarre, qui me suçait presque tous les soirs, il avalait toute la sauce, j'avais du jus, plus que les autres... Il était friand, il faisait marrer toute la chambre avec ses drôleries... il suçait encore deux petits mecs... Il faisait le chien... Wouf ! Wouf ! qu'il aboyait, il cavalait comme un clebs, on le sifflait, il arrivait, il aimait ça qu'on le commande... Les soirs de vraiment grande tempête, que ça s'engouffrait au plus fort, dans l'impasse, sous nos fenêtres, y avait des paris à propos du réverbère, si le vent l'éteindrait ? Celui qui grinçait si fort, le suspendu près de la poterne... C'est moi qui tenais les paris, le ginger, les chocolats, les images, les bouts de cigarettes... même des bouts de sucre... trois allumettes. J'avais la confiance... On me mettait tout ça sur mon lit... le « wouf-wouf chien » gagnait souvent... Il avait l'instinct des bourrasques... La veille de Noël, il est venu un tel cyclone, que la lanterne de l'impasse a complètement éclaté. Je me souviens toujours... C'est moi et le môme wouf-wouf qu'avons bouffé tous les paris.

* * *

La mode et la tradition, c'était qu'à partir de midi, on s'habille tous en sportifs, en requimpette d'uniforme rayée vert et jaune, la calotte ad hoc, tout ça orné d'écussons aux armoiries du collège... J'y tenais pas très spécialement à m'affubler en chienlit et puis ça devait être bien coûteux, une tenue pareille ?... Surtout les godasses à crampons... J'avais pas l'humeur aux joujoux... Je voyais pas de jeux dans mon avenir... C'était encore un genre foireux qu'était bien fait pour les petits caves...

Le vieux Merrywin lui-même, aussitôt après le déjeuner, il quittait sa demi-soutane, il passait le veston panaché, et froutt !... le voilà parti... Il devenait tout de suite tout guilleret, absolument méconnaissable... Il gambillait comme un cabri d'un bout à l'autre du terrain... Sous les averses et les rafales, il s'en ressentait comme personne... Il suffisait qu'il enfile son petit arlequin pour tressaillir d'effet magique. Il était cocasse, « vif-argent » !

Les Anglais, c'est drôle quand même comme dégaine, c'est mi-curé, mi-garçonnet... Ils sortent jamais de l'équivoque... Ils s'enculent plutôt... Ça le tracassait énormément qu'on m'achète à moi aussi une livrée complète, que je sois nippé à la fin en champion du « Meanwell College » ! Que je fasse plus tache dans les rangs, à la promenade, au football... Il m'a même montré une lettre qu'il écrivait à mon père au sujet de cette garniture... Peut-être qu'il toucherait une ristourne ? qu'il attendait sa petite « fleur » ? C'était suspect comme insistance... J'ai pas bronché devant la missive. En moi-même, j'avais du sourire... « Envoie toujours, mon petit dabe, tu connais pas les parents !... Ils sont pas sportifs pour un rond »... Sûrement qu'il se rendait pas compte !... Sûrement qu'il allait se faire étendre... Ils renarderaient au cotillon... Redouble !... Ça ferait du joli !...

Alors donc, après le déjeuner, y avait pas de bon Dieu, ni de bourrasques !... Il fallait qu'on s'y colle tout le monde... On escaladait, deux par deux, une autre colline, derrière la nôtre, absolument détrempée, torrentueuse, un chaos, des fondrières... Je fermais la marche du collège avec Mme Merrywin et l'idiot, entre nous deux... On emportait sa pelle, son seau, pour qu'il puisse faire des pâtés, des gros, des fondants, des pleins de boue, ça le retenait un peu tranquille... Y avait plus de parapluies possibles ni d'imperméables... Rien résistait aux tornades... Si y avait pas eu la gadouille qu'était plus épaisse que du plomb on serait partis chez les oiseaux...

J'avais la bonne place au football, je tenais les buts... ça me permettait de réfléchir... J'aimais pas, moi, qu'on me dérange, je laissais passer presque tout... Au coup de sifflet, les morveux ils s'élançaient dans la bagarre, ils labouraient toute la mouscaille à s'en retourner les arpions, ils chargeaient dans la baudruche, à toute foulée dans la glaise, ils s'emplâtraient, ils se refermaient les deux châsses, la tronche, avec toute la fange du terrain... Au moment de la fin de la séance, c'était plus nos garçonnets, que des vrais moulages d'ordure, des argiles dégoulinantes... et puis les touffes de colombins qui pendaient encore après. Plus qu'ils étaient devenus bouseux, hermétiques, capitonnés par la merde, plus qu'ils étaient heureux, contents... Ils déliraient de bonheur à travers leurs croûtes de glace, la crêpe entièrement soudée.

Le seul ennui dont on souffrait, c'était le manque de compétiteurs... Les équipes rivales étaient rares, surtout à proximité. La seule à vrai dire pour nous affronter, régulièrement, tous les jeudis, c'était celle des mômes d'en face... de la « Pitwitt Academy », de l'autre côté du pont à Stroude, un groupe de piteux boutonneux, des enfants abandonnés, un Institut charitable... Ceux-là, ils étaient devenus d'une extrême maigreur, encore bien plus légers que les nôtres... Ils pesaient rien à vrai dire, au premier coup, une fois chargés avec violence, au vent portant, ils s'envolaient, ils partaient avec le ballon... Il fallait surtout les maintenir, les aplatir... On leur mettait douze buts à quatre... C'était régulier. C'était comme ça l'habitude... Si y avait un peu de rouscaille, qu'on entendait des murmures, ça n'hésitait pas une seconde, ils prenaient une terrible dérouille, une pâtée complète... C'était entendu comme ça. S'ils shootaient seulement un petit point de plus que c'était l'usage, alors nos mômes devenaient féroces... Ils râlaient qu'ils étaient trahis... déjà, ils flairaient les coupables... Ils passaient à la corrida... ça se rejugeait en rentrant le soir... après la prière quand le vieux avait refermé la porte... Ça chiait alors cinq minutes... Jonkind qu'était responsable... C'est toujours lui par ses conneries qu'amenait les pénalités... Il recevait la décoction... C'était mémorable... On soulevait sa grille d'un coup, il était vidé de son page... D'abord, on l'étendait comme un crabe, à même le plancher, ils se mettaient dix pour le fouetter, à coups de ceintures vaches... même avec les boucles... Quand il gueulait un peu trop fort on l'amarrait sous une paillasse, tout le monde alors piétinait, passait, trépignait par-dessus... Ensuite, c'était sa branlée, à bloc, à blanc... pour lui apprendre les bonnes façons... jusqu'à ce qu'il puisse plus juter... plus une seule goutte...

Le lendemain, il pouvait plus tenir debout... Mme Merrywin, elle était bien intriguée, elle comprenait plus son morveux... Il répétait plus No trouble... Il s'écroulait à table, en classe... trois jours encore tout gâteux... Mais il restait incorrigible, il aurait fallu le ligoter pour qu'il se tienne peinard... Fallait pas qu'il s'approche des buts... Dès qu'il voyait le ballon rentrer, il se connaissait plus, il se précipitait dans les goals, emporté par sa folie, il bondissait sur la baudruche, il l'arrachait au gardien... Avant qu'on ait pu le retenir il était sauvé avec... Il était vraiment possédé dans ces moments-là... Il courait plus vite que tout le monde... Hurray ! Hurray ! Hurray !... qu'il arrêtait pas de gueuler, comme ça jusqu'en bas de la colline, c'était coton pour le rejoindre, il dévalait jusqu'à la ville. Souvent on le rattrapait dans les boutiques... Il shootait dans les vitrines. Il crevait les écriteaux... Il avait le démon du sport. Il fallait se méfier de ses lubies.

* * *

Pendant trois mois j'ai pas mouffeté ; j'ai pas dit hip ! ni yep ! ni youf !... J'ai pas dit yes... J'ai pas dit no... J'ai pas dit rien !... C'était héroïque... Je causais à personne. Je m'en trouvais joliment bien...

Au dortoir, ça continuait les grosses branlées... les suçades... Je m'intriguais bien sur Nora... Mais toujours en suppositions...

Entre janvier et février, il a fait alors terriblement froid et tellement de brouillard en plus, que c'était presque impossible de retrouver notre chemin quand on descendait de l'entraînement... On s'orientait à tâtons...

Le vieux, il me foutait la paix en classe et sur la colline, il essayait plus de me convaincre. Il se rendait compte de ma nature... Il croyait que je réfléchissais... Que je m'y mettrais un peu plus tard ! avec des douceurs... C'est pas ça qui m'intéressait. C'était mon retour au Passage qui me foutait le bourdon. J'en avais déjà la grelotte trois mois à l'avance. Je délirais rien que d'y penser !... Merde ! quand faudrait recauser !...

Enfin, au physique, j'avais pas à me plaindre, je progressais de ce côté-là. Je me trouvais bien plus costaud... Ça me convenait admirablement, à moi, les rigueurs du climat, la température de cochon... ça me fortifiait de plus en plus, si on avait mieux croûté, je serais devenu un solide athlète... J'aurais foutu tout le monde en bas...

Deux semaines ont encore passé sur ces entrefaites... Voilà quatre mois, que je me taisais. Merrywin alors brusquement, il a pris comme peur... Un après-midi, comme ça en rentrant du sport, je le vois qui saisit son papier. Il se met à écrire à mon père, convulsivement... des bêtises... Ah ! la triste initiative !... Par le retour du courrier, j'ai reçu alors moi-même trois lettres bien compactes, que je peux qualifier d'ignobles... blindées, gavées, débordantes de mille menaces, jurons horribles, insultes grecques et puis latines, mises en demeure comminatoires... représailles, divers anathèmes, infinis chagrins... Il qualifiait ma conduite d'infernale ! Apocalyptique !... Me revoilà découragé !... Il m'envoie un ultimatum, de me plonger séance tenante dans l'étude de la langue anglaise, au nom des terribles principes, de tous les sacrifices extrêmes... des deux cent mille privations, des souffrances infectes endurées, entièrement pour mon salut ! Il en était tout déconcerté, tout ému, tout bafouillard, le sale andouille Merrywin d'avoir provoqué ce déluge... Il était bien avancé ! Maintenant les digues étaient rompues... C'était sauve qui peut voilà tout !... J'en avais un écœurement qu'était même plus racontable de retrouver, sur la table, toutes les conneries de mon daron, étalées là, noir sur blanc... C'était encore plus triste écrit.

C'était encore un bien sale cul ce Merrywin de la Jaquette ! Encore bien plus dégueulasse que tous les mômes à la fois ! Et bien plus cave, plus entêté... J'étais sûr qu'il ferait ma perte avec ses lorgnons.

* * *

S'il était resté tranquille, peinard comme c'était convenu, j'étais bon encore pour six mois... À présent qu'il avait gaffé, c'était plus qu'une question de semaines... Je me cloisonnais dans mon silence... Je lui en voulais horriblement... Si je me barrais tant pis pour lui... C'était un désastre pour sa tôle ! Il l'avait voulu, provoqué ! Déjà c'était pas florissant le business du Meanwell College... Avec moi en moins dans l'équipe, il tenait plus le coup pour les sports. Il finirait pas la saison.

Après les vacances de Noël, on avait eu quatre départs... des mômes qu'étaient pas revenus... Le collège il serait plus montrable avec son « football », même si on laissait jouer Jonkind... Ça pouvait plus exister... Avec huit morveux seulement c'était pas la peine qu'on s'aligne... On se faisait sûrement écraser... Les « Pitwitt » rentraient ce qu'ils voulaient... même qu'ils seraient plus légers que des plumes et encore deux fois moins nourris... D'abord, tout le monde se débinerait... Ils attendraient pas la déroute... Le collège était plus possible... Plus de football c'était la faillite !... Le vieux, il en avait la foire !... Il faisait encore quelques efforts. Il m'interrogeait en français... si j'avais pas de réclamations, des plaintes à lui adresser... Si les mômes me faisaient pas de misères !... Il manquerait plus que ça ! Si j'avais les grolles trop mouillées ?... Si je voulais pas un plat spécial ?... C'était pas la peine qu'on explique, j'avais honte devant Nora, de faire le boudeur et l'andouille... mais l'amour-propre c'est accessoire... Du moment qu'on est résolu, il faut d'abord tenir ses promesses... Je devenais plus indispensable à mesure qu'on perdait des élèves... On me faisait mille avances... des sourires... des grâces... Les mômes, ils se décarcassaient... Le petit Jack, celui qui faisait le clebs le soir, il m'apportait des autres bonbons... et même de son petit cresson, le minuscule... qu'a goût de moutarde... celui qui pousse dans des boîtes, raide comme de la barbe, dans des caisses exprès, toutes moisies, sur l'appui des fenêtres...

Le vieux les avait rencardés qu'ils devaient se montrer tous plaisants... Qu'on me retienne encore jusqu'à Pâques... que c'était une question sportive, l'honneur du collège... que si je m'en allais plus tôt, l'équipe était dans les pommes... qu'elle jouerait plus les « Pitwitt »...

Pour me rendre la situation encore beaucoup plus agréable, on m'a dispensé des études... Je distrayais tout le monde en classe... Je claquais tout le temps mon pupitre... J'allais regarder à la fenêtre, les brouillards et le mouvement du port... Je faisais des travaux personnels avec des marrons et des noix, je constituais des combats navals... des grands voiliers en allumettes... J'empêchais les autres d'apprendre...

L'idiot, il se tenait à peu près, mais c'était son porte-plume, qu'il se poussait, lui, dans le fond du nez... Il en mettait souvent deux, quelquefois quatre dans une seule narine... Il enfonçait tout, il gueulait... Il buvait les encriers... C'était mieux aussi qu'il se promène... En grandissant il devenait dur à surveiller... On nous a sortis ensemble... J'ai regretté un peu la classe... J'apprenais pas mais j'étais bien, je détestais pas l'intonation anglaise... C'est agréable, c'est élégant, c'est flexible... C'est une espèce de musique, ça vient comme d'une autre planète... J'étais pas doué pour apprendre... J'avais pas de mal à résister... Papa le répétait toujours que j'étais stupide et opaque... C'était donc pas une surprise... Ça me convenait mon isolement, de mieux en mieux... C'est l'entêtement moi, ma force... Il a fallu qu'ils s'inclinent, qu'ils cessent de m'importuner... Ils ont flatté mes instincts, mes penchants pour la vadrouille... On m'a promené tant et plus dans les environs, par monts et villages, avec l'idiot, sa brouette et tous ses joujoux...

Aussitôt que les cours commençaient, on s'avançait vers la campagne avec Jonkind et la patronne... On revenait souvent par Chatham, ça dépendait des commissions. L'idiot, on le retenait par une corde, après sa ceinture, pour pas qu'il s'échappe dans les rues... Il avait des fugues... On descendait vers la ville, on longeait tous les étalages, on allait bien prudemment à cause des voitures, il avait très peur des chevaux, il faisait des bonds près des roues...

Tout en faisant les emplettes, Mme Merrywin essayait de me faire comprendre les inscriptions des boutiques... que je m'initie sans le vouloir... comme ça sans fatigue aucune... Je la laissais causer...

Je lui regardais seulement la figure, l'endroit juste qui m'intriguait, au sourire... au petit truc mutin... J'aurais voulu là, l'embrasser... ça me dévorait atrocement... Je passais par-derrière... Je me fascinais sur sa taille, les mouvements, les ondulations... Le jour du marché on emportait le grand panier... comme un berceau qu'il était... chacun une anse avec Jonkind. On remontait toute la boustifaille pour la semaine entière... Ça durait toute la matinée les diverses emplettes.

De loin, j'ai revu mon graillon, la Gwendoline. Elle faisait toujours sa friture, elle avait mis un autre chapeau, encore un plus grand, plus fleuri... J'ai refusé de passer par là... J'en serais plus sorti des explications... des transports... Quand on restait au collège que Jonkind était grippé, alors elle s'allongeait Nora, sur le sofa du salon, elle se mettait à lire, partout il traînait des bouquins... C'était une femme délicate, une vraie imaginative, notre gracieux ange... Elle se salissait pas les mains, elle faisait pas la ratatouille ni les plumards ni les parquets... Elles étaient deux bonnes à demeure quand je suis arrivé : Flossie et Gertrude, elles semblaient assez obèses... Comment donc elles s'y prenaient ? Elles devaient tout garder pour elles, ou c'était une maladie... Elles étaient plus jeunes, ni l'une ni l'autre... Je les entendais tout le temps groumer, elles reniflaient dans les escaliers, elles se menaçaient du balai... Elles se caillaient pourtant pas beaucoup... C'était très sale dans les coins...

Flossie, elle fumait en cachette, je l'ai paumée un jour dans le jardin... On lavait rien à la maison, on descendait tout le linge en ville à une buanderie spéciale, au diable, plus loin que les casernes. Avec Jonkind, ces jours-là, c'était pas de la pause, on remontait, descendait la côte des quantités de fois avec des bardas énormes... À qui porterait davantage, le plus vite en haut... C'est un sport que je comprenais... ça me rappelait les jours des boulevards... Quand la flotte devenait si lourde, si juteuse, que le ciel s'écroulait dans les toits, se cassait partout en trombes, en cascades, en furieuses rigoles, ça devenait nos sorties des excursions fantastiques... On se rapprochait tous les trois pour résister à la tourmente... Nora, ses formes, ses miches, ses cuisses, on aurait dit de l'eau solide tellement l'averse était puissante, ça restait tout collé ensemble... On n'avançait plus du tout... On pouvait plus prendre l'escalier, le nôtre, celui qui montait notre falaise... On était forcés de nous rabattre vers les jardins... de faire un détour par l'église. On restait devant la chapelle... sous le porche... et on attendait que ça passe.

L'idiot, la pluie ça le faisait jouir... Il sortait exprès de son abri... Il se renversait toute la tronche, en plein sous la flotte... La gueule grande ouverte, comme ça... Il avalait les gouttières, il se marrait énormément... Il se trémoussait, il devenait tout fanatique... il dansait la gigue dans les flaques, il sautait comme un farfadet... Il voulait qu'on gigote aussi... C'était son accès, sa crise... Je commençais à bien le comprendre, c'était dur pour le calmer... Il fallait tirer sur sa corde... l'amarrer après le pied du banc.

* * *

Je les connaissais moi, mes parents, le coup du complet bariolé, il pouvait pas coller du tout, je m'en gourais d'avance... Ils ont répondu, en retard, ils en revenaient pas encore, ils en poussaient les hauts cris, ils croyaient que je me foutais d'eux, que je me servais d'un subterfuge pour maquiller des folles dépenses... Ils en profitaient pour conclure que si je perdais mes journées à taper dans un ballon c'était plus du tout surprenant que j'apprenne pas un sou de grammaire... C'était leur dernier avis !... Le sursis final !... Que je m'entête pas sur l'accent... Que je retienne n'importe lequel !... pourvu qu'on arrive à me comprendre c'était amplement suffisant... On a encore lu la lettre avec Nora et son dabe... Elle restait ouverte sur la table... Certains passages ils pigeaient pas. Ça leur semblait tout obscur, tout extraordinaire... J'ai rien expliqué... Ça faisait quatre mois que j'étais là, c'était pas à cause d'un veston que je me lancerais dans les fadaises... Et pourtant ça les tracassait... Même Nora elle semblait soucieuse... que je veuille pas me revêtir en sport, avec la roupane uniforme et la gâpette panachée... Sans doute pour promener en ville, c'était la réclame du « Meanwell » surtout moi qu'étais le plus grand, le plus dégingandé de l'ensemble... ma démise sur le terrain, elle faisait honte au collège. Enfin, à force qu'ils se lamentaient... j'ai molli un peu... j'ai bien voulu d'un compromis, essayer un rafistolage... un que Nora avait constitué, dans deux vieilles pelures à son daron... Un arrangement composite... j'étais mimi ainsi sapé... j'étais encore bien plus grotesque, j'avais plus de forme, ni de milieu, mais ça m'évitait les soupirs... Dans la même inspiration j'ai hérité d'une casquette, une bicolore armoriée, une minuscule calotte d'orange... Sur ma bouille énorme, elle faisait curieux... Mais tout ça leur semblait utile au prestige de la maison... L'honneur fut ainsi rétabli... On me promena délibérément, on avait plus besoin d'excuses...

Pourvu qu'on parte en vadrouille et qu'on me force pas aux confidences... Je trouvais que c'était l'essentiel, que ça pouvait pas aller mieux... Je me serais même fendu d'un haut-de-forme s'ils avaient seulement insisté... pour leur faire un grand plaisir... Ils s'en posaient un eux le dimanche pour aller pousser des cantiques à leur messe protestante... Ça marchait à la claquette : Assis ! Debout ! dans leur temple... Ils me demandaient pas mon avis... ils m'emmenaient aux deux services... ils avaient peur que je m'ennuie seul à la maison... Là encore, entre les chaises il fallait surveiller Jonkind, c'était un moment à passer... Entre tous les deux Nora, il se tenait assez peinard.

Dans l'église, Nora elle me faisait l'effet d'être encore plus belle que dehors, moi je trouvais du moins. Avec les orgues, et les demi-teintes des vitraux, je m'éblouissais dans son profil... Je la regarde encore à présent... Y a bien des années pourtant, je la revois comme je veux. Aux épaules, le corsage en soie il fait des lignes, des détours, des réussites de la viande, qui sont des images atroces, des douceurs qui vous écrabouillent... Oui, je m'en serais pâmé dans les délices, pendant qu'ils gueulaient, nos lardons, les psaumes à Saül...

L'après-midi du dimanche, ça repiquait à la maison le coup du cantique, j'étais à genoux à côté d'elle... Le vieux, il faisait une longue lecture, je me retenais le panais à deux mains, je me l'agrippais au fond de la poche. Le soir l'envie était suprême à la fin des méditations... Le petit môme qui venait me dévorer, il était fadé le dimanche soir, il était nourri... Ça me suffisait pas quand même, c'est elle que j'aurais voulue, c'est elle tout entière à la fin !... C'est toute la beauté la nuit... ça vient se rebiffer contre vous... ça vous attaque, ça vous emporte... C'est impossible à supporter... À force de branler des visions j'en avais la tête en salade... Moins on briffait au réfectoire plus je me tapais des rassis... Il faisait si froid dans la crèche qu'on se rhabillait entièrement une fois que le vieux était tiré...

Le réverbère, sous notre fenêtre, celui des rafales, il arrêtait plus de grincer... Pour perdre encore moins de chaleur, on restait couchés deux par deux... On se passait des branlées sévères... Moi, j'étais impitoyable, j'étais devenu comme enragé, surtout que je me défendais à coups d'imagination... Je la mangeais Nora dans toute la beauté, les fentes... J'en déchirais le traversin. Je lui aurais arraché la moule, si j'avais mordu pour de vrai, les tripes, le jus au fond, tout bu entièrement... je l'aurais toute sucée moi, rien laissé, tout le sang, pas une goutte... J'aimais mieux ravager le pageot, brouter entièrement les linges... que de me faire promener par la Nora et puis par une autre ! J'avais compris moi, s'il vous plaît, le vent des grognasses, le cul c'est la farandole ! C'est la caravane des paumés ! Un abîme, un trou, voilà !... Je me l'étranglais moi, le robinet... Je rendais comme un escargot, mais il giclait pas au- dehors... Ah ! mais non ! Miteux qui trempe est pire qu'ordure !... À l'égout la vache des aveux !... Ouah ! Ouah ! Je t'aime ! Je t'adore ! Ouin ! Ouin ! À qui vous chie sur l'haricot !... Faut plus se gêner c'est la fête ! On rince ! C'est nougat ! C'est innocent !... Petit j'avais compris berloque moi ! Au sentiment ! Burnes ! C'est jugé ! À la gondole !... Vogue hé charogne !... Je me cramponnais à ma burette, j'avais la braguette en godille ! Ding Ding Dong ! Je veux pas crever comme un miché ! La gueule en poème ! Ouin !

En plus du truc des prières, j'ai subi encore d'autres assauts... Il arpentait tous les sentiers, il se tenait derrière chaque buisson l'esprit malin des enculages... Comme on se tapait d'immenses parcours avec l'idiot et la si belle, j'ai traversé toute la campagne de Rochester et par tous les temps...

On a connu tous les vallons, toutes les routes et les traversières. Je regardais beaucoup le ciel aussi, pour me détourner l'attention. Aux marées, il changeait de couleurs... Au moment des accalmies, il arrivait des nuages tout roses, sur la terre et sur l'horizon... et puis les champs devenaient bleus...

Comme c'était disposé la ville, les toits des maisons dévalaient en pente vers le fleuve, on aurait dit toute une avalanche, des bêtes et des bêtes... un énorme troupeau tour noir et tassé dans les brumes qui descendait de la campagne... Tout ça fumait dans les buées... jaunes et mauves...

Elle avait beau faire des détours et des longs repos propices, ça me portait pas aux confidences... même quand ça durait des heures, qu'on passait par des petites rues pour revenir à la maison... Même un soir, qu'il faisait déjà nuit sur le pont qui passe à Stroude... On a regardé comme ça le fleuve... Pendant longtemps, le remous contre les arches... on entendait toutes les cloches de loin... de très loin... des villages... Elle m'attire alors la main, elle me l'embrasse comme ça... J'étais bien ému, je la laisse faire... Je ne remue pas... Personne pouvait voir... Je ne dis rien, j'ai pas bronché... Elle a pas eu un soupçon... Résister j'avais du mérite... Plus ça me coûtait, plus je devenais fort... Elle me ferait pas fondre la vampire ! même qu'elle serait mille fois plus gironde. D'abord, elle couchait avec l'autre, le petit macaque ! Ça débecte tant qu'on est jeunes les vieux qu'elles se tapent... Si j'avais un peu parlé, j'aurais essayé de savoir pourquoi lui ? pourquoi lui si laid ? Y avait de la disproportion !... J'étais peut-être un peu jaloux ?... Sans doute ! Mais c'est vrai qu'il était affreux à regarder et à entendre... avec ses petits bras tout courts... agités comme des moignons... sans raison... sans cesse... Il avait l'air d'en avoir dix, tellement qu'il les agitait... Rien que de le regarder, on se grattait... Il arrêtait pas aussi de faire claquer ses doigts en pichenettes, de taper des mains, de recommencer des moulinets, de se croiser les bras... une petite seconde... Vroutt ! il était reparti ailleurs... un vrai picrate... une engeance... des saccades... un lunatique... un poulet...

Elle, au contraire, elle émanait toute l'harmonie, tous ses mouvements étaient exquis... C'était un charme, un mirage... Quand elle passait d'une pièce à l'autre, ça faisait comme un vide dans l'âme, on descendait en tristesse d'un étage plus bas... Elle aurait pu être soucieuse, montrer plus souvent du chagrin. Dans les premiers mois, je l'ai toujours vue contente, patiente, inlassable, avec les merdeux et l'idiot... Ils étaient pas toujours marrants... C'était pas une situation... Avec une beauté comme la sienne, ça devait être plutôt facile d'épouser un sac... Elle devait être ensorcelée... elle avait dû faire des vœux. Et il était sûrement pas riche ! Ça me demeurait sur l'estomac, ça me passionnait même à la fin...

Pour Nora, l'idiot, il était un tintouin affreux, elle aurait pu être épuisée à la fin des après-midi... Rien qu'à le moucher, le faire pisser, le retenir à chaque instant de passer sous les voitures, d'avaler des trucs au hasard, de tout déglutir, c'était une corvée ignoble...

Elle était jamais très pressée. Dès qu'il a fait moins vilain, on est rentrés encore plus tard, en flânant dans le village et le bord de la rivière... Il bavait beaucoup moins Jonkind en promenade qu'à la maison, seulement il raflait des objets, il fauchait les allumettes... Si on le laissait un peu seul, il foutait le feu aux rideaux... Pas par méchanceté du tout, il courait vite nous avertir... Il nous montrait comme c'était beau les petites flammes...

Les boutiquiers du pays, à force de nous voir passer, ils nous connaissaient tous très bien... C'étaient des grocers... c'est le nom des boutiquiers, un genre d'épiceries... J'ai tout de même appris ce nom-là... Ils équilibraient en vitrine des vraies montagnes en pommes, en betteraves, et sur leurs comptoirs infinis des vraies vallées d'épinards... Ça grimpe à pic jusqu'au plafond... ça redescend d'une boutique à l'autre... en choux- fleurs, en margarine, en artichauts... Jonkind il était heureux quand il voyait ces choses-là. Il sautait sur le potiron, il mordait dedans comme un cheval...

Moi aussi, les fournisseurs ils me croyaient cinglé... Ils lui demandaient de mes nouvelles... ils lui faisaient des signes à Nora, au moment que j'avais le dos tourné... du doigt, comme ça sur la tête... Better ! Better ? qu'ils chuchotaient. No ! No ! qu'elle répondait tristement... J'allais pas Better nom de Dieu ! Jamais que j'irais Better !... Ça me foutait en rebrousse des manières comme ça !... Pitoyeuses... Soucieuses...

Pendant le tour des commissions, y avait une bonne petite chose que j'avais toujours remarquée... et alors bien intrigante... Le coup des bouteilles de whisky... On en remontait au moins une et souvent même deux dans la semaine... et parfois en plus du brandy... Et je les revoyais jamais à table !... ni au parloir !... ni dans les verres !... pas une seule goutte !... On buvait, nous autres, de la flotte et de la bien claire et strictement... Alors où qu'elle partait la gniole ? Y avait un paillon dans la tôle ? Ah ! je m'en gourais fortement ! Je me répétais à tout hasard, y a quelqu'un là-dedans qui suce !... C'est un petit gâté qu'a pas froid !... Avec ce qu'y se jette, même en hiver, il doit pas craindre les rhumatismes !... Voilà !

* * *

Il commençait à faire meilleur, on est venu à bout de l'hiver... Il s'est épuisé en promenades, en performances, cross-country, en averses et en branlages...

Pour remonter l'ordinaire, je me suis fait un peu la main, chez les fournisseurs... Ils me croyaient tellement innocent, qu'ils se méfiaient pas de mes subterfuges... Je faisais l'espiègle, je disparaissais... Je jouais à coucou avec Jonkind derrière les travées, les comptoirs. Je calottais un peu de saucisse, un petit œuf, par-ci, par-là, quelques biscuits, des bananes... enfin des vétilles... Jamais on m'a ennuyé...

Au mois de mars, il est revenu un coup de pluie, le ciel était lourd à subir, il tape quand même sur le système, à la fin, au bout des mois qu'il vous écrase... Il pèse sur tout, sur les maisons, sur les arbres, il s'affale au ras du sol, on marche dessus tout mouillé, on marche dans les nuages, les buées qui fondent dans la gadouille, dans la purée, les vieux tessons... C'est dégueulasse !...

Le plus loin qu'on est allé au cours des promenades c'est après Stroude, par les sentiers, après les bois et les collines, une propriété immense, où ils élevaient des faisans. Ils étaient pas sauvages du tout, ils se promenaient en quantité. Ils picoraient comme des poules sur une grande pelouse, autour d'une sorte de monument, un bloc de charbon énorme, dressé, formidable, presque aussi grand qu'une maison... Il dominait le paysage... On n'a jamais été plus loin... Au-delà y avait plus de chemin...

Un endroit que je regrettais, mais je pouvais pas y aller le soir, c'était les quais en bas de la ville, le samedi surtout... Nora aurait pas demandé mieux pour me faire plaisir d'y passer encore plus souvent... Mais c'était un détour dangereux, toujours à cause de Jonkind, il trébuchait dans les cordages, dix fois il a failli se noyer... C'était en somme préférable qu'on se cantonne sur les hauteurs et plutôt en pleine campagne, où on voit de loin les dangers, les gros chiens, les bicyclettes...

Un tantôt, comme ça au hasard, quand on cherchait de l'imprévu, on a gravi une autre colline, celle qui montait vers le bastion 15... de l'autre côté des cimetières... celui où les Écossais faisaient l'exercice tous les jeudis, le 18e Régiment... On les a regardés se débattre, ils faisaient pas ça au chiqué... Ils en mettaient un terrible coup derrière cornemuses et trompettes. Ils défonçaient tellement le terreau, qu'ils s'embourbaient de plus en plus. Ils défilaient de plus en plus fort. Ils en avaient jusqu'aux épaules... Sûrement qu'ils allaient tous s'enfouir...

Notre promenade était pas finie, on continue par le ravin... Au beau milieu des prairies, on aperçoit un vrai chantier, on se rapproche... Plein d'ouvriers ! Ils construisaient une grande maison... On regarde dans les palissades... y avait un immense écriteau... c'était facile à déchiffrer... C'était aussi pour un collège... Un terrain vraiment superbe... une situation magnifique entre le fort et les villas... Et puis une clairière pour les sports au moins quatre fois grande comme la nôtre... Les pistes étaient déjà tracées, cendrées... les fanions plantés aux quatre coins... les buts marqués... Tout en somme était prêt... La construction devait pas traîner, ça devait finir bientôt... Y en avait déjà deux étages... Ça semblait rempli de compagnons... Le nom était en lettres rouges « The Hopeful Academy » pour boys de tous les âges... Sacrée surprise !...

Nora Merrywin, elle en retrouvait plus ses sens... Elle restait là devant comme figée... Enfin on est repartis dare-dare. Elle était extrêmement hâtive d'aller rapporter les choses au petit bigorno... Moi, je m'en collais de leurs salades, mais quand même, je me rendais compte que c'était une vraie tragédie !... Le coup affreux pour la fanfare !... On les a vus, ni l'un ni l'autre, de toute la journée... C'est moi qu'ai fait bouffer le Jonkind, à table après les autres mômes...

Le lendemain, Nora, elle en était encore toute pâle, elle avait perdu toute contenance, elle, d'habitude si aimable, si enjouée, discrète, elle faisait des gestes un peu comme lui, des pichenettes à chaque moment, elle avait pas dû roupiller, elle tenait plus du tout en place, elle se levait, elle remontait les escaliers... elle redescendait pour lui causer... Elle repartait encore une autre fois...

Le vieux, il restait immobile, il clignait même plus des yeux, il restait pile comme ébloui. Il fixait devant lui l'espace. Il mangeait plus, il buvait rien que son café. Il en reprenait des pleines tasses et sans arrêt... Entre les gorgées, il se tapait dans la paume, à droite avec le poing gauche bien fermé, comme ça violemment... Ptap ! Ptap ! et puis c'était tout...

Deux jours plus tard, à peu près, il est monté avec nous, jusque devant les « Écossais ». Il voulait se rendre compte par lui-même... C'était encore en progrès les aménagements du « Hopeful ». Ils avaient recommencé les pistes... tondu leur pelouse du « cricket »... Ils avaient deux tennis en plus et même un petit golf miniature... Sûrement ça serait ouvert pour Pâques...

Le vieux lardon se trémousse alors tout autour de la barrière... Il voulait regarder par-dessus... Il était nabot... Il voyait pas bien... Il biglait dans les fissures... On a trouvé une échelle... Il nous faisait signe de continuer... qu'il nous rejoindrait sur notre terrain... Il est revenu en effet... Il gambadait plus du tout. Il s'est assis près de sa femme, il en restait tout prostré... Il en avait pris plein les yeux des merveilles du « Hopeful College ».

Je comprenais, moi, la concurrence ! Déjà nos mômes qui se barraient !... Ils trouvaient le Meanwell miteux... Alors à présent ?... Qui c'est qu'allait les retenir ?... C'était une crise sans recours !... Je saisissais pas ce qu'ils se racontaient les darons ensemble, mais le ton était sinistre... On y est retournés tous les jours regarder les échafaudages... Ils construisaient deux frontons pour l'entraînement au shooting... C'était une débauche de luxe... Le vieux, en observant ces splendeurs, il s'en foutait les doigts dans le nez, les trois à la fois à réfléchir, en confusion... À table, il restait toujours comme halluciné. Il devait plus voir son avenir... Il laissait refroidir le gravy... Il broutait son râtelier avec une telle force, qu'un moment il l'a fait jaillir... Il l'a posé sur la table, juste à côté de son assiette... Il se rendait plus compte du tout... Il continuait à ruminer des bouts de prières, des idées... Un moment, il a fait Amen ! Amen ! Puis il se relève tout subitement... Il se précipite vers la porte. Il remonte là-haut quatre à quatre... Les mômes alors, ils se fendaient... L'appareil restait sur la table. Nora, elle osait plus regarder personne... Jonkind il s'avançait déjà, il se baissait, il bavait tout plein, il aspirait le dentier du dabe... Jamais ils avaient tant ri. Il a fallu qu'il le recrache.

* * *

La discipline était foutue. Les mômes en faisaient plus qu'à leur tête... Le vieux osait plus rien leur dire... Ni Nora non plus, ni à la maison ni dehors... Pour jouer à tous les trucs violents, on n'était plus guère qu'une dizaine et pour faire équipe le jeudi, on racolait au hasard des mômes sur la route, des petits chenapans, des inconnus... Il fallait que ça tienne jusqu'à Pâques...

Les jours ont rallongé un peu... Pour que mes parents patientent j'ai écrit des cartes postales, j'ai inventé des fariboles, que je commençais à causer... Tout le monde me félicitait... Le printemps était presque là... Jonkind a attrapé un rhume... Il a toussé pendant quinze jours... On n'osait plus l'emmener si loin.

On restait des après-midi sur les glacis du château fort, une énorme ruine pleine d'échos, de cavernes et d'oubliettes... À la moindre averse on se réfugiait sous les voûtes avec les pigeons... c'était leur domaine, ils étaient là par centaines, bien familiers, bien peinards... ils venaient roucouler dans la main, c'est mariole, ces petits bestiaux-là, ça se dandine, ça vous fait de l'œil, ça vous reconnaît immédiatement... Lui Jonkind, ce qu'il préférait, c'était encore les moutons, il s'en donnait à cœur joie, il cavalait après les jeunes, ceux qui trébuchent, qui culbutent. Il roulait avec dans le mouillé, il bêlait en même temps qu'eux... Il jouissait, il se pâmait... il tournait en vrai animal... Il rentrait trempé, traversé. Et il toussait huit jours de plus.

Les éclaircies devenaient fréquentes, il soufflait des nouvelles brises, des odeurs douces et charmeuses. Les jonquilles, les pâquerettes tremblotaient dans toutes les prairies... Le ciel est remonté chez lui, il gardait ses nuages comme tout le monde. Plus de cette espèce de marmelasse qui dégouline sans arrêt, qui dégueule en plein paysage... Pâques il arrivait au mois de mai, les mômes se tenaient plus d'impatience... Ils allaient revoir leurs familles. C'était le moment que je parte aussi... Mon séjour touchait à sa fin. Je m'apprêtais tout doucement... Quand on a reçu un pli spécial, une lettre de mon oncle avec du pèze et un petit mot... Il me disait comme ça de rester, de patienter encore trois mois... que ça valait beaucoup mieux... Il était bien l'oncle Édouard ! C'était une fameuse surprise !... Il avait fait ça de lui- même... C'était son bon cœur... Il le connaissait bien mon père... Il se doutait des tragédies qui allaient sûrement se dérouler si je rentrais encore comme un con, ayant rien appris comme anglais... Ça ferait forcément très vilain...

En somme, j'étais bien rebelle, bien ingrat, bien rebutant... J'aurais pu m'y coller un peu... que ça m'aurait pas écorché... pour lui faire plaisir à lui... Mais au moment où je cédais je sentais le fiel me reprendre toute la gueule... toute la vacherie me remontait... un ragoût abject... Sûrement merde ! que j'apprendrais rien !... Je retournerais plus charogne qu'avant ! Je les ferais chier encore davantage !... Des mois déjà, que je la bouclais !... Ah ! C'est ça ! parler à personne ! Ni ceux d'ici ni ceux de là-bas !... Faut se concentrer quand on est mince...

T'ouvres toute ta gueule, on rentre dedans. Voilà le travail à mon avis !... On est pas gros ! On devient duraille ! Je pouvais me taire encore des années moi ! Parfaitement ! J'avais qu'à penser aux

Gorloge, au petit André, au Berlope et même à Divonne et à ses pianos ! ses croches ! et ses tours de Lune... Merde ! Le temps y faisait rien du tout !... Ils me revenaient de plus en plus vifs, et même bien plus âcres toujours... Ah !... Ils me restaient sur la coloquinte avec tout les mille corrections, les baffes, les coups de pompe sonnés. Merde ! Et puis toute leur putrissure la complète, et les copains, les lopes, toutes les vapes et leurs sortilèges !... J'allais quoi moi ! de quoi ? penser à des clous ? Ever and ever ! comme l'autre petit glaire... ? Amen ! Amen !... Bigornos !... J'en refaisais moi des grimaces, je me les imitais tout seul ! Je me refaisais la gueule à Antoine, pendant qu'il chiait aux cabinets... C'est moi qui lui chiais sur la gueule. Langage ! Langage ! Parler ? Parler ? Parler quoi ?...

* * *

J'avais jamais vu Nora en toilette claire, corsage moulé, satin rose... ça faisait bien pointer les nénés... Le mouvement des hanches c'est terrible aussi... L'ondulation, le secret des miches...

On était vers la fin d'avril... Elle a fait encore un effort pour me dérider, me convaincre... Un après-midi, je la vois qui descend un livre avec nous à la promenade... Un gros, un énorme, un genre de la Bible par le poids, la taille... On va vers l'endroit habituel... on s'installe... Elle ouvre le bouquin sur ses genoux... Je peux pas m'empêcher de regarder... Le môme Jonkind, ça lui fit un effet magique... Il plongeait le nez dedans... Il démarrait plus... Les couleurs ça le fascinait... Il était plein d'images ce livre, des magnifiques illustrations... J'avais pas besoin de savoir lire, j'étais tout de suite renseigné... Je voyais bien les princes, les hautes lances, les chevaliers... la pourpre, les verts, les grenats, toutes les armures en rubis... Tout le bastringue !... C'était un boulot... C'était bien exécuté... Je m'y connaissais en travail, c'était réussi. Elle tournait doucement les feuillets... Elle commençait à raconter. Elle voulait nous lire mot à mot... Ils étaient terribles ses doigts... c'était comme des rais de lumière, sur chaque feuillet à passer... Je les aurais léchés... je les aurais pompés... J'étais retenu par le charme... Je pipais pas malgré tout... Je regardais le livre pour moi tout seul... J'ai pas posé une question... J'ai pas répété un mot... Jonkind, ce qui lui semblait le plus prodigieux, c'était la belle dorure des tranches... ça l'éblouissait, il allait cueillir des pâquerettes, il revenait en semer plein sur nous, il bourrait les marges avec... Les deux pages les plus admirables c'était au milieu du bouquin... Toute une bataille, en haut, en large... ça représentait une mêlée extraordinaire... Des dromadaires, des éléphants, des Templiers à la charge !... Une hécatombe de cavalerie !... Tous les Barbares en déroute !... Vraiment c'était merveilleux... Je me lassais pas d'admirer... J'allais parler presque... J'allais demander du détail... Zip !... Je me raccroche, je me détériore !... Putain de sort ! Une seconde de plus !... J'ai pas fait un « Ouf » quand même !... Je me suis cramponné au gazon... J'en voulais plus moi, merde ! des histoires !... J'étais vacciné !... Et le petit André alors ? C'était pas lui, la crème des tantes ?... Il m'avait pas fait grimper ? Des fois ?... La fine tournure de charogne ! Je m'en rappelais pas moi des légendes ?... Et de ma connerie ? À propos ? Non ? Une fois embarqué dans les habitudes où ça vous promène ?... Alors, qu'on me casse plus les couilles ! Qu'on me laisse donc tranquille !... Manger ma soupe, mon oignon !... J'aime mieux la caille que des histoires !... Gi ! C'est pesé ! C'est dans la fouille !... J'ai même montré que j'étais un homme, je me suis barré avec Jonkind, je l'ai laissée seule lire son bouquin... En pantaine dans les herbages...

On a couru avec l'idiot jusqu'à la rivière... On est revenus par les pigeons... Au retour, j'ai regardé sa mine... Elle les remportait ses images... Certainement qu'elle me trouvait têtu... Elle avait sûrement du chagrin... Elle était pas pressée de rentrer... On est partis tout doucement... On est restés près du pont... Six heures avaient déjà sonné... Elle regardait l'eau... C'est une forte rivière la Medway... Aux fortes marées elle devient même intrépide... Elle arrive par grandes volutes. Le pont vibre dans les tourbillons... Elle est rauque l'eau, elle fait des bruits creux... des étranglements, dans des grands nœuds jaunes...

Elle se penchait juste au-dessus Nora, et puis elle relevait vite la tête... Elle regardait là-bas, très loin, le jour qui sombrait derrière les maisons de la côte... Ça faisait une lueur sur son visage... Une tristesse qui faisait trembler tous ses traits... Ça montait, elle pouvait plus tenir, ça la rendait toute fragile... Ça la forçait de fermer les yeux...

* * *

À peine qu'il était terminé le « Hopeful Academy » tout de suite on a eu des départs... Ceux qu'avaient envie de trisser ils ont même pas attendu Pâques... Six externes qu'ont mis les bouts dès la fin avril, et quatre pensionnaires, leurs darons sont venus les reprendre... Ils trouvaient plus que le « Meanwell College » était suffisant... Ils faisaient des comparaisons avec l'autre tôle éblouissante...

Il jetait le « Hopeful », il faut dire, un jus étonnant au milieu de ses grounds... La bâtisse seule valait le voyage... tout en briques rouges, elle dominait Rochester, on ne voyait qu'elle sur le coteau... En plus, ils avaient planté un mât, un immense au milieu de la pelouse avec grands pavois, tous les pavillons au Code, des vergues, les haubans, les drisses, tout un bazar, pour ceux qui voulaient apprendre la manœuvre et les gréements, se préparer au Borda...

J'ai perdu comme ça le petit Jack, mon petit branleur... Il a fallu qu'il transborde, son père voulait qu'il devienne marin... Ils faisaient les « Hopeful » une brillante réclame pour préparer la « Navy... »

À force de perdre des pensionnaires, on est resté seulement cinq au « Meanwell College » y compris Jonkind... Ils se marraient pas les survivants, ils faisaient plutôt la grimace... Ils devaient avoir des comptes en retard, ils pouvaient pas régler leurs notes, c'est pour cela qu'ils bougeaient plus... L'équipe au « Football » elle a fondu en huit jours... Les boutonneux du « Pitwitt », les pâles assistés, ils sont revenus encore deux fois pour demander qu'on les écrase. On avait beau leur expliquer, leur dire que c'était fini, ils se rendaient pas compte... Ils regrettaient leurs « douze à zéro ». Ils comprenaient plus l'existence... Ils avaient plus de rivaux du tout... Ça les déprimait horrible... Ils sont repartis chez eux sinistres...

Les « Hopeful boys », les crâneurs de la nouvelle boîte, ils voulaient pas les matcher, ils les refoulaient comme des lépreux... ils se montaient d'une catégorie... Les « Pitwitt » tombaient à la bourre... Ils se matchaient tout seuls...

C'est à notre table au « Meanwell » qu'on avait des drames sérieux, ça devenait âpre et sans quartier... Nora Merrywin, elle réalisait des prodiges pour que les repas tiennent encore. On a vu les bonnes se barrer... D'abord Gertrude, la plus âgée, et puis quatre jours après, Flossie... Il est venu une femme de ménage... Nora touchait presque plus aux plats... Elle nous laissait la marmelade, elle y touchait pas, elle mettait plus de sucre dans son thé, elle s'envoyait le porridge sans lait... y avait du surplus pour nous autres... Mais j'avais bien honte quand même... Quand le dimanche on passait le pudding, y avait des précipitations à s'en retourner les cuillers... On ébréchait tous les plats... C'était la curée... Merrywin, il s'impatientait, il disait rien, mais il s'agitait de partout, il remuait sans cessé sur sa chaise, il tapotait sur la table, il écourtait les oraisons pour qu'on se barre plus vite... Ça devenait un lieu trop sensible la salle à manger...

En classe, il refaisait la même chose... Il montait sur son estrade... Il mettait sa cape, la plissée, la magistrale robe... Il restait derrière son pupitre et tout embusqué dans sa chaise, il fixait la classe devant lui... Il se remettait à cligner, il tortillait tous ses doigts en attendant l'heure... Il parlait plus aux élèves... les mômes pouvaient faire ce qu'ils voulaient...

Il maigrissait Merrywin, déjà qu'il avait des oreilles immenses, décollées, maintenant c'était comme des ailerons... Les quatre mômes qui subsistaient, ils faisaient du barouf comme trente-six... et puis ça les amusait plus... alors ils se trissaient simplement... ailleurs... au jardin... dans les rues... Ils laissaient Merrywin tout seul, ils venaient nous rejoindre à la promenade. Plus tard, on le rencontrait, lui, sur la route... on le croisait en pleine campagne... on le voyait arriver de loin... il venait vers nous en vitesse, perché sur un énorme tricycle...

Hello Nora ! Hello boys ! qu'il nous criait au passage... Il ralentissait, une seconde... Hello Peter ! qu'elle lui répondait bien gracieuse... Ils se souriaient fort courtoisement... Good day, mister Merrywin, reprenaient tous les mômes en chœur... Il renfonçait dans la direction. On le regardait s'éloigner, pédaler à perte de vue. Il était rentré avant nous...

* * *

La manière que ça tourniquait, je sentais mon départ bien proche... J'ai encore cessé d'écrire... Je savais plus quoi dire, inventer... J'avais tout imaginé... J'en avais marre des salades... Le jeu valait plus la chandelle... Je préférais jouir de mon reste, sans être tracassé par des lettres. Mais depuis que le Jack était parti, c'était plus si drôle au dortoir... le petit saligaud, il suçait fort et parfaitement...

Je me branlais trop pour la Nora, ça me faisait la bite comme toute sèche... dans le silence, je me créais d'autres idées nouvelles... et des bien plus astucieuses, plus marioles et plus tentantes, des tendres à force... Avant de quitter le Meànwell, j'aurais voulu la voir la môme, quand elle travaillait son vieux... Ça me rongeait... ça me minait soudain de les admirer ensemble... ça me redonnait du rassis rien que d'y penser. Ce qu'il pouvait lui faire alors ?

J'étais déjà bon au vice... Seulement comme jeton, c'était pas des plus faciles... Ils avaient des chambres séparées... Lui, la sienne, c'était à droite, dans le couloir, juste auprès du « papillon... » Là, c'était assez pratique... Mais pour viser chez Nora, il aurait fallu que je sorte par l'autre côté du dortoir et puis encore prendre l'escalier... c'était après les lavabos... C'était difficile... compliqué...

Comment qu'ils baisaient ? Ça se passait-il chez lui ? chez elle ? Je me suis résolu... Je voulais tout de même me payer ça... J'avais attendu trop longtemps...

N'étant plus que cinq pensionnaires, on pouvait bien mieux circuler... D'ailleurs il venait même plus le soir le daron pour faire la prière... Les mômes s'endormaient très vite une fois qu'ils s'étaient réchauffés... J'ai attendu qu'ils roupillent, j'ai entendu les ronflements et puis j'ai renfilé ma culotte, j'ai fait semblant d'aller aux gogs... et alors sur la pointe des pieds...

En passant devant la porte du dab, je me suis abaissé d'un coup. J'ai regardé comme ça très vite dans le trou de la serrure... J'étais chocolat !..., La clef était pas retirée... Je continue ma promenade... Je vais comme pour aller pisser... Je retourne en vitesse... je me recouche... C'était pas fini ! Je me dis c'est le moment ou jamais ! Y avait pas un bruit dans la tôle... Je fais semblant d'en écraser... Je reste encore quelques minutes... palpitant mais silencieux... J'étais pas fou !... J'avais bien vu la lumière par le vasistas... Juste au-dessus de sa porte... C'était le même blot que rue Elzévir... Je me dis : « Là, si t'es paumé Toto, t'en entendras causer longtemps ! » Je prends des extrêmes précautions... Je transporte une chaise dans le couloir... Si je suis frit que j'apprêtais, je ferai d'abord le somnambule... Je pose ma chaise juste à l'appui et contre sa porte. J'attends, je me planque un petit peu... Je me colle bien au mur... J'entends dedans alors comme un choc... Comme un bruit de bois... qui vient taper contre un autre... Ça venait peut-être de son lit ?... J'équilibre encore le dossier... je me fais gravir au millimètre... Debout... encore plus doucement... J'arrive juste au ras du carreau... Ah ! Alors ! Pomme ! je vois tout à fait ! Je vois tout !... Je vois mon bonhomme... Il est affalé... comme ça vautré dans le creux du fauteuil... Mais il est absolument seul ! Je la vois pas la môme !... Ah ! il est à poil, dis donc !... Il est étalé tout épanoui devant son feu... Il en est même tout écarlate ! Il souffle tellement qu'il a chaud... Il est à poil jusqu'au bide... Il a gardé que son caleçon et puis sa houppelande, celle à plis, la magistrale, elle traîne sur le plancher derrière...

Le feu est vif et intense... Ça crépite dans toute la pièce !... Il est embrasé dans les lueurs, le vieux schnoque ! illuminé complètement... Il a pas l'air ennuyé... il a gardé son bonnet... le bibi à gland... Ah ! la vache ! Ça penche, ça bascule... Il le rattrape, il le renforce... Il est plus triste comme en classe... Il s'amuse tout seul... Il agite, il balance un bilboquet ! Un gros ! un colosse ! Il essaye de l'enfiler... Il loupe le coup, il rigole... Il se fâche pas... Son bonneton encore se débine... sa cape aussi... Il ramasse tout ça comme il peut... Il rote, il soupire... Il repose un peu son joujou... Il se verse un grand coup de liquide... Il sirote ça tout doucement... Je le revois alors le whisky !... Il en a même deux flacons à côté de lui sur le parquet... Et puis deux siphons en plus... à côté de sa main... et puis un pot de marmelade... en entier !... il fonce dedans à la grosse louche... il ramène... il s'en fout partout... il bâfre !... Il retourne à son bilboquet... il vide encore un autre verre... La ficelle se prend, s'embobine dans la roulette du fauteuil... Il tire dessus, il s'embarbouille... il grogne... il jubile... Il peut plus retrouver ses mains... Il est ligoté... Il en ricane, la sale andouille... Ça va !... Je redescends de mon truc... Je soulève tout doucement ma chaise... Je me reglisse comme ça dans le couloir... Personne a bougé encore... Je me refile au plume !...

* * *

On y est parvenus tant bien que mal aux vacances de Pâques... Y avait un tirage terrible... sur le fricot... sur les bougies... sur le chauffage... Pendant les dernières semaines, les mômes, les cinq qui restaient, ils écoutaient plus personne... Ils se conduisaient à leur guise... Le vieux, il faisait même plus la classe... Il restait chez lui tout à fait... ou bien, il partait tout seul, sur son tricycle... en longues excursions...

La nouvelle bonne est arrivée... Elle a pas tenu seulement huit jours... Les mômes étaient plus possibles, ils devenaient intolérables, ils chamboulaient toute la cuisine... Une femme de ménage a remplacé la bonniche, mais seulement pour les matinées. Nora l'aidait à faire les chambres, et puis aussi la vaisselle... Pour ça elle mettait des gants... Elle se protégeait ses beaux cheveux avec un mouchoir brodé, elle s'en faisait comme un turban...

L'après-midi, je promenais l'idiot, je m'en chargeais tout seul. Elle pouvait plus venir Nora, elle avait la cuisine à faire... Elle nous disait pas où aller... C'était moi seul qui commandais... On prenait le temps qu'il fallait... On est repassés par toutes les rues, par tous les quais, tous les trottoirs. Je regardais un peu partout pour la môme Graillon, j'aurais voulu la rencontrer. Elle y était plus en ville, nulle part, avec sa bagnole... Ni sur le port, ni au marché... ni autour des nouvelles casernes... Bien...

Y avait des heures douces en promenade. Jonkind il était plutôt sage... Seulement fallait pas l'exciter... Il était plus tenable par exemple dès qu'on croisait les militaires, les fanfares, les fortes musiques... Y en avait des quantités autour de Chatham... et de la « flotte » aussi... Quand ils revenaient de l'exercice, ils soufflaient des airs cascadeurs, des conquérants rigodons. Jonkind, ça lui retournait les moelles... Il fonçait dans le tas comme un dard... Il pouvait pas supporter... Ça lui faisait l'effet du football... Il s'emportait dans les flonflons !

C'est vivace un régiment, comme couleur et comme cadence, ça se détache bien sur le climat... Ils étaient grenats les « musiques »... Ils ressortaient en pleine violence dans le ciel... sur les murs cachou... Ils jouent gonflé, cambré, musclé, ils jouent costaud les Écossais... Ils jouent marrant la cornemuse, ils jouent gaillard, ils jouent poilu comme des molletons...

On les suivait jusqu'aux « barracks », leurs tentes en plein champ... On découvrait d'autres campagnes, toujours derrière les soldats... après Stroude plus loin encore... de l'autre côté d'une autre rivière. On revenait toujours par l'école, celle des filles, derrière la gare, on attendait leur sortie... On disait rien, on reluquait, on prenait des grands coups de visions... On redescendait par « l'Arsenal », le terrain spécial en « mâchefer », celui des « pros », les vrais « durs », ceux qui s'entraînent à la cadence, sur buts « rétriqués », pour la coupe Nelson. Ils crevaient toutes les baudruches, tellement qu'ils shootaient en force...

On rentrait nous le plus tard possible... J'attendais qu'il fasse vraiment nuit, que je voye toutes les rues allumées, alors je suivais la High Street, celle qui finissait devant nos marches... C'était souvent après huit heures... Le vieux nous attendait dans le couloir, il se permettait pas de réflexions, il était à lire son journal...

Aussitôt qu'on arrivait, on passait à table... C'est Nora qui faisait le service... Il causait plus Merrywin... Il disait plus rien à personne... ça devenait la vraie vie tranquille... Jonkind aussitôt la soupe, il se remettait à baver. On le laissait faire à présent. On l'essuyait plus qu'à la fin.

* * *

Aucun des gniards n'est revenu des vacances de Pâques. Il restait plus au Meanwell que Jonkind et moi. C'était un désert notre crèche.

Pour avoir moins d'entretien, ils ont fermé tout un étage. L'ameublement s'est barré, fourgué, morceau par morceau, les chaises d'abord et puis les tables, les deux armoires et même les lits. Il restait que nos deux pageots. C'était la liquidation... Par exemple, on a mieux bouffé, sans comparaison !... Y en a eu de la confiture ! Et en pots à volonté... on pouvait reprendre du pudding... Un ordinaire abondant, une métamorphose... jamais ça s'était vu encore... Nora s'appuyait le grand turbin, mais elle faisait quand même la coquette. À table, je la retrouvais toute avenante, et même enjouée si je peux dire.

Le vieux, il restait à peine, il se tapait la cloche très vite, il repartait sur son tricycle. C'est Jonkind qui animait toutes les parlotes, lui tout seul ! No trouble ! Il avait appris un autre mot ! No fear ! Il en était fier et joyeux. Ça n'arrêtait pas !

« Ferdinand ! No fear ! » qu'il m'apostrophait sans cesse, entre chaque bouchée...

Dehors, j'aimais pas qu'on me remarque... Je lui bottais un petit peu le train... Il me comprenait bien, il me foutait la paix... Pour sa récompense, je lui donnais des cornichons. J'en emportais une réserve, j'en avais toujours plein mes poches... C'était sa friandise exquise, avec ça, je le faisais marcher... Il se serait fait crever en pickles...

Notre salon se déplumait... Les bibelots sont barrés d'abord... et puis le divan capitonné rose, et puis les potiches, enfin pour finir les rideaux... Au milieu de la pièce, les derniers quinze jours, il ne restait plus que le Pleyel, un gros noir, monumental...

Ça me disait pas beaucoup de rentrer, puisqu'on avait plus très faim... On prenait des précautions, on emportait des provisions, on pillait un peu la cuistance au moment de sortir. Je me sentais plus pressé du tout... Même fatigué je me trouvais mieux dehors à baguenauder par-ci, par-là... On se reposait au petit bonheur... On se payait une dernière station, sur les marches ou sur les rocailles, juste à la porte de notre jardin... Là où passait le grand escalier, la montée du port, c'était presque sous nos fenêtres... On restait avec Jonkind, le plus tard possible, planqués, silencieux.

On discernait bien les navires, de cet endroit-là, les venues, les rencontres du port... C'était comme un vrai jeu magique... sur l'eau à remuer de tous les reflets... tous les hublots qui passent, qui viennent, qui scintillent encore... Le chemin de fer qui brûle, qui tremblote, qui incendie par le travers les arches minuscules... Nora, elle jouait toujours son piano en nous attendant... Elle laissait la fenêtre ouverte... On l'entendait bien de notre cachette... Elle chantait même un petit peu... à mi- voix... Elle s'accompagnait... Elle chantait pas fort du tout... C'était en somme un murmure... une petite romance... Je me souviens encore de l'air... J'ai jamais su les paroles... La voix s'élevait tout doucement, elle ondoyait dans la vallée... Elle revenait sur nous... L'atmosphère au-dessus du fleuve, ça résonne, ça amplifie... C'était comme de l'oiseau sa voix, ça battait des ailes, c'était partout dans la nuit, des petits échos...

Tous les gens étaient passés, tous ceux qui remontaient du boulot, les escaliers étaient vides... On était seuls avec no fear... On attendait qu'elle s'interrompe, qu'elle chante plus du tout, qu'elle ferme le clavier... Alors on rentrait.

* * *

Le piano à queue, il a plus existé longtemps. Ils sont venus le chercher les déménageurs un lundi matin... Il a fallu qu'ils le démantibulent pièce par pièce... Avec Jonkind on a pris part à la manœuvre... Ils ont agencé d'abord un vrai treuil au-dessus de la croisée... Ça passait mal par la fenêtre... Toute la matinée, au salon, ils ont trafiqué des cordes, des poulies... Ils ont basculé la grande caisse par la véranda du jardin... Je le vois encore le grand placard tout noir qui s'élève dans l'air... au-dessus du panorama...

Nora, dès le début du travail, elle est descendue en ville, elle est restée tout le temps dehors... Elle devait faire peut-être une visite ?... Elle avait mis sa plus belle robe !... Elle est rentrée qu'assez tard... Elle était extrêmement pâle...

Le vieux s'est ramené pour dîner tout juste à huit heures... Il faisait ça depuis plusieurs jours. Après il remontait chez lui... Il était plus rasé du tout, ni débarbouillé même, il était sale comme un peigne... Il sentait très aigrelet. Il s'est assis à côté de moi... Il a commencé son assiette et puis il a pas terminé... Il se met à farfouiller son froc, les replis, tous les revers... Il retrousse sa robe de chambre... Il cherche dans les poches au fond... Il en avait la tremblote... Il rote des petits coups... Il bâille... Il ronchonne... Il le trouve enfin son papelard ! C'était encore une missive, une recommandée cette fois... Ça faisait au moins la dixième qu'on recevait de mon père depuis la Noël... Je répondais jamais... Merrywin non plus... On était bloqués par le fait... Il me l'ouvre, il me la montre... Je regarde par acquit de conscience... Je parcours les pages et les pages... C'était copieux, documenté... Je recommence. C'était un vrai rappel formel !... C'était pas nouveau qu'ils m'engueulent... Non... Mais cette fois- ci y avait le billet !... un vrai retour par Folkestone !

Mon père, il était outré ! Déjà on en avait reçu d'autres ! Des presque semblables, des désespérées des lettres, des râleuses, des radoteuses... des menaçantes... Le vieux, il les entassait après la lecture, dans un petit carton exprès... Il les classait bien soigneusement par ordre et par date... Il les remontait toutes dans sa piaule... Il hochait un peu la tête, en papillotant des châsses... C'était pas la peine qu'il commente... Ça suffisait bien qu'il aye classé la babille !... À chaque jour suffit sa peine ! Et toutes ses conneries... Seulement comme ultimatum c'était quand même différent... Y avait un billet cette fois-ci... J'avais plus qu'à faire mes paquessons... Petit fiston ça démarre !... Ça serait pour la semaine suivante... le mois finissait... Solde de tout compte !...

Nora semblait pas se rendre compte... elle restait comme absorbée... Elle était ailleurs... Le vieux, il voulait qu'elle sache... Il lui a crié assez fort, pour qu'elle se réveille. Elle est sortie de sa rêverie... Jonkind il chialait... Elle s'est levée d'un coup, elle a recherché dans le carton, il a fallu qu'elle relise... Elle déchiffrait à haute voix...

Je ne me berce plus d'illusions sur l'avenir que tu nous réserves ! nous avons, hélas, éprouvé à maintes reprises différentes toute l'âpreté, la vilenie de tes instincts, ton égoïsme effarant... Nous connaissons tous tes goûts de paresse, de dissipation, tes appétits quasi monstrueux pour le luxe et la jouissance... Nous savons ce qui nous attend... Aucune mansuétude, aucune considération d'affection, ne peut décidément limiter, atténuer, le caractère effréné, implacable de tes tendances... Nous avons, semble-t-il, à cet égard tout mis en œuvre, tout essayé ! Or, actuellement, nous nous trouvons à bout de force, nous n'avons plus rien à risquer ! Nous ne pouvons plus rien distraire de nos faibles ressources pour t'arracher à ton destin !... À Dieu vat !...

Par cette dernière lettre, j'ai voulu t'avertir, en père, en camarade, avant ton retour définitif, pour la première fois, afin de te prémunir, pendant qu'il en est temps encore, contre toute amertume inutile ; toute surprise, toute rébellion superflue, qu'à l'avenir, tu ne devais plus compter que sur toi- même, Ferdinand ! Uniquement sur toi-même ! Ne compte plus sur nous ! Je t'en prie ! Pour assurer ton entretien, ta subsistance ! Nous sommes à bout ta mère et moi ! Nous ne pouvons plus rien pour toi !...

Nous succombons littéralement sous le poids de nos charges anciennes et récentes... Aux portes de la vieillesse, notre santé, minée déjà par les angoisses continuelles, les labeurs harassants, les revers, les perpétuelles inquiétudes, les privations de tous ordres, chancelle, s'effondre... Nous sommes in extremis mon cher enfant ! Matériellement, nous ne possédons plus rien !... Du petit avoir, que nous tenions de ta grand-mère, il ne nous reste rien !... absolument rien !... pas un sou ! Tout au contraire ! Nous nous sommes endettés ! Et tu sais dans quelles circonstances... Les deux pavillons d'Asnières sont grevés d'hypothèques !... Au Passage, ta mère, dans son commerce, se trouve aux prises avec de nouvelles difficultés, que je présume insurmontables... Une variante, une saute brutale, absolument inattendue dans le cours des modes, vient de réduire à rien nos chances d'une saison quelque peu rémunératrice !... Toutes nos prévisions sont déjouées... Pour une fois dans notre vie, nous nous étions payés d'audace... Nous avions constitué, à grands frais, en rognant sur toutes nos dépenses et même sur notre nourriture au cours de ce dernier hiver, une véritable réserve, un stock de boléros d'« Irlande ». Or, brutalement ! Sans aucun indice prémonitoire la faveur de la clientèle s'est résolument détournée, s'est mise à fuir littéralement ces articles pour d'autres vogues, d'autres lubies... C'est à n'y plus rien comprendre ! Une véritable fatalité s'acharne sur notre pauvre barque !... Il est à prévoir que ta mère ne pourra se débarrasser d'un seul de ces boléros ! Et même à n'importe quels prix ! Elle tente actuellement de les convertir en abat-jour ! pour les nouveaux dispositifs électriques !... Futiles parades !... Combien cela peut-il durer ? Où allons-nous ? De mon côté, à la Coccinelle, je dois subir quotidiennement les attaques sournoises, perfides, raffinées dirai-je, d'une coterie de jeunes rédacteurs récemment entrés en fonctions... Nantis de hauts diplômes universitaires (certains d'entre eux sont licenciés), très forts de leurs appuis auprès du Directeur général, de leurs alliances mondaines et familiales nombreuses, de leur formation très « moderne » (absence presque absolue de tout scrupule), ces jeunes ambitieux disposent sur les simples employés du rang, tels que moi-même, d'avantages écrasants... Nul doute qu'ils ne parviennent (et fort rapidement semble-t-il) non seulement à nous supplanter, mais à nous évincer radicalement de nos postes modestes !... Ce n'est plus, sans noircir aucunement les choses, qu'une simple question de mois ! Aucune illusion à cet égard !

Pour ma part, je m'efforce de tenir aussi longtemps que possible... sans perdre toute contenance et toute dignité... Je réduis au minimum les chances et les risques d'un incident brutal dont je redoute les suites... Toutes les suites ! Je me contiens !... je me contrains !... je me domine pour éluder toute occasion d'anicroche, d'escarmouche ! Hélas ! je n'y parviens pas toujours... Dans leur zèle ces jeunes « arrivistes » se livrent à de véritables provocations !... Je deviens moi-même une cible, un but à leur malignité !... Je me sens poursuivi par leurs entreprises, leurs sarcasmes et leurs incessantes saillies... Ils s'exercent à mes dépens... Pourquoi ? Je me perds en conjectures... Est-ce le seul fait de ma présence ? Ce voisinage, cette hostilité persistante me sont, tu peux l'imaginer, atrocement douloureux. Au surplus, je me sens, toutes choses bien pesées, vaincu d'avance dans cette épreuve d'entregent, d'astuce et de perfidie !... Avec quelles armes rivaliserais-je ? Ne possédant aucune relation personnelle ou politique, parvenu presque au bout de mon rouleau, n'ayant ni fortune ni parents, ne possédant pour tout atout dans mon jeu que l'acquis des services rendus honnêtement, scrupuleusement, pendant vingt et deux années consécutives à la Coccinelle, ma conscience irréprochable, ma parfaite probité, la notion très précise, indéfectible de mes devoirs... Que puis-je attendre ? Le pire évidemment... Ce lourd bagage de vertus sincères me sera compté, j'en ai peur, plutôt à charge qu'à crédit, le jour où se régleront mes comptes !... J'en ai l'absolu pressentiment, mon cher fils !...

Si ma position devient intenable ? (et elle le devient rapidement), si je suis évincé, une fois pour toutes ? (un prétexte suffira ! il est de plus en plus souvent question d'une réorganisation totale de nos services). Que deviendrons-nous ? Avec ta mère nous ne songeons point à cette éventualité sans éprouver de terribles et justifiées angoisses ! une véritable épouvante !...

À tout hasard, dans un ultime sursaut défensif, je me suis attelé (dernière tentative !) à l'apprentissage de la machine à écrire, hors du bureau bien entendu, pendant les quelques heures que je peux encore soustraire aux livraisons et aux courses pour notre magasin. Nous avons loué cet instrument (américain) pour une durée de quelques mois (encore des frais). Mais de ce côté non plus je ne me berce d'aucune illusion !... Ce n'est pas à mon âge, tu t'en doutes, que l'on s'assimile aisément une technique aussi nouvelle ! d'autres méthodes ! d'autres manières ! d'autres pensées ! Surtout accablés, comme nous le sommes d'avatars continuels ! indéfiniment tourmentés !... Tout ceci nous porte à envisager notre avenir, mon cher fils, sous tes aspects les plus sombres ! et nous n'avons sans aucun doute, sans aucune exagération, plus une seule faute à commettre ! même la plus minime imprudence !... Si nous ne voulons point finir notre existence ta mère et moi, dans le plus complet dénuement !

Nous t'embrassons, mon cher enfant ! Ta mère se joint encore à moi, encore une fois ! pour t'exhorter ! te supplier ! t'adjurer avant ton retour d'Angleterre (si ce n'est point dans notre intérêt, ni par affection pour nous, au moins dans ton intérêt personnel), de prendre quelque détermination courageuse et la résolution surtout de t'appliquer désormais corps et âme au succès de tes entreprises.

Ton père affectueux : AUGUSTE. P.-S. — Ta mère me charge de t'annoncer le décès de Mme Divonne, survenu lundi dernier, en son asile, au Kremlin-Bicêtre.

Elle était alitée depuis plusieurs semaines. Elle était atteinte d'emphysème et d'une affection cardiaque. Elle a peu souffert. Pendant les tout derniers jours, elle a sommeillé constamment... Elle n'a pas senti venir la mort. Nous avions été la voir, la veille, le tantôt.

* * *

Le lendemain, il devait être à peu près midi, on était tous les deux dans le jardin Jonkind et moi-même, on attendait le déjeuner... Il faisait un temps admirable... Voilà un type en bicyclette... Il s'arrête, il sonne à notre grille... C'était encore un télégramme... Je me précipite, c'était de mon père... « Rentre immédiatement, mère inquiète. Auguste. »

Je grimpe dare-dare au premier, je rencontre Nora dans l'étage, je lui passe le papier, elle lit, elle redescend à table, elle nous sert la soupe, on commençait à manger... Vouf ! La voilà qui fond en larmes... Elle chiale, elle se tient plus, elle se lève, elle se sauve, elle s'enfuit dans la cuisine. Je l'entends qui sanglote dans le couloir... ça me déconcerte son attitude ! C'était pas son genre du tout... ça lui arrivait jamais... Je bronche pas quand même... Je reste en place avec l'idiot, je finis de le faire bouffer... C'était le moment de la promenade... J'avais plus envie du tout... Ça m'avait coupé le sifflet, ce triste incident.

Et puis je repensais au Passage, ça me hantait tout d'un coup, toute mon arrivée là-bas... tous les voisins... la recherche du joli condé... C'était fini l'indépendance ! Merde le Silence... Chiotte la vadrouille ! Il faudrait reprendre toute l'enfance, refaire le navet du début ! L'empressé ! Ah ! la sale caille ! la glaireuse horreur !... l'abjecte condition ! Le garçon bien méritant ! Cent mille fois Bonze ! Et Rata-Bonze ! j'en pouvais plus d'évocations !... J'avais la gueule en colombins rien que de me représenter mes parents ! Là, ma mère, sa petite jambe d'échasse, mon père, ses bacchantes et son bacchanal, tous ses trifouillages de conneries...

Le môme Jonkind, il me tirait par la manche. Il comprenait pas ce qui se passait. Il voulait toujours qu'on parte. Je le regardais No trouble. On allait finalement se quitter... Je lui manquerais peut-être dans son monde, ce petit biscornu, tout avaleur, tout cinglé... Comment qu'il me voyait lui, au fond ?

Comme un bœuf ? Comme une langouste ?... Il s'était bien habitué à ce que je le promène, avec ses gros yeux de loto, son contentement perpétuel... Il avait une sorte de veine... Il était plutôt affectueux si on se gafait de pas le contrarier... De me voir en train de réfléchir, ça lui plaisait qu'à demi... Je vais regarder un peu par la fenêtre... Le temps que je me retourne, il saute, le loustic, parmi les couverts... Il se calme, il urine ! Il éclabousse dans la soupe ! Il l'a déjà fait ! Je me précipite, je l'arrache, je le fais descendre... Juste au moment la porte s'entrouvre... Merrywin entre... Il avance tout machinal, il bronche pas, il a les traits comme figés... Il marche comme un automate... Il fait d'abord le tour de la table... deux fois, trois fois... Il recommence... Il avait remis sa belle roupane, la noire d'avocat... mais dessous, tout un habillage sportif, des culottes de golf, ses jumelles... un beau bidon tout nickelé, et puis une blouse verte à sa femme... Toujours pareil, en somnambule, il continue sa balade... il franchit le perron par saccades... Il se promène un peu dans le jardin... il tente même d'ouvrir la grille... il hésite... Il revire, il revient vers nous, vers la maison... toujours complètement songeur. Il repasse encore devant Jonkind... Il nous salue majestueux, d'un geste très large... Son bras s'élève et s'abaisse... Il s'incline un peu chaque fois... Il s'adresse à une foule au loin, très loin... Il a bien l'air de répondre à une énorme ovation... Et puis enfin il remonte chez lui... très lentement... dans une dignité parfaite... Je l'entends refermer sa porte...

Jonkind ça lui avait fait peur, ces étranges manières... ce bonhomme articulé... Il tenait plus du tout en place. Il voulait se sauver à toute force, il était pris par la panique. Je lui faisais des claquements de la langue et puis des ho ! ho ! comme ça... tout à fait comme pour un cheval, ça le raisonnait bien d'habitude... Enfin, il a fallu que je cède... On est repartis à travers champs...

Près des baraquements écossais, on a croisé la promenade des gniards du « Hopeful College ». Ils s'en allaient au cricket de l'autre côté de la vallée. Ils emportaient leurs battoirs et les wickets et les arceaux... On a reconnu tous nos « anciens »... Ils nous faisaient des signes d'amitié... Ils avaient grossi, grandi forcément... Ils étaient extrêmement guillerets... Ils avaient l'air content de nous revoir. En requimpettes orange et bleues qu'ils étaient à présent sapés... ça faisait bien vif sur l'horizon leur caravane.

On les a regardés s'éloigner... On est revenus nous, de très bonne heure... Jonkind, il tremblait toujours.

* * *

Nous nous trouvions avec Jonkind, en haut du chemin, le « Willow Walk » celui qui menait au collège, quand on a croisé la voiture, la grande tapissière à trois chevaux... C'était des autres déménageurs...

Ils évitaient la forte descente, ils faisaient tout le tour par les jardins, ils emportaient encore des choses... cette fois c'était le grand nettoyage, les raclures, le dernier balai... On a regardé dans l'intérieur, leurs tentures étaient retroussées... Y avait les deux lits des bonnes, un des placards de la cuisine, le petit bahut pour la vaisselle, et puis le tricycle du vieux dabe... et puis encore un tas de tessons... Ils avaient dû vider le grenier ! Entièrement la tôle ! Il resterait plus rien !... Ils emportaient même les bouteilles, on les entendait vadrouiller dans le fond du caisson... Il devait plus rester grand-chose, de la manière qu'ils s'y mettaient...

Je commençais à redouter moi, pour mes quatre frusques et mes godasses ! Si ils continuaient les ravages y avait plus de limites, ni de Bon Dieu !... C'était une vraie « salle des ventes » ! Je me dépêche donc quatre à quatre, je voulais voir tout de suite la casse ! Et puis c'était l'heure qu'on croûte... La table était mise somptueusement... Avec les plus beaux couverts... les assiettes à fleurs, tous les cristaux !... Dans la pièce nue, ça se détachait admirable !...

Des patates à l'huile pour repas, des artichauts vinaigrette, des cerises à l'eau-de-vie, un gâteau juteux, un jambon entier... Une vraie abondance en somme, et en plus, un semis de jonquilles à même la nappe, entre les tasses ! Ah ! alors oui ! Je m'attendais pas à celle-là !

Je reste bien interloqué !... Je suis resté avec Jonkind devant ces merveilles !... ni lui ni elle ne descendaient... On avait faim tous les deux. On goûte d'abord un peu à tout... et puis on se décide, on touche, on pique, on avale... on tape dans le tas avec les doigts... le tout c'est de s'y mettre... Et c'est excellent ! Jonkind il se roulait de plaisir, il était heureux comme un roi... On a pas laissé grand-chose... Il descendait toujours personne...

Une fois qu'on a été repus, on est ressortis au jardin...

C'était le moment de ses besoins... Je regarde un peu tout autour... Rien que de la nuit... pas âme qui vive... Tout de même c'était extraordinaire !... En haut, je voyais qu'une seule lumière dans toute la façade... à la chambre du vieux... Il devait encore être enfermé... Je me dis, je vais pas perdre mon temps, j'en ai marre moi des manigances... Puisque j'ai déjà mon billeton je vais toujours faire ma valise... Demain matin, je me trisserai au premier « dur », à sept heures trente. Gi ! Comme ça ! Je coupe à la chanson ! J'ai jamais blairé les adieux.

J'aurais voulu, cependant, trouver encore un petit flouze, un shilling ou deux peut-être pour m'acheter de la ginger beer, c'est bon en voyage... Je fais d'abord coucher mon idiot pour qu'il me foute sérieusement la paix... Je le branloche un tout petit peu, ça le tenait tranquille d'habitude... ça l'endormait aisément... Mais ce soir-là il était transi par toutes les trouilles de la journée, il voulait pas fermer l'œil... J'avais beau lui faire des ho ! ho !... Il se démenait quand même, il faisait des bonds, il rouscaillait dans sa cage. Il grognait comme un vrai fauve ! Malgré qu'il était fada, il se gourait bien d'une passe bizarre... Il se méfiait que je le plaque au flan au milieu de la nuit... Il était pas bon ! Seul il se tenait plus d'épouvante... merde.

C'est vrai qu'il était grand le dortoir... Ça lui faisait un espace immense... On était plus que nous deux là-dedans, sur douze autrefois, même quatorze...

Je collectionnais mes quatre chaussettes, je faisais la chasse aux mouchoirs, je rassemblais ma vache lingerie, c'était plus que des loques et des trous... Faudrait encore qu'on me réinstalle ! Ça en ferait encore des clameurs !... J'avais la douce perspective !... J'avais pas fini d'être traité... L'avenir c'est pas une plaisanterie... De repenser du coup, au Passage, si proche à présent, je m'en passais des grelots merdeux !...

Depuis huit mois j'étais parti !... Comment qu'ils étaient eux devenus en bas sous le vitrage ?... C'est pas d'erreur ! Encore plus cons ?... Plus canulants ?... Ceux de Rochester, je les reverrais plus sans doute jamais ces gonzes-là ! J'ai jeté encore par la fenêtre, la grande guillotine, un dernier coup d'œil sur la perspective... Il faisait un temps clair idéal... C'était bien visible, toutes les rampes, les docks allumés... les feux des navires qui croisent... le grand jeu de toutes les couleurs... comme des points qui se cherchent au fond du noir... J'en avais vu partir beaucoup moi déjà des navires et des passagers... des voiles... des vapeurs... Ils étaient au diable à présent... de l'autre côté... au Canada... et puis d'autres en Australie... toutes voiles dehors... Ils ramassaient les baleines... J'irais moi, jamais voir tout ça... J'irais au Passage... rue Richelieu, rue Méhul... J'irais voir mon père faire craquer son col... Ma mère... ramasser sa jambe... J'irais chercher des boulots... Il allait falloir que je recause, que j'explique pourquoi du comment ! Je serais fabriqué comme un rat... Ils m'attendaient pourris de questions... J'avais plus qu'à mordre... J'en avais le cœur qui se soulevait à la perspective...

Il faisait tout nuit dans la piaule, j'avais soufflé la calebombe... Je m'allonge alors d'un coup sur le plume, tout habillé, je me repose... Je vais m'endormir tel que... Je me disais comme ça : « Toto, enlève pas ta pelure... tu pourras te casser à la première lueur... » J'avais plus rien à découvrir... tout mon truc était préparé. J'avais pris même des serviettes... Jonkind finalement il s'endort... Je l'entends qui ronfle... Je dirai « au revoir » à personne !... Ni vu ni connu !... J'aurai pas droit aux effusions !... Je commençais à somnoler !... Je me tapais un tout petit rassis... J'entends la porte qui tournique... Mon sang fait qu'un tour !... Je me dis « Gafe ! Toto ! Vingt contre un, que c'est les adieux !... T'es encore bidon ma caille !... »

J'entends un petit pas léger... un glissement... c'est elle ! un souffle ! Je suis fait Bonnard !... Je pouvais plus calter !... Elle attend pas ! Elle me paume en trombe, d'un seul élan sur le page ! C'est bien ça !... Je prends tout le choc dans la membrure ! Je me trouve étreint dans l'élan !... congestionné, raplati sous les caresses... Je suis trituré, je n'existe plus... C'est elle, toute la masse qui me fond sur la pêche... ça glue... J'ai la bouille coincée, j'étrangle... Je proteste... j'implore... J'ai peur de gueuler trop fort... Le vieux peut entendre !... Je me révulse !... Je veux me dégager par-dessous !... Je me recroqueville... j'arc-boute ! Je rampe sous mes propres débris... Je suis repris, étendu, sonné à nouveau... C'est une avalanche de tendresses... Je m'écroule sous les baisers fous, les liches, les saccades... J'ai la figure en compote... Je trouve plus mes trous pour respirer...

« Ferdinand ! Ferdinand ! » qu'elle me supplie... Elle me sanglote dans les conduits... Elle est éperdue... Je lui renfonce dans la goulette, tout ce que je me trouve de langue, pour qu'elle gueule pas tant... Le vieux dans sa crèche il va sûrement sursauter !... J'ai la terreur des cocus... Y en a des horribles...

J'essaye de bercer sa douleur, qu'elle se contienne un peu... Je calfate au petit hasard !... je me dépense... je m'évertue... je déployé toutes les fines ruses... Je suis débordé quand même... elle me passe des prises effrénées... Elle en saccade tout le plumard ! Elle se débat la forcenée... Je m'acharne... J'ai les mains qui enflent tellement je lui cramponne les fesses ! Je veux l'amarrer ! qu'elle bouge plus ! C'est fait ! Voilà ! Elle parle plus alors ! Putain de Dieu ! J'enfonce ! Je rentre dedans comme un souffle ! Je me pétrifie d'amour !... Je ne fais plus qu'un dans sa beauté !... Je suis transi, je gigote... Je croque en plein dans son nichon ! Elle grogne... elle gémit... Je suce tout... Je lui cherche dans la figure l'endroit précis près du blaze, celui qui m'agace, de sa magie du sourire... Je vais lui mordre là aussi... surtout... Une main, je lui passe dans l'oignon, je la laboure exprès... j'enfonce... je m'écrabouille dans la lumière et la bidoche... Je jouis comme une bourrique... Je suis en plein dans la sauce... Elle me fait une embardée farouche... Elle se dégrafe de mes étreintes, elle s'est tirée la salingue !... elle a rebondi pile en arrière... Ah merde ! Elle est déjà debout !... Elle est au milieu de la pièce !... Elle me fait un discours !... Je la vois dans le blanc réverbère !... en chemise de nuit... toute redressée !... ses cheveux qui flottent... Je reste là, moi, en berloque avec mon panais tendu...

Je lui fais : « Reviens donc !... » J'essaye comme ça l'amadouer. Elle semble furieuse d'un seul coup ! Elle crie, elle se démène... Elle recule encore vers la porte. Elle me fait des phrases, la charogne !... « Good-bye, Ferdinand ! qu'elle gueule, Good-bye ! Live well, Ferdinand ! Live well !... » C'est pas des raisons...

Encore un scandale ! Putinaise ! Je saute alors du pageot !... Celle-là je vais la raplatir ! Ça sera la dernière ! Bordel de mon sacré cul ! Elle m'attend pas la fumière ! Elle est déjà dégringolée !... J'entends la porte en bas qui s'ouvre et qui reflanque brutalement !... Je me précipite ! Je soulève la guillotine... J'ai juste le temps de l'apercevoir qui dévale au bord de l'impasse... sous les becs de gaz... Je vois ses mouvements, sa liquette qui frétille au vent... Elle débouline les escaliers... La folle ! Où qu'elle trisse ?

Ça me traverse l'esprit en éclair, que ça va faire un vrai malheur !... Je me dis « Ça y est ! c'est bien pour ta gomme ! C'est la catastrophe mironton ! C'est bien pour tes fesses ! Ça fait pas l'ombre d'un poil ! merde ! Rantanplan !... Elle va se foutre à présent au jus !... » Je sentais que c'est couru ! Elle est possédée ! Merde !... Je pourrai t'y la rattraper ?... Mais j'y suis pour rien !... J'y peux rien !... J'entrave pouic moi dans ce manège... J'écoute... Je regarde par la lourde du couloir... si je l'aperçois pas sur les quais... Elle doit être parvenue en bas... Encore un coup ! encore des cris !... et puis des « Ferdinand » !... des autres... des clameurs qui traversent le ciel !... C'est encore elle la canasse, de tout en bas qu'elle glapit !... Elle est soufflée !... Bordel de vache ! Je l'entends de tout au fond du port ! Je me turlupine !... Je m'écarquille ! On dira que je savais des choses !... Sûrement que je vais être épinglé !... J'y coupe pas... À moi les menottes ! Je m'émotionne terriblement... Je vais secouer l'idiot dans son panier... Si je le laisse seul un instant et qu'il prenne encore la panique ?... il fera que des conneries en plus... il foutra le feu à toute la crèche... Saloperie ! Je le décanille... Je le décampe de son grillage... je le vire tel quel, en kimono... je le tire en vrac dans l'escalier...

Une fois dehors, dans l'impasse, je me penche au-dessus des rocailles, j'essaye de revoir jusqu'au pont, dessous les lumières... Où ça qu'elle peut bagotter ? En effet ! je l'aperçois bien... c'est une tache... Ça vacille à travers les ombres... Une blanche qui virevolte... C'est la môme sûrement, c'est ma folle ! Voltige d'un réverbère à l'autre... Ça fait papillon la charogne !... Elle hurle encore par-ci, par-là, le vent rapporte les échos... Et puis un instant c'est un cri inouï, alors un autre, un atroce qui monte dans toute la vallée... « Magne enfant ! que je rambine le gniard ! Elle a sauté notre Lisette ! Jamais qu'on y sera ! C'est nous les bons pour la mouillette ! Tu vas voir Toto ! Tu vas voir ! »

Je m'élance, je déferle à travers les marches, les espaces... Flac ! Comme ça ! D'un coup pile !... En plein au milieu de l'escalier ! Mon sang fait qu'un tour !... La réflexion qui me saisit. Je bloque ! Je trembloche ! Ça va ! Ça suffit. J'avance plus d'un pas !... Des clous ! Je me ravise ! Je gafe !... Je me repenche un coup sur la rampe ! J'aperçois... C'est plus très bas l'endroit du quai d'où ça venait... Ça grouille à présent tout autour !... Le monde rapplique de partout !...

L'esplanade est bondée de sauveteurs ! Il en radine encore d'autres. Ça discute... Ça se démène de tous les coins avec des perches, des ceintures et des canoës... Tous les sifflets, les sirènes se mettent ensemble à mugir... C'est un vacarme, c'est la bagarre !... Mais ils se débattent ! ils se dépensent... Ils attrapent rien... Le petit carré blanc dans les vagues... il est emporté toujours plus...

Je la vois, moi, encore, d'où je suis, très bien dans le milieu des eaux... elle passe au large des pontons... J'entends même comme elle suffoque... J'entends bien son gargouillis... J'entends encore les sirènes... Je l'entends trinquer à travers... Elle est prise par la marée... Elle est emmenée dans les remous... Ce petit bout de blanc dépasse le môle ! Ô ma tante ! Ô merde afur ! Elle a sûrement tout trinqué !... Accélère que je rambine le fiotte ! que je lui bourre le train au mignard ! Faut pas qu'on nous retrouve nous dehors !... Qu'on soye planqués quand ils reviennent... Ah dis donc !

Il en peut plus d'avoir couru... Je le repousse... je le projette... Il voit plus rien sans ses lunettes... Il voit même plus les réverbères. Il se met à buter partout... Il râle comme un clebs... Je le saisis et je le soulève, je le transporte et j'escalade !... Je le balance au fond de son lit... Je rebondis vers la porte du vieux !... Je cogne un coup extrêmement fort ! Pas un mot de réponse !... Ça va ! Je recogne ! Je tape !... Alors je pousse le tout ! Je défonce !... Ça y est ! Il est là exact !... Il est comme je l'avais vu... Il est affalé devant sa grille, vautré, rubicond... Il se caresse le bide pas nerveux... Il me regarde puisque je l'interromps... Il cligne un peu, il papillote... Il se rend pas compte... « Elle se noie ! Elle se noie !... » que je l'interpelle... Et je lui répète encore plus fort !... Je m'époumone... Je fais même les gestes... J'imite comme ça la glougloute... Je lui montre en bas !... Dans la vallée... par la fenêtre ! En bas ! En bas ! La Medway ! « River ! River ! En bas ! Water !... » Il veut se soulever un tout petit peu... ça le fout à roter l'effort. Il bascule, il retombe sur un tabouret... « Oh ! gentil Ferdinand ! qu'il me dit... Gentil Ferdinand ! » Il me tend même la main... Mais son bilboquet s'entortille... Il est coincé dans le fauteuil... Il tire, il peut plus... Il fout en bas toutes les bouteilles... Tout le whisky qui dégouline... La marmelade, le pot chahute... Tout renverse... ça fait cascade, ça le fait très rire... Il s'en convulse... Il veut rattraper les choses... La sauce... tout s'écroule... l'assiette aussi carambole... il dérape dessus les morceaux... Il va planer sous la banquette. Il en bouge plus... Il est calé contre la cheminée... Il me montre comment qu'il faut faire... Il rumine... il grogne... Il se masse le bide tout en rond... Il se tripote bien les bourrelets... Il se triture comme ça dedans lentement... Il se les malaxe... il se les écarte... Il repasse encore dans les plis.

Je sais plus du tout ce que je veux dire... Je préfère pas insister. Je referme sa porte, je rentre au dortoir... Je me dis comme ça : « Tu vas te barrer au tout petit jour... » Mon bagage est là qu'est prêt !... Je m'allonge un peu sur le plume... mais je me relève presque tout de suite... Je suis ressaisi par la panique... Je sais pas exactement pourquoi. Je me mets à repenser à la môme... Je regarde encore par la fenêtre... J'écoute... On entend plus les bruits... plus rien du tout... Y a plus un bonhomme sur le quai... Ils sont tous repartis déjà ?

Alors, ça me tracasse brusquement, malgré la terreur, la fatigue... Je peux plus résister... Je veux aller pour voir en bas s'ils l'ont pas ressortie du jus ?... Je renfile comme ça mon grimpant, ma veste, mon costard... Le môme il en écrasait dur... Je l'enferme dans le dortoir à clef... Je voulais revenir immédiatement... Je me dégrouille vite... J'arrive tout en bas des marches... Je vois un flic qui fait sa ronde... Je vois un marin qui m'interpelle... Ça me refroidit... Ça m'épouvante... Je reste comme ça dans mon recoin... Ah caille ! Je bouge pas davantage ! C'est trop compliqué pour mon blaze ! J'en peux plus d'abord ! Je reste encore un bon moment... Il passe plus personne. Le pont d'où qu'elle a sauté. Il est là-bas... Je vois les lumières, les rouges, une longue ribambelle, ça tremblote dans les reflets de la flotte... Je me dis, je vais remonter... C'est bientôt !... Ils sont peut-être là-haut à présent les bourres !... Je pense... J'imagine... Je suis épuisé... je suis sonné... Et pas bien du tout au fond !... Je suis à bout quoi !... Sans char, je peux plus arquer... Je peux plus remonter au Meanwell... Je veux plus tenter même... Je m'appuie... Je peux rien faire moi !... j'y suis pour rien dans la salade ! Rien du tout !... Je veux barrer comme ça tout seul... Je me tire tout doucement vers la gare... Je referme bien mon pardessus... Je veux plus qu'on me connaisse... Je longe peu à peu les murs... Je rencontre vraiment personne... La salle d'attente est ouverte... Ah ben ça va !... Je m'allonge un peu sur le banc... Y a un poêle auprès... Je suis au mieux... Je suis dans le noir... Le premier train c'est « le cinq heures » pour Folkestone... J'ai pas pris une seule des « affaires » ? Elles étaient là-haut sur le lit... Tant pis !... j'en rapporterai pas... Je veux plus retourner... C'est plus possible... C'est barrer qu'il faut à toute force... Je me rassois pour pas m'endormir... Je suis sûr de le prendre le « cinq heures »... Je reste juste là sous la pancarte... Je m'étale juste au-dessous... Je m'étends. 5 o'clock Folkestone via Canterbury.

* * *

Revenant comme ça sans bagage, rapportant rien de mes bricoles, je m'attendais bien pour ma part à être reçu avec le manche... Pas du tout !... Ils avaient l'air content mes vieux, ils étaient plutôt heureux de me voir arriver... Ils ont seulement été surpris que je ramène pas une seule chemise ni une seule chaussette, mais ils n'ont pas insisté... Ils ont pas fait le scénario... Ils étaient bien trop absorbés par leurs soucis personnels...

Depuis huit mois que j'étais parti, ils avaient beaucoup changé d'allure et de maintien, je les trouvais ratatinés, tout racornis dans la figure, tout hésitants dans leur démarche... Dans ses pantalons, à l'endroit des genoux, mon père, il flottait, ils lui retombaient en gros plis comme un éléphant tout autour. De tronche, il était livide, il avait perdu tout le dessus des tifs, sous sa casquette, la marine, il disparaissait... Ses yeux étaient presque sans couleur à présent, ils étaient même plus du tout bleus, mais gris, tout pâlis, comme le reste de sa figure... Il avait plus que les rides qu'étaient colorées foncées, par sillons du nez vers la bouche... Il se détériorait... Il m'a pas parlé de grand-chose... Il m'a demandé un peu seulement comment ça se faisait qu'on répondait plus d'Angleterre ?... Si ils étaient mécontents de moi au « Meanwell College » ?... Si j'avais fait des progrès ?... Si j'avais attrapé l'accent ?... Si je comprenais les Anglais quand ils me parlaient vite ?... J'ai bafouillé des vagues raisons... Il en demandait pas davantage...

D'ailleurs, il m'écoutait plus... Il avait bien trop la panique pour s'intéresser encore à des choses qu'étaient terminées. Il tenait plus à discuter... Par ses lettres pourtant bien moroses j'avais pas encore tout appris !... Loin de compte !... Il en restait des quantités ! Des calamités ! des plus récentes, des inédites ! Alors, j'ai tout entendu, dans tous les détails... C'était véritable toute la peine qu'ils s'étaient donnée pour m'envoyer ma pension pendant les premiers six mois... Un mal exténuant !... La catastrophe des boléros ça les avait foutus au sable... Et c'était tout à fait textuel !... Le chronomètre à mon père il ne quittait plus le Mont-de-Piété !... La bague à ma mère non plus... Des hypothèques sur Asnières, ils en avaient pris d'autres encore... sur les pavillons en bribes...

De plus avoir son chronomètre, mon père ça l'affolait complètement... De plus avoir l'heure sur lui... ça contribuait à sa déroute. Lui si ponctuel, si organisé, il était forcé de regarder à chaque instant l'horloge du Passage... Il sortait pour ça sur le pas de la porte... La mère Ussel des « ouvrages » l'attendait au moment précis... Elle lui faisait alors toc ! tic ! toc ! toc !... pour le faire bisquer... elle tirait la langue...

D'autres difficultés survenaient... Elles se nouent les unes dans les autres, c'est une vraie chipolata... Y en avait bien de trop pour leurs forces... Ils se recroquevillaient dans le malheur, ils se décomposaient, ils se mutilaient du désespoir, ils se morfondaient férocement pour opposer moins de surface... Ils essayaient de se faufiler par-dessous les catastrophes... Rien à faire ! Ils se faisaient cueillir quand même, passer à tabac, tous les coups.

Mme Héronde, l'ouvrière, elle pouvait plus travailler, elle sortait plus de l'hôpital... C'est Mme Jasmin, une autre, qui la remplaçait, celle-là pas sérieuse pour un sou !... Un panier percé à vrai dire, terrible pour les dettes ! La boisson, c'était son penchant. Elle demeurait à Clichy. Ma mère quittait plus l'omnibus, elle la relançait matin et soir... Elle la retrouvait que dans les bistrots... Mariée à un colonial, elle prenait des muffées d'absinthes... Les clientes aux raccommodages elles attendaient leurs fanfreluches pendant des mois d'affilée !... Elles piquaient des crises sauvages d'impatience et d'indignation... C'était encore pire qu'autrefois... Elles étaient tout le temps excédées par les retards et les sursis !... Et puis, au moment de la douille, c'était toujours le même bidon, de l'entourloupe et du nuage !... Froutt ! Madame disparaissait ! Y avait plus personne subito... Ou bien, si elles banquaient un peu, elles râlaient, chialaient tellement, rabotaient si fort les petites factures minuscules, avec des telles démonstrations... que ma mère, à la fin du compte, savait plus comment ni quoi dire... Elle avait seulement transpiré, boité, bavé sang et eau après la Jasmin, après toutes, pour à la fin se faire agonir, traiter comme pourri... Le jeu valait plus la chandelle !

D'abord maman se rendait bien compte, elle se l'avouait dans les larmes, le goût des belles choses se perdait... c'était un courant pas remontable... Lutter même devenait imbécile, c'était se ronger pour des prunes... Plus de raffinements chez les gens riches... Plus de délicatesse... Ni d'estime pour les choses du fin travail, pour les ouvrages tout à la main... Plus que des engouements dépravés pour les saloperies mécaniques, les broderies qui s'effilochent, qui fondent et pèlent aux lavages... Pourquoi s'évertuer sur le Beau ? Voilà ce que les dames demandaient ! Du tape-à-l'œil à présent ! Du vermicelle ! Des tas d'horreurs ! Des vraies ordures de bazar ! La belle dentelle était morte !... Pourquoi s'acharner ? Ma mère il avait bien fallu qu'elle suive aussi cette infection ! Elle en avait fourré partout de ces nouvelles camelotes immondes... des vraies loques en moins d'un mois... Garanti !... La vitrine en était comble !... De voir pendre à présent chez elle, de toutes les tringles et des tablettes, ces kilomètres de roustissures, ça lui faisait pas qu'un peu de chagrin, ça lui foutait la colique !... Mais y avait plus à chicaner... Les Juifs à quatre pas de chez nous, au coin de la rue des Jeûneurs, ils s'en tassaient d'énormes morceaux de la même, à boutique ouverte, comptoirs noyés comme à la foire, à la bobine ! au décamètre ! au kilo !...

C'était une vraie déchéance pour qui a connu l' « authentique »... ça lui faisait des hontes à ma mère ! de se mettre à la concurrence avec des rebuts semblables !... Enfin, elle avait plus le choix... Elle aurait bien préféré condamner simplement l'article et puis se défendre désormais avec ses autres collections, avec ses petits meubles par exemple, les marqueteries, les poudreuses, les « haricots », les bonheurs du jour, et même les articles de vitrines, les bibelots, les menues faïences et puis même les lustres hollandais qui laissent presque pas de bénéfices et qui sont si lourds à porter... Seulement elle était trop faible, trop douloureuse avec sa jambe handicapée... jamais elle aurait pu courir avec un peu de charge en plus, aux quatre coins de Paris... C'était impossible ! Pourtant c'est ce qu'il fallait faire pour tomber sur les occasions. Et puis rester encore des heures, en chien de fusil... « Salle des Ventes »... Et alors le magasin ?... Tout ça n'était pas conciliable... Notre médecin, le Dr Capron, du Marché Saint-Honoré, il était revenu deux fois, toujours à cause de sa jambe... Il avait été très formel... Il lui avait bien commandé de se reposer absolument ! De plus trotter dans les étages, chargée comme trente-six mulets ! Elle devait laisser le ménage tranquille et même la cuisine... Il avait pas nuancé les mots... Il lui avait déclaré net, tout catégorique ! Si elle se surmenait encore, il lui avait bien prédit... Il lui viendrait un vrai abcès... en dedans du genou, il lui avait même montré l'endroit... Sa cuisse avec son mollet, à force de souffrir, ils étaient raides et soudés, ça lui faisait plus qu'un seul os avec l'articulation. On aurait dit un bâton, avec le long comme des bourrelets... C'était plus du tout des muscles... Quand elle faisait marcher son pied, ça tirait dessus comme sur des cordes... On les voyait se tendre tout du long... Ça lui faisait un mal atroce ! une crampe infernale ! Surtout le soir quand c'était fini, quand elle rentrait de cavaler... Elle me l'a montrée pour moi tout seul... Elle se mettait des compresses d'eau chaude... Elle évitait que mon père la voye... Elle avait remarqué à la fin quand même qu'il piquait des rages horribles quand elle boitait derrière lui...

Puisqu'on était encore tout seuls... que j'attendais dans la boutique... elle a profité de l'occasion, elle m'a encore bien répété, bien doucement, bien affectueusement, mais alors bien convaincue, que c'était vraiment de ma faute si les choses allaient aussi mal, en surcroît de tous leurs ennuis, du magasin et du bureau... Ma conduite, tous mes forfaits chez Gorloge et chez Berlope les avaient tellement affectés qu'ils ne s'en relèveraient jamais... Ils restaient révolutionnés... Ils ne m'en voulaient pas bien sûr !... On ne m'en tenait aucune rancune ! Tout ça c'était du passé !... mais enfin c'était bien le moins que je me rende tout à fait compte de l'état où je les avais mis... Mon père, lui si bouleversé qu'il ne pouvait plus contenir ses nerfs... Il sursautait en pleine nuit... Il se réveillait dans les cauchemars... Il allait, venait pendant des heures...

Quant à elle, je la voyais sa jambe !... C'était la pire calamité !... C'était pire qu'une grave maladie, qu'une typhoïde, un érysipèle ! Elle m'a bien renouvelé encore toutes les recommandations sur le ton le plus affectueux... d'essayer chez les autres patrons de devenir bien raisonnable, pondéré, courageux, tenace, reconnaissant, scrupuleux, serviable... de plus jamais être hurluberlu, négligent, fainéant... de tâcher d'avoir du cœur... Ça surtout ! Du cœur !... de me souvenir encore, toujours, qu'ils s'étaient privés de tout, qu'ils s'étaient bien rongé les sangs tous les deux depuis ma naissance... et puis encore dernièrement pour m'envoyer en Angleterre !... Que s'il m'arrivait par malheur de commettre d'autres tours pendables... eh bien ça serait la vraie débâcle !... mon père résisterait sûrement plus... il pourrait plus le malheureux ! Il tomberait en neurasthénie... il faudrait qu'il quitte son bureau... Pour ce qui la concernait, si elle passait par d'autres angoisses... avec ma conduite... ça retentirait sur sa jambe... et puis d'abcès en abcès on finirait par lui couper... Voilà ce qu'il avait dit Capron.

Question de papa, tout devenait encore plus tragique, à cause de son tempérament, de sa sensibilité... Il aurait fallu qu'il se repose, pendant plusieurs mois et tout de suite, qu'il puisse prendre des longues vacances, dans un endroit des plus tranquilles, écarté, à la campagne... Capron l'avait bien recommandé ! Il l'avait longuement ausculté... Son cœur battait la breloque... Il avait même des contretemps... Tous deux Capron et papa, ils avaient juste le même âge, quarante-deux ans et six mois... Il avait même ajouté qu'un homme c'est encore plus fragile qu'une femme dans les moments de la « ménopause »... que ça doit prendre mille précautions... Ça tombait de travers comme conseil ! C'était le moment au contraire qu'il se décarcasse comme jamais !... On l'entendait au troisième comme il tapait sur sa machine, c'était un engin énorme, un clavier comme une usine... Quand il avait tapé longtemps ça lui tintait dans les oreilles le cliquetis des lettres, encore une partie de la nuit... Ça l'empêchait de s'endormir. Il prenait des bains de pieds de moutarde. Ça lui faisait descendre un peu de sang.

* * *

Je commençais à bien me rendre compte, qu'elle me trouverait toujours ma mère, un enfant dépourvu d'entrailles, un monstre égoïste, capricieux, une petite brute écervelée... Ils auraient beau tenter... beau faire, c'était vraiment sans recours... Sur mes funestes dispositions, incarnées, incorrigibles, rien à chiquer... Elle se rendait à l'évidence que mon père avait bien raison... D'ailleurs pendant mon absence, ils s'étaient encore racornis dans leur bougonnage... Ils étaient si préoccupés qu'ils avaient mes pas en horreur ! Chaque fois que je montais l'escalier, mon père faisait des grimaces.

Le coup des vaches boléros avait fait déborder la goutte... et puis, avec sa machine, c'était le comble des agaceries, jamais il pourrait s'y mettre !... Il passait devant des heures à essayer des « copies »... Il tapait dessus comme un sourd... Il crevait des pages entières... Ou bien il attaquait trop fort, ou bien pas assez, la petite sonnette arrêtait plus. De mon lit, moi j'étais tout près... Je le voyais bien s'escrimer... Comme il farfouillait dans ses touches, comme il s'empêtrait dans les tringles... C'était pas son tempérament... Il se relevait de là tout en sueur... Il jurait à la cantonade tous les noms de Dieu... M Lempreinte, au bureau, s'acharnait toujours sur sa tronche, il le harcelait sans arrêt. C'était clair qu'il cherchait le motif !... : « Vous n'en finissez pas avec vos jambages ! vos déliés ! Ah ! mon pauvre ami ! Regardez un peu vos collègues ! Ils ont terminé depuis longtemps ! Vous êtes un calligraphe ! Monsieur ! Vous devriez vous établir !... » Il déplaisait absolument... Il cherchait un peu ailleurs... Il prévoyait la culbute, il se tournait vers d'anciens collègues... Il connaissait un « sous-caissier » dans une compagnie concurrente... La Connivence-Incendie. On lui avait presque promis un essai pour le mois de janvier... Mais là aussi, faudrait qu'il tape... Il s'y remettait tous les soirs aussitôt rentré de livraisons.

C'était un instrument antique, absolument incassable, spécial pour les locations, elle sonnait à chaque virgule. Il s'entraînait frénétiquement devant le vasistas, du dîner jusqu'à minuit.

Ma mère montait un moment ayant fini sa vaisselle, elle relevait sa jambe sur une chaise, elle se posait des compresses... Elle pouvait plus bavarder, mon père, ça le gênait... On crevait de chaleur à présent... Le début de l'été fut torride.

* * *

Le moment était mal choisi pour la recherche d'un emploi... C'était plutôt calme le commerce à la veille de la morte-saison. On a tâtonné un petit peu... on s'est enquis à droite, à gauche... à des placiers qu'on connaissait... Ils avaient rien en perspective. Ça ne pourrait guère recommencer qu'après la période des vacances... même pour les boutiques étrangères.

Dans un sens ça tombait pas mal cette période d'inactivité, puisque j'avais plus de fringues du tout... et qu'il fallait bien qu'on me retape avant que je reprenne mes démarches... Mais alors pour cette garde-robe y a eu tout un sacré tirage !... C'étaient les fonds qui manquaient le plus !... J'attendrais, c'est tout, le mois de septembre pour les chaussures et le pardessus !... J'étais bien heureux du sursis... je pouvais respirer encore avant de leur montrer mon anglais !... Ça serait encore un baratin quand ils se rendraient un peu compte... Enfin c'était pas pour tout de suite !... J'avais plus qu'une seule chemise... J'en ai mis une à papa... On me commanderait un veston et deux pantalons d'un coup... Mais seulement pour le mois suivant... Tout de suite y avait pas moyen... On avait tout juste pour la croûte et encore c'était rie et rac... Le terme tombait le huit, et le gaz avait du retard ! et les contributions encore ! et la machine à papa !... On en sortait vraiment plus !... Il restait toujours des « sommations » à la traîne ! On en trouvait sur tous les meubles, violettes, rouges ou bleues !...

Donc j'avais encore du répit ! Je pouvais pas aller relancer les patrons en costard limé, rapiécé, frangé, les manches raccourcies à mi-bras... C'était pas possible !

Surtout dans la nouveauté et dans les comptoirs au détail où ils sont tous plutôt gandins.

Mon père, il était tellement pris par ses exercices dactylos et par son angoisse d'être viré à la Coccinelle que, même au moment du dîner, il restait dans ses réflexions ! Je l'intéressais plus beaucoup. Il avait son idée formelle bien ancrée au fond du cassis, indélébile à mon sujet que j'étais exactement la nature même de bassesse ! le buse crétin pas remédiable ! Voilà tout ! Que je collais pas aux anxiétés, aux soucis des natures élevées... C'était pas moi dans l'existence qu'aurais tenu toute mon horreur plantée dans ma viande comme un vrai couteau ! Et qu'à chaque minute en plus je l'aurais trifouillée davantage ? Ah ! mais non ! mais non ! J'aurais secoué, trifouillé le manche ? Mieux ? Plus profond ? Ah ! plus sensiblement encore !... Que j'aurais hurlé des progrès de la souffrance ! Mais non ! Que j'aurais tourné fakir là au Passage ? à côté d'eux ? pour toujours ?... Et alors ? Devenir un quelque chose d'inouï ? oui ! de miraculeux ? D'adorable ? De bien plus parfait encore ? Ah ! oui ! Et bien plus hanté, tracassé, mineux dix mille fois !... Le Saint issu d'économie et d'acharnement familial !... Ah ! Eh bien ! Plus cafouillard ! Ah ! oui ainsi ! Cent dix mille fois plus économe ! Yop ! Lala ! Comme on aurait jamais vu ! ni au Passage ni ailleurs ! Et dans le monde entier !... Nom de Dieu ! Le miracle de tous les enfants ! Des banlieues et des provinces ! Le fils exquis ! Phénoménal ! Mais fallait rien me demander ! J'avais la nature infecte... J'avais pas d'explications !... J'avais pas une bribe, pas un brimborion d'honneur... Je purulais de partout ! Rebutant dénaturé ! J'avais ni tendresse ni avenir... J'étais sec comme trente-six mille triques ! J'étais le coriace débauché ! La substance de bouse... Un corbeau des sombres rancunes... J'étais la déception de la vie ! J'étais le chagrin soi- même. Et je mangeais là midi et soir et encore le café au lait...

Le Devoir était accompli ! J'étais la croix sur la terre ! J'aurais jamais la conscience !... J'étais seulement que des instincts et puis du creux pour tout bouffer la pauvre pitance et les sacrifices des familles. J'étais un vampire dans un sens... C'était pas la peine de regarder...

* * *

Au Passage des Bérésinas, dans les étalages, partout, y avait des nombreux changements depuis que j'étais parti... On se donnait au « Modern Style », aux couleurs lilas et orange... C'était justement la grande mode, les volubilis, les iris... Ça grimpait le long des vitrines... en moulure, en bois ciselé... Il s'est ouvert deux parfumeries et un marchand de gramophones... Toujours les mêmes photographies à la porte de notre théâtre le « Grenier Mondain »... les mêmes affiches dans les coulisses. Ils jouaient toujours la Miss Helyett avec toujours le même ténor : Pitaluga... C'était une voix enchanteresse, il renouvelait son triomphe chaque dimanche à l'Élévation ! à Notre-Dame-des-Victoires pour toutes ses admiratrices... On en parlait pendant douze mois dans toutes les boutiques du Passage du « Minuit Chrétiens » qu'il poussait à Saint-Eustache, ce Pitaluga pour Noël !... Chaque année encore plus pâmant, mieux filoché, plus surnaturel...

Un projet était à l'étude pour amener l'électricité dans toutes les boutiques du Passage ! On supprimerait alors le gaz qui sifflait dès quatre heures du soir, par ses trois cent vingt becs, et qui puait si fortement dans tout notre air confiné que certaines dames, vers sept heures, arrivaient à s'en trouver mal... (en plus de l'odeur des urines des chiens de plus en plus nombreux...). On parlait même encore bien plus de nous démolir complètement ! de démonter toute la galerie ! De faire sauter notre grand vitrage ! oui ! Et de percer une rue de vingt-cinq mètres à l'endroit même où nous logions... Ah ! Mais c'était pas des bruits sérieux, c'était plutôt des balivernes, des racontars de prisonniers. Cloches !... Sous cloche qu'on était ! sous cloche qu'il fallait demeurer ! Toujours et quand même ! Un point c'était tout !... C'était la loi du plus fort !...

De temps à autre, faut bien comprendre, ça venait à fermenter un peu dans la bobèche des miteux, des drôles de mensonges, comme ça sur le pas des boutiques, surtout les jours de canicule... Ça venait comme des bulles dans leur bourrichon crever en surface... avant les orages de septembre... Alors, ils se montaient des bobards, des entourloupes monumentes, ils rêvaient tous de réussites, de carambouilles formidables... Ils se voyaient expropriés, c'était des fantasmes ! persécutés par l'État ! Ils ballonnaient, ils se détraquaient la pendule, complètement bluffés, soufflés de bagornes... eux qu'étaient pâlots d'habitude ils tournaient au cramoisi...

Avant d'aller roupionner, ils se passaient des devis mirifiques, tous des mémoires imaginaires ! des sommes écrasantes à la fois, absolument capitales qu'ils exigeraient d'un seul coup dès qu'on parlerait de déménager ! Ah ! là ! là ! Eh ben Nom de Dieu ! ils en auraient du tintouin ! les suprêmes Pouvoirs Publics, pour les faire barrer d'ici !... Ils soupçonnaient pas encore les Conseils d'État !... Comment c'était la Résistance ! Ouais ! Tout le Bastringue et la Chancellerie !... Ah ils en baveraient cinq minutes ! Ils en auraient à qui causer ! Yop ! Et des Écritures et des Sommations consortieuses !... Tout ça et bien pire encore ! Par les trente-deux mille morpions ! Ça ronflerait dur ! Ça se ferait pas trou du cul tout seul !... Qu'on leur passerait sur le corps... qu'ils s'enfouiraient dans la turne ! On serait forcé finalement d'éventrer toute la Banque de France pour leur faire une vraie boutique ! la même au poil ! Au milligramme ! À deux décimes ! Très exactement ! Rien d'autre ! Ou rien alors ! Basta ! Rencard ! Ils se buteraient définitif !... Encore à la pire extrême ils accepteraient la grande rente... Ils diraient pas non... Ils voudraient peut-être bien... Ah ! mais la définitive ! La rente pour la vie Nom de Dieu ! Une replète, une de Banque de France formidablement garantie qu'on dépenserait à volonté ! Ils iraient pêcher à la ligne ! Peut-être pendant quatre-vingt-dix ans ! Et puis des bringues nuit et jour ! Et ça serait pas encore fini ! Et qu'ils auraient encore des « droits » avec des invincibles « reprises » et des maisons à la campagne et puis des autres indemnités... qu'étaient même pas calculables !

Alors ? C'était qu'une question de caractère ! C'était simple, irréfutable ! Il fallait pas céder jamais ! Ainsi qu'ils voyaient toutes les choses... C'était l'effet des chaleurs, de la terrible atmosphère, des effluves d'électricité... une façon de pas s'engueuler... En s'entendant bien sur les « reprises »... Tout le monde était dans l'accord... Tout le monde se fascine pour l'avenir... Chacun veut qu'on l'exproprie.

* * *

Tous les voisins du Passage, ils en furent tout éberlués de la taille que j'avais atteinte... Je devenais mastard. J'avais presque doublé de volume... Ça serait des nouvelles dépenses quand on irait pour me fringuer aux « Classes Méritantes » encore... J'ai essayé un peu pour voir les frusques à mon père. Je les faisais craquer aux épaules, même pour ses pantalons y avait plus moyen. Il me fallait du neuf entièrement. Il fallait donc que je patiente...

Mme Béruse, la gantière, en revenant de ses commissions, elle est entrée tout exprès chez nous pour se rendre compte de mes allures : « Sa maman peut en être bien fière ! » qu'elle a finalement conclu. « L'étranger lui a réussi ! » Elle a répété ça partout. Les autres aussi ont rappliqué pour se faire leur opinion. Le vieux gardien du Passage, Gaston, le bosco, qui ramassait tous les cancans, il m'a trouvé transformé, mais alors plutôt amaigri ! Personne n'était vraiment d'accord, chacun gardait son idée. Ils étaient curieux, en plus, des choses d'Angleterre. Ils venaient me demander des détails sur la manière qu'ils vivaient les Engliches là-bas... Je restais toujours au magasin en attendant qu'on me vêtisse. Visios, le gabier des pipes, Charonne le doreur, la mère Isard des teintures, ils voulaient savoir ce qu'on mangeait à Rochester dans ma pension ? Et surtout question des légumes, si vraiment ils les bouffaient crus ou bien cuits à peine ? Et pour la bibine et la flotte ? Si j'en avais bu du whisky ? Si les femmes avaient les dents longues ? un peu comme les chevaux ? et les pieds alors ? une vraie rigolade ! Et pour les nichons ? Elles en avaient-y ? Tout ça entre des allusions et mille manières offusquées.

Mais ce qu'ils auraient voulu surtout, c'est que je leur dise des phrases anglaises... Ça les tracassait au possible, ça faisait rien qu'ils ne comprennent pas... C'était seulement pour l'effet !... Pour m'entendre un petit peu causer... Ma mère insistait pas trop, mais cependant, malgré tout, ça l'aurait vivement flattée que j'exhibe un peu mes talents... Que je les confonde tous ces râleux...

Je savais en tout : River... Water... No trouble... No fear et encore deux ou trois machins... C'était vraiment pas méchant... Mais j'opposais l'inertie... Je me sentais pas du tout en verve... Ma mère, ça la chagrinait de me voir encore si buté. Je justifiais pas les sacrifices ! Les voisins eux-mêmes ils se vexaient, ils faisaient déjà des grimaces, ils me trouvaient une tête de cochon... « Il a pas changé d'un poil ! » que remarquait Gaston, le bosco. « Il changera jamais d'abord !... Il est toujours comme au temps qu'il pissait partout dans mes grilles ! J'ai jamais pu l'empêcher ! »

Il avait jamais pu me piffer... « Heureusement que son père n'est pas là ! » qu'elle se consolait maman. « Ah ! il s'en ferait encore une bile ! Il en serait tout retourné, le pauvre homme ! À te voir encore si peu avenant ! si peu gracieux ! si borné envers et contre tout ! si rébarbatif toujours ! si mal commode avec le monde ! Comment veux-tu arriver ? Surtout maintenant dans le commerce ? avec la si grande concurrence ! T'es pas seul à chercher une place ! Lui qui me disait hier encore : " Pourvu, mon Dieu ! qu'il se débrouille ! Nous sommes au bord d'une catastrophe ! "... »

Juste l'oncle Édouard est survenu, c'est lui qui m'a sauvé la mise... Il se trouvait d'excellente humeur... Il a dit bonjour à tout le monde, à la cantonade, comme ça... Il mettait pour la première fois son beau costume à carreaux, la mode de l'été, anglaise justement, avec le melon mauve comme c'était la vogue, retenu par un fin lacet à la boutonnière. Il m'a saisi les deux mains, il me les a secouées avec une force de brusquerie, un vrai shake-hands à tout rompre ! Lui il blairait bien l'Angleterre... C'était son envie d'aller voyager là-bas... Il remettait toujours à plus tard parce qu'il voulait apprendre d'abord le nom des objets de son négoce... pompe, etc. Il comptait sur moi pour l'initier dans la langue... Ma mère pleurnichait toujours à propos de mon attitude, mes façons rebutantes, hostiles... Loin de se ranger à son avis, il a pris tout de suite ma défense... Il a expliqué en deux mots à tous ces fumeux cancrelats qu'ils ne pigeaient absolument rien ! vraiment imbéciles quant aux influences étrangères... Que l'Angleterre tout spécialement, pour ceux qui en reviennent, ça les transforme du tout au tout ! Ça les rend plus laconiques, plus réservés, ça leur donne une certaine distance, de la distinction pour tout dire... Et c'est bien préférable !... Ah ! voilà ! Dans le beau commerce dorénavant, et surtout dans la commission, il va falloir se taire ! Ça c'est vraiment le fin du fin ! La suprême épreuve des commis !... oui !... Ah ! terminée ! abolie ! la vieille et la baveuse dégaine ! L'obséquieuse ! La volubile ! On n'en veut plus absolument ! C'est un genre pour les pougnassons, les cirques de province ! À Paris, c'est plus défendable ! au Sentier ça vous ferait vomir ! Ça faisait servile et miteux ! À temps nouveaux, façons nouvelles !... Il me donnait totalement raison... Voilà comment il a causé...

Ma mère elle respirait de l'entendre... ça la rassurait quand même... Elle en poussait des grands soupirs... un soulagement véritable... Mais les autres, les sales cafeteux, ils demeuraient hostiles... Ils restaient sur leurs réserves... Ils démarraient pas... Ils râlaient en contrebasse... Ils étaient absolument sûrs que je me débrouillerais jamais avec des façons semblables ! C'était absolument exclu !

L'oncle Édouard a eu beau faire, beau s'évertuer, s'époumoner... Ils démordaient pas de leur avis... Ils étaient butés pires que mules, ils répétaient que n'importe où, pour gagner honnêtement son os, il faut d'abord être bien aimable.

* * *

Comme les jours et les jours passaient, qu'on voyait presque plus de clientes, que c'était le plein été, qu'elles étaient toutes à la campagne, ma mère a décidé finalement que malgré sa jambe douloureuse et les avis du médecin, elle irait quand même à Chatou, essayer de vendre un peu de camelote. C'est moi qui garderais la boutique pendant son absence... On n'avait plus d'alternatives... Il fallait faire rentrer des sous ! D'abord pour payer le complet neuf et puis deux paires de tatanes, et puis encore faire repeindre toute notre devanture en couleurs seyantes avant que la saison recommence.

Elles faisaient très navrantes nos vitrines au milieu des autres... Elles étaient gris perle et verdâtres, tandis que, tout à côté de nous, c'était la teinturerie Vertune, absolument pimpante neuve, une fantaisie jaune et bleu ciel, à notre droite c'était la papeterie Gomeuse, blanche immaculée, rehaussée de filigranes et pompons et de ravissants motifs, petit oiseaux sur des branches... Tout ça c'était de gros frais... Il fallait s'y mettre.

Elle a rien dit à mon père, elle est allée prendre le « dur » avec un balluchon énorme, pesant au moins vingt kilos.

À Chatou, là sur les lieux, elle s'est débrouillée tout de suite... Elle a resquillé un tréteau derrière la mairie, elle s'est planquée près de la gare, en bonne position. Elle a distribué toutes ses cartes pour faire connaître le magasin. L'après-midi, elle s'est remise à bagotter, surchargée comme un mulet, un peu partout dans le pays, à la recherche des villas où pouvaient nicher des clientes... En rentrant le soir, au Passage, elle en pouvait plus d'épuisement, elle souffrait à en hurler tellement que sa jambe était racornie par les crampes et puis son genou tuméfié, sa cheville surtout toute disloquée par des entorses... Elle s'est aplatie dans ma chambre en attendant que mon père revienne... Elle s'appliquait de l'eau sédative... des compresses bien froides. Comme ça dans les virées de banlieue, elle soldait à la « sauvette » aux chalands pour faire du liquide... On en avait si grand besoin... « Pour ne pas remporter ! » qu'elle prévenait... Il est venu à la boutique à peine deux, trois personnes, tout le temps qu'elle était partie... C'était donc encore plus commode qu'on ferme tout franchement la lourde et que je l'accompagne en banlieue, que je porte moi ses plus gros paquessons. On avait plus Mme Divonne pour répondre pendant les absences, on a suspendu dans la porte l'écriteau : « Je reviens de suite. » On a emporté le bec-de-cane.

L'oncle Édouard, c'est pas du ballon, il l'aimait réellement sa sœur, ça lui faisait un chagrin extrême de la voir comme ça souffrir, dépérir, et pâtir de plus en plus à force de travail et de peines... Sa santé l'inquiétait beaucoup, le moral aussi... Il pensait tout le temps à elle. Les lendemains de Chatou, elle pouvait plus tenir en l'air, toute sa figure ratatinait par la souffrance de sa jambe. Elle en gémissait comme un chien, toute tordue sur le lino même... À plat par terre qu'elle s'étendait quand mon père était sorti. Elle trouvait ça plus frais que la plume. Si en rentrant du bureau, qu'il la surprenne comme ça, défaite, exténuée, en train de se masser la guibolle dans l'eau de la bassine, ses jupes retroussées au menton, il grimpait dare-dare au troisième, il faisait semblant de pas l'avoir vue, il ne faisait qu'un bond, il passait comme un éclair. Il fonçait sur sa mécanique ou bien sur ses aquarelles... On en vendait toujours un peu, surtout ses « Bateaux à voiles » une grande collection et les « Conciles des Cardinaux »... Les plus vivaces comme couleurs !... Infiniment chatoyants... Ça fait toujours bien dans une pièce. C'était le moment qu'il se démerde... On attrapait la fin du mois... Pour compenser nos fermetures de la journée, pendant nos virées à travers Chatou, nous restions ouverts assez tard... Les gens se promenaient après dîner... Surtout au moment des orages... Si il survenait un client, ma mère planquait vite sa cuvette, tous ses tampons, d'un coup prompt, dessous le divan du milieu... Elle se redressait dans un sourire... Elle amorçait la parlote... Autour du cou, je me souviens bien qu'elle se passait un gros chou de mousseline... C'était la coquetterie de l'époque... Ça lui faisait une vraiment grosse tête.

* * *

L'oncle Édouard, aussi dans son genre, il se donnait un mal terrible, mais il devait pas le regretter, il obtenait des résultats... Il réussissait de mieux en mieux dans sa partie, la bricole... les accessoires de bicyclette... Ça devenait une très bonne affaire, et même excellente. Bientôt, il pourrait s'acheter une part de garage, à la sortie de Levallois, avec des amis sérieux.

Il avait le goût de l'entreprise et puis le béguin des inventions... de toutes les trouvailles mécaniques, ça le turlupinait... Les quatre mille francs de son héritage, il les avait tout de suite placés dans un brevet de pompe à vélo, un système tout à fait récent, qui se repliait si menu qu'on pouvait le garder dans sa poche... Il en avait comme ça au moins toujours deux ou trois sur lui, prêts à démontrer. Il les soufflait dans le nez des gens... Il avait bien failli les perdre ses quatre mille francs dans l'aventure. Les vendeurs c'étaient des coquins... Il s'en était sorti quand même grâce à son esprit démerde et puis par un coup de téléphone... une conversation surprise au dernier moment !... Une bénédiction inouïe ! Un poil de plus ? Il était fait !...

Ma mère l'admirait mon oncle. Elle aurait voulu que je lui ressemble... Il me fallait tout de même un modèle !... Mon oncle, à défaut de mon père, c'était encore un idéal... Elle me disait pas ça crûment, mais elle me faisait des allusions... Papa, c'était pas son avis, qu'Édouard ça soye un idéal, il le trouvait très idiot, complètement insupportable, mercantile, d'esprit extrêmement vulgaire, toujours à se réjouir de conneries... Avec ses fourbis mécaniques, son bazar automobile, ses tricars, ses pompes biscornues, il lui portait sur les nerfs !... Il l'agaçait terriblement... Et rien qu'à l'entendre causer !...

Quand maman, ça lui arrivait de faire les éloges de son frère, de raconter devant tout le monde ses entreprises, ses réussites, ses astuces, alors elle se faisait interrompre... Il tolérait pas ! Non ! Il était buté sur son compte... Il attribuait tout à la Chance !... « Il a une veine insolente et puis voilà tout ! » Papa, c'était son verdict. Il en disait pas davantage... Il pouvait pas l'abîmer plus, on lui devait encore des emprunts et de la reconnaissance... Mais il se retenait pour pas l'agonir... Édouard, il devait bien se rendre compte... C'était tout de même évident... Il endurait l'antipathie, il voulait rien envenimer, il pensait toujours à sa sœur...

Il agissait très discrètement, il passait juste un petit instant pour demander des nouvelles... Si maman allait un peu mieux ? Il restait tout préoccupé à cause de sa mine affreuse, et des fardeaux, des monuments qu'elle bourlinguait à « la sauvette »... Elle en restait après ça des journées entières toute gémissante et perdue... Ça le souciait lui de plus en plus... Comme son état empirait, à la fin, il s'est décidé, il en a causé à mon père... À force de parler ensemble, de discuter tous les trois, ils sont tout de même tombés d'accord qu'il était grand temps qu'elle se repose... que ça pouvait plus continuer... Mais la reposer comment ? Ils ont découvert un moyen... qu'on prendrait une femme de ménage, par exemple, deux, trois heures par jour... ça serait déjà un soulagement... Elle monterait beaucoup moins les étages... Elle balayerait plus sous les meubles... Elle ferait plus les commissions... Mais, dans notre état actuel, c'était une dépense impossible !... C'était une folie, un projet en l'air ! Ça deviendrait seulement faisable que si moi je trouvais du boulot... Alors, avec ce que je gagnerais, qui tomberait quand même dans la caisse, on pourrait peut-être, le terme payé, envisager la bonniche... Ça donnerait à maman de la marge... Elle se décarcasserait plus autant, elle aurait moins à cavaler... Ils avaient trouvé ça tout seuls... Ça leur plaisait comme décision... Ça faisait appel à mon bon cœur ! On allait me mettre à l'épreuve. C'était fini d'être égoïste, pervers, insolite... J'allais avoir aussi mon rôle, mon but dans la vie ! Soulager maman !... Presto ! charger, foncer sur un business ! Ah ! Ah ! Aussitôt qu'on aurait douillé mon costard ad hoc... Piquer rapidos une embauche ! Et en avant la performance ! Plus d'erreurs ! Plus de tortillages ! La musique ! Plus de questions ! La valeur individuelle ! La persévérance ! J'en manquerais pas, Nom de Dieu ! C'était un but admirable ! Je croyais déjà que c'était fait !...

Il me fallait d'abord des godasses ! On est retournés au « Prince Consort »... Les « Broomfield » quand même, elles étaient un peu trop coûteuses... Surtout pour deux paires à boutons !... Et cependant dès qu'on se déploie, c'est des trois, quatre paires qu'il faudrait !

* * *

Pour le complet, les pantalons, j'ai été me faire prendre mes mesures, aux « Classes Méritantes », près des Halles, c'était la maison garantie, la réputation centenaire, surtout pour toutes les cheviottes et même les tissus « habillés », vêtements pratiquement inusables... « Trousseaux de travailleurs » ça s'appelait... Seulement comme prix, c'était salé ! Ça faisait un terrible sacrifice !...

Nous étions encore au mois d'août, je fus équipé pour l'hiver... Ça ne dure pas longtemps les chaleurs !... Tout de même dans le moment précis, il faisait extrêmement torride ! C'est qu'un petit moment à passer ! Les froids eux, sont interminables ! La mauvaise saison !... Pour mes démarches, en attendant, si j'étouffais à plus tenir... Eh bien, je passerais voilà tout, mon veston par-dessus mon bras ! Je l'enfilerais au moment de sonner... voilà !...

Ma mère avait pas dit les sommes que ça coûterait au ménage pour m'équiper... de pied en cap... C'était un total fabuleux par rapport à nos moyens... On a raclé les fonds de tiroirs... Elle a eu beau se décarcasser, se retourner tout le ciboulot, carapater au Vésinet entre deux trains, foncer encore vers Neuilly, vers Chatou, les jours de marché, remporter tout son fourniment, toute sa camelote la moins tarte... Et les soldes les plus négociables, elle pouvait pas réaliser... Elle arrivait pas à la somme... C'était un vrai fourbi casse-tête ! Il manquait toujours des vingt francs, vingt-cinq ou trente-cinq. En plus des contributions qui n'arrêtaient pas de pleuvoir et des semaines de l'ouvrière et le terme échu depuis deux mois... C'était l'avalanche écœurante !... Elle a rien avoué à papa... Elle a cherché une combine... Elle a porté rue d'Aboukir, chez la mère Heurgon Gustave (un vraiment sale bric-à-brac), cinq bonnes aquarelles à papa... les très meilleures à vrai dire, et pas au quart du prix usuel. Soi-disant « à condition »... Enfin, des sinistres expédients pour arriver au total... Elle voulait rien prendre à crédit... Après des semaines acharnées, d'autres ruses et encore des complots, j'ai été quand même revêtu, absolument flamboyant, extrêmement chaud mais solide... Quand je me suis vu sapé tout neuf, j'ai perdu un peu ma confiance ! Merde ! Ça me faisait un drôle d'effet ! J'avais encore la volonté, mais il me rarrivait des sales doutes... Peut-être que je transpirais trop dans le costard d'hiver ? J'étais comme un four ambulant...

C'était un vrai fait véritable, que je ne me sentais plus fier du tout, ni rassuré des conséquences... La perspective, là, pour tout de suite, d'aller affronter les patrons... de présenter mes salades ! de m'enfermer dans leurs tôles, ça me navrait jusqu'aux ventricules. Dans cette putain d'Angleterre, j'avais perdu l'accoutumance de respirer confiné... Il allait falloir que je m'y refasse ! C'était pas la bourre ! Rien que de les apercevoir les patrons possibles, ça me coupait complètement le guignol ! J'avais la parole étranglée... Rien qu'à chercher l'itinéraire, dans la rue, j'en crevais déjà... Les plaques des noms sur les portes, elles fondaient après les clous tellement ça devenait une étuve... Il a fait des 39,2 !

Ce qu'ils me disaient mes dabes, en somme c'était bien raisonnable... que j'étais dans l'âge décisif pour fournir mon effort suprême... forcer ma chance et mon Destin... Que c'était le moment ou jamais pour orienter ma carrière... Tout ça c'était excellent... C'était bien joli... J'avais beau enlever mon costard, mon col, mes godasses, je transpirais de plus en plus... J'avais de la sueur en rigoles... Je prenais les chemins que je connaissais. Je suis repassé devant chez les Gorloge... Ça m'en refoutait les grelots de revoir leur tôle et la porte cochère... Rien qu'à penser à l'incident j'avais la crise au trou du cul... Merde ! Quel souvenir !...

Devant l'énormité de ma tâche... en réfléchissant comme ça, je perdais tout entrain, j'aimais mieux m'asseoir... Les sous j'en avais plus beaucoup pour prendre des petits bocks... même les verres à dix centimes... Je restais sous les voûtes des immeubles... Ils avaient toujours beaucoup d'ombre et des traîtres courants d'air... J'ai éternué énormément... Ça devenait un vice pendant que je réfléchissais... À force d'y penser à la fin, toujours et sans cesse, je lui donnais presque raison à mon père... Je me rendais compte d'après l'expérience... que je valais rien du tout... J'avais que des penchants désastreux... J'étais bien cloche et bien fainéant... Je méritais pas leur grande bonté... les terribles sacrifices... Je me sentais là tout indigne, tout purulent, tout véreux... Je vois bien ce qu'il aurait fallu faire et je luttais désespérément,, mais je parvenais de moins en moins... Je me bonifiais pas avec l'âge... Et j'avais de plus en plus soif... La chaleur aussi c'est un drame... Chercher une place au mois d'août, c'est la chose la plus altérante à cause des escaliers d'abord et puis des appréhensions qui vous sèchent la dalle à chaque tentative... pendant qu'on poireaute... Je pensais à ma mère... à sa jambe de laine et puis à la femme de ménage qu'on pourrait peut-être se procurer si je parvenais à ce qu'on me prenne... Ça me remontait pas l'enthousiasme... J'avais beau me fustiger, m'efforcer dans l'idéal à coups de suprêmes énergies, j'arrivais pas au sublime. Je l'avais perdue depuis Gorloge, toute ma ferveur au boulot ! C'était pitoyable ! Et je me trouvais malgré tout, en dépit de tous les sermons, encore bien plus malheureux que n'importe quel des autres crabes, que tous les autres réunis !... C'était un infect égoïsme ! Je m'intéressais qu'à mes déboires et je les trouvais là, tous horribles, j'en puais pire qu'un vieux brie gâteux... Je pourrissais dans la saison, croulant de sueur et de honte, rampant les étages, suintant après les sonnettes, je dégoulinais totalement, sans vergogne et sans morale.

J'ai dérivé, sans trop savoir, qu'un peu mal au ventre, à travers les autres vieilles rues, par négligence, la rue Paradis, rue d'Hauteville, rue des Jeûneurs, le Sentier, j'enlevais quand c'était fini, non seulement mon pesant veston, mais encore mon celluloïd, l'extra-résistant, c'était un vrai truc de chien et puis ça me foutait des boutons... Je me rhabillais sur le palier. J'ai repiqué au truc des adresses, je les puisais dans le « Bottin ». Au bureau de poste, je me faisais les listes. J'avais plus le rond pour aller boire. Ma mère laissait traîner sa bourse, la petite en argent, sur le dessus des meubles... Je la biglais avidement... Tant de chaleur, ça démoralise ! Un peu plus alors, cette fois-là, j'allais franchement la piquer... J'ai eu souvent extrêmement soif près de la fontaine. Ma mère s'en est je crois aperçue, elle m'a donné encore deux francs...

Quand je revenais de mes longs périples, toujours infructueux, inutiles, à travers étages et quartiers, il fallait que je me rafistole avant de rentrer dans le Passage, que j'aie pas l'air trop navré, trop déconfit pendant les repas. Ça aurait plus collé du tout. C'est une chose alors mes dabes qu'ils n'auraient pas pu encaisser, qu'ils avaient jamais pu blairer, qu'ils avaient jamais pu comprendre, que je manque, moi, d'espérance et de magnifique entrain... Ils auraient jamais toléré... J'avais pas droit pour ma part aux lamentations, jamais !... C'étaient des trucs bien réservés, les condoléances et les drames. C'était seulement pour mes parents... Les enfants c'étaient des voyous, des petits apaches, des ingrats, des petites raclures insouciantes !... Ils voyaient tous les deux rouge à la minute que je me plaignais, même pour un tout petit commencement... Alors c'était l'anathème ! Le blasphème atroce !... Le parjure abominable !...

« Comment, dis ? toi petit dépotoir ? Comment ce culot infernal ? » J'avais pour moi la jeunesse et je foirais en simagrées ? Ah ! l'effroyable extravagance ! Ah ! l'impertinence diabolique ! Ah ! l'effronterie ! Tonnerre de Dieu ! J'avais devant moi les belles années ! Tous les trésors de l'existence ! Et j'allais groumer sur mon sort ! Sur mes petits revers misérables ? Ah ! Jean-de-la-foutre bique ! C'était l'insolence assassine ! Le dévergondage absolu ! La pourriture inconcevable ! Pour me faire rentrer mon blasphème, ils m'auraient bigorné au sang ! Y avait même plus de jambe qui tienne, ni d'abcès, ni de souffrances atroces !... Ma mère se redressait d'un seul bond ! « Petit malheureux ! Tout de suite ! Petit dévoyé sans entrailles ! Veux-tu retirer ces injures... »

Je m'exécutais. Je discernais pas très bien les félicités de la jeunesse, mais eux ils semblaient connaître... Ils m'auraient franchement abattu si je m'étais pas rétracté... Si j'émettais le plus petit doute et que j'avais l'air de bêcher ils se raisonnaient plus du tout... Ils auraient préféré ma mort que de m'entendre encore profaner, mépriser les dons du Ciel. Ses yeux à ma mère révulsaient de rage et d'effroi quand je subissais l'entraînement ! Elle m'aurait viré dans la trompe tout ce qu'elle trouvait sous sa main... seulement pour que j'insiste plus... Moi, j'avais droit qu'à me réjouir ! et à chanter les louanges ! J'étais né sous la bonne étoile ! moi calamité ! J'avais des parents qu'étaient voués, eux, et ça suffisait tout à fait, absolument exclusifs oui ! à toutes les angoisses et les fatalités tragiques... Moi j'étais que la brute et c'est tout ! Silence ! L'incroyable fardeau des familles !... Moi j'avais qu'à m'exécuter... et des rétablissements pépères ! Faire oublier toutes mes fautes et mes dispositions infectes !... C'était pour eux tous les chagrins ! c'était pour eux toutes les complaintes ! C'est eux qui comprenaient la vie ! c'est eux, qu'avaient toute l'âme sensible ! Et qui souffrait horriblement ? dans les plus atroces circonstances ? les abominations du sort ?... C'étaient eux ! C'était eux toujours absolument, entièrement seuls ! Ils voulaient pas moi que je m'en mêle, que je fasse même mine de les aider... que j'en tâte un peu... C'était leur réserve absolue ! Je trouvais ça extrêmement injuste. On pouvait plus du tout s'entendre.

* * *

Ils avaient beau dire et sacrer, je gardais moi toutes mes convictions. Je me trouvais aussi victime à tous les égards ! Sur les marches de l'Ambigu, là juste au coin de la « Wallace » elles me revenaient ces conjectures... C'était évident !...

Si j'avais fini de tapiner, que c'était une journée perdue, je m'aérais franchement les godasses... Je fumais le mince mégot... Je me renseignais un petit peu auprès des autres potes, les autres pilonneurs de l'endroit, toujours pleins de rencards et de faux condés... Ils étaient pas chiches en discours... Ils connaissaient toutes les annonces, n'importe laquelle « petite affiche », les figurations diverses... Y avait un tatoueur parmi, qui, en plus, tondait les chiens... Tous les condés à la gomme... Les Halles, la Villette, Bercy... Ils étaient pouilleux comme une gare, crasspets, déglingués, ils s'échangeaient les morpions... Avec ça, ils exagéraient que c'était des vrais délires ! Ils arrêtaient pas d'installer, ils s'époumonaient en bluff, ils se sortaient la rate pour raconter leurs relations... Leurs victoires... Leurs réussites... Tous les fantasmes de leurs destins... Y avait pas de limites à l'esbroufe... Ils allaient jusqu'au couteau et au canal Saint-Martin pour régler la contradiction... à propos d'un fameux cousin qu'était Conseiller général... Ils prétendaient n'importe quoi ! Même parmi les hommes-sandwichs les plus croquignols... ils tenaient à certains épisodes dont il fallait pas se marrer... C'est le roman qui pousse au crime encore bien pire que l'alcool... ils avaient plus de crocs pour bouffer, tellement qu'ils étaient vermoulus, ils avaient fourgué leurs lunettes... Ils ramenaient encore leur fraise ! C'était pas croyable comme ballon... Je me voyais peu à peu tout comme...

C'était vers les cinq heures du soir, quand je suspendais mes tentatives... Y en avait marre pour la journée !... L'endroit était favorable aux convalescences, une vraie plage... On se refaisait bien les arpions... C'était la plage de l'Ambigu, tous les traînards, les pompes « à croume », certains qu'étaient pas trop fainéants mais qu'aimaient mieux pinter la chance que de ramper sous la chaleur. C'est des choses faciles à concevoir... Toute la largeur du théâtre, sous les marronniers... La grille pour accrocher les diverses choses... On prenait pas mal ses aises... on échangeait des canettes... Le boudin blanc « à la mode », et l'ail, et le tutu, et les fromages camembert... Sur l'escalade et les marches ça faisait une vraie Académie... Y avait toutes les sortes d'habitudes... Je les retrouvais presque les mêmes depuis toujours... depuis le temps que je faisais la place pour Gorloge... Y avait un fond de petits marles, et puis des bourres pas pressés... des harengs saurs de tous les âges... et qui gagnaient pas chouia aux renseignements de la P. P. Ils faisaient traîner les manilles... Y avait toujours deux ou trois « boucs » qu'essayaient de provoquer la chance... Y avait des placiers trop âgés qui laissaient tomber la « marmotte »... qu'on voulait plus dans les maisons... Y avait les lopailles trop vertes pour aller déjà au Bois... Une même qui revenait tous les jours, son truc c'était les pissotières et surtout les croûtes de pain qui trempent dans les grilles... Il racontait ses aventures... Il connaissait un vieux juif qu'était amateur passionné, un charcutier rue des Archives... Ils allaient dévorer ensemble... Un jour, ils se sont fait poisser... On l'a pas revu pendant deux mois... Il était tout méconnaissable quand il est revenu... Les bourres l'avaient si bien tabassé, qu'il sortait juste de l'hôpital... Ça l'avait tout retourné, la trempe... Il avait mué dans l'entre-temps. Il avait pris comme une voix de basse. Il se laissait pousser toute la barbe... Il voulait plus manger la merde.

Y avait aussi la proxénète en fait de séduction dans le parage. Elle promenait sa fille, la gamine en grands bas rouges, devant les « Folies Dramatiques »... Il paraît que c'était vingt points... Ça m'aurait joliment bien dit... C'était la fortune à l'époque... Elles regardaient même pas de notre côté, nous autres pougnassons... On avait beau faire des appels...

On se rapportait des journaux et des plaisanteries de nos tournées... L'ennuyeux c'était les morbaques... J'en ai ramené moi forcément... Il a fallu que je m'onguente... C'était une vraie calamité les totos de devant l'Ambigu... C'était surtout les mégotiers, ceux qui traînaient dans les terrasses qu'en étaient farcis... Ils allaient en chœur à Saint-Louis chercher la pommade... Ils partaient ensemble à la « frotte »...

Je vois encore mon chapeau de paille, le canotier renforci, je l'avais toujours à la main, il pesait bien ses deux livres... Il fallait qu'il me dure deux années, si possible trois... Je l'ai porté jusqu'au régiment, jusqu'à la classe 12, c'est-à-dire. Mon col, je l'enlevais une fois de plus, il me laissait une marque terrible, une toute cramoisie... Tous les hommes d'abord à l'époque, ils le gardaient jusqu'à la mort, le sillon rouge autour du cou. C'était comme un signe magique.

Fini de commenter les annonces, les drôles d'amorces du boulot, on se rabattait sur la colonne des sportifs, avec épreuves « Buffalo » et les six jours en perspective, et Morin et le beau Faber favori... Ceux qui préféraient du « Longchamp », ils se planquaient dans le coin opposé... Les mômes du tapin qui passaient, repassaient... On les intéressait pas, elles continuaient leur ruban... On n'était nous bons qu'en parlotes, une bande de foutues flanelles...

Les tout premiers autobus, les merveilleux « Madeleine-Bastille » qu'avaient le haut impérial, ils y mettaient toute la sauce, tous leurs explosifs, à cet endroit juste, pour escalader la rampe... C'était un spectacle cent pour cent, c'était un bacchanal terrible ! Ils crachaient toutes les eaux bouillantes contre la porte Saint-Martin. Les voyageurs au balcon prenaient part à la performance... C'était la vraie témérité. Ils pouvaient culbuter l'engin à la manière qu'ils se penchaient tous sur le même côté à la fois, sur le parapet, dans les émotions et les transes... Ils se raccrochaient aux franges, aux zincs, aux dentelures, au pourtour de la balustrade... Ils poussaient des cris de triomphe... Les chevaux étaient déjà vaincus, on se rendait là compte très nettement... C'est seulement sur les mauvaises routes qu'ils pouvaient encore prétendre... L'oncle Édouard le disait toujours... Enfin devant l'Ambigu, comme ça, entre cinq et sept, je l'ai bien vu venir le Progrès... mais je trouvais toujours pas une place... Je rentrais chaque fois à la maison, Gros-Jean comme devant... Je trouvais toujours pas le patron qui me ferait refaire mes débuts... Comme apprenti, ils me refoulaient, j'avais déjà dépassé l'âge... Comme véritable employé, je faisais encore beaucoup trop jeune... J'en sortirais pas de l'âge ingrat... et même si je parlais bien l'anglais c'était exactement pareil !... Ils avaient pas l'utilité ! Ça concernait que les grandes boutiques, les langues étrangères. Et là ils faisaient pas de débutants !... De tous côtés j'étais de la bourre !... Que je m'y prenne comme ci ou comme ça !... C'était toujours du kif mouscaille...

Tout doucement alors, à petites doses, je mettais au courant ma mère des réflexions que je récoltais, que ça me semblait pas très brillant toutes mes perspectives... Elle était pas décourageable... Elle faisait maintenant des autres projets, pour elle-même alors, pour une entreprise toute nouvelle, toujours beaucoup plus laborieuse. Ça la tracassait depuis longtemps, maintenant elle s'était résolue !... « Tu vois, mon petit ami, je vais pas le dire encore à ton père, garde donc tout ceci bien pour toi... Il aurait encore le pauvre homme une terrible déception !... Il souffre déjà beaucoup trop de nous voir aussi malheureux... Mais entre nous, Ferdinand, je crois que notre pauvre boutique... Tst ! Tst ! Tst !... Elle pourra pas s'en relever... Hum ! Hum ! je crains bien le pire tu sais !... C'est une affaire entendue !... La concurrence dans notre dentelle est devenue comme impossible !... Ton père ne peut pas lui s'en rendre compte. Il ne voit pas les affaires comme moi de tout près, chaque jour... Heureusement, mon Dieu, merci ! C'est plus pour quelques cents francs mais pour des mille et milliers de francs qu'il nous faudrait de la camelote pour avoir un vrai choix moderne ! Où donc trouver une telle fortune ? Avec quel crédit, mon Dieu ? Tout ça n'est possible qu'aux grandes entreprises !

Aux boîtes colossales !... Nos petits magasins, tu vois, sont condamnés à disparaître !... Ça n'est plus qu'une question d'années... De mois peut-être !... Une lutte acharnée pour rien... Les grands bazars nous écrasent... Je vois venir tout ça depuis longtemps... Déjà du temps de Caroline... on avait de plus en plus de mal... ça n'est pas d'hier !... Les mortes-saisons s'éternisent... et chaque année davantage !... Elles duraient comme ça de plus en plus... Alors moi, tu sais, mon petit... c'est pas l'énergie qui me manque !... Il faut bien que nous en sortions !... Voilà alors ce que je vais tenter... aussitôt que ma jambe ira mieux... même si je pouvais un peu sortir. Alors j'irais demander une " carte "... dans une grande maison... J'aurais pas de mal à la trouver !... Ils me connaissent depuis toujours !... Ils savent comment je me débrouille ! Que c'est pas le courage qui me manque... Ils savent que ton père et moi, nous sommes des gens irréprochables... qu'on peut bien tout nous confier... n'importe quoi !... ça je peux le dire... Marescal !... Bataille !... Roubique !... Ils me connaissent depuis Grand-mère !... Je suis pas une novice sur la place... Ils me connaissent depuis trente ans, ils me connaissent depuis toujours comme vendeuse et comme commerçante... J'aurais pas de mal à trouver... J'ai pas besoin d'autres références... J'aime pas travailler pour les autres... Mais à présent y a plus le choix... Ton père ne se doutera de rien... absolument... Je dirai que je vais chez une cliente... Il n'y verra que du feu !... Je partirai comme à l'habitude, je serai toujours rentrée pour l'heure... Il aurait honte le malheureux de me voir travailler chez autrui... Il serait humilié le pauvre homme... Je veux lui épargner tout ça !... À n'importe quel prix !... Il s'en relèverait pas !... Je saurais plus comment le retaper !... Sa femme employée chez les autres !... Mon Dieu !... Déjà avec Caroline, il en avait gros sur le cœur... Enfin il se rendra compte de rien !... Je ferai mes tournées régulièrement... Un jour une rue, l'autre jour une autre... Ça sera beaucoup moins compliqué... que ce perpétuel équilibre !... Cette sale voltige qui nous crève !... Toujours des tours de force !... À boucher des trous partout ! c'est infernal à la fin ! Nous y laisserons toute notre peau ! Nous aurons beaucoup moins de frayeurs ! Payer ici ! Payer par-là ! Y arrivera-t-on ?

Quelle horreur ! Quelle torture qui n'en finit pas... On aura que des petites rentrées, mais absolument régulières... Plus de retournements ! Plus de cauchemars ! C'est ça qui nous a manqué !... Toujours !... Quelque chose de fixe ! Ça ne sera plus comme depuis vingt ans ! Un dératage perpétuel ! Mon Dieu ! Toujours à la chasse aux " cent sous " ! Et les clientes qui ne payent jamais ! À peine encore qu'un trou bouché qu'en voilà un autre !... Ah ! c'est joli l'indépendance ! Je l'aimais pourtant, ma mère aussi ! mais je ne peux plus... Nous finirons bien, tu verras, en nous y mettant tous ensemble par joindre les deux bouts !... On l'aura la femme de ménage ! puisque ça lui fait tant plaisir !... sans compter que j'en ai bien besoin ! Ça sera pas de luxe ! »

Ma mère, c'était du nougat pour elle, un nouveau truc bien atroce, un tour de force miraculeux... C'était jamais trop rigoureux, trop difficile ! Elle aurait bien aimé au fond à se taper le boulot pour tout le monde. À traîner toute seule la boutique... et la famille entièrement, entretenir encore l'ouvrière... Elle cherchait jamais pour elle à comparer, à comprendre... Du moment que c'était infect comme labeur, comme angoisse, elle s'y reconnaissait d'autor... C'était son genre, son naturel... Que je me fasse le train, oui ou merde, ça changerait pas la marche des choses... J'étais certain qu'avec une bonne, elle travaillerait cinquante fois plus... Elle y tenait énormément à sa condition féroce... Pour moi, c'était pas du kif... J'avais comme un ver dans la pomme. J'étais profiteur en rapport... Peut-être que ça provenait surtout de mon séjour à Rochester, à ne rien foutre chez Merrywin... J'étais devenu franchement fainéasse ? Je me mettais à réfléchir au lieu de m'élancer au trimard ?... Je faisais plutôt des efforts mous pour la trouver au fond cette place... J'étais pris comme par un flou devant chaque sonnette... J'avais pas le sang des martyrs... Merde ! Je manquais du vice des tout petits !... Je remettais toujours les choses un peu au lendemain... J'ai essayé d'un autre quartier, un moins torride, avec plus de brise... plus ombragé, pour chasser un petit peu l'emploi... J'ai inspecté les boutiques autour des Tuileries... Sous les belles arcades... dans les grandes avenues... J'allais demander aux bijoutiers, si ils voulaient pas d'un jeune homme ?... J'ébouillantais dans mon veston... Ils avaient besoin de personne... Je restais aux Tuileries sur la fin... Je parlais aux gonzesses à la traîne... Je passais des heures dans les buissons... à rien foutre, vraiment à l'anglaise, qu'à boire des timbales et faire marcher les « plaisirs », les petits cadrans sur les cylindres... Y avait aussi l'homme-coco et l'orchestre-cymbale autour des chevaux à « boudins »...

Tout ça c'est loin dans le passé... Un soir je l'ai aperçu mon père... Il longeait les grilles. Il s'en allait aux livraisons... Alors pour pas courir le risque, je restais plutôt dans le Carrousel... Je me planquais entre les statues... Je suis entré une fois au Musée. C'était gratuit à l'époque... Les tableaux, moi je comprenais pas, mais en montant au troisième, j'ai trouvé celui de la Marine. Alors je l'ai plus quitté. J'y allais très régulièrement. J'ai passé là, des semaines entières... Je les connaissais tous les modèles... Je restais seul devant les vitrines... J'oubliais tous les malheurs, les places, les patrons, la tambouille... Je pensais plus qu'aux bateaux... Moi, les voiliers, même en modèles, ça me fait franchement déconner... J'aurais bien voulu être marin... Papa aussi autrefois... C'était mal tourné pour nous deux !... Je me rendais à peu près compte...

En rentrant à l'heure de la soupe, il me demandait ce que j'avais fait ?... Pourquoi j'arrivais en retard... — J'ai cherché ! que je répondais... Maman avait pris son parti. Papa, il grognait dans l'assiette... Il insistait pas davantage.

* * *

On lui avait dit à ma mère, qu'elle pourrait tout de suite essayer sa chance au marché du Pecq et même à celui de Saint- Germain, que c'était le moment ou jamais de la vogue récente, que les gens riches s'installaient partout dans les villas du coteau... qu'ils aimeraient sûrement ses dentelles pour leurs rideaux dans les chambres, les dessus de lit, les jolis brise-bise... C'était l'époque opportune.

Tout de suite elle s'est élancée. Pendant une semaine entière elle a parcouru toutes les routes, avec son barda, bourré des cinq cents camelotes... Depuis la gare de Chatou jusqu'à Meulan presque... Toujours à pompe et boquillonne... Heureusement, il faisait très beau ! La pluie c'était la catastrophe ! Elle était déjà heureuse, elle était parvenue à vendre une bonne partie des « rossignols », des guipures à franges et les lourds châles de Castille qu'étaient en rade depuis l'Empire ! Ils prenaient goût dans les villas pour nos vraies curiosités ! Il fallait qu'ils meublent en vitesse... Ils se laissaient un peu étourdir... C'était l'optimisme, l'enthousiasme du panorama sur Paris. Ma mère poussait la consomme, elle profitait bien de sa chance. Seulement un joli matin, sa jambe a plus remué du tout. C'était fini l'extravagance, les dures randonnées... Même l'autre genou était en feu... il a gonflé aussi du double...

Capron s'est ramené dare-dare... Il a pu seulement constater... Il a levé les deux bras au ciel... L'abcès se formait certainement... L'articulation était prise, tuméfiée déjà... Courage ou pas, c'était du même !... Elle pouvait plus remuer son derrière, se changer de côté, se soulever même d'un centimètre... Elle en poussait des cris atroces... Elle en finissait plus de gémir, pas tant à cause de sa souffrance, elle était dure comme Caroline, mais d'être vaincue par son mal.

C'était une terrible débâcle.

Il a bien fallu forcément qu'on l'embauche la femme de ménage !... On a pris des autres habitudes... L'existence désorganisée... Maman restait sur le lit, mon père et moi on faisait le plus gros, le balayage, les tapis, le devant de la porte, la boutique avant de partir le matin... C'était bien fini d'un seul coup la flânerie, l'hésitation, les tortillements... Il fallait que je me dépêtre, que je m'en trouve vite un boulot. À la six-quatre-deux !...

La femme de ménage, Hortense, elle venait qu'une heure le tantôt et puis deux heures après dîner. Toute la journée elle servait dans une épicerie, rue Vivienne à côté de la Poste. C'était une personne de confiance... chez nous elle faisait un supplément... Elle avait eu de la déveine, il fallait qu'elle turbine double, son mari avait tout perdu en voulant s'établir plombier. En plus elle avait ses deux mômes et une tante encore à sa charge... C'était pas la pause... Elle racontait tout à ma mère, soudée sur son plume. Avec mon père, un matin, on l'a descendue telle qu'elle. On l'a installée sur une chaise. Il fallait faire bien attention pour la pas cogner dans les marches, ni la laisser choir. On l'a établie, coincée, avec des coussins, dans un angle de sa boutique... qu'elle puisse répondre aux clients. C'était difficile... Et puis se soigner sans arrêt... Avec ses compresses « vulnéraires »...

Question des attraits, Hortense, bien que travaillante à plein tube, pire qu'un bœuf en somme, elle demeurait assez croustillante... Elle disait toujours elle-même qu'elle se privait de rien, surtout quant à la nourriture, mais c'est dormir qu'elle pouvait pas ! elle avait pas le temps de se coucher... C'est le manger qui la soutenait et surtout les cafés-crème... Elle s'en tapait au moins dix dans une seule journée... Chez le fruitier, elle bouffait comme quatre. C'était un numéro, Hortense, elle faisait même rigoler ma mère sur son lit de douleurs avec ses ragots. Mon père, ça l'agaçait beaucoup quand il me trouvait dans la même pièce... Il avait peur que je la trousse... Je me branlais bien à cause d'elle, comme on se branle toujours, mais c'était vraiment pas méchant, plus du tout comme en Angleterre... J'y mettais plus la frénésie, c'était plus la même saveur, on avait vraiment trop de misères pour se faire encore des prouesses... Salut ! Merde ! C'était plus l'entrain !... D'être comme ça sur le ballant avec la famille à la traîne, c'était devenu la terreur... J'en avais la caboche farcie par les préoccupations... C'était encore un pire tintouin de me trouver une place à présent qu'avant que je parte à l'étranger. Revoyant ma mère en détresse je suis reparti à la chasse, à la repoursuite des adresses !... J'ai refait de fond en comble les boulevards, la cuve du Sentier, les confins de la Bourse... Sur la fin d'août, ce coin-là, c'est sûrement le pire des quartiers... Y a pas plus moche, plus étouffant... J'ai repiqué dans tous les étages avec mon col, ma cravate, mon « ressort papillon », mon canotier si blindé... J'ai pas oublié une seule plaque... à l'aller... en sens inverse... Jimmy Blackwell et Careston, Exportateurs... Porogoff, Transactionnaire... Tokima pour Caracas et Congo... Hérito et Kugelprunn, nantissements pour Toutes les Indes...

Une fois de plus, je me trouvais fadé, farci, résolu. Je me jetais un petit coup de peigne en m'engageant sous les voûtes. J'attaquais mon escalier. Je sonnais à la première lourde et puis à une autre... Par exemple où ça gazait plus, brusquement c'était pour répondre aux questions... S'ils me demandaient mes références ?... ce que je voulais faire dans la partie ?... mes véritables aptitudes ?...

mes exigences ?... Je me dégonflais à la seconde même... je bredouillais, j'avais des bulles... je murmurais des minces défaites et je me tirais à reculons... J'avais la panique soudaine... La gueule des inquisiteurs me refoutait toute la pétoche... J'étais devenu comme sensible... J'avais comme des fuites de culot. C'était un abîme !... Je me trissais avec ma colique... Je repiquais quand même au tapin... J'allais resonner un autre coup dans la porte en face... c'était toujours les mêmes « affreux »... J'en faisais comme ça, une vingtaine avant le déjeuner... Je rentrais même plus pour la croûte. J'avais trop de soucis vraiment... J'avais en avance plus faim ! j'avais trop horriblement soif... Je serais bientôt plus revenu du tout. Je sentais les scènes qui m'attendaient. Ma mère et toute sa douleur ! Mon père dans sa mécanique, avec encore d'autres colères, ses marmelades, ses hurlements détraqués... La mince perspective !... J'avais tous les compliments !... J'en gardais toute ma caille au cul !... Je restais sur le bord de la Seine, j'attendais qu'il soye deux heures... Je regardais les chiens se baigner... Je suivais même plus un système... Je prospectais au petit bonheur ! J'ai farfouillé toute la rive gauche... Par le coin de la rue du Bac, je me suis relancé dans l'aventure... la rue Jacob, rue Tournon... Je suis tombé sur des entreprises qu'étaient presque abandonnées... Des comptoirs d'échantillonneurs pour les merceries défuntes... dans les provinces à recouvrer... Des fournisseurs d'objets si tristes que la parole vous manquait... Je leur ai fait quand même du charme... J'ai essayé qu'ils m'examinent chez un revendeur pour les chanoines... J'ai tenté tout l'impossible... Je me suis montré intrépide chez un grossiste en chasubles... J'ai bien cru qu'ils allaient me prendre dans une fabrique de candélabres... Je louchais déjà. J'arrivais à les trouver beaux... Mais au moment tout s'écroulait ! les abords de Saint-Sulpice m'ont finalement bien déçu... Ils avaient eux aussi leur crise... De partout, je me suis fait virer...

À force de piétiner l'asphalte j'avais les nougats en tisons... Je me déchaussais un peu partout. J'allais me les tremper en vitesse dans les cuvettes des lavabos. Je me déchaussais en une seconde... J'ai fait la connaissance comme ça d'un garçon de café qui souffrait de ses arpions encore davantage que moi. Il servait lui matin et soir et même plus tard, passé minuit, à l'énorme terrasse dans la cour de la Croix-Nivert, la Brasserie Allemande. Ses pompes lui faisaient souvent si mal, qu'il se versait des petits morceaux de glace à même les godilles... Je l'ai essayé moi son truc... Ça fait du bien sur le moment, seulement après c'est encore pire.

* * *

Ma mère, elle est restée comme ça, avec sa jambe étendue pendant plus de trois semaines encore, au fond de sa boutique. Il venait pas beaucoup de clients... Ce fut encore une raison de plus pour se faire une bile intense... Elle pouvait plus sortir du tout...

Y avait que les voisins qui entraient de temps à autre pour bavarder, pour lui tenir compagnie... Ils lui ramenaient tous les cancans... Ils lui montaient bien le bourrichon... À propos de mon cas, surtout, ils faisaient des ragots fumiers... Ça les énervait ces charognes de me voir à la traîne. Pourquoi que je trouvais pas un boulot ?... Hein ? Ils arrêtaient pas de demander... La façon que je restais pour compte en dépit de tant d'efforts, de sacrifices extraordinaires, c'était pas imaginable !... Ça dépassait l'entendement !... Ah ! Hein ? C'était une énigme !... De me voir ainsi sur le sable, ils en prenaient tous de la graine... Ah ça oui ! Ah parfaitement ! Ils seraient pas eux cons comme mes vieux !... Ils commettraient pas la bévue !... Ils le proclamaient ouvertement !... Ah nom de Dieu non ! Ils se retourneraient pas la caille ! Pour des loupiots qui s'en torchent... Ils s'empailleraient pas pour leurs mômes ! Ah que non ! que non ! À quoi ça servait d'abord !... Surtout pour leur apprendre les langues ! Ah ! la sacrée nom de Dieu de farce ! Ah ! la rigolade ! En faire des voyous, voilà tout ! Nom de Dieu Ça servait à rien !... La preuve ? c'était bien visible ! Y avait seulement qu'à me regarder... Un patron ? J'en trouverais jamais !... Je les mettrais tous en défiance... J'avais pas le bon genre, voilà tout !... Eux qui me connaissaient depuis l'enfance, ils étaient tous bien persuadés !... Oui.

Ma mère, d'entendre des choses semblables, ça l'effondrait totalement, surtout en plus de son état, de son abcès si douloureux qui l'élançait de plus en plus. Ça lui tuméfiait à présent tout le côté de la cuisse... D'habitude, elle se retenait quand même un petit peu de répéter toutes ces conneries... Mais dans la souffrance comme ça, d'une telle acuité, elle contrôlait plus ses réflexes... Elle a tout redit à papa, rebavé presque mot à mot... Y avait déjà bien longtemps qu'il avait pas piqué une crise...

Il s'est jeté sur l'occasion... Il a recommencé à hurler que je l'écorchais vif, et ma mère aussi, que j'étais tout son déshonneur, son opprobre irrémédiable, que j'étais responsable de tout ! Des pires maléfices ! Du passé comme de l'avenir ! Que je l'acculais au suicide ! Que j'étais un assassin d'un genre absolument inouï !... Il expliquait pas pourquoi... Il sifflait, soufflait tellement la vapeur, qu'il faisait un nuage entre nous... Il se tirait les peaux dans le fond du cuir dans les tifs... Il se labourait le crâne au sang... Il s'en retournait tous les ongles... À gesticuler en furie, il se bigornait dans les meubles... Il emportait la commode... C'était tout petit la boutique... Y avait pas de place pour un furieux... Il bute dans le porte-parapluies... Il fout par terre les deux potiches. Ma mère veut les ramasser, elle se donne un terrible tour à sa jambe ! Elle en pousse un cri si perçant... si absolument atroce... que les voisins radinent en trombe !

Elle s'était presque trouvée mal... On lui fait respirer des sels... Elle retrouve peu à peu ses sens... Elle recommence à respirer, elle se rétablit sur ses chaises... « Ah ! qu'elle nous fait... Il est crevé ! » C'était son abcès !... Elle était heureuse, c'est Visios lui-même qui lui a fait sortir le pus. Il avait bien l'habitude. Il avait fait ça souvent à bord des navires.

* * *

J'avais beau être habillé extrêmement correct avec le col parfait carcan, tatanes toutes luisantes au chiffon, ma mère en réfléchissant comme ça dans l'arrière-boutique, ma mère elle a découvert que c'était pas encore le rêve... Qu'il me manquait encore du sérieux, malgré ma montre, ma chaîne brunie... Je gardais des allures voyou en dépit de toutes les semonces... Ça se voyait avec la monnaie, la façon que je prenais les sous comme ça en pleine poche !... Voilà qui faisait arsouillé ! Apache ! Effroyable !

Sur-le-champ elle s'est avisée... Elle a envoyé Hortense au bazar Vivienne... Pour nous ramener des commissions un parfait morlingue... Le fort crapaud cousu main, à multiples compartiments, article inusable... Elle m'a en plus fait cadeau de quatre pièces de cinquante centimes... Mais je devais pas les dépenser !... Jamais !... C'était une économie... Pour me donner le goût de l'épargne !... Elle m'a mis aussi mon adresse, en cas d'accident sur la voie publique... Ça lui faisait plaisir comme ça. Moi j'ai pas fait d'objection.

Je l'ai vite soiffé ce petit pèze en bocks à deux sous... Il a fait une chaleur infâme pendant l'été 1910. Heureusement du côté du Temple, il était facile de se rincer... C'était pas cher sur les tréteaux, tout le long de la rue, la limonade à pleins trottoirs, les bistrots forains...

J'ai repris mes tentatives du côté de la sertissure. C'est un vrai métier en somme que je connaissais quand même un peu... Je suis retourné vers le Marais... Sur le Boulevard, on n'y tenait plus ! C'était tassé comme procession devant le Nègre et la Porte Saint-Denis ! On s'écrasait dans la fournaise... Les frimants du square des Arts, c'était encore pire ! C'était plus la peine de s'asseoir, c'était plus qu'un gouffre de poussière... on râlait rien qu'à respirer !... Y avait là en planque tous les placiers des environs avec leurs caisses et leurs marmottes... et leur roupiot à la godille, celui qui pousse la petite carriole... Ils restaient tous sur le rebord, affalés, attendant l'heure d'affronter leur singe à l'étage... Ils bandaient pas dur !... Ils faisaient une telle morte-saison, qu'ils pouvaient plus du tout se défendre... Même à quatre-vingt-dix jours, on n'en voulait plus nulle part, dans n'importe quelle tôle de leurs exemplaires !... Ils avaient l'allure égarée... Ils se noyaient dans la brume de sable... Jamais ils referaient une seule commande avant le 15 octobre ! C'était pas pour m'encourager... Ils pouvaient fermer leurs calepins ! Je me fascinais sur leur détresse...

Moi, à force de demander partout si on connaissait pas de boulot, j'avais importuné tout le monde, j'avais regardé toutes les plaques, analysé tous les bottins et puis les annuaires. Je suis repassé rue Vieille-du-Temple... Je me suis promené au moins huit jours le long du canal Saint-Martin pour regarder toutes les péniches... le doux mouvement des écluses... Je suis retourné rue Elzévir. À force de me préoccuper je me réveillais en sursaut dans le milieu de la nuit... J'avais une obsession comme ça, qui me possédait de plus en plus fort... Ça me tenaillait toute la bouille... Je voulais retourner chez Gorloge... Je ressentais là, tout d'un coup, un énorme remords, une honte irrésistible, la malédiction... Il me venait des idées de paumé, je commençais des tours de sale con... Je voulais remonter chez Gorloge, me donner à eux tout franchement, m'accuser... devant tout le monde... « C'est moi qu'ai volé ! » que je dirais... « C'est moi qu'ai pris la belle épingle ! Le Çâkya-Mouni tout en or !... C'est moi ! C'est moi positivement ! »... Je m'embrasais tout seul ! Merde ! Après ça, je me faisais, la poisse s'en ira... Il me possédait le mauvais sort... par toutes les fibres du trognon ! J'en avais tellement l'horreur que j'en grelottais constamment... Ça devenait irrésistible... Bordel ! Pour de vrai quand même à la fin je suis retourné devant leur maison... en dépit de la chaleur d'étuve, il me passait des froids dans les côtes... J'avais déjà la panique ! Voilà que j'aperçois la concierge... Elle me regarde bien, elle me reconnaît de loin... Alors j'essaye de me rendre compte, de tâter comment je suis coupable... Je me rapproche de sa cambuse... Je vais lui dire tout d'abord à elle !... Merde !... Mais là, je peux plus... Je me déconcerte... Je fais demi-tour subito... Je me débine à grandes foulées... Je recavale vers les boulevards... ça va pas mieux !... Je me tenais comme un vrai « plouc » ! J'avais la hantise... des extravagances foireuses... Je rentrais plus pour déjeuner... J'emportais du pain, du fromage... J'avais sommeil le tantôt d'avoir si mal dormi la nuit... Tout le temps réveillé par les songes... Fallait que je marche sans arrêt ou bien je somnolais sur les bancs... Ça me tracassait encore quand même de quoi je pouvais bien être coupable ? Y devait y avoir là des motifs ? Des pas ordinaires... J'avais pas assez d'instruction pour réfléchir dans les causes... j'avais trouvé un autre endroit en déambulant, à force, pour me reposer l'après- midi. À « Notre-Dame-des-Victoires » dans le pourtour des petites chapelles, à gauche en entrant... L'endroit était frais au possible... Je me sentais durement traqué par la guigne puante... On est mieux dans l'obscurité... Les dalles c'est bon pour les pompes... Ça rafraîchit mieux que tout... Je me déchaussais en douceur... Je restais comme ça bien planqué... Déjà c'est joli les cierges, ça fait des buissons fragiles... tout frétillants dans le grand velours sombre des voûtes... Ça m'hallucinait... Peu à peu ça m'endormait... Je me réveillais aux petites sonnettes. Ça ne ferme jamais forcément... C'est le meilleur endroit.

* * *

Je trouvais toujours des alibis pour rentrer plus tard encore... Une fois il était près de neuf heures... J'avais été, pour me présenter jusqu'à Antony... dans une usine de papiers peints. On demandait des coursiers dans le centre... C'était bien pour mes aptitudes... J'y suis retourné deux ou trois fois... Elle était pas prête leur usine !... Pas encore bien terminée... Enfin des salades !

Je ressentais un effroi immonde au moment de rentrer au Passage. Tous mes sous pour les tramways je les dilapidais en canettes... Alors je marchais de plus en plus... Il faisait aussi un été absolument extraordinaire ! Il avait pas plu depuis deux mois !..

Mon père il tournait comme un tigre devant sa machine... Dans mon plumard à côté y avait plus moyen que je dorme tellement qu'il jurait sur le clavier... Il lui est sorti au début du mois de septembre toute une quantité de furoncles, d'abord sous les bras et puis ensuite derrière le cou alors un véritable énorme, qu'est devenu tout de suite un anthrax. Chez lui, c'était grave les furoncles, ça le démoralisait complètement... Il partait quand même au bureau... Mais on le regardait dans la rue, tout embobiné dans les ouates. Les gens se retournaient... Il avait beau s'ingénier et prendre beaucoup de levure de bière, ça n'allait pas du tout mieux..

Ma mère était fort inquiète de le voir comme ça en éruption... De son côté, à force de se poser des compresses et puis de rester immobile, son abcès allait un peu mieux. Il suppurait abondamment, mais il avait bien dégonflé. Il s'est vidé encore un peu... Alors, elle s'est remise debout, elle a pas voulu attendre que la plaie se referme, elle a recommencé tout de suite à s'agiter dans la crèche, à boquillonner à nouveau autour des objets et des chaises... Elle voulait surveiller Hortense, elle montait tous les escaliers, elle voulait plus qu'on la transporte.

Elle se cramponnait à la rampe pour gravir les marches toute seule, elle arrivait à se hisser d'un étage à l'autre pendant que nous étions occupés... Elle voulait refaire le ménage, ranger la boutique, les bibelots...

Mon père, emmitouflé de pansements, il pouvait plus tourner la tronche, il étouffait dans les furoncles, mais il entendait bien quand même ma mère à travers les étages, qui chambardait d'une pièce à l'autre, avec sa guibolle à la traîne... Ça l'horripilait plus que tout... Il défonçait toute sa machine... Il s'en écorchait les deux poings tellement qu'il se foutait dans des rognes. Il lui criait de faire attention...

— Ah ! nom de Dieu de Dieu, Clémence ! Tu m'entends quand même ! Tonnerre de bordel ! de bon sang ! Veux-tu t'allonger, nom d'un foutre ! Tu trouves que nous avons trop de veine ! Tu trouves que ça n'est pas assez ? Bordel de bon Dieu d'existence !...

« Voyons, Auguste ! Laisse-moi, je t'en prie... Ne t'occupe pas de mes affaires !... ne t'occupe pas de moi !... Je vais très bien ! »

Elle lui faisait comme ça la voix d'ange...

« C'est facile à dire ! qu'il hurlait... C'est facile à dire ! Nom de Dieu de sacré saloperie de Nom de Dieu de merde ! Tonnerre ! Vas-tu t'asseoir à la fin ? »

* * *

Le matin j'avertis ma mère...

« Dis donc, maman, aujourd'hui je serai pas revenu pour déjeuner... Je m'en vais encore jusqu'aux Lilas... Demander un peu pour mon usine...

— Alors écoute, Ferdinand, qu'elle me répond comme ça... J'ai bien pensé à une chose... Ce soir, je voudrais qu'Hortense me fasse la cuisine à fond... Ça va faire au moins deux mois que c'est répugnant ses casseroles, l'évier, les cuivres... Depuis que je suis malade, j'ai pas pu m'en occuper... Ça sent le graillon jusqu'au troisième... Si je l'envoie aux commissions, elle va encore lambiner, me rester des heures dehors, elle est bavarde comme une pie !... Elle s'incruste chez la fruitière... Elle en finit plus. Toi, puisque tu passes par là, du côté de la République... rentre donc un peu chez Carquois et ramène-moi pour ton père quatorze sous de leur très bon jambon... de la première qualité... tu sais ce que je veux dire ?... Du très frais et presque pas de gras... Tu le regarderas bien avant... Pour nous deux, il nous reste des nouilles, on les fera rebouillir un peu... et puis ramène-moi aussi trois cœurs à la crème en même temps et puis si tu peux te souvenir une laitue pas trop ouverte... Ça m'évitera de faire à dîner... Tu te souviendras de ça ! De la bière, nous en avons... Hortense va rapporter de la levure... Avec ton père et ses furoncles je crois que la salade c'est la meilleure chose pour le sang... Tu prendras avant de partir une pièce de cent sous dans ma bourse sur la cheminée de notre chambre. Compte surtout bien ta monnaie !... Sois bien rentré avant le dîner !... Veux-tu que je t'écrive tout ça ! Par la chaleur je me méfie des œufs pour ton père... Il a de l'entérite... et puis des fraises aussi d'ailleurs... Moi-même, ça me donne des rougeurs... alors lui avec ses nerfs !... Il vaut mieux faire attention... »

J'en savais assez, je pouvais m'en aller... J'ai pris les cent sous... Je suis sorti du Passage... Je suis resté un petit moment près du bassin square Louvois... Comme ça sur un banc je réfléchis... Pas plus de « Lilas » que de beurre au cul ! Par contre, j'avais un petit tubard à propos d'un façonnier, un petit bricoleur en chambre pour les accessoires d'étalage, les velours, les plaquettes. Quelqu'un m'en avait causé... Ça se passait rue Greneta au n° 8... C'était bien par acquit de conscience !... Il devait être environ neuf heures... Il faisait pas encore trop chaud... Je me dirige donc tout doucement. J'arrive à la porte... Je monte au cinquième... Je sonne, on m'entrouvre... La place était prise ! Ça va ! Y avait pas à insister... Ça me délivrait d'un seul coup ! Je redescends peut-être deux étages... Là, sur le palier du troisième je m'assois un petit instant, j'ôte mon col...

Je réfléchis encore... En y pensant, repensant bien, je possédais une autre adresse, un maroquinier de luxe, tout au fin bout de la rue Meslay... C'était pas du pressé non plus... Je regarde le décor tout autour. Il était bien majestueux l'endroit... déglingué par les planchers, ça sentait vraiment mauvais à cause du moisi, des chiots... mais c'était tout de même des larges proportions, c'était grandiose... sûrement une ancienne demeure de michés du Siècle... Ça se voyait aux décorations, aux moulures, aux rampes entièrement forgées, aux marches en marbre et porphyre... C'était pas du toc !... Rien que du travail à la main !... Je les connaissais les choses de style ! Merde ! C'était vraiment magnifique !... Pas une patère simili !... Ça faisait comme un immense salon, où les gens s'arrêteraient plus... Ils entraient vite dans les turnes chercher leurs boulots dégueulasses. C'était bien fini de regarder... C'était moi le souvenir !... Et l'odeur pourrie.

Là, juste auprès de la fontaine je voyais tout le palier, j'étais bien assis... J'en demandais pas davantage... Y avait même encore toutes les vitres qui dataient de l'époque... des minuscules, des carrés couleurs, violets, vert bouteille, des roses... J'étais donc là, extrêmement calme, les gens faisaient pas attention... Ils allaient à leurs turbins... Je méditais à ma journée... Tiens ! j'aperçois une connaissance ! un grand double mètre, un barbichu qui montait... Il soufflait après la rampe... C'était un représentant, un bon gars d'ailleurs... un vrai loustic. Je l'avais pas revu depuis chez Gorloge... Il se défendait dans les gourmettes..., Il me reconnaît sur le palier... Il m'apostrophe d'une rampe à l'autre... Il me raconte ses petites histoires et puis il me demande à moi ce que je suis devenu depuis un an ?... Je lui énumère tous les détails... Il avait pas le temps de m'écouter, il partait tout juste en vacances... Au début de l'après-midi... Il en était tout guilleret de la perspective... Il me quitte donc assez rapidement... Il bondit là-haut quatre à quatre... Il fonçait chez son patron rentrer sa marmotte... Il avait juste ensuite le temps de sauter à la gare d'Orsay et de prendre le train pour la Dordogne... Il s'en allait pour huit jours. Il m'a souhaité bien de la chance... Je lui ai souhaité bien de l'amusement...

Mais il m'avait foutu la caille ce grand saucisson, avec son histoire de campagne... D'un seul coup, soudain, j'avais perdu toute ma contenance. Ah ! Je ferais plus rien de ma journée ! J'en étais absolument sûr !... Je pensais plus qu'aux batifoles, aux grands espaces, à la cambrousse ! Merde ! Il m'avait démoralisé... Ça me hantait subitement la manie de voir la verdure, les arbres, les plates-bandes... Je pouvais plus me contenir... Ça me poussait en frénésie ! Tonnerre de putain de nom de Dieu !... Je me dis : « Je vais aller faire tout de suite mes commissions pour la croûte !... » Voilà comme je pense...

« Après j'irai aux Buttes-Chaumont !... D'abord débarrassons- nous ! Je rentrerai juste pour sept heures... Je serai libre tout l'après-midi ! » Bon !...

Je fonce au plus près... chez Ramponneau... Je me dépêche... au coin de la rue Étienne-Marcel... une charcuterie exemplaire... encore meilleure que chez Carquois... Un modèle de luxe à l'époque et de propreté... Je prends les quatorze sous de jambon... La sorte que mon père préférait, pour ainsi dire dépourvu de gras... La laitue, je la prends aux Halles à côté... Les cœurs à la crème aussi... On me prête même un récipient.

Me voilà parti tout doucement par le boulevard Sébastopol, la rue de Rivoli... Je réfléchis plus très bien ! Il faisait tellement étouffant qu'on avançait avec peine... On se traînait sous les arcades... tout au long des étalages... Je me dis « Va donc au Bois de Boulogne ! »... Je marche encore assez longtemps... Mais ça devenait impossible... impossible... Aux grilles des Tuileries j'oblique... Je traverse, je pénètre dans les jardins... y avait déjà une damnée foule... C'était pas commode du tout de trouver une place dans les herbes... et surtout à l'ombre... C'était beaucoup plus que comble...

Je me laisse un peu caramboler, je dégringole dans un glacis, au revers d'un remblai, dans les pourtours du grand bassin... C'était bien frais, bien agréable... Mais il survient juste alors toute une armée de cramoisis, une masse compacte, râlante, suifeuse, dégoulinante des quatorze quartiers d'alentour... Des immeubles entiers qui dégorgeaient toute leur camelote en plein sur les vastes pelouses, tous les locataires, les pipelettes, traqués par la canicule, les punaises, et l'urticaire... Ils déferlaient en plaisanteries, en fusées de quolibets... D'autres populaces s'annonçaient, effroyables, grondantes par le travers des Invalides...

On a voulu fermer les grilles, défendre les rhododendrons, le carré des marguerites... La horde a tout rabattu, tout éventré, tordu, écartelé toute la muraille... C'était plus qu'un éboulis, une cavalcade dans les décombres... Ils poussaient d'infectes clameurs pour que l'orage vienne à crever, enfin, au-dessus de la Concorde !... Comme il tombait pas une seule goutte ils se sont rués dans les bassins, vautrés, roulés, des foules entières, à poil, en caleçons... Ils ont fait tout déborder, ils ont avalé le dernier jus...

J'étais, moi, tout à fait vautré au fond du remblai gazonneux, j'avais vraiment plus à me plaindre... J'étais protégé en somme... J'avais mes provisions à gauche, je les tenais là sous la main... J'entends les troupeaux qui pilonnent, qui déferlent contre les massifs... Il en survient encore d'autres et de partout... L'immense cohorte des assoiffés... Ça devient maintenant la bataille pour licher le fond de la mare... Ils suçaient tous dans la boue, le limon, les vers, la vase... Ils avaient tout labouré, tout éventré tout autour, tout crevassé profondément. Il restait plus un brin d'herbage sur toute l'étendue des Tuileries... C'était plus qu'un énorme délire, un cratère tout dépecé sur quatre kilomètres de tour, tout grondant d'abîmes et d'ivrognes...

Au plus profond, toutes les familles, à la recherche de leurs morceaux dans l'enfer et le brasier des chaleurs... Il giclait des quartiers de viande, des morceaux de fesses, des rognons loin, jusque dessus la rue Royale et puis dans les nuages... C'était l'odeur impitoyable, la tripe dans l'urine et les bouffées des cadavres, le foie gras bien décomposé... On en mangeait dans l'atmosphère... On pouvait plus s'échapper... C'était entièrement défendu sur toute l'étendue des terrasses, par trois remblais imprenables... Les voitures d'enfants empilées haut comme un sixième.

Les refrains s'enlaçaient quand même dans la jolie nuit tombante, à travers les zéphyrs pourris... Le monstre aux cent mille braguettes, écroulé sur les martyrs, remue la musique dans son ventre... J'ai bien bu moi deux canettes, entièrement à la fauche gratuite... et deux... et deux... qui font douze... Voilà !... J'avais dépensé les cent sous... J'avais plus un seul petit fric... J'ai sifflé un litre de blanc... Pas d'histoires !... Et un mousseux tout entier... Je vais faire quelques échanges avec la famille sur le banc !... Ah !... Je lui troque pour un camembert... tout vivant... mon cœur à la crème !... Attention !... J'échange la tranche de jambon pour un « kil » de rouge tout cru !... On peut pas mieux dire... Il survient à ce moment juste un violent renfort des agents de la garde !... Ah !... le culot... La sotte astuce !... Ils ne font bien bouger personne !... Ils sont tout de suite démontés, honnis... branlés... raccourcis... Ils sont virés dans un souffle ! Ils s'évadent... Ils se dissipent derrière les statues !... La masse entre en insurrection ! Encore pour l'orage qu'elle conspire... Le cratère gronde, vrombit, tonitrue... Il en projette jusqu'à l'Étoile, toute une bourrasque de litrons vides !...

Je partage en deux ma salade, on la bouffe telle quelle et crue... On se taquine avec les demoiselles... Je bois là, tout ce qui se présente sur le coin du banc. C'est trêve la bibine !... ça désaltère pas... ça fait même chaud à la bouche... Tout est brûlant, l'air, les nichons. Ça ferait vomir si on bougeait, si on allait pour se relever... mais il y a pas d'erreur possible ! On ne peut plus remuer du tout... J'ai les paupières qui s'écrasent... le regard qui ferme... Un tendre refrain passe dans l'air à ce moment... « Je sais que vous êtes jolie... »

Bing ! Ca ! ra ! cla ! clac ! C'est le réverbère, le gros ballon blanc qui éclate à pleine volée ! C'est le coup du caillou terrible ! la fronde franche ! Les gonzesses elles en sursautent ! Elles poussent des inouïes clameurs ! C'est les voyous, dans le petit coin, des rigolos, des cochons, de l'autre côté du fossé... Ils veulent avoir la nuit complète !... Ah ! les saligauds, les infâmes !... Je me vautre sur le gonze contre moi... Il est gras la taupe !... Il ronfle ! C'est la vache !... Ça va !... Je suis en position favorite !... Il me fait dormir avec ses bruits !... Il me berce !... Je pensais avoir du camembert... C'est du petit suisse à la crème... Je les vois !... J'en porte toujours sur le cœur... J'aurais pas dû en laisser dans la boîte !... dans la boîte... On est là... On reste !...

On dirait qu'il arrive des brises... Il dort le cœur à la crème... Il doit être très tard !... Et plus tard encore !... Comme le fromage !... Tout à fait.

* * *

J'étais bien en train de ronfler... Je gênais personne... J'avais croulé dans le fossé encore plus profond... J'étais coincé dans la muraille... Voilà un con qui déambule comme ça de travers dans les ténèbres... Il vient buter dans le voisin. Il retombe sur moi, il me culbute... Il me fait une atteinte... J'entrouvre les châsses... Je grogne un coup très féroce... Je regarde là-bas à l'horizon... le plus loin... J'aperçois le cadran... Juste celui de la gare d'Orsay... les immenses horloges... Il est une heure du matin ! Ah ! Foutre Bon Dieu ! Dégueulasse ! Et voilà je décanille ! Je me dépêtre... J'ai deux rombières de chaque côté qui m'écrabouillent... Je les culbute... Tout roupille et renifle dans les fonds... Il faut que je me redresse... que je me démène pour rentrer... Je ramasse mon beau costard... Mais je retrouve plus mon faux col... Tant pis ! Je devais être revenu pour dîner ! Mince ! C'est bien ma putaine déveine ! Aussi c'était la chaleur ! et puis j'étais trop ahuri, j'avais plus du tout ma normale ! J'avais peur et j'étais saoul !... J'étais encore tout étourdi !... La muffée ! Le mufle !

Ah ! je me souviens quand même du chemin... Je prends par la rue Saint-Honoré... la rue Saint-Roch qu'est à gauche... rue Gomboust... alors tout droit. J'arrive à la grille du Passage... Elle est pas encore fermée à cause de la température... Ils sont tous là... en bannières, dépoitraillés les voisins, devant leurs boutiques... Ils sont restés dans les courants d'air... Ils se bavachent d'une chaise à l'autre... à califourchon, comme ça, sur le pas des portes... Il me reste encore de l'ivresse... Je marche, c'est visible, de traviole... Ces gens, ils étaient étonnés. Ça m'arrivait jamais d'être saoul !... Ils m'avaient pas encore vu... Ils m'apostrophaient de surprise !... « Dis donc, alors Ferdinand ? T'as trouvé une situation ?... C'est la fête à la grenouille ?... T'as donc rencontré un nuage ?... T'as vu un cyclone Toto ?... » Enfin des sottises... Visios qui roulait son store, il m'interpelle tout exprès... Il me fait en passant comme ça... : « Dis donc, ta mère, Ferdinand elle est descendue au moins vingt fois depuis sept heures, demander si on t'a pas vu ? Je te jure ! Elle fait salement vilain !... Où que tu t'étais encore caché ?... »

Je poulope donc vers la boutique. Elle était pas fermée du tout... Hortense m'attendait dans le petit couloir... Elle avait dû rester exprès...

« Ah ! si vous voyiez votre maman ! dans quel état qu'elle s'est mise ! Elle est pitoyable ! C'est épouvantable ! Depuis six heures elle ne vit plus !... Y a eu, paraît-il, des bagarres dans les jardins des Tuileries ! Elle est sûre que vous y étiez !... Elle est sortie ce tantôt pour la première fois en entendant les rumeurs... Elle a vu dans la rue Vivienne un cheval emballé ! Elle est revenue décomposée. Ça lui a retourné tous les sangs !... Jamais je l'avais vue si nerveuse ! »... Hortense aussi était en transe pour me raconter l'accident... Elle se tamponnait toute la face, en nage, avec son grand tablier sale. Elle en restait toute barbouillée vert et jaune et noir... J'escalade les marches quatre à quatre... J'arrive là-haut dans ma chambre... Ma mère était sur le page, affalée, retournée complètement, sa camisole sans boutons... ses jupons retroussés jusqu'aux hanches... Elle se mouillait encore toute la jambe avec les serviettes-éponges. Elle en faisait des gros tampons, ça dégoulinait par terre... « Ah ! qu'elle sursaute... Te voilà tout de même ! » Elle me croyait en hachis...

« Ton père est dans une colère ! Ah ! le pauvre homme ! Il partait au commissariat ! Où étais-tu resté encore ?... »

Mon père, juste à ce moment-là, je l'entends qui sort des cabinets. Il monte tout doucement l'escalier, il rajustait ses bretelles... Il rafistolait son pansement autour des furoncles... D'abord, il me dit rien... Il fait mine de même pas me voir... Il retourne à sa machine... Il tape avec un seul doigt... Il souffle comme un phoque, il s'éponge... On crève, c'est un fait... On étrangle absolument... Il se lève... Il décroche au clou la serviette-éponge... Il se badigeonne toute la bouille avec l'eau courante... Il en peut plus !... Il revient !... Il me reluque un peu... de travers... Il regarde ma mère aussi, sur le lit tout étalée... « Recouvre-toi, voyons, Clémence !... » qu'il lui fait comme ça furibard... C'est toujours à cause de sa jambe... Ça va recommencer la séance !... Il lui fait des signes ! Il croit que je la regarde comme ça retroussée... Elle comprend rien à son émoi... Elle est innocente, elle a pas de pudeur... Il lève les deux bras au ciel... Il est outré, excédé ! Elle est découverte jusqu'au bide... Elle rabaisse enfin sa jupe... Elle change un peu de position... Elle se retourne sur le matelas... Je voudrais dire un mot... quelque chose pour faire passer vivement la gêne... Je vais parler de la chaleur... On entend les chats qui s'enfilent... Là-bas très loin sur le vitrail... Ils se foutent la course... Ils bondissent au-dessus des abîmes entre les hautes cheminées...

Un souffle d'air qui nous arrive... Un véritable zéphyr !... Hosanna !... « Voilà le temps qui rafraîchit !... que remarque tout de suite ma mère !... Eh bien ! mon Dieu ! c'est pas trop tôt !... Tu vois, Auguste, avec ma jambe je suis certaine qu'il va pleuvoir !... Je ne peux pas me tromper !... C'est toujours la même douleur... Elle me tiraille derrière la fesse... C'est positivement le signe, c'est absolument infaillible... T'entends, Auguste, c'est la pluie !... »

Ah ! Tais-toi donc quand même un peu ! Laisse-moi travailler ! Bordel ! Tu peux donc pas t'arrêter de bavarder continuellement !

Mais j'ai pas parlé, Auguste ! Il est bientôt près de deux heures ! Voyons, mon petit ! et nous ne sommes pas encore couchés !

Mais je le sais bien ! Bordel de Dieu ! de charogne de trou du cul ! Mais je le sais bien qu'il est deux heures ! Est-ce que c'est ma faute ?... Il sera trois heures ! Nom de Dieu ! Et puis quatre ! Et puis trente-six ! Et puis douze ! Bordel de tonnerre !... C'est malheureux bordel de merde qu'on vienne me faire chier jour et nuit ?... c'est pas admissible à la fin !... » Il assène alors sur son truc un coup terrifiant, à écraser toutes les lettres, à raplatir tout le clavier... Il se retourne, il en est violet... Il fait alors front contre moi... Il m'attaque tout carrément :

« Ah ! » qu'il me fait tout haut comme ça... Il gueule au possible, il déclame... « Vous m'emmerdez tous ! Vous m'entendez ?... C'est compris ! Et toi, sale petite crapule ! éhontée vadrouille ! Où as-tu encore traîné ? Depuis huit heures du matin ? Hein ? Veux-tu répondre ? Dis-le ? Dis-le, nom de Dieu !... »

Je ne réponds rien d'abord... Ça me revient alors d'un seul coup ce que j'ai fait des commissions... c'est vrai que je rapporte rien ! Ah ! merde ! Quel afur !...

J'y pensais plus au jambonneau !... J'avais déjà tout oublié... Je comprends alors la cadence ! Merde ! « Et l'argent de ta mère ?... Et ses provisions ?... Hein ? Ah ! Ah ! » Il exulte !...

« Tu vois Clémence !... Ton produit !... Tu vois encore ce que tu as fait... Avec ton incurie crétine ! ton imbécile aveuglement... Tu lui donnes des armes à ce voyou-là ! Ta confiance impardonnable !... Ta crédulité idiote !... Tu vas lui remettre de l'argent !... Lui confier ta bourse à lui ?... Donne-lui tout !... Donne-lui la maison !... Pourquoi pas ?... Ah ! Ah ! je te l'avais pourtant prédit !... Il te chiera dans la main ! Ah ! Ah ! il nous a tout bu ! Il nous a tout englouti !... Il pue l'alcool ! Il est saoul ! Il a attrapé la vérole ! La chaude-pisse ! Il nous ramènera le choléra ! C'est seulement là que tu seras contente !... Ah ! Eh bien tu récolteras les fruits ! Toi-même, tu m'entends !... Ton fils pourri tu l'as voulu !... Garde-le alors ! Toi toute seule ?... Putain de bordel de Bon Dieu de sort !... »

Il se remonte encore la pendule !... Il se surpasse ! Il se gonfle à bloc !... Il se dégrafe tout le devant de la chemise... Il se dépoitraillé...

« Tonnerre de bordel de Nom de Dieu ! Mais il est canaille jusqu'au sang ? Il s'arrêtera plus devant rien !... Tu devrais tout de même savoir !... Ne rien lui confier !... Pas un centime ! Pas un sou !... Tu me l'avais juré quinze fois ! vingt fois ! Cent mille fois !... Et quand même il faut que tu recommences ! Ah ! tu l'es incorrigible ! »

Il rebondit dessus son tabouret. Il vient exprès pour m'insulter en face... Il traverse encore toute la pièce. Il me bave dans la tronche, il se boursoufle à plein... il s'enfurie vis-à-vis... C'est sa performance d'ouragan !... Je vois ses yeux tout contre mon blaze... Ils se révulsent drôle... Ils lui tremblotent dans ses orbites... C'est une tempête entre nous deux. Il bégaye si fort en rage qu'il explose de postillons... Il m'inonde ! Il me trouble la vue, je suis éberlué... Il se trémousse avec tellement de force qu'il s'en arrache les pansements du cou. Il regigote doublement... Il se met de traviole pour m'agonir... Il m'agrafe... Je le repousse et je fais à cet instant un brutal écart... Je suis déterminé aussi... Je veux pas qu'il me touche le sale fias... Ça l'interloque une seconde...

« Ah ! alors ? qu'il me fait comme ça... Ah ! Tiens ! si je me retenais pas !...

Vas-y ! que je lui dis... Je sens que ça monte...

« Ah ! petit fumier ! Tu me défies ? Petit maquereau ! Petite ordure ! Regardez cette insolence ! Cette ignominie ! Tu veux notre peau ? Hein ? N'est-ce pas que tu la veux ? Dis-le donc tout de suite !... Petit lâche ! Petite roulure !... » Il me crache tout ça dans la tête... Il retourne aux incantations.

« Bordel de Bon Dieu de saloperie ! Qu'avons-nous fait ma pauvre enfant pour engendrer une telle vermine ? pervertie comme trente-six potences !... Roué ! Canaille ! Fainéant ! Tout ! Il est tout calamité ! Bon à rien ! Qu'à nous piller ! Nous rançonner ! Une infection ! Nous écharper sans merci !... Voilà toute la reconnaissance ! Pour toute une vie de sacrifices ! Deux existences en pleine angoisse ! Nous les vieux idiots ! les sales truffes toujours ! Nous toujours !... Hein, dis-le encore ! dis, cancre à poison ! Dis-le donc ! Dis-le là tout de suite, que tu veux nous faire crever !... Crever de chagrin ! de misère ! que je t'entende au moins avant que tu m'achèves ! Dis, gouape infecte ! »

Ma mère, alors se soulève, elle se ramène à cloche-pompe, elle veut s'opposer entre nous...

« Auguste ! Auguste ! Écoute-moi, voyons ! Écoute-moi ! je t'en supplie ! Voyons Auguste ! Tu vas te remettre sur le flanc ! Songe à moi, Auguste ! Songe à nous ! Tu vas te rendre tout à fait malade ! Ferdinand ! Toi, va-t'en mon petit ! va dehors ! Reste pas là !... »

Je bouge pas d'un pouce. C'est lui qui se rassoit...

Il s'éponge, il grogne !... Il tape un, deux coups d'abord sur encore les lettres du clavier... Et puis il rebeugle... Il se tourne vers moi, il me pointe du doigt, il me désigne... Il fait le solennel...

« Ah ! Tiens ! Je peux bien l'avouer aujourd'hui !... Comme je le regrette ! Comme j'ai manqué d'énergie ! Comme je suis coupable de ne pas t'avoir salement dressé ! Nom de Dieu de Bon Dieu ! Dressé ! Quand il était temps encore ! C'est à douze ans, m'entends-tu ! C'est à douze ans pas plus tard qu'il aurait fallu te saisir et t'enfermer solidement ! Ah oui ! Pas plus tard ! Mais j'ai manqué d'énergie !... T'enfermer en correction... Voilà ! C'est là que t'aurais été maté !... Nous n'en serions pas où nous en sommes !... À présent, les jeux sont faits !... La fatalité nous emporte ! Trop tard ! Trop tard ! Tu m'entends, Clémence ? Beaucoup trop tard ! Cette crapule est irrémédiable !... C'est ta mère qui m'a empêché ! Tu payeras maintenant, ma fille ! »

Il me la montre qui boquillonne gémissante, tout autour de la cambuse. « C'est ta mère ! Oui, c'est ta mère ! Tu n'en serais pas là, aujourd'hui, si elle m'avait écouté... Ah ! Bordel de bon sang non ! Ah ! Bordel de Dieu !... »

Il défonce encore le clavier... des ramponneaux des deux poings... Il va sûrement tout détruire.

« Tu m'entends Clémence ? Tu m'entends ? Je t'ai assez dit !... T'ai-je assez prévenue ? Je savais ce que ça serait aujourd'hui ! »

Il va encore éclater... Son courroux le repossède... Il regonfle de partout... de la tronche et des châsses... Ça lui révulse les orbites... Elle tient plus elle sur sa quille à force de trébucher partout... Il faut qu'elle regrimpe sur le plume... Elle s'affale... Elle retrousse tout le haut, toutes ses cottes... Elle se redécouvre toutes les cuisses, le bas du ventre... Elle se tord dans les douleurs... Elle se masse comme ça tout doucement... elle en est repliée en deux...

« Ah ! mais voyons ! Recouvre-toi ! Recouvre-toi donc, c'est infect !...

Ah ! je t'en prie ! Je t'en prie ! Je t'en supplie, Auguste ! Tu vas tous nous rendre malades !... » Elle en pouvait plus... Elle réfléchissait plus du tout.

« Malades ? Malades ?... » Ça le traverse comme une fusée ! C'est un mot magique !... Ah ben ! Nom de Dieu c'est un comble ! Il s'esclaffe... Ça c'est une révélation !... Il remonte encore au pétard... « Mais c'est lui ! Tu ne le vois donc pas, dis Ingénue ?... Mais c'est lui ce petit apache... Mais à la fin, nom de Dieu ! vas-tu comprendre que c'est lui, ce petit infernal fripouille qui nous rend tous ici malades ! L'abjecte vipère ! Mais c'est lui qui veut notre peau ! Depuis toujours qu'il nous guette ! Il veut notre cimetière ! Il le veut !... Nous le gênons ! Il ne s'en cache même plus !... Il veut nous faire crever les vieux !... C'est l'évidence ! Mais c'est clair ! Et le plus tôt possible encore ! Il est incroyable ! Mais il est pressé ! C'est nos pauvres quatre sous ! C'est notre pauvre croûte à nous qu'il guigne ! Tu ne vois donc rien ? Mais oui ! Mais oui ! Il sait bien ce qu'il fait le gredin ! Il le sait le petit salaud ! Le charognard ! La petite frappe ! Il a pas les yeux dans sa poche ! Il nous a bien vu dépérir ! Il est aussi vicieux que méchant ! Moi je peux te le dire ! Moi je le connais si tu le connais pas ! Ç'a beau être mon fils !... »

Il recommence ses tremblements, il saccade de toute sa carcasse, il se connaît plus... Il crispe les poings... Tout son tabouret craque et danse... Il se rassemble, il va ressauter... Il revient me souffler dans les narines, des autres injures... toujours des autres... Je sens aussi moi monter les choses... Et puis la chaleur... Je me passe mes deux mains sur la bouille... Je vois tout drôle alors d'un seul coup !... Je veux plus voir... Je fais qu'un bond... Je suis dessus ! Je soulève sa machine, la lourde, la pesante... Je la lève tout en l'air. Et plac !... d'un bloc là vlac !... je la lui verse dans la gueule ! Il a pas le temps de parer !... Il en culbute sous la rafale, tout le bastringue à la renverse !... La table, le bonhomme, la chaise, tout le fourniment viré en bringue... Tout ça barre sur les carreaux... s'éparpille... Je suis pris aussi dans la danse... Je trébuche, je fonce avec... Je peux plus m'empêcher... Il faut là, que je le termine le fumier salingue ! Pouac ! Il retombe sur le tas... Je vais lui écraser la trappe !... Je veux plus qu'il cause !... Je vais lui crever toute la gueule... Je le ramponne par terre... Il rugit... Il beugle... Ça va ! Je lui trifouille le gras du cou... Je suis à genoux dessus... Je suis empêtré dans les bandes, j'ai les deux mains prises. Je tire. Je serre. Il râle encore... Il gigote... Je pèse... Il est dégueulasse... Il couaque... Je pilonne dessus... Je l'égorge... Je suis accroupi... Je m'enfonce plein dans la bidoche... C'est moi... C'est la bave... Je tire... J'arrache un grand bout de bacchante... Il me mord, l'ordure !... Je lui trifouille dans les trous... J'ai tout gluant... mes mains dérapent... Il se convulse... Il me glisse des doigts. Il m'agrafe dur autour du cou... Il m'attaque la glotte... Je serre encore. Je lui sonne le cassis sur les dalles... Il se détend... Il redevient tout flasque... Il est flasque en dessous mes jambes... Il me suce le pouce... Il me le suce plus... Merde ! Je relève la tête au moment... Je vois la figure de ma mère tout juste là au ras de la mienne... Elle me regarde, les yeux écarquillés du double... Elle se dilate les châsses si larges que je me demande où on est !... Je lâche le truc... Une autre tête qui surgit des marches !... au-dessus du coin de l'escalier... C'est Hortense celle-là ! C'est certain ! Ça y est ! C'est elle ! Elle pousse un cri prodigieux... « Au secours ! Au secours ! » qu'elle se déchire... Elle me fascine alors aussi... Je lâche mon vieux... Je ne fais qu'un saut... Je suis dessus l'Hortense !... Je vais l'étrangler ! Je vais voir comment qu'elle gigote elle ! Elle se dépêtre... Je lui barbouille la gueule...

Je lui ferme la bouche avec mes paumes... Le pus des furoncles, le sang plein, ça s'écrase, ça lui dégouline... Elle râle plus fort que papa... Je la cramponne... Elle se convulse... Elle est costaude... Je veux lui serrer aussi la glotte... C'est la surprise... C'est comme un monde tout caché qui vient saccader dans les mains... C'est la vie !... Faut la sentir bien... Je lui tabasse l'occiput à coups butés dans la rampe... Ça cogne... Elle ressaigne des tifs... Elle hurle ! C'est fendu ! Je lui fonce un grand doigt dans l'œil... J'ai pas la bonne prise... Elle se dégrafe... Elle a rejailli... Elle se carapate... Elle a de la force... Elle carambole dans les étages... Je l'entends hurler du dehors... Elle ameute... Elle piaille jusqu'en haut... « À l'assassin ! À l'assassin !... » J'entends les échos, les rumeurs. Voilà une ruée qui s'amène... ça cavalcade dans la boutique, ça grouille en bas dans les marches... Ils se poussent tous à chaque étage... Ils envahissent... J'entends mon nom... Les voilà !... Ils se concertent encore au deuxième... Je regarde... Ça émerge, c'est Visios ! C'est lui le premier qui débouche... Depuis l'escalier, il a fait qu'un bond... Il est là, campé, en arrêt, farouche, résolu... Il me braque tout contre un revolver... Sur la poitrine... Les autres fias, ils me passent par-derrière, ils m'encerclent, ils m'engueulent, ils groument... Ils me filent des menaces, des injures... Le vieux est toujours dans les pommes... Il est resté écroulé... Il a un petit ruisseau de sang qui lui part de sous la tête... J'ai plus la colère du tout... C'est indifférent... Il se baisse le Visios, il touche le paquet, il grogne papa, ça râle un peu...

Les autres vaches, ils me rebousculent, ils me poussent, ils sont les plus forts... Ils sont extrêmement brutaux... Ils me projettent dans l'escalier... Ils écoutent même pas ma mère... Ils me forcent dans la pièce en dessous... Je prends tous les coups, comme ils viennent... Je résiste plus... Il m'en arrive de tout le monde, surtout des coups dans les bûmes... Je peux plus rien répondre... C'est Visios, le plus féroce !... Je prends un coup de godasse en plein ventre... Je trébuche... Je me baisse pas... Je reste là, collé au mur... Ils s'en vont... Ils me crachent encore dans la gueule... Ils me referment à clef.

Au bout d'un instant, tout seul, je suis pris par les tremblements. Des mains... des jambes... de la figure... et de dedans partout... C'est une infâme cafouillade... C'est une vraie panique des rognons... On dirait que tout se décolle, que tout se débine en lambeaux... Ça trembloche comme dans une tempête, ça branle la carcasse, les dents qui chocottent... J'en peux plus !... J'ai le trou du cul qui convulse... Je chie dans mon froc... J'ai le cœur qui bagotte dans la caisse si précipité que j'entends plus les rumeurs... ce qu'ils deviennent... J'ai les genoux qui cognent... Je m'allonge tout au long par terre... Je sais plus ce qui existe... J'ai la trouille... J'ai envie de gueuler... Je l'ai pas estourbi quand même ? Merde ! Ça m'est égal, mais j'ai l'oignon qui ferme, qui s'ouvre... C'est la contraction... C'est horrible...

Je repense à papa... Je dégouline de sueur et de la froide qui reste... J'en avale du nez... J'ai du sang... Il m'a arraché l'enfoiré !... J'ai pas appuyé... Jamais je l'aurais cru si faible, si mou... C'était la surprise... je suis étonné... C'était facile à serrer... Je pense comment que je suis resté avec les mains prises devant, les doigts... la bave... et qu'il me tétait... Je peux plus m'arrêter de tremblote... Je suis vibré dans toute la barbaque... Serrer voilà ! J'ai la grelotte dans la gueule... Je gémis à force ! Je sens maintenant tous les coups, tous les ramponneaux des autres vaches... C'est pas supportable la frayeur !... C'est le trou du cul qui me fait le plus mal... Il arrête plus de tordre et de renfrogner... C'est une crampe atroce.

* * *

Dans la piaule comme ça bouclé, étendu tout le long sur le dallage, j'ai tremblé encore longtemps, je m'en allais cogner partout... J'allais choquer dans l'armoire... Je faisais un bruit de castagnettes... J'aurais jamais cru que je pouvais tenir dans l'intérieur une tempête pareille... C'était pas croyable comme saccades... Je cavalais comme une langouste... Ça venait du fond... « Je l'ai estourbi ! » que je me disais... J'en étais de plus en plus certain et puis alors un moment j'ai entendu comme des pas... des gens qui discutaient le coup... Et puis qui poussaient le lit en haut...

« Ça y est ! Les voilà qui le transportent... » Après encore un moment, j'ai entendu alors sa voix... La sienne !... Il était seulement sonné ! « J'ai dû lui défoncer le cassis ! Il va crever tout à l'heure !... » que je me suis mis à penser... Ça va être encore bien pire !... Toujours il était sur mon lit... J'entendais les ressorts... Enfin je savais rien. Et puis alors le cœur me soulève... Je commence à vomir... Je me poussais même pour me faire rendre... Ça me soulageait énormément... J'ai tout dégueulé... La grelotte m'a repris... J'en gigotais tellement fort, que je me reconnaissais plus... Je me trouvais étonnant moi-même... J'ai vomi le macaroni... J'ai recommencé, ça me faisait un violent bien. Comme si tout allait partir... Partout sur le carreau j'ai dégueulé tout ce que j'ai pu... Je me poussais dans la contraction... Je me cassais en deux pour me faire rendre encore davantage et puis les glaires et puis de la mousse... Ça filait... ça s'étendait jusque sous la porte... J'ai tout vomi la tambouille d'au moins huit jours auparavant et puis en plus de la diarrhée... Je voulais pas appeler pour sortir... Je me suis traîné jusqu'au broc qu'était debout près de la cheminée... J'ai chié dedans... Et puis je tenais plus d'équilibre... J'avais la tête qui tournait trop... Je me suis écroulé à nouveau, j'ai tout lâché sur le dallage... J'ai foiré encore... C'était une débâcle marmelade...

Ils ont dû m'entendre farfouiller... Ils sont venus ouvrir... Ils ont jeté un œil dans la pièce... Ils ont refermé encore à clef... Après peut-être dix minutes, c'est l'oncle Édouard qu'est entré... Il était absolument seul... J'avais pas remis ma culotte... j'étais comme ça en pleine cacade... Il avait pas peur de moi...

« Rhabille-toi maintenant ! qu'il m'a dit... Descends en avant, je t'emmène... » Il a fallu qu'il me donne la main... Je pouvais pas me reboutonner tellement que je tremblais de partout... Enfin j'ai fait comme il me disait... Je suis passé devant lui pour descendre... Y avait plus personne dans notre escalier, ni dans la boutique non plus. Tout le monde était débiné... Ils devaient être rentrés chez eux... Ils avaient de quoi raconter...

Au cadran, là-haut, sous le vitrage, il était quatre heures et quart... Il faisait déjà un petit jour...

Au bout du Passage, on a fait relever le gardien pour qu'il ouvre la grille. « Vous l'emmenez alors ? » qu'il a demandé à mon oncle...

Oui ! il va coucher chez moi !...

Eh bien ! à vous toute la chance ! À votre bonne santé, cher Monsieur ! Vous avez un beau phénomène !... » qu'il a répondu.

Il a refermé derrière nous et à double tour. Il est retourné dans sa turne. Il ramenait encore de loin : « Ah ben merde ! Il est frais le coco ! »

On a pris avec mon oncle toute la rue des Pyramides... On a traversé les Tuileries... Arrivés au Pont Royal, j'avais toujours la tremblote... Le vent du fleuve, il réchauffe pas. Alors, tout en avançant, il m'a raconté l'oncle Édouard comment ils étaient venus le chercher... C'était Hortense, paraît-il... Il était déjà endormi... C'était pas tout près son bled... C'était plus loin que les Invalides, derrière l'École Militaire... rue de la Convention, avant la rue de Vaugirard... J'osais pas demander d'autres détails... On marchait tout à fait vite... Et puis je pouvais pas me réchauffer... Je claquais toujours des dents...

« Ton père va mieux ! qu'il m'a fait un moment donné... Mais il restera sûrement couché encore deux ou trois jours... Il ira pas au bureau... Le docteur Capron est venu... » C'est tout ce qu'il m'a dit.

On a pris par la rue du Bac et puis à droite jusqu'au Champ-de-Mars... C'était au diable son « garno »... Enfin on arrive... C'est là !... Il me le montre son domicile, une petite maison au fond d'un jardin... Au deuxième sa crèche... J'osais pas me plaindre de la fatigue... mais quand même je tenais plus en l'air... Je me rattrapais après la rampe. Il faisait maintenant complètement jour... Une crise m'a repris dans l'étage, une nausée terrible ! Il me conduisit lui-même aux chiots... J'ai dégueulé encore longtemps... Ça revenait... Il sort un lit-cage du placard... Il ôte un matelas à son lit... Il m'installe dans une autre pièce... Il me passe aussi une couverture... Je m'affale dessus... Il me déshabille... Je crache encore tout un flot de glaires... Enfin, je m'endors par à-coups... C'est un cauchemar qui m'attrape... J'ai sommeillé que par sursauts...

* * *

La façon qu'il s'est arrangé l'oncle Édouard pour que mon père insiste plus... Qu'il me foute entièrement la paix... Je l'ai jamais sue exactement... Je crois qu'il a dû lui faire comprendre que son truc disciplinaire, de m'envoyer à la Roquette, c'était pas encore si peinard... Que j'y resterais peut-être pas toujours !... Que je m'échapperais peut-être tout de suite... exprès pour venir le buter... et puis qu'alors cette fois-là je le ratatinerais pour le compte... Enfin il s'est débrouillé !... Il m'a pas fait de confidences... Je lui en demandais pas non plus.

Chez l'oncle, son logement, c'était gentiment situé, c'était riant, agréable... Ça dominait sur les jardins rue de Vaugirard, rue Maublanc... Y en avait des ribambelles de petits bosquets, de potagers, devant et derrière... Ça grimpait les chèvrefeuilles tout autour des fenêtres en façades... Chacun avait son petit carré entre les maisons, radis, salades et mêmes tomates... et de la vigne ! Ça me rappelait tout ça ma laitue... Elle m'avait pas porté bonheur ! Je me sentais faible extrêmement comme si je relevais d'une maladie. Mais dans un sens je me trouvais mieux. Je me sentais plus du tout traqué au domicile de l'oncle Édouard ! Je recommençais à respirer !...

Dans sa chambre à lui, il y avait comme embellissement, des séries entières de cartes, épinglées en éventails, en fresques, en guirlandes... Les « Rois du volant »... Les « Rois de la pédale » et les « Héros de l'aviation »... Il se les payait toutes au fur et à mesure... Son projet final c'était que ça forme une tapisserie, que ça recouvre entièrement les murs... Ça serait plus bien long à présent... Paulhan et sa petite calotte en fourrure... Rougier, le grand tarin tordu... Petit-Breton, mollet d'acier, maillot de zèbre !... Farman, la barbe... Santos-Dumont, fœtus intrépide !... Le vicomte Lambert, spécialiste de la tour Eiffel... Latham, le grand désabusé !... La « Panthère noire » Mac Namara... Sam Langford le tout en cuisses !... Une centaine d'autres gloires encore... aussi de la boxe forcément !...

On avait pas la mauvaise vie... On s'arrangeait pas mal du tout... Mon oncle, en rentrant de son business et des mille démarches pour sa pompe il me parlait des « évents » sportifs... Il supputait tous les risques... Il connaissait toutes les faiblesses, les tics, les astuces des champions... On déjeunait, on dînait sur la toile cirée, on faisait la tambouille ensemble... On discutait le coup en détail, les chances de tous les favoris...

Le dimanche, on était gonflés... Sur les dix heures du matin, dans la grande Galerie des Machines c'était fantastique comme coup d'œil... On arrivait bien en avance... On se piquait là-haut dans le virage... On s'embêtait pas une seconde... Il bagottait sec l'oncle Édouard, d'un bout de la semaine à l'autre... C'était un écureuil aussi... C'était pas encore au point absolument comme il voulait son histoire de pompe... Il avait même beaucoup d'ennuis à cause des brevets... Il comprenait pas très bien les difficultés... Ça venait surtout de l'Amérique... Mais de bonne ou de mauvaise humeur il me faisait jamais des discours... Jamais il parlait de sentiments... C'est ce que j'estimais bien chez lui... En attendant, il m'hébergeait. Je demeurais dans sa seconde pièce. Mon sort était en suspens. Mon père voulait plus me revoir... Il continuait ses bafouillages... Ce qu'il aurait voulu par exemple c'est que je parte au régiment... Mais j'avais pas encore l'âge... Je comprenais tout ça par bribes... L'oncle, il aimait pas qu'on en cause... Il aimait mieux parler des sports, de sa pompe, de boxe, d'ustensiles... de n'importe quoi... Les sujets brûlants ça lui faisait mal... et à moi aussi...

Tout de même à propos de ma mère, il devenait un peu plus bavard... Il me ramenait comme ça des nouvelles... Elle pouvait plus marcher du tout... Je tenais pas beaucoup à la revoir... À quoi ça aurait servi ?... Elle disait toujours les mêmes choses... Enfin le temps a passé... Une semaine, puis deux, puis trois... Ça pouvait pas s'éterniser... Je pouvais pas prendre des racines... Il était gentil, mon oncle, mais précisément... Et puis alors comment vivre ? Rester toujours à sa charge ?... C'était pas sérieux... J'ai fait une petite allusion... « On verra plus tard ! », qu'il a répondu... C'était pas du tout pressé... Qu'il s'en occupait...

Il m'a appris à me raser... Il avait un système spécial, subtil et moderne et remontable dans tous les sens et même à l'envers... Seulement alors si délicat, que c'était un blot d'ingénieur quand il fallait changer la lame... Ce petit rasoir si sensible c'était un autre nid à brevets, une vingtaine en tout, m'a-t-il expliqué.

C'est moi qui préparais la table, qu'allais chercher les provisions... Je suis resté comme ça dans l'attente et la fainéantise encore presque un mois et demi... à me prélasser comme une gonzesse... Jamais ça m'était arrivé... Je faisais aussi la vaisselle. Y avait pas d'excès au chiffon !... Après, je me promenais où je voulais... Exactement !... C'était une affaire !... J'avais pas un but commandé... Rien que des véritables balades... Il me le répétait tous les jours, avant de sortir, l'oncle Édouard. « Va te promener ! Va donc Ferdinand ! Comme ça droit devant toi... T'occupe pas du reste !... Va par où ça te fera plaisir !... Si t'as un endroit spécial, vas-y ! Vas-y donc ! Jusqu'au Luxembourg si tu veux !... Ah ! Si j'étais pas si pris... J'irais moi voir jouer à la Paume... J'aime ça moi la Paume... Profite donc un peu du soleil... Tu regardes rien, t'es comme ton père !... » Il demeurait encore un instant. Il bougeait plus, il réfléchissait... Il a rajouté... « Et puis tu reviendras tout doucement... Je rentrerai ce soir un peu plus tard... » Il me donnait en plus un petit flouze, des trente sous, deux francs...

« Entre donc dans un cinéma... si tu passes par les boulevards... T'as l'air d'aimer ça les histoires... »

De le voir aussi généreux... et moi de lui rester sur le râble, ça commençait à me faire moche... Mais j'osais pas trop raisonner. J'avais trop peur qu'il se formalise... Depuis toute cette comédie je me gafais dur des conséquences... J'attendrais donc encore un peu que ça se rambine de soi-même... Pour ne pas occasionner des frais je lavais tout seul mes chaussettes pendant le temps qu'il était sorti... Chez lui c'était disposé, par les pièces en enfilade, mais les unes assez loin des autres. La troisième, près de l'escalier, elle était curieuse, ça faisait comme un petit salon... mais presque avec rien dedans... une table au milieu, deux chaises et un seul tableau sur le mur... Une reproduction, une immense, de L'Angélus de Millet... Jamais j'en ai vu d'aussi large !... Ça tenait tout le panneau entier... « C'est beau ça hein, Ferdinand ? » qu'il demandait l'oncle Édouard à chaque fois qu'on passait devant pour aller à la cuisine. Parfois on demeurait un instant pour le contempler en silence... On parlait pas devant L'Angélus... C'était pas les « Rois du volant » !... C'était pas pour les bavardages !

Je crois qu'au fond l'oncle, il devait se dire que ça me ferait joliment du bien d'admirer une œuvre pareille... Que pour une vacherie comme la mienne c'était comme un genre de traitement... Que peut-être ça m'adoucirait... Mais il a jamais insisté... Il se rendait tout à fait compte des choses délicates... Il en parlait pas, voilà tout... C'était pas seulement un homme pour la mécanique l'oncle Édouard... Faudrait pas confondre... Il était extrêmement sensible on peut pas dire le contraire... C'est même enfin à cause de ça que j'étais de plus en plus gêné... Ça me tracassait de plus en plus de rester là comme un plouc à goinfrer sa croûte... Un vrai sagouin culotté... Merde !... Ça suffisait...

Je lui ai demandé une fois de plus, je me suis risqué, si y aurait pas d'inconvénient à ce que je me remette en campagne... que je relise un peu les « annonces »... « Reste donc par ici ! qu'il m'a fait... T'es pas bien ? Tu souffres de quelque chose, mon zouave ? Va donc te promener ! Ça te vaudra mieux !... Te mêle de rien !... Tu vas te refoutre dans tes andouilles !... C'est moi qui vais te trouver le boulot ! Je m'en occupe suffisamment ! Laisse-moi faire tranquille ! Fourre pas ton blaze de ce côté-là ! T'as encore trop la pétasse ! Tu peux seulement que tout bousiller... T'es trop nerveux pour l'instant ! Et puis je me suis entendu avec ton père et ta mère... Va encore faire des balades... Ça durera sûrement pas toujours ! Va par les quais jusqu'à Suresnes ! Prends le bateau, tiens ! Change-toi d'air ! Y a rien de meilleur que ce bateau-là ! Descends à Meudon si tu veux ! Change-toi les idées !... Dans quelques jours je te dirai... Je vais avoir quelque chose de très bien !... Je le sens !... J'en suis sûr !... Mais il faut rien brutaliser !... Et j'espère que tu me feras honneur !... Oui mon oncle !... »

* * *

Des hommes comme Roger-Marin Courtial des Pereires on en rencontre pas des bottes... J'étais encore, je l'avoue, bien trop jeune à cette époque-là pour l'apprécier comme il fallait. C'est au Génitron le périodique favori (vingt-cinq pages) des petits inventeurs-artisans de la Région Parisienne que mon oncle Édouard eut la bonne fortune de faire un jour sa connaissance... Toujours à propos de son système pour l'obtention d'un brevet, le meilleur, le plus hermétique, pour tous genres de pompes à vélos... Pliables, emboutibles, souples ou réversibles.

Courtial des Pereires, il faut bien le noter tout de suite, se distinguait absolument du reste des menus inventeurs... Il dominait et de très haut toute la région cafouilleuse des abonnés du Périodique... Ce magma grouillant de ratés... Ah ! non ! Lui Courtial Roger-Marin, c'était pas du tout pareil ! C'était un véritable maître !... C'était pas seulement des voisins qui venaient pour le consulter... C'était des gens de partout : de Seine, Seine-et-Oise, des abonnés de la Province, des Colonies... de l'Étranger voire !...

Mais fait remarquable, Courtial dans l'intimité n'éprouvait que du mépris, dégoût à peine dissimulable... pour tous ces tâcherons minuscules, ces mille encombreurs de la Science, tous ces calicots dévoyés, ces mille tailleurs oniriques, trafiqueurs de goupilles en chambre... Tous ces livreurs étourdis, toujours saqués, traqués, cachectiques, acharnés du « Perpétuel » de la quadrature des mondes... du « robinet magnétique »... Toute l'infime pullulation des cafouillards obsédés... des trouvailleurs de la Lune !...

Il en avait marre d'eux tout de suite, rien qu'à les regarder un peu, les entendre surtout... Il était contraint de faire bonne mine pour les intérêts du cancan... C'était sa routine, son casuel... Mais c'était sale et pénible... Encore s'il avait pu se taire !... Mais il devait les réconforter ! les flatter ! Les évincer tout doucement... selon le cas et la manie... et surtout leur prendre une obole !... C'était à qui le premier parmi tous ces forcenés, ces effroyables miteux s'échapperait un peu plus tôt... Encore cinq minutes !... De son garno... de son échoppe... de l'omnibus, de la soupente... le temps de pisser... pour foncer encore plus vite jusqu'au Génitron... s'écrouler là, devant le bureau à des Pereires en rupture de chaînes... Haletant... hagard... crispé... de frayeur, agiter encore la marotte... poser encore à Courtial des colles infinies... toujours et quand même à propos des « moulins solaires »... de la jonction des « petites effluves »... du recul de la Cordillère... de la translation des comètes... tant qu'il restait un pet de souffle au fond de la musette fantasque... jusqu'au dernier soubresaut de l'infecte carcasse... Courtial des Pereires, secrétaire, précurseur, propriétaire, animateur du Génitron, avait toujours réponse à tout et jamais embarrassé, atermoyeur ou déconfit !... Son aplomb, sa compétence absolue, son irrésistible optimisme le rendaient invulnérable aux pires assauts des pires conneries... D'ailleurs, il ne supportait jamais les longues controverses... Tout de suite, il bloquait, il prenait lui-même le commandement des débats... Ce qui était dit, jugé, entendu... l'était finalement et une sacrée fois pour toutes !... Il s'agissait pas d'y revenir... ou bien, il se fâchait tout rouge... Il carambouillait son faux col... Il explosait en postillons... Il lui manquait d'ailleurs des dents, trois sur le côté... Ses verdicts, dans tous les cas, les plus subtils, les plus douteux, les mieux sujets aux ergotages devenaient des vérités massives, galvaniques, irréfutables, instantanées... Il suffisait qu'il intervienne... Il triomphait d'autorité... La chicane existait plus !

Au moindre soupir divergent il laissait cours à son humeur et le consultant martyr ne pesait pas lourd dans la danse !... Retourné à l'instant même, écrabouillé, déconfit, massicoté, évaporé sans appel !... C'était plus qu'une fantasia, une voltige sur un volcan !... Il en voyait trente-six chandelles, le pauvre effronté !... Courtial aurait fait, dans ce cas-là, tellement qu'il était impérieux dès qu'il se mettait en colère, recroqueviller dans sa poche le plus insatiable des maniaques, il l'aurait fait tout de suite dissoudre dans un trou de souris.

Il était pas gros Courtial, mais vivace et bref, et petit costaud. Il annonçait lui-même son âge plusieurs fois par jour... Il avait cinquante piges passées... Il tenait encore bon la rampe grâce aux exercices physiques, aux haltères, massues, barres fixes, tremplins... qu'il pratiquait régulièrement et surtout avant le déjeuner, dans l'arrière-boutique du journal. Il s'était aménagé là un véritable gymnase entre deux cloisons. Ça faisait exigu forcément... Cependant, il évoluait aux agrès tel quel... Dans les barres... avec une aisance étonnante... C'était l'avantage de sa taille qu'il pivotait comme un charme... Ou il butait par exemple et même avec brutalité c'est quand il prenait son élan autour des anneaux... Il ébranlait dans le cagibi comme un battant de cloche ! Baoum ! Baoum ! On l'entendait sa voltige ! Jamais je l'ai vu au plus fort de la chaleur ôter une seule fois son froc, ni sa redingote, ni son col... Seulement ses manchettes et sa cravate à système.

Il avait, Courtial des Pereires, une raison majeure de se maintenir en parfaite forme. Il fallait qu'il garde soigneusement son physique et sa souplesse. Il en avait nettement besoin... En plus d'être comme ça inventeur, auteur, journaliste, il montait souvent en sphérique... Il donnait des exhibitions... Le dimanche surtout, dans les fêtes... Ça gazait presque toujours bien, mais quelquefois y avait du pétard, des émotions pas ordinaires... Et puis c'était pas encore tout !... De cent manières différentes son existence fort périlleuse, farcie d'imprévus, lui ménageait des surprises... Il avait toujours connu ça ! C'était sa nature !... Il m'a expliqué ce qu'il voulait...

« Les muscles, Ferdinand, sans l'esprit, c'est même pas du cheval ! Et l'esprit quand y a plus les muscles c'est de l'électricité sans pile ! Alors tu sais plus où la mettre ! Ça s'en va pisser partout ! C'est du gaspillage... C'est la foire !... » C'était son avis. Il avait d'ailleurs rédigé sur ce même sujet quelques ouvrages fort concluants : La pile humaine. Son entretien. Il était « culturiste » comme tout et bien avant que le mot existe. Il voulait la vie diverse... « Je veux pas finir en papier ! » Voilà comment il me causait.

Il aimait ça, lui, les sphériques, il était aéronaute presque de naissance, depuis sa toute première jeunesse avec Surcouf et Barbizet... des ascensions très instructives... Pas des performances ! ni des raids ! ni des bouleversantes randonnées ! Non ! rien de tapageur, de pharamineux ! d'insolite ! Il les avait en horreur lui, les chienlits de l'atmosphère !... Que des envols démonstratifs ! des ascensions éducatives !... Toujours scientifiques !... C'était sa formule absolue. Ça faisait du bien pour son journal, ça complétait son action. Chaque fois qu'il avait ascendu, il rapportait des abonnés. Il possédait un uniforme pour monter dans la nacelle, il y avait droit sans conteste comme capitaine à trois galons, aéronaute « fédératif, breveté, agrégé ». Il comptait plus ses médailles. Sur son costard le dimanche, ça lui faisait comme une carapace... Lui- même il s'en foutait pas mal, il était pas ostentatoire, mais pour l'assistance ça comptait, il fallait du décorum.

Jusqu'au bout, qu'il est resté Courtial des Pereires, défenseur résolument des « beaucoup plus légers que l'air ». Il pensait déjà aux héliums ! Il avait trente-cinq ans d'avance ! C'est pas peu dire ! Le Zélé son vétéran, son grand sphérique personnel, il reposait entre les sorties dans la cave même du bureau, au 18 Galerie Montpensier. On ne le sortait en général que le vendredi avant dîner pour préparer les agrès, rafistoler toute la trame avec d'infinies précautions, les plis, les enveloppes, les ficelles remplissaient le gymnase miniature, la soie boursouflait dans les courants d'air.

* * *

Lui, non plus, Courtial des Pereires, il arrêtait jamais de produire, d'imaginer, de concevoir, résoudre, prétendre... Son génie lui dilatait dur le cassis du matin au soir... Et puis même encore dans la nuit c'était pas la pause... Il fallait qu'il se cramponne ferme contre le torrent des idées... Qu'il se garde à carreau... C'était son tourment sans pareil... Au lieu de s'assoupir comme tout le monde, les chimères le poursuivant, il enfourchait d'autres lubies, des nouveaux dadas !... Vroutt !... L'idée de dormir s'enfuyait !... ça devenait vraiment impossible... Il aurait perdu tout sommeil s'il ne s'était pas révolté contre tout l'afflux des trouvailles, contre ses propres ardeurs... Ce dressage de son génie lui avait coûté plus de peine, de vrais surhumains efforts que tout le reste de son œuvre !... Il me l'a souvent répété !...

Quand il était quand même vaincu, après bien des résistances, qu'il se sentait comme débordé par ses propres enthousiasmes, qu'il commençait à y voir double, à y voir triple... à entendre des drôles de voix... il avait plus guère qu'un moyen pour réprimer ces virulences, pour retomber dans la cadence, pour reprendre toute sa bonne humeur, c'était un petit coup d'ascension ! Il se payait un tour dans les nuages ! S'il avait eu plus de loisirs, il serait monté bien plus souvent, presque tous les jours en somme, mais c'était pas compatible avec le roulement du canard... Il pouvait monter que le dimanche... Et déjà c'était compliqué... Le Génitron l'accaparait, sa permanence c'était là ! Y avait pas à plaisanter... Les inventeurs c'est pas des drôles... Toujours à la disposition ! Il s'y collait courageusement, rien ne rebutait son zèle, ne déconcertait sa malice... ni l'abracadabrant problème, ni le colossal, ni l'infime... Avec des grimaces, il digérait tout... Depuis le « fromage en poudre », l' » azur synthétique », la « valve à bascule », les « poumons d'azote », le « navire flexible », le « café-crème comprimé » jusqu'au « ressort kilométrique » pour remplacer les combustibles... Aucun des essentiels progrès, en des domaines si divers, n'entra dans la voie pratique, sans que Courtial eût l'occasion, à maintes reprises à vrai dire, d'en démontrer les mécanismes, d'en souligner les perfections, et d'en révéler aussi toujours impitoyablement les honteuses faiblesses et les tares, les aléas et les lacunes.

Tout ceci lui valut bien sûr de très terribles jalousies, des haines sans quartier, des rancunes coriaces... Mais on le trouvait insensible à ces contingences falotes.

Aucune révolution technique, tant qu'il tint la plume au journal, ne fut déclarée valable, ni même viable, avant qu'il l'ait reconnue telle, amplement avalisée dans les colonnes du Génitron. Ceci donne une petite idée de son autorité réelle. Il fallait en somme qu'il dote chaque invention capitale de son commentaire décisif... Il leur donnait pour mieux dire « l'Autorisation » ! C'était à prendre ou à laisser. Si Courtial déclarait comme ça dans sa première page que l'idée n'était pas recevable ! Holà ! Holà ! funambulesque ! hétéroclite ! qu'elle péchait salement par la base... la cause était entendue !

Ce fourbi ne s'en relevait pas !... Le projet tombait dans la flotte. S'il se déclarait au contraire absolument favorable... l'engouement ne tardait guère... Tous les souscripteurs radinaient...

Dans son magasin-bureau, sur la perspective des jardins, tout à l'abri des Arcades, Courtial des Pereires, ainsi, grâce à ses deux cent vingt manuels entièrement originaux, répandus à travers le monde, grâce au Génitron périodique, participait péremptoirement et d'une façon incomparable au mouvement des sciences appliquées. Il commandait, aiguillait, décuplait les innovations nationales, européennes, universelles, toute la grande fermentation des petits inventeurs « agrégés » !...

Bien sûr, ça ne marchait pas tout seul, il devait attaquer, se défendre, parer aux tours de cochon. Il magnifiait, écrasait, imprévisiblement d'ailleurs, par la parole, la plume, le manifeste, la confidence. Il avait un jour, entre autres, c'était à Toulon vers 1891, provoqué un début d'émeute par une série de causeries sur « l'orientation tellurique et la mémoire des hirondelles »... Il excellait, c'est un fait, dans le résumé, l'article, la conférence, en prose, en vers et quelquefois, pour intriguer, en calembours... « Tout pour l'instruction des familles et l'éducation des masses », telle était la grande devise de toutes ses activités.

Génitron, Polémiques, Inventions, Sphérique, c'était la gamme de ses mobiles, d'ailleurs chez lui inscrits partout sur tous les murs de ses bureaux... au frontispice, à la devanture... on ne pouvait pas s'égarer ! Les plus récentes, les plus complexes emberlificotées controverses, les plus ardues, les plus subtilement astucieuses théories, physiques, chimiques, électrothermiques ou d'hygiène agricole, se rendaient, se ratatinaient comme des chenilles au commandement de Courtial sans plus tortiller davantage... Il les sonnait, les dégonflait en moins de deux... On leur voyait immédiatement le squelette, la trame... C'était un esprit Rayons X... Il ne lui fallait qu'une heure d'efforts et de furieuse application pour retaper une fois pour toutes les plus pires enculaillages, les plus prétentieuses quadratures à l'alignement du Génitron, à la comprenette si hostile des plus calamiteux connards, du plus confus des abonnés. C'était un boulot magique qu'il enlevait superbement, la synthèse explicative, péremptoire, irrécusable, des pires hypothèses saugrenues, les plus ergoteuses alambiquées, insubstantielles... Il aurait fait par conviction passer toute la foudre entière dans le petit trou d'une aiguille, l'aurait fait jouer sur un briquet, le tonnerre dans un mirliton. Telle était sa destinée, son entraînement, sa cadence, de mettre l'univers en bouteille, de l'enfermer par un bouchon et puis tout raconter aux foules... Pourquoi ! et comment !... Moi-même j'étais effrayé plus tard, vivant avec lui, de ce que j'arrivais à saisir dans une journée de vingt-quatre heures... rien que par bribes et allusions... Pour Courtial rien n'était obscur, d'un côté y avait la matière toujours fainéante et barbaresque et de l'autre y avait l'esprit pour comprendre entre les lignes... Le Génitron invention, trouvaille, fécondité, lumière !... C'était le sous-titre du journal. On travaillait chez Courtial sous le titre du grand Flammarion, son portrait dédicacé tenait le milieu de la vitrine, on l'invoquait comme le Bon Dieu, dès la moindre contestation, pour un oui, pour un non ! C'était le suprême recours, la providence, le haricot, on ne jurait que par le Maître et un peu aussi par Raspail. Courtial avait consacré douze manuels rien qu'aux synthèses explicites des découvertes d'Astronomie et quatre manuels seulement au génial Raspail, aux guérisons « naturalistes ».

Ce fut une fameuse bonne idée, qu'eut en somme un jour l'oncle Édouard, de se rendre lui-même au Génitron pour tâter un peu le terrain au sujet d'un petit emploi. Il avait un autre motif, il venait aussi le consulter à propos de sa pompe à vélo...

Il connaissait des Pereires depuis fort longtemps, depuis la publication de son soixante-douzième manuel, celui parmi tous les autres, qu'était encore le plus lu, le plus répandu dans le monde, celui qui avait le plus valu pour sa gloire, sa belle célébrité : L'équipement d'une bicyclette, ses accessoires, ses nickels, sous tous les climats de la terre, pour la somme globale de dix-sept francs quatre-vingt-quinze. L'opuscule « manufacteur » au moment dont je parle en était chez Berdouillon et Mallarmé, les éditeurs spécialistes, quai des Augustins, à sa trois centième édition !... La faveur, l'engouement universels suscités dès la parution par cet infime, trivial ouvrage peuvent à présent de nos jours difficilement s'imaginer... Toutefois « L'Équipement des Vélos » par Courtial Marin des Pereires représenta vers 1900, pour le cycliste néophyte, une sorte de catéchisme, un « chevet », la « Somme »... Courtial savait faire d'ailleurs et d'une manière fort pertinente toute sa critique personnelle. Il ne se grisait pas pour si peu ! Sa célébrité croissante lui valut, évidemment, un courrier toujours plus massif, d'autres visites, d'autres importuns plus tenaces, des corvées nouvelles, des polémiques plus acides... Bien peu de joies !... On venait de consulter de Greenwich et de Valparaiso, de Colombo, de Blankenberghe, sur les variables problèmes de la selle « incidente » ou « souple » ? sur le surmenage des billes ?... sur la graisse dans les parties portantes ?... le meilleur dosage hydrique pour inoxyder les guidons... Gloire pour gloire, il ne pouvait pas beaucoup renifler celle qui lui venait de la bicyclette. Il avait depuis trente ans, ainsi répandant par le monde la semence de ses opuscules, rédigé bien d'autres manuels et des vraiment plus flatteurs et des synthèses explicatives de haute valeur et d'envergure... Il avait en somme en cours de carrière expliqué à peu près tout... Les plus hautaines, les plus complexes théories, les pires imaginations de la physique, chimie, des « radios-polarites » naissantes... La photographie sidérale... Tout y avait passé peu ou prou à force d'en écrire. Il éprouvait pour cela même une très grande désillusion, une véritable mélancolie, une surprise bien déprimante, à se voir comme ça préféré, encensé, glorieux, pour des propos de chambre à air et des astuces de « pignons doubles » !... Personnellement, pour commencer, il avait horreur du vélo... Jamais il avait appris, jamais il était monté dessus... Et question de mécanique c'était encore pire... Jamais il aurait pu démonter seulement une roue, même la chaîne !... Il ne savait rien foutre de ses mains à part la barre fixe et le trapèze... Il était des plus malhabiles, comme trente-six cochons réellement... Pour enfoncer un clou de travers il se déglinguait au moins deux ongles, il se flanquait tout le pouce en bouillie, ça devenait tout de suite un carnage dès qu'il touchait un marteau. Je parle pas des tenailles, bien sûr, il aurait arraché le pan de mur... le plafond... la crèche entière... Il restait plus rien autour... Il avait pas un sou de patience, son esprit allait bien trop vite, trop loin, trop intense et profond... Dès que la matière lui résistait, il se payait une épilepsie... Ça se terminait en marmelade... C'est seulement par la théorie qu'il arrangeait bien les problèmes... Question de la pratique, par lui-même, il savait juste faire les haltères et seulement dans l'arrière-boutique... et puis en plus le dimanche escalader la nacelle et commander son « Lâchez tout »... et se recevoir plus tard en « boule »... Si il se mêlait de bricoler comme ça de ses propres doigts, ça finissait comme un désastre. Dès qu'il bougeait un objet, il le foutait tout de suite par terre, en bas, à l'envers, ou bien il se le projetait dans l'œil... On peut pas être excellent dans n'importe quoi ! Il faut bien se faire une raison... Mais dans l'immense choix de ses œuvres, il en avait une toute spéciale, dont il tirait une grande fierté... C'était sa vraie corde sensible... Il suffisait qu'on l'effleure pour qu'il frémisse immédiatement... Il fallait y revenir souvent pour qu'il vous traite en copain. Question des « synthèses », c'était, on peut le dire sans bobard, un inégalable joyau... une pharamineuse réussite... « L'œuvre complète d'Auguste Comte, ramenée au strict format d'une " prière positive ", en vingt-deux versets acrostiches » !...

Pour cette inouïe performance, il avait été fêté, presque immédiatement, à travers toute l'Amérique... la latine... comme un immense rénovateur. L'Académie Uruguayenne réunie en séance plénière quelques mois plus tard l'avait élu par acclamations Bolversatore Savantissima avec le titre additif de « Membre Adhérent pour la vie »... Montevideo, la ville, point en reste, l'avait promu le mois suivant Citadinis Etematis Amicissimus. Courtial avait espéré qu'avec un surnom pareil, et en raison de ce triomphe, il allait connaître d'autre gloire, d'un genre un peu plus relevé... qu'il allait pouvoir prendre du large... Prendre la direction d'un mouvement de haut parage philosophique... « Les Amis de la Raison Pure »... Et puis point du tout ! Balle Peau ! Pour la première fois de sa vie il s'était foutu le doigt dans l'œil ! Il s'était entièrement gouré... Le grand renom d'Auguste Comte exportait bien aux Antipodes, mais ne retraversait plus la mer ! Il collait sur la Plata, indélébile, indétachable. Il rentrait plus au bercail. Il restait « pour Américains » et cependant pendant des mois, et encore des mois de suite, il avait tenté l'impossible... Tout entrepris au Génitron, noirci colonnes après colonnes, pour donner à sa « prière » un petit goût entraînant bien français, il l'avait réduite en « rébus », retournée comme une camisole, parsemée de menues flatteries... rendue revancharde... cornélienne... agressive et puis péteuse... Peine perdue !

Le buste même d'Auguste Comte, longtemps hissé en très bonne place, il plaisait pas aux clients, à la gauche du grand Flammarion, il a fallu qu'on le supprime. Il faisait du tort. Les abonnés renâclaient. Ils aimaient pas Auguste Comte. Autant Flammarion leur semblait nettement populaire, autant Auguste les débectait. Il jetait la poisse dans la vitrine... C'était comme ça ! Rien à chiquer !

Courtial, certains soirs, beaucoup plus tard, quand le bourdon le travaillait un peu, il prononçait des drôles de mots...

« Un jour, Ferdinand, je partirai... Je partirai au diable, tu verras ! Je partirai très loin... Je m'en irai tout seul... Par mes propres moyens !... Tu verras !... »

Et puis il restait comme songeur... Je voulais pas l'interrompre. Ça le reprenait de temps en temps... Ça m'intriguait bien quand même...

* * *

Avant d'entrer chez des Pereires, mon oncle Édouard pour me caser avait tenté l'impossible, remué ciel et terre, il s'était arrêté devant rien, il avait déjà usé à peu près toutes ses ficelles... Dans chaque maison où il passait, il parlait de moi en très bons termes... mais ça donnait pas de résultat... Sûrement qu'il me gardait de très bon cœur dans son logement de la Convention, mais enfin il était pas riche... ça pouvait pas durer toujours ! C'était pas juste que je le rançonne... Puis j'encombrais son domicile... c'était pas très vaste son bocal... j'avais beau faire semblant de dormir quand il se ramenait une mignonne... sur la pointe des pieds... sûrement quand même je le gênais.

D'abord de nature il était extrêmement pudique. Et puis, on aurait jamais cru, dans un certain nombre de cas tout à fait timide... C'est ainsi qu'avec Courtial, même après des mois de relations, il était pas encore très libre. Il l'admirait sincèrement et il osait rien lui demander... Il avait encore attendu avant de lui parler de mon histoire... et cependant ça le démangeait... Il se sentait comme responsable... que je reste ainsi sur le sable... sans situation aucune...

Un jour, à la fin, quand même il s'est enhardi... En badinant, sans avoir l'air. Il a posé la petite question... S'il aurait pas besoin des fois, pour son bureau des Inventeurs, ou pour son aérostation, d'un petit secrétaire débutant ?... L'oncle Édouard, il ne se leurrait guère sur mes aptitudes. Il s'était bien rendu compte que dans les boulots réguliers je me démerdais franchement mal. Il voyait les choses assez juste. Que pour mon genre et ma balance, ce qui serait plutôt indiqué c'était les trucs « en dehors », des espèces d'astuces capricieuses, des manigances à la « godille ». Avec Courtial, tous ses fourbis problématiques, ses entourloupes à distance, j'avais des chances de m'arranger... Voilà ce qu'il pensait.

Courtial, il se teignait les tifs en noir ébène et la moustache, la barbiche il la laissait grise... Tout ça rebiffait à la « chat » et les sourcils en révolte, touffus, plus agressifs encore, nettement diaboliques, surtout celui de gauche. Il avait les pupilles agiles au fond des cavernes, des petits yeux toujours inquiets, qui se fixaient soudain, quand il trouvait la malice. Alors, il se marrait un bon coup, il s'en secouait fort toute la tripe, il se tapait les cuisses violemment et puis il restait comme figé par la réflexion une seconde, comme admiratif du truc...

C'est lui, Courtial des Pereires, qu'avait obtenu en France le second permis de conduire pour automobile de course. Son diplôme encadré d'or et puis sa photo « jeune homme », au volant du monstre avec la date et les tampons, nous l'avions au-dessus du bureau. Ça avait fini tragiquement... Il me l'a souvent raconté :

« J'ai eu de la veine ! qu'il admettait. Ça je t'assure ! Nous arrivions au Bois-le-Duc... une carburation splendide !... Je ne voulais même pas ralentir... J'aperçois l'institutrice... grimpée en haut du remblai... Elle me faisait des signes... Elle avait lu tous mes ouvrages... Elle agitait son ombrelle... Je ne veux pas être impoli... Je freine à hauteur de l'école... À l'instant je suis entouré, fêté !... Je me désaltère... Je ne devais plus stopper qu'à Chartres... dix-huit kilomètres encore... Le dernier contrôle... J'invite cette jeune fille... Je lui dis : " Montez Mademoiselle... montez donc à côté de moi ! Prenez donc place ! " Elle hésite, elle tergiverse la mignonne, elle fait la coquette un peu... J'insiste... La voilà qui s'installe... Nous démarrons... Depuis le matin, à chaque contrôle, surtout à travers la Bretagne, c'était du cidre et encore du cidre... Ma mécanique vibrait très fort, gazait parfaitement... Je n'osais plus du tout ralentir... Et pourtant j'avais très envie !... Enfin il faut que je cède !... Je freine donc encore un peu... J'arrête tout, je me lève, je saute, j'avise un buisson... Je laisse la belle au volant ! Je lui crie de loin : " Attendez-moi ! Je reviens dans une seconde !... " À peine effleurais-je ma braguette, que je me sens, vous entendez ! Assommé ! Enlevé ! Propulsé effroyablement ! tel un fétu par la bourrasque ! Baoum ! Formidable ! une détonation inouïe !... Les arbres, les feuillages alentour sont arrachés, fauchés, soufflés par la trombe ! L'air s'embrase ! Je me retrouve au fond d'un cratère et presque évanoui... Je me tâte !... Je me rassemble !... Je rampe encore jusqu'à la route !...

Le vide absolu ! La voiture ? Vacuum mon ami ! Vacuum ! Plus de voiture ! Évaporée !... Foudroyée ! Littéralement ! Les roues, le châssis... Chêne !... pitchpin ! calcinés !... Toute la membrure... Que voulez-vous ! Je me traîne aux environs, je me démène d'une motte à l'autre ! Je creuse ! Je trifouille ! Quelques miettes de-ci, de-là ! quelques brindilles... Un petit morceau d'éventail, une boucle de ceinture ! Un des bouchons du réservoir... Une épingle à cheveux ! C'est tout !... Une dent dont je ne fus jamais sûr !... L'enquête officielle n'a rien résolu !... Rien élucidé !... C'était à prévoir... Les causes de ce formidable embrasement demeurent pour toujours mystérieuses... C'est presque deux semaines plus tard à six cents mètres de l'endroit, qu'il fut retrouvé dans l'étang et d'ailleurs après maints sondages un pied nu de cette demoiselle à moitié rongé par les rats.

« Pour ma part, sans être absolument formel, une des nombreuses hypothèses qui furent à ce moment émises pour expliquer cette ignition, si terriblement détonante, pourrait peut-être à la rigueur me satisfaire... Le cheminement imperceptible d'un de nos " fusibles allongés "... Il suffisait, qu'on y songe ! que par l'entraînement des cahots, des petites saccades successives, cette mince tringlette en minium vienne par hasard trembloter, ne fût-ce que l'espace d'une seconde ! un dixième de seconde ! contre les tétines de l'essence... Immédiatement tout éclatait !... Une mélinite prodigieuse ! L'obus vivant !... Telle était mon bon ami la précarité du système. Je suis revenu à cet endroit, longtemps après la catastrophe... Ça sentait toujours le brûlé !... D'ailleurs à ce stade fort critique du progrès des automobiles il fut observé à bien des reprises de telles fantastiques explosions, presque aussi massives ! en pulvérisations totales ! Des disséminations atroces ! Des propulsions gigantesques !... Je ne pourrais leur comparer à l'extrême rigueur que les déflagrations subites de certains brasiers d'Air liquide... Et encore !... Je ferais mes réserves !... Celles-ci sont en effet banales ! Absolument explicables... Et de fond en comble ! Aucun doute ! Aucune énigme ! Tandis que le mystère subsiste presque tout entier quant aux causes de ma tragédie !... Avouons-le très modestement ! Mais quelle importance aujourd'hui ? Aucune !... On n'utilise plus les " fusibles " depuis Belle Lurette ! Ne retardons pas à plaisir !... D'autres problèmes nous requièrent... Mille fois plus originaux ! Comme c'est loin, tout ça mon ami ! On ne travaille plus au " minium " ! Personne !... »

Courtial n'avait point adopté, comme moi, dans son habillement le col en celluloïd... Il avait son propre système pour rendre inusables, insalissables, imperméables, les faux cols en toile ordinaire... C'était une sorte de vernis dont on passait deux ou trois couches... Ça tenait pendant six mois au moins... à l'abri des souillures de l'air et des doigts, des transpirations. C'était un très bel enduit à base de pure cellulose. Le sien de faux col, le même, il le gardait depuis deux ans. Par pure et simple coquetterie il le repeignait tous les mois ! un coup de badigeon ! Ça lui donnait de la patine, le ton, l'orient même, des antiques ivoires. Le plastron pareil. Mais alors bien contrairement à ce qu'assurait la notice, les doigts marquaient tout à fait net sur le col enduit... Ils restaient en larges macules surajoutées les unes aux autres ! Ça faisait un Bertillon total, l'affaire était pas au point. Il l'avouait de temps en temps lui- même. Il lui manquait aussi un nom pour intituler cette merveille. Il se réservait d'y penser quand le moment serait venu.

En hauteur, Courtial des Pereires, il avait vraiment rien eu trop ! Il fallait pas qu'il perde un pouce... Il se mettait des très hauts talons, d'ailleurs il était difficile, question des chaussures... Toujours des empeignes de drap beige et petits boutons de nacre... Seulement il était comme moi, il cocotait dur des panards... Il était terrible à renifler arrivé le samedi tantôt... C'était le dimanche matin qu'il faisait sa toilette, j'étais averti. La semaine, il avait pas le temps. Je savais tout ça... Sa femme je l'avais jamais vue, il me racontait ses faits et gestes. Ils demeuraient à Montretout... Pour les pieds, y avait pas que lui... C'était la terreur à l'époque... Quand il venait des inventeurs, qu'ils arrivaient comme ça en nage, presque toujours de fort loin, ça devenait quand même difficile de les écouter jusqu'au bout, même avec la porte grande ouverte sur le grand jardin du Palais... Ce qu'on arrivait à renifler à certains moments c'était pas croyable... Ils parvenaient à me dégoûter de mes propres nougats.

Les bureaux du Génitron en fait de terrible désordre, de capharnaüm absolu, de pagaye totale, on pouvait pas voir beaucoup pire... Depuis le seuil de la boutique jusqu'au plafond du premier, toutes les marches, les aspérités, les meubles, les chaises, les armoires, dessus, dessous, c'était qu'enfoui sous les papelards, les brochures, tous les invendus à la traîne, un méli- mélo tragique, tout crevassé, décortiqué, toute l'œuvre à Courtial était là, en vrac, en pyramides, jachère... On discernait plus le dictionnaire, les cartes des traités, les mémoires oléographiques dans le tumulus dégueulasse. On pénétrait au petit bonheur, en tâtonnant un peu la route... on enfonçait dans une ordure, une fuyante sentine... dans la tremblotante falaise... Ça s'écroulait tout d'un coup ! Tout soudain la cataracte !... Les plans, les épures en bombe ! les dix mille kilos grafouillés vous déambulaient dans la gueule !... Ça déclenchait d'autres avalanches, une effroyable carambole de toute la paperasse bouillonneuse sur un ouragan de poussière... un volcan foireux d'immondices... Ça menaçait la digue de rompre chaque fois qu'on vendait pour cent sous !...

Lui pourtant ça l'alarmait pas... Il trouvait même pas ça terrible, il ressentait nullement le désir de changer l'état des choses, de modifier sa méthode... Mais pas du tout ! Il se retrouvait à merveille dans ce chaos vertigineux... Jamais il cherchait bien longtemps le livre qu'il voulait pingler... Il tapait là-dedans à coup sûr... En plein, dans n'importe quel tas... Il faisait voler tous les débris, il fourgonnait ardemment à plein monticule, il piquait de précision à l'endroit juste du bouquin... Chaque fois c'était le miracle... Il se fourvoyait bien rarement... Il avait le sens du désordre... Il plaignait tous ceux qui l'ont pas... Tout l'ordre est dans les idées ! Dans la matière pas une trace !... Quand je lui faisais ma petite remarque que ça m'était bien impossible de me dépêtrer dans cette pagaye et ce vertige, alors c'est lui qui faisait vilain et il m'incendiait... Il me laissait même pas respirer... Il prenait d'autor l'offensive...

« Évidemment, Ferdinand, je ne vous demande pas l'impossible ! Jamais vous n'avez eu l'instinct, la curiosité essentielle, le désir de vous rendre compte... Ici ! malgré tout ! c'est pas les bouquins qui vous manquent !... Vous vous êtes jamais demandé, mon pauvre petit ami, comment se présente un cerveau !... L'appareil qui vous fait penser ? Hein ? Mais non ! Bien sûr ! ça vous intéresse pas du tout !... Vous aimez mieux regarder les filles ! Vous ne pouvez donc pas savoir ! Vous persuader bien facilement du premier coup d'œil sincère, que le désordre, mais mon ami c'est la belle essence de votre vie même ! de tout votre être physique et métaphysique ! Mais c'est votre âme Ferdinand ! des millions, des trillions de replis... intriqués dans la profondeur, dans le gris, tarabiscotés, plongeants, sous-jacents, évasifs... inimitables ! Voici l'Harmonie, Ferdinand ! Toute la nature ! une fuite dans l'impondérable ! Et pas autre chose ! Mettez en ordre, Ferdinand, vos pauvres pensées ! Commencez par là ! Non par quelques substitutions grimacières, matérielles, négatives, obscènes, mais dans l'essentiel je veux dire ! Allez-vous pour ce motif vous précipiter au cerveau, le corriger, le décaper, le mutiler, l'astreindre à quelques règles obtuses ? au couteau géométrique ? Le recomposer dans les règles de votre crucifiante sottise ?... L'organiser tout en tranches ? comme une galette pour les Rois ? avec une fève dans le milieu ! Hein ? Je vous pose la question. En toute franchise ? Serait-ce du propre ? du joli ? Le bouquet ! En vous Ferdinand, bien sûr ! l'erreur accable l'âme ! Elle fait de vous comme de tant d'autres : un unanime " rien du tout " ! Au grand désordre instinctif ! Pensées prospères ! Tout à ce prix, Ferdinand !... L'Heure passée point de salut !... Tu restes, je le crains, pour toujours dans ta poubelle à raison ! Tant pis pour toi ! C'est toi le couillon Ferdinand ! le myope ! l'aveugle ! l'absurde ! le sourd ! le manchot ! la bûche !... C'est toi qui souilles tout mon désordre par tes réflexions si vicieuses... En l'Harmonie, Ferdinand, la seule joie du monde ! La seule délivrance ! La seule vérité !... L'Harmonie ! Trouver l'Harmonie ! Voilà... Cette boutique est en Har-mo-nie !... M'entends-tu ! Ferdinand ? comme un cerveau pas davantage ! En ordre ! Pouah ! En ordre ! Enlève-moi ce mot ! cette chose ! Habituez-vous à l'Harmonie ! et l'Harmonie vous retrouvera ! Et vous retrouverez tout ce que vous cherchez depuis si longtemps sur les routes du Monde... Et encore bien davantage ! Bien d'autres choses ! Ferdinand ! Un cerveau, Ferdinand ! que vous retrouverez tous ! Oui ! Le Génitron ! C'est un cerveau ! Est-ce assez clair ? Ce n'est pas ce que tu désires ? Toi et les tiens ?... Une vaine embuscade de casiers ! Une barricade de brochures ! Une vaste entreprise mortifiante ! Une nécropole de Chartistes ! Ah ! jamais ça ! Ici tout est mouvant ! Ça grouille ! Tu te plains ! Ça gigote, ça bouge ! Vous y touchez un petit peu ! Risquez donc un petit doigt ! Tout s'émeut ! Tout frémit à l'instant même ! Ça ne demande qu'à s'élancer ! fleurir ! resplendir ! Je n'abolis pas pour vivre, moi ! Je prends la vie telle qu'elle se pose ! Cannibale Ferdinand ? Jamais !... Pour la ramener à toute force à mon concept de fouille-crotte ! Pouah ! Tout branle ? Tout s'écroule ? Eh ! Tant mieux ! Je ne veux plus compter les étoiles 1 ! 2 ! 3 ! 4 ! 5 ! Je ne me crois pas tout permis ! Et le droit de rétrécir ! corriger ! corrompre ! tailler ! repiquer !... Hein !... Où donc l'aurais-je pris ? De l'infini ? Dans la vie des choses ? C'est pas naturel, mon garçon ! C'est pas naturel ! C'est des manigances infâmes !... Je reste bien avec l'Univers moi ! Je le laisse tel que je le trouve !... Je ne le rectifierai jamais ! Non !... L'Univers, il est chez lui ! Je le comprends ! Il me comprend ! Il est à moi quand je le demande ! Quand j'en veux plus je le laisse tomber ! Voilà comment les choses se passent !... C'est une question cosmogonique ! J'ai pas d'ordre à donner ! Tu n'as pas d'ordre ! Il n'a pas d'ordre !... Buah ! Buah ! Buah !... »

Il se mettait franchement en colère, comme quelqu'un qu'est bien dans son tort...

* * *

Les petits ouvrages à Courtial étaient traduits en bien des langues, on en vendait jusqu'en Afrique. L'un de ses correspondants était absolument nègre, c'était le chef d'un Sultanat en Haut Oubangui-Chari-Tchad. Il se passionnait ce garçon pour les ascenseurs en tous genres. C'était son rêve, sa manie !... On lui avait fait parvenir toute la documentation... Il en avait jamais vu en réalité. Courtial avait publié vers 1893 un véritable traité De la Traction Verticale. Il connaissait tous les détails, les multiples applications, hydrauliques, balistiques, « l'électro-récupérative »... C'était un ouvrage de valeur, absolument irréfutable, mais pourtant qui ne constituait dans l'ensemble de son œuvre qu'un modeste et frêle apport. Son savoir, c'était bien simple, embrassait tous les domaines.

Les officiels le boudaient, le traitaient par-dessous la jambe, mais il était bien difficile, même au plus ranci des cuistres, de se passer de ses manuels. Dans un grand nombre d'écoles, ils figuraient en plein programme. On ne pouvait rêver plus commode, plus simple, plus assimilable, c'était du tout cuit ! Ça se retenait, ça s'oubliait, sans fatigue aucune. On calculait grosso modo comme ça en causant, pour ne parler que de la France, qu'une famille au moins sur quatre possédait dans son armoire une Astronomie des Familles, une Economie sans Usure et la Fabrication des Ions... Une au moins sur douze sa Poésie en couleurs, son Jardinier sur les Toits, L'Élevage des poules au Foyer. Ceci pour ne mentionner que les applications pratiques... Mais il avait à son actif toute une autre série d'ouvrages (en multiples livraisons) alors de véritables classiques ! La Révélation Hindoustane, L'Histoire des Voyages polaires de Maupertuis jusqu'à Charcot. Alors des masses considérables ! De quoi lire pour plusieurs hivers, plusieurs kilos de récits...

Tout le monde avait commenté, scruté, copié, plagié, démarqué, bafoué, pillé son fameux Médecin pour soi et le Réel langage des Herbes et L'Électricité sans ampoule !... Autant de brillants, aimables, définitifs assouplissements de sciences pourtant assez ardues, complexes en elles-mêmes, périlleuses, qui seraient demeurées, sans Courtial, hors la portée du grand public, c'est-à-dire crâneuses, hermétiques, et disons-le pour tout conclure, sans flatterie exagérée, à peu près inutilisables...

* * *

Peu à peu, à force de vivre avec Courtial dans la grande intimité, j'ai bien saisi sa nature... C'était pas extrêmement brillant tout à fait en dessous. Il était même assez carne, mesquin, envieux et sournois... Maintenant, demeurant équitable, il faut bien admettre que c'était un terrible afur le boulot qu'il s'envoyait ! de se démerder comme un perdu, à longueur d'année, c'est exact, contre la bande des grands maniaques, les abonnés du Génitron...

Il passait des heures horribles, absolument ravagées... dans un déluge de conneries... Il fallait qu'il tienne quand même, qu'il se défende, qu'il renvoie les coups, qu'il emporte toutes les résistances, qu'il leur laisse la bonne impression, qu'ils s'en aillent tous assez heureux avec l'envie de revenir...

D'abord il a renâclé, Courtial, pour me prendre à son service. Il y tenait pas... Il me trouvait un peu trop grand, un peu trop large, un peu costaud pour sa boutique. Déjà on pouvait plus remuer, tellement c'était un fouillis... Et cependant j'étais pas coûteux. On m'offrait au « pair », juste le logement, la nourriture... Mes parents étaient bien d'accord. Je n'avais pas besoin d'argent qu'ils répétaient à mon oncle... J'en ferais sûrement mauvais usage... Ce qu'était beaucoup plus essentiel, c'est que je retourne plus chez eux... C'était l'avis unanime de toute la famille, des voisins aussi et de toutes nos connaissances. Qu'on me donne à faire n'importe quoi ! qu'on m'occupe à n'importe quel prix ! n'importe où et n'importe comment ! Mais qu'on me laisse pas désœuvré ! et que je reste bien à distance. D'un jour à l'autre, de la façon que je débutais, je pouvais foutre le feu au « Passage » ! C'était le sentiment général...

Y aurait bien eu le régiment... Mon père il demandait pas mieux... Seulement j'avais toujours pas l'âge... Il me manquait au moins dix-huit mois... Du coup, l'occasion des Pereires et son vaillant Génitron ça tombait joliment à pic, c'était réellement une aubaine !...

Mais il a beaucoup hésité, tergiversé le Courtial... Il a demandé à sa femme ce qu'elle en pensait ! Elle a pas fait d'objection... Au fond, elle s'en fichait pas mal, elle venait jamais aux Galeries, elle restait à Montretout, dans son pavillon. Avant qu'il se décide, je suis retourné le voir tout seul au moins une dizaine de fois... Il parlait beaucoup d'abondance... toujours, et tout le temps... Moi, je savais très bien écouter... Mon père !... L'Angleterre !... J'avais écouté partout... Dès lors, j'avais l'habitude !... Ça ne me gênait pas du tout ! J'avais pas besoin de répondre. C'est comme ça que je l'ai séduit... En fermant ma gueule... Un soir, il m'a dit finalement :

« Voilà mon garçon ! Je vous ai fait attendre pas mal, mais maintenant j'ai bien réfléchi, vous allez rester chez moi ! Je crois que nous pouvons nous entendre... Seulement, il ne faut rien me demander... Ah ! non ! pas un sol ! Pas un pélot ! Ah ! pas moyen ! Ah ! cela non ! N'y comptez pas ! N'y comptez jamais ! J'ai déjà un mal incroyable dans l'état capricieux des choses à joindre les deux bouts ! à faire les frais du " périodique ", à tranquilliser l'imprimeur ! je suis harcelé ! perclus ! rendu ! Vous m'entendez bien ! On me quémande nuit et jour ! Et l'imprévu des clichés ? De nouvelles charges ? À présent ? N'y songeons pas !... Ce n'est point une industrie ! Un négoce ! Quelque fructueux monopole ! Ah ça mais non ! Nous n'avons qu'un frêle esquif au vent de l'esprit !... Et que de tempêtes, mon ami, que de tempêtes !... Vous embarquez ? Soit. Je vous accueille ! Je vous prends ! Soit ! Montez à bord ! Mais je vous le dis bien d'avance ! Pas un doublon dans les cales ! Rien dans les mains ! Peu dans les poches ! Point d'amertume ! Point de rancœur !... Vous préparerez le déjeuner ! Vous coucherez à l'entresol, j'y couchais moi-même autrefois... dans le bureau tunisien... Vous arrangerez votre sofa... L'on y demeure parfaitement... Vous y serez joliment tranquille ! Ah ! veinard !... Vous verrez un peu sur le soir ! quel séjour ! Quel calme ! Le Palais-Royal est à vous absolument tout entier à partir de neuf heures !... Vous serez heureux Ferdinand !... À présent, tenez ! moi-même ! qu'il pleuve, qu'il gronde, qu'il rafale ! Il faut que je m'envoie Montretout ! C'est une sujétion infecte ! Je suis attendu ! Ah ! je vous assure que c'est souvent abominable ! Je suis excédé au point de m'en projeter sous les roues quand je regarde la locomotive !... Ah ! Je me retiens ! C'est pour ma femme ! Un peu aussi pour mes essais ! Mon jardin radio-tellurique ! Enfin ! tout de même ! J'ai rien à dire ! Elle a beaucoup supporté ! Et elle est charmante quand même ! Vous la verrez un de ces jours Mme des Pereires ! Son jardin lui fait si plaisir !... C'est tout pour elle ! Elle a pas grand-chose dans la vie ! Ça et puis son pavillon ! Et puis un peu moi, tout de même ! Je m'oublie ! Ah ! c'est drôle ! Allons assez rigolé ! C'est conclu ! C'est bien ainsi Ferdinand ! Topez là ! En bon accord ? D'homme à homme ! Bien ! Dans la journée, vous ferez nos courses. Vous n'en manquerez pas ! Mais n'ayez crainte, Ferdinand, je veux aussi vous entreprendre, vous guider, vous armer, vous élever à la connaissance... Point de salaire ! Certes ! Soit ! Nominal c'est-à-dire ! Mais du spirituel ! Ah ! vous ne savez pas Ferdinand ce que vous allez gagner ? Non ! non ! non ! Vous me quitterez Ferdinand, un jour... forcément... » Sa voix devenait déjà triste. « Vous me quitterez... Vous serez riche ! Oui ! riche ! Je le dis !... »

Il m'en faisait ouvrir la gueule, je restais béant.

« Vous me comprenez, tout n'est pas dans un porte-monnaie !... Ferdinand ! Non ! Il n'y a rien dans un porte-monnaie ! Rien !... »

C'était bien aussi mon avis...

« Et puis d'abord, songeons-y ! Que je vous fasse d'abord un titre ! Une raison d'être ! C'est capital dans nos affaires ! Une présentation légitime l... Je vais vous mettre sur les papiers, sur tous les papiers ! " Secrétaire du Matériel. " Hein ? Ça me paraît des plus convenables... Ça vous va ? Pas prétentieux ?... Pas vague ?... Ça va ? »

Ça m'allait absolument... Tout m'allait... Mais le condé du matériel c'était pas honoraire du tout... Ça existait comme boulot !... Il m'a affranchi d'emblée... C'est bien moi qui devais me taper toute la bagotte des livraisons avec la voiture à bras... Tout les va-et-vient de l'imprimeur... Et puis c'était moi encore le responsable pour les accrocs du grand sphérique... c'est moi qui devais lui retrouver tous ses instruments à la traîne, baromètres, haubans, toutes les petites broutilles, toute la quincaille... C'est moi qui raccommodais les gnons et la grande enveloppe... C'est moi qui rafistolais avec un filin et la colle. C'est moi qui refaisais tous les nœuds avec les câbles, les cordelettes... les agrès qui pétaient en route... Le Zélé c'était un sphérique infiniment vénérable qui tenait une sacrée bouteille, même comme ça au fond de la cave saupoudré dans la naphtaline... des asticots par myriades venaient se régaler dans ses plis... Heureusement encore que les rats ils se dégoûtaient du caoutchouc... y avait que des toutes petites souris qui croûtaient la trame. Je lui ai cherché du Zélé tous ses accrocs, ses moindres lacunes, je le réparais en « fonds de culotte » « surjeté », « rebordé », « plissé », ça dépendait des fissures... Il foirait d'un peu partout, je le ravaudais des heures entières, ça finissait par me passionner...

Dans le cagibi du gymnase, y avait tout de même un peu plus de place... Et puis il fallait pas qu'ils me voyent... les visiteurs de la boutique...

Un jour ou l'autre, c'était compris dans notre accord solennel, je devais aussi monter dans le truc, à l'altitude de trois cents mètres... Un dimanche quelconque... Je serais le « second » aux ascensions... Je changerais alors de titre... Il me disait ça, je suppose, pour que je reprise avec plus de soin... Il était extrêmement rusé dessous ses sourcils l'escogriffe !... Il me biglait de son petit œil vicelard... Je le voyais venir, moi aussi...

Il était bourreur comme pas deux !... Il me faisait « monter » à l'avance !... Enfin on bouffait assez bien dans l'arrière- boutique... J'étais pas très malheureux... Il fallait bien qu'il me possède ! Il aurait pas été patron !

Pendant comme ça que je trafiquais dans le fond de mes coutures, il venait me rencarder généralement sur les quatre heures.

« Ferdinand ! Je ferme le magasin... Si on vient... Si ils me demandent... tu répondras que je suis parti depuis cinq minutes, d'ailleurs je me dépêche ! Je serai revenu bientôt ! »

J'ai su, à force, où il allait. Il cavalait aux « Émeutes », le petit bar du Passage Villedo, au coin de la rue Radziwill pour les « résultats des courses »... C'était l'heure précise... Il m'en disait rien de très net... Mais je savais quand même... S'il avait gagné il sifflait un air de « Matchiche »... C'était pas souvent... S'il avait perdu... il bouffait sa chique, il crachait partout... Il vérifiait sur Le Turf. Il le laissait traîner dans les coins, son canard des pronostics. Il cochait ses « dadas » au bleu... C'est ça le premier vice que j'y ai découvert.

* * *

S'il avait un peu tiqué pour m'introduire dans sa musique, c'était surtout à cause des « gayes »... Il avait peur que je bafouille... que je répète aux alentours qu'il jouait à Vincennes... que ça revienne aux abonnés. Il me l'a dit un peu plus tard... Il perdait énormément, il avait pas beaucoup de veine, martingale ou yeux fermés, il revoyait rien de ses paris... Sur Maisons, Saint-Cloud, Chantilly... C'était toujours le même tabac... C'était un véritable gouffre... Tous les abonnements y passaient dans la fantasia !... Et le pèze du sphérique aussi il allait se noyer à Auteuil... Elle se beurrait, la race chevaline ! Longchamp ! La Porte ! Arcueil-Cachan ! Et youp ! Et yop ! Et youp ! là là ! Caracole ! Sautez muscade ! Je voyais la caisse s'amincir, le mystère était pas loin... Le petit flouze toujours en casaque ! au trot ! à la cloche ! placé ! quart ! gagnant ! de n'importe quelle subtile manière !... Il rentrait jamais des épreuves ! On se tapait des petits haricots pour douiller quand même l'imprimeur... Ma blanquette elle faisait la semaine, et on mangeait sur nos genoux avec une serviette, au fond du bureau... Je trouvais pas ça risible au flanc !... Quand il avait pris la culotte il expliquait rien, il avouait jamais... Seulement, il devenait rancuneux, tatillonneux, agressif à mon égard... Il abusait de sa force.

Après deux mois à l'essai, il avait parfaitement saisi que je me plairais jamais ailleurs... Que le condé du Génitron c'était entièrement pour mon blaze, que ça me bottait exactement, qu'autre part dans un autre jus je serais toujours impossible... C'était écrit dans mon Destin... Quand des fois il avait gagné il remettait rien dans la caisse, il devenait encore plus sordide, on aurait dit qu'il se vengeait. Il aurait étrillé un sou... Sournois et menteur comme toujours, comme une douzaine de soutien- gorge... Il me racontait des tels bobards, que la nuit ça m'en remontait... Je me les racontais à nouveau, tellement qu'ils étaient durailles ! Crapules ! Et pesants !... Ils me réveillaient en sursaut.

Ils étaient quelquefois trop fortiches, imaginés de telle façon, n'importe quoi... pour pas me banquer... Mais quand il rentrait de la Province, qu'il avait fait une sensation, qu'il avait bien ascendu... qu'ils l'avaient soufflé de compliments... que le Zélé par exemple avait pas trop crevé sa toile... alors il lui survenait des bouffées prodigues... Il se lançait dans la dépense... Il nous ramenait des tas de boustife par la porte de l'arrière-boutique... des paniers complets... Pendant huit jours on s'entonnait qu'on en pouvait plus mâcher, à s'en péter les bretelles... Il fallait bien que j'en profite, après ça serait la disette !... ça recommençait les ravigotes !... on rallongeait les marengos... aux cornichons... avec sardines... aux petits oignons... et puis aux environs du terme c'était strictement la panade avec ou sans les pommes de terre... Lui encore, il avait sa chance, il remangeait le soir à Montretout, avec sa daronne ! Il maigrissait pas... moi c'était balle-peau !

Mais aussi, à force de ceintures, je me suis dessalé... toujours avec les « abonnements »... Question des finances y avait pas de rentrées régulières... Rien que des « sorties »... Il se donnait un mal énorme pour sa comptabilité... Il devait la montrer à sa femme. Ce contrôle l'exaspérait... Ça le foutait en rogne infecte... Il transpirait pendant des heures... Rien que des queues et des zéros...

Enfin, tout de même, y a un chapitre où il m'a jamais truqué, jamais déçu, jamais bluffé, jamais trahi même une seule fois ! C'est pour mon éducation, mon enseignement scientifique. Là, jamais il a flanché, jamais tiqué une seconde !... Jamais il a fait défaut ! Pourvu que je l'écoutasse, il était constamment heureux, ravi, comblé, satisfait... Toujours je l'ai connu prêt à me sacrifier une heure, deux heures, et davantage, parfois des journées entières pour m'expliquer n'importe quoi... Tout ce qui peut se comprendre et se résoudre, et s'assimiler, quant à l'orientation des vents, les cheminements de la lune, la force des calorifères, la maturation des concombres et les reflets de l'arc- en-ciel... Oui ! Il était vraiment possédé par la passion didactique. Il aurait voulu m'enseigner toute la totalité des choses et puis aussi de temps à autre me jouer un beau tour de cochon ! Il pouvait pas s'en empêcher ! ni dans un cas ni dans l'autre ! Je pensais bien moi, à tout ça, dans l'arrière-boutique tout en réparant son bastringue... C'était sa nature foncière, c'était un homme qui se dépensait... Il fallait qu'il se lance à bloc dans un sens ou bien dans l'autre, mais alors vraiment jusqu'au bout. Il était pas ennuyeux ! Ah ! ça on pouvait pas dire ! Ce qui me piquait la curiosité c'était d'un jour aller chez lui... Il me parlait souvent de sa daronne, mais jamais il me la montrait. Elle venait jamais au bureau, elle aimait pas le Génitron. Elle devait avoir ses motifs.

* * *

Quand ma mère a été bien sûre que j'étais bien casé, que je partirais pas tout de suite, que j'avais un emploi stable chez ce des Pereires, elle est venue exprès, elle-même, au Palais-Royal, m'apporter du linge... C'était un prétexte au fond... pour se rendre un peu compte... du genre et de l'aspect de la maison... Elle était curieuse comme une chouette, elle voulait tout voir, tout connaître... Comment il était le Génitron ?... La façon dont j'étais logé ? Si je mangeais suffisamment ?

De sa boutique jusque chez nous c'était pourtant pas très loin... À peine un quart d'heure à pied... En arrivant malgré ça elle en râlait de fatigue... Entièrement sonnée qu'elle était... Je l'ai aperçue à grande distance... du bout de la Galerie. Je causais avec un abonné. Elle s'appuyait sur les devantures, elle stationnait sans avoir l'air... Elle se reposait tous les vingt mètres... Ça faisait plus de trois mois déjà qu'on s'était pas vus... Je l'ai trouvée d'une extrême maigreur et puis elle s'était comme bistrée, jaunie, froncée des paupières et des joues, toute ridée autour des yeux. Elle avait l'air vraiment malade... Une fois qu'elle m'a eu donné comme ça mes chaussettes, mes caleçons et mes grands mouchoirs, elle m'a tout de suite parlé de papa, sans que je lui aie rien demandé... Il s'en ressentirait pour la vie, qu'elle m'a aussitôt sangloté, des conséquences de mon attaque. Déjà, on l'avait ramené deux fois en voiture du bureau... Il tenait plus en l'air... Il était tout le temps sujet à des défaillances... Il lui faisait me dire qu'il me pardonnait volontiers, mais qu'il voulait plus me recauser... avant très longtemps d'ici... avant que je parte au régiment... avant que j'aie changé tout à fait d'allure et de mentalité... avant que je revienne du service...

Courtial des Pereires, il rentrait juste de faire son tour, et probablement des « Émeutes ». Il devait avoir peut-être paumé un peu moins que d'habitude... Toujours est-il qu'il est devenu là, de but en blanc, extrêmement aimable, accueillant, amène au possible... « Enchanté de la voir »... Et à mon sujet ? Rassurant ! Il s'est mis tout de suite dans les frais pour séduire ma mère, il a voulu qu'elle monte en haut pour causer un peu avec lui... dans son bureau personnel... à l'entresol « tunisien »... Elle avait du mal pour le suivre... C'était un terrible tire-bouchon, surtout jonché des tas d'ordures et des paperasses qui dérapaient. Il était extrêmement fier de son « bureau tunisien ». Il voulait le montrer à tout le monde... C'était un ensemble atterrant dans le style hyper-fouillasson, avec des crédences « Alcazar »... On pouvait pas rêver plus tarte... Et puis la cafetière mauresque... les poufs marocains, le tapis « torsades » si crépu, emmagasinant lui tout seul la tonne solide de poussière... Jamais on n'avait rien tenté... Même une ébauche de nettoyage... D'ailleurs les amas d'imprimés, les cascades, les monceaux d'épreuves, de plombs, de morasses à la traîne, rendaient tout effort dérisoire... Et même il faut bien l'avouer, ça pouvait devenir très dangereux... C'était un véritable risque de venir troubler l'équilibre... Tout ça devait rester tranquille, bouger en tout le moins possible... Le mieux encore, on se rendait compte, c'était de semer au hasard, au fur et à mesure, d'autres nouveaux papiers litières. Ça donnait quand même un peu de fraîcheur en surface... et une sorte de coquetterie.

Je les entendais, qui se parlaient... Courtial lui déclarait tout net, qu'il avait discerné chez moi des aptitudes très réelles pour le genre de journalisme qui faisait fortune au Génitron... Le reportage !... L'enquête technique !... la mise au point scientifique ! La critique désintéressée... que j'arriverais sans aucun doute... qu'elle pouvait s'en retourner tranquille et dormir sur ses deux oreilles... que l'avenir me souriait déjà... qu'il m'appartiendrait entièrement aussitôt que j'aurais acquis toutes les connaissances essentielles. C'était une question de simple routine et de patience... Il m'inculquerait à mesure tout ce dont j'aurais besoin... Mais tout cela peu à peu !... Ah ! Oh ! il était l'ennemi des hâtes ! Des précipitations sottes !... Il ne fallait rien brusquer ! Rien vouloir déclencher trop vite ! L'idiot bousillage ! Je manifestais d'ailleurs, toujours d'après ses ragots, un très vif désir de m'instruire !... En plus, je devenais adroit. Je m'acquittais parfaitement des petites tâches qui m'incombaient... Je m'en tirais à mon honneur... Je deviendrais malin comme un singe ! Empressé ! Futé ! Laborieux ! Discret ! Enfin la tarte à la crème ! Il arrêtait plus... C'était la première fois de sa vie à ma pauvre mère qu'elle entendait parler de son fils en des termes aussi élogieux... Elle en revenait pas... À la fin de cet entretien, au moment de se séparer, il a tenu à ce qu'elle emporte tout un carnet d'« abonnements » qu'elle pourrait sans doute bien placer au hasard de ses relations... et de ses rencontres... Elle a promis tout ce qu'il voulait. Elle le regardait tout éberluée... Courtial, il ne portait pas de chemise, seulement son plastron vernis par-dessus son gilet de flanelle, mais celui-ci dépassait toujours du faux col largement, il le prenait de très grande taille, ça formait en somme collerette et bien sûr tout à fait crasseuse... L'hiver il s'en mettait deux l'un par-dessus l'autre... L'été, même pendant les chaleurs, il gardait la grande redingote, le col laqué un peu plus bas, pas de chaussettes, et il sortait son canotier. Il en prenait un soin extrême... C'était un exemplaire unique, un véritable chef-d'œuvre, dans le genre sombrero, un cadeau d'Amérique du Sud, une trame rarissime ! Impossible à réassortir... C'est simple, ça n'avait pas de prix !... Du premier juin au quinze septembre, il le gardait sur sa tête. Il ne l'ôtait presque jamais. Il fallait un prétexte terrible, il était sûr qu'on le lui volerait !... Le dimanche ainsi, au moment des ascensions c'était sa plus vive inquiétude... Il était bien forcé quand même de me l'échanger pour sa casquette, la haute à galons. Ça faisait partie de l'uniforme... Il me le confiait à moi le trésor... Mais aussitôt qu'il retouchait terre, à peine qu'il avait boulé, en lapin, en pleine mouscaille, rebondi sur les sillons, c'était vraiment son premier cri : « Hé mon panama ! Ferdinand ! Mon panama ! Nom de Dieu !... »

Ma mère a tout de suite remarqué l'épaisseur du gilet de flanelle et la finesse du beau chapeau... Il lui a fait tâter la tresse pour qu'elle se rende compte... Elle est demeurée admirative un bon moment à faire : « Oh ! Ttt ! Oh ! Ttt ! »... « Ah ! Monsieur ! ça je le vois bien ! C'est une paille comme on en fait plus »... qu'elle s'est extasiée !...

Tout ceci à ma bonne maman ça lui redonnait de la confiance... lui semblait d'excellent augure... Elle aimait particulièrement les gilets de flanelle. C'était une preuve de sérieux qui l'avait jamais trompée... Après les « au revoir » attendris elle s'est remise peu à peu en route... Je crois que pour la première fois de son existence et de la mienne elle se trouvait un peu moins inquiète quant à mon avenir et mon sort.

* * *

C'était parfaitement exact que je me donnais au boulot !... J'avais pas de quoi me les rouler... du matin au soir... En plus des « cargos » d'imprimeries, j'avais le Zélé à la cave, les infinis rafistolages et puis encore nos pigeons dont il fallait que je m'occupe deux, trois fois par jour... Ils restaient ces petits animaux, à longueur de semaine, dans la chambre de bonne, au sixième, sous les lambris... Ils roucoulaient éperdument... Ils s'en faisaient pas une seconde. C'était le dimanche leur travail, pour les ascensions, on les emmenait dans un panier... Courtial soulevait leur couvercle à deux ou trois cents mètres... C'était le « lâcher » fameux... avec des « messages » !... Ils rentraient tous à tire-d'aile... Direction : le Palais-Royal !... On leur laissait la fenêtre ouverte... Ils flânaient jamais en route, ils aimaient pas la campagne, ni les grandes vadrouilles... Ils revenaient automatique... Ils aimaient beaucoup leur grenier et « Rrou !... et Rrou !... Rrouu !... Rrouu !... » Ils en demandaient pas davantage. Ça ne cessait jamais... Toujours ils étaient rentrés bien avant nous autres. Jamais j'ai connu pigeons aussi peu fervents des voyages, si amoureux d'être tranquilles... Je leur laissais pourtant tout ouvert... Jamais l'idée leur serait venue d'aller faire un tour au jardin... d'aller voir un peu les autres piafs... Les autres gros gris roucoulards qui batifolent sur les pelouses... autour des bassins... un peu les statues ! sur Desmoulins !... sur le Totor !... qui lui faisaient des beaux maquillages !... Rien du tout ! Ils frayaient tout juste entre eux... Ils se trouvaient bien dans leur soupente, ils bougeaient que contraints, forcés, tassés en vrac dans leur cageot... Ils coûtaient quand même assez cher, à cause de la graine... Il en faut des quantités, ça brûle beaucoup les pigeons... C'est vorace ! on dirait pas ! À cause de leur température tout à fait élevée normalement, quarante-deux degrés plus quelques dixièmes... Je ramassais soigneusement la crotte... J'en faisais plusieurs petits tas tout le long du mur et puis je laissais tout sécher... Ça nous dédommageait quand même sur leur nourriture... C'était un engrais excellent... Quand j'en avais plein un sac, à peu près deux fois par mois, alors Courtial l'emportait, ça lui servait pour ses cultures... À Montretout sur la colline. Il avait là sa belle maison et puis son grand jardin d'essais... y avait pas un meilleur ferment...

Je m'entendais tout à fait bien avec les pigeons, ils me rappelaient un peu Jonkind... Je leur ai appris à faire des tours... Comme ça à force de me connaître... Bien sûr, ils me mangeaient dans la main... mais j'obtenais beaucoup plus fort, qu'ils tiennent tous les douze ensemble perchés sur le manche du balai... J'arrivais ainsi, sans qu'ils bougent, sans qu'un seul veuille s'envoler, à les descendre... et les remonter du magasin... C'était vraiment des sédentaires. Au moment de les foutre dans le panier quand il fallait bien qu'on démarre ils devenaient horriblement tristes. Ils roucoulaient plus du tout. Ils rentraient la tête dans les plumes. Ils trouvaient ça abominable.

* * *

Deux mois ont passé encore... Peu à peu comme ça Courtial il s'est mis bien en confiance. Il était maintenant persuadé qu'on était faits pour s'entendre... Je présentais bien des avantages, j'étais pas très difficile sur la nourriture ni sur la rétribution ni sur les heures de boulot... Je récriminais pas chouïa !... Pourvu que je soye libre le soir, qu'après sept heures on me foute la paix, je me considérais bien servi...

À partir de la minute où il barrait prendre son train je devenais moi le seul patron du bastringue et du journal... J'éliminais les inventeurs... Je leur donnais la bonne parole et puis je m'élançais en croisière, souvent vers la rue Rambuteau, avec la carriole au cul, pour le départ des « Messageries », une pleine brouette de « cancans ». Au début de la semaine, j'avais toute la morasse à reprendre, les typos, le clichage, les gravures. Ça faisait en plus des pigeons, du Zélé, des maintes autres bricoles, un manège qui n'arrêtait pas... Lui, il remontait vers son bled. Il avait là-bas, qu'il me disait, du travail urgent. Hum ! La néo-agriculture !... qu'il me racontait comme ça sans rire... mais je croyais bien que c'était du bourre... Quelquefois il oubliait de revenir, il restait deux, trois jours dehors... J'étais pas inquiet pour ça... Je me détendais un peu, j'en avais besoin... Je donnais à bouffer aux oiseaux là-haut dans les combles, et puis j'accrochais ma pancarte : « C'est fermé pour aujourd'hui » en plein milieu de la vitrine... J'allais m'installer peinard sur un banc dessous les arbres, à proximité... De là je surveillais la cambuse, les allées et venues... Je regardais venir le monde, toujours la même bande de cloches, les mêmes maniaques, les mêmes tronches d'hagards, la horde des râleux, des abonnés récalcitrants... Ils se cognaient dans l'inscription. Ils saccageaient le bec-de-cane, ils se barraient, j'étais bien content.

Quand il revenait de sa bordée, l'autre polichinelle, il avait une drôle de mine... Il me regardait curieusement pour voir si je me gourais pas...

« J'ai été retenu, tu sais, l'expérience était pas au point... Je croyais jamais en sortir !...

Ah ! Ça c'est dommage, que je faisais... J'espère que vous êtes content ?... »

Peu à peu, de fil en aiguille, il m'en a dit davantage, encore un peu plus tous les jours, il m'a donné tous les détails sur tous les débuts de son business. Y en avait des pas ordinaires ! Des trucs à se faire bien étendre. Comment ça s'était goupillé, et puis tous les aléas, les condés les plus périlleux, les petites ristournes en profondeur... Enfin, il m'a bien affranchi, ce qui devient tout à fait rare, si on songe un petit instant à son caractère saligaud, à ses méfiances innombrables, à ses déboires calamiteux... C'était pas un homme qu'aimait se plaindre... Il en avait eu des échecs et des contredanses ! À pas croire vraiment !... C'était pas toujours la pause, le trafic, la copinerie des inventeurs !... Il faut pas confondre Chacals ! Chacos !... et petites saucisses !... Ah ! non ! Y en avait parmi, de temps en temps, qu'étaient des véritables sauvages, absolument diaboliques, qui ressautaient comme des mélinites dès qu'ils se sentaient enveloppés... Évidemment pourtant bien sûr on peut pas contenter tout le monde ! Le diable et son train ! Ça serait trop commode ! J'en savais moi-même quelque chose !... Il me donnait à ce propos-là un exemple de malignité qu'était vraiment terrifique. Jusqu'où ça pouvait conduire...

En 1884, il avait reçu commande par les éditeurs de L'Époque Beaupoil et Brandon, Quai des Ursulines, d'un manuel d'instruction publique destiné au second programme des Écoles Préliminaires... Un travail forcément succinct, mais fignolé cependant, élémentaire certes, mais compact ! Spécifiquement condensé... L'Astronomie domestique s'intitulait cet opuscule et puis par la même occasion : Gravitation. Pesanteur. Explications pour les Familles. Il se précipite donc au boulot... Il s'y colle séance tenante... Il aurait pu se contenter de livrer à la date convenue un petit ouvrage en bref, expédié à la va-je-te-pousse ! à coups d'emprunts malencontreux dans les « Revues » étrangères... Des citations momentanées... mal tronquées ! Perverties ! Hâtives ! et bâtir six, quatre ! deux ! une nouvelle cosmogonie encore mille fois plus miteuse que toutes les autres miniatures, entièrement fausse et sans raison... Complètement inutilisable ! Courtial, on le savait d'avance, ne mangeait pas de ce pain-là. C'était une conscience ! Son souci majeur, avant tout, avant de se mettre à l'ouvrage, c'était des résultats tangibles... Il voulait que son lecteur en personne lui-même se forme sa propre conviction, par ses propres expériences... quant aux choses les plus relatives, des astres et de la pesanteur... Qu'il découvre lui- même les lois... Il voulait ainsi l'obliger ce lecteur, toujours fainéasson, à des entreprises très pratiques et point seulement le contenter par une ritournelle de flatteries... Il avait ajouté au livre un petit guide de construction pour le « Télescope Familial »... Quelques carrés de cartonnage fournissaient la chambre noire... Un jeu de miroirs pacotille... un objectif ordinaire... Quelques fils plombés... un tube d'emballage... On s'en tirait en suivant strictement les clauses pour dix-sept francs soixante-douze (devis au carat)... Pour ce prix (en plus de ce passionnant et si instructif montage) on devait obtenir chez soi, non seulement une vue directe des principales constellations, mais encore des photographies de la plupart des grands astres de notre zénith... « Toutes les observations sidérales à la portée des familles »... C'était la formule... Plus de vingt-cinq mille lecteurs, dès la parution du manuel, se mirent sans désemparer à la construction de l'objet, le merveilleux appareil photosidéral miniature...

Je l'entends encore des Pereires, me raconter avec détails tous les malheurs qui s'ensuivirent... L'effroyable méprise des Autorités compétentes... leur partialité abjecte... Combien ce fut tout ça pénible, infect, écœurant... Combien de libelles il avait reçus. Menaces... Défis... Mille missives comminatoires... Des sommations juridiques... Comme il avait dû s'enfermer, se calfeutrer dans son garno !... Il demeurait alors rue Monge... Et puis traqué de plus en plus, s'enfuir jusqu'à Montretout, tellement qu'ils étaient les voyeurs, rageurs, vicieux, insatiables, déçus par la Télescopie... le drame avait duré six mois... et c'était pas encore fini !... Certains amateurs rancuneux, encore plus poisseux que les autres ils profitaient du dimanche... Ils arrivaient à Montretout escortés de toutes leurs familles pour botter les fesses du patron... Il n'avait pu recevoir personne pendant presque un an... L'affaire

« photosidérale » c'était qu'un petit exemple parmi beaucoup d'autres ! de ce qui pouvait jaillir du profond des masses dès qu'on tentait de les éduquer, de les élever, de les affranchir...

« Moi, je peux dire, tenez Ferdinand, que moi j'ai souffert pour la Science... Pire que Flammarion c'est certain ! pire que Raspail ! pire que Mongolfier encore ! Moi en petit évidemment ! J'ai tout fait ! J'ai fait davantage ! » Il me répétait ça bien souvent... Je répondais rien... Il me toisait de profil... douteux... Il voulait voir l'impression... alors il piquait en plein tas dans la carambouille... après son dossier... Il l'extirpait au jugé de sous l'énorme tumulus... Il l'époussetait à petits coups... Il se ravisait... Il l'ouvrait prudemment devant moi...

« J'y réfléchis !... Je me repens... À mon tour, je suis peut- être un petit peu chargé d'amertume ! entraîné par mes souvenirs !... Je suis peut-être un peu injuste... Grand Dieu ! J'ai bien quelques raisons !... Je te demande ? J'ai oublié chemin faisant, et cela vraiment c'est très mal... pas exprès bien sûr ! pas exprès ! les plus touchants, peut-être en somme les plus sincères, les plus exquis témoignages... Ah ! Tous ne m'ont point méconnu !... La hideur du genre humain n'est pas absolument totale ! Non ! Quelques âmes élevées, de-ci, de-là, par le monde... ont su reconnaître ma complète bonne foi ! Voici ! Voilà ! Encore une autre ! » Il extrayait au hasard des lettres, des mémoires, de ses recueils d'observations... « Je vais t'en lire une, parmi d'autres ! »

Cher Courtial, cher maître et vénéré précurseur ! C'est bien grâce à vous, à votre admirable et si scrupuleux télescope (des familles) que j'ai pu voir hier à deux heures et sur mon propre balcon toute la lune, dans sa totalité complète et les montagnes et les rivières, et même je pense une forêt... Peut-être même un lac ! J'espère bien avoir aussi Saturne, avec mes enfants, dans le cours de la semaine prochaine, comme c'est indiqué (aux lettres italiques) sur votre « calendrier sidéral » et aussi Bellegophore un peu plus tard, dans les derniers jours de l'automne, comme vous l'avez vous-même écrit à la page 242... À vous cher, gracieux et bienveillant maître, à vous de corps, de cœur, d'esprit ici-bas et dans les étoiles.

Un transformé.

Il gardait toujours comme ça, dans son dossier mauve et lilas, toutes les babilles admiratives. Les autres, les défavorables, les menaçantes, les draconiennes, les pustuleuses, il les brûlait séance tenante. Pour ça tout au moins, il préservait un certain ordre... autant de poisons en fumée ! qu'il m'annonçait à chaque fois en mettant le feu à ces horreurs... Que de mal on pourrait détruire si tout le monde en faisait autant ! Moi je crois que les favorables, il se les écrivait à lui- même... Il les montrait aux visiteurs... Il me l'a jamais très positivement avoué... Y avait des sourires quelquefois... J'approuvais pas complètement. Il se rendait un petit peu compte que je sentais bien la vapeur. Du coup, il me faisait la gueule... Je montais nourrir les pigeons ou je descendais au Zélé...

J'allais aussi pour lui maintenant « banquer » ses mises aux « Émeutes » au coin du Passage Radziwill. Il aimait mieux que ça soye moi, à cause des clients, que ça pouvait lui faire du tort... Sur « Cartouche » et « Lysistrata » dans Vincennes « première au galop »... Et youp ! là !...

« Tu diras bien que c'est ton plâtre !... » Il devait de l'argent à tous les « boucs ». Il tenait pas du tout à se faire voir... Le mec qui prenait le plus de paris, entre les soucoupes, il avait un drôle de nom, il s'appelait Naguère... Il avait un truc pour bégayer, pour bafouiller tous les gagnants... Il faisait comme ça, je le crois, exprès, pour qu'on se trompe un tout petit peu... Après il contestait tout... Il faisait sauter le numéro... Moi je lui faisais toujours écrire... On perdait quand même.

Je ramenais Les Échos des Turfs ou alors La Chance... Si sa culotte était forte, il me faisait, encore ce culot, une petite séance... Il recevait plus les inventeurs... Il les renvoyait tous aux pelotes avec leurs maquettes, leurs graphiques... — Allez- vous-en tous, vous torcher ! C'est pas travaillé, ces épures !...

Vous avez pas la migraine !... Ça sent le cambouis, la margarine ! Des idées, comme ça ? des nouvelles ? mais j'en pisse moi, trois pots par jour !... Vous avez pas des fois honte ? Vous sentez pas la catastrophe ? Vous osez venir présenter ça ? À moi ? qui suis submergé par les inepties ! Hors d'ici ! Tudieu ! Dilapidateurs ! Fainéants de l'âme ! et de corps !...

Il se faisait virer le mecton, il rebondissait dans la porte, il volait avec son rouleau. Courtial il en avait plein le bouc ! Il voulait penser à autre chose... C'est moi qui étais la diversion, il me cherchait n'importe quelle salade... « Toi, n'est-ce pas, tu ne te doutes de rien ! Tu écouteras n'importe quoi ! Tu n'as rien à faire au fond... Mais moi, tu comprends, mon ami, ça n'est pas du tout le même afur...

Ah ! pas du tout le même point de vue !... J'ai un souci moi... Un souci métaphysique ! Permanent ! Irrécusable ! Oui ! Et qui ne me laisse pas tranquille ! Jamais ! Même comme ça quand j'en ai pas l'air ! Quand je te cause de choses et d'autres ! Je suis tracassé ! !... relancé !... parcouru par les énigmes !... Ah ! voilà ! Tu ne t'en doutais pas ! Ça te surprend bien ! Tu n'en as pas la moindre idée ? »

Il me fixait à nouveau, comme s'il ne m'avait encore vraiment jamais bien découvert... Il se rebiffait les bacchantes, il s'époussetait les pellicules... Il allait chercher la laine pour se la passer sur ses tatanes... Tout en faisant ça, il continuait à m'évaluer...

« Toi n'est-ce pas, qui te laisses vivre ! Qu'est-ce que ça peut te faire ? Tu t'en fous au maximum des conséquences universelles que peuvent avoir nos moindres actes, nos pensées les plus imprévues !... Tu t'en balances !... tu restes hermétique n'est-ce pas ? calfaté !... Bien sanglé au fond de ta substance... Tu ne communiques avec rien... Rien n'est-ce pas ? Manger ! Boire ! Dormir ! Là-haut bien peinardement... emmitouflé sur mon sofa !... Te voilà comblé... Bouffi de tous les bien-être... La terre poursuit... Comment ? Pourquoi ? Effrayant miracle ! son périple... extraordinairement mystérieux... vers un but immensément imprévisible... dans un ciel tout éblouissant de comètes... toutes inconnues... d'une giration sur une autre... et dont chaque seconde est l'aboutissant et d'ailleurs encore le prélude d'une éternité d'autres miracles... d'impénétrables prodiges, par milliers !... Ferdinand ! millions ! milliards de trillions d'années... Et toi ? que fais-tu là, au sein de cette voltige cosmologonique ? du grand effarement sidéral ? Hein ? tu bâfres ! Tu engloutis ! Tu ronfles ! Tu te marres !... Oui ! Salade ! Gruyère ! Sapience ! Navets ! Tout ! Tu t'ébroues dans ta propre fange ! Vautré ! Souillé ! Replet ! Dispos ! Tu ne demandes rien ! Tu passes à travers les étoiles... comme à travers les gouttes de mai !... Alors ! tu es admirable, Ferdinand ! Tu penses véritablement que cela peut durer toujours ?... »

Je répondais rien... Je n'avais pas d'opinion fixe sur les étoiles, ni sur la lune, mais sur lui-même, la saloperie !... alors j'en avais bien une. Et il le savait bien la tante !...

« Tu chercheras à l'occasion, là-haut, dans la petite commode. Tu les mettras toutes ensemble. J'en ai reçu au moins une centaine de lettres du même genre. Je voudrais tout de même pas qu'on me les prenne !... Tu les classeras, tiens !... T'aimes ça l'ordre !... Tu te feras plaisir !... » Je savais bien ce qu'il désirait... Il voulait encore me bluffer !... « Tu trouveras ma clef au-dessus du compteur... Moi je m'absente un peu ! Tu vas refermer le magasin... Non, tu vas rester pour répondre... » Il se ravisait... « Tu diras que je suis parti ! loin !... très loin !... en expédition !... que je suis parti au Sénégal !... à Pernambouc !... au Mexique !... où tu voudras ! Sacredié !... pour aujourd'hui, c'est bien suffisant !... J'en ai une véritable nausée de les voir sortir du jardin... Rien que de les apercevoir, je me trouverais mal !... Ça m'est égal !... dis-leur ce que tu veux... Dis-leur que je suis dans la Lune !... que c'est pas la peine de m'attendre... Ouvre-moi la cave à présent ! Tiens bien le couvercle ! Me le laisse pas retomber sur la gueule comme la dernière fois !... C'était sûrement intentionnel !... »

Je répondais pas à ces mots-là... Il s'engageait dans l'ouverture. Il descendait deux, trois échelons... Il attendait un petit instant, il me déclarait encore...

« Tu n'es pas mauvais, Ferdinand... ton père s'est trompé sur ton compte. Tu n'es pas mauvais... T'es informe ! informe voilà !... proto-plas-mique ! De quel mois es-tu, Ferdinand ! En quel mois naquis-tu veux-je dire !... Février ? Septembre ? Mars ?

Février, Maître !...

Je l'aurais parié cent sous ! Février ! Saturne ! Que veux-tu devenir ! Pauvre nigousse ! Mais c'est insensé ! Enfin baisse la trappe ! Quand je serai complètement descendu ! Tout à fait en bas, tu m'entends ! Pas avant surtout ! Que je me casse pas les deux guisots ! C'est une échelle en rillette ! elle flanche du milieu !... Je dois toujours la réparer ! Amène !... » Il gueulait encore du tréfonds de la cave... « Et surtout pas d'importuns ! Pas d'emmerdeurs ! Pas d'ivrognes ! T'entends, je n'y suis pour personne ! Je m'isole ! Je m'isole absolument !... Je resterai peut-être parti deux heures... peut-être deux jours !... Mais je veux pas qu'on me dérange ! Ne t'inquiète pas ! Peut-être que je remonterai jamais ! Tu n'en sais rien ! s'ils te le demandent !... En méditation complète ?... T'as saisi ?...

Oui, Maître !

Totale ! Exhaustive ! Ferdinand ! Retraite exhaustive !...

Oui, Maître... »

Je renvoyais le truc à pleine volée avec une explosion de poussière ! Ça tonnait comme un canon... Je poussais les journaux sur la trappe, c'était entièrement camouflé... on voyait plus l'ouverture... Je montais nourrir les pigeons... Je restais là-haut un bon moment... Quand je redescendais, s'il était encore dans le trou, je me demandais toujours quand même si il était rien arrivé !... J'attendais encore un peu !... Une demi-heure... trois quarts d'heure... et puis je commençais à trouver que la comédie suffisait... Je soulevais alors un peu le battant et je regardais dans l'intérieur... Si je le voyais pas, je faisais du raffut !... Je sonnais le battant contre les planches... Il était forcé de répondre... Ça le faisait ressortir du néant... Il roupillait presque toujours à l'abri du vasistas dans les replis du Zélé dans la grande soie, les gros bouillons... Il fallait aussi que j'y travaille... Je le faisais décaniller... Il remontait au niveau du sol... Il rapparaissait... Il se frottait les châsses... Il retapait sa redingote... Il se retrouvait tout étourdi dans la boutique...

« Je suis ébloui, Ferdinand ! C'est beau... C'est beau... C'est féerique ! »

Il était pâteux, il était plus très bavard, il était calmé... Il faisait comme ça avec sa langue : « Bdia ! Bdia ! Bdia ! »... Il sortait du magasin... Il vacillait d'avoir dormi. Il s'en allait comme un crabe dans la diagonale... Cap : le pavillon de la Régence !... Le café, le genre volière en faïence, à jolis trumeaux, qu'était encore à l'époque au milieu du parterre moisi... Il se laissait choir au plus proche... sur le guéridon près de la porte... Moi, de la boutique je l'observais bien... Il se tapait d'abord sa verte... C'était facile de le bigler... Toujours nous avions en vitrine le fort joli télescope... L'exemplaire du grand concours... Il faisait peut-être pas voir Saturne, mais on voyait bien des Pereires comment qu'il sucrait sa « purée ». Après ça c'était « l'oxygène » et puis encore un vermouth... On distinguait bien les couleurs... Et juste avant de prendre son dur le fameux grog le « der des der ».

* * *

Après son terrible accident, Courtial avait fait le vœu, absolument solennel, de ne plus jamais, à aucun prix, reprendre le volant dans une course... C'était fini ! Terminé ! Il avait tenu sa promesse... Et même encore vingt ans plus tard il fallait presque qu'on le supplie pour qu'il se décide à conduire au cours d'inoffensives promenades... ou bien en certaines circonstances pour d'anodines démonstrations. Il était beaucoup plus tranquille dans son sphérique en plein vent...

Toute son œuvre sur la « mécanique » tenait dans les livres... Il publiait d'ailleurs toujours bon ou mal an deux traités (avec les figures) sur l'évolution des moteurs et deux manuels avec planches.

L'un de ces petits opuscules avait été à l'origine de très virulentes controverses et même de quelque scandale ! Nullement par sa faute au surplus ! Le fait, c'est notoire, de quelques aigrefins véreux ayant travesti sa pensée dans un but de lucre imbécile ! Pas du tout dans sa manière ! Voici le titre dans tous les cas :

« L'AUTOMOBILE SUR MESURE POUR 322 FRANCS 25.

Guide de construction intégrale. Manufacture entière chez soi. Quatre places, deux strapontins, tonneau d'osier, 22 kilomètres à l'heure, 7 vitesses et 2 marches arrière. » Rien que des pièces détachées ! achetées n'importe où ! assemblées au goût du client ! selon sa personnalité ! selon la vogue et la saison ! Ce petit traité fit fureur... entre les années 1902-1905... Ce manuel, c'était un progrès, contenait non seulement les plans, mais encore toutes les épures au deux cent millième ! Photos, références, profils... tous impeccables et garantis.

Il s'agissait de lutter, sans perdre une seconde, contre le péril naissant des fabrications « en série ». Des Pereires malgré son culte du progrès certain exécrait, depuis toujours, toute la production standard... Il s'en montra dès le début l'adversaire irréductible... Il en présageait l'inéluctable amoindrissement des personnalités humaines par la mort de l'artisanat...

À l'époque de cette bataille pour l'automobile sur mesure, Courtial était déjà presque célèbre dans le milieu des novateurs pour ses recherches originales, extrêmement audacieuses sur le « Chalet Polyvalent », la demeure souple, extensible, adaptable à toutes les familles ! sous tous les climats !... « La maison pour soi » absolument démontable, basculable (transportable évidemment), rétrécissable, abrégeable instantanément d'une ou deux pièces à volonté, selon les besoins permanents, passagers, enfants, invités, vacances, modifiable à la minute même... selon toutes les exigences, les goûts de chacun... « Une maison vieille, c'est celle qui ne bouge plus !... Achetez jeune ! Faites souple ! Ne bâtissez pas ! Montez ! Bâtir c'est la mort ! On ne bâtit bien que des tombes ! Achetez vivant ! Demeurez vivants ! Le " Chalet Polyvalent " marche avec la vie !... »

Tel était le ton, l'allure du manifeste rédigé tout par lui- même, à la veille de l'Exposition : L'Avenir de l'Architecture au mois de juin 98 dans la Galerie des Machines. Son opuscule de la construction ménagère avait provoqué presque immédiatement un extraordinaire émoi chez les futurs retraités, les pères de famille à revenus minimes, chez les fiancés sans abri et les fonctionnaires coloniaux. On le harcelait de demandes, des quatre coins de la France, de l'Étranger, des Dominions... Son chalet, tel quel, entièrement debout, toit mobile, 2492 clous, 3 portes, 24 travées, 5 fenêtres, 42 charnières, cloisons en bois ou tarlatane, suivant la saison, fut primé « hors classe » imbattable... Il s'érigeait à la dimension désirée avec l'aide de deux compagnons et sur n'importe quel terrain en 17 minutes, 4 secondes !... L'usure était insignifiante... la durée donc illimitée !... « Seule, la résistance est ruineuse ! Il faut qu'une maison entière joue, ruse comme un véritable organisme ! flotte ! s'efface même dans les remous du vent ! dans la tempête et la bourrasque, dans les paroxysmes orageux ! Dès qu'on l'oppose, inqualifiable sottise ! aux déchaînements naturels c'est le désastre qui s'ensuit !... Qu'exiger de la structure ? la plus massive ? la plus galvanique ? la mieux cimentée ? Qu'elle défie les éléments ? Folie suprême ! Elle sera c'est bien fatal, un jour ou l'autre bouleversée, complètement anéantie ! Il n'est, pour s'en convaincre un peu, que de parcourir l'une de nos si belles et si fertiles campagnes ! Notre magnifique territoire ! n'est-il point jonché, du Nord au Midi, de ruines mélancoliques ! d'autrefois fières demeures ! Altiers manoirs ! parure de nos sillons, qu'êtes-vous devenus ? Poussières ! »

« Le " Chalet Polyvalent " souple lui ! tout au contraire s'accommode, se dilate, se ratatine suivant la nécessité, les lois, les forces vives de la nature ! »

« Il plie beaucoup, mais ne rompt pas... »

Le jour même qu'on inaugurait son stand, après le passage du Président Félix Faure, la parlote et les compliments, la foule rompit tous les barrages ! service de garde balayé ! Elle s'engouffra si effrénée entre les parois du chalet, que la merveille fut à l'instant arrachée, épluchée, complètement déglutie ! La cohue devint si fiévreuse, si désireuse, qu'elle comburait la matière !... L'exemplaire unique ne fut point détruit à proprement dire, il fut aspiré, absorbé, digéré entièrement sur place... Le soir de la fermeture, il n'en restait plus une trace, plus une miette, plus un clou, plus une fibre de tarlatane... L'étonnant édifice s'était résorbé comme un faux furoncle ! Courtial en me racontant ces choses, il en restait déconcerté à quinze ans de distance...

« J'aurais pu certainement m'y remettre... C'était un domaine, je le crois, où je m'entendais à merveille, sans me flatter. Je ne craignais personne pour l'établissement " au carat " d'un devis de montage sur terrain... Mais d'autres projets plus grandioses m'ont détourné, accaparé... Je n'ai jamais retrouvé le temps essentiel pour recommencer mes calculs sur les " index de résistance "... Et somme toute, malgré le final désastre ma démonstration était faite !... J'avais permis par mon audace, à certaines écoles, à certains jeunes enthousiastes de se découvrir !... de manifester bruyamment ! de trouver ainsi leur voie... C'était bien justement mon rôle ! Je n'avais point d'autres désirs ! L'Honneur était sauf ! Je n'ai rien demandé, Ferdinand ! Rien convoité ! Rien exigé des Pouvoirs ! Je suis retourné à mes études... Aucune intrigue ! Aucune cautèle ! Or écoute !... quelques mois passent... Et devine ce que je reçois ! Presque coup sur coup ? Le " Nicham " d'une part, et huit jours après, les " Palmes Académiques " !... Là vraiment j'étais insulté ! Pour qui me prenaient-ils soudain ? Pourquoi pas un bureau de tabac ? Je voulais renvoyer toutes ces frelateries au Ministre ! J'ai voulu prévenir Flammarion : " N'en faites rien ! N'en faites rien ! Acceptez ! acceptez ! m'a-t-il répondu... Je les ai aussi ! " Dans ce cas-là, j'étais couvert ! Mais quand même, ils m'avaient tous salement flouzé !... Ah ! les ordures indéniables ! Mes plans furent tous démarqués, copiés, plagiés, entends-tu ! de mille façons bien odieuses ! Et absolument maladroites... par tant d'architectes officiels, bouffis, culottés, sans vergogne, que j'ai écrit à Flammarion... Au jeu de me dédommager on me devait au moins la Cravate !... Au jeu des honneurs, je veux dire !... Tu me comprends, Ferdinand ! Il était bien de mon avis, mais il m'a plutôt conseillé de me tenir encore peinard, de ne pas déclencher d'autres scandales...

que ça lui ferait lui-même du tort... De patienter encore un peu... que le moment n'était pas très mûr... En somme j'étais son disciple... je ne devais pas l'oublier... Ah ! je ne ressens nulle amertume, crois-moi bien ! Certes ! les détails m'attristent encore ! Mais c'est bien tout ! Absolument !... Une leçon mélancolique... Rien de plus... J'y repense de temps à autre... »

Je savais quand ça le reprenait ce cafard des architectures, c'était surtout à la campagne... Et au moment des ascensions... quand il allait passer la jambe pour escalader la nacelle... Il lui revenait un coup de souvenirs... C'était peut-être aussi en même temps un petit peu la frousse qui le faisait causer... Il regardait au loin, le paysage... Comme ça dans la grande banlieue, surtout devant les lotissements, les cabanes, les gourbis en planches ! Il s'attendrissait... Il lui passait une émotion... Les bicoques, les plus biscornues, les loucheuses, les fissurées, les bancales, tout ça qui crougnotte dans les fanges, qui carambouille dans la gadoue, au bord des cultures... après la route... « Tu vois bien tout ça, Ferdinand, qu'il me les désignait alors, tu vois bien toute cette infection ? » Il décrivait d'un geste énorme... Il embrassait l'horizon... Toute la moche cohue des guitounes, l'église et les cages à poules, le lavoir et les écoles... Toutes les cahutes déglinguées, les croulantes, les grises, les mauves, les réséda... Toutes les croquignoles du platras...

« Ça va hein ? C'est bien abject ?... Eh bien, j'y suis pour beaucoup ! C'est moi ! C'est moi le responsable ! Tu peux le dire, c'est à moi tout ça, Ferdinand ! Tu m'entends bien ? C'est à moi !...

Ah ! que je faisais comme ébaubi. Je savais que c'était sa séance... Il enjambait par-dessus bord... Il sautait dans le carré d'osier... Si le vent soufflait quand même pas trop... il gardait son panama... Il préférait encore beaucoup... mais il se le nouait sous le menton avec un large ruban... C'est moi qui mettais sa casquette... « Lâchez tout » ! Ça débloquait au millimètre... d'abord extrêmement doucement... et puis un petit peu plus vite... Il fallait bien qu'il se dégrouille pour passer par-dessus les toits... Il lâchait jamais son sable... Il fallait pourtant qu'il monte... On gonflait jamais à bloc... Ça coûtait treize francs la bonbonne...

* * *

Quelque temps après l'avatar du « Chalet par soi », le fol émiettement par la foule, Courtial des Pereires s'était brusquement décidé à réviser toute sa tactique... « Les fonds d'abord ! » voilà comment il parlait !... Telle était sa nouvelle maxime. « Plus d'aléas ! Que du solide ! »... Il avait conçu un programme entièrement d'après ces données... Et des fondamentales réformes !... Toutes absolument judicieuses, pertinentes...

Il s'agissait d'améliorer, de prime abord, envers et contre tous obstacles la condition des inventeurs... Ah ! il partait de ce principe que dans le monde de la trouvaille les idées ne manqueraient jamais ! Qu'il y en a même toujours de trop ! Mais que le capital par contre il est horriblement fuyard ! pusillanime ! et fort farouche !... Que tous les malheurs de l'espèce et les siens en particulier proviennent toujours du manque de fonds... de la méfiance du disponible... du crédit terriblement rare !... Mais tout ça pouvait s'arranger !... Il suffisait d'intervenir, de remédier à cet état par quelque heureuse initiative... D'où la fondation immédiate aux Galeries Montpensier même, derrière le bureau tunisien, entre la cuisine et le couloir, d'un « Coin du Commanditaire »... Une petite enclave très spéciale, meublée extrêmement simplette : une table, une armoire, un casier, deux chaises, et pour dominer les débats, « de Lesseps », fort joli buste sur l'étagère supérieure, entre les dossiers, toujours des dossiers...

En vertu des nouveaux statuts, n'importe quel inventeur, moyennant cinquante et deux francs (totalité versée d'avance), avait droit dans notre journal à trois insertions successives de tous ses projets, absolument ad libitum même les plus inouïes fariboles, les plus vertigineux fantasmes, les plus saugrenues impostures... Tout ça fournissait quand même deux belles colonnes du Génitron, plus dix minutes d'entretien particulier, technique et consultatif avec le Directeur Courtial... Enfin, pour rendre la musique un peu plus flatteuse encore, un diplôme oléographique de « membre dépositaire au Centre des Recherches Eurêka pour le financement, l'étude, l'équilibre, la mise en valeur immédiate des découvertes les plus utiles au progrès de toutes les Sciences et de l'Industrie !... »

Pour faire tomber les cinquante points c'était jamais si commode !... Y avait toujours du tirage... Même en donnant la chansonnette... En se dépensant du baratin... Ils renâclaient presque toujours au moment de douiller, même les plus absolus fadas, il leur passait une inquiétude... Même comme ça dans leur délire, ils sentaient malgré tout la vape... Que c'était un petit flouze qu'ils reverraient jamais... « Constitution du dossier »... ça s'intitulait notre astuce...

Courtial se chargeait dès lors, c'était ainsi entendu, de toutes les démarches essentielles, les petites comme les grandes approches, entrevues... recherches d'arguments... réunions... discussions prémonitoires, défense des mobiles, tout ce qu'il fallait en somme pour attirer, amadouer, convaincre, enthousiasmer, tranquilliser un Consortium... Tout ceci, bien entendu, en temps opportun !... Là-dessus on ne rigolait pas !... Point de hâte !... Point de cafouillages !... De brutalité !... Nous la craignions... La brusquerie fait tout rater ! C'est la précipitation qui culbute tous les pronostics !... Les plus fructueuses entreprises sont celles qui mûrissent très lentement !... Nous étions extrêmement ennemis, implacablement hostiles à tout bousillage précoce... à toute hystérie !... « Tout commanditaire est un vrai oiseau pour s'enfuir, mais une tortue sur la douille. »

L'inventeur, afin qu'il entrave le moins possible les pourparlers, toujours si tellement délicats, devait déblayer tout le terrain... rentrer immédiatement chez lui... fumer sa pipe en attendant... ne plus s'occuper du manège... Il serait dûment averti, convoqué, instruit du détail, dès que son histoire prendrait tournure... Cependant c'était fort rare, qu'il reste comme ça peinard au gîte !... À peine une semaine d'écoulée, il revenait déjà à la charge... pour demander des nouvelles... Nous apporter d'autres maquettes... les compléments des projets...

Des épures supplémentaires... Des pièces détachées... Il revenait encore et quand même, on avait beau râler très fort, il se ramenait de plus en plus... lancinant, inquiet, navré... Un coup il se foutait à beugler dès qu'il se rendait un peu compte... Il faisait une crise plus ou moins grave... Et puis on le revoyait plus... Y en avait qu'étaient pas si cons... mais c'était un tout petit nombre... qui parlaient d'aller au pétard, par les voies légales, porter la plainte au commissaire, si on rendait pas leur pognon... Courtial, il les connaissait tous. Il se débinait à leur approche. Il les voyait arriver de loin, de l'autre côté des arcades... C'était pas croyable comme il avait l'œil perçant pour le repérage d'énergumènes... C'était rare qu'il se fasse poisser... Il se tirait dans l'arrière-boutique agiter un brin les haltères, mais encore plutôt à fond de cave... Là il était encore plus sûr... Il refusait tout entretien... Le dabe qui revoulait sa mise il écumait pour des pommes...

« Tiens-le ! Ferdinand ! Tiens-le bien ! » qu'il me recommandait cette salope. « Tiens-le ! Pendant que je réfléchis !... Je le connais de trop ce prolixe ! Ce bouseux de la gueule ! chaque fois qu'il vient m'interviewer j'en suis pour deux heures au moins !... Il m'a fait perdre déjà dix fois tout le fil de mes déductions ! C'est une honte ! C'est un scandale ! Tue-le ce fléau ! Tue-le ! je t'en prie, Ferdinand ! Le laisse plus courir par le monde !... Brûle ! Assomme ! Éparpille ses cendres ! Je m'en fous résolument ! Mais de grâce à aucun prix, tu m'entends, ne me l'amène ! Dis que je suis à Singapour ! à Colombo ! aux Hespérides ! Que je refais des berges élastiques à l'isthme de Suez et Panama. C'est une idée !... N'importe quoi ! Tout est bon pour pas que je le revoye !... Grâce, Ferdinand ! Grâce !... »

C'était moi donc, raide comme balle, qui prenais l'averse en entier... J'avais un système, je veux bien... J'étais comme le « Chalet par soi », je l'abordais en souplesse... J'offrais aucune résistance... Je pliais dans le sens de la furie... J'allais encore même plus loin... Je le surprenais le dingo par la virulence de ma haine envers le dégueulasse Pereires... Je le baisais à tous les coups en cinq sec... au jeu des injures atroces !... Là j'étais parfaitement suprême !... Je le vilipendais ! stigmatisais ! couvrais d'ordures ! de sanies ! Cette abjecte crapule ! cette merde prodigieuse ! vingt fois pire ! cent fois ! mille fois encore pire qu'il avait jamais pensé seul !...

Je lui faisais de ce Courtial, pour sa réjouissance intime, à pleine gueule vocifération, une bourriche d'étrons plastiques, fusibles, formidablement écœurants... C'était pas croyable d'immondice !... Ça dépassait tout ! Je m'en donnais à plein tuyau... J'allais trépigner sur la trappe juste au-dessus de la cave, en chœur avec le maboul... je les surpassais tous de beaucoup question virulence par l'intensité de ma révolte, la sincérité, l'enthousiasme destructeur ! mon tétanisme implacable... la Transe... l'Hyperbole... le gigotage anathémique... C'était vraiment pas concevable à quel prodigieux paroxysme je parvenais à me hausser dans la colère absolue... Je tenais tout ça de mon papa... et des rigolades parcourues... Pour l'embrasement, je craignais personne !... Les pires insensés délirants interprétatifs dingos, ils existaient pas quand je voulais un peu m'y mettre, m'en donner la peine... j'avais beau être jeune... Ils s'en allaient de là, tous vaincus... absolument ahuris par l'intensité de ma haine... mon incoercible virulence, l'éternité de vengeance que je recelais dans mes flancs... Ils m'abandonnaient dans les larmes le soin d'écraser bien cette fiente, tout ce Courtial abhorré... ce bourbier de vices... de le couvrir en foutrissures imprévisibles, bien plus glaireux que le bas des chiots ! Un amas d'inouïe purulence ! d'en faire une tarte, la plus fétide qui puisse jamais s'imaginer... de le redécouper en boulettes... de le raplatir en lamelles, d'en plâtrer tout le fond des latrines, entre la tinette et la fosse... De le coincer là, une fois pour toutes... qu'on chierait dessus à l'infini !...

Dès qu'il était barré le copain, qu'il était assez éloigné... Courtial se ramenait vers la trappe... Il soulevait un peu son battant... Il risquait d'abord un œil... Il remontait à la surface...

« Ferdinand ! Tu viens de me sauver la vie... Ah ! Oui ! La vie !... C'est un fait ! J'ai tout entendu ! Ah ! C'est exactement tout ce que je redoutais ! Ce gorille m'aurait disloqué ! Là sur place ! Tu t'es rendu compte !... » Il se ravisait alors un peu. Une inquiétude lui passait d'après ce que j'avais hurlé... La bonne séance avec le mec...

« Mais je n'ai pas au moins, Ferdinand ! dis-moi-le tout de suite, baissé tant que ça dans ton estime ! Tu me le dirais ? Tu ne me cacherais rien, n'est-ce pas ? Je m'expliquerai si tu veux ? Vas-y !... Ces comédies, je veux le croire, n'affectent en rien ton sentiment ? Ce serait trop odieux ! Tu me gardes toute ton affection ? Tu peux, tu le sais, entièrement compter sur moi ! Je n'ai qu'une parole ! Tu me comprends ! Tu commences à me comprendre, n'est-ce pas ? Dis-moi un peu si tu commences ?

Oui ! Oui ! C'est exact !... Je crois... Je crois que je suis bien en train...

Alors, écoute-moi encore mon cher Ferdinand !... Pendant l'incartade de ce fou... je songeais à cent mille choses... pendant qu'il nous écœurait... tonitruait ses délires... Je me disais mon pauvre Courtial ! Toutes ces rumeurs ! ces cafouillages, ces fracas infâmes, ces calembredaines mutilent atrocement ton destin... Sans rien ajouter à ta cause ! Quand je dis la cause ! Comprends-moi ! Il est pas question d'argent ! C'est le frêle trésor que j'invoque ! La grande richesse immatérielle ! C'est la grande Résolution ! L'acquis du thème infini ! Celui qui doit nous emporter... Comprends-moi plus vite, Ferdinand ! Plus vite ! Le temps passe ! Une minute ! Une heure ! À mon âge ? mais c'est déjà l'Éternité ! Tu verras ! C'est tout comme Ferdinand ! C'est tout comme ! » Ses yeux se mouillaient...

« Écoute encore Ferdinand ! J'espère qu'un jour tu me comprendras tout à fait... Oui !... Tu m'apprécieras vraiment ! Quand je ne serai plus là pour me défendre !... C'est toi Ferdinand ! qui posséderas la vérité !... C'est toi qui réfuteras l'injure !... C'est toi ! J'y compte Ferdinand ! Je compte sur toi !... Si on vient alors te dire... de bien des endroits divers : " Courtial n'était qu'un salopiaud, la pire des charognes ! Un faussaire ! Y avait pas deux ordures comme lui... " Que répondras-tu Ferdinand ?... Seulement ceci... Tu m'entends ? " Courtial n'a commis qu'une erreur ! Mais elle était fondamentale ! Il avait pensé que le monde attendait l'esprit pour changer... Le monde a changé... C'est un fait ! Mais l'esprit lui n'est pas venu !... " C'est tout ce que tu diras ! Absolument tout ! Jamais autre chose ! Tu n'ajouteras rien !... L'ordre des grandeurs Ferdinand ! L'ordre des grandeurs ! On peut faire entrer peut-être le tout petit dans l'immense... Mais alors comment réduire l'énorme à l'infime ? Ah ! Tous les malheurs n'ont point d'autre source ! Ferdinand ! Point d'autre source ! Tous nos malheurs !... »

Quand il avait comme ce tantôt-là éprouvé une extraordinaire pétoche, il se sentait pris à mon égard d'une très touchante sollicitude. Il voulait plus du tout que je boude...

« Vas-y, Ferdinand ! Va te promener ! qu'il me disait alors... Va donc jusqu'au Louvre ! Ça te fera beaucoup de bien ! Va-t'en donc jusqu'aux Boulevards ! Tu aimes ça toi Max Linder ! Notre turne est encore empestée par les senteurs de ce mammouth ! Allons-nous-en ! Filons vite ! Ferme-moi la cambuse ! Suspends l'écriteau ! Viens me rejoindre aux " Trois Mousquetons " ! Je paye les gobelets ! Prends l'argent dans le tiroir de gauche ! Je sortirai pas en même temps que toi !... Je vais me tirer par le couloir... Repasse donc par les " Émeutes "... Tu verras un peu le Naguère !... Demande-lui s'il a du nouveau ?... T'as bien placé sur " Shéhérazade " ? et les " reports " sur " Violoncelle " ? Hein ? Toujours n'est-ce pas pour toi seul ? Tu ne sais même pas où je me trouve !... Tu m'entends ? »

* * *

Il me faisait de plus en plus souvent le coup de la Grande Résolution... Il se débinait au sous-sol, soi-disant pour méditer, comme ça pendant des heures entières... Il emmenait un gros bouquin et sa grosse bougie... Il devait avoir des ardoises chez tous les « boucs » du quartier, non seulement aux « Grandes Émeutes », au môme Naguère, mais encore aux « Mousquetons » et même à la Brasserie Vigogne rue des Blancs-Manteaux... Là, c'était un vrai coupe-gorge... Il interdisait qu'on le dérange... Moi, j'étais pas toujours content... Ça me forçait sa fantaisie, d'aller répondre en personne à tous les cinglés du casuel... les abonnés mal embouchés, les petits curieux, les grands maniaques... Ils me déferlaient par bordées... Je les prenais tous sur les endosses... les récrimineurs en tous sens... la bande immonde des rumineux... les illuminés de la bricole... Il arrêtait pas d'en jaillir... d'entrer et sortir... Pour la sonnette c'était la crise... Elle grêlait continuellement... Moi ça m'empêchait toutes ces distractions d'aller réparer mon Zélé... Il embarrassait toute la cave Courtial avec ses conneries... C'était pourtant mon vrai boulot !... C'est moi qu'étais responsable et répréhensible au cas qu'il se casserait la hure... Il s'en fallait toujours d'un fil !... C'était donc cul son procédé... J'ai fait la remarque à la fin, à ce propos-là parmi tant d'autres, que ça pouvait plus continuer... que je marchais plus !... que je m'en tamponnais désormais... qu'on courait à la catastrophe !... C'était pur et simple... Mais il m'écoutait à peine ! Ça lui faisait ni chaud ni froid... Il disparaissait de plus en plus. Quand il était au sous-sol il voulait plus que personne lui cause !... Même sa calebombe elle le gênait... Il arrivait à l'éteindre pour mieux réfléchir.

J'ai fini, comme ça par lui dire... il m'avait tellement agacé, que je me contenais plus... qu'il devrait aller dans l'égout ! Qu'il serait encore bien plus tranquille pour chercher sa résolution !... du coup alors, il m'incendie !...

« Ferdinand ! qu'il m'interpelle ! Comment ? C'est toi qui me parles ainsi ! À moi ? Toi, Ferdinand ? Arrête ! Juste Ciel et de grâce ! Pitié ! Appelle-moi ce que tu voudras ! Menteur ! Boa ! Vampire ! Engelure ! Si les mots que je prononce ne sont point la stricte expression de l'ineffable vérité ! Tu as bien voulu, n'est-ce pas, Ferdinand ? supprimer ton père ? Déjà ? Ouais ! C'est un fait ! Ce n'est pas un leurre ? Quelque fantasmagorie ? C'est la réalité même ! extraordinairement déplorable !... Un exploit dont plusieurs siècles ne sauraient effacer la honte ! Certes ! Ouais ! Mais absolument exact ! Tu ne vas pas nier à présent ? Je n'invente rien ! Et alors ? Maintenant ! Que veux-tu ? dis-moi ? Me supprimer à mon tour ? Mais c'est évident ! Voilà ! C'est simple ! Profiter !... Attendre !... Saisir le moment favorable !... Détente... Confiance... Et m'occire !... M'abolir !... M'annihiler !... Voilà ton programme !... Où avais-je l'esprit ? Ah ! Décidément Ferdinand ! Ta nature ! Ton destin sont plus sombres que le sombre Érèbe !... Ô tu es funèbre Ferdinand ! sans en avoir l'air ! Tes eaux sont troubles ! Que de monstres Ferdinand ! dans les replis de ton âme ! Ils se dérobent et sinuent ! Je ne les connais pas tous !... Ils passent ! Ils emportent tout !... La mort !... Oui ! À moi ! Auquel tu dois dix mille fois plus que la vie ! Plus que le pain ! Plus que l'air ! Que le soleil même ! La Pensée ! Ah ! C'est le but que tu poursuis, reptile ? N'est-ce pas ! Inlassable ! Tu rampais !... Divers... Ondoyant ! Imprévu toujours !... Violences... Tendresse... Passion... Force... Je t'ai entendu l'autre jour !... Tout t'est possible, Ferdinand. Tout ! l'enveloppe seule est humaine ! Mais je vois le monstre ! Enfin ! Tu sais où tu vas ? M'avait-on prévenu ? Ah ça oui ! Les avis ne m'ont point manqué... Cautèle !... Sollicitude !... et puis soudain sans une syllabe douteuse... toutes les frénésies assassines ! Frénésies !... La ruée des instincts ! Ah ! Ah ! Mais c'est la marque mon ami ! Le sceau absolu ! La foudre du criminel... Le congénital ! Le pervers inné !... Mais c'est toi ! Je l'ai là ! Soit ! mon ami !... Soit ! Devant toi, tu n'as pas un lâche ! Le foutriquet peut-être que tu comptais terroriser ? Ah mais non ! Mais non ! Je fais face à tout mon Destin ! Je l'ai voulu ! J'irai jusqu'au bout ! Achève-moi donc si tu le peux !... Vas-y ! Je t'attends ! De pied ferme ! Ose ! Tu me vois bien ? Je te défie, Ferdinand ! Tu m'excites dirai-je ! Tu m'entends ! Tu m'exaspères ! Je ne suis pas dupe ! Entièrement conscient ! Regarde l'Homme dans le blanc des yeux ! J'avais évalué tous mes risques !... Le jour de ton accueil ici ! Que ce soit ma suprême audace ! Allons vas-y ! Frappe ! Je fais face au crime ! Fais vite !... »

Je l'ai laissé encore baver... je regardais ailleurs... les arbres... Au loin dans le jardin... les pelouses... les nourrices... la volée des piafs qui sautillent à travers les bancs ! le jet d'eau qui caracole !... dans les bouffées de brise... Ça valait mieux que de lui répondre !... Que me retourner même pour le voir... Il savait pas si bien dire... C'était juste au poil que j'y branle tout le presse-papiers dans la gueule... le gros mastoc, l'Hippocrate... il me grattait le dedans de la main... Il pesait au moins trois kilos... J'avais du mal... Je me contenais... J'avais du mérite... Il continuait encore la tante !...

« Les jeunes gens au jour d'aujourd'hui ont le goût du meurtre ! Tout ça Ferdinand ! moi je peux te dire, ça finit Boulevard Arago ! Avec la cagoule mon ami ! Avec la cagoule ! Malheur de moi ! Juste Ciel ! J'aurais été responsable !... »

J'en connaissais moi aussi des mots... Je me sentais monter la moutarde... Y en avait la coupe !... « Maître ! Maître ! allez donc chier ! que je lui faisais au moment même. Allez chier tout de suite ! Allez chier très loin ! Moi, je ne vous tue pas ! Moi, je vous déculotte ! Moi, je vais vous tatouer les fesses ! Moi ! comme trente-six bottes de pivoines... que je vais vous bâcler le trou du cul ! Et avec de l'odeur en plus ! Ah ! Voilà ce qui va vous advenir ! Que vous déconniez seulement qu'une petite traviole de plus ! »

J'allais l'agrafer pour de bon... Il était vivace le bougre... Il carrait dans l'arrière-boutique... Il voyait bien que c'était sérieux ! que j'avais fini de supporter... Il restait dans son bobino... Il tripotait ses barres fixes... Il me foutait la paix un moment... Il avait été assez loin... Un peu plus tard, il repassait... Il traversait la boutique... Il prenait par le couloir à gauche, il filait en ville... Il remontait pas à son bureau... Enfin je pouvais bosser tranquille.

C'était pas une petite pause de recoudre, remboutir, rafistoler la moche enveloppe, reglinguer ensemble des pièces qui ne tenaient plus... C'était un tracas infini... Surtout que pour mieux regarder de près je m'éclairais à l'acétylène... Comme ça dans la cave c'était extrêmement imprudent... auprès des substances adhésives... qui sont toujours pourries de benzine... Ça dégoulinait de partout... Je me voyais déjà torche vivante !... L'enveloppe du Zélé c'était une périlleuse affaire, en maints endroits une vraie passoire... D'autres déchirures ! D'autres raccrocs ! Toujours encore des plus terribles à chaque sortie, à chaque descente ! À la traînée d'atterrissages à travers labours !... Au revers de toutes les gouttières... Dans l'enfilade des mansardes, surtout les jours de vent du nord !... Il en avait laissé partout des grands lambeaux, des petits débris, dans les forêts, après les branches, entre les clochers ! Les remparts... Il emmenait des cheminées en tôle ! des toits ! des tuiles au kilo ! des girouettes à chaque sortie ! Mais les éventrages les plus traîtres, les plus affreuses déchirures, c'était les fois qu'il s'empalait sur un poteau télégraphique !... Là souvent il se fendait en deux... Faut être juste pour des Pereires il courait des fameux risques avec ses sorties aériennes. La montée toujours c'était extrêmement fantaisiste... ça tenait toujours du miracle, à cause du gonflage minimum... Pour les raisons d'économie !... Mais ce qui devenait effroyable c'était les descentes avec tout son bastringue foireux... Heureusement y avait l'habitude ! C'est pas le métier qui lui manquait. Il chiffrait déjà, lui tout seul, au moment où je l'ai connu, 1422 ascensions ! Sans compter celles en « captif »... Ça lui faisait un joli total ! Il avait toutes les médailles, tous les diplômes, les brevets... Il connaissait tous les trucs, mais c'était ses atterrissages qui m'éblouissaient constamment... Je dois dire que c'était merveilleux comme il retombait sur ses pompes ! Dès que le bout du « rope » raclait la terre... que le fourbi ralentissait il se ramassait tout en boule au fond du panier... quand l'osier touchait la mouscaille... que tout le bordel allait rebondir... il sentait son moment exact... Il giclait comme un guignol... Il se déroulait en bobine... un vrai jockey pour la chute... boudiné dans sa couverture, il se faisait rarement une atteinte... Il s'arrachait pas un bouton... Il perdait pas une seconde... Il partait dare-dare en avant... Il bagottait dans les sillons... Il se retournait plus... Il piquait derrière le Zélé... tout en sonnant dans son petit bugle qu'il emportait en bandoulière... Il faisait le raffut lui tout seul... la vache ! Le cross durait très longtemps avant que tout le fourbi s'affaisse... Je le vois encore dans les sprints... C'était un spectacle de grande classe, en redingote, panama... Mes sutures autoplastiques faut dire les choses assez franchement... elles tenaient en l'air plus ou moins... mais il les aurait pas faites, par lui-même... Il était pas assez patient, il aurait tout bousillé encore davantage... C'était un art, à la fin, cette routine des reprises ! Malgré des ruses infinies, ma grande ingéniosité, je désespérais fort souvent sur cette garce enveloppe... Elle en voulait vraiment plus... Depuis seize ans, qu'on la sortait en toutes circonstances, à toutes les sauces, les tornades, elle tenait plus que par les surjets, des rafistolages étranges... Chaque gonflement c'était un drame !... À la descente, à la tramée, c'était encore pire... Quand il manquait toute une bande, j'allais faire un prélèvement dans la vieille peau de l'Archimède... Il était celui-là plus que des pièces, des gros lambeaux dans un placard, en vrac, au sous- sol... C'était le ballon de ses débuts, un « captif » entièrement « carmin », une baudruche d'énorme envergure. Il avait fait vingt ans les foires !... J'y mettais bien de la minutie pour recoller tout, bout à bout, des scrupules intenses... Ça donnait des curieux effets... Quand il s'élevait au « Lâchez tout » le Zélé au-dessus des foules, je reconnaissais mes pièces en l'air... Je les voyais godailler, froncer... Ça me faisait pas rire.

Mais en plus y avait les démarches, les préliminaires... Ce condé des ascensions c'était pas un nibé tout cuit !... Il faudrait pas croire... Ça se préparait, ça se boutiquait, ça se discutait des mois et des mois d'avance... Il fallait qu'on corresponde par tracts, par photographies. Semions la France de prospectus !... Repiquer tous les notables !... se faire salement agonir par les Comités festoyeurs, toujours énormément radins... En plus donc des inventeurs nous recevions pour le Zélé un courrier du tonnerre de Dieu !...

J'avais appris avec Courtial à rédiger genre officiel. Je me débrouillais pas trop mal... Je ne faisais plus beaucoup de fautes... Nous avions un papier « ad hoc » pour la conduite des pourparlers avec un en-tête de bon goût « Section Parisienne des Amis du Ballon Libre »...

On baratinait les mairies dès la fin de l'hiver ! Les programmes pour la saison s'élaboraient au printemps !... Nous devions, nous autres, en principe, avoir déjà tous nos dimanches entièrement retenus un peu avant la Toussaint... On harcelait par téléphone tous les présidents de Comités. C'était encore moi dans ce coup-là, qui me tapais la poste. J'y allais aux heures d'affluence... J'essayais de trisser sans douiller ! Je me faisais recueillir à la porte...

On avait lancé nos appels pour toutes les foires, les réunions, les kermesses, dans la France entière ! Y avait pas de petits endroits ! Tout était mangeable et possible ! Mais de préférence, bien sûr, on essayait malgré tout de pas s'éloigner de Seine-et-Oise... Seine-et-Marne au plus ! C'était les transports du bastringue qui nous foutaient tout de suite à cul, des sacs, des bonbonnes, de la came, de tout notre fourniment bizarre. Pour que le jeu vaille la chandelle, il fallait qu'on soye rentrés le soir au Palais-Royal. Sinon c'était du débours ! Courtial, il présentait un devis vraiment étudié au plus juste ! Tout à fait modeste et correct : deux cent vingt francs... Gaz pour le gonflage en plus, pigeons au « Lâcher » deux francs pièce !... On stipulait pas la hauteur... Notre rival le plus connu et peut-être encore le plus direct, c'était le capitaine Guy des Roziers, il demandait lui, bien davantage ! Sur son ballon L'Intrépide il faisait des tours périlleux !... Il montait avec son cheval, il restait en selle tout là-haut ! à quatre cents mètres garantis !... Il coûtait cinq cent vingt-cinq francs, retour payé par la Commune. Mais ceux qui nous damaient le pion encore plus souvent que l'écuyer, c'était l'italien et sa fille « Calogoni et Petita »... Ceux-là, on les retrouvait partout ! Ils plaisaient énormément, surtout dans les garnisons ! Ils étaient extrêmement coûteux, ils faisaient au ciel mille cabrioles... Ils lançaient en plus des bouquets, des petits parachutes, des cocardes, à partir de six cent vingt mètres ! Ils demandaient huit cent trente-cinq francs et un contrat pour deux saisons !... Ils accaparaient réellement...

Lui Courtial, son genre, son renom c'était pas du tout à l'esbroufe ! Pas la performance dramatique ! Non ! C'était tout à fait le contraire ! La manière nettement scientifique, la fructueuse démonstration, l'envol expliqué, la jolie causerie préalable, et pour terminer la séance le gracieux « lâcher » des pigeons... Il les prévenait lui-même toujours, en petit laïus préliminaire : « Messieurs, Mesdames, Mesdemoiselles... Si je monte encore à mon âge, c'est pas par vaine forfanterie ! Ça vous pouvez croire ! Par désir d'épater les foules !... Regardez un peu ma poitrine ! Vous y verrez épanouies toutes les médailles les plus connues, les plus cotées, les plus enviées de la valeur et du courage ! Si je monte, Mesdames, Messieurs, Mesdemoiselles, c'est pour l'instruction des Familles ! Voilà le but de toute ma vie ! Tout pour l'éducation des masses ! Nous ne nous adressons ici à aucune passion malsaine ! non plus qu'aux instincts sadiques ! aux perversités émotives !... Je m'adresse à l'intelligence ! À l'intelligence seulement ! »

Il me répétait pour que je sache : « Ferdinand, souviens-toi toujours que nos ascensions doivent conserver à tout prix leur cachet ! L'estampille même du Génitron... Elles ne doivent jamais dégénérer en pitreries ! en mascarades ! en faribodes aériennes ! en impulsions d'hurluberlus ! Non ! Non ! et non ! Il nous faut rester dans la note, dans l'esprit même de la Physique ! Certes, nous devons divertir ! ne pas l'oublier ! Nous sommes payés pour cela ! C'est justice ! Mais mieux encore, si possible, susciter chez tous ces rustres l'envie d'autres notions précises, de connaissances véritables ! Nous élever certes. Il le faut. Mais élever aussi ces brutes, celles que tu vois, qui nous entourent, la gueule ouverte ! Ah ! c'est compliqué, Ferdinand !... »

Jamais, c'est un fait, il n'aurait quitté le sol, sans avoir avant toute chose dans une causerie familière expliqué tous les détails, les principes aérostatiques. Pour mieux dominer l'assistance, il se juchait en équilibre sur le bord de la nacelle, extraordinairement décoré, redingote, panama, manchettes, un bras passé dans les cordages... Il démontrait, à la ronde, le jeu des soupapes et des valves, du guiderope, des baromètres, les lois du lest, des pesanteurs. Puis entraîné par son sujet, il abordait d'autres domaines, traitant, devisant, à bâtons rompus toujours, de la météorologie, du mirage, des vents, du cyclone... Il abordait les planètes, le jeu des étoiles... Tout arrivait à lui sourire : l'anneau... les Gémeaux... Saturne... Jupiter... Arcturus et ses contours... La Lune... Belgerophore et ses reliefs... Il mesurait tout au jugé... Sur Mars, il pouvait s'étendre... Il la connaissait très bien... C'était sa planète favorite ! Il racontait tous les canaux, leurs profils et leurs trajets ! leur flore ! comme s'il y avait pris des bains ! Il tutoyait bien les astres ! Il remportait le gros succès !

Pendant qu'il bavait, ainsi juché, à la cantonade, captivant la foule, moi je faisais un peu la quête... C'était mon petit supplément. Je profitais de la circonstance, des palpitations, des émois... Je piquais à travers les rangées. Je proposais du Génitron à douze pour deux sous ! des invendus, des petits manuels dédicacés... des médailles commémoratives avec le ballon minuscule, et puis pour ceux que je biglais, qui me paraissaient les plus vicelards... dans le tassement qui menaient un pelotage... j'avais un petit choix d'images drôles, amusantes, gratinées... et des transparentes qui remuaient... Ces rare que je liquide pas tout... L'un dans l'autre, avec un peu de veine, j'arrivais à me faire vingt-cinq points ! C'était une somme pour l'époque ! Dès que j'avais tout rétamé, que j'avais fait ma récolte, je filais un petit signe au maître... Il renversait sa vapeur... Il bloquait sa parlerie... Il redescendait dans son panier... Il rajustait son panama... Il amarrait toutes ses tringles, il dénouait la dernière écoute, et il décalait tout doucement. J'avais plus que le suprême filin... C'est moi qui donnais :

« Lâchez tout »... Il me renvoyait un coup de son bugle... Guiderope à la traîne... Le Zélé prenait l'espace !... Jamais je l'ai vu s'envoler droit... Il était flasque dès le début. On le gonflait, pour bien des raisons, qu'avec une extrême réserve... Il barrait donc en traviole... Il chaloupait au-dessus des toits. Ça faisait avec ses raccrocs un gros arlequin en couleurs... Il batifolait dans les airs en attendant un vrai coup de brise... il pouvait bouffir qu'en plein vent... Tel un vieux jupon sur la corde, il était calamiteux... Même les plus bouseux campagnols ils s'apercevaient bien de la chose... Tout le monde se marrait de le voir partir tituber dans les toits... Moi je rigolais beaucoup moins !... Je le prévoyais l'horrible accroc, le décisif ! Le funeste ! La carambouille terminale... Je lui faisais mille signes d'en bas... qu'il laisse choir tout de suite le sable !... Il était jamais très pressé... il avait peur de monter trop... C'était pas tellement à craindre !... Question qu'il s'éloigne c'était guère possible, vu l'état des toiles !... Mais le bec dont je me gourais, c'était qu'il rechute en plein village... Ça c'était toujours à deux doigts et la perte avec... qu'il vienne frôler dans l'école... qu'il emmène le coq de l'église... qu'il s'enfourche dans une gouttière !... Qu'il s'arrête en pleine mairie !... qu'il s'écroule dans le petit bois. Ça suffisait amplement s'il arrivait à gagner ses cinquante ou soixante mètres... je calculais au petit bonheur... c'était le maximum... Son rêve à Courtial, dans l'état de son attirail, c'était de ne jamais dépasser le premier étage des maisons... Ça pouvait s'admettre facilement... Après ça devenait de la folie... D'abord on aurait jamais pu la gonfler à bloc sa besace... Avec une, deux bonbonnes en plus, ça se serait fendu à coup sûr et du haut en bas... Il s'écarquillait en grenade de la soupape à la valve !... Après qu'il avait franchi la dernière chaumière, dépassé les derniers enclos, alors il faisait le vide du sable. Il se décidait, il culbutait tout son restant... Quand il avait plus de lest du tout... ça lui faisait faire un petit bond... Une saccade d'une dizaine de mètres... C'était l'instant des pigeons... Il ouvrait vivement leur panier... Les bestioles filaient comme des flèches... Alors, c'était aussi le moment que je démerde pour mon compte... C'était son signe de la descente !... Je peux dire que je trissais vinaigre... Il fallait faire du tragique pour ameuter les croquants !... qu'ils radinent tous après le ballon... qu'ils nous aident vite à tout replier... l'énorme camelote en valdraque... à tout rembarquer à la gare... à pousser la charge sur le palan... C'était pas fini ! Le mieux qu'on avait découvert pour qu'ils se barrent pas tous à la fois... qu'ils se manient encore pour nous autres, qu'ils accourent à la suite en foule, c'était de leur jouer la catastrophe... Ça prenait presque à coup sûr... Autrement nous étions roustis... pour qu'ils s'y colletinent au boulot, il aurait fallu qu'on les douille... Du coup, on s'y retrouvait plus !... C'était à prendre ou à laisser...

Je poussais des gueulements farouches ! Je me désossais comme un putois ! Je me précipitais à toutes pompes à travers des fondrières dans la direction de la chute... J'entendais son bugle... « Au feu !... Au feu !... que je hurlais... Regardez ! Regardez ! les flammes !... Il va foutre le feu partout ! Il y en a par-dessus les arbres !... » Alors, la horde s'ébranlait... Ils radiaient à la charge... Ils fonçaient à ma poursuite ! Dès que Courtial m'apercevait avec la meute des manants, il tirait sur toutes les soupapes... Il éventrait toute la boutique du haut jusqu'en bas !... Le truc s'effondrait dans les loques... Il s'affalait dans la mouscaille, perclus, flapi ! foirante la baudruche !... Courtial giclait du panier... Il rebondissait sur ses panards... Il soufflait encore un coup de bugle pour le ralliement... Et il recommençait un discours ! Les péquenouzes ils étaient hantés par la frousse que le truc prenne feu, qu'il aille incendier les meules... Ils s'écrasaient sur le bazar pour empêcher qu'il bouffonne... Ils m'empilaient tout ça en tas... Mais ça faisait une très moche épave !... tellement qu'il s'était arraché après toutes les branches... Il avait perdu tant d'étoffe, des lambeaux tragiques... Il ramenait des buissons entiers... entre sa baudruche et le filet... Les sauveteurs ravis, comblés, trépignants dans les émotions, arrimaient Courtial en héros sur leurs robustes épaules... Ils l'emportaient en triomphe... Ils partaient le fêter au « débit »... et jusqu'à plus soif ! Moi, il me restait toute la corvée, le plus sale dégueulasse afur... Extirper des fondrières tout notre bastringue avant la nuit... de la glèbe et des sillons... Récupérer tous nos agrès, les ancres, les poulies, les chaînes, toute la quincaille en vadrouille... Le guiderope, ses deux kilomètres... le loch, les taquets, semés au hasard, dans les avoines et les pâtures, le baromètre, et la « pression anéroïde »... une petite boîte en maroquin... les nickels qui sont si coûteux... Un vrai pic-nic moi que je dis !... Apaiser par la gaudriole, les promesses et mille calembours, les pires croquants répulsifs... Leur faire en plus bagotter à coups de facéties graveleuses, en termes absolument gratuits, toute cette engeance épuisante, ces sept cents kilos de falbalas ! L'enveloppe déchiquetée en liquette, les restants de l'affreux catafalque ! Balancer toute cette carambouille dans le tout dernier fourgon, juste au moment que le train démarre ! Merde ! Il faut bien expliquer ! C'était pas un petit tour de force ! Quand je rejoignais enfin Courtial par l'enfilade des couloirs, le train déjà bien en route, je le retrouvais dans les troisièmes, mon numéro ! Absolument tranquillisé, prolixe, crâneur, explicatif, fournissant à l'auditoire toute une brillante démonstration... Les conclusions de l'aventure !... Tout galanterie envers la brune vis-à-vis... soucieux des oreilles enfantines... réprimant la verte allusion... mais badin, piquant tout de même... éméché d'ailleurs, jouant de la médaille et du torse... Il picolait encore la vache ! La bonne humeur ! la régalade ! le coup de rouquin général ! Tous gobelet en main... Il se tapait la cloche en tartines... Plus besoin de s'en faire... Il demandait pas de mes nouvelles !... Je l'avais sec... J'aime autant le dire !... Je la lui coupais la gaudriole !

« Ah ! C'est toi, Ferdinand ? C'est toi ?...

Oui, mon cher Jules Verne !...

Assois-toi là, mon petit ! Raconte-moi vite !... Mon secrétaire... Mon secrétaire !... »

Il me présentait...

« Alors dis-moi donc, ça va là-bas au fourgon ?... Tu as tout arrangé ?... Tu es content ?... »

Je faisais fort nettement la gueule, j'étais pas content... Je mouffetais rien...

« Ça ne va pas alors ?... Y a quelque chose ?...

C'est la dernière fois !... que je disais comme ça, extrêmement résolu... tout à fait sec et concis...

Comment ? Pourquoi la dernière fois ? Tu plaisantes ? À cause de... ?

Elle est plus du tout réparable... Et je ne plaisante pas du tout !... »

Il tombait un vrai silence... C'était fini les effets et la mortadelle. On entendait bien les roues... tous les craquements... la lanterne qui branlait là-haut dans son verre... Il essayait de voir ce que je pensais dans la petite lumière... Si je rigolais pas un peu. Mais je tiquais pas d'un œil !... Je restais extrêmement sérieux... Je tenais à mes conclusions...

« Tu crois alors, Ferdinand ? Tu n'exagères pas ?...

Du moment que je vous le dis !... Je le sais bien quand même... »

J'étais devenu expert en trous... Je souffrais plus la contradiction... Il se renfrognait dans son coin... C'était fini la conférence !... On se reparlait plus...

Tous les autres, sur leurs banquettes, ils se demandaient ce qui arrivait... Ba da dam ! Ba da dam ! comme ça d'un cahot sur l'autre. Et puis la goutte d'huile qui tombe d'en haut du lampion... Toutes les têtes qui hochent... qui s'affaissent.

* * *

S'il existe un truc au monde, dont on ne doit jamais s'occuper qu'avec une extrême méfiance, c'est bien du mouvement perpétuel !... On est sûr d'y laisser des plumes...

Les inventeurs, dans leur ensemble, ça peut se répartir par marotte... Y en a des espèces entières qui sont presque inoffensives... Les passionnés des « Effluves », les « telluriques » par exemple, les « centripètes »... C'est des garçons fort maniables, ils vous déjeuneraient dans la main... dans le creux... Les petits trouvailleurs ménagers c'est pas une race très dure non plus... Et puis tous les « râpe-gruyère »... Les « marmites sino-finlandaises », les cuillers à « double manche »... enfin tout ce qui sert en cuisine... C'est des types qui aiment bien la tambouille... C'est des bons vivants... Les perfectionneurs du « métro » ?... Ah ! il faut déjà faire gaffe ! Mais les tout à fait sinoques, les véritables déchaînés, les travailleurs au vitriol, viennent presque eux tous du « Perpétuel »... Ceux-là, ils sont résolus à n'importe quoi, pour vous prouver la découverte !... Ils vous retourneraient la peau du bide, si vous émettiez un petit doute... c'est pas des gens pour taquiner...

J'ai connu comme ça, chez Courtial, un garçon de bains- douches, qu'était fanatique... Il parlait que de son « pendule » et jamais encore qu'à voix basse... avec le meurtre dans les yeux... On avait aussi la visite d'un substitut de procureur en province... Il venait exprès du Sud-Ouest pour nous apporter son cylindre... un tube énorme en ébonite, qu'avait une soupape centrifuge, et un démarreur électrique... Dans la rue c'était facile à le repérer, même de très loin, il marchait jamais que de biais, comme un véritable crabe, le long des boutiques... Il neutralisait ainsi les attirances de Mercure et puis les effluves du Soleil, les « ioniques » qui traversent les nuages... Il quittait jamais non plus son énorme foulard autour des épaules, ni jour, ni nuit, en amiante tressé fil et soie... Ça c'était son détecteur d'ondes... S'il entrait dans l' « interférence »... Immédiatement, il frissonnait... des bulles lui sortaient des narines...

Courtial il les connaissait tous et depuis une paye !... Il savait à quoi s'en tenir... Il en tutoyait un grand nombre. On s'en dépêtrait pas trop mal... Mais un jour l'idée lui est venue de monter avec eux le « Concours » !... C'était vraiment alors folie ! Tout de suite j'ai poussé le cri d'alarme !... Je l'ai hurlé immédiatement... Tout ! mais pas ça !... Aucun moyen de le retenir !... Il avait très besoin de pognon et puis de liquide immédiat... C'était tout à fait réel qu'on éprouvait un mal affreux à finir nos mois... qu'on devait déjà au moins six numéros du Génitron, à Taponier, l'imprimeur... On avait donc bien des excuses... Les ascensions, d'autre part, ne rendaient plus comme avant... Déjà les aéroplanes nous faisaient un tort terrible... Déjà en 1910, les péquenots ils s'agitaient... Ils voulaient voir des avions... Nous pourtant, on correspondait éperdument... pour ainsi dire sans relâche... On se défendait pied à pied... On relançait tous les bouseux... Et les archevêques... Et les Préfectures... Et les dames des Postes... et les pharmaciens... les Expositions horticoles... Rien qu'au printemps 1909, nous avons fait imprimer plus de dix mille circulaires... On se défendait donc à outrance... Mais aussi, faut dire que Courtial il rejouait aux courses. Il était retourné aux « Émeutes »... Il avait dû régler Naguère... Enfin toujours, ils se recausaient... je les avais bien vus... Il avait gagné comme ça, mon dabe, en une seule séance, à Enghien, d'un coup six cents francs sur « Carotte » et puis encore sur « Célimène » deux cent cinquante à Chantilly... Ça l'avait grisé... Il allait risquer davantage...

Le lendemain matin, il m'arrive comme ça tout chaud dans la boutique... Il m'attaque d'autor...

« Ah ! dis donc Ferdinand ! La veine ! La voilà ! C'est la veine !... Voici !... Tu m'entends, dix ans, dix années !... que je trinque presque sans arrêt !... Ça suffit !... J'ai la main !... Je la laisse plus tomber !... Regarde !... » Il me montre le Croquignol un nouveau canard des courses qu'il avait déjà tout biffé... en bleu, rouge, vert, jaune ! Je lui réponds moi aussitôt...

« Attention, M. des Pereires ! Nous sommes déjà le 24 du mois... Nous avons quatorze francs en caisse !... Taponier est bien gentil... assez patient, il faut le dire, mais enfin quand même, il veut plus livrer notre cancan !... J'aime autant vous prévenir tout de suite ! Ça fait trois mois qu'il m'engueule chaque fois que j'arrive rue Rambuteau... C'est plus moi qu'irai le relancer ! même avec la voiture à bras !

Fous-moi la paix Ferdinand ! Fous-moi la paix... Tu m'obsèdes ! Tu me déprimes avec tes ragots... Tes sordidités... Je sens ! Je sens ! Demain, nous serons sortis d'affaire !... Je ne peux plus perdre une minute dans les ergotages ! Retourne dire à ce Taponier... De ma part tu m'entends bien ! De ma part cette fois... Ce salaud-là, quand j'y repense ! Il est gras à ma santé !... Ça fait vingt ans que je le nourris ! Il s'est constitué une fortune ! Gonflé ! Plusieurs ! Colossales ! avec mon journal !... Je veux faire encore quelque chose pour ce saligaud ! Dis-lui ! Tu m'entends ! Dis-lui ! Qu'il peut miser toute son usine, toute sa bricole, son attirail ! son ménage ! la dot de sa fille ! sa nouvelle automobile ! tout ! son assurance ! sa police ! qu'il ne laisse rien à la traîne ! la bicyclette de son fils ! Tout ! retiens bien ! Tout ! sur " Bragamance " gagnant... je dis " gagnant " ! pas " placé " ! dans la " troisième " ! Maisons, jeudi !... Voilà ! C'est comme ça mon enfant !... Je le vois le poteau ! et 1800 francs pour cent sous ! Tu m'entends exactement 1887... En fouille !... Retiens bien ! Avec ce qui me reste sur l'autre " report "... ça nous fera pour tous les deux ! 53 498 francs ! Voilà ! net !... Bragamance !... Maisons !... Bragamance !... Maisons !... »

Il a continué à causer... Il entendait pas mes réponses... Il est reparti par le couloir... C'était devenu un somnambule...

Le lendemain, je l'ai attendu tout l'après-midi... qu'il arrive... qu'il vienne un peu avec les cinquante-trois sacs... Il était passé cinq heures... Le voilà enfin qui s'amène... Je le vois qui traverse le jardin... Il regarde personne dans la boutique... Il vient vers moi directement... Il m'attrape par les épaules... Il me serre dans ses bras... Il bluffe plus... Il sanglote... « Ferdinand ! Ferdinand ! Je suis un infect misérable ! Un abominable gredin... Tu peux parler d'infamie !... J'ai tout perdu Ferdinand !

Tout notre mois, le mien ! le tien ! mes dettes ! les tiennes ! le gaz ! tout !... Je dois encore la mise à Naguère !... Au relieur, je lui dois dix-huit cents francs... À la concierge du théâtre, j'ai emprunté encore trente balles... Je dois encore en plus cent francs au garde-barrière de Montretout !... Je vais le rencontrer ce soir !... Tu vois dans quelle tourbe je m'enfonce !... Ah ! Ferdinand ! Tu as raison ! Je croule dans ma fange !... »

Il s'effondrait plus encore... Il se martyrisait... Il faisait... refaisait son total... Combien qu'il devait au fond ?... Y en avait toujours davantage... Il s'en trouvait tellement des dettes, que je crois qu'il en inventait... Il a cherché un crayon... Il allait tout recommencer... Je l'ai empêché résolument... Je lui ai fait alors comme ça :

« Voyons ! Voyons monsieur Courtial ! vous pouvez pas rester tranquille ? À quoi que ça ressemble ?... Si il revient des clients ! de quoi alors on aura l'air ? Il faut vous reposer plutôt !...

Ferdinand ! comme tu as raison !... Tu parles plus sagement que ton maître ! Ce vieillard putride ! Un vent de folie Ferdinand ! Un vent de folie !... »

Il se tenait la bouille à deux mains...

« C'est incroyable ! C'est incroyable !... » Après un moment de prostration, il est allé ouvrir la trappe... Il a disparu tout seul... Je la connaissais sa corrida !... C'était toujours le même nibé !... Quand il refaisait une sale connerie... après l'étalage des salades, c'était le coup de la méditation... Mais pour la bectance mon ami ! Fallait quand même que je trouve du bulle !... On me faisait du « crédo » nulle part !... ni le boulanger... ni la fruitière... Il comptait bien là-dessus, la vache, que je m'étais fait une petite planque... Il s'était bien gouré quand même que je devais prendre mes précautions... Que moi j'étais pas dans la lune !... C'est moi, qui tournais prévoyant... C'était moi le fin comptable !... Avec la raclure des tiroirs, moi, j'ai tenu encore tout un mois... Et je nous ai fait bouffer pas mal... Et pas de la cropinette au sel !... de la vraie barbaque première !... de la frite à discrétion... et la confiture « pur sucre »... Voilà comme j'étais.

Il voulait pas taper sa femme... Elle savait rien à Montretout.

* * *

L'oncle Édouard qui revenait de Province, qu'on avait pas vu depuis longtemps, il est passé un samedi soir... Il est venu me donner des nouvelles de mes parents, de la maison... Ça continuait leur malchance !... Mon père, malgré tous ses efforts, il avait pas pu partir de la Coccinelle... C'était pourtant son seul espoir... À la Connivence Incendie même en tapant bien la machine ils en avaient pas voulu... Ils le trouvaient déjà trop vieux pour un emploi subalterne... et puis d'allure bien trop timide pour un emploi près du public... Donc il avait fallu qu'il y renonce... qu'il se cramponne à son burlingue... qu'il fasse bonne figure à Lempreinte... C'était un coup abominable... Il en dormait plus du tout.

Le baron Méfaize, le chef du « Contentieux-vie » il avait eu vent de ces démarches... Il l'avait depuis toujours en exécration, mon père, il le tourmentait sans arrêt... Il lui faisait remonter tout exprès les cinq étages sur la cour pour lui répéter une fois de plus combien il le trouvait imbécile... qu'il se trompait dans toutes les adresses... C'était d'ailleurs tout à fait faux...

L'oncle Édouard, tout en me causant... il se demandait... il pensait peut-être... que ça ferait plaisir à mes vieux de me revoir un petit moment... Qu'on se raccommode avec mon père... Qu'il avait eu assez de malheur... qu'il avait bien assez souffert... Ça partait d'un bon naturel... Seulement rien qu'à la pensée, il me remontait déjà du fiel... J'avais tous les glaires dans la gueule... J'étais plus bon pour les essais !...

« Ça va ! Ça va ! Ça va mon oncle !... J'ai la pitié ! J'ai tout ça... Seulement si je revenais au Passage... moi je peux bien te l'avouer tout de suite... J'y tiendrais pas dix minutes !... Je fouterais le feu à toute la crèche !... »

Pour les essais y avait plus mèche !...

« Bon ! Bon ! C'est bien qu'il a dit. Je vois ce que tu penses !... »

Il m'a pas fait d'autres allusions... Il a dû tout leur répéter...

Enfin nous en causâmes plus... de ce retour à la famille.

Avec Courtial, c'est entendu... c'était un fait bien indéniable... c'était à longueur de journée une sacrée pagaye... et une entourloupe continuelle... Il me faisait des tours effroyables... et faux comme trente-six cochons. Seulement le soir j'étais tranquille... Une fois qu'il était trissé je faisais ce que je voulais... Je tirais mes plans à ma guise !... Jusqu'à dix heures du matin où il revenait de Montretout... c'était moi quand même le patron... Ça c'est joliment appréciable ! Une fois nourris mes pigeons j'étais absolument libre... Je me grattais toujours un petit plâtre sur les reventes au public... Les Génitron de « retour » c'était un micmac... une partie c'était pour mezig... il m'en restait dans les ongles... et sur les ascensions aussi... Ça n'a jamais dépassé la somme de quatre à cinq thunes... mais pour moi, en argent de poche, c'était du Pérou !...

Il aurait bien voulu savoir, le vieux crocodile, où je l'afurais mon petit pèze !... mon aubert mignon !... Il pouvait toujours courir ! J'avais la prudence absolue... J'avais bien été à l'école... Il quittait jamais ma fouille ce petit volage, et même une planque bien épinglée dans l'intérieur de mon plastron... La confiance ne régnait pas... Moi, je les connaissais ses cachettes... il en avait trois... Y en avait une dans le plancher... une autre derrière le compteur... (une brique en bascule) et enfin une autre dans la tête même d'Hippocrate ! Je lui en ai calotté partout... Il comptait jamais... Il lui venait des doutes à la fin... Mais il avait pas à râler... Il me foutait pas un rond de salaire... Encore c'est moi qui nourrissais !... Soi-disant avec la masse, et pas trop mal... et copieusement... Il sentait qu'y avait rien à dire...

Le soir je me faisais pas de cuistance, j'allais seul à l'« Automatic » au coin de la rue Rivoli... J'avalais debout, un petit morceau... j'ai toujours préféré ça... c'était très vite liquidé... Après je partais en vadrouille... Je faisais le tour par la rue Montmartre... Les Postes... la rue Étienne-Marcel... Je m'arrêtais à la statue, Place des Victoires, pour fumer une cigarette... C'était un carrefour majestueux... Il me plaisait bien... Là, très tranquille pour réfléchir... Jamais j'ai été si content qu'à cette époque au Génitron... Je faisais pas des projets d'avenir... Mais je trouvais le présent pas trop tarte... J'étais rentré sur les neuf heures...

J'avais encore bien du boulot... Toujours des pièces au Zélé... Des colis qu'on avait en retard... et des babilles pour la Province... Et puis comme ça, vers les onze heures, je ressortais sous les arcades... C'était le moment curieux... C'était plein de branleuses notre pourtour... toutes des traînardes à vingt ronds... Et même encore moins... Une tous les trois ou quatre piliers avec un ou deux clients... Elles me connaissaient bien à force... Souvent elles étaient joviales... Je les faisais monter dans le burlingue au moment des rafles... Elles se planquaient dans les dossiers, elles avalaient la poussière... Elles attendaient qu'ils soient loin... On s'est fait des drôles de suçages dans le « Coin du Commanditaire »... Moi, j'avais droit à toute la fesse... entièrement à l'œil parce que je biglais bien les approches, de mon entresol, au moment de la crise... quand je voyais pointer les rouquins... Elles se carraient toutes par la petite porte... J'étais le « serre » de la tribu ! ni vu !... ni connu... C'est un peu avant minuit qu'on escomptait la bourrique... J'en avais assez souvent une douzaine des mômes dans le capharnaüm du premier... On éteignait la calebombe... Fallait pas moufter du tout... On entendait leurs « 43 » passer, repasser sur les dalles... Y avait de la terreur... On aurait dit comme des rats qu'elles se ratatinaient dans leur coin... Après c'était la détente... Le plus beau c'était les histoires... Elles savaient tout sur les Galeries... tout ce qui se trame et qui se trafique... sous les arches... dans les soupentes... dans les arrière-magasins... J'ai tout appris sur le commerce... tous ceux qui se faisaient enculer... toutes les fausses couches... tous les cocus du périmètre... Comme ça, entre onze heures et minuit... J'ai tout appris sur des Pereires, comme qu'il allait cet immonde se faire foutre la flagellation aux « Vases Étrusques » au 216, l'allée d'en face... presque à la sortie du « Français » et qu'il les aimait sévères... et qu'on l'entendait rugir derrière le rideau de velours... et ça lui coûtait chaque fois vingt-cinq points... comptants !... bien sûr !... Et que des semaines c'était pas rare qu'il prenne trois fouettées coup sur coup !...

Ça me faisait rugir, moi aussi, d'entendre des salades pareilles !... Ça m'étonnait plus beaucoup qu'on aye jamais un fifre d'avance... qu'avec la « volée » plus les « gayes » qu'on manque toujours de pognon !... Y avait pas de miracles !...

Celle qui racontait le mieux, c'était la Violette, une déjà vioque, une fille du Nord, toujours en cheveux, triple chignon en escalade et les longues épingles « papillon », une rouquine, elle devait bien avoir quarante piges... Toujours avec une jupe noire courte, moulante, un minuscule tablier rose, et de hautes bottines blanches à lacets et talons « bobines »... Moi, elle m'avait à la bonne... On prenait tous des hoquets rien qu'à l'écouter... tellement qu'elle mimait parfaitement... Elle en avait toujours des neuves... Elle voulait aussi que je l'encule... Elle m'appelait son « transbordeur » à la façon que je la bourrais... Elle parlait toujours de son Rouen ! elle y avait passé douze années dans la même maison, presque sans sortir... Quand on descendait à la cave, je lui allumais la bougie... Elle me recousait mes boutons... c'est un travail que j'abhorrais !... Je m'en faisais sauter beaucoup... à cause des efforts du trafic en poussant la voiture à bras... Je pouvais recoudre n'importe quoi... mais pas un bouton... jamais !... Je pouvais pas les supporter... Elle voulait me payer des chaussettes... elle voulait que je devienne coquet... Y avait longtemps que j'en mettais plus... des Pereires non plus, faut être juste... En quittant le Palais-Royal, elle remontait sur la Villette... tout le long ruban à pompes... C'était les clients de cinq heures... Là, elle gagnait encore pas mal... Elle voulait plus être enfermée... De temps en temps, malgré tout, elle passait un mois à l'Hospice... Elle m'envoyait une carte postale... Elle se rappliquait en vitesse ! Je connaissais ses coups aux carreaux... Je l'ai eue en bonne amitié pendant près de deux ans... jusqu'à ce qu'on parte des Galeries... Sur la fin elle était jalouse, elle avait des bouffées de chaleur... Elle devenait mauvais caractère.

* * *

À la saison des légumes on s'en foutait plein le lampion... Je les présentais en « jardinière » avec des lardons variés... Il en ramenait des salades ! des haricots à plein panier ! de Montretout !... De la carotte, du navet, des bottes et des bottes entières et même des petits pois...

Courtial il était porté sur les plats en « sauce ». Moi j'avais appris tout ça dans son manuel de cuisine... Je connaissais toutes les ragougnasses, toutes les manières de faire « revenir ». C'est un genre extrêmement commode... Ça peut être resservi longtemps. Nous possédions un fort réchaud à gaz lampant « Sulfridor », un peu explosif, dans l'arrière-boutique- gymnase... L'hiver, je mettais le pot-au-feu... C'est moi qui achetais la barbaque, la margarine et le frometon... Pour la question des bibines on en ramenait chacun son tour.

La Violette, sur les minuit, elle aimait bien casser la croûte... Elle aimait le veau froid sur du pain... Seulement tout ça coûte assez cher... En plus des autres folles dépenses !

J'ai eu beau me gendarmer... faire entrevoir les pires désastres... il a fallu qu'on y tâte à son « Concours du Perpétuel ». C'était un expédient rapide... Ça devait nous rapporter tout de suite. La foire était sur le pont !... Vingt-cinq francs, c'était le droit d'entrée pour faire partie des épreuves...

Doté d'un prix de douze mille balles, première récompense décernée par le « grand Jury des plus hautes sommités mondiales » et puis un autre prix subalterne, accessit- consolation... quatre mille trois cent cinquante francs, ça faisait pas un concours radin !...

Tout de suite, y a eu des amateurs !... Un flux !... Un raz !... Une invasion !... Des épures !... Des libelles !... et de fort copieux mémoires !... Des dissertations imagées... On a bouffé de mieux en mieux ! Mais c'était pas dans l'insouciance ! Ah ! certainement non !... J'étais extrêmement persuadé qu'on la regretterait l'initiative !... Qu'on allait se faire emmouscailler dans tous les sens à la fois... et pas pour de rire !... Qu'on les expierait largement les fafiots qu'on allait tâter !... Les deux... les trois... les peut-être cinq mille... d'imaginations pittoresques !... Que certainement ça nous retomberait en putaines vengeances sur la gaufre... Et que ça tarderait plus bézef.

On en a eu pour tous les goûts, toutes les tendances, toutes les marottes des maquettes pour ce perpétuel !... En « pompes », en volants dynamiques, en tubulures cosmi-terrestres, en balanciers pour les induits... en pendules calorimétriques, en coulisses réfrigérantes, en réflecteurs d'ondes hertziennes !... Y avait qu'à taper dans la masse, on était servi à coup sûr... Au bout d'une quinzaine de jours les énergumènes souscripteurs ont commencé à radiner ! en personne ! eux-mêmes !... Ils voulaient connaître les nouvelles... Ils vivaient plus depuis notre « Concours ». Ils ont assailli la cambuse... Ils se bigornaient devant notre porte... Courtial s'est montré sur le seuil, il leur a fait un long discours... Il les a reportés à un mois... Il leur a expliqué comme ça que l'un de nos commanditaires s'était cassé l'humérus en se promenant sur la côte d'Azur... mais qu'il serait bientôt réparé... et qu'il s'empresserait de venir apporter lui-même son flouze... C'était une affaire entendue... une petite anicroche seulement... C'était pas mauvais comme bobard... Ils sont repartis... mais hargneux... Ils ont dégagé la vitrine... Ils crachaient leur fiel partout... même quelques-uns des grumeaux solides... des genres de têtards... C'était vraiment une vilaine race de maniaques tout à fait dangereux que Courtial avait déclenchée... Il s'en rendait bien un peu compte... Mais il voulait pas en convenir... Au lieu de confesser son erreur, c'est à moi qu'il cherchait noise...

Après le déjeuner, comme ça, en attendant que je passe le jus dans le torchon, il se pressurait le bout du blaze, il se faisait suinter des petites gouttes de graisse, ça sortait comme des asticots, après ça, il se les écrasait entre les deux ongles... infiniment sales et pointus... Il tenait quelque chose comme tarin... le vrai petit chou-fleur... plissé... rissolé... véreux... En plus, il grossissait encore... Je lui faisais remarquer.

On attendait buvant notre jus qu'ils se ramènent en trombe les maniaques, les fébricitants de la goupille... qu'ils recommencent à nous agonir... menacer... piquer l'épilepsie... emboutir la porte... se faire rebondir dans le décor... C'était moi alors Courtial qu'il entreprenait... qu'il essayait d'humilier... Ça le soulageait qu'on aurait dit... Il me saisissait au dépourvu...

« Un jour quand même Ferdinand, il faudra que je t'explique quelques trajectoires majeures... quelques ellipses essentielles... Tu ignores tout des grands Gémeaux !... et même de l'Ours ! la plus simple !... Je m'en suis aperçu ce matin, quand tu parlais avec ce morpion... C'était pitoyable ! atterrant !... Suppose un peu, qu'un jour ou l'autre un de nos collaborateurs en vienne au cours d'un entretien, à te pousser quelques colles, par exemple sur le « Zodiac » ?... ses caractères ?... le Sagittaire ?... Que trouveras-tu à répondre ? Rien ! ou à peu près ! Absolument rien vaudrait mieux... Nous serions discrédités Ferdinand ! Et sous le signe de Flammarion !... Oui ! C'est un bouquet ! C'est le comble de la dérision ! Ton ignorance ? Le ciel ? Un trou !... Un trou pour toi Ferdinand ! Un de plus ! Voilà ! Voilà ! Voilà le ciel pour Ferdinand ! » Il se saisissait alors la tête entre les deux poignes... Il se la balançait de droite à gauche, toujours dans l'emprise... comme si la révélation, comme si une telle aberrance lui devenait d'un coup là devant moi, douloureuse au maximum... qu'il pourrait plus la supporter !... Il poussait de tels soupirs, que j'y aurais écrasé la tronche.

« Mais d'abord au plus urgent ! qu'il me faisait alors, brutal... Passe-moi donc, tiens, une vingtaine de ces dossiers ! Au hasard. Pique ! Je veux les parcourir de suite... Demain matin, je mettrai les notes ! Il faut commencer sacrebleu ! Qu'on ne me dérange plus surtout ! Mets un écriteau sur la porte ! « Réunion préliminaire du Comité de la Récompense »... Je suis au premier tu m'entends ?... Toi, il fait beau... va faire un tour chez Taponard !... Demande-lui où il en est de notre supplément ?... Passe d'abord par les « Émeutes ». Mais n'entre pas ! Ne te fais pas repérer ! Regarde seulement dans la petite salle si tu vois Naguère ?... S'il est déjà parti, alors demande au garçon, mais pour absolument toi-même ! Tu m'entends ? Pas pour moi du tout !... Combien « Sibérie » elle a fait dimanche dans la « quatrième » des Drags ? Passe pas par-devant pour rentrer ! Glisse-toi par la rue Dalayrac !... Et qu'on ne me dérange plus surtout ! Je n'y suis pas pour un million ! Je veux travailler dans le silence, le calme absolu !... » Il montait en haut se calfeutrer dans le bureau tunisien. Comme il avait trop bouffé j'étais tranquille qu'il roupillerait... Moi, j'avais encore des « adresses » pour les comités... toujours les babilles à finir... Je quittais aussi la boutique, j'allais m'installer sous les arbres en face... Je me planquais bien derrière le kiosque. Ça ne me disait rien l'imprimeur... Je savais d'avance ce qu'il me répondrait... J'avais des choses plus urgentes. J'avais les deux mille étiquettes et toutes les bandes à coller... pour le prochain numéro... si l'imprimeur le gardait pas !... C'était pas du tout garanti !... Depuis la quinzaine précédente, il était rentré du pognon avec les mandats du « concours »... Mais nous devions bien davantage ! Trois quittances au proprio !... et puis le gaz depuis deux mois... et puis surtout les Messageries...

Pendant que j'étais là en planque, je voyais arriver de très loin le cortège des concurrents... Ils s'élançaient vers la boutique... Ils gigotaient devant la vitrine... Ils secouaient la lourde avec rage !... J'avais emporté le bec-de-cane... Ils auraient tout déglingué... Ils se rencardaient les uns les autres !... Ils échangeaient leurs fureurs... Ils stationnaient encore longtemps... Ils bourdonnaient devant la porte... À quatre, cinq cents mètres de distance, j'entendais le ronchonnement... je pipais pas !... Je me montrais pas... Ils seraient tous radinés en trombes !... Ils m'auraient écartelé !... Jusqu'au soir sept heures encore, il en surgissait des nouveaux... L'autre hideux là-haut, dans son souk, il devait roupiller toujours... À moins qu'il se soye tiré déjà... entendant la meute... par la fine porte de la rue...

Enfin ! Y avait pas d'urgence... Je pouvais un peu réfléchir... Ça faisait déjà des années que j'avais quitté les Berlope... et le petit André... Il devait avoir plutôt grandi, ce gniard dégueulasse !... Il devait bagotter ailleurs maintenant... pour des autres darons... Peut-être même plus dans les rubans... On était venus assez souvent par là ensemble tous les deux... Là précisément auprès du bassin, sur le banc à gauche... attendre le canon de midi... C'était loin déjà ce temps-là qu'on était arpètes ensemble... Merde ! Ce que ça vieillit vite un môme ! J'ai regardé par-ci, par-là, si je le revoyais pas par hasard le petit André... Y a un placier qui m'avait dit qu'il était plus chez les Berlope... Qu'il travaillait dans le Sentier... Qu'il était placé comme « jeune homme »... Quelquefois, il m'a semblé le reconnaître sous les arcades... et puis non !... C'était pas lui !... Peut-être qu'il était plus tondu ?... Je veux dire que la couenne comme en ce temps-là... Peut-être qu'il l'avait plus sa tante !... Il devait sûrement être quelque part en train de courir après sa croûte !... sa réjouissance... Peut-être que je le reverrais plus jamais... qu'il était parti tout entier... qu'il était entré corps et âme dans les histoires qu'on raconte... Ah ! c'est bien terrible quand même... on a beau être jeune quand on s'aperçoit pour le premier coup... comme on perd des gens sur la route... des potes qu'on reverra plus... plus jamais... qu'ils ont disparu comme des songes... que c'est terminé... évanoui... qu'on s'en ira soi-même se perdre aussi... un jour très loin encore... mais forcément... dans tout l'atroce torrent des choses, des gens... des jours... des formes qui passent... qui s'arrêtent jamais... Tous les connards, les pilons, tous les curieux, toute la frimande qui déambule sous les arcades, avec leurs lorgnons, leurs riflards et les petits clebs à la corde... Tout ça, on les reverra plus... Ils passent déjà... Ils sont en rêve avec des autres... ils sont en cheville... ils vont finir... C'est triste vraiment... C'est infâme !... les innocents qui défilent le long des vitrines... Il me montait une envie farouche... j'en tremblais moi de panique d'aller sauter dessus finalement... de me mettre là devant... qu'ils restent pile... Que je les accroche au costard... une idée de con... qu'ils s'arrêtent... qu'ils bougent plus du tout !... Là, qu'ils se fixent !... une bonne fois pour toutes !... Qu'on les voye plus s'en aller.

* * *

Peut-être deux, trois jours plus tard, on a demandé Courtial au commissariat... Un flic est venu tout exprès... Ça arrivait assez souvent... C'était un peu ennuyeux... Mais ça s'arrangeait toujours... Je le brossais avec grand soin pour la circonstance... Il retournait un peu ses manchettes... Il partait se justifier... Il restait longtemps dehors... Il revenait toujours ravi... Il les avait confondus... Il connaissait tous les textes... tous les moindres alibis, toutes les goupilles de la poursuite... Seulement pour cette rigolade-ci... y avait du sérieux tirage !... C'était pas du tout dans la fouille !... Nos affreux gniards du

« Perpétuel » ils emmerdaient les commissaires... celui de la rue des Francs- Bourgeois, il recevait des douze plaintes par jour !... et celui de la rue de Choiseul il était lui à bout de patience... absolument excédé !... Il menaçait de faire une descente... Depuis janvier, c'était plus le même... l'ancien qu'était si arrangeant il avait permuté pour Lyon... Le nouveau c'était un fumier. Il avait prévenu le Courtial que si nous recommencions des manigances de « Concours », il lui foutrait un de ces mandats qui ne serait pas dans une musette !... Il voulait se faire remarquer par le zèle et la vigilance... Il arrivait d'un bled au diable !... Il était plein de sang !... Ah ! c'est pas lui qui déchait pour notre imprimeur, le terme et la casse ! Il pensait qu'à nous ahurir !... On n'avait même plus le téléphone. On nous l'avait supprimé, il fallait que je saute à la poste... Il était coupé depuis trois mois... Les inventeurs qui réclamaient, ils venaient forcément en personne... Nos lettres on les lisait plus... On en recevait beaucoup de trop !... On était devenus trop nerveux avec ces menaces judiciaires... Question d'ouvrir notre courrier, on prélevait seulement les fafiots... Pour le reste on laissait courir... C'était sauve qui peut !... ça se déclenche vite une panique !...

Courtial il avait beau prétendre... Le commissaire du « Choiseul » il y avait coupé l'appétit, c'était un vrai ultimatum !... Il était revenu blafard...

« Jamais ! tu m'entends, Ferdinand ! Jamais !... Depuis trente-cinq années que je laboure dans les sciences !... que je me crucifie ! c'est le mot... pour instruire... élever des masses... Jamais on m'a traité encore comme ce salaud-là !... Ça dépasse toute indignation ! Oui ! Ce blanc-bec !... Ce mince paltoquet !... Pour qui me prend-il, ce lascar ?... Pour un collignon dévoyé ?... Pour un marchand de contre marques ? Quel arsouille ! Quelle impudeur ! Une « descente » ! Comme au bobinard ! Une « descente », il n'a plus que ça dans la gueule ! Mais qu'il y vienne donc, ce crétin ! Que trouvera-t-il ? Ah ! on voit bien qu'il est nouveau ! Qu'il est puceau dans la région ! Un provincial ! Je te le dis ! Un terreux, sans aucun doute ! Il fait du zèle, ce pitoyable ! L'imagination ! Il se tient plus ! l'imagination ! Ah ! ça lui coûtera plus cher qu'à moi... Ah ! oui ! Nom de Dieu !... Celui de la rue d'Aboukir ! Il a voulu y venir aussi ! Il l'a voulue sa descente ! Il est venu ! Il a regardé ! Ils ont retourné toute la cambuse ! Ces cales dégueulasses dégoûtants... Ils ont tout foutu en l'air et ils sont repartis... Veni ! Vidi ! Vici ! Une bande de sales cons miteux ! C'était il y a deux ans passés. Ah ! je m'en souviens ! Et que trouva-t-il ce Vidocq à l'oseille... De la paperasse et du plâtre... Il était couvert de gravats, mon ami ! Piteux cloporte ! Pitoyable !... Ils avaient creusé partout ! Ils avaient pas compris un mot... l'infime cafard !... Ah ! Les enfoirés !... Malheureux béotiens crotteux !... Ânes légaux... Ânes du purin, moi que je dis !... »

Il me montrait en l'air, jusqu'au cintre, les piles et les piles... les entassements prodigieux... Les véritables glacis, les promontoires menaçants ! Branleurs !... Ça serait bien rare en effet si l'épouvante le prenait pas le commissaire de « Choiseul » devant ces montagnes !... ces avalanches en suspens...

« Une descente ! Une descente ! Écoute-moi comme ça cause ! Pauvre petit ! Pauvre gamin ! Pauvre larve !... »

Il avait beau installer, ces menaces le troublaient quand même... Il était bien déconfit !... Il y est retourné le lendemain exprès pour le revoir ce jeunot... Pour essayer de le convaincre qu'il s'était gouré sur son compte... Et de fond en comble ! Absolument !... Qu'on l'avait noirci à plaisir !... C'était une question d'amour-propre... Ça le rongeait à l'intérieur l'engueulade de ce greluchon... Il touchait même plus aux haltères... Il restait troublé... Il marmonnait sur sa chaise... Il me causait plus que de cette descente... Il négligeait même pour une fois mon instruction scientifique !... Il voulait plus recevoir personne ! Il disait que c'était plus la peine ! J'accrochais en permanence le petit écriteau « Réunion du Comité ».

C'est à peu près à ce moment-là, quand on parlait de « perquisitions », qu'il a encore recommencé à me faire des remarques sur son avenir... Sur son surmenage... Qu'il en souffrait de plus en plus...

« Ah ! qu'il me disait Ferdinand ! comme il cherchait des dossiers pour les porter au petit "Quart "... Tu vois ce qu'il me faudrait !... Encore une journée de perdue ! Salie ! gâchée ! pervertie absolument ! anéantie en cafouillages !... En crétines angoisses !... C'est que je puisse me recueillir !... Véritablement... Enfin ! que je puisse m'abstraire !... tu comprends ?... La vie extérieure me ligote !... Elle me grignote ! Me dissémine !... M'éparpille !... Mes grands desseins demeurent imprécis, Ferdinand ! J'hésite !... Voilà ! Imprécis ! J'hésite... C'est atroce ! Tu ne me comprends pas ?

Calamité sans pareille ! On dirait une ascension, Ferdinand !... Je m'élève !... Je parcours un bout d'infini ! Je vais franchir !... Je traverse déjà quelques nuages... Je vais voir enfin... Encore des nuages !... La foudre m'étonne !... Toujours des nuages... Je m'effraye !... Je ne vois rien !... Non, Ferdinand !... Je ne vois rien ! J'ai beau prétendre... Je suis distrait, Ferdinand !... Je suis distrait ! » Il trifouillait dans son bouc... Il se rebiffait la moustache !... Il avait la main toute vibrante... On n'ouvrait plus à personne ! Même aux maniaques du « Perpétuel »... À force de venir buter, ils ont abandonné l'espoir !... Ils nous foutaient un peu la paix... On n'a pas eu de perquisition... Ils ont pas entamé de poursuites... Mais il y avait eu la chaude alerte...

Il se méfiait de tout à présent Courtial des Pereires de son bureau tunisien ! De son ombre propre ! C'était encore trop exposé son entresol personnel, trop facilement accessible !... Ils pouvaient venir à l'improviste lui sauter sur le paletot... Il voulait plus rien risquer !... À la seule vue d'un client, sa figure passait à la cire !... Il en chancelait presque ! Il était vraiment affecté par le dernier trafalgar !... Il préférait de beaucoup sa cave... Il y restait de plus en plus !... Là il était un peu tranquille !... Il méditait à son aise !... Il s'y planquait des semaines entières... Moi je faisais le courant du journal... C'était une chose de routine ! Je prélevais des pages dans ses manuels... Je découpais avec soin. Je rafraîchissais des endroits... Je refaisais un peu les titres... Avec les ciseaux, la gomme et la colle, je me débrouillais bien. Je laissais en blanc beaucoup d'espace pour donner des « lettres d'abonnés »... Les reproductions c'est-à-dire... Je faisais sauter les engueulades... Je conservais que les enthousiasmes... Je dressais une liste des souscripteurs... J'atigeais bien la cabane... Quatre queues au bout des zéros !... J'insérais des photographies. Celle de Courtial en uniforme, en poitrine avec les médailles... une autre, du grand Flammarion, cueillant des roses dans son jardin... Ça faisait contraste, ça faisait plaisant... Si des inventeurs s'aboulaient... qui revenaient encore s'informer, me dérangeaient dans ma tâche... j'avais trouvé une autre excuse...

« Il est avec le Ministre ! que je répondais raide comme balle. On est venu le chercher hier soir... C'est sûrement pour une expertise... » Ils y croyaient pas tout à fait... mais ils restaient quand même rêveurs. Le temps que je me tire dans le gymnase... « Je vais voir s'il est pas rentré !... »

Ils me revoyaient plus.

* * *

Un malheur arrive jamais seul !... Nous eûmes de nouveaux déboires avec le Zélé toujours de plus en plus fendu, ravaudé, perclus de raccrocs... tellement perméable et foireux qu'il s'effondrait dans ses cordes !...

L'automne arrivait, ça commençait à souffler ! Il flanchait dans la rafale, il s'affaissait, le malheureux, au départ même, au lieu de s'élancer dans les airs... Il nous ruinait en hydrogène, en gaz méthanique... À force de pomper tout de même, il prenait un petit élan... Avec deux ou trois soubresauts il franchissait assez bien les premiers arbustes... s'il arrachait une balustrade, il fonçait alors dans le verger... Il repartait encore une secousse... Il ricochait contre l'église... Il emportait la girouette... Il refoulait vers la campagne... Les bourrasques le ramenaient en vache... en plein dans les peupliers... Des Pereires attendait plus... Il lâchait tous les pigeons... Il envoyait un grand coup de bugle... Il me déchirait toute la sphère... Le peu de gaz s'évaporait... J'ai dû comme ça le ramasser en situation périlleuse aux quatre coins de la Seine-et-Oise, dans la Champagne et même dans l'Yonne ! Il a raclé avec son cul toutes les betteraves du Nord-Est. La belle nacelle en rotin, elle avait plus de forme à force... Sur le plateau d'Orgemont, il est resté deux bonnes heures entièrement enfoui, coincé dans le milieu de la mare, un purin énorme ! Mouvant, floconnant, prodigieux !... Tous les croquants des abords ils se poêlaient à se casser les côtes... Quand on a replié le Zélé, il sentait si fortement les matières et le jus de la fosse, et Courtial d'ailleurs aussi, entièrement capitonné, fangeux, enrobé, soudé dans la pâte à merde ! qu'on a jamais voulu de nous dans le compartiment... On a voyagé dans le fourgon avec l'ustensile, les agrès, la came.

En rentrant au Palais-Royal, c'était pas fini !... Notre aérostat joli, il empestait encore si fort, comme ça même au tréfonds de la cave, qu'il a fallu que nous brûlions et pendant presque tout l'été au moins dix casseroles de benjoin, de santal et d'eucalyptus... des rames de papier d'Arménie !... On nous aurait expulsés ! Y avait déjà des pétitions...

Tout ça encore c'était remédiable... Ça faisait partie des aléas, des avatars du métier... Mais le pire, le coup fatal il nous fut certainement porté par la concurrence des avions... On peut pas dire le contraire... Ils nous soulevaient tous nos clients... Même nos plus fidèles comités... ceux qu'avaient entièrement confiance, qui nous prenaient presque à coup sûr... Péronne, Brives-la-Vilaine, par exemple ! Carentan-sur-Loing... Mézeux... Des assemblées de tout repos, entièrement dévouées à Courtial... qui le connaissaient depuis trente-cinq ans... Des endroits où depuis toujours on ne jurait que par lui... Tout ce monde-là se trouvait soudain des bizarres prétextes pour nous remettre à plus tard !... des subterfuges ! des foirures ! C'était la fonte ! La débandade !... C'est surtout à partir de mai et de juin- juillet 1911 que les choses se gâtèrent vraiment... Le dénommé Candemare Julien, pour ne citer que celui-ci, avec sa seule Libellule il nous pauma plus de vingt clients !...

Nous avions pourtant consenti à des rabais à peine croyables... Nous allions de plus en plus loin... Nous emportions notre hydrogène... la pompe... le condensimètre... Nous sommes allés à Nuits-sur-Somme pour cent vingt-cinq francs ! gaz compris ! Et transport en sus !... C'était plus tenable à vrai dire ! Les bourgs les plus suppureux... Les sous-préfectures les plus rances ne juraient plus que par cellule et biplan !... Wilbur Wright et les « métinges » !...

Courtial avait bien compris que c'était la lutte à mort... Il a voulu réagir... Il a tenté l'impossible. Il a publié coup sur coup, en pas l'espace de deux mois, quatre manuels et douze articles dans les colonnes de son cancan, pour démontrer « mordicus » que les avions voleraient jamais !... Que c'était un faux progrès !... un engouement contre nature !... une perversion de la technique !... Que tout ça finirait bientôt dans une capilotade atroce ! Que lui, Courtial des Pereires, qu'avait trente-deux ans d'expérience, ne répondait plus de rien ! Sa photographie dans l'article !... Mais il était déjà en retard sur le courant des lecteurs !... Absolument dépassé ! Submergé par la vogue croissante ! En réponse à ses diatribes, à ses philippiques virulentes il ne reçut que des injures, des bordées farouches et des menaces comminatoires... Le public des inventeurs ne suivait plus des Pereires !... C'était l'exacte vérité... Il s'est entêté quand même... Il voulait pas en démordre !... Il a même repris l'offensive !... C'est ainsi qu'il a fondé la société « La Plume au Vent » à l'instant même le plus critique !... « Pour la défense du sphérique, du beaucoup plus léger que l'air ! » Exhibitions ! Démonstrations ! Conférences ! Fêtes ! Réjouissances ! Siège social au Génitron. Il est pas venu dix adhérents ! Ça sentait la terrible poisse ! Je suis retourné aux rafistolages... Dans l' Archimède, le vieux captif, j'avais déjà tellement tapé que je ne trouvais plus un bout de convenable !... C'était plus que des morceaux pourris !... Et le Zélé valait guère mieux... Il était réduit à la corde ! On lui voyait la trame partout... Je suis payé pour le savoir !

Ce fut un dimanche à Pontoise notre dernière sortie sphérique. On s'était risqué quand même... Ils avaient dit ni oui ni non !... On l'avait extrêmement dopé le malheureux déconfit, ramassé les franges dans les coins, retourné dessus-dessous... On l'avait un peu étayé avec des plaques en cellophane... du caoutchouc, du fusible et des étoupes de calfats ! Mais malgré tout, devant la Mairie, ce fut sa condamnation, la crise terminale ! On a eu beau lui pomper presque en entier un gazomètre... Il perdait plus qu'il ne prenait... C'était un coup d'endosmose, Pereires a tout de suite expliqué... Et puis comme on insistait, il s'est complètement pourfendu... dans un bruit d'horrible colique !... L'odeur infecte se répand !... Les gens se sauvent devant les gaz... Ce fut une panique ! une angoisse !... En plus, voilà l'énorme enveloppe qui redégringole sur les gendarmes !... Ça les étouffe, ils restent coincés dans les volants... Ils gigotaient dessous les plis !... Ils ont bien failli suffoquer !... Ils étaient faits comme des rats !... Au bout de trois heures d'efforts, on a dégagé le plus jeune !..., les autres ils étaient évanouis... On était plus populaires ! On s'est fait injurier terrible !... Glavioter par les gamins !...

Quand même, on a replié le bastringue... on a trouvé des charitables... Heureusement que le jardin de la fête c'était tout près de la grande écluse !... On a parlé à une péniche... Ils ont bien voulu qu'on se case... Ils descendaient sur Paris... On a viré toute notre camelote au fin fond de la cale...

Le voyage s'est bien passé... On a mis à peu près trois jours... Un beau soir, on est parvenus au « Port à l'Anglais »... C'était la fin des ascensions !... On s'était pas mal amusé à bord du chaland... C'était des bonnes gens bien aimables... Des Flamands du Nord... On a bu tout le temps du café... tellement qu'on pouvait plus dormir... Ils jouaient bien de leur accordéon... Je vois encore le linge qui séchait sur toute la longueur du capot... Toutes les couleurs les plus vivaces... des framboises, des safran, des verts, des orange. Y en avait pour tous les goûts... J'ai appris à leurs petits gniards à faire des bateaux en papier... Ils en avaient jamais vu.

* * *

Aussitôt que notre patronne, Mme des Pereires, a connu la fatale nouvelle, sans perdre une minute, elle a rappliqué au Bureau... Je l'avais encore jamais vue... depuis onze mois que j'étais là... Il fallait une vraie catastrophe pour qu'elle se décide à se déranger... Elle se trouvait bien à Montretout.

Comme ça, au premier coup d'œil, avec sa très curieuse allure, je croyais que c'était une « inventrice », qu'elle venait nous parler d'un « système »... Elle arrive dans tous ses états... En ouvrant la porte, extrêmement nerveuse, il faut dire, et indignée au possible, elle trouvait à peine ses mots, son chapeau lui vadrouillait sur la tronche entièrement de travers. Elle portait une voilette épaisse. Je lui voyais pas la figure. Je retiens surtout dans mon souvenir, la jupe en velours noir à pesants godets et le corsage mauve, façon « boléro » avec grands motifs brodés... et semis de perles même couleur... Et parapluie soie changeante... J'ai bien retenu tout ce tableau.

Après quelques parlementages, j'ai fini par la faire asseoir dans le grand fauteuil des clients... Je lui recommande de patienter, que le maître ne va pas tarder à venir... Mais, tout de suite, c'est elle qui m'empoigne !...

« Ah ! mais c'est donc vous, Ferdinand ?... C'est bien vous, je ne me trompe pas ? Ah ! mais vous connaissez les drames ?... Alors n'est-ce pas que c'est un désastre ?... Mon polichinelle !... Il est arrivé à ses fins !... Il ne veut plus rien faire n'est-ce pas ?... » Elle gardait les poings fermés comme ça sur les cuisses ! Elle était campée dans le fauteuil ! Elle m'interpellait avec une de ces brusqueries !...

« Il ne veut plus rien foutre ?... Il en a assez de travailler ?... Il trouve que nous pouvons bien vivre !... Avec quoi ? Avec des rentes ? Ah ! le va-nu-pieds ! Ah ! Le jean-foutre, le salopiaud ! la crapule maudite ! Où est-il encore à cette heure-ci ? »

Elle cherchait dans l'arrière-boutique !...

« Il est pas là, Madame !... Il est parti voir le Ministre !...

Ah ! le Ministre ! Comment vous dites ? Le Ministre ! » Elle se fout à rigoler ! « Ah ! mon petit ! Ah ! Pas à moi celle-là !... Pas à moi !... Je le connais mieux que vous, moi, le sagouin ! Ministre ! Ah ! non ! Aux maisons closes ! Oui, peut-être ! Au cabanon, vous voulez dire ! au Dépôt ! Oui ! Ça sûrement ! n'importe où ! À Vincennes ! À Saint-Cloud ! peut-être !... mais pour le Ministre ! Ah ! non ! »

Elle me fout son parapluie sous le nez...

« Vous êtes complice ! Ferdinand ! Tenez ! complice ! voilà ! vous m'entendez ! Vous finirez tous en prison !... Voilà où tous vos trucs vous mènent !... Toutes vos rouderies ! vos salopages !... vos dégueulasses manigances !... »

Elle retombait dans son fauteuil, les coudes sur les genoux, elle se retenait plus... aux virulentes apostrophes succédait la prostration... elle bredouillait dans les sanglots !... Elle remplissait sa voilette ! Elle me racontait toute l'affaire !...

« Allez, je suis bien au courant !... Jamais je voulais venir ! Je savais bien que ça me ferait du mal !... Je sais bien qu'il est incorrigible !... Ça fait trente ans que je le supporte !... »

Là-bas, elle était tranquille... à Montretout, pour se soigner. Elle était fragile... Elle aimait plus à se déplacer, à sortir de son pavillon... Autrefois... Autrefois ! Elle avait beaucoup bourlingué avec des Pereires... dans les premiers temps de son mariage. Maintenant, elle aimait plus le changement... Elle aimait plus que son intérieur... Surtout à cause de ses épaules et de ses reins extrêmement sensibles... Si elle se trouvait prise dehors par la pluie ou par un coup de froid, elle en avait pour des mois ensuite à souffrir... Des rhumatismes impitoyables, et puis une bronchite très tenace, un véritable catarrhe... Comme ça tout l'hiver dernier et encore l'année d'avant... Parlant des affaires, elle m'a expliqué en détail que leur pavillon était pas fini d'être payé... Quatorze ans d'économies... Elle me prenait par la raison et aussi par la douceur.

« Mon petit Ferdinand ! Mon petit ! Ayez pitié d'une vieille bonne femme !... Moi, je pourrais être votre grand-mère, ne l'oubliez pas ! Dites-moi, s'il vous plaît ! Dites-moi, je vous en prie ! S'il est vraiment perdu le Zélé ? Avec Courtial je me méfie, je ne sais jamais... Tout ce qu'il me raconte, je peux pas y croire... Comment s'y fier ?... Il est toujours tellement menteur !... Il est devenu tellement fainéant... Mais vous, Ferdinand ! Vous voyez bien dans quel état !... Vous comprenez mon chagrin !... Vous n'allez pas maintenant me berner avec des sornettes ! Vous savez, je suis une vieille aïeule !... J'ai bien l'expérience de la vie !... Je peux bien tout comprendre !... Je voudrais seulement qu'on m'explique... »

Il a fallu que je lui répète... Que je lui jure sur ma propre tête qu'il était foutu, déglingué, pourri le Zélé... dehors comme dedans ! Qu'il avait plus un fil convenable dans toute son enveloppe !... Sa carcasse ni son panier... Que c'était plus qu'un sale débris... Un infect tesson... absolument irréparable !...

À mesure que je racontais tout, elle se faisait encore plus de chagrin ! Mais alors elle avait confiance, elle voyait bien que je trompais pas... Elle a repiqué aux confidences !... Elle m'a tout donné les détails... Comment ça se passait les choses, dans le début de leur mariage... Quand elle était encore sage-femme, diplômée de première classe !... Comment elle aidait le Courtial à préparer ses ascensions... Qu'elle avait abandonné à cause de lui et du ballon toute sa carrière personnelle ! Pour ne pas le quitter une seconde !... Ils avaient fait en sphérique leur voyage de noces !... D'une foire à une autre !... Elle montait alors avec son époux... Ils avaient été comme ça jusqu'à Bergame en Italie !... à Ferrare même... à Trentino près du Vésuve. À mesure qu'elle s'épanchait, je voyais bien que, pour cette femme-là, dans son esprit, sa conviction, le Zélé devait durer toujours !... Et les foires de même !... Ça devait jamais s'interrompre !... Y avait pour ça, une bonne raison, une absolument impérieuse... C'était le solde de leur cambuse ! « La Gavotte » à Montretout... Ils devaient encore dessus leur tôle pour six mois de traites et un reliquat... Courtial rapportait plus d'argent... Ils avaient même déjà un retard de deux mois et demi avec cinq délais du foncier... Elle s'en étranglait la voix rien que de raconter cette honte... Ça me faisait songer par le fait, que notre terme à nous était bien en retard aussi pour notre magasin !... Et le gaz alors ?... Et le téléphone !... Il en était même plus question !... L'imprimeur livrerait peut-être encore cette fois-ci... Il savait bien ce qu'il goupillait, le Taponier cette belle engeance ! Il mettrait saisie sur la boîte... Il se la taperait pour des clous !... C'était dans la fouille !... C'était encore lui le plus vicelard !... On était dans des jolis draps !... Je ressentais toute la mouscaille, toute l'avalanche des machetagouines qui me rafluaient sur les talons... C'était mochement compromis l'avenir et nos jolis rêves !... Y avait plus beaucoup d'illusions !... La vieille poupée elle en râlait dans sa voilette !... Elle avait tellement soupiré qu'elle s'est mise un peu à son aise !... Elle a enlevé son chapeau !... J'ai pu la reconnaître d'après le portrait et la description de des Pereires... J'ai eu la surprise quand même... Il m'avait prévenu de la moustache, qu'elle voulait pas se faire épiler... Et c'était pas une petite ombre !... Ça s'était mis à lui pousser à la suite d'une opération !... On lui avait tout enlevé dans une seule séance !... Les deux ovaires et la matrice !... On avait cru dans les débuts que ça serait qu'une appendicite... mais en ouvrant le péritoine, ils avaient trouvé un fibrome énorme... Opérée par Péan lui-même...

Avant d'être ainsi mutilée, c'était une fort jolie femme, Irène des Pereires, attrayante, avenante et charmeuse et tout !... Seulement depuis cette intervention et surtout depuis quatre ou cinq années, tous les caractères virils avaient pris complètement le dessus !... Des vraies bacchantes qui lui sortaient et même une espèce de barbe !... Tout ça c'était noyé de larmes ! Ça coulait abondamment tout pendant qu'elle me causait !... Dans son maquillage, ça dégoulinait en couleurs ! Elle s'était poudrée... plâtrée, fardée tant et plus ! Elle se faisait des cils d'odalisque, elle se ravalait pour venir en ville !... Le volumineux papeau, avec son massif d'hortensias, elle le remettait... il rebasculait... dans la tourmente, il tenait plus à rien ! Il virait à la renverse !... Elle le retapait d'un coup d'aplomb... Elle renfilait les longues épingles... renouait sa voilette encore. Un moment, je la vois qui fouille dans le fond de ses jupons... Elle sort une grosse pipe en bruyère... Ça aussi, il m'avait prévenu...

« Ça gêne pas ici, que je fume ? » qu'elle me demande...

Non, Madame, mais non, seulement il faut faire attention aux cendres ! à cause des papiers par terre ! Ça prendrait feu facilement ! Hi ! Hi ! » Il faut bien rigoler un peu...

« Vous fumez pas, vous, Ferdinand ?

Non ! Moi, vous savez, j'y tiens pas. Je fais pas assez attention ! J'ai peur de finir en torche ! Hi ! Hi !... »

Elle se met à tirer des bouffées... Elle crache par terre ! par- ci, par-là !... Elle était un peu calmée !... Elle remet encore sa voilette ! Elle relevait seulement un petit coin avec le petit doigt ! Quand elle a eu terminé complètement sa pipe... Elle a sorti encore sa blague... Je croyais qu'elle allait s'en bourrer une autre !...

« Dites donc, Ferdinand ! qu'elle m'arrête... Une idée qui la traverse, elle se redresse d'un coup... Vous êtes sûr au moins qu'il est pas caché là-haut !... »

J'osais pas trop affirmer... C'était délicat !... Je voulais éviter la bataille...

« Ah ! » elle attend pas ! Elle bondit !... « Ferdinand ! Vous me trompez ! Vous êtes aussi menteur que l'autre !... »

Elle veut plus que je lui explique... Elle m'écarte de son passage... Elle saute dans le petit escalier, dans le tire-bouchon... La voilà qui grimpe en furie... L'autre il était pas prévenu... Elle lui tombe en plein sur le paletot !... J'écoute... j'entends... Tout de suite, c'est un vrai challenge !... Elle lui en casse pour sa thune ! D'abord, il y a eu les paires de beignes ! et puis des vociférations...

« Regardez-moi ce satyre !... Ce sale voyou !... Cette raclure !... Voilà à quoi il passe son temps !... Je me doutais bien de sa sale musique ! J'ai bien fait de venir !... » Elle avait dû juste le tauper comme il rangeait nos cartes postales... les transparentes... dans l'album... celles que je vendais moi, le dimanche !... C'était souvent sa distraction après le déjeuner...

Il était pas au bout de ses peines ! Elle écoutait pas ses réponses ! « Pornographe ! Fausse membrane ! Pétroleux ! Lavette ! Égout ! »... Voilà comment qu'elle le traitait !...

Je suis monté, j'ai risqué un œil par-dessus la rampe !... À bout de mots elle s'est ruée sur lui... Il était retourné sur le sofa... Comme elle était lourde et brutale !

« Demande pardon ! Demande pardon, choléra ! Demande pardon à ta victime ! » Il se rebiffait quand même un peu... Elle l'attaquait par son plastron, mais c'était si dur comme matière, qu'elle se coupait là-dedans les deux paumes... Elle saignait... elle serrait quand même...

« T'aimes pas ça ? n'est-ce pas ? T'aimes pas ça ? qu'elle lui criait dans la bigorne... Ah ! T'aimes ça ! infernale baudruche ! Dis, fumier ! T'aimes ça, dis, me voir en colère ! » Elle était complètement sur lui ! Elle lui rebondissait sur le bide !

« Ouah ! Ouah ! Ouah ! qu'il suffoquait ! Tu m'étouffes grande garce ! Tu me crèves ! Tu m'étrangles !... » Et puis alors elle l'a relâché, elle saignait trop abondamment... elle est redescendue à toutes pompes... Elle a sauté au robinet... « Ferdinand ! Ferdinand ! pensez donc un peu, depuis huit jours, vous m'entendez ! Depuis huit jours que je l'attends ! Depuis huit jours, il n'est pas rentré une seule fois !... Il me ronge ! Je me dessèche !... Il s'en fout !... Il m'a écrit juste une carte : "Le ballon est détérioré ! Vies sauves !" voilà ! C'est tout !... Je lui demande ce qu'il va faire ? Insiste pas qu'il me répond !... Fiasco complet !... Depuis ce moment plus un geste ! Monsieur ne revient plus du tout ! Où est-il ? Que fait-il !... Le crédit "Benoiton" me relance pour les échéances !... Mystère total !... Dix fois par jour, ils reviennent sonner... Le boulanger est à mes trousses !... Le gaz a fermé le compteur !... Demain, il vont m'enlever l'eau !... Monsieur est en bombe !... Moi je me rouille les sangs !... Ce sale raté !... Ce sale vicieux !... Ce dévoyé !... Cette infernale, ignoble engeance ! Ce sapajou !... Mais j'aimerais mieux, tenez, Ferdinand ! vivre avec un singe véritable !... Je le comprendrais lui à la fin !... Il me comprendrait ! Je saurais comme ça où j'en suis ! Tandis qu'avec ce détraqué depuis trente-cinq ans bientôt, je ne sais même pas ce qu'il va faire d'une minute à l'autre, dès que j'aurai le dos tourné ! Ivrogne ! Menteur ! Coureur ! Voleur ! Il a tout !... Et vous pouvez pas savoir comme je déteste ce salaud- là !... Où est-il ? C'est la question que je me pose cinquante fois par jour... Pendant que je tourne, que je m'échine là-bas toute seule ! que je me tue pour l'entretenir ! pour faire face aux échéances... épargner sur toutes les bougies... Monsieur, lui, disperse ! Il sème ! Il arrose n'importe quelle pelouse !... et puis toutes ses sales grognasses ! avec mon pognon ! avec ce que j'ai pu sauver ! en me refusant tout ! Où ça s'en va-t-il ? En dégradations absolues ! Je le sais bien quand même ! Il a beau se cacher !... À Vincennes !... Au Pari-Mutuel !... À Enghien, rue Blondel !... sur le Barbès n'importe quoi d'ailleurs... Il est pas bien difficile pourvu qu'il se déprave ! N'importe quel bouge ça lui va !... Tout lui est bon ! Monsieur se vautre ! Il dilapide !... Pendant ce temps-là... moi, je me crève !... pour faire l'économie d'un sou ! Pour une heure de femme de ménage ! C'est moi qui fais tout ! malgré l'état où vous me voyez !... Je me décarcasse ! Je lave par terre ! Entièrement ! malgré mes bouffées de chaleur ! et même quand j'ai mes rhumatismes !... Je tiens plus sur mes pieds, c'est bien simple !... Je me tue ! Et puis alors ? C'est pas tout ! Quand on nous aura saisis ?... Où ça irons-nous coucher ? Peux-tu me le dire ? Va-nu-pieds ! Dis, sale andouille ! Apache ! Bandit ! Elle l'interpellait d'en bas !... Dans un asile tiens bien sûr ! Tu connais encore les adresses ? Tu dois t'en souvenir mon lascar !... Il y allait avant de se marier !... Et sous les ponts ! Ferdinand !... C'est là que j'aurais bien dû le laisser... Parfaitement ! Empoisonneur de ma vie ! Avec sa vermine ! Sa gale ! Il méritait pas davantage !... Il le connaîtrait son plaisir ! Ah ! Je t'y ramènerai à Saint-Louis ! Monsieur veut suivre ses passions ! C'est un déchaîné, Ferdinand ! Et la pire espèce de sale voyou ! On peut le retenir par nulle part ! Ni dignité ! Ni raison ! Ni amour-propre ! Ni gentillesse !... Rien !... L'homme qui m'a bafouée, bernée, infecté toute mon existence !... Ah ! il est propre ! Il est mimi ! Ah ! oui alors, je peux le dire ! J'ai été cent mille fois bien trop bonne !... J'ai été poire, Ferdinand ! que c'est une vraie rigolade ! Ça a l'air d'une farce exprès !... À présent, vous m'entendez, il a cinquante-cinq ans et mèche ! Cinquante-six exactement ! au mois d'avril ! Et qu'est-ce qu'il fait ce vieux saltimbanque ?... Il nous ruine !... Il nous fout franchement sur la paille !... Et vas-y donc ! Monsieur ne résiste plus ! Il cède complètement à ses vices !... Monsieur se laisse emporter !... Il roule au ruisseau ! Et c'est moi encore qui le repêche ! Que je me débrouille ! que je m'esquinte !... Monsieur s'en fout absolument !... Monsieur refuse de se restreindre !... C'est moi qui le sors du pétrin !... C'est moi qui vais payer ses dettes ! C'est moi, n'est-ce pas, Arlequin ?... Son ballon, il l'abandonne ! Il a même plus deux sous de courage !... Voulez-vous savoir ce qu'il fait à la gare du Nord ? au lieu de rentrer directement ?... Vous, vous le savez peut-être aussi ? Où y s'en va perdre toutes ses forces ? Dans les cabinets, Ferdinand ! Oui ! Tout le monde l'a vu ! Tout le monde t'a reconnu, mon bonhomme !... On l'a vu comme il se masturbait... On l'a surpris dans la salle ! et dans les couloirs des Pas Perdus !... C'est là qu'il s'exhibe ! Ses organes !... Son sale attirail !... À toutes les petites filles ! Oui, parfaitement ! aux petits enfants ! Ah ! mais y a des plaintes ! Je parle pas en l'air ! Oui, mon saligaud !... Et y a longtemps qu'ils le surveillent !... En plein dans la gare, Ferdinand ! En plein parmi des gens qui nous connaissent tous !... On est venu me répéter ça !... Qu'est- ce qui me l'a dit ? Tu vas pas nier. Par exemple ! Tu vas pas dire que c'est un autre !... Il a du toupet, ce cochon-là !... Mais c'est le commissaire lui-même, mon ami !... Il est venu exprès hier au soir... pour raconter ta pourriture !... Il avait tout ton signalement et même ta photo !... Tu vois si t'es bien connu !... Ah ! c'est pas d'hier ! Il t'avait pris tous tes papiers ! Hein, que c'est pas vrai ?... Tu le savais quand même !... C'est bien pour ça ! dis fumier, que t'es pas revenu ?... Tu savais bien ce qui t'attendait ?... D'ailleurs, il t'avait bien prévenu !... Des enfants maintenant qu'il lui faut ! Des bébés !... c'est absolument effroyable !... Le jeu ! la boisson ! le mensonge ! Prodigue ! Malhonnête ! Les femmes ! Tous les vices ! Des mineures ! Tous les travers de sale voyou !... Tout ça, je le savais bien sûr ! J'en ai pourtant assez souffert !... J'ai bien payé pour connaître ! Mais à présent, des petites filles !... C'est même pas imaginable !... » Elle le regardait, le fixait de loin... Il restait sur les marches !... dans l'escalier tire-bouchon... Il était mieux derrière les barres... Il ne se rapprochait plus... Il me faisait des signes d'entente qu'il fallait pas l'énerver... que je reste absolument peinard... Que ça passerait... que je moufte plus !... En effet, tout de même, elle s'est calmée peu à peu...

Elle s'est renfoncée dans le fauteuil... Elle s'éventait tout doucement avec un journal grand ouvert... Elle soufflait... mouchait... On a pu avec Courtial placer alors quelques mots !... et puis un petit discours pour essayer de lui faire comprendre le pourquoi, le comment, de la débâcle... On parlait pas des gamines... on parlait seulement du ballon !... Ça changeait toujours un peu... On a insisté pour l'enveloppe... que vraiment y avait plus mèche... Il essayait des compliments...

« Pour mon Irène là ! Ferdinand ! Ce qu'il faut bien vous rendre compte, c'est qu'elle est impressionnable !... C'est une épouse admirable !... une nature d'élite ! Je lui dois tout, Ferdinand ! Tout ! C'est bien simple ! Je peux le crier sur les toits !... Je ne songe pas une seule minute à méconnaître toute l'affection qu'elle me porte ! La grandeur de son dévoûment ! L'immensité de ses sacrifices ! Non !... Seulement, elle est emportée ! Violente au possible !... C'est le revers de son bon cœur ! Impulsive même ! Point méchante ! Certes non ! La bonté même !... Une soupe au lait ! n'est-ce pas, mon Irène adorée ?... » Il s'avançait pour l'embrasser !...

« Laisse-moi ! Laisse-moi, salopiaud !... »

Il ne lui tenait pas rancune... Il voulait seulement qu'elle comprenne. Mais elle s'obstinait dans la rogne !... Il avait beau lui répéter qu'on avait tenté l'impossible !... rajouté dix mille pièces déjà...

recousu... souqué les doublures, en toutes les couleurs, toutes les tailles, que le Zélé on avait beau faire et prétendre... il partait en accordéon... que les mites bouffaient l'entournure... Et les rats rognaient les soupapes... que ça tenait plus du tout en l'air ! Ni debout ! ni raplati ! Qu'il serait piteux même en passoire ! même en lavette ! en éponge ! en torche-cul !... Qu'il était plus bon à rien !... Elle gardait quand même des doutes !... On avait beau détailler... lui faire grâce d'aucune détresse ! s'évertuer ! jurer ! prétendre ! même exagérer si possible !... Elle hochait quand même incrédule !... Elle nous croyait pas tous les deux !... On lui a montré nos lettres, où c'était écrit nos déboires... celles qui revenaient d'un peu partout !... Que même gratuitement, et pour la simple collecte, on nous éliminait encore... et pas gentiment... on voulait même plus nous regarder... Les plus lourds que l'air prenaient tout ! Les villes d'eaux !... les ports !... les kermesses !... C'était la vérité stricte... les sphériques on n'en voulait plus... même pour les « Pardons » en Bretagne !... Y en a un du Finistère, qui nous a récrit tout crûment, comme nous insistions pour venir :

Monsieur, avec votre ustensile, vous appartenez aux Musées et nous n'en possédons point à Kraloch-sur-Isle ! Je me demande vraiment pourquoi on vous laisse encore sortir ! Le conservateur manque à tous ses devoirs ! Notre jeunesse par ici ne viole pas les tombes ! Elle veut s'amuser ! Essayez de me comprendre une bonne fois pour toutes !... À bon entendeur !...

JOËL BALAVAIS,
Persifleur local et breton.

Elle a trifouillé d'autres dossiers, mais ça lui disait pas grand-chose... Elle s'est radoucie quand même... Elle a bien voulu qu'on sorte... On l'a emmenée dans le jardin... On l'a installée sur un banc entre nous deux... Cette fois-ci elle reparlait tout à fait sagement... Mais toujours dans sa conviction que le Zélé malgré tout était parfaitement réparable... qu'il pouvait encore nous servir... pour deux ou trois fêtes en Province... que ça suffirait largement pour amadouer l'architecte... qu'ils obtiendraient un autre délai... que le pavillon serait sauvé... que c'était une question de courage !... que rien en somme n'était perdu !... Elle quittait pas son opinion... Elle pouvait pas comprendre autre chose... On lui a rebourré sa pipe... Courtial à côté il chiquait. C'est en chiquant presque toujours qu'il finissait ses cigares...

Les gens, les passants, ils regardaient du côté de notre groupe... plutôt intrigués... surtout par la grosse mignonne... Elle avait l'air de m'écouter encore plutôt mieux que son mari... J'ai poursuivi mon boniment, la démonstration tragique... J'essayais de lui faire concevoir sur quels genres d'obstacles on butait... et comment nous nous épuisions en tristes efforts de plus en plus inutiles... Elle me reluquait indécise... Elle croyait que je lui bourrais le mou... Elle s'est remise à chialer...

« Mais vous avez plus d'énergie ! Je le vois très bien ! ni l'un ni l'autre ! Alors c'est moi ! Oui, c'est moi seule qui ferai le travail !... C'est moi qui remonterai en ballon ! On verra bien si je m'envole pas ! Si je monterai pas aux 1 200 mètres ! Puisqu'ils demandent des extravagances ! à 1 500 mètres ! à 2 000 ! À n'importe quoi !... Ce qu'ils demanderont ! moi je leur ferai !...

Tu déconnes, ma grande poulette, qu'il l'a stoppée des Pereires... Tu déconnes effroyablement !... À douze mètres t'y monteras pas avec une enveloppe comme la nôtre !... Et d'une ! Tu retomberas dans l'abreuvoir !... Et ça serait pas une solution ! Ils voudraient pas de toi malgré tout ! Même le capitaine avec son « Ami des Nuages », son cheval ! Tout le bazar et son train ! Et le Rastoni et sa fille ! Son trapèze et ses bouquets... Ils dérouillent plus ni l'un ni l'autre !... On les refuse aussi !... C'est du même ! C'est pas nous, Irène ! C'est l'époque !... C'est la débâcle qu'est générale... C'est pas seulement pour le Zélé... » Il avait beau dire, sacrer les mille noms de Dieu... elle se tenait pas pour battue... Elle se rebiffait même de plus belle...

« C'est vous ! qui vous laissez abattre ! La mode de leurs aéroplanes ? ça sera plus rien l'année prochaine !... Vous vous cherchez des faux-fuyants parce que vous faites tous dans vos frocs !... C'est ça qu'il vaudrait mieux dire ! Au lieu de me chercher des pouilles ! Si vous aviez du courage... dites-le donc tout de suite... au lieu de me faire des balivernes... vous seriez déjà au boulot !... C'est tout des sottises vos histoires ! Et le pavillon alors ? qui c'est qui va nous le payer ? Avec quoi ? Et déjà trois mois de retard ! Avec deux délais en plus !... C'est pas avec ton sale cancan !... Il est sûrement couvert de dettes !... Et des sommations jusque-là ! J'en suis bien certaine... Tu crois que je connais pas ces choses ? Alors tu abandonnes tout ? C'est bien décidé, n'est-ce pas ? Ma gueule de cochon ?... T'en as déjà fait ton deuil ! Une maison complète... entière ! Dix-huit ans d'économies !... Achetée pierre par pierre... Centimètre par centimètre !... C'est bien le cas de le dire ! Un terrain qui prend tous les jours... Tu laisses tout ça aux hypothèques !... Tu plaques !... Tu t'en fous !... C'est là que tu l'as ta débandade... Elle lui montrait comme ça sa tête... C'est pas dans le ballon c'est là !... Moi je le dis !... Et alors ? Finir sous les ponts ? Libre à toi !... Libre à toi ! Sale dépravé, dégueulasse ! T'as même plus honte de ton existence !... Tu vas y retourner, sale vadrouille, avec les cloches de ton genre !... C'est bien de là que je l'ai tiré... Ah ! oui ! pourtant !... Mais moi, Ferdinand, vous savez, j'avais une famille !... Il m'a fauché toute ma vie !... Il m'a ruiné ma carrière !... Il m'a séparée des miens !... Le vampire ! La frappe !... Et ma santé ?... Il m'aura comme ça tout bouffé ! complètement anéantie... Pour finir dans le déshonneur !... Et allez donc !... Ah ! c'est bien commode les hommes ! C'est un prodige... Vraiment ça serait pas croyable ! Dix-huit années d'économies ! de privations continuelles !... de calamités !... Tous les sacrifices de ma part... »

Des Pereires de l'entendre maudire comme ça... avec une semblable violence, il en perdait tout son culot !... Il était plus mariole du tout !... Il en a pleuré aussi ! Il a fondu en larmes... Il s'est jeté franchement dans ses bras !... Il implorait son pardon !... Il lui en fit sauter sa pipe !... Ils s'étreignirent fiévreusement... Comme ça, devant tout le monde !... Et ça durait... Mais, même encore dans l'étreinte, elle continuait à rouscailler... Toujours les mêmes mots...

« Je veux le réparer, Courtial ! Je veux le réparer ! Je sens que moi je pourrai bien ! Je sais qu'il peut encore tenir ! J'en suis sûre !... J'en ferais le pari !... Regarde un peu notre Archimède... Il a bien tenu lui quarante ans !... Pense donc, il tiendrait encore !...

Mais c'était seulement qu'un "captif"... Voyons, ma chouchoute... C'est pas du tout la même usure !...

Je monterai, moi !... Je te dis !... Je monterai ! Si vous autres vous voulez plus !... »

Elle en tenait gros sur la pomme... Elle cherchait la combinaison... À toute force elle aurait voulu qu'on se démerde encore.

« Je demande pas mieux, moi, que de t'aider ! Tu le sais bien quand même, Courtial !...

Mais oui ! Je le sais bien, mon amour !... C'est pas la question !...

Je demande pas mieux... Tu sais que je suis pas fainéante !... Je veux même refaire des accouchements si ça pouvait nous servir !... Mais je m'y remettrais... si je pouvais ! Ah ! J'attendrais pas !... Même à Montretout ! Bon Dieu !... Même pour aider à Colombes, celle qu'a pris mon cabinet !... Mais je referais n'importe quoi !... Pour qu'ils viennent pas nous expulser !... Tu vois comme je suis !... D'ailleurs j'ai demandé à droite et à gauche... Mais j'ai plus beaucoup la main... Et puis y a aussi ma figure !... Ça ferait quand même drôle !... J'ai beaucoup changé... qu'ils m'ont dit... Faudrait que je m'arrange un peu... Enfin je ne sais pas !... Que je me rase !... Je veux pas m'épiler !... » Elle nous a relevé sa voilette... C'était une impression quand même ! comme ça en plein jour... avec la poudre en croûtes ! Le rouge aux pommettes et son violet aux paupières !... Et puis des épaisses bacchantes, même un peu des favoris !... Et les sourcils plus drus encore que ceux à Courtial !... Fournis, sans blague, comme pour un ogre ! Évidemment qu'elle leur ferait peur à ses « expectantes » avec une binette si velue !... Il faudrait qu'elle s'arrange beaucoup, qu'elle se modifie toute la figure... Ça faisait réfléchir !...

On est restés encore longtemps, comme ça, côte à côte dans le jardin, à se raconter des histoires, des choses consolantes...

La nuit tombait tout doucement... D'un coup, elle a repleuré si fort que c'était vraiment le maximum !... C'était la détresse complète !...

« Ferdinand ! qu'elle me suppliait... au moins vous n'allez pas partir ? Regardez ! où nous en sommes !... Je vous connais pas depuis longtemps ! Mais je suis déjà certaine qu'au fond... vous êtes raisonnable, vous, mon petit ! Hein ? Et puis d'abord ça s'arrangera !... On m'ôtera pas la conviction !... C'est en somme qu'une très mauvaise passe !... J'en ai vu bien d'autres, allez ! Ça peut pas terminer comme ça !... On n'a qu'à s'y remettre tous ensemble !... Un bon coup !... D'abord il faut que je me rende compte !... Je veux essayer par moi-même !... »

Elle se relève encore une fois... Elle retourne vers la boutique... Elle s'allume les deux chandelles... On la laisse faire... se débrouiller... Elle ouvre la trappe... Elle se met à descendre... Elle y est restée un bon moment toute seule dans la cave !... à tripoter toute la camelote... à déplier les enveloppes... à tirailler les détritus !... à se rendre compte comme c'était pourri ! absolument foireux !

en loques !... J'étais tout seul au magasin quand elle est remontée finalement... elle pouvait plus vraiment rien dire... Elle en était comme étranglée de véritable chagrin... Comme ça dans le fauteuil comme paralysée, complètement avachie... finie... pompée... Son galure à la traîne dessous... Ça l'avait bien sonnée la vioque de constater de visu... Je croyais qu'elle fermerait sa gueule... qu'elle avait plus rien à dire... et puis elle a repiqué une transe... Elle s'y est remise encore quand même !... Au bout peut-être d'un quart d'heure !... Mais c'était des lamentations... Tout doucement qu'elle me causait... comme si c'était dans un songe !...

« C'est fini ! Ferdinand !... Je vois... Oui... C'est vrai... Vous aviez pas tort !... C'est fini !... Vous êtes bien gentil, Ferdinand, de pas nous abandonner à présent... Nous deux vieux... Hein ?... Vous allez pas nous quitter ?... Passivité quand même ?... Hein ? Ferdinand ? Pas si vite... au moins pendant quelques jours... Quelques semaines... Vous voulez, hein ?... Pas ? Dites, Ferdinand ?...

Mais oui Madame !... Mais oui bien sûr !... »

* * *

Courtial, le lendemain matin, comme ça vers onze heures, quand il est revenu de Montretout il était encore bien gêné !...

« Alors, Ferdinand ? Rien de nouveau ?...

Oh ! Non ! que je réponds... Rien d'extraordinaire...

Et c'est moi en retour qui le questionne... — Alors ? Ça s'est arrangé ?...

Arrangé quoi ?... » Il fait l'idiot... « Ah ! Vous voulez dire pour hier ? » Il enchaîne, il passe à l'esbroufe... « Ah ! Écoutez- moi, Ferdinand ! Vous avez pas pris quand même des pareils ragots pour argent liquide ? Non ?... C'est ma femme, c'est entendu !... Je la vénère par-dessus tout... et jamais entre nous deux il y a eu ça de véritable dispute !... Bon !... Mais il faut dire quand même ce qui est... Elle a tous les travers terribles d'une nature aussi généreuse !... Elle est absolue ! Despotique ! Vous me saisissez, Ferdinand ?... Emportée !... C'est un volcan !... Une dynamite !... Dès qu'il nous arrive un coup dur, elle réagit en bourrasque !... Moi-même, parfois, elle m'épouvante !... La voilà partie !... Et je me monte !... Et je me tarabuste !... Et je bafouille !... Et j'en perds la tête !... Et je te déconne à pleins tubes !... Quand on est une fois au courant, ça va !... On se frappe plus !... C'est aussi vite oublié qu'un orage aux courses !... Mais je te le répète, Ferdinand ! En trente-deux années de ménage... beaucoup d'émotions certainement ! Mais pas une véritable tempête !... Tous les couples ont leurs disputes... Je veux bien qu'en ce moment même nous traversons une vilaine passe !... Ça c'est bien certain... Mais enfin on en a vu d'autres... et franchi des plus redoutables !... C'est pas encore le déluge !... De là nous voir complètement raides !... Destitués ! Expulsés !... Vendus !... Séquestrés !... C'est de la sale imagination... Je proteste !... La pauvre chouchoute ! Ça serait moi évidemment le dernier à lui en vouloir !... Tout ça bien sûr peut s'expliquer !... C'est dans son pavillon là-bas qu'elle se forge ainsi des chimères !... toute la journée entière toute seule !... à réfléchir !... Ça la travaille... ça la possède à la fin !... Elle se monte !... Elle se monte !... Elle se rend même plus compte !... Elle voit, elle entend des choses qui n'existent pas !... Elle est d'ailleurs assez sujette depuis son opération... aux fantaisies !... aux impulsions !... Je dirai plus même... Quelquefois, elle extravague un peu !... Ah ! oui ! à plusieurs reprises, ça m'a étonné... Des vraies hallucinations !... Absolument qu'elle est sincère... C'est comme ça pour cette plainte... Ah ! Là ! Là !... T'as reconnu tout de suite, bien sûr ?... Tu as compris immédiatement ?... C'était même très drôle !... C'était comique !... Mais elle me l'avait déjà fait !... C'est pour ça que j'ai pas ressauté !... Je l'ai laissé finir !... J'avais pas l'air, hein, surpris ?... T'as remarqué ? J'ai eu l'air de la trouver normale... C'est ça qu'il faut ! Pas l'effrayer ! Pas l'effrayer !...

Oui ! Oui ! J'ai compris tout de suite...

Ah ! ben ça, je me disais aussi... Ferdinand il a pas coupé... il est pas crédule à ce point !... Il a dû comprendre... Non pas qu'elle boive, la pauvre amour !... Non ! jamais ça !... C'est une femme absolument sobre !... Sauf pour le tabac... Plutôt même assez puritaine, je dirai dans un sens !... Mais c'est toujours l'opération qui me l'a complètement bouleversée !... Ah ! C'était une tout autre femme !... Ah ! Si tu l'avais vue avant !... Autrefois !... » Il filait encore regarder dessous les piles de paperasses. « Je voudrais pouvoir te la retrouver sa photo de jeunesse ! Son agrandissement de

Turin !... Je suis tombé dessus y a pas huit jours... Tu pourrais pas la reconnaître !... Une révolution !... Autrefois, là, je peux t'assurer avant qu'on l'opère... C'était une véritable merveille !... Un port !... Un teint de roses... La beauté soi-même !... Et quel charme, mon ami !... Et la voix !... Un soprano dramatique !... Tout ça " rasibus " ! du jour au lendemain !... Au bistouri ! C'est pas croyable !... Je peux bien le dire, sans vanité, méconnaissable ! C'était même parfois gênant... surtout en voyage ! Surtout en Espagne et en Italie !... où ils sont si cavaleurs... Je me souviens bien, j'étais moi-même, à cette époque, assez ombrageux, susceptible... Je prenais la mouche pour des riens... J'ai été en cent occasions à deux doigts d'un duel !... »

Il lui repassait des réflexions... Je respectais son silence... et puis il se remettait en branle...

« Alors, dis donc, Ferdinand ! C'est pas tout ça !... Parlons à présent des choses sérieuses !... Si tu allais voir l'imprimeur ?... Et puis écoute et sache comprendre !... J'ai retrouvé à la villa... dans le " secrétaire ", quelque chose qui peut nous servir !... Si ma femme revenait... qu'elle demande... Tu n'as rien vu !... tu ne sais rien du tout !... Ça n'est qu'une " reconnaissance " pour une breloque et un bracelet... Mais tout ça en or massif ! Absolument sûr !... Contrôlé ! dix-huit carats !... Voilà les cachets du " Crédit "... On peut faire l'essai !... Tu vas passer chez Sorcelleux, rue Grange-Batelière... Tu lui demanderas ce qu'il en donne ? Que c'est pour moi... Un service !... Tu sais bien où c'est ?... au quatrième, escalier A... Tu te feras pas voir par la concierge !... Pour combien qu'il me la rachète ?... Ça nous ferait quand même une avance !... S'il te dit non... tu repasseras par chez Rotembourg !... rue de la Huchette... Tu lui montreras pas le papier !... Tu lui demanderas s'il est preneur ? Simplement comme ça... Et moi alors après j'irai... Celui-là, c'est pire la crapule !... »

* * *

Le commissaire des « Bons-Enfants » avec ses allures de s'en foutre, c'était tout de même une petite vache. C'est bien au fond à cause de lui qu'ils ont entamé les poursuites. Et que le parquet s'en est mêlé... Pas pendant bien longtemps bien sûr... Mais assez suffisamment pour bien nous faire chier quand même... On a eu des bourres plein la tôle... Une perquisition pour la forme... Qu'est-ce qu'ils pouvaient nous saisir ?... Ils sont repartis tout râleux... Ils avaient pas leur bon motif pour l'inculpation... L'escroquerie était pas bien nette... Ils ont essayé de nous bluffer... Mais on avait nos alibis... On se disculpait très facilement.

Courtial il a sorti des textes qu'étaient tous entièrement pour nous... À partir de ce moment ils l'ont convoqué aux « Orfèvres » presque tous les jours... Le Juge il se marrait cinq minutes rien qu'à écouter ses salades... ses protestations... Tout d'abord il lui a dit :

« Avant de présenter votre défense, retournez donc les mandats... Restituez donc vos souscripteurs !... C'est l'abus de confiance votre histoire, une véritable flibusterie caractéristique ! »

Il ressautait alors, le vieux dabe, en entendant des mots pareils... Il se défendait à tout rompre, pied à pied, désespérément...

« Rendre quoi ? Le destin m'accable ! On m'exaspère à plaisir ! On me harcèle ! On me crible ! On me ruine ! On me piétine ! On m'afflige de cent mille façons ! Et maintenant ? Que veut-il encore ? Quelles prétentions ? M'extorquer ma dernière gamelle !... À Dache !... Que des rançons imaginaires ! C'est une gageure ! Mais c'est un guêpier, ma parole ! Un cloaque ! Je n'y tiens plus !... La perfidie de tous ces gens ? Mais un ange en tournerait canaille !... Et je ne suis point si sublime ! Je me défends, mais je m'écœure ! Je le crie !... Lui ai-je tout dit à ce pantin ! à ce sagouin ! Ce fourbe ! Ce foutriquet de basoche !... Toute une existence, Monsieur, vouée au service de la Science ! de la vérité ! par l'esprit ! par le courage personnel !... 1 287 ascensions !... Une carrière toute de périls ! Des luttes sans merci !... Contre les trois éléments... Maintenant les coteries mielleuses ? Ah ! Ah ! L'ignorance ! La sottise bavarde !... Oui !... Pour la lumière ! Pour l'enseignement des familles ! Et finir là !... Pouah ! Traqué par les hyènes en bandes !... contraint aux pires arguties !... Flammarion viendra témoigner. Il viendra ! " Taisez-vous donc des Pereires !... qu'il m'arrête alors ce vaurien, sans aucune trace de politesse, ce petit salopiaud morveux !... Taisez-vous ! J'en ai assez de vous écouter... Nous sommes loin de notre sujet !... Votre concours du „ Perpétuel '... j'en ai toutes les preuves sous la main... n'est qu'une vaste crapulerie... Encore si c'était votre première !... mais ce n'est que la plus flagrante !... la plus récente !... la plus effrontée de toutes !... Une parfaite imposture, ma foi !... Un attrape-gogos cynique ! Vous n'y couperez pas à l'article 222 !

M. des Pereires !... Vos conditions ne tiennent pas debout !... Vous feriez bien mieux d'avouer... Relisez donc votre prospectus... Regardez donc toutes vos notices !... Un culot phénoménal !... Rien qui puisse passer pour honnête dans un tel concours... Rien de justifiable !... Aucun contrôle n'est praticable ! Ah ! Vous savez vous dérober !... Du tape-à-l'œil... Des poudres aux yeux !... Vous avez d'avance soigneusement élaboré toutes vos clauses qui rendent l'expérience impossible !... C'est du joli !... C'est de l'escroquerie bel et bien... La pure et simple frauduleuse !... Du vol amplement qualifié !... Vous n'êtes qu'un larron, des Pereires ! du grand Idéal Scientifique ! Vous ne vivez que grâce aux pièges que vous tendez à l'enthousiasme ! Aux admirables chercheurs !... Vous braconnez ignoblement dans les fourrés de la Recherche !... Vous êtes un chacal, des Pereires ! Une bête honteuse ! Il vous faut l'ombre la plus dense ! Les taillis inextricables ! Toute lumière vous met en déroute ! Je la ferai, moi, des Pereires, sur vos œuvres basses ! Attention, dangereux spécimen ! Fangeux ! putride survivant de la faune des estragules ! J'envoie tous les jours aux Rungis des portées entières de crapules infiniment plus excusables !... »

« — Mais le ''Mouvement perpétuel'', c'est un idéal bien humain... que j'ai rétorqué à cette brute !... Déjà Michel-Ange ! Aristote ! et Léonard de Vinci !... Le Pic de la Mirandole !...

« — Alors, c'est vous qui le jugerez ? qu'il m'a réfuté tac au tac... Vous vous sentez éternel ?... Il faut l'être, vous entendez bien, pour juger ça valablement le résultat de votre concours !... Là ! ah ! je vous y prends, cette fois... N'est-ce pas ? Éternité !... Vous vous dites donc éternel ?... Tout simplement !... C'est entendu !... L'évidence même vous accable !... Vous aviez bien l'intention en instituant votre concours de ne jamais en venir à bout !... Ah ! c'est bien ça !... Je vous y prends !... de piller tous ces malheureux ? Allons, signez-moi ça là-bas !" Il me tendait son porte-plume !... Ah ! la vache ! C'était le comble des culots !

J'avais même pas fait Ouf ! ni Youp !... Il me présentait son papelard !... Non, tu vois pas ça d'ici ?... Ah ! j'en étais comme deux ronds de tarte !... J'ai refusé bien sûr tout net... Ça alors, c'était bien un piège !... Une vraiment infecte embuscade ! Je me suis pas gêné pour lui dire... Il en revenait pas !... Je suis ressorti la tête haute !...

« "Ça sera pour demain, des Pereires !... qu'il m'a lancé dans le couloir ! Vous ne perdez rien pour attendre !..."

« "Vous sentez-vous éternel ?" Non, mais alors quel aplomb ! Quelle effronterie fantastique !... Ces sauvages-là parce qu'ils ont avec eux la force, le petit bout de poil et la grande gueule, ils se croient complètement astucieux... Ça vrai ! Je peux alors bien le dire !... C'était une réflexion inouïe !... Absolument inédite ! Tonnerre de cul et de catacombes ! C'était un bouquet ! Mais pour me démonter, mon fils, il en faudrait bien davantage ! Quand même un petit peu ! que des traquenards saugrenus ! Ah ben ouizalors !... Toute cette impertinence ignoble ne peut que me fortifier ! Voilà comme je pense ! Et qu'il advienne ce que pourra ! Qu'on m'enlève le boire ! le manger ! le gîte ! le couvert ! qu'on m'incarcère ! qu'on me torture de toute façon ! Je m'en colle de long en large ! J'ai ma conscience... et ça me suffit !... Rien sans elle !... Rien contre elle !... Voilà, Ferdinand ! C'est l'Étoile Polaire !... »

Je la connaissais moi la formule !... Papa il m'avait rassasié... On a pas idée de ce qu'à l'époque elle travaillait dur la conscience !... Mais c'était pas une solution... Au Parquet ils se tâtaient vraiment s'ils allaient pas le mettre sous verrous... Cependant le truc de l'éternité c'était quand même assez mariole... Ça pouvait bien s'interpréter... On a profité des sursis !... On a lavé du matériel... des vieilles bricoles de la cave... Et même des débris du ballon... Elle est revenue, la rombière, tout spécialement de Montretout... Elle voulait reprendre tout en main, tout diriger à sa guise, surtout la vente de nos bricoles... Tout ce qui nous restait du ballon... On a fait un voyage à « dos » et un autre avec la poussette... On a fourgué surtout au « Temple »... à même le Carreau... On a eu beaucoup d'amateurs... Ils appréciaient bien les petits résidus mécaniques... Et puis pour les « Puces » le samedi on faisait des lots entiers de bouquins... on soldait tout à la « grosse »... et avec des bribes du Zélé... Les ustensiles... un baromètre et les cordages... De tout ce bastringue, en bien des séances, on a fini par tirer presque quatre cents points... C'était quand même agréable !... Ça nous a permis d'amadouer un peu l'imprimeur avec un sérieux acompte... Et pour leur « Crédit Benoiton » la moitié d'une traite sur la case !

Mais nos pauvres pigeons voyageurs, à partir de ce moment- là, ils avaient plus bien raison d'être... On les nourrissait pas beaucoup depuis déjà plusieurs mois... parfois seulement tous les deux jours... et ça revenait quand même très cher !... Les graines, c'est toujours fort coûteux, même achetées en gros... Si on les avait revendus... sûrement qu'ils auraient rappliqué comme je les connaissais... Jamais ils se seraient accoutumés à des autres patrons... C'était des braves petites bêtes loyales et fidèles... Absolument familiales... Ils m'attendaient dans la soupente... Dès qu'ils m'entendaient remuer l'échelle... Ils roucoulaient double !... Courtial il nous parlait déjà de se les taper à la « cocotte »... Mais je ne voulais pas les donner à n'importe qui... Tant qu'à faire de les occire, j'aimais mieux m'en charger moi-même !... J'ai réfléchi à un moyen... J'ai pensé comme si c'était moi... Moi j'aimerais pas au couteau... Non !... J'aimerais pas à être étranglé... non... ! J'aimerais pas à être écartelé... détripé... fendu en quatre !... Ça me faisait quand même un peu de peine !... Je les connaissais extrêmement bien... Mais y avait plus à démordre... Il fallait se résoudre à quelque chose... J'avais plus de graines depuis quatre jours... Je suis donc monté un tantôt comme ça vers quatre heures. Ils croyaient que je ramenais de la croûte... Ils avaient parfaitement confiance... Ils gargouillaient à toute musique... Je leur fais :

« Allez ! radinez-vous, les glouglous ! C'est la foire qui continue. Pour la balade, en voiture !... » Ils connaissaient ça fort bien... J'ouvre tout grand leur beau panier, le rotin des ascensions... Ils se précipitent tous ensemble... Je ferme bien la tringle... Je passe encore des cordes dans les anses... Je ligote en large, en travers... Ainsi c'était prêt... Je laisse le truc d'abord dans le couloir. Je redescends un peu... Je dis rien à Courtial... J'attends qu'il s'en aille prendre son dur... J'attends encore après le dîner... La Violette me tape au carreau... Je lui réponds :

« Reviens donc plus tard... gironde... Je pars en course dans un moment !... » Elle reste... elle rouscaille...

« Je veux te dire quelque chose, Ferdinand ! qu'elle insiste comme ça...

— Barre ! que je lui fais... »

Alors je monte chercher mes bestioles... Je les redescends de la soupente. Je me mets le panier sur la tête... et je m'en vais en équilibre... Je sors par la rue Montpensier... Je traverse tout le Carrousel... Arrivé au quai Voltaire, je repère bien l'endroit... Je vois personne du tout... Sur la berge, en bas des marches... j'attrape un pavé, un gros... Je l'amarre à mon truc... Je regarde bien encore autour... J'agrafe tout le fourbi à deux poignes et je le balance en plein jus... Le plus loin que je peux... Ça a pas beaucoup fait de bruit... J'ai fait ça automatique...

Le lendemain matin, Courtial, je lui ai cassé net le morceau... J'ai pas attendu... J'ai pas pris trente-six tournures... Il a rien eu à répondre... Elle non plus d'ailleurs, la chérie, qu'était aussi dans le magasin... Ils ont bien vu à mon air que c'était pas du tout le moment de venir me faire chier la bite.

* * *

On nous aurait laissés tranquilles qu'on s'en serait tirés presque sûr !... On aurait même sauvé la mise et sans le secours de personne ! Notre Génitron périodique, on pouvait pas dire le contraire il se défendait parfaitement... C'était un journal très suivi... Beaucoup de gens se souviennent encore comme il était intéressant !... Vivant !... d'une ligne à l'autre ! Du commencement jusqu'à la fin ! Toujours parfaitement informé de toutes les choses de la trouvaille et des soucis des inventeurs !

De ce côté-là, pas de charibote... Personne l'a jamais remplacé... Mais, ce qui nous foutait tout par terre, c'était l'autre polichinelle avec sa furie des courses... J'étais absolument sûr qu'il devait rejouer encore... Il avait beau me dire le contraire... Je voyais les mandats arriver... « trois thunes » des abonnés nouveaux ! et yop si là !... Si je prenais pas la précaution de les planquer à l'instant même ils étaient fondus sur place ! C'était fait dans un éclair ! Un vrai prestidigitateur !... Comme ça des ponctions continuelles, pas une tôle peut résister ! Que ça serait la Banque du Pérou !... Il devait bien le claquer quelque part, notre petit pognon ?... Il allait plus aux Émeutes... Il avait donc changé son « bouc » ? Je me disais : Je saurai bien lequel !... Et puis alors, juste au moment, voilà les poursuites qui recommencent !... Elles rebondissent... On le rappelle à la Préfecture !... La petite charogne des

« Bons-Enfants », il laissait pas tomber son os ! Il est revenu à l'attaque ! Il nous avait dans les pinces !... Il voulait nous faire crever !... Il a retrouvé des autres victimes... du fameux concours ! Il est allé fouiller exprès dans les « garnos » des Gobelins... Il les excitait sur notre pomme ! Il les remettait en colère ! Il les faisait reporter des replaintes !... C'était plus une existence !... Il fallait bien qu'on avise !... Qu'on se décarcasse d'une façon !... À force de ruminer des choses... voilà ce que nous découvrîmes : fallait diviser pour résoudre !... C'était l'essentiel !... Tous les emmerdeurs en deux classes !... D'un grand côté... tous ceux qui ramenaient pour la forme !... Les mélancoliques, les malchanceux de l'existence !... Ces fiotes-là, c'était bien simple, on leur rendrait rien du tout !... Et puis alors d'autre part ceux qui fumaient énormément, ceux qui sortaient pas du pétard... Ceux-là c'était du péril !... Ceux-là il fallait les atteindre, les atténuer de toute urgence !... discuter avec eux le « bout de gras »... Pas tout leur rendre, évidemment !... C'était impossible !... C'était hors de cause !... Mais quand même leur filer une « fleur »... par exemple une thune ou deux... Comme ça ils perdraient pas tout ! Ils arriveraient peut-être à comprendre le cas majeur du Destin ?... Question alors d'entamer ces jolies démarches, Courtial il a tout de suite pâli... Il s'est dégonflé subito... Il pouvait pas y aller lui-même ? C'était pas concevable !... Ça faisait tout à fait foireux qu'il aille traîner les paillassons... Et l'autorité alors ?... Ça lui perdait sa contenance vis-à-vis des inventeurs... Il fallait que ça soye plutôt moi qu'irais porter la bonne parole !... Moi j'avais aucun prestige, rien à perdre comme amour-propre... Mais quel condé peu baisant ! Je m'en gourais nettement d'avance ! J'aurais bien flanché à mon tour, mais alors c'était la culbute !... Si on laissait dériver, c'était la fin du canard !... et puis après la panique !... Et puis après c'était la cloche !... C'était vraiment la tragédie pour que je me tape moi une corvée aussi cafouilleuse...

Enfin je me suis bien ressouflé, reblindé d'avance. J'ai répété tous les trucs... tout ce que je devais raconter... tout un agencement de bobards... Pourquoi ça n'avait pas collé... dès les préliminaires épreuves !... à cause d'une très grave discussion survenue entre les savants sur un point technique fort controversé... Qu'on referait tout ça l'année prochaine... Enfin une immense musique ! Et je fonce dans la bagarre ! Bourre, petit !... Je devais d'abord leur rendre leurs plans, toutes les maquettes, les épures, les affutiaux biscornus !... en même temps que des excuses...

J'abordais les gars par la bande... Je commençais par leur demander si ils avaient pas reçu ma lettre ?... pour leur annoncer ma visite ?... Non ?... Ils avaient un petit sursaut... Ils se voyaient déjà les gagnants !... Si c'était l'heure de la tambouille, on m'invitait à partager ! Si ils étaient en famille, alors ma jolie mission, ça devenait devant tant de personnes d'une délicatesse extrême !... Il me fallait des trésors de tact ! Ils avaient fait des rêves d'or !... C'était un moment hideux... Fallait pourtant que je les dissuade... J'étais venu exprès pour ça... J'essayais d'y mettre bien des nuances !... Quand le hoquet les prenait, l'envie de briffer leur passait... Ils se redressaient hypnotisés, le regard figé par la stupeur !... Alors je surveillais les couteaux... Y avait du vent dans les assiettes !... Je m'arc-boutais le dos au mur !... La soupière en guise de fronde !... Prêt à bloquer l'agresseur !... Je poursuivais mon raisonnement. Au premier geste un petit peu drôle, c'est moi qui déclenchais le bastringue ! Je visais mon fias en pleine bouille !... Mais, dans la plupart des endroits, cette attitude fort résolue suffisait à me préserver... faisait réfléchir l'amateur... Ça se terminait pas trop mal... en congratulations baveuses... et puis grâce à la vinasse, en chœur de soupirs et de roteries... surtout si je déchais les deux thunes !... Mais une fois, malgré la prudence et l'habitude que j'avais prise... j'ai quand même durement dérouillé... C'était je me souviens, rue de Charonne, exactement au 72, dans un hôtel qu'existe toujours... Le mec, c'était un serrurier, il bricolait dans sa chambre... je suis bien payé pour le savoir... pas au deuxième, mais au troisième... Pour moi, ce type-là, son boulot, c'était de rassembler des trousses de « cambrioleurs »... Enfin lui, son invention pour le concours « Perpétuel », ça consistait en un moulin du genre dynamo, à prise « faradique variable »... Il accumulait avec ça les forces de l'orage... Ensuite ça n'arrêtait plus... d'un équinoxe jusqu'à l'autre...

J'arrive donc, j'avise son tôlier en bas, je lui demande le nom : « C'est au troisième ! »... Je monte... je frappe... j'étais bien moulu... J'en avais déjà plein mon sac... Je lui lâche le morceau d'un seul coup ! Le mec, il répond même pas... Je l'avais moi regardé à peine... C'était un véritable athlète !... J'avais même pas fini de causer... Pas un mot !... « Baoum !... » Il me charge !... la brute m'emboutit !... Je prends tout dans le buffet !... Je bascule... Je cascade à la renverse... un taureau furieux !... Je débouline... Je carambole les trois étages... On me ramasse sur le trottoir... J'étais plus qu'une cloque... Un amas sanglant... On m'a ramené dans un sapin ! Profitant que j'étais évanoui tous les potes m'avaient fait les fouilles... J'avais même plus mes deux thunes !...

À la suite de cette collision, j'ai encore fait plus salement gaffe... J'entrais pas tout de suite dans les crèches... Je parlementais du dehors... Pour les réclamations de Province nous avions un autre système... On leur certifiait toujours que c'était parti par une lettre leur petit fafiot... que ça pouvait plus tarder... que ça s'était trompé d'adresse... de département... de prénom... de n'importe quoi !... parmi les afflux du concours... À la fin, ils en avaient marre de correspondre avec tout le monde... Ils se ruinaient en timbres-poste...

Avec les furieux, c'est franc... c'est une question de corrida... C'est de sauter la balustrade avant qu'ils vous écornent les tripes !... Mais avec les tendres, les effarouchés, les timides, ceux qui pensent tout de suite au suicide... c'est alors qu'on se trouve à la bourre !... La désillusion est trop forte !... ils supportent pas leur chagrin !... ils baissent le nez dans la panade, ils bégayent... Ils comprennent plus... La sueur leur perle, les lorgnons chutent... Ils ont la foire dans le visage... C'est pas supportable à regarder... C'est les cocus de la marotte... Y en a qui veulent en finir... Ils s'assoyent, ils se relèvent... ils s'épongent... Ils en croient plus leurs oreilles que leur fourbi fonctionnait mal... Il faut qu'on leur répète doucement, qu'on leur glisse leurs plans dans la main... Ils s'abandonnent au malheur ! Ils veulent plus vivre !... plus respirer !... Ils s'écroulent !...

À force d'en dire comme ça des mots, pour les cataplasmes, je me démerdais de mieux en mieux. Je savais les phrases qui consolent... Les Profundis des Espérances !... À l'issue de mes visites on restait quelquefois copains... Je m'organisais des sympathies... Du côté de la plaine Saint-Maur, j'en avais tout un groupement... des vrais passionnés de nos recherches... qu'avaient bien compris mes efforts... De la Porte Villemomble à Vincennes j'en connaissais des quantités ! des fins tireurs de plans magiques et pas du tout vindicatifs... Et dans la banlieue Ouest aussi... C'est dans une guitoune « ondulée », juste après la Porte Clignancourt, où y a maintenant des Portugais, que j'ai connu deux « brocos » qu'avaient monté avec des cheveux, des allumettes, sur un « tortil » élastique, trois cordes à violon, un petit système compensateur avec entraînement sur virole qui semblait vraiment fonctionner... C'était la force hygrométrique !... Le tout tenait dans un dé à coudre !... C'est le seul vraiment « Perpétuel » que j'ai vu marcher un petit peu.

C'est rare les femmes que ça invente... Et pourtant j'en ai connu une... Elle était comptable au chemin de fer. Pendant ses heures de loisir elle décomposait l'eau de la Seine avec une épingle de nourrice. Elle promenait un gros attirail, un appareil pneumatique, une bobine Rumpkorf dans un haveneau pour la pêche. Y avait en plus une lampe de poche et un élément picrate. Elle récupérait les essences au fil du courant... Et même les acides... Elle se mettait pour ses expériences à la hauteur du Pont-Marie, juste en amont du « Lavoir »... Ça la cavalait l'hydrolyse !... Elle était pas très mal roulée... Seulement elle avait un tic et puis elle louchait... Je me suis présenté comme ça du journal... Elle a cru d'abord comme les autres qu'elle venait de gagner le gros lot. Elle a insisté pour que je reste... Elle a été me chercher des roses !... J'avais beau dire et beau faire... Elle comprenait rien... Elle voulait me prendre une photo !... Elle avait un appareil qui marchait par les « infra-rouges »... Il fallait qu'elle ferme les fenêtres... J'y suis retourné encore deux fois... Elle me trouvait joliment beau gosse... Elle voulait que je l'épouse de suite. Elle a continué à m'écrire... et des messages recommandés... Mlle Lambrisse, elle s'appelait... Juliette.

Je lui ai pris une fois cent francs... et une fois cinquante...

Mais c'était des cas rarissimes !...

* * *

Jean-Marin Courtial des Pereires il crânouillait plus beaucoup... Il faisait même assez morose... Il prenait peur des phénomènes, des enragés du Concours... Il recevait des lettres anonymes qu'étaient pas à piquer des vers !... Les plus hargneux récalcitrants ils menaçaient de revenir toujours quand même... de le corriger jusqu'au trognon !... de l'étendre une bonne fois pour toutes !... qu'il puisse plus jamais dans l'avenir arranger personne !... C'était des vengeurs... Alors, dessous la redingote, par-dessus le gilet de flanelle, il s'était posé une cotte de mailles en aluminium trempé... Un autre brevet du Génitron qui nous était resté pour compte, « extra-légère imperçable ». Mais ça suffisait pas tout de même pour le rassurer complètement... Dès qu'il apercevait au loin le truand qu'avait pas bonne mine... qu'avait pas l'air du tout heureux... qui venait sur nous en grognant, tout de suite il se trissait dans la cave !... Il attendait pas les détails...

« Ouvre-moi la trappe, Ferdinand ! Laisse-moi vite passer ! C'en est un ! Y a pas d'erreur !... Tu diras que je suis parti ! Depuis avant-hier ! Que je reviens plus !... Au Canada ! Que je vais y rester tout l'été ! que je chasse là-bas la belette ! la zibeline ! le grand faucon ! Dis-lui que je veux plus le revoir ! Pas pour tout l'or du Transvaal ! Voilà ! Qu'il s'en aille !... Qu'il s'évapore !... Qu'il se disperse !... Mets-lui le feu aux poudres ! ce salaud ! Qu'il éclate !... Bon Dieu de Nom de Dieu ! » Dans la cave, comme ça bien close, il se trouvait un peu plus tranquille. C'était maintenant un espace vide depuis qu'on avait tout fourgué, les restes du sphérique, les bricoles... Il pouvait déambuler tout à travers... de long en large, tout à son aise !... Il avait une énorme place... Il pouvait refaire sa gymnastique !... Dans une encoignure, au surplus, il s'était aménagé un « blockos » à toute épreuve... pour qu'on l'aperçoive plus du tout... si il arrivait des assaillants... entre des penderies et des caisses... Il restait là des heures entières... Au moins il m'emmerdait plus... Moi j'aimais bien qu'il disparaisse... Ça me suffisait de la grosse mignonne qui ne quittait plus le magasin... C'est elle maintenant qui cramponnait... Elle voulait mener tout à sa guise... le journal et les abonnés...

Dès deux heures de l'après-midi, elle radinait de Montretout... Elle s'installait dans la boutique, harnachée en grande tenue avec le chapeau « hortensia », la voilette, l'ombrelle et la pipe ! Pas d'histoires ! Elle attendait les adversaires... Quand ils arrivaient buter dessus, ça leur foutait quand même un choc...

« Asseyez-vous ! qu'elle leur disait... je suis Mme des Pereires !... je connais toutes vos histoires ! On ne m'en raconte pas à moi ! Parlez donc ! je vous écoute ! Mais soyez bref ! Je n'ai pas une seconde à perdre ! On m'attend pour un essayage... »

C'était sa tactique... Presque tous ils se déconcertaient...

Y avait la rude intonation, la voix puissante ! éraillée certes, mais, caverneuse et pas facile à dominer... Ils réfléchissaient une minute... Ils restaient là devant la mémère... Elle relevait un peu sa voilette... Ils apercevaient les bacchantes, toute la peinture, les châsses d'odalisque... Et puis elle fronçait les sourcils... « Alors, c'est tout ?... » qu'elle leur demandait... Ils se retiraient en péteux... souvent à reculons... Ils s'effaçaient gentiment !... « Je reviendrai, Madame... Je reviendrai !... »

Voilà qu'un après-midi elle donnait comme ça son audience... Elle finissait un peu de compote... c'était vers quatre heures... il lui fallait ça pour goûter... c'était son régime... sur le coin de la table... Je peux bien me souvenir du jour exact, c'était un jeudi... Le jour fatal de l'imprimeur... Il faisait extrêmement chaud... L'audience tirait à sa fin... Madame avait déjà viré toute une bande de mirontons, des escogriffes du concours, et toujours à l'estomac... Des quémandeurs, des ergoteurs, des bafouilleux... Entièrement à la rigolade... Quand voilà un curé qui rentre... Ça devait pas nous épater... Nous en connaissions quelques-uns... et des abonnés très fidèles... des correspondants fort aimables...

« Asseyez-vous, M. le Curé... » La grande politesse tout de suite ! Il s'approprie le grand fauteuil... Je le regarde attentivement. Je l'avais jamais vu ce gonze-là... Certainement que c'était un nouveau. Comme ça, à première impression, il faisait assez raisonnable... même circonspect, pourrait-on dire... Tout à fait calme... bien élevé... Il trimbalait un parapluie... malgré le franchement beau temps... Il va le déposer dans un coin... Il revient, il toussote... Il était plutôt replet... pas hagard du tout... Nous autres on avait l'habitude des véritables originaux... Presque tous nos abonnés, ils faisaient un peu des tics... des grimaces... Celui-ci il semblait bien peinard... Mais le voilà qui ouvre la bouche... et il commence à raconter... Alors je comprends d'un seul coup... Comment qu'il déconne !... Il venait tout droit lui aussi pour nous parler d'un concours... Il lisait notre Génitron, il l'achetait au numéro... depuis des années...

« Je voyage beaucoup ! beaucoup !... » Il s'exprimait par grandes saccades... Il fallait tout saisir au vol, des paquets de phrases entortillées... avec des nœuds... des guirlandes et des retours... des brides qui n'en finissaient plus... Enfin on a tout de même compris qu'il aimait pas notre « Perpétuel » !... Il voulait plus qu'on en cause ! Ah ! ça non ! Il se fâchait tout rouge !... Il avait bien autre chose en tête... Et ça le tracassait !... Il fallait qu'on marche avec lui !... C'était à prendre ou à laisser !... Ou bien alors contre lui !... Il nous a bien prévenus tout de suite ! Qu'on réfléchisse aux conséquences ! Plus de « Perpétuel ». Pas sérieux ça ! Une calembredaine !... À aucun prix !... C'était autre chose, lui son dada !... On a fini par le savoir... Comme ça d'écheveaux en aiguille... en dix mille circonlocutions... ce qui lui travaillait le siphon... C'était les Trésors sous-marins ! Une noble idée !... Le sauvetage systématique de toutes les épaves !... De tous les galions d' « Armada » perdus sous les océans depuis le début des âges... Tout ce qui brille... tout ce qui parsème... tout ce qui jonche le fond des mers ! Voilà ! C'était ça, lui, sa marotte ! toute son entreprise !... C'est pour ça qu'il venait nous causer !... Il voulait qu'on s'en occupe... qu'on perde pas une seule minute !... qu'on organise un concours ! une compétition mondiale... pour le moyen le meilleur ! Le plus sûr ! Le plus efficace !... de remonter tous les trésors !... Il nous offrait toutes ses ressources, sa propre fortune, il voulait bien tout risquer... Une garantie formidable pour couvrir déjà tous les frais de mise en route... Forcément, Madame et moi, on se tenait un peu sur les gardes... Mais il insistait beaucoup... Lui le système qu'il voyait, le cureton fantasque, c'était une « Cloche à plongeur » !... qui se déroulerait très profonde ! par exemple vers 1800 mètres !... Qui pourrait ramper dans les creux... appréhender les objets... crocheter, dissoudre les ferrures... absorber les coffres-forts par « succion spéciale »... Il voyait tout ça facilement... C'était à nous, par le canard, d'attirer les compétiteurs... De ce côté-là, nous étions fortiches !... Nous ne redoutions vraiment personne ! Il frémissait d'impatience qu'on passe aux épreuves !... Il a même pas attendu qu'on émette une seule objection... ou seulement le début d'un petit doute !... Plaff ! comme ça en plein sur la table... Il plaque son paquet de fafiots... Y en avait pour six mille francs !... Il a pas eu le temps de les regarder !... Ils étaient déjà dans ma fouille... la mère Courtial, elle en sifflait !... Je veux battre le fer !... J'attends plus... « M. le Curé, restez-là, je vous en prie ! une seconde... Une toute petite ! Le temps que je cherche le Directeur... Je vous le ramène à la minute... »

Je saute dans la cave... Je hurle après le vieux... Je l'entends qui ronfle ! Je pique droit sur sa guitoune... Je le secoue... Il pousse un cri ! Il croyait qu'ils venaient l'arrêter... Il chocotait fort dans son jus... Il tremblochait dans ses hardes...

« Allez ! que je lui dis... En l'air ! C'est pas le moment des pâmoisons ! »

Au soupirail, dans le filet de jour, je lui montre le flouze... C'est pas le moment de perdre la voix ! Merde !... En deux mots je l'affranchis... Il regarde encore mon pognon... Et une fois par transparence... Il vise les biffetons un par un... Il se reconstitue rapidement ! Il s'ébroue, il renifle les fafiots... Je le nettoye ! Je lui enlève la paille partout... Il se requinque vite les moustagaches... Le voilà paré ! Il remonte au jour... Il se présente dans une brillante forme... Déjà il avait son topo tout prêt dans l'esprit... tout baveux... complètement sonore !... Il nous éblouissait d'emblée sur la question des plongeurs ! L'historique de tous les systèmes depuis Louis XIII jusqu'à nos jours ! Les dates, les endroits, les prénoms de ces précurseurs et martyrs !... Et les sources bibliographiques... et les Recherches aux Arts et Métiers !... C'était proprement féerique... Le cureton il en rotait ! Il rebondissait sur son siège de joie et de délectation... C'était très exactement tout ce qu'il avait espéré !... Alors comme ça, bien ravi, en plus de son offre précédente... On lui demandait rien !... Il nous assure de deux cents sacs ! rubis sur l'ongle ! pour tous les frais du concours ! Il voulait pas qu'on lésine sur les études préliminaires !... Sur l'établissement des devis !... Pas de chicane, pas de ratiboise !... Nous avons tout accepté... paraphé... conclu !... Alors tout à fait copains il a sorti de sa soutane une carte sous-marine immense... Pour qu'on se rende bien compte tout de suite de l'endroit de tous les trésors !... Où qu'elles étaient englouties toutes ces richesses phénoménales !... depuis vingt siècles et davantage...

On a bouclé la cambuse... On a étalé le parchemin entre nos deux chaises et la table... C'était une œuvre mirifique cette « Carte aux Trésors »... Ça donnait vraiment du vertige... rien qu'en jetant dessus un coup d'œil... Surtout si l'on considère le moment où il survenait ce drôle de Jésus !... après des temps si difficiles ! Il nous bluffait pas le cureton !... C'était bien exact sur sa carte tous les flouzes planqués dans la flotte... C'était pas niable ! Et près des côtes... avec les relevés « longitudes »... On pouvait bien se figurer que si on la trouvait la cloche pour descendre rien qu'à 600 mètres, ça deviendrait du vrai nougat ! On était tranquille comme Baptiste... Nous possédions à la cuiller tous les trésors de l'Armada !... Y avait qu'à se baisser pour les prendre... C'était tout à fait le cas de le dire... Rien qu'à trois milles marins de Lisbonne à travers l'embouchure du Tage... gîtait une planque colossale !... Et là, c'était vraiment commode, une entreprise pour débutants !... Si on se payait un peu d'audace, qu'on force un peu la technique... Alors ça prenait d'autres tournures !... On pouvait prétendre raide comme balle remonter tout à la surface le trésor du « Saar Ozimput » englouti dans le Golfe Persique deux mille ans avant Jésus- Christ... Plusieurs coulées de gemmes uniques ! Des parures ! Des émeraudes d'une magnificence incroyable !... un petit milliard au bas mot... Le lieu précis de ce naufrage, le curé l'avait sur sa carte pointé très exactement... Cent fois, d'autre part, maints sondages, pratiqués au cours des siècles, avaient relevé la position... Pas d'erreur possible !... Ça n'était plus, tous frais à part, qu'un petit problème de chalumeaux... de « fraises oxhydriques »... Une mise au point... Quand même un petit aléa pour pomper les trésors du « Saar »... Nous réfléchîmes tout un jour... Et d'autres minimes « inconnues » dans la législation persane nous firent un instant tiquer... Et puis nous tenions d'autres blots, ceux-là entièrement sous la main, sucrés, parfaitement accessibles... dans des mers les plus clémentes !... absolument libres de requins ! Il fallait penser aux plongeurs ! Fuyons ! Fuyons les tragédies...

Tous les fonds du globe, en somme, regorgeaient de coffres inviolés, de galiotes farcies de diamants... Peu de détroits, peu de criques, de golfes, de rades ou d'embouchures qui ne recelassent sur la carte quelque pharamineux butin !... très facilement renflouable à partir de quelques cents mètres !... Tous les trésors de Golconde ! Galères ! Frégates ! Caravelles !

Bisquines ! pleines à craquer de rubis et Koh-I-Nors ! de doublons « triples effigies »... Les côtes spécialement du Mexique paraissaient à ce propos positivement indécentes !... Les conquistadores les avaient semble-t-il pour notre gouverne littéralement remblayées, perdues avec leurs lingots et les pierres précieuses... Si on insistait réellement et à partir de 1200 mètres... les diamants devenaient pour rien !... Par exemple au large des Açores, pour ne citer que ce cas-là... un vapeur du siècle dernier, le Black Stranger, un cargo mixte, un courrier du Transvaal en contenait pour plus d'un milliard... lui tout seul (d'après les plus prudents experts...). Il gîtait sur un fond de roches à 1 382 mètres et en « porte-à-faux » !... Déjà crevé par le mitan... Y avait plus qu'à fouiller les tôles !...

Notre curé en connaissait d'autres, un choix stupéfiant... Toutes les épaves récupérables... et toutes faciles à vider... Plusieurs centaines à vrai dire... Il en avait criblé sa carte de trous pour les prospections... Ça figurait les endroits des sauvetages les plus urgents... au dixième de millimètre... Ils étaient en noir, vert ou rouge suivant l'importance du trésor... Avec des petites croix...

C'était plus que des questions de technique ! d'astuce ! d'à-propos !... À nous de démontrer nos talents !... Ça n'a pas traîné, Ventredieu !... Des Pereires, comme ça, dans la fièvre, pour pas laisser rien refroidir... saisissant sa plume, une rame, la règle, la gomme, le buvard, il a rédigé devant nous, s'accompagnant à haute voix, une véritable proclamation !... C'était vibrant !... C'était sincère !... Et puis en même temps minutieux et probe !... Voilà comment qu'il travaillait !... Il a situé tout le problème au poil !... en moins de cinq minutes ! dans l'inspiration ! C'était un boulot de première !... « Faut pas remettre les choses au lendemain !... Il faut que cet article sorte tout de suite... ça fera un numéro spécial !... » Voilà comment il ordonnait... Le curé il était heureux ! Il jubilait... Il pouvait plus causer du tout...

Je ne fis qu'un bond rue Rambuteau... J'emmène tout le pèze dans ma poche... Je laisse seulement cinquante francs pour la grosse mignonne... Merde !... Je m'étais donné assez de mal !... je les aurais laissés dans la caisse, sûrement jamais je ne les aurais revus !... Le vieux il en faisait une gueule !... Il devait des avances à Naguère... Il avait déjà fait sa mise !... Tout ça c'était plus fort que lui... Mais ça devenait bien préférable que je reste moi le trésorier !... Ça risquait infiniment moins !... On dépenserait que peu à peu... et pas du tout sur les « gayes »... Ah ! j'en étais sûr !... C'est moi qui réglerais les notes... Taponier d'abord, premier privilège ! son « numéro spécial » !... Il vivait plus cet imprimeur... Quand il a regardé mes « espèces », il en croyait par ses deux châsses !... Il les a bien visées quand même !... et par transparence !... Du liquide ! Il était groggy complètement !... Il savait plus quoi me répondre... Je lui ai réglé six cents francs pour les dettes en retard, et puis encore deux cents autres pour le « numéro » et pour le tam-tam du concours !... Là il s'est alors dépêché... Deux jours après on les a reçus les exemplaires... Expédiés, bandés, collés, timbrés, tout !... Je les ai portés à la grande poste en voiture à bras avec Courtial et Madame !...

Le curé, au moment de sortir, on le lui a bien demandé qu'il nous inscrive son adresse, son nom, sa rue, etc... mais il avait nettement refusé !... Il voulait rester anonyme !... Ça nous intriguait... Évidemment qu'il était drôle ! Mais beaucoup moins que tant des autres... C'était un homme corpulent, il avait extrêmement bonne mine, et propre et rasé, à peu près le même âge à Courtial... mais complètement chauve... Il explosait en bégayant dans les poussées de l'enthousiasme !... Il tenait plus alors sur son siège tellement qu'il se trémoussait !... On l'avait trouvé bien optimiste... Certainement bizarre... Mais enfin, ce qu'il avait prouvé, c'est qu'il avait bien du pognon !... C'était le vrai commanditaire !... C'était le premier nous qu'on voyait... Il pouvait être un peu étrange...

En revenant tous trois de la Grande Poste, on a passé juste devant le « quart » avec la bagnole, rue des Bons-Enfants... Je fais au vieux : « Arrêtez minute !... Chiche que je l'avertis !... Je vais lui dire que tout va bien ! » Une idée de merdeux qui me traverse d'aller crâner avec le flouze... d'y dire qu'on était plein de pognon !... Je bondis donc, je pousse leur pote... Ils me reconnaissent les poulets :

Alors, Zigomar ?... qu'il me demande celui du pupitre...

Quoi tu viens foutre ?... Tu veux faire un tour au local ?...

Non, que je lui dis... Non, Monsieur !... C'est pas pour moi la cabane ! Je venais simplement en passant vous montrer un petit numéraire... » Et je lui sors mes quatre fafiots... Je les agite devant ses yeux... « Voilà que je fais... Et pas volé !... Je viens vous prévenir tout simplement que c'est encore pour un concours... " La Cloche à plongeur ! "...

Plongeur ! Plongeur !... qu'il me répond... Tu vas voir moi, si je vais te plonger !... Mais tu te fous de ma gueule, ma parole !... Sale petite craquette morveuse ! »

J'ai redescendu encore plus vite... Je voulais pas aller au pétard... On s'est marré dans la rue !... On a piqué un petit galop avec la bagnole... On a fait vinaigre jusqu'à la rue du Beaujolais !...

* * *

Forcément un concours pareil pour récupérer les trésors... ça devait nous attirer les foules... Notre part d'organisateurs était fixée à seize pour cent sur tout ce qui remonterait en surface !... Ça n'avait rien d'exagéré ! Quand même sur l'Armada seule, ça nous faisait, en calculant juste, sans forcer du tout les chiffres, à peu près dans les trois millions... C'était raisonnable !...

Je dois dire que la grosse mignonne elle voyait pas les choses dans le sac... Elle reniflait un peu la soupière... Elle gardait ses appréhensions... Tout de même, elle osait pas ramener... En somme, c'était du miracle !... Elle se laissait pas envahir... Elle regardait seulement les « espèces »...

Le vieux alors lui Courtial, il s'en donnait à cœur joie !... Il y mettait toute la sauce... Il voyait déjà tous les diams rendus en vrac sur la grève, les émeraudes à la poignée... Les paillettes en monticules, les lingots... Tout le trésor des Incas, pompé des galères... « Nous sommes les Pilleurs des Abîmes ! » qu'il gueulait à travers la crèche... Il sautillait... Il gambadait sur les papelards... Et puis il se fixait tout d'un coup, il se tapait sur le cassis. « Mais minute ! ma cocotte poulette ! Tout ça n'est pas réparti !... » Il recommençait à l'encre rouge et sur quatre colonnes !... C'était pour la division qu'il devenait sévère !... Terriblement scrupuleux !... Qu'il prévoyait les pires accrocs... C'était fini la rigolade ! Il prenait toutes ses précautions. Il rédigeait un protocole !

« Ah ! je te vois venir, toi, ma grosse choute, tu ne les connais donc pas encore !... Tu ne sais pas de quoi ils sont capables ?... Moi, qui les pratique tous les jours, je sais ce qui nous pend au blaze... Et moi j'en ai vu des " Mécènes "... et des inventeurs, alors donc ?... Moi je les mène depuis quarante ans !... Maintenant, je suis pris entre deux feux !... Ah ! C'est le cas de le dire !... Ah ! Je ne veux pas être consumé ! ratatiné ! déconfit !... Au moment où tout se déclenche !... À l'instant exact ! Ah ça ! vraiment non ! Ah ! Pas du tout ! Nom de Dieu !... Tonnerre de Brest !... La plume à la main, Ferdinand ! Vite ! Et dans l'autre la balance ! Et sur les genoux une carabine ! Oui ! Voilà du Courtial !... Au poil !... Justice ! Respect ! Présence !... Je les ai vu créer, moi, tous mes inventeurs miroboles ! Tel que je vous cause tous les deux... Des merveilles et des merveilles ! des véritables stupéfactions ! Et tout au long de ma longue carrière ! Autant comme autant je peux bien le dire ! et pour la peau presque toujours !... Pour le Gruyère ! Pour la Gloire ! Pour pire que rien !... Le génie il pourrit sur place !... Voici l'exacte vérité !... Il ne se vend pas ! Il se ramasse ! Il est Gratis pro Deo. C'est moins cher que les allumettes... Mais si vous arrivez gentil ! Que vous avez la bouche en cœur ! Que vous venez faire un cadeau, une gracieuseté inédite ! Ah ! mais oui ! Vous avez cru ma mie Rontaine à la belle musique ! Vous venez encourager le chercheur !... panser les plaies du martyr... Vous arrivez tout innocent avec une petite sardine... Le martyr fait un bond de vingt mètres ! c'est l'Affront !... Tout change ! Tout est bouleversé ! Tout s'écroule ! Un éclair ! Et c'est l'enfer qui s'entrouvre !... L'illuminé tourne au chacal ! Vampire ! Sangsue ! C'est la curée !... Le carnage ! Une carambouillade atroce ! Pour mieux vous tirer les espèces on vous étripe à l'instant même !... Vous crucifie ! Vous vaporise ! Plus de quartier ! Plus d'âme qui tienne ! C'est l'or, mon ami ! C'est l'or ! Attention !... Tout beau ! tout beau, mon copain ! Aller farfouiller les abîmes ? Mais pour cent points mal répartis, je les connais les zèbres ! Ils feraient sauter la mappemonde !... Ah ! oui ! tel quel ! j'exagère pas ! Je suis placé pour me rendre compte !... À nos papiers ! À nos papiers ! Ferdinand ! Attention à la détente ! Des manuscrits irréprochables ! légalisés ! paraphés ! déposés avant midi chez Me Van Crock, rue des Blancs-Manteaux ! Étude excellente ! en triple exemplaire... Notre part d'abord ! Et stipulée en majuscules ! Aucune contestation possible ! Oléographique ! Point d'arguments dubitatifs ! De ratiocinages perfides ! Ah ! ça, jamais ! Ah ! Cureton de la Providence ! tu auras bientôt de quoi te plonger ! Ah ! Il ne peut même pas se rendre compte, le pauvre innocent !... Des cloches !... Mais je donne pas seulement un mois avant qu'on m'en apporte ici au moins trois ou quatre par jour ! Que dis-je !... Une douzaine ! Et remplissant nos conditions !... 600 mètres ?... 1 200 ?... 1 800 ?... Je suis extrêmement tranquille ! Je ne veux rien dire... Je ne veux pas me prononcer... à lure-lure !... Je veux rester tout impartial !... Veux pas avoir l'air circonvenu !... J'attendrai le jour des épreuves, soit !... Mais j'ai déjà donné quand même, si j'ai bonne mémoire, plusieurs articles très potassés sur la même question... Ah ! voyons ! je pourrais retrouver les dates exactes... Nous n'étions pas encore mariés !... C'était vers 84 ou 86... Juste avant le Congrès d'Amsterdam... L'Exposition des submersibles... Je pourrai peut-être remettre la main dessus... Ils sont sûrement dans la boutique... J'avais bien expliqué tout ça... C'était dans le « Supplément »... Tiens ! Ça me revient !... du Monde à l'Envers... Je la vois cette cloche !... Je la vois d'ici !... Renforcée bien entendu... à boulons triples... et doubles parois à crédences !... Ferro-magnétique au sommet !... Ça va tout seul jusque-là !... Coussins taraudés au "millième" sur le pourtour des ballasts... Voilà !... Les rivets en "indo-bronze"... Prodigieux à l'usure marine !... Pas un seul piqueté aux acides après des années dans la flotte !... Trempés au chlorido-sodium ! Une surcharge galvano-plastique à pivolet centrifuge !... Une simple affaire de calcul !... Les données sont enfantines ! Éclairage radio-diffusible avec projecteur Valadon !... Un peu d'avance et du culot !... Ah ! la ! la !... Y a pas de quoi se casser les méninges ! Pour la tenaille, une grande circulaire "préhensive"... Ça c'est peut-être plus délicat !... Moi je la passerais, moi, cette engeance par la face externe !... Mettons sur du "23-25"... C'est un calibre excellent... Les clapets en "rétro-bascule" pour encore plus de sécurité !... La chaîne d'envoi ça va tout seul !... Une "Rotterdam et Durtex" à trois centimètres au maillon... Et si ils veulent toujours plus fort... pour être tout à fait peinards... Le maximum garanti ! Qu'ils prennent un "filin-capiton" tressé cuivre et corde et franchement du "28-34" ! Tu vois ça d'ici ?... Les "Rastrata" sont impeccables ! Je n'ai pas d'"actions" ! Capot renforcé "pneumatique"... brevet "Lestragone"... Et la question des hublots ?... Ah ! Il était repris par le doute... Si j'étais eux, je me méfierais des bourrelets des Arsenaux... les fameux "Tromblon- Parmesan". Ça n'a pas été mirifique sur les sous-marins ! Balle-Peau ! Balle-Peau !... On n'a pas tout raconté ! Au Ministère, c'est entendu, on le soutient "mordicus"... mais, moi, je garde ma conviction !... Je l'avais prédit d'ailleurs... Aux pressions moyennes ils se défendent encore... Jusqu'à dix kilos carrés on peut voir venir... Mais à partir de " vingt dixièmes " ?... C'est du papier de soie mon ami !... Les poissons passent au travers... On m'ôtera pas ma certitude... Enfin, je suis certain qu'ils y pensent... Je ne peux pas les influencer !... Je ne citerai même pas mon article ! Ah ! non alors !... Ah ! et puis si ! Je le citerai tiens !... Intégralement... Après tout c'est bien mon devoir... N'est-ce pas, chère Irène ? C'est ton avis ? Et le tien aussi, Ferdinand ? Que je dois me prononcer ? C'est un moment grave après tout !... C'est maintenant l'instant ou jamais !... Je suis là ! C'est moi qui préside ! Je dois leur faire mes réflexions ! Et pas dans dix ans ! Aujourd'hui ! Elles ont bien leur petite valeur !... Et puis, tiens, suffit les phrases !... C'est très joli de conseiller, de jouer les Gérantes, les Académies, les Grosses Têtes !... Mais ça n'est pas suffisant !... Non !... J'ai toujours payé de ma personne !... Ici !... Là-bas !... Ailleurs !... Partout ! Irène m'est témoin !... Jamais éludé un péril ! Jamais !... En quel honneur ?... Dans leur fourbi ? Mais j'y descendrai moi- même !... Peut-être pas la première fois... Mais sûrement alors à la seconde !... On pourra pas m'empêcher !... C'est exactement mon rôle !... Ça m'appartient ! C'est entendu !... C'est indispensable, je dirai... Ça sera moi, mon regard, mon autorité, leur seul véritable contrôle ! Aucune erreur à ce sujet !

Ah ! qu'elle sursaute alors la vioque, comme si on venait de lui mordre les fesses... Ah ! ça non alors... Ah ! certainement pas !... J'irai plutôt couper la corde ! Telle que tu me vois ! Alors ça vraiment c'est complet ! Jamais tu m'entends ! Jamais je te laisserai descendre ! T'as pas fait assez l'imbécile ? Jamais dans leur truc ! T'es pas un poisson quand même ?... Laisse-les donc plonger ces mabouls ! C'est leur affaire !... C'est pas la tienne !... Mais pas du tout !... Mabouls ! Mabouls ! T'as plus un petit sou de logique ! Un liard de suite dans l'esprit !... M'as-tu assez canulé pour que je remonte dans les airs ? Oui ou merde ? T'en voulais-t-y pas du sphérique ? Une rage infernale ! t'en étais folle simplement ! Zélé ! Zélé ! Tu pouvais pas dire autre chose... Et je suis pas un oiseau !... Oiseau ! Oiseau ! Tu m'insultes ! Tu me cherches encore une querelle !... Ça va ! Je vois bien ce que tu veux, salop !... Tu veux, je le sais ! Tu veux te tirer ! Tu veux repartir en vadrouille !...

Où ça ! Dans le fond des mers ?...

Fond des mers !... Fond des mers !... Mon œil...

Ah ! Laisse-moi ! Laisse-moi, Irène ! Comment veux-tu que je réfléchisse ? Tu t'acharnes à tout barbouiller ! Avec tes impulsions idiotes !... Toutes tes frénésies insolites !... Laisse- moi réfléchir posément !... L'heure, il me semble, est assez grave !... Ferdinand, toi ! Garde la boutique ! Et ne me parlez plus surtout ! »

Il redonnait maintenant des ordres... Il reprenait du ton... de la couleur... voire de l'insolence... Il sifflait son air de charme, le Sole Mio des grands jours...

« Oui ! C'est encore mieux que je sorte ! Je vais respirer... Il te reste bien cent francs, dis, petit ?... Je vais passer payer le téléphone !... Ça me promènera !... Il est temps qu'ils nous le remettent... Tu trouves pas ?... On en a besoin !... »

Il est demeuré comme ça sur le pas de la porte... Il était pas décidé... Il regardait sous les Galeries... Il a filé vers la gauche plutôt donc vers les « Émeutes »... S'il était parti sur la droite, c'était plutôt pour les « Vases » et son martinet... Dès que dans l'existence ça va un tout petit peu mieux, on ne pense plus qu'aux saloperies.

* * *

On peut pas dire le contraire, ce fut une véritable orgie, question de la vente au numéro... C'était la ruée continuelle ! Ils prenaient la turne en trombe... Encore après neuf heures du soir, il radinait des abonnés pour réclamer leur supplément... Toute la journée c'était la foire !... Le magasin, il fléchissait sous le poids des curieux... le pas de la porte était usé par leurs piétinements !... C'était des Pereires qui haranguait !... Comme ça tout debout sur le comptoir... Il distribuait à pleines mains... Moi j'étais toujours en route... Je tarabustais l'imprimeur... Je faisais sans cesse la navette !... avec le « crochet ». La bagnole c'était trop long dans le faubourg Montmartre... Je ramenais au fur et à mesure tous les numéros brochés...

La grosse mignonne elle faisait les bandes... pour les départs de Province... C'était important aussi !... On en parlait un peu partout du Concours de la « Cloche profonde »... C'était devenu un événement !...

L'oncle Édouard, bien sûr, avait entendu des échos ! Il est passé aux Galeries... Il est rentré par la petite porte... Il était joliment heureux que notre « canard » reprenne des plumes !... Il avait pas été tranquille... Il me voyait encore à la bourre... en train de chercher un autre nibé !... Et puis voilà juste qu'on remontait dans les pleines faveurs !... On avait un vent magnifique ! C'était incroyable comme succès !...

L'espoir du trésor, c'est magique ! Y a rien qui puisse se comparer !... Le soir encore après mes courses, quand je revenais de l'Automatique, je recommençais des paquets... et jusqu'à des onze heures du soir... La Violette elle m'a bien prévenu...

« Tu te forces ! T'es con ! T'en auras pas la reconnaissance !... Si tu te crèves... qui donc qui va te rambiner ?... C'est pas ton dabe à coup sûr !... Paye-moi donc une menthe, mon petit pote !... Je vais te chanter la " Fille à Mostaganem "... Tu vas voir comme tu vas m'aimer !... » Dans ce cas-là elle relevait sa jupe par-devant et par-derrière... Comme elle portait pas de pantalons, ça faisait vraiment la danse du ventre... Elle se donnait comme ça en plein vent... au beau milieu de la Galerie... Les autres grognasses elles rappliquaient... et puis avec presque toujours trois ou quatre clients chacune... Des pilons, des paume-quéquette, des voyeurs fauchés... « Vas-y, Mélise ! Pisse pas de travers ! » Elle se la saccadait bien la fente... Elle se faisait tremblocher la moule !... Les autres, ils tapaient dans leurs mains, c'était une vraie frénésie, la danse tunisienne... Toujours ça ramenait plein de curieux. Après ça je lui payais sa menthe... On finissait tous aux Émeutes... »

Son coin à la Violette, c'était plutôt vers la balance, derrière le plus gros des piliers, dans la Galerie d'Orléans... Elle prenait pas deux minutes pour tirer un jus... Si elle piquait un vrai cave, elle l'embarquait au « Pélican » à deux pas... en face du Louvre... C'était quarante sous la chambre... Elle aimait bien son pernod sec... On lui faisait rechanter sa chanson :

L'Orient Féerique est venu... S'asseoir sous ma ten-en-te... Il avait le cul tout nu...

Un œil dans le bas-ven-en-tre...

Ça faisait pas bouillir ma marmite... Souvent elle collait... lancée dans les commérages... Quand je voulais la faire trisser, j'avais qu'un moyen.

« Rentre !... que je lui faisais... Rentre, la môme ! Tu vas m'aider pour les ficelles.

Attends que j'en suce encore un autre !... Attends-moi mon petit rossignol... Il faut bien que je fasse ma soirée... »

Je pouvais jamais compter dessus !... Elle cherchait tout de suite une esquive... Elle se dégonflait immédiatement... À part le recousage des boutons qu'était sa manie, j'ai jamais pu rien en tirer pour des vrais boulots... Elle défaillait à l'instant même... C'était un moyen magique.

* * *

À peine une semaine plus tard, les solutions, les projets ont commencé à raffluer... à la belle cadence d'une centaine par jour. Ad libitum, c'était marqué dans les conditions... Ils s'étaient pas embarrassés par les contingences... Ils s'étaient permis presque tout !... Dans l'ensemble, au premier coup d'œil, c'était extrêmement fadé comme textes et comme précisions... Ils s'étaient bien mis en branle nos admirables chercheurs.

C'était plutôt extravagant comme propositions balistiques ! mais y avait du bon dans le détail !... On en sortirait quelque chose... D'une façon fort générale, quand ils se servaient de petits papiers, de format exigu bistrot, c'était presque à coup certain pour nous vanter les épures de quelque engin phénoménal, une cloche plus grande que l'Opéra... et sur les plans démesurés, dix-huit formats « octavo », il s'agissait presque à coup sûr de petites sondes de vingt centimètres.

Dans cette sarabande de marottes, y avait à boire et à manger ! Tous les systèmes, les fantaisies, les subterfuges, pour aller chercher nos trésors... Certains caissons proposés prenaient la forme d'un éléphant !... D'autres plutôt le genre hippopotame... Une majorité, on pouvait bien s'y attendre, avait pris la forme des poissons... Certains autres des aspects humains... des vraies personnes et des figures... L'une même notait l'inventeur, c'était sa propriétaire, ressemblante très fidèlement, avec des yeux qui brillaient à partir de huit cents mètres... en rotations concentriques... pour attirer toute la faune... le tréfonds des mers...

À chaque courrier, sur la table, ça ne cessait pas de rejaillir ! éblouir, caracoler, les solutions mirifiques !... On attendait plus que notre cureton. Il avait promis de revenir le dernier jeudi du mois !... C'était fixé, entendu... On était là solide au poste... Il devait ramener dix mille francs... C'était l'avance sur notre part !... Ça devait nous permettre tout de suite de liquider quelques drapeaux, les plus urgents dans le quartier, de faire revenir notre téléphone ! De faire passer des belles photos dans un « numéro tout spécial » !... Entier consacré à la Cloche !... Déjà, on parlait beaucoup de nous dans les organes de grande presse pour le sauvetage des sous-marins, pas seulement pour pêcher les fabuleux flouzes engloutis... C'était juste l'année qui suivit la catastrophe du Farfadet... L'émotion était encore vive... Nous avions sûrement l'occasion d'une reconnaissance nationale !...

Cependant toutes ces perspectives ne grisaient guère la grosse mignonne !... Elle faisait même plutôt une sale gueule ! Elle voulait le revoir le curé avant de marcher davantage... Elle l'attendait donc ce jeudi avec impatience... Elle me demandait dix fois par heure, si quelquefois je l'apercevais pas ?... au bout des Galeries ?... Et le patron ?... Où qu'il pouvait encore être... ? Il tirait sûrement sa bordée ?... Il était pas dans la cave ?... Non ?... Il était barré depuis le matin... On venait nous le réclamer de partout !... Ça devenait assez inquiétant... Je dis à la vieille : « Attendez-moi ! Je cours jusqu'aux Émeutes »... À peine sur le pas de la porte... Je l'aperçois Monsieur qui flanoche, qui traverse tout doucement le jardin... Il guigne les nourrices... Il s'en fait pas une petite miette... Il sifflote la vache ! Il a des bouteilles plein les bras... Je bondis... Je saute... Je l'aborde...

« Eh bien ! Ferdinand ! Eh bien ! T'as l'air joliment nerveux... Ça brûle chez nous ?... Quelque chose qui ne va pas ?... Il est arrivé ?

Non ! que je lui fais... Il est pas là !...

Alors il va venir bientôt !... qu'il me répond bien tranquille... Voilà du Banyuls toujours... et un Amer !... de l'Anisette ! et des biscuits !... Je sais pas ce qu'il aime ce cureton !... Un curé qu'est-ce que ça picole ?... De tout, je l'espère !... » Il voulait qu'on fête la chose... « Je crois sincèrement, Ferdinand ! que nous avançons désormais sur une Royale Route... Ah ! oui ! ça s'annonce... Ça se dessine !... Ah ! Je regardais les plans ce matin !... Encore un de ces arrivages ! Un torrent d'idées, mon colon !... Une fois passée l'avalanche... moi ! Je vais alors faire un de ces tris !... De tout ce qui peut prendre une tournure... De tout ce qui doit être oublié... C'est pas lui qui peut faire ça... Moi je veux qu'il me laisse carte blanche ! Pas d'empirisme !... Des connaissances ! Ça va se discuter dès tantôt !... Et puis, tu comprends, c'est pas tout ! Et le répondant ? Je peux pas m'engager à lure-lure ! Ah ! non ! Ça serait trop commode ! C'est plus de mon âge ! Ah ! mais non !... Un compte en banque ! D'abord ! Avant tout !... Et deux cents billets sur la table ! Signatures conjointes ! Lui et moi ! Je convoque les constructeurs !... On s'engage !... On peut causer !... On sait ce qu'on dit !... Nous ne sommes plus tout de même des puceaux ! » Un petit doute cependant l'effleure...

« Tu crois que tout ça va lui plaire ?...

Ah !... que je fais... Je suis bien tranquille... » J'en étais absolument sûr.

Ainsi, tout en bavardant, nous nous rapprochons du journal... On attend encore un peu... Toujours aucun curé en vue ! Ça devenait quand même assez tarte !... Mme des Pereires, fort nerveuse, essayait de remettre un peu d'ordre... Que ça ait pas l'air trop étable... Déjà que c'était normalement une terrible pétaudière, alors depuis cette cohue, y avait plus un sifflet d'espace !... Un fumier énorme !... Un cochon retrouvait pas ses petits... Une litière en pleine éruption... absolument écœurante... du plancher jusqu'au deuxième... papelards fendus, bouquins crevassés, manuels pourris, manuscrits, mémoires, tout ça rendu en serpentins... nuées de confetti voltigeurs... Tous les encartages dépiautés, en vrac, en mélasse... Ils avaient même, ces voyous, embarqué toutes nos belles statues !... Décapité le Flammarion ! Sur l'Hippocrate plaqué en buvard des belles bacchantes toutes violettes... On a extirpé du tumulte avec un mal invraisemblable, trois chaises, la table et le grand fauteuil. On a chassé les clients... On a dégagé un espace pour recevoir le saint homme...

À cinq heures et demie tapant, en retard de seulement trente minutes... le voilà là-bas, qui s'annonce... Je l'aperçois, moi, qui traverse par la Galerie d'Orléans... Il était porteur d'une serviette, une noire extrêmement bourrée... Il entre... On le salue. Il pose son fardeau sur la table... Tout va bien ! Il s'éponge... Il avait dû marcher très vite... Il cherchait son souffle... La conversation débute... C'est Courtial qui mène le train... La vieille, elle, monte à l'Alcazar... elle en redescend quelques dossiers, les plus remarquables !... Y en a déjà un vrai petit choix ! Elle pose le tout près de la serviette. Il sourit agréablement... Il a l'air assez satisfait... Il feuillette comme ça d'un doigt vague... Il pique au hasard... Il semble pas très résolu... Nous attendons, nous ne bougeons pas... qu'il veuille bien faire ses réflexions... Nous respirons très prudemment... Il trifouille encore quelques pages... et puis il plisse toute sa figure !... C'est un tic !... Encore un autre ! Une saccade vraiment hideuse ! Mais c'est la crise !... Comme une vraie transe qui le saisit... Il rejette alors toute cette paperasse... Il balance tout dans la vitrine... Et puis il s'attrape la tétère... Il se la tripote à deux mains. Il se la malaxe, il se la trifouille... Il se pince, il se pétrit tout le menton... et les joues, le gras, les plis, le nez aussi, les oreilles... C'est une satanée convulsion !... Il se rabote les châsses, il se relaboure le cuir chevelu... Et puis brutalement il s'incline... D'un coup il se baisse, le voilà par terre... Il replonge toute la tête dans les papiers... Il renifle toute la masse... Il grogne, il souffle extrêmement fort... Il en étreint une grande brassée et puis... Wouaff !... Il lance tout en l'air !... Il envoie tout dans le plafond... Ça pleut les papelards, les dossiers, les plans, les brochures... On en a partout... On se voit plus... Une fois... deux fois... il recommence ! Toujours poussant des hurlements ! des joyeux !... Il est jubileur ! il gigote...

il fouille encore... Les gens s'attroupent devant notre porte... Il retourne toute sa serviette... Il en tire des autres journaux, rien que des coupures, des brasses entières... Il éparpille aussi tout ça... Parmi, je vois bien... y a du biffeton !... J'ai repéré dans la paperasse !... Je les vois qui s'envolent... Je vais piquer les ramasser... Je sais comment faire... Mais voilà deux costauds qui chargent... À coups d'épaule ils branlent la porte... Ils écartent... Ils bousculent la foule. Ils passent. Ils sautent sur le curé. Ils le ceinturent, ils l'écrabouillent, ils le renversent, le bloquent à terre... Ah ! il étrangle la pauvre vache ! Il va râler sous la table... « Police ! » qu'ils nous font à nous... Ils l'extirpent par les nougats... Ils s'assoient sur le malheureux...

« Vous le connaissez depuis longtemps ? » qu'ils nous demandent alors...

C'est des Inspecteurs... Le plus hargneux, il nous sort sa carte... On répond vite qu'on y est pour rien !... Absolument ! Le cureton, il gigote toujours... Il se débat la pauvre tranche... Il trouve moyen de se remettre à genoux... Il pleurniche... Il nous implore... « Pardon !... Pardon !... qu'il nous demande... C'était pour mes petits pauvres... Pour mes aveugles... Pour mes petits sourds et muets... » Il supplie qu'on le laisse quêter...

« Ta gueule ! On te demande rien !... Il est enragé ce sale con- là... T'as pas fini de nous faire l'arsouille !... » Celui qu'a montré sa carte, il lui fout alors un coup de boule tellement sonore et placé, que le cureton il en fait un couac !... Il s'écroule ! Il parle plus ! Ils lui passent tout de suite les menottes... Ils attendent encore un moment... Ils respirent... Ils le requinquent debout à coups de pompes. C'est pas terminé. Il faut encore que Courtial il leur signe une « constatation » et puis encore un autre faf... « dorso-verso »... L'un des bourriques, le moins sévère, il nous explique un petit peu la nature du dabe foliche... C'était vraiment un curé... et même un chanoine honoraire !...

M. le Chanoine Fleury !... Voilà comment qu'il s'appelait... C'était pas son premier paillon... ni sa première déconfiture... Il avait déjà fait « bon » tous les membres de sa famille... pour des mille et des milliers de francs... Ses cousins... ses tantes... les petites sœurs de Saint-Vincent-de-Paul... Il avait piqué tout le monde... Les marguilliers du Diocèse... le bedeau et même la chaisière... Il lui devait au moins deux mille francs... Tout ça, pour des entourloupes qu'avaient ni sens, ni principes... Maintenant, il tapait dans la caisse, celle des Sacrements... On l'avait surpris par deux fois... en train de carambouiller le coffret. Tout le « Denier de Jeanne d'Arc » on l'avait retrouvé dans sa chambre forcé au ciseau... Il travaillait du trésor... On s'était aperçu trop tard... Maintenant on allait l'enfermer... C'était son Évêque à Libourne qui réclamait l'internement...

Y avait la foule, sous nos arcades... Ils se régalaient, ils perdaient rien de la belle séance... Et les commentaires allaient fort... Ça ruminait énormément... Ils apercevaient les fafiots qu'étaient répandus dans la case... Mais moi aussi j'avais bien biglé... J'avais eu la présence d'esprit... J'en avais déjà sauvé quatre et une pièce de cinquante francs... Ils poussaient des Ah ! Aha ! Oh ! Oho ! Ils m'avaient bien vu travailler les pougnassons devant la vitrine !... Notre curé, les bourres ils l'ont propulsé dans le gymnase... Il faisait encore des résistances... Il fallait qu'ils repassent par-derrière pour l'embarquer dans un fiacre... Il se cramponnait de toutes ses forces... Il voulait pas partir du tout...

« Mes pauvres ! mes pauvres pauvres !... » qu'il arrêtait pas de mugir. Le sapin est arrivé quand même, après bien du mal...

Ils l'ont halé dans l'intérieur... Il a fallu qu'ils l'arriment, qu'ils le souquent sur la banquette avec de la corde... Il tenait pas quand même en place... Il nous envoyait des baisers... C'est honteux ce qu'ils le torturaient !... Le fiacre pouvait plus démarrer, les gens ils se mettaient devant le cheval... Ils voulaient regarder dans le caisson... Ils voulaient qu'on ressorte le chanoine... Enfin grâce à des autres flics... ils ont dégagé la voiture... Tous les pilonneurs alors ils ont reflué devant la boutique... Ils comprenaient rien ! Ils arrêtaient plus de nous conspuer...

La grande mignonne, tant d'injures, ça lui fit monter la moutarde... Elle a voulu que ça cesse de suite... Elle a fait ni une ni deux... Elle a bondi sur la lourde... Elle ouvre, elle sort, elle se présente, elle les affronte...

« Eh bien ? qu'elle leur dit... Qu'est-ce que vous avez ?... Bande de paumés ! Bande de saindoux ! Vous êtes que des sales morveux ! Allez-vous-en vous gratter ! Malfrins ! Cressons ! De quoi que vous êtes pas contents ?... Vous le connaissiez pas, vous, ce bigleux ?... » C'était culotté d'attitude... Mais ça n'a pas pris quand même... Ils l'ont encore plus agonie !... Ils ont redoublé en beuglements. Ils glaviotaient plein notre vitre. Ils balançaient des graviers... C'était du massacre bientôt... Il a fallu qu'on se carre en trombe... et par-derrière... à toutes tatanes !...

* * *

Après un pareil Trafalgar on ne savait plus quelle contenance prendre... Comment maintenant les dissuader, les énergumènes ? C'était devenu très rapidement la « Cloche au Trésor Fond des Mers » une corrida aussi farouche qu'avec le « Mouvement Perpétuel »... Ça bardait du matin au soir... Et souvent encore dans la nuit ils arrivaient à me réveiller avec leurs vociférations. Un défilé d'hurluberlus exorbités jusqu'aux sourcils, qui se dépoitraillaient devant la porte, gonflés, soufflés de certitudes, de solutions implacables... C'était pas marrant à regarder... Il en surgissait toujours d'autres !... Ils bouchaient la circulation... Une sarabande de possédés !...

Ils étaient si entassés, tellement grouillants dans la boutique, embistrouillés dans les chaises, raccrochés sur les monticules, emmitouflés dans les paperasses, qu'on pouvait plus rien entrer prendre... Ils voulaient seulement rester là, nous convaincre encore une minute, avec les détails inédits...

Si encore, au moins, on leur avait dû quelque chose ! Qu'ils aient tous versé une avance, une ristourne, une inscription, on aurait compris peut-être qu'ils ne soient pas heureux, contents, qu'ils partent en pétard, qu'ils s'insurgent !... Mais c'était pas notre cas du tout !... Par extraordinaire exception ! On leur devait vraiment rien ! C'était ça le plus fort ! Ils auraient pu nous en tenir compte !... Que nous n'agissions point par lucre ! Que c'était en somme une affaire de Sport et d'Honneur !... Pure et simple ! Qu'on était absolument quittes... Ah ! mais alors pas du tout !... C'était exactement le contraire ! Ils faisaient la révolution pour le plaisir d'être emmerdants !... Ils nous en voulaient mille fois plus ! Ils se montraient mille fois plus charognes ! râleurs ! écumeux ! que jamais auparavant qu'on les saignait jusqu'à l'os !... C'étaient des véritables démons !... Chacun gueulait comme à la Bourse pour la défense de son bastringue !... Et puis tous ensemble !... Ça faisait un vacarme effroyable...

Personne pouvait plus attendre !... Chacun fallait qu'on lui construise à la minute ! pas une seconde ! son abracadabrant système !... Que ça fume !... Et que ça fonctionne !... Ils avaient une hâte immonde de descendre tous au fond de la mer !... Pour chacun son trésor à lui !... Ils voulaient tous être les premiers ! Que c'était dans nos « conditions ! » Ils brandissaient notre papelard !... On leur a bien hurlé pourtant qu'on en avait salement marre de leurs entourloupes de dégueulasses... de supporter leur cohue !... que tout ça c'était du bourre mou !... Mon Courtial est grimpé exprès, dans l'escalier tire-bouchon pour leur dire toute la vérité... Il l'a hurlée à tue-tête au-dessus de la foule... Il avait mis son chapeau de forme tellement c'était solennel... Un aveu complet, j'étais là... Un miracle comme on verra plus !... Il leur a bien spécifié qu'on n'avait plus de commanditaire ! Que c'était fini... enterré... Pas plus de millions que de beurre au cul !... Il leur a spécifié encore que les bourres l'avaient enfermé... Celui qu'on pensait, le curé... Qu'il en ressortirait jamais ! Qu'il avait la camisole, que tout le business était à l'eau !... « À l'eau ! À l'eau !... » Ils trépignaient d'enthousiasme en entendant ces paroles... Ils reprenaient tous en chœur : « Dans l'eau ! Courtial ! Dans l'eau ! À l'eau !... » Ils revenaient toujours plus nombreux, rapporter des nouveaux projets... Ils se fendaient grassement la gueule si on voulait parlementer... Ça prenait absolument plus... Leur conviction était bien faite... Ils savaient tous qu'il faut souffrir quand on a la foi !

La foi qui soulève les montagnes, qui renverse les mers... Ils en avaient une terrible... Ils craignaient personne pour la foi ! Ils étaient d'ailleurs convaincus qu'on voulait nous, garder tout le plâtre pour pas partager avec eux !... Ils restaient donc devant la porte... Ils surveillaient les issues... Ils s'installaient le long des grilles... Ils s'allongeaient commodément... Ils étaient plus du tout pressés... Ils avaient la conviction... Ils y croyaient dur comme fer !... C'était plus la peine qu'on insiste... Ils nous auraient crevés sur place à la plus petite tentative de dénégation... Ils devenaient de plus en plus cruels... Les plus canailles, les plus retors, ils faisaient le tour par la coulisse... Ils arrivaient par le gymnase... Ils nous faisaient signe de les rejoindre... Dans un coin comme ça chuchotant, ils proposaient des arrangements, des augmentations de la ristourne... quarante pour cent au lieu de dix pour notre propre blaze sur le premier butin sorti... Qu'on s'occupe d'eux immédiatement, avant tous les autres... Ils nous estimaient fort cupides !... Ils voulaient déjà nous corrompre... Ils nous faisaient miroiter des « fleurs » !

Courtial il voulait plus rien regarder, ni causer, ni même les entendre !... Il voulait même plus sortir... Il avait peur qu'on le repère... Le mieux c'était encore sa cave.

« Toi, qu'il me disait... Sors d'ici !... Ils vont finir par te sonner ! Va t'asseoir là-bas sous les arbres... de l'autre côté du bassin... C'est mieux qu'ils nous voient pas ensemble... Il faut qu'ils s'épuisent !... Laisse-les tous gueuler tant qu'ils peuvent !... C'est une corrida de huit, dix jours !... »

Il se trompait dans l'estimation, ça a duré bien davantage...

* * *

Heureusement qu'on avait sauvé quand même un petit fond de pécule... Ce que j'avais piqué au chanoine... Presque à peu près deux mille francs... On s'était dit qu'avec ce bulle, une fois la tourmente conjurée, on lèverait le camp par une belle nuit... On transborderait notre matériel et on irait se faire voir ailleurs !... Dans un autre quartier !... L'endroit était plus possible... On monterait un autre Génitron sur des données toutes nouvelles... avec des autres inventeurs... On parlerait plus du tout de la « Cloche »... C'était en somme assez faisable, c'était une question de deux, trois semaines à supporter les avanies...

Entre-temps, la grosse mignonne, j'ai eu toutes les peines du monde à lui faire comprendre qu'il valait mieux qu'elle reste chez elle dans son pavillon de Montretout... Qu'elle attende donc la fin de l'orage !... Elle voulait pas m'écouter, elle croyait pas au péril !... Moi, je le connaissais notre public... Elle les excitait beaucoup avec ses manières, sa pipe, sa voilette... C'était des bobards continuels... En plus, elle leur tenait tête... ça pouvait très mal terminer... Elle risquait net de se faire étendre... Il passe parmi les inventeurs des bouffées terribles, des impulsions qu'ils se connaissent plus... Ils étripent tout sur leur passage ! Certes, elle aurait pas cané... elle se serait défendue comme une lionne, mais pourquoi encore d'autres drames ?... On avait rien à gagner !... Ça sauverait pas leur pavillon !... Elle avait fini par admettre, après bien des flots de salive et des soupirs à cœur fendre...

Ce jour-là, elle était pas venue... Courtial roupillait dans la cave... On avait déjeuné ensemble, aux « Escargots », chez Raoul, assez bien ma foi, au coin du Faubourg Poissonnière. Il s'était refusé rien... J'ai pas moisi dans la boutique... Je suis ressorti presque aussitôt... pour m'installer à bonne distance comme d'habitude sur le banc d'en face, en retrait sur la rotonde... De là, je surveillais les abords... Je pouvais même intervenir si les choses vraiment tournaient mal... Mais c'était un jour tranquille... Rien de particulier... Toujours les mêmes groupes parlocheurs, bavocheurs, qui fermentaient dans les pourtours... depuis le début de l'autre semaine ça durait comme ça... Vraiment rien d'extravagant !... J'aurais eu tort de me cailler... ça mijotait sans pétard... Et même un peu après quatre heures un certain calme s'est établi !... Ils se sont assis en queue leu leu... Ils parlaient plutôt en murmures... Ils devaient être très fatigués... Une vraie ribambelle tout le long des autres devantures... Ça sentait la lassitude... Ça pouvait plus durer longtemps... Je songeais déjà aux perspectives... qu'il allait falloir nous trisser... Emmancher des autres goupilles !... Piquer, paumer encore des « caves » ! Et puis encore des autres business !... On avait bien notre pécule... Mais combien qu'il pouvait durer ? Peuh ! Peuh ! Peuh ! C'est pas grand-chose à faire fondre deux billets de mille francs !... Si on voulait remonter le journal !... et puis douiller leur pavillon !... C'était pas possible, à vrai dire, de faire les deux à la fois !... Enfin, j'étais dans mes songeries... très absorbé profondément... quand du plus loin... dans l'impasse du Beaujolais, j'aperçois un grand fias tout seul qui faisait un boucan du tonnerre !... qui gesticule de tous ses membres !... Il se ramène, il bondit, il caracole jusque devant notre porte... Il attrape le bec-de-cane... Il secoue la lourde comme un pommier... Il gueule après des Pereires !... Il est absolument furieux, hors de lui-même, ce garçon !... Avant de se barrer il s'escrime un bon moment !... Personne ne répond... Il barbouille toute la devanture avec un pinceau et de la couleur verte... Ça doit être des saloperies !... Il se débine.., toujours en grande ébullition... Enfin, on avait vu pire !... C'était pas tragique !... Je redoutais bien davantage...

Il se passe encore une heure ou deux... Le soleil commence à tomber... Voilà les six heures qui sonnent... C'était le moment désagréable, celui dont je me méfiais le plus... L'heure dégueulasse par excellence pour les raffuts, les bagarres... surtout avec notre clientèle... C'est l'instant foireux où tous les magasins relâchent leurs petits maniaques, leurs employés trop ingénieux... Tous les folichons sont en bombe !... Le grand éparpillage des fabriques, des manutentions... Ils se précipitent, ils sont nu-tête, ils cavalent derrière l'omnibus !... les artisans tracassés par les effluves du Progrès !... Ils profitent des derniers instants !... De la fin du jour... Ils se dératent, ils se décarcassent ! C'est des sobres, des gens qui boivent l'eau... Ils courent comme des zèbres. C'est le grand moment des bigornes !... Ça m'en foutait mal au ventre, rien que de les sentir rappliquer !... Ils nous tombaient sur la cerise toujours en guise d'apéritif !...

Je réfléchissais encore un peu... Je pensais aussi à la soupe... Que j'allais réveiller Courtial... qu'il m'avait demandé cinquante francs. Mais là soudain je sursaute !... Il me parvient une grande clameur ! Par la Galerie d'Orléans... ça s'amplifie, ça se rapproche !... C'est beaucoup plus qu'une rumeur... Ça gronde ! C'est l'orage !... C'est un tonnerre sous le vitrail !... Je m'élance ! Je saute jusqu'à la rue Gomboust, d'où paraissait venir le plus de boucan... Je tombe là sur une horde, des possédés tout hagards, des brutes mugissantes écumeuses... Ils doivent être au moins deux mille dans le long couloir à beugler !... Et il en jaillit toujours d'autres, des rues adjacentes... Ils sont comprimés, pressurés autour d'une prolonge, une sorte de camion très trapu... Juste au moment où j'arrive, ils sont en train d'écarteler la double grille du jardin... Ils arrachent tout d'un seul élan... C'est formidable, cette plate carriole comme bélier... Ils culbutent les deux arcades... Des pierres de taille comme des fétus !... Ça s'écroule, ça débouline ! ça éclate en miettes à droite et à gauche... C'est terrifiant absolument... Ils dévalent dans un tonnerre !... attelés à l'infernal bastringue... La terre tremble à quinze cents mètres !... Ils rebondissent dans les caniveaux... Faut se rendre compte de la frénésie !... Comme ça gambille, et ça sursaute tout autour de leur catafalque ! tous entraînés dans la charge !... J'en crois pas mes yeux !... Ils sont effrénés !... Ils sont au moins cent cinquante rien qu'à barder dans les traits !... à cavaler sous les voûtes avec l'énorme charge au cul !...

Les autres possédés ils s'acharnent, ils s'emberlificotent, ils se démembrent pour s'agripper mieux au timon... sur la carène... dans les essieux !... Je me rapproche de leur sarabande... Ah ! Je les discerne, nos inventeurs !... Ils y sont à peu près tous !... Je les reconnais presque un par un !... Voilà De la Gruze, le garçon de café... il a encore ses chaussons !... Et Carvalet le tailleur... il a du mal à courir ! Il perd sa culotte !... Voici Bidigle et Juchère, les deux qui inventent ensemble... qui passent toutes les nuits aux Halles... qui portent des paniers... Je vois Bizonde ! Je vois Gratien, celui de la bouteille invisible ! Je vois Cavendou... Je vois Lanémone et ses deux paires de lunettes !... qu'a trouvé le chauffage au mercure !... Je les aperçois tous les charognes !... Ils hurlent au massacre ! Au meurtre ! Ils sont vraiment des fous furieux !... Je grimpe alors après la grille ! Je domine l'émeute !... Je le vois alors bien, sur le siège, le grand frisé qui les excite, leur meneur en chef !... Je vois tout le fourbi monumental !... C'est une carapace en fonte... cette fantastique saloperie !... C'est la cloche à Verdunat ! La blindée totale !... Pas d'erreur !... Je l'ai vue cent fois en maquette ! le fameux projet !... Je peux bien la reconnaître ! Avec les hublots lumineux ! faisceaux divergents !... C'est un comble ! Le voilà lui-même, dépoitraillé, Verdunat !... Il surplombe son appareil ! Il est grimpé sur le sommet ! Il vocifère ! Il rassemble les autres paumés ! Il exhorte ! Il va les relancer à la charge !...

Je sais bien, il nous avait prévenus, absolument catégorique qu'il la ferait construire quand même, malgré nos avis ! à ses propres frais !... Avec toutes ses économies !... On voulait pas le prendre au sérieux... C'était pas le premier qui bluffait !... C'étaient des teinturiers à Montrouge de père en fils, les Verdunat !... Il a entraîné la famille !... Ils sont là, tous descendus !... Ils gambadent autour de la cloche !... Ils se lâchent pas... la main dans la main... C'est la farandole... maman, grand-père et petits loupiots... Ils nous apportent leur ustensile... Il nous l'avait bien promis... Et moi qui refusais de le croire !... Ils poussent le monstre depuis Montrouge ! Tout le brelan des dingos ! C'est la sauvage coalition !... Je rafistole tout mon courage... Je peux déjà prévoir le pire !... Ils me reconnaissent... Ils me vitupèrent ! C'est la furie générale !... Ils en ont contre toutes mes tripes !... Ils me glaviotent tous d'en bas... Ils me vomissent ! Je dis :

« Pardon ! Écoutez-moi ! Minute !... » Un silence... « Vous ne comprenez pas très bien !

— Descends par ici ! petit fumier !... Qu'on t'encule une bonne fois pour toutes !... Empalé de mes burnes ! Girouette ! Marcassin ! Raclure ! Où qu'il est ton vieux zigomar ?... Qu'on lui retourne un peu les boyaux !... »

Voilà comment qu'ils m'écoutaient !... C'était pas la peine que j'insiste... Heureusement j'ai pu rebondir !... Je me suis planqué derrière le kiosque... J'ai crié « Au secours ! » alors et de toutes mes forces !... Mais il était déjà trop tard... On m'entendait plus dans le jardin tellement ça bardait... tonnait... fulgurait... Et juste devant notre porte c'était le carnage maximum ! Je les avais comme émoustillés avec mes paroles ! enfuriés encore davantage !... Ils étaient au paroxysme !... Ils détellent donc toutes les bricoles !... Ils sortent du timon... Ils braquent l'infernal engin juste par le travers de l'allée... bout sur la devanture !... Les clameurs redoublent... Les possédés de toutes les Galeries, des pourtours foncent sur la cloche au ralliement... La meute entière s'arc-boute ! « À la une ! À la deusse ! Et yop ! et youp ! Hisse ! » La masse s'ébranle !... Ils la propulsent d'un seul battant !... toute la catapulte dans la vitre... Tout vole en éclats !... La boiserie cède ! crève ! s'éparpille ! Tout a sauté !... Une avalanche de vitrerie !... Le monstre pénètre, force, vacille, écrabouillé ! Le Génitron tout entier s'effondre dans un torrent de gravats !... Notre escalier tire-bouchon, le coin du commanditaire, tout l'entresol tunisien... J'ai le temps de les voir s'écrouler dans une cataracte de paperasses et puis dans l'explosion de poussière !... Un nuage alors gigantesque rebondit, blanchit, remplit d'un coup tous les jardins, les quatre galeries... Ils étouffent la horde !... Ils sont enveloppés dans les plâtres... Ils crachent ! Ils toussent ! Ils suffoquent ! Ils poussent quand même sur leur déluge... la ferraille... les glaces... les plafonds suivent dans la cascade !... La cloche sursaute ! le plancher brise, crevasse, s'entrouvre... Elle balance l'effroyable machine, elle danse au bord du précipice !... Elle incline... Elle bascule au fond... Merde !... C'est la capilotade !... Un tonnerre qui roule jusqu'au ciel !... des cris si stridents... si atroces... figent subito toute la meute !... Tous les jardins sont voilés par la dense poussière... Les agents radinent enfin... Ils cherchent à tâtons le lieu du désastre... Ils se mettent en barrage autour des décombres... Des autres bourres rappliquent au pas de course !... Les émeutiers se disjoignent... s'éparpillent !... devant leur charge... Ils vont repiquer un autre galop dans les pourtours du restaurant... L'émotion les fait grelotter...

Les flics dégagent les curieux aux abords de la catastrophe !... Les mutins, moi je les connais tous !... Je pourrais à présent les donner ! Ça serait bien facile... Je sais, moi, qui qu'est le plus perfide ! le plus vicelard dans la bande ! le plus ardent... le plus fumier ! J'en connais, moi, qui feraient dix berges ! Oui ! Mais je suis pas gras pour les vengeances ! Ça rendrait seulement les choses encore un petit peu plus tartes !... et puis voilà tout... Je veux parer au plus nécessaire !... Je me lance dans la cohue... Je me rapproche des groupes... Je me fais reconnaître par les bourres... « Vous avez vu le patron ? Courtial des Pereires ? » que je demande à tous les échos !...

Personne l'avait vu ! Moi je l'avais quitté à midi !... Un coup je repère le commissaire... C'était celui des Bons-Enfants... Le même exact petit pourri qui nous avait tant tracassés !... Je m'approche... Je lui signale la disparition... Il m'écoute... Il est sceptique... « Vous croyez ? » qu'il me fait... Il est incrédule...

« Mais j'en suis certain ! »... Alors il descend avec moi par les côtés de la crevasse... On va fouiller tous les deux... Je crie !... J'appelle !... « Courtial ! Courtial !... Debout ! debout ! » Nous hurlons ensemble avec les agents... Une fois ! deux fois ! dix fois !... Je repasse au bord de tous les trous !... Je me penche encore sur les abîmes !... « Il est sûrement au bordel ! » qu'il me remarque l'autre, le triste aspic !... On allait abandonner... quand subitement j'entends une voix !

« Ferdinand ! Ferdinand ! T'as pas une échelle ?... »

C'est lui, c'est lui ! Y a pas d'erreur ! Il émerge d'un profond glacis... Il se dépêtre à grands efforts !... Il a la gueule en farine... On lui lance une forte corde... Il s'agrippe... On le hisse ! Il est sorti du cratère !... Il est indemne !... Il nous rassure !... Il a seulement été coincé, surpris, enserré, absolument fermé à bloc entre la cloche et la muraille !... Mais son galure, il le retrouve plus !... Ça l'agace d'abord... Il tempête... Sa redingote a souffert !... Il insiste pas... Il refuse n'importe quel secours... Il refuse d'aller au potard... C'est lui maintenant qui toise les cognes... « J'irai déposer, Messieurs », qu'il leur dit comme ça... Sans demander son reste, il enjambe la balustrade et les poutrelles et les décombres... Nous voilà dehors... « Place !... Place !... » Il écarte la foule !... Sa redingote n'a plus de basques... Il est complètement défroqué... Il est poudreux, il fait pierrot, il perd sa bourre en cavalant... Il se dépêche encore davantage... Il m'entraîne vers la sortie du côté du Louvre... Il me cramponne par la manche. Il a une sacrée tremblote... Il crâne plus du tout...

« Allez ! Allez ! Vinaigre, Ferdinand ! Regarde un peu toi par- derrière ! Personne n'a suivi ?... T'es sûr ? Bagotte, mon fiston !... Jamais on reviendra par ici ! Jamais dans cette turne... C'est un piège infâme ! Ça je peux t'assurer ! La cabale est évidente !... J'écrirai au Propriétaire ! »

* * *

Comme ça une fois notre bureau réduit en petites miettes j'avais plus d'endroit pour coucher... Alors on a décidé d'un commun accord, que je rentrerais à Montretout !... On est repassé par les « Émeutes »... Il pouvait pas prendre le « dur » avec sa redingote en bribes !... Le patron, par gentillesse, lui a prêté un vieux costard. On a discuté un peu avec deux énergumènes... Il avait des trous, Courtial, plein son pantalon... Il a fallu qu'on le recouse... Tout le monde avait vu les bagarres, entendu les cris, l'énorme barouf... tout le monde était passionné !... Même le Naguère, il prenait part... il voulait faire quelque chose, organiser une collecte... J'ai dit qu'on avait pas besoin !... Ça m'aurait fait mal d'accepter !... Que nous avions encore des sous ! Il s'était assez beurré à la santé de notre vieux fias !... Il pouvait se montrer généreux !... Du coup il a réglé les verres, encore une tournée et puis même une autre.

Il faisait plutôt déjà chaud... C'était au mois de juin, à la fin... Avec toute cette terrible poussière, on a fini en discutant, comme ça la gorge bien croustillante, par vider au moins dix, douze litres !... On est repartis en zigzag... Il était tout à fait tard !... Encore bien émus !... À la gare du Nord, on a eu le dernier train de justesse !...

À Montretout, fort heureusement, il faisait une nuit pleine d'étoiles !... et même un petit clair de lune ! On pouvait presque voir le chemin... Cependant, pour pas se foutre dedans, parmi les sentiers de Montretout, surtout à partir des hauteurs, il fallait faire joliment gaffe !... Il était pas encore question ni de réverbères ni de pancartes !... C'était à l'estime, au tact, à l'instinct qu'on se dirigeait... Qu'on se repérait dans les bicoques... Ça pouvait très mal terminer... Y avait toujours au moins comme ça, à la suite de bévues tragiques, presque quatre ou cinq meurtres par an !... Des égarés... des présomptueux, qui se trompaient dans les pavillons !... qui s'aventuraient dans les grilles !... qui sonnaient juste où fallait pas !... Ils se faisaient les pauvres insolites étendre raides d'un grand coup de salve... Au revolver d'ordonnance... à la carabine Lebel... et puis achever en moins de deux par la meute du lotissement... Un ramassis impitoyable des pires carnassiers fous féroces, recrutés rien qu'en clebs bâtards... horriblement agressifs, spécialement dressés dans ce but... Ils se ruaient à l'étripade... Il restait rien du malheureux... Faut dire aussi, pour s'expliquer, que c'était juste au moment des exploits de la bande à Bonnot, qu'ils terrorisaient depuis six mois la région Nord-Ouest, et qu'ils tenaient encore le large !...

Tout le monde était dans les transes ! La méfiance était absolue... On connaissait ni père ni mère, une fois la lourde refermée... Malheur au perdu !...

Le possédant économe, l'épargnant méticuleux, tapi derrière ses persiennes passait sa nuit aux aguets, ne roupillant que d'un œil, les mains crispées sur son arme !...

Le cambrioleur futé, le vagabond torve, aussitôt l'indice... pouvaient s'estimer branchus, occis, trucidés !... Il aurait fallu un miracle pour qu'ils remportent leurs roupignolles !... Une vigilance impeccable !... Une ombre entièrement meurtrière...

Courtial était pas tranquille là, sous la « marquise » de la gare !... Il se représentait le retour... le chemin... les embuscades variées... Il réfléchissait un petit peu !... « En avant ! »... Dès les premiers pas sur la route, il s'est mis à siffler très fort... une sorte de tyrolienne !... C'était l'air du ralliement... Ça devait nous faire reconnaître à travers les passes périlleuses !... Nous nous engagions dans la nuit...

La route devint extrêmement molle, défoncée ! fondante !... On discernait assez vaguement des masses dans les ombres... des autres contours de bicoques... Nous fûmes aboyés, hurlés, vociférés, au passage de chaque barricade... La meute se donnait à pleine rage... Nous marchions le plus vite possible, mais il s'est mis à pleuvoir ! Une immense mélasse ! Le chemin montait tout de travers.

« Nous allons... qu'il m'avertit... à la pointe même de Montretout ! C'est l'endroit le plus élevé... Tu vas voir comme on domine ! »

Leur maison, la « Gavotte », c'est le sommet de la région. Il me l'avait expliqué souvent, ça couronnait tout le paysage !... Il voyait tout Paris de sa chambre... Il commence à s'essouffler !...

Pourtant c'est pas une boue épaisse ! Si c'était l'hiver alors ?... Enfin, plus loin, après le détour, je discerne des signes, la lumière qui bouge... qui s'agite... « C'est ma femme, qu'il s'écrie alors !... Tu vois qu'elle me parle en code : C...H...A...M... Une fois en bas ! Deux fois en haut ! »... Enfin y avait plus d'erreur !... On grimpait quand même toujours... On se dépêchait de plus en plus !... Vannés, soufflotants... Nous arrivons dans son enclos... Notre rombière avec sa lanterne, elle dégringole de son perron... elle se précipite sur le dabe... C'est elle qui va au pétard... elle me laisse pas placer un seul mot... Déjà depuis avant huit heures qu'elle faisait des signes à chaque train !... Elle est parfaitement outrée... Et puis en plus moi qu'étais là ? C'était pas prévu !... Qu'est-ce que je venais faire ?... Elle nous pose des questions pressantes... Elle s'aperçoit tout d'un coup qu'il a changé sa roupane !... On est bien trop fatigués pour se lancer dans les nuances !... Merde alors !... On rentre dans la crèche... On s'assoit dans la première pièce... On lui casse là net tout le morceau ! Elle se gourait bien, évidemment, avec ce retard... d'une tuile d'une certaine importance... Mais alors, comme complète foirade, elle pouvait pas tomber sur pire !... Vlac ! comme ça, en plein dans la gueule !... Elle en restait comme vingt ronds de mou... elle tremblochait de toute la face et même des bacchantes... Elle pouvait plus sortir un son !... Enfin c'est revenu par des pleurs...

« Alors, c'est fini, Courtial ? C'est fini, dis-moi ?... » Elle s'est effondrée sur sa chaise... Je croyais qu'elle allait passer... On était là tous les deux... On s'apprêtait à l'étendre tout du long par terre !... Je me levais pour ouvrir la fenêtre... Mais elle se repique en frénésie !... Elle rejaillit de son siège... Elle vibre de toute la carcasse !... Elle se requinque... C'était passager la détresse ! La revoilà debout ! Elle vacille un peu sur ses bases... Elle se replante de force... Elle fout une grande claque sur la table... Sur la toile cirée...

« Bon sang ! C'est trop fort à la fin ! qu'elle gueule d'un grand coup comme ça...

Trop fort ! Trop fort ! Tu l'as dit !... Il se monte aussi en colère. Elle le trouve tout cabré devant elle... Elle trouve tout de suite à qui causer... Il glousse comme un coq...

Ah ! C'est trop fort !... Ah ! C'est trop fort ?... Moi, mon amie, je regrette rien !... Non ! Non !... Parfaitement !... Absolument rien du tout !...

Ah ! Tu regrettes rien, sacré salopard ?... Ah ? T'es bien content, n'est-ce pas ?... Et le pavillon alors ? T'as pensé aux traites ? C'est samedi qu'ils reviennent, mon garçon !... C'est samedi, pas un jour de plus !... Tu les as, toi, les douze cents francs ?... Tu les as sur toi ?... Ils sont promis, ça tu le sais bien !... Ils sont déjà escomptés !... À midi ils reviennent ! Tu les as sur toi ?... Pas à une heure ! À midi ! Merde ! Merde ! et contre-merde ! à la fin !... Je m'en fous de ton pavillon !... Tu peux en faire des cropinettes !... Les événements me libèrent... Me comprends-tu ?... Dis ma buse ?... Ni amertume ! Ni rancune ! Ni dettes ! Ni protêts !... Je m'en fous ! Tu m'entends bien ? Je chie sur le tout ! Oui !...

Chie ! Chie ! Dettes ! Dettes ! Mais est-ce que t'as le pognon sur toi, dis, mon grand cave ?... Ferdinand, il a six cents points en tout et pour tout ! Je le sais bien quand même !... Vous les avez, Ferdinand ?... Vous les avez pas perdus ? Mais c'est mille deux cents francs qu'ils viendront chercher, c'est pas six !... Tu le sais pas encore ?... Pfoui ! Pfoui ! Jamais un pas en arrière !... La gangrène ! Tu viens défendre la gangrène ?... Amputation !... Me comprends-tu, mortadelle ? Amputation haute ! Tu as donc bu tout le vin blanc ? Je le sens d'ici ! Haute ! L'ail ! oui ! Sauver quoi ? Tiens tu pues de la gueule ! Le moignon pourri ! Les larves ? Les mouches ? Le bubon ! Jamais la viande pustulente ! Jamais une démarche ! Une seule ! Tu m'écoutes ?... Jamais poissarde ! moi vivant !... La défaite ! La palinodie ! La cautèle ! Ah ! non ! l'orteil ! Que je roule aussi la saucisse à ceux qui me poignardent ?... Moi ? Jamais !... Ferdinand ! tu m'entends bien ?... Profite de tout ce que tu vois ! Regarde ! Essaye de comprendre la grandeur, Ferdinand ! Tu n'en verras pas beaucoup !

Mais, ma parole ! C'est toi qu'as bu !... Mais vous avez bu tous les deux !... Ils m'arrivent saouls, ces fumiers !... Ils m'engueulent encore !

La grandeur ! Le détachement, crétine ! Mon départ ! Tu sais ça ?... Tu ne sais rien !... Au loin ! Plus loin !... que je te dis !... Mépris des provocations, les pires ! Les plus écœurantes ! Que peut germer d'indicible dans ses outres immondes ? Hein ? Ces effroyables galeux ?... La mesure de mon essence ? C'est noblesse, Boudin !... Tu m'entends ? Toi qui pues l'acide aliacique ?... Tu vois ça ? dis échalote ? Noblesse ! Tu m'écoutes ? Pour ta " Gavotte " ? Merde ! merde ! merde !... Noblesse ! Lumière ! Inouïe sagesse !... Ah ! Ô ! Délirants lansquenets !... Faquins de tous les pillages !... Ô

Marignan ! Ô ma déroute, petit Ferdinand du malheur !... Je n'en Crois plus ici ni mes yeux ! ni ma propre voix !... Je suis féerique ! Je suis comblé ! Retour des choses !... Moi hier encore au zénith ! Perclus de faveurs ! Moi qu'on adule ! Moi qu'on plagie ! Moi qu'on harcèle ! Qu'on fête alentour divinement ! Que dis-je ? Qu'on prie des quatre coins du monde ! Tu l'as vu ? Tu l'as lu !...

Et puis aujourd'hui ?... Patatrac ! Broum ! ! !... Plus rien ! La foudre est tombée !... Rien !... L'atome, c'est moi !... Mais l'atome Ferdinand, c'est tout !... L'exil Ferdinand !... L'exil ? » Sa voix sombrait dans la tristesse... « Oui ! C'est cela ! Je me découvre ! Le destin m'ouvre les portes ! L'exil ? Soit ! À nous deux !... Depuis trop longtemps, je l'implore ! C'est fait !... Le coup m'atteint ! Transcendant ! Hosanna ! Irrévocable ! Toute la félonie se débusque !... Enfin !... Elle me le devait !... Depuis tant d'années qu'elle me traque ! me mine ! m'épuise ! Compensation !... Elle se montre ! Je la découvre ! Moi je la viole absolument ! Oui ! Forcée, bouillonnante... En pleine place publique !... Quelle vision, Ferdinand !... Quel spectacle ! Je suis comblé mon Irène !... Écumante ! sanglante ! hurleuse ! tu m'entends ?... Nous l'avons vue ce tantôt même assaillir notre fier journal ! Se ruer à l'assaut de l'esprit ! Ferdinand ici m'est témoin ! Blessé ! Meurtri, certes ! Mutilé... Je me contracte ! Je me rassemble ! Je m'arrache à ce cauchemar ! Ah ! l'abominable combat ! Mais la poche a bien crevé ! le fiel a giclé partout ! J'en ai pris, moi, plein les yeux ! Mais l'esprit n'a point souffert. Ô la fière, la pure récompense ! Oh ! Point de compromis surtout ! Vous m'entendez tous ! Que j'aille à présent cajoler mes bourreaux ?... Le fer ! Le fer ! Le feu plutôt !... Tout ! Mais pas ça ! Ah ! Pouah !... Les dieux se concertent ! Soit !... Ils me font l'honneur du plus amer des présents ! Le don ! La haine ! La haine des vautours !... L'exil ?... Le refuserais-je ? Moi ? Ce serait mal m'estimer !... Ils m'éprouvent ? Bien !... » Il en ricanait d'avance !... « Ils m'éprouvent ?... Flatté !... J'en rugirais d'orgueil !... Trop cruel ?... Hum ! Hum ! Nous verrons !... C'est une affaire de Dieux à hommes... Tu veux savoir, Ferdinand, comment je me débrouille ? À ton aise, mon ami ! À ton aise !... Tu ne vas pas t'embêter ! Tiens Ferdinand ! Toi qui bagottes, tu connais bien le Panthéon ?... Dis, pauvre confus ?... Tu n'as rien remarqué ? Tu l'as jamais vu le " Penseur " ? Il est sur son socle... Il est là... Que fait-il ? Hein, Ferdinand ? Il pense mon ami ! Oui ! Ça seulement ! Il pense ! Eh bien ! Ferdinand ! Il est seul !... Voilà ! Moi aussi je suis seul !... Il est nu ! Moi aussi je suis nu !... Que feriez-vous pour moi ? pauvres petits ?... » Il nous prenait en pitié ! tous les deux la grosse mignonne !...

« Rien ! Toi encore !... pauvre gamin éberlué par les endocrines ! navré de croissance ! Invertébré pour tout dire ! Pauvre gastéropode que le moindre songe annihile... Quant à ma pauvre farfadette, que me donnerait-elle ? d'utile ? d'inutile ? Un attendrissant écho de nos années mortes... Preuves ! Épreuves défuntes ! Hivers décatis ! Horreurs !...

Comment tu m'appelles ?... Répète-le un peu !... Dis vite que je t'entende !... » Les derniers mots avaient pas plu... Tu me mets en boîte ? dis, ordure ? »

Elle aimait pas les allusions... Elle le menaçait de la potiche, elle voulait des autres détails... pour ce qu'il venait de prétendre !...

« L'écoutez pas, Ferdinand ! L'écoutez pas !... C'est encore que des autres mensonges ! Il a jamais que ça dans la bouche !... Qu'est-ce que t'as fait dans la cuisine ?... Dis-le-moi là donc tout de suite !... Avec ma guimauve ?... Tu ne sais pas ?... Il m'a volé ça aussi !... Et sur ma toilette ? Le bicarbonate ? Tu ne sais pas non plus ?... T'en as fait aussi un lavement ?... Me dis pas le contraire ! Et l'eau de Vals ? Où c'est que tu l'as mise ?... Il respecte rien ! Je l'avais ramenée tout exprès pour la prendre dimanche !...

Laisse-moi, voyons !... Laisse-moi un peu me recueillir !... Tu m'assailles. Tu m'exaspères ! Tu me harcèles !... Comme tu es obtuse, ma mignonne !... ma bonne... ma douce ! ma chérubine !... »

Elle s'arrache alors son galure, elle se renifle la morve un bon coup, elle tâte le dossier de la grosse chaise, une grosse mastoc, une massive...

« Réponds-moi donc ! qu'elle le somme !... Où que tu l'as mise ma guimauve ?... »

Il peut rien répondre... elle commence à soulever l'objet... elle agrippe les deux montants... Il a bien vu le geste... Il plonge vers la table à ouvrage... Il l'agrafe par-dessous la caisse... Ils ont ce qui faut tous les deux !... Ça va être une explication !... Je me planque dans l'angle de la cheminée... Il parlemente...

« Ma grande chouchoute ! Je t'en prie ! Je t'en supplie, mon cher trésor ! Écoute-moi ! Seulement un mot avant que tu t'emportes davantage !... Écoute-moi ! Ne casse rien !... J'ai tout vendu ! Mon Dieu ! Tout vendu !

Vendu ? Vendu ?... Tout vendu quoi ?...

Mais tout ! Oui ! tout ! Depuis ce matin même ! Je me tue à te dire ! Tout au Crédit Lémenthal !... à M. Rambon ! Tu le connais bien ? Au Contentieux ! Y avait plus autre chose à faire ! C'est fini ! Tout liquidé ! Soldé ! Lavé ! Voilà ! Tu me comprends ? T'as compris maintenant, ma langouste ? Ça coupe la chique hein ? Ça te calme pas ? Demain que je te dis !... Demain matin qu'ils viendront !... Demain ? Demain ? Demain matin ?... » Elle faisait l'écho... C'était dans un rêve encore !...

« Oui, demain ! J'ai fait le nécessaire ! T'as plus qu'à signer la créance !

Ah ! vache ! de saligaud de vache ! Ah ! Il m'étripe, le voyou ! Jamais j'aurais cru possible !... Et moi, empotée !... »

Elle laisse alors retomber la chaise, elle s'affale dessus, elle reste là bras ballants parfaitement sonnée... Elle renifle et c'est tout !... Elle est pas vraiment la plus forte... Il est parvenu à ses fins !... Elle le regarde à travers la table, de l'autre côté de la cambuse, son gniard atroce, comme on regarde la pieuvre dégueulasse, l'exorbitant monstre, à travers la vitre d'aquarium... L'énorme cauchemar d'un autre monde !... Elle pouvait pas en croire ses yeux... Vraiment elle y pouvait plus rien. C'était plus la peine d'essayer !... Elle renonçait, complètement battue !... Elle se laissait aller au chagrin... Elle sanglotait si violemment contre son buffet, elle cognait si fort de la tête... que la vaisselle se débinait, cascadant par terre... Lui, s'arrêtait pas pour si peu !... Il exploitait son avantage... Il renforçait sa position...

« Alors, Ferdinand ! Hein ? Tu vois ? tu conçois peut-être ?... T'arrives à te représenter l'intrépidité passionnelle ?... Tu saisis ? Ah ! ma décision vient de loin... et sagement, nom de Dieu, mûrie... Des exemples ? Des Émules ? Nous en avons, Madame, combien ? Mais des bottes ! Et des plus illustres ! Marc-Aurèle ? Parfaitement ! Que fait-il, lui, ce dabe ? En des conjonctures fort semblables ? Harassé ! honni ! traqué ! Succombant presque sous le fatras des complots... les plus abjects... Les perfidies... les pires assassines !... Que faisait-il dans ces cas-là ?... Il se retirait, Ferdinand !... Il abandonnait aux chacals les marches du Forum ! Oui ! C'est à la solitude ! à l'exil ! qu'il allait demander son baume ! La nouvelle vaillance !... Oui !... Il s'interrogeait lui seul !... Nul autre !... Il ne recherchait point les suffrages des chiens enragés !... Non ! Pffou !... Ah ! l'effarante palinodie !... Et le pur Vergniaud ? L'ineffable ? À l'heure du carnage, quand les vautours se rassemblent sur le charnier ? Que l'odeur en monte toute fadasse ?... Que fait-il, lui, le pur des purs ?... Le cerveau même de la sagesse ?... En ces minutes saccagées où tout mensonge vaut une vie ?... Va-t-il se reprendre en paroles ? Renier ? Mâcher l'immondice ?... Non ! Il gravit seul son calvaire !... Seul il domine !... Il se détache !... Il prélude seul au grand silence !... Il se tait ! Voilà Ferdinand ! Je me tais aussi, Nom de Dieu !... »

Des Pereires, qui n'était pas tellement grand, il se redressait dans la piaule pour mieux m'exhorter... Mais il était coincé quand même entre le poêle et le gros buffet... Il avait pas beaucoup de place... Il nous regarde là tous les deux... Il nous regarde encore... Une idée lui germe !...

« Vous voulez pas, qu'il dit... sortir ?... Faire un petit tour ?... Je veux rester seul !... Rien qu'une minute !... Je veux arranger quelque chose ! De grâce ! de grâce ! une seconde !... »

C'était salement saugrenu comme proposition, à l'heure qu'on était surtout ! La daronne ainsi sur le seuil, toute ratatinée dans son châle, elle faisait vilain !

« Tu nous fous dehors alors ?... Mais t'es devenu complètement bringue !

Laissez-moi au moins dix minutes !... Je vous en demande pas davantage ! C'est indispensable ! Impérieux ! Irrémissible ! C'est un petit service !... Laissez-moi une seconde tranquille ! Une seconde vraiment tout seul !... Vous voulez pas ? C'est pas compliqué... Allez vous promener dans le jardin ! Il fait bien meilleur que dedans !... Allez ! Allez ! Je vous ferai signe ! Vous comprenez pas ?... »

Il insistait absolument. Il avait plus sa grande cave comme au Génitron pour réfléchir à sa guise !... Il avait que les trois petites pièces pour déambuler... Entêtés, butés, raisonneurs, je voyais qu'ils allaient se prendre aux tifs !... si je l'emmenais pas, la daronne... C'était elle la plus râleuse... Je l'entraîne donc vers le couloir...

« On reviendra dans cinq minutes !... que je lui fais comme ça... Laissez-moi faire !... Laissez-le tranquille... Il est emmerdant... Vous, d'abord, il faut que je vous cause... »

Elle a voulu reprendre sa lanterne... C'était pas un moment commode pour entreprendre des promenades !... Il faisait tout de même un peu frais ! Je peux dire qu'elle était en rage... Elle en avait gros sur la pomme... Elle arrêtait plus de glapir.

« Il m'a fait ça, le pourceau ! le satyre ! la finie canaille ! À moi, Ferdinand !... À moi !... »

Elle s'agitait le long de la barrière... Elle trébuchait un petit peu en avant avec son lampion... Elle marmonnait toutes les injures... On est passé devant des châssis... Là, elle a voulu qu'on s'arrête... Tout en chialant, reniflant, il a fallu qu'elle me montre... qu'elle soulève les grands palans... que je voye bien les pousses... les petits brins... la fine nature du terreau...

« Tout ça, Ferdinand ! Tout ça ! vous m'entendez ? C'est moi qui les ai plantés... Moi toute seule !... Ça, c'est pas lui ! Ah ! non ! bien sûr ! »... Il fallait que je regarde encore... Et les petits navets... Et les petites limaces !... La soucoupe pour le potiron... Elle soulevait tous les couvercles... tous les cadres... Et y en avait des chicorées !... On a fait le tour de chaque rectangle... À la fin, elle en pouvait plus... Elle me racontait, au fur et à mesure, combien elle avait du mal pendant les sécheresses ! C'est elle qui pompait aussi, qui portait les brocs... de là-bas... du robinet... au bout des allées... Son chagrin lui coupait la chique... Elle s'est assise, elle s'est relevée... Il a fallu que j'aille me rendre compte du grand tonneau pour l'eau des pluies... qu'il était pas suffisant...

« Ah ! C'est vrai !... qu'elle ressaute après ça... Vous connaissez pas son système !... Ah ! C'est pourtant bien coquet ! Sa belle invention ?... Vous connaissez donc pas du tout ?... Ça, pourtant, c'est une engeance ! Ah ! Il a jamais fait mieux ! Et je me suis pourtant opposée ! Ça vous pouvez croire ! Ah ! là ! là ! Ce que j'y ai pas dit ! Comment que je me suis gendarmée !... Rien à faire ! Absolument ! Buté comme trente-six mille mules !

Il m'a foutu sur la gueule ! Mais, moi, je l'ai pas caressé ! Ça vous pouvez croire ! Et pour arriver à quoi ? À ce qu'il me démolisse tout le bon côté de la palissade !... Et encore dix-huit rangs de carottes ! Simplement dix-huit !... Vingt-quatre artichauts !... Pour trafiquer quoi ? Un hangar !... Et faut voir dans quel état !... Un cochon retrouverait pas ses œufs !... Une vraie poubelle que je vous dis ! Une fosse vidangère ! Voilà ce qu'il m'a fait dans mon coin !... »

On est partis de ce côté-là, elle me guidait avec sa lumière...

C'était une petite cahute en réalité... Comme renfermée sous la terre... presque complètement enfouie... juste le toit qui émergeait... Dedans j'ai biglé sous les bâches... tout des détritus !... rien que des instruments déglingués... Tout ça en complète valdraque... et puis une grosse dynamo, complètement farcie, rouillée... un réservoir à l'envers... un volant tordu... et puis un moteur d'un cylindre... C'était ça l'invention de Courtial... J'étais un petit peu au courant... Le « Générateur des Ondes » !... Ça devait faire pousser les plantes... C'était une idée... Dans les séries du Génitron nous possédions à ce propos un entier numéro spécial sur « L'avenir de l'Agriculture par le Radiotellurisme »... Et puis encore trois manuels et toute une ribambelle d'articles (avec quatre-vingts figures)... pour la manière de s'en servir... Il avait au surplus donné deux conférences au Perreux, une à Juvisy pour convaincre les petits producteurs... Mais ça les avait pas secoués... Et pourtant, selon des Pereires, à l'aide du « polarimètre », c'était qu'un jeu de diriger sur les racines de tel légume ou de telle plante ces faisceaux d'induits Telluriques, hormis cela ridiculement éparpillés, dispersés, complètement perdus pour tout le monde !... « Je vous apporte, qu'il leur disait, mon arrosage sub-racinal, infiniment plus utile encore que n'importe quelle flotte ! L'averse électrique ! La Providence du haricot ! » Toujours d'après ses données, avec un peu d'appareillage, c'était plus qu'une rigolade de faire gonfler un salsifis au gabarit d'un gros navet... Toutes les gammes fécondes du magnétisme infra- terrestre, à la disposition parfaite !... Croissance de tous les légumes selon les besoins de chacun ! En saison ! Hors saison !... C'était beau quand même !...

Tracassé, malheureusement, par tant de soucis journaliers, les anicroches continuelles, tous les pépins du Génitron, il avait pas pu bien finir la mise au point du système... Surtout ses condensateurs... Ils marchaient pas synchroniques... c'était une question de surveillance... Il pouvait guère les faire tourner que deux ou trois heures le dimanche. Comme ondes c'était insuffisant... Mais, pendant les jours de la semaine, il avait d'autres chats à fouetter ! Il avait assez du cancan et des différents concours !... Elle y croyait pas du tout, Mme des Pereires, à ce bastringue tellurique... « Je lui ai répété bien des fois... mais, que je serine, que je chante, que je flûte ! n'est-ce pas, c'est pareil au même ?... " Il marchera jamais ton bazar ! C'est pas Dieu possible ! Ça va être encore une sottise !... Tu vas défoncer la maison avec tes tranchées ! C'est tout ce qu'on aura comme légumes ! Les courants d'électricité ? puisque c'est ça que tu veux avoir !... Ils restent pas dans la terre ! Ils vont en l'air petit idiot !... C'est bien connu ! À preuve les orages ! Y a qu'à regarder sur les routes !... Ils dépenseraient pas tant d'argent pour mettre leurs fils téléphoniques ! Et alors les paratonnerres ? L'État est pas fou quand même ! Si ils pouvaient s'épargner, eh bien ! ils feraient pas tant de travaux !... " J'aurais dit n'importe quoi pour qu'il me défonce pas le potager !... " Tu déconnes ! Tu déconnes ! " Il me répond jamais que des injures aussitôt qu'il voit que j'ai raison !... Il s'obstine !... qu'il s'en ferait plutôt éclater !... Ah ! je le connais moi le bonhomme !... Prétentieux ? Orgueilleux ? Lui ? Un paon mais c'est rien !... Écoutant jamais que les bêtises !... Ah ! c'est un joli cadeau ! depuis vingt-huit ans que je l'endure ! Ah ! Je suis servie !... Toute la bile que je peux y mettre... et quand même ça sert de rien !... Il va nous vendre !... Il nous solde ! Positivement !... Il vendrait sa chemise ! Il vendrait la vôtre, Ferdinand ! Il vend tout !... Quand la folie le prend de changer !... c'est plus un homme, c'est un vrai tambour de sottises ! c'est les foires qui l'ont perdu ! Plus il vieillit, plus il se dérange ! Plus il se fêle !... Moi je m'en aperçois ! Je suis pas dupe ! C'est un Infernal ! Ferdinand !... C'est pas une maladie son cas ! C'est une catastrophe ! Mais moi je peux plus le suivre !... Plus du tout !... Je lui ai dit dans les débuts quand il a parlé de son système... " Tu t'occupes toujours de choses, Courtial ! qui te regardent pas !... L'agriculture t'y connais rien !... Pas plus que sur les ascenseurs ou les fabriques de pianos !... " Mais il veut toujours tout savoir ! C'est son vice à lui, ça d'abord... Tout connaître ! Foutre son nez dans toutes les fentes ! C'est le " touche-à-tout " véritable ! Sa perte, c'est la prétention !... Un jour, il revient, c'est la chimie !... Le lendemain, c'est les machines à coudre !... Après-demain, ce sera la betterave ! Toujours quelque chose de plus neuf !... Bien sûr qu'il arrive à rien !... Son genre à lui, c'est les ballons ! Moi je n'en ai jamais démordu ! J'ai jamais arrêté de lui dire : " Courtial ! ton sphérique ! Courtial ! ton sphérique ! C'est la seule chose que tu saches faire ! Ailleurs tu prendras que des gadins ! C'est pas la peine que tu insistes ! Ton blot, c'est les ascensions ! Y a que ça qui pourra nous sortir ! Si tu t'acharnes dans les autres trucs, tu te casseras la gueule ! Nous finirons à Melun ! On fera des fleurs en papier ! " Je lui ai mille fois dit, prédit, ressassé ! Mais va te faire coller, vieille tartine ! Le Ballon ? Il voulait même plus que j'en cause tellement qu'il est enfoiré quand il a sa tête de cochon ! On peut pas me dire le contraire ! C'est moi qui supporte ! Monsieur était " écrivain "... Je comprenais rien aux choses ! Il est " savant ", il est " apôtre " ! Il est je sais quoi ! Un vrai " jean-foutre " en personne !... Un vrai pillard ! Polichinelle ! Sale raclure !... Sauteur !... Un clochard, moi je vous le dis ! Sans conscience ni maille ! Une vraie cloche pleine de morbaques, voilà ce qu'il mérite ! Et puis il l'aura ! Voilà la vraie fin pour tout ça ! Oui ! Voilà comment qu'il est devenu !... Il foire partout ! Il sait plus même où mettre la tête !... Il croit que je m'en rends pas compte !... Il a beau baver des heures ! Moi, je m'étourdis pas ! Je sais quand même à quoi m'en tenir !... Mais ça va pas se passer tout seul !... Ah ! mais non ! Faudrait pas qu'il se goure ! Ah ! minute ! minute ! Ah ! mais je suis pas bonne !... »

Elle revenait à son idée fixe !... Elle a reparlé du Zélé... Des premiers temps de son mariage... Des sorties avec le sphérique... Déjà il était pas facile à gonfler à bloc... Ils avaient jamais assez de gaz... C'était une enveloppe fragile et pas très imperméable... Enfin quand même ils étaient jeunes et c'était la belle époque... Elle faisait les ascensions le dimanche avec des Pereires... Dans la semaine, elle était sage-femme... Elle posait aussi des ventouses, des scarifiées... les petits soins... Elle avait bien connu Pinard qu'avait accouché la Tzarine... À en parler elle s'excitait... c'était un accoucheur mondial... Moi je trouvais qu'il faisait frisquet entre les carrés potagers... C'était déjà tout bleuâtre le ciel et les alentours... Je grelottais en piétinant, en battant la semelle... On remontait la petite allée pour la centième fois !... On la redescendait encore... Elle me reparlait des hypothèques !... C'était de la meulière leur guitoune... Ça devait encore coûter pas mal !... Si je croyais que c'était exact qu'il avait vraiment tout soldé ?... Moi je pouvais pas tout connaître... Il était secret et sournois ! Moi je le connaissais même pas ce M. Rambon !... Je l'avais jamais vu... Et le Crédit Lémenthal ? Je savais pas non plus !... En somme je savais rien du tout !...

Comme ça, en regardant au loin, on commençait à deviner la forme des autres boîtes... Et puis après le grand terrain vague... les hautes cheminées... la fabrique d'Arcueil... celle qui sentait fort la cannelle par-dessus la vigne et l'étang. On voyait maintenant les villas tout alentour... et tous les calibres !... Les coloris peu à peu... comme une vraie bagarre... qu'elles s'attaqueraient dans les champs, en fantasia, toutes les mochetées !... Les rocailleuses, les raplaties, les arrogantes, les bancroches... Elles carambolent les mal finies !... les pâles ! les minces ! les fondantes... Celles qui vacillent après la charpente !... C'est un massacre en jaune, en brique, en mi- pisseux... Y en a pas une qui tient en l'air !... C'est tout du joujou dans la merde !...

Dans l'enclos, juste à côté, y avait un vrai petit monument, une église en réduction, en bois découpé, une espèce de Notre- Dame, une fantaisie d'ébéniste !... Dedans, il élevait des lapins... Elle causait, jactait encore, elle m'expliquait tout, la daronne !... À la fin, elle l'avait sec... elle trouvait plus le fil de rien... elle en a eu marre... Ça faisait au moins deux bonnes heures complètes qu'on était dehors dans la bise !...

« Ça suffit ! Il se fout de notre fiole... Il nous fait quand même assez chier avec ses grimaces !... Je vais le sortir aussi, moi, tiens... Je vais l'assaisonner ce sale voyou !... Venez par ici, Ferdinand ! Par la porte de la cuisine ! Il abuse ce sale pantin... Quand j'aurai une pleurésie !... » Elle grimpe dare-dare jusqu'au perron... Au moment qu'elle ouvre la porte, le voilà juste le des Pereires, il débouche... il surgit de l'ombre... Il venait justement nous chercher... Il était drôlement attifé... Il s'était entièrement revêtu avec le grand tapis de table !... Il se l'était passé en pèlerine avec un trou pour la tête et refermé avec des « nourrices » et puis une grosse corde en ceinture... Il descend comme ça les cinq marches, il me saisit le bras au passage... Il a l'air absorbé à fond... tout possédé par quelque chose... Il m'entraîne au bout du jardin, là-bas sur le dernier carré de châssis... Il se baisse, il arrache un radis, il me le montre, il me le met sous le pif...

« Tu vois ?... qu'il me fait... Regarde-le bien !... Tu le vois ?... Tu vois sa grosseur ?... Et ce poireau ? Tu le vois aussi ? Et puis encore, dis, cet autre ?... »

Un drôle de légume d'ailleurs que je reconnais pas...

« Le vois-tu ?...

Oui ! Oui ! que je réponds.

Viens alors par ici ! Vite ! Vite ! » Il me traîne vers l'autre bout du jardin... Il s'incline, il se met à genoux, il rampe, il passe le bras tout entier à travers la palissade... Il souffle... Il trifouille chez le mec à côté... Il arrache encore un radis... Il me le ramène... Il me le présente... Il veut que je compare... Il triomphe !... Celui-là de chez le voisin, il est vraiment tout petit... absolument minuscule... Il existe à peine... Et pâle ! Il me les met tous les deux sous le nez... le sien et le rabougri...

« Compare, Ferdinand ! Compare !... Compare ! Je ne t'influence pas ! Conclus par toi- même !... Je ne sais pas ce qu'elle a pu te dire Mme des Pereires ! mais regarde un peu !... Examine ! Soupèse !... Ne te laisse en rien troubler !... Le gros : Le mien ! Avec tellurie ! Regarde ! Le sien ! Sans tellurie ! Infime ! Compare ! Voilà ! Je n'ajoute rien ! Pourquoi te brouiller... Conclusions seulement !... Conclusions !... Ce qu'on peut faire !... Ce qu'on doit faire !... " Avec " !... Et moi je ne possède ici, notons-le très précisément, dans ce champ extrêmement hostile par sa contexture, qu'un simple auxiliaire tellurique !... Auxiliaire ! Je te le répète !... Pas le grand modèle "Tourbillon" !... Ajoutons bien entendu... Conditions très essentielles ! Toutes les racines doivent être portantes ! Ah ! oui ! portantes ! Et sur terrain « ferro-calcique !... » et si possible magnésie... Sans ça rien à faire !... Juge donc par toi- même... Tu me comprends ? Non ?... Tu ne comprends pas ? Tu es comme elle !... Tu ne comprends rien !... Mais oui ! Mais oui ! exactement ! Des aveugles ! Et le gros radis cependant ! Tu le vois tout de même ? Là dans ta paume ? Et le petit, tu le vois bien aussi ? Le chétif ! l'infime !... Cet avorton de radis ?... C'est pourtant bien simple un radis ?... Non, c'est pas simple ? Tiens, tu me désarmes !... Et un radis très gros, Ferdinand ?... Suppose un énorme radis !... Tiens, gros comme ta tête !... Suppose que je le gonfle ainsi, à coups de bouffées telluriques, moi ! ce tout petit radicule !... Alors ? Hein ? Comme un vrai ballon !... Ah ? et que j'en fasse comme ça cent mille !... des radis ! Toujours des radis ! De plus en plus volumineux... Chaque année à volonté !... Cinq cent mille !... D'énormes radis ! des poires !... Des vrais potirons de radis !... Ah ! comme ils en auraient jamais vu !... Mais je supprime d'un seul coup tous les petits radis ! J'épure le marché ! Je truste ! J'accapare ! Finie ! Impossible ! Toute cette broutille végétale ! Ces brimborions ! Ce sale fretin potager. Terminées les bottes minuscules ! Ces expéditions mineures !... Les conservations par miracle !... Gaspillages ! mon ami ! Désuétudes !... Coulages !... Honteux !... Je veux des radis immenses ! Voilà la formule ! L'avenir appartient au radis ! Le mien !... Et qui m'empêchera ?... La vente ? Le monde entier !... Est-il nutritif mon radis ! Phénoménal !... De la farine de radis cinquante pour cent plus riche que l'autre... " le pain radineux " pour la troupe !... Bien supérieur à tous les froments d'Australie !... J'ai les analyses !... Alors tu y penses ? Ça s'éclaire ? Ça ne te dit rien ? À elle non plus !... Mais moi !... Si je m'adonne au radis... pour prendre le radis comme exemple ! J'aurais pu choisir le navet !... Mais prenons le radis !... La surprise sera plus vive ! Ah ! Alors ! Je m'en occupe !... À fond désormais !... À fond ! tu m'entends... Tu vois d'ici ?... »

Il m'agrippe toujours, il m'entraîne vers la perspective... vers le côté Sud... De là, c'est exact... on aperçoit tout Paris !... C'est comme une bête immense la ville, c'est écrasé dans l'horizon... C'est noir, c'est gris... ça change... ça fume... ça fait un bruit triste, ça gronde tout doucement... ça fait comme une carapace... des crans, des trous, des épines qui raccrochent le ciel... Il s'en fout, des Pereires, il cause... Il interpelle le décor... Il se redresse contre la balustrade... Il fait la voix grave... Ça porte là-bas... ça s'amplifie au-dessus des carrières d'éboulements...

« Regarde, Ferdinand ! Regarde !... » Je m'écarquille encore un coup... Je fais un effort suprême... Je suis vraiment bien fatigué... Je voudrais pas qu'il remette tout ça...

« Plus loin, Ferdinand ! Plus loin !... La vois-tu à présent la ville ? Au bout ! Tu vois Paris ? La capitale ?...

Oui ! Oui !... Oui !... C'est bien exact !...

Ils mangent, n'est-ce pas ?...

Oui, monsieur Courtial !...

Tous les jours, n'est-ce pas ?...

Oui ! Oui !... Oui !...

Eh bien !... Écoute-moi encore !... »

Silence... Il brasse l'air magnifiquement... Il se déploie... Il débride un peu sa houppelande... Il a des gestes pas ordinaires... Il va relancer des défis ?... Il ricane d'avance... Il est sardonique... Il repousse... éloigne... une vision... un fantôme... Il se tapote le ciboulot... Ah ! là oui ! bon Dieu ! Par exemple ! Il s'était trompé ! Ah ! mégarde ! Et depuis longtemps ! Ah ! Erreur n'est pas compte !... Il m'interroge... Il m'interpelle !...

« Dis donc, ils mangent, Ferdinand !... Ils mangent ! Oui voilà ! Ils mangent !... Et moi, pauvre fou ! Où étais-je ?... Ô futile vaillance ! Je suis puni ! Touché !... Je saigne ! C'est bien fait ! Oublier ? Moi ?... Ah ! Ah ! Ah ! Je vais les prendre pour ce qu'ils sont !... Où ils sont ! Dans leur ventre, Ferdinand ! Pas dans leur tête ! Dans leur ventre ! Des clients pour leurs ventres ! Je m'adresse au ventre, Ferdinand !... »

Il s'adresse à la ville aussi... Tout entière ! Là-bas qui gronde dans la brume...

« Siffle ! Siffle, ma garce ! Râle ! et Rugis ! Grogne ! je t'entends !... Des goinfres !... Des gouffres !... Ça va changer, Ferdinand !... Des goinfres ! je te dis !... »

Il se rassure. C'est la confiance ! Il me sourit !... Il se sourit...

« Ah ! C'est bien fini ! Ça je te jure !... Ah ça ! tu peux me croire ! Tu peux servir de témoin ! Tu peux le dire à la patronne ! Ah ! La pauvre choute ! Ah ! C'est terminé nos misères ! Ah ! J'ai compris ! C'est entendu ! L'esprit souffre !... On le bafoue ! On me pourchasse ! On me glaviote ! En plein Paris ! Bien ! Bon ! Soit ! Qu'ils aillent tous se faire pustuler !... Que la lèpre les dissèque ! Qu'ils fricassent en cent mille cuves remplies de morves et cancrelats ! J'irai les touiller moi-même ! Qu'ils macèrent ! Qu'ils tourbillonnent sous les gangrènes ! C'est pain bénit pour ces purulents ! S'ils veulent m'avoir, je n'y suis plus !... Assez par l'esprit ! Funérailles !... Aux tripes, Ferdinand !... Aux ferments coliques ! Ouah ! À la bouse ! Oh ! patauger ! Pouh ! Mais c'est la noce ! Défi ? Me voici ! De quelles semences je me chauffe ? Courtial ! Lauréat du Prix Popincourt ! Nicham et tous autres ! mille sept cent vingt-deux ascensions !... De radis ! Par les radis ! Oui ! Je te montrerai ! Toi aussi tu me verras ! Ô Zénith ! Ô mon Irène ! Ô ma terrible jalouse !... Pas une heure à perdre !... Il examinait un peu.

« Dans ces graviers d'alluvions... Ce terreau sableux ? Jamais ! Ici ? Pouah ! Mes preuves sont faites ! Petite culture ! Ça suffit !... Pas de temps à perdre ! » Il repiquait en ricanements à la simple supposition !... C'était trop drôle !...

« Oh ! là là ! Ôtez-moi tout ça !... » Il balayait la pauvre cambuse...

« À la campagne ! Ah ! là ! Oui ! À la campagne ? Ah ! Là j'en suis ! L'espace ? La forêt ?... Présent !... Des élevages ?... Mamelles ! Foin ! Volailles ! Soit !... Et tu peux me croire, du radis !... Regarde-moi bien !... Et alors avec toutes les ondes !... Toutes tu m'entends !... Des vraies ondes !... Tu verras tout ça, Ferdinand ! Tout ! Toute la sauce !... des orgies d'ondes !... »

La daronne elle tenait plus debout sur ses pattes. Elle s'était arc-boutée contre la palissade... Elle ronflait un peu... Je l'ai secouée pour qu'elle rentre aussi...

« Je vais vous faire un peu de café !... Je crois qu'il en reste !... » Voilà ce qu'elle a dit... mais on a eu beau chercher... il avait tout bu la vache !... Et puis tout bouffé les restants... Y avait plus rien dans le placard... Pas une miette de pain ! Un camembert presque entier ! Et pendant qu'on crevait nous autres !... Même le fond des haricots, il l'avait fini !... Merde ! Là du coup je l'avais mauvaise !...

On a gueulé pour qu'il rentre... « Je vais au télégraphe ! qu'il répondait de loin... Je vais au télégraphe !... » Il était déjà sur la route... Il était pas fou.

* * *

Toute la journée on a pioncé... C'est le lendemain qu'on devait déguerpir !... C'était absolument exact qu'il avait soldé la bicoque ! et en plus une partie des meubles... Tout ça dans le même prix... L'entrepreneur qui la rachetait il avait versé par surcroît une petite avance pour qu'on se barre plus vite... Il fallait voir sa pétoche qu'on la lui détruise sa cambuse avant de s'en aller !...

Le jour même, ce midi-là, pendant qu'on bouffait, il faisait les cent pas devant notre grille. On voulait pas le laisser rentrer. On l'avait déjà viré à plusieurs reprises... Il devait nous laisser finir... Merde ! Il tenait plus en place, cet affreux ! Il était terrible à regarder... Il était tellement excédé qu'il attrapait tout son galure, il croquait les rebords... Il les arrachait... Il repartait en bagotte, les mains crispées derrière son dos... Voûté, sourcilleux. Il allait, venait, comme bête en cage ! Et c'est lui pourtant qu'était sur la route ! La route est large !... En plus, toutes les cinq minutes, il nous criait un bon coup à travers la porte : « Esquintez surtout pas mes gogs ! J'ai vu la cuvette !

Elle était intacte ! Faites attention à mon évier ! Ça coûte deux cents francs pour un neuf !... »

Un moment, il en pouvait plus !... Il entrait quand même dans le jardin. Il faisait trois pas dans l'allée... On descendait tous au pas de charge... On le refoulait encore dehors... Il avait pas le droit ! Courtial en était outré de ce culot monstre !...

« Vous ne prendrez possession qu'à six heures du soir ! Au crépuscule ! cher Monsieur, au crépuscule !... Ce fut nettement spécifié dans nos conditions... » Y avait de quoi perdre toute mesure !...

L'autre il retournait en faction. Il ronchonnait de plus en plus. Au point qu'on a fermé la fenêtre pour pouvoir mieux discuter de nos affaires entre nous... Comment qu'on allait se trisser ?... De quel côté ? plutôt qu'un autre ? Combien il restait comme pognon ? Celui à Courtial ? et le mien ?...

Des Pereires, avec son plan d'agriculture, sa mécanique radio-terrestre, ça devait nous coûter des sommes folles ! Il jurait que ça serait pas très cher... Enfin, c'était une aventure... Il fallait qu'on le croie sur parole... Il avait déjà un endroit pour cette tentative... À la lisière de Seine-et-Oise... Un petit peu vers le Beauvaisis... Une occasion admirable. D'après lui toujours... une ferme qu'on nous laisserait pour rien... D'ailleurs, c'était presque entendu avec son agence... Le voyou, il nous enveloppait ! On était fait dans son business !... Il avait télégraphié... Il nous a sorti une annonce, d'une feuille L'Écho du Terroir. Il se régalait de voir notre tronche en écoutant ça... La grosse mignonne et moi-même on faisait pas beau...

« Terrain de plusieurs tenants, exposé au Sud. Culture maraîchère préférable mais non imposée... Bâtiments parfait entretien... etc... »

« Du cran ! Du cran ! Palsambleu ! Qu'est-ce que vous vouliez que je découvre ? Un chalet au Bois de Boulogne ?... à Bagatelle ?... Il fallait me prévenir !... C'était pourtant un chopin ! » À la page des « Propriétés »... Il se régalait des perspectives... Il savait lire entre les lignes... C'était maintenant ou jamais !...

Notre acquéreur du pavillon, à mesure qu'on déjeunait, il augmentait son raffut, crispé sur la grille... Il nous faisait vraiment pitié avec ses yeux hors de la tête... Ils lui retombaient sur les joues. Il avait tellement hurlé qu'il pouvait plus refermer la bouche... Il lui venait maintenant plein de bulles... Il tiendrait pas jusqu'à six heures !... C'était atroce sa convoitise !... « Pitié ! Pitié ! » qu'il suppliait...

Il a fallu que Courtial précipite un peu le fromage, qu'il fasse un saut au télégraphe pour confirmer son « option ». On a laissé rentrer le client. Il léchait les marches du perron, le malheureux, de reconnaissance !...

Avec Mme des Pereires, on s'est mis nous deux aux bagages... Au rassemblement de toutes les nippes, des casseroles et des matelas... Tout ce qui n'était pas vendu !... Ce qu'on emportait dans l'aventure !... En plus, moi, je devais encore, à la faveur des ténèbres, pousser une reconnaissance jusqu'aux Arcades Montpensier... Je devais me rendre compte là-bas, sur place, si vraiment je pouvais rien sauver ?... Si je trouverais pas un moyen de repêcher notre « Polycopie » la si neuve machine, notre fierté ! si belle, si indispensable... Et le petit fourneau « Mirmidor » ? qui marchait à l'huile ?... et peut-être aussi en même temps trois ou quatre « grosses » de vieilles brochures ?... Surtout les cosmogonies qu'étaient sur « Alfa » ! auxquelles il tenait tant Courtial... Ils avaient peut-être pas eu, les brutes, l'occasion, le temps, de tout détruire ? De tout foutre en bombe ?... Peut-être qu'il en restait un peu sous les détritus ?... Et l'altimètre miniature ?... Un cadeau de l'Amérique du Sud !... Courtial en aurait du chagrin qu'il soye pas sauvé du sinistre !... Enfin ! Je ferais la tentative !... C'était entendu comme ça !... Seulement, ce qu'était beaucoup moins drôle, c'est qu'elle prétendait venir aussi !... Elle avait pas tellement confiance ! Elle voulait se rendre compte par elle-même !... Question de récupérer, elle voulait pas me laisser tout seul !... « J'irai avec vous, Ferdinand ! J'irai avec vous !... » Elle avait pas vu tout le désastre de ses propres yeux !... Elle conservait quelques espoirs !... Elle croyait peut-être qu'on la charriait...

Courtial est revenu de la Poste. On est passés dans la chambre avec Mme des Pereires pour vider les derniers placards... Lui c'était bien à son tour à se débattre avec l'autre enflure... qu'arrêtait pas de protester qu'on violait les conditions !... Il a fallu qu'on se bute presque pour pouvoir reprendre nos fringues et quelques serviettes en plus... Ça lui avait redonné du sang d'être rentré en possession. On l'a refoutu encore dehors, pour lui apprendre les bonnes manières ! Il s'est mis alors, cet affreux, à tirer tellement sur les barres, qu'il a retourné toute la grille... Il s'est coincé dedans... Il était pris comme un rat !... Jamais j'avais vu chez un homme des contorsions aussi atroces ! C'était un acquéreur terrible !... Il s'est même pas aperçu, tellement il était disloqué, qu'on se débinait la vieille et moi... On a pris un train omnibus...

En arrivant à Paris, il était déjà fort tard... On s'est dépêchés... Dans les Galeries du Palais nous n'avons rencontré personne... Toutes les boutiques des voisins elles étaient bouclées... La nôtre c'était plus qu'un trou... une béance énorme... Un gouffre avec des grandes poutres branlantes au travers... La vieille alors elle se rendait compte que c'était une vraie catastrophe !... Qu'il restait rien du Génitron ! Que c'était pas une rigolade !... Rien plus qu'un sale fatras infect... En se penchant tout au-dessus du trou, on gafait bien les détritus... On arrivait même à reconnaître des grands morceaux de notre Alcazar !... Le Coin du Commanditaire !... en dessous de l'énorme avalanche, du torrent des cartonneries, des ordures !... Et puis aussi y avait la cloche, la monstrueuse ! La catapulte ! Elle avait sombré tout de traviole... entre la charpente et la cave... Elle bouchait même toute la crevasse !... La mère Courtial en regardant ça elle a voulu tâter quand même, descendre par en dessous... Elle était bien convaincue qu'elle trouverait quelque chose à sauver... Je l'ai bien prévenue ce qu'elle risquait comme ça... en touchant... de faire chavirer tout le décombre !... que le tout lui écrase la gueule !... Elle a insisté... Elle s'est lancée en équilibre sur la solive en suspens... Je lui tenais, moi, la main... d'en haut... Je bandais que d'une de la voir branler au-dessus du gouffre... Elle avait tout ficelé ses jupes, retroussées autour de la taille. Elle a biglé un interstice entre la muraille et la cloche... Elle s'est faufilée toute seule... Elle a disparu dans le noir... Je l'entendais qui farfouillait dans tout le fond de l'abîme... Je l'ai rappelée alors... j'avais trop la trouille... Ça faisait de l'écho comme dans une grotte... Elle me répondait plus... Au bout peut-être d'une demi-heure, elle s'est remontée à l'orifice... C'est elle qui m'appelait à son aide... Je l'ai rattrapée heureusement par les anses de son caraco... Je l'ai hissée de toutes mes forces... Elle a émergé en surface. Elle était tout enlisée dans un bloc d'ordures... C'était plus qu'un paquet énorme... J'ai tout souqué sur le rebord... C'était extrêmement pénible !... Y avait une dure résistance... Je voyais bien qu'elle tirait quelque chose encore en plus derrière elle... Tout un grand lambeau de ballon !... Tout un empiècement de l'Archimède !... Une très grande largeur ! Le palan rouge « des déchirures »... Je le connaissais bien ce débris-là... C'est moi-même qui l'avais planqué entre le compteur et le soupirail. Elle avait l'excellente mémoire !... Elle était joliment heureuse...

« Ça nous servira, tu sais ! qu'elle me faisait guillerette... Ça, c'est du vrai caoutchouc ! du vrai ! pas du flan !... T'as pas idée comme c'est solide...

Mais oui ! Mais oui !... » Je le savais bien, je l'avais assez dépiauté pour faire des raccords dans la peau du nôtre... En tout cas, ça pesait lourd et c'était volumineux... Même replié au plus menu, ça faisait quand même un vrai paquesson... haut et presque lourd comme un homme... Elle a pas voulu le laisser là... Elle a voulu le prendre à toute force...

« Enfin, pressons-nous... » que je lui dis... Elle était costaud, elle se l'est arrimé sur l'échine. Elle bagottait avec ça... Je l'ai raccompagnée dare-dare jusqu'à la rue Radziwill... À ce moment-là, je lui ai dit :

« Allez devant toujours, Madame, mais maintenant vous pressez plus ! Allez tout doucement !... Arrêtez-vous tous les coins de rue. Faites bien attention aux voitures ! Vous avez tout le temps devant vous ! Je vous suis !... Je vous rejoindrai rue Lafayette ! Il faut que je passe par les Émeutes... ! C'est pas la peine qu'ils vous voient... J'ai laissé une clef au garçon !... La clef du grenier !... Je veux remonter encore un coup... »

C'était qu'un prétexte pour revenir un peu sur mes pas. Je voulais regarder sous les arcades si je trouverais pas la Violette... Elle se tenait plutôt à présent vers la Galerie Coloniale... plus loin que la Balance... De longue distance, elle me bigle !... Elle me fait : « Yop ! Yop !... » Elle radine... Elle m'avait vu avec la vieille... Elle avait pas osé se montrer... Alors, là, on cause franchement et elle me raconte tous les détails... Comment ça s'était passé depuis notre départ... Depuis l'instant de la catastrophe... Quelle salade ! Ça n'avait pas cessé de barder une seule brève minute !... Même aux femmes que la police avait posé mille questions !... Des véritables baratins à propos de nos habitudes !... Si l'on vendait pas de la « came » ? Si on se faisait pas miser ?... Si on tenait pas des « paris » ? Des images salopes ? Si on recevait des étrangers ? Si on avait des revolvers ? Si on recevait des anarchistes ?... Les mômes elles s'étaient affolées... Elles osaient même plus revenir devant nos décombres !... Elles tapinaient à présent dans les autres Galeries... Et puis alors une pétoche noire qu'on leur ôte leur carte !... C'était pour elles les conséquences !... Tout le monde se plaignait... Tous les commerçants limitrophes ils étaient à la caille aussi... Ils se trouvaient montés contre nous que c'était à peine croyable... Soufflés à bloc, paraît-il... comme indignation... comme fureur ! Une pétition qu'était partie au Préfet de la Seine. Qu'on nettoye le Palais-Royal !... Que ça soye plus un lieu de débauche ! Qu'ils faisaient déjà pas leurs affaires ! Ils voulaient pas encore en plus être corrompus par nous, fumiers phénomènes !... Violette, elle qui me blairait bien, son désir, c'était que je reste... Seulement elle était persuadée que, si on revenait sur les lieux, ça allait faire un foin atroce et qu'on nous embarquerait d'autor... C'était dans la fouille ! Il fallait plus qu'on insiste !... Démarrer !... qu'on nous revoye plus !... Il fallait pas jouer du malheur !... C'était bien aussi mon avis !... Barrer, voilà tout ! Mais moi, qu'est-ce que j'allais faire ? Travailler comment ? Ça la souciait un petit peu... Je pouvais pas beaucoup lui dire !... Je le savais pas très bien moi-même... Ça serait pour sûr à la campagne... Alors, tout de suite, elle a trouvé, en entendant ces mots-là, qu'elle pourrait sûrement venir me voir... surtout si elle retombait malade !... Ça lui arrivait de temps à autre ! À chaque coup, il fallait qu'elle parte au moins deux à trois semaines, non seulement pour sa maladie, mais aussi pour ses poumons... Elle avait craché du sang... À la campagne, elle toussait plus... C'était absolument souverain... Elle prenait un kilo par jour... Ainsi fut-il entendu... bien conclu entre nous deux... Mais c'est moi qui devais lui écrire, le premier, à la poste restante... Les circonstances m'ont empêché... On a eu des telles anicroches... que j'ai pas pu tenir ma parole... Je remettais toujours ma lettre à la semaine suivante... C'est seulement des années plus tard que je suis repassé par le Palais... C'était alors pendant la guerre... Je l'ai pas retrouvée avec les autres... J'ai bien demandé à toutes les femmes... Son nom même, Violette... leur disait plus rien... Personne se souvenait... Toutes, elles étaient des nouvelles...

C'est donc en courant qu'on s'est quittés cette nuit-là. C'est bien le cas de le dire... Il fallait que je me décarcasse !... Je voulais faire un saut encore jusqu'au Passage Bérésina, pour avertir un peu mes dabes que je me barrais en Province avec les Pereires... qu'ils se mettent pas à faire les chnoques... à me faire pister par les bourriques...

Ma mère, quand je suis arrivé, elle était encore en bas, dans son magasin, à rafistoler ses camelotes, elle revenait de porter son choix, du côté des Ternes... Mon père il est descendu... Il nous entendait causer... Je l'avais pas revu depuis deux ans. Le gaz que ça vous fait déjà des têtes absolument livides, alors lui, du coup comme pâleur, c'était effroyable !... À cause peut-être de la surprise, il s'est mis à bégayer tellement qu'il a fallu qu'il se taise... Il pouvait plus dire un seul mot !... Il comprenait pas non plus... ce que je m'évertuais à expliquer. Que je m'en allais à la campagne... C'est pas qu'il faisait de la résistance... Non !... Ils voulaient bien n'importe quoi ! Pourvu que je retombe pas « fleur »... à leur charge encore un coup !... Que je me débrouille ici ! ailleurs ! n'importe comment ! Ils s'en foutaient !... Dans l'Ile-de-France ou au Congo... Ça les gênait pas du tout !

Il faisait perdu, mon papa, dans ses vieux vêtements ! Ses falzars surtout y tenaient plus à rien !... Il avait tellement maigri, ratatiné de toute la tronche, que la coiffe de sa grande casquette, elle lui voguait sur le cassis... elle se barrait à travers les yeux... Il me regardait par en dessous...

Il saisissait pas le sens des phrases... J'avais beau lui répéter que je croyais avoir un avenir dans l'agriculture... « Ah ! Ah ! » qu'il me répondait... Il était même pas surpris !...

« J'ai eu, dis donc... dis-moi, Clémence ?... bien mal à la tête... Cet après-midi... Et pourtant c'est drôle... il a pas fait chaud ?... »

Ça le laissait encore tout rêveur... Il pensait qu'à ses malaises... Il pouvait plus s'intéresser que je reste ou que je m'en aille !... par-là ou par-ci ! Il se morfondait suffisamment... surtout depuis son grave échec à la Connivence Incendie... Il pouvait plus s'interrompre de ruminations... C'était un coup effroyable... Au Bureau à la Coccinelle, il continuait à souffrir... Ça n'arrêtait plus du tout les meurtrissures d'amour-propre !... Autant comme autant ! Il subissait des telles misères que pendant certaines semaines il se rasait même plus du tout... Il était trop ébranlé... Il refusait de changer de chemise...

Au moment où j'arrivais, ils avaient pas encore becqueté... Elle m'a expliqué les temps difficiles, les aléas du magasin... Elle mettait le couvert. Elle boitait un peu différent, peut-être plutôt un peu moins... Elle souffrait quand même beaucoup, mais surtout maintenant de sa jambe gauche. Elle arrêtait plus de renifler, de faire des bruits avec sa bouche... dès le moment qu'elle s'asseyait pour bercer un peu sa douleur... Il rentrait, lui, juste de ses courses, de faire quelques livraisons... Il était très affaibli. Il transpirait de plus en plus... Il s'est aussi installé... Il parlait plus, il rotait plus... Il mangeait seulement avec une extrême lenteur... C'était des poireaux... De temps à autre, par sursaut, il revenait un peu à la vie... Deux fois seulement, à vrai dire, pendant que j'étais là... Ça lui venait en ronchonnements... des insultes dans le fond de son assiette, toutes rauques... toutes sourdes... : « Nom de Dieu ! Nom de Dieu de Merde !... » Il recommençait à groumer... Il se soulevait... Il quittait la table, il partait comme ça vacillant !... jusque devant la petite cloison qui séparait de la cuisine... celle qu'était mince comme une pelure !... Il tapait dessus deux, trois coups... Il en pouvait plus... Il se ramassait à reculons... Il se tassait sur son escabeau... les yeux plongeant vers le dallage... bas sous lui... les bras ballants... Ma mère lui remettait sa casquette en douceur... tout à fait droite... Elle me faisait des signes pour pas que je le regarde... Elle avait maintenant l'habitude. D'ailleurs, ça pouvait plus le gêner... Il se rendait même plus bien compte... Il était bien trop renfermé dans ses malheurs de bureau... Ça lui accaparait la bouille... Depuis deux, trois mois, il ne dormait plus qu'une heure de nuit... Il en avait la tête ficelée par toute l'inquiétude... comme un seul paquet... le reste le concernait plus... Même les choses de leur commerce, il s'en foutait à présent... Il voulait plus qu'on lui en cause... Ma mère ça l'arrangeait bien... Je savais plus vraiment quoi dire... Je me tenais comme un panaris, j'osais plus bouger ! J'ai essayé un peu quand même de raconter mes propres histoires... Les petites aventures... Pas toute la réalité !... des choses seulement pour les distraire, des petites balivernes innocentes pour faire passer l'embarras !... Alors, ils m'ont fait une gueule ! Rien qu'à m'entendre badiner !... Ça donnait juste l'effet contraire !... Ah ! merde ! Moi j'en avais tringle !... Je fumais alors aussi !... Moi aussi merde à la fin !... J'avais bien toute la caille au cul ! Moi aussi, j'étais bien sonné ! autant comme autant !... Je venais pas leur quémander ! Ni flouze ! ni pitance !... Je leur demandais rien du tout !... Seulement je voulais pas m'enfoirer avec des soupirs à la con !... Parce que je pleurais pas dans les tasses !... que je broutais pas dans leurs chagrins... Je venais pas pour être consolé !... Ni pour jérémiader en somme... Je venais simplement dire « au revoir »... Merde ! Un point, c'est tout !... Ils auraient pu être contents...

À un moment, j'ai dit comme ça, en manière de plaisanterie :

« Je vous enverrai de la campagne des graines de volubilis !... Ça poussera bien au troisième !... ça grimpera sur le vitrage !... »

Je disais ce que je trouvais un petit peu...

« Ah ! On voit bien que c'est pas toi qui te démènes ! qui t'échines ici ! Qui te décarcasses en dix-huit ! pour faire face aux obligations ! Ah ! c'est joli l'insouciance... »

Ah ! merde ! y en avait que pour eux des détresses, des marasmes, des épreuves horribles. Les miens ils existaient pas en comparaison ! C'était que seulement par ma faute, si je me mettais dans la pétouille !... toujours d'après eux, les vaches... C'était une putaine astuce ! Merde et contre-merde ! Le culot ! La grande vergogne ! Tandis qu'eux, ils étaient victimes !... Innocents ! toujours Martyrs ! Il fallait pas comparer !... Il fallait pas que je me trompe avec ma fameuse jeunesse !... Et que je me fourvoyé à perpète !... C'est moi qui devais écouter ! C'est moi qui devais prendre la graine !... Toujours... Gomme ! Et Ratagomme ! C'était entendu !... Rien qu'à m'observer, comme ça, à table, devant les fayots (après c'était du gruyère), tout le passé revenait devant maman... Elle avait du mal à retenir ses larmes, sa voix chevrotait... Et puis elle aimait mieux se taire !... C'était du vrai sacrifice... J'aurais bien demandé pardon, pour toutes mes fautes, mes caprices, mes indicibles dévergondages, mes forfaits calamiteux !... Si y avait eu que ça pour la remettre !... Si c'était seulement la cause qu'elle se refoutait à gémir !... Si c'était seulement la raison qui lui fendait le cœur !... Je lui aurais bien demandé pardon ! Et puis je me serais barré tout de suite !... J'aurais bien, pour en finir, avoué que j'avais une veine inouïe ! Une chance pas croyable ! que j'étais un gâté terrible !... Que je passais mon temps à me marrer !... Bon ! J'aurais dit n'importe quoi pour qu'on en termine... Je regardais déjà la porte... Mais elle me faisait signe de rester... C'est lui qu'est monté dans sa chambre... Il se sentait pas bien du tout... Il se raccrochait après la lampe... Il a mis au moins cinq minutes pour arriver jusqu'au troisième... Et puis une fois comme ça seuls, elle a repiqué de plus belle aux condoléances... Elle m'a donné tous les détails... Comment qu'elle s'y prenait pour joindre les deux bouts ! Son nouveau condé... Qu'elle sortait tous les matins, pour une maison de passementeries... qu'elle s'était fait depuis trois mois, presque deux cents francs de commission... L'après-midi, elle se soignait ; elle restait au magasin avec sa jambe sur une chaise... Elle voulait plus voir le Capron... Il parlait que d'immobilité !... Il fallait pourtant qu'elle remue !... C'était sa seule raison d'être... Elle aimait mieux se traiter toute seule avec la méthode Raspail... Elle avait acheté son livre... Elle connaissait toutes les tisanes... tous les mélanges... les infusions... Et puis une huile de réséda pour se masser la jambe le soir... Il lui venait quand même des furoncles, mais ils étaient supportables comme douleur et comme gonflement. Ils crevaient presque tout de suite. Elle pouvait marcher avec... C'était le principal !... Elle m'a fait voir toute sa jambe... La chair était toute plissée comme enroulée sur un bâton, à partir du genou... et jaune... avec des grosses croûtes et puis des places où ça suintait... « C'est plus rien aussitôt que ça rend !... Tout de suite ça soulage, ça va mieux... mais c'est avant que c'est terrible, tant que c'est encore tout violet ! que ça reste fermé !... Heureusement que j'ai mon cataplasme !... Sans ça, je sais pas ce que je pourrais faire !... Ça m'aide, tu n'as pas une idée !... Autrement je serais une infirme ! »... Et puis elle m'a reparlé d'Auguste... de la façon qu'il se minait lui... qu'il commandait plus ses nerfs... de toutes ses terreurs nocturnes... Sa peur de la révocation... c'était la plus terrible de toutes... ça le réveillait en panique... Il se redressait d'un bond sur le lit... « Au secours ! Au secours ! » qu'il hurlait... et la dernière fois si intense, que tous les gens du Passage avaient sursauté... Ils avaient bien cru un moment que c'était encore une bataille !... Que j'étais revenu l'étrangler ! Ils rappliquaient tous au galop ! Papa une fois dans ses transes il se connaissait plus... C'était la croix et la bannière pour qu'il se renfonce dans son plume... Ils avaient dû lui appliquer pendant plusieurs heures ensuite des serviettes glacées sur la tête... Depuis le temps qu'elles duraient ces crises... toujours un peu plus épuisantes... C'était un tourment infernal !... Il sortait plus du cauchemar... Il savait plus ce qu'il racontait... Il reconnaissait plus les personnes... Il se trompait entre les voisins... Il avait très peur des voitures... Souvent le matin alors comme ça quand il avait pas fermé l'œil c'est elle qui le reconduisait jusqu'à la porte des Assurances... au 34 de la rue de Trévise... Mais là c'était pas terminé... Il fallait encore qu'elle entre pour demander au concierge si il avait pas du nouveau ? Si il avait rien appris ?... à propos de mon père... Si il était pas révoqué ?... Il distinguait plus du tout le vrai de l'imaginatif... Sans elle absolument certain !... jamais qu'il y serait retourné !... Mais alors il serait devenu dingue... parfaitement louf de désespoir. Ça faisait pas l'ombre d'un petit doute... C'était un terrible équilibre pour qu'il sombre pas complètement... C'est elle qui faisait toute la voltige... Y avait pas un moment à perdre pour lui remonter sa pendule... Et puis pour la croûte au surplus ça venait pas tout seul !... il fallait encore qu'elle taille... pour ses passementeries... à travers Paris... piquer du client dare-dare... Elle trouvait encore moyen d'ouvrir quand même notre boutique... quelques heures l'après-midi... Que ça végète au Passage, mais que ça chavire pas complètement !... Et la nuit tout était à refaire ! Pour qu'il lui vienne pas plus d'angoisses, que ses terreurs augmentent pas... elle disposait sur une table, dans le milieu de la chambre, une petite lampe en veilleuse. Et puis encore au surplus, pour qu'il puisse peut-être s'endormir un petit peu plus vite elle lui bouchait les deux oreilles avec des petits tampons d'ouate imbibés dans la vaseline... Il sursautait au moindre bruit... Dès qu'on bagottait dans le Passage... Et ça commençait de très bonne heure avec le laitier... Ça résonnait énormément à cause du vitrage... Comme ça avec des tampons c'était quand même un petit peu mieux... Il le disait lui-même...

Ma mère elle éprouvait bien sûr, on peut bien facilement se rendre compte, tout un surcroît de fatigue énorme d'être obligée de le soutenir constamment mon père jour et nuit... Sans cesse sur la brèche... À lui remonter son moral... à le défendre contre les obsessions ! Eh bien ! elle se plaignait pas trop ! Si j'avais pas fait, moi, ma vache ! que j'aie pris l'air de me repentir !... De me rendre bien compte de tous mes vices... de ma charogne ingratitude... ça lui aurait versé du baume... Ça c'était visible !... Elle se serait comme tranquillisé... Elle se serait dit : « Tiens ! mon fifi, il te reste quand même quelques petites chances... Tout espoir n'est pas perdu !... Son cœur est pas tout en pierre ! Il est pas si dénaturé, absolument irrémédiable !... Il pourra peut-être s'en sortir... » C'était une lueur dans sa détresse... Une consolation adorable... Mais j'étais pas bon du tout... J'aurais eu bel et beau faire, ça me serait pas sorti du trognon... J'aurais jamais pu... Sûr que j'avais du chagrin... Sûr que je la trouvais bien malheureuse ! C'était au fait bien véritable ! Mais j'avais pas du chagrin pour aller le baver devant personne ! Et surtout pas devant elle !... Et puis quand même alors... tout de même... Quand j'étais petit dans leur tôle... que je comprenais rien à rien... Qui c'est qui prenait sur la gueule ? C'était pas alors elle seulement !... Moi aussi !... Moi toujours !... Et qu'elle m'en remettait largement... J'ai dégusté moi la pâtée !... la jeunesse ! La merde !... Toujours qu'elle s'était bien dévouée, sacrifiée faut dire... Bon ! Ça va !... Ça me faisait infect de repenser à tout ça, là, si fortement... Et merde ! C'était de sa faute aussi ! J'y repensais jamais moi tout seul !... Ça me faisait encore plus sinistre... que tout le reste des infections... C'était pas du tout la peine que j'essaye de lui dire quelque chose !... Elle me regardait toute navrée, comme si je venais moi de la battre ! Il fallait mieux que je me trisse !... On allait encore s'agonir... Je la laissais pourtant bien se répandre... J'ouvrais pas la bouche... Elle pouvait y aller, c'était libre !... Elle s'en est payée une bonne tranche... Elle m'en a filé des conseils !... Toutes les excellentes paroles, je les ai encore entendues !... Tout ce qu'était indispensable pour me relever ma morale !... Pour que je cède plus à mes instincts pour imiter, bien profiter des bons exemples !... Elle voyait que je me retenais, que je voulais pas lui répondre... Alors elle a changé de méthode... Elle a eu peur de m'agacer, elle m'a fait ça aux gâteries... Elle a été dans le buffet, me chercher un flacon de sirop... C'était pour moi, pour emporter à la campagne... puisque j'y allais... Et puis encore une autre bouteille d'un élixir fortifiant... Il a fallu qu'elle insiste sur ma terrible habitude de manger beaucoup trop vite !... que je me détruirais l'estomac... Et puis enfin, elle m'a demandé si j'avais pas besoin d'argent... pour mon voyage ou autre chose ? « Non ! Non ! que j'ai répondu... Nous avons tout ce qu'il nous faut !... » Je lui ai même montré le capital... Je l'avais tout en billets de cent francs... Alors ?... Pour conclure, j'ai promis d'écrire, de les tenir bien au courant... de la façon que ça tournerait notre exploitation... Elle comprenait rien dans des mots pareils... C'était un monde inconnu... Elle faisait confiance à mon patron !... J'étais tout près de l'escalier, je me levais, je reficelais mon balluchon...

« Peut-être, qu'il vaut mieux malgré tout qu'on le réveille pas maintenant ton père ?... Hein ?... Qu'est-ce que tu penses ?... Il dort peut-être... Tu ne crois pas ?... Tu as vu... comme ça le retourne la moindre émotion ?... De te voir t'en aller, j'ai une peur encore que ça le bouleverse !... Tu crois pas que c'est plus prudent ?... Vois-tu qu'il me refasse un accès ! Comme il m'a fait y a trois semaines !...

Je pourrais plus jamais le rendormir !... Je sais pas ce que je ferais pour éviter !... » C'était bien aussi mon avis... Je trouvais ça des plus raisonnables... de me tirer tout à fait en douce... de profiter du courant d'air... On s'est chuchoté des « au revoir »... Elle me rencardait encore un peu à propos de mon linge... J'ai pas écouté la suite... J'ai filoché dans le Passage... et puis dans la rue au pas de course... Je poulopais sec... J'avais du retard ! même beaucoup !... Il était juste minuit au cadran doré du « Lyonnais »... Courtial et sa grande mignonne ils m'attendaient depuis deux bonnes heures devant l'église Saint-Vincent-de-Paul... avec leur voiture à bras !... J'ai grimpé toute la rue d'Hauteville en quatrième pompe !... De très loin je les ai aperçus sous un bec de gaz... C'était un vrai déménagement... C'est lui qu'avait tout transbordé ! Il avait sué pour un coup !... Il avait dû vider la crèche envers et quand même !... Il avait dû buter le daron (à la rigolade !)... La carriole elle s'enfonçait, tellement qu'elle était pesante et remplie de bricoles !... La dynamo et le moteur dessous les matelas et les fringues !... Les doubles rideaux, la cuisine entière... Il avait sauvé le maximum !... On pouvait bien le féliciter ! Il avait remis une redingote, une autre, que je connaissais pas... Je me demande où qu'il l'avait trouvée ?... Une gris perle !... J'ai fait la remarque !... C'était de sa jeunesse ! Il avait relevé les basques avec des épingles. La vieille avait plus son chapeau, « l'hortensia aux cerises » ! Il était planté à présent tout au sommet de la bagnole... C'était pour pas l'abîmer !... Elle s'était mis à la place un très joli châle andalou entièrement brodé, couleurs éclatantes... Ça faisait bien sous leur réverbère... Elle m'a expliqué tout de suite, que pour faire des longs voyages c'était vraiment le plus pratique... que ça préservait bien les cheveux.

Alors, enfin rassemblés, après encore des discussions à propos d'un vieil horaire, on a démarré tout doucement... Moi, j'étais heureux, je peux bien le dire !... Elle est raide la rue Lafayette !... surtout à partir de l'église et jusqu'au coin de la pharmacie !... Il fallait pas qu'on s'endorme... C'était lui-même des Pereires qui s'est attelé dans la bricole... Nous deux avec la daronne on poussait derrière... « Et vas-y petit !... Et je te connais bien !... Et que je te pousse ! Et tant que ça donne... » Seulement on était trop en retard !... On a raté notre train quand même !... Et c'était de ma faute !... C'était plus du « minuit quarante !... » C'était maintenant le « deux heures douze !... » Le « premier » du jour !... Pour celui-là par exemple, nous avions de l'avance !... cinquante minutes presque !... On a eu tout le temps pour démonter notre chignole... Elle était pliable, réversible... et transbahuter tout le bazar !... une fois de plus !... dans le fourgon de la queue. Et puis encore bien du temps de reste pour nous jeter comme jus deux crèmes, un mazagran, un « déjeuner » coup sur coup ! Au beau « Terminus !... » Nous étions tous les trois terribles sur la question du moka... Portés comme personne !... Et c'est moi qui tenais la caisse.

* * *

C'est à Persant-la-Rivière, qu'on a débarqué... En tant que village ça se présentait gentiment, entre deux collines et des bois... Un château avec des tourelles pour couronner le décor... Le barrage, en bas des maisons, faisait son fracas majestueux... C'était en somme bien coquet... On aurait pu choisir plus mal, même pour des vacances !... Je l'ai fait remarquer à la vieille chouette... Mais elle était pas disposée... On avait un putain de boulot pour démarrer le matériel, sortir notre moteur du fourgon... Il a fallu qu'on demande des aides...

Le chef de gare, il inspectait notre attirail. Il a cru qu'on était « forains... » qu'on arrivait pour la fête !... donner des soirées de cinéma !... Il nous jugeait sur la démise... Pour la fête, il faudrait qu'on repasse !... Elle était finie depuis quinze jours !... Des Pereires a pas voulu qu'il demeure comme ça dans l'erreur... Il l'a éclairé tout de suite ce petit nougat !... Mis parfaitement au courant de tous nos projets... Il voulait parler au notaire ! Et séance tenante !... Il s'agissait pas de rigolade ! mais de « Résolution Agricole !... » Rapidement un brelan de terreux est venu fouiner dans notre bazar... Ils s'amalgamaient autour de la bâche... Ils se faisaient mille réflexions sur nos ustensiles. On pouvait plus pousser tout ça nous trois seulement, sur la route !... C'était bien trop lourd !... On l'avait vu rue Lafayette !... C'était bien trop loin aussi notre bled agricole... Il nous fallait au moins un cheval !... Ils ont opposé les croquants tout de suite pas mal d'inertie !... Enfin on a pu partir !...

Notre grosse mignonne, une fois installée sur le siège, elle s'est rallumé une bonne pipe !... Dans l'assistance, ils se pariaient qu'elle était aussi un homme habillé en femme !...

Pour arriver à notre domaine à Blême-le-Petit, y avait encore onze kilomètres ! et avec des rampes nombreuses !... Ils nous ont prévenus à Persant... Des Pereires s'était déjà soigneusement documenté par-ci, par-là, dans les groupes... Il avait pas été long à signer tous ses papiers... Il avait houspillé le notaire... Il prospectait à présent la verte campagne du haut de la voiture... On a emmené un paysan... La carte étalée sur les genoux Courtial pendant tout le trajet a pas arrêté de causer... Il commentait chaque relief, chaque ondulation du terrain... Il recherchait les moindres ruisseaux... de loin, la main en visière... Il les retrouvait pas toujours... Il nous fit une vraie conférence qui dura au moins deux bonnes heures, cahin-caha, sur les possibilités, les retards du développement, les essors et les faiblesses agronomiques d'une région dont « l'infrastructure métallo-géodésienne » ne lui revenait pas complètement... Ah ! ça !... Il l'a dit tout de suite ! à plusieurs reprises !... Il se lancerait pas sans analyses !... Il faisait un temps magnifique.

* * *

Les choses à Blême-le-Petit n'étaient pas absolument comme avait annoncé le notaire. On a mis deux jours entiers avant de s'en apercevoir...

La ferme était bien délabrée... Ça c'était prévu dans les textes ! Le vieux qui la tenait en dernier il venait de mourir deux mois plus tôt et personne dans toute la famille n'avait voulu le remplacer... Personne ne voulait du terrain, ni du gourbi, ni même du hameau, semblait-il... On est entré dans d'autres masures un peu plus loin... On a frappé à toutes les portes... On a pénétré dans les granges... Y avait plus un signe de vie... Près de l'abreuvoir, à la fin, on a découvert quand même, dans le fond d'une espèce de soupente, deux vieux croquants si âgés qu'ils pouvaient plus quitter leur piaule... Ils étaient devenus presque aveugles... et sourds alors tout à fait... Ils se pissaient tout le temps l'un sur l'autre... Ça semblait leur seule distraction... On a essayé de leur causer... Ils savaient pas quoi nous répondre... Ils nous faisaient des signes qu'on s'en aille... qu'on les laisse tout à fait tranquilles... Ils avaient perdu l'habitude qu'on leur rende visite... On leur faisait peur.

* * *

J'ai pas estimé moi, ça, d'un très bon présage !... Cette manière de hameau vide... Ces portes toujours entrebâillées... Ces deux vieux qui nous en voulaient... Ces hiboux partout...

Au contraire, lui des Pereires, il trouvait tout ça parfait !... Il se sentait tout ragaillardi par le bon air de la campagne... Il a voulu tout d'abord se vêtir convenablement... Ayant perdu son panama, il a bien fallu qu'il emprunte un chapeau à la grande chérie... Une paille souple, immense, avec une bride mentonnière... Il conserva sa redingote, la très belle grise... plus chemise souple et lavallière et puis enfin des sabots !... (qu'il a jamais bien supportés)... Des longues marches à travers les champs, il revenait toujours pieds nus... Et pour faire vraiment laboureur il quittait pas sa « pelle-bêche »... Il la portait allègrement sur son épaule droite. Nous allions ainsi, chaque tantôt, prospecter les terrains en friche, chercher un emplacement convenable pour l'ensemencement des radis.

Mme des Pereires s'occupait de son côté... C'est elle qui s'appuyait les courses, qui tenait la chaumière... enfin et surtout c'est elle qui s'envoyait le marché de Persant deux fois par semaine. Elle préparait notre tambouille... Elle rafistolait le matériel que ça devienne logeable un peu... Sans elle, on aurait plus bouffé tellement c'était un tintouin la cuisine dans l'âtre !... rien que pour se faire cuire une omelette tout ce qu'il fallait rallumer ! comme tisons ! comme braises !... Ça vous coupait l'appétit !...

Nous deux des Pereires on se levait pas de très bonne heure, il faut reconnaître !... Ça la faisait déjà râler !... Elle voulait toujours qu'on dégrouille ! Qu'on fasse quelque chose de bien utile !... Mais une fois qu'on était sortis... on avait plus envie de revenir... Elle entrait dans des autres colères... Elle se demandait la pauvre daronne ce qu'on foutait si longtemps dehors ?... Des Pereires ça lui faisait plaisir nos grandes excursions... Il découvrait tous les jours des nouveaux aspects du pays... et grâce à la carte ça devenait instructif en diable... Re-tantôt, comme ça au coin d'un bois... ou au revers d'un talus... on se planquait confortablement... dès qu'il faisait un peu de chaleur... On emportait des canettes... Pereires, il pouvait méditer... Je le dérangeais pas beaucoup... J'arrivais à somnoler... Il se parlait tout seul... Sa « pelle-bêche » en terre, enfoncée tout à côté de nous... Le temps passait gentiment... C'était un changement réel... la tranquillité... la paix des bocages !... Mais le pèze il foutait bien le camp... C'est elle maintenant qui s'inquiétait. Elle refaisait les comptes tous les soirs.

* * *

Question de costume, je me suis vite mis à la page... Peu à peu la terre ça vous prend... On oublie les contingences... Je m'étais finalement arrangé un solide petit ensemble avec des culottes cyclistes et un pardessus demi-saison dont j'avais coupé à moitié les basques, le reste pris dans mon grimpant, bouffant... un peu chaud, mais commode... Ça me faisait reconnaître de très loin... Le tout rehaussé de ficelles... de sustentations ingénieuses. La grande mignonne elle s'est rendue à notre avis, elle a porté des pantalons, aussi, comme un homme... elle avait plus une jupe à se mettre. Elle trouvait ça bien plus pratique... Elle se rendait ainsi au marché... Les mômes de l'école, ils l'attendaient à l'entrée du bourg. Ils la provoquaient, ils la bombardaient de fiente, de culs de bouteille et de gros cailloux... Ça finissait en bagarre !... Elle se laissait pas démolir !... Les gendarmes sont intervenus... Ils lui ont demandé ses papiers !... elle a pris les choses de très haut ! « Je suis, Messieurs, une honnête femme ! qu'elle a répondu !... Vous pouvez me suivre !... » Ils ont pas voulu.

* * *

Il a fait un bien bel été !... C'était à croire réellement qu'on en verrait jamais la fin !... Ça porte à flâner, la chaleur... Avec des Pereires, après son petit pousse-café, nous prenions la clef des champs... et puis tout l'après-midi on s'en allait au petit bonheur à travers guérets et sillons. Si on rencontrait un terreux... « Bonjour ! » qu'on lui faisait poliment... On menait une vie bien agréable !... Ça nous rappelait à tous les deux les beaux jours de nos ascensions... Mais jamais il fallait causer de nos déboires stratosphériques devant Mme des Pereires... Ni du Zélé !... Ni de L'Archimède !... Ou alors, elle fusait en larmes... Elle retenait plus sa douleur... Elle nous traitait comme des pourris... On parlait plutôt de choses et d'autres... Fallait pas revenir sur notre passé !... Fallait faire gaffe quant à l'avenir... L'évoquer avec mille prudences... L'avenir aussi c'est délicat... Le nôtre il avait du flottement... Il se dessinait pas beaucoup... Courtial hésitait toujours... Il préférait attendre encore et puis ne se lancer qu'à coup sûr... Entre chaque méditation, au cours de nos après-midi, pendant qu'on vagabondait, il donnait, par-ci, par-là, des petits coups de bêche prospecteurs... Il se baissait pour examiner, soupeser, scruter la terre remuée fraîche... Il la pressurait, il la rendait toute poudreuse... Il se la faisait filtrer dans les doigts comme s'il voulait retenir de l'or... Enfin, il tapait dans ses mains, il soufflait dessus un grand coup très fort... Ça s'envolait !... Il faisait la moue !... « Pstt ! Ptstt ! Ptstt !... Pas fameux ce terrain-là, Ferdinand ! Pas riche ! Hm ! Hm ! Comme j'ai peur pour les radis ! Hm ! Peut-être pour de l'artichaut ?... Et encore ?... Et encore ! Oh ! là ! là ! C'est bien chargé en magnésium !... » Nous repartions sans conclure.

À table, sa femme nous demandait pour la centième fois si on l'avait notre légume ?... si c'était enfin choisi ?... Que ça serait peut-être le moment ?... Elle proposait les haricots... pas discrètement, je dois le dire !... Il sursautait d'emblée Courtial en entendant une chose pareille !...

« Des haricots ?... Des haricots ?... Ici ?... Dans ces failles ?... Tu entends, Ferdinand ?... Des haricots ? dans un terrain sans manganèse ! Et pourquoi pas des petits pois ?... Hein ?... des aubergines ! pendant que tu y es !... C'est un comble !... » Il était outré !... « Du vermicelle ! Te dis-je !... Des truffes !... Tiens ! des truffes !... »

Il s'en dandinait longtemps à travers la turne... grognant comme un ours... Ça durait des heures entières, le courroux que lui provoquait toute proposition insolite... Là-dessus il était intraitable ! Le choix libre ! la sélection scientifique !... Elle partait se coucher toute seule, dans son débarras sans fenêtre, une espèce d'alcôve, qu'elle s'était aménagée contre les traîtres courants d'air... entre la batteuse et le pétrin... On l'entendait sangloter de l'autre côté de la cloison... Il était dur avec elle...

* * *

Ça vraiment on peut pas dire qu'elle ait jamais manqué de courage ni de persévérance !... ni d'abnégation... Pas un seul jour ! pour rapproprier cette vieille turne elle a réussi des prodiges !... Elle arrêtait pas de trafiquer... Rien marchait plus... tirait plus... ni la pompe ni le moulin qui devait monter l'eau... L'âtre il s'écroulait dans la soupe... Il a fallu qu'elle mastique toutes les fentes dans les clôtures, qu'elle bouche elle-même tous les trous... toutes les fissures de la cheminée... qu'elle rafistole les volets, qu'elle remette des tuiles, des ardoises... Elle grimpait sur toutes les gouttières... Mais cependant au premier orage il a plu beaucoup dans les piaules envers et quand même... par les trous du toit... On mettait là-dessous des timbales... une pour chaque rigole... De réformes en transformations, elle s'appuyait des vrais boulots, pas que des petites bricoles !... Elle a remplacé comme ça les gonds énormes de la grande porte, la grande « maraîchère »... L'ébénisterie... la serrurerie... rien lui faisait peur... Elle devenait parfaitement adroite... On aurait dit un compagnon... Et puis bien sûr, tout le ménage et la tambouille c'était son business... Elle le disait bien elle-même, aucune entreprise lui faisait peur, hormis la lessive !... De ça, y en avait de moins en moins... Nous avions le trousseau « minimum »... Des chemises à peine... et des chaussures plus du tout.

Pour les lézardes des gros murs, elle s'était gourée un petit peu, elle avait loupé son plâtre !... Des Pereires, il faisait la critique, il aurait voulu qu'on recommence... seulement nous avions d'autres soucis !... C'est bien grâce à elle, en définitive, que cette tanière vermoulue a repris un peu consistance... enfin, plus ou moins. C'était qu'une ruine tout de même... quoi qu'on fasse pour la requinquer elle tournait gadouille...

Elle avait beau être héroïne son opération des ovaires ça la tracassait de plus en plus notre pauvre daronne... Peut-être les trop grands efforts ?... Elle transpirait par vraies cascades... Elle en ruisselait dans ses bacchantes... avec les bouffées congestives... Le soir elle était si à cran, tellement excédée du poireau... qu'au moindre mot un peu de travers... Taraboum !... C'était l'orage ! Une intense furie !... Crispée en boule elle attendait... elle explosait pour des riens... Ça finissait plus l'engueulade...

Ce qu'il fallait surtout se méfier, c'était des moindres allusions aux belles histoires de Montretout !... Elle les gardait sur l'œsophage... Ça la rongeait comme une tumeur. Sitôt qu'on en touchait un mot, elle nous traitait horriblement, elle disait que c'était un complot !... Elle nous appelait des suçons, des lopes, des vampires... Il fallait qu'on la couche de force !...

Le difficile pour des Pereires c'était toujours de se décider à propos de son fameux légume... Il fallait trouver autre chose... On doutait maintenant des radis... Quel légume qu'on entreprendrait ?... Lequel qui serait approprié à la radio- tellurie ?... Et qu'on ferait décupler de volume ?... Et puis y avait le choix du terrain !... C'était pas une petite question !... C'était des minutieuses recherches... Nous avions déjà donné des petits coups de pelle exploratrice dans tous les lopins de la région, à quinze kilomètres à la ronde !... On se lancerait donc pas à lure- lure... On réfléchissait ! C'est tout...

À l'opposé de Persant, c'est-à-dire au sud, dans le cours de nos prospections, nous sommes tombés, un joli jour, sur un village bien agréable, vraiment accueillant... C'était Saligons-en-Mesloir !... C'était assez loin à pied... Il fallait au moins deux bonnes heures de Blême-le-Petit... Jamais notre rombière aurait l'idée de venir nous relancer dans cette planque... La terre tout autour de Mesloir, Courtial l'a découvert tout de suite, était bien plus riche que la nôtre en teneur « radio- métallique » et par conséquent, d'après ses estimations, infiniment plus féconde, et rapidement exploitable... On est revenus l'étudier presque chaque après-midi !... Le fort de ce terreau-là, c'était son « cadmio-potassique ! » et son calcium particulier !... Au toucher, à l'odeur surtout, on s'apercevait... il sentait tout de suite des Pereires, il paraît qu'en fait de teneur c'était simplement prodigieux... En y repensant davantage, il arrivait à se demander si ça ne serait pas même par trop riche pour catalyser « tellurique ! »... Si on atteindrait pas des fois des concentrations si fortes qu'on ferait péter nos légumes ?...

Ah ! à leur faire éclater la pulpe !... C'était le danger, le seul point critique... Il le pressentait... Il aurait alors fallu renoncer aux petites primeurs, dans ce terrain vraiment trop riche... Choisir quelque chose de rustre et de vulgairement résistant... Le potiron par exemple... Mais alors pour les débouchés ?... Un seul potiron par ville ?... Un monumental ? Le marché n'absorberait pas tout !... C'était le moment de se concerter ! C'était des nouveaux problèmes ! L'action c'est toujours comme ça.

Dans ce patelin de Saligons les cafetiers faisaient surtout du cidre... Et qui sentait pas l'urine ! ce qui est, il faut bien l'avouer, tout à fait rare en pleine campagne ! Il montait un peu à la tête, surtout leur mousseux... On s'était mis à bien en boire... pendant nos tournées prospectrices ! Ça se passait tout à la Grosse Boule... la seule auberge de l'endroit... Nous y retournâmes de plus en plus... c'était central et bien placé juste devant le marché aux bestiaux... La conversation des bouseux ça nous instruisait des usages...

Des Pereires il a fait qu'un bond pour se jeter sur le Paris- Sport... Y a longtemps qu'il était sevré... Comme il parlait à tout le monde... il a tout pu leur faire connaître en échange des bons procédés... des petites leçons sur le cheptel... quelques excellentes manières, infiniment ingénieuses pour jouer à Vincennes... même à grande distance... Il se faisait des belles relations... C'était le rendez-vous des éleveurs... Je le laissais causer... Moi la bonniche elle me revenait bien... Elle avait le cul presque carré tellement qu'il était fait en muscles. Ses nichons aussi de même c'était pas croyable comme dureté... Plus on secouait dessus, plus ils se tendaient... Une défense terrible... On y avait jamais mangé le crac... Je lui ai tout montré... ce que je savais... Ce fut un coup magnétique ! Elle voulait quitter son débit, venir avec nous à la ferme ! Avec la mère des Pereires, ça aurait pas été possible... Surtout qu'à présent la vieille elle sentait un peu la vapeur... elle trouvait qu'on y allait souvent du côté de ce Mesloir... Elle se gourait d'un petit paillon... Elle nous posait des drôles de colles... On restait fort embarrassés... La prospection des légumes, elle y croyait de moins en moins... Elle nous cherchait la petite bête... L'été s'avançait sérieusement... ça serait bientôt la grande récolte... Merde !...

À la Grosse Boule, les paysans ils changeaient brusquement d'allure, ils devenaient extrêmement drôles... Gomme ça entre deux bolées ils se dépêchaient de lire Paris-Courses... C'est des Pereires qui se démerdait... Il expédiait les petits paris... pas plus d'une thune pour chacun... dans une enveloppe à son vieux pote... jusqu'à cinquante francs maximum !... Il prenait pas davantage !... Mardi, Vendredi, Samedi... et toujours au bar des Émeutes en cheville toujours avec Naguère !... On gardait nous, cinq sous par mise !... C'était notre pécule mignon !... À la bonniche, la dure Agathe, je lui ai appris comment faut faire, pour éviter les enfants... Je lui ai montré que par-derrière, c'est encore plus violent... Du coup, je peux dire qu'elle m'adorait... Elle me proposait de faire tout pour moi... Je l'ai repassée un peu à Courtial, qu'il voye comme elle était dressée ! Elle a bien voulu... Elle serait entrée en maison, j'avais vraiment qu'un signe à faire... Pourtant c'est pas par la toilette que je l'ai envoûtée !... On aurait fait peur aux moineaux !... Ni par le flouze !... On lui filait jamais un liard !... C'était le prestige parisien ! Voilà.

Mais en rentrant le soir, par exemple, y avait de plus en plus la casse !... Elle était plus marrante l'Irène !... On rappliquait de plus en plus tard !... On avait droit aux forts excès !... Aux séances horribles !... Elle s'en arrachait les tifs au sang ! par touffes et par plaques ! à force qu'il ne se décidait pas pour choisir son « bon » légume... et son terrain maximum !... Elle s'y était mise la daronne, toute seule aux travaux des champs... Elle retournait la terre pas mal !... Elle savait pas encore faire un sillon absolument droit... mais y avait de l'application... Elle y parviendrait !... Elle débroussait joliment bien !... Et c'est pas l'espace qui manquait pour s'entraîner un peu partout... À Blême-le-Petit, on pouvait y aller carrément... tout le territoire c'était des friches... À droite, au Nord, au Sud, à gauche, y avait pas de voisins et à l'Ouest non plus !... C'était tout désert... desséché... parfaitement aride...

« Tu t'épuises, ma grosse toutoute ! qu'il l'interpellait Courtial, comme ça en pleine nuit, quand nous la retrouvions sur le tas encore en train d'en retourner... Tu t'épuises ! ça ne sert à rien !... Cette terre est des plus ingrates ! J'ai beau me tuer à te le dire !... Les paysans d'ici eux-mêmes, ils ont graduellement renoncé !... Je pense qu'ils se tourneront vers l'élevage !... Encore que l'élevage dans ces plaines !... Avec toutes ces marnes subjacentes !... ces failles calcico- potassiques !... Je ne les vois pas frais !... C'est une sévère entreprise !... avec des aléas énormes !... Des pépins abominables !... Je prévois !... Je prévois !... Irriguer un pétrin pareil ?... Ah ! là ! là !...

Et toi, grande ordure ? dis donc ? qui c'est qui va t'irriguer ?... Dis-le-moi un peu ?... que je l'entende ?... Allons !... Vas-y ! Avance-toi ! » Il refusait de parler davantage... Il se précipitait vers la ferme... Moi j'avais encore un boulot. J'avais à classer, en rentrant chaque soir, tous nos prélèvements du jour... Sur des planches à part... tout autour de la cuisine... dans des petits cornets... Ils séchaient à la queue leu leu... tous les échantillons de terrain de vingt kilomètres à la ronde !... Ça faisait un riche matériel pour le jour où on choisirait !... mais sûrement que notre rayon le plus riche, c'était celui de Saligons.

* * *

À la Grosse Boule comme ça peu à peu, nous étions devenus populaires... Ils l'avaient pris, nos simples ivrognes, le vif goût de courses !... Il fallait même les modérer... Ils risquaient leurs fafiots sans peine... Ils voulaient flamber des trois thunes sur un seul canard !... On refusait net de pareilles mises !... On était plus bons nous autres pour les grandes rancunes... On gardait la paille au cul... avec des extrêmes méfiances... Agathe, la bonne, elle se marrait bien, elle prenait tout le bon temps possible !... Elle tournait putain sur place... C'est les sautes de notre rombière qui nous emmerdaient davantage !...

Avec toutes ses quintes, ses ultimatums... on pouvait plus la digérer... Elle nous courait sur la trompe... Des Pereires pourtant à ce petit égard, il avait bien changé de tactique... Il se foutait plus d'elle au labour... Il l'encourageait à bêcher !... Il la stimulait !... Elle a défriché ainsi, lopin par lopin, semaine après semaine, des espaces énormes !... Sûrement qu'elle nous épouvantait... mais si elle venait à s'arrêter, ça devenait bien pire... Elle avait marre qu'on tergiverse, c'est elle qu'a pris la décision pour la pomme de terre ! On n'a pas pu l'empêcher... Elle a trouvé que comme légume c'était finalement l'idéal... Elle s'est mise tout de suite à l'œuvre. Elle a plus demandé notre avis. Une fois ses tubercules plantés, une surface immense, elle a raconté à tout le monde, à Persant, à l'aller, au retour, qu'on se lançait dans des expériences à « patates géantes » grâce à des ondes électriques ! Ça s'est propagé son ragot, comme une tramée de poudre...

À la Grosse Boule l'après-midi, ils nous accablaient de questions... Nous qu'avions été jusqu'alors très bien blairés et peinards à l'autre bout de l'arrondissement, bien accueillis, bien tolérés, attendus même chaque tantôt par tous les terreux d'alentour, on s'est mis à nous faire la gueule... Ça paraissait louche nos cultures... Ils devenaient jaloux à l'instant...

« Pâtâtes ! Pâtâtes ! » qu'ils nous appelaient.

* * *

Y avait plus à se défiler ! La grosse chérie était devenue, progressivement, une vraie terreur !... Maintenant, qu'elle avait toute seule retourné un petit hectare, elle nous menait la vie des plus dures !... On hésitait pour lui causer... Elle menaçait de nous suivre partout si on repartait en vadrouille, si on se mettait pas au boulot dans les vingt-quatre heures !... C'était plus la pause !... Il a fallu qu'on s'exécute, qu'on extraye de dessous la bâche et le moteur et sa dynamo... On a dérouillé le gros volant... On l'a élancé un petit peu... On a bien rabobichonné un beau tableau des « Résistances »... Et puis c'était marre !... Et puis on s'est aperçu qu'on manquerait de fil de laiton... Il en fallait énormément, des bobines et des bobines pour faire des quantités de zigzags entre chaque rangée de patates, sur toute l'étendue de notre culture... Il suffisait pas de cinq cents mètres !... Il en fallait des kilomètres ! Autrement ça marcherait jamais... Sans laiton, pas de radio-tellurisme possible !... Pas de maraîchage intensif ! Finis les effluves cathodiques... C'était la stricte condition... Au fond c'était pas si mal... Nous avons bien cru tout d'abord que ce malheureux laiton il deviendrait notre fine excuse, le bel alibi, qu'elle serait, notre vieille, épouvantée par le prix du matériel pour un débours aussi critique... que ça la ferait réfléchir, qu'elle nous ficherait un peu la paix... Mais au contraire, pas du tout !... Ça l'a plutôt refoutue en rogne... Elle nous a menacés si on lanternait davantage... si on faisait traîner les choses, d'aller toute seule s'établir à Saligons comme sage- femme et pas plus tard que la semaine prochaine ! Ah ! vraiment y avait plus d'amour ! Elle nous fabriquait sur le vif !... Mais même de bonne volonté, il nous restait plus assez de sous pour des achats aussi coûteux... Mais nom de Dieu ! c'était la ruine !... Qui ça nous aurait fait crédit ?... C'était pas la peine de tenter...

D'autre part, c'était pas possible de lui faire comprendre à la vieille au juste notre situation... Qu'on venait en particulier de flamber précisément notre suprême petite réserve... le reste du cureton, dans les courses par correspondance... Ah ! Car enfin on l'avait perdu... C'était à coup sûr une horrible attaque... La fin du système !... Un cataclysme pas affrontable... Nous étions vraiment ennuyés. Elle devenait d'une intolérance absolument fanatique maintenant qu'elle était butée sur la question de pommes de terre... Ça devenait absolument kif comme pour le coup des ascensions !... ou pour son chalet de Montretout... Y avait plus à en démordre !... Quand elle s'était vouée à un truc, elle se vrillait dedans comme un boulon, fallait arracher toute la pièce !... C'était extrêmement douloureux !...

« Tu me l'as dit, n'est-ce pas ?... Tu vas pas te dédire ?... Je t'ai bien entendu ?... Tu me l'as répété dix fois... cent fois !... Que t'allais la faire marcher ta sale engeance électrique ? J'avais pas la berlue ?... C'est pour ça, n'est-ce pas, qu'on est venus tous par ici ?... J'imagine rien ?... C'est pour ça que t'as vendu la boîte pour un morceau de pain ?... Lavé ton journal ?... Que tu nous as tous embarqués de gré, de force, de violence dans cette fondrière !... dans cette porcherie !... Cette pourriture !... Oui ?...

Oui, ma toute aimée !...

Alors, c'est bien !... Moi je veux voir ! Tu m'entends ?... Je veux voir !... Je veux voir tout !... J'ai tout sacrifié ! Toute mon existence !... Ma santé... Tout mon avenir... Tout !... Il me reste plus rien... Je veux les voir pousser !... Tu m'entends ?... Pousser ! ! !... »

Elle se plantait là en défi, elle lui jetait ça entre quatre yeux !... À force de faire des travaux durs elle possédait des biscotos qu'étaient pas pour rire !... Des masses redoutables !... Elle chiquait à travers champs... Elle ne fumait sa pipe que le soir, et pour aller au marché... Le facteur Eusèbe, qui ne desservait plus notre endroit depuis des années, il a fallu qu'il recommence... Il se payait ça deux fois par jour !... Le bruit s'était répandu, très vite, dans les autres provinces, que certains agriculteurs faisaient des merveilles, réalisaient des miracles dans la culture des pommes de terre par les effluves magnétiques...

Notre vieille clique des inventeurs nous avait reflairés à la trace !... Ils semblaient tous bien heureux de nous retrouver tous les trois... sains et saufs... Ils nous rassaillaient de projets !... Ils ne gardaient pas du tout de rancune !... Le facteur il avait sa claque... Il se coltinait trois fois par semaine des sacs entiers de manuscrits... Sa besace était si lourde que son cadre en avait rompu... Il avait mis une double chaîne... sa bicyclette s'était repliée sur elle-même... Il en réclamait une autre, une neuve, au Département...

Des Pereires, dès les premiers jours, il s'était remis à méditer... Il profitait intensément des loisirs et de la solitude... Il se sentait préparé enfin contre les aléas du sort. Et n'importe lesquels !... Il était plein de méditations ! Absolument résolu ! La Résolution !... Il l'affronterait son Destin !... Ni trop confiant... Ni trop défiant... juste averti !...

« Ferdinand ! Regarde ! et constate !... Les événements se déroulent à peu près comme j'avais prévu !... Seulement avec un peu d'avance !... Une cadence un peu nerveuse !... Et je n'y tenais pas !... Toutefois, tu vas voir... Observe ! N'en perds pas une petite miette ! Pas un atome lumineux !... Admire comme Courtial, mon enfant, va terrasser, dompter, contraindre, enchaîner, soumettre la rebelle fortune !... Regarde ça ! Ébaubis-toi ! Renseigne-toi ! Tâche d'être impavide et prêt à la seconde ! Aussitôt servi je te la passe ! Et hop ! Étreins ! Étrangle ! Ce sera ton tour ! Bise ! Crève la garce ! Mes stricts besoins personnels sont ceux d'un ascète ! Je serai promptement repu ! Gavé ! Submergé d'abondance ! Saigne-la toi ! Vide-lui toute la sauce !... T'as l'âge de toutes les ivresses ! Profite ! Abuse ! Nom de Dieu ! Reluis ! Fais-en ce que tu veux ! J'en aurai moi toujours de trop !... Embrasse-moi !... Tiens ! nous sommes veinards ! »

C'était pas commode de s'étreindre, à cause de mon pardessus qu'était solidement amarré avec ses ficelles dans l'intérieur de mon falzar !... Ça limitait les mouvements, mais ça me tenait extrêmement chaud... C'était nécessaire ! L'hiver était déjà sur nous !... Le corps de logis principal, malgré la cheminée, le calfatage il était pourri de courants d'air... Il gardait tous les vents coulis et pas beaucoup de chaleur... C'était une passoire pour frimas... C'était vraiment une très vieille tôle.

* * *

Ce fut une idée splendide qu'il eut alors, des Pereires, après bien des méditations à la Grosse Boule et dans les bois... Il voyait encore bien plus grand et bien plus lointain que d'habitude !... Il devinait les besoins du monde...

« Les individus c'est fini !... Ils ne donneront plus jamais rien !... C'est aux familles, Ferdinand ! qu'il convient de nous adresser ! Une fois pour toutes, toujours aux familles ! Tout pour et par la famille !... »

C'est aux « Pères angoissés de France » qu'il a lancé son grand appel ! À ceux que l'avenir de leurs chers petits préoccupait par-dessus tout !... À ceux que la vie quotidienne crucifiait lentement au fond des villes perverses, putrides, insanes !... À ceux qui voulaient tenter l'impossible pour que leur petit chérubin échappe à l'atroce destinée d'un esclavage en boutique... d'une tuberculose de comptable... Aux mères qui rêvaient pour leurs chers mignons d'une saine et large existence absolument en plein air !... loin des pourritures citadines... d'un avenir pleinement assuré par les fruits d'un sain labeur... dans des conditions champêtres... De grandes joies ensoleillées, paisibles et totales !... Des Pereires solennellement garantissait tout cela et bien d'autres choses... Il se chargeait avec sa femme de tout l'entretien complet de tous ces petits veinards, de leur première éducation, de la secondaire aussi, la « rationaliste »... enfin de l'enseignement supérieur « positiviste, zootechnique et potager »...

Notre exploitation « radiotellurique » se transformait, séance tenante, par l'apport des souscripteurs en « Familistère Rénové de la Race Nouvelle »... Nous intitulions ainsi sur nos prospectus notre ferme et ses domaines... Nous couvrîmes en quelques jours, avec nos « appels », plusieurs quartiers de Paris... (tous expédiés par Taponier)... les plus populeux... les plus confinés... encore quelques îlots du côté d'Achères où ça pue, pour voir... Nous n'éprouvions qu'une seule crainte, c'est qu'on nous envahisse trop tôt ! Nous redoutions comme la peste les engouements trop frénétiques !... L'expérience !

Question d'abondante nourriture avec notre « radio- tellurie » le problème n'existait pas !... Il ne subsistait en somme qu'un seul véritable écueil... La saturation des marchés par nos pommes de terre « ondigènes » !... On y penserait au moment !... On engraisserait les cochons !... Autant comme autant !... Nous tiendrions aussi une forte basse-cour !... Les pionniers boufferaient du poulet !... De cette alimentation mixte Courtial était très partisan... La carne c'est bon pour la croissance !... Nous vêtirions, il va de soi, sans aucune difficulté, tous nos petits pupilles avec le lin de notre ferme !... tissé en chœur, en cadence, pendant les longues soirées d'hiver !... Ça sonne... Ça s'annonçait au mieux ! Une splendide ruche agricole ! Mais sous le signe de l'intelligence ! pas seulement de l'instinct ! Ah ! Des Pereires tenait beaucoup à cette distinction ! Il voulait que ça soye rythmique !... fluent ! intuitif !... Des Pereires résumait ainsi la situation. Les enfants de la « Race Nouvelle » tout en s'amusant, s'instruisant de droite à gauche, se fortifiant les poumons, nous fourniraient avec joie une main- d'œuvre toute spontanée !... rapidement instruite et stable, entièrement gratuite !... mettant ainsi sans contrainte leur juvénile application au service de l'agriculture... La « Néo-Pluri-Rayonnante »... Cette grande réforme venait du fond, de la sève même des campagnes ! Elle fleurissait en pleine nature ! Nous en serions tous embaumés ! Courtial s'en reniflait d'avance !... On comptait sur les pupilles, sur leur zèle et leur entrain, tout à fait particulièrement, pour arracher les mauvaises herbes ! extirper ! défricher encore !... Vrai passe-temps pour des bambins !... Torture infecte pour des adultes !... Des Pereires alors, dispensé par cet industrieux afflux des mesquineries de la basse culture, pourrait s'adonner totalement aux mises au point très délicates, aux infinis tatillonnages de son « groupe polarisateur » !... Il gouvernerait les effluves ! Il ne ferait plus autre chose ! Il inonderait, accablerait notre sous-sol de tous les torrents telluriques !...

Notre programme se présentait bien... Nous en fîmes parvenir dix mille d'un quartier à l'autre... Sans doute venait-il combler bien des vœux latents ?... Mille désirs inexprimés... Toujours est-il que nous reçûmes presque immédiatement des lettres, des réponses à foison... avec truculents commentaires... presque tous extrêmement flatteurs... Ce qui sembla le plus remarquable à la plupart des adhérents, ce fut l'extrême modicité de nos prétentions financières... Nous avions, c'est bien exact, calculé au dernier carat... Il eût été fort difficile de faire plus avantageux... Ainsi pour conduire un pupille, depuis la petite adolescence (sept ans minimum) jusqu'au régiment, lui assurer gîte et couvert, pendant treize années de suite, lui développer le caractère, les poumons, l'esprit, les bras, lui donner le goût de la nature, lui apprendre un si grand métier, le doter enfin et surtout, à la sortie du Phalanstère, d'un splendide et valable diplôme d' « Ingénieur Radiogrométrique », nous ne demandions aux parents en tout et pour tout qu'une somme globale, définitive, de quatre cents francs !... Cette somme, cette rentrée immédiate, devait faire l'achat du laiton, la mise en état du circuit... la propagation souterraine... En précipitant nos cultures l'avenir nous appartenait !... Nous ne demandions pas l'impossible !... Pour commencer... en pommes de terre... quatre wagons par mois.

* * *

Aussitôt qu'une entreprise prend un petit peu d'envergure, elle se trouve ipso facto en butte à mille menées hostiles, sournoises, subtiles, inlassables... On peut pas dire le contraire !... La fatalité tragique pénètre dans ses fibres mêmes... vulnère doucement la trame, si intimement que, pour échapper au désastre, ne pas finir en carambouille, les plus astucieux capitaines, les conquérants les plus crâneurs ne peuvent et ne doivent compter, en définitive, que sur quelque étrange miracle... Telle est la nature et l'antienne, la conclusion véridique des plus admirables essors... Rien à chiquer dans les cartes !... Le génie humain n'a pas la veine... La catastrophe du Panama ?... c'est la leçon universelle !... doit porter à résipiscence les plus énormes culottés !... les faire salement réfléchir sur l'ignominie du sort !... Les troubles prémices de la Poisse ! Ouah ! Les malfaisances contingentes... Le Destin bouffe les prières comme le crapaud bouffe les mouches... Il saute après ! il les écrase ! les bousille ! les gobe ! Il se régale, se les fait revenir en minuscules petites fientes, en boules ex- votives pour la demoiselle à marier.

Nous autres, à Blême-le-Petit, toutes proportions bien sûr gardées, nous écopâmes largement... dès le début des opérations... D'abord le notaire de Persant... Il est venu à la charge presque chaque tantôt... et de façon fort menaçante... Pour qu'on lui liquide son reliquat !... Il avait lu dans les canards un reportage sensationnel sur nos magnifiques expériences !... Il croyait à des ressources occultes... Il nous estimait tout bourrés !... Il exigeait le solde immédiat pour sa ferme en capilotade, les terrains marneux ! Et puis tous nos créanciers du Palais-Royal... ils pétaradaient d'impatience... Taponier aussi !... Lui si gentil pour commencer, il devenait fumier comme personne !... Il lisait aussi les journaux !... Il avait compris cette raclure, qu'on se beurrait dans les Subventions !... Qu'on émargeait rue de Grenelle !...

En plus des nombreux manuscrits pour les « Recherches » à entreprendre nous étions criblés à nouveau de papiers timbrés !... de tous les ressorts !... nous nous trouvions à un poil de plusieurs jolies saisies !... Avant d'avoir vu seulement la couleur d'une première patate ! Les gendarmes en ont profité pour venir un peu en excursion comme ça, pour se rendre compte de nos petites dégaines, de nos manières étonnantes... Nos fins prospectus « pour la Race » ils avaient un peu ému les gens du Parquet... L'Inspecteur d'Académie, encore un jaloux forcément, il avait émis certains doutes quant à nos droits d'ouvrir école !... C'était son affaire de douter ! Ils se sont montrés qu'à moitié vaches en définitive. Ils ont seulement, c'était fatal, saisi la belle occasion, pour nous avertir, gentiment d'ailleurs, qu'il vaudrait mieux tout compte fait, qu'on s'en tienne au genre « garderie »... « colonie de vacances »... voire sanatorium... Que si on insistait beaucoup sur le côté pédagogique... On se mettrait immanquablement toutes les Autorités à dos !...

Dilemme délicat s'il en fut !... Périr ?... Enseigner ?... Nous réfléchissions... nous n'étions pas très décidés... Quand un groupe de parents fouineurs nous arrive un tantôt, un dimanche, par la route, à pied, vers les quatre heures pour se faire leur opinion propre... Ils examinèrent avec soin les locaux, toutes les dépendances, l'allure générale du domaine... Jamais nous ne les revîmes !...

Ah ! Nous perdions un peu l'espoir ! Tant de courants si contraires ?... Cette incompréhension infecte !... Cette malveillance incarnée ! Ah ! C'était trop là, vraiment !... Et puis un beau jour, à la fin quand même, le ciel s'éclaircit !... Nous reçûmes presque coup sur coup dix-huit adhésions enthousiastes !... Des parents très conscients alors, qui maudissaient franchement la ville, son air empesté ! Ils nous donnaient franchement raison !... Ils militaient immédiatement, pour notre réforme « Race Nouvelle »... Ils nous envoyaient leurs loupiots avec un acompte du « forfait » pour qu'on les incorpore tout de suite à la phalange agricole !... Cent francs par-ci deux cents par-là... Le reste à venir !... Que des acomptes !... Pas une seule fois la somme entière ! Ça serait pour plus tard, qu'ils promettaient... Des bonnes volontés en somme ! Des dévouements très réels... mais un peu obscurs... L'économie, la prévoyance... et puis trois quarts de méfiance !...

Enfin les mômes ils étaient là !... quinze en tout... neuf garçons... six filles... Trois manquèrent toujours à l'appel. C'était mieux de faire un petit peu gaffe aux conseils du Juge Suppléant... C'était la sagesse !... Par la ruse d'abord ! Un peu de prudence nous ferait pas de mal... Plus tard, l'expérience réussie, les choses s'imposaient d'elles-mêmes !... On viendrait nous supplier !... Là on déploierait notre drapeau...

« La Race Nouvelle, fleur des sillons ».

Avec ce qu'ils amenaient comme pèze, les gniards de ce premier renfort, on pouvait pas s'acheter grand-chose ! même pas tous les lits nécessaires ! même pas les matelas !... On a tous couché dans la paille... à l'égalité !... Filles d'un côté... Garçons d'un autre... On pouvait plus maintenant quand même les renvoyer chez leurs parents !... Le petit flouze tombé dans la masse il a pas duré huit jours... Il était déjà spéculé dans une douzaine de directions... Ça n'a pas traîné ! Le notaire à lui tout seul en a revendiqué les trois quarts !... Le reste est parti pour le cuivre... Peut-être à peu près cinq bobines... mais du grand modèle !... montées sur chevalet déroulable.

* * *

Notre grosse mignonne, elle avait planté dès le début, en prévision des malheurs, une sorte de patate extra, qui poussait même en plein hiver... Il existait pas plus robuste... Si nous supposions le pire... que les effluves à Courtial ne donnent pas tout ce qu'on attendait... on pourrait récolter quand même... Ça serait bien extraordinaire qu'il les empêche de germer !... Ça se serait jamais vu ! On a tous foncé au boulot... On a enroulé des fils partout où il nous disait... Pour un peu, pour être plus sûr, au pied de chaque patate on aurait tortillonné trois, quatre guirlandes de laiton !... Ce fut un travail mémorable !... Surtout comme c'était disposé à plein flanc de coteau... en plein vent du Nord !... Dans la bise la plus coupante nos mômes ils s'amusaient tout de même ! Le principal pour eux, c'était qu'ils soyent constamment dehors ! pas une minute à l'intérieur ! Presque tous, ils venaient de la banlieue... Ils étaient pas obéissants. Surtout un petit maigre, le Dudule, qui voulait toucher toutes les filles... Il fallait qu'on le couche entre nous... Ils ont commencé à tousser. Notre grosse chérie heureusement qu'elle savait un peu de médecine, elle les couvrait de cataplasmes de la tête aux pieds !... Ça leur était bien égal qu'on leur arrache même les peaux ! pourvu qu'on les enferme pas !... C'est dehors qu'ils voulaient être !... Toujours et quand même !... Nous bouffions à la grande tambouille !... On s'appuyait des soupes énormes !...

Après trois semaines de labeur, l'immense champ des pommes de terre fut entièrement canevassé en laiton à « sol frisant » avec mille raccords pointilignes... C'était du travail « pine de mouche »... Le courant !... Des Pereires n'avait plus qu'à lancer la sauce à travers les fibres du réseau !... Ah !... Il a déclenché son bastringue... Il leur a foutu aux patates... dès le premier quart d'heure... des séries de secousses terribles... des puissantes décharges, très « intensivement telluriques »... Et puis alors, encore entre, des petites saccades « alternatives »... Il se relevait même au milieu de la nuit, pour leur refoutre des coups de rabiot, pour les stimuler plus à bloc, les exciter au summum. Ça l'inquiétait la grande chérie de le voir sortir comme ça dans le froid... Elle se réveillait en sursaut... Elle lui criait de se couvrir.

* * *

Ça marchait comme ça, tant bien que mal, depuis près d'un mois, quand à un moment notre Courtial il s'est cherché des excuses... C'était le très mauvais signe !...

« J'aurais préféré qu'il a dit, essayer quand même avec des poireaux !... » Il répétait ça devant sa vieille, et de plus en plus souvent !... Il voulait voir la réaction... « Que dirais-tu des radis ?... » Sa femme le regardait de travers, elle relevait un peu son galure... elle aimait pas qu'il insinue... Les jeux étaient faits, Nom de Dieu !... Il fallait plus qu'il se défile !

Nos pionniers eux ils prospéraient, ils profitaient de l'indépendance !... On leur imposait pas de contrainte, ils faisaient en somme tout ce qu'ils voulaient !... même leur discipline... eux-mêmes !... Ils se foutaient des raclées terribles... Le plus petit, c'était le plus méchant, toujours le Dudule avec ses sept ans et demi !... L'aînée du troupeau ça nous faisait presque une jeune fille : la Mésange

Rimbot, la blonde aux yeux verts, avec des miches bien ondoyeuses et des nénés tout piqueurs... Mme des Pereires, qu'était pas extrêmement naïve elle, s'en méfiait bien de la donzelle ! surtout au moment de ses règles !... Elle lui avait aménagé une sorte de bat-flanc spécial dans un coin de la grange, pour qu'elle soye bien seule à dormir tout le temps qu'elle avait ses ours ! Ça l'empêchait pas de trafiquer... y avait des appels de nature avec les morveux. Le râleux facteur l'a surprise un soir, derrière la chapelle, à l'extrémité du hameau qui prenait joliment son pied avec Tatave, Jules et Julien !... Ils étaient tous les quatre, ensemble !...

En abjection, qu'il nous avait ce facteur Eusèbe, à cause toujours du parcours... Il l'avait pas eu son vélo de l'administration... Pour avoir un neuf, il fallait qu'il attende deux ans... Il avait pas droit... Il pouvait plus nous piffer... Il nous réclamait des chaussures, nous qu'en avions pas !... Forcément allant tout doucement il biglait les moindres détails. Le jour qu'il a paumé les mômes en train de s'amuser... il est revenu sur ses pas tout à fait exprès pour nous traiter de dégueulasses !... après qu'il a eu vu tout ça !... Comme si nous étions responsables ! C'est toujours ainsi les voyeurs... ça se régale d'abord à plein tube... ça en perd pas un atome et puis quand la fête est finie... alors ça s'indigne !... Il a trouvé à qui causer !... Nous avions bien d'autres soucis et autrement graves !

Dans notre hameau croulant où y avait plus du tout de trafic depuis près de vingt années... depuis l'histoire des pommes de terre ça n'arrêtait plus soudain la circulation... un défilé de curieux, incessant, du matin au soir. Les ragots, les fausses nouvelles, cavalaient tout le département... Ceux de Persant, ceux de Saligons, ils étaient aux premières loges, ils voulaient eux des spécimens, mille indications successives. Ils étaient intransigeants... Ils demandaient si c'était dangereux ? Si ça pouvait pas éclater notre système ? « pour vibrer la terre » ?... Des Pereires au fur et à mesure qu'on avançait dans l'expérience, que le temps passait... Il faisait montre d'une grande discrétion... Y avait des « si » et des « peut-être » qu'étaient vraiment des mots néfastes... des quantités... de plus en plus... C'était inquiétant... Ça lui arrivait pas souvent le truc des « si » et des « peut-être » au Palais-Royal... Une semaine à peu près plus tard il a fallu qu'il arrête la dynamo et le moteur... Il nous a dès lors expliqué que ça devenait assez critique de pousser maintenant davantage les ondes et les fils... Que c'était mieux un petit arrêt... qu'on reprendrait un peu plus tard... après un repos. Des ondes comme les telluriques pouvaient engendrer très bien certains désordres individuels... on ne savait pas... des répercussions absolument imprévisibles... bouleversant la physiologie... Personnellement des Pereires il ressentait la saturation... Il avait déjà des vertiges...

Les cultivateurs, les curieux, en entendant des phrases pareilles ils commençaient à tiquer, ils se retiraient fort inquiets. Du coup, y a encore eu des plaintes ! Les gendarmes sont revenus nous voir... mais y avait pas grand-chose à dire sur notre phalanstère... Les enfants ne souffraient de nulle part... aucun n'était tombé malade... On avait perdu seulement nos sept lapins ! une épizootie bien brutale ! Peut-être qu'ils résistaient pas au climat ?... à la nourriture ?... Enfin les gendarmes sont repartis... Nos chers pionniers peu après ça, ils en ont eu marre tout à fait de notre ordinaire pour Spartiates... Ils ont rouscaillé tant et plus. Ils étaient insubordonnés... Il fallait bien qu'ils forcissent !... Ils auraient bouffé tout le canton... Ils ont choisi des expédients... C'était leur initiative... Un jour, ils nous ont ramené trois bottes de carottes... et le lendemain une caisse de navets... Des fayots veux-tu en voilà ! Tout ça pour la soupe ! Ça remontait bien la tambouille !... Enfin une petite douzaine d'œufs et trois livres de beurre et du lard... Nous n'en avions plus il faut le dire !... C'est pas une maraude de luxe ! une affaire de vice !... Mme des Pereires elle pouvait presque plus sortir depuis la culture intensive, elle était tout le temps aux « circuits » en train de réparer pour que ça passe... Elle allait plus à Persant qu'une fois par semaine. À table personne n'a tiqué... On s'est régalé copieusement !... C'était le cas de force majeure !... Le lendemain en plus, ils ont ramené une vieille poule !... Toute déplumée... Elle est vite devenue bouillon... Festins pour festins, ça manquait un petit peu de pinard... on n'a pas nettement suggéré... mais enfin cependant malgré tout dans les jours suivants il y a eu de l'aramon sur la table... et quelques crus très divers... Où qu'ils trouvaient tout ça les mômes ?... on demandait rien !... pas d'explications... Le feu au bois c'est très joli, mais c'est pas extrêmement commode. C'est compliqué à entretenir, ça consume trop à la fois, il faut tout le temps ranimer... Ils ont découvert des boulets... Ils trimbalaient ça en brouette à travers les champs... On a eu un foyer superbe... Seulement on jouait les périls ! On comptait sur nos pommes de terre pour tout rétablir l'équilibre... L'Honneur et le reste !... Esquiver les pires représailles !...

On allait les voir ces patates, on les surveillait comme des vrais bijoux, on en arrachait une par heure... pour se rendre mieux compte !... Le truc des effluves on l'a remis en marche... Il ronronnait presque jour et nuit !... Ça nous coûtait beaucoup d'essence, on voyait pas beaucoup de progrès... Les patates que ramenaient les mômes, les légumes de « fauche » étaient toujours beaucoup plus beaux !...

Des Pereires, il l'a bien remarqué. Ça le rendait encore plus perplexe... Pour lui c'était notre laiton qui n'avait pas la qualité... Il était pas si conductible qu'on avait cru de prime abord... pas tant qu'il aurait fallu... C'était bien possible.

* * *

À la Grosse Boule on y est retournés... Qu'une seule fois pour voir... Bien mal nous en prit, Nom de Dieu ! Comme on a reçu un sale accueil ! Agathe, la bonniche, elle était plus là, elle était partie en bombe avec le tambour de la ville, un père de famille !... Ils s'étaient mis ensemble « au vice »... C'est moi qu'on rendait responsable de cette turpitude ! Dans le village et les environs, tout le monde m'accusait... et tous pourtant l'avaient tringlée !... Y avait pas d'erreur ! Je l'avais pervertie ! qu'ils disaient... Ils voulaient plus nous connaître ni l'un ni l'autre !... Ils refusaient de jouer avec nous... Ils voulaient plus écouter « nos partants » pour Chantilly... À présent c'était le coiffeur en face de la Poste qui ramassait tous les enjeux !... Il avait repris tout notre système, avec les enveloppes et les timbres...

Ils savaient encore bien d'autres choses, les gens de la Grosse Boule à propos de nos putrides instincts !... Ils savaient, en particulier, qu'on se nourrissait sur l'habitant !... Les poulets qu'on retrouvait plus à vingt kilomètres à la ronde... Le beurre de même et les carottes !... C'était nous les romanichels !... Ils nous l'ont pas dit très clairement, parce qu'ils étaient des hypocrites... Mais ils se faisaient des réflexions absolument allusoires à propos de coups de fusil qui seraient pas volés pour tout le monde... pour des ramassis de feignasses qui finiront quand même au bagne !... Ainsi soit-il !... Enfin des remarques désagréables... On est repartis sans se dire « au revoir »... On avait bien deux heures de route pour rentrer chez nous à Blême... On avait tout le temps de repenser à ce frais accueil !...

Ça ne s'arrangeait pas très bien... ça ne ronflait pas nos entreprises... Des Pereires se rendait bien compte... Je croyais qu'il allait m'en causer... mais il a parlé de tout autre chose, chemin faisant... Des étoiles et des astres encore... de leurs distances et satellites... des jolies féeries qui s'enlacent pendant qu'on roupille d'habitude... De ces constellations si denses qu'on dirait des vrais nuages d'étoiles...

On marchait depuis assez longtemps... il commençait à s'essouffler... Il se passionnait toujours bien trop quand il était question du ciel et des trajets cosmogoniques... Ça lui montait à la tête... Il a fallu qu'on ralentisse !... On a grimpé sur un talus... Il cherchait son souffle... On s'est assis là.

« Tu vois Ferdinand je ne peux plus... Je ne peux plus faire deux choses à la fois... Moi qu'en faisais toujours trois ou quatre... Ah ! C'est pas drôle Ferdinand !... c'est pas drôle !... Je ne dis pas la vie Ferdinand mais le Temps !... La vie c'est nous, ça n'est rien... Le Temps ! c'est tout !... Regarde donc les petites " Orionnes "... Tu vois "Sirius" ? près du "Fléau" ?... Elles passent... Elles passent... Elles vont bien là-bas les retrouver les grandes lactéennes d'Antiope... » Il en pouvait plus... ses bras retombaient sur ses genoux... « Tu vois Ferdinand par une soirée comme celle-ci j'aurais pu retrouver Bételgeuse... une nuit de vision quoi ! une vraie nuit de cristal !... Peut-être qu'avec le télescope nous pourrions encore... Par exemple c'est le télescope que je suis pas près de retrouver !... Ah ! Nom de Dieu ! Quel foutu fatras quand j'y pense !... Ah ! crois-tu Ferdinand ? Ah ! crois-tu ?... Ah ! Dis donc t'as bien mordu ça ?... »

Il en rigolait au souvenir... J'ai rien répondu... Je voulais pas être responsable de lui redorer la pilule... Quand il reprenait plein optimisme il faisait plus que des conneries... Il a continué à me parler comme ci comme ça...

« Ferdinand ! Tu vois, mon brave... Ah ! Je voudrais bien être ailleurs ! Ailleurs tu sais tout à fait !... Ailleurs ! que... ça serait... quoi... » Il refaisait encore des gestes, il décrivait des paraboles... Il promenait les mains dans les voies lactées... haut, très haut dans les atmosphères... Il retrouvait encore une cligneuse... une petite chose à m'expliquer... Il voulait encore... mais il pouvait plus... Ses mots raclaient trop... C'est la poitrine qui le gênait... « Ça me donne de l'asthme moi l'automne ! » qu'il a fait la remarque... Il s'est tenu alors tranquille... Il s'est endormi un petit peu... ratatiné comme ça dans l'herbe... À cause du froid je l'ai réveillé... Peut-être une demi-heure plus tard... On est repartis tout doucement.

* * *

Jamais on avait vu des mômes prospérer si bien... si vite que les nôtres, devenir si costauds, musculaires, depuis qu'on bâfrait sans limite !... C'était des ratatouilles énormes ! des véritables goinfreries ! et tous les moujingues au pinard !... Ils acceptaient pas de réprimandes ! aucun conseil !... Ils voulaient pas qu'on se caille pour eux !... Ils se débrouillaient parfaitement seuls !...

Notre terreur c'était la Mésange, qu'elle se fasse foutre en cloque un beau jour par un des arsouilles !... Il lui passait des airs rêveurs qui signifiaient les pires périls !... Mme des Pereires y pensait tout le temps... C'est elle qui traçait des croix sur le calendrier pour quand ses ours devaient revenir.

Les pionniers, ils manigançaient, trifouillaient dans les basses-cours et les granges du matin au soir ! Ils se relevaient si ils voulaient... Ça dépendait de l'état de la lune... Ils nous racontaient un petit peu... Nous nos travaux d'agriculture ça se passait plutôt dans la matinée... Question de trouver la pitance, ils étaient devenus, nos mignards, merveilleux d'entrain, d'ingéniosité... Ils étaient partout à la fois, dans tous les sillons... Et cependant on les voyait pas !... Ils jouaient aux Peaux-Rouges pour de bon ! Ils étaient pétulants d'astuce. Au bout de six mois de reconnaissances et de pistages miraculeux dans tous les terrains variés, ils possédaient jusqu'à la fibre l'orientation à l'estime, le dédale des plus fins détours, les secrets des moindres abris ! La position de toutes les mottes !... mieux que les lièvres du terroir !... Ils les pinglaient à la surprise !... C'est tout dire !

Sans eux d'abord c'était bien simple, nous serions crevés misérables !... On était complètement « fleur » ! Ils nous en foutaient plein le caisson... ils s'amusaient de nous voir grossir ! On leur faisait que des compliments...

Notre grande mignonne rongeait son frein... Elle aurait voulu dire un mot... C'était plus possible ! La question d'aliment ça prime. Les mômes barrés on calanchait !... La campagne c'est impitoyable... Jamais un mot de commandement ! Toujours toute initiative !... Le père de Raymond, un lampiste du secteur de Levallois, c'est le seul qui soit venu nous voir pendant le premier hiver... Ça lui était plus facile parce qu'il avait des « permis »... Il le reconnaissait plus son Raymond ! tellement qu'il le trouvait costaud !... Lui qu'était arrivé chétif, à présent c'était un champion !... On lui a pas tout raconté... Il était magnifique Raymond, il avait pas son pareil pour la « fauche » des œufs... Il les refaisait sous la poule... sans la faire couaquer !... La main de velours... Le père c'était un honnête homme, il voulait nous régler sa dette... Il parlait aussi maintenant qu'il était devenu si mastard, si parfaitement fortifié son môme le Raymond de le ramener à Levallois. Il lui trouvait assez bonne mine !... Nous n'avons pas toléré...

Y a eu la résistance farouche !... On lui a fait cadeau de son flouze... il nous devait encore trois cents balles... à la seule exacte condition qu'il laisserait encore son loupiot apprendre à fond l'agriculture !... Il pesait de l'or ce petit gniard-là... On voulait pas du tout le perdre ! Et le môme il était bien heureux de rester avec nous... Il demandait pas à changer... Ainsi la vie s'organisait... On nous détestait partout à vingt kilomètres à la ronde, on nous haïssait, à plein bouc, mais quand même dans notre solitude à Blême-le-Petit, c'était extrêmement difficile de nous poirer flagrant délit !...

La grosse mignonne, elle grandissait plus que tous les autres du fruit des larcins ! Elle avait donc plus rien à dire !... Son champ, il la nourrissait pas ! ni son chapeau ! ni sa culotte ! Elle poussait des drôles de soupirs quand elle avait sucé sa « fine »... Elle en revenait pas de s'être habituée peu à peu à ces flibusteries innommables !... Elle s'était mise à l'alcool... peut-être de chagrin rentré ?... Le petit verre... un autre... peu à peu le pousse-café !... « Que le destin s'accomplisse ! qu'elle en soupirait... Puisque tu n'es bon à rien ! » Elle s'adressait à Courtial.

Dans notre grenier, dans notre sous-sol, et dans un réduit du hangar nous accumulions la victuaille !... Les mômes ils se faisaient des concours à qui rapporterait davantage dans une seule journée !... Nous pouvions étaler six mois... soutenir plusieurs sièges en règle... on était pourvus !... Épicerie ! bibine ! margarine ! absolument tout !... Mais on était dix-huit à table ! dont seize en croissance ! Ça cache quelque chose ! surtout au « service en campagne ! »...

Deux pionnières, onze et douze ans, avaient ramené avec elles, près de quatorze bidons d'essence ! pour le moteur du patron. Il en rayonnait de bonheur ! Le lendemain, c'était le jour de sa fête, les autres mômes sont revenus de Condoir-Ville, à sept kilomètres de chez nous, avec un grand panier de babas, d'éclairs et gaufrettes ! Des « saint-honorés » en tous genres et apéritifs assortis ! En plus, pour qu'on se marre doublement, ils nous rapportaient les factures avec les timbres acquittés !... C'était ça le comble des finesses ! Ils avaient tout payé comptant !... Nos chers débrouillards ! Ils piquaient maintenant du pognon dans la pleine campagne !... où il traîne pas dans les champs ! C'était merveilleux à vrai dire ! Là encore on n'a pas fait ouf. Nous n'avions plus d'autorité. Seulement des pareilles astuces ça laisse quand même des petites traces... Deux jours plus tard les gendarmes sont venus demander le grand Gustave et la petite Léone... Ils les embarquaient à Beauvais... Y avait pas à protester... Ils s'étaient fait pingler ensemble sur un portefeuille !... C'était un piège pur et simple !... Et sur le rebord d'une croisée !... Un véritable guet-apens !... Y avait eu constat d'office !... Quatre témoins !... C'était pas niable... ni arrangeable six-quatre-deux !... Le mieux c'était de jouer la surprise, l'étonnement... l'horreur ! On a joué tout ça.

* * *

Ils ont arrêté notre Lucien, notre petit frisé, quatre jours plus tard !... Et sur simple dénonciation ! Une affaire de cage à poules !... la semaine suivante ils sont venus chercher « Philippe-Œil-de-Verre »... Mais y avait pas de preuves contre lui... Ils ont été forcés de nous le rendre !... Quand même c'était l'hécatombe ! On sentait bien que les péquenots toujours si longs à se résoudre, ils s'étaient juré à présent de ruiner toute notre entreprise... Ils nous exécraient à bloc !... Ils menaçaient d'ailleurs de brûler notre tôle entière, avec nous tous dans l'intérieur !... On avait ce tuyau-là d'Eusèbe... Roustir comme des rats c'était l'idéal !... Ils voulaient plus qu'on trafique...

C'est la grosse mignonne qu'a subi le premier choc des populaces insurgées... Il a fallu qu'elle se trisse du marché de Persant... Elle voulait faire un peu de négoce, leur refiler un plein panier d'œufs superbes de « seconde main »... Ça n'a pas collé du tout ! Ils ont reconnu la provenance... Ils sont devenus intraitables ! délirants de hargne et vindicte !... Elle s'est carrée à toutes pompes ! Il était moins deux qu'on la baigne... Elle est rentrée au hameau entièrement décomposée !... Elle s'est fait bouillir aussitôt une grande cafetière de son mélange, un genre d'infusion, de la verveine plus de la menthe et un petit tiers de banyuls... Elle prenait goût aux choses fortes... surtout aux vins cuits... quelquefois même au vulnéraire !... Ça la remontait extrêmement vite. C'était un mélange indiqué par diverses sages-femmes de l'époque... le meilleur cordial pour les « gardes »...

On était tous là, autour d'elle, en train de commenter l'agression... on étudiait les conséquences !... Les bouteilles étaient sur la table... Le brigadier rentre !... Il se met de suite à nous agonir... Il nous défend tous qu'on bouge.

« On viendra tous vous chercher à la fin de la semaine prochaine ! Ça suffit la Comédie ! La mesure est plus que comble ! On vous a bien assez prévenus !... Samedi ! que vous irez au Canton ! votre affaire elle est claire à tous !... Si j'en rencontre encore une seule de vos petites frappes à la traîne... S'ils s'éloignent encore du hameau... Ils seront illico coffrés ! Illico ! C'est net ?... C'est compris ?... »

Le Procureur, paraît-il, avait déjà entre les mains toutes les charges pour vingt ans de bagne !... Pour Courtial ! Madame ! et moi-même ! Les motifs ne manqueraient pas !... Rapts d'enfants !... Libertinages !... Grivèleries diverses !... Infraction aux jeux... Fausses déclarations contribuables... Plusieurs attentats aux mœurs... Cambriolages !... Escroqueries !... Rapines nocturnes !... Recel de mineurs !... Enfin y avait la cascade... un choix très complet !... Il nous assommait le brigadier !... Seulement Mme des Pereires ébranlée d'abord ça se comprend, elle se sentait déjà beaucoup mieux... Elle a fait ni ouf ! ni yop !... elle a rebondi comme un seul homme ! Elle a fait front complètement... Elle s'est redressée tout soudain... d'une impulsion si véhémente, si farouchement indignée, tellement gonflée par la colère, que le brigadier en vacilla... sous la charge !... Il en croyait plus ses oreilles !... Il clignait des yeux... Elle le fascinait, c'est le mot... Elle ripostait en des termes qu'étaient plus du tout réfutables ! Jamais ce sale plouc il aurait cru... Elle l'accusait à son tour d'avoir fomenté en personne toute la révolte des péquenots !... Toute cette jacquerie abominable ! C'était lui, le grand responsable... Ébaubi ! Cinglé ! fustigé, il en chancelait dans ses bottes... Méprisante et sardonique, elle le traitait de « pauvre malheureux ! »... Il se tenait sur la défensive... Il avait plus un mot à dire... Elle est allée remettre son chapeau... Elle se dandinait haute devant l'homme, montée en colère de cobra !... Elle l'a forcé à reculons... Elle l'a foutu à la porte. Il a barré comme un péteux. Il est remonté en bicyclette, il est reparti en zigzag d'un bord à l'autre de la route... Il vadrouillait loin dans la nuit avec son petit lampion rouge... On l'a regardé disparaître... Il pouvait plus s'en aller droit.

* * *

Une de nos pionnières, la Camille, pourtant une petite futée, s'est fait poirer trois jours plus tard dans le jardin du Presbytère, à Landrezon, une vilaine brousse de l'autre côté de la forêt. Elle se sautait juste de la cuisine avec un fromage parmesan, des écrevisses et de la prunelle... deux bouteilles... Elle avait pris ce qu'elle trouvait... Et puis les burettes de la messe... Ça c'était le plus grave ! en argent massif !... Ça c'était du flagrant délit !... Ils l'avaient tous courue la môme... Ils l'avaient coincée sur un pont... Elle en reviendrait plus la minette ! Elle était bouclée à Versailles !... Le facteur cet affreux aspic il a pas omis de venir immédiatement nous raconter... Il a fait un détour exprès !... Ça devenait extravagant notre situation... notre voltige... Il fallait pas être très mariole pour bien se gourer d'ores et déjà, que tous les mômes du phalanstère ils seraient marrons dans l'aventure... Ils se feraient paumer un par un au ravitaillement... même en décuplant les prudences... même en sortant seulement la nuit...

On s'est serré en nourriture, on a fait de plus en plus gaffe... Y avait plus lerche de margarine, ni d'huile, ni de sardines non plus... qu'on aimait énormément... C'est par le thon et les sardines qu'on a recommencé à pâtir... On pouvait plus faire de pommes frites !... On restait derrière nos persiennes... On surveillait les abords... On se méfiait d'être à la « brune » ajusté par un paysan... Il s'en montrait de temps à autre... Ils passaient avec leurs fusils le long des fenêtres, en vélo... Nous aussi on avait un flingue, un vieux canard chevrotine à deux percuteurs... et puis un pistolet à bourre... L'ancien fermier précédent il avait laissé les deux armes... Elles étaient toujours accrochées après la hotte, après un clou dans la cuistance.

Des Pereires, comme ça certain soir, comme on avait plus rien à faire et qu'on pouvait même plus sortir, il l'a redescendu le vieux flingot... il s'est mis à le nettoyer... à passer à la mèche avec une ficelle dans les deux canons... avec du pétrole... à faire marcher la gâchette... Je l'ai senti venir moi l'état de siège...

* * *

Il nous en restait plus que sept... quatre garçons, trois filles... On a écrit à leurs parents si ils voulaient pas nous les reprendre ?... que notre expérience agricole nous réservait quelques mécomptes... Que des circonstances imprévues nous obligeaient temporairement à renvoyer quelques pupilles.

Ils ont même pas répondu ces parents fumiers ! Absolument sans conscience !... Trop heureux qu'on se démerde avec... Du coup on a demandé aux mômes si ils voulaient qu'on les dépose dans un endroit charitable ?... Au Chef-Lieu du canton par exemple ?... En entendant ces quelques mots ils se sont rebiffés contre nous et de façon si agressive, si absolument rageuse, que j'ai cru un moment que ça finirait au massacre !... Ils voulaient plus rien admettre... Tout de suite on a mis les pouces... On leur avait donné toujours beaucoup trop d'indépendance et d'initiative à ces gniards salés pour pouvoir maintenant les remettre en cadence !... Haricots ! Bigorne !... Ils s'en branlaient d'aller en loques et de briffer au petit hasard... mais à quoi ils renâclaient horrible c'est quand on venait les emmerder !... Ils cherchaient même plus à comprendre !... Ils s'en touchaient des contingences !... On avait beau leur expliquer que c'est pas comme ça dans la vie... qu'on a tous nos obligations... que les honnêtes gens vous possèdent... tout au bout du compte... que de piquer à droite, à gauche, ça finit quand même par se savoir !... que ça se termine un jour très mal... Ils nous envoyaient rejaillir avec nos salades miteuses... Ils nous trouvaient fort écœurants... bien affreux cafards !... Ils refusaient tout ce qu'on prétendait... Ils refusaient d'entendre... Ça faisait une « Race Nouvelle » pépère. Dudule le mignard de la troupe, il est sorti chercher des œufs... Raymond osait plus... Il était devenu trop grand... C'était un « radeau de la Méduse » le petit gniard Dudule... On faisait des vœux... des prières... tout le temps qu'il était dehors... pour qu'il revienne indemne et garni... Il a ramené un pigeon, on l'a bouffé cru tout comme avec des carottes itou... Il connaissait sa campagne mieux que les chiens de chasse le Dudule !... À deux mètres on le repérait plus... Des heures... qu'il restait planqué pour calotter sa pondeuse... Sans lacet ! sans boulette ! sans cordon !... Avec deux petits doigts... Cuic ! Cuic !... Il me montrait la passe... C'était exquis comme finesse... « Tiens, dix ronds que je te la mouche... et tu l'entends pas ! »... C'était vrai, on entendait rien.

* * *

On a eu deux fenêtres de cassées dans la même semaine... D'autres péquenots en bicyclette qui passaient exprès en trombe... Ils nous lapidaient de plus en plus... Ils se planquaient, ils revenaient encore... Ça devenait infect comme rancune... Et on se tenait pourtant peinards !... On ripostait rien du tout !... Et on aurait certainement dû... c'était de la provocation !... Un bon coup de tromblon dans les fesses ! Nos pionniers, ils se montraient plus... Ils sortaient seulement avant l'aube, juste à peine une heure ou deux entre chien et loup... au tout petit matin pour y voir quand même un peu clair... Des clebs ils en avaient mis, les cultivateurs, dans tous les enclos du canton... Déchaînés, féroces, des monstres enragés !...

En plus, nous manquions bien de godasses pour ces terribles périples dans les sentiers en rocaille... C'était la torture !... Les mignards, même bien entraînés ils se coupaient souvent... Au petit jour, leurs fringues, sous la pluie, surtout comme ça début novembre, ça faisait des drôles de cataplasmes !... Ils toussaient de plus en plus fort... Ils avaient beau être solides et flibustiers et petites canailles !... ils étaient pas exempts de bronchite !... Dans les pistes de gros labours ils enfonçaient jusqu'aux fesses !... Au froid sec ils en pouvaient plus... C'était plus possible sans tatanes !... Ils auraient perdu leurs arpions... Au vent d'hiver, notre plateau, il prenait bien les bourrasques... C'était balayé du Nord !... Le soir on se réchauffait bien, mais on étouffait dans la crèche, tellement que la fumée bourrait !... rabattait du fond de la hotte !... C'était au bois tout humide, y avait plus de charbon depuis des semaines... on en pouvait plus... on éteignait tout !... On avait peur que ça reprenne... on jetait de l'eau sur les tisons... Les mêmes avaient plus qu'à se coucher...

Assez souvent vers minuit Courtial se relevait encore... Il pouvait pas s'endormir... Avec sa lanterne, la « sourde », il piquait vers le hangar, farfouiller un peu son système... le remettre pour quelques minutes en route... Sa femme tressautait dans sa paille, elle allait se rendre compte avec lui... Je les entendais se provoquer dans le fin fond de la cour...

Elle revenait après ça dare-dare... Elle me réveillait... Elle voulait me montrer les patates... Ah ! c'était pas très joli !... Celles qui poussaient dans les ondes... l'allure pustuleuse... répugnante !... Merde ! Elle me prenait à témoin !... Elles grossissaient pas beaucoup... C'était assez évident... J'osais pas trop faire la remarque... trop abonder dans son sens... mais je pouvais pas dire le contraire... Rongées... racornies, immondes bien pourries... et en plus pleines d'asticots !... Voilà les patates à Courtial !... On pourrait même pas les briffer... même dans la soupe pour nous autres... Et que nous étions pas difficiles !... Elle était parfaitement certaine, Mme des Pereires, que la culture était loupée...

« Et c'est ça, lui Ferdinand, qu'il prétend aller revendre aux Halles ? Hein ? Dis-moi ça !... À qui donc ?... C'est un comble ! Ah ! quelle culotte ! Je me demande un peu !... Où qu'il peut percher son connard qui va lui acheter des telles ordures ?... Où qu'il est donc cette bille de clown que je lui envoie une corbeille !... Ah ! dis donc, je voudrais le voir tout de suite !... Ah ! Il est blindé mon zébu ! Ah ! dis donc alors quand j'y pense !... Pour quoi qu'il doit me prendre ?... »

C'est vrai qu'elles étaient infectes !... Des patates pourtant fignolées !... Des provenances méticuleuses !... Choyées parfaitement jour et nuit !... Moisies tout à fait... grouillantes de vermine, des larves avec des mille-pattes... et puis une très vilaine odeur ! infiniment nauséeuse !... en dépit du froid intense... Ça même c'était pas ordinaire... C'était le phénomène insolite !... C'est l'odeur qui me faisait tiquer... La patate puante... ça se voit très rarement... Un coup de la malchance bien étrange...

Chutt ! Chutt !... que je lui faisais... Vous allez réveiller les gniards !...

Elle retournait au champ d'expérience... Elle emmenait avec elle son falot... et puis sa pelle-bêche... Il faisait du 8°... 10° au-dessous... Elle recherchait les plus véreuses, elle les arrachait une par une... Tant que ça pouvait ! jusqu'au petit jour...

* * *

Ce fut vraiment impossible de dissimuler très longtemps une telle invasion de vermine... Le champ grouillait, même en surface... La pourriture s'étendait encore... on avait beau émonder, extirper, sarcler, toujours davantage... ça n'y faisait rien du tout... Ça a fini par se savoir dans toute la région... Les péquenots sont revenus fouiner... Ils déterraient nos pommes de terre pour se rendre mieux compte !... Ils ont fait porter au Préfet des échantillons de nos cultures !... avec un rapport des gendarmes sur nos agissements bizarres !... Et même des bourriches entières qu'ils ont expédiées, absolument farcies de larves, jusqu'à Paris, au Directeur du Muséum !... Ça devenait le grand événement !... D'après les horribles rumeurs, c'est nous qu'étions les fautifs, les originaux créateurs d'une pestilence agricole !... entièrement nouvelle... d'un inouï fléau maraîcher !...

Par l'effet des ondes intensives, par nos « inductions » maléfiques, par l'agencement infernal des mille réseaux en laiton nous avions corrompu la terre !... provoqué le Génie des larves !... en pleine nature innocente !... Nous venions là de faire naître, à Blême-le-Petit, une race tout à fait spéciale d'asticots entièrement vicieux, effroyablement corrosifs, qui s'attaquaient à toutes les semences, à n'importe quelle plante ou racine !... aux arbres même ! aux récoltes ! aux chaumières ! À la structure des sillons ! À tous les produits laitiers !... n'épargnaient absolument rien !... Corrompant, suçant, dissolvant... Croûtant même le soc des charrues !... Résorbant, digérant la pierre, le silex, aussi bien que le haricot ! Tout sur son passage ! En surface, en profondeur !... Le cadavre ou la pomme de terre !... Tout absolument !... Et prospérant, notons-le, au cœur de l'hiver !... Se fortifiant des froids intenses !... Se propageant à foison, par lourdes myriades !... de plus en plus inassouvibles !... à travers monts ! plaines ! et vallées !... et à la vitesse électrique !... grâce aux effluves de nos machines !... Bientôt tout l'arrondissement ne serait plus autour de Blême qu'un énorme champ tout pourri !... Une tourbe abjecte !... Un vaste cloaque d'asticots !... Un séisme en larves grouilleuses !... Après ça serait le tour de Persant !... et puis celui de Saligons !... C'était ça les perspectives !... On pouvait pas encore prédire où et quand ça finirait !... Si jamais on aurait le moyen de circonscrire la catastrophe !... Il fallait d'abord qu'on attende le résultat des analyses !... Ça pouvait très bien se propager à toutes les racines de la France... Bouffer complètement la campagne !... Qu'il reste plus rien que des cailloux sur tout le territoire !... Que nos asticots rendent l'Europe absolument incultivable... Plus qu'un désert de pourriture !... Alors du coup, c'est le cas de le dire, on parlerait de notre grand fléau de Blême-le-Petit... très loin à travers les âges... comme on parle de ceux de la Bible encore aujourd'hui...

C'était plus du tout une simple rigolade... Courtial en a fait la remarque au facteur quand il a passé... C'était bien la moindre des choses qu'il dégueule un peu de venin l'Eusèbe « sans vélo »... « C'est ma foi Nom de Dieu possible ! » qu'il a répondu... Il a rien ajouté. Il devenait d'ailleurs cette peau de crabe, de plus en plus détestable. On avait plus une goutte à boire... rien à lui offrir... Il faisait affreux tout à fait... Quatorze kilomètres sans sucer !... Du coup, il devait nous jeter des sorts !... Il se tapait la route de Persant jusques à trois fois par jour ! Spécialement pour notre courrier !... On nous écrivait de partout, c'était pas notre faute !...

Elle en avait décuplé notre correspondance !... Des gens qui voulaient tout connaître... qui voulaient venir interviewer !... Et puis de nombreux anonymes qui nous régalaient pour leurs timbres !... Des tombereaux d'insultes !...

« Ça va ! ça va ! l'esprit fermente !... Regarde-moi toutes ces belles missives ! Et cent mille fois plus vermineuses que tout le sol de la planète !... Et pourtant tu sais y en a ! C'est bourré ! c'est plein ! La charogne veux-tu que je te dise ? Hein ? moi je vais te le dire... c'est tout ce qu'il faut supporter !... »

* * *

On s'est dit que peut-être quand même, en les faisant cuire à tout petit feu... en les gratinant nos patates... en les repassant dans la graisse... en les flattant plus ou moins... d'une certaine façon astucieuse... on arriverait bien peu à peu à les rendre malgré tout mangeables... On a essayé sur elles toutes les ruses de la tambouille... Rien rendait absolument... Tout allait se prendre en gélatine au fond de la casserole... Ça tournait au bout d'une heure... peut-être une heure trente en un énorme gâteau de larves... Et toujours l'odeur effrayante... Courtial a reniflé très longuement le résultat de nos cuistances...

« C'est de l'hydrate ferreux d'alumine ! Retiens bien ce nom Ferdinand ! Retiens bien ce nom !... Tu vois cette espèce de méconium ?... Nos terrains en sont farcis ! littéralement !... J'ai même pas besoin d'analyse !... Précipités par les sulfures !... Ça c'est notre grand inconvénient !... On peut pas dire le contraire... Regarde la croûte qui jaunit... Je m'en étais toujours douté !... Ces pommes de terre !... tiens !... moi je vais te le dire !... Elles feraient un engrais admirable !... Surtout avec de la potasse... Tu la vois la potasse aussi ?... C'est ça qui nous sauve ! La Potasse ! Elle adhère extraordinairement... Elle surcharge tous les tubercules !... Regarde un peu comme ils scintillent ! Discernes-tu bien les paillettes ?... L'enrobage de chaque radicule ?... Tous ces infimes petits cristaux ?... Tout ce qui miroite en vert ?... en violet ?... Les vois-tu ?... très exactement ?... Ça Ferdinand mon bon ami ce sont les Transferts !... Oui !... Les transferts d'Hydrolyse... Ah ! mais oui !... Ni plus !... Ni moins !... Les apports de notre courant... Oui, mon garçon !... Oui parfaitement !... La signature tellurique !... Ça, je peux pas mieux dire... Regarde bien de tous tes yeux ! Écarquille-toi maximum ! On peut pas te prouver davantage !... Aucun besoin d'autres preuves !... Les preuves ?... Les voilà Ferdinand !... Les voilà ! et les meilleures !... Exactement ce que je prédisais !... C'est un courant que rien n'arrête, ne dissémine ! ne réfracte !... Mais il se montre... ça, je l'admets, un peu chargé en alumine !... Un autre petit inconvénient !... mais passager !... très passager !... Question de température ! L'optima pour l'alumine c'est 12 degrés 0,5... Ah ! Oh ! Retiens bien ! Zéro ! cinq !... Pour ce qui nous concerne ! Tu me comprends ?... »

* * *

Encore deux semaines ont passé... On rationnait tellement le bout de gras qu'on faisait plus la soupe qu'une seule fois par jour... Il était plus question de sortir... Il pleuvait énormément... La campagne souffrait aussi... raplatissait sous l'Hiver... Les arbres en avaient la tremblote... Ils ramaient les fantômes du vent... Aussitôt vidées nos assiettes on retournait vite dans les tas de paille pour conserver notre chaleur !... On restait vautrés comme ça... des journées entières, tassés les uns dans les autres... sans ouvrir la bouche... sans nous dire un mot... Même le feu de bois ça ne réchauffe plus... quand on la pète à ce point- là... On toussait sous des quintes terribles. Et puis alors on devenait maigres... des jambes comme des flûtes... une faiblesse pas ordinaire... à ne plus bouger, plus mastiquer, plus rien du tout... C'est pas marrant la famine... Le facteur est plus revenu... Il avait dû recevoir des ordres... On se serait pas tellement déprimés si y avait eu encore du beurre ou même un peu de margarine... C'est indispensable en hiver !... Courtial c'est à ce moment-là qu'il a eu des drôles de malaises quand le froid est devenu si intense et qu'on mangeait de moins en moins... Il a eu comme de l'entérite et vraiment très grave... Il souffrait beaucoup du ventre... Il se tortillait dans la paille... Ça venait pas de la nourriture !... Il discutait à cause de ça avec la daronne et puis sur la question de lavements... Si c'était mieux qu'il en prenne ? ou qu'il en prenne pas du tout ?...

« Mais t'as rien dans le ventre !... qu'elle lui faisait... Comment veux-tu que ça te gargouille ?... La colique ça vient pas tout seul !...

Eh bien moi je te jure pourtant que je la sens passer ! Ah ! La saloperie... toute la nuit ça m'a éventré !... C'est des coliques sèches... On dirait qu'on me noue les tripes !... Ah ! dis donc !...

Mais c'est le froid !... voyons pauvre idiot !...

C'est pas le froid du tout !...

C'est la faim alors ?...

Mais j'ai pas faim !... Je dégueulerais plutôt !...

Ah ! Tu sais pas ce que tu veux !... »

Il ne répondait plus... Il se renfonçait dans la litière... Il voulait plus qu'on lui cause...

Pour la question d'agriculture il pouvait vraiment plus rien faire... Y avait plus de pétrole au hangar, pas seulement un petit bidon pour mettre son bastringue en route !...

Deux jours ont encore passé... dans l'attente et la prostration... La grande chérie mirontaine tapie dans une encoignure, emmitouflée dans des rideaux, elle y tenait plus, elle s'en croquait toutes les dents à se les claquer dans la grelotte... Elle est montée au grenier chercher encore quelques sacs !... Elle s'est coupé comme pour les mômes une espèce de camisole et une forte jupe écossaise, elle a rempli tout ça d'étoupe, par-dessus son pantalon !... Ça lui faisait un air tout « zoulou » ! Elle-même elle se trouvait cocasse !... Le froid ça fait vachement rire !... Comme elle se réchauffait plus bézef, elle s'est élancée en sauteries !... claquant des sabots, dondaine ! autour de la table massive ! Les mômes ils se poêlaient de la regarder !... Ils gambadaient avec elle un genre farandole !... Ils couraient derrière... Ils se pendaient après ses basques... Elle a chanté un petit air :

C'est la fille de la meunière Qui dansait avec les gars ! Elle a perdu sa jarretière Sa jarretière...

C'est pas souvent que ça la prenait la mère Courtial ces humeurs coquines !... Il fallait que l'instant soye étrange... Elle avait plus rien pour chiquer... Tout le tabac, Courtial l'avait pris !... Elle s'est remise un peu à râler à propos de sa pipe... Les mômes arrachaient ses coutures... Ils l'ont culbutée dans la paille !...

« Merde ! Merde ! Merde ! Barrez-vous tous !... Chassieux ! Morveux ! Miteux ! Pilleux ! Suçons ! Gourgandins !... » qu'elle les engueulait... Ça les faisait marrer davantage...

« Courtial, m'entends-tu ?... » Il entendait pas... Il retournait la tête dans son trou... Il gémissait... Il grognait... C'était le bide et la plaisanterie !... Les mômes allaient rebondir dessus, les quatre garçons et les trois filles !... Il nous répondait rien quand même.

Un peu plus tard, on s'est demandé où qu'il était passé le Dudule ?... Il était sorti depuis deux heures... soi-disant pour ses besoins... Ah ! nous fûmes tous des plus inquiets !... Et il est revenu qu'à la nuit !... Et alors avec un cargo !... Il avait fait douze kilomètres !... Jusqu'à la gare de Persant... et rappliqué à toutes pompes ! Sur le quai des marchandises, il avait levé une vraie aubaine... un condé phénoménal !... Un débarquement d'épicerie !... Il nous rentrait avec du beurre !... une motte entière !... Deux chapelets de saucisses complets !... trois paniers d'œufs... des andouilles, des confitures et du foie gras !... Il ramenait aussi la brouette... Il avait fauché tout ça devant la consigne pendant que les manœuvres du transport étaient partis à l'aiguillage... pour se remettre un peu de chaleur... Il y avait pas mis deux minutes, Dudule, pour tout calotter ! Le pain, seulement qui nous manquait... mais ça n'a pas du tout gêné pour faire une agape !... Quelque chose d'énorme !... On a poussé notre feu à bloc ! On y a mis presque un arbre entier !...

Des Pereires, en entendant ça, il s'est réveillé tout à fait... Il s'est relevé pour bouffer... Il a commencé à bâfrer si vite, qu'il en perdait le souffle. Il s'en tenait la panse à deux mains... « Ah ! Nom de Dieu de Nom de Dieu !... » qu'il s'exclamait entre-temps... La grosse mignonne elle non plus se faisait pas prier !... Elle en fut si bien gavée en quelques minutes, qu'il a fallu qu'elle s'allonge... Elle se roulait à même le sol... du ventre sur le dos... tout doucement... « Ah ! Bon Dieu ! Bon Dieu ! Courtial ! ça passera jamais ! Ah ! Ce que j'avais faim quand même !... » Les mômes ils s'arrêtaient plus d'aller revomir dans les coins... Après ils retournaient s'entonner... Le chien à Dudule aussi, il avait de tels gonflements qu'il en hurlait à la mort !... « Ah ! Mes enfants ! Ah ! les chers chouchous ! Ah ! mes chers mignons ! Ah ! Bon dieu de nom de Dieu ! Il était temps que ça finisse ! Ah ! Y a pas meilleur quand même ! » qu'il répétait des Pereires !... Il était comblé !... « Ah ! Il était temps ! Nom de Dieu !... Ah ! Y a pas meilleur !... » Il pouvait plus dire autre chose. Il en revenait pas du miracle.

* * *

Il devait être à peu près cinq heures... Il faisait pas encore jour du tout... quand j'ai entendu Courtial qui remuait toute la paille... Il se relevait... Il s'est remis debout... Je juge l'heure qu'il était d'après l'état de la cheminée... du feu qu'était presque éteint... Je me dis : « Ça y est, il la pète !... Il tient plus au froid... Il va aller se faire du café... On en aura tous !... Bueno !... » En fait, il part vers la cuisine... C'était naturel... Je l'entends qui remue les cafetières... J'aurais voulu y aller le rejoindre... m'en jeter une bonne tasse tout de suite... Mais entre mon trou et la porte y avait tous les mômes qui ronflaient... les uns dans les autres... Ils avaient les têtes n'importe où... J'ai eu peur d'en écrabouiller... Je suis donc resté dans mon creux... Après tout je grelottais pas trop... J'étais protégé par le mur... Je prenais moins de zeph que le vieux dabe.

J'étais transi voilà tout. J'attendais qu'il retourne avec la cafetière pour le stopper au passage... Mais il en finissait pas. Il traînait là-bas dans le fond... Je l'ai entendu encore longtemps trifouiller les ustensiles... Et puis après je l'ai entendu qui ouvrait la porte sur la route... Je me suis fait la réflexion :

« Tiens, il va donc pisser dehors ?... » Je comprenais plus... J'attendais toujours qu'il revienne... Une espèce d'appréhension m'a passé à ce moment-là... J'ai même failli me relever... Et puis je me suis rendormi... J'étais engourdi.

* * *

Et puis j'ai eu un cauchemar... comme ça dans le tréfonds du sommeil je me battais avec la rombière !... C'est elle qui menait la danse... Je me dégageais... Elle reprenait tout... Quel tambour !... quel baratin ! Je pouvais plus m'en dépêtrer... Un boucan horrible ! des prises de noyés !... Elle me trifouillait toute la tête avec ses questions... J'essayais bien de me la défendre, de me recouvrir avec la paille... mais elle me cramponnait la garce, elle me raccrochait au cassis !... Et je te vocifère !... et je te rugis encore double !... Elle me tortillait les oreilles avec ses deux poings... Elle voulait plus me desserrer...

« Où qu'il était son Courtial ?... » Elle en hurlait sur tous les tons !... Elle revenait juste de la cuistance... elle avait cherché du café... Il en restait plus une seule goutte !... Alors elle en faisait un tintouin !... Tous les récipients qu'étaient vides !... Il avait tout sucé l'arsouille !... toutes les tasses, les trois cafetières à lui tout seul !... avant de sortir... S'il m'avait rien dit à moi ? Elle voulait savoir à toute force...

« Mais non ! Mais non ! Pas un mot !...

De quel côté qu'il est barré ?... Est-ce que je l'avais vu dans la cour ?...

Mais non !... Mais non !... » J'avais rien vu !... La Mésange redressée en sursaut elle s'est mise à cafouiller... qu'elle avait fait un drôle de rêve !... qu'elle avait vu dans un songe le patron Courtial grimpé sur un éléphant !...

C'était pas le moment de croire des sottises... On cherchait plutôt à se souvenir de ce qu'il nous avait dit le soir même... Il avait bâfré comme trente-six !... ça on s'en souvenait... Il s'était peut-être trouvé mal ?... indisposé ?... Le froid dehors ?... Là commencèrent les hypothèses !... Une congestion ?... Sans perdre beaucoup de temps on s'est élancé à sa recherche avec tous les mômes !... On a fouillé toute la paille... tous les recoins du logis... les dépendances, les deux hangars et la cambuse aux expériences... Il était donc pas dans la turne ?... On est sortis à travers champs... dans les environs immédiats... et puis encore un peu plus loin... Les uns fouillant vers le coteau toutes les ravines, tous les bosquets... Les autres comme à la cueillette dans tous les sens du plateau !... On a lancé le chien à Dudule... Pas plus de Courtial que de beurre au cul !... On s'est encore rassemblés... On allait refouiller le petit bois buisson par buisson... Il se baladait souvent par là... Quand juste un des mômes a remarqué sur le haut panneau de la grande porte, qu'il y avait quelque chose d'écrit... « Bonne chance ! Bonne chance ! » à la craie... en très grosses lettres majuscules... Et c'était bien son écriture...

La vieille tout d'abord elle a rien compris... Elle ronchonnait comme ça : « Bonne chance ! Bonne chance ! » Elle en sortait pas...

« Qu'est-ce que ça veut dire ?... Mais, Nom de Dieu ! Mais il s'est tiré !... ça l'a renversée d'un seul coup !... Mais il se fout de ma tronche !... Ah ! ma parole !... Ah ! Bonne chance !... Dis donc... Bonne chance ? Qu'il me dit ça ! à moi !... Et voilà comment qu'il me cause !... Ah dis donc ! ça c'est du fiel ! » Ah ! alors elle était outrée... absolument effroyable !...

« Mais c'est inique !... Monsieur se barre !... Monsieur gambille !... Monsieur se trisse en excursion... Monsieur va bringuer en ville ! L'ordure ! Le voyou ! Cette calamité !... Bonne chance !... et voilà !... Moi je dois me contenter pépère !... C'est pour moi alors toute la caille ? Hein ?... À moi tout le purin !... Si je patauge... démerde-toi vieille bourrique !... Casse-toi bien la raie !... Et puis... Bonne chance !... Alors moi je trouve tout ça plausible ?... Dis-le un peu Ferdinand ? C'est ton avis ?... Ah ! foutre de culot de galeux !... »

Les mômes ils se fendaient bien la gueule de l'entendre encore brailler !... Je voulais pas remuer l'incendie !... J'ai laissé un peu refroidir... Mais je me disais à l'intérieur... « Le petit vieux, il en a eu marre de tout nous autres et de la culture !... Il est barré le plus loin possible... On le reverra pas de sitôt !... » J'en avais un pressentiment... Je me souvenais des mots qu'il disait... Et ça me pinçait dur comme souvenir... Bien sûr qu'il déconnait beaucoup... Mais quand même sa Résolution, il l'avait peut-être prise à la fin ?... l'ordure... En nous laissant comme ça tous choir ?... jusqu'au cou en pleine mouscaille... C'était bien quand même sa manière... Il était joliment sournois, rancuneux, dissimulé... comme trente-six ours... Ça n'était pas une surprise... Je le savais aussi depuis toujours... « Les détails n'ont pas d'importance !... Ils obscurcissent toute la vie !... Ce qu'il faut c'est la résolution !... La Grande !... Ferdinand ! La Grande !... Tu m'entends ?... » J'entendais !... C'était toujours du discours !... Mais s'il avait mis les bouts, une bonne fois pour toutes !... Ça alors c'était charogne !... Le tour était vraiment infect !... Comment qu'on en sortirait nous autres de sa pétaudière ?... La vieille avait mille fois raison !... Qu'est-ce qu'on pouvait foutre maintenant nous avec son bazar tellurique ?... Absolument rien !... Qu'on serait accusés par tout le monde de saloper la terre entière ? Qu'est-ce qu'on aurait à répondre ?... On serait complètement sonnés ! Lui encore avec ses manières... il pouvait les étourdir... les intriguer les sauvages !... Mais nous ?... On existait pas.

* * *

On en restait comme du flan... On essayait de se rendre bien compte... La vieille se calmait peu à peu... Les mômes refouillaient toute la piaule... Ils sont remontés au grenier. Ils ont retourné toutes les bottes... « Il reviendra ?... Il reviendra pas ?... » C'était la rengaine.

À Blême, il avait pas sa cave pour se cacher comme au Palais... Il était peut-être pas très loin ?... C'était peut-être qu'une fantaisie ?... Une saute de maniaque ?... Où nous irions avec les mômes si il rappliquait plus du tout ?... La vieille à force de réfléchir elle a repris un petit peu d'espoir... Elle se disait que c'était pas possible... qu'il avait quand même un peu de cœur... que c'était qu'une sale farce idiote... qu'il reviendrait bientôt malgré tout... On commençait à reprendre confiance... Sans aucune raison d'ailleurs... Seulement parce qu'il le fallait bien...

La matinée allait finir, il devait être à peu près onze heures... Le vache facteur réapparaît... C'est moi qui l'aperçois le premier... Je regardais un peu par la fenêtre... Il se rapproche... Il rentre pas... Il reste planté là devant la porte... Il me fait signe à moi de sortir... qu'il veut me causer... que je fasse vite... Je bondis... Il me rejoint sous le porche, il me chuchote, il est en émoi...

« Dépêche-toi ! Cavale voir ton vieux !... Il est là-bas sur la route, après le passage de la Druve... à la remontée de Saligons !... Tu sais la petite passerelle en bois ?... C'est là qu'il s'est tué !... Les gens des "Plaquets" ils l'ont entendu... Le fils Arton et la mère Jeanne... Il était juste après six heures... Avec son fusil... le gros... Ils m'ont dit de vous dire... Que tu l'enlèves si tu veux... Moi, j'ai rien vu... t'as compris ?... Eux ils savent rien non plus... Ils ont entendu que le pétard... Et puis tiens, voilà deux lettres... Elles sont toutes les deux pour lui... » Il a même pas fait un « au revoir »... Il est reparti le long du mur... Il avait pas pris son vélo, il a coupé à travers champs... Je l'ai vu rejoindre la route en haut, celle de Brion, par la forêt.

* * *

Je lui ai redit tout bas à l'oreille... pour que les mômes n'entendent pas... Elle a fait qu'un saut vers la porte !... Elle a filé bride abattue... Elle poulopait sur les graviers... J'avais même pas eu le temps de finir... Les gniards il fallait que je les calme... Ils se gouraient d'une catastrophe...

« Vous caillez pas !... Montrez pas vos blazes dehors !... Moi je vais la rattraper la vioque !... Vous, cherchez-le encore Courtial !... Je suis sûr qu'il est encore ici !... Qu'il est planqué quelque part !... Il a pas fondu en guimauve !... Retournez-moi toute la paille !... Botte par botte !... Il roupille au fond ! Nous on va trouver les gendarmes... Ils nous ont demandés à Mesloir !... C'est pour ça qu'il est venu le facteur... Ça va être vite fait... Chiez pas dans vos frocs !... Restez là, vous autres, bien peinards !... On sera rentrés pour deux heures... Qu'on vous entende pas du dehors ! Ramenez pas vos flûtes !... Fouillez la soupente !... Regardez un peu dans l'écurie !... On a pas cherché dans les coffres !... »

Les mômes ils avaient horreur de voir les guignols... Comme ça j'étais bien tranquille ! Ils nous fileraient sûrement pas ! Ils sentaient bien une friture... mais d'où ?... Ils en savaient rien...

« Fermez bien vos lourdes surtout !... » que j'ai recommandé... J'ai essayé par la fenêtre d'apercevoir la daronne... Elle était déjà au diable !... Je me suis élancé au galop... J'ai eu un coton terrible pour la rattraper... Elle fonçait à toute pression à travers bois et labours !... Enfin j'ai collé au train ! Il fallait que je me désosse ! Merde !... rien que pour la suivre !... Je rassemblais quand même des idées... Comme ça... tout en dératant !... Et dans la fièvre du galop... Il me montait une vache suspicion... « Merde ! que je me disais d'afur !... T'es encore tout lopaille mon pote ! C'est la grosse bite !... C'est l'entourloupe !... le truc du petit pont de la Druve ?... Balle- Peau ! Une salade !... Encore bien foireuse ! et une menterie culottée !... Une attrape sinistre et puis tout ! » Ah !... Je m'en gourais fortement !... Un nibé charogne du facteur !... Il en était capable ce glaire !... Et les autres anthropophages ?... Et comment qu'ils étaient suspects !... Et voilà tout ce qui me revenait en plein dans la course !... Et notre dabe en ce moment précis ?... Pendant qu'on se fendait nous la pêche à cavaler !... pour son cadavre !... où ça qu'il se trouvait ?... Il était peut-être qu'à la Grosse Boule ?... En train de se tailler la manoche ! et de se faire pisser l'anisette !... C'était encore nous les victimes !... J'y serais pas surpris d'une seconde !... Question d'être bourrique et ficelle il avait pas besoin de soupçons !... Une pichenette ! qu'on était marrons !...

Après une grande traite en plat... à travers les molles cultures c'était une raide escalade à flanc de la colline... Arrivés là, tout là-haut, on découvrait bien par exemple !... pour ainsi dire tout le paysage !... On soufflait pire que des bœufs avec la patronne. On s'est assis une seconde, au revers du remblai pour mieux dominer... Elle avait pas très bonne vue la pauvre baveuse... Mais moi je biglais de façon perçante... On me cachait absolument rien à vingt kilomètres d'oiseau... De là, du sommet, après la descente et la Druve qui coulait en bas... le petit pont et puis le petit crochet de la route... Là j'ai discerné alors en plein... au beau milieu de la chaussée, une espèce de gros paquet... Y avait pas d'erreur !... À peut-être trois kilomètres ça ressortait sur le gravier... Ah ! Et puis à l'instant même... Au coup d'œil !... j'ai su qui c'était... À la redingote !... au gris... et puis au jaune rouille du grimpant... On s'est dépêché dare-dare... On a dévalé la côte... « Marchez toujours ! marchez toujours ! que j'ai dit... Suivez ! vous ! tout droit... Moi je pique par-là !... par le sentier !... » Ça me coupait énormément... J'étais en bas à la minute... Juste sur le tas... Juste devant... Il était tout racorni le vieux... ratatiné dans son froc... Et puis alors c'était bien lui !... Mais la tête était qu'un massacre !... Il se l'était tout éclatée... Il avait presque plus de crâne... À bout portant quoi !... Il agrippait encore le flingue... Il l'étreignait dans ses bras... Le double canon lui rentrait à travers la bouche, lui traversait tout le cassis... Ça embrochait toute la compote... Toute la barbaque en hachis !... en petits lambeaux, en glaires, en franges... Des gros caillots, des plaques de tifs... Il avait plus de châsses du tout... Ils étaient sautés... Son nez était comme à l'envers... C'est plus qu'un trou sa figure... avec des rebords tout gluants... et puis comme une boule de sang qui bouchait... au milieu... coagulée... un gros pâté... et puis des rigoles qui suintaient jusqu'à l'autre côté de la route... Surtout ça coulait du menton qu'était devenu comme une éponge... Y en avait jusque dans le fossé... ça faisait des flaques prises dans la glace... La vieille elle a bien regardé tout... Elle restait là plantée devant... Elle a pas fait ouf !... Alors je me suis décidé... « On va le porter sur le remblai... » que j'ai dit comme ça... On s'agenouille donc tous les deux... On ébranle un peu d'abord tout le paquet... On essaye de décoller... On fait un peu de force... Je tiraille moi sur la tête... Ça se détachait pas du tout !... On a jamais pu !... C'était adhérent bien de trop... Surtout des oreilles qu'étaient toutes soudées !... C'était pris comme un seul bloc avec les graviers et la glace... Le tronc même et puis les jambes on aurait pu les soulager en tirant dessus assez fort... Mais pas la tête !... Le hachis... ça faisait un pavé compact avec les cailloux de la route... C'était pas possible... Le corps ratatiné en Z... le canon embrochant la tête... Il fallait d'abord le détendre... et puis ressortir l'arme... Il avait les reins tout braqués... le derrière pris dans les talons... Il s'était convulsé à froid... J'inspecte un peu les alentours. Je vois une ferme en contrebas... C'était peut-être celle du facteur ?... Celle dont il m'avait parlé ?... Le lieu des « Plaquets »... Je me dis :

« Voilà c'est l'endroit même... C'est sûrement ça !... » Je préviens ma grognasse...

« Hé bougez donc plus !... que je lui fais... Je vais chercher du monde !... Je retourne tout de suite !... Ils vont nous aider !... Bougez plus du tout !... C'est sûrement ça la ferme à Jeanne... C'est ceux-là qui l'ont entendu. »

J'arrive comme ça, près de la bâtisse... Je cogne d'abord à la porte et puis contre la persienne... Personne n'a l'air de me gaffer... Je recommence... Je fais demi-tour par les écuries... Je rentre franchement dans la cour... Je cogne et je recogne ! Je hurle... Ils bougent toujours pas !... Et je sens pourtant qu'y avait du monde !... Leur cheminée fume !... Je secoue violemment la lourde... Je tape, je carillonne les carreaux... Je vais tout déglinguer les volets si ils s'amènent pas... Y a une gueule quand même qui débusque !... C'est son gars à la mère Jeanne !... C'est l'Arton du premier lit... Il risque pas lerche... Il montre juste un peu son blaze... J'explique ce que je voudrais... Un coup de main pour le transport... Ah ! ça la brûle immédiatement d'entendre émettre des mots pareils... c'est elle qui s'oppose... qui s'anime du coup !... Elle veut pas qu'on parle d'y toucher !... Elle l'empêche même de me répondre son petit gars foireux... Elle veut pas du tout qu'il sorte !... Il va rester là, bon sang ! À côté de sa mère !... Si je peux pas l'enlever de la chaussée... J'ai qu'à chercher les gendarmes !... « Ils sont faits pour ça, eux autres !... » Pour rien au monde les Arton de la ferme qu'ils s'en mêleraient... Ils ont rien vu !... Rien entendu !... Ils savent même pas de quoi il s'agit !...

La mère des Pereires là-haut, montée sur le rebord du talus, elle m'observait parlementer !... Elle poussait des clameurs atroces... Elle faisait un raffut dégueulasse... C'était bien dans sa nature... Tout de suite après le premier émoi elle était plus tenable !... Je leur montrai de loin, à ces deux sauvages, la pauvre femme en désespoir !...

« Vous entendez !... Vous entendez pas ?... L'horrible douleur ?... On peut quand même pas lui laisser son mari comme ça dans la boue !... De quoi que vous craignez ?... C'est pas un chien nom de Dieu !... Il a pas la rage !... C'est pas un veau !... Il a pas les aphtes !... Il s'est tué et puis voilà !... C'était un homme sain... Il a pas la morve !... Faudrait au moins qu'on l'abrite un petit moment dans le hangar !... Le temps que les autres ils arrivent !... Avant qu'il passe des voitures... Elles vont lui monter sur le corps ! » Ils démordaient pas les cacas !... Ils se butaient même de plus en plus à mesure que j'insistais... « Mais non ! Mais non !... » qu'ils s'insurgeaient ! Certainement qu'ils le prendraient pas !... Jamais chez eux !... Ça jamais absolument... Ils ont même pas voulu m'ouvrir... Ils me disaient de barrer ailleurs... Ils commençaient à bien me faire chier... J'y ai dit alors à cette fausse tripe... :

« Bon ! Bon ! Ça va ! Madame ! Je vous ai compris !... Vous en voulez pas ? C'est votre dernier mot ? Positif ? Très bien ! Bon ! Très bien !... Ça sera pour vos fesses ! Et voilà ! C'est moi alors qui vais rester ! Mais oui ! Comme ça !... Je resterai là pendant huit jours ! Je resterai pendant un mois ! Je resterai là tout le temps qu'il faudra !... Je vais gueuler jusqu'à ce qu'ils arrivent !... Je gueulerai à tout le monde que c'est vous !... Que vous avez tout machiné !... » Ah ! du coup ils faisaient mauvais... Ah ! quelle pétoche, bordel de Dieu !... Ah ! la trouille qui leur a passé !... Et que je continuais mon pétard !... Ah ! mais je me serais pas dégonflé !... Je serais tombé en épilepsie rien que pour mieux les posséder !... tellement qu'ils me caillaient ces ordures !... Ils savaient plus comment me reprendre... La vieille, de loin du remblai, elle me criait elle de plus en plus... Elle voulait que je me dépêche... « Ferdinand ! Dis donc Ferdinand !... Apporte de l'eau chaude !... Apporte un sac ! une serpillière !... » La seule chose qu'ils ont voulue, les deux saligauds... à la fin des fins... à force de baratiner et pour que je lâche un peu leur persienne... ce fut de me passer leur brouette et à condition absolue que je la ramènerais le jour même... tout à fait rincée, nettoyée !... récurée à l'eau de Javel !... Ils ont insisté, spécifié... Ils ont répété vingt fois !... Je suis donc remonté toute la côte avec l'ustensile... Il a fallu que je redescende pour redemander une truelle... pour qu'on décolle quand même l'oreille... qu'on casse les grumeaux... On y est parvenu tout doucement... Mais le sang alors a regiclé... reculé en grande abondance... Son gilet de flanelle c'était plus qu'une grosse gélatine, une bouillie dans sa redingote... tout le gris est devenu tout rouge... Mais ce qui fût le plus terrible, ce fut pour dégager le fusil... Le canon comme ça, il tenait si dur dans l'énorme bouchon de barbaque avec la cervelle... c'était comme coincé, pris à bloc, à travers la bouche et le crâne !... qu'on a dû s'y mettre tous les deux... Elle retenait la tête d'un côté, moi je tirais de l'autre par la crosse... quand la cervelle a lâché ça a rejuté encore plus fort... ça dégoulinait à travers... ça fumait aussi... c'était encore chaud... y a eu un flot de sang par le cou... Il s'était empalé raide... Il était retombé sur ses genoux... Il s'était écroulé comme ça... le canon dans le fond de la bouche... Il s'était crevé toute la tête...

Une fois qu'on l'a eu dégagé on l'a retourné sur le dos... le ventre et la tronche en l'air... mais il se repliait quand même ! Il restait en Z... Heureusement qu'on a pu le caler entre les montants de la brouette... Le cou, le moignon de la tête, ça gênait quand même un petit peu... Ça venait ballotter dans la roue... La vieille a retiré son jupon... et sa grosse requimpe écossaise pour lui empaqueter mieux le cassis... Pour que ça lui coule un peu moins... Mais aussitôt qu'on a roulé... avec les chocs et cahots... ça s'est remis à jaillir et toujours encore plus épais !... On pouvait nous suivre à la trace... J'allais pourtant tout doucement. J'allais à petits pas... J'arrêtais toutes les deux minutes... On a bien mis au moins trois heures pour faire les sept kilomètres !... De très loin j'ai vu les gendarmes... leurs chevaux plutôt... juste devant la ferme... Ils nous attendaient... Ils étaient quatre et le brigadier... et puis encore un civil, un grand, que je connaissais pas... Jamais je l'avais vu celui-là... On avançait au centimètre... J'étais plus pressé du tout... On est arrivés quand même à la fin du compte... Ils nous avaient bien vus venir... au moins depuis la crête du plateau... Ils nous avaient sûrement repérés... avant même qu'on entre dans le bois...

« Allez ! Toi l'enflure, laisse ta brouette sous la voûte ! Entrez par ici tous les deux !... Le commissaire va venir tout à l'heure... Mettez-lui les menottes ! et à elle aussi !... » Ils nous ont bouclés dans la grange. Le gendarme est resté devant la porte.

* * *

On a attendu plusieurs heures comme ça là sur la paille... J'entendais tout le populo qui s'ameutait devant la ferme. Ça se peuplait le village !... Ils devaient affluer de partout... Sous la voûte y en avait sûrement... Je les entendais discuter... C'est le commissaire qui ne venait pas... Le brigadier entrait, sortait, il devenait tout à fait rageur... Il a voulu montrer du zèle en attendant la justice... Il commandait à ses bourriques...

« Repoussez-moi tous les curieux ! Et amenez-moi les prisonniers !... » Il avait posé des questions déjà à tous les mignards... Il nous a fait revenir devant lui et puis retourner encore une fois dans le fin fond de la grange... et puis ressortir pour de bon... Il nous ravageait la salope !... Il faisait du zèle... Il nous traitait en farouche... Il voulait nous épouvanter !... sans doute pour qu'on se mette à table... qu'on lui fasse tout de suite des aveux !... Il avait le bonjour !... On n'avait pas le droit qu'il disait, de trimbaler le corps ! Que c'était un crime en soi- même !... Qu'on aurait jamais dû le toucher !... Qu'il était très bien sur la route !... Qu'il pouvait plus faire le constat !... Ah ? Et qu'un coup de bagne pour vingt-cinq ans ça nous dresserait à tous le cul ! Sacredieu pétard ! Ah ! il nous aimait pas la tante !... Enfin toutes les plus crasses des salades ! des vraies sales beuglages de sale con !...

La vieille elle mouffetait plus bezef depuis qu'on était rentrés. Elle restait comme ça en larmes, accroupie contre le battant. Elle avait seulement des hoquets et puis deux, trois plaintes toujours... C'est à moi qu'elle demandait...

« Jamais j'aurais cru Ferdinand !... Vraiment là c'est trop !... C'est trop de malheur Ferdinand !... J'en ai plus la force !... Non !... Je peux plus !... Je crois plus !... Je crois pas que c'est vrai Ferdinand !... Dis-toi ?... C'est bien vrai ? Tu crois que c'est véritable, dis toi ?... Ah ! écoute c'est pas possible !... » Ça, elle était bien sonnée... Elle avait son compte... une berlue loucheuse... Mais aussitôt que l'autre bourrique il est revenu au baratin, qu'il nous a traités en pourris, avec son accent si rouleur... alors ça l'a net provoquée !... Elle avait beau être avachie... Elle a ressauté sous l'affront !... Un terrible effet !... Elle a rebardé comme une fauve !... Elle a rejailli à sa hauteur !

« Pardon ! Pardon ! qu'elle s'est rebiffée... Je vous entends pas bien... Comment que vous dites ?... » Elle s'est requinquée sous son blaze... Comment que vous me parlez à présent ?... Que c'est moi qui l'ai massacré ?... Mais vous avez bu mon garçon !... Ah ! vous avez du culot !... Mais vous êtes tous fous alors !... Mais comment ?... C'est moi que vous venez accuser ?... Pour ce voyou ?... Cet abuseur ?... de sac et de corde ?... Ah ! mais je la retiens alors celle-là !... Ah ! elle est trop bonne !... Ah ! je la ferai copier !... La vermine qu'a fait mon malheur !... Et qui n'en a jamais fait d'autres !... Mais c'est moi !... vous entendez !... Mais c'est moi ! très justement qu'il a toujours assassinée !... Ah le vampire ? mais c'est lui... Mais pas seulement qu'une seule fois ! pas dix fois !... pas cent fois !... mais mille ! dix mille fois !... Mais vous étiez pas encore nés tous autant que vous êtes qu'il m'assassinait tous les jours !... Mais je me suis mise en quatre pour lui !... Oui ! arraché toutes les tripes !... J'ai été sans briffer des semaines pour qu'on l'embarque pas aux Rungis !... Toute ma vie vous m'entendez ?... Échignée ! Bernée !... c'est moi ! Oui !... crevée. Oui toute ma vie pour ce fumier-là !... Mais j'y ai tout fait pour qu'il en sorte !... Tout !... Tout le monde le sait bien d'ailleurs !... Vous avez qu'à les poser à eux vos questions !... Aux gens qui savent... Qui nous connaissent... Qui m'ont vue !... Allez donc au Palais-Royal !... allez donc voir à Montretout !... Je suis connue moi là !... On le sait là-bas tout ce que j'ai fait... comment je me suis martyrisée !... Ferdinand il peut bien vous dire !... Il est jeune mais il se rend bien compte !... J'ai fait des miracles moi, Monsieur !... pour qu'il retombe pas dans son ruisseau !... Des miracles !... Et au déshonneur !... C'était sa nature !... Il se vautrerait plus bas qu'une truie si on le laissait une seule minute !... Il s'écroulait dans toutes les fosses... Il y pouvait rien !... Oui !... J'ai pas peur de le dire moi !... une latrine ! J'ai rien à cacher !... Tout le monde d'abord sait tout ça... Plus de honte ! sacré bon sang !... Il avait tous les penchants !... Tous ! Tous les pires ! Que vous-mêmes gendarmes vous êtes trop jeunes pour les comprendre !... Même pour entendre vous êtes trop jeunes !

Elle les dévisageait les bourres !... Elle était en cheveux, ses tifs lui retombaient dans les châsses, des mèches grises filoches... Elle transpirait fort... Elle titubait un tout petit peu, elle se rassoyait.

« À la façon qu'il termine vous trouvez ça bien potable vous autres ?... C'est tout ce que vous venez me dire maintenant ?... Que moi on me traite comme une poufiasse !... La voilà ma récompense !... Si vous saviez toutes les dettes ! Ah ! Vous savez pas ça non plus !... Et comment qu'il s'en foutait alors !... Un drapeau-ci !... Un drapeau-là !... Va les douiller ma chère rombière ! Et toujours encore des nouvelles !... Crève-toi le ventre... T'es là pour ça ! Un coup d'esbroufe ! Perlimpinpin ! Un coup de nuage ! Un boniment ! Va comme je te pousse ! Limonade !... C'est tout comme ça qu'il a vécu ! Il comprenait que ça ! l'entourloupe ! La cloche ! Pas un soupçon de sentiment !... » Elle se contractait sur le chagrin, elle gueulait entre les saccades !...

« C'est moi ! c'est moi jusqu'au bout qu'ai conservé sa maison ! Si je l'avais pas défendue, elle serait fourguée depuis les calendes ! Il pouvait pas se retenir !... Il a profité le sale fléau que je suis tombée juste si malade ! Que je pouvais plus me rendre compte de rien !... Il a tout lavé... Tout bu !... Tout bazardé séance tenante ! Demandez donc si c'est pas vrai ?... Si je suis la menteuse !... Rien ! Jamais il m'a épargné ! Rien ! Il pouvait pas !... C'était bien plus fort que lui !... Il fallait qu'il me martyrise !... Tout pour ses morues ! Tout pour ses vices !... Ses chevaux !... Ses courses ! Ses calembredaines !... Toutes ses saouleries !... Je sais plus quoi !... La générosité !... À des inconnus qu'il donnait !... N'importe quoi !... Pourvu que ça file !... Ça lui tenait pas entre les mains !... Que j'en crève c'était bien égal !... C'est ça qu'il a toujours voulu ! Voici... trente ans que ça durait !... Trente ans, que j'ai tout supporté... c'est pas une seconde trente ans !... Et là c'est moi qu'on accuse !... Après toutes les pires avanies !... Après que j'ai tout enduré ?... Ah dis donc ! Ça passe les bornes !... » À cette énorme pensée-là elle se remettait en transports ! Comment ? Comment ! C'est pas Dieu permis ! Le voilà qui se défigure... il se barre !... Il se met en compote ! maintenant c'est moi qu'est la coupable ? Ah ! là ! là ! Mais c'est un comble !... Y a de quoi se renverser !... Ah ! la charognerie ! Ah ! il sera bien dit jusqu'au bout qu'il m'a emmerdé l'existence ce sale foutu pierrot pourri !... Mais moi je suis bonne !... Moi reste !... À toi ! À toi ! Tiens dur la rampe vieille bourrique ! Il restera rien ! pas un croc ! Que des dettes ! Que des dettes ! Ça il s'en fout ! Lui ! pourvu qu'il dilapide !... Tout ! qu'il m'a fait perdre !... Ça Ferdinand le sait bien ! Il l'a vue la situation !... Il a vu comme je me suis démenée, bouleversée, retourné les méninges encore à la dernière seconde !... Pour pas qu'on quitte Montretout !... Pour pas venir dans ce coin de cochon ! M'enterrer avec ses patates !... Y a rien eu à faire !... Il était buté au malheur !... Ça Ferdinand le sait bien aussi !... J'ai tout gâché !... J'ai tout perdu pour ce pantin !... Ce phénomène de roulure ! Ma situation, ma carrière ! Un bon métier, mes amis ! Tout !... mes parents !... Personne a plus voulu nous voir !... Rien que des ramassis d'escarpes ! des bandes de voyous déchaînés ! des échappés de Charenton ! Je me suis détruit la santé !... Mon opération d'abord ! Et puis j'ai vieilli de vingt ans pendant les derniers six mois !... Avant lui j'avais jamais rien !... Je savais pas ce que c'était qu'un rhume !... Je digérais n'importe quoi !... J'avais l'estomac d'autruche !... Mais à force avec des catastrophes !... Il apportait jamais que ça !... Et c'était jamais terminé ! À peine on avait fini... Hop ! il en fourniquait une autre ! Toujours plus extravagante !... Je l'ai perdue ma résistance ! C'est bien facile à comprendre ! On m'a opérée c'est fatal !... Ils me l'ont bien dit chez Péan... " Recommencez pas cette vie-là, Mme des Pereires !... ça tournerait très mal !... Des ménagements !... des précautions !... Pas trop de soucis !... " Ah ! va te faire foutre ! C'était pire d'une année à l'autre !... Jamais une minute d'accalmie... que des procès ! des sommations !... Du papier vert !... du papier jaune !... Des créanciers devant toutes les portes ! Persécutée !... Voilà comment j'ai vécu... Persécutée jour et nuit !... Exactement ! Une véritable vie de criminelle !... Pour lui encore ! toujours pour lui !... Qui c'est qui pourrait résister ?... J'ai pas dormi, depuis vingt ans, une seule nuit complète ! Si vous voulez tout savoir ! C'est la vérité absolue !... On m'a tout enlevé à moi !... le sommeil, l'appétit, mes économies !... J'ai des bouffées que j'en tiens plus debout !... Je peux plus prendre un omnibus ! Je suis écœurée immédiatement !... Aussitôt que je vais un peu vite, même à pied je vois trente-six chandelles !... Et à présent on me dit encore que c'est moi qui assassine !... Ça c'est bien le plus fort que tout ! Tenez ! Regardez donc vous-même avant de causer des choses pareilles !... »

Elle les emmenait sous la voûte les quatre cognes et le brigadier... Elle s'est rapprochée du corps... elle a retroussé le pantalon...

« Vous les voyez là ses chaussettes ?... Vous les voyez bien !... Eh bien c'est lui qu'a la seule paire !... Y en a pas deux dans la maison !... Nous on en pas nous autres !... Jamais ! Ni Ferdinand ! ni les mômes !... » Elle remontait son propre grimpant pour qu'ils se rendent bien compte les cognes !... « Je suis pieds nus aussi moi-même !... Allez ! vous pouvez bien voir !... On s'est tout le temps privés pour lui !... Pour lui seul... C'est lui qui nous prenait tout !... On y a donné tout ce qu'on avait !... Il a tout eu !... toujours tout ! Deux maisons !... Un journal !... au Palais-Royal !... Des moteurs !... Cent mille trucs fourbis encore, des rafistolages infernals !... qui ont coûté je sais combien !... les yeux de la tête !... tout le bazar ! Pour satisfaire ses marottes !... Je peux même pas tout raconter... Ah ! On l'a jamais contrarié ! Ah ! C'est pas de ça je vous assure qu'il s'est fait la peau !... Il était gâté !... Il était pourri ! Tiens ! Pourri ! Tu veux des fourbis électriques ?... Très bien, mon petit ! les voilà !... Tu veux qu'on aille à la campagne ?... Très bien !... Nous irons !... Tu veux encore des pommes de terre ?... C'est tout à fait entendu !... Y avait pas de cesse !... Pas de quiproquo ! pas de salade ! Monsieur pouvait jamais attendre !... Tu veux pas des fois la Lune ?... C'est parfait mon cœur tu l'auras !... Toujours des nouveaux caprices ! Des nouveaux dadas !... À un môme de six mois, Messieurs, on lui résiste davantage !... Il avait tout ce qu'il désirait ! Il avait même pas le temps de parler ! Ah ! ce fut bien ma grande faiblesse !... Ah ! que je suis donc punie !... Ah ! si j'avais su là-bas ! tenez ! quand je l'ai trouvé la gueule en miettes... ce qu'on viendrait maintenant me raconter !... Ah ! si je l'avais su !... Eh bien moi je peux bien vous le dire ! Ah ! ce que je l'aurais jamais ramené ? Je sais pas ce qu'il en ressentait lui le même !... Mais moi !... Mais moi tenez ! Moi ! j'aurais eu bien plutôt fait de le basculer dans le revers ! Vous viendriez plus m'emmerder !... C'est là qu'il devrait être !... La sacrée sale pourriture ! C'est tout ce qu'il mérite ! Je m'en fous moi d'aller en prison !... Ça m'est bien égal !... Je serai pas plus mal là qu'ailleurs !... Mais Nom de Dieu ! Ah ! Nom de Dieu ! Non ! quand même ! Je veux pas être si cul !...

Allez ! Allez ! Venez par ici ! Vous raconterez tout ça aux autres ! Répondez d'abord aux questions !... Assez discuté !... Vous dites que vous le connaissiez pas vous le fusil qu'il s'est tué avec ?... Vous l'avez ramené pourtant ?... Et le petit gars, il le connaissait ?... Il se l'était foncé dans la tête ? Hein ? C'est bien comme ça qu'on l'a retrouvé ? C'est vous deux qui l'avez sorti ?... Comment ça s'est fait d'après vous ?...

Mais moi j'ai jamais dit ça, que je le connaissais pas le fusil !... Il était là-haut sur la hotte... Tout le monde l'avait toujours vu !... Demandez aux mômes !...

Allez ! Allez ! Faites pas des réflexions imbéciles ! Donnez-moi tout de suite les prénoms, le lieu de l'origine... le nom de la famille ?... La victime d'abord !... La date, le lieu de naissance ?... Comment qu'il s'appelait finalement ?... Courtial ?... Comment ?... Et où ça qu'il était né ?... Connu ? Occupations ?...

Il s'appelait pas Courtial du tout !... qu'elle a répondu brûle-pourpoint !... Il s'appelait pas des Pereires !... Ni Jean ! Ni Marin ! Il avait inventé ce nom-là !... C'était comme ça comme de tout le reste !... Une invention de plus ! Un mensonge !... Que des mensonges qu'il avait !... Toujours ! Partout ! Encore !... Il s'appelait Léon... Léon-Charles Punais !... Voilà son vrai nom véritable !... C'est pas la même chose n'est-ce pas ?... Comme moi je m'appelle Honorine Beauregard et pas Irène !

Ça c'était encore un autre nom qu'il m'avait trouvé !... Fallait qu'il change tout !... Moi j'ai les preuves de tout ça !... Je les ai moi !... Je dis rien pour tromper. Jamais elles me quittent !... Je l'ai là mon livret de famille !... Je vais le chercher d'abord... Il était né à Ville-d'Avray en 1852... le 24 septembre !... c'était son anniversaire ! Je vais vous le chercher de l'autre côté... il est là dans mon réticule... Viens avec moi Ferdinand !... »

Le brigadier il transcrivait... « Accompagnez les prisonniers ! » qu'il a commandé aux deux griffes... On est repassés devant la brouette... On est revenus encore une fois... un des guignols a demandé... il a gueulé comme ça de la voûte :

« On peut pas le rentrer à présent ?...

Le rentrer quoi ?...

Le corps ! brigadier !... Y en a qui sont venus tout autour ! »

Il a fallu qu'il réfléchisse...

« Alors rentrez-le !... qu'il a fait... Emportez-le dans la cuisine ! » Ils l'ont donc extrait de la brouette... Ils l'ont soulevé tout doucement... Ils l'ont transporté... Ils l'ont déposé sur les dalles... Mais il restait tout biscornu... Il se détendait toujours pas... Elle s'est mise à genoux la vieille pour le regarder d'encore plus près... Les sanglots lui revenaient très fort... les larmes en ruisseaux... elle m'accrochait avec ses menottes... La détresse la chavirait... On aurait positivement dit qu'elle venait seulement de s'apercevoir qu'il était plus qu'une bouillie...

« Ah ! Ah ! Regarde Ferdinand !... Regarde !... » Elle oubliait le livret de famille, elle voulait plus se relever... elle restait comme ça sur le tas...

« Mais il a plus de tête mon Dieu !... Il a plus de tête Ferdinand ! Mon chéri ! mon chéri ! Ta tête !... Il en a plus !... » Elle suppliait, elle se traînait sous les gendarmes... Elle rampait à travers leurs bottes... Elle se roulait par terre !...

« Un placenta !... C'est un placenta !... Je le sais !... Sa tête !... Sa pauvre tête !... C'est un placenta !... T'as vu Ferdinand ?... Tu vois ?... Regarde !... Ah ! Oh ! Oh !... » Les cris d'égorgée qu'elle poussait !...

« Ah ! Toute ma vie !... Ah ! toute ma vie !... Oh ! Oh !... » comme ça toujours plus aigu.

« C'est pas moi, Messieurs, qu'ai fait ça !... C'est pas moi quand même !... Je vous le jure !... Je vous le jure ! Toute ma vie pour lui !... Pour qu'il soit heureux un peu !... pour qu'il se plaigne pas !... Il avait bien besoin de moi !... le jour et la nuit... ça je peux bien le dire... C'est pas un mensonge ! Hein Ferdinand ? Pas que c'est vrai ? Toujours tous les sacrifices !... Il a plus de tête !... Ah ! Comme vous m'en voulez tous !... Il a rien gardé !... Bonne chance !... Bonne chance !... qu'il a dit... le pauvre amour !... Bonne chance !... Mon Dieu ! vous avez vu ?... c'est écrit !... C'est lui ça quand même !... C'est bien écrit avec sa main ! C'est pas moi ! Le pauvre malheureux ! C'est pas moi ! Bonne chance ! Ça c'est lui ! Absolument seul ! On la voit bien son écriture ! Ah ! C'est pas moi !... Ça se voit quand même !... N'est-ce pas que ça se voit bien ?... »

De tout son long qu'elle avait plongé sur la terre battue... Elle se cognait dedans de tout son corps... Elle se serrait toute contre Courtial... Elle grelottait en le suppliant... Elle lui parlait encore quand même...

« Courtial ! je t'en prie ! Courtial... dis-moi ! Dis-moi ça bien à moi mon chou !... Pourquoi t'as fait ça ?... Pourquoi t'étais si méchant ?... Hein ? Dis-moi ? mon gros ! mon trésor !... » Elle se retournait vers les cognes...

« C'est lui ! C'est lui ! C'est un placenta ! C'est un placenta !... » Elle se remettait dans une transe... elle se bouffait les mèches... on s'entendait plus dans la piaule tellement qu'elle mugissait fort... Tous les curieux à la fenêtre ils se montaient les uns sur les autres... Elle mordait à même ses menottes, elle convulsait, hantée, par terre. Ils l'ont relevée de force les gendarmes, ils l'ont transbordée dans la grange... Elle poussait des cris d'empalée... Elle se cramponnait après la porte... Elle tombait... elle rechargeait dedans... « Je veux le voir !... Je veux le voir !... qu'elle hurlait... Montrez-le-moi !... Ils veulent le prendre ! les assassins ! Au secours ! Au secours ! Mon petit ! Mon petit !... Pas toi Ferdinand ! Pas toi !... C'est pas toi mon chou !... Je veux le voir !... Pitié !... Je veux le voir !... » Tout comme ça pendant une heure. Il a fallu qu'ils y retournent, qu'ils y enlèvent ses menottes... Alors elle s'est un peu calmée... Ils m'ont pas enlevé les miennes... J'ai promis pourtant d'être tranquille.

* * *

L'après-midi un autre griffeton est arrivé en bicyclette... Il venait tout exprès de Persant... Il a redit au brigadier qu'il fallait nous qu'on touche à rien... Que c'est le Parquet qu'allait venir... que c'était pas le Commissaire... Que c'était les ordres mêmes du Juge d'instruction... Il nous a commandé aussi qu'on prépare les affaires des mômes, qu'ils partiraient tous le lendemain à la première heure... Qu'on les attendait à Versailles dans un Refuge de l'Assistance « La Préservation Juvénile »... Ça aussi c'était dans les ordres !... Il devait pas en rester un seul après dix heures du matin !... Deux personnes spéciales devaient venir exprès de Beauvais pour nous les emmener... les accompagner à la gare...

On a répété les ordres aux moujingues qu'étaient dans la cour, fallait bien qu'on les prévienne... que c'était fini notre poloche... que c'était des choses révolues !... Ils saisissaient pas encore net... Ils se demandaient ce qu'ils allaient faire ?... Où ça qu'on allait les emmener ?... Si c'était pas seulement une blague ?... J'ai essayé de leur faire comprendre qu'elle était finie la musique !... que notre rouleau tournait plus !... Ils entravaient pas du tout !... Que le Juge avait ordonné qu'on liquide toute la boutique ! Qu'on renvoye séance tenante toute la « Race Nouvelle » chez elle ! Qu'ils allaient saquer en même temps toute notre culture des « effluves » !... qu'ils en voulaient plus de notre bastringue !... Qu'ils étaient tous des vrais féroces !... Impitoyables ! Résolus ! Que c'était fini n-i ni !... Qu'on allait rechercher leurs dabes !... Qu'il fallait ce coup-là qu'on les retrouve !...

Tout ça c'était du chinois... Ils avaient perdu l'habitude d'être traités en mômes... Ils étaient trop émancipés !... ils se rendaient plus compte des choses de l'obéissance !... C'était pas très compliqué pour réunir leur saint-frusquin !... ils avaient en somme que leurs os... et leurs petits frocs dessus !... en fait de garniture... Ils avaient quelques grolles de « fauche » qu'étaient jamais la pointure. Ils en mettaient souvent qu'une... Ils bagottaient plutôt pieds nus !... Eh bien ils ont trouvé quand même moyen d'embarquer tout un bric-à-brac... des myriades de clous, des crochets, trébuchets, frondes, des cordelettes, des pièges à glu... des jeux de râpes entiers, des cisailles et tous les ressorts à boudins et encore des lames de rasoirs emmanchées sur des longs bâtons... deux pinces complètes « Monseigneur »... Y avait que le Dudule qu'avait rien... Il travaillait avec ses doigts... Ils croyaient les gniards qu'où on les emmenait tout ça pourrait encore resservir... Ils se rendaient pas compte !... J'avais pourtant bien insisté... Ils prenaient rien au tragique... Ils avaient pourtant bien vu le vieux avec sa gueule en débris ! Et la vieille ils l'entendaient bien à travers la porte... comment qu'elle râlait... Mais ça les effrayait plus...

« Moi, tiens ! qu'il me faisait Dudule, je te jure qu'on sera revenu jeudi !...

Tu les connais pas mon fiote ! que j'y répliquais... Surtout faites pas vos petits durs !... Ils vous boucleraient pour la vie !... Ils ont des cabanes terribles !... Gafez-vous ! rentrez vos marioles !... Fermez bien vos trappes à tous... » Même la Mésange elle crânouillait : « Ferdinand ! Penses-tu ! Balle- Peau ! C'est pour qu'on voye pas l'enterrement qu'ils nous font trisser !... Tout ça c'est du mou !... On reviendra sûrement pour dimanche !... Quand ça sera fini !... » Moi je voulais bien... Toute la petite fourgue ils l'ont paquetée... Y a eu encore discussion à propos de partage... Ils voulaient tous de « l'élastique »... du gros épais... Ils étaient des as pour les piafs !... Ils ont emmené du laiton, presque deux rouleaux... Et qui pesaient lourd !... Mais il en restait Nom de Dieu ! Tout un coffre dans le hangar !...

Les deux dames accompagnatrices, elles sont arrivées plus tôt qu'on pensait... Un peu des genres de « bonnes sœurs ». Pas de cornettes, mais des robes grises bien montantes, exactement toutes deux semblables, et puis des mitaines... et des drôles de voix trop douces et bien insistantes... Il faisait pas encore nuit...

« Alors voilà mes chers enfants... Il va falloir se presser un peu... qu'elle a dit comme ça la plus mince... J'espère que vous serez bien sages !... Nous allons faire un beau voyage... » Elles les ont rangés deux par deux... Mais Dudule tout seul en avant... C'était bien pour la première fois qu'ils se mettaient en ordre... Elles ont demandé à tous leurs noms...

« Maintenant il faudra plus causer !... Vous êtes des petits enfants très sages !... Comment t'appelles-tu toi mignonne ?...

Mésange-Petite-Peau !... » qu'elle a répondu. C'était bien exact d'ailleurs que les autres l'appelaient ainsi. Ils étaient encore neuf en tout... Cinq garçons, quatre filles. Le Dudule nous laissait son clebs... Ils en voulaient pas à Versailles... Ils ont rompu un coup les rangs... Ils oubliaient la daronne !... Elle était toujours dans sa grange... Ils y ont été vite l'embrasser... Y a eu forcément un peu de larmes... C'était tout de même pas très marrant comme séparation... vu les circonstances... C'est la Mésange qu'a pleuré le plus...

« Au revoir Ferdinand !... Au revoir Ferdinand ! À bientôt !... » qu'ils me criaient encore de l'autre bout de la cour... les dames elles rassemblaient leur troupe...

« Voyons, mes enfants ! Voyons !... Allons mes petites filles... » Ils me lançaient les derniers appels tout au bout du chemin... « À bientôt pote !... à bientôt !... »

Merde ! Merde ! Moi je me rendais compte... L'âge ça c'est le plein tour de vache... Les enfants, c'est comme les années, on les revoit jamais. Le chien à Dudule on l'a refermé avec la vioque. Ils pleuraient ensemble tous les deux. C'est lui qui gémissait le plus fort. Ce jour-là c'est vrai, je peux bien le dire c'est un des plus moches de ma vie. Merde !

* * *

Une fois comme ça les mômes partis le brigadier s'est installé avec ses hommes dans la cuisine. Ils ont vu que j'étais bien peinard, ils me les ont enlevées mes menottes... Le corps était à côté... On avait plus rien à faire puisqu'on attendait que le lendemain l'arrivée du Procureur... Y aurait « Instruction » qu'ils disaient. Ils commentaient ça les Pandores ! Enfin ils nous engueulaient plus. Et puis alors ils avaient faim... Ils ont inspecté les placards... si ils voyaient pas du fricot... Ils cherchaient aussi à se rincer... Mais y avait plus rien comme tutu... On a rallumé du feu... Il pleuvait dans la cheminée... Et puis il a refait très froid. Février c'est le mois le plus petit, c'est aussi le plus méchant !... Le début de l'hiver avait pas été trop dur... maintenant ça se vengeait la saison... Ils causaient de tout ça entre eux les guignols... C'était des paysans dans l'âme... Ils traînaient leurs bottes partout... Je regardais leurs tronches de près... Ils fumaient leurs pipes... Ils étaient autour de notre table... On avait le temps de se contempler... Ils avaient comme une épaisse panne à partir des yeux. Entièrement les joues blindées... et puis encore des bourlaguets tout autour du cou... qui leur remontaient aux esgourdes... Ils étaient fadés en substances, ils étaient plutôt pansus ! surtout un qu'était le double des autres... Il fallait pas leur en promettre ! Leurs bicornes ils faisaient pyramide au milieu de la table, emboîtés en pile... Leurs bottes aussi c'était « ad hoc » pour faire les sept lieues !... Des porte-parapluies !... Quand ils se levaient tous les cinq en traînant leurs sabres ils déclenchaient une quincaille. qu'on a pas idée... Mais ils ont eu de plus en plus soif... Ils ont été chercher du cidre chez les vieux au bout du hameau... Plus tard encore, peut-être vers les huit heures du soir, un autre griffeton est arrivé... Il venait de leur casernement... Il leur apportait du pinard et une petite croûte... cinq gamelles... Il nous restait nous du café. J'ai dit qu'on pouvait leur en faire à condition qu'on nous le laisse moudre. Ils ont bien voulu. La vieille elle est sortie de sa grange. Ils ont été lui ouvrir. L'accès de la colère il était passé. Ça les privait bien ces colosses d'avoir que ça comme pitance ! Une petite gamelle pour chacun !... et la boule pour cinq !... La daronne elle avait du lard, je le savais bien, encore un petit peu en réserve... Et puis des lentilles, dans une planque à elle, des navets, et puis peut-être même encore une demi-livre de margarine...

« Je peux vous faire la soupe ! qu'elle a dit... Maintenant que les mômes sont plus là !... Je peux peut-être vous faire bouffer tous !... » Ils ont accepté très heureux... Ils s'en tapaient sur les cuisses... Mais elle repleurnichait quand même... Nous avions une marmite de taille !... elle tenait au moins quinze gamelles... Un autre pinard est arrivé... Celui-là il venait tout droit de Persant... C'était l'épouse du brigadier qui l'envoyait par un gamin avec une lettre et un journal... On s'est assis à côté d'eux... Forcément on partageait... Ça faisait un peu plus de vingt-quatre heures qu'on avait rien becté nous autres... Les gendarmes ils en redemandaient... On a vidé tout le chaudron... Ils ont causé qu'entre eux d'abord... Ils s'animaient à mesure... Ils ingurgitaient tant et plus... Ils se déboutonnaient franchement... Un des cinq... pas le brigadier... un qu'était déjà tout chauve, il semblait plus curieux que les autres... Il a demandé à la daronne ce qu'il faisait le mort en fait de métier avant de venir à la culture ?... Ça l'intéressait... Elle a essayé de lui répondre, mais elle a pas pu très bien... Elle s'étranglait à chaque parole... Elle se dissolvait en sanglots... Elle mouchait dans son assiette... Elle a éternué dans la poivrière... Tout le monde se marrait finalement... Et puis ça emportait la gueule... elle avait eu la main lourde avec le piment... Oh ! oua ! ouaf !... Il faisait chaud aussi dans la piaule... Le feu tirait à ravir !... Quand le vent était bien placé on aurait brûlé la baraque !... mais si il changeait de direction alors il refoulait dans la tôle !... On étouffait dans la fumée !... C'est toujours comme ça à la campagne...

Au bout du banc le brigadier, il tenait plus par la chaleur... Il a tombé la tunique... Les autres ils ont fait pareil... Les huiles du Parquet ils pouvaient venir que le lendemain matin... Y avait donc pas de pet... Ils se demandaient tous pourquoi le Commissaire s'était défilé ?... Ça les passionnait cette question. Et pourquoi surtout le Procureur lui-même ?... Et pourquoi si rapidement ?... Il devait y avoir eu une bisbille entre le Greffe et la Préfecture... Telle était la belle conclusion... Si y avait comme ça des bagarres, nous autres on paumerait certainement... Moi voilà déjà ce que je pensais. Le brigadier, peu à peu, il a recommencé son dîner... Il s'est tapé à lui tout seul presque tout un camembert !... des tartines immenses !... avec le coup de rouge par-dessus !... Une bouchée !... un coup !... Une bouchée !... une autre !... Je le regardais faire... il me clignait de l'œil... il était déjà chiasse un peu !... Il est devenu tout cordial... Il a demandé à la vioque, comme ça, pas du tout brutal, absolument sans malice, ce qu'il faisait donc son Courtial, avant qu'ils arrivent à Blême ?... Elle l'a compris tout de travers. Elle en était comme gâteuse à force de pleurer. Elle lui répondait « Rhumatismes ! » elle y était absolument plus !... Elle s'est remise à battre la breloque... Les larmes lui reprenaient le dessus... Elle l'a imploré, supplié pour qu'il la laisse dans la cuisine... à côté... encore un petit peu... Pour le veiller un moment... Par exemple jusqu'à minuit !... On n'avait plus d'huile ni de pétrole... seulement que des chandelles mais alors un assortiment !... Les mômes ils en fauchaient partout, toujours, chaque fois qu'ils sortaient... qu'ils passaient un peu dans une ferme... Ils nous en avaient rapporté de tous les calibres des calebombes !... on avait un choix, la vieille voulait en mettre deux... Le brigadier en avait marre de l'entendre glapir...

« Allez ! Allez !... et puis revenez vite ! Tout de suite !... Et foutez pas le feu !... Et puis touchez pas au bonhomme hein ?... ou je vous renferme dans la grange !... Et puis alors pour de bon !... »

Elle y est partie... Au bout d'un instant, comme elle revenait pas un gendarme s'est levé pour voir... « Qu'est-ce qu'elle fabrique ?... » qu'ils se demandaient... J'y ai été aussi avec lui... Elle était recourbée à genoux contre le corps...

« Je peux pas le recouvrir ?... — Ah ! non qu'il répondait le guignol... — C'est pas qu'il me fasse peur, vous savez ! Mais il faudra bien qu'ils l'enveloppent... Ils peuvent pas l'emmener comme ça !... Je le bougerai pas ! Ça je vous le promets !... J'ai pas besoin d'y toucher ! Je voudrais qu'on lui passe une étoffe !... Ça seulement !... c'est tout !... Une étoffe dessous et puis sur la tête... »

Je me demandais ce qu'elle voulait lui mettre ?... Des draps ?... On en avait pas... On en avait jamais eu à Blême... On avait bien des couvertures, mais elles étaient plus que des loques... et des absolument pourries !... On s'en servait plus depuis la paille... puisqu'on couchait tout habillés... des vrais détritus... Le gendarme il voulait pas de ça !... Il voulait qu'elle demande elle-même au brigadier la permission... Mais le brigadier lui il ronflait... Il avait sombré sur la table... On l'apercevait par la porte... Les autres ploucs ils faisaient la manille...

« Attendez ! J'y vais !... qu'il a dit à la fin des fins... Y touchez pas avant que je revienne... » Mais elle pouvait plus attendre...

« Ferdinand ! toi, vas-y donc ! Dépêche-toi mon petit ! Va me chercher vite dans ma paillasse... tu sais par la fente... ! où je rentre la paille ?... Fouille ! Plonge avec ton bras du côté des pieds... tu vas trouver le grand morceau !... Tu sais bien... celui de l'Archimède !... Le rouge... le tout rouge !... Il est assez grand tu sais... Il sera assez grand... Il fera bien tout le tour !... Rapporte-le-moi ! là ! tout de suite... Je bouge plus !... Dépêche- toi vite !... »

C'était absolument exact... Je l'ai trouvé immédiatement... Il empestait bien le caoutchouc... C'est le morceau qu'elle avait sauvé du fond des décombres le soir de la catastrophe... Elle l'a déplié devant moi... Elle l'a étalé par terre... C'était toujours une bonne toile. C'est la couleur qu'avait changé... Elle était plus écarlate... elle avait tourné tout marron... Elle a pas voulu que je l'aide pour enrouler Courtial dedans... Elle a tout fait ça elle- même... Fallait surtout pas qu'elle le remue... Elle a glissé sous le cadavre tout le tissu tout à fait à plat... extrêmement doucement il faut dire... Elle avait bien assez de métrage pour tout envelopper... Et toute la barbaque de la tête s'est trouvée renfermée aussi... Le brigadier nous regardait faire... L'autre il l'avait réveillé... « Alors qu'il nous criait de loin... Vous allez encore le cacher ?... Hein ?... Vous êtes enragée alors ?

Ne me grondez pas, mon bon Monsieur !... ne me grondez pas !... Je vous en supplie ! J'ai fait mon possible !... Elle se tournait vers lui à genoux. J'ai rien fait de mal !... J'ai rien fait de mal !... Venez voir !... Venez le voir !... Vous-même ! Il est toujours là... Croyez-moi !... Croyez-moi ! Je vous en supplie !... Monsieur l'Ingénieur !... » Elle l'appelait comme ça, tout d'un coup, Monsieur l'Ingénieur !... Elle se remettait à crier...

« Il montait, Monsieur l'ingénieur ! Vous l'avez pas vu vous autres !... Vous pouvez pas me croire bien sûr !... Mais Ferdinand il l'a vu lui !... Hein que tu l'as bien vu Ferdinand ?... Comme il montait bien !... Tu te rappelles dis mon petit ?... Dis- leur à eux !... Dis-leur mon petit !... Ils ne veulent pas me croire moi !... Miséricorde ! Doux Jésus ! Je vais faire une prière ! Ferdinand ! Monsieur l'ingénieur ! Sainte Marie ! Marie ! Agneau du Ciel ! Priez pour nous ! Ferdinand ! Je t'en conjure ! Dis-leur bien à ces Messieurs ! Veux-tu ?... Viens faire ta prière ! Viens vite !... Viens ici ! Ça c'est vrai hein ?... Au nom du Père ! du Fils ! du Saint-Esprit !... Tu la sais celle-là Ferdinand ?... Tu la sais aussi ta prière ?... »

Elle s'épouvantait... elle s'écarquillait blanc les châsses...

« Tu la sais pas ?... Mais si tu la sais !... Pardonnez-nous nos offenses !... Allons ! Ensemble ! Là ! Voilà ! Comment je vais vous pardonner !... Allons ! Comme je vais vous pardonner !... Répète Nom de Dieu !... petit malfrin !... »

Elle me fout alors une grande claque !... Les autres là-bas, ils s'en gondolent...

« Ah ! Ah ! Tu la sais bien alors !... quand même !... Il montait Monsieur l'Ingénieur, il montait c'était magique !... Tenez à dix-huit cents mètres !... J'ai monté partout avec lui... Oui !... J'ai monté !.,. Vous pouvez me croire à présent !... C'est la vérité parfaite !... Je le jure ! » Ça je le jure !... Elle essayait des signes de croix... Elle pouvait pas les finir... elle s'embarbouillait dans ses loques...

« Dans l'Hydrogène ! Dans l'Hydrogène ! mes chers Messieurs !... Vous pouvez demander à tout le monde !... C'est pas des mensonges tout ça !... » Elle se prosternait le long du corps, elle s'est jetée entièrement dessus... C'était la supplication...

« Mon pauvre chéri !... Mon pauvre amour !... Personne te croit plus à présent. Ah ! C'est trop abominable !... Personne veut plus te croire !... Je sais plus moi comment leur dire ?... Je sais plus quoi faire ?... Je sais pas comme il est monté ?... Je sais plus combien !... C'est moi je suis la femme horrible !... C'est ma faute à moi tout ça... C'est ma faute, Monsieur l'Ingénieur !... Ah ! oui ! Ah ! oui ! C'est moi qui ai fait tout le mal !... À lui j'ai tout fait du mal ! Il est monté deux cents fois !... cent fois !... Je me rappelle plus mon amour !... Deux cents !... Six !... Six cents fois !... Je sais plus !... Je sais plus rien !... C'est atroce !... Monsieur l'Ingénieur !... Trois cents !... Plus ! Bien plus !... Je sais pas !... » Elle l'étreignait dans l'enveloppe !... elle se crispait entièrement dessus... « Courtial ! Courtial ! Je ne sais plus rien !... » Elle se rattrapait le gosier en force. Elle se relabourait la tête... Elle s'est arraché les tifs, en rage, à poignées, en se démenant par terre... Elle se refouillait la mémoire...

« Trois mille !... Dix mille ! Jésus ! Quinze !... Dix-huit cents mètres !... Ô Jésus ! Ferdinand ! Tu peux rien dire ?... C'est trop fort !... Merde de Dieu !... » Elle se reperdait dans les chiffres...

« Mes officiers !... Ferdinand !... Mes officiers ! » qu'elle les appelait ! « Au Nom du Ciel ! C'est ça, j'y suis ! »... Elle s'est soulevée sur les coudes... « Deux cent vingt-deux fois !... C'est bien ça !... Deux cent vingt-deux ! »... elle retombait... « Merde ! je sais plus rien !... Ma vie ! Ma vie !... » Il a fallu que les cognes la relèvent... Ils l'ont ramenée dans la grange... Ils ont refermé la porte sur elle. Comme ça absolument seule peu à peu, elle s'est résignée... et même elle s'est endormie... Plus tard, on est entrés la voir avec les gendarmes. Elle s'est remise à nous causer mais alors toute raisonnable. Elle était plus dingue du tout.

* * *

On a encore attendu toute la matinée... La vieille elle restait dans sa paille... Elle ronflait profondément... Ils sont arrivés vers midi les gens du Parquet... Le Juge d'instruction, un petit gros bien empaqueté dans sa fourrure, il zozotait dans la buée, il toussait, il avait des quintes... Il est descendu de son landau avec un autre fias, un rouquin. Celui-là portait une casquette tout enfoncée sur les yeux. C'était son médecin légiste. Les gendarmes l'ont reconnu tout de suite.

Il faisait un froid vraiment aigre... Ils étaient pas réchauffés...

Ils venaient de la gare de Persant...

« Amenez-les donc par ici !... qu'il a ordonné aux gendarmes, dès en mettant le pied par terre... Amenez-les-moi dans la grande salle !... Ensemble ! la femme et le merdeux ! Nous irons voir le corps plus tard !... Personne l'a bougé ?... Où l'avez-vous mis ?... Apportez-moi aussi les pièces ?... Qu'est-ce qu'y avait ?... Un fusil ?... Les témoins ?... Y a des témoins ?... »

Quelques minutes plus tard il est arrivé encore deux autres voitures... Une qu'était remplie de policiers, de cognes en civil... et l'autre, une grande tapissière qu'était bourrée de journalistes... Ceux-là ont pris séance tenante des foisons d'instantanés... sur tous les aspects de la ferme... de l'intérieur... les environs... Ils étaient tracassiers ceux-là, les journalistes, bien plus que tous les péquenots. Et puis frétillants surtout !... Il a fallu, ce fut la transe qu'ils prennent ma pêche au magnésium !... et puis celle de la daronne sous tous les profils !... Elle savait plus comment se tapir !... Elle était forcée de rester là, entre les deux bourres... Mais on pouvait plus se bouger tellement la foule devenait compacte... Le Procureur il faisait vilain ! On lui marchait dessus !... Il a donné l'ordre aux griffes de faire immédiatement place nette... Ils ont pas traîné... Ils ont culbuté la cohue... Les abords furent vite dégagés... toute la cour aussi...

Le zozotant il prenait froid, il frissonnait dans sa pelure. Il avait hâte que ça se termine, ça se voyait très bien. Il en voulait au service d'ordre... Son greffier il cherchait une plume, il avait cassé la sienne... Il était mal le zozoteur comme ça sur le banc... La salle était trop énorme, humide, le feu était tout éteint... Il se tapait les poignes l'une dans l'autre... Il ôtait ses gants pour souffler. Il se suçait les doigts... Il avait le nez tout améthyste... Il remettait ses gants. Il tortillait du derrière... Il retapait des pieds... Il se réchauffait pas. Tous les papelards étaient devant lui... Il soufflait dessus, ça s'envolait... Le greffier bondissait après... Ils écrivaient rien du tout... Il a voulu voir le flingue. Il a dit aux journalistes : « Photographiez-moi donc cette arme, pendant que vous y êtes !... » Il a dit au brigadier : « Racontez- moi toute l'histoire !... » Alors là, le gros enfiotté il crânait pas comme avec nous ! Il bredouillait même plutôt... Il savait pas au fond grand-chose... Je me suis rendu compte tout de suite... Il est sorti avec le juge... Ils arpentaient comme ça dans la cour et de long en large... Quand ils ont eu fini de jacter, ils sont revenus dans la salle... Il s'est rassis le zozoteur... C'était à moi maintenant de causer... J'y ai tout de suite tout raconté... Tout ce que je savais c'est-à-dire... Il m'écoutait pas beaucoup :

« Comment t'appelles-tu ? »... J'y ai dit : « Ferdinand, né à Courbevoie. » « Ton âge ? »... J'y ai dit. « Et tes parents que font-ils ? » Je lui ai dit aussi... « Bien ! qu'il a fait... Reste là... Et vous ?... » c'était le tour à la vieille...

« Racontez-moi votre histoire et dépêchez-vous surtout... » Il s'était relevé... Il tenait pas assis... Il gambergeait de long en large... Il les sentait plus ses nougats... Il avait beau trépigner... C'est frigo la terre battue !... Surtout la nôtre si humide...

« Ah ! Docteur ! Mes pieds alors !... On fait donc jamais de feu ici ?... » On avait plus de bois du tout... Les gendarmes avaient tout brûlé !... Il a brusqué le récit de la vieille...

« Ah ! Je vois décidément, que vous ne savez pas grand-zose ! Tant pis ! Tant pis ! On verra tout za plus tard !... Ça sera pour Beauvais !... Allez ! Allez ! On s'en va !... Docteur vous avez regardé le corps ?... Hein ? Alors qu'est-ce que vous en dites ?... Hein ?... » Ils sont repartis tous les deux, recommencer ça... À côté, dans la cuisine, ils discutaient le coup... Ils sont restés peut-être dix minutes... Ils sont revenus...

« Voilà, qu'il a dit le zozoteur... Vous ! l'épouse !... La femme Courtial ! Non ! Des Pereires !... Non ?... Zut !... Vous êtes libre provisoirement ! Mais il faudra venir à Beauvais !... Mon greffier vous indiquera !... J'enverrai prendre le corps demain !... » S'adressant aux journalistes : « Provisoirement c'est un suicide ! Après l'autopsie nous verrons... Vous serez peut-être libre tout à fait... Enfin on verra... Vous le numéro ! » C'était moi... « Vous pouvez partir !... Vous pouvez vous en aller ! Il faut retourner tout de suite chez vous !... Chez vos parents !... Vous donnerez votre adresse au Greffe !... Si j'ai besoin de vous, je vous ferai venir ! Voilà ! Allez ! Allez ! Brigadier ! Vous laisserez ici un gendarme, n'est-ce pas ?... Un seul ! Jusqu'à demain matin ! jusqu'à l'arrivée de l'ambulance ! Allez !

vite Greffier !... Allez ! C'est fini les journaux ? Sortez tous d'ici les reporters !... Plus personne ! que la famille et le planton !... Voilà Gendarmes ! pour la nuit ! Et vous empêcherez d'entrer hein ?... de toucher !... de sortir ! C'est compris ?... Vous me comprenez tous ?... Bon !... Allez ! Pressons !... Pressons ! Allons, en voiture, Docteur !... »

Il battait toujours la semelle ! Il se trémoussait devant son landau !... Il en pouvait plus !... Il crevait malgré sa houppelande et malgré l'énorme peau de bique qui lui montait jusqu'aux sourcils... jusqu'au chapeau melon !... En mettant le pied sur la marche :

« Cocher ! Cocher ! vous m'écoutez ! N'est-ce pas ? n'est-ce pas ? Vous irez vite !... Vous nous arrêterez à Cerdance ! au petit " Tabac " ! qu'est à gauche !... après le passage à niveau ! Vous savez bien où ?... Ah ! Docteur ! J'ai eu des frissons comme jamais de ma vie !... J'en ai pour un mois certainement !... Encore !... Comme tout l'hiver dernier tenez !... Ah !... Je sais pas ce que je ferais pour un grog ! Vous savez !... Ils m'ont fait crever dans cette turne !... Vous avez vu cette glacière ?... C'est impossible ! On est encore mieux dehors !... C'est pas croyable !... Ah ! il se conservera le macchabée !... »

Il a encore sorti sa tête par-dessous la grande capote au moment qu'ils démarraient... Il regardait l'ensemble de la ferme... Les gendarmes au « garde-à-vous » !... Fouette cocher !... Ils sont partis en bourrasque, dans la direction de Persant... Les bourres, le greffier, les civils ils ont pas attendu leur reste ! Ils ont filoché derrière à peine cinq minutes plus tard... Les journalistes eux sont revenus... Ils ont encore repris d'autres photos... Ils savaient tout ces délurés ! Ah ! Ils étaient bien affranchis... Ils en connaissaient des micmacs...

« Allez ! Allez ! qu'ils nous ont dit... Faut pas vous en faire... C'est évident que vous y êtes pour rien !... Tout ça c'est des chinoiseries ! Que des formalités banales ! C'est pour l'extérieur ! Pour la forme ! Faut pas vous frapper ! Ils vont vous relâcher tout de suite ! C'est un décorum ! » La vieille elle se désolait quand même...

« On le connaît un peu nous autres !... C'est pas pour la première fois qu'on le voit travailler !... S'il avait eu des vrais soupçons il serait resté bien plus longtemps ! Et puis en plus ! raide comme balle ! il vous aurait tous embarqués !... Ah ! Alors il hésiterait pas ! On le connaît quand même ! Seulement qu'un poil de présomption ! Et puis hop il vous tourniquait ! Ah ! Alors c'était dans la fouille ! Ah ! Il est terrible pour le doute ! Ah ! Il se perd pas dans les nuages... Ah c'est un vrai petit frisé ! Ah ! Avec lui y a pas de chanson !

Alors, Messieurs, vous êtes bien sûrs qu'il va pas revenir ?... que c'est pas seulement pour le froid ?... C'est peut- être pour ça qu'il est parti ?...

Ah ! Il a pas froid aux châsses ! Ah ! Vous pouvez être peinards ! Mais non que c'est de la rigolade ! Du m'as-tu vu ! Ah ! là ! là ! Moi je me frapperais toujours plus ! C'est lui qu'est venu pour des prunes !... Ah ! alors ! Hein ! Il peut râler ? » Ils étaient tous de cet avis...

Ils sont remontés dans leur carriole... Ils se parlaient déjà de gonzesses... Il fallait qu'ils démarrent doucement... Ça craquait fort sur leurs essieux... Ils étaient de trop dans la bagnole... Tassés les uns dans les autres... Y en avait deux des journalistes qu'étaient venus très exprès de Paris... ils regrettaient bien aussi le voyage... Tellement que la vieille les relançait avec ses questions ils ont fini par mugir en chœur, en cadence :

« C'est pas un crime !... Pop ! Pop ! Pop ! »

« C'est pas un crime !... Pop ! Pop ! Pop ! »

Tapant comme ça des talons à crever le plancher... Au bout du compte ils se marraient bien. Ils entonnaient des saloperies... Ils sont partis sur Dupanloup !

* * *

Le gendarme qui restait de garde, il a trouvé dans le hameau une autre bicoque, une toute vide, près de l'abreuvoir, où il pouvait rentrer son cheval. Il préférait ça comme endroit... La nôtre d'écurie c'était qu'un décombre... toute la flotte passait... Et puis alors des courants d'air que ça sifflait comme des orgues !... Sa bête elle souffrait là-dedans. Elle chancelait, chavirait de froid sur ses guibolles... Il l'a donc emmenée ailleurs... Et puis il est revenu encore... peut-être une heure avant la soupe... Il voulait nous dire quelque chose...

« Écoutez ! Vous deux patachons ! Vous pourrez-t-y rester tranquilles ? Il va falloir que j'aille à Tousne !... » C'était un bourg assez loin de l'autre côté du bois Berlot... « Il faut que j'aille chercher mon avoine. J'en ai plus moi dans mes sacoches ! J'ai ma belle-sœur qu'est là-bas... Elle est buraliste... Alors je resterai peut-être pour la soupe... Je serai rentré un peu plus tard... Mais pas plus tard que dix heures !... Alors vous ! Vous ferez pas les gourdes, hein ! J'ai plus un seul grain d'avoine !... Et puis tiens je vais emmener le dada... Comme il a son fer qu'est parti... Je passerai à la forge... Je rentrerai à cheval... Je serai plus tôt revenu... Alors c'est compris ? Hein ?... Vous laissez entrer personne ?... » C'était compris, entendu... Il s'emmerdait avec nous... Il allait se taper la cloche... « Bon vent ! » qu'on s'est dit... Il a retraversé devant la ferme avec son gaye à la bride... Je l'ai vu s'éloigner... Il commençait à faire nuit...

Nous tous les deux avec la vieille, on n'a pas mouffeté... J'attendais qu'il fasse vraiment noir pour sortir... chercher du bois... Alors j'ai fait vite... la palissade j'ai arraché trois planches d'un coup... Je cassais tout ça en margotins... mais qui fumaient forcément... C'était trop humide... Je suis retourné avec la vieille... J'étais content qu'on se réchauffe... C'était pas du luxe ! Mais il fallait fermer les yeux ! Ça piquait trop fort... Elle était redevenue toute sage après la séance... Mais encore comment inquiète !

« Tu crois ça toi les guignols ?... qu'ils vont rien nous dire de plus ? Tu crois pas qu'ils cachent encore une truquerie quelconque ?... » Elle m'interrogeait... « Tu les as entendus pourtant comment qu'ils m'ont soupçonnée ?... Et tous ! T'as bien vu au premier abord... Comme ça de but en blanc !... Ah ! Dis donc c'est un sacré vice ! Et allez donc ! Ah ! Alors !...

Qui ça les bourriques ?...

Ben oui ! Les bourriques quoi !...

Oh ! le brigadier c'est qu'un gros plouc !... Comment qu'il a perdu le sifflet ! acacac ! devant les gerbes !... en cinq sec !... Il existait plus !... Il savait plus où il était !... Il avait plus un mot à dire !... Il avait rien vu ce poireau-là !... De quoi qu'il aurait causé ?... Les journalistes ils l'ont bien dit... Vous avez bien vu quand même !... Ceux-là, ils auraient remarqué... Ils la connaissent eux la musique !... Ils nous auraient sûrement prévenus... Ils l'aiment pas eux le zozoteur... C'était que des présomptions... Rien que des baveries !... pas autre chose !... Ils seraient pas barrés comme des pets... si ils pensaient nous posséder ! Ah ! non alors !... Pas d'erreur... Ils seraient encore là tous les bourres ! mais c'est évident voyons !... Plutôt quarante-deux fois qu'une !... Vous l'avez bien entendu !... le zozoteur lui-même ! quand il est sorti ? Comment qu'il a dit aux autres !... : " Ça c'est un suicide ! " Voilà c'est tout ! C'est pas midi à quatorze heures !... Le médecin aussi il l'a vu !... Je l'ai entendu quand il disait au petit bourrique. " De bas en haut, mon ami ! De bas en haut !... " C'était bien net ! Pas un charre !... Et voilà !... Faut pas inventer !... Ça suffit quand même !...

Ah ! En effet, t'as raison !... » qu'elle me répondait tout doucement... Mais elle restait pas convaincue... Elle se fiait pas trop...

« Comment qu'ils vont l'enterrer ?... Ils font d'abord l'autopsie ? Et après ? Pour quoi faire ? Hein ?... T'as pas idée ?... Il faut qu'ils cherchent encore quelque chose ?...

Ça je peux pas vous dire...

J'aurais bien voulu tant qu'à faire qu'ils le remmènent à Montretout... Mais c'est bien trop loin à présent... Puisqu'ils l'emmènent à Beauvais... Ça se fera donc là-bas l'enterrement ? J'aurais bien voulu un " Service "... Je leur demanderai, moi... Tu crois qu'ils voudront ?... » Ça j'en savais rien non plus...

« Je me demande ce que ça peut coûter à Beauvais un petit " Service " ?... Simplement dans une chapelle !... La plus petite classe par exemple ?... C'est sûrement pas plus cher qu'ailleurs... Tu sais, il était pas religieux lui, mais enfin quand même... Ils l'ont assez martyrisé ! Un peu de respect ça fera pas de mal... Qu'est-ce qu'ils vont encore lui faire ?... Ils voyent donc pas assez comme ça ?... Il a rien dans le corps le pauvre homme !... Puisque c'est tout dans la tête... Ça se voit au premier coup d'œil mon Dieu !... C'est assez horrible !... » Elle recommençait à chialer...

« Ah ! Ferdinand mon petit bonhomme !... Quand je pense qu'ils ont pu croire ça !... Ah ! Et puis tu sais... tant qu'ils y étaient... fallait pas qu'ils se gênent... Moi ! Pour moi ! ça m'est bien égal !... À présent... Mais pour toi ? Tu crois que c'est fini ?... Toi, mon pauvre petit c'est pas la même chose... Il faut que tu te défendes !... T'as la vie devant toi !... Toi c'est pas pareil !... Toi tu y es pour rien dans tout ça... Au contraire !... Mon Dieu au contraire !... Il faudrait bien qu'ils te laissent tranquille... Tu viens avec moi à Beauvais ?...

Si je pouvais... j'irais... Mais je ne peux pas... J'ai rien à faire à Beauvais !... Il l'a bien dit le zozoteur... " Vous retournerez chez vos parents... " Il me l'a répété deux fois !...

Oh ! Alors, faut pas faire le Jacques !... Va-t'en mon petiot ! Va-t'en. Qu'est-ce que tu feras en arrivant ?... Tu vas te chercher quelque chose ?...

Mais oui !...

Moi aussi, il faudra que je cherche... C'est-à-dire... si ils me laissent aller... Ah ! Ferdinand !... pendant que j'y pense !... » Une inspiration qui lui passe... « Viens par ici... que je te montre quelque chose !... » Elle me ramène vers la cuisine... Elle se grimpe sur l'escabeau, le petit, elle disparaît dans la hotte jusqu'à la ceinture, elle trifouille dans un des recoins... Elle fait branler la grosse brique... Il tombe de la suie de partout... Elle secoue encore une autre pierre, ça bougeotte, ça tremble... elle extirpe... Du trou elle sort des fafiots... et puis même de la monnaie... J'en savais rien moi de cette planque-là... Ni Courtial non plus certainement... Y en avait pour cent cinquante points et puis quelques thunes... Elle m'a tout de suite refilé un billet de cinquante... Elle a gardé le reste...

« Moi je vais emporter les cent balles et la monnaie... Hein ?... Ça fera toujours mon voyage... et puis peut-être les frais de l'église ! Si je reste là-bas, cinq, six jours... Ça peut pas durer tout de même plus ?... J'aurai bien assez !... Tu ne crois pas ?... Et toi ? t'as-t-y encore tes adresses ?... Tu te souviens de tous tes patrons ?...

J'irai voir tout de suite l'imprimeur... que j'ai répondu...

J'aimerais mieux chercher par là... »

Elle a refouillé dans la crevasse, elle a retiré encore un louis, elle me l'a donné celui-là... Et puis elle a reparlé de Courtial... mais plus du tout exubérante...

« Ah ! Tu sais mon petit Ferdinand !... Plus j'y repense... Plus ça me revient l'affection qu'il avait pour toi... Il la montrait pas bien sûr !... Tu sais ça aussi... C'était pas son genre... Sa nature... Il était pas démonstratif !... Pas lécheur !... Ça tu le sais bien... Mais il pensait tout le temps à toi... Dans les pires traverses, il me l'a répété souvent !... Y a pas seulement encore huit jours !... " Ferdinand... tu sais Irène, c'est une nature que j'ai confiance... Il nous fera jamais lui de misère !... Il est jeune ! Il est étourdi ! Mais c'est un môme de parole !... Il remplira sa promesse ! Et c'est ça Irène ! C'est ça qu'est rare !... " Je l'entends encore m'ajouter !... Ah ! il t'appréciait va !... C'était bien plus sincère qu'un ami !... Va ! Ça je t'assure !... Et pourtant le pauvre homme ! Il pouvait avoir des méfiances !... Il en avait assez vu !... Et comment trompé ! Deux cent mille façons !... plus honteuses les unes que les autres !... Alors, il pouvait être aigri !... Jamais il m'a dit un mot pas favorable à ton sujet !... Jamais d'amertume !... Toujours que des compliments... Il aurait voulu te gâter... Mais il pouvait pas !... On avait la vie trop dure... Mais comme il me disait quand il me parlait de choses et d'autres... " Attends un petit peu !... De la patience !... Je lui ferai son beurre à ce roupiot-là... " Ah ! Ce qu'il pouvait bien te comprendre... Tu sais pas comme il te blairait bien...

Moi aussi, madame, moi aussi !...

Je sais, je sais Ferdinand !... Mais c'est pas la même chose... T'es encore un môme heureusement !... Rien est trop triste à ton âge ! Maintenant, tu vas la faire ta vie... C'est qu'un commencement... Tu peux pas comprendre...

Il vous aimait aussi... que j'ai dit... Il me l'a raconté souvent... Comment qu'il tenait fort à vous et que sans vous il était plus rien... qu'il existait pas... " Tu vois bien ma femme ? " qu'il me disait... » Je forçais un peu sur la note... Je faisais de la consolation... Je faisais ce que je pouvais... Alors elle tournait en fontaine...

« Pleurez pas, Madame ! Pleurez pas !... C'est pas encore le moment... Il faut vous durcir au contraire... Vous avez pas encore fini !... Là-bas, vous aurez à causer... à Beauvais... Peut- être qu'il faudra vous défendre ! Ça les agace quand on pleure... Vous l'avez bien vu !... Moi aussi il faudra me défendre. Vous le disiez vous-même...

Oui ! T'as raison Ferdinand !... Hi ! Hi ! Oui c'est vrai... Je suis marteau... Je suis qu'une vieille folle !... Elle essayait de résister... Elle se séchait les châsses...

Mais toi, tu sais, il t'aimait bien... Ah ! Ça je t'assure Ferdinand ! Je dis pas ça pour te faire plaisir... Tu le savais bien sûr n'est-ce pas ?... Tu te rendais bien compte du cœur qu'il avait au fond... malgré quelquefois qu'il était dur... difficile un peu avec nous...

Oui ! Oui ! Je savais, Madame !...

Et maintenant qu'il s'est tué comme ça... C'est épouvantable ! Tu te rends compte ?... J'y crois pas moi !... C'est pas croyable !... » Elle pouvait pas s'en détacher de cette abomination...

« Ferdinand ! qu'elle recommençait... Ferdinand ! Écoute !... » Elle me cherchait les mots exacts... Il en venait aucun... « Ah ! Oui !... Il avait confiance Ferdinand !... J'ai confiance... Et tu sais lui hein ?... N'est-ce pas ? Il croyait plus à personne... »

Notre bois, il flambait plus du tout... Il enfumait toute la crèche... Il éclatait, sautait en l'air... Il s'éteignait au fur et à mesure... Je lui dis à la vieille... « Je vais en chercher de l'autre qui brûle ! » J'allais piquer vers le hangar... si je trouvais pas un fagot sec... j'arracherais un peu de la cloison... celle de l'intérieur... J'oblique un peu dans la cour... Je me détourne en passant devant le puits, je regarde du côté de la plaine... J'aperçois quelque chose qui bouge... On aurait dit un bonhomme... « C'est pas possible que c'est le gendarme ?... Il rentrerait pas si tôt ?... que je me fais la réflexion... C'est encore un traînard quelconque... Un mec qui fait du razzia... Eh bien je me dis... Il a le bonjour !... »

« Hé là ! Hé là ! que je lui crie... Qu'est-ce que vous cherchez bonhomme ?... » Il répond rien... Il se sauve... Du coup, je me détourne, je vais même pas jusqu'au hangar... Je me goure tout de suite d'un drôle d'afur... Je me dis : « Merde ! Merde ! Replie Toto... » J'arrache vite un bout de barrière... « Ça suffira »... que je me dis... Je me précipite... Je rentre... et je lui demande à la vioque :

« Vous avez pas vu personne ?...

Mais non !... Mais non !... » qu'elle me fait...

Alors juste au même moment, dans le carreau d'en face, à pas deux mètres de distance... Je vois une tête qui me fixe... en transparence... une grosse tronche... je vois le chapeau aussi... et les lèvres qui bougent... Mais je peux pas entendre les mots... Je me rapproche avec la bougie, j'ouvre la fenêtre toute grande comme ça sur le fait... C'était brave !... Je le reconnais tout de suite alors !... Mais c'est notre chanoine Nom de Dieu !... C'est le Fleury. C'est lui !... Le maboul !... très exactement !... Merde !... D'où qu'il arrive ?... D'où qu'il vient !... Il me bafouille... il me postillonne. Il est tout gesticuleur !... Il a l'air complètement heureux de nous retrouver en chœur !... Ses amis !... Ses frères !... Il escalade la petite croisée... Le voilà franchement dans la crèche... Il jubile !... Il gambade !... Il trémousse autour de la table... La vieille elle se rappelait plus de son blaze, ni de son nom, ni des circonstances !... Un petit lapsus de la mémoire...

« C'est Fleury !... Voyons ! C'est Fleury !... Le Fleury de la Cloche ! Vous le voyez pas ?... Regardez-le bien !...

Ah ! mais c'est bien vrai ma foi... Ah ! mais oui c'est bien exact !... Ah ! M. le Curé !... Ah ! pardonnez-moi !... Ah ! alors vous avez appris ? Ah ! mais oui c'est vous !... Ah ! mais je deviens folle !... Ah ! je vous remets ! Ah ! je vous remettais plus !... Vous savez pas l'horrible chose ?... »

Lui s'arrêtait pas pour si peu !... Il continuait à gambader ! Sautiller !... Gambiller !... Il prêtait pas attention... Il faisait de la grande cabriole ! et puis encore d'autres petits bonds !... des petites saccades en arrière... Il a sauté sur la table... Il a frétillé encore... Il est redescendu d'un seul coup... Sa soutane était toute plaquée blindée de crottes et de bouse... jusqu'aux aisselles... jusqu'aux oreilles !... Ah ! Oui sûrement c'était bien lui qu'était dans le champ tout à l'heure !... On s'était fait peur tous les deux !... Ah ! il était harnaché !... Il en avait lourd sur les os... Tout un attirail de troufion, un paquetage complet... avec deux musettes ! deux bidons ! trois gamelles ! et par-dessus un cor de chasse... un immense, un magnifique en bandoulière !... Tout ça clinquait à chaque geste... Il arrêtait pas !... C'est son chapeau qui l'énervait le plus... qui lui godaillait dans les châsses... un grand raphia comme pour la pêche... Et puis il s'était décoré ! admirablement aussi le mec !... Il en avait plein sa soutane de tous les ordres et les médailles... Et plusieurs Légions d'Honneur... Tout ça était pétri de mouscaille, et puis un lourd crucifix, un Jésus d'ivoire, tout battant au bout d'une grande chaîne... Tellement qu'il était rincé notre joli chanoine, il dégoulinait plein la piaule... Il se promenait comme un arrosoir... sa soutane elle s'était fendue de haut en bas par-derrière... il avait encore les ronces...

La vieille, elle voulait plus qu'il bouge... Elle voulait encore le convaincre... C'était sa passion... Je lui faisais moi des signes... qu'elle l'emmerde pas !... Qu'il s'en irait peut-être tout seul !... qu'il fallait pas l'exalter... mais elle voulait pas me comprendre... Elle était contente de le revoir... Elle le cadrait dans les petits coins... Il grognait alors comme un fauve... Il se butait pile contre le mur, tête inclinée, prêt à la charge... Il l'écoutait plus... Il pressait ses doigts sur sa bouche... « Chutt ! Chutt ! » qu'il lui recommandait... Il jetait des regards alentour et pas bien aimables !... Il était traqué le mironton...

« Vous ne savez pas, M. le Chanoine ?... Je vois que vous ne savez pas !... Ah ! Si vous aviez pu voir !... Ah ! Si vous saviez ce qu'il y a eu !...

Chutt ! Chutt !... M. le Pereires ?... M. le Pereires ? C'est lui maintenant qui réclamait... « Hein ? M. le Pereires ?... » Il l'a saisie par les épaules, il lui reniflait dans la figure et très violemment... Un tic lui prenait toute la bouche... Il restait crispé après... Il se détendait en saccades...

« Mais je l'ai pas, M. le Curé !... Mais non !... Moi je l'ai pas ! Vous savez donc rien ?... Il est pas ici le pauvre homme !... Il est plus ici le malheureux !... Voyons !... On vous l'a pas dit ?...

Pressez !... Pressez vite !... » Il la chahutait tant et plus !...

« Mais il est mort voyons !... Il existe plus !... Je vous l'ai dit tout de même... » Elle avait trouvé un fias qu'était encore plus résolu...

« Je veux le voir moi !... Je veux le voir !... » Il démordait pas de sa marotte... « C'est bien urgent !... Chutt ! Chutt !... Chutt !... Presto ! Presto !... » Il a refait le tour de la table sur la pointe des pieds ! Il a regardé dessus et dessous et puis encore dans la hotte... Il a rouvert les deux armoires... Il a arraché les clefs... Il a déglingué le coffre à bois... retourné les gonds... Il était furieux... Il blairait plus la résistance... Son tic lui retroussait toute la lèvre !...

« M. le Curé !... M. le Curé !... Faites pas ça !... » Elle essayait de le convaincre...

« Ferdinand ! Je t'en supplie ! Dis-le à M. le Curé !... N'est-ce pas mon petit, qu'il est mort ?... Dis-lui à M. le Curé !... » Elle se raccrochait à sa musette...

« Allez regarder sur la porte, c'est écrit pourtant !... Dis c'est pas vrai Ferdinand ?... " Bonne chance " »... Elle l'agrafait au cor de chasse !... Il emportait tout à la traîne... La rombière, la table, et les chaises, les assiettes !...

« Assez ! Assez ! Vos effronteries ! Effrontés ! Effrontés tous !... C'est le Directeur !... Génitron Courtial !... Vous m'entendez pas ?... Lui tout seul !... Vous m'entendez ?... Il sait ! Il sait !... Génitron ! Là ! Là !... Je suis attendu !... Il veut me voir immédiatement !... Rendez-vous !... Rendez-vous !... » Il s'est dépêtré en furie... Elle est allée rebondir dans le mur...

Assez ! Assez ! Je veux lui causer !... On m'empêchera pas !... Qui ?... » Il en retroussait toute sa soutane... Il farfouillait dans toutes ses poches... Il en sort des petits papiers... des miettes, des coupures de journaux... Il est resté comme ça à genoux, en pleine fiévreuse confusion !... longtemps, longtemps ! Il bafouillait, il recomptait... tous les papelards un par un... et les a tous défroissés... Il les a encore raplatis... Il en a remis d'autres en boulettes...

« Chutt ! Chutt !... » Il recommençait... Il voulait plus nous qu'on bouge. « En voilà !... Ça c'est de l'authentique !... Hein ça ? Tu vois bien !... Le pur manuscrit pharaon !... Oui !... » Il m'en remet une pincée...

« Voilà ! jeune garçon !... » Il me pressait dans le creux de la main... une boulette !... deux boulettes... « M. le Directeur ! M. le Directeur !... »

Merde ! Ça le reprenait... Ça lui remontait sa colère !... Il s'est recabré d'un seul élan... Il a ressauté sur la table... Il réclamait encore Courtial à tous les échos !... Il a embouché le cor de chasse. Il a soufflé dedans un grand coup et puis des rauques crevaisons... encore des couacs et des petits râles !...

« Il va venir... Il m'entend !... » Dix fois, vingt fois de suite... Il m'agrippe par le costard, il me bave nettement dans la fiole, il me souffle dans les yeux... Il pue bien, la vache... Par bouffées alors qu'il me renseigne comment qu'il est venu jusque-là... Il est descendu à Vry-Controvert, la halte du « Départemental » à vingt-deux kilomètres de Blême ! Les « autres » le poursuivent, les « autres » qu'il ajoute... Il me tarabuste pour me prouver...

« Chutt ! Chutt !... qu'il me refait encore... Les Puissants !... Oui ! Oui ! » Il retourne à la fenêtre... Il regarde si ils viennent ?... Il se cache, il grogne à l'abri du volet... Il rebondit encore... Il scrute les approches... Il va pisser dans la cheminée... Il se boutonne plus... Il revient tout de suite à la persienne... Il a dû les voir les Puissants... Il rumine... il râle comme un sanglier...

« Ah ! Ah ! qu'il me fait... Jamais !... Rouah !... Rouah !... Jamais !... » Il se retourne sur moi... Il me brandit ses poings devant la face... Comme il a pu changer ce mec-là, depuis notre Palais-Royal... Comme il est devenu féroce !... Ils y ont fait bouffer des scorpions ! dans l'internement... Merde ! Il est devenu intraitable !... Il a pompé du vitriol !... Il arrête plus !... Il déambule !... Il carambole contre les murs... Il menace... Il provoque !... On se parle plus la vieille dabe et moi... On est atterrés finalement... Il commence à bien me courir... ce curé brouilleur... Je l'étendrais bien d'un coup derrière !... Je vise un bath pieu près de la fenêtre... Il nous sert à nous de tisonnier... avec un embout bien maous... un beau manche de fonte... ça suffirait pour sa gueule... Ça va faire encore un crime... Je fais signe à la daronne qu'elle se trisse un peu, une seconde... qu'elle se replie le long du mur !... Merde ! J'aimerais mieux quand même qu'il se taise... Que j'aye pas besoin d'y toucher... Nom de Dieu, Bon Dieu d'enfoirure !... Comme il est moche !... Comme il est con !... Qu'il s'arrête de nous enculer ce sale fumier-là... sa marotte... Il croit pas à ce qu'on lui raconte... Il a la bille qu'on le lui cache... C'est infernal à la fin !... Je le dis à la vieille !

« Tant pis ! Ça suffit ! Y en a chiotte !... Because ! moi je vais lui montrer quand même...

Fais pas ça ! Ferdinand !... Fais pas ça ! Je t'en supplie !...

Si ! Si ! Peut-être que ça va le doucher... Il se rendra peut- être compte !... C'est un bourreur ce sale con-là... C'est ça qu'il est dingue... Après on le foutera dehors !... » Il arrêtait plus de se débattre, de se cogner dans tout !... Il soulevait la table tout entière... qui était pourtant un monument !... Il était fort le canaque !...

« Le Directeur !... Le Directeur !... qu'il recommençait à beugler... J'ai tout donné ! moi !... » Il s'est reprosterné à genoux, il embrassait son crucifix... Il faisait des mille signes de croix... Après il restait en extase... Les bras étendus de chaque côté... Il faisait le crucifix lui-même !... Et puis debout comme par un ressort... Sur la pointe des pieds, il repartait... Les yeux fixes comme ça, au plafond !... Il rempilait au baratin...

Elle me tirait, elle voulait pas que je lui montre l'autre... dans la cuisine... Elle me faisait des gestes. « Non ! Non ! » La comédie ça suffisait... J'en avais ma tasse...

« Viens par ici !... » que je l'attrape par son cor de chasse... et hop ! que je le hale vers la cuisine... Ah ! la sale tante !... Il nous croit plus !... Non !... Eh ben il va voir ma vache... Tous les dingos c'est du même... C'est leur joie qu'on les contrarie...

« Allons ! Allons !... Viens ma tronche !... » J'y déclare un coup dans le pot !... Et que je te le fais un peu rebondir !... C'est lui maintenant qui en veut plus !... Ah ! Je devenais méchant moi aussi !... Il ramène ! Il groume ! Je le ramponne encore dans le fond du couloir...

« Hop là !... Prenez la bougie, Madame, prenez-en donc deux... Faut qu'il voye absolument bien... Qu'il s'en mette un coup plein la vue... Faudra plus qu'il vienne nous faire chier !... » Arrivé dans la cuistance, je me fous à genoux... et je me baisse encore... Je lui montre là bien sous son nez le corps dans l'enveloppe par terre... Il peut bien se rendre compte... Je mets à côté l'autre bougie...

« Là, tu regardes bien ?... dis, bourrique ?... Tu viendras plus nous entreprendre... ? Hein ? C'est bien lui ?... Tu reconnais ?... Pas ?... » Il se rapproche... il renifle... Il se méfie... Il souffle tout du long des jambes... Il se prosterne... Il fait une prière... Il arrête plus. Et puis il se retourne... Il me regarde encore... Il reprend son oraison !...

« Alors ? T'as bien vu ?... que je lui fais... T'as compris quand même dis casse-couille ?... Maintenant, tu vas rester tranquille ?... Tu vas t'en aller gentiment ?... Tu vas te barrer prendre ton dur ?... » Mais il arrêtait pas de grogner et de re- sentir encore le cadavre... Alors, je le raccroche par le bras... Je veux un peu l'écarter... Je voudrais qu'il se relève... Il repique dans une de ces rages !... Il me balance un de ces coups de coude !... Un retour en plein dans le genou... Ah ! le vomi ! Ah !

Ce qu'il me fait mal !... J'en vois les trente-six chandelles !... Ah ! je me retenais à un fil pour pas le buter séance tenante... Il est enragé le sale crabe !... Je l'aurais écrasé l'ordure !... La vieille elle s'obstinait tout de même... Elle lui refaisait ça au bon cœur... aux bonnes intentions... Elle essayait de le rambiner...

« Vous voyez bien, M. le Chanoine ! vous voyez donc bien qu'il est mort !... Vous nous faites tous de la peine !... C'est tout ce que vous faites !... Il est plus là le malheureux !... Le gendarme a bien défendu !... Il voulait pas que personne rentre... Nous avons promis ! Vous allez nous faire punir !... tous les deux Ferdinand et moi. À quoi ça vous servira ?... Vous voulez pas ça quand même ?... »

À ce moment-là je me dis : « Eh bien graisse de couille ! Puisqu'il veut pas du tout nous croire... Moi je vais lui montrer toute la fiole... Puisqu'il croit comme ça qu'on le cache !... Après je te fouterai dehors !... Ah ! ça traînera plus !... » Je soulève donc un coin de l'enveloppe... Je rapproche encore la calebombe... Je lui découvre toute cette belle brandade... Tu veux dis regarder ! Qu'il se rende bien compte... Il s'agenouille aussi pour mieux voir... Je lui répète encore :

« Ça va vieux gaz ! Tu viens ?... » Je l'attire... Il veut plus bouger !... Il insiste... Il veut pas partir... Il renifle en plein dans la barbaque... « Hm ! Hm ! » Il rugit !... Ah ! Il s'exalte !... Il se fout en transe... Il en frémit de toute la carcasse !... Je veux alors la recouvrir la tronche !... Ça suffit !... Mais il tire en plein sur la toile... Il est enragé ! Positif ! Il veut plus du tout que je recouvre !... Il plonge les doigts dans la blessure... Il rentre les deux mains dans la viande... il s'enfonce dans tous les trous... Il arrache les bords !... les mous ! Il trifouille... Il s'empêtre !... Il a le poignet pris dans les os ! Ça craque... Il secoue... Il se débat comme dans un piège... Y a une espèce de poche qui crève !... Le jus fuse ! gicle partout ! Plein de la cervelle et du sang !... Ça rejaillit autour !... Il arrache sa main quand même... Je prends toute la sauce en pleine face !... J'y vois plus !... Vraiment rien !... Je me débats !... Bougie éteinte !... Il gueule toujours !... Ah ! Faut le stopper... Je le vois plus !... Je fonce d'un coup ! Je charge dedans... Je m'affole... à l'estime !... Je le bute pile !... Il culbute la vache !... Il va s'écraser dans le mur... Baoum ! Plac ! J'ai l'élan !... Je suis... Mais je me rebecte !... Je me freine, je me redresse d'autor !... Je reste pas contre !... Je me gafe bien !... Merde !... Je veux pas qu'il calanche dans la trempe !... Je m'essuie les châsses ! J'ai toute la présence d'esprit !... Il faut qu'il se requinque tout de suite. Je veux pas le voir par terre !... Je lui sonne les côtes à coups de botte... Il se soulève un peu... Ça va mieux !... Je lui remets une bonne claque en pleine gueule... Ça le relève alors tout à fait... La vieille lui vide sur le cassis toute sa bassine entière de flotte... et de la glaciale... Il se refout à plaindre, à gémir... Alors ça va de mieux en mieux !... Mais il reflanche alors d'une seule pièce... Ah le sale enflure !... Pfloc !... Il s'étale !... Il lui passe des sursauts de lapin... et puis il bouge plus du tout !... Ah ! le sale œuf ! Ah il avait pas tenu lerche !... J'ai un peu regardé à la porte... Et puis on l'a transporté nous deux, nous-mêmes sur la bordure de la route... On voulait pas qu'il reste là... Qu'on nous l'attribue en prime !... Minute ! Haricots !... Que le gendarme le retrouve dans la crèche ?... et avec ça dans les pommes !... À notre entière discrétion !... Ah ! Alors c'était un nougat !... Tout cuit notre jolie belote !... Il fallait même pas qu'on sache qu'on l'avait eu à l'intérieur... Ni vu ni connu !... Salut ! Pas bonnards !... Ah ! Dehors ! Vive le grand air !... tout évanoui qu'il était !... Quand même, il a regrogné un peu... Il reniflait dans la mouscaille. Ça flottait là-dessus en cascade... On est rentrés vite nous deux... On a bien verrouillé notre lourde... Il venait plein de rafales... J'ai dit à la vieille comme ça :

« Nous faut plus qu'on bouge... Même si il rappelle !... On entend plus rien !... Quand il rentrera l'autre guignol !... On fera les connos et puis c'est tout !... On l'a pas vu ! pas connu !... Voilà !... C'est son affaire si il le retrouve !... » Bon ! elle a compris... C'est conclu !...

Il passe peut-être encore une heure !... Peut-être même un peu davantage... Je rafistole comme ça la cuisine... La vieille faisait le guet au carreau...

« Regardez pas par ici Madame !... Vous retournez pas !... Vous occupez pas du ménage !... Regardez bien ce qui se passe dehors !... » Je rallonge le cadavre... Je retape un peu la litière... Ça resaignait à flots à travers la toile... Je rapporte un peu du fourrage... J'en sème à la volée autour... J'éponge les flaques comme ci, comme ça !... Je remets la paille sous la tête. bien épais comme un oreiller... Mais alors le plus difficile c'était les éclaboussures !... Y avait des taches jusqu'au plafond... et même des caillots tout collés... Ça faisait vraiment tarte !... J'ai essayé de rincer tout ça... J'ai repassé encore l'éponge... Mais ça marquait toujours plus... Tant pis !... Il fallait finir !... J'emmène les calebombes !... Je sors !... On se planque alors à côté... On attend avec la vieille... Ah ! la belle pétoche !... Affreux... Comment qu'elle me revenait !... que l'autre guignol il s'aperçoive ?... Qu'il se gafe de la corrida ?... Ah le beau concombre ! Comment qu'on allait tourniquer ?... Surtout si il retrouvait le cureton comme ça évanoui sur la route !... C'était un joli accessoire !... Merde !... Il revenait toujours pas le sacré bourrique... Il avait dû se la farcir, la belle-sœur du pot-au-feu !... Pas possible !... On s'est allongés nous par terre !... On avait mis du foin aussi... Je disais rien... Je réfléchissais... La nuit elle finirait jamais !... J'aurais jamais pu m'endormir tellement il me passait de transes... Jamais je crois j'avais tant redouté... Tout d'un coup, j'entends une fanfare... Mais Nom de Dieu de foutue putain !... Mais ça y est ! C'est le cor de chasse !... Et ça venait de la plaine... Ça venait de pas loin ! Je me dis :

« Mais c'est lui !... Ah ! la sale brute ! » Je reconnaissais tous les couacs ! Il rempile ! Il va nous remettre ça !... Ah ! la tante ! Ah ! la canasse !... Il décuplait toutes les rafales ! Tous les boucans de la tempête !... avec sa trompe érailleuse ! Merde ! C'était assez ! Quand même ! Il soufflait dedans de toute son âme !... Ah ! quel phoque !... Ah ! ça pouvait devenir drôle quand même un curé pareil... Ah ! la chienlit ! Ah ! quel bousin ! Quelle sale engelure !... Quel sale chiot !... Quelle crampe !... Ah ! alors ça j'étais certain !... Et puis, Nom de Dieu ! non ! C'était mieux encore qu'il gargouille, même infect tel quel !... C'était signe qu'il était repompé... Il devait être heureux !... C'est preuve qu'il était pas crouni ! Ah ! l'ordure ! « Ah ! mugis ! mugis ! reine de vache ! » Et que je t'en refile des coups et des coups de trombone !... Ah ! Il avait repris tout son souffle !... Il débandait plus !... Taïaut ! Taïaut ! ma saloperie ! Ah ! la corne de couac !... Veux-tu en voilà !... Ça valait mieux que de calanchir !... Ça oui !

Faut reconnaître ! Merde ! Mais c'était abject comme renvois ! comme coliques en cuivre ! Ah ! il nous faisait bien chier quand même avec son égout le grand veneur !... Il arrêtait plus !... Une petite minute à peine ! Et il remettait tout de suite ça !... Toujours davantage !... Ah ! y avait pas d'erreur possible ! C'était bien notre enragé !... Elle a duré sa fanfare au moins jusqu'à six heures et demie... Il faisait déjà petit jour, quand on a tapé au carreau... C'était notre gendarme !... Il rappliquait juste... Il tombait à pic... Il avait couché à Blême qu'il a prétendu... À côté de son cheval soi-disant... qu'on n'avait pas pu le referrer à Tousnes... que c'était trop tard... qu'il avait pas trouvé la forge...

« Qui c'est donc qu'a joué du cor dans votre plaine-là ? toute la nuit !... Vous avez rien entendu ?... » Il nous a demandé ça tout de suite...

« Non !... Du cor ?... Ah ! Non !... qu'on a fait... Absolument pas !... Rien du tout !...

Tiens c'est drôle quand même... Les vieux ils me disaient... »

Il a été ouvrir la fenêtre... Le curé il était juste devant... Il a ressauté comme un cabri... Il attendait que ce moment-là... Il s'est rejeté encore à genoux au milieu de la piaule... Il a recommencé : « Notre Père qui êtes aux Cieux !... Que votre règne arrive !... » Il répétait... Il répétait tout le temps ça... comme un phonographe... Il se cognait les côtes à deux poings !... Il tremblotait de partout... Il sautillait sur ses tibias !... Il se faisait souffrir... Il arrêtait pas une seconde... Il grimaçait de douleurs... des mimiques de torturé !... « Que votre règne arrive !... Que votre règne arrive !... » qu'il ajoutait au plus haut.

« Oh ! ben alors !... Oh ! ben alors !... » Il était couillonné le gendarme de retrouver un piston pareil... « Ah ! ça c'est un particulier !... » Il savait pas quoi conclure... Ça lui en bouchait plusieurs coins... La vieille elle s'occupait ailleurs, elle nous faisait chauffer du café... C'était bien le moment !... Il a arrêté les prières, l'autre supplieux saint Antoine, quand il a vu entrer notre jus... Il a bondi sur une timbale... Il voulait licher tous les bols !... Ah ! Il s'occupait entièrement ! Il suçait le bec de la cafetière à même !... Il s'est bien brûlé toute la gueule... Il soufflait en locomotive... Le gendarme il s'en bidonnait... « Mais je crois qu'il est fou mon Dieu !... Sûrement qu'il est pas ordinaire !... Ah ! ça sûrement pas !... Ah ! moi ce que j'en dis !... Je m'en torche !... Ça m'est bien égal !... C'est pas mon service les dingos !... Je les connais pas moi !... C'est de l'Assistance que ça dépend !... Mais moi je crois que c'est pas un curé... Il a pas la gueule !... D'où ça qu'il serait venu ?... Il serait échappé ? de l'infirmerie alors ?... Il vient pas d'un bal des fois ?... Il est pas saoul ?... C'est peut-être qu'un déguisement ? Toujours c'est pas mon rayon !... Si c'était un déserteur !... Alors ça ! Alors ça serait mon rayon ! Ça me regarderait alors pour sûr !... Mais il a plus l'âge mille tonnerres ! Eh ! Papa !... quel âge que t'as ?... Tu veux pas me le dire ?... » Il répondait rien l'autre douteux... Il lampait le fond des récipients...

« Ah ! Il est habile quand même hein ? Il boit même avec son nez ! Ah ! dis donc ? Hé Papa !... Ah ! c'est son cor hein qu'est joli... Ah ! C'est une belle pièce !... Ah ! Je me demande d'où qu'il peut venir ? »

* * *

Dans la matinée plus tard il a déferlé sur notre bled une véritable armée de curieux !... Je me demandais d'où qu'ils pouvaient bien venir ?... Dans ce pays si désert c'était une énigme !... De Persant ? Y avait jamais eu tant de monde !... à Mesloir non plus !... Ça venait donc de bien plus loin... des autres cantons... des autres campagnes... Ils étaient devenus si nombreux, si denses, qu'ils débordaient sur nos cultures... Tellement ils étaient comprimés... Ils tenaient plus sur la route... Ils pilonnaient dans les champs, les deux remblais se sont effondrés sous les charges de la populace... Ils voulaient tout voir à la fois, tout connaître et tout renverser... Il pleuvait dessus à grands flots... Ça les gênait pas du tout... Ils sont restés quand même comme ça pétris dans la bouse... À la fin des fins ils ont envahi toute notre cour... Ils produisaient une rauque rumeur...

Au premier rang, dans nos carreaux, il s'est formé sur notre fenêtre une sorte de bourbier de grand-mères ! Ah ! c'était joli !... Elles adhéraient contre les persiennes, elles étaient peut- être au moins cinquante... Elles croassaient plus que tout le monde... Elles se bigornaient à coups de riflards !

Enfin l'ambulance promise a fini par arriver... C'était la toute première fois qu'on la risquait hors de la ville... Le chauffeur nous a renseignés... Le grand hôpital de Beauvais venait tout juste de faire l'achat... Qu'est-ce qu'il avait eu comme pannes !... Trois crevaisons coup sur coup !... et deux fuites d'essence... Il fallait maintenant qu'il fasse vite pour être rentré avant la nuit... Nous avons fait glisser le brancard... On a pris chacun une attelle... Il fallait pas perdre une seconde !... Il avait une autre frayeur le mécanicien... c'était que son moulin se débraye... Il fallait pas qu'il s'arrête !... pas du tout !... pas une seconde !... Il fallait qu'il tourne même sur place !... Mais ça présentait un danger à cause des petits retours de flamme... On est partis chercher Courtial... Les gens se sont rués sur les issues. Ils nous ramponnaient tellement fort... Ils bloquaient si bien la voûte et le petit couloir, que même en leur foutant des trempes, en fonçant dessus à toute bringue avec le pandore, on est passés en laminoir... On est revenus vite avec la civière, on a glissé les attelles par les deux coulisses exprès jusqu'au fin fond de la bagnole... ça s'emboîtait exactement. On a refermé dessus les rideaux... Les grands cirés noirs... Et c'était fini !... Les paysans ils se causaient plus... Ils ont ôté leurs casquettes... Toutes les péquenouilles, les jeunes, les vioques, elles se faisaient plein de signes de croix... les pompes bien foncées dans la boue... Et que je te pleus des pleines cascades... Elles ruminaient toutes leurs prières... Dessus ça coulait Nom de Dieu !... Alors le chauffeur d'ambulance il est monté sur son siège... il a poussé l'allumage... Pe ! Pe ! Tap ! Te ! Pe ! Tap ! Pe ! Pe ! Des renvois terribles !... Le moteur il était mouillé... Il renâclait par tous les tuyaux... Enfin ça se décide !... Il fait un bond... Il en fait deux... Il embraye... il roule un petit peu... Le chanoine Fleury alors quand il voit comme ça le truc partir... Il pique un sacré cent mètres !... Il pousse à fond. Il jaillit de la route en voltige... Il saute sur le garde-boue !... Il a fallu qu'on coure nous autres ! Et qu'on l'arrache de vive force ! Il se rebiffait tout sauvage !... On l'a renfermé dans la grange ! Et d'un !... Mais le moteur une fois bloqué il voulait plus du tout repartir ! Il a fallu qu'on pousse en chœur jusqu'à la crête du plateau... qu'on redonne encore de l'élan... Du coup, elle a dévalé la neuve ambulance dans un raffut de râles et de saccades à travers toute la descente... encore près de trois kilomètres !... Ah ! c'était du sport !... On est revenus nous vers la ferme... On s'est assis dans la cuisine... On a un peu attendu... que les gens se lassent et se dispersent... Ils avaient plus rien à regarder, c'est évident... mais ils bougeaient pas quand même !... Ceux qu'avaient pas de parapluies, ils se sont installés dans la cour... dans le hangar du milieu, ils cassaient la croûte ! Nous avons refermé nos volets.

On a recherché dans nos affaires, dans le peu qui restait à la traîne ce qu'on pourrait bien emporter ?... en fait d'habillements possibles... Faut le dire, y en avait pas chouia ! La vieille elle a retrouvé un châle... elle gardait bien sûr son falzar, toujours frusquée comme nous autres. Elle avait plus de jupe à se mettre... Question d'aliments, il restait encore un peu de couenne dans le fond du saloir... assez pour une pâtée au clebs... On l'emmenait aussi à la gare... On l'a fait bouffer. J'ai découvert heureusement un petit velours à côtes derrière la penderie... Une requimpette à boutons d'os ! Un vrai costard de garde-chasse... C'est les mômes qui l'avaient paumé... Ils l'avaient pas dit à personne...

En plus de mon faux raglan... ça me ferait tout de même de la chaleur... et toujours la culotte cycliste !... Comme linge, c'était fleur totale ! pas une seule liquette !... Question des tatanes ?... les miennes elles tenaient encore, je les avais un peu fendues à cause des pointures trop étroites... et puis rambinées par- dessous avec des sandales... c'était souple mais c'était froid !... La daronne elle aurait du mal à finir la route à cause de ses charentaises enfilées dans des caoutchoucs. C'est ça qui retenait bien la flotte... Elle se les est enroulées en paquets avec des ficelles et autour des vieux journaux... pour que ça lui fasse des vraies bottes et que ça branle plus dans les panards... Persant c'était encore assez loin !... Et Beauvais bien davantage... Il était plus question de voiture !... On s'est fait repasser un peu de jus... Et puis on s'est rassemblés avec le pandore... C'est lui qui devait nous escorter, il tenait son gaye par la bride qu'avait toujours pas son fer !... Le curé aussi voulait venir !... J'aurais bien aimé qu'on le plante là !... Qu'on l'enferme à clef derrière nous... Mais il faisait un boucan infect aussitôt qu'il se croyait tout seul... C'était donc pas une solution !... Supposons qu'on le laisse en carafe, qu'on le boucle dans sa case... Et puis qu'il fracasse tout ?... Qu'il s'échappe ce possédé... qu'il escalade sur les toits ?... Et qu'il se foute en bas d'une gouttière ?... Et qu'il se casse deux ou trois membres ?... Alors qui c'est qu'est bonnard ?... Qui c'est qu'on accuse ?... Bien sûr c'est encore notre pomme. C'est nous qu'on écroue !... ça faisait pas l'ombre d'un petit pli !... J'ai donc été ouvrir sa lourde... Il s'est projeté dans mes bras !... Il me chérissait éperdument... Par exemple, on trouvait plus le clebs... On a perdu au moins une heure à le filocher... dans le hangar, dans la grange... Il n'était nulle part... ce puceux... Enfin il a rappliqué... Nous étions fin prêts...

Tous les ploucs dehors, dans l'attente, ils ont rien dit de nous voir partir... Ils ont pas fait ouf !... Pas un mot ! On leur a passé juste sous le nez... Y en avait plein les caniveaux ! Des terreux... des terreux encore... On s'est donc lancés sur la route... Lancés... enfin c'est beaucoup dire... On marchait assez prudemment... Y avait que l'autre cloche qui se dératait... Il gambadait par-ci, par-là... Ça l'intriguait fort lui le cureton de connaître notre itinéraire... « On va voir Charlemagne ?... » qu'il s'est mis à demander tout haut... Il comprenait rien aux réponses !... mais il voulait plus nous quitter... Pour le semer c'était midi !... La balade ça l'émoustillait... Il cavalait par-devant avec le petit clebs... Il bondissait sur un talus... Il embouchait son cor de chasse... Il soufflait dedans un petit taïaut !... Et juste en arrivant au ras il rejoignait vivement la troupe... Il emballait comme un zèbre... On est arrivés comme ça en très forte fanfare aux maisons... à l'entrée même de Persant... Le gendarme il a tourné à gauche... c'était fini sa consigne... Il nous laissait nous démerder... Il tenait plus à notre compagnie... C'était pas dans sa direction... Nous on a pris le chemin de la gare... On s'est renseignés tout de suite quant aux heures des trains... Celui de la vieille pour Beauvais, il partait juste dans dix minutes !... Une heure avant celui de Paris... Elle passait sur le quai, d'en face... C'était le moment de se dire « au revoir »... On s'est rien dit bien spécialement... On s'est rien promis du tout... On s'est embrassés...

« Ah ! mais ! tu piques Ferdinand !... » C'était ma barbe qu'elle remarquait. Une plaisanterie !... Elle était brave... c'était du mérite en pleine caille... Elle savait pas où elle allait... Moi non plus d'ailleurs. Ça faisait tout de même une petite paye qu'on affurait dans les malchances !...

Cette fois on s'était fait étendre !... Ça pouvait bien se prévoir en somme... Y avait pas trop rien à dire...

Le curé dans la gare comme ça il a pris tout de suite un peu peur... Il se ratatinait dans un coin... Seulement il me quittait pas des yeux... Il regardait que moi sur la plateforme... écarquillé... Les gens autour ils se demandaient ce qu'on pouvait bien-foutre ?... Surtout lui avec sa trompe... La rombière et son pantalon... Moi mon costard à ficelles... Ils osaient pas trop se rapprocher... À un moment la buraliste elle cherchait, elle nous a reconnus... « mais c'est les fous de Blême ! » qu'elle a proclamé !... Y a eu alors comme une panique... Le train de Beauvais entrait en gare... heureusement... Y a eu diversion... La grosse choute s'est élancée... Elle a grimpé à contre-voie... Elle est restée dans la portière avec le petit clebs à Dudule... Elle me faisait des signes « au revoir » !... Je lui ai fait aussi des gestes !... Au moment que le train démarrait... il lui a pris une détresse... Ah ! quelque chose d'infect !... Elle me faisait des grimaces atroces dans le trou de sa portière... Et puis « rrah ! rrah ! » qu'elle faisait comme des râles d'égorgement... comme une espèce d'animal...

Herdinand ! Herdinand ! qu'elle a encore pu gueuler... comme ça à travers la gare... Par-dessus tous les fracas... Le train a foncé dans le tunnel... Jamais on s'est revus !... Jamais avec la daronne... J'ai appris beaucoup plus tard qu'elle était morte à Salonique, j'ai appris ça au Val-de-Grâce en 1916. Elle était partie infirmière à bord d'un transport. Elle est morte d'une vérole quelconque, je crois bien que ce fut du typhus, l'exanthématique. On est donc restés tous les deux, le chanoine et moi sur l'autre quai, sur celui de Paris. Il comprenait toujours rien... à la raison qu'on était là... Mais enfin il jouait plus du cor !... Il avait juste la panique que je le plaque en route... À peine le train arrivé il a sauté aussi dans le dur, derrière moi... Jusqu'à Paris qu'il m'a collé... Je l'ai perdu un petit moment en sortant de la gare... Je me suis faufilé par une autre porte... Il m'a rejoint tout de suite la canule !... Je l'ai reperdu rue Lafayette... juste en face de la pharmacie... J'ai profité du trafic... J'ai bondi dans un tramway entre les amas des voitures... Je l'ai quitté un peu plus loin... Boulevard Magenta... Je voulais être un peu tout seul... réfléchir, comme j'allais m'orienter...

J'étais fort étrangement vêtu... pas présentable dans une ville... Les gens ils me fixaient curieusement... c'était le moment de la sortie des magasins, des burlingues... Il devait être un peu plus de sept heures... Je faisais quand même sensation avec mon raglan raccourci... Je me suis planqué sous une porte, c'était le coup de mon pardessus le plus sec à avaler... tout bouffant dans ma culotte qui me donnait la forme étonnante ! Et je pouvais pas me rhabiller là... Et puis j'avais plus de chemise ! Mon grimpant tenait que par l'épaisseur !... J'avais plus de chapeau non plus... J'avais que le petit à Dudule, un Jean-Bart en cuir bouilli. Je mettais ça là-bas... Ici, c'était impossible... Je l'ai balancé derrière une porte... Y avait toujours trop de passants... pour que je me risque sur les trottoirs, sapé fantaisie... Je voulais attendre que ça se dégage... Je regardais la rue passer... Ce qui m'a frappé en premier lieu, c'était les récents autobus... leur modèle sans « impériale » et les nouveaux taxis-autos... Ils étaient plus nombreux que les fiacres... Ils faisaient un barouf affreux... J'avais bien perdu l'habitude des trafics intenses... Ça m'étourdissait... J'étais même un peu écœuré... J'ai acheté un petit croissant et un chocolat... C'était l'heure... Je les ai remis tout de suite dans ma poche... L'air ça paraît toujours mou quand on revient de la campagne... C'est le vent qui vous manque... Et puis alors, je me suis demandé si je rentrerais au Passage ?... et directement ?... Et si les bourres venaient me cueillir ?... Ceux du zozoteur...

Plus haut dans le boulevard Magenta, j'ai retrouvé la rue Lafayette, celle-là, j'avais qu'à la descendre, c'était pas très difficile, la rue Richelieu, puis la Bourse... J'avais qu'à suivre toutes les lumières... Ah ! Je le connaissais moi le chemin !... Si au contraire, je piquais à droite, j'allais tomber sur le Châtelet, les marchands d'oiseaux... le quai aux fleurs, l'Odéon... C'était la direction de mon oncle... Le fait de trouver un lit quelque part c'était pas encore le plus grave... Je pourrais toujours me décider au dernier instant... Mais pour trouver un emploi ? ça c'était coton !... Comment qu'il faudrait que je me renippe ?... J'entendais déjà la séance !... Et puis où j'irais m'adresser ?... Je suis sorti un peu de ma planque... Mais au lieu de reprendre le Boulevard j'ai tourné par une petite rue... Je m'arrête devant un étalage... Je regarde un œuf dur... un tout rouge !... Je me dis :

« Je vais l'acheter !... » À la lumière je compte mes sous... Il me restait encore plus de sept thunes et j'avais payé mon chemin de fer et celui du cureton... Je l'épluche l'œuf sur le comptoir, je mords dedans... Je le recrache tout de suite... Je pouvais plus rien avaler !... Merde ! Ça passait pas... Merde, que je me dis, je suis malade... J'avais le mal de mer... Je sors à nouveau... Tout ondulait dans la rue... Le trottoir... Les becs de gaz... Les boutiques... Et moi sûrement que j'allais de travers... Voilà un agent qui se rapproche... Je me hâte un peu... Je biaise... Je me replanque dans une entrée... Je veux plus bouger du tout... Je m'assois sur le paillasson... Ça va tout de même un petit peu mieux !... Je me dis : « Qu'est-ce que t'as Toto ?... T'es pas devenu tellement fainéant ?... T'as plus la force d'avancer ?... » Et toujours ce mal au cœur... La rue, elle me foutait la panique... de la voir comme ça devant moi... sur les côtés... à droite... à gauche... Toutes les façades tout ça si fermé, si noir ! Merde !... si peu baisant... c'était encore pire que Blême !... pas un navet à chiquer... J'en avais les grolles par tout le corps... et surtout au bide... et à la tête ! J'en aurais tout dégueulé... Ah ! Je pouvais plus repartir du tout ! J'étais bloqué sur la devanture... Là vraiment on pouvait se rendre compte !... C'était pas du charre... au pied du mur quoi !... Comment qu'elle s'était évertuée, ça me revenait, la pauvre daronne, pour qu'on crève pas tous !... C'était en somme à peine croyable !... Merde ! J'étais tout seul maintenant !... Elle était barrée Honorine !... Merde !... C'était une bonne grognasse !... absolument courageuse... elle nous avait bien défendus !... On était tous polichinelles !... J'étais bien sûr de plus la revoir... C'était positif !... Ça devenait bien moche tout ça d'un seul coup !... Et puis tout à fait infect !... C'était encore les nausées... J'ai retrouvé un paillasson... J'ai vomi dans la rigole... Des passants qui se rendaient compte... Il a fallu que je démarre... Je voulais avancer quand même...

Je me suis encore arrêté à l'extrême bout de la rue Saint- Denis... Je voulais pas aller plus loin, j'ai découvert une encoignure, là on me voyait plus du tout... Ça allait mieux une fois assis... c'est la bagotte qui m'écœurait... Quand je me sentais m'étourdir, je regardais plutôt en l'air... Ça m'atténuait les malaises de relever la tête... Le ciel était d'une grande clarté... Je crois que jamais je l'avais vu si net... Ça m'a étonné ce soir-là comme il était découvert... Je reconnaissais toutes les étoiles... Presque toutes en somme... et je savais bien les noms !... Il m'avait assez canulé l'autre olibrius avec ses orbites trajectoires !... C'est drôle comme je les avais retenus sans bonne volonté d'ailleurs... ça il faut bien le dire... La « Caniope » et « l'Andromède »... elles y étaient là rue Saint-Denis... Juste au-dessus du toit d'en face... Un peu plus à droite le « Cocher » celui qui cligne un petit peu contre « les Balances »... Je les reconnais tous franco... Pour pas se gourer sur « Ophiuchus »... c'est déjà un peu plus coton... On la prendrait bien pour Mercure, si y avait pas l'astéroïde !... Ça c'est le condé fameux... Mais le « Berceau » et la « Chevelure »... On les méprend presque toujours... C'est sur « Pelléas » qu'on se goure bien ! Ce soir-là, y avait pas d'erreur !... C'était Pelléas au poil !... au nord de Bacchus !... C'était du travail pour myope... Même la « Grande nébuleuse d'Orion » elle était absolument nette... entre le « Triangle » et « l'Ariane »... Alors pas possible de se perdre... Une unique chance exceptionnelle !... À Blême, on l'avait vue qu'une fois ! pendant toute l'année l'Orion... Et on la cherchait tous les soirs !... Il aurait été bien ravi l'enfant de la lentille de pouvoir l'observer si nette... Lui qui râlait toujours après... Il avait édité un guide sur les « Repères Astéroïdes » et même un chapitre entier sur la « nébuleuse d'Antiope »... C'était une surprise véritable de l'observer à Paris... où il est bien célèbre le ciel pour son opacité crasseuse !... J'entendais comme il jubilait le Courtial dans un cas pareil !... Je l'entendais déconner, là, à côté de moi, sur le banc...

« Tu vois, mon petit, celle qui tremble ?... ça c'est pas même une planète... Ça c'est qu'une trompeuse !... C'est même pas un repère !... Un astéroïde !... C'est qu'une vagabonde !... tu m'entends ?... Fais gafe !... Une vagabonde !... Tiens encore deux millions d'années, ça fera peut-être une lumière profuse !... Alors elle donnera peut-être une plaque !... Maintenant c'est qu'une entourloupe et tu paumeras toute ta photo !... Et puis c'est tout ce que t'en aurais !... Ah ! c'est trompeur une " vaporide " mon petit gniard !... Pas même une comète d'" attirance "... Te laisse pas berner, troubadour ! Les étoiles c'est tout morue !... Méfie-toi avant de t'embarquer ! Ah ! c'est pas les petites naines blanches ! Mords-moi ça ! Comme dynamètre ! Quart seconde exposition ! Brûle ton film en quart dixième ! Qu'elles sont terribles ! Ah ! défrisable ! Gafe-toi Ninette ! Les plaques c'est pas donné aux " Puces " !... Mais mon cher Evêque !... » Je les rentendais toutes ses salades !... « Une seule fois, quand tu regardes une chose... Tu dois la retenir pour toujours !... Te force pas l'intelligence !... C'est la raison qui nous bouche tout... Prends l'instinct d'abord... Quand il bigle bien, t'as gagné !... Il te trompera jamais !... » J'en avais plus moi de la raison... J'avais les guibolles en saindoux... J'ai marché quand même encore... Et puis j'ai retrouvé un autre banc... Je me suis tassé contre le dossier... Il faisait vraiment plus très chaud... Il me semblait qu'il était là... et de l'autre côté de la planchette, qu'il me tournait le dos, le vieux daron. J'avais des mirages... Je déconnais à sa place... Ses propres mots absolus... Il fallait que je l'entende causer... qu'ils me reviennent bien tous... Il était devant moi sur l'asphalte !... « Ferdinand ! Ferdinand ! L'ingéniosité c'est l'homme... Ne pense pas toujours qu'au vice... » Il me racontait tous ses bobards... et je me souvenais de tous à la fois !... Je discutais maintenant tout haut !... Les gens s'arrêtaient pour m'entendre... Ils devaient penser que j'étais ivre... Alors j'ai bouclé ma trappe... Mais ça me relançait quand même... ça me tenaillait toute la caboche. Ils me possédaient bien les souvenirs... Je pouvais pas croire qu'il était mort mon vieux vice-broquin... Et pourtant je le revoyais avec sa tête en confiture... Toute la barbaque qui remuait toujours... et que ça grouillait plein la route !... Merde ! Et la ferme à pic du talus ! et puis le fils à la garce Arton... Et la truelle ?... Et la mère Jeanne ? et leur brouette ? et tout le temps qu'on l'avait roulé avec la daronne !... Ah ! La vache ! Il était terrible !... Il me recavalait en mémoire !... Je repensais à toutes les choses... Au bar des Émeutes... à Naguère !... Au Commissaire des Bons-Enfants... et aux effluves à la gomme !... Et à toutes les patates infectes... Ah ! C'était dégueulasse au fond... comme il avait pu nous mentir... Maintenant il repiquait la tante !... Il était là, juste devant moi... à côté du banc... Je l'avais son odeur de bidoche... J'en avais plein le blaze... C'est ça la présence de la mort... C'est quand on cause à leur place... Je me suis redressé tout d'un coup... Je résistais plus... J'allais crier une fois terrible... Me faire embarquer pour de bon... J'ai relevé les châsses en l'air...

pour pas regarder les façades... Elles me faisaient trop triste... Je voyais trop sa tête sur les murs... partout contre les fenêtres... dans le noir... Là-haut Orionte était partie... J'avais plus de repère dans les nuages... Tout de même j'ai repiqué Andromède... Je m'entêtais... Je cherchais Caniope... Celle qui clignait contre l'Ours... Je me suis étourdi forcément... J'ai repris quand même ma promenade... J'ai longé les grands Boulevards... Je suis revenu Porte Saint-Martin... Je tenais plus sur mes guizots !... Je déambulais dans le zigzag !... Je me rendais tout à fait compte... J'avais une peur bleue des bourriques !... Ils me croyaient saoul eux aussi !... Devant le cadran du « Nègre » j'ai fait « pst ! pst ! » à un fiacre !... Il m'a embarqué...

« Chez l'oncle Édouard !... que j'ai dit...

Où ça l'oncle Édouard ?...

Rue de la Convention ! quatorze ! » J'allais sûrement me faire épingler si je continuais ma vadrouille... avec ce putain de vertige... Ça devenait un terrible risque... si les bourres m'avaient questionné... J'étais étourdi à l'avance. Jamais j'aurais pu leur répondre... La course en fiacre m'a fait du bien... Ça m'a vraiment retapé un peu... Il était chez lui l'oncle Édouard... Il a pas eu l'air très surpris... Il était content de me revoir... Je m'assois devant sa table... J'enlève un peu ma redingote... J'avais plus que le petit velours à côtes...

« T'es drôlement sapé ! qu'il remarque... Il me demande si j'ai mangé ?

Non ! J'ai pas faim... que j'ai répondu...

Alors, ça va pas l'appétit ?... »

Du coup, il enchaîne... C'est lui qui me raconte ses histoires... Il était fort préoccupé... Il rentrait tout juste de Belgique, il sortait d'un de ces pétrins !... Il l'avait repassée finalement sa petite pompe « l'extra démontable » à un consortium de fabriques... À des conditions pas fameuses... Il en avait eu sa claque des litiges, des réclamations... à propos de tous les brevets... les « multiples », les « réversibles »... C'était marre !... C'était pas son genre, les migraines et les avocats... Avec ce petit pognon liquide, il allait se payer quelque chose de bien franc, bien net... une vraie entreprise mécanique... Une affaire déjà lancée... pour le retapage des voiturettes... pour les « tinettes » de seconde main... Ça c'est un blot toujours fructueux... En plus il reprendrait les lanternes et les trompes de tous les clients. Ça aussi c'était dans ses cordes... Il les remettrait au goût du jour... Pour le petit matériel d'accessoires, les nickels, les cuivres, y a toujours la demande... Il suffit de suivre Un peu la vogue, ça se retape comme ci, comme ça... et puis on retrouve un amateur à trois cents pour cent !... Voilà du commerce !... Il était pas embarrassé... Il connaissait toutes les ficelles... Si il tiquait encore un peu c'était à cause des locaux... Il voulait encore réfléchir... C'était pas très net comme clauses... Y avait un drôle de « pas-de-porte »... Il flairait une petite vape !... La reprise était assez lourde !... Il prolongeait les pourparlers... Il avait la leçon... Il avait failli souscrire dans une sorte d'association pour une véritable usine de grandes fournitures carrossières... à cent mètres de la Porte Vanves... Ça s'était pas fait... Ils l'empaquetaient dans le contrat... Les copeaux l'avaient saisi au dernier moment... Il se méfiait de tous les partenaires... Pour ça, il avait pas tort !... Il réfléchissait toujours... C'était trop beau pour être honnête !... presque du quarante-sept pour cent !... Ça ! c'était sûrement des bandits !... Il devait pas regretter grand-chose !... Sûrement qu'il était marron avec des gangsters semblables !... Enfin il a eu tout jacté... tout déroulé... tout ce qui était survenu, dans le détail, toutes les bricoles de son business, depuis notre départ pour Blême jusqu'au jour où nous étions... Du coup, c'était à mon tour de raconter mes histoires... Je m'y suis mis tout doucement... Il a écouté tout du long...

« Ah ! ben alors ! Ah ! ben mon petit pote ! Ah ben ça c'est carabiné !... Il en restait tout baba !... Ah ben dis donc c'est pas croyable... Ah ben alors, je m'étonne plus que t'es gras comme un courant d'air !... Ah ! vous avez dérouillé !... Merde !... C'est une leçon ! Tu vois mon petit pote !... C'est toujours comme ça la campagne... Quand t'es de Paris, faut que t'y restes !... Souvent on m'a offert à moi des genres de petits dépositaires, des marques, des garages dans des bleds... C'était séduisant à entendre. Des " représentations ", des vélos, en pneumatiques... Ton maître par-ci !... Liberté par-là !... Taratata ! Moi jamais ils m'ont étourdi !... Jamais ! Ça je peux le dire !... Tous les condés de la campagne c'est des choses qu'il faut connaître !... Il faut être né dans leurs vacheries... Toi te voilà qu'arrive fleur... Tu tombes dans la brousse ! Imagine !... tout chaud, tout bouillant... Dès la descente, ils te possèdent !... T'es l'œuf !... Y a pas d'erreur !... Et tout le monde te croûte... Les jeux sont faits !... On se régale ! Profits ?... Balle-Peau !... T'en tires pas un croc pour ta pomme... T'es fait bonnard sur tout le parcours !... Comment que tu pourrais toi te défendre ?... Tu résistes pas une seconde... Faut être dans le jus dès le biberon... Voilà l'idéal !... Autrement t'es bien fait cave à tous les détours !... Comment que tu pourrais étaler ?... Ça s'entrave pas dans un soupir ! Ça s'invente pas les artichauts !... T'as pas une chance sur cent dix mille... Et puis comme vous partiez vous autres ?... Avec des cultures centrifuges... Ça alors, c'était du nougat !... Vous la cherchiez bien la culbute... Vous vous êtes fait retourner franco !... C'était dans la fouille !... Ah ! Mais dis donc alors petit pote, ce que tu peux voir maigre ! Mais c'est pas croyable !... T'aimes ça la soupe au tapioca ?... » Il trifouillait dans sa cuisine... Il devait être au moins neuf heures... « Il va falloir que tu te rambines !... Ici tu vas te taper la cloche ! Ça je te garantis !... Il va falloir que tu m'en caches !... Ah ! Y a pas d'erreur ni de chanson... » Il m'a rebiglé au tournant... le joli genre de mon costard... ça le faisait un peu sourire... et ma combinaison-culotte... et les ficelles pour le fond...

« Tu peux pas rester en loques !... Je vais te chercher un petit grimpant... Attends... Je vais te trouver quelque chose... » Il m'a ramené d'à côté, un complet tout entier à lui, de son armoire à coulisse... C'était en parfait état, et puis un manteau peau d'ours... un formidable poilu... « Tu mettras ça en attendant !... » et une casquette à rabats et le caleçon et la liquette en flanelle... J'étais resapé magnifique !

« T'as pas faim alors ?... Du tout ?... » J'aurais rien pu ingurgiter... Je me sentais même un malaise... quelque chose de bien pernicieux... J'avais les tripes en glouglous... sans charre, j'étais pas fringant !

« Qu'est-ce que t'as alors mon petiot ?... » Je commençais à l'inquiéter.

« J'ai rien !... J'ai rien !... » Je luttais...

« T'as attrapé froid alors ?... Mais c'est la grippe qui te travaille !

Oh ! non... Je crois pas... que j'ai répondu... Mais si tu veux bien mon oncle, une fois que t'auras fini de manger... On pourra peut-être faire un petit tour ?...

Ah ! Tu crois que ça va te dégager ?...

Ah ! Oui ! mon oncle !... Oui, je crois !...

T'as donc mal au cœur ?...

Oui ! un tout petit peu, mon oncle !...

Eh bien t'as raison !... Descendons tout de suite tiens !... Moi je mangerai plus tard !... Tu sais je suis un peu comme ta mère... Subito ! Presto ! Y a jamais d'arêtes ! » Il a pas terminé sa croûte... On est partis tout doucement jusqu'au coin du café de l'Avenue... Là, il a voulu qu'on s'assoye à la terrasse... et que je prenne une infusion de menthe... Il me causait encore de choses et d'autres... Je lui ai demandé un peu des nouvelles... Si il avait vu mes parents ?...

« Au moment de partir en Belgique, ça va faire deux mois hier !... J'ai fait un saut au Passage... Je les ai pas revus depuis !... Ils se retournaient bien les méninges, qu'il a ajouté, à propos de tes lettres ! Ils les épluchaient tu peux le dire... Ils savaient plus ce que tu devenais... Ta mère voulait partir te voir tout de suite... Ah ! Je l'ai dissuadée... J'ai dit que j'avais moi des nouvelles... Que tu te débrouillais parfaitement... mais que vous aviez pas une minute à cause des semailles ! Enfin des bêtises !... Elle a remis le voyage à plus tard !... Ton père était encore malade... Il a manqué son bureau plusieurs fois de suite cet hiver... Ils avaient peur tous les deux que, cette fois-là, ça soye la bonne... qu'ils attendent plus Lempreinte et l'autre... qu'ils le révoquent... Mais ils l'ont repris en fin de compte... Par contre, ils y ont défalqué intégralement ses jours d'absence !... Imagine ! Pour une maladie !... Pour une compagnie qui roule sur des cent millions ! qu'a des immeubles presque partout ! C'est pas une honte ?... C'est pas effroyable ?... D'abord tiens c'est bien exact... plus qu'ils sont lourds plus qu'ils en veulent... C'est insatiable voilà tout ! C'est jamais assez !... Plus c'est l'opulence et tant plus c'est la charogne !... C'est terrible les compagnies !... Moi je vois bien dans mon petit truc... C'est des suceurs tous tant qu'ils sont !... des voraces ! des vrais pompe- moelle !... Ah ! C'est pas imaginable !... Parfaitement exact... Et puis c'est comme ça qu'on devient riche... Que comme ça !

Oui mon oncle !...

Celui qu'est malade peut crever !...

Oui mon oncle !...

C'est la vraie chanson finale, petit fias, faut apprendre tout ça !... et immédiatement ! tout de suite ! Méfie-toi des milliardaires !... Ah ! Et puis j'oubliais de te dire... Y a encore quelque chose de nouveau... du côté de leurs maladies... Ton père veut plus voir un médecin !... Même Capron qu'était pas mauvais ! et pas malhonnête, en somme... Il poussait pas à la visite... Elle non plus ta mère, elle veut plus en entendre parler... Elle se soigne complètement elle-même... Et je te garantis qu'elle boite... Je sais pas comment qu'elle s'arrange... Des sinapismes ! des sinapismes !... Toujours la même chose avec moutarde ! sans moutarde ! Chaud ! froid ! Chaud ! froid ! Et elle s'arrête pas de travailler !... Et elle se démanche !... Il faut qu'elle retrouve des clients !... Elle en a fait des nouveaux pour sa nouvelle Maison de Broderies... des dentelles bulgares... Tu te rends compte ! Ton père bien sûr il en sait rien... Elle représente pour toute la Rive droite... Ça lui fait des trottes... Si tu voyais sa figure quand elle rentre de ses tournées... Ah ! alors faut voir la mine !... C'est absolument incroyable !... J'aurais dit un vrai cadavre... Elle m'a même fait peur l'autre jour !... Je suis tombé dessus dans la rue... Elle rentrait avec ses cartons... Au moins vingt kilos j'en suis sûr ! T'entends vingt kilos ! À bout de poignes... C'est pesant toutes ces saloperies !... Elle m'a même pas aperçu !... C'est la fatigue qui la tuera... Tu t'en feras autant à toi-même si tu fais pas plus attention ! Ça je te dis mon pote ! D'abord tu manges beaucoup trop vite... Tes parents te l'ont toujours dit... De ce côté-là ils ont pas tort... »

Tout ça c'était ma foi possible... Enfin c'était pas important... Enfin pas beaucoup... Je voulais pas du tout le contredire... Je voulais pas créer de discussion... Ce qui me gênait pendant qu'il me causait... que je l'écoutais même pas très bien... C'était la colique... Ça m'ondoyait dans les tripes... Il continuait à me parler...

« Qu'est-ce que tu vas faire après ça ?... T'as déjà quelque chose en tête ?... Une fois que t'auras repris du lard ?... » Lui aussi ça le souciait un peu la question de mon avenir...

« Ah ! mon petit pote ! Tout ce que je t'en dis, c'est pas pour que tu te presses !... Oh ! mais non !... Prends tout ton temps pour tes démarches ! Savoir d'abord où on se trouve !... Va pas piquer n'importe quoi !... Ça te retomberait sur le râble !... Faut te retourner mais tout doucement... Faut faire attention !... Le travail c'est comme la croûte... Il faut que ça profite d'abord... Réfléchis ! Estime ! Demande-moi ! Tâte ! Examine !... à droite, à gauche... Tu décides quand tu seras sûr !... À ce moment-là, tu me le diras... Y a pas la foire sur le pont... Pas encore... Hein ?... Prends pas quelque chose au petit hasard... Tout juste pour me faire plaisir... Pas une bricole pour quinze jours !... Non !...

Non !... T'es plus un gamin... Encore un condé à la gode... Tu finiras par te faire mal !... Tu te perdrais en réputation. »

On est repartis vers chez lui... On a fait le tour du Luxembourg... Il reparlait encore d'un emploi... ça le minait un peu comment j'allais me démerder ?... Il se demandait peut-être en douce dans le tréfonds de sa gentillesse si j'en sortirais jamais de mes néfastes instincts... de mes dispositions bagnardes ?... Je le laissais un peu mijoter... Je savais plus quoi lui dire... J'ai rien répondu tout de suite... J'avais vraiment trop de fatigue et puis un vilain mal aux tempes... Je l'écoutais que d'une oreille... Arrivés au boulevard Raspail je pouvais même plus arquer droit... Je prenais le trottoir tout de traviole... Il s'est rendu compte... On a fait encore une halte... Je pensais tout à fait à autre chose... Je me reposais... Il me la cassait l'oncle Édouard avec toutes ses perspectives... J'ai regardé encore en l'air... « Tu les connais toi, dis mon oncle, les "Voiles de Vénus"... la "Ruche des Filantes" ?... » Tout ça sortait juste des nuages... c'était des poussières d'étoiles... « Et Amarine ?... et Proliserpe ?... je suis tombé dessus coup sur coup... la blanche et la rose... Tu veux pas que je te les montre ?... » Il les avait sues l'oncle Édouard, autrefois les constellations... Il savait même tout le grand Zénith, un moment donné... du Triangle au Sagittaire, le Boréal presque par cœur !... Tout le « Flammarion » il l'avait su et forcément le « Pereires » !... Mais il avait tout oublié... Il se souvenait même plus d'une seule... Il trouvait même plus la « Balance » !

« Ah mon pauvre crapaud, à présent j'ai perdu mes yeux !... Je te crois sur parole ! Regarde tout ça à ma place !... Je peux même plus lire mon journal ! Je deviens si myope ces jours-ci que je me tromperais d'astre à un mètre ! Je verrais plus le ciel si j'étais dedans ! Je prendrais bien le Soleil pour la Lune !... Ah ! dis donc ! » Il disait ça en rigolade...

« Ah ! Mais ça fait rien... qu'il a ajouté... Je te trouve toi joliment savant ! Ah mais t'es fortiche ! T'en as fait dis donc des progrès !... C'est pas de la piquette ! T'as pas beaucoup briffé là-bas !... Mais t'as avalé des notions !... Tu t'es rempli de savoir-vivre !... Ah ! T'es trapu mon petit pote !... Tu te l'es farcie ta grosse tête !... Hein dis mon poulot ? Mais c'est la science ma parole !... Ah ! y a pas d'erreur !... » Ah ! je le faisais rire... On a reparlé un peu de Courtial... Il a voulu un peu savoir à propos de la fin... Il m'a reposé quelques questions... Comment ça s'était terminé ? Ah ! Je pouvais plus tenir qu'il m'en cause !... Il m'en passait une panique... Une crise presque comme à la vieille... Je pouvais plus me retenir de chialer !... Merde !... Ça faisait moche !... Ça me secouait les os... Pourtant j'étais dur !... C'était sûrement l'intense fatigue...

« Mais qu'est-ce que t'as ! mon pauvre crabe !... Mais t'es tout défait ! Mais voyons, il faut pas te frapper !... Ce que j'en disais tout à l'heure à propos de ta place, c'était seulement pour qu'on en cause... Je prenais pas ça au sérieux ! Faut pas le prendre non plus ! Tu vas pas quand même t'effarer pour des fariboles pareilles !... Tu me connais pourtant assez bien !... T'as pas confiance dans ton oncle ?... Je disais pas ça pour te chasser !... Voyons gros andouille ! tu m'as pas compris ?... Rentre-moi tout de suite ces pleurs ! T'as l'air d'une mignarde à présent !... Hein mon petit boulot c'est fini ?... Un homme ça chiale pas !... Tu resteras tant qu'il faudra !... Là ! Voyons quand même !... Tu vas d'abord te remplumer... Je veux te voir rebouffi, rebondi ! gavé ! gras du bide ! On voudrait pas de toi n'importe où ! T'y penses pas ! comme ça ?... Tu peux pas te défendre tel quel !... On prend pas les papiers mâchés ! Faut être maous sur la place ! Tu leur fouteras tous sur la gueule... Baoum !... Renversez-moi tout ça !... Un coup du droit ! Bang ! Un coup du gauche... Garçon ! Monsieur ? Un biscoto !... » Il me consolait comme il pouvait, mais j'arrivais pas à me tarir. Je tournais tout à fait en fontaine.

« Je veux m'en aller, mon oncle !... Je veux partir !... Je veux partir loin !...

Comment t'en aller ?... Partir où ?... En Chine ?... Loin ?

Où ça ?...

Je sais pas, mon oncle !... Je sais pas !... » Je dégoulinais de plus en plus fort... Je me suis relevé... J'étouffais !... Mais une fois debout j'ai trébuché... Il a fallu qu'il m'étaye... Quand on est arrivés chez lui, il savait plus vraiment quoi faire !... Ni dire !...

« Eh bien, mon gros !... ben mon toto !... Faut oublier quand même tout ça !... Mettons que j'ai rien dit du tout !... C'est pas de ta faute mon pauvre gniard ! Allons ! Tu y es pour rien !... Courtial, tu sais comment il était !... C'était un homme extraordinaire !... C'était un parfait savant !... Là je suis entièrement d'accord !... Je l'ai toujours dit, tout le premier... Et je crois qu'il avait du cœur !... Mais c'était un homme d'aventure !... Extrêmement calé, c'est un fait ! Extrêmement capable et tout !... et qu'a souffert mille injustices !... Oui ! ça c'est encore entendu !... Mais c'était pas la première fois qu'il se promenait sur les précipices !... Ah ! C'était un zèbre pour les risques !... Il les frisait les catastrophes !... D'abord les gens qui jouent aux courses ? pas ?... C'est qu'ils aiment se casser la gueule !.,. Ils peuvent pas se refaire !... Ça on peut pas les empêcher... Il faut qu'ils arrivent au Malheur !... Dame ! Très bien !... C'est le goût du risque !... Ça me fait bien de la peine quand même ! Ah ! Tu peux croire, ça me touche beaucoup !... J'avais pour lui de l'admiration... Et même une sincère amitié !... C'était un cerveau unique !... Ah ! Je me rends bien compte ! Une véritable valeur !... J'ai l'air bête, mais je comprends bien... Seulement c'est pas une raison parce qu'il vient maintenant de mourir, pour toi en perdre le boire et le manger !... pour te décharner jusqu'aux os !... Ah ! ça non alors ! Par exemple ! Ah ! Nom de Dieu ! Non !... Tu pourrais pas gagner ta vie dans l'état où tu te trouves !... C'est pas à ton âge voyons qu'on se détruit comme ça la santé, parce qu'on est tombé sur un manche !... Tu vas pas remâcher ça toujours !... Mais t'as pas fini mon pote !... T'en verras bien d'autres, ma pauvre bouille !... Laisse les jérémiades aux rombières !... Ça les empêche pas de pisser !... Ça leur fait un plaisir intense !... Mais toi t'es un mec à la redresse !... Pas que t'es à la redresse Routoutou ?... Tu vas pas te noyer dans les pleurs ?... Hi ! Hi ! Hi ! Tu vois pas ça dans la soupe ?... » Il me donnait des toutes petites claques... Il essayait de me faire marrer !...

« Ah ! le pauvre saule pleureur !... Il nous revient comme ça de la campagne ? Déglingué !... Fondu !... Raplati !... Allons mon poulot !... Allons maintenant du courage !... Tiens, je te parlerai plus de t'en aller !... Tu vas rester avec moi !... Tu te placeras nulle part !... C'est conclu ! C'est entendu !... Là, t'es plus tranquille ?... Plus jamais tu te chercheras une place !... Là ! T'es content à présent ?... Tiens, je vais te prendre moi, dans mon garage !... C'est peut-être pas très excellent d'être apprenti chez son oncle... Mais enfin tant pis !... La santé d'abord ! Les usages, je m'en fous !... Le reste ça s'arrange toujours ! La santé ! voilà !... voilà !... Je te dresserai moi, tiens mon petit pote ! Je veux que tu prennes d'abord de la panne... Ah ! Oui ! Ça te ronge toi de chercher des places... J'ai bien vu chez tes parents... T'as pas la façon facile, t'as pas le tempérament pour... Tu seras plus jamais contraint... puisque c'est ça qui t'épouvante !... Tu resteras toujours avec moi... Tu tireras plus les cordons... Tu ferais pas un bon placier... Ah ça non ! Hein ? Je peux pas ! Je peux pas mieux te dire !... T'aimes pas aller te présenter ?... Bien ! C'est ça qui te fout la pétoche ?... Bon !

Non, mon oncle ! C'est pas tant ça !... Mais je voudrais partir...

Partir ! Partir ! Mais partir où ?... Mais ça te turlupine, mon petit crabe !... Mais je te comprends plus du tout !... Tu veux retourner dans ton bled ?... T'en veux pousser des carottes ?

Oh ! Non ! mon oncle... Ça je veux pas !... Je voudrais m'engager...

Une idée qui te traverse toute cuite ?... Oh ! ben, alors ! T'y vas rondement !... T'engager ?... Où ?... Mais pour quoi faire ?... T'as tout ton temps mon poulot !... Tu t'en iras avec ta classe ! Qu'est-ce qui te précipite ?... t'as la vocation militaire ?... C'est marrant quand même !... » Il me considérait avec soin... Il me retrouvait tout insolite... Il me dévisageait...

« Ça c'est une lubie, mon lapin... Ça te prend comme une envie de pisser !... Mais ça te passera aussi de même !... Tu vas pas devenir comme Courtial ? Tu veux tourner hurluberlu ?... Ah ! ben dis donc tes parents ?... T'as pas réfléchi un petit peu ?... Comment qu'ils vont chanter alors ? Ah ! la sérénade ! Ah ! j'ai pas fini d'entendre ! Ils diront que c'est moi le responsable !... Ah ! Alors minute !... Que je t'ai foutu des drôles d'idées ! Que t'es sinoque comme ton dabe !... »

Il était pas content du tout... J'ai voulu tout lui avouer !... Comme ça d'emblée... N'importe quoi !... N'importe comment !...

« Mais je sais pas rien faire mon oncle... Je suis pas sérieux...

Je suis pas raisonnable...

Mais si que t'es sérieux ma grosse bouille ! Moi je te connais bien... Mais si ! que t'es raisonnable ! »

J'en pouvais plus moi de chialer...

« Non ! Je suis un farceur mon oncle !...

Mais non ! Mais non ! mon poulot !... T'es un petit connard au contraire ! T'es la bonne bouille que je te dis !... T'as pas un poil de rusé ! T'es bonnard à toutes les sauces !... Il t'a possédé le vieux coquin ! Tu vois donc pas vieux trésor ? C'est ça que tu peux pas digérer !... Il t'a fait !

Ah ! non ! Ah ! non !... » J'étais hanté... Je voulais pas des explications. J'ai supplié pour qu'il m'écoute... « Je faisais que de la peine à tout le monde ! » Je lui ai dit et répété... Ah ! Et puis j'avais mal au cœur !... Et puis je lui ai reparlé encore... toujours je ferais de la peine à tout le monde !... C'était ma terrible évidence !...

« T'as bien réfléchi ?...

Oui mon oncle !... Oui, je te jure, j'ai bien réfléchi !... Je veux m'en aller !... demain... dis... demain...

Ah ! Mais la maison brûle pas !... Ah ça non !... repose-toi encore ! On part pas comme ça !... En coup de tête... On contracte pas pour un jour !... C'est pour trois années mon ami !... C'est pour mille quatre-vingt-cinq jours... et puis les rabiots !...

Oui, mon oncle...

T'es pas si méchant voyons !... Personne te repousse ?... Personne t'accuse !... Ici, t'es pas mal quand même ?... Je t'ai jamais brutalisé ?...

C'est moi mon oncle qu'est méchant... Je suis pas sérieux.

Tu sais pas mon oncle !... Tu sais pas !...

Ah mais ça te reprend ! Mais c'est une manie, mon pauvre bougre !... que tu te tracasses à ce degré-là !... Mais tu vas te rendre vraiment malade...

J'y tiens plus mon oncle !... J'y tiens plus !... J'ai l'âge mon oncle !... Je veux partir !... J'irai demain mon oncle !... Tu veux bien ?...

Pas demain mon pote ! Pas demain ! Tout de suite ! Tiens ! Tout de suite ! » Il s'énervait... « Ah ! ce que t'es têtu quand même ! Mais tu vas attendre une quinzaine ! Et puis même un mois ! Deux semaines pour me faire plaisir ! On verra... d'ailleurs ils voudraient jamais de toi, tel quel !... Ça je peux te le jurer à l'avance... Tu ferais peur à tous les majors !... Il faut d'abord que tu te rebectes ! Ça c'est l'essentiel !... Ils te videraient comme un malpropre !... T'imagines ?... Ils prennent pas les soldats squelettes !... Il faut que tu te rempiffes en kilos !... Dix au moins ! t'entends ?... Ça je t'assure !... Dix pour commencer !... Autrement ! Barca !... Tu veux aller à la guerre ?... Ah ! mais ! Ah ! mais ! Tu tiendrais comme un fétu !... Qui c'est qui m'a flanqué un zouave qu'est gros comme un souffle... Allons ! Allons ! à plus tard !... Allez ! Chère épingle ! rentre-moi donc ces soupirs !... Ah ! ben ! Ils auraient de quoi rire !... Ils s'emmerderaient pas au Conseil de te voir en peau et en os !... Et au corps de garde ?... Ah ! ça serait la crise ! Salut soldat Pleurnichon !... T'aimes pas mieux " sapeur " ?... Où ça que tu vas t'engager ?... T'en sais rien encore ?... Alors comment que tu te décides ?... »

Ça m'était bien égal en fait...

« Je sais pas mon oncle !...

Tu sais rien !... Tu sais jamais rien !...

Je t'aime bien mon oncle, tu sais !... Mais je peux plus rester !... Je peux plus !... T'es bien bon toi, avec moi !... Je mérite pas mon oncle ! Je mérite pas !...

Pourquoi ça que tu mérites pas ?... dis petit con ?...

Je sais pas mon oncle !... Je te fais du chagrin aussi !... Je veux partir mon oncle !... Je veux aller m'engager demain.

Ah ! ben alors c'est entendu !... J'accepte ! Ça va ! C'est conclu ! Mais ça nous dit toujours pas quel régiment que t'as choisi ?... Ah ! mais c'est que t'as juste le temps !... » Il se moquait de moi dans la combine.

« Tu veux pas aller dans la "griffe" ?... T'es pour la "Reine des Batailles" ?... Non ?... Je vois ça !... Tu veux rien porter !... Les trente-deux kilos ?... Tu voudrais mon fiotte ! tu voudrais qu'on te porte ! Dissimulez-vous Nom de Dieu !... T'en pinces pas ?... Sous le fumier là qu'est à gauche !... Au défilé ! Un ! deux ! un ! deux !... T'en veux pas des belles manœuvres ?... Ah ! Ah ! mon lascar !... Utilisez donc votre terrain !... Tu dois être calé dedans ?... T'en as assez vu des terrains ?... Tu sais maintenant comment c'est fait ?... Les poireaux ? la cafouine autour ?... Hein ?... Mais t'aimais mieux les étoiles !... Ah ! Tu changes d'avis ?... T'es pas long !... Astronome alors ?... Astronome !... T'iras au " 1er Télescope " ! Régiment de la Lune !... Non ? Tu veux rien de ce que je te présente ?... T'es pas facile à contenter ! Je vois que t'aimes mieux la " griffe " quand même !... T'es-t'y bon marcheur ?... T'en auras des cloques mon jésus !... " Les godillots sont lourds dans le sac ! les godillots !... " T'aimes mieux des furoncles aux fesses ?... Alors bon ! dans la cavalerie !... En fourrageur ! Nom de Dieu !... Dans les petits matafs ça te dit rien ?...

Y a de la goutte à boire là-haut ! Y a de la goutte à boire !... »

Il faisait le clairon avec sa bouche : « Ta ra ta ta ta ! Ta ta ta !...

Ah ! Pas ça mon oncle !... Pas ça !... » Il me rappelait l'autre numéro.

« Comme t'es sensible, ma pauvre bouille !... Comment que tu feras bien dans la vache bataille ?... Attends !... T'as pas tout réfléchi ?... Reste là ! T'as encore cinq minutes !... Reste avec moi encore un peu... Une affaire de deux, trois semaines !... Le temps que ça se dessine !... Tiens mettons un mois !...

Non mon oncle !... J'aime mieux tout de suite...

Ah ! ben toi ! t'es comme ta mère !... Quand t'as une musique dans le cassis, tu l'as pas ailleurs !... Ah ! Je sais plus quoi te dire... Tu voudrais pas être cuirassier ?... Gras à lard comme te voilà, tu ferais pas mal sur un cheval ! Ils te verraient plus dans ta cuirasse !... Tu serais fantôme au régiment !... Tu risquerais plus un coup de pique !... Ça c'est une affaire !... Ah ! C'est la merveilleuse idée ! Mais là encore faut que t'engraisses !... même comme fantôme t'as pas assez !... Ma pauvre andouille, il te manque au moins dix kilos !... Et je suis pas exagéré !... Toujours dix kilos !... T'aimes mieux cette combinaison-là ?...

Oui mon oncle !...

Je te vois d'ici moi, à la charge !... » Moi je voyais rien du tout !...

« Oui mon oncle !... Oui, je veux bien attendre...

Les " Gros frères " ! Ferdinand !... " Gros frère !... " L'ami des nourrices ! Le soutien de la " fantabosse " ! La terreur des artilleries !... On aura de tout dans la famille !... T'iras pas dans la marine... T'as déjà comme ça le mal de mer !... Alors tu comprends ?... Et ton père qu'a fait cinq années ? Qu'est-ce qu'il va nous dire ?... Lui, c'était dans les batteries lourdes !... On aura de tout dans la famille !... Toute l'armée mon pote !... Le 14 juillet chez soi !... Hein ?... Taratata ! Ta ta ta !... »

Toujours pour me dérider, il a cherché son képi, il était au- dessus de la cheminée, à droite près de la glace... Je le vois encore son pompon, un petit poussin jaune... Il se l'est posé en bataille...

« Voilà Ferdinand ! Toute l'armée... » C'était joyeux comme conclusion.

« Ah ! va donc ! qu'il s'est ravisé... Tout ça c'est du flan !... T'as pas fini de changer d'avis !... Elle est pas encore dans le sac ta feuille... ton matricule ? mon pote ? Va mon petit tringlot !... T'as bien le temps !... » Il a soupiré... « C'est jamais la place qui manque pour faire des conneries !... Actuellement t'es bouleversé... Ça se comprend un peu... T'as chialé comme une Madeleine... Tu dois avoir beaucoup soif !... Non ?... Tu veux pas un coup de ginglard ?... J'ai un calvados extra !... Je te mettrais du sucre avec... T'en veux pas ?... T'aimes mieux un coup de rouge tout simple, du rouquin maison ? Tu veux que je te le fasse chauffer ?... Tu veux pas une camomille ?... Tu veux pas un coup d'anisette ?... T'aimes mieux un coup de polochon ? Je vois tout ce que c'est !... Du roupillon pour commencer !... C'est la sagesse même !... C'est moi qui déconne tu vois... Ton besoin, c'est dix heures d'affile... Allez ouste !... mon cher neveu !... Assez bavoché comme ça ! Sortons la litière du Jésus !... Ah ! le pauvre vieux mironton !... Il a eu bien trop de misères ! Ça te réussit pas la campagne ! Ça mon fiote je l'aurais juré... Reste donc toujours avec moi !...

Je voudrais bien mon oncle... Je voudrais bien !... Mais c'est pas possible, je te jure !... Plus tard mon oncle !... Plus tard ? tu veux pas ?... Je ferais rien de bon mon oncle, tout de suite... Je pourrais plus !... Dis mon oncle, tu veux bien que je parte ?... Dis que tu demanderas à papa ?... Je suis sûr qu'il voudra bien lui !...

Mais non ! Mais non !... Moi je ne veux pas... » Ça le mettait en boule... « Ah ! Ce que t'es têtu quand même !... Ah ! Ce que tu peux être obstiné !... absolument comme Clémence !... Ma parole ! Tu tiens de famille !... Mais tu te ravages à plaisir !... Mais le régiment mon petit pote !... mais c'est pas comme tu t'imagines !... C'est plus dur encore qu'un boulot !... Tu peux pas te rendre compte... Surtout à ton âge !... Les autres, ils ont vingt et une piges ! c'est déjà un avantage. T'aurais pas la force de tenir... On te ramasserait à la cuiller...

Je sais pas mon oncle, mais ça vaudrait mieux que j'essaye !...

Ah ! Du coup, c'est de la manie !... Allez ! Allez ! On va se pieuter ! Maintenant tu dis plus que des sottises, demain nous en reparlerons... Moi je crois surtout que t'es à bout... C'est une idée comme une fièvre. Tu bafouilles et puis c'est marre... Ah ! Ils t'ont fadé comme coup de serpe... Ah ! il était grand temps que tu rentres !... Ah ! Ils t'ont bien arrangé !... Ils t'ont soigné les agricoles !... Ah ! c'est le bouquet !... Maintenant tu déconnes ! Eh bien mon colon !... Ah ! moi alors, je vais te restaurer... Et tu vas me cacher quelque chose !... Ça je peux déjà maintenant te prévenir !... Tous les jours des farineux !... du beurre ! et de la carne ! et de première !... pas des petites côtelettes je t'assure !... Et du chocolat chaque matin !... Et puis l'huile de foie de morue à la bonne timbale ! Ah ! Mais moi je sais ce qu'il faut faire !... C'est fini les cropinettes ! et les sauces de courant d'air !... Mais oui mon petit ours !... C'est terminé la claquette !... Allons ouste ! au plume à présent !... Tout ça c'est des balivernes !... T'es simplement impressionné !... Voilà moi, ce que je trouve... T'es retourné de fond en comble !... À ton âge, on se rempiffe d'autor !... Il suffit de plus y penser !... Penser à autre chose !... Et de bouffer comme quatre !... comme trente- six !... Dans huit jours ça paraîtra plus ! C'est garanti Banque de France ! Et Potard Potin ! »

On a sorti le pageot de l'armoire... Le lit-cage qui grinçait de partout... Il était devenu minuscule... Quand j'ai essayé de m'allonger je m'emmêlais dans les barreaux. J'ai mieux aimé le matelas par terre... Il m'en a mis un deuxième... un matelas à lui... Je tremblais encore comme une feuille... Il m'a redonné des couvertures... Je continuais la grelotte... Il m'a complètement recouvert, enseveli sous un tas de manteaux... Toutes ses peaux d'ours je les avais dessus... Y avait un choix dans l'armoire !... Je frissonnais quand même... Je regardais les murs de la piaule... Ils avaient aussi rapetissé !... C'était dans la pièce du milieu, celle de L'Angélus...

« Je peux pas t'en fourrer davantage ! Hein ?... Dis mon vieux crocodile ? Je peux pas quand même t'étouffer ?... Tu vois pas ça ?... que je te retrouve plus ?... Ah ben ! ça serait du guignolet ! du propre !... du mimi ! Ah ben ! ça me ferait un beau troufion !... Estourbi sous les couvertures !... Tu parles alors d'une chanson !... Eh ben ! Je serais frais moi dans le coup !... Ah ils m'arrangeraient au

Passage !... Oh ben oui ! Le cher enfant !... Le trésor ! Je serais coquet pour m'expliquer !... Péri dans son jus le monstre ! Pfouac ! Absolument ! Oh ! là ! là ! Quelle manigance !... Mon empereur n'en jetez plus !... La cour est pleine !... » Je me saccadais pour rire en chœur... Il est allé vers sa chambre... Il me prévenait encore de loin...

« Dis donc je laisse ma porte ouverte !... Si t'as besoin de quelque chose aie pas peur d'appeler ! C'est pas une honte d'être malade... J'arriverai immédiatement !... Si t'as encore la colique tu sais où sont les cabinets ?... C'est le petit couloir qu'est à gauche !... Te trompe pas pour l'escalier !... Y a la " Pigeon " sur la console... T'auras pas besoin de la souffler... Et puis si t'as envie de vomir... t'aimes pas mieux un vase de nuit ?...

Oh ! non mon oncle... J'irai là-bas...

Bon ! Mais alors si tu te lèves passe-toi tout de suite un pardessus ! Tape dans le tas ! n'importe lequel... Dans le couloir t'attraperais la crève... C'est pas les pardessus qui manquent !...

Non mon oncle. »

Louis Destouches au milieu, 1914, Val de grâce

Sa médaille militaire, il l'aborde fièrement parmi les blessés soignés avec lui à l'hôpital du Val de Grâce en décembre 1914. Au dos de cette photographie, il écrira plus tard : "vue de héros en décadence, Louis."

Avec la mission Rockefeller découvre la médecine sociale en informant sur la tuberculose. Ci-dessus à Rennes en mars 1918, le second à gauche avec devant lui en chapeau melon son futur beau-père Athanase Follet.

Louis Ferdinand (1959) Meudon

DÉJÀ PARUS

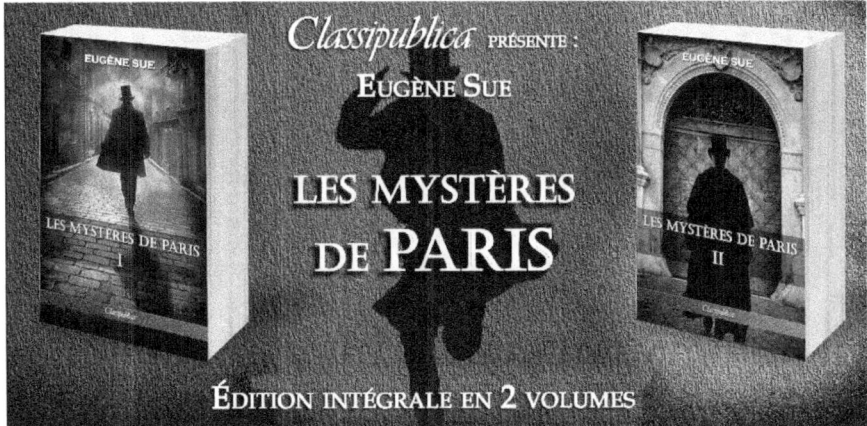